NEW INTERNATIONAL DICTIONARY OF NEW TESTAMENT THEOLOGY AND EXEGESIS

Second Edition

NEW INTERNATIONAL DICTIONARY OF NEW TESTAMENT THEOLOGY AND EXEGESIS

VOLUME FIVE
INDEX VOLUME

MOISÉS SILVA

Revision Editor

ZONDERVAN ACADEMIC

New International Dictionary of New Testament Theology and Exegesis
Copyright © 2014 by Zondervan

Requests for information should be addressed to:
Zondervan, 3900 Sparks Dr. SE, Grand Rapids, Michigan 49546

Library of Congress Cataloging-in-Publication Data

New International dictionary of New Testament theology
    New International dictionary of New Testament Theology and Exegesis / Moises Silva, Revising Editor.—Second edition.
        volumes cm
    Includes bibliographical references and index.
    ISBN 978-0-310-27619-7 (hardcover set) 1. Bible. New Testament—Theology—Dictionaries. 2. Bible. New Testament—Dictionaries. I. Silva, Moisés, editor of compilation. II. Title.
BS2312.N48 2014
225.3—dc23   2014010387

All Scripture quotations, unless otherwise indicated, are taken from The Holy Bible, New International Version®, NIV®. Copyright © 1973, 1978, 1984, 2011 by Biblica, Inc.® Used by permission of Zondervan. All rights reserved worldwide. www.Zondervan.com. The "NIV" and "New International Version" are trademarks registered in the United States Patent and Trademark Office by Biblica, Inc.®

Any Internet addresses (websites, blogs, etc.) and telephone numbers in this book are offered as a resource. They are not intended in any way to be or imply an endorsement by Zondervan, nor does Zondervan vouch for the content of these sites and numbers for the life of this book.

All rights reserved. No part of this publication may be reproduced, stored in a retrieval system, or transmitted in any form or by any means—electronic, mechanical, photocopy, recording, or any other—except for brief quotations in printed reviews, without the prior permission of the publisher.

Cover design: Ron Huizinga
Cover photography: iStock
Interior design: Matthew Van Zomeren

Printed in the United States of America

22 23 24 25 26 27 28 29 30 31 32 /TRM/ 20 19 18 17 16 15 14 13 12 11 10 9 8 7 6

Contents of Volume 5

Introduction 7

Scripture Index: Old Testament 9

Scripture Index: New Testament 108

Apocrypha Index 221

Greek Literature Index 237

Jewish Literature Index 282

Post–New Testament Christian Literature Index 315

Hebrew and Aramaic Word Index 319

Greek Word Index 340

Strong's to Goodrick-Kohlenberger Number Conversion Chart 370

Introduction

What value would a major reference like *The New International Dictionary of New Testament Theology and Exegesis* have without a series of indexes? You can navigate yourself through an electronic version of this product, of course, by using searches and hyperlinks provided in digital text, but that is not available to those who still prefer to use a hardcopy. With that in mind, the editorial staff at Zondervan knew that we had to supply indexes.

The first three indexes are a given: Old Testament index, New Testament index, and Apocrypha index. If you are working on a particular passage of Scripture, these indexes are invaluable for discovering where in *NIDNTTE* a particular verse is referenced. All references are given with the volume number and the page number. You will notice a large number of verse references in brackets in the Old Testament Scripture index. These represent the corresponding verse numbers in modern editions of the Septuagint (a Greek translation of the Hebrew Bible).

The next three indexes (Greek literature index, Jewish literature index, and Christian literature index) are crucial for helping to establish how a particular word was used in earlier Greek literature, in Jewish literature, and in subsequent Christian literature. In the history of a word it is important to know what nuances might be in the minds of the biblical authors when they chose that word in their writing. It shapes what we call the semantic range of a word. And even the subsequent history of a word can be helpful in determining how early Christian theologians understood a word or concept referred to in the New Testament. In addition, each word functions as part of one or more semantic domains that include other words, and it is helpful to consider not only the other Greek words that belong to a particular domain but also the words in the corresponding domain in Hebrew. (The latter should not be limited to Hebrew words translated into Greek.)

The next index is an index of all the Hebrew and Aramaic words that are referenced whenever they are associated in *NIDNTTE* with their Goodrick-Kohlenberger number; that is followed by an index of all the Greek words that are referenced in the opening lexical section of each entry (also associated with their Goodrick-Kohlenberger number). The Goodrick-Kohlenberger numbers are an updating of the popular Strong's numbers, done in the 1980s by Ed Goodrick and John Kohlenberger III because of deficiencies in the Strong's numbering system (for further information, see *The Strongest NIV Exhaustive Concordance* [1990, 1999], xvi–xvii). The Hebrew and Aramaic index lists the words in Hebrew script and alphabetical order according to their lexical form; similarly, the Greek index lists the words in Greek type and in alphabetical order according to their lexical form. Anytime you do a word study, you should read

Introduction

the entire entry in which that word occurs, to make sure you get a complete picture of how that word and its cognates are used in the biblical text.

The final index is a cross-comparison between the Strong's numbers and the Goodrick-Kohlenberger numbers. We recognize that many commentaries and other reference words use the Strong's numbering system. Not all users of this resource will retain their knowledge of Greek sufficiently enough to look up a Greek word. If your commentary includes in the discussion of a Greek word its Strong's number, you can use the final table to find out which Goodrick-Kohlenberger number/word to look up in *NIDNTTE*.

We did not include a subject index. We felt this was unnecessary since the Concept List, which occurs at the beginning of each of the first four volumes, serves as a subject index and encourages you never to isolate your word study to a single word; rather, you should examine all the words of a semantic domain.

Zondervan editors

Scripture Index: Old Testament

Genesis

1–3 . . . . .vol. 1: 147
1–2 . . . . .vol. 3: 732
1:1–2:4 . . . . vol. 2: 732; vol. 4: 78
1:1–2:3 . . . . .vol. 2: 260
1 . . . . .vol. 1: 87; vol. 2: 262, 322, 388, 389,
759, 762; vol. 3: 149, 154; vol. 4: 714
1:1 . . . . .vol. 1: 413, 416; vol. 2: 435;
vol. 3: 567; vol. 4: 78, 79, 519
1:2 . . . . . vol. 1: 92; vol. 2: 401; vol. 3: 734, 805;
vol. 4: 321
1:3–5 . . . . .vol. 4: 638
1:3 . . . . .vol. 1: 570; vol. 2: 459; vol. 3: 134, 156
1:4–6 . . . . .vol. 4: 714
1:4–5 . . . . .vol. 4: 321
1:4 . . . . vol. 1: 94; vol. 2: 608
1:5–2:3 . . . . .vol. 2: 388
1:5 . . . . vol. 2: 123, 602, 603; vol. 3: 437
1:6–8 . . . . .vol. 4: 369
1:6–7 . . . . .vol. 2: 732
1:7 . . . . vol. 2: 733; vol. 4: 78
1:8–9 . . . . .vol. 2: 603
1:8 . . . . .vol. 3: 566
1:9–10 . . . . vol. 2: 401; vol. 3: 447
1:9 . . . . vol. 2: 401; vol. 4: 398
1:11–12 . . . . .vol. 1: 663; vol. 3: 448, 500;
vol. 4: 345, 677
1:11 . . . . .vol. 2: 237
1:14–20 . . . . .vol. 4: 369
1:14–19 . . . . .vol. 4: 487
1:14–18 . . . . vol. 3: 437; vol. 4: 638
1:14–17 . . . . .vol. 2: 732
1:14 . . . . .vol. 1: 94; vol. 2: 587, 588;
vol. 3: 566; vol. 4: 638, 714
1:15 586
1:16 . . . . .vol. 1: 414, 428, 782; vol. 2: 384;
vol. 3: 254, 303; vol. 4: 638
1:17 . . . . .vol. 4: 491
1:18 . . . . .vol. 4: 321, 714
1:20 . . . . . . .vol. 2: 367; vol. 3: 732; vol. 4: 728
1:21 . . . . vol. 2: 367, 759; vol. 4: 78
1:22 . . . . .vol. 1: 441; vol. 2: 322; vol. 3: 134
1:24–25 . . . . .vol. 2: 453
1:25–26 . . . . vol. 2: 758; vol. 4: 78
1:25 . . . . .vol. 1: 567
1:26–28 . . . . .vol. 1: 542
1:26–27 . . . . .vol. 1: 303; vol. 2: 102, 103;
vol. 4: 221
1:26 . . . . . . .vol. 1: 303, 615; vol. 2: 400, 564,
632, 732; vol. 3: 500, 501, 566
1:27–28 . . . . .vol. 1: 542
1:27 . . . . .vol. 1: 146, 406, 544, vol. 2: 306,
452; vol. 4: 78, 759
1:28 . . . . .vol. 1: 303, 441, 542, 563;
vol. 2: 322, 732, 769;
vol. 3: 679, 782, 785; vol. 4: 524
1:29–30 . . . . vol. 1: 535; vol. 4: 677
1:29 . . . . vol. 1: 718; vol. 3: 448
1:30 . . . . .vol. 3: 96
2–3 . . . . .vol. 3: 618
2 . . . . .vol. 1: 621; vol. 2: 762; vol. 4: 117
2:1–2 . . . . .vol. 4: 226
2:1 . . . . vol. 2: 732; vol. 3: 566
2:2–3 . . . . . .vol. 1: 285; vol. 2: 267; vol. 4: 220
2:3 . . . . vol. 2: 322; vol. 4: 221, 223
2:4 . . . . vol. 1: 512, 544, 570, 572;
vol. 2: 388, 435
2:5 . . . . vol. 1: 291; vol. 4: 678
2:6 . . . . vol. 1: 274; vol. 4: 156
2:7–8 . . . . .vol. 2: 760
2:7 . . . . .vol. 1: 146, 303, 318, 440; vol. 2: 367;
vol. 3: 712, 742, 820; vol. 4: 679, 728
2:8 . . . . .vol. 1: 291; vol. 3: 618; vol. 4: 491
2:9–17 . . . . .vol. 2: 371
2:9 . . . . .vol. 2: 367; vol. 3: 448, 527; vol. 4: 101
2:10–14 . . . vol. 3: 628; vol. 4: 117, 444, 486, 519
2:10 . . . . vol. 1: 413; vol. 4: 116
2:11 . . . . .vol. 3: 516
2:12 . . . . .vol. 3: 119
2:13–14 . . . . .vol. 4: 116
2:15 . . . . vol. 2: 267, 732; vol. 3: 80
2:16–17 . . . . vol. 1: 303; vol. 2: 290
2:16 . . . . vol. 2: 200; vol. 4: 747
2:17 . . . . . . .vol. 1: 258, 578; vol. 2: 290,
388, 406, 609
2:18–25 . . . . . . vol. 1: 104, 614; vol. 2: 306
2:18–24 . . . . .vol. 1: 542
2:18 . . . . .vol. 1: 542, 615; vol. 2: 764;
vol. 3: 334; vol. 4: 717
2:19–20 . . . . .vol. 3: 516
2:19 . . . . .vol. 2: 603, 732
2:20 . . . . .vol. 2: 329
2:21 . . . . vol. 2: 154, 155; vol. 4: 253
2:22 . . . . vol. 1: 613; vol. 3: 462
2:23–24 . . . . .vol. 1: 545
2:23 . . . . .vol. 1: 299
2:24 . . . . .vol. 1: 303, 304, 407; vol. 2: 367,
719, 720; vol. 3: 298, 356, 678;
vol. 4: 259, 716, 717
2:25 . . . . vol. 1: 182, 610; vol. 2: 165
3–1 . . . . .vol. 1: 257
3 . . . . vol. 1: 774; vol. 2: 408; vol. 3: 580,
607; vol. 4: 267, 617
3:1–14 .vol. 3: 579, 696
3:1 . . . . .vol. 3: 603
3:2–3 . . . . .vol. 2: 290
3:3 . . . . .vol. 1: 380

Scripture Index: Old Testament: Genesis

3:4–5 . . . . vol. 1: 238
3:5–7 . . . . vol. 3: 578
3:5 . . . . vol. 1: 88, 93, 577; vol. 2: 549
3:6 . . . . vol. 2: 290
3:7 . . . . vol. 1: 146, 577; vol. 4: 392
3:8 . . . . . vol. 1: 352; vol. 2: 752; vol. 3: 156, 528
3:10 . . . . vol. 2: 752
3:13 . . . . vol. 1: 348
3:14–15 . . . . vol. 2: 320
3:14 . . . . vol. 1: 567; vol. 2: 320
3:15 . . . . vol. 2: 344, 669; vol. 4: 343
3:16–17 . . . . vol. 3: 177
3:16 . . . . vol. 1: 146; vol. 2: 769; vol. 4: 465, 492
3:17–19 . . . . vol. 1: 285; vol. 2: 267
3:17–18 . . . . vol. 3: 250
3:17 . . . . . vol. 1: 207; vol. 2: 290, 320, 389
3:18 . . . . vol. 1: 200; vol. 4: 678
3:19 . . . . vol. 1: 303, 312, 410; vol. 2: 407;
vol. 3: 742; vol. 4: 156
3:20 . . . . vol. 3: 298, 516
3:21 . . . . vol. 2: 196, 542
3:22 . . . . vol. 1: 197, 577; vol. 2: 367
3:24 . . . . vol. 1: 121; vol. 3: 233, 453; vol. 4: 667
3:30 . . . . vol. 2: 306
4 . . . . vol. 1: 257
4:1 . . . . vol. 1: 577; vol. 2: 306, 758; vol. 3: 516
4:2 . . . . vol. 4: 135
4:3–4 . . . . vol. 2: 482
4:4–5 . . . . vol. 2: 483
4:5–9 . . . . vol. 2: 482
4:5 . . . . vol. 3: 177; vol. 4: 156
4:6 . . . . vol. 3: 177
4:7 . . . . vol. 1: 88
4:8 . . . . vol. 1: 150, 356, 570
4:10 . . . . . . vol. 1: 522; vol. 2: 490; vol. 3: 121;
vol. 4: 204, 492
4:11–12 . . . . vol. 2: 321
4:11 . . . . vol. 1: 327, 674; vol. 2: 320
4:12 . . . . vol. 2: 267
4:13 . . . . vol. 1: 157, 189, 444
4:14 . . . . vol. 2: 131, 329, 752
4:15 . . . . . vol. 1: 744; vol. 2: 260; vol. 4: 284
4:17 . . . . vol. 1: 577; vol. 3: 462, 516; vol. 4: 93
4:19 . . . . vol. 3: 80
4:22 . . . . vol. 1: 150; vol. 4: 650
4:23–24 . . . . vol. 1: 257
4:23 . . . . vol. 1: 207; vol. 3: 573
4:24 . . . . vol. 2: 260, 261; vol. 3: 211
4:25 . . . . . . vol. 1: 331; vol. 2: 300; vol. 4: 343
4:26 . . . . . . vol. 1: 631; vol. 2: 602; vol. 3: 518
5–10 . . . . vol. 3: 439
5 . . . . vol. 1: 314, 541, 658; vol. 2: 366, 407
5:1–3 . . . . vol. 2: 103
5:1 . . . . vol. 1: 512, 570, 572; vol. 2: 102
5:2 . . . . vol. 1: 406; vol. 2: 452
5:3–32 . . . . vol. 4: 492
5:3–5 . . . . vol. 1: 146
5:3 . . . . vol. 1: 560; vol. 2: 102

5:6 . . . . vol. 1: 200
5:21–24 . . . . vol. 1: 315
5:24 . . . . vol. 1: 312, 403; vol. 4: 285
5:25 . . . . vol. 1: 315
5:29 . . . . vol. 2: 266, 267, 320
6–9 . . . . vol. 1: 258
6–8 . . . . vol. 3: 732; vol. 4: 519
6:1–4 . . . . vol. 1: 631; vol. 4: 265, 459
6:1 . . . . vol. 1: 413
6:2 . . . . vol. 2: 147; vol. 3: 211; vol. 4: 524
6:3 . . . . vol. 1: 195; vol. 2: 388; vol. 3: 822
6:4 . . . . vol. 1: 195
6:5–7 . . . . vol. 1: 92
6:5 . . . . vol. 1: 257, 571; vol. 2: 598, 624;
vol. 3: 783
6:7 . . . . vol. 3: 566
6:8 . . . . vol. 2: 330; vol. 3: 439; vol. 4: 654
6:9 . . . . . vol. 1: 570, 724; vol. 3: 439; vol. 4: 472
6:10 . . . . vol. 4: 501
6:11–9:19 . . . . vol. 3: 439
6:11–12 . . . . vol. 1: 257
6:11 . . . . vol. 3: 747; vol. 4: 598
6:12 . . . . vol. 4: 253
6:13 . . . . vol. 4: 598
6:14 . . . . vol. 3: 448
6:15 . . . . vol. 1: 658; vol. 3: 776
6:17 . . . . vol. 2: 649
6:18 . . . . vol. 1: 694, 695
6:19–20 . . . . vol. 1: 406; vol. 2: 452
6:19 . . . . vol. 4: 253
6:20 . . . . vol. 3: 732
6:21 . . . . vol. 4: 398
7:1 . . . . vol. 1: 557; vol. 3: 439, 470
7:2–16 . . . . vol. 2: 452
7:2–3 . . . . vol. 1: 406
7:2 . . . . vol. 2: 569
7:4 . . . . vol. 1: 312; vol. 2: 86; vol. 3: 437;
vol. 4: 486
7:9 . . . . vol. 1: 406
7:11 . . . . . . vol. 1: 154; vol. 2: 733; vol. 3: 566;
vol. 4: 419
7:16 . . . . vol. 1: 406; vol. 2: 687
7:17 . . . . vol. 4: 580
7:19–20 . . . . vol. 2: 612; vol. 3: 549
7:19 . . . . vol. 4: 579
7:22 . . . . vol. 3: 447
7:23 . . . . vol. 2: 212; vol. 3: 99
8:1 . . . . vol. 1: 295; vol. 2: 722; vol. 3: 804
8:5 . . . . vol. 2: 669
8:6–12 . . . . vol. 3: 733
8:6 . . . . . . vol. 1: 327; vol. 2: 476; vol. 4: 486
8:7–8 . . . . vol. 1: 366
8:7 . . . . vol. 3: 447
8:9 . . . . vol. 1: 284
8:10 . . . . vol. 2: 300
8:11 . . . . vol. 2: 160
8:13 . . . . vol. 4: 175
8:14 . . . . vol. 3: 447

8:15	vol. 3: 134
8:17	vol. 1: 441
8:20–22	vol. 2: 483, 533
8:20	vol. 2: 434, 479, 503; vol. 3: 732
8:21–22	vol. 2: 708; vol. 4: 655
8:21	vol. 1: 257, 571; vol. 3: 428; vol. 4: 254
8:22	vol. 2: 388, 449, 595
9:1–7	vol. 3: 441
9:1	vol. 3: 785
9:2	vol. 2: 564
9:3	vol. 3: 96
9:4–5	vol. 4: 728
9:4	vol. 1: 168; vol. 2: 367, 534
9:5	vol. 1: 168
9:6	vol. 1: 652, 744; vol. 2: 102, 103, 159
9:7	vol. 1: 563
9:8–9	vol. 1: 695
9:9–11	vol. 1: 694
9:9	vol. 1: 312, 696; vol. 4: 343
9:12–17	vol. 4: 284
9:12–13	vol. 4: 284
9:16	vol. 1: 194
9:17	vol. 4: 284
9:20–27	vol. 3: 481
9:20–21	vol. 1: 268
9:20	vol. 3: 439
9:21	vol. 1: 611; vol. 3: 259, 480
9:22–23	vol. 1: 611; vol. 4: 716
9:22	vol. 1: 117
9:23	vol. 2: 542, 612
9:24–26	vol. 2: 320
9:24	vol. 3: 379, 390
9:25	vol. 2: 320, 321
10–27	vol. 3: 725
10	vol. 2: 89, 261
10:2	vol. 2: 179
10:4	vol. 2: 179
10:6	vol. 1: 162
10:10	vol. 1: 455
10:11–12	vol. 3: 399
10:12	vol. 3: 254
10:13–14	vol. 1: 162
10:19	vol. 2: 283
10:20	vol. 4: 711
10:21	vol. 1: 570
10:24	vol. 2: 73
10:25	vol. 3: 281
11	vol. 2: 366, 407; vol. 3: 371
11:1–9	vol. 1: 88; vol. 2: 321; vol. 3: 566; vol. 4: 655
11;1	vol. 4: 634
11:2	vol. 1: 292
11:4–5	vol. 4: 93
11;4	vol. 2: 514, 669
11:7	vol. 1: 207, 589
11:9	vol. 1: 455; vol. 3: 516
11:10–30	vol. 1: 658
11:10	vol. 4: 523
11:16	vol. 2: 73
11:26–25:11	vol. 2: 87
11:29	vol. 4: 262
11:31	vol. 3: 435
11:32	vol. 4: 250
12–36	vol. 2: 319
12:1–8	vol. 4: 551
12:1–3	vol. 1: 87; vol. 2: 231, 320, 321, 547; vol. 4: 263
12:1	vol. 1: 641; vol. 3: 528
12:2–3	vol. 2: 320
12:2	vol. 1: 523; vol. 3: 255, 495
12:3	vol. 1: 88, 382, 605; vol. 2: 91, 92, 232, 318, 325, 708; vol. 3: 164, 552; vol. 4: 627, 655
12:4	vol. 4: 107
12:5	vol. 4: 552
12:6–8	vol. 1: 87; vol. 2: 479
12:6	vol. 4: 499
12:7	vol. 2: 492; vol. 3: 462, 528; vol. 4: 346
12:8–9	vol. 2: 769
12:8	vol. 1: 163; vol. 2: 400; vol. 3: 518; vol. 4: 302
12:10–13:1	vol. 1: 163
12:10–20	vol. 4: 263
12:10	vol. 3: 643, 644
12:11	vol. 4: 156
12:13	vol. 1: 687
12:14	vol. 2: 608
12:15–20	vol. 1: 632
12:15	vol. 1: 172, 173, 253, 414
12:16	vol. 4: 533
12:18	vol. 1: 117
12:19	vol. 4: 504
12:80	vol. 4: 302
13:2	vol. 1: 385; vol. 2: 758; vol. 4: 302, 499
13:6	vol. 1: 776; vol. 4: 712
13:9	vol. 1: 395, 665
13:10	vol. 3: 618
13:9–14	vol. 4: 714
13:11	vol. 2: 147
13:12	vol. 4: 302
13:13	vol. 4: 101
13:14	vol. 2: 400
13:15–16	vol. 2: 492
13:15	vol. 1: 195; vol. 3: 495
13:16	vol. 1: 87
13:18	vol. 2: 479
14	vol. 4: 88
14:1	vol. 1: 475
14:2	vol. 4: 88
14:3	vol. 1: 215; vol. 2: 400
14:4	vol. 1: 450
14:5	vol. 2: 724
14:6	vol. 1: 150; vol. 2: 272
14:7	vol. 2: 725
14:8	vol. 1: 215; vol. 2: 704
14:10	vol. 1: 215; vol. 4: 595

Scripture Index: Old Testament: Genesis

14:13 . . . . vol. 2: 73	17:2 . . . . vol. 3: 783
14:14 . . . . vol. 1: 207, 750	17:3 . . . . vol. 3: 756, 757
14:15 . . . . vol. 1: 395, 750	17:4–5 . . . . vol. 1: 87
14:17–24 . . . . vol. 2: 509	17:4 . . . . vol. 3: 783
14:17–20 . . . . vol. 1: 661	17:5 . . . . vol. 2: 92; vol. 3: 516; vol. 4: 491
14:17 . . . . vol. 2: 724	17:6 . . . . vol. 1: 441
14:18–24 . . . . vol. 3: 681	17:7–8 . . . . vol. 2: 347; vol. 4: 343, 346
14:18–22 . . . . vol. 2: 434; vol. 4: 579	17:7 . . . . vol. 3: 90, 495
14:18–20 . . . . . vol. 2: 319, 325; vol. 3: 267, 268	17:8 . . . . vol. 3: 643, 644
14:18–19 . . . . vol. 1: 477; vol. 4: 234	17:9–14 . . . . vol. 3: 726
14:18 . . . . vol. 1: 480; vol. 2: 502, 522; vol. 4: 234	17:9–10 . . . . vol. 4: 489
14:19 . . . . vol. 2: 759, 760	17:10–14 . . . . vol. 1: 406; vol. 4: 414
14:20 . . . . vol. 2: 344	17:11–14 . . . . vol. 4: 253
14:22 . . . . vol. 2: 760; vol. 4: 663	17:11 . . . . vol. 4: 284
14:23 . . . . vol. 3: 797	17:12–13 . . . . vol. 3: 471, 591, 726
15 . . . . vol. 1: 694	17:12 . . . . vol. 1: 385; vol. 3: 484, 726
15:1 . . . . vol. 2: 418, 696; vol. 3: 322, 323, 528, 670; vol. 4: 208, 542, 611	17:13 . . . . vol. 3: 725
15:2–3 . . . . vol. 1: 87	17:14 . . . . vol. 3: 486, 726
15:2 . . . . vol. 1: 670	17:15 . . . . vol. 4: 262
15:4 . . . . vol. 2: 320	17:17 . . . . vol. 1: 550, 554; vol. 2: 547; vol. 3: 428, 516; vol. 4: 264, 285
15:5 . . . . vol. 1: 87, 428, 523; vol. 4: 343	17:19 . . . . vol. 1: 163, 285
15:6 . . . . vol. 1: 88, 89, 246, 725, 731, 738, 739; vol. 2: 699; vol. 3: 124, 126, 127, 164, 761, 763, 764; vol. 4: 414	17:20 . . . . vol. 1: 718
	17:21 . . . . vol. 2: 588
	17:23–27 . . . . vol. 3: 726
	17:27 . . . . vol. 1: 769
15:8 . . . . vol. 1: 670	18:1–15 . . . . vol. 1: 87; vol. 4: 263
15:10 . . . . vol. 1: 694; vol. 4: 156	18:1–14 . . . . vol. 3: 338
15:12–21 . . . . vol. 1: 91	18:1–8 . . . . vol. 3: 444
15:12 . . . . vol. 2: 112, 155, 384; vol. 3: 757	18:1–2 . . . . vol. 3: 528
15:13–16 . . . . vol. 1: 87, 696	18:1 . . . . vol. 4: 742
15:13–14 . . . . vol. 1: 163	18:2 . . . . vol. 4: 501
15:13 . . . vol. 2: 598; vol. 3: 643, 644; vol. 4: 486	18:3 . . . . vol. 3: 445
15:14 . . . . vol. 2: 745	18:4 . . . . vol. 3: 401
15:15 . . . . . . vol. 2: 283, 367, 415; vol. 3: 678	18:6 . . . . vol. 2: 753; vol. 3: 294; vol. 4: 348, 630
15:16 . . . . vol. 3: 786	18:7 . . . . vol. 4: 504
15:17–21 . . . . vol. 2: 492	18:10 . . . . vol. 2: 320, 587; vol. 4: 742, 743
15:17 . . . . vol. 1: 694; vol. 2: 283; vol. 3: 86, 87; vol. 4: 192, 193	18:11–14 . . . . vol. 1: 624
	18:11 . . . . vol. 4: 285
15:18 . . . . vol. 1: 87, 88, 162, 694, 695	18:12–13 . . . . vol. 1: 550
15:22 . . . . vol. 2: 154	18:12 . . . . vol. 1: 554, 624; vol. 2: 547, 774; vol. 3: 516; vol. 4: 263
16 . . . . vol. 1: 163; vol. 3: 393	18:14 . . . . vol. 3: 164, 604; vol. 4: 209, 285, 742, 743
16:1–16 . . . . vol. 1: 115, 541, 542	
16:1–14 . . . . vol. 4: 263	18:15 . . . . vol. 1: 399, 550
16:1–2 . . . . vol. 4: 112	18:17 . . . . vol. 4: 611
16:2 . . . . vol. 2: 687; vol. 4: 549, 634	18:18 . . . . . . vol. 1: 605; vol. 2: 320; vol. 3: 164; vol. 4: 346
16:4 . . . . vol. 2: 769	18:19 . . . . . vol. 1: 725; vol. 2: 745; vol. 3: 454
16:5 . . . . vol. 2: 745	18:20, 21 . . . . vol. 2: 737
16:6 . . . . vol. 2: 598	18:22–33 . . . . vol. 2: 338
16:7–14 . . . . vol. 4: 117	18:22 . . . . vol. 2: 283
16:8 . . . . vol. 4: 156	18:23–33 . . . . vol. 2: 754
16:9 . . . . vol. 4: 451	18:23 . . . . vol. 1: 358
16:15 . . . . vol. 3: 594; vol. 4: 294	18:25 . . . . vol. 4: 208
16:29–31 . . . . vol. 3: 393	18:26 . . . . vol. 1: 445
17 . . . . vol. 1: 87; vol. 2: 232; vol. 3: 726	18:27 . . . . vol. 4: 679
17:1–13 . . . . vol. 1: 769	18:28 . . . . vol. 1: 358
17:1–8 . . . . vol. 2: 492	
17:1 . . . . . vol. 2: 108, 434; vol. 3: 270, 516, 528	

Scripture Index: Old Testament: Genesis

18:32 . . . . **vol. 1:** 342	21:18 . . . . **vol. 3:** 80
19. . . . . **vol. 4:** 260	21:19 . . . . **vol. 1:** 327, 328; **vol. 3:** 747
19:1–11. . . . . **vol. 3:** 444	21:21 . . . . **vol. 1:** 543
19:1. . . . . **vol. 4:** 189	21:22 . . . . **vol. 3:** 436
19:2–4. . . . . **vol. 3:** 471	21:23–31. . . . . **vol. 3:** 494
19:2–3. . . . . **vol. 3:** 445	21:23 . . . . **vol. 1:** 725; **vol. 3:** 494
19:2. . . . . **vol. 2:** 703; **vol. 3:** 190, 776	21:27 . . . . **vol. 1:** 694
19:3. . . . . **vol. 1:** 410	21:28–30. . . . . **vol. 1:** 266
19:4. . . . . **vol. 1:** 663; **vol. 2:** 705	21:32 . . . . **vol. 1:** 694; **vol. 3:** 436
19:6. . . . . **vol. 1:** 328	21:33 . . . . **vol. 2:** 434
19:7. . . . . **vol. 1:** 150	22. . . . . **vol. 1:** 267, 738; **vol. 3:** 763
19:9. . . . . **vol. 2:** 123, 598; **vol. 3:** 444, 644	22:1–19. . . . . **vol. 2:** 547
19:11 . . . . **vol. 3:** 303	22:1–14. . . . . **vol. 1:** 739
19:14 . . . . **vol. 1:** 550	22:1–6. . . . . **vol. 2:** 320
19:16 . . . . **vol. 2:** 740	22:1 . . . . **vol. 1:** 87; **vol. 4:** 390
19:18 . . . . **vol. 4:** 193	22:2–13. . . . . **vol. 3:** 491
19:19 . . . . **vol. 1:** 725; **vol. 2:** 330, 598; **vol. 3:** 81; **vol. 4:** 424	22:2 . . . . **vol. 1:** 108; **vol. 2:** 315, 482; **vol. 3:** 334, 549
19:20 . . . . **vol. 4:** 424	22:3 . . . . **vol. 3:** 448; **vol. 4:** 418
19:21 . . . . **vol. 2:** 420	22:4 . . . . **vol. 3:** 215
19:22 . . . . **vol. 4:** 120, 208	22:6 . . . . **vol. 3:** 252
19:23 . . . . **vol. 2:** 384	22:7 . . . . **vol. 4:** 135
19:24 . . . . **vol. 4:** 192, 194	22:9 . . . . **vol. 2:** 479, 514
19:26 . . . . **vol. 1:** 215, 616	22:12 . . . . **vol. 1:** 108; **vol. 2:** 315; **vol. 4:** 533
19:30 . . . . **vol. 4:** 350	22:13 . . . . **vol. 1:** 334:**vol. 2:** 482, 665
19:31 . . . . **vol. 3:** 379	22:16–17. . . . **vol. 2:** 325; **vol. 3:** 213; **vol. 4:** 215
19:32–35. . . . . **vol. 3:** 481	22:16 . . . . **vol. 1:** 108; **vol. 3:** 494; **vol. 4:** 208
19:33 . . . . **vol. 3:** 437	22:17 . . . **vol. 1:** 392, 428; **vol. 3:** 783; **vol. 4:** 346
20:1–17. . . . . **vol. 4:** 263	22:18 . . . . **vol. 1:** 207; **vol. 4:** 343
20:1. . . . . **vol. 3:** 644	22:23 . . . . **vol. 1:** 414
20:3–7. . . . . **vol. 2:** 157	22:31, 38 . . . . **vol. 2:** 320
20:3. **vol. 3:** 438, 511, 648	23:1–2. . . . . **vol. 2:** 725
20:4. . . . . **vol. 1:** 380	21:2 . . . . **vol. 2:** 724; **vol. 3:** 707
20:5–6. . . . . **vol. 4:** 404	23:3–15. . . . . **vol. 3:** 375
20:6. . . . . **vol. 1:** 380, 444; **vol. 3:** 511	23:3–5. . . . . **vol. 2:** 320
20:7. . . . . **vol. 1:** 87, 303; **vol. 2:** 337; **vol. 4:** 164	23:3 . . . . **vol. 3:** 135
20:9. . . . . **vol. 3:** 575	23:4 . . . . **vol. 1:** 684, 685; **vol. 2:** 415, 416, 758; **vol. 3:** 644
20:11 . . . . **vol. 4:** 273	23:6 . . . . **vol. 2:** 416
20:12 . . . . **vol. 1:** 85	23:9 . . . . **vol. 1:** 141, 340, 385; **vol. 3:** 280; **vol. 4:** 350
20:13 . . . . **vol. 4:** 499	23:11 . . . . **vol. 1:** 207
20:17 . . . . **vol. 2:** 496	23:12 . . . . **vol. 4:** 151
20:20 . . . . **vol. 1:** 94	23:16 . . . . **vol. 1:** 207, 354, 756
21. . . . . **vol. 4:** 286	23:20 . . . . **vol. 2:** 778
21:1–7. . . . . **vol. 2:** 547; **vol. 4:** 263	23:36 . . . . **vol. 2:** 779
21:1–2. . . . . **vol. 4:** 743	24. . . . . **vol. 3:** 750; **vol. 4:** 519
21:1. . . . . **vol. 2:** 250	24:1 . . . . **vol. 2:** 318
21:2. . . . . **vol. 1:** 624; **vol. 3:** 594; **vol. 4:** 294	24:3 . . . . **vol. 1:** 543; **vol. 3:** 567
21:4. . . . . **vol. 3:** 725, 726	24:5 . . . . **vol. 1:** 204
21:6. . . . . **vol. 1:** 550; **vol. 2:** 547	24:7 . . . . **vol. 2:** 492
21:8–21. . . . . **vol. 1:** 115; **vol. 4:** 263	24:9 . . . . **vol. 2:** 319
21:8. . . . . **vol. 4:** 78	24:10–11. . . . . **vol. 1:** 614
21:9–12. . . . . **vol. 3:** 594	24:10 . . . . **vol. 1:** 657
21:9. . . . . **vol. 2:** 190, 547; **vol. 4:** 294	24:11–20. . . . . **vol. 4:** 519
21:10 . . . . **vol. 1:** 163	24:11–18. . . . . **vol. 4:** 117
21:12 . . . . **vol. 2:** 605; **vol. 4:** 346	24:12 . . . . **vol. 4:** 198
21:13 . . . . **vol. 4:** 343		
21:14 . . . . **vol. 3:** 773		
21:16 . . . . **vol. 2:** 406, 577, 683	24:14 . . . . **vol. 3:** 592

Scripture Index: Old Testament: Genesis

24:15 . . . . .vol. 4: 523
24;16 . . . . .vol. 3: 578, 638, 639
24:17 . . . . .vol. 3: 303, 24;21; vol. 3: 221
24:23 . . . . .vol. 3: 639
24:26 . . . . .vol. 4: 151
24:27 . . . . .vol. 3: 453
24:28 . . . . vol. 3: 298; vol. 4: 208
24:29 . . . . .vol. 4: 523
24:30 . . . . .vol. 4: 207
24:33 . . . . .vol. 4: 208
24:34–36. . . . . .vol. 2: 319
24:35 . . . . vol. 3: 591; vol. 4: 677
24:40, 42 . . . . .vol. 3: 453
24:43 . . . . .vol. 3: 639
24:47 . . . . .vol. 2: 287
24:48 . . . . vol. 2: 318; vol. 3: 453
24:49 .vol. 1: 226, 725
24:50 . . . . .vol. 2: 598
24:53 . . . . .vol. 2: 542
24:55 . . . . vol. 1: 657; vol. 3: 273
24:56 . . . . .vol. 3: 453
24:57 . . . . .vol. 3: 548
24:58 . . . . vol. 1: 614; vol. 2: 603
24:59–67. . . . . .vol. 3: 436
24:60 . . . . vol. 1: 150, 544, 614; vol. 2: 318, 319
24:62–67. . . . . .vol. 2: 547
24:63 . . . . .vol. 4: 144
24:65 . . . . .vol. 2: 449
24:66 . . . . .vol. 2: 213
25:1 . . . . vol. 1: 544; vol. 4: 704
25:6 . . . . .vol. 1: 541, 719
25:7 . . . . .vol. 2: 367
25:8 . . . . vol. 2: 367, 416; vol. 3: 89
25;15 . . . . .vol. 4: 704
25:16 . . . . .vol. 1: 414
25:19–28. . . . . .vol. 2: 547
25:20 . . . . .vol. 4: 486
25:22 . . . . .vol. 3: 262
25:23 . . . . .vol. 2: 494, 704, 715; vol. 3: 89, 254;
vol. 4: 160
25:24 . . . . vol. 2: 704; vol. 3: 786
25:26 . . . . vol. 1: 551; vol. 2: 603
25:27–34. . . . . .vol. 1: 551
25:27 . . . . .vol. 4: 302
25:29–34. . . . . .vol. 2: 117, 492
25:30 . . . . .vol. 1: 564
25:31–34. . . . . .vol. 4: 175, 177
26:1 . . . . .vol. 4: 175
26:2 . . . . .vol. 3: 528
26:3 . . . . vol. 3: 494; vol. 2: 189, 324
26:4 . . . . .vol. 1: 428
26:5 . . . . .vol. 1: 726; vol. 2: 200; vol. 3: 406
26:7 . . . . .vol. 2: 287
26:8 . . . . .vol. 2: 547
26:10 . . . . .vol. 1: 134
26:12–13. . . . . .vol. 2: 547
26:14 . . . . .vol. 2: 347, 350, 758

26:15 . . . . .vol. 4: 614
26:20 . . . . .vol. 3: 251
26:21 . . . . .vol. 2: 745
26:24 . . . . vol. 2: 320; vol. 3: 528
26:25 . . . . .vol. 2: 479
26:26 . . . . .vol. 3: 436
26:27 . . . . .vol. 3: 319
26:28 . . . . .vol. 1: 382
26:29 .vol. 2: 319, 547
26:30 . . . . .vol. 1: 644
26:34–36. . . . . .vol. 2: 320
26:34 . . . . .vol. 4: 486
26:35 . . . . .vol. 3: 804
27. . . . . .vol. 2: 319
27:1 . . . . .vol. 4: 128
27:3 . . . . .vol. 2: 453
27:4 . . . . . . .vol. 1: 112; vol. 2: 319; vol. 4: 606
27:5–29. . . . . .vol. 2: 492
27:9 . . . . .vol. 2: 609
27:12 . . . . vol. 1: 383; vol. 2: 645
27:20 . . . . .vol. 3: 622
27:23 . . . . .vol. 1: 578
27:26–27. . . . . .vol. 4: 606
27:27–40. . . . . .vol. 2: 325
27:27–29. . . . . .vol. 3: 679
27:27 . . . . vol. 2: 542; vol. 3: 559
27:28 .vol. 3: 480, 481
27:29 . . . . vol. 1: 383; vol. 2: 492
27:30–41. . . . . .vol. 2: 325
27:30 . . . . .vol. 2: 453
27:33 .vol. 2: 154, 319
27:34 . . . . vol. 1: 522; vol. 3: 745
27:35 . . . . .vol. 1: 760
27:36 . . . . vol. 1: 551; vol. 4: 177
27:37 . . . . .vol. 4: 373
27:40 .vol. 2: 357, 358
27:41–45. . . . . .vol. 2: 492
27:41 . . . . .vol. 1: 114
27:44 . . . . .vol. 2: 474
27:45 . . . . vol. 3: 533; vol. 4: 465
27:46 . . . . .vol. 1: 687
28:1 . . . . .vol. 1: 541
28:4 . . . . .vol. 3: 644
28:10–17. . . . . vol. 2: 492; vol. 4: 543
28:11 .vol. 2: 384, 669
28:12–17. . . . . .vol. 3: 511
28:12 . . . . vol. 1: 121, 275, 276;
vol. 3: 570; vol. 4: 543
28:13 . . . . .vol. 2: 575
28:14 .vol. 2: 320, 492
28:16 . . . . .vol. 2: 79
28:17 . . . . .vol. 4: 189
28:18 . . . . .vol. 2: 161
28:19 . . . . vol. 2: 745; vol. 3: 570
28:20–22. . . . . .vol. 1: 660
28:20 . . . . .vol. 2: 337
28:22 . . . . vol. 1: 658; vol. 2: 514

28:1–4	vol. 4: 117
29:2–22	vol. 1: 543
29:2–10	vol. 4: 245
29:2–3	vol. 4: 82
29:2	vol. 1: 284, 285; vol. 4: 382
29:3	vol. 1: 354
29:5	vol. 4: 523
29:6	vol. 4: 516
29:7	vol. 4: 742
29:13	vol. 3: 135
29:15–30	vol. 1: 551
29:15	vol. 3: 322
29:17	vol. 2: 96, 609; vol. 4: 742
29:21–30	vol. 1: 541
29:21–30:24	vol. 1: 614
29:22	vol. 1: 541
29:25	vol. 3: 125
29:31–33	vol. 1: 114
29:31	vol. 1: 328; vol. 3: 319
29:32–35	vol. 2: 603
29:33	vol. 3: 319
29:34	vol. 2: 588; vol. 3: 111
29:35	vol. 2: 545
30–31	vol. 3: 322
30:1–13	vol. 4: 112
30:1–2	vol. 4: 524
30:2	vol. 4: 376; vol. 2: 627
30:4	vol. 4: 613
30:6–24	vol. 2: 603
30:6	vol. 2: 745
30:13	vol. 4: 629
30:18	vol. 3: 322
30:20	vol. 1: 719
30:22	vol. 3: 207, 310, 313, 318
30:23	vol. 3: 513
30:25–43	vol. 2: 319
30:27	vol. 2: 329
30:28	vol. 3: 322
30:31	vol. 4: 78
30:32–39	vol. 4: 203
30:33	vol. 2: 690, 691
30:36	vol. 4: 501
30:37–41	vol. 4: 200
30:38	vol. 4: 519
30:39	vol. 4: 492
30:43	vol. 3: 797
31–34	vol. 4: 128
31:1–18	vol. 2: 493
31:1	vol. 1: 763
31:5	vol. 2: 189
31:6	vol. 2: 561
31:7	vol. 1: 242, 657, 658; vol. 2: 598
31:10–13	vol. 3: 511
31:10–12	vol. 4: 203
31:10–11	vol. 3: 511
31:10	vol. 1: 274
31:13	vol. 1: 221, 570
31:14	vol. 2: 694; vol. 3: 281
31:16	vol. 3: 797
31:18	vol. 3: 717; vol. 4: 552
31:19	vol. 2: 493, 691
31:20–22	vol. 4: 595
31:23	vol. 1: 750
31:25	vol. 3: 80
31:26	vol. 1: 191
31:27	vol. 1: 544
31:28	vol. 4: 120, 606
31:30	vol. 2: 493
31:35	vol. 2: 94, 263
31:36	vol. 3: 251, 575
31:37	vol. 2: 263; vol. 3: 285; vol. 4: 300
31:42	vol. 2: 657; vol. 3: 610
31:43–54	vol. 3: 237
31:44–50	vol. 1: 694
31:44	vol. 3: 236
31:46	vol. 1: 645; vol. 3: 236
31:50 [31:44]	vol. 3: 494
31:53	vol. 4: 610
31:54	vol. 1: 645, 696; vol. 2: 478, 479, 503
32:2	vol. 1: 121
32:4–6	vol. 3: 138
32:5 [32:6]	vol. 4: 654, 703
32:9	vol. 2: 724
32:10 [32:11]	vol. 3: 592
32:11 [32:12]	vol. 2: 530; vol. 4: 663
32:13	vol. 3: 783
32:14	vol. 1: 719
32:17	vol. 4: 82
32:19–22	vol. 1: 719
32:20 [32:21]	vol. 1: 570; vol. 2: 98, 532
32:23–33	vol. 4: 117
32:24–30	vol. 1: 531
32:25	vol. 1: 380
32:26 [32:27]	vol. 1: 274
32:26	vol. 2: 551
32:28	vol. 2: 551; vol. 3: 516
32:30	vol. 2: 493
32:32	vol. 1: 291
33:1–4	vol. 2: 493
33;2	vol. 4: 175
33:5	vol. 3: 591; vol. 4: 524
33:7	vol. 4: 151
33:10	vol. 1: 674; vol. 2: 313
33:11	vol. 1: 508
33:18	vol. 4: 234, 245
33:19	vol. 2: 494; vol. 3: 281; vol. 4: 245
33:20	vol. 2: 479
34	vol. 2: 493; vol. 4: 243
34:5	vol. 3: 300
34:6	vol. 2: 416
34:7	vol. 1: 435; vol. 3: 177
34:9	vol. 1: 541
34:12	vol. 1: 543
34:13–17	vol. 3: 727

Scripture Index: Old Testament: Genesis

34:13 . . . . vol. 1: 200
34:14 . . . . vol. 3: 726; vol. 4: 341
34:15–24 . . . . vol. 3: 725
34:19 . . . . vol. 4: 703
34:21 . . . . vol. 1: 303
34:25–31 . . . . vol. 3: 111
34:25 . . . . vol. 3: 80
34:26 . . . . vol. 4: 382
34:27 . . . . vol. 1: 402
34:28 . . . . vol. 1: 657
34:29 . . . . vol. 1: 192
34:30 . . . . vol. 2: 724
35:1–7 . . . . vol. 2: 479
35:3 . . . . vol. 2: 462
35:7 . . . . vol. 4: 587
35:8 . . . . vol. 2: 649
35:9 . . . . vol. 3: 528
35:14 . . . . vol. 2: 161, 483
35:16–20 . . . . vol. 4: 629
35:17 . . . . vol. 4: 313
35:18 . . . . vol. 1: 444, 665; vol. 4: 728
35:19 . . . . vol. 1: 505
35:23 . . . . vol. 4: 628
35:27 . . . . vol. 3: 644
35:29 . . . . vol. 2: 493
36 . . . . vol. 2: 407
36:7 . . . . vol. 3: 644
36:15–43 . . . . vol. 2: 376
36:24 . . . . vol. 2: 357
36:30, 40–43 . . . . vol. 2: 376
37 . . . . vol. 2: 493
37:1–11 . . . . vol. 1: 551
37:2 . . . . vol. 3: 379
37:4 . . . . vol. 1: 112, 114; vol. 3: 319; vol. 4: 606
37:5–10 . . . . vol. 3: 511
37:5 . . . . vol. 1: 117
37:7 . . . . vol. 1: 677; vol. 3: 540
37:8 . . . . vol. 2: 769
37:9 . . . . vol. 4: 281
37:10 . . . . vol. 2: 258
37:14 . . . . vol. 2: 112
37:15–16 . . . . vol. 2: 354
37:15 . . . . vol. 1: 538
37:16 . . . . vol. 2: 355
37:20 . . . . vol. 2: 453; vol. 4: 101
37:22 . . . . vol. 2: 159
37:25 . . . . . . vol. 1: 555; vol. 2: 473; vol. 3: 629
37:26–27 . . . . vol. 2: 545
37:27 . . . . vol. 4: 253
37:31 . . . . vol. 2: 478
37:33 . . . . vol. 1: 401
37:34–35 . . . . vol. 2: 725
37:34 . . . . vol. 3: 706
37:36 . . . . vol. 2: 327
38 . . . . vol. 1: 541, 542, 620
38:1 . . . . vol. 2: 588
38:6, 8–10 . . . . vol. 1: 543
38:8 . . . . vol. 1: 322
38:8 . . . . vol. 2: 79
38:9 . . . . vol. 1: 179
38:10 . . . . vol. 2: 407
38:11 . . . . vol. 3: 254, 435
38:12–26 . . . . vol. 4: 112
38:15 . . . . vol. 1: 754
38:17–20 . . . . vol. 1: 404
38:17 . . . . vol. 1: 366
38:18 . . . . vol. 4: 200
38:24 . . . . vol. 3: 330; vol. 4: 192
38:26 . . . . vol. 1: 725, 727
39:1 . . . . vol. 2: 327
39:4 . . . . vol. 2: 330, 579; vol. 4: 654
39:6 . . . . vol. 2: 609; vol. 3: 461
39:8 . . . . vol. 3: 461
39:14 . . . . vol. 1: 522; vol. 2: 73, 190; vol. 3: 254
39:21 . . . . vol. 1: 414; vol. 4: 654
39:22–23 . . . . vol. 1: 677
40:2 . . . . vol. 2: 327
40:5–13 . . . . vol. 3: 511
40:8 . . . . vol. 2: 245; vol. 3: 511
40:9 . . . . vol. 1: 268
40:12–19 . . . . vol. 4: 501
40:12 . . . . vol. 2: 746
40:15 . . . . vol. 2: 73, 690, 691
40:19 . . . . vol. 2: 453, 743; vol. 4: 357
40:20 . . . . vol. 1: 570; vol. 4: 501
40:22 . . . . vol. 4: 357
41 . . . . vol. 1: 180; vol. 2: 260; vol. 3: 110
41:1–32 . . . . vol. 3: 511
41:1–3 . . . . vol. 4: 116
41:3–4 . . . . vol. 1: 180
41:8 . . . . vol. 2: 214, 245; vol. 3: 804;
   vol. 4: 456, 727
41:12–15 . . . . vol. 2: 745
41:12 . . . . vol. 2: 245
41:13 . . . . vol. 1: 354
41:14 . . . . vol. 1: 242
41:19–21 . . . . vol. 1: 180
41:19 . . . . vol. 3: 492
41:21 . . . . vol. 1: 413, 681
41:25 . . . . vol. 1: 641
41:24 . . . . vol. 2: 214
41:30 . . . . vol. 3: 747
41:40 . . . . vol. 2: 469; vol. 3: 88; vol. 4: 382
41:42 . . . . vol. 4: 411, 708
41:43 . . . . vol. 2: 676
41:45 . . . . vol. 1: 542; vol. 3: 516
41:50–52 . . . . vol. 2: 552
41:55 . . . . vol. 2: 737
41:56 . . . . vol. 4: 195
41:57 . . . . vol. 1: 139
42:3 . . . . vol. 1: 207
42:6–45:4 . . . . vol. 1: 551
42:9 . . . . vol. 3: 429
42:13 . . . . vol. 4: 552
42:16 . . . . vol. 1: 227
42:20 . . . . vol. 3: 762

Scripture Index: Old Testament: Exodus

42:21	vol. 1: 667
42:22	vol. 1: 156
42:23	vol. 2: 277; vol. 3: 285
42;25	vol. 3: 747
42:27	vol. 3: 190
42:36	vol. 4: 465
43:3–10	vol. 2: 545
43:3	vol. 3: 236
43:7	vol. 2: 287
43:11	vol. 2: 473
43:12	vol. 1: 134
43:16–17	vol. 3: 471
43:22	vol. 1: 644
43:23	vol. 1: 757; vol. 2: 418, 532
43:25–34	vol. 1: 645
43:27	vol. 2: 114
43:29	vol. 4: 465
43:30	vol. 4: 456
43:31	vol. 2: 84; vol. 3: 401
43:32	vol. 1: 410; vol. 2: 73
43:33	vol. 2: 154
44:3	vol. 1: 749; vol. 4: 638
44:4	vol. 1: 749; vol. 2: 691
44:7	vol. 1: 572
44:16–34	vol. 2: 545
44:28	vol. 1: 402
44:30	vol. 2: 743
44:33	vol. 1: 334
45:1	vol. 1: 297
45:2	vol. 1: 444; vol. 2: 684
45:5–8	vol. 1: 163
45:12	vol. 1: 520
45:13	vol. 1: 763
45:14	vol. 3: 758
45:16	vol. 1: 522; vol. 2: 447
45:17	vol. 1: 555
45:22	vol. 1: 242
46:2	vol. 3: 528
46:4	vol. 4: 472
46:27	vol. 2: 261
46:29	vol. 2: 357, 638, 683; vol. 3: 758
47:4	vol. 3: 644
47:7–10	vol. 2: 319
47:18	vol. 4: 437
47:21	vol. 3: 88
47:23	vol. 4: 343
47:25	vol. 4: 654
47:26	vol. 2: 367
47:28	vol. 2: 367
47:29	vol. 2: 168, 319
47:30	vol. 2: 416, 705
47:31	vol. 2: 669; vol. 3: 494; vol. 4: 200
48–49	vol. 2: 319
48:1–22	vol. 2: 319
48:2	vol. 2: 703
48:3	vol. 3: 528
48:5–6	vol. 2: 493
48:8–49:27	vol. 2: 493
48:8–12	vol. 1: 477
48:10, 13–18	vol. 2: 319
48:13–14	vol. 1: 395
48:15–16	vol. 2: 325
48:15	vol. 4: 82
48:18	vol. 4: 665
48:21	vol. 2: 189; vol. 4: 245
49	vol. 4: 247
49:1–28	vol. 2: 320
49:1	vol. 4: 398
49:3	vol. 4: 178
49:4	vol. 3: 300, 301; vol. 4: 514
49:5–7	vol. 4: 243
49:6–7	vol. 2: 474
49:7	vol. 3: 281, 534
49:8–12	vol. 2: 545; vol. 4: 247
49:8	vol. 1: 172; vol. 2: 344
49:9	vol. 4: 628
49:10	vol. 2: 132, 545; vol. 3: 648; vol. 4: 200, 526
49:11	vol. 1: 171, 677; vol. 3: 481
49:12	vol. 1: 539; vol. 3: 113
49:14, 15	vol. 1: 284
49:17	vol. 3: 756; vol. 4: 628
49:18	vol. 2: 184
49:20	vol. 1: 414
49:22	vol. 2: 350
49:23	vol. 2: 198
49:24	vol. 2: 610; vol. 3: 736; vol. 4: 82
49:25	vol. 1: 338, 524
49:27	vol. 1: 402
49:28	vol. 4: 523
49:33	vol. 3: 89
50:1	vol. 2: 683
50:1–13	vol. 2: 493
50:2	vol. 1: 221; vol. 2: 416, 497
50:3	vol. 3: 707
50:4	vol. 4: 654
50:7	vol. 4: 129
50:10–11	vol. 3: 707
50:14	vol. 2: 407
50:17	vol. 1: 258, 445; vol. 2: 447; vol. 3: 575
50:20	vol. 1: 163; vol. 3: 313, 668; vol. 4: 142

Exodus

1–15	vol. 1: 163; vol. 3: 345
1:7	vol. 3: 783
1:8	vol. 1: 322; vol. 3: 361
1:10	vol. 4: 332, 334
1:11	vol. 3: 360, 361
1:12	vol. 1: 352
1:15–19	vol. 2: 73
1:15–16	vol. 1: 533

Scripture Index: Old Testament: Exodus

1:16 . . . . **vol. 1:** 406; **vol. 3:** 361
1:17–18 . . . . **vol. 2:** 367
1:18 . . . . **vol. 2:** 603; **vol. 4:** 208
1:22 . . . . **vol. 1:** 406; **vol. 3:** 88, 89, 361
2:1–10 . . . . **vol. 3:** 361
2:1–2 . . . . **vol. 2:** 503
2:2 . . . . **vol. 2:** 388, 755
2:3 . . . . **vol. 4:** 698
2:5 . . . . **vol. 3:** 173
2:6 . . . . **vol. 2:** 683
2:8 . . . . **vol. 3:** 639
2:10 . . . . **vol. 3:** 360
2:11–15 . . . . **vol. 3:** 361
2:11–13 . . . . **vol. 2:** 73
2:11 . . . . **vol. 1:** 150; **vol. 4:** 488
2:12 . . . . **vol. 1:** 519
2:13 . . . . **vol. 3:** 794
2:14 . . . . **vol. 1:** 417, 743, 745; **vol. 3:** 185; **vol. 4:** 587
2:15–22 . . . . **vol. 4:** 117, 245
2:15–16 . . . . **vol. 3:** 360; **vol. 4:** 245
2:15 . . . . **vol. 2:** 355; **vol. 3:** 644
2:16–22 . . . . **vol. 3:** 361
21:16 . . . . **vol. 3:** 79; **vol. 4:** 82
2:17–19 . . . . **vol. 4:** 214
3:21 . . . . **vol. 1:** 542, 543
2:22 . . . . **vol. 3:** 465, 644
2:23–3:22 . . . . **vol. 3:** 361
2:23–24 . . . . **vol. 4:** 367
2:23 . . . . **vol. 1:** 522
2:24–25 . . . . **vol. 2:** 232
2:24 . . . . **vol. 3:** 315; **vol. 4:** 366
3–4 . . . . **vol. 2:** 273
3:1–4:20 . . . . **vol. 3:** 360
3 . . . . **vol. 1:** 207
3:1–2 . . . . **vol. 4:** 294, 488
3:1 . . . . **vol. 3:** 361; **vol. 4:** 293
3:2–3 . . . . **vol. 4:** 193
3:2 . . . . **vol. 2:** 595; **vol. 4:** 194
3:3–4 . . . . **vol. 3:** 434
3:4 . . . . **vol. 4:** 390
3:5 . . . . . . **vol. 1:** 125; **vol. 2:** 77, 753; **vol. 3:** 191
3:6 . . . . **vol. 1:** 324; **vol. 2:** 493, 753; **vol. 3:** 517; **vol. 4:** 250
3:7 . . . . **vol. 1:** 209, 212; **vol. 3:** 89, 361, 528
3:8 . . . . **vol. 1:** 98, 539; **vol. 4:** 205
3:9–10 . . . . **vol. 2:** 462
3:9 . . . . **vol. 2:** 379, 462
3:10–12 . . . . **vol. 2:** 771
3:10 . . . . **vol. 3:** 89
3:12 . . . . . **vol. 2:** 189; **vol. 3:** 89, 95; **vol. 4:** 284
3:13–15 . . . . **vol. 2:** 770
3:13 . . . . **vol. 3:** 517
3:14 . . . . **vol. 2:** 771; **vol. 3:** 516, 517, 518
3:15 . . . . **vol. 3:** 517
3:16 . . . . **vol. 4:** 129
3:18–19 . . . . **vol. 3:** 405
3:18 . . . . **vol. 4:** 129, 501
3:19 . . . . **vol. 2:** 740
3:20 . . . . **vol. 2:** 420

3:21 . . . . **vol. 4:** 654
3:22 . . . . **vol. 1:** 385; **vol. 2:** 287
4–14 . . . . **vol. 4:** 313
4 . . . . **vol. 4:** 285
4:1–17 . . . . **vol. 3:** 361; **vol. 4:** 284
4:1–9 . . . . **vol. 3:** 761, 762
4:2 . . . . **vol. 4:** 200
4:4 . . . . **vol. 3:** 81
4:7 . . . . **vol. 1:** 354
4:10 . . . . **vol. 2:** 530
4:11 . . . . **vol. 2:** 781; **vol. 4:** 509
4:12 . . . . **vol. 1:** 328; **vol. 2:** 771; **vol. 4:** 107
4:14 . . . . **vol. 2:** 475, 503; **vol. 3:** 534; **vol. 4:** 644
4:15 . . . . **vol. 1:** 718; **vol. 2:** 771
4:18–31 . . . . **vol. 3:** 361
4:18 . . . . **vol. 4:** 516
4:19 . . . . **vol. 2:** 355; **vol. 3:** 365
4:21 . . . . **vol. 4:** 313, 314
4:22–23 . . . . **vol. 2:** 436, 771
4:22 . . . . **vol. 1:** 560; **vol. 3:** 679; **vol. 4:** 178, 524
4:24–26 . . . . **vol. 3:** 534, 725
4:25 . . . . **vol. 3:** 725
4:27–31 . . . . **vol. 3:** 762
4:28 . . . . **vol. 2:** 200
4:29 . . . . **vol. 4:** 129
4:31 . . . . **vol. 3:** 761
5:1–23 . . . . **vol. 3:** 361
5:1 . . . . **vol. 3:** 89
5:3 . . . . **vol. 2:** 406
5:5 . . . . **vol. 3:** 782
5:6 . . . . **vol. 1:** 595
5:11 . . . . **vol. 2:** 329; **vol. 4:** 107
5:15 . . . . **vol. 1:** 522
5:21 . . . . **vol. 2:** 745
5:22 . . . . **vol. 1:** 516
5:23 . . . . **vol. 3:** 89, 518
6:1–7:6 . . . . **vol. 3:** 361
6:2–3 . . . . **vol. 2:** 771
6:2 . . . . **vol. 3:** 516, 517
6:3 . . . . **vol. 1:** 681
6:4–5 . . . . **vol. 1:** 695
6:4 . . . . **vol. 3:** 644
6:5 . . . . **vol. 3:** 310; **vol. 4:** 366, 367
6:6–8 . . . . **vol. 2:** 106
6:6 . . . . **vol. 4:** 579
6:7 . . . . **vol. 1:** 578, 697; **vol. 4:** 306
6:14 . . . . **vol. 1:** 414
6:24–25 . . . . **vol. 1:** 570
6:25 . . . . **vol. 2:** 670
7–14 . . . . **vol. 4:** 447
7–12 . . . . **vol. 4:** 285
7–8 . . . . **vol. 4:** 286
7 . . . . **vol. 4:** 116
7:1 . . . . **vol. 4:** 164
7:3 . . . . **vol. 4:** 663
7:5 . . . . **vol. 2:** 106
7:7 . . . . **vol. 4:** 484, 486

Scripture Index: Old Testament: Exodus

7:9–12 . . . . **vol. 1:** 774
7:11 . . . . **vol. 4:** 332
7:13 . . . . **vol. 4:** 313
7:14–25 . . . . **vol. 4:** 118
7:14 . . . . **vol. 1:** 469
7:16 . . . . **vol. 3:** 89
7:17–21 . . . . **vol. 1:** 171
7:17 . . . . **vol. 2:** 402
7:18 . . . . **vol. 2:** 564
7:19–25 . . . . **vol. 3:** 361
7:22 . . . . **vol. 3:** 134; **vol. 4:** 313
7:23 . . . . **vol. 3:** 428
8:1–14 . . . . **vol. 3:** 361
8:2 . . . . **vol. 2:** 611
8:3 . . . . **vol. 4:** 629
8:11 . . . . **vol. 1:** 469
8:15 . . . . **vol. 4:** 313
8:16–19 . . . . **vol. 3:** 361
8:17 . . . . **vol. 3:** 471
8:20–32 . . . . **vol. 3:** 361
8:25 . . . . **vol. 1:** 348
8:32 [8:28] . . . . **vol. 2:** 588
9:1–7 . . . . **vol. 3:** 361
9:2 . . . . **vol. 2:** 84
9:3 . . . . **vol. 4:** 663
9:4 . . . . **vol. 4:** 208
9:5 . . . . **vol. 1:** 718
9:8–12 . . . . **vol. 3:** 361
9:13–35 . . . . **vol. 3:** 361
9:16 . . . . **vol. 1:** 117, 120, 642; **vol. 2:** 80; **vol. 4:** 314
9:18 . . . . **vol. 2:** 759; **vol. 4:** 742, 743
9:24 . . . . **vol. 4:** 192, 194
9:25 . . . . **vol. 3:** 448
9:28 . . . . **vol. 3:** 273
9:30 . . . . **vol. 2:** 253
10:1–20 . . . . **vol. 3:** 361
10:1–2 . . . . **vol. 1:** 578
10:2 . . . . **vol. 2:** 190; **vol. 3:** 573
10:4 . . . . **vol. 4:** 743
10:5 . . . . **vol. 3:** 719
10:7 . . . . **vol. 1:** 358
10:9 . . . . **vol. 2:** 222; **vol. 4:** 128
10:10 . . . . **vol. 4:** 101
10:11 . . . . **vol. 2:** 131
10:12 . . . . **vol. 2:** 250
10:13 . . . . **vol. 1:** 295; **vol. 4:** 286
10:14 . . . . **vol. 1:** 285
10:15 . . . . **vol. 3:** 99
10:19 . . . . . . **vol. 1:** 295; **vol. 2:** 400; **vol. 3:** 99; **vol. 4:** 286
10:21–29 . . . . **vol. 3:** 361
10:22 . . . . **vol. 4:** 321
10:25 . . . . **vol. 1:** 720
11:1–12:30 . . . . **vol. 3:** 361
11:2 . . . . **vol. 3:** 794
11:3 . . . . **vol. 4:** 654

11:5 . . . . **vol. 3:** 348
11:6 . . . . **vol. 3:** 434
11:8 . . . . **vol. 4:** 151
12:1–42 . . . . **vol. 2:** 232
12:1 . . . . **vol. 3:** 155
12:3–11 . . . . **vol. 3:** 679
12:5 . . . . **vol. 1:** 266, 406, 645
12:6 . . . . . . **vol. 1:** 645; **vol. 2:** 136; **vol. 3:** 663
12:7 . . . . **vol. 1:** 170, 266
12:8–9 . . . . **vol. 1:** 645
12:8 . . . . . **vol. 1:** 411, 646; **vol. 3:** 94; **vol. 4:** 192
12:11–14 . . . **vol. 3:** 663; **vol. 2:** 373; **vol. 3:** 663, 665; **vol. 4:** 348
12:12 . . . . **vol. 2:** 224
12:13 . . . **vol. 1:** 170, 266; **vol. 3:** 663; **vol. 4:** 284
12:14–20 . . . . **vol. 2:** 362
12:14 . . . . **vol. 3:** 309
12:15 . . . . **vol. 2:** 362; **vol. 3:** 486, 663
12:16 . . . . **vol. 2:** 602; **vol. 3:** 94
12:17 . . . . **vol. 2:** 224, 388
12:18 . . . . **vol. 4:** 175
12:19–20 . . . . **vol. 2:** 362
12:19 . . . . **vol. 2:** 362; **vol. 3:** 601
12:21–27 . . . . **vol. 4:** 129
12:21–23 . . . . **vol. 3:** 663
12:21 . . . . **vol. 2:** 603; **vol. 3:** 663
12:22–23 . . . . **vol. 1:** 168, 170
12:22 . . . . **vol. 1:** 460
12:23 . . . **vol. 1:** 121, 266; **vol. 2:** 497; **vol. 3:** 486
12:24 . . . . **vol. 4:** 623
12:26–27 . . . . **vol. 3:** 586, 679
12:26 . . . . **vol. 1:** 646; **vol. 4:** 524
12:27–28 . . . . **vol. 4:** 151
12:29 . . . . **vol. 1:** 191
12:30 . . . . **vol. 3:** 375
12:31–42 . . . . **vol. 3:** 361
12:34 . . . . **vol. 1:** 411; **vol. 2:** 362; **vol. 4:** 629
12:36 . . . . **vol. 4:** 654
12:38 . . . . **vol. 3:** 228
12:39 . . . . **vol. 1:** 411; **vol. 2:** 362
12:42 . . . . **vol. 1:** 645
12:43–48 . . . . **vol. 3:** 726
12:44 . . . . **vol. 1:** 769; **vol. 3:** 591; **vol. 4:** 413
12:45 . . . . **vol. 3:** 643
12:48–49 . . . . **vol. 4:** 148
12:48 . . . . **vol. 3:** 643, 726; **vol. 4:** 147
13:1–10 . . . . **vol. 1:** 599
13:2 . . . . **vol. 1:** 407; **vol. 2:** 486; **vol. 4:** 177
13:3–10 . . . . **vol. 1:** 411
13:3 . . . . **vol. 1:** 768; **vol. 2:** 362; **vol. 3:** 309
13:4 . . . . **vol. 3:** 379
13:5–8 . . . . **vol. 3:** 406
13:7 . . . . **vol. 2:** 362; **vol. 3:** 601
13:9 . . . . **vol. 2:** 338; **vol. 3:** 406; **vol. 4:** 663
13:10 . . . . **vol. 4:** 743
13:11–16 . . . . **vol. 1:** 599
13:12 . . . . **vol. 1:** 407; **vol. 2:** 486

Scripture Index: Old Testament: Exodus

13:14–16. . . . . .vol. 3: 679
13:14. . . . . .vol. 1: 768
13:16 . . . . vol. 2: 338; vol. 4: 232, 663
13:17–18. . . . . .vol. 3: 362
13:17. . . . . .vol. 3: 289
13:19 . . . . vol. 2: 249; vol. 3: 548
13:21–22. . . . . . vol. 2: 387; vol. 4: 390, 638, 639
13:21. . . . . .vol. 3: 438
13:22. . . . . .vol. 4: 192
14–15 . . . . vol. 3: 447; vol. 4: 519
14. . . . . .vol. 4: 285
14:3. . . . . .vol. 2: 687
14:4 . . . . vol. 1: 749; vol. 3: 523
14:5 . . . . vol. 3: 360; vol. 4: 595
14:7. . . . . .vol. 2: 147
14:11 . . . . . .vol. 2: 416; vol. 3: 604; vol. 4: 552
14:13–14. . . . . .vol. 4: 424
14:13 . . . . . . .vol. 1: 195; vol. 2: 418; vol. 4: 703
14:14 . . . . vol. 1: 476; vol. 4: 88, 291
14:15–18. . . . . .vol. 3: 285
14:15. . . . . .vol. 2: 358
14:19. . . . . .vol. 1: 121
14:21 . . . . vol. 1: 295; vol. 4: 418
14:22 . . . . vol. 2: 343; vol. 4: 463
14:23. . . . . .vol. 2: 401
14:26–27. . . . . .vol. 1: 354
14:27 . . . . vol. 2: 156; vol. 4: 144, 712
14:28. .vol. 2: 401, 611
14:30. . . . . .vol. 4: 214
14:31. . . . . .vol. 2: 447
15–17 . . . . .vol. 1: 591
15. . . . . .vol. 2: 402, 493; vol. 3: 259;
                                              vol. 4: 89, 738
15:1–18. . . . . .vol. 2: 232
15:1 . . . . vol. 2: 401; vol. 4: 737, 738
15:2 . . . . vol. 1: 778; vol. 4: 423
15:3. . . . . .vol. 3: 517
15:4–5. . . . . .vol. 2: 401
15:6 . . . . vol. 1: 777; vol. 2: 344
15:7. .vol. 3: 533, 783
15:8 . . . . vol. 1: 687; vol. 3: 804
15:9 . . . . vol. 1: 750; vol. 3: 281
15:10. . . . . .vol. 2: 401
15:11 . . . .vol. 2: 123, 420, 421, 435; vol. 3: 500;
                                                    vol. 4: 78
15:13 . . . . vol. 1: 777; vol. 3: 628
15:14. . . . . .vol. 4: 740
15:15 . . . . vol. 2: 376; vol. 3: 80
15:16 . . . . vol. 3: 757; vol. 4: 612
15:17 . . . . vol. 1: 409, 440; vol. 2: 266, 303, 695
15:18 . . . . vol. 3: 648; vol. 4: 704
15:20–21. . . . . .vol. 3: 360
15:20 . . . . vol. 1: 614; vol. 4: 163, 164
15:21. . . . . .vol. 2: 401
15:23–26. . . . . .vol. 3: 362
15:23 . . . . .vol. 3: 745, 746, 750
15:24. . . . . .vol. 2: 460

15:25 . . . . vol. 1: 726; vol. 2: 745
15:26 .vol. 2: 200, 496
15:27 . . . . vol. 3: 228, 362, 614; vol. 4: 117
16. . . . . vol. 1: 592; vol. 3: 228
16:1. . . . . .vol. 4: 293
16:2–12. . . . . .vol. 3: 700
16:2–3. . . . . .vol. 2: 460
16:3–18. . . . . .vol. 3: 691
16:4 . . . . vol. 2: 248, 757; vol. 3: 570
16:7. . . . . .vol. 1: 591
16:13–15. . . . . .vol. 3: 570
16:13. . . . . .vol. 3: 733
16:14. . . . . .vol. 3: 110
16:15 . . . . vol. 2: 300; vol. 3: 228
16:18 . . . . .vol. 3: 294, 490, 778
16:20. . . . . .vol. 3: 534
16:21. . . . . .vol. 2: 384
16:23 . . . . . . .vol. 1: 285; vol. 2: 223; vol. 3: 778
16:25 . . . . vol. 1: 285; vol. 2: 223
16:28. . . . . .vol. 3: 406
16:29. . . . . .vol. 3: 456
16:30. . . . . .vol. 4: 220
16:31–35. . . . . .vol. 3: 227
16:31 . . . . vol. 1: 564; vol. 3: 228
16:33–34. . . . . vol. 3: 228; vol. 4: 489
16:35 . . . . vol. 3: 228, 281, 476; vol. 4: 486, 705
17. . . . . .vol. 4: 285
17:1–7. . . . . vol. 3: 362, 750; vol. 4: 245
17:1–6. . . . . .vol. 3: 736, 737
17:1. . . . . .vol. 4: 382
17:2. . . . . .vol. 3: 171
17:3–7. . . . . .vol. 3: 691
17:3. . . . . .vol. 1: 591
17:5–6. . . . . .vol. 4: 117, 519
17:5. . . . . .vol. 4: 129
17:6. . . . . .vol. 3: 735, 752
17:7. . . . . .vol. 3: 171, 695, 696, 748
17:8–16. . . . . .vol. 3: 362
17:9–14. . . . . .vol. 2: 527
17:9–10. . . . . .vol. 3: 549
17:11. . . . . .vol. 2: 319
17:12 . . . . vol. 1: 469; vol. 4: 373
17:14 . . . . vol. 1: 511, 594, 597; vol. 3: 364
18:1–12. . . . . .vol. 3: 362
18:5. . . . . .vol. 4: 293
18:7. . . . . .vol. 1: 425
18:8–11. . . . . .vol. 1: 578
18:8. . . . . .vol. 3: 342
18:9. . . . . .vol. 1: 94
18:12–27. . . . . .vol. 3: 362
18:12 . . . . vol. 1: 644, 645; vol. 4: 129
18:13–26. . . . . .vol. 4: 130
18:13–14. . . . . .vol. 2: 577
18:13. . . . . .vol. 4: 129
18:16. . . . . .vol. 2: 745
18:18. . . . . .vol. 4: 598
18:20. . . . . .vol. 3: 454

Scripture Index: Old Testament: Exodus

18:21 . . . . vol. 1: 724; vol. 4: 273
18:22 . . . . vol. 3: 85
18:26 . . . . vol. 4: 208
19–24 . . . . vol. 2: 224; vol. 4: 293
19–20 . . . . vol. 4: 294
19. . . . . vol. 2: 273; vol. 3: 710; vol. 4: 294
19:1–15. . . . . vol. 3: 362
19:1 . . . . vol. 2: 224; vol. 3: 453, 709
19:2, 3 . . . . vol. 4: 293
19:4 . . . . vol. 3: 732
19:5–6. . . . . vol. 2: 435, 490; vol. 3: 718
19:5 . . . . . . vol. 1: 208; vol. 2: 89, 500, 503, 695;
vol. 3: 89, 180, 715
19:6 . . . . vol. 1: 482, 483; vol. 2: 93, 503,
506, 508; vol. 4: 207
19:7 . . . . vol. 2: 603; vol. 4: 129
19:8 . . . . vol. 3: 498; vol. 4: 129
19:9–13. . . . . vol. 3: 534
19:10–24. . . . . vol. 1: 125
19:10 . . . . . . vol. 1: 137; vol. 2: 304; vol. 4: 293
19:11 . . . . vol. 2: 303, 304; vol. 4: 293
19:12 . . . . vol. 1: 380, 381
19:14–20:17 . . . . vol. 3: 362
19:14 . . . . vol. 4: 293
19:15 . . . . vol. 1: 125; vol. 2: 304
19:16–24. . . . . vol. 4: 293
19:16–19. . . . . vol. 3: 709
19:16 . . . . vol. 1: 431; vol. 2: 398;
vol. 4: 235, 236, 293, 634
19:18 . . . . vol. 2: 154; vol. 3: 87, 567;
vol. 4: 194, 232, 684
19:19 . . . . vol. 1: 194
19:21 . . . . vol. 2: 218; vol. 3: 236
20. . . . . vol. 4: 227, 293
20:1–17. . . . . vol. 1: 208
20:1 . . . . vol. 3: 152
20:2–3. . . . . vol. 2: 347
20:2 . . . . vol. 1: 696; vol. 2: 174, 771;
vol. 3: 152, 155
20:3–17. . . . . vol. 3: 408
20:3–6. . . . . vol. 1: 744
20:3–4. . . . . vol. 2: 99
20:3 . . . . vol. 2: 300, 771
20:4 . . . . . vol. 1: 338; vol. 2: 103, 435, 649, 733;
vol. 3: 500, 566
20:5–6. . . . . vol. 1: 114
20:5 . . . . vol. 2: 351, 350, 771; vol. 3: 319;
vol. 4: 151, 604
20:6 . . . . vol. 1: 106; vol. 2: 351
20:7 . . . vol. 1: 516, 744; vol. 2: 570; vol. 3: 248,
494, 517, 568
20:8–11. . . . . vol. 4: 220, 221
20:9–10. . . . . vol. 2: 267
20:10 . . . . vol. 1: 285, 769; vol. 2: 388;
vol. 3: 444, 591, 644; vol. 4: 148
20:11 . . . . vol. 1: 285; vol. 2: 389; vol. 4: 221
20:12 . . . vol. 1: 98; vol. 2: 204; vol. 3: 298, 365,
679, 681; vol. 4: 494, 495, 524, 703, 705

20:13 . . . . vol. 1: 293
20:14 [20:13] . . . . . . vol. 1: 542, 745; vol. 3: 330
20:15–16. . . . . vol. 2: 232
20:15 . . . . vol. 1: 293; vol. 2: 691
20:16 . . . . vol. 3: 236; vol. 4: 720, 721
20:17 . . . . vol. 1: 614; vol. 2: 242
20:18 . . . . vol. 3: 87; vol. 4: 635
20:19 . . . . vol. 4: 684
20:20 . . . . vol. 2: 418
20:22–23:19 . . vol. 3: 152, 360, 797; vol. 4: 182
20:23 . . . . vol. 4: 708
20:24 . . . . vol. 2: 112; vol. 3: 491, 516
20:26 . . . . vol. 1: 435
21:1–23:33 . . . . vol. 3: 362
21:1–23:19 . . . . vol. 3: 408
21. . . . . vol. 2: 173
21:1 . . . . vol. 1: 726
21:2–11. . . . . vol. 1: 769
21:2 . . . . vol. 2: 73, 173; vol. 4: 182
21:5–6. . . . . vol. 3: 591
21:6 . . . . vol. 1: 194; vol. 4: 376
21:8 . . . . vol. 1: 160; vol. 3: 179; vol. 4: 196
21:10 . . . . vol. 1: 376
21:11 . . . . vol. 1: 385
21:12–17. . . . . vol. 3: 408
21:12 . . . . vol. 1: 744; vol. 2: 406
21:15 . . . . vol. 3: 298, 679; vol. 4: 524
21:16 [21:17] . . . . vol. 1: 293; vol. 2: 174, 691
21:17 [21:16] . . . . . . vol. 2: 600; vol. 3: 298, 679
21:19 . . . . vol. 2: 496
21:20 . . . . vol. 1: 743
21:21 . . . . vol. 1: 514; vol. 3: 591
21:22–25. . . . . vol. 1: 744
21:22 . . . . vol. 1: 745
21:22 . . . . vol. 2: 353; vol. 3: 251
21:23–25. . . . . vol. 1: 744
21:23 . . . . vol. 1: 331; vol. 4: 728
21:24 . . . . vol. 1: 332
21:26–27. . . . . vol. 1: 769; vol. 2: 447
21:27 . . . . vol. 2: 173
21:28–29. . . . . vol. 1: 299
21:30–31. . . . . vol. 1: 745
21:30 . . . . vol. 3: 179, 181
21:31 . . . . vol. 3: 757
21:33–34. . . . . vol. 1: 745
22:1–4. . . . . vol. 1: 745
22:1–2. . . . . vol. 2: 691
22:1 . . . . vol. 1: 745
22:2–3. . . . . vol. 2: 690
22:2 . . . . vol. 1: 769; vol. 2: 690; vol. 3: 591
22:3 . . . . vol. 1: 745
22:5–6. . . . . vol. 1: 745
22:6 . . . . vol. 1: 200; vol. 2: 691
22:8 . . . . vol. 4: 208
22:12 . . . . vol. 1: 402
22:13 [22:12] . . . . vol. 2: 453
22:15 . . . . vol. 1: 348

Scripture Index: Old Testament: Exodus

22:16 . . . . **vol. 1:** 543
22:17 . . . . **vol. 3:** 717
22:18 . . . . **vol. 2:** 705; **vol. 3:** 201
22:20–23:9 . . . . **vol. 2:** 174
22:20 . . . . **vol. 1:** 744; **vol. 3:** 335
22:21–24 [22:20–23] . . . . **vol. 4:** 148
22:21 . . . . **vol. 3:** 444, 644; **vol. 4:** 182
22:22–27 . . . . **vol. 4:** 182
22:22–24 [22:21–23] . . . **vol. 3:** 554; **vol. 4:** 669
22:22 . . . . **vol. 1:** 522
22:23–24 . . . . **vol. 3:** 534
22:23 [22:22] . . . . **vol. 2:** 737
22:24 . . . . **vol. 3:** 705; **vol. 4:** 183
22:25 . . . . **vol. 1:** 405; **vol. 3:** 466
22:27 . . . . **vol. 1:** 517; **vol. 4:** 182
22:28 . . . . . . **vol. 1:** 744; **vol. 2:** 507; **vol. 3:** 172
22:30 [22:29] . . . . **vol. 3:** 484, 824
23 . . . . **vol. 1:** 163
23:1 . . . . **vol. 1:** 620; **vol. 3:** 238
23:2 . . . . **vol. 2:** 703
23:4 . . . . **vol. 2:** 344
23:5 . . . . **vol. 2:** 80
23:6–8 . . . . **vol. 4:** 182
23:6 . . . . **vol. 3:** 705
23:7 . . . . **vol. 1:** 156, 451, 727
23:8 . . . . **vol. 1:** 719; **vol. 4:** 509
23:9 . . . . **vol. 3:** 444, 644; **vol. 4:** 148, 182
23:10–11 . . . . **vol. 1:** 269; **vol. 4:** 182
23:11 . . **vol. 1:** 141, 445; **vol. 2:** 160; **vol. 4:** 181
23:12 . . . . **vol. 1:** 284, 769; **vol. 4:** 148, 221, 224
23:14–17 . . . . **vol. 1:** 223, 588
23:14 . . . . **vol. 4:** 501
23:15 . . . . **vol. 4:** 624
23:16 . . . . **vol. 1:** 346, 659; **vol. 4:** 175, 177
23:17–21 . . . . **vol. 4:** 667
23:17 . . . . **vol. 1:** 667; **vol. 2:** 362
23:18 . . . . **vol. 2:** 131, 362, 479
23:19 . . . . **vol. 1:** 659
23:20–23 . . . . **vol. 1:** 121
23:20 . . . . **vol. 2:** 303; **vol. 3:** 156
23:22 . . . . **vol. 2:** 344; **vol. 3:** 715
23:25 . . . . **vol. 3:** 216; **vol. 4:** 519
23:27 . . . . **vol. 2:** 154
23:28–31 . . . . **vol. 2:** 131
23:28 . . . . **vol. 4:** 175
23:31 . . . . **vol. 2:** 400; **vol. 3:** 623; **vol. 4:** 663
23:33 . . . . **vol. 2:** 725
24 . . . . **vol. 3:** 362
24:1 . . . . **vol. 2:** 261; **vol. 3:** 328; **vol. 4:** 130
24:2 . . . . **vol. 3:** 335
24:3–8 . . . . . . **vol. 1:** 653; **vol. 2:** 484; **vol. 3:** 152
24:3–4 . . . . **vol. 3:** 152
24:4–8 . . . . **vol. 3:** 285
24:4 . . . . **vol. 3:** 364
24:5–8 . . . . **vol. 1:** 169, 698
24:6–8 . . . . **vol. 1:** 168
24:6 . . . . **vol. 1:** 169
24:7 . . . . . **vol. 1:** 207, 278, 511; **vol. 4:** 203, 205
24:8 . . . . . **vol. 1:** 169, 649, 653, 698; **vol. 2:** 159;
 . . . . **vol. 4:** 203, 205
24:9–11 . . . . **vol. 1:** 645, 696, 698
24:9–10 . . . . **vol. 3:** 567
24:9 . . . . **vol. 4:** 293
24:10 . . . . **vol. 4:** 369
24:11 . . . . **vol. 1:** 644; **vol. 2:** 290
24:12 . . . . **vol. 1:** 597; **vol. 4:** 543
24:15–16 . . . . **vol. 2:** 612
24:17 . . . . **vol. 3:** 87; **vol. 4:** 193
24:18 . . . . **vol. 4:** 293, 486
25–31 . . . . **vol. 3:** 362; **vol. 4:** 78
25–30 . . . . **vol. 4:** 303
25:2–3 . . . . **vol. 1:** 346
25:2 . . . . **vol. 1:** 754
25:8 . . . . **vol. 2:** 603; **vol. 4:** 305
25:9 . . . . **vol. 1:** 639; **vol. 3:** 567, 571;
 . . . . **vol. 4:** 302, 506
25:10–22 . . . . **vol. 4:** 303
25:11, 13 . . . . **vol. 4:** 708
25:16 . . . . **vol. 2:** 514
25:17 . . . . **vol. 2:** 533, 540
25:20 . . . . **vol. 4:** 309
25:22 . . . . **vol. 2:** 514; **vol. 4:** 668
25:23–30 . . . . **vol. 4:** 303
25:30 . . . **vol. 1:** 411, 687; **vol. 3:** 661; **vol. 4:** 157
25:31–40 . . . . **vol. 4:** 303
25:31–35 . . . . **vol. 3:** 188
25:31 . . . . **vol. 4:** 708
25:37 . . . . **vol. 3:** 188
25:40 . . . **vol. 2:** 510; **vol. 3:** 567; **vol. 4:** 307, 506
26–27 . . . . **vol. 4:** 389
26 . . . . **vol. 1:** 658
26:1 . . . . **vol. 1:** 657; **vol. 4:** 667
26:12 . . . . **vol. 3:** 294
26:9 . . . . **vol. 4:** 302
26:15–29 . . . . **vol. 4:** 390
26:24 . . . . **vol. 1:** 625; **vol. 2:** 669
26:31–35 . . . . **vol. 4:** 419
26:31 . . . . **vol. 4:** 667
26:32–33 . . . . **vol. 4:** 389
26:33 . . . **vol. 1:** 127; **vol. 3:** 237, 544; **vol. 4:** 303
26:37 . . . . **vol. 2:** 639
27:1–8 . . . . **vol. 4:** 303
27:1 . . . . **vol. 1:** 626
27:2 . . . . **vol. 1:** 625; **vol. 2:** 665
27:8 . . . . **vol. 2:** 704
27:9–19 . . . . **vol. 4:** 303
27:21 . . . . . . **vol. 1:** 694; **vol. 2:** 639; **vol. 3:** 236;
 . . . . **vol. 4:** 303
28 . . . . **vol. 2:** 506
28:1–4 . . . . **vol. 2:** 502
28:1 . . . . **vol. 3:** 268
28:2–4 . . . . **vol. 1:** 127
28:2 . . . . **vol. 4:** 494
28:3 . . . . **vol. 1:** 179; **vol. 2:** 747

Scripture Index: Old Testament: Exodus

28:4 . . . . .vol. 2: 373
28:15–21. . . . . .vol. 3: 114
28:15 . . . . .vol. 3: 135
28:35 . . . . .vol. 3: 105
28:36 . . . . .vol. 4: 506
28:30 . . . . vol. 1: 681; vol. 2: 694
28:36 . . . . .vol. 1: 127
28:38 . . . . vol. 1: 132, 674; vol. 2: 534
28:39–40 [28:35–36]. . . . . .vol. 2: 373
28:41 . . . . . . vol. 1: 132; vol. 3: 748; vol. 4: 699
28:42 . . . . .vol. 1: 435
29:1–7. . . . . .vol. 4: 699
29:1 . . . . .vol. 1: 132
29:2 . . . . .vol. 4: 630
29:4 . . . . vol. 3: 174; vol. 4: 519
29:7 . . . . vol. 2: 161; vol. 4: 698, 699
29:9 . . . . .vol. 1: 194; vol. 2: 373, 502;
vol. 4: 472, 663
29:10 . . . . .vol. 1: 247
29:12 . . . . vol. 1: 169; vol. 2: 479
29:16 . . . . vol. 1: 168; vol. 2: 478
29:17 . . . . .vol. 3: 264
29:18 . . . . .vol. 3: 559
29:21 . . . . .vol. 1: 132, 168; vol. 3: 174;
vol. 4: 203, 698
29:24–27. . . . . .vol. 3: 544
29:25 . . . . .vol. 3: 491
29:26–27. . . . . .vol. 4: 472
29:26 . . . . vol. 3: 281; vol. 4: 699
29:29–30. . . . . .vol. 2: 504
29:29 . . . . .vol. 4: 699
29:30–31. . . . . .vol. 1: 168
29:36 . . . . .vol. 2: 480
29:37 . . . . .vol. 1: 127
29:39–41. . . . . .vol. 4: 341
29:40 . . . . . . vol. 2: 483; vol. 3: 481; vol. 4: 630
29:41 . . . . .vol. 2: 483
29:45 . . . . .vol. 2: 603
30:1–10. . . . . vol. 2: 479; vol. 4: 303
30:1–8. . . . . .vol. 2: 473
30:1–3. . . . . .vol. 4: 487
30:1 . . . . .vol. 2: 473
30:4 . . . . .vol. 4: 463
30:7–9. . . . . .vol. 2: 473
30:8 . . . . .vol. 2: 771
30:9 . . . . .vol. 2: 482
30:10 . . . . .vol. 2: 479, 532
30:11–16. . . . . .vol. 1: 254, 660
30:12 . . . . vol. 1: 333; vol. 3: 179, 181
30:13–16. . . . . .vol. 3: 180
30:13 . . . . .vol. 1: 481
30:17–21. . . . . .vol. 4: 303, 519
30:18–21. . . . . vol. 3: 401; vol. 4: 663, 665
30:18 . . . . .vol. 2: 159
30:23 . . . . .vol. 4: 327
30:25 . . . . vol. 3: 350; vol. 4: 698
30:28 . . . . .vol. 3: 173
30:26 . . . . .vol. 4: 699
30:29 . . . . vol. 1: 127; vol. 4: 699
30:34–36. . . . . .vol. 3: 116
30:34–35. . . . . .vol. 2: 473
30:35 . . . . .vol. 1: 216
30:38 . . . . .vol. 1: 358
31:3 . . . . vol. 2: 434; vol. 3: 747, 805
31:4 . . . . .vol. 4: 468
31:6 . . . . vol. 1: 718; vol. 2: 624
31:7 . . . . .vol. 1: 694
31:12–18. . . . . .vol. 2: 224
31:12–17. . . . . .vol. 4: 221
31:13 . . . . vol. 1: 578; vol. 4: 284
31:14 .vol. 4: 221, 222
31:15 . . . . .vol. 1: 284
31:16 . . . . .vol. 4: 624
31:17 . . . . .vol. 4: 284
31:18 . . . . vol. 1: 597; vol. 3: 119, 237
32. . . . . vol. 1: 163; vol. 2: 503; vol. 3: 362;
vol. 4: 293
32:1 . . . . .vol. 4: 108
32:4 . . . . vol. 2: 333, 486; vol. 4: 708
32:5 . . . . .vol. 2: 676
32:6 . . . . .vol. 2: 191, 333, 486
32:8 . . . . .vol. 3: 454, 606
32:10 . . . . .vol. 3: 534
32:11–14. . . . . .vol. 2: 338, 553
32:11 . . . . .vol. 1: 667
32:12 . . . . vol. 1: 445; vol. 3: 535
32:13 . . . . vol. 1: 194, 428; vol. 3: 592
32:14 . . . . vol. 1: 445; vol. 3: 535
32:15–16. . . . . .vol. 1: 595
32:15 .vol. 3: 237, 281
32:16 .vol. 1: 594, 597
32:19 . . . . .vol. 4: 293
32:20 . . . . .vol. 3: 110
32:25–29. . . . . .vol. 2: 503
32:27 . . . . .vol. 1: 356
32:30 . . . . .vol. 2: 532
32:32–33. . . . . vol. 1: 511; vol. 2: 212
32:32 .vol. 1: 445, 597
32:34 . . . . .vol. 2: 250
33:3 . . . . .vol. 4: 313
33:4 . . . . .vol. 3: 707
33:5 . . . . .vol. 4: 313
33:6 . . . . .vol. 2: 732
33:7–11. . . . . vol. 2: 514; vol. 3: 285
33:9–10. . . . . .vol. 1: 287
33:11 . . . . . . .vol. 1: 208; vol. 2: 527; vol. 4: 606
33:12–23. . . . . .vol. 3: 362
33:12–13. . . . . .vol. 4: 654, 531
33:13 . . . . vol. 2: 330; vol. 4: 586
33:14–15. . . . . .vol. 4: 157
33:16 . . . . .vol. 1: 578
33:17–34:8 .vol. 4: 293
33:18–23. . . . . .vol. 2: 107
33:18 . . . . . . .vol. 1: 235; vol. 3: 528; vol. 4: 586

Scripture Index: Old Testament: Leviticus

33:19 . . . . **vol. 2:** 170, 662, 771; **vol. 3:** 478, 479; **vol. 4:** 314
33:20 . . . . **vol. 3:** 528
33:23 . . . . **vol. 1:** 235; **vol. 3:** 523, 528
34 . . . . **vol. 1:** 236, 695; **vol. 4:** 159
34:1–27 . . . . **vol. 3:** 362
34:1 . . . . **vol. 4:** 207, 293
34:2 . . . . **vol. 2:** 304
34:3 . . . . **vol. 3:** 794
34:4 . . . . **vol. 1:** 275
34:5 . . . . **vol. 3:** 641
34:6–7 . . . . **vol. 1:** 245; **vol. 2:** 436, 565
34:6 . . . . **vol. 1:** 226; **vol. 2:** 110, 436, 445; **vol. 3:** 479; **vol. 4:** 657
34:7 . . . . **vol. 1:** 157; **vol. 2:** 198, 570
34:9 . . . . **vol. 2:** 169
34:10 . . . . **vol. 1:** 570; **vol. 2:** 421
34:12 . . . . **vol. 2:** 725
34:13 . . . . **vol. 2:** 479
34:14 . . . . **vol. 2:** 350
34:15–16 . . . . **vol. 1:** 503
34:18 . . . . **vol. 2:** 223, 588
34:19 . . . . **vol. 4:** 178
34:20 . . . . **vol. 3:** 180, 181
34:21 . . . . **vol. 4:** 221, 222
34:22–26 . . . . **vol. 1:** 659
34:15–16 . . . . **vol. 3:** 523
34:22–23 . . . . **vol. 2:** 223
34:22 . . . . **vol. 4:** 398
34:23–24 . . . . **vol. 2:** 588
34:25 . . . . **vol. 2:** 362
34:27–28 . . . . **vol. 1:** 597; **vol. 4:** 207
34:28–35 . . . . **vol. 3:** 362
34:28–29 . . . . **vol. 4:** 293
34:28 . . . . **vol. 3:** 135, 365, 386
34:29–30 . . . . **vol. 1:** 765; **vol. 2:** 97
34:29 . . . . **vol. 4:** 544
34:30 . . . . **vol. 2:** 614; **vol. 4:** 129, 611
34:33–35 . . . . **vol. 2:** 612, 614
34:35 . . . . **vol. 1:** 765; **vol. 2:** 473
34:38 . . . . **vol. 2:** 392
35–40 . . . . **vol. 3:** 362
35–39 . . . . **vol. 4:** 78
35–38 . . . . **vol. 4:** 303

35:1–3 . . . . **vol. 4:** 221
35:2 . . . . **vol. 1:** 288
35:3 . . . . **vol. 4:** 192, 221
35:12 . . . . **vol. 4:** 698
35:21 . . . . **vol. 2:** 624; **vol. 4:** 727
35:22 . . . . **vol. 1:** 665; **vol. 3:** 428
35:25 . . . . **vol. 3:** 428
35:30–36:2 . . . . **vol. 4:** 468
35:21 . . . . **vol. 2:** 434; **vol. 3:** 747
35:32 . . . . **vol. 1:** 385; **vol. 4:** 468
35:33 . . . . **vol. 4:** 78
35:35 . . . . **vol. 3:** 747; **vol. 4:** 468
36–40 . . . . **vol. 4:** 389
36:1–2 . . . . **vol. 4:** 332
36:6 . . . . **vol. 2:** 676
36:7 . . . . **vol. 2:** 530
36:37 . . . . **vol. 1:** 595
37:7–9 . . . . **vol. 4:** 667
37:9 [38:8] . . . . **vol. 4:** 309
37:17–24 . . . . **vol. 4:** 303
37:18 [38:15] . . . . **vol. 2:** 549
37:21 . . . . **vol. 4:** 468
37:25–28 . . . . **vol. 4:** 303
39:25 [39:14] . . . . **vol. 1:** 694
38:1–7 . . . . **vol. 4:** 303
38:2, 5 [38:22, 24] . . . . **vol. 4:** 650
38:8, 9–20 . . . . **vol. 4:** 303
38:18 [37:16] . . . . **vol. 2:** 549
38:26 . . . . **vol. 1:** 254
38:27 . . . . **vol. 3:** 401
40:4 . . . . **vol. 4:** 160
40:9 . . . . **vol. 2:** 161; **vol. 4:** 699
40:10 . . . . **vol. 4:** 699
40:13 . . . . **vol. 4:** 698, 699
40:15 . . . . **vol. 1:** 221; **vol. 4:** 699
40:21 . . . . **vol. 2:** 640; **vol. 4:** 419
40:23 [40:21] . . . . **vol. 4:** 160
40:24, 29–32 . . . . **vol. 4:** 303
40:29 . . . . **vol. 2:** 482
40:34–35 . . . . **vol. 1:** 747; **vol. 4:** 305
40:34 . . . . **vol. 2:** 612
40:35 . . . . **vol. 4:** 309
40:36–37 . . . . **vol. 2:** 358
40:38 . . . . **vol. 2:** 552

Leviticus

1–7 . . . . **vol. 3:** 362
1:1 . . . . **vol. 3:** 362
1:2–3 . . . . **vol. 2:** 483, 728
1:2 . . . . **vol. 1:** 718; **vol. 2:** 552
1:3 . . . . **vol. 1:** 406; **vol. 2:** 481; **vol. 3:** 491
1:4–5 . . . . **vol. 2:** 482
1:4 . . . . **vol. 2:** 532
1:5–10 . . . . **vol. 2:** 482
1:5 . . . . **vol. 1:** 169; **vol. 2:** 159; **vol. 4:** 341
1:6 . . . . **vol. 2:** 482; **vol. 3:** 264

1:7–17 . . . . **vol. 2:** 481
1:9 . . . . **vol. 2:** 482, 704; **vol. 3:** 559
1:11 . . . . **vol. 1:** 169
1:12 . . . . **vol. 3:** 264
1:13 . . . . **vol. 2:** 482, 704
1:14–17 . . . . **vol. 2:** 481; **vol. 3:** 732
1:14 . . . . **vol. 1:** 481
1:17 . . . . **vol. 2:** 482
2:1–16 . . . . **vol. 2:** 161
2:1–15 . . . . **vol. 2:** 479

Scripture Index: Old Testament: Leviticus

2:1–2	vol. 3: 116
2:1	vol. 2: 159
2:3	vol. 2: 290
2:4–15	vol. 1: 719
2:4–5	vol. 2: 482; vol. 4: 630
2:4	vol. 1: 411; vol. 4: 698
2:5	vol. 1: 410
2:6	vol. 2: 290, 685
2:9–10	vol. 2: 290
2:10	vol. 3: 99
2:11	vol. 2: 362
2:13	vol. 1: 215, 216, 217
2:14–15	vol. 2: 482
3–5	vol. 1: 272
3:1–16	vol. 2: 483
3:1	vol. 1: 406; vol. 2: 112, 452
3:2	vol. 1: 168
3:5	vol. 4: 192
3:6	vol. 1: 406
3:17	vol. 1: 168
4	vol. 2: 480
4:2–21	vol. 2: 480
4:2	vol. 2: 200
4:3	vol. 2: 502; vol. 4: 699
4:5–7	vol. 2: 480
4:5	vol. 4: 688
4:6	vol. 1: 168, 460
4:7	vol. 1: 169; vol. 2: 479, 665; vol. 4: 733
4:11–12	vol. 2: 480
4:11	vol. 4: 253
4:12	vol. 2: 297, 595; vol. 3: 492
4:13	vol. 1: 134; vol. 2: 480
4:14	vol. 2: 136
4:16–18	vol. 2: 480
4:18	vol. 1: 169
4:20	vol. 1: 445
4:21, 22–23	vol. 2: 480
4:22	vol. 2: 479, 480
4:24	vol. 2: 482
4:25, 27–28	vol. 1: 169; vol. 2: 480
4:28	vol. 1: 406
4:30	vol. 1: 169
4:33	vol. 2: 482
4:34	vol. 1: 169; vol. 2: 491
5:1–13	vol. 2: 480
5:1	vol. 3: 461
5:2	vol. 2: 569
5:3–6	vol. 3: 494
5:3	vol. 2: 570; vol. 3: 300
5:5–6	vol. 2: 484
5:5	vol. 3: 507
5:6	vol. 2: 481
5:7	vol. 2: 481, 530, 562
5:8	vol. 2: 481
5:11	vol. 3: 116
5:15–18	vol. 1: 262
5:15	vol. 2: 481; vol. 4: 494
5:17–19	vol. 2: 481
5:18–19	vol. 3: 461
5:18	vol. 1: 134; vol. 4: 494
5:21	vol. 1: 402; vol. 2: 708
5:25	vol. 4: 494
6:1–7 [5:20–26]	vol. 2: 481
6:2–7	vol. 1: 745
6:2–6	vol. 2: 482
6:2–3 [5:21–22]	vol. 4: 720, 721
6:2	vol. 1: 402
6:8	vol. 2: 482
6:10	vol. 1: 262
6:12 [6:5]	vol. 4: 269
6:17 [6:10]	vol. 2: 362
6:21 [6:14]	vol. 2: 685
6:27 [6:20]	vol. 2: 480; vol. 4: 203
6:28	vol. 2: 480
6:29–30	vol. 3: 386
7:2	vol. 2: 482
7:8	vol. 2: 481
7:11–36	vol. 2: 483
7:12	vol. 1: 172; vol. 4: 698
7:13	vol. 2: 362
7:15–16	vol. 2: 483
7:18	vol. 1: 674; vol. 3: 124, 301
7:19–20	vol. 2: 570
7:22–27	vol. 2: 290
7:26–27	vol. 1: 168
7:34	vol. 2: 483
7:35	vol. 4: 698
7:37	vol. 2: 482; vol. 4: 472
7:38	vol. 4: 293
8–9	vol. 3: 362
8:2	vol. 4: 698
8:3, 4	vol. 2: 135
8:7	vol. 2: 373
8:8	vol. 1: 681
8:10	vol. 4: 699
8:12	vol. 2: 161
8:13	vol. 2: 373
8:15	vol. 1: 169; vol. 2: 570
8:20	vol. 3: 264
8:21	vol. 2: 482
8:27	vol. 4: 663
8:33	vol. 3: 786; vol. 4: 663
9:2–3	vol. 2: 480
9:2	vol. 3: 333
9:3	vol. 1: 266
9:4	vol. 2: 483
9:7	vol. 2: 482
9:9	vol. 1: 169
9:12	vol. 1: 169; vol. 2: 482
9:13	vol. 3: 264
9:15	vol. 2: 480
9:17	vol. 3: 748
9:22–23	vol. 2: 322
9:23–24	vol. 4: 192

9:24	vol. 2: 482
10	vol. 3: 326
10:1–11	vol. 2: 473
10:1, 2	vol. 4: 192
10:6	vol. 3: 470
10:9	vol. 3: 481
10:10	vol. 1: 501
10:16	vol. 2: 354
10:17	vol. 2: 534
11–15	vol. 2: 504
11	vol. 2: 571
11:8	vol. 1: 380
11:13–19	vol. 3: 732
11:14–22	vol. 3: 500
11:20	vol. 3: 732
11:32	vol. 2: 569
11:33, 35	vol. 2: 480
11:36	vol. 4: 398
11:42	vol. 3: 782
11:44–45	vol. 2: 553
11:44	vol. 3: 333
11:45	vol. 1: 163
11:46	vol. 3: 406
12–15	vol. 2: 480
12:1–8	vol. 4: 519
12:2–8	vol. 2: 486, 517
12:3	vol. 3: 726; vol. 4: 253
12:4	vol. 2: 283, 569
12:5	vol. 2: 576
12:6–8	vol. 3: 732
12:6	vol. 2: 481
12:7–8	vol. 2: 570
12:7	vol. 1: 406; vol. 3: 741
12:8	vol. 2: 481
13–14	vol. 2: 497; vol. 3: 107, 421
13	vol. 3: 108, 113; vol. 4: 516
13:2	vol. 1: 439; vol. 3: 108
13:3–4	vol. 4: 450
13:3	vol. 3: 113, 300
13:4–5	vol. 3: 544
13:4, 8	vol. 3: 108
13:10	vol. 4: 516
13:13	vol. 3: 108
13:15–16	vol. 4: 516
13:17	vol. 2: 570; vol. 3: 261
13:18–23	vol. 3: 108
13:19	vol. 3: 113
13:23	vol. 3: 273
13:24–39	vol. 1: 439
13:24–25	vol. 2: 595
13:28	vol. 1: 439; vol. 2: 595; vol. 4: 651
13:36	vol. 2: 249
13:37	vol. 1: 291
13:38–39	vol. 1: 439
13:44	vol. 2: 570; vol. 3: 301
13:46	vol. 4: 714
13:47	vol. 3: 108
13:49	vol. 1: 641; vol. 2: 506; vol. 3: 239
13:52	vol. 4: 192
13:59	vol. 3: 108
14	vol. 1: 168; vol. 3: 471
14:2–32	vol. 3: 239
14:2–3	vol. 2: 506
14:2, 3	vol. 3: 108
14:6–7	vol. 4: 203
14:8–9	vol. 3: 173; vol. 4: 519
14:10–32	vol. 2: 481
14:10	vol. 1: 266; vol. 3: 484
14:13	vol. 2: 482
14:14	vol. 1: 665
14:15	vol. 1: 395
14:16	vol. 4: 203
14:19	vol. 2: 480, 482
14:20	vol. 2: 239, 482
14:21–22	vol. 2: 329
14:22	vol. 2: 481
14:23	vol. 3: 484
14:27	vol. 4: 203
14:31	vol. 2: 482
14:32	vol. 2: 569
14:34–55	vol. 3: 471
14:35	vol. 2: 505
14:42–43	vol. 2: 212
14:43	vol. 1: 291
14:44	vol. 3: 108
14:48	vol. 2: 212
14:51	vol. 4: 203
14:55	vol. 3: 108
14:56	vol. 1: 439
15	vol. 4: 206, 519
15:2–3	vol. 4: 253
15:2	vol. 2: 570
15:5–27	vol. 3: 173
15:6	vol. 2: 577
15:11–12	vol. 3: 401
15:12	vol. 2: 480
15:14–15	vol. 2: 481
15:16	vol. 4: 343; vol. 2: 570, 714
15:18	vol. 2: 714
15:19	vol. 1: 381; vol. 2: 570; vol. 4: 206
15:24	vol. 1: 381
15:25–30	vol. 1: 381
15:25	vol. 2: 570
15:29–30	vol. 2: 481
15:31	vol. 2: 316
15:33	vol. 1: 406
16	vol. 1: 170, 258, 343, 744; vol. 2: 171, 488, 506, 509, 515, 538; vol. 3: 185, 458; vol. 4: 303, 581, 665
16:4	vol. 2: 373; vol. 3: 173; vol. 4: 519
16:5–11	vol. 3: 173
16:5	vol. 2: 480
16:6	vol. 1: 168; vol. 3: 471
16:7–10	vol. 2: 694

Scripture Index: Old Testament: Leviticus

16:8–10 . . . . vol. 2: 534, 693	19:2 . . . . vol. 1: 126, 131; vol. 2: 553
16:8 . . . . vol. 2: 697	19:3 . . . . vol. 1: 614
16:10 . . . . vol. 1: 366; vol. 2: 273	19:4 . . . . vol. 1: 205; vol. 2: 99
16:11 . . . . vol. 2: 480	19:7 . . . . vol. 1: 535, 674
16:12–13 . . . . vol. 2: 473; vol. 3: 173; vol. 4: 192	19:8 . . . . vol. 2: 204
16:12 . . . . vol. 2: 297	19:9 . . . . vol. 2: 449
16:14–19 . . . . vol. 4: 203	19:10 . . . . vol. 1: 269; vol. 3: 705; vol. 4: 181
16:14 . . . . \ . . . . . vol. 2: 260	19:11 . . . . . . vol. 2: 691; vol. 3: 794; vol. 4: 721
16:15–19 . . . . vol. 1: 168	19:12 . . . . vol. 1: 502, 744; vol. 3: 494, 495;
16:15 . . . . vol. 2: 297	vol. 4: 721
16:16 . . . . vol. 2: 480	19:13–18 . . . . vol. 1: 159
16:19 . . . . vol. 2: 260	19:13 . . . . vol. 1: 156, 745
16:20–22 . . . . vol. 1: 447; vol. 2: 534	19:14 . . . . vol. 4: 297, 509, 611
16:21–33 . . . . vol. 1: 157	19:15 [19:32] . . . . vol. 1: 725; vol. 2: 420;
16:21–22 . . . . vol. 2: 273, 694	vol. 4: 156, 181
16:21 . . . . vol. 1: 157; vol. 2: 506, 540	19:16 . . . . vol. 3: 418
16:24 . . . . vol. 3: 491; vol. 4: 519	19:17 . . . vol. 1: 114; vol. 2: 165–66; vol. 3: 319
16:26 . . . . vol. 1: 445	19:18 . . . . . vol. 1: 104, 108, 152, 244, 377, 743,
16:27 . . . vol. 2: 489; vol. 3: 671, 714; vol. 4: 189	747; vol. 3: 256, 319, 417, 536, 601,
16:28 . . . . vol. 2: 480, 515	794, 795; vol. 4: 242
16:29 . . . . vol. 3: 386; vol. 4: 450	19:19 . . . vol. 2: 358, 361; vol. 3: 417; vol. 4: 343
16:30 . . . . vol. 2: 570	19:20 . . . . vol. 2: 173; vol. 3: 179, 181
16:31 . . . . vol. 3: 386	19:22 . . . . vol. 1: 445
17–26 . . . . vol. 1: 126	19:23 . . . . vol. 1: 535
17 . . . . vol. 1: 168	19:24 . . . . vol. 4: 487
17:3 . . . . vol. 1: 303	19:26 . . . . vol. 3: 201
17:4 . . . . vol. 1: 157	19:28 . . . . vol. 1: 595; vol. 3: 265; vol. 4: 376, 412
17:7 . . . . vol. 1: 630	19:29 . . . . vol. 4: 376, 412
17:8 . . . . vol. 1: 168	19:31 . . . . vol. 3: 201
17:9 . . . . vol. 1: 157	19:32 . . . . vol. 4: 495, 611
17:10 . . . . . . vol. 1: 168; vol. 2: 290; vol. 4: 156	19:33–34 . . . . vol. 2: 174; vol. 3: 794
17:11 . . . . vol. 1: 168, 169, 447; vol. 2: 367,	19:34 . . . . vol. 1: 104, 106
483, 534; vol. 3: 185; vol. 4: 728	19:35 . . . . vol. 3: 294
17:13–14 . . . . vol. 3: 824	19:36 . . . . vol. 1: 723, 724; vol. 2: 358
17:13 . . . . vol. 1: 168; vol. 3: 732	20 . . . . vol. 1: 435
17:14 . . . . vol. 1: 168; vol. 2: 367, 483, 506,	20:1–5 . . . . vol. 2: 482
534; vol. 3: 486; vol. 4: 728	20:2 . . . . vol. 4: 192
17:15 . . . . vol. 1: 168	20:3–6 . . . . vol. 1: 358
17:16 . . . . vol. 2: 481	20:3 . . . . vol. 1: 502
18 . . . . vol. 1: 435	20:4 . . . . vol. 1: 85, 359
18:3 . . . . vol. 4: 108	20:6 . . . . vol. 3: 201
18:4 . . . . vol. 2: 746; vol. 4: 623	20:9–16 . . . . vol. 2: 198
18:5 . . . . vol. 2: 368, 746; vol. 3: 414	20:10 . . . . vol. 1: 303, 542, 745; vol. 3: 330
18:6–19 . . . . vol. 2: 612	20:11–21 . . . . vol. 1: 745
18:6–18 . . . . vol. 1: 542	20:11–12 . . . . vol. 2: 198
18:7–18 . . . . vol. 1: 745	20:11 . . . . vol. 2: 612
18:16–18 . . . . vol. 4: 114	20:13 . . . . vol. 1: 405, 745; vol. 2: 715
18:17 . . . . vol. 4: 274	20:14 . . . . vol. 1: 745; vol. 4: 192
18:18 . . . . vol. 3: 790	20:15 . . . . vol. 2: 714
18:19–33 . . . . vol. 1: 542	20:18 . . . . vol. 4: 206
18:19 . . . . vol. 1: 381	20:20–21 . . . . vol. 1: 542
18:20 . . . . vol. 1: 542; vol. 2: 714	20:22 . . . . vol. 2: 746
18:21 . . . . vol. 2: 482; vol. 3: 517	20:24 . . . . vol. 3: 544
18:22 . . . . vol. 1: 406, 408, 745; vol. 2: 714, 715	20:26 . . . . vol. 2: 553
18:23 . . . . vol. 1: 745; vol. 2: 714	20:27 . . . . vol. 1: 744; vol. 2: 198; vol. 3: 201
18:27 . . . . vol. 4: 175	21–22 . . . . vol. 1: 502
18:29 . . . . vol. 1: 745	21 . . . . vol. 2: 504

Scripture Index: Old Testament: Leviticus

21:1–24	vol. 4: 710
21:7	vol. 1: 542; vol. 3: 268
21:8	vol. 1: 216
21:9	vol. 1: 745; vol. 4: 192
21:10, 12	vol. 4: 688
21:13–23	vol. 3: 681
21:13–14	vol. 1: 542; vol. 3: 268
21:13	vol. 3: 638
21:14	vol. 4: 669
21:17	vol. 1: 216
21:18–20	vol. 4: 510
21:18	vol. 4: 509, 710
21:20	vol. 1: 141
21:21	vol. 2: 77
21:22	vol. 2: 483
21:23	vol. 2: 77
22:4	vol. 3: 108; vol. 4: 343
22:7	vol. 2: 384
22:11	vol. 1: 769
22:13	vol. 3: 679
22:14	vol. 1: 134, 136
22:18–25	vol. 4: 710
22:18–19	vol. 2: 481
22:18	vol. 1: 175; vol. 3: 506
22:20–21	vol. 1: 674
22:21	vol. 1: 175; vol. 2: 483
22:22–23	vol. 4: 669
22:22	vol. 4: 509
22:23	vol. 1: 674; vol. 2: 483
22:24	vol. 2: 327
22:25	vol. 1: 674
23	vol. 2: 223, 602; vol. 3: 94
23:1–3	vol. 4: 221, 222
23:2	vol. 2: 222
23:15	vol. 1: 284; vol. 3: 663
23:6	vol. 3: 663; vol. 2: 260
23:10	vol. 2: 449
23:12	vol. 2: 481
23:13	vol. 3: 481
23:19	vol. 2: 483
23:26–32	vol. 2: 224; vol. 3: 386
23:27	vol. 2: 533; vol. 3: 386
23:32	vol. 3: 386
23:34–36	vol. 2: 273
23:34	vol. 2: 260; vol. 4: 302, 303
23:37	vol. 2: 482, 483
23:42–43	vol. 2: 273; vol. 4: 303
23:43	vol. 2: 224
24:2	vol. 2: 161
24:5–9	vol. 4: 157
24:7	vol. 3: 116, 308
24:8	vol. 4: 222
24:9	vol. 4: 437
24:10–16	vol. 1: 517
24:10	vol. 2: 552
24:11–13	vol. 1: 744
24:14	vol. 4: 189
24:16	vol. 3: 516
24:18	vol. 1: 745
24:19–20	vol. 1: 744
24:21	vol. 1: 745
24:22	vol. 1: 725
25	vol. 2: 696
25:3–7	vol. 1: 269
25:3–4	vol. 1: 268
25:5	vol. 2: 449
25:6	vol. 3: 643, 644
25:9	vol. 2: 533; vol. 4: 235
25:10–11	vol. 3: 708
25:22	vol. 3: 599
25:23–48	vol. 3: 754
25:23–24	vol. 3: 180
25:23	vol. 1: 499; vol. 2: 708; vol. 3: 444, 644, 754
25:24	vol. 3: 180
25:25	vol. 3: 181
25:26	vol. 3: 180
25:27	vol. 3: 754
25:30–31	vol. 4: 463
25:30	vol. 1: 499; vol. 2: 778
25:31–32	vol. 3: 180
25:34	vol. 1: 141
25:35–47	vol. 3: 644
25:35	vol. 1: 104
25:36	vol. 3: 466
25:37	vol. 3: 180
25:39–43	vol. 1: 769
25:42	vol. 3: 754
25:44–46	vol. 1: 769
25:44–46	vol. 1: 769
25:48–49	vol. 3: 180
25:50	vol. 3: 180
25:51–52	vol. 3: 180
25:55	vol. 3: 180
26	vol. 2: 320
26:4	vol. 2: 587, 588
26:5	vol. 1: 433; vol. 3: 327; vol. 4: 343
26:6	vol. 2: 453; vol. 4: 611
26:7–8	vol. 1: 749
26:8	vol. 4: 91
26:10	vol. 3: 379, 599
26:11–12	vol. 3: 373
26:12	vol. 1: 697; vol. 3: 90, 475, 674, 675, 676; vol. 4: 306
26:13	vol. 1: 677; vol. 3: 358
26:14	vol. 1: 207; vol. 4: 549
26:15–16	vol. 1: 696
26:16	vol. 2: 657
26:18	vol. 3: 586
26:19	vol. 4: 514
26:22	vol. 3: 273, 453; vol. 4: 78
26:25	vol. 1: 743
26:28	vol. 3: 586
26:31	vol. 2: 272; vol. 3: 559

Scripture Index: Old Testament: Numbers

26:32 .... vol. 3: 421
26:41 .... vol. 3: 726, 727
26:46 .... vol. 3: 406
27:2 .... vol. 1: 406
27:3–7 .... vol. 1: 406
27:4–7 .... vol. 2: 452
27:8 .... vol. 4: 494
27:10–14 .... vol. 2: 609
27:12 .... vol. 4: 494
27:13 .... vol. 3: 180
27:14 .... vol. 4: 494
27:15 .... vol. 3: 180
27:23 .... vol. 3: 124; vol. 4: 481
27:27 .... vol. 4: 494
27:28 .... vol. 1: 282
27:29 .... vol. 1: 282
27:30–32 .... vol. 1: 659
27:30 .... vol. 3: 449
27:31 .... vol. 3: 179, 180

Numbers

1. .... vol. 3: 362, 678
1:2 .... vol. 1: 406, 413; vol. 3: 471, 678; vol. 4: 627
1:3 .... vol. 1: 777; vol. 2: 249
1:4 .... vol. 1: 414; vol. 2: 670; vol. 4: 627
1:16 .... vol. 2: 603
1:18–42 .... vol. 1: 406
1:18 .... vol. 1: 570; vol. 4: 627
1:20–42 .... vol. 1: 684
1:20 .... vol. 4: 627
1:23–46 .... vol. 4: 671
1:23 .... vol. 2: 249
1:50 .... vol. 3: 237; vol. 4: 302
2. .... vol. 3: 362
2:25 .... vol. 4: 628
3–6 .... vol. 4: 362
3:1 .... vol. 4: 293
3:3 .... vol. 1: 221; vol. 4: 663
3:4 .... vol. 4: 192, 293
3:6–10 .... vol. 3: 111
3:10 .... vol. 2: 479; vol. 3: 268
3:16 .... vol. 4: 634
3:25 .... vol. 2: 612
3:31 .... vol. 2: 612
3:40 .... vol. 1: 406
3:45–51 .... vol. 3: 111
3:46–51 .... vol. 3: 180, 778
3:46 .... vol. 3: 778
3:49 .... vol. 3: 179, 180
4. .... vol. 3: 678
4:5 .... vol. 4: 309
4:6 .... vol. 2: 612
4:7 .... vol. 2: 483
4:8–25 .... vol. 2: 612
4:12 .... vol. 3: 105
4:15 .... vol. 1: 127; vol. 2: 614
4:16 .... vol. 4: 698
4:20 .... vol. 1: 127; vol. 2: 614
4:26 .... vol. 4: 300
4:31 .... vol. 2: 612
4:32 .... vol. 3: 105
4:37 .... vol. 4: 662
4:43 .... vol. 3: 105
5:3 .... vol. 1: 406; vol. 2: 297
5:6–10 .... vol. 2: 481
5:6–7 .... vol. 2: 484
5:6 .... vol. 1: 303
5:7–8 .... vol. 2: 481
5:7 .... vol. 3: 507
5:11–31 .... vol. 1: 265; vol. 3: 330
5:11–28 .... vol. 3: 494
5:12 .... vol. 3: 606
5:13 .... vol. 3: 301
5:14 .... vol. 3: 804
5:17 .... vol. 1: 127
5:18–27 .... vol. 1: 382; vol. 2: 165
5:19–20 .... vol. 3: 606
5:19 .... vol. 1: 265
5:20 .... vol. 2: 714
5:22 .... vol. 1: 264
5:23–24 .... vol. 1: 597
5:26 .... vol. 3: 309
5:29 .... vol. 3: 406, 606
6. .... vol. 2: 322
6:1–21 .... vol. 1: 125
6:1–12 .... vol. 2: 481
6:2 .... vol. 1: 138
6:3 .... vol. 1: 138; vol. 3: 481; vol. 4: 154
6:4–21 .... vol. 2: 337
6:5 .... vol. 1: 138; vol. 3: 786
6:10–11 .... vol. 2: 481
6:14–17 .... vol. 2: 481
6:14 .... vol. 2: 481
6:15 .... vol. 2: 483
6:17 .... vol. 4: 341
6:21 .... vol. 1: 138
6:24–26 .... vol. 1: 265; vol. 2: 113, 322; vol. 3: 516; vol. 4: 156
6:25 .... vol. 4: 587
6:26 .... vol. 1: 718
6:27 [6:23] .... vol. 2: 322; vol. 3: 516
7–8 .... vol. 3: 363
7:1 .... vol. 4: 699
7:8 .... vol. 1: 687
7:9 .... vol. 3: 105
7:10–11 .... vol. 2: 581
7:17 .... vol. 1: 266
7:89 .... vol. 3: 156; vol. 4: 667

29

Scripture Index: Old Testament: Numbers

8	**vol. 1:** 720
8:5–22	**vol. 4:** 519
8:7	**vol. 4:** 437
8:11–15	**vol. 2:** 483
8:11	**vol. 1:** 720; **vol. 2:** 267
8:21	**vol. 1:** 138
9:1–10:10	**vol. 3:** 363
9:2	**vol. 4:** 743
9:3, 7	**vol. 2:** 588
9:10	**vol. 1:** 303
9:13	**vol. 2:** 588; **vol. 3:** 486; **vol. 4:** 575
9:15	**vol. 2:** 388; **vol. 4:** 303
9:18, 22	**vol. 4:** 309
10:4	**vol. 1:** 414
10:7	**vol. 2:** 136
10:8	**vol. 4:** 236
10:9	**vol. 3:** 308; **vol. 4:** 423
10:10	**vol. 4:** 235
10:11–36	**vol. 3:** 363
10:29–32	**vol. 1:** 94
10:32	**vol. 1:** 97
10:35	**vol. 3:** 319
11	**vol. 3:** 228
11:1–3	**vol. 3:** 363
11:1	**vol. 4:** 192, 654
11:2	**vol. 2:** 337
11:4–6	**vol. 2:** 460; **vol. 3:** 700
11:4	**vol. 2:** 242
11:5	**vol. 3:** 309, 313
11:6–9	**vol. 3:** 227
11:7–8	**vol. 3:** 228
11:8	**vol. 2:** 378; **vol. 3:** 348
11:10–30	**vol. 3:** 363
11:10–25	**vol. 2:** 261
11:11–15	**vol. 1:** 516
11:11	**vol. 3:** 668
11:15	**vol. 2:** 330
11:16–30	**vol. 4:** 164
11:16	**vol. 3:** 614; **vol. 4:** 130
11:23	**vol. 1:** 396
11:24–29	**vol. 2:** 154
11:25–27	**vol. 3:** 805; **vol. 4:** 163
11:25	**vol. 1:** 285; **vol. 4:** 164
11:28	**vol. 2:** 780
11:29	**vol. 3:** 89, 813
11:31–32	**vol. 3:** 733
11:31	**vol. 1:** 295
11:33–34	**vol. 3:** 700
11:34	**vol. 2:** 242
12:1–16	**vol. 3:** 363
12:1	**vol. 1:** 542
12:2	**vol. 1:** 209
12:3	**vol. 4:** 123, 124
12:5	**vol. 4:** 390
12:6	**vol. 3:** 511; **vol. 4:** 171, 310
12:7–8	**vol. 2:** 447; **vol. 3:** 592
12:7	**vol. 3:** 367, 471, 473, 761
12:8	**vol. 1:** 173; **vol. 2:** 96, 97, 98; **vol. 3:** 78, 528
12:9	**vol. 3:** 534
12:10	**vol. 1:** 450
12:11–12	**vol. 2:** 503
12:12	**vol. 2:** 157
12:13	**vol. 2:** 434
12:20	**vol. 3:** 108
13–14	**vol. 3:** 363
13:16	**vol. 4:** 424
13:18	**vol. 3:** 489
13:20 [13:21]	**vol. 2:** 630
13:23	**vol. 2:** 724
13:24	**vol. 4:** 392
13:26	**vol. 4:** 107
13:27	**vol. 4:** 205
13:28	**vol. 4:** 94
13:32 [13:33]	**vol. 2:** 154
14–17	**vol. 1:** 591
14	**vol. 3:** 746
14:2	**vol. 3:** 574
14:3–4	**vol. 4:** 551
14:3	**vol. 1:** 402
14:4	**vol. 1:** 718
14:6	**vol. 2:** 527
14:9	**vol. 1:** 450, 451; **vol. 4:** 611
14:11	**vol. 1:** 516; **vol. 4:** 285
14:13–22	**vol. 2:** 338
14:13	**vol. 2:** 561
14:14	**vol. 4:** 192, 193
14:18	**vol. 3:** 210
14:19	**vol. 1:** 445; **vol. 2:** 169
14:20–30	**vol. 3:** 495
14:21–23	**vol. 3:** 497
14:21	**vol. 1:** 130; **vol. 3:** 494, 786
14:22	**vol. 3:** 528, 696; **vol. 4:** 285
14:23	**vol. 1:** 516; **vol. 3:** 379
14:24	**vol. 1:** 205
14:27	**vol. 1:** 209, 591
14:29	**vol. 1:** 392
14:30	**vol. 2:** 527; **vol. 4:** 302
14:31	**vol. 1:** 451
14:34	**vol. 3:** 699
14:35	**vol. 3:** 147
14:41	**vol. 3:** 606
14:43	**vol. 3:** 756
15	**vol. 4:** 630
15:3	**vol. 3:** 491, 559
15:5–10	**vol. 4:** 341
15:5	**vol. 1:** 266
15:7, 10	**vol. 3:** 481
15:14–30	**vol. 4:** 148
15:15	**vol. 4:** 148
15:17–21	**vol. 1:** 346
15:20–21	**vol. 4:** 629
15:22–26	**vol. 2:** 480
15:25–26	**vol. 1:** 445

Scripture Index: Old Testament: Numbers

15:27–31	vol. 2: 480
15:27	vol. 1: 744
15:30–31	vol. 1: 517, 744; vol. 4: 146
15:30	vol. 4: 558
15:32–36	vol. 4: 221
15:32	vol. 4: 222
15:35	vol. 4: 189
15:37–41	vol. 1: 209; vol. 2: 339
15:39–40	vol. 3: 309
15:39	vol. 3: 428
16	vol. 3: 363, 564
16:2	vol. 3: 516
16:5	vol. 1: 581; vol. 4: 415
16:7	vol. 4: 523
16:9	vol. 3: 105
16:14	vol. 2: 693
16:15	vol. 1: 469; vol. 2: 482
16:21	vol. 1: 342; vol. 4: 418
16:22	vol. 4: 253
16:25	vol. 4: 129
16:26	vol. 1: 380; vol. 4: 418
16:28	vol. 4: 534, 543
16:30	vol. 1: 516
16:33	vol. 1: 358
16:35	vol. 3: 87; vol. 4: 192
16:46–49	vol. 3: 486
16:46	vol. 2: 473
17	vol. 3: 363
17:2–10 [17:17–25]	vol. 4: 200
17:2–3 [17:17–18]	vol. 1: 595
17:11	vol. 4: 156
17:25	vol. 4: 489
18:1–7	vol. 2: 504
18:1	vol. 3: 268
18:2	vol. 1: 346
18:3	vol. 2: 504
18:8	vol. 4: 489
18:9	vol. 1: 132; vol. 2: 482
18:12	vol. 1: 346
18:14	vol. 1: 282
18:15–16	vol. 3: 180
18:15	vol. 1: 346; vol. 4: 178
18:19	vol. 1: 216
18:20–27	vol. 3: 111
18:20	vol. 2: 695, 701
18:21	vol. 1: 657, 659
18:22–23	vol. 2: 534
18:22	vol. 2: 407; vol. 4: 146
18:28	vol. 1: 659
18:29–32	vol. 1: 346
18:35	vol. 3: 179
19	vol. 4: 204
19:2	vol. 2: 358
19:4	vol. 1: 168
19:9	vol. 4: 203, 489
19:11–12	vol. 4: 519
19:11	vol. 1: 380
19:13	vol. 2: 481; vol. 4: 200
19:14–15	vol. 2: 570
19:14	vol. 4: 302
19:16	vol. 1: 380; vol. 3: 375
19:17	vol. 2: 159
19:18–21	vol. 4: 203
19:20	vol. 2: 481; vol. 4: 203
19:21	vol. 4: 203
20:1–14	vol. 3: 363
20:1–13	vol. 3: 736, 737
20:1–11	vol. 4: 245
20:1	vol. 3: 363
20:2–5	vol. 3: 746
20:3	vol. 3: 171
20:8	vol. 2: 135; vol. 3: 735
20:10–12	vol. 1: 516
20:10	vol. 2: 135
20:11	vol. 3: 752
20:12	vol. 3: 363
20:13	vol. 3: 171
20:14	vol. 2: 253
20:16	vol. 1: 522
20:17	vol. 3: 455
20:20	vol. 3: 581
20:22–29	vol. 3: 363
21	vol. 3: 363, 580
21:3	vol. 1: 282; vol. 2: 603
21:4–9	vol. 2: 273, 274
21:4–5	vol. 3: 700
21:8–9	vol. 3: 580
21:9	vol. 1: 492
21:14	vol. 1: 511
21:15	vol. 2: 579
21:16–21	vol. 4: 245, 246
21:17	vol. 4: 246
21:21	vol. 4: 128
21:27	vol. 2: 643
21:29	vol. 3: 561
21:35	vol. 3: 99
22–24	vol. 1: 383; vol. 2: 319; vol. 3: 363
22	vol. 1: 551
22:4	vol. 2: 588
22:6	vol. 1: 382
22:19	vol. 4: 565
22:22	vol. 1: 121; vol. 4: 265
22:24	vol. 4: 614
22:25	vol. 2: 462; vol. 3: 246; vol. 4: 463
22:31	vol. 2: 612, 616
22:32	vol. 1: 692; vol. 4: 265
22:33	vol. 3: 717
22:34	vol. 1: 386
23–24	vol. 3: 608
23:3	vol. 1: 641
23:7–10	vol. 2: 320
23:7	vol. 2: 493
23:9	vol. 2: 552; vol. 3: 89, 429, 444
23:10	vol. 2: 493

Scripture Index: Old Testament: Numbers

23:18–24	vol. 2: 320
23:23	vol. 2: 493
23:19	vol. 4: 526, 527, 721
23:21	vol. 3: 342
23:30	vol. 2: 237
24:2	vol. 3: 648
24:3–9	vol. 2: 320
24:4	vol. 2: 612
24:5–6	vol. 2: 320
24:7	vol. 4: 519
24:10	vol. 4: 501, 663
24:11	vol. 1: 376
24:15–24	vol. 2: 320
24:16	vol. 2: 253, 612
24:17	vol. 1: 291, 292, 427, 428, 429; vol. 2: 554; vol. 3: 397; vol. 4: 200, 201, 690
24:18	vol. 2: 433
24:20	vol. 1: 413
24:22	vol. 3: 602
24:24	vol. 3: 498
25	vol. 3: 363
25:1–3	vol. 3: 397
25:1–2	vol. 3: 397, 398
25:1	vol. 4: 111
25:3	vol. 3: 534
25:4	vol. 3: 533
25:10	vol. 1: 285
25:6–11	vol. 3: 535
25:11	vol. 2: 350
25:18	vol. 1: 760
25:41	vol. 1: 639
26	vol. 3: 363
26:9	vol. 2: 603
26:52–56	vol. 2: 695
26:53	vol. 3: 281
27	vol. 4: 665
27:1–2	vol. 1: 614
27:12–23	vol. 3: 363
27:15–23	vol. 2: 527
27:16	vol. 4: 259
27:17	vol. 2: 251; vol. 3: 774; vol. 4: 136
27:18	vol. 3: 805; vol. 4: 665
27:21	vol. 1: 681
27:23	vol. 4: 665
28–29	vol. 1: 272; vol. 3: 94
28:1–10	vol. 2: 481
28:2	vol. 1: 719; vol. 2: 483
28:7	vol. 4: 341, 424
28:8	vol. 2: 483
28:9–29:39	vol. 2: 223
28:9	vol. 4: 222
28:13	vol. 2: 482
28:14	vol. 3: 481; vol. 4: 341
28:24	vol. 1: 719
28:25	vol. 2: 602
29:1–11	vol. 2: 224
29:6	vol. 2: 746
29:7	vol. 3: 386; vol. 4: 450
29:11	vol. 2: 533
29:39	vol. 2: 482, 483
30	vol. 1: 614
30:2 [30:3]	vol. 3: 495
30:3–12 [30:2–11]	vol. 3: 544
30:3	vol. 3: 494
30:4	vol. 4: 273
30:10–15	vol. 4: 295
31	vol. 3: 363
31:2	vol. 1: 743, 744
31:4	vol. 1: 366
31:7–12	vol. 1: 769
31:9	vol. 1: 192, 777
31:14	vol. 1: 777; vol. 3: 249, 250
31:15	vol. 1: 406; vol. 2: 452
31:16	vol. 3: 397
31:17–18	vol. 2: 714; vol. 3: 461
31:22–23	vol. 2: 480
31:23	vol. 1: 218
31:28–41	vol. 4: 472
31:28	vol. 4: 481
31:32–47	vol. 1: 769; vol. 3: 228
31:32	vol. 3: 778; vol. 4: 192
31:37–41	vol. 4: 481
31:50	vol. 1: 665
32	vol. 3: 363
32:10	vol. 2: 388; vol. 3: 534
32:12–15	vol. 1: 744
32:22	vol. 2: 769
32:18	vol. 3: 281, 471
32:33	vol. 3: 81
32:39	vol. 1: 358
33–36	vol. 3: 363
33	vol. 1: 177
33:2	vol. 3: 364
33:9	vol. 4: 117
33:16–36	vol. 4: 294
33:17	vol. 4: 654
33:52	vol. 1: 358; vol. 2: 102
33:55	vol. 2: 344; vol. 4: 316
34:3	vol. 3: 453
34:6	vol. 2: 400
34:6	vol. 2: 400
34:7–8	vol. 3: 294
34:11	vol. 2: 400
34:18–28	vol. 4: 627
35	vol. 2: 506
35:5	vol. 3: 456
35:15	vol. 3: 643, 644
35:19	vol. 1: 744, 745; vol. 3: 180
35:21	vol. 3: 180
35:23	vol. 2: 344
35:24	vol. 3: 180
35:25	vol. 2: 505; vol. 3: 180
35:27	vol. 3: 180

35:30 .... vol. 3: 180; vol. 4: 721
35:33 .... vol. 2: 118, 533
36. .... vol. 1: 614
36:5–9. .... vol. 1: 543

Deuteronomy

1. .... vol. 4: 293
1:1 .... vol. 2: 456; vol. 3: 152, 363
1:2 .... vol. 4: 293
1:5, 6–8. .... vol. 3: 406
1:8 .... vol. 1: 88; vol. 3: 495; vol. 4: 343
1:9–18. .... vol. 4: 130
1:9 .... vol. 2: 588
1:10 .... vol. 1: 428
1:13 .... vol. 2: 253
1:15 .... vol. 4: 131
1:16 .... vol. 2: 588, 745, 746
1:17 .... vol. 2: 747; vol. 3: 303; vol. 4: 156, 208
1:18 .... vol. 2: 588; vol. 3: 152
1:19 .... vol. 4: 611
1:21 .... vol. 1: 567
1:26 .... vol. 3: 686
1:27 .... vol. 1: 591; vol. 3: 486
1:31 .... vol. 3: 679, 700
1:32 .... vol. 2: 225
1:34–35. .... vol. 3: 495, 497
1:35 .... vol. 1: 557
1:37–38. .... vol. 2: 527
1:38 .... vol. 3: 641
1:41 .... vol. 4: 300
1:43–45. .... vol. 2: 338
1:43 .... vol. 1: 210, 508; vol. 3: 606
2:4 .... vol. 1: 150
2:5 .... vol. 1: 507; vol. 4: 250
2:7 .... vol. 2: 267; vol. 3: 700
2:14 .... vol. 3: 495
2:21 .... vol. 1: 358
2:25 .... vol. 4: 740
2:30 .... vol. 3: 805
2:32 .... vol. 1: 282
2:33–34. .... vol. 2: 588
3:3 .... vol. 2: 588; vol. 3: 103
3:5 .... vol. 4: 463
3:6 .... vol. 1: 282
3:18 .... vol. 2: 693
3:20 .... vol. 1: 285
3:23 .... vol. 1: 667
3:27 .... vol. 1: 291
3:28 .... vol. 3: 628
4–5 .... vol. 3: 500
4:1 ..... vol. 1: 708, 709; vol. 2: 746; vol. 4: 125
4:2 .... vol. 3: 152, 153
4:5–10. .... vol. 2: 553
4:5 .... vol. 3: 222
4:6 .... vol. 2: 253
4:7 .... vol. 2: 77
4:8 .... vol. 3: 406
4:10 .... vol. 1: 709; vol. 2: 135, 388;
                     vol. 3: 152, 221; vol. 4: 293
4:12 .... vol. 4: 193
4:13 .... vol. 1: 597; vol. 3: 152
4:14 .... vol. 1: 709; vol. 2: 588; vol. 3: 221
4:15 .... vol. 4: 193
4:16–18. .... vol. 3: 500; vol. 4: 506
4:16 .... vol. 1: 406; vol. 2: 102, 103
4:18 .... vol. 2: 564
4:19 .... vol. 1: 428; vol. 2: 384, 649
4:20 .... vol. 3: 90; vol. 4: 293
4:21 .... vol. 3: 495
4:24 .... vol. 2: 317, 350; vol. 4: 193, 194, 233
4:25–28. .... vol. 3: 444
4:25 .... vol. 3: 237
4:26 .... vol. 3: 236; vol. 4: 703
4:27–30. .... vol. 3: 100
4:27 .... vol. 2: 89; vol. 4: 489
4:28 .... vol. 3: 94
4:29 .... vol. 2: 330, 355; vol. 3: 492
4:30 .... vol. 4: 387
4:32 .... vol. 2: 759; vol. 4: 208
4:33 .... vol. 4: 193
4:34–35. .... vol. 4: 285
4:34 .... vol. 3: 695; vol. 4: 89, 285
4:36 .... vol. 3: 152, 567, 586; vol. 4: 207
4:37 .... vol. 2: 147; vol. 4: 157
4:39 .... vol. 1: 338; vol. 2: 649; vol. 3: 567
4:40 .... vol. 2: 387
5. .... vol. 4: 227, 293
5:1–3. .... vol. 1: 445
5:1 .... vol. 1: 208; vol. 3: 221; vol. 4: 623
5:3 .... vol. 1: 445
5:4 .... vol. 4: 224
5:5 .... vol. 3: 152
5:6–21. .... vol. 1: 208
5:6 .... vol. 3: 432
5:7–8. .... vol. 2: 99
5:8 .... vol. 2: 649
5:9 .... vol. 1: 445; vol. 2: 350; vol. 3: 319
5:11 .... vol. 1: 516, 744
5:12–15. .... vol. 4: 221
5:13–14. .... vol. 2: 267
5:14 .... vol. 1: 769
5:15 .... vol. 1: 285; vol. 3: 309
5:16 .... vol. 2: 367; vol. 4: 703, 705
5:18 [5:17] .... vol. 1: 542; vol. 3: 330
5:19 .... vol. 2: 691
5:21 .... vol. 1: 614; vol. 2: 242
5:22 .... vol. 1: 597
5:28 .... vol. 3: 540
5:32 .... vol. 2: 703
5:33 .... vol. 1: 286; vol. 3: 215
6–8 .... vol. 3: 699

Scripture Index: Old Testament: Deuteronomy

6:4–9 . . . . **vol. 1:** 209; **vol. 2:** 339
6:4–5 . . . . **vol. 1:** 208; **vol. 2:** 123, 438
6:4 . . . . . **vol. 1:** 244, 604; **vol. 2:** 123; **vol. 3:** 153
6:5 . . . . . . **vol. 1:** 106, 108; **vol. 2:** 562, 624, 771; **vol. 3:** 256, 492, 795; **vol. 4:** 728, 731
6:6 . . . . **vol. 1:** 597; **vol. 2:** 588; **vol. 4:** 207
6:7–11 . . . . **vol. 3:** 471
6:7 . . . . **vol. 3:** 679; **vol. 4:** 152, 524
6:8–9 . . . . **vol. 1:** 597, 604
6:8 . . . . . **vol. 1:** 597; **vol. 2:** 338; **vol. 4:** 232, 663
6:9 . . . . **vol. 1:** 595
6:10–12 . . . . **vol. 3:** 221
6:10 . . . . . . **vol. 1:** 88; **vol. 2:** 609; **vol. 3:** 495
6:11–12 . . . . **vol. 2:** 290
6:11 . . . . **vol. 4:** 669
6:13–15 . . . . **vol. 3:** 534
6:13 . . . . . . **vol. 2:** 392, 719; **vol. 3:** 95, 494, 518
6:14 . . . . **vol. 1:** 204; **vol. 3:** 523; **vol. 4:** 669
6:15 . . . . **vol. 2:** 350
6:16 . . . . . **vol. 2:** 392, 518; **vol. 3:** 695, 696, 697
6:18 . . . . **vol. 2:** 609; **vol. 3:** 495
6:20–25 . . . . **vol. 1:** 728
6:20 . . . . **vol. 3:** 236
6:22 . . . . **vol. 4:** 285
6:24 . . . . **vol. 2:** 200
7:1–6 . . . . **vol. 1:** 282
7:1–2 . . . . **vol. 4:** 89
7:1 . . . . **vol. 4:** 98
7:3–4 . . . . **vol. 1:** 542
7:3 . . . . **vol. 1:** 541
7:4 . . . . **vol. 1:** 450, 451
7:5 . . . . **vol. 1:** 126, 507, 744
7:6–11 . . . . **vol. 1:** 106
7:6 . . . . **vol. 1:** 126, 560; **vol. 2:** 89, 695; **vol. 3:** 90, 715, 718
7:7 . . . . **vol. 2:** 147, 553; **vol. 3:** 90, 782
7:8 . . . . . . **vol. 2:** 174, 553; **vol. 3:** 181, 494, 548; **vol. 4:** 489
7:9 . . . . . . **vol. 2:** 168; **vol. 3:** 761; **vol. 4:** 672
7:10 . . . . **vol. 3:** 319
7:12 . . . . **vol. 2:** 168; **vol. 4:** 623
7:13–16 . . . . **vol. 2:** 321
7:13 . . . . **vol. 2:** 161; **vol. 3:** 480
7:15 . . . . **vol. 1:** 718; **vol. 3:** 216, 319
7:18 . . . . **vol. 3:** 309
7:19–24 . . . . **vol. 4:** 89
7:19 . . . . **vol. 3:** 695; **vol. 4:** 285
7:20 . . . . **vol. 1:** 282
7:25 . . . . **vol. 1:** 744
7:26 . . . . **vol. 1:** 281, 282, 496
8:1–6 . . . . **vol. 3:** 586
8:2–3 . . . . **vol. 2:** 392
8:2 . . . . **vol. 2:** 273; **vol. 3:** 309, 695, 699
8:3 . . . . **vol. 1:** 411, 535; **vol. 2:** 369, 392; **vol. 3:** 227, 228, 693, 700; **vol. 4:** 207, 382, 487
8:4–9 . . . . **vol. 1:** 599

8:4 . . . . **vol. 3:** 700
8:5 . . . . **vol. 3:** 586, 587, 679
8:7 . . . . **vol. 4:** 117, 519
8:9 . . . . **vol. 1:** 667
8:10 . . . . **vol. 2:** 290; **vol. 3:** 748
8:12 . . . . **vol. 3:** 462
8:15–16 . . . . **vol. 2:** 392
8:15 . . . . **vol. 2:** 273; **vol. 4:** 519
8:16 . . . . **vol. 3:** 227, 228, 695
8:17 . . . . **vol. 3:** 221
8:18 . . . . **vol. 3:** 309
9:3 . . . . **vol. 4:** 193
9:4–6 . . . . **vol. 3:** 221
9:5 . . . . **vol. 1:** 88
9:5 . . . . **vol. 2:** 553; **vol. 3:** 153; **vol. 4:** 156, 656
9:6 . . . . **vol. 4:** 313
9:7 . . . . **vol. 3:** 309
9:9 . . . . **vol. 3:** 386
9:10 . . . . **vol. 1:** 597; **vol. 2:** 136
9:18 . . . . **vol. 3:** 699
9:19 . . . . **vol. 2:** 588
9:21 . . . . **vol. 3:** 110
9:22 . . . . **vol. 3:** 696
9:24 . . . . **vol. 2:** 388
9:26–29 . . . . **vol. 2:** 338, 695
9:26 . . . . **vol. 3:** 181, 281, 486
9:27 . . . . **vol. 1:** 88; **vol. 4:** 313
9:29 . . . . **vol. 2:** 701
10:4 . . . . . . **vol. 2:** 136; **vol. 3:** 152; **vol. 4:** 207
10:5 . . . . **vol. 2:** 514
10:8 . . . . **vol. 2:** 337; **vol. 3:** 516, 518
10:9 . . . . **vol. 2:** 503, 695, 701
10:12–13 . . . . **vol. 1:** 106; **vol. 3:** 95
10:12 . . . . . . **vol. 1:** 186; **vol. 2:** 552; **vol. 3:** 795
10:14 . . . . **vol. 3:** 566
10:16 . . . **vol. 2:** 623, 756; **vol. 3:** 726; **vol. 4:** 313
10:17–18 . . . . **vol. 4:** 611
10:17 . . . . **vol. 2:** 420, 562
10:18 . . . . **vol. 3:** 444, 554
10:19 . . . . **vol. 3:** 535
10:20 . . . . **vol. 2:** 719; **vol. 3:** 494
10:21 . . . . **vol. 2:** 651
10:22 . . . . **vol. 1:** 428
11:2 . . . . **vol. 3:** 221, 255, 586, 587
11:3 . . . . **vol. 2:** 267
11:6 . . . . **vol. 4:** 571
11:10 . . . . **vol. 3:** 96, 618
11:11 . . . . **vol. 4:** 519
11:12 . . . . **vol. 2:** 250; **vol. 3:** 578
11:13–21 . . . . **vol. 1:** 209, 599; **vol. 2:** 339
11:13 . . . . **vol. 3:** 95
11:14 . . . . **vol. 2:** 161; **vol. 3:** 480; **vol. 4:** 742
11:18 . . . . **vol. 2:** 338; **vol. 4:** 232, 663
11:19 . . . . **vol. 1:** 709; **vol. 3:** 222
11:21 . . . . **vol. 3:** 567
11:24 . . . . **vol. 3:** 674
11:26–29 . . . . **vol. 3:** 700

Scripture Index: Old Testament: Deuteronomy

11:26–27. . . . . .vol. 3: 455
11:26 . . . . vol. 1: 383; vol. 3: 456
11:29 . . . . .vol. 3: 549
12. . . . . vol. 3: 153
12:2 . . . . vol. 4: 499, 579
12:5 . . . . .vol. 4: 94, 500
12:6 . . . . vol. 1: 659
12:7 . . . . vol. 1: 644
12:10 . . . . vol. 1: 285, 286, 433, 634
12:11 . . . . vol. 1: 346, 659; vol. 2: 602, 603;
 vol. 3: 517
12:12 . . .vol. 1: 769; vol. 2: 695, 701; vol. 3: 283
12:15–21 . . . . vol. 4: 93
12:15 . . . . vol. 2: 242, 318
12:16 . . . . vol. 3: 824
12:17 . . . vol. 1: 346, 659; vol. 2: 161; vol. 3: 506
12:18 . . . . vol. 1: 769; vol. 3: 591, 700
12:20–21. . . . . vol. 2: 242; vol. 4: 728
12:20 . . . . vol. 3: 776
12:21 . . . . vol. 3: 700
12:23 . . . . .vol. 1: 168; vol. 2: 367, 534;
 vol. 3: 824; vol. 4: 728
12:28 . . . . vol. 3: 152
12:31 . . . . vol. 2: 482; vol. 4: 192
13 . . . . vol. 2: 407
13:1–5 . . . . vol. 3: 695
13:1 . . . . vol. 4: 207
13:2–5 . . . . vol. 4: 286
13:3 [13:4] . . . . vol. 3: 695
13:4 [13:5] . . . . vol. 1: 204
13:5 [13:6] . . . . vol. 3: 181, 523; vol. 4: 103
13:6 . . . . vol. 3: 773; vol. 4: 169
13:7 . . . . vol. 1: 568
13:8 . . . . vol. 3: 214
13:9 . . . . vol. 4: 131
13:10–16 . . . . vol. 1: 744
13:10 . . . . vol. 1: 451
13:13 . . . . vol. 1: 451
13:16 . . . . vol. 1: 282; vol. 4: 192
13:17 . . . . vol. 3: 462
13:18 . . . . vol. 1: 282
14 . . . . vol. 2: 571
14:1–2. . . . . vol. 3: 679
14:2 . . . . .vol. 1: 126; vol. 2: 147, 695;
 vol. 3: 90, 187, 715, 718
14:4 . . . . vol. 2: 290
14:11–20 . . . . vol. 3: 732
14:13–14, 18 . . . . vol. 3: 500
14:21 . . . . vol. 1: 126; vol. 4: 147
14:22–29 . . . . vol. 1: 659; vol. 3: 563
14:22 . . . . vol. 1: 658
14:23 . . . .vol. 2: 161; vol. 3: 221, 517; vol. 4: 94
14:27 . . . . vol. 2: 701
14:28 . . . . vol. 1: 659
14:29 . . . . vol. 2: 267; vol. 4: 183, 669
15:1 . . . . vol. 3: 574
15:2–3 . . . . vol. 1: 186

15:2 . . . . vol. 1: 152; vol. 3: 574, 576
15:7 . . . . vol. 1: 413
15:8 . . . . vol. 1: 667
15:9 . . . . vol. 3: 574; vol. 4: 208
15:10 . . . . vol. 4: 208
15:12–18. . . . . vol. 1: 769; vol. 2: 173
15:12 . . . . vol. 2: 73; vol. 3: 754
15:14 . . . . vol. 2: 174
15:15 . . . . vol. 1: 769; vol. 3: 152, 180, 309
15:16–17 . . . . vol. 3: 591
15:17 . . . . vol. 1: 194; vol. 4: 376
15:19–23 . . . . vol. 1: 659
15:21 . . . . vol. 4: 509, 710
16:1–16. . . . . vol. 2: 223
16:1–8 . . . . vol. 2: 223; vol. 3: 663
16:1, 2 . . . . vol. 3: 663
16:3–4 . . . . vol. 3: 380, 601
16:3 . . . . vol. 2: 362; vol. 3: 309; vol. 4: 348
16:4 . . . . vol. 2: 362
16:5–7 . . . . vol. 1: 645
16:6–7 . . . . vol. 2: 147
16:9–10 . . . . vol. 3: 708
16:10–14 . . . . vol. 4: 148
16:11 . . . . vol. 1: 769; vol. 3: 554
16:12 . . . . vol. 2: 200; vol. 3: 309
16:13–17 . . . . vol. 2: 273
16:13 . . . . vol. 4: 302
16:14 . . . . vol. 1: 769; vol. 3: 554
16:16 . . . . vol. 2: 588; vol. 4: 302, 502
16:19 . . . . vol. 2: 703; vol. 4: 509
16:20 . . . . vol. 1: 725, 750; vol. 4: 125
17:3 . . . . vol. 2: 384
17:5 . . . . vol. 1: 303
17:6–7 . . . . vol. 3: 237; vol. 4: 721
17:6 . . . . vol. 1: 620, 783; vol. 3: 239
17:7 . . . . vol. 1: 745; vol. 2: 139
17:8–12 . . . . vol. 1: 744
17:10 . . . . vol. 4: 120
17:11 . . . . vol. 3: 156
17:13 . . . . vol. 4: 169, 611
17:17 . . . . vol. 1: 542; vol. 4: 101
17:18 . . . . vol. 1: 511, 595
17:19 . . . . vol. 3: 152, 221
17:20 . . . . vol. 4: 703
18:1–2 . . . . vol. 2: 695
18:4 . . . . vol. 1: 346; vol. 2: 161; vol. 3: 480
18:5–6. . . . . vol. 2: 147
18:9 . . . . vol. 2: 147
18:10 . . . . vol. 2: 482, 570
18:9–14 . . . . vol. 2: 694
18:9–13 . . . . vol. 3: 567
18:10–14 . . . . vol. 3: 201
18:10–11 . . . . vol. 1: 744
18:10 . . . . vol. 4: 192
18:13 . . . . vol. 2: 117
18:15 . . . vol. 1: 120; vol. 2: 275; vol. 3: 363, 365,
 366, 810; vol. 4: 169, 209, 533

35

18:18–19	vol. 3: 518, 810
18:18	vol. 1: 120; vol. 3: 366
18:19	vol. 3: 486
18:20	vol. 3: 518; vol. 4: 169
19:3	vol. 3: 281
19:6	vol. 2: 624
19:9	vol. 4: 108
19:10	vol. 1: 190; vol. 2: 159
19:15–21	vol. 4: 721
19:15–18	vol. 3: 237
19:15	vol. 2: 141; vol. 3: 239, 241
19:16–18	vol. 3: 238
19:18	vol. 3: 586
19:21	vol. 1: 744
20:1–4	vol. 4: 611
20:1	vol. 4: 610
20:4	vol. 4: 423
20:5	vol. 2: 580, 581
20:7	vol. 1: 543
20:10–15	vol. 1: 769
20:11	vol. 4: 549
20:16–18	vol. 1: 282, 542
20:16	vol. 3: 803
20:17	vol. 1: 282
20:18	vol. 1: 709
20:19	vol. 1: 663
21–22	vol. 4: 129
21:1–9	vol. 1: 744; vol. 2: 535
21:2	vol. 4: 131
21:3	vol. 2: 358
21:6–8	vol. 4: 663
21:6	vol. 3: 401; vol. 4: 521
21:8	vol. 2: 534
21:10–14	vol. 1: 192, 542
21:10	vol. 1: 769
21:14	vol. 4: 450
21:15–17	vol. 3: 319; vol. 4: 178
21:16	vol. 4: 177
21:17	vol. 1: 315; vol. 2: 492; vol. 4: 177, 178
21:18	vol. 1: 207; vol. 3: 586
21:21	vol. 2: 99; vol. 3: 586
21:22–23	vol. 1: 745; vol. 2: 417; vol. 3: 449; vol. 4: 357
21:22	vol. 3: 449
21:23	vol. 1: 384; vol. 2: 239, 416, 743; vol. 3: 413, 450; vol. 4: 298
22:5	vol. 1: 613
22:7	vol. 1: 367
22:8	vol. 3: 756
22:9	vol. 1: 269; vol. 4: 343
22:10	vol. 2: 358
22:13–21	vol. 1: 363
22:13–19	vol. 1: 543
22:14	vol. 1: 745; vol. 2: 131; vol. 4: 101
22:18	vol. 1: 745
22:19–29	vol. 3: 379
22:19	vol. 1: 745; vol. 2: 131; vol. 4: 101
22:20–21	vol. 1: 543
22:22–29	vol. 3: 330
22:22–27	vol. 1: 542
22:22	vol. 1: 363; vol. 3: 330; vol. 4: 115
22:23–27	vol. 1: 745
22:24	vol. 1: 359
22:25–27	vol. 1: 543
22:25–26	vol. 4: 146
22:27	vol. 1: 141
22:28–29	vol. 1: 363, 543
22:29 [29:28]	vol. 1: 745; vol. 4: 79
23:1–3 [23:2–4]	vol. 2: 136
23:1	vol. 2: 327
23:2	vol. 2: 724
23:3–8	vol. 2: 136
23:11–12	vol. 4: 519
23:11	vol. 4: 206
23:13	vol. 3: 586
23:14	vol. 1: 435
23:15–16 [23:16–17]	vol. 1: 769; vol. 2: 174
23:15	vol. 1: 435
23:18–19	vol. 2: 223
23:19–20	vol. 3: 466
23:21–23 [23:22–24]	vol. 3: 495
23:25	vol. 4: 224
24:1–4	vol. 1: 244, 542, 614; vol. 4: 715
24:1	vol. 1: 363, 435, 511, 512, 545, 595; vol. 2: 203; vol. 4: 114, 115, 654, 716
24:2–4	vol. 4: 716
24:3	vol. 1: 363, 511
24:4	vol. 1: 244
24:5	vol. 4: 155
24:6	vol. 1: 405; vol. 3: 348
24:7	vol. 1: 293; vol. 2: 174, 690, 691
24:8	vol. 3: 108; vol. 4: 624
24:9	vol. 3: 309
24:10–13	vol. 1: 405
24:10	vol. 3: 574
24:13	vol. 1: 719, 728
24:14	vol. 3: 444
24:15	vol. 1: 522; vol. 3: 705
24:17–21	vol. 4: 669
24:17	vol. 4: 669
24:18	vol. 3: 152, 309; vol. 4: 207
24:19–21	vol. 3: 554; vol. 4: 669
24:20	vol. 2: 161; vol. 3: 309; vol. 4: 207
24:21	vol. 1: 269
24:22	vol. 3: 152, 309; vol. 4: 207
24:42	vol. 3: 449
25:1–3	vol. 1: 745
25:1	vol. 1: 725, 727; vol. 2: 637
25:2–3	vol. 3: 246
25:3	vol. 1: 435
25:4	vol. 1: 251, 252, 605; vol. 4: 609
25:5–10	vol. 1: 542, 543, 614
25:5–6	vol. 2: 261
25:5	vol. 2: 237

Scripture Index: Old Testament: Deuteronomy

25:6	vol. 2: 127
25:8	vol. 4: 131
25:9	vol. 3: 463
25:12	vol. 1: 215
25:14–15	vol. 3: 294
25:15	vol. 1: 727
25:18	vol. 2: 722; vol. 3: 691
25:19	vol. 1: 285
26	vol. 1: 696
26:2	vol. 1: 346; vol. 2: 147
26:5–11	vol. 3: 664
26:5	vol. 2: 73; vol. 3: 567
26:6	vol. 1: 267
26:7	vol. 2: 462
26:10	vol. 1: 346, 659
26:12–13	vol. 4: 669
26:12	vol. 1: 658, 659; vol. 4: 183
26:16–19	vol. 3: 90
26:17	vol. 3: 90
26:18–19	vol. 1: 126
26:18	vol. 2: 695; vol. 3: 90, 715, 718
27–28	vol. 1: 382
27	vol. 3: 153
27:3	vol. 1: 595, 597; vol. 3: 152
27:4	vol. 4: 153, 238
27:5	vol. 2: 479
27:7	vol. 2: 483
27:9–10	vol. 2: 503
27:9	vol. 4: 295
27:12–13	vol. 3: 549
27:14–30:20	vol. 3: 700
27:15–26	vol. 1: 264, 383; vol. 3: 153
27:15	vol. 2: 103; vol. 3: 351
27:18	vol. 3: 773; vol. 4: 509
27:19	vol. 2: 232; vol. 3: 554; vol. 4: 669
27:20–23	vol. 1: 542
27:26	vol. 1: 264, 384; vol. 3: 414
28	vol. 3: 495
28:1–14	vol. 3: 322, 700
28:1–2	vol. 2: 321
28:1	vol. 1: 208; vol. 2: 406
28:3–14	vol. 2: 321; vol. 3: 323
28:3–7	vol. 2: 321
28:3–6	vol. 1: 383
28:4–11	vol. 4: 524
28:11	vol. 3: 783
28:12	vol. 2: 455, 588; vol. 4: 419
28:13	vol. 2: 669, 670
28:14	vol. 3: 152
28:15–68	vol. 2: 321; vol. 3: 153, 322
28:15	vol. 2: 201
28:20	vol. 1: 359
28:21	vol. 2: 719
28:23	vol. 4: 554
28:25	vol. 1: 705
28:26	vol. 2: 416; vol. 3: 375
28:27	vol. 1: 141
28:28–29	vol. 4: 509
28:28	vol. 2: 154; vol. 4: 509
28:29	vol. 1: 156; vol. 4: 509
28:33	vol. 2: 253, 320; vol. 3: 327
28:38	vol. 3: 489
28:40	vol. 2: 161
28:49	vol. 3: 732
28:48	vol. 1: 611, 748
28:49	vol. 2: 293
28:51	vol. 2: 161
28:52	vol. 2: 462
28:53	vol. 4: 368
28:54	vol. 1: 492
28:55	vol. 4: 368
28:56	vol. 1: 492; vol. 3: 695
28:57	vol. 4: 368
28:58–64	vol. 3: 90
28:58	vol. 3: 152; vol. 4: 207
28:60	vol. 2: 316
28:61	vol. 1: 511; vol. 3: 216
28:62	vol. 1: 428
28:66	vol. 2: 743
29:3	vol. 3: 695
29:4	vol. 1: 208; vol. 3: 700
29:9	vol. 1: 414
29:10	vol. 3: 449
29:12–15	vol. 3: 495
29:13	vol. 1: 88
29:15	vol. 2: 557
29:17	vol. 3: 586
29:18 [29:17]	vol. 1: 258; vol. 2: 117; vol. 3: 746, 773; vol. 4: 676
29:19–28 [29:18–27]	vol. 3: 534
29:19 [29:18]	vol. 2: 350; vol. 3: 557
29:20 [29:19]	vol. 2: 533
29:22	vol. 3: 533
29:23	vol. 2: 157
29:28	vol. 2: 753; vol. 3: 152, 444
29:29 [29:28]	vol. 4: 586
29:41	vol. 1: 191
30:1–20	vol. 2: 368
30:4	vol. 1: 568, 705
30:5	vol. 3: 778
30:6	vol. 2: 570, 756; vol. 3: 711
30:7	vol. 3: 319
30:9–10	vol. 4: 387
30:11–14	vol. 1: 208
30:11–12	vol. 1: 276
30:12–14	vol. 1: 92; vol. 4: 210
30:12	vol. 1: 275; vol. 3: 566
30:14	vol. 2: 78; vol. 3: 153, 221; vol. 4: 383
30:15–20	vol. 2: 695; vol. 3: 455
30:15	vol. 1: 94; vol. 2: 94
30:17–18	vol. 3: 455
30:18	vol. 1: 359
30:19	vol. 2: 367, 368; vol. 3: 456, 458, 495
30:20	vol. 1: 88; vol. 3: 215

Scripture Index: Old Testament: Joshua

31:6 . . . . vol. 1: 525	32:35 . . . . vol. 1: 519, 721, 744, 746, 747; vol. 3: 536
31:9–13. . . . . vol. 2: 503	32:36 . . . . vol. 2: 745, 747
31:9 . . . . vol. 1: 595, 597; vol. 3: 364	32:37–38. . . . . vol. 3: 481
31:10 . . . . vol. 1: 445; vol. 3: 574	32:37 . . . . vol. 3: 686
31:12–13. . . . . vol. 3: 221	32:38 . . . . vol. 1: 518
31:12 . . . . vol. 2: 135; vol. 3: 153	32:39 . . . . vol. 1: 314; vol. 2: 106, 367
31:16 . . . . vol. 1: 321, 503; vol. 2: 705	32:40 . . . . vol. 1: 197
31:17 . . . . vol. 2: 598	32:41 . . . . vol. 1: 431
31:19–30. . . . . vol. 4: 737	32:42 . . . . vol. 3: 258
31:19–30. . . . . vol. 4: 737	32:43 . . .vol. 1: 121, 743; vol. 2: 333; vol. 4: 179
31:20 . . . . .vol. 1: 516, 696	32:46–47. . . . . vol. 3: 158
31:24–26. . . . . vol. 3: 364	32:46 . . . . vol. 3: 679
31:27 . . . . vol. 2: 253	32:47 . . . . . . .vol. 2: 368; vol. 3: 152; vol. 4: 294
31:28 . . . . vol. 2: 135; vol. 3: 236	33. . . . . vol. 3: 363
31:30 . . . . vol. 4: 737	33:1 . . . . vol. 2: 318; vol. 4: 164
32. . . . . vol. 1: 314	33:2 . . . . vol. 1: 121, 478; vol. 4: 293, 587
32:3 . . . . vol. 3: 255	33:3 . . . . vol. 1: 674
32:4 . . . . .vol. 3: 557, 558	33:8–11. . . . . vol. 2: 503
32:5–6. . . . . vol. 3: 679	33:8 . . . . vol. 1: 681; vol. 3: 695, 696
32:5 . . . . vol. 1: 557	33:9 . . . . vol. 3: 135
32:6 . . . . . vol. 2: 436, 760; vol. 3: 357, 678, 679	33:10 . . . . . vol. 1: 595, 681; vol. 3: 111, 222
32:7 . . . . .vol. 3: 309, 679	33:12 . . . . vol. 4: 629
32:8–9. . . . . .vol. 2: 89, 695	33:13 . . . . vol. 1: 154; vol. 2: 733
32:8 . . . . vol. 4: 579	33:17 . . . . vol. 2: 665
32:10–14. . . . . vol. 3: 700	33:18 . . . . vol. 4: 302
32:11 . . . . vol. 3: 732	33:19 . . . . vol. 1: 727
32:12 . . . . vol. 3: 334	33:20 . . . . vol. 1: 284
32:13–14. . . . . vol. 1: 539	33:21 . . . . .vol. 1: 727, 740
32:13 . . . . vol. 3: 736; vol. 4: 369	33:23 . . . . vol. 2: 400; vol. 3: 747
32:14 . . . . . . .vol. 1: 171; vol. 3: 481; vol. 4: 523	33:24 . . . . vol. 1: 460
32:15 . . . . . .vol. 1: 451; vol. 3: 685; vol. 4: 425	33:26 . . . . vol. 3: 567
32:16–17. . . . . vol. 2: 99	33:27 . . . . vol. 2: 131
32:17 . . . . .vol. 1: 630; vol. 2: 101; vol. 4: 154	33:29 . . . . vol. 3: 207; vol. 4: 423
32:20 . . . . vol. 1: 557	34. . . . . vol. 3: 363
32:21 . . . . vol. 2: 93, 99; vol. 4: 243, 409	34:1–4. . . . . vol. 1: 87; vol. 3: 549
32:22 . . . . vol. 2: 430, 649; vol. 3: 549	34:4 . . . . .vol. 1: 88
32:24 . . . . vol. 2: 453, 475; vol. 3: 691	34:6 . . . . .vol. 1: 519, 538
32:25 . . . . vol. 3: 638	34:9 . . . . vol. 3: 747; vol. 4: 665
32:27 . . . . vol. 4: 703	34:10–12. . . . . vol. 3: 363
32:29 . . . . vol. 4: 617	34:10 . . . . vol. 4: 164
32:30 . . . . vol. 4: 91	34:11 . . . . vol. 4: 285
32:33 . . . . vol. 1: 774	34:12 . . . . vol. 2: 421
32:34 . . . . vol. 2: 455; vol. 4: 412	
32:35–36. . . . . vol. 1: 131	

Joshua

1:1–5. . . . . vol. 2: 527	1:18 . . . . vol. 1: 300
1:4 . . . . vol. 2: 400	2:1–21. . . . . vol. 1: 624
1:1–17. . . . . vol. 3: 363	2:1 . . . . vol. 1: 620; vol. 3: 190
1:6–9. . . . . vol. 1: 300; vol. 2: 562	2:5 . . . . vol. 2: 253
1:7 . . . . vol. 1: 511	2:10 . . . . vol. 3: 486
1:8 . . . . vol. 1: 511; vol. 3: 453	2:11 . . . .vol. 1: 338; vol. 2: 154, 649; vol. 3: 805
1:10 . . . . vol. 1: 595	2:12 . . . . vol. 1: 85; vol. 4: 78
1:13 . . . . vol. 1: 285; vol. 3: 152	2:20 . . . . vol. 2: 612
1:14 . . . . vol. 2: 373	3–4 . . . . vol. 2: 515
1:15 . . . . vol. 1: 285	3. . . . . vol. 4: 285
1:16 . . . . vol. 1: 366	3:3 . . . . vol. 3: 523

Scripture Index: Old Testament: Joshua

3:5	vol. 4: 78
3:7	vol. 1: 413; vol. 3: 363
4:6–7	vol. 3: 586
4:7	vol. 1: 194
4:13	vol. 2: 373
4:14	vol. 1: 441
4:21–24	vol. 3: 586
4:24	vol. 4: 273
5:1	vol. 2: 153
5:2–7	vol. 3: 725, 726
5:12	vol. 3: 227, 228
5:14	vol. 1: 670
5:15	vol. 1: 125
6:1–8:29	vol. 4: 89
6–7	vol. 1: 281
6	vol. 2: 319, 515; vol. 4: 285
6:3	vol. 2: 388
6:4–21	vol. 4: 235
6:5	vol. 3: 757; vol. 4: 236, 463
6:7	vol. 3: 616
6:8	vol. 2: 512
6:9	vol. 3: 523
6:16	vol. 2: 737
6:17–21	vol. 1: 192
6:17	vol. 1: 282
6:19	vol. 2: 455
6:20	vol. 3: 757
6:21	vol. 1: 282
6:22–25	vol. 1: 624
6:24	vol. 2: 455
6:26	vol. 2: 430
7	vol. 3: 535, 668
7:1	vol. 1: 282; vol. 3: 635
7:7	vol. 1: 516
7:11–13	vol. 1: 282
7:11	vol. 3: 606
7:11	vol. 2: 691
7:13	vol. 3: 90
7:14	vol. 2: 694; vol. 4: 627
7:15	vol. 4: 192
7:19	vol. 1: 718; vol. 3: 507, 508
7:22	vol. 1: 120; vol. 2: 118
7:25	vol. 1: 282; vol. 2: 416
8:1	vol. 4: 303
8:3	vol. 4: 671
8:29	vol. 4: 357
8:30–35	vol. 2: 514
8:30–31	vol. 2: 479, 515
8:31–32	vol. 3: 409
8:33	vol. 3: 549
9:9	vol. 1: 163; vol. 3: 522
9:11	vol. 3: 591; vol. 4: 130
9:14–15	vol. 1: 644
9:18–19	vol. 3: 90
9:23–27	vol. 1: 769
10–11	vol. 3: 803
10	vol. 4: 285
10:1	vol. 2: 522; vol. 3: 267
10:2	vol. 2: 562; vol. 3: 298
10:4	vol. 1: 524
10:9	vol. 3: 492
10:1–11:43	vol. 4: 89
10:2	vol. 4: 94
10:12	vol. 2: 388
10:16–27	vol. 4: 350
10:20	vol. 2: 724
10:21	vol. 4: 516
10:26	vol. 3: 449; vol. 4: 357
10:27	vol. 1: 745
10:28	vol. 2: 367
11:6	vol. 4: 611, 743
11:7	vol. 3: 756
11:16	vol. 4: 450
11:20	vol. 4: 313
11:22	vol. 3: 99
11:23	vol. 3: 281
13–19	vol. 2: 696
13:6	vol. 3: 486
13:14	vol. 2: 695; vol. 3: 281
13:19	vol. 2: 695
13:23–31	vol. 1: 684
14:2	vol. 2: 694
14:5	vol. 1: 567
14:7	vol. 1: 770; vol. 3: 428; vol. 4: 486
15:8	vol. 1: 548
15:13	vol. 4: 382
15:15	vol. 2: 722
15:18–19	vol. 3: 436
15:25	vol. 2: 546
17:13	vol. 4: 549
17:15	vol. 4: 368
17:16	vol. 4: 292
18:16	vol. 1: 548
18:8–9	vol. 1: 595; vol. 4: 712
18:19	vol. 3: 281
18:20	vol. 3: 544
19:27	vol. 2: 384
20:3	vol. 3: 180
20:4	vol. 4: 130
20:5	vol. 3: 180
21	vol. 4: 82
21:1	vol. 1: 414
21:9	vol. 3: 517
21:13–21	vol. 3: 544
21:43–45	vol. 2: 695
21:43–44	vol. 2: 231
21:44	vol. 1: 285
21:45	vol. 2: 231; vol. 3: 153, 758
22:1–5	vol. 2: 695
22:10–34	vol. 2: 479
22:13	vol. 2: 502
22:19	vol. 2: 695
22:22	vol. 1: 450, 451; vol. 3: 461
22:24	vol. 2: 316; vol. 4: 634

22:25	vol. 4: 273
23:2	vol. 2: 602
23:6	vol. 2: 343
23:10	vol. 1: 476; vol. 4: 91
23:12	vol. 1: 541
23:13	vol. 4: 296, 316
23:14	vol. 2: 231; vol. 3: 153, 454, 758
23:15	vol. 3: 153; vol. 4: 208
24	vol. 2: 224
24:2	vol. 1: 413
24:3	vol. 3: 679
24:7	vol. 1: 718
24:12	vol. 2: 131
24:14	vol. 1: 229
24:15	vol. 1: 175; vol. 2: 147; vol. 3: 679
24:23	vol. 3: 89, 444
24:25–26	vol. 3: 406
24:25	vol. 1: 278
24:29	vol. 3: 592
24:32	vol. 4: 245
24:33	vol. 2: 502; vol. 4: 273

Judges

1:1–7	vol. 2: 545
1:3	vol. 2: 696
1:10	vol. 1: 560
1:14	vol. 4: 278
1:15	vol. 3: 179
1:16	vol. 3: 363
1:17	vol. 1: 282
1:19	vol. 4: 292
1:27–33	vol. 4: 94
1:35	vol. 1: 469
2:1	vol. 1: 163; vol. 2: 515, 684
2:2	vol. 1: 163
2:3	vol. 4: 296
2:5	vol. 2: 684
2:6–3:6	vol. 1: 257
2:6	vol. 1: 567
2:7	vol. 1: 769; vol. 3: 94
2:9	vol. 4: 598
2:12–13	vol. 3: 523
2:10–3:6	vol. 2: 174
2:10–11	vol. 1: 579
2:11–22	vol. 3: 153
2:11–15	vol. 4: 425
2:11	vol. 3: 94
2:14	vol. 3: 534, 623
2:16–19	vol. 2: 746
2:16	vol. 2: 79; vol. 4: 425
2:18	vol. 2: 79; vol. 3: 629; vol. 4: 366, 425
2:19–20	vol. 1: 579
2:19	vol. 1: 451
2:22	vol. 3: 695
2:24	vol. 3: 534
3:1–5	vol. 4: 94
3:1–4	vol. 3: 695
3:1	vol. 1: 444; vol. 2: 90
3:3	vol. 1: 254
3:9	vol. 2: 737; vol. 4: 248, 425
3:11	vol. 2: 397; vol. 4: 486
3:15	vol. 1: 665; vol. 4: 248, 425
3:16	vol. 1: 784
3:20	vol. 2: 449
3:24	vol. 2: 657
3:25	vol. 2: 687
3:26	vol. 4: 424
3:30	vol. 3: 484; vol. 4: 486
4:3	vol. 4: 292
4:4	vol. 1: 614; vol. 4: 163
4:6–23	vol. 4: 89
4:6	vol. 1: 614
4:11	vol. 4: 714
4:15	vol. 2: 154
4:17–21	vol. 3: 444
4:18	vol. 2: 638
4:19	vol. 1: 327
4:21	vol. 2: 397
5:1–31	vol. 1: 614
5:1	vol. 4: 737
5:4–5	vol. 4: 89
5:4	vol. 2: 154; vol. 3: 648; vol. 4: 278
5:5	vol. 3: 549; vol. 4: 293
5:6	vol. 3: 453
5:7	vol. 3: 298
5:10	vol. 4: 124
5:11	vol. 1: 727
5:12	vol. 1: 191; vol. 4: 737
5:17	vol. 4: 302
5:19–21	vol. 1: 398
5:20	vol. 1: 428; vol. 3: 566
5:25	vol. 1: 186
5:30	vol. 1: 769; vol. 3: 281
5:31	vol. 1: 114; vol. 2: 384; vol. 4: 486
6	vol. 4: 285
6:2	vol. 2: 743; vol. 3: 549
6:3	vol. 3: 327
6:5	vol. 4: 303
6:8	vol. 4: 164
6:11–24	vol. 1: 121
6:11–23	vol. 4: 429
6:11	vol. 4: 200
6:12	vol. 4: 598
6:13	vol. 2: 213, 604; vol. 3: 623
6:15–7:25	vol. 4: 91
6:15–16	vol. 4: 450
6:15	vol. 1: 420; vol. 3: 303
6:17	vol. 4: 284
6:18	vol. 4: 714

Scripture Index: Old Testament: Judges

6:20–21	vol. 3: 736
6:21	vol. 4: 192, 193
6:24–31	vol. 2: 479
6:22	vol. 3: 528
6:23	vol. 4: 611
6:31–32	vol. 1: 743
6:33–7:25	vol. 4: 89
6:34	vol. 1: 776; vol. 3: 805
6:36–37	vol. 4: 284
6:39	vol. 1: 342; vol. 3: 695
7	vol. 3: 393
7:2	vol. 4: 422
7:5	vol. 1: 589
7:7	vol. 4: 422
7:15	vol. 2: 214
7:16	vol. 3: 86; vol. 4: 235
7:18–22	vol. 4: 236
7:19	vol. 2: 80
7:20–22	vol. 4: 235
7:22	vol. 1: 476
7:25	vol. 1: 192
8:3	vol. 3: 804
8:4	vol. 3: 691
8:7	vol. 1: 200
8:14	vol. 4: 130
8:16	vol. 1: 200; vol. 4: 130
8:19	vol. 3: 494
8:22	vol. 4: 422
8:24	vol. 1: 186, 299; vol. 2: 287
8:26	vol. 4: 708
8:27	vol. 4: 296
8:28	vol. 4: 486
8:34	vol. 4: 214
9	vol. 1: 300
9:2	vol. 4: 130
9:3–4	vol. 3: 523
9:3	vol. 2: 702
9:4	vol. 2: 657
9:7	vol. 3: 549
9:9	vol. 1: 444
9:10–11	vol. 4: 392
9:13	vol. 3: 481
9:15	vol. 4: 698
9:16	vol. 4: 472
9:17	vol. 4: 214
9:19	vol. 4: 472
9:23	vol. 4: 101
9:26–41	vol. 1: 645
9:28	vol. 2: 250
9:30	vol. 3: 533
9:36	vol. 4: 309
9:45	vol. 1: 216
9:46, 47	vol. 2: 284
9:50–54	vol. 1: 551
9:53	vol. 2: 685; vol. 3: 348
10:4	vol. 4: 124
10:12–14	vol. 4: 423
10:16	vol. 2: 722
10:18	vol. 2: 669
11:5–11	vol. 4: 130
11:7	vol. 4: 681
11:18	vol. 3: 758
11:24	vol. 2: 434
11:27	vol. 1: 727; vol. 2: 747
11:29	vol. 3: 805
11:31	vol. 2: 482, 638
11:34	vol. 2: 638; vol. 3: 334
11:35	vol. 2: 542; vol. 4: 283
11:37–38	vol. 3: 638
11:39	vol. 1: 577
12:1	vol. 2: 603
12:2–3	vol. 4: 422
12:3	vol. 4: 425
12:14	vol. 4: 124
13:1	vol. 4: 486
13:4	vol. 3: 481
13:5	vol. 3: 369; vol. 4: 422
13:6	vol. 4: 587
13:7	vol. 1: 125, 129; vol. 3: 481
13:11	vol. 4: 107
13:14	vol. 3: 481
13:17–18	vol. 1: 121
13:18	vol. 2: 420
13:19	vol. 3: 736
13:19	vol. 3: 736
13:20	vol. 4: 193
13:20	vol. 4: 193
13:21–22	vol. 4: 429
13:25	vol. 3: 805
14	vol. 3: 436
14:6	vol. 3: 805
14:8	vol. 3: 756
14:11	vol. 1: 544
14:12	vol. 1: 543
14:14	vol. 1: 535
14:15	vol. 1: 348
14:20	vol. 3: 436
15:5	vol. 2: 449; vol. 3: 540
15:6	vol. 3: 435
15:18	vol. 2: 683
15:19	vol. 3: 804
16:1	vol. 4: 112
16:3	vol. 1: 493
16:4	vol. 1: 107
16:5–6	vol. 2: 561
16:5	vol. 1: 348
16:7	vol. 1: 420
16:16	vol. 4: 368
16:17	vol. 1: 125, 129, 451
16:19	vol. 1: 451; vol. 2: 705
16:20	vol. 1: 451, 577; vol. 2: 156
16:23–30	vol. 3: 371
16:24	vol. 1: 173, 253; vol. 4: 547
16:25–26	vol. 4: 389

Scripture Index: Old Testament: Ruth

16:25 . . . . vol. 2: 624	19:15–21. . . . . vol. 1: 645
16:26 . . . . vol. 4: 373	19:16–30. . . . . vol. 4: 629
16:28 . . . . vol. 2: 683	19:18 . . . . vol. 4: 398
16:29 . . . . vol. 4: 373	19:19 . . . . vol. 4: 677
17 . . . . vol. 2: 503	19:20 . . . . vol. 2: 112
17:3 . . . . vol. 1: 125, 385	19:21 . . . . vol. 3: 401
17:5 . . . . vol. 2: 503	19:22 . . . . vol. 2: 751; vol. 3: 444
17:7 . . . . vol. 1: 506	19:25 . . . . vol. 2: 190; vol. 3: 438
17:7 . . . . vol. 2: 503	19:29 . . . . vol. 3: 264
17:10 . . . . vol. 2: 388; vol. 3: 679	19:30 . . . . vol. 2: 388
17:13 . . . . vol. 2: 503	20:2 . . . . vol. 2: 136
18:2 . . . . vol. 2: 264	20:15–16. . . . . vol. 2: 147
18:5–6 . . . . vol. 2: 503	20:16 . . . . vol. 1: 256, 665; vol. 2: 261
18:10 . . . . vol. 4: 575	20:23 . . . . vol. 2: 683
18:15 . . . . vol. 1: 425	20:26 . . . . vol. 2: 577, 683; vol. 3: 386
18:16 . . . . vol. 2: 373	20:27 . . . . vol. 2: 515
18:19 . . . . vol. 3: 679	20:30–31. . . . . vol. 1: 342, 343
18:20 . . . . vol. 2: 624	20:37 . . . . vol. 4: 712
18:29 . . . . vol. 3: 517	20:48 . . . . vol. 4: 192
18:30 . . . . vol. 4: 628	21:3 . . . . vol. 3: 90
19:1 . . . . vol. 1: 506	21:5 . . . . vol. 2: 136
19:3–9. . . . . vol. 3: 379	21:6 . . . . vol. 3: 629
19:3 . . . . vol. 1: 243	21:7 . . . . vol. 3: 719
19:4 . . . . vol. 2: 576	21:8 . . . . vol. 2: 136
19:5 . . . . . . vol. 2: 685; vol. 3: 435; vol. 4: 373	21:12 . . . . vol. 3: 639
19:6 . . . . vol. 1: 414	23:13 . . . . vol. 4: 297
19:7 . . . . vol. 1: 508	21:15 . . . . vol. 3: 629
19:8 . . . . vol. 4: 373	21:22 . . . . vol. 2: 745

Ruth

1:6–8. . . . . vol. 3: 435	3:1 . . . . vol. 1: 284
1:6 . . . . vol. 2: 250	3:3 . . . . vol. 1: 221; vol. 3: 173
1:12 . . . . vol. 4: 572	3:6–18. . . . . vol. 1: 620
1:13 . . . . vol. 3: 745	3:7 . . . . vol. 3: 281
1:14 . . . . vol. 1: 204	3:9 . . . . vol. 3: 181
1:20–21. . . . . vol. 2: 530	3:10 . . . . vol. 3: 523; vol. 4: 175
1:20 . . . . vol. 3: 745	3:12 . . . . vol. 2: 76
1:22 . . . . vol. 1: 413, 506	3:13 . . . . vol. 3: 181
2:2 . . . . vol. 2: 329; vol. 4: 654, 669	4:1–13. . . . . vol. 1: 543
2:3–14. . . . . vol. 2: 449	4:2–11. . . . . vol. 4: 130
2:8 . . . . vol. 2: 719	4:2 . . . . vol. 1: 657
2:10 . . . . vol. 3: 443; vol. 4: 654	4 . . . . vol. 1: 745
2:13 . . . . vol. 1: 768; vol. 4: 654	4:5 . . . . vol. 1: 614; vol. 3: 180, 181
2:14 . . . . vol. 1: 410	4:9–11. . . . . vol. 3: 237
2:16 . . . . vol. 1: 493	4:10 . . . . vol. 1: 614
2:17 . . . . vol. 4: 200	4:11–12. . . . . vol. 1: 544
2:21 . . . . vol. 2: 719	4:12 . . . . vol. 1: 506
2:23 . . . . vol. 2: 576	4:13–14. . . . . vol. 2: 319

1 Samuel

1. . . . . vol. 3: 151	1:7 . . . . vol. 2: 683
1:3 . . . . . . vol. 1: 275; vol. 2: 484, 503, 514, 515	1:9–19. . . . . vol. 1: 614
1:4 . . . . vol. 4: 208, 524	1:9 . . . . vol. 2: 513; vol. 3: 371; vol. 4: 303
1:5–11. . . . . vol. 1: 614	1:10–11. . . . . vol. 2: 338
1:6 . . . . vol. 1: 614	1:11 . . . . vol. 1: 719; vol. 4: 452, 524

1:13	vol. 3: 124, 258
1:15	vol. 2: 159; vol. 3: 259; vol. 4: 341
1:16	vol. 1: 504
1:17	vol. 1: 186
1:18	vol. 3: 578; vol. 4: 654
1:20	vol. 1: 186
1:22	vol. 1: 194
1:23	vol. 3: 153
1:26	vol. 3: 494
2.	vol. 1: 314
2:1–11	vol. 1: 614
2:1–10	vol. 2: 170; vol. 4: 558
2:1	vol. 2: 624, 665–66; vol. 4: 369
2:2	vol. 1: 126
2:5	vol. 1: 314; vol. 3: 692
2:6	vol. 1: 314
2:7–8	vol. 4: 450
2:7	vol. 1: 126; vol. 4: 181, 452
2:8	vol. 2: 577, 732
2:10	vol. 1: 743; vol. 2: 652, 666; vol. 4: 408, 690
2:15–16	vol. 2: 473
2:17	vol. 1: 161; vol. 2: 482
2:19	vol. 4: 78
2:21	vol. 3: 255; vol. 4: 598
2:27–28	vol. 2: 503
2:27	vol. 2: 613
2:28	vol. 2: 147; vol. 4: 200
2:29	vol. 2: 318, 482
2:30	vol. 1: 194; vol. 3: 90
2:31	vol. 2: 283
2:33	vol. 3: 719
2:34	vol. 2: 237
2:35	vol. 1: 225; vol. 2: 624; vol. 4: 688
2:36	vol. 3: 719
3.	vol. 3: 511
3:1–4:1	vol. 2: 612
3:1	vol. 2: 612; vol. 3: 140, 527; vol. 4: 207
3:2–9	vol. 2: 575
3:3	vol. 2: 513, 515; vol. 3: 371
3:7	vol. 1: 577; vol. 2: 612
3:9–10	vol. 2: 612
3:10	vol. 1: 208
3:13–14	vol. 1: 157, 194
3:13	vol. 1: 516; vol. 3: 424
3:14	vol. 3: 495
3:16	vol. 4: 465
3:19	vol. 3: 758
3:21	vol. 2: 612
4:1–7:2	vol. 2: 515
4:3	vol. 4: 130
4:4	vol. 4: 667
4:6	vol. 2: 73
4:7	vol. 3: 561
4:8	vol. 1: 163
4:9	vol. 2: 73
4:13	vol. 4: 94
4:18	vol. 2: 745; vol. 4: 486
4:19	vol. 4: 740
4:20	vol. 3: 429
5:1–5	vol. 3: 371
5:5	vol. 2: 514
5:6	vol. 1: 469; vol. 4: 663
5:11	vol. 4: 663
6:2	vol. 1: 366
6:3–4	vol. 1: 472
6:5	vol. 2: 102
6:6	vol. 1: 163
6:7	vol. 4: 177
6:8	vol. 1: 472
6:10	vol. 4: 177
6:11	vol. 2: 102
6:14	vol. 2: 527
6:17	vol. 1: 472
6:19–20	vol. 1: 125
7:1	vol. 1: 125
7:3	vol. 3: 492
7:6	vol. 2: 159
7:9	vol. 1: 539
7:12	vol. 1: 525
7:13	vol. 4: 450, 663
7:14	vol. 2: 112
7:15–17	vol. 1: 743
8–12	vol. 1: 476; vol. 4: 689
8:1–22	vol. 1: 476
8:1–3	vol. 1: 634
8:3	vol. 3: 218, 523
8:4–5	vol. 4: 698
8:4	vol. 4: 130
8:5–7	vol. 1: 476
8:7	vol. 1: 633
8:8	vol. 1: 163; vol. 2: 388
8:10–18	vol. 1: 551
8:11–12	vol. 3: 591
8:15–17	vol. 1: 658
8:18	vol. 2: 147
8:19	vol. 1: 634
8:22	vol. 4: 504
9–12	vol. 2: 552
9:1–10	vol. 1: 476
9:1–2	vol. 4: 629
9:4	vol. 1: 687; vol. 2: 329
9:6–20	vol. 4: 164
9:15	vol. 2: 613, 616; vol. 3: 573
9:16–17	vol. 3: 89
9:16	vol. 1: 476
9:19	vol. 1: 117
9:21	vol. 3: 303
10:1–9	vol. 4: 284, 285
10:1	vol. 2: 161; vol. 3: 89; vol. 4: 699
10:2	vol. 2: 156, 355
10:4	vol. 2: 115, 287
10:5–13	vol. 4: 163

Scripture Index: Old Testament: 1 Samuel

10:5–6	vol. 2: 154
10:6	vol. 4: 164
10:8	vol. 1: 578; vol. 2: 482
10:10–11	vol. 4: 164
10:10	vol. 2: 154
10:12	vol. 2: 742; vol. 3: 609
10:14	vol. 2: 355
10:17–27	vol. 1: 476
10:18	vol. 1: 163
10:19	vol. 4: 425
10:20–21	vol. 2: 694
10:21	vol. 2: 119
10:24	vol. 2: 147
10:26	vol. 1: 380
11:1–11	vol. 1: 476
11:1	vol. 1: 694
11:2	vol. 3: 513
11:3	vol. 4: 482
11:6	vol. 3: 534, 805
11:13	vol. 4: 423
11:14–15	vol. 1: 476
11:14	vol. 2: 581
11:15	vol. 1: 645
12:3–7	vol. 3: 237
12:3	vol. 2: 533; vol. 4: 688
12:6–25	vol. 3: 153
12:6	vol. 3: 363
12:7	vol. 1: 727
12:8, 10, 12	vol. 1: 634
12:14–15	vol. 1: 634
12:14	vol. 1: 769; vol. 4: 634
12:16	vol. 3: 534
12:17	vol. 1: 186; vol. 3: 527
12:22	vol. 2: 240
12:23	vol. 3: 222
12:24	vol. 2: 624
13:1	vol. 4: 488
13:3	vol. 1: 567; vol. 2: 73
13:6	vol. 3: 735
13:12	vol. 1: 667; vol. 2: 84
13:13	vol. 1: 194; vol. 2: 304
13:14	vol. 2: 200; vol. 3: 89
13:19–20	vol. 4: 292
13:19	vol. 1: 567; vol. 2: 73; vol. 4: 468
13:20	vol. 2: 449
13:23	vol. 4: 571
14:1	vol. 3: 590
14:6	vol. 3: 489; vol. 4: 91
14:11	vol. 4: 489
14:15	vol. 2: 154
14:21	vol. 2: 73
14:23	vol. 4: 423, 671
14:24	vol. 1: 564; vol. 3: 386
14:32–34	vol. 1: 168
14:33	vol. 1: 597
14:36–42	vol. 2: 503
14:37	vol. 2: 694
14:38	vol. 1: 626
14:39	vol. 4: 423
14:41	vol. 1: 681; vol. 2: 693, 697
14:42	vol. 1: 459; vol. 2: 694
14:45	vol. 3: 180
14:47	vol. 3: 77
15:1	vol. 3: 89
15:2–3	vol. 3: 322
15:3	vol. 1: 192, 356; vol. 3: 382
15:4	vol. 3: 616
15:8–9	vol. 1: 192
15:10	vol. 3: 139; vol. 4: 207
15:11, 13	vol. 3: 153
15:14–15	vol. 4: 82
15:21	vol. 3: 486
15:22	vol. 2: 149, 170, 482, 484, 486; vol. 3: 491
15:23–24	vol. 1: 257
15:23	vol. 3: 140
15:24	vol. 3: 606
15:26	vol. 3: 140
15:28	vol. 4: 721
15:29	vol. 1: 303; vol. 2: 456; vol. 3: 290
15:30	vol. 1: 763; vol. 4: 130
15:32	vol. 3: 745
15:35	vol. 3: 289, 706
16	vol. 1: 634
16:1–13	vol. 4: 690
16:1	vol. 4: 699; vol. 2: 665
16:2	vol. 3: 641
16:4	vol. 1: 506; vol. 4: 130, 165
16:5	vol. 1: 125
16:7	vol. 2: 264, 625; vol. 3: 528
16:8–10	vol. 2: 147
16:13	vol. 2: 161; vol. 3: 805; vol. 4: 699
16:14–16	vol. 3: 805; vol. 4: 101
16:14–15	vol. 3: 824
16:14	vol. 1: 450, 630; vol. 3: 668
16:16–17	vol. 4: 718
16:17	vol. 3: 540
16:21	vol. 1: 107, 120
16:22	vol. 2: 329; vol. 4: 654
16:23	vol. 3: 805; vol. 4: 734
17:1	vol. 2: 544
17:8	vol. 1: 522
17:10	vol. 3: 513
17:17	vol. 1: 411
17:18	vol. 4: 681
17:25	vol. 2: 173
17:36	vol. 3: 513
17:38	vol. 1: 551
17:39	vol. 2: 372; vol. 3: 695
17:40	vol. 4: 82
17:44	vol. 4: 253
17:45	vol. 2: 771
17:47	vol. 2: 136
18:1	vol. 1: 104; vol. 4: 728

18:3	vol. 1: 104, 694	24:17 [24:18]	vol. 1: 727
18:10	vol. 3: 805	24:19	vol. 2: 687
18:15	vol. 2: 316	25:3	vol. 4: 101, 151
18:17–29	vol. 1: 614	25:5	vol. 2: 287
18:21	vol. 4: 296	25:9	vol. 3: 517
18:22–27	vol. 1: 541	25:16	vol. 4: 463
18:23	vol. 4: 450	25:18	vol. 3: 481; vol. 4: 348
18:25	vol. 1: 543	25:25	vol. 3: 516
18:27	vol. 1: 541	25:26	vol. 3: 495; vol. 4: 422
18:29	vol. 2: 316	25:28	vol. 3: 762
19:2	vol. 2: 752	25:29	vol. 1: 677; vol. 2: 355
19:5	vol. 4: 644	25:30	vol. 2: 375
19:20–24	vol. 2: 154	25:31	vol. 1: 496; vol. 2: 159; vol. 4: 297, 422
19:20–21	vol. 4: 163	25:33	vol. 4: 422
19:20	vol. 4: 164	25:29	vol. 2: 669
19:24	vol. 1: 610	25:40–41	vol. 1: 367
20:2	vol. 2: 613, 752; vol. 3: 303, 573	25:41	vol. 3: 401
20:3	vol. 3: 461, 494; vol. 4: 654	25:42–43	vol. 1: 541
20:4	vol. 3: 494	25:44	vol. 1: 614
20:5	vol. 2: 577	26:5, 7	vol. 2: 575
20:6	vol. 1: 186	26:8	vol. 1: 342
20:8	vol. 1: 694, 696	26:9–11	vol. 4: 699
20:13	vol. 3: 494	26:12	vol. 2: 403
20:17	vol. 1: 104	26:17	vol. 4: 465
20:18	vol. 2: 577; vol. 4: 281	26:19	vol. 2: 123, 482, 533, 694; vol. 4: 279, 526
20:29	vol. 1: 570	26:21	vol. 1: 134; vol. 3: 248
20:30	vol. 2: 612; vol. 3: 534	26:23	vol. 3: 761
20:31	vol. 1: 478; vol. 4: 524	27:1	vol. 4: 424
20:34	vol. 1: 410	27:3	vol. 3: 534
20:41	vol. 3: 794; vol. 4: 501	27:5	vol. 2: 632
21:1–6	vol. 4: 224	27:12	vol. 1: 194
21:1	vol. 2: 503	28:2	vol. 4: 437
21:2–6 [21:3–7]	vol. 4: 157	28:6	vol. 1: 681; vol. 2: 694; vol. 3: 511
21:4–5	vol. 1: 125	28:7–20	vol. 1: 153
21:5–6	vol. 1: 501	28:8	vol. 3: 438
21:5 [21:6]	vol. 1: 125; vol. 3: 333	28:24	vol. 4: 630
21:7	vol. 4: 160	29:3	vol. 2: 73
22:1	vol. 4: 350	29:4	vol. 3: 176; vol. 4: 265
22:9–23	vol. 2: 503	29:6	vol. 3: 453
22:14	vol. 3: 616	29:8	vol. 2: 344; vol. 3: 534
22:15	vol. 1: 718	30:2–5	vol. 1: 191
22:19	vol. 3: 382	30:6	vol. 2: 740
22:22	vol. 1: 190	30:11–12	vol. 4: 519
23:5	vol. 4: 422	30:11	vol. 1: 141
23:8	vol. 3: 616	30:12	vol. 2: 685; vol. 4: 501
23:10–11	vol. 3: 90	30:21	vol. 2: 287
23:14	vol. 2: 577	30:26	vol. 4: 130
23:20	vol. 2: 687	31	vol. 2: 408
23:21	vol. 4: 105	31:3	vol. 1: 469
23:22	vol. 3: 602	31:9–10	vol. 4: 357
24:2	vol. 2: 147	31:9	vol. 2: 307
24:6–11	vol. 4: 699	31:10	vol. 2: 514; vol. 4: 437
24:6	vol. 4: 404	31:12	vol. 2: 416
24:8	vol. 3: 686		
24:12 [24:13]	vol. 1: 744		
24:13	vol. 3: 609		
24:16	vol. 2: 745		

45

2 Samuel

1:12	vol. 3: 386, 387
1:13	vol. 4: 147
1:14–16	vol. 4: 699
1:17–27	vol. 2: 725
1:20	vol. 2: 307
1:24	vol. 2: 196
1:26	vol. 1: 104
2–3	vol. 4: 629
2:2–5	vol. 1: 620
2:6	vol. 4: 78
2:7	vol. 2: 740
2:10	vol. 3: 523; vol. 4: 486
2:28	vol. 2: 687; vol. 4: 235
3	vol. 1: 695
3:1	vol. 1: 420
3:2–5	vol. 1: 541
3:9	vol. 2: 469
3:10	vol. 2: 470
3:13	vol. 1: 614
3:17	vol. 4: 130
3:18	vol. 3: 592; vol. 4: 422, 690
3:12–13, 21	vol. 1: 695
3:23	vol. 4: 384
3:27	vol. 2: 193
3:29	vol. 2: 638
3:33–34	vol. 2: 725
3:34	vol. 4: 524
3:35	vol. 1: 644
4:1	vol. 3: 190
4:4	vol. 2: 767; vol. 4: 710
4:6	vol. 2: 477, 570
4:8	vol. 2: 355
4:10	vol. 2: 307
4:11	vol. 2: 713
5:1–12	vol. 4: 698
5:2	vol. 3: 89; vol. 4: 83
5:3	vol. 1: 695; vol. 4: 130
5:4	vol. 4: 486
5:6–10	vol. 2: 522
5:6–9	vol. 4: 94, 509
5:6–8	vol. 4: 710
5:6–7	vol. 1: 277; vol. 2: 522
5:9	vol. 2: 603
5:11	vol. 4: 468
5:23–24	vol. 2: 684
6	vol. 2: 515
6:2	vol. 2: 522, 607, 771; vol. 3: 517
6:7	vol. 3: 534
6:8	vol. 2: 724
6:15–16	vol. 1: 277
6:16–17	vol. 1: 614
6:17–18	vol. 2: 484
6:18	vol. 2: 771; vol. 3: 516, 518
6:20	vol. 2: 638
6:21	vol. 2: 147, 200
7	vol. 1: 561; vol. 3: 141, 154, 472; vol. 4: 699
7:1–11	vol. 1: 476
7:1	vol. 1: 634
7:2	vol. 2: 514, 771
7:4–11	vol. 2: 514
7:4	vol. 3: 139, 648
7:5–7	vol. 3: 470
7:5	vol. 4: 690
7:6	vol. 2: 388
7:8	vol. 2: 771
7:9	vol. 2: 320; vol. 3: 486
7:10	vol. 3: 278
7:11–14	vol. 4: 526
7:11–12	vol. 4: 525
7:12–17	vol. 2: 514
7:12–16	vol. 1: 695; vol. 4: 532
7:11	vol. 1: 284, 634; vol. 3: 470
7:12	vol. 2: 79, 304, 470; vol. 4: 531
7:13	vol. 3: 517, 540
7:14–15	vol. 3: 587
7:14	vol. 1: 86, 561, 562; vol. 3: 679; vol. 4: 179, 525, 526, 531
7:15	vol. 1: 451
7:16	vol. 1: 476; vol. 2: 321, 470; vol. 3: 470, 762; vol. 4: 525
7:18	vol. 2: 577
7:19	vol. 3: 302
7:21	vol. 2: 618; vol. 3: 255; vol. 4: 586
7:24	vol. 2: 303
7:25	vol. 3: 153
7:26–27	vol. 2: 771
7:27	vol. 2: 613
7:29	vol. 2: 319
8:2	vol. 2: 705
8:5	vol. 1: 524
8:6, 14	vol. 4: 423
8:15	vol. 2: 746
8:16–18	vol. 1: 596
8:17	vol. 1: 595; vol. 2: 504; vol. 4: 224, 228
9:3	vol. 2: 767
9:7	vol. 1: 645
9:8	vol. 1: 769; vol. 3: 591
9:13	vol. 4: 710
10:4	vol. 1: 367
10:6	vol. 1: 367; vol. 3: 322
10:19	vol. 3: 591
11:1	vol. 2: 576, 587
11:4	vol. 1: 125, 381
11:12	vol. 3: 173
11:13	vol. 3: 258
11:14–15	vol. 1: 595; vol. 2: 255
11:20	vol. 1: 274
11:21–22	vol. 3: 348
11:21	vol. 2: 685

Scripture Index: Old Testament: 2 Samuel

12	vol. 3: 141
12:1–14	vol. 4: 165
12:1–4	vol. 3: 610, 611, 705
12:4	vol. 3: 444
12:5	vol. 3: 533
12:11	vol. 3: 578
12:13	vol. 1: 258; vol. 3: 535
12:14	vol. 1: 516
12:15–19	vol. 3: 421
12:16–23	vol. 3: 386
12:17	vol. 4: 214
12:20	vol. 1: 221
12:21	vol. 1: 142
12:23	vol. 1: 153; vol. 4: 108
12:24–25	vol. 4: 328
12:27	vol. 4: 504
12:28	vol. 3: 516
12:30	vol. 4: 371
13:1	vol. 1: 107
13:3	vol. 2: 299; vol. 3: 794
13:4	vol. 1: 107
13:6	vol. 2: 721
13:12	vol. 4: 450
13:15	vol. 3: 319
13:17	vol. 4: 140
13:19	vol. 1: 744; vol. 2: 669; vol. 4: 679
13:25	vol. 1: 508
13:37	vol. 3: 706
14:2	vol. 1: 221, 597; vol. 2: 161; vol. 3: 707
14:4	vol. 4: 422
14:5–7	vol. 3: 611
14:7	vol. 1: 744; vol. 2: 694
14:9	vol. 2: 469
14:11	vol. 1: 744
14:13–14	vol. 3: 124
14:14	vol. 2: 407; vol. 3: 124
14:16	vol. 2: 695
14:20–21	vol. 4: 207
14:22	vol. 2: 329; vol. 4: 654
14:32	vol. 1: 366
14:33	vol. 4: 606
15:4	vol. 2: 745
15:10	vol. 1: 207
15:11	vol. 1: 349; vol. 2: 602
15:13	vol. 1: 117
15:15	vol. 1: 175; vol. 3: 181, 591
15:16	vol. 1: 444
15:20	vol. 2: 284
15:24–29	vol. 4: 228
15:25	vol. 4: 654
15:30	vol. 2: 669
15:31	vol. 1: 527
15:33	vol. 1: 494
15:34	vol. 1: 408
15:37	vol. 2: 299
16:1	vol. 2: 357; vol. 3: 481
16:2	vol. 4: 124
16:5–13	vol. 4: 629
16:13	vol. 4: 679
16:23	vol. 1: 527
17:2	vol. 2: 154
17:4	vol. 4: 130
17:13	vol. 3: 119
17:15	vol. 4: 130, 228
17:28	vol. 2: 661
17:29	vol. 3: 691
18:14	vol. 2: 623
18:17	vol. 4: 595
18:18	vol. 3: 516
18:19	vol. 2: 307
18:20–27	vol. 2: 307
18:21	vol. 4: 151
18:25	vol. 4: 107
18:31	vol. 1: 727; vol. 2: 747
18:33 [19:1]	vol. 1: 334
19:1 [19:2]	vol. 3: 706
19:4	vol. 2: 690
19:7	vol. 3: 319
19:9 [19:10]	vol. 4: 214, 595
19:10	vol. 4: 425
19:11 [19:12]	vol. 4: 130, 228
19:20	vol. 1: 156
19:22 [19:21]	vol. 4: 690
19:23	vol. 4: 265
19:26 [19:27]	vol. 4: 710
19:28 [19:29]	vol. 1: 726
19:33	vol. 3: 254
19:35 [19:36]	vol. 1: 275, 577; vol. 4: 738
19:36	vol. 1: 564
19:39	vol. 2: 147
19:43 [19:44]	vol. 4: 514
20:2	vol. 2: 719
20:6	vol. 4: 309
20:15	vol. 2: 635
20:19	vol. 3: 298
20:20	vol. 2: 532, 537
21:2	vol. 3: 99
21:6	vol. 2: 148
21:10	vol. 2: 453
21:17	vol. 3: 188
22:2	vol. 3: 736
22:3	vol. 3: 665; vol. 3: 686
22:5	vol. 2: 403
22:6	vol. 4: 740
22:8	vol. 2: 430; vol. 3: 566
22:9	vol. 4: 195
22:11	vol. 1: 295; vol. 4: 667
22:12	vol. 1: 159; vol. 4: 667
22:15	vol. 1: 366, 431; vol. 4: 318
22:16	vol. 2: 258
22:18	vol. 3: 319
22:20	vol. 2: 314; vol. 3: 606
22:21	vol. 2: 569
22:23	vol. 1: 450

22:26	vol. 3: 557
22:28	vol. 4: 450
22:29	vol. 3: 86, 188
22:32	vol. 2: 759
22:35	vol. 1: 709
22:36	vol. 4: 549
22:38	vol. 4: 472
22:43	vol. 4: 679
22:44	vol. 3: 89; vol. 4: 214
22:50	vol. 3: 506; vol. 4: 719
23:1	vol. 4: 690
23:4	vol. 4: 638
23:14	vol. 1: 505
24	vol. 3: 141
24:1	vol. 1: 392, 630; vol. 3: 534; vol. 4: 279
24:10–15	vol. 3: 421
24:10	vol. 3: 357; vol. 4: 404
24:12	vol. 2: 147
24:13	vol. 2: 406; vol. 3: 691
24:14	vol. 3: 479, 758
24:15	vol. 4: 742
24:16–17	vol. 1: 121
24:16	vol. 3: 535, 629
24:17–25	vol. 2: 533
24:17	vol. 1: 156; vol. 4: 83, 135
24:18–25	vol. 2: 479, 514
24:18	vol. 3: 181
24:25	vol. 2: 482

1 Kings

1–11	vol. 4: 329
1	vol. 4: 328
1:4	vol. 3: 105
1:8–45	vol. 4: 165
1:8	vol. 4: 165
1:2	vol. 3: 638
1:12	vol. 4: 425
1:14	vol. 3: 785
1:15	vol. 4: 128
1:19	vol. 2: 479, 602
1:25	vol. 1: 645
1:32–45	vol. 2: 504
1:33–37	vol. 4: 699
1:36	vol. 1: 264
1:39	vol. 2: 161; vol. 4: 698
1:41–49	vol. 1: 645
1:41	vol. 2: 398, 602
1:48	vol. 3: 90
1:50–51	vol. 2: 665
2	vol. 4: 328
2:2	vol. 3: 454; vol. 4: 108
2:3	vol. 2: 200, 201; vol. 3: 363, 454
2:4	vol. 3: 153, 492
2:5	vol. 1: 777
2:10	vol. 2: 705
2:11	vol. 1: 366
2:12	vol. 1: 478; vol. 2: 470
2:16	vol. 1: 186
2:19	vol. 1: 665; vol. 2: 469, 577
2:20	vol. 1: 186
2:24	vol. 2: 304
2:26	vol. 1: 141
2:27	vol. 3: 153, 786
2:28	vol. 2: 479, 665; vol. 4: 595
2:29	vol. 4: 596
2:34	vol. 1: 744
2:35	vol. 2: 504; vol. 4: 175, 228
2:44	vol. 3: 461
3:1	vol. 1: 163; vol. 4: 328
3:2	vol. 3: 517
3:2–3	vol. 4: 579
3:4–15	vol. 3: 511
3:5–14	vol. 4: 333
3:7–9	vol. 4: 690
3:7	vol. 3: 303
3:9	vol. 4: 328, 408
3:11	vol. 3: 797; vol. 4: 408
3:12	vol. 2: 624; vol. 4: 328
3:14–15	vol. 3: 511
3:14	vol. 2: 200, 201; vol. 4: 108
3:16–28	vol. 4: 328, 333
3:16	vol. 4: 112
3:17, 22	vol. 2: 300
3:26	vol. 4: 456
3:28	vol. 1: 726
4:2–5	vol. 2: 504
4:7–19	vol. 4: 328
4:25	vol. 1: 285; vol. 4: 392
4:29–34 [5:9–14]	vol. 4: 328, 332
4:29 [5:9]	vol. 2: 624; vol. 4: 332
4:30 [5:10]	vol. 4: 333
4:31 [5:11]	vol. 4: 332, 333
4:32–34 [5:12–14]	vol. 4: 333
4:33 [5:13]	vol. 2: 564; vol. 3: 448
4:34 [5:14]	vol. 4: 333
5:3–4	vol. 4: 328
5:7 [5:21]	vol. 4: 333
5:9 [5:23]	vol. 1: 366
5:10, 18	vol. 2: 514
5:12 [5:26]	vol. 1: 694; vol. 2: 112; vol. 4: 328
5:18	vol. 4: 265
6–8	vol. 2: 514
6–7	vol. 3: 372
6	vol. 4: 328
6:1	vol. 3: 453
6:3	vol. 3: 371
6:4, 5	vol. 2: 514
6:12	vol. 1: 289; vol. 3: 153
6:23–28	vol. 4: 667
6:36	vol. 2: 514

Scripture Index: Old Testament: 1 Kings

6:37	vol. 2: 513
7–9	vol. 2: 484
7	vol. 4: 389
7:2	vol. 4: 468
7:3–9 [7:15–20]	vol. 4: 389
7:9 [7:46]	vol. 4: 430
7:12	vol. 2: 514
7:13–47 [7:1–32]	650
7:13–14	vol. 2: 514
7:18 [7:6]	vol. 2: 743
7:21	vol. 2: 513
7:23–26	vol. 2: 479, 514
7:30 [7:17]	vol. 3: 173
7:38 [7:24]	vol. 4: 712
7:43	vol. 2: 357
7:46–48	vol. 4: 494
7:49 [7:35]	vol. 3: 188
7:51 [7:37]	vol. 2: 455; vol. 3: 785
8	vol. 4: 130
8:1–11	vol. 2: 515
8:1	vol. 2: 522
8:5	vol. 1: 392
8:8	vol. 2: 513
8:10–11	vol. 4: 305
8:11	vol. 3: 747
8:12	vol. 4: 321
8:14	vol. 2: 136, 321, 322
8:15	vol. 3: 786; vol. 4: 382
8:16	vol. 1: 163; vol. 2: 147
8:17	vol. 2: 624; vol. 3: 517
8:22–53	vol. 2: 337
8:22	vol. 2: 479, 514
8:23–25	vol. 4: 624
8:23	vol. 1: 338
8:24	vol. 3: 786
8:26	vol. 3: 762
8:27	vol. 3: 471, 566, 567
8:28	vol. 1: 668; vol. 4: 690
8:29	vol. 4: 500
8:30–50	vol. 2: 532
8:30	vol. 3: 567
8:31–32	vol. 3: 494
8:33	vol. 1: 667
8:36	vol. 1: 681
8:37–40	vol. 3: 691
8:39	vol. 2: 264
8:41–43	vol. 3: 444
8:46–53	vol. 3: 153
8:46	vol. 1: 191; vol. 3: 214
8:50	vol. 1: 161
8:51	vol. 2: 695
8:53	vol. 2: 581, 695
8:54	vol. 2: 321, 322, 479
8:56	vol. 1: 285; vol. 3: 153
8:58	vol. 3: 454
8:60	vol. 2: 123
8:61	vol. 2: 117; vol. 3: 557; vol. 4: 472
8:63	vol. 2: 581
8:64	vol. 1: 125; vol. 2: 479, 514
8:66	vol. 4: 645
9:15–19	vol. 4: 328
9:21	vol. 1: 769
9:25	vol. 2: 479, 514
9:27	vol. 1: 769
10:1–13	vol. 4: 329
10:1–10	vol. 1: 480; vol. 4: 335
10:1–9	vol. 4: 33
10:1	vol. 3: 695
10:5	vol. 3: 105, 481
10:11, 14	vol. 3: 424
10:17	vol. 3: 524
10:18–19	vol. 2: 469
10:18	vol. 4: 708
10:21	vol. 4: 708
10:22	vol. 4: 328, 463
10:23–24	vol. 4: 333
10:25, 26	vol. 4: 328
10:27	vol. 4: 392
10:28–29	vol. 1: 162
11:1–11	vol. 1: 542
11:1–10	vol. 4: 329
11:1–4	vol. 3: 523
11:1	vol. 1: 613
11:2	vol. 1: 107; vol. 2: 719
11:4–5	vol. 3: 444
11:4	vol. 4: 472
11:5	vol. 2: 434; vol. 3: 298
11:6 [11:8]	vol. 4: 107
11:10	vol. 4: 554
11:11	vol. 2: 201
11:13	vol. 2: 147
11:14	vol. 4: 264
11:15	vol. 2: 416; vol. 4: 384
11:23	vol. 4: 264
11:25	vol. 4: 263
11:29–39	vol. 4: 284
11:31–36	vol. 4: 200
11:31	vol. 3: 90
11:32, 34	vol. 2: 147
11:38	vol. 2: 200, 201
11:40	vol. 1: 163
11:42	vol. 4: 486
12	vol. 1: 476
12:1–20	vol. 4: 329
12:3	vol. 2: 136
12:4	vol. 2: 358
12:6–24	vol. 4: 130
12:6, 8	vol. 1: 527
12:9–14	vol. 2: 358
12:10	vol. 3: 302, 684
12:11	vol. 3: 246, 587
12:14	vol. 3: 246, 587
12:15	vol. 3: 608
12:21	vol. 2: 552

12:24	vol. 4: 207
12:25	vol. 2: 721
12:26–33	vol. 2: 552
12:26–31	vol. 2: 504
12:27–28	vol. 2: 484, 522
12:27	vol. 1: 275
12:28–33	vol. 2: 503
12:28–29	vol. 4: 628
13	vol. 4: 164
13:4	vol. 3: 447
13:6	vol. 1: 667
13:11	vol. 4: 164
13:20	vol. 2: 577
13:22–29	vol. 4: 437
13:22	vol. 2: 416
13:30	vol. 3: 561
13:33	vol. 4: 208
13:34	vol. 3: 485
14:6	vol. 1: 366
14:16	vol. 2: 455
14:21	vol. 2: 147
14:24	vol. 1: 677; vol. 2: 90
14:25–26	vol. 1: 163
14:26–27	vol. 3: 524
14:26	vol. 2: 515
14:29	vol. 3: 98
15:3	vol. 4: 472
15:11	vol. 2: 545
15:12	vol. 1: 567
15:14	vol. 4: 472
15:18	vol. 2: 515
15:23	vol. 4: 105
15:25	vol. 1: 477
15:29	vol. 4: 207
15:31	vol. 1: 511
15:34	vol. 3: 454
16:8	vol. 1: 477; vol. 2: 515
16:13	vol. 3: 248
16:17	vol. 2: 479
16:24	vol. 4: 247
16:31	vol. 1: 624
17–19	vol. 2: 321
17	vol. 2: 380
17:1	vol. 1: 748; vol. 2: 381; vol. 3: 140
17:2	vol. 3: 139; vol. 4: 207
17:3–4	vol. 3: 750
17:4–6	vol. 3: 733
17:7	vol. 3: 447
17:8–16	vol. 1: 620
17:8	vol. 3: 139; vol. 4: 207
17:12–16	vol. 2: 161
17:13	vol. 2: 418
17:17–24	vol. 1: 552, 616, 624; vol. 4: 286, 287
17:17–22	vol. 1: 312
17–18	vol. 1: 285
17:21	vol. 2: 497, 603; vol. 4: 728
18	vol. 3: 334
18:1–2	vol. 2: 321
18:1	vol. 3: 139; vol. 4: 207
18:2–6	vol. 3: 750
18:3	vol. 3: 592
18:4	vol. 2: 752; vol. 4: 350, 519
18:13	vol. 4: 519
18:16–17	vol. 2: 321
18:17	vol. 3: 140
18:21	vol. 1: 204
18:22	vol. 1: 614
18:24–26	vol. 2: 603
18:27	vol. 1: 551; vol. 4: 684
18:28	vol. 2: 94, 154, 159; vol. 4: 376
18:29	vol. 4: 163
18:31–32	vol. 2: 479
18:32	vol. 2: 496
18:36–39	vol. 4: 285
18:36	vol. 3: 140, 592
18:38	vol. 1: 316; vol. 2: 482; vol. 4: 192
18:40	vol. 1: 398
18:41–46	vol. 2: 321; vol. 4: 519
18:42	vol. 3: 549
18:45	vol. 1: 316
18:46	vol. 3: 648; vol. 4: 504
19	vol. 3: 668
19:1–18	vol. 4: 294
19:2–3	vol. 4: 91
19:2	vol. 4: 742
19:4–6	vol. 2: 273
19:8	vol. 2: 392; vol. 3: 699
19:10	vol. 2: 208, 351, 355, 380; vol. 3: 103, 334; vol. 4: 684–85
19:11–18	vol. 2: 273
19:11–14	vol. 1: 316
19:11–13	vol. 2: 107
19:11–12	vol. 4: 193
19:11	vol. 3: 736
19:12	vol. 3: 140, 549
19:14–18	vol. 2: 382
19:14	vol. 2: 351, 380; vol. 3: 334; vol. 4: 684–85
19:16	vol. 2: 161
19:17	vol. 4: 424
19:18	vol. 1: 593; vol. 2: 261, 437; vol. 3: 99, 103; vol. 4: 685
19:20–21	vol. 3: 523, 524
19:20	vol. 1: 204
19:21	vol. 3: 523
20	vol. 4: 89
20:6 [21:6]	vol. 2: 263
20:7–8 [21:7–8]	vol. 4: 130
20:8 [21:8]	vol. 4: 411
20:9	vol. 1: 366
20:10	vol. 3: 236
20:11 [21:11]	vol. 2: 652
20:13 [21:13]	vol. 1: 578; vol. 3: 581

Scripture Index: Old Testament: 2 Kings

20:16 [21:16]	vol. 1: 524
20:20 [21:20]	vol. 3: 604, 754
20:25	vol. 3: 754
20:34 [21:34]	vol. 1: 694
20:35	vol. 4: 524
20:39	vol. 1: 769
20:42 [21:42]	vol. 1: 282; vol. 3: 485
21	vol. 2: 708; vol. 3: 140
21:2 [20:2]	vol. 2: 76; vol. 3: 96, 371
21:8 [20:8]	vol. 2: 173; vol. 3: 517; vol. 4: 130
21:9–10 [20:9–10]	vol. 2: 255
21:11 [20:11]	vol. 2: 173; vol. 4: 130
21:17–19	vol. 3: 140
21:27 [20:27]	vol. 3: 386
21:29 [20:29]	vol. 4: 655
22	vol. 4: 89
22:5–8	vol. 2: 287
22:8	vol. 2: 609; vol. 3: 319
22:9	vol. 2: 327
22:10–11	vol. 3: 148
22:11	vol. 2: 665
22:17	vol. 2: 610; vol. 3: 774; vol. 4: 136
22:19–23	vol. 3: 567, 668
22:19	vol. 2: 469, 577; vol. 3: 566; vol. 4: 384
22:20–22	vol. 1: 348
22:21–22	vol. 3: 805
22:22–23	vol. 4: 720
22:24–28	vol. 4: 165
22:24	vol. 4: 165
22:35	vol. 2: 159
22:36	vol. 3: 676
22:38	vol. 3: 401
22:43	vol. 2: 545
22:44	vol. 2: 479
22:53	vol. 4: 102

2 Kings

1	vol. 3: 140
1:1–4	vol. 2: 496
1:2	vol. 2: 434
1:3–4	vol. 1: 121; vol. 3: 138, 140
1:3	vol. 2: 379
1:8	vol. 2: 374
1:10–14	vol. 4: 192, 242, 288
1:10	vol. 4: 192, 194
1:12	vol. 4: 194
1:13	vol. 1: 592
2:1	vol. 4: 165
2:3–18	vol. 4: 164
2:4–5	vol. 4: 165
2:9–11	vol. 3: 81
2:9	vol. 3: 805
2:11–12	vol. 1: 402
2:11	vol. 1: 321, 315; vol. 4: 193
2:12	vol. 3: 678, 679
2:13–14	vol. 2: 319
2:15, 16–18	vol. 1: 316
2:19–22, 23–25	vol. 4: 165
2:23	vol. 2: 191
2:24	vol. 3: 518, 606
3:2	vol. 2: 473
3:15	vol. 4: 165
3:19	vol. 4: 614
3:27	vol. 2: 482; vol. 3: 289
4:1–7	vol. 4: 165
4:1	vol. 1: 769
4:4	vol. 3: 591, 785
4:8–37	vol. 4: 165
4:9	vol. 1: 125
4:16–17	vol. 4: 742
4:17–37	vol. 1: 552
4:18–37	vol. 1: 312; vol. 4: 165, 286
4:23	vol. 4: 222
4:25–37	vol. 1: 624
4:27	vol. 1: 444
4:29	vol. 2: 319, 373
4:31	vol. 2: 79
4:32–37	vol. 1: 153, 616; vol. 4: 287
4:34	vol. 2: 497
4:36	vol. 1: 522
4:38	vol. 4: 164
4:39	vol. 1: 141
4:43	vol. 3: 105
5	vol. 3: 107; vol. 4: 286
5:1–19	vol. 4: 117, 118
5:1–14	vol. 4: 165
5:1	vol. 3: 108
5:2	vol. 1: 567; vol. 2: 373
5:6	vol. 2: 255
5:7	vol. 2: 367, 496, 542
5:10	vol. 4: 107, 519
5:11	vol. 2: 603; vol. 3: 108
5:12	vol. 4: 116
5:13–14	vol. 2: 497
5:14	vol. 1: 460; vol. 4: 519
5:15	vol. 1: 578
5:18	vol. 1: 285; vol. 4: 151
5:27	vol. 2: 719; vol. 3: 108
6–7	vol. 4: 285
6:1	vol. 4: 164
6:3	vol. 2: 240
6:21	vol. 3: 679
6:24–7:1	vol. 2: 321
6:26	vol. 4: 422
6:31–32	vol. 4: 91
6:32	vol. 2: 577
7:2	vol. 3: 766
7:7–8	vol. 4: 303
7:9	vol. 2: 307; vol. 3: 273; vol. 4: 295

51

Scripture Index: Old Testament: 2 Kings

7:11	vol. 2: 477
7:15	vol. 2: 403
8:5	vol. 2: 213
8:10	vol. 1: 641
8:12	vol. 3: 382
8:13	vol. 3: 591
8:15	vol. 3: 153
8:18	vol. 4: 108
8:19	vol. 3: 188
8:20, 24	vol. 3: 153
9	vol. 3: 140
9:3, 6	vol. 4: 699
9:7	vol. 1: 744, 746; vol. 3: 592
9:11	vol. 2: 154
9:13	vol. 1: 481; vol. 4: 235
9:22	vol. 3: 201
9:23	vol. 1: 760
9:24	vol. 2: 623
9:26	vol. 1: 522
9:33	vol. 4: 203
10:1–6	vol. 2: 255
10:1, 6	vol. 1: 595
10:7	vol. 1: 366
10:10	vol. 3: 153, 758
10:11	vol. 2: 504
10:15	vol. 2: 273
10:19–21	vol. 2: 504
10:20	vol. 2: 676
10:23	vol. 3: 592
10:30	vol. 4: 655
10:31	vol. 3: 406
11:1–12	vol. 2: 504
11:3	vol. 2: 752
11:4	vol. 1: 694
11:12	vol. 4: 699
11:18	vol. 2: 102, 103
11:19	vol. 4: 699
12:1	vol. 4: 486
12:4	vol. 2: 479
12:6–9	vol. 2: 513
12:6	vol. 2: 740
12:10	vol. 1: 595
12:12	vol. 3: 462
12:15	vol. 3: 153
13–17	vol. 3: 195
13:2	vol. 3: 523
13:5	vol. 4: 248, 425
13:7	vol. 1: 316; vol. 4: 679
13:14–20	vol. 4: 165
13:14–19	vol. 3: 148
13:14	vol. 3: 679
13:20–21	vol. 1: 312
13:23	vol. 1: 695; vol. 2: 494
14:6	vol. 1: 597; vol. 3: 363
14:12	vol. 1: 595
14:25	vol. 2: 565
14:26–27	vol. 4: 655
15–17	vol. 2: 552
15	vol. 1: 316
15:5	vol. 1: 380; vol. 3: 108
15:16	vol. 2: 351
16:3	vol. 1: 548; vol. 2: 90; vol. 4: 192
16:6	vol. 2: 544
16:7–8	vol. 3: 591
16:13	vol. 2: 472, 473
16:15	vol. 2: 481
16:17	vol. 2: 514, 515
17	vol. 3: 153; vol. 4: 250
17:1	vol. 2: 388
17:4	vol. 1: 163
17:7–23	vol. 2: 90, 174
17:7	vol. 1: 163
17:11	vol. 2: 473; vol. 4: 651
17:13	vol. 3: 236, 455
17:15	vol. 3: 249
17:16	vol. 1: 777; vol. 3: 566
17:17	vol. 3: 201, 754; vol. 4: 192
17:18	vol. 1: 451
17:22–41	vol. 2: 552
17:23	vol. 1: 770
17:24–41	vol. 4: 238
17:25	vol. 2: 577
17:27–28	vol. 2: 504
17:29	vol. 4: 237
18–19	vol. 2: 523
18	vol. 1: 316
18:3	vol. 2: 545
18:4	vol. 2: 484; vol. 3: 580
18:6	vol. 3: 580
18:14	vol. 1: 493; vol. 4: 708
18:15–16	vol. 2: 515
18:17	vol. 2: 327; vol. 4: 198
18:18	vol. 3: 465
18:19	vol. 3: 138, 686
18:21	vol. 1: 163; vol. 4: 374
18:26	vol. 2: 544
18:29	vol. 3: 138
18:30–35	vol. 1: 516
18:30	vol. 2: 184
18:31	vol. 3: 138
18:32–34	vol. 4: 215
18:32	vol. 3: 480
18:37	vol. 3: 465
19:2	vol. 3: 465
19:4	vol. 1: 516; vol. 3: 99, 513
19:6	vol. 1: 516; vol. 4: 610
19:14	vol. 1: 366; vol. 2: 255
19:15	vol. 1: 337; vol. 3: 334
19:17	vol. 2: 272
19:18	vol. 2: 442
19:19	vol. 3: 334
19:22	vol. 1: 516
19:23	vol. 3: 549; vol. 4: 579
19:29	vol. 4: 284

19:30	vol. 4: 212
19:31	vol. 2: 350, 351
19:35	vol. 3: 375
19:36	vol. 3: 399
20:3	vol. 3: 674; vol. 4: 107
20:7	vol. 2: 497
20:8–11	vol. 4: 285, 309
20:12	vol. 2: 255
20:13	vol. 2: 217
20:18	vol. 2: 513; vol. 3: 371
21:3–6	vol. 3: 201
21:3	vol. 3: 566
21:4	vol. 3: 515
21:6	vol. 1: 548, 744; vol. 4: 192
21:9	vol. 3: 773
21:10–15	vol. 2: 174
21:13	vol. 3: 294
21:14	vol. 2: 695
21:16	vol. 1: 744
21:18	vol. 3: 618
22:1–23:30	vol. 3: 372
22:2	vol. 2: 545
22:3–13	vol. 1: 596
22:4–6	vol. 2: 515
22:14–20	vol. 1: 614
22:14	vol. 2: 542
22:19–20	vol. 2: 174
22:20	vol. 4: 298
23:1–12	vol. 2: 515
23:2	vol. 3: 254
23:3	vol. 3: 523
23:5–9	vol. 2: 504
23:5	vol. 2: 384
23:8	vol. 2: 527
23:10	vol. 1: 548; vol. 2: 482; vol. 4: 271
23:11	vol. 1: 315; vol. 2: 384
23:12	vol. 2: 514
23:21–23	vol. 1: 645; vol. 3: 663
23:24–25	vol. 1: 598
23:24	vol. 1: 496; vol. 3: 202
23:25–27	vol. 2: 174
23:25	vol. 4: 386
23:27	vol. 1: 450, 451
23:28–30	vol. 1: 398
23:33–34	vol. 1: 163
23:33	vol. 2: 353; vol. 4: 708
23:34	vol. 3: 516
24:14–16	vol. 1: 706
24:14	vol. 4: 181
25	vol. 4: 88
25:7–30	vol. 3: 154
25:7	vol. 4: 509
25:9	vol. 2: 515; vol. 3: 195
25:11–21	vol. 1: 706
25:11	vol. 3: 719
25:12	vol. 1: 268; vol. 4: 181
25:13–17	vol. 2: 515
25:17	vol. 1: 627
25;18	vol. 2: 504, 505
25:19	vol. 1: 596
25:27–30	vol. 1: 645

1 Chronicles

1:1	vol. 1: 146
1:4	vol. 3: 440
1:5, 7	vol. 2: 179
1:51–54	vol. 2: 376
2:55	vol. 1: 595
4:2	vol. 1: 570
4:8	vol. 1: 560
4:10	vol. 2: 603
4:21	vol. 1: 570
4:23	vol. 2: 661
4:24	vol. 2: 603
4:38	vol. 1: 570
5:1	vol. 1: 556; vol. 4: 177
5:24	vol. 1: 414
6:3	vol. 3: 363
6:13	vol. 2: 148
6:16–33	vol. 2: 504
6:54–81 [6:39–65]	vol. 2: 695
6:54 [6:39]	vol. 3: 679
7:2–40	vol. 4: 671
7:22	vol. 3: 629, 706
8:27	vol. 2: 379
9:11	vol. 2: 513
9:17–26	vol. 2: 477
9:24	vol. 1: 295
9:27	vol. 2: 687
9:29	vol. 3: 116
9:32	vol. 4: 160
11–29	vol. 1: 634
11:2	vol. 4: 83
11:19	vol. 2: 537
12:1	vol. 1: 524
12:7 [12:18]	vol. 2: 112
12:24	vol. 4: 382
13:1	vol. 1: 527
13:2	vol. 1: 567; vol. 2: 136
13:4	vol. 2: 136
14:1	vol. 3: 462
14:2	vol. 2: 304
15:1	vol. 2: 303
15:2	vol. 2: 147
16:4	vol. 1: 172; vol. 3: 506
16:7	vol. 1: 172
16:9	vol. 2: 213; vol. 4: 737
16:11	vol. 2: 355
16:13	vol. 2: 148

Scripture Index: Old Testament: 2 Chronicles

16:15	vol. 1: 194
16:25	vol. 4: 611
16:30	vol. 4: 232
16:34	vol. 1: 95
16:35	vol. 1: 172; vol. 2: 652
16:36	vol. 1: 194, 253, 264
16:41	vol. 2: 147
16:42	vol. 4: 737
17:7	vol. 2: 771
17:11	vol. 2: 304
17:13	vol. 3: 679; vol. 4: 179
17:21	vol. 3: 181
17:23	vol. 3: 762
18:15–17	vol. 1: 596
18:17	vol. 4: 175
20:1	vol. 4: 598
21	vol. 3: 598
21:1	vol. 1: 692; vol. 3: 696; vol. 4: 264, 265, 279
21:2	vol. 3: 328
21:9	vol. 3: 528
21:15	vol. 3: 289
21:17	vol. 4: 83
21:22	vol. 1: 340
21:25	vol. 2: 514
21:26	vol. 4: 192
21:28–29	vol. 2: 588
22:3	vol. 4: 292
22:8–9	vol. 4: 328
22:8	vol. 2: 514
22:9	vol. 2: 397; vol. 3: 268
22:10	vol. 3: 679
22:13	vol. 2: 746
22:18	vol. 4: 460
22:25	vol. 4: 468
23:6	vol. 2: 387
23:13	vol. 2: 337
23:28	vol. 3: 111
24	vol. 2: 504
24:6	vol. 1: 595
24:7–18	vol. 4: 134
24:11	vol. 2: 527
25:5	vol. 2: 665
25:7–8	vol. 2: 694
25:8	vol. 1: 459; vol. 3: 222
25:9–31	vol. 4: 134
26:13–16	vol. 2: 694
26:14	vol. 2: 697
26:26	vol. 1: 414
26:31	vol. 1: 478
27:27–28	vol. 2: 455
27:27	vol. 4: 712
27:32	vol. 1: 596
27:33	vol. 4: 175
28:4	vol. 1: 175
28:5	vol. 2: 469
28:6	vol. 1: 175, 176; vol. 3: 679
28:9	vol. 1: 578; vol. 2: 330; vol. 4: 472
28:10	vol. 1: 175
28:11–12	vol. 1: 639
28:11	vol. 2: 533; vol. 3: 371
28:13	vol. 3: 105
28:16	vol. 1: 411
28:18–19	vol. 1: 639
28:21	vol. 4: 468
29:3	vol. 2: 314; vol. 3: 715, 716
29:4	vol. 2: 212, 513
29:10	vol. 2: 136
29:11	vol. 1: 671; vol. 3: 392, 393
29:12–13	vol. 3: 506
29:15	vol. 3: 444, 644
29:17	vol. 2: 349
29:18	vol. 3: 679
29:21	vol. 1: 266; vol. 2: 483
29:22	vol. 2: 502; vol. 4: 228
29:23	vol. 2: 469
29:24	vol. 4: 460

2 Chronicles

1–9	vol. 4: 329
3–5	vol. 2: 514
3–4	vol. 3: 372
1:3	vol. 3: 363
1:4	vol. 2: 303
1:9	vol. 4: 679
1:11–12	vol. 4: 683
2:10 [2:9]	vol. 3: 480
2:11 [2:10]	vol. 1: 594
2:15	vol. 4: 681
3:4–5	vol. 4: 708
3:5	vol. 3: 449
3:10–13	vol. 4: 667
4:1	vol. 2: 479
4:7	vol. 3: 188
4:9	vol. 2: 514
4:19	vol. 4: 160
5	vol. 4: 130
5:12	vol. 4: 235
5:13–14	vol. 3: 747
5:13	vol. 1: 95, 172
6:3	vol. 2: 136
6:10	vol. 1: 312
6:12–13	vol. 4: 663
6:13	vol. 1: 592
6:16	vol. 3: 406
6:21–39	vol. 2: 532
6:27	vol. 1: 681
6:34	vol. 2: 147
6:36–39	vol. 4: 423

6:38	vol. 2: 147; vol. 4: 94
6:41	vol. 2: 196; vol. 4: 423
7:1	vol. 2: 482; vol. 4: 192
7:6	vol. 3: 111
7:8	vol. 2: 588
8:12	vol. 3: 371
9:1–12	vol. 1: 480; vol. 4: 335
9:1	vol. 3: 695
9:8	vol. 2: 746
9:29	vol. 3: 528
10:24	vol. 3: 246
10:4	vol. 1: 444; vol. 2: 358
10:7	vol. 2: 314
10:9–14	vol. 2: 358
10:11	vol. 3: 246
11:6	vol. 1: 506
11:15	vol. 3: 249
11:16	vol. 2: 355
12:12	vol. 3: 535
12:13	vol. 2: 147
13:4	vol. 3: 549
13:7	vol. 4: 202
14:2 [14:1]	vol. 2: 609
14:13	vol. 3: 717
15:3	vol. 3: 222
15:8	vol. 2: 581; vol. 3: 371; vol. 4: 163
15:10	vol. 3: 709
15:15	vol. 2: 330, 426; vol. 3: 534
15:16	vol. 3: 105
17:7–9	vol. 1: 709
17:7	vol. 3: 222
16:8	vol. 2: 418
16:11	vol. 2: 293
16:12	vol. 2: 496; vol. 3: 216
16:14	vol. 1: 221
17	vol. 1: 595
17:9	vol. 1: 511
17:14	vol. 1: 392
18:1	vol. 1: 541
19:2	vol. 3: 534
19:7	vol. 2: 420
20:1	vol. 4: 524
20:3	vol. 2: 676; vol. 3: 386
20:5	vol. 2: 136
20:6	vol. 4: 663
20:7	vol. 1: 88
20:8	vol. 2: 513
20:14	vol. 2: 136
20:15	vol. 3: 581; vol. 4: 91
20:19	vol. 1: 172
20:20	vol. 3: 453
20:21	vol. 1: 527
20:30	vol. 2: 112
20:34	vol. 2: 293
21:9	vol. 2: 79
21:10	vol. 1: 173
21:12–15	vol. 2: 255

22:1	vol. 3: 115
22:4	vol. 4: 102
22:6	vol. 2: 424
23:13	vol. 1: 172
23:15	vol. 1: 296
23:18	vol. 1: 597
24:9	vol. 2: 676
24:11	vol. 3: 778
24:22	vol. 2: 407; vol. 3: 528
24:27	vol. 2: 278
25:6	vol. 4: 547
25:5	vol. 2: 147
26:10	vol. 1: 268
26:18	vol. 1: 450
26:19	vol. 2: 473; vol. 3: 108
26:21	vol. 3: 786
27:3	vol. 4: 463
27:6	vol. 2: 304
28–35	vol. 2: 478
28:8–9	vol. 1: 769
28:15	vol. 1: 221, 420, 610
28:19	vol. 1: 450
29:6	vol. 1: 451
29:7, 17	vol. 3: 371
29:19	vol. 1: 450; vol. 2: 303
29:23–24	vol. 1: 168
29:27–28	vol. 4: 235
29:30	vol. 4: 547
29:34	vol. 2: 482
30:2, 4	vol. 2: 136
30:5	vol. 2: 676
30:8	vol. 1: 769
30:10	vol. 1: 550
30:13	vol. 2: 136
30:17	vol. 2: 136; vol. 3: 663
30:24	vol. 1: 346
30:27	vol. 2: 283
31:2	vol. 3: 507
31:3	vol. 3: 406
31:5–6	vol. 1: 660
31:5	vol. 1: 161
31:10, 12, 14	vol. 1: 346
31:15	vol. 2: 527
32	vol. 2: 523
32:8	vol. 4: 252, 254
33:9	vol. 3: 773
32:11	vol. 1: 748
32:17	vol. 2: 255
32:18	vol. 4: 610
32:21	vol. 1: 538
32:26	vol. 3: 535; vol. 4: 579
32:27	vol. 2: 242
32:28	vol. 2: 161
32:31	vol. 4: 128; vol. 3: 695
33:3	vol. 4: 384
33:6	vol. 1: 548; vol. 3: 201
33:7	vol. 2: 102

Scripture Index: Old Testament: Ezra

33:19	vol. 1: 450
34:1–35:27	vol. 3: 372
34:7	vol. 3: 110
34:8–21	vol. 1: 596
34:13	vol. 1: 595
34:21	vol. 4: 107
35:3	vol. 2: 515
35:4	vol. 1: 594; vol. 2: 303
35:7–9	vol. 1: 346; vol. 3: 663
35:13	vol. 4: 192
35:16	vol. 2: 303
35:21	vol. 4: 78
36:13	vol. 4: 386
36:14	vol. 3: 635
36:21	vol. 3: 786, 788
36:22	vol. 1: 478; vol. 2: 676; vol. 3: 616

Ezra

1	vol. 2: 515
2:21	vol. 1: 506
2:36–39, 40	vol. 3: 111
2:59	vol. 4: 667
2:63	vol. 1: 681
3:2–12	vol. 2: 515
3:2–7	vol. 2: 484
3:2	vol. 1: 597, 598; vol. 2: 527; vol. 3: 363
3:5	vol. 2: 481
3:6	vol. 3: 371
3:9	vol. 2: 545
3:10	vol. 3: 371; vol. 4: 235
3:11–12	vol. 2: 430
3:13	vol. 2: 737
4	vol. 4: 238
4:1	vol. 3: 371; vol. 4: 629
4:8–9	vol. 1: 595, 596
4:11	vol. 1: 300
4:12–13	vol. 1: 409
4:13	vol. 3: 462
4:14	vol. 1: 216; vol. 2: 217
4:15	vol. 2: 249
4:16	vol. 1: 409
4:19	vol. 1: 450
4:22	vol. 1: 296
4:21, 23	vol. 2: 641
4:24	vol. 2: 434, 641
5:3	vol. 1: 409
5:5	vol. 2: 641
5:7	vol. 4: 208
5:8	vol. 1: 665
5:9	vol. 1: 409; vol. 4: 131
5:11–12	vol. 3: 567
5:11	vol. 1: 409
5:14	vol. 2: 455
5:17	vol. 1: 366
6:1	vol. 1: 511
6:2	vol. 2: 669
6:3	vol. 4: 579
6:7–8	vol. 4: 131
6:8	vol. 2: 641
6:9–10	vol. 2: 484; vol. 3: 567
6:11	vol. 4: 357
6:14	vol. 1: 409; vol. 4: 131
6:16–17	vol. 2: 581
6:17	vol. 2: 484
6:18	vol. 3: 281
6:21	vol. 4: 714
7:1	vol. 4: 208
7:6–26	vol. 1: 598
7:6	vol. 1: 595, 596; vol. 4: 663
7:10	vol. 1: 595; vol. 2: 278; vol. 3: 222
7:11	vol. 1: 596
7:12–26	vol. 1: 596; vol. 3: 405
7:12	vol. 1: 598; vol. 3: 567
7:20	vol. 4: 681
7:21	vol. 3: 567
7:22	vol. 1: 215
7:23	vol. 3: 567
7:28	vol. 2: 702, 740
8:1	vol. 3: 453
8:1–14	vol. 4: 131
8:4–14	vol. 1: 406
8:20	vol. 1: 769
8:21–23	vol. 3: 386
8:21	vol. 3: 386
8:22	vol. 3: 534
8:23	vol. 2: 338; vol. 3: 386
8:28	vol. 4: 489
8:29	vol. 1: 142
8:31	vol. 4: 214
8:35	vol. 1: 782
9–10	vol. 1: 363, 542
9	vol. 1: 208
9:1	vol. 4: 714
9:3–4	vol. 2: 577
9:8	vol. 3: 101
9:9	vol. 4: 615
9:11	vol. 3: 747
9:14	vol. 1: 541
9:15	vol. 3: 101
10:2	vol. 4: 566
10:3	vol. 1: 598
10:5	vol. 3: 548
10:8	vol. 1: 282; vol. 2: 136
10:11	vol. 3: 507
10:19	vol. 2: 481
10:21	vol. 2: 380
10:23	vol. 2: 545
10:26	vol. 2: 380

Nehemiah

1:6	vol. 3: 507
1:2–3	vol. 3: 101
1:4–11	vol. 2: 338
1:4	vol. 3: 386
1:5	vol. 4: 611
1:7–8	vol. 3: 363
1:7	vol. 1: 578
1:9	vol. 1: 705
2:2	vol. 4: 101
2:5	vol. 1: 366
2:6	vol. 3: 648
2:8	vol. 3: 618
3	vol. 2: 740
3:1	vol. 4: 135
3:3	vol. 2: 135
3:6	vol. 2: 740
3:7	vol. 2: 469
3:32	vol. 4: 135
4	vol. 4: 238
4:8	vol. 3: 309
4:10	vol. 2: 156
4:14	vol. 4: 611
5:3	vol. 1: 264
5:6	vol. 3: 177, 533
5:8	vol. 2: 397; vol. 4: 196
5:10	vol. 1: 186
5:11	vol. 2: 161
5:13	vol. 1: 264; vol. 2: 156, 543; vol. 4: 680
5:15	vol. 2: 156
5:17	vol. 4: 131
6:10–11	vol. 3: 371
6:10	vol. 3: 438
6:12	vol. 4: 163
7:1	vol. 4: 737
7:3	vol. 1: 609
7:4	vol. 3: 776
7:26	vol. 1: 506
7:61	vol. 4: 667
7:63–64	vol. 3: 681
7:64	vol. 1: 594
8:1–13:28	vol. 1: 598
8–10	vol. 2: 201
8	vol. 1: 598; vol. 2: 504, 553; vol. 3: 408
8:2	vol. 2: 136
8:3	vol. 4: 742
8:4	vol. 1: 507
8:5	vol. 1: 327
8:6	vol. 1: 264
8:7	vol. 3: 408
8:8	vol. 1: 278, 598
8:9	vol. 2: 388; vol. 3: 706
8:10	vol. 2: 332
8:11	vol. 4: 295
8:17	vol. 2: 136
9	vol. 1: 208
9:1	vol. 3: 386
9:2	vol. 4: 714
9:6	vol. 2: 401
9:9	vol. 1: 163
9:10	vol. 4: 285, 558
9:12	vol. 4: 638
9:14	vol. 3: 406
9:15	vol. 3: 736
9:16	vol. 4: 558
9:17	vol. 1: 413; vol. 3: 210
9:18	vol. 1: 163
9:20	vol. 3: 227, 228
9:21	vol. 3: 700; vol. 4: 575
9:25	vol. 1: 535
9:26	vol. 1: 451; vol. 3: 236; vol. 4: 387
9:27–28	vol. 3: 567
9:27	vol. 2: 462; vol. 4: 425
9:28	vol. 4: 215
9:29	vol. 3: 236
9:30	vol. 3: 805
9:32	vol. 4: 611
10:1	vol. 4: 411
10:31	vol. 1: 139
10:32–39	vol. 1: 659
10:34	vol. 1: 597; vol. 2: 481
10:38	vol. 3: 111
11:9	vol. 2: 249, 545
12:8	vol. 2: 545
12:24	vol. 4: 164
12:27	vol. 2: 581
12:36	vol. 2: 545
12:39	vol. 2: 564; vol. 4: 135
12:46	vol. 1: 413; vol. 4: 175
13:3	vol. 4: 714
13:4–9	vol. 2: 505
13:4	vol. 2: 76
13:12	vol. 1: 660
13:15	vol. 1: 494, 555; vol. 3: 674
13:17	vol. 2: 173
13:19	vol. 1: 494; vol. 4: 309
13:23–27	vol. 1: 363
13:28	vol. 2: 505; vol. 3: 435; vol. 4: 238

Esther

1:3	vol. 1: 674
1:5	vol. 1: 541
1:6	vol. 2: 577; vol. 3: 232
1:7	vol. 4: 708
1:10	vol. 2: 327
1:11	vol. 1: 693

Scripture Index: Old Testament: Job

1:18	vol. 4: 498	5:2	vol. 1: 426
1:19	vol. 1: 754	5:7	vol. 1: 186
2:1	vol. 2: 722	5:10	vol. 2: 499
2:2	vol. 1: 702; vol. 3: 638	5:1	vol. 4: 175
2:3	vol. 1: 613; vol. 2: 327; vol. 3: 638	5:14	vol. 4: 357
2:6	vol. 1: 191	6:1	vol. 1: 595, 709
2:9	vol. 1: 613	6:4	vol. 4: 357
2:10	vol. 1: 641	6:6–11	vol. 1: 763
2:12	vol. 2: 161; vol. 4: 327	6:9	vol. 2: 677
2:13–14	vol. 1: 613	6:10	vol. 3: 635
2:16	vol. 1: 478	6:11	vol. 2: 677
2:17	vol. 1: 613, 693	7:4	vol. 1: 692
2:18	vol. 1: 541	7:7	vol. 1: 186
2:19	vol. 3: 638	7:8	vol. 2: 577
2:22	vol. 4: 586	7:9–10	vol. 4: 356, 357
2:23	vol. 1: 511; vol. 2: 743	8:1	vol. 1: 692
3:2, 5	vol. 4: 151	8:5	vol. 4: 654
3:9	vol. 1: 752	8:7	vol. 3: 661
3:10	vol. 4: 411	8:8	vol. 4: 411
3:12	vol. 1: 596; vol. 3: 517	8:9	vol. 1: 596
3:13	vol. 1: 511	8:10	vol. 1: 511; vol. 4: 411
3:15	vol. 4: 94	8:12	vol. 1: 203; vol. 2: 217; vol. 3: 634
4:2	vol. 2: 217	8:15	vol. 1: 693
4:5	vol. 3: 221	8:17	vol. 2: 544; vol. 3: 725
4:7	vol. 2: 231	9:13–14	vol. 4: 357
4:8	vol. 1: 340, 752	9:22	vol. 1: 541
4:13	vol. 3: 313	9:26	vol. 3: 667
4:16	vol. 2: 135; vol. 3: 386, 387	10:1	vol. 1: 594; vol. 4: 481
4:17	vol. 1: 143	10:6	vol. 1: 541
5:1	vol. 1: 143		

Job

1–2	vol. 4: 264	3:1 [3:2]	vol. 2: 388
1:1–2:10	vol. 3: 668	3:4	vol. 1: 338; vol. 2: 354, 434
1:1	vol. 2: 97; vol. 3: 270	3:5	vol. 1: 428; vol. 4: 638
1:3	vol. 1: 406; vol. 2: 384	3:13	vol. 2: 705
1:5	vol. 2: 482	3:16	vol. 2: 157
1:6–12	vol. 3: 567	3:17	vol. 1: 285
1:6–11	vol. 2: 646	3:22	vol. 4: 645
1:6–7	vol. 1: 692	3:23	vol. 1: 284
1:6	vol. 1: 120; vol. 3: 641; vol. 4: 264, 524	3:24	vol. 4: 366
1:8	vol. 2: 97	3:29	vol. 1: 743
1:9	vol. 4: 273	4:5	vol. 4: 348
1:10	vol. 2: 267	4:8	vol. 2: 450; vol. 4: 343
1:11–12	vol. 3: 696	4:9	vol. 3: 804
1:11	vol. 1: 516	4:11	vol. 3: 98
1:15–17	vol. 4: 424	4:14	vol. 4: 279
1:21–22	vol. 4: 569	4:16	vol. 3: 338
1:21	vol. 1: 610	4:17	vol. 1: 729; vol. 3: 270
2:1	vol. 1: 120; vol. 4: 524	4:19	vol. 3: 742
2:3–10	vol. 3: 488	5:9	vol. 4: 78
2:3	vol. 3: 270	5:10	vol. 1: 366
2:5	vol. 1: 516; vol. 4: 253	5:11	vol. 4: 450, 451, 452
2:8	vol. 2: 577	5:12	vol. 3: 602; vol. 4: 617
2:9	vol. 1: 516; vol. 3: 94, 773	5:13	vol. 3: 81, 603; vol. 4: 617
2:10	vol. 4: 569	5:17–18	vol. 2: 599

5:17	vol. 2: 165, 741; vol. 3: 424
5:18	vol. 2: 496; vol. 4: 663
5:19	vol. 1: 280
5:20	vol. 4: 214
5;21	vol. 3: 246
5:23	vol. 2: 452
5:26	vol. 2: 588; vol. 4: 742
6:2	vol. 2: 357, 358; vol. 3: 498
6:5	vol. 1: 141; vol. 2: 737
6:6	vol. 1: 215, 219
6:8	vol. 1: 186
6:9	vol. 3: 194
6:10	vol. 1: 297
6:11	vol. 4: 728
6:13	vol. 3: 648
6:16	vol. 2: 316
6:21	vol. 2: 168
6:24	vol. 1: 708; vol. 3: 668
6:27	vol. 3: 554
6:28	vol. 4: 720
7:1	vol. 1: 514
7:3	vol. 2: 658; vol. 3: 438
7:6	vol. 2: 658
7:7–10	vol. 1: 312
7:11	vol. 1: 280
7:12	vol. 1: 774; vol. 2: 401
7:14	vol. 2: 153
7:16	vol. 1: 514; vol. 2: 658; vol. 3: 210
8:4–6	vol. 2: 323
8:9	vol. 1: 514; vol. 4: 309
8:13	vol. 4: 562
8:15	vol. 4: 565
8:21	vol. 1: 550
9:5	vol. 3: 549, 599
9:6	vol. 2: 430, 732; vol. 4: 278
9:7	vol. 1: 428; vol. 2: 385; vol. 4: 411, 412
9:8	vol. 2: 401; vol. 3: 334
9:17–23	vol. 2: 497
9:20	vol. 3: 270
9:23	vol. 1: 550, 724
9:30	vol. 3: 173
9:31	vol. 1: 460; vol. 2: 530; vol. 4: 218
9:32–33	vol. 3: 668
9:32	vol. 3: 285
9:33	vol. 3: 284, 285
9:35	vol. 2: 253
10:2	vol. 1: 708
10:6	vol. 3: 354
10:8, 9	vol. 3: 742
10:10	vol. 1: 539
10:20–21	vol. 4: 108
10:20	vol. 4: 704
10:21–22	vol. 4: 309
10:21	vol. 2: 733
11:2	vol. 1: 514
11:4	vol. 3: 270
11:8	vol. 1: 154
11:9	vol. 3: 294
11:11	vol. 2: 267; vol. 4: 500
11:12	vol. 2: 273, 623
11:15	vol. 4: 218
11:18	vol. 3: 278
12:4	vol. 3: 270
12:8	vol. 2: 213, 564
12:12	vol. 2: 253
12:3	vol. 4: 407
12:15	vol. 2: 780
12:22	vol. 4: 309, 321
12:24–25	vol. 1: 153
12:25	vol. 4: 638
13:2	vol. 2: 153
13:4	vol. 2: 496
13:11	vol. 3: 757
13:12	vol. 3: 742
13:21	vol. 2: 153
13:22	vol. 2: 603
13:24	vol. 2: 375, 753
13:27	vol. 2: 780
13:28	vol. 3: 599
14	vol. 1: 304
14:1–2	vol. 3: 249
14:1	vol. 1: 514, 560; vol. 4: 704
14:2	vol. 3: 757
14:4	vol. 4: 218
14:5	vol. 1: 392; vol. 4: 704
14:1–12	vol. 4: 212
14:8	vol. 4: 212
14:13–22	vol. 1: 153
14:13	vol. 4: 704
14:14	vol. 1: 570
14:17	vol. 4: 412
14:20	vol. 3: 392; vol. 4: 472
15:2–6	vol. 1: 516
15:2	vol. 2: 746
15:3	vol. 4: 747
15:5	vol. 1: 589
15:12	vol. 4: 498
15:14	vol. 3: 270
15:15	vol. 1: 478
15:20	vol. 1: 514
15:29	vol. 3: 273
15:33	vol. 3: 757
15:34	vol. 1: 719
16:2	vol. 3: 629
16:6	vol. 4: 295
16:9	vol. 1: 533
16:16	vol. 4: 309
16:17	vol. 2: 337
16:20	vol. 3: 237
16:21	vol. 4: 526
16:22	vol. 3: 454
17:1	vol. 3: 804
17:7	vol. 4: 196
17:8	vol. 2: 420

17:9	vol. 4: 633	24:14	vol. 2: 267
18:5–6	vol. 4: 638	24:15	vol. 2: 752
18:5	vol. 4: 269	24:17	vol. 4: 309
18:8–10	vol. 3: 732	24:21	vol. 4: 669
18:14	vol. 1: 189	25:5	vol. 4: 280
18:15	vol. 4: 343	25:6	vol. 4: 526
18:16	vol. 4: 212	26:5–6	vol. 1: 153
18:20	vol. 2: 420	26:7	vol. 2: 732, 743
19:2	vol. 2: 722	26:11	vol. 3: 566
19:4	vol. 3: 773	26:12–13	vol. 1: 774
19:8	vol. 4: 321	27:4	vol. 1: 242
19:9	vol. 4: 371	27:6	vol. 3: 461
19:10	vol. 1: 371	27:9–10	vol. 3: 658
19:13	vol. 2: 168	27:12	vol. 2: 657
19:21	vol. 1: 380	27:14	vol. 1: 186
19:24	vol. 4: 292	27:51–52	vol. 3: 323
19:25–27	vol. 1: 153, 312; vol. 2: 368	28:1–11	vol. 4: 650
19:25	vol. 2: 408	28:1	vol. 1: 385
19:27	vol. 2: 253	28:3	vol. 4: 309, 321
20:8	vol. 2: 420; vol. 3: 511	28:8	vol. 1: 214
20:16	vol. 2: 475	28:9	vol. 3: 549
20:18	vol. 1: 564	28:12	vol. 2: 253
20:20	vol. 4: 425	28:16	vol. 1: 493
20:26	vol. 4: 269	28:17	vol. 2: 549
20:29	vol. 2: 250; vol. 3: 281	28:19	vol. 1: 493; vol. 2: 549
21	vol. 3: 797	28:21	vol. 2: 752
21:3	vol. 1: 493, 550	28:22	vol. 1: 360
21:4	vol. 2: 165	28:25–28	vol. 4: 531
21:5	vol. 2: 420, 421	28:27	vol. 2: 213
21:6	vol. 4: 348	28:28	vol. 4: 332
21:15	vol. 2: 530	29:3	vol. 1: 439
21:16	vol. 2: 267	29:7–8	vol. 2: 577
21:17	vol. 3: 188	29:10–11	vol. 3: 207
21:22	vol. 1: 708; vol. 2: 253	29:10	vol. 2: 719
21:23	vol. 1: 349	29:12	vol. 4: 425
21:27	vol. 4: 498	29:15	vol. 4: 509, 710
21:34	vol. 2: 657	29:16	vol. 1: 743; vol. 3: 678
22:3	vol. 1: 349	29:18	vol. 1: 514; vol. 4: 704
22:9	vol. 3: 554; vol. 4: 669	29:21	vol. 4: 295
22:10	vol. 4: 348	29:24	vol. 1: 550
22:19	vol. 1: 550; vol. 3: 270	30:3	vol. 4: 447
22:22	vol. 3: 406	30:4	vol. 2: 274
22:23, 26	vol. 3: 658	30:16	vol. 4: 728
22:29	vol. 4: 582	30:19	vol. 4: 679
22:30	vol. 4: 425	30:20	vol. 2: 737
23:2	vol. 2: 165	30:21	vol. 2: 168
23:5	vol. 1: 179	30:23	vol. 1: 312; vol. 2: 407
23:7	vol. 3: 285, 392	30:26	vol. 4: 321
23:11–12	vol. 2: 200	30:27	vol. 4: 295
23:11	vol. 3: 458	30:28	vol. 4: 608
23:15	vol. 3: 424; vol. 4: 348	30:30	vol. 2: 595
23:16	vol. 4: 348	30:31	vol. 3: 668
24:2	vol. 1: 613	31:2	vol. 2: 530
24:3	vol. 3: 554	31:6	vol. 2: 359
26:6	vol. 1: 359, 360, 611, 612; vol. 3: 322	31:12	vol. 4: 192
24:7	vol. 1: 610	31:13–15	vol. 1: 769
24:9	vol. 3: 553	31:14	vol. 2: 746
24:13	vol. 2: 208	31:20	vol. 1: 266

Scripture Index: Old Testament: Psalms

31:22 . . . . vol. 2: 687	37:23 . . . . vol. 1: 724
31:28 . . . . vol. 4: 720	38:1–42:6 . . . . vol. 3: 668
31:32 . . . . vol. 3: 443, 444	38:1 . . . . vol. 1: 315; vol. 3: 528
31:37 . . . . vol. 3: 574	38:5 . . . . vol. 3: 294
32:1 . . . . vol. 2: 397	38:6 . . . . vol. 1: 625
32:2–3 . . . . vol. 3: 534	38:7 . . . . vol. 4: 524
32:15 . . . . vol. 3: 599	38:8–14 . . . . vol. 2: 401
33:1 . . . . vol. 3: 78	38:8 . . . . vol. 4: 614
33:4 . . . . vol. 3: 822	38:14 . . . . vol. 4: 411
33:6 . . . . vol. 1: 409	38:15 . . . . vol. 4: 638
33:9, 10 . . . . vol. 3: 270	38:17 . . . . vol. 4: 189, 309
33:11 . . . . vol. 3: 448	38:20 . . . . vol. 2: 253
33:14–18 . . . . vol. 3: 511	38:22 . . . . vol. 2: 455
33:17 . . . . vol. 4: 214	38:23 . . . . vol. 3: 252
33:20 . . . . vol. 1: 535	38:25–27 . . . . vol. 3: 750
33:23 . . . . vol. 2: 407; vol. 3: 270, 285	38:25 . . . . vol. 4: 206
33:27 . . . . vol. 3: 270	38:32 . . . . vol. 1: 328; vol. 2: 588
33:30 . . . . vol. 4: 639	38:37 . . . . vol. 3: 566
34:4 . . . . vol. 1: 175	38:41 . . . . vol. 2: 303, 737; vol. 3: 733
34:14–15 . . . . vol. 2: 367	39:1 . . . . vol. 2: 588
34:15 . . . . vol. 4: 253	39:7 . . . . vol. 3: 270
34:19 . . . . vol. 1: 182	39:20 . . . . vol. 4: 498
34:21–22 . . . . vol. 4: 321	39:24–25 . . . . vol. 4: 235
34:22 . . . . vol. 3: 753; vol. 4: 309	39:27–30 . . . . vol. 3: 732
34:23–24 . . . . vol. 4: 322	40:2 [39:32] . . . . vol. 2: 530; vol. 4: 561
34:24 . . . . vol. 3: 81	40:6–14 . . . . vol. 1: 551
34:25 . . . . vol. 2: 267	40:8 . . . . vol. 4: 684
34:30 . . . . vol. 4: 562	40:12 . . . . vol. 4: 558
34:35–37 . . . . vol. 1: 516	40:14 . . . . vol. 3: 506
34:36 . . . . vol. 2: 253; vol. 3: 392	40:15 . . . . vol. 4: 677
35:8 . . . . vol. 4: 526	40:19 [41:11] . . . . vol. 2: 191; vol. 3: 86
35:15 . . . . vol. 3: 636	40:20 . . . . vol. 4: 458
35:16 . . . . vol. 1: 134	40:23 . . . . vol. 1: 179
36:7 . . . . vol. 3: 392	40:30 . . . . vol. 3: 281
36:13 . . . . vol. 3: 534; vol. 4: 562	41:3 . . . . vol. 3: 216
36:22 . . . . vol. 1: 709	41:1 [40:25] . . . . vol. 1: 774
36:23 . . . . vol. 4: 120	41:17 . . . . vol. 2: 434
36:28 . . . . vol. 4: 206, 742	41:25 . . . . vol. 2: 191
36:29 . . . . vol. 2: 549	41:32 [41:24] . . . . vol. 4: 458
36:30 . . . . vol. 4: 212	42:6 . . . . vol. 4: 679
37:4 . . . . vol. 4: 514	42:8 . . . . vol. 2: 482
37:7 . . . . vol. 4: 411, 412	42:9 . . . . vol. 3: 190
37:14 . . . . vol. 3: 424	42:11 . . . . vol. 2: 421

Psalms

1 . . . . vol. 3: 455	2:1 . . . . vol. 2: 658; vol. 3: 89
1:1 . . . . vol. 3: 207, 455; vol. 4: 108, 277	2:2–3 . . . . vol. 3: 595
1:2 . . . . vol. 1: 278; vol. 2: 426;	2:2 . . . . vol. 1: 480; vol. 2: 237
vol. 3: 406, 437, 754	2:3 . . . . vol. 1: 677
1:3 . . . . . vol. 2: 588; vol. 3: 448, 453; vol. 4: 206	2:4 . . . . vol. 1: 550, 552; vol. 2: 577
1:5 . . . . vol. 4: 277	2:5 . . . . vol. 3: 534
1:6 . . . . vol. 1: 578, 728; vol. 3: 776	2:6 . . . . vol. 1: 125
1:11–12 . . . . vol. 1: 556	2:7 . . . . vol. 1: 108, 476, 560, 561, 562;
1:21–25 . . . . vol. 1: 556	vol. 2: 315, 469; vol. 3: 679, 702, 812;
2 . . . . vol. 1: 561, 562, 634; vol. 4: 689	vol. 4: 118, 179, 525, 531, 532, 690
2:1–2 . . . . vol. 1: 417; vol. 4: 700	2:8–9 . . . . vol. 2: 390; vol. 4: 536

Scripture Index: Old Testament: Psalms

2:9 . . . . **vol. 1:** 407; **vol. 2:** 661, 663; **vol. 4:** 86, 201, 292, 293
2:11 . . . . **vol. 1:** 769; **vol. 4:** 612
2:12 . . . . **vol. 3:** 207, 686
3:1 [3:2] . . . . **vol. 2:** 462
3:3 [3:4] . . . . **vol. 2:** 669
3:4 [3:5] . . . . . **vol. 1:** 125; **vol. 2:** 337, 737
3:7 [3:8] . . . . **vol. 4:** 422
4 . . . . **vol. 4:** 472
4:2 [4:3] . . . . **vol. 1:** 107
4:4 [4:3] . . . . . . **vol. 2:** 536, 737; **vol. 3:** 536
4:6 [4:7] . . . . . . **vol. 1:** 641, 727; **vol. 4:** 638
4:8 [4:9] . . . . **vol. 2:** 112
4:9 [4:8] . . . . **vol. 3:** 335
5:1 [5:2] . . . . **vol. 3:** 573
5:5 [5:6] . . . . . . **vol. 2:** 266; **vol. 3:** 273, 319
5:6 [5:7] . . . . **vol. 1:** 760; **vol. 4:** 721
5:7 [5:8] . . . .**vol. 1:** 125; **vol. 3:** 371, 783; **vol. 4:** 151
5:8 [5:9] . . . . **vol. 2:** 344
5:9 [5:10] . . . . . . **vol. 1:** 328, 589, 760, 761; **vol. 2:** 416; **vol. 3:** 453; **vol. 4:** 382
5:10 [5:11] . . . . **vol. 3:** 745; **vol. 4:** 274
5:11 [5:12] . . . . **vol. 2:** 652
5:13 [5:12] . . . . **vol. 2:** 314; **vol. 3:** 524
5:19 [50:21] . . . . **vol. 2:** 482
6 . . . . **vol. 4:** 547
6:1 [6:2] . . . . **vol. 2:** 165; **vol. 3:** 285
6:2 [6:3] . . . . **vol. 1:** 421; **vol. 4:** 456
6:5 [6:6] . . . . **vol. 1:** 153; **vol. 2:** 407; **vol. 3:** 310
6:6 [6:7] . . . . **vol. 3:** 173, 438; **vol. 4:** 366
6:7 [6:8] . . . . **vol. 2:** 193
6:8 [6:9] . . . . **vol. 1:** 451
6:9 [6:10] . . . . **vol. 1:** 668
6:10 [6:11] . . . . **vol. 1:** 182; **vol. 4:** 456
7:1, 5 [7:2, 6] . . . . **vol. 1:** 750
7:9 [7:10] . . . . **vol. 2:** 264, 624; **vol. 4:** 102
7:11 [7:12] . . . . . **vol. 2:** 435, 747; **vol. 3:** 210
7:13 . . . . **vol. 2:** 618
7:14 [7:15] . . . . **vol. 4:** 492
7:17 [7:18] . . . . **vol. 3:** 517
8 . . . . **vol. 2:** 732; **vol. 4:** 533
8:1 [8:2] . . . . **vol. 2:** 420
8:2 [8:3] . . . . **vol. 1:** 173, 409; **vol. 3:** 190, 382, 383, 594
8:3 [8:4] . . . . **vol. 4:** 280
8:4 [8:5] . . . . **vol. 2:** 251; **vol. 3:** 309; **vol. 4:** 526, 527, 538
8:5–8 [8:6–9] . . . . **vol. 3:** 501; **vol. 4:** 491
8:5 [8:6] . . . . **vol. 4:** 371, 372, 494
8:6–8 [7–9] . . . . **vol. 4:** 494
8:6 [8:7] . . . **vol. 2:** 267, 431; **vol. 4:** 460, 462, 533
8:7 [8:6] . . . . **vol. 4:** 544
8:8 [8:9] . . . . **vol. 2:** 564
9 . . . . **vol. 4:** 182
9:1 [9:2] . . . . . . **vol. 2:** 213, 421; **vol. 3:** 492, 506
9:3 [9:4] . . . . **vol. 1:** 421; **vol. 3:** 523

9:5 [9:6] . . . . **vol. 2:** 258
9:6 [9:7] . . . . **vol. 1:** 195; **vol. 4:** 472
9:8 [9:9] . . . . **vol. 3:** 477
9:11 [9:12] . . . . **vol. 4:** 718
9:14 [9:15] . . . . **vol. 1:** 101, 117
10 . . . . **vol. 4:** 182
10:2 [9:23] . . . . **vol. 3:** 125
10:3 [9:24] . . . . . . **vol. 1:** 172; **vol. 2:** 242, 318
10:4 [9:35] . . . . **vol. 1:** 525
10:7 [9:28] . . . . **vol. 1:** 383, 555, 760; **vol. 3:** 746
10:12 [9:33] . . . . **vol. 4:** 663
10:14 [9:35] . . . . . . **vol. 3:** 429, 554; **vol. 4:** 105
10:17–18 [9:38–39] . . . . **vol. 4:** 450
11:1 [10:1] . . . . **vol. 3:** 549
11:2 [10:2] . . . . **vol. 4:** 321
11:4 [10:4] . . . . **vol. 3:** 374
11:5 [10:5] . . . . **vol. 1:** 107
11:6 . . . . **vol. 1:** 556
12:1 [11:1] . . . . **vol. 4:** 422
12:2–3 [11:3–4] . . . . **vol. 4:** 562
12:3 [11:3] . . . . **vol. 3:** 248
12:5 [11:6] . . . . **vol. 3:** 658; **vol. 4:** 366
12:6 [11:7] . . . . **vol. 1:** 137, 756
12:7 [11:8] . . . . . . **vol. 1:** 557; **vol. 4:** 489, 624
13:5 [12:6] . . . . **vol. 4:** 737
14:4 [13:1] . . . . **vol. 4:** 618
14:2 [13:2] . . . . **vol. 4:** 409
14:3 [13:3] . . . . **vol. 2:** 159, 543
14:7 [13:7] . . . . **vol. 2:** 493; **vol. 4:** 216
15:1 [14:1] . . .**vol. 1:** 125; **vol. 3:** 643; **vol. 4:** 302
15:2 [14:2] . . . . **vol. 2:** 267
15:3 [14:3] . . . . **vol. 1:** 760
15:5 [14:5] . . . . **vol. 4:** 232
15:12 [15:13] . . . . **vol. 2:** 313
16:2 [15:2] . . . . **vol. 1:** 95
16:4 [15:4] . . . . **vol. 3:** 309; **vol. 4:** 341
16:5–6 [15:5–6] . . . . **vol. 2:** 695
16:5 [15:5] . . . . **vol. 2:** 368, 701; **vol. 3:** 281; **vol. 4:** 424
16:6 [15:6] . . . . **vol. 3:** 758
16:8–11 [15:8–11] . . . . **vol. 2:** 333
16:8 [15:8] . . . . **vol. 3:** 529; **vol. 4:** 232, 233
16:9 [15:9] . . . .**vol. 1:** 101, 589; **vol. 2:** 332; **vol. 4:** 304, 305
16:10 [15:10] . . . . . . **vol. 1:** 102, 132, 277, 313, 529; **vol. 2:** 417, 634; **vol. 3:** 558; **vol. 4:** 259, 537, 598, 599, 730
16:11 [15:11] . . . . . **vol. 1:** 313; **vol. 2:** 332, 333, 368, 618; **vol. 3:** 455, 457
17:1 [16:1] . . . . **vol. 1:** 668, 760; **vol. 3:** 573
17:6 [16:6] . . . **vol. 1:** 209; **vol. 2:** 338; **vol. 4:** 207
17:8 [16:8] . . . . **vol. 3:** 668; **vol. 4:** 309
17:13 [16:13] . . . . **vol. 4:** 214
17:15 [16:15] . . . . **vol. 2:** 572; **vol. 3:** 529
18 [17] . . . . **vol. 3:** 344
18:2 [17:3] . . . . **vol. 2:** 347, 665, 666; **vol. 4:** 370, 429, 595

Scripture Index: Old Testament: Psalms

18:3 [17:4]..........................vol. 2: 602
18:4–6 [17:5–7]....................vol. 4: 117
18:4 [17:5]........vol. 2: 403; vol. 4: 117, 741
18:6 [17:6].......vol. 2: 337; vol. 3: 371, 573
18:7 [17:8].........vol. 2: 430, 431; vol. 4: 456
18:9–12 [17:10–13]...............vol. 4: 321
18:10 [17:11].....................vol. 4: 667
18:11 [17:12].....................vol. 1: 159
18:12 [17:13].....................vol. 3: 528
18:14 [17:15].....................vol. 4: 318
18:15 [17:16].........vol. 2: 258, 431; vol. 3: 804
18:16 [17:17].....................vol. 2: 401
18:19 [17:20]..........vol. 2: 426; vol. 3: 776
18:21 [17:22]..........vol. 4: 274; vol. 3: 454
18:25 [17:26].....................vol. 3: 557
18:28 [17:29]......................vol. 3: 86
18:30 [17:31].....................vol. 3: 135
18:32 [17:33, 40].................vol. 2: 373
18:35 [17:36].....................vol. 1: 665
18:43 [17:44].....................vol. 4: 214
18:46 [17:46].....................vol. 4: 580
18:47 [17:48].....................vol. 4: 460
18:49 [17:50]..........vol. 2: 90; vol. 3: 508;
                                vol. 4: 719
18:50 [17:51].....................vol. 4: 690
19 [18]...................vol. 2: 732; vol. 3: 477
19:1 [18:3].....vol. 3: 567; vol. 4: 78, 369, 663
19:2 [18:2].......................vol. 1: 117
19:4 [18:5]........vol. 3: 477; vol. 4: 207, 210
19:5 [18:6].......................vol. 1: 101
19:6 [18:7].......................vol. 1: 568
19:7 [18:8].........vol. 3: 382, 417; vol. 4: 332
19:9 [18:10].....................vol. 1: 137
19:10............................vol. 1: 725
19:11 [18:12]....................vol. 1: 769
19:12 [18:13]..........vol. 2: 754; vol. 3: 636
19:13–15.........................vol. 3: 383
19:14 [18:15].........vol. 1: 525; vol. 2: 313;
                                vol. 3: 180
20:1 [19:2].......................vol. 1: 209
20:3 [19:3]............vol. 1: 525; vol. 2: 482
20:5 [19:6].......................vol. 3: 785
20:6 [19:7]............vol. 1: 125; vol. 4: 690
20:7 [19:8].......................vol. 1: 316
20:9 [19:10]......................vol. 4: 422
21:1 [20:2].......................vol. 1: 101
21:5 [20:5].......................vol. 1: 195
21:6 [20:7].......................vol. 4: 645
21:7 [20:8].......................vol. 4: 232
21:11 [20:12]....................vol. 2: 702
21:22 [22:22]....................vol. 2: 136
22 [21]..................vol. 3: 668; vol. 4: 359
22:1 [21:2]...vol. 1: 523, vol. 2: 381; vol. 4: 548
22:3 [21:4].......................vol. 1: 172
22:4 [21:5]............vol. 3: 679; vol. 4: 215
22:5 [21:6]............vol. 2: 737; vol. 4: 424
22:6–8 [21:5–7].................vol. 3: 369

22:8 [21:9]......................vol. 4: 216
22:10 [21:11]....................vol. 3: 298
22:13 [21:14]....................vol. 1: 401
22:15 [21:16]..........vol. 1: 748; vol. 2: 719;
                                vol. 4: 679
22:16 [21:17]....................vol. 4: 101
22:18 [22:19]..........vol. 2: 542, 694, 697;
                                vol. 4: 419, 548
22:19 [21:20]....................vol. 2: 697
22:20 [21:21]..........vol. 3: 334; vol. 4: 214
22:21 [21:22]....................vol. 4: 217
22:22 [21:23]......vol. 1: 120, 150; vol. 2: 125,
                                143; vol. 4: 548
22:24 [21:25]....................vol. 3: 737
22:26–28.........................vol. 3: 309
22:26 [21:27]..........vol. 2: 290, 624
22:27 [21:28]....................vol. 2: 390
22:30–31 [21:30–31]...............vol. 1: 117
22:30 [21:31]....................vol. 4: 343
22:31 [21:32]....................vol. 1: 727
23 [22]...............vol. 2: 610; vol. 4: 83, 136
23:1–6 [22:1–6]..................vol. 2: 368
23:1–4 [22:1–4]...................vol. 4: 82
23:1 [22:1]............vol. 4: 84, 575
23:2 [22:2].......................vol. 1: 284
23:3 [22:3]..........vol. 3: 453, 517
23:4 [22:4].........vol. 2: 598; vol. 4: 309, 321
23:5 [22:5]............vol. 2: 161; vol. 4: 424
23:6 [22:6].......................vol. 3: 471
24 [23]................vol. 1: 277; vol. 2: 470
24:1–2 [23:1–2].................vol. 2: 401
24:1 [23:1].......vol. 1: 477, 660; vol. 2: 101;
                                vol. 3: 477, 644
24:2 [23:2]............vol. 2: 303; vol. 4: 116
24:3–4 [23:3–4].................vol. 1: 125
24:4 [23:4]............vol. 1: 760; vol. 2: 572;
                                vol. 4: 404, 663
24:5 [23:5]......................vol. 4: 425
24:6 [23:6]......................vol. 2: 355
24:7–10 [23:7–10].....vol. 1: 763; vol. 3: 648
24:7 [23:7]......................vol. 1: 177
24:8 [23:8].......................vol. 4: 89
24:10 [23:20]....................vol. 3: 741
25:1 [24:1]......................vol. 1: 177
25:2 [24:2]...........vol. 1: 183; vol. 3: 387, 686
25:3 [24:3]............vol. 1: 182; vol. 4: 565
25:5 [24:5]................vol. 4: 425, 565
25:6 [24:6]............vol. 2: 168; vol. 3: 479
25:7–8 [24:7–8].................vol. 4: 686
25:7 [24:7]......................vol. 3: 310
25:9 [24:9]......................vol. 4: 124
25:10 [24:10]....................vol. 1: 226
25:11 [24:11]....................vol. 1: 445
25:12 [24:12]....................vol. 1: 175
25:14 [24:14]....................vol. 1: 681
25:16 [24:16]....................vol. 4: 182
25:18 [24:18]..........vol. 1: 445; vol. 2: 722

63

Scripture Index: Old Testament: Psalms

25:21 [24:21] . . . . **vol. 2:** 600
26:2 [25:2] . . . . **vol. 3:** 695
26:4–7 [25:4–7] . . . . **vol. 3:** 507
26:5 [25:5] . . . . **vol. 2:** 136; **vol. 3:** 319
26:6 [25:6] . . . . **vol. 3:** 401; **vol. 4:** 521, 663
26:7 [25:7] . . . . **vol. 1:** 172; **vol. 2:** 421
26:8 [25:8] . . . . **vol. 3:** 471; **vol. 4:** 302
26:22 . . . . **vol. 3:** 776
27:1–3 [26:1–3] . . . . **vol. 4:** 611
27:1 [26:1] . . . . **vol. 2:** 347, 368; **vol. 4:** 638
27:4 [26:4] . . . . **vol. 2:** 367; **vol. 3:** 371
27:5–6 [26:5–6] . . . . **vol. 2:** 754; **vol. 3:** 735
27:7 [26:7] . . . . **vol. 1:** 209
27:9 [26:9] . . . . **vol. 3:** 535; **vol. 4:** 425
27:11 [26:11] . . . . **vol. 3:** 454
27:12 [26:12] . . . . **vol. 3:** 237; **vol. 4:** 728
27:14 [26:14] . . . . **vol. 2:** 740; **vol. 4:** 565
28:2 [27:2] . . . . **vol. 1:** 177, 668; **vol. 3:** 371; **vol. 4:** 663
28:3–4 [27:3–4] . . . . **vol. 2:** 599
28:6–7 [27:6–7] . . . . **vol. 3:** 507
28:6 [27:6] . . . . **vol. 2:** 322
28:8 [27:8] . . . . **vol. 4:** 690
28:9 [27:9] . . . . **vol. 4:** 82, 422
29:1–3 [28:1–3] . . . . **vol. 1:** 763
29:1 [28:1] . . . . **vol. 4:** 494
29:3–5 . . . . **vol. 3:** 154
29:3–4 [28:3–4] . . . . **vol. 4:** 634
29:4 [28:4] . . . . **vol. 2:** 561
29:8 [28:8] . . . . **vol. 4:** 278, 634
29:9 [28:9] . . . . **vol. 3:** 371
29:10 [28:10] . . . . **vol. 2:** 577
29:11 [28:11] . . . . **vol. 2:** 113, 561
30 [29] . . . . **vol. 4:** 737
30:1 [29:2] . . . . **vol. 4:** 580
30:3 [29:4] . . . . **vol. 1:** 153; **vol. 2:** 497
30:4 [29:5] . . . . **vol. 3:** 309, 310
30:5 [29:6] . . . . **vol. 2:** 426; **vol. 3:** 535
30:9 [29:10] . . . . **vol. 1:** 117; **vol. 2:** 407; **vol. 4:** 679
30:11 [29:11] . . . . **vol. 1:** 525; **vol. 2:** 725
31: [30:2] . . . . **vol. 4:** 215
31:2 [30:3] . . . **vol. 1:** 209; **vol. 2:** 702; **vol. 3:** 805
31:3 [30:4] . . . . **vol. 3:** 736
31:4 . . . . **vol. 1:** 200
31:5 [30:6] . . . . **vol. 3:** 182, 804; **vol. 4:** 663
31:7 [30:8] . . . . **vol. 4:** 450
31:9 [30:10] . . . . **vol. 4:** 456
31:10 [30:11] . . . . . . **vol. 1:** 420, 421; **vol. 2:** 193, 561; **vol. 4:** 366
31:11 [30:12] . . . . **vol. 1:** 578
31:15 [30:16] . . . . **vol. 1:** 750; **vol. 2:** 588
31:16 [30:17] . . . . **vol. 4:** 156
31:18 [30:19] . . . . **vol. 4:** 558
31:19 [30:20] . . . . **vol. 3:** 783; **vol. 4:** 686
31:23 [30:24] . . . . **vol. 3:** 557
32:1–5 [31:1–5] . . . . **vol. 2:** 497

32:1–2 [31:1–2] . . . . **vol. 1:** 3. 208
32:1 [31:1] . . . . **vol. 1:** 447; **vol. 2:** 613; **vol. 3:** 207
32:2 [31:2] . . . . **vol. 1:** 300, 760; **vol. 3:** 124, 805
32:3 [31:3] . . . . **vol. 3:** 599; **vol. 4:** 291
32:5 [31:5] . . . . **vol. 2:** 612, 754; **vol. 3:** 506
32:6 [31:6] . . . . **vol. 2:** 588; **vol. 3:** 557
32:8 [31:8] . . . . **vol. 4:** 108
32:10 [31:10] . . . . **vol. 3:** 246
32:11 [31:11] . . . . **vol. 1:** 101; **vol. 2:** 652
33:1 [32:1] . . . . **vol. 1:** 172; **vol. 4:** 126
33:3 [32:3] . . . . **vol. 2:** 581; **vol. 4:** 737
33:4 . . . . **vol. 3:** 154
33:5 [32:5] . . . . **vol. 1:** 727
33:6 [32:16] . . . . **vol. 3:** 136, 154, 567, 804
33:7 [32:7] . . . . **vol. 1:** 92
33:8 [32:8] . . . . **vol. 3:** 477
33:9 [32:9] . . . . **vol. 2:** 760
33:10–11 [32:10–11] . . . **vol. 1:** 529; **vol. 3:** 125
33:11 [32:11] . . . . **vol. 1:** 556; **vol. 3:** 273
33:12 [32:12] . . . . **vol. 2:** 347, 695
33:13–22 . . . . **vol. 3:** 154
33:16–17 [32:16–17] . . . .**vol. 4:** 422, 425
33:16 [32:16] . . . . **vol. 3:** 783
33:18 [32:18] . . . . **vol. 2:** 185
33:19 [32:19] . . . . **vol. 4:** 214
33:20 [32:20] . . . . **vol. 4:** 565
33:21 [32:21] . . . . **vol. 2:** 332
34 . . . . **vol. 1:** 566
34:2 [33:3] . . . . **vol. 4:** 124
34:3 [33:4] . . . **vol. 2:** 237; **vol. 3:** 255; **vol. 4:** 580
34:4 [33:5] . . . . **vol. 4:** 215
34:6 [33:17] . . . . **vol. 2:** 737
34:7 [33:8] . . . . **vol. 4:** 215
34:8 [33:9] . . . .**vol. 1:** 564, 566; **vol. 3:** 159, 207, 527; **vol. 4:** 687
34:9 [33:10] . . . . **vol. 1:** 127; **vol. 4:** 575
34:10 [33:11] . . . . **vol. 1:** 94; **vol. 3:** 700; **vol. 4:** 181
34:11 [33:12] . . . . **vol. 3:** 222; **vol. 4:** 465
34:12–16 [33:13–17] . . . . **vol. 1:** 761
34:13 [33:14] . . . . **vol. 1:** 589, 760
34:14 [33:15] . . . . **vol. 1:** 750; **vol. 2:** 355
34:15 [33:16] . . . . **vol. 1:** 669
34:16 [33:16] . . . . **vol. 1:** 212, 739
34:17–19 [33:18–20] . . . . **vol. 4:** 214
34:17 [33:18] . . . . **vol. 4:** 215
34:18 [33:19] . . . . **vol. 2:** 77; **vol. 3:** 805
34:19 [35:19] . . . . . . **vol. 2:** 462, 463; **vol. 3:** 805
34:21 [33:22] . . . . **vol. 3:** 319
35 . . . . **vol. 4:** 182
35:3 [34:3] . . . . **vol. 1:** 750
35:4 [34:4] . . . . **vol. 1:** 185; **vol. 2:** 355
35:7 [34:7] . . . . **vol. 1:** 719
35:8 [34:8] . . . . **vol. 2:** 453
35:10 [34:10] . . . . **vol. 4:** 369
35:13 [34:13] . . . . . . **vol. 3:** 237, 386; **vol. 4:** 450

35:16 [34:16] .... vol. 1: 533; vol. 3: 695
35:17 [34:17] .... vol. 4: 217
35:18 [34:18] .... vol. 1: 172; vol. 2: 337
35:19 [34:19] .... vol. 4: 645
35:23 [34:23] .... vol. 1: 743
35:26 [34:26] .... vol. 1: 182, 183, 185;
vol. 2: 196
35:27 [34:27] .... vol. 2: 113
35:28 [34:28] .... vol. 1: 589
36:2 [35:3] .... vol. 1: 760
36:5 [35:6] .... vol. 1: 225
36:8–9 [35:9–10] .... vol. 3: 700
36:9 [35:10] .... vol. 2: 368, 435; vol. 3: 87,
740; vol. 4: 639
37 [36] .... vol. 3: 797
37:2 [36:2] .... vol. 3: 96; vol. 4: 677
37:5 [36:5] .... vol. 3: 454; vol. 4: 460
37:8 [36:8] .... vol. 3: 534
37:9 [36:9] .... vol. 2: 696; vol. 4: 565, 566
37:10 [36:10] .... vol. 3: 489
37:11 [36:11] ....vol. 4: 124, 125
37:12 [36:12] .... vol. 1: 533; vol. 4: 489
37:13 [36:13] .... vol. 1: 550
37:16–17 [36:16–17] .... vol. 3: 489
37:17 .... vol. 4: 487
37:19 [36:19] .... vol. 2: 587, 588; vol. 4: 678
37:20 [36:20] .... vol. 2: 344
37:22 [36:22] .... vol. 1: 382
37:23 .... vol. 2: 196
37:28 [36:28] .... vol. 3: 557
37:30 [36:30] .... vol. 1: 589; vol. 4: 382
37:34 [36:34] ....vol. 4: 566, 580
37:35 [36:35] .... vol. 4: 580
37:39 [36:39] ....vol. 2: 462, 588
38 [37] .... vol. 2: 497; vol. 3: 310
38:3–8 [37:4–9] .... vol. 2: 497
38:3–7 [37:4–8] .... vol. 3: 421
38:3 [37:4] .... vol. 2: 112
38:8 [37:9–10] .... vol. 4: 366
38:9 [37:10] .... vol. 2: 754
38:10 [37:11] .... vol. 2: 623; vol. 4: 456
38:11 [37:12] .... vol. 2: 76; vol. 4: 606
38:16 [37:17] .... vol. 4: 232
38:18 .... vol. 3: 278
38:19 [37:20] .... vol. 3: 740
39:2 [38:3] .... vol. 2: 781
39:3 [38:4] .... vol. 2: 595, 623
39:5 [38:6] .... vol. 2: 383; vol. 4: 571
39:6 [38:7] .... vol. 2: 102
39:7 [38:8] .... vol. 4: 571
39:8 [38:9] .... vol. 4: 214
39:9 [38:10] .... vol. 2: 781
39:10 [38:11] .... vol. 3: 246
39:12 [38:13] ... vol. 1: 684; vol. 3: 444, 465, 644
39:13 [38:14] .... vol. 4: 734
40 .... vol. 3: 371
40:1 [39:1] .... vol. 2: 184

40:2 [39:3] .... vol. 3: 735
40:3 [49:4] .... vol. 2: 581; vol. 4: 547
40:4 [39:5] .... vol. 3: 205; vol. 4: 721
40:5 [39:6] .... vol. 3: 125
40:6–8 [39:7–9] .... vol. 2: 315, 429, 484;
vol. 3: 491; vol. 4: 438
40:6 [39:7] ... vol. 1: 409; vol. 2: 482; vol. 3: 714
40:7 [39:8] .... vol. 2: 379, 669, 670
40:8 [39:9] .... vol. 2: 426, 704; vol. 4: 78
40:9 [39:10] .... vol. 2: 307
40:12–13 [39:13–14] .... vol. 4: 214
40:13 [39:14] ....vol. 2: 313, 314
40:15 [39:16] .... vol. 1: 182
40:17 [39:18] ....vol. 4: 617, 703
41:1 [40:2] .... vol. 3: 207
41:2 .... vol. 3: 316
41:4 [40:5] .... vol. 3: 421
41:9 [40:10] .... vol. 1: 645
41:10 [40:11] .... vol. 3: 517
41:12 [40:13] .... vol. 1: 499
41:13 [40:14] .... vol. 1: 264
42:2 [41:3] .... vol. 1: 748; vol. 3: 528
42:4 [41:5] ....vol. 3: 471, 507
42:5 [41:6] .... vol. 2: 185
42:6 [41:6] .... vol. 4: 731
42:9 [41:10] .... vol. 2: 462
42:10 [41:9] .... vol. 3: 513
43 .... vol. 2: 381
43:1 [42:1] .... vol. 3: 557; vol. 4: 214
43:3–7 .... vol. 4: 422
43:3 [42:3] .... vol. 1: 227
44:3–7 .... vol. 4: 422
44:3 [43:4] .... vol. 4: 638
44:4 [43:4] .... vol. 2: 314
44:19 [43:20] .... vol. 4: 309
44:24 [43:25] .... vol. 2: 753; vol. 4: 181
45 [44] .... vol. 3: 436
45:4 [44:5] .... vol. 1: 227
45:6 [44:7] .... vol. 1: 634; vol. 4: 200, 201
45:7–8 [44:8–9] .... vol. 4: 699
45:7 [44:8] .... vol. 1: 103, 476, 618, 634;
vol. 2: 161, 162, 436; vol. 3: 416;
vol. 4: 700
45:8 [44:9] .... vol. 4: 327
45:9 [44:10] .... vol. 1: 665; vol. 4: 494
45:15 [44:10] .... vol. 4: 494
45:17 .... vol. 3: 310
46 [45] ...... vol. 2: 470; vol. 3: 371; vol. 4: 649
46:1–3 [45:1–3] .... vol. 4: 611
46:1 [45:2] .... vol. 1: 777
46:2–3 [45:3–4] .... vol. 2: 401
46:4 [45:5] .... vol. 4: 94
46:10 [45:11] .... vol. 1: 579; vol. 2: 90;
vol. 4: 580
47:1 [46:2] .... vol. 4: 663
47:2 [46:3] .... vol. 1: 477; vol. 4: 611
47:3 [46:4] .... vol. 4: 460

Scripture Index: Old Testament: Psalms

47:5 [46:6] . . . . .vol. 3: 344
47:7 [46:8] . . . . .vol. 4: 407
47:8 [46:9] . . . . vol. 1: 126, 477
48. . . . . .vol. 3: 371
48:1 [47:2] . . . . .vol. 4: 94
48:2 [47:3] . . . . .vol. 2: 524
48:2 [47:3] . . . . .vol. 4: 94
48:4 . . . . .vol. 4: 628
48:5 [47:6] . . . . .vol. 2: 421
48:6 [47:7] . . . . .vol. 4: 740
49 [48] . . . . vol. 1: 153; vol. 3: 797
49:7 [48:8] . . . . vol. 2: 533; vol. 3: 181
49:8 [48:10] . . . . .vol. 4: 598
49:9 [48:10] . . . . vol. 3: 392; vol. 4: 472
49:10 [48:11] . . . . .vol. 3: 797
49:11 [48:12] . . . . .vol. 3: 516
49:12 [48:13] . . . . .vol. 4: 494
49:15 [48:15] . . . . vol. 1: 313; vol. 2: 368
49:16 [48:17] . . . . .vol. 3: 797
49:19 [48:20] . . . . .vol. 4: 638
50. . . . . .vol. 3: 371
50:1–6 [49:1–6] . . . . .vol. 2: 747
50:3 [49:3] . . . . .vol. 4: 193
50:5 [49:5] . . . . .vol. 3: 557
50:7 [49:7] . . . . .vol. 3: 236
50:8–15 [49:8–15] . . . . .vol. 2: 483
50:12 [51:10] . . . . .vol. 4: 404
50:17 [49:17] . . . . .vol. 3: 319, 586
50:20 [49:20] . . . . .vol. 3: 298
50:21 [49:21] . . . . vol. 3: 641; vol. 4: 291
50:22 [49:22] . . . . .vol. 1: 401
51. . . . . vol. 1: 258; vol. 3: 371
51:5 [50:3] . . . . .vol. 3: 783
51:2 [50:4] . . . . .vol. 3: 174
51:4 [50:6] .vol. 3: 392, 394
51:5 [50:6] . . . . .vol. 4: 723
51:6 [50:8] . . . . .vol. 1: 228, 681
51:7 [50:9] . . . . vol. 3: 113, 174; vol. 4: 203
51:9 [50:11] . . . . .vol. 2: 212
51:10 [50:12] . . . . . . vol. 1: 571; vol. 2: 581, 624,
                                              759; vol. 3: 805
51:11 [50:13] . . . . .vol. 1: 127
51:12 [50:14] . . . . .vol. 2: 376; vol. 3: 808;
                                                          vol. 4: 374
51:14 [50:16] . . . . vol. 1: 589; vol. 4: 214
51:15 [50:17] . . . . .vol. 1: 117
51:16–19 [50:18–21] . . . . .vol. 2: 314
51:16 [50:18] . . . . .vol. 1: 720
51:17 [50:19] . . . . .vol. 2: 624; vol. 3: 805;
                                                          vol. 4: 451
52:1 [51:3] . . . . .vol. 2: 651, 652
52:3–4 [51:5–6] . . . . .vol. 1: 107
52:5 [51:7] . . . . vol. 3: 177; vol. 4: 212
52:6 [51:8] . . . . .vol. 1: 550
52:7 [51:9] . . . . vol. 1: 776; vol. 3: 797
52:8 [51:10] . . . . .vol. 2: 161, 627
53:5 [52:6] . . . . vol. 1: 303, 386; vol. 4: 318

54:1 [53:3] . . . . vol. 2: 745; vol. 3: 517, 521
54:3 [53:5] . . . . .vol. 4: 160
54:6 [53:8] . . . . .vol. 3: 517
55:3 [54:4] . . . . .vol. 2: 344
55:4 [54:4] . . . . vol. 1: 114; vol. 4: 457
55:5 [54:5] . . . . vol. 3: 757; vol. 4: 612
55:13 [54:14] . . . . .vol. 2: 376, 549
55:15 [54:16] . . . . .vol. 3: 644
55:16 [54:17] . . . . .vol. 2: 737
55:17 [54:18] . . . . .vol. 4: 501
55:22 [54:23] . . . . . . vol. 3: 278, 279; vol. 4: 231
55:23 . . . . .vol. 3: 279
56:5 [55:5] . . .vol. 1: 172; vol. 3: 125; vol. 4: 253
56:8 [55:9] . . . . .vol. 2: 231
56:13 [55:14] . . . . . . vol. 2: 701; vol. 4: 214, 639
57:1 [56:2] . . . . vol. 3: 686, 734; vol. 4: 309
57:4 [56:5] . . . . .vol. 1: 589
57:7 [56:8] . . . . .vol. 2: 304
58:3 [57:4] .vol. 4: 720, 721
59:8 [58:9] . . . . .vol. 1: 550
59:16 [58:17] . . . . .vol. 2: 388
59:15 [58:16] . . . . .vol. 4: 678
60 [59] . . . . .vol. 1: 709
60:3 [59:5] . . . . .vol. 3: 481
60:5 [59:7] . . . . .vol. 4: 422
60:11 [59:13] . . . . vol. 1: 525; vol. 4: 423
61:2 [60:3] . . . . .vol. 2: 624
61:4 [60:5] . . . . .vol. 3: 644
62:1 [61:2] . . . . .vol. 4: 460
62:2 [61:3] . . . . .vol. 4: 425
62:3 [61:4] . . . . .vol. 4: 615
62:5 . . . . .vol. 2: 184
62:6 [61:7] . . . . .vol. 3: 736
62:9 [61:10] . . . . vol. 2: 358; vol. 3: 248
62:10 [61:11] . . . . .vol. 4: 206
62:11 [61:12] . . . . .vol. 1: 342
63:1 [62:2] . . . . vol. 1: 748; vol. 4: 253, 728
63:3 [62:4] . . . . vol. 1: 172; vol. 2: 368
63:8 [62:9] . . . . vol. 2: 719; vol. 3: 523
63:9 [62:10] . . . . .vol. 2: 649, 650
63:11 [62:12] . . . . .vol. 4: 614
64:1 [63:19] . . . . .vol. 3: 566
64:2 [63:3] . . . . .vol. 3: 351
64:5 [63:6] . . . . .vol. 2: 740
64:6 [63:7] . . . . .vol. 2: 264
64:9 [63:9] . . . . .vol. 1: 117
65 [64] . . . . .vol. 2: 322
65:1 [64:2] . . . . .vol. 4: 126
65:2 [64:3] . . . . .vol. 4: 253
65:3 [64:4] . . . . .vol. 1: 445
65:4 [64:5] . . . . vol. 2: 367; vol. 3: 371
65:5–8 [64:6–9] . . . . .vol. 4: 423
65:6 [64:7] . . . . vol. 2: 303, 373; vol. 3: 549
65:7 [64:8] . . . . vol. 2: 401; vol. 4: 232
65:9[64:10] . . . . .vol. 2: 303; vol. 3: 750;
                                                          vol. 4: 117
65:11 [64:12] . . . . .vol. 4: 686

Scripture Index: Old Testament: Psalms

66 [65] . . . . **vol. 1:** 312; **vol. 4:** 718
66:3 [65:3] . . . . **vol. 4:** 611
66:6 [65:6] . . . . **vol. 3:** 447; **vol. 4:** 117
66:10 [65:10] . . . . **vol. 1:** 757
66:12 [65:18] . . . . **vol. 2:** 424
66:19 [65:19] . . . . **vol. 1:** 668
67 [66] . . . . **vol. 4:** 718
67:1–2 [66:2–3] . . . . **vol. 4:** 423
67:2 [66:3] . . . . **vol. 3:** 454; **vol. 4:** 431
68 . . . . **vol. 1:** 277
68:1 [67:2] . . . . **vol. 3:** 319; **vol. 4:** 318
68:4 [67:5] . . . . **vol. 3:** 567
68:5 [67:6] . . . . **vol. 3:** 554, 680; **vol. 4:** 669
68:9 [67:10] . . . . **vol. 2:** 694
68:11 [67:12] . . . . **vol. 2:** 307
68:13 [67:14] . . . . **vol. 4:** 708
68:14 [67:15] . . . . **vol. 3:** 566
68:17 [67:18] . . . . **vol. 2:** 513
68:18 [67:19] . . . **vol. 1:** 191, 192, 276, 277, 606, 720; **vol. 2:** 650; **vol. 4:** 579, 581
68:19 . . . . **vol. 4:** 172
68:20 [67:21] . . . . **vol. 2:** 347
68:23 [67:24] . . . . **vol. 1:** 460
68:25 [67:26] . . . . **vol. 3:** 639
68:28–29 [67:29–30] . . . . **vol. 3:** 371
68:31–32 [67:32–33] . . . . **vol. 4:** 327
68:34 [67:35] . . . . **vol. 3:** 255
68:35 [67:36] . . . . **vol. 2:** 420, 421, 423
68:94 [67:10] . . . . **vol. 1:** 409
69:1–2 [68:2–3] . . . . **vol. 4:** 117
69:2 [68:3] . . . . **vol. 1:** 457; **vol. 3:** 809
69:4 [68:5] . . . . **vol. 1:** 401
69:5 [68:6] . . . . **vol. 2:** 754
69:9 [68:10] . . . **vol. 1:** 387; **vol. 2:** 350, 351, 460; **vol. 3:** 513, 514
69:10 [68:11] . . . . **vol. 3:** 386
69:14–15 [68:15–16] . . . . **vol. 4:** 117
69:14 [68:15] . . . . **vol. 1:** 457; **vol. 4:** 214
69:15 [68:16] . . . . **vol. 3:** 809
69:17 [68:18] . . . . **vol. 2:** 462
69:20 [68:21] . . . . **vol. 3:** 177
69:21 [68:22] . . . . **vol. 4:** 676
69:22 [68:23] . . . . . . **vol. 1:** 721; **vol. 4:** 296, 297
69:23 [68:24] . . . . **vol. 4:** 323
69:27 [68:28] . . . . **vol. 1:** 727
69:32 [68:33] . . . . **vol. 4:** 182
69:35 [68:36] . . . . **vol. 4:** 125
70 . . . . **vol. 3:** 310
70:4 [69:5] . . . . **vol. 3:** 255
71:2 [70:2] . . . . **vol. 4:** 214, 215
71:5 [70:5] . . . . **vol. 2:** 184; **vol. 4:** 566
71:6 [70:6] . . . . **vol. 4:** 374, 547
71:7 [70:7] . . . . **vol. 4:** 98, 485
71:16 [70:16] . . . . **vol. 3:** 310, 335
71:17 [70:17] . . . . **vol. 2:** 421
71:20 [70:20] . . . . **vol. 1:** 92; **vol. 2:** 462
71:22 [70:22] . . . . **vol. 1:** 227

72 [71] . . . . **vol. 1:** 634
72:1–4 [71:1–4] . . . . **vol. 1:** 728
72:1 [71:1] . . . . **vol. 2:** 746
72:2 [71:1] . . . . **vol. 4:** 181
72:4 [71:4] . . . . **vol. 4:** 422
72:5 [71:5] . . . . **vol. 4:** 280
72:7 [71:7] . . . . **vol. 3:** 783; **vol. 4:** 280
72:8–11 [71:8–11] . . . . **vol. 2:** 390
72:8 [71:8] . . . . **vol. 3:** 476
72:10–11 [71:10–11] . . . . **vol. 4:** 327
72:12 [71:12] . . . . **vol. 3:** 705
72:13 [71:13] . . . . **vol. 4:** 422
72:14 [71:14] . . . . **vol. 3:** 182
72:15 [71:15] . . . . **vol. 4:** 708
72:17 [71:17] . . . . **vol. 3:** 207, 274
72:18 [71:18] . . . . **vol. 3:** 335; **vol. 4:** 78, 285
72:19 [71:19] . . . . **vol. 3:** 786; **vol. 4:** 285
73 [72] . . . . **vol. 3:** 797; **vol. 2:** 599
73:3 [72:3] . . . . **vol. 1:** 606; **vol. 2:** 112
73:13 [72:13] . . . . **vol. 1:** 725; **vol. 3:** 248; **vol. 4:** 521
73:14 [72:13] . . . . **vol. 3:** 246
73:20 [72:20] . . . . **vol. 2:** 102; **vol. 3:** 511
73:23–28 [72:23–28] . . . . **vol. 1:** 153, 396
73:24–25 [72:24–25] . . . . **vol. 2:** 408
73:24 [72:24] . . . . **vol. 1:** 313, 527
73:25 [72:25] . . . . **vol. 2:** 347, 695
73:26 [72:26] . . . . . . **vol. 2:** 368, 624; **vol. 4:** 253
73:27 [72:27] . . . . **vol. 4:** 112
74 . . . . **vol. 2:** 684; **vol. 4:** 182
74:1 [73:1] . . . . **vol. 4:** 82, 135
74:15 [73:15] . . . . **vol. 4:** 116, 117
74:2 [73:2] . . . . **vol. 2:** 695
74:4 [73:4] . . . . **vol. 2:** 651
74:9 [73:9] . . . . **vol. 4:** 167
74:12 [73:12] . . . . **vol. 4:** 423
74:13–14 [73:13–14] . . . . **vol. 2:** 401
74:13, 14 [73:13, 14] . . . . **vol. 1:** 774
74:15 [73:15] . . . . **vol. 4:** 519
74:16 [73:16] . . . . **vol. 1:** 409
74:49 [77:49] . . . . **vol. 1:** 121
75:3 [74:4] . . . . **vol. 4:** 390
75:4–5 [74:5–6] . . . . **vol. 4:** 580
75:7 [74:8] . . . . **vol. 4:** 452, 580
75:8 [74:9] . . . . **vol. 2:** 664; **vol. 3:** 481, 483, 750
76 . . . . **vol. 3:** 371
76:1 [75:2] . . . . **vol. 4:** 247
76:2 [75:3] . . . . **vol. 2:** 522; **vol. 4:** 234
76:3 [75:4] . . . . **vol. 3:** 524
76:5 [75:8] . . . . **vol. 4:** 611
77:1–11 [76:2–12] . . . . **vol. 2:** 338
77:9 [76:10] . . . . **vol. 2:** 689
77:16 [76:17] . . . . **vol. 2:** 401
77:18 [76:19] . . . . **vol. 3:** 477
77:20 [76:20] . . . . **vol. 3:** 363, 453; **vol. 4:** 82, 135, 136
78 [77] . . . . **vol. 1:** 257; **vol. 4:** 238

Scripture Index: Old Testament: Psalms

78:1 [77:1] . . . . **vol. 3:** 406
78:2 [77:2] . . . . **vol. 2:** 636, 755; **vol. 3:** 613
78:8 [77:8] . . . . **vol. 3:** 762, 805
78:10 [77:10] . . . . **vol. 3:** 406; **vol. 4:** 623
78:12 [77:12] . . . . **vol. 1:** 163
78:15–19 [77:15–19] . . . . **vol. 2:** 273
78:15–16 [77:15–16] . . . **vol. 3:** 736; **vol. 4:** 519
78:16 [77:16] . . . . **vol. 4:** 117
78:17 [77:18] . . . . **vol. 3:** 695
78:18–32 [77:18–32] . . . . **vol. 3:** 700
78:18 . . . . **vol. 1:** 535
78:20 [77:20] . . . . **vol. 2:** 303; **vol. 4:** 206
78:21 [77:21] . . . . **vol. 3:** 534
78:23–25 . . . . **vol. 3:** 228
78:23 [77:23] . . . . **vol. 2:** 476; **vol. 4:** 419
78:24 [77:24] . . . . **vol. 3:** 227
78:25 [77:25] . . . . **vol. 3:** 747
78:30 . . . . **vol. 1:** 535
78:35 [77:35] . . . . **vol. 3:** 180
78:36 [77:36] . . . . **vol. 4:** 720
78:37 [77:37] . . . . **vol. 2:** 701, 762
78:38 [77:38] . . . . **vol. 1:** 445; **vol. 3:** 479, 535;
    vol. 4: 254
78:39 [77:39] . . . . **vol. 3:** 804; **vol. 4:** 254
78:40–41 [77:40–41] . . . . **vol. 3:** 696
78:40 [77:40] . . . . **vol. 2:** 273
78:42 [77:42] . . . . **vol. 2:** 388; **vol. 3:** 181
78:43 [77:43] . . . . **vol. 4:** 285
78:44 [77:44] . . . . **vol. 4:** 116
78:46 [77:46] . . . . **vol. 4:** 105
78:52–53 [77:52–53] . . . . **vol. 2:** 610;
    vol. 4: 82, 136
78:52 [77:52] . . . . **vol. 2:** 273; **vol. 4:** 135
78:61–62 [77:61–62] . . . . **vol. 1:** 192
78:67–72 [77:67–72] . . . . **vol. 4:** 247
78:70–72 [77:70–72] . . . . **vol. 4:** 83
79 . . . . **vol. 4:** 684
79:1 [78:1] . . . . **vol. 2:** 89, 694
79:2 [78:2] . . . . **vol. 3:** 557
79:5 [78:5] . . . . **vol. 1:** 671
79:6 [78:6] . . . . **vol. 2:** 159; **vol. 3:** 517
79:8 [78:8] . . . . **vol. 3:** 310
79:9 [78:9] . . . . **vol. 1:** 445; **vol. 2:** 537;
    vol. 4: 214–15
79:11 [78:11] . . . . **vol. 4:** 366
80 . . . . **vol. 2:** 684
80:1 [79:1] . . . . **vol. 4:** 82, 136, 667
80:8–19 [79:9–20] . . . . . **vol. 1:** 251; **vol. 3:** 611
80:8–15 [79:9–16] . . . . **vol. 4:** 527
80:8–13 [79:8–13] . . . . **vol. 1:** 269
80:8–9 . . . . **vol. 2:** 558
80:8 [79:9] . . . . **vol. 3:** 473
80:12 [79:13] . . . . **vol. 4:** 614
80:13 [79:14] . . . . **vol. 3:** 334
80:14 [79:15] . . . . **vol. 2:** 250
80:15 [79:16] . . . . **vol. 2:** 740
80:17 [79:18] . . . . **vol. 4:** 527

81:7 [80:8] . . . . **vol. 2:** 753
81:9 [80:10] . . . . **vol. 4:** 154
81:15 [80:16] . . . . **vol. 2:** 589
81:16 [80:17] . . . . **vol. 3:** 736; **vol. 4:** 678
82 . . . . **vol. 3:** 196
82:1–2 . . . . **vol. 3:** 267; **vol. 4:** 529
82:1 [81:1] . . . . **vol. 3:** 567
82:3–7 [81:3–7] . . . . **vol. 4:** 450
82:3 [81:3] . . . . **vol. 3:** 705
82:6 [81:6] . . . . **vol. 1:** 605; **vol. 3:** 196, 416
82:8 . . . . **vol. 4:** 450
83:1 [82:2] . . . . **vol. 4:** 124
83:3 [82:4] . . . . **vol. 1:** 527; **vol. 3:** 602, 733, 734
83:7 [82:8] . . . . **vol. 1:** 511
83:16–17 [82:17–18] . . . . **vol. 1:** 182
83:16 [82:17] . . . . **vol. 2:** 355
83:17 [82 18] . . . . **vol. 1:** 182
84:6 [83:7] . . . . **vol. 2:** 684
84:7 [83:8] . . . . **vol. 2:** 127
84:10 [83:11] . . . . **vol. 2:** 147, 388;
    vol. 4: 303, 671, 672
84:11 [83:12] . . . . **vol. 1:** 94; **vol. 2:** 384
84:12 [83:13] . . . . **vol. 3:** 207
85:2 [84:3] . . . . **vol. 2:** 612
85:7 [84:8] . . . . **vol. 4:** 423
85:8 [84:9] . . . . **vol. 2:** 113; **vol. 3:** 557
85:10 [84:11] . . . . **vol. 1:** 227; **vol. 2:** 113
85:12 [84:13] . . . . **vol. 3:** 764
86:1 [85:1] . . . . **vol. 1:** 209; **vol. 4:** 181
86:4 [85:4] . . . . **vol. 4:** 728
86:5 [85:5] . . . . **vol. 2:** 240
86:9 [85:9] . . . . **vol. 2:** 379
86:10 [85:10] . . . . **vol. 2:** 421; **vol. 4:** 285
86:11 [85:11] . . . . **vol. 3:** 455
86:13 [85:13] . . . . . **vol. 2:** 649; **vol. 4:** 214, 215
86:15 [85:15] . . . . **vol. 3:** 210
86:16 [85:17] . . . . **vol. 4:** 285
88 . . . . **vol. 1:** 313; **vol. 2:** 497
88:3 [87:4] . . . . **vol. 1:** 313
88:4–5 [87:5–6] . . . . **vol. 3:** 375
88:4 [87:5] . . . . **vol. 1:** 524
88:5 [87:5, 6] . . . . . . **vol. 1:** 153, 313; **vol. 2:** 575
88:6 [87:7] . . . . **vol. 4:** 309, 321
88:10 [87:11] . . . . **vol. 1:** 312; **vol. 3:** 375
88:11–12 [87:12–13] . . . . **vol. 1:** 313
88:11 [87:11] . . . . **vol. 1:** 153, 360
89:2 [88:3] . . . . **vol. 2:** 204
89:3–4 [88:4–5] . . . . **vol. 4:** 525
89:3 [88:4] . . . . **vol. 1:** 695, 770
89:4 [88:5] . . . . **vol. 2:** 304; **vol. 4:** 343
89:5–7 [88:6–8] . . . . **vol. 1:** 478
89:6 [88:6] . . . . **vol. 1:** 121; **vol. 2:** 136, 549
89:7–10 [88:8–11] . . . . **vol. 2:** 470
89:7 [88:8] . . . . **vol. 1:** 527; **vol. 4:** 524
89:8–10 [88:9–11] . . . . **vol. 4:** 89
89:10 [88:11] . . . . **vol. 4:** 318, 558, 559
89:12 [88:13] . . . . **vol. 1:** 101

Scripture Index: Old Testament: Psalms

89:13 [88:14] .vol. 4: 663
89:14 [88:15] .vol. 2: 304
89:15 [88:16] .vol. 4: 638
89:16 [88:17] .vol. 4: 580
89:17 [88:18] .vol. 2: 314
89:21 [88:22] .vol. 4: 663
89:24 [88:25] .vol. 3: 517
89:26–29 [88:27–30] . . . . .vol. 4: 525
89:26–27 [88:27–28] . . . . .vol. 4: 690
89:26 [88:27] .vol. 3: 679
89:27 . . . . .vol. 1: 480
89:27, 28 [88:28, 29] . . . . .vol. 4: 178
89:29 [88:30] .vol. 3: 567
89:30–32 [88:30–32] . . . . .vol. 4: 406
89:34 [88:35] .vol. 1: 502
89:36 [88:37] .vol. 2: 384
89:37 [88:37] .vol. 3: 237
89:38–45 [88:39–46] . . . . .vol. 3: 344
89:39 [88:40] .vol. 4: 690
89:45 [88:46] .vol. 3: 302
89:47 [88:48] .vol. 4: 571
89:48 [88:49] . . . . vol. 3: 527; vol. 4: 425
89:50–51 [88:51–52] . . . . .vol. 2: 460
90 [89] . . . . vol. 2: 407; vol. 3: 364
90:1 [89:1] . . . . .vol. 2: 771
90:2 [89:2] . . . . .vol. 3: 549
90:3 [89:4] . . . . .vol. 4: 450
90:4 [89:4] . . . . vol. 2: 388; vol. 4: 672, 674
90:5 [89:5] . . . . .vol. 3: 511
90:10 [89:10] . . . . vol. 2: 261; vol. 3: 484
90:13 [89:13] .vol. 3: 629
90:17 [89:17] .vol. 2: 267
91 . . . . .vol. 3: 700
91:1 . . . . .vol. 4: 700
91:3 [90:3] . . . . .vol. 4: 214
91:4 [90:4] . . . . vol. 3: 525, 734; vol. 4: 309
91:5 [90:5] . . . . .vol. 3: 437
91:11–12 [90:11–12] . . . vol. 2: 518; vol. 3: 700
91:11 [90:11] . . . . .vol. 2: 200, 203
91:12 [90:12] . . . . .vol. 2: 724, 726
91:13 [90:13] .vol. 3: 580
92 [93] . . . . .vol. 4: 222
92:2 [91:3] . . . . .vol. 1: 117
92:5 [91:6] . . . . .vol. 1: 456
93 [92] . . . . vol. 2: 470; vol. 4: 221
93:1 [92:1] . . . . vol. 1: 477; vol. 4: 369
93:2 [92:2] . . . . .vol. 2: 304
93:4 [92:4] . . . . .vol. 4: 579
93:5 [92:5] . . . . .vol. 4: 126
94:1 [93:1] . . . . .vol. 3: 658
94:4 . . . . .vol. 2: 652
94:6 [93:6] . . . . .vol. 4: 669
94:8 [93:8] . . . . .vol. 4: 357
94:11 [93:11] . . . . .vol. 3: 249, 250
94:13 [93:13] .vol. 4: 124
94:22 [93:22] .vol. 2: 436
95:2 [94:2] . . . . .vol. 3: 507

95:3–5 [94:3–5] . . . . .vol. 1: 477
95:4 [94:4] . . . . .vol. 3: 549
95:5 [94:4] . . . . .vol. 3: 760
95:8–11 [94:8–11] . . . . .vol. 4: 285
95:7–11 [94:7–11] . . . . .vol. 2: 273; vol. 3: 746; vol. 4: 568
95:7–8 [94:7–8] . . . . vol. 3: 545; vol. 4: 314
95:7 [94:7] . . . . vol. 2: 390; vol. 4: 82, 136
95:8 [94:8] . . . . .vol. 1: 212; vol. 2: 388; vol. 3: 745, 695, 696; vol. 4: 314
95:9 [94:9] . . . . .vol. 2: 267
95:10 [94:10] . . . . vol. 1: 557, 578; vol. 3: 454, 775
96 [95] . . . . .vol. 4: 718
96–99 [95–98] . . . . .vol. 2: 470
96:1–13 [95:1–13] . . . . .vol. 2: 390
96:3–9 [95:3–9] . . . . .vol. 1: 764
96:2 [95:2] . . . . .vol. 2: 307
96:5 [95:5] . . . . .vol. 1: 630
96:7 [95:7] . . . . .vol. 4: 494
96:8 [95:8] . . . . .vol. 2: 482
96:10 [95:10] .vol. 1: 477
96:11–13 [95:11–13] . . . . .vol. 1: 101
96:11 [95:11] . . . . vol. 1: 101; vol. 2: 332
96:12 [95:12] .vol. 4: 644
96:13 [95:13] .vol. 3: 477
97:1 [96:1] . . . . vol. 1: 477; vol. 2: 332
97:2 [96:2] . . . . .vol. 2: 470
97:4 [96:4] . . . . .vol. 1: 431
97:7 [96:9] . . . . .vol. 2: 651
97:9 [96:9] . . . . .vol. 4: 580
97:12 . . . . .vol. 3: 310
98:1–2 [97:1–2] . . . . .vol. 4: 89
98:2 [97:2] . . . . .vol. 2: 613
98:4 [97:4] . . . . .vol. 4: 737, 738
98:7 [97:7] . . . . .vol. 3: 477
98:8 [97:8] . . . . .vol. 4: 117
99:1–4 [98:1–4] . . . . .vol. 1: 477
99:1 [98:1] . . . . vol. 1: 477; vol. 2: 470
99:3 [98:3] . . . . vol. 1: 126; vol. 4: 611
99:4 [98:4] . . . . .vol. 1: 727
99:8 [98:8] . . . . .vol. 2: 533
100:2 [99:2] . . . . .vol. 2: 283
100:3 [99:3] . . . . .vol. 4: 83, 136
100:4 [99:4] . . . . .vol. 3: 507
101:3 [100:3] .vol. 3: 606
101:5 [100:5] .vol. 3: 78
101:6 [100:6] .vol. 3: 578
102:5 [101:6] .vol. 4: 366
102:6–7 [101:7–8] . . . . .vol. 3: 732
102:6 [101:7] .vol. 2: 273
102:9–10 [101:10–11] . . . . .vol. 2: 290
102:11 [101:12] . . . . .vol. 4: 309
102:12 [101:13] . . . . .vol. 3: 274
102:13 [101:14] . . . . .vol. 2: 588
102:14 [101:15] . . . . .vol. 2: 314
102:17–20 [101:18–21] . . . . .vol. 4: 450

Scripture Index: Old Testament: Psalms

102:18 [101:19]..................**vol. 2:** 759
102:19 [101:20]..................**vol. 1:** 125
102:20 [101:21]........ **vol. 3:** 190; **vol. 4:** 366
102:26–27 [101:27–28]...........**vol. 2:** 771
102:26 [101:27]........**vol. 1:** 242; **vol. 2:** 542; **vol. 3:** 274, 599
103:3 [102:3]........... **vol. 2:** 219, 497, 533; **vol. 3:** 421
103:4 [102:4]....................**vol. 3:** 182
103:5 [102:5]....................**vol. 3:** 732
103:6–14 [102:6–14]............**vol. 2:** 747
103:6–13 [102:6–13]............**vol. 3:** 535
103:6 [102:6]....................**vol. 1:** 727
103:7 [102:7]....................**vol. 2:** 426
103:8–14 [102:8–14]............**vol. 1:** 245
103:8 [102:8]..... **vol. 2:** 436; **vol. 3:** 210, 479
103:11 [102:11]..................**vol. 4:** 611
103:13 [102:13]....**vol. 1:** 85; **vol. 3:** 478, 679; **vol. 4:** 611
103:14–16 [102:14–16]..........**vol. 3:** 249
103:17 [102:17]........ **vol. 2:** 170; **vol. 4:** 611
103:18 [102:18]..................**vol. 3:** 309
103:19 [102:19].... **vol. 1:** 478; **vol. 2:** 304, 732
103:20 [102:20]..................**vol. 1:** 121
103:21 [102:21]..................**vol. 2:** 426
103:22 [102:22]..................**vol. 1:** 671
104:2 [103:2]........ **vol. 3:** 566; **vol. 4:** 638
104:3 [103:3]....................**vol. 3:** 567
104:4 [103:4]........ **vol. 3:** 106; **vol. 4:** 193
104:5 [103:5]....................**vol. 2:** 732
104:6–7 [103:6–7]...............**vol. 2:** 401
104:6 [103:6]........ **vol. 1:** 88; **vol. 2:** 401
104:7 [103:7]....................**vol. 4:** 634
104:10–11 [103:10–11]..........**vol. 4:** 117
104:12 [103:12]..................**vol. 4:** 634
104:14 [103:15]..................**vol. 2:** 161
104:15 [103:15].......**vol. 2:** 161; **vol. 3:** 481; **vol. 4:** 373, 645
104:18 [103:18]..................**vol. 3:** 735
104:19 [103:19]..................**vol. 2:** 588
104:20 [103:20]..................**vol. 4:** 321
104:24–26 [103:24–26]..........**vol. 2:** 401
104:29 [103:29]........**vol. 1:** 146; **vol. 2:** 367; **vol. 3:** 804
104:30 [103:30]........ **vol. 1:** 146; **vol. 2:** 759
104:32 [103:32]..................**vol. 3:** 549
104:35 [104:1]...................**vol. 1:** 253
105–6 [104–5]...................**vol. 2:** 338
105:1–6 [104:1–6]...............**vol. 3:** 506
105:1–3 [104:1–3]...............**vol. 3:** 517
105:1..........................**vol. 3:** 317
105:2 [104:2]....................**vol. 2:** 213
105:5..........................**vol. 3:** 317
105:6 [104:6]........ **vol. 1:** 88; **vol. 2:** 148
105:9 [104:9]....................**vol. 3:** 538
105:15 [104:15]..................**vol. 2:** 460
105:16 [104:16]........ **vol. 2:** 603; **vol. 4:** 373

105:20 [104:20]..................**vol. 3:** 190
105:22 [104:22]..................**vol. 4:** 332
105:25 [104:25]..................**vol. 1:** 760
105:27 [104:27]..................**vol. 4:** 285
105:28: [104:28]..................**vol. 4:** 321
105:29 [104:29]..................**vol. 2:** 564
105:35 [104:35]..................**vol. 4:** 677
105:40 [104:40]....... **vol. 1:** 186; **vol. 3:** 733
105:41 [104:41]..........**vol. 4:** 117, 206
105:45 [104:45]..................**vol. 3:** 406
106:3 [105:3]....................**vol. 2:** 589
106:7–33 [105:7–12]............**vol. 2:** 273
106:7 [105:7]....................**vol. 3:** 679
106:9 [105:9]....................**vol. 2:** 259
106:14 [105:14]..................**vol. 3:** 696
106:16 [105:16]..................**vol. 1:** 132
106:20 105:20]...................**vol. 1:** 242
106:22 [105:22]..................**vol. 2:** 421
106:25 [105:25]..................**vol. 1:** 591
106:27 [105:27]..................**vol. 4:** 318
106:36–37 [105:36–37]...........**vol. 2:** 99
106:36 [105:36]..................**vol. 4:** 296
106:44 [105:44]..................**vol. 3:** 527
106:45 [105:45]..................**vol. 3:** 289
106:46 [105:46]..................**vol. 1:** 191
106:47 [105:47]...... **vol. 2:** 651; **vol. 3:** 507
107 [106]......................**vol. 1:** 280
107:1 [106:1]....................**vol. 3:** 506
107:5 [106:5]...... **vol. 1:** 748; **vol. 3:** 691
107:6 [106:6]....................**vol. 2:** 737
107:8 [106:8]....................**vol. 3:** 506
107:9 [106:9]...... **vol. 3:** 692, 748; **vol. 4:** 678
107:10–11 [106:10]..........**vol. 4:** 309, 321
107:11.........................**vol. 3:** 507
107:14 [106:14]........ **vol. 1:** 677; **vol. 4:** 309
107:15 [106:15]..................**vol. 3:** 507
107:17–20 [106:17–20]...........**vol. 3:** 421
107:17.........................**vol. 3:** 507
107:18 [106:18]..................**vol. 4:** 189
107:21 [106:21]..................**vol. 3:** 507
107:26 [106:26]..................**vol. 1:** 92, 154
107:29 [106:29]..............**vol. 4:** 296, 609
107:30 [106:30]..................**vol. 2:** 426
107:33 [106:33]...............**vol. 4:** 116, 118
107:36–42 [106:36–42]..........**vol. 3:** 692
108:9 [107:10]...................**vol. 4:** 460
109:5 [108:5]....................**vol. 1:** 114
109:6 [108:6]...... **vol. 1:** 692; **vol. 4:** 264
109:8 [108:8]....................**vol. 2:** 251
109:9–10 [108:9–10]..............**vol. 3:** 554
109:10 [108:10]..................**vol. 1:** 186
109:17 [108:17]..................**vol. 1:** 107
109:22 [108:22]..................**vol. 4:** 182
109:23 [108:23]...... **vol. 2:** 156; **vol. 4:** 309
109:24.........................**vol. 3:** 387
109:31 [108:31]..................**vol. 3:** 641
110 [109].....**vol. 1:** 562, 634, 635; **vol. 2:** 509; **vol. 3:** 267, 344, 689, 746, 344

110:1 [109:1].......**vol. 2:** 345, 577, 578, 775;
           vol. 3: 570; **vol. 4:** 491, 527,
                         532, 533, 537
110:3 [109:3]................**vol. 1:** 560, 561
110:4 [109:4].....**vol. 1:** 196, 662; **vol. 2:** 509;
           vol. 3: 112, 267, 268, 269,
           289, 497, 724; **vol. 4:** 689
111:1 [110:1]..........**vol. 1:** 527; **vol. 2:** 337
111:3 [110:3]..........**vol. 3:** 273; **vol. 4:** 738
111:4 [110:4].........**vol. 3:** 213, 309, 479
111:6 [110:6]..................**vol. 3:** 89
111:8 [110:8]........**vol. 1:** 229; **vol. 4:** 374
111:10 [110:10]........**vol. 1:** 414; **vol. 3:** 274;
                         vol. 4: 332, 408
112:3 [111:3]....................**vol. 3:** 273
112:4 [111:4]..............**vol. 4:** 321, 638
112:5 [111:5]....................**vol. 2:** 465
112:8 [111:8]....................**vol. 4:** 374
112:9 [111:9]............**vol. 3:** 273, 275, 706;
                         vol. 4: 186, 318, 580
112:10 [111:10]...................**vol. 1:** 533
113.............................**vol. 3:** 664
113–118.........................**vol. 4:** 547
113–114.........................**vol. 1:** 646
113:9 [112:9]....................**vol. 1:** 614
114–117.........................**vol. 3:** 664
114:1 [113:2]....................**vol. 2:** 217
114:4, 6 [113:4, 6]................**vol. 1:** 266
114:8 [113:8]....................**vol. 4:** 117
115 [113:9–26]...................**vol. 1:** 209
115–118........**vol. 1:** 646, 650; **vol. 4:** 548
115:7 [113:15]...................**vol. 4:** 635
115:8 [113:16]...................**vol. 3:** 500
115:12 [113:20]..................**vol. 3:** 500
115:17 [113:25]........**vol. 1:** 153; **vol. 3:** 375
116:3 [114:6]....................**vol. 3:** 382
116:12, 13–14 [115:3, 4].........**vol. 4:** 423
116:13 [114:3]...................**vol. 3:** 750
116:16 [115:7]...................**vol. 1:** 677
117:1 [116:1]..........**vol. 1:** 173; **vol. 2:** 91
117:2 [116:2]....................**vol. 3:** 273
118 [117].............**vol. 1:** 627; **vol. 4:** 746
118:1–4 [117:1–4]................**vol. 3:** 506
118:14 [117:14]..................**vol. 4:** 547
118:1 [117:1]....................**vol. 1:** 95
118:8 [117:8]....................**vol. 3:** 686
118:10–12 [117:10–12]...........**vol. 3:** 517
118:15–16 [117:15–16]...........**vol. 1:** 665
118:15 [117:15]..................**vol. 2:** 741
118:19..........................**vol. 3:** 554
118:20 [117:20]..................**vol. 2:** 477
118:21 [117:21]..................**vol. 3:** 507
118:22–23 [117:22–23]..........**vol. 2:** 421;
                         vol. 3: 464, 738, 758
118:22 [117:22]...**vol. 1:** 626, 627l; **vol. 2:** 151,
           558; **vol. 3:** 119, 121, 463, 737
118:23.........................**vol. 2:** 421

118:25–26......................**vol. 2:** 285
118:25 [117:25]..................**vol. 4:** 745
118:26 [117:26].......**vol. 1:** 481; **vol. 2:** 324;
                         vol. 3: 734
118:27 [117:27]........**vol. 2:** 665; **vol. 4:** 745
119 [118].....**vol. 1:** 708; **vol. 2:** 183, 200, 264;
           vol. 3: 135, 237, 454; **vol. 4:** 558
119:1–2 [118:1–2]................**vol. 3:** 207
119:4..........................**vol. 2:** 200
119:6 [118:6]....................**vol. 1:** 182
119:7..........................**vol. 3:** 221
119:11 [118:11]..................**vol. 3:** 135
119:15.........................**vol. 2:** 200
119:18 [118:18]..................**vol. 2:** 613
119:19 [118:18]........**vol. 2:** 200; **vol. 3:** 444
119:20 [118:20]..................**vol. 2:** 746
119:27.........................**vol. 2:** 200
119:28 [118:28]........**vol. 1:** 499; **vol. 4:** 728
119:30 [118:30]..........**vol. 1:** 175, 681
119:31 [118:31]..................**vol. 2:** 719
119:32 [118:32]....**vol. 3:** 776, 777; **vol. 4:** 504
119:34 [118:34]..................**vol. 4:** 408
119:36 [118:36].........**vol. 3:** 218, 780
119:40.........................**vol. 2:** 200
119:43 [118:43]..................**vol. 2:** 200
119:49 [118:49]..................**vol. 2:** 184
119:54 [118:54]..................**vol. 3:** 643
119:71.........................**vol. 3:** 221
119:73 [118:73]..................**vol. 3:** 221
119:75 [118:75]..................**vol. 1:** 727
119:88.........................**vol. 3:** 237
119:89 [118:89].............**vol. 3:** 273, 567
119:101 [118:101]......**vol. 2:** 780; **vol. 3:** 221
119:104 [118:104]................**vol. 3:** 319
119:105 [118:105]...**vol. 3:** 188, 454; **vol. 4:** 639
119:116 [118:116]................**vol. 2:** 132
119:118 [118:118]................**vol. 1:** 450
119:119, 129....................**vol. 3:** 237
119:130 [118:130]................**vol. 3:** 382
119:134 [118:134]................**vol. 3:** 182
119:142 [118:142].........**vol. 1:** 228, 238
119:146........................**vol. 3:** 237
119:162 [118:162]................**vol. 2:** 332
119:163 [118:163]................**vol. 1:** 114
119:165 [118:165]......**vol. 2:** 113; **vol. 4:** 297
119:166 [118:166]................**vol. 3:** 763
119:167–68.....................**vol. 3:** 237
119:169 [118:169].................**vol. 2:** 77
119:176 [118:176]......**vol. 1:** 360; **vol. 3:** 773,
                         774; **vol. 4:** 136, 241
120:2–3 [119:2–3]................**vol. 1:** 760
120:4 [119:4]....................**vol. 2:** 273
121:6 [120:6]....................**vol. 4:** 281
121:8 [120:8]....................**vol. 3:** 453
122:5..........................**vol. 2:** 469
122:6–8 [121:6–8]................**vol. 2:** 113
122:6 [121:6]....................**vol. 2:** 287

123:1 [122:1]	vol. 1: 177
124:4–5 [123:4–5]	vol. 4: 117
124:7 [123:7]	vol. 3: 732
126:1–2	vol. 1: 552
126:2 [125:2]	vol. 1: 550, 589
126:5–6 [125:5–6]	vol. 3: 327; vol. 4: 184
126:5 [125:4]	vol. 2: 450; vol. 4: 645
127:1 [126:1]	vol. 3: 248, 470
127:3–5 [126:3]	vol. 4: 524
127:3 [126:3]	vol. 3: 322, 323
127:4 [126:4]	vol. 2: 156
127:5 [126:5]	vol. 3: 207
128 [127]	vol. 2: 322; vol. 3: 207
129:2 [128:2]	vol. 1: 776
128:3 [127:3]	vol. 1: 269; vol. 2: 161; vol. 4: 524
129:3 [128:3]	vol. 4: 468
130:1 [129:1]	vol. 1: 457
130:3 [129:3]	vol. 4: 489
130:5 [129:5]	vol. 2: 184
130:8 [129:8]	vol. 3: 182, 187
131:1 [130:1]	vol. 4: 580
131:2 [130:2]	vol. 4: 449
132:5 [131:5]	vol. 4: 494
132:9 [131:9]	vol. 2: 196
132:11–18 [131:11–18]	vol. 4: 525
132:15 [131:15]	vol. 4: 678
132:16 [131:16]	vol. 4: 423
132:17 [131:17]	vol. 2: 665, 666
133:2 [132:2]	vol. 3: 350
133:3 [132:3]	vol. 1: 197
134:2 [133:2]	vol. 1: 177
135:4 [134:4]	vol. 3: 716, 718
135:9 [134:9]	vol. 4: 285
135:17 [134:17]	vol. 1: 209
136	vol. 4: 548
136:6 [135:6]	vol. 4: 369
136:8–9 [135:8–9]	vol. 2: 217
136:15 [135:15]	vol. 2: 156
136:25 [135:25]	vol. 1: 410
137 [136]	vol. 2: 523; vol. 3: 372
137:1 [136:1]	vol. 2: 577
137:1–6 [136:1–6]	vol. 1: 192
137:6 [136:6]	vol. 2: 719
137:8 [136:8]	vol. 4: 446
138:2 [137:2]	vol. 3: 371
138:6 [137:6]	vol. 2: 77; vol. 3: 215
139:1 [138:1]	vol. 1: 757
139:2 [138:2]	vol. 2: 77, 80, 577; vol. 3: 215
139:5 [138:5]	vol. 1: 413
139:7–16 [138:7–16]	vol. 3: 578
139:7–12 [138:7–12]	vol. 1: 612
139:7 [138:7]	vol. 3: 805
139:8 [138:8]	vol. 1: 153, 155, 275; vol. 2: 408; vol. 3: 648
139:10 [138:10]	vol. 1: 665
139:11–12 [138:11–12]	vol. 4: 321, 638
139:14 [138:14]	vol. 4: 728
139:15 [138:15]	vol. 2: 650, 753
139:21–22 [138:21–22]	vol. 3: 160, 319
140	vol. 4: 182
140:1 [139:2]	vol. 4: 217
140:2 [139:3]	vol. 3: 124
140:3 [139:4]	vol. 1: 589; vol. 2: 543, 544
140:5 [139:6]	vol. 4: 296
140:7 [139:8]	vol. 4: 309
141:2	vol. 2: 473
141:3 [140:3]	vol. 4: 412
141:5 [140:5]	vol. 2: 165
141:7 [140:7]	vol. 4: 318
141:9 [140:8]	vol. 4: 296
142:2 [141:3]	vol. 2: 159
142:4 [141:5]	vol. 2: 355
142:5 [141:6]	vol. 2: 695
143:1 [142:1]	vol. 1: 729
143:2 [142:2]	vol. 1: 735; vol. 4: 256
143:3 [142:3]	vol. 3: 375
143:4 [142:4]	vol. 3: 805; vol. 4: 457
143:6 [142:6]	vol. 1: 748
143:10 [142:10]	vol. 2: 426
144:2 [143:2]	vol. 4: 460
144:3 [143:3]	vol. 3: 526
144:4 [143:4]	vol. 3: 500
144:7 [143:7]	vol. 4: 579
144:9 [143:9]	vol. 2: 581
144:10 [143:10]	vol. 4: 101, 423
144:12 [143:12]	vol. 3: 371, 374
144:15 [143:15]	vol. 2: 347
145:3 [144:3]	vol. 3: 255
145:8 [144:8]	vol. 3: 210
145:13 [144:13]	vol. 1: 671
145:14 [144:14]	vol. 3: 540
145:16 [144:16]	vol. 4: 663
145:17 [144:17]	vol. 3: 557, 558
145:17 [144:17]	vol. 4: 738
145:18 [144:18]	vol. 1: 229; vol. 2: 77
145:20 [144:20]	vol. 4: 624
146:3 [145:3]	vol. 4: 422, 526
146:6 [145:6]	vol. 2: 401
146:7 [145:7]	vol. 3: 190, 692
146:8 [145:8]	vol. 4: 332
146:9 [145:9]	vol. 2: 436; vol. 3: 554; vol. 4: 669
146:11	vol. 2: 314
147	vol. 3: 155
147:2 [146:2]	vol. 1: 705
147:4 [146:4]	vol. 3: 516
147:6 [146:6]	vol. 4: 124
147:8 [146:8]	vol. 2: 303; vol. 3: 549
147:9 [146:9]	vol. 3: 733
147:11 [146:11]	vol. 2: 185, 314
147:15 [147:4]	vol. 3: 155; vol. 4: 504
147:16–17 [147:5–6]	vol. 3: 155
147:17 [147:6]	vol. 1: 459

147:18 [147:7] ..... **vol. 3:** 155, 803; **vol. 4:** 206
147:19 [147:8] ....**vol. 3:** 155
148:1 ....**vol. 1:** 253
148:3 ....**vol. 1:** 428
148:4 ....**vol. 3:** 566
148:5 ....**vol. 2:** 759
148:7 ....**vol. 1:** 774

149:1 ....**vol. 2:** 136, 581
149:2 ....**vol. 4:** 524
149:4 ....**vol. 2:** 314; **vol. 4:** 124
149:3 ....**vol. 4:** 718
150:2 ....**vol. 3:** 255, 783
151:4 ....**vol. 4:** 698

Proverbs

1:1 .... **vol. 3:** 465, 609; **vol. 4:** 328
1:2 ....**vol. 3:** 428, 586
1:3 ....**vol. 3:** 428
1:4 .... **vol. 1:** 179; **vol. 3:** 602
1:5 ....**vol. 2:** 766–67
1:6 .... **vol. 1:** 173; **vol. 3:** 406, 428, 609
1:7 ...... **vol. 1:** 579; **vol. 4:** 273, 332, 407, 611
1:8 ....**vol. 4:** 465
1:9 ....**vol. 3:** 713
1:10 ....**vol. 4:** 274
1:14 ....**vol. 2:** 708
1:20–21 ....**vol. 4:** 333
1:20 ....**vol. 3:** 658
1:21 ....**vol. 2:** 418, 677
1:22 .... **vol. 2:** 242; **vol. 3:** 319, 382
1:25 ....**vol. 2:** 778
1:26 .... **vol. 1:** 550; **vol. 2:** 283
1:27 ....**vol. 2:** 465
1:29 ....**vol. 3:** 319
1:31 ....**vol. 2:** 627; **vol. 3:** 748, 382; **vol. 4:** 274
2:1–6 ....**vol. 4:** 408
2:2 .... **vol. 3:** 424; **vol. 4:** 332
2:4–5 ....**vol. 2:** 456
2:4 ....**vol. 2:** 264
2:5 ....**vol. 4:** 408
2:8 ....**vol. 4:** 623
2:11 ....**vol. 4:** 489
2:13 ....**vol. 4:** 108
2:14 ....**vol. 4:** 644
2:16–19 ....**vol. 3:** 331
2:17 ....**vol. 1:** 543, 544, 708
2:18–19 ....**vol. 2:** 368
2:20 .... **vol. 1:** 725; **vol. 3:** 455
3:1–2 ....**vol. 2:** 367
3:1 ....**vol. 4:** 489
3:2 .... **vol. 1:** 514; **vol. 2:** 368
3:3 ....**vol. 1:** 225, 227, 597
3:4 ....**vol. 4:** 142, 143
3:5 ....**vol. 1:** 340; **vol. 3:** 686; **vol. 4:** 332
3:6 ....**vol. 3:** 540, 541
3:9 .... **vol. 1:** 346; **vol. 3:** 218
3:11–12 ....**vol. 1:** 131; **vol. 2:** 165, 166;
 ....**vol. 3:** 587, 647, 669
3:11 ....**vol. 3:** 191, 489, 586
3:12 ....**vol. 1:** 85; **vol. 2:** 349; **vol. 3:** 247, 679
3:13 ....**vol. 3:** 207
3:16 ....**vol. 1:** 514

3:18 .... **vol. 2:** 368; **vol. 3:** 449
3:19 .... **vol. 2:** 303; **vol. 4:** 618
3:21 ....**vol. 4:** 206
3:22 ....**vol. 3:** 713
3:29 ....**vol. 3:** 643
3:32 ....**vol. 1:** 724
3:34 .... **vol. 2:** 538; **vol. 3:** 647; **vol. 4:** 451,
 ....454, 558, 559, 654, 661
4:1–2 ....**vol. 3:** 406, 407
4:3 ....**vol. 4:** 549
4:4 ....**vol. 2:** 368
4:6 ....**vol. 4:** 489
4:10 .... **vol. 1:** 674; **vol. 2:** 368
4:11 ....**vol. 3:** 454
4:12–13 ....**vol. 4:** 194
4:18–19 .... **vol. 3:** 455; **vol. 4:** 639
4:18 .... **vol. 3:** 87; **vol. 4:** 638
4:20 ....**vol. 3:** 608
4:22 ....**vol. 2:** 368, 496
4:24 ....**vol. 4:** 382
4:26 .... **vol. 3:** 543; **vol. 4:** 711
5:4 ..... **vol. 1:** 453; **vol. 3:** 746; **vol. 4:** 676
5:6 .... **vol. 2:** 368; **vol. 3:** 455
5:7 ....**vol. 2:** 778
5:9 ....**vol. 2:** 168
5:11 ....**vol. 1:** 534
5:12–13 ....**vol. 2:** 165
5:12 .... **vol. 2:** 165; **vol. 3:** 319
5:13 ....**vol. 1:** 709
5:16 ....**vol. 2:** 159
5:18 .... **vol. 1:** 543; **vol. 2:** 332
6:1 ....**vol. 4:** 663
6:2 ....**vol. 2:** 562
6:3 ....**vol. 2:** 379
6:5 ....**vol. 3:** 732
6:6–11 ....**vol. 4:** 183
6:7 ....**vol. 1:** 671
6:8 ....**vol. 2:** 501
6:9–10 ....**vol. 1:** 551
6:9 ....**vol. 2:** 79
6:14 ....**vol. 4:** 468
6:16–19 ....**vol. 3:** 319
6:17 ....**vol. 1:** 156, 589
6:18 ....**vol. 3:** 125
6:19 ....**vol. 4:** 720
6:20–35 ....**vol. 3:** 330
6:23 .... **vol. 2:** 165, 368; **vol. 3:** 188

Scripture Index: Old Testament: Proverbs

6:24 . . . . vol. 1: 692
6:25 . . . . vol. 1: 402; vol. 2: 242; vol. 3: 392
6:27–28 . . . . vol. 4: 192
6:30 . . . . vol. 2: 691
6:32 . . . . vol. 4: 617
6:35 . . . . vol. 1: 242; vol. 3: 179
7:2 . . . . vol. 1: 514
7:5–27 . . . . vol. 3: 331
7:7 . . . . vol. 3: 382
7:10 . . . . vol. 4: 111
7:11 . . . . vol. 1: 437
7:16 . . . . vol. 1: 162
7:18 . . . . vol. 1: 104
7:26 . . . . vol. 1: 392
8 . . . . vol. 3: 408; vol. 4: 337, 338
8:1–21 . . . . vol. 4: 333
8:1–11 . . . . vol. 2: 360
8:1 . . . . vol. 1: 340; vol. 2: 677
8:4 . . . . vol. 4: 526
8:5 . . . . vol. 3: 602
8:6 . . . . vol. 3: 540
8:7 . . . . vol. 1: 227
8:9 . . . . vol. 3: 540
8:10 . . . . vol. 2: 147
8:13 . . . . vol. 3: 454; vol. 4: 514
8:14 . . . . vol. 2: 561
8:15 . . . . vol. 4: 332
8:17 . . . . vol. 1: 114; vol. 4: 606
8:18–19 . . . . vol. 4: 708
8:18 . . . . vol. 2: 758; vol. 4: 332
8:20 . . . . vol. 1: 289, 726; vol. 3: 454
8:21 . . . . vol. 4: 332
8:22–36 . . . . vol. 3: 168
8:22–31 . . . . vol. 4: 333, 531
8:22 . . . . vol. 2: 760
8:23 . . . . vol. 1: 195
8:25 . . . . vol. 2: 88
8:26 . . . . vol. 3: 476
8:27–29 . . . . vol. 2: 733
8:27 . . . . vol. 2: 303
8:29 . . . . vol. 2: 401, 430
8:31 . . . . vol. 2: 332
8:32–36 . . . . vol. 4: 332, 333
8:34 . . . . vol. 2: 476
8:35 . . . . vol. 2: 368
8:36 . . . . vol. 1: 107
9:1–6 . . . . vol. 4: 333
9:1 . . . . vol. 2: 688; vol. 4: 390
9:2 . . . . vol. 2: 664
9:3 . . . . vol. 2: 676
9:4 . . . . vol. 1: 668; vol. 4: 617
9:5 . . . . vol. 2: 360, 664
9:6 . . . . vol. 1: 514
9:7–8 . . . . vol. 2: 165
9:10 . . . . vol. 1: 579; vol. 4: 332, 408
9:11 . . . . vol. 4: 704
9:12 . . . . vol. 1: 748
9:13 . . . . vol. 2: 253
9:18 . . . . vol. 4: 704
10:4 . . . . vol. 1: 702; vol. 3: 797
10:8 . . . . vol. 1: 674
10:9 . . . . vol. 1: 349
10:10 . . . . vol. 2: 112
10:11 . . . . vol. 3: 740
10:12 . . . . . . vol. 1: 114; vol. 2: 319; vol. 4: 606
10:15 . . . . vol. 3: 797
10:17 . . . . vol. 2: 165
10:18 . . . . vol. 2: 344
10:23 . . . . vol. 1: 550; vol. 4: 120, 618
10:24 . . . . vol. 2: 242
11:1 . . . . vol. 1: 760; vol. 2: 358
11:2 . . . . vol. 4: 451
11:3 . . . . vol. 3: 98, 289
11:5 . . . . vol. 3: 540, 541
11:6 . . . . vol. 3: 540
11:7 . . . . vol. 2: 184
11:12 . . . . vol. 4: 93
11:13 . . . . vol. 2: 612; vol. 3: 351
11:14 . . . . vol. 2: 766, 767
11:16 . . . . vol. 2: 334
11:18 . . . . vol. 2: 267; vol. 3: 323
11:19 . . . . vol. 1: 750
11:20 . . . . vol. 1: 272, 674
11:21 . . . . vol. 3: 323
11:25 . . . . vol. 1: 349, 435
11:26 . . . . vol. 2: 669
11:30 . . . . vol. 1: 663
11:31 . . . . vol. 1: 739; vol. 4: 277, 434
12:1 . . . . vol. 1: 179; vol. 3: 586, 669
12:5 . . . . vol. 1: 760; vol. 2: 766
12:9 . . . . vol. 1: 668
12:10 . . . . vol. 4: 352
12:12 . . . . vol. 4: 273
12:13 . . . . vol. 3: 758
12:15 . . . . vol. 1: 550; vol. 4: 618
12:16 . . . . vol. 3: 602
12:17–22 . . . . vol. 1: 227
12:17 . . . . vol. 3: 237
12:19 . . . . vol. 1: 227; vol. 3: 237
12:25 . . . . vol. 1: 116
13:1 . . . . vol. 3: 602; vol. 4: 549
13:3 . . . . vol. 4: 489
13:8 . . . . vol. 3: 179
13:9 . . . . vol. 4: 638, 639
13:11 . . . . vol. 4: 273
13:12 . . . . vol. 2: 231
13:13 . . . . vol. 4: 611
13:14 . . . . vol. 3: 406; vol. 4: 246
13:15 . . . . vol. 3: 776
13:16 . . . . vol. 3: 602
13:22 . . . . vol. 3: 797
13:24 . . . . vol. 3: 586
14:2 . . . . vol. 3: 540
14:5 . . . . vol. 3: 238
14:8 . . . . vol. 3: 602
14:10 . . . . vol. 1: 179

14:12	vol. 3: 776	18:10	vol. 2: 603; vol. 3: 517
14:13	vol. 3: 177; vol. 4: 645	18:11	vol. 4: 309
14:15	vol. 3: 290	18:14	vol. 4: 124
14:21	vol. 4: 495	18:17	vol. 2: 646
14:22	vol. 4: 468	18:18	vol. 1: 613, 694; vol. 3: 544
14:25	vol. 3: 238	18:21	vol. 1: 589
14:29	vol. 3: 210; vol. 4: 618	19:3	vol. 1: 190
14:30	vol. 1: 179; vol. 2: 624; vol. 4: 124	19:4	vol. 3: 98
14:31	vol. 4: 183	19:11	vol. 3: 210
15:2 [14:2]	vol. 1: 272	19:12	vol. 1: 533
15:4	vol. 1: 589	19:13	vol. 1: 137
15:5	vol. 3: 602; vol. 4: 618	19:15	vol. 1: 613, 748
15:7	vol. 1: 179	19:16	vol. 2: 645; vol. 4: 489, 623
15:8	vol. 2: 337, 484	19:18	vol. 2: 184
15:9	vol. 1: 750	19:24	vol. 1: 551
15:10	vol. 1: 180	19:25	vol. 2: 165; vol. 3: 602
15:11	vol. 1: 359, 360	19:28	vol. 1: 504
15:17	vol. 3: 96	20:1	vol. 3: 481; vol. 4: 514
15:18	vol. 3: 210	20:2	vol. 1: 534
15:19	vol. 1: 200	20:7	vol. 1: 272, 289
15:21	vol. 4: 617	20:9	vol. 1: 137; vol. 4: 404
15:23	vol. 2: 708	20:20	vol. 4: 321
15:25	vol. 4: 514, 669	21:6	vol. 2: 455
15:26	vol. 1: 137	21:8	vol. 1: 137; vol. 3: 540
15:27	vol. 1: 719	21:9	vol. 2: 708
15:29	vol. 2: 337	21:11	vol. 1: 674; vol. 3: 602
15:33	vol. 3: 586; vol. 4: 332	21:13	vol. 1: 421; vol. 4: 614
16:5	vol. 2: 623	21:16	vol. 2: 208
16:6	vol. 1: 227	21:17	vol. 1: 114; vol. 3: 481; vol. 4: 606
16:7	vol. 1: 675	21:18	vol. 2: 570
16:13	vol. 3: 540	21:21	vol. 2: 330
16:14	vol. 2: 532	21:22	vol. 3: 525
16:15	vol. 1: 674	21:24	vol. 1: 214
16:16	vol. 2: 147	21:28	vol. 3: 392; vol. 4: 549, 721, 720
16:17	vol. 1: 674; vol. 4: 489	22:1	vol. 2: 609; vol. 3: 797
16:18	vol. 3: 756	22:8	vol. 1: 719, 721; vol. 4: 186, 343
16:19	vol. 4: 124	22:10	vol. 4: 401
16:20	vol. 3: 686	22:14	vol. 1: 636
16:23	vol. 3: 429	22:15	vol. 4: 524
16:26	vol. 1: 508	22:17–23:11	vol. 4: 333
16:31	vol. 2: 654	22:18	vol. 2: 704
16:32	vol. 3: 210	22:21	vol. 1: 227
16:33	vol. 2: 694, 697	22:29	vol. 3: 392
17:1	vol. 2: 378	23:1	vol. 1: 644
17:2	vol. 3: 281	23:6	vol. 1: 492, 644
17:3	vol. 4: 194	23:10–11	vol. 3: 554
17:5	vol. 1: 550; vol. 4: 352	23:17–18	vol. 2: 185
17:6	vol. 2: 652; vol. 4: 371	23:17	vol. 4: 611
17:10	vol. 1: 179; vol. 4: 617	23:20–21	vol. 3: 481
17:12	vol. 3: 278	23:21	vol. 4: 111, 183
17:14	vol. 2: 217	23:22	vol. 2: 645; vol. 3: 679
17:18	vol. 2: 75	23:23	vol. 1: 227; vol. 3: 586
17:20	vol. 4: 313	23:25	vol. 4: 644, 645
17:27	vol. 3: 210	23:26	vol. 4: 489
18:2	vol. 4: 332, 681	23:29	vol. 3: 561
18:4	vol. 4: 246	23:31–35	vol. 3: 481
18:6	vol. 4: 618	23:32	vol. 2: 543
18:10–11	vol. 4: 552	23:34	vol. 2: 766

24:6	vol. 2: 766	28:9	vol. 2: 703
24:9	vol. 3: 333	28:10	vol. 1: 94
24:11	vol. 1: 356	28:11	vol. 2: 637
24:14	vol. 1: 179	28:14	vol. 1: 300; vol. 2: 316; vol. 4: 314
24:15	vol. 4: 678	28:15	vol. 3: 705
24:23	vol. 1: 166	28:16	vol. 4: 704
24:27	vol. 2: 643	28:17	vol. 1: 189
24:31	vol. 4: 614	28:18	vol. 1: 725
25:1	vol. 3: 465, 609	28:20	vol. 1: 340
25:3	vol. 2: 165	28:22	vol. 1: 492
25:4	vol. 1: 757	28:23	vol. 3: 481
25:5	vol. 1: 356	28:26	vol. 4: 425
25:6	vol. 1: 214	28:27	vol. 1: 667
25:8	vol. 3: 289	29:1	vol. 4: 314
25:10	vol. 2: 173	29:2	vol. 4: 366
25:14	vol. 2: 652	29:3	vol. 1: 112
25:15	vol. 3: 210, 216	29:5	vol. 2: 643
25:16	vol. 2: 530	29:7	vol. 3: 428, 705
25:21–22	vol. 1: 747; vol. 3: 647, 694	29:13	vol. 3: 574
25:21	vol. 3: 692	29:15	vol. 1: 182; vol. 2: 165
25:24	vol. 2: 708	29:18	vol. 2: 214
25:25	vol. 1: 116; vol. 4: 734	29:23	vol. 4: 449, 451, 582
25:26	vol. 2: 732	30:4	vol. 3: 566
25:27	vol. 4: 681	30:7	vol. 1: 186
26:1	vol. 3: 246	30:8	vol. 1: 396; vol. 2: 248
26:2	vol. 3: 733	30:9	vol. 2: 691; vol. 3: 705
26:7	vol. 3: 609	30:11	vol. 1: 382
26:9	vol. 3: 259	30:12	vol. 3: 401
26:11	vol. 3: 646, 647; vol. 4: 618	30:15	vol. 4: 501
26:16	vol. 2: 260	30:16 [24:51]	vol. 1: 104; vol. 4: 458
26:20–21	vol. 4: 192	30:17	vol. 1: 550
26:22	vol. 3: 216; vol. 4: 352	30:18	vol. 4: 486, 501
26:24	vol. 2: 684	30:19	vol. 3: 639
26:26	vol. 2: 612	30:20	vol. 3: 331, 401; vol. 4: 500
26:27	vol. 3: 668	30:21–23	vol. 4: 279
26:28	vol. 1: 201	30:21	vol. 4: 501
27:1	vol. 2: 247, 652	30:26	vol. 3: 735
27:2	vol. 3: 794	30:29	vol. 4: 501
27:3	vol. 1: 493	30:30	vol. 2: 562
27:4	vol. 3: 534	30:31	vol. 3: 668
27:6	vol. 1: 340	31:1	vol. 4: 684
27:8	vol. 2: 499	31:2	vol. 4: 177
27:9	vol. 2: 161	31:3	vol. 3: 428
27:15	vol. 1: 551	31:8	vol. 4: 516
27:16	vol. 1: 665	31:14	vol. 1: 514
27:20	vol. 1: 359; vol. 2: 84	31:17	vol. 2: 373
27:21	vol. 1: 756; vol. 4: 193	31:18	vol. 1: 564
28:1	vol. 4: 595	31:28–31	vol. 1: 172
28:2	vol. 4: 269	31:28	vol. 4: 332
28:7	vol. 1: 437	31:30	vol. 1: 386

Ecclesiastes

1:1–2	vol. 2: 136	1:11	vol. 3: 309
1:2	vol. 3: 249	1:14	vol. 3: 804; vol. 4: 78
1:3	vol. 2: 384; vol. 3: 342, 719	2:1	vol. 3: 695
1:8	vol. 2: 722	2:2	vol. 1: 550
1:9	vol. 4: 154	2:5	vol. 3: 618

Scripture Index: Old Testament: Song of Songs (Canticles)

2:8 . . . . vol. 3: 715, 716	7:14 . . . . vol. 3: 249
2:10–11 . . . . vol. 3: 342	7:16 . . . . vol. 2: 153
2:15 . . . . vol. 3: 719	7:17 . . . . vol. 2: 588
2:21 . . . . vol. 3: 342	7:20 . . . . vol. 1: 94
2:25 . . . . vol. 3: 249	7:23 . . . . vol. 3: 695; vol. 4: 332
3:1–8 . . . . vol. 2: 587, 588	7:26 . . . . vol. 2: 453
3:1 . . . . vol. 2: 587; vol. 4: 703, 704	8:1 . . . . vol. 3: 190
3:2 . . . . vol. 2: 588	8:8 . . . . vol. 1: 367; vol. 2: 217, 388
3:7 . . . . vol. 4: 291	8:10 . . . . vol. 1: 173
3:8 . . . . vol. 1: 114; vol. 4: 606	8:11 . . . . vol. 4: 208
3:12 . . . . vol. 1: 94	8:14 . . . . vol. 3: 323
3:13 . . . . vol. 3: 249	9:1 . . . . vol. 1: 114
3:16–22 . . . . vol. 1: 551	9:5 . . . . vol. 3: 375
3:19–20 . . . . vol. 2: 408	9:6 . . . . vol. 1: 114
3:19 . . . . vol. 3: 719, 804	9:7–10 . . . . vol. 3: 249
3:21 . . . . vol. 1: 338	9:7 . . . . vol. 2: 290
3:20 . . . . vol. 4: 679	9:10 . . . . vol. 4: 108
4:14 . . . . vol. 1: 677	9:11 . . . . vol. 1: 577
4:17 . . . . vol. 2: 77	10:1 . . . . vol. 1: 762
5:7 . . . . vol. 3: 511	10:2 . . . . vol. 1: 395
5:10 [5:9] . . . . vol. 1: 107	10:3 . . . . vol. 4: 575
5:14 . . . . vol. 1: 610	10:9 . . . . vol. 2: 681
5:15 . . . . vol. 1: 295	10:10 . . . . vol. 1: 777; vol. 3: 481
5:17 [5:16] . . . . vol. 1: 94; vol. 4: 676	10:15 . . . . vol. 2: 722
6:2 . . . . vol. 2: 217; vol. 4: 575	10:17 . . . . vol. 2: 173
6:3 . . . . vol. 2: 157	11:6 . . . . vol. 4: 378
6:8 . . . . vol. 3: 719	11:9 . . . . vol. 2: 332; vol. 3: 674
7:3 . . . . vol. 2: 475	12:2 . . . . vol. 1: 428; vol. 4: 281
7:6 . . . . vol. 1: 550	12:4–5 . . . . vol. 1: 139
7:8 . . . . vol. 3: 210	12:7 . . . . vol. 3: 804; vol. 4: 679
7:11 . . . . vol. 3: 719	12:14 . . . . vol. 2: 754

Song of Songs (Canticles)

1:1 . . . . vol. 4: 737	4:12 . . . . vol. 4: 412
1:3 . . . . vol. 3: 350, 639	4:13 . . . . vol. 3: 618
1:5 . . . . vol. 3: 261	4:14 . . . . vol. 3: 116
1:7 . . . . vol. 2: 299	5:1 . . . . vol. 1: 539; vol. 3: 794
1:9 . . . . vol. 1: 162; vol. 3: 794	5:2 . . . . vol. 2: 751; vol. 4: 472
1:11 . . . . vol. 1: 385; vol. 4: 376	5:3 . . . . vol. 3: 332, 401
1:13 . . . . vol. 1: 150	5:11 . . . . vol. 3: 261
1:14 . . . . vol. 3: 670	6:6 . . . . vol. 3: 173
2:7 . . . . vol. 3: 548	6:8 . . . . vol. 3: 639
2:14 . . . . vol. 4: 742	6:9 . . . . vol. 1: 172; vol. 4: 472
2:17 . . . . vol. 3: 500	6:10 . . . . vol. 2: 384; vol. 4: 280
3:2 . . . . vol. 1: 139	7:2 . . . . vol. 4: 468
3:6 . . . . vol. 2: 473; vol. 3: 116; vol. 4: 326	7:10 . . . . vol. 1: 321
3:11 . . . . vol. 3: 435	7:14 . . . . vol. 3: 379
4:2 . . . . vol. 3: 173; vol. 4: 465	8:2 . . . . vol. 3: 350
4:6 . . . . vol. 3: 116; vol. 4: 326	8:6 . . . . vol. 1: 104
4:8–12 . . . . vol. 3: 435	8:7 . . . . vol. 4: 269
4:9 . . . . vol. 2: 623	8:9–10 . . . . vol. 4: 463
4:10 . . . . vol. 3: 559	8:11–12 . . . . vol. 4: 489
4:11 . . . . vol. 1: 539	8:13 . . . . vol. 2: 299

Isaiah

1:1	vol. 2: 544, 612; vol. 3: 142
1:2–3	vol. 1: 551
1:2	vol. 1: 160, 208; vol. 4: 524
1:3	vol. 1: 578; vol. 3: 90, 732
1:4	vol. 1: 126, 516
1:5–6	vol. 3: 421
1:5	vol. 3: 177
1:6	vol. 1: 221; vol. 2: 162
1:7	vol. 2: 273; vol. 3: 221
1:9	vol. 2: 741, 771; vol. 3: 100, 102, 103
1:10–17	vol. 4: 165
1:10–15	vol. 3: 372
1:10–14	vol. 3: 407
1:10	vol. 1: 208
1:11–31	vol. 2: 484
1:11	vol. 3: 783
1:13–15	vol. 2: 484
1:13–14	vol. 2: 224
1:13	vol. 1: 297; vol. 2: 482; vol. 3: 254, 387; vol. 4: 222
1:14	vol. 3: 561, 747
1:15–17	vol. 2: 99
1:15–16	vol. 2: 338
1:15	vol. 1: 208
1:16–17	vol. 3: 174
1:16	vol. 1: 447; vol. 3: 174; vol. 4: 102
1:17–23	vol. 4: 669
1:17	vol. 3: 554; vol. 4: 669
1:18	vol. 1: 447; vol. 2: 165; vol. 3: 113, 285
1:20	vol. 4: 382
1:21	vol. 4: 93
1:22	vol. 1: 757
1:23	vol. 1: 107; vol. 2: 174, 708; vol. 4: 669
1:24	vol. 1: 671; vol. 2: 344; vol. 3: 134
1:25	vol. 1: 385; vol. 4: 558
1:26	vol. 3: 761; vol. 4: 94
1:27	vol. 1: 191; vol. 2: 168
1:29	vol. 1: 182
2	vol. 4: 424
2:1	vol. 2: 612
2:2–5	vol. 3: 143, 552; vol. 4: 642
2:2–4	vol. 2: 90, 232, 294, 523; vol. 3: 550
2:2–3	vol. 2: 431, 519
2:2	vol. 2: 293; vol. 3: 648; vol. 4: 98, 587
2:3	vol. 2: 522; vol. 3: 143
2:4	vol. 2: 165; vol. 3: 285
2:5	vol. 2: 701; vol. 4: 108, 639
2:9–12	vol. 4: 450
2:10–11	vol. 2: 756
2:10	vol. 2: 563, 753
2:11–12	vol. 2: 389
2:11	vol. 4: 579, 580
2:12	vol. 4: 514, 558, 579
2:15	vol. 1: 611
2:16	vol. 2: 424
2:17	vol. 2: 389; vol. 4: 450, 580
2:18–20	vol. 2: 99
2:19	vol. 1: 762; vol. 2: 563; vol. 3: 736; vol. 4: 350, 351, 418
2:20	vol. 3: 249
2:21	vol. 4: 369
3:1	vol. 1: 671
3:3	vol. 4: 468, 469
3:5	vol. 2: 725; vol. 4: 128
3:7	vol. 2: 497
3:8	vol. 1: 589
3:9	vol. 4: 586
3:10–11	vol. 2: 268
3:10	vol. 2: 290
3:12	vol. 1: 186
3:14–15	vol. 4: 182
3:17	vol. 4: 416
3:18	vol. 1: 762
3:20	vol. 1: 665
3:24	vol. 1: 331; vol. 2: 373
3:26	vol. 3: 706
4:1	vol. 3: 151, 513, 516
4:2–5	vol. 1: 463
4:2	vol. 1: 567; vol. 3: 86
4:3–4	vol. 1: 447
4:3	vol. 1: 511
4:4	vol. 2: 595; vol. 3: 809; vol. 4: 218
4:5	vol. 4: 193
4:6	vol. 2: 595
5:1–7	vol. 1: 269, 271; vol. 2: 699
5:1	vol. 4: 737
5:2	vol. 1: 200; vol. 4: 615
5:5	vol. 4: 615
5:7	vol. 1: 551; vol. 3: 473
5:8–12	vol. 3: 797
5:8–9	vol. 4: 182
5:8	vol. 2: 708
5:9	vol. 1: 212; vol. 2: 273, 609
5:10	vol. 2: 660
5:11	vol. 3: 481
5:12	vol. 3: 527
5:13	vol. 1: 191, 748; vol. 3: 750
5:14	vol. 1: 153
5:15	vol. 4: 450
5:19	vol. 2: 77
5:20	vol. 3: 135; vol. 4: 321
5:21	vol. 2: 253
5:22	vol. 2: 664; vol. 3: 481
5:24	vol. 1: 516; vol. 3: 135
5:25–30	vol. 3: 143
5:25	vol. 3: 90
5:27	vol. 3: 691
6	vol. 3: 137
6:1–13	vol. 2: 469
6:1–8	vol. 2: 604

6:1–7	**vol. 1:** 257
6:1–4	**vol. 1:** 207; **vol. 3:** 528; **vol. 4:** 193
6:1–2	**vol. 3:** 162
6:1	**vol. 1:** 477
6:2–6	**vol. 4:** 667
6:2	**vol. 1:** 121
6:3–8	**vol. 3:** 567
6:3–7	**vol. 1:** 126
6:3–4	**vol. 2:** 737
6:3	**vol. 2:** 435; **vol. 3:** 100, 786
6:4	**vol. 4:** 232
6:5	**vol. 1:** 477; **vol. 2:** 571; **vol. 3:** 528, 534
6:6	**vol. 4:** 192
6:7	**vol. 1:** 380, 447
6:8	**vol. 3:** 144
6:9–11	**vol. 3:** 143
6:9–10	**vol. 1:** 211; **vol. 2:** 616; **vol. 3:** 433, 613; **vol. 4:** 409
6:9	**vol. 1:** 208, 469, 521; **vol. 3:** 685
6:10	**vol. 2:** 497; **vol. 3:** 573, 613, 684, 685; **vol. 4:** 196, 289, 313, 324, 387, 388, 510, 511
6:13	**vol. 1:** 657; **vol. 4:** 212
7–8	**vol. 1:** 316
7:1–9	**vol. 2:** 552
7:2	**vol. 3:** 448
7:3	**vol. 3:** 99, 516; **vol. 4:** 165
7:5	**vol. 1:** 527
7:8	**vol. 2:** 669
7:9	**vol. 1:** 626; **vol. 3:** 762
7:10–17	**vol. 4:** 284
7:11	**vol. 1:** 186, 457, 458; **vol. 2:** 566
7:12	**vol. 3:** 696
7:13	**vol. 1:** 143
7:14–17	**vol. 4:** 285
7:14	**vol. 2:** 189; **vol. 3:** 516, 638, 639, 640, 811
7:16	**vol. 3:** 189
7:20	**vol. 2:** 725
7:22	**vol. 1:** 539
8:1–10	**vol. 4:** 284
8:2	**vol. 3:** 238
8:3–4	**vol. 4:** 165
8:3	**vol. 1:** 614; **vol. 3:** 516
8:4	**vol. 1:** 85
8:5–8	**vol. 3:** 138
8:6	**vol. 2:** 278
8:7	**vol. 3:** 273
8:8	**vol. 2:** 189
8:9–10	**vol. 3:** 195
8:9	**vol. 2:** 90
8:10	**vol. 1:** 527; **vol. 3:** 273
8:11–15	**vol. 3:** 119
8:11	**vol. 3:** 564
8:12–15	**vol. 3:** 737
8:12	**vol. 4:** 456, 457, 610
8:13	**vol. 4:** 610
8:14–15	**vol. 3:** 758
8:14	**vol. 1:** 627; **vol. 2:** 725, 727; **vol. 3:** 119, 120, 737, 758, 762; **vol. 4:** 297, 298
8:16	**vol. 3:** 143
8:17	**vol. 2:** 185; **vol. 3:** 686, 689, 762
8:18	**vol. 2:** 522; **vol. 4:** 285, 485
8:21	**vol. 3:** 691
8:22–23	**vol. 4:** 368
8:22	**vol. 4:** 321
9:1	**vol. 2:** 91; **vol. 4:** 311, 321
9:2–7 [9:1–6]	**vol. 1:** 477; **vol. 4:** 525, 689
9:2 [9:1]	**vol. 1:** 292; **vol. 3:** 86, 87, 185; **vol. 4:** 309, 322, 332, 429
9:3	**vol. 2:** 358
9:4	**vol. 1:** 242
9:5–6	**vol. 2:** 113
9:5	**vol. 3:** 669
9:6–7	**vol. 1:** 634; **vol. 2:** 321
9:6 [9:5]	**vol. 1:** 527; **vol. 2:** 189, 470; **vol. 3:** 262; **vol. 4:** 525
9:7–20	**vol. 3:** 143
9:7	**vol. 1:** 478 634; **vol. 2:** 351; **vol. 4:** 704
9:8	**vol. 3:** 142
9:12 [9:11]	**vol. 2:** 179
9:13 [9:12]	**vol. 2:** 355
9:17 [9:16]	**vol. 2:** 290; **vol. 4:** 101
9:18–19	**vol. 3:** 534
9:27	**vol. 2:** 214
10:1–4	**vol. 2:** 174
10:2	**vol. 4:** 182, 669
10:6	**vol. 2:** 90
10:7–14	**vol. 3:** 313
10:7–11	**vol. 1:** 214
10:7	**vol. 3:** 124, 428
10:11	**vol. 2:** 99
10:13	**vol. 4:** 278
10:14	**vol. 3:** 81
10:16	**vol. 4:** 495
10:18	**vol. 4:** 269
10:19	**vol. 3:** 99
10:20–22	**vol. 3:** 100
10:20	**vol. 1:** 126; **vol. 3:** 686
10:22–23	**vol. 3:** 103
10:22	**vol. 1:** 392; **vol. 3:** 102
10:25	**vol. 3:** 534
10:27	**vol. 2:** 358, 391
10:33–34	**vol. 4:** 450
10:33	**vol. 1:** 671
11	**vol. 2:** 322; **vol. 3:** 805
11:1–16	**vol. 2:** 321
11:1–9	**vol. 1:** 477, 634; **vol. 4:** 166, 525
11:1–8	**vol. 3:** 805
11:1–5	**vol. 4:** 689
11:1–2	**vol. 1:** 478
11:1	**vol. 1:** 634; **vol. 2:** 456; **vol. 3:** 369; **vol. 4:** 200, 201, 212
11:2	**vol. 1:** 285, 287, 527; **vol. 3:** 805; **vol. 4:** 273, 276, 333, 407

Scripture Index: Old Testament: Isaiah

11:3–4	vol. 2: 165
11:3	vol. 3: 748
11:4	vol. 1: 784; vol. 3: 804
11:5	vol. 2: 373; vol. 4: 423
11:6–9	vol. 2: 113
11:6	vol. 1: 266; vol. 2: 390; vol. 4: 615
11:9	vol. 1: 130
11:10	vol. 1: 634; vol. 4: 213, 495
11:11–16	vol. 1: 571
11:11	vol. 1: 163; vol. 3: 100
11:12	vol. 1: 568; vol. 4: 398, 486
11:16	vol. 2: 388
12	vol. 4: 424
12:1–2	vol. 4: 424
12:2	vol. 4: 425
12:3	vol. 3: 740; vol. 4: 117, 424
12:4	vol. 3: 517; vol. 4: 424
12:5	vol. 1: 117; vol. 4: 579
13	vol. 1: 455
13–23	vol. 4: 89
13:2	vol. 3: 549
13:3	vol. 3: 534
13:6	vol. 2: 77, 390
13:8	vol. 4: 492, 740
13:10	vol. 1: 428, 430, 558; vol. 2: 384; vol. 3: 261; vol. 4: 233, 281, 324
13:11	vol. 4: 514, 558
13:13	vol. 3: 534, 567
13:14	vol. 3: 773
13:17	vol. 3: 124; vol. 4: 681
13:19	vol. 2: 157
13:20–21	vol. 1: 284
13:20	vol. 4: 472, 704
13:21–22	vol. 2: 273
13:21	vol. 1: 284, 630
13:22	vol. 3: 371
14:1–23	vol. 1: 455
14:3–21	vol. 1: 551
14:3	vol. 1: 285; vol. 2: 390
14:4	vol. 3: 609
14:9–20	vol. 1: 153
14:9	vol. 2: 80
14:12	vol. 4: 643
14:13	vol. 1: 428; vol. 2: 469
14:16	vol. 4: 278, 279
14:20	vol. 4: 704
14:21	vol. 3: 477
14:22	vol. 4: 544
14:24	vol. 1: 527; vol. 3: 273
14:30	vol. 1: 284
14:32	vol. 2: 430; vol. 4: 450
15:2–3	vol. 2: 725
15:5	vol. 4: 279
15:16	vol. 4: 663
16:3	vol. 4: 321
16:6	vol. 4: 514
16:8	vol. 3: 707
16:9	vol. 2: 449
17	vol. 4: 424
17:2	vol. 2: 714
17:5	vol. 2: 450
17:7–8	vol. 3: 686
17:8	vol. 1: 663
17:10	vol. 4: 423, 425
17:11	vol. 2: 449, 693
17:12	vol. 2: 398
18:2	vol. 1: 512; vol. 2: 184
18:3	vol. 4: 235
18:4–5	vol. 2: 450
18:7	vol. 2: 589
19–20	vol. 1: 163
19:1	vol. 3: 567
19:3	vol. 4: 456
19:5–6	vol. 3: 447
19:8	vol. 4: 366
19:10	vol. 4: 105
19:11	vol. 1: 162; vol. 3: 357, 358
19:12	vol. 1: 603
19:13	vol. 4: 627, 665
19:14	vol. 2: 664; vol. 3: 258, 773
19:16	vol. 4: 612
19:19–25	vol. 1: 163
19:20	vol. 4: 248, 711
19:25	vol. 2: 695
20:1–6	vol. 4: 284
20:2–4	vol. 1: 610
20:2	vol. 2: 374; vol. 4: 165
20:3	vol. 4: 485
20:4, 5	vol. 1: 182
20:6	vol. 4: 424, 425
21:1–10	vol. 1: 455; vol. 3: 139
21:2	vol. 1: 160
21:3	vol. 4: 740
21:4	vol. 1: 460
21:7	vol. 1: 213
21:9	vol. 3: 758
22:11	vol. 2: 760
22:13	vol. 2: 290
22:14	vol. 1: 445
22:18	vol. 3: 294
22:19	vol. 3: 465
22:21	vol. 2: 373; vol. 3: 465
22:22	vol. 1: 329, 679; vol. 2: 687, 688, 689; vol. 4: 538
22:24	vol. 2: 743
23	vol. 3: 562
23:4	vol. 4: 740
23:15	vol. 2: 261; vol. 4: 704
24–27	vol. 1: 195; vol. 4: 166
24:2	vol. 1: 140; vol. 3: 575; vol. 4: 196
24:3	vol. 4: 598
24:4	vol. 3: 638, 706, 707; vol. 4: 217
24:5	vol. 1: 696; vol. 3: 406
24:15	vol. 1: 763

24:16	vol. 4: 273, 276
24:18	vol. 2: 430; vol. 3: 757; vol. 4: 419
24:21	vol. 2: 389
24:23	vol. 1: 478; vol. 2: 523; vol. 4: 130, 281
25:1	vol. 1: 527, 763; vol. 4: 120
25:2	vol. 4: 274
25:6–9	vol. 1: 329
25:6–8	vol. 1: 645; vol. 2: 90
25:6	vol. 1: 545, 653; vol. 2: 322; vol. 4: 289, 615
25:8	vol. 1: 316; vol. 2: 212; vol. 3: 164, 392, 394, 395; vol. 4: 288
25:9	vol. 1: 101; vol. 2: 184
26	vol. 1: 335
26:3	vol. 2: 113
26:6	vol. 4: 123, 124
26:8	vol. 3: 517
26:9	vol. 3: 221, 477
26:11	vol. 2: 351
26:12	vol. 2: 113, 322
26:14	vol. 1: 312; vol. 3: 375
26:16–21	vol. 3: 669
26:17–18	vol. 4: 492
26:17	vol. 2: 737; vol. 4: 740
26:18	vol. 3: 477
26:19	vol. 1: 312, 317, 321; vol. 2: 368, 409; vol. 3: 375
26:20	vol. 2: 236; vol. 3: 535; vol. 4: 705
27:1	vol. 1: 774; vol. 2: 322, 391, 401
27:9	vol. 1: 663; vol. 2: 536; vol. 3: 110
27:11	vol. 2: 424
27:12	vol. 2: 632, 450
27:13	vol. 4: 236
28:1	vol. 3: 684
28:4	vol. 3: 392
28:5	vol. 3: 100
28:6	vol. 4: 495
28:7	vol. 2: 154; vol. 3: 481; vol. 4: 313
28:9–10	vol. 1: 551
28:9	vol. 1: 539
28:11–12	vol. 1: 210, 589
28:11	vol. 2: 302
28:12	vol. 1: 284, 285, 626; vol. 2: 331; vol. 3: 691; vol. 4: 313
28:15	vol. 1: 626, 696; vol. 2: 368; vol. 4: 720, 721
28:16–17	vol. 1: 626
28:16	vol. 1: 183, 625, 626, 628; vol. 2: 151, 431; vol. 3: 119, 120, 737, 758, 762, 763; vol. 4: 298
28:17	vol. 4: 721
28:18	vol. 1: 696
28:20	vol. 4: 368
28:21	vol. 2: 267
28:22	vol. 1: 677
28:23–25	vol. 3: 610
28:24	vol. 4: 343
28:27	vol. 2: 570
29:5	vol. 4: 274
29:8	vol. 2: 290
29:9–10	vol. 4: 510
29:10	vol. 3: 573, 805
29:11	vol. 4: 412, 415
29:13	vol. 1: 708, 713; vol. 2: 77, 200, 202, 338, 484, 624, 729; vol. 3: 249; vol. 4: 273, 274, 563
29:14	vol. 1: 161, 359; vol. 3: 358; vol. 4: 407, 408, 409
29:15	vol. 2: 267; vol. 4: 321
29:16	vol. 1: 553; vol. 2: 219, 661, 662; vol. 3: 742, 744; vol. 4: 407
29:17–24	vol. 2: 113
29:18–20	vol. 3: 811
29:18–19	vol. 1: 481; vol. 3: 109
29:18	vol. 2: 391, 781; vol. 4: 509, 510
29:19	vol. 4: 182
29:20	vol. 4: 558
29:21	vol. 2: 165
29:23	vol. 3: 520
29:24	vol. 3: 805
30–31	vol. 1: 163
30:1	vol. 1: 451
30:3	vol. 1: 182
30:5	vol. 1: 183; vol. 4: 747
30:6	vol. 2: 273, 462; vol. 4: 368, 747
30:7	vol. 2: 657
30:8	vol. 1: 597; vol. 3: 143
30:10	vol. 1: 551; vol. 4: 164
30:12–13	vol. 1: 126
30:12	vol. 3: 143
30:14	vol. 2: 661; vol. 3: 110; vol. 4: 516
30:15–17	vol. 3: 100
30:15	vol. 1: 126, 626; vol. 4: 422
30:17	vol. 3: 549
30:18	vol. 3: 207, 273, 479, 747
30:19	vol. 2: 683
30:20	vol. 1: 709
30:21	vol. 4: 108
30:22	vol. 3: 110
30:23–25	vol. 4: 117
30:24	vol. 1: 216
30:25	vol. 3: 757
30:26	vol. 2: 260, 385, 390; vol. 4: 281
30:27–28	vol. 3: 534
30:27	vol. 3: 534
30:28	vol. 3: 809
30:30	vol. 1: 762; vol. 2: 461
30:33	vol. 1: 548
31:1	vol. 1: 126; vol. 2: 355
31:2	vol. 3: 143
31:3	vol. 1: 524; vol. 3: 805; vol. 4: 253, 254, 259
31:7	vol. 1: 399
31:9	vol. 1: 548

Scripture Index: Old Testament: Isaiah

32:1	vol. 3: 268
32:2	vol. 1: 748
32:3	vol. 3: 686
32:5–6	vol. 3: 357
32:6	vol. 1: 748; vol. 2: 624
32:9–14	vol. 2: 523
32:15–20	vol. 3: 805
32:15–16	vol. 2: 274
32:16	vol. 1: 284
32:18	vol. 4: 94
33:1–24	vol. 4: 165
33:1	vol. 4: 446
33:2	vol. 2: 588
33:5	vol. 4: 579
33:6	vol. 2: 456; vol. 4: 273
33:8	vol. 1: 696
33:9	vol. 3: 706
33:11	vol. 1: 179
33:13	vol. 2: 76
33:14	vol. 4: 193
33:15	vol. 1: 157
33:18	vol. 1: 595, 603
33:20	vol. 4: 704
33:23	vol. 4: 710
34:1	vol. 3: 477
34:2	vol. 1: 282
34:4	vol. 1: 427, 428, 430, 558; vol. 3: 566, 567, 758; vol. 4: 233, 392
34:5	vol. 1: 282; vol. 3: 259, 567
34:6	vol. 3: 684, 748
34:10	vol. 2: 388; vol. 4: 704
34:11	vol. 3: 732
34:13–15	vol. 2: 273
34:13	vol. 1: 200
34:17	vol. 1: 284; vol. 2: 696; vol. 4: 704
35:	vol. 1: 335; vol. 2: 309
35:1	vol. 3: 692
35:2	vol. 1: 763; vol. 4: 579
35:3–6	vol. 2: 497
35:3–5	vol. 3: 811
35:3	vol. 1: 592; vol. 2: 562
35:4–6	vol. 4: 517
35:4	vol. 2: 283; vol. 3: 428
35:5–6	vol. 1: 481; vol. 2: 274, 782; vol. 3: 109, 377, 423; vol. 4: 710
35:5	vol. 1: 327; vol. 2: 681, 781; vol. 4: 509, 510
35:6	vol. 3: 692
35:7	vol. 4: 117
35:8	vol. 3: 773
35:9	vol. 2: 453
35:10	vol. 2: 332; vol. 3: 177, 181; vol. 4: 366
36–37	vol. 2: 523
36:3	vol. 3: 465
36:4, 6	vol. 3: 686
36:16	vol. 4: 392
36:18–20	vol. 4: 215
36:19–20	vol. 2: 99
36:21	vol. 4: 295
36:22	vol. 3: 465; vol. 4: 418
37:2	vol. 3: 465
37:3	vol. 4: 740
37:16	vol. 2: 435; vol. 3: 334; vol. 4: 667
37:23	vol. 4: 580
37:24	vol. 3: 549
37:25	vol. 2: 274
37:26	vol. 1: 413
37:28	vol. 2: 253
37:29	vol. 4: 608
37:31	vol. 3: 99
37:32	vol. 2: 351
37:36	vol. 3: 375
37:37	vol. 3: 399
37:38	vol. 4: 424
38:1	vol. 3: 216
38:5	vol. 4: 704
38:7–8	vol. 4: 285
38:8	vol. 4: 309
38:9	vol. 3: 216
38:10–11	vol. 2: 407
38:10	vol. 4: 189, 190
38:12	vol. 4: 303
38:13	vol. 1: 516
38:16–17	vol. 3: 421
38:18	vol. 1: 153, 172, 227
38:19	vol. 3: 679
38:21	vol. 4: 516
39:1	vol. 1: 455; vol. 2: 255
39:2	vol. 4: 646
39:6	vol. 2: 390
39:7	vol. 2: 327
39:8	vol. 1: 94
40–66	vol. 1: 706
40–55	vol. 1: 126, 447; vol. 3: 150
40.	vol. 2: 523; vol. 3: 150
40:1–31	vol. 2: 232
40:1–7	vol. 1: 287
40:1	vol. 3: 629
40:2	vol. 3: 190, 535
40:3	vol. 1: 522, 523; vol. 2: 273, 274, 305, 680; vol. 3: 453, 456, 457
40:4	vol. 3: 120, 549, 550, 551; vol. 4: 451
40:5	vol. 4: 429
40:6–8	vol. 1: 523; vol. 4: 261
40:6–7	vol. 4: 254, 677
40:6	vol. 3: 150; vol. 4: 260
40:7–8	vol. 4: 678
40:7	vol. 3: 150, 448, 757
40:8	vol. 1: 540; vol. 3: 150, 273, 275; vol. 4: 211
40:9	vol. 2: 310; vol. 3: 549; vol. 4: 94
40:10–11	vol. 2: 283
40:10	vol. 3: 322
40:11	vol. 4: 82, 319

Scripture Index: Old Testament: Isaiah

40:12 . . . .**vol. 3:** 549
40:13–14 . . . .**vol. 4:** 337
40:13 . . . .**vol. 3:** 428, 431
40:15 . . . .**vol. 2:** 358
40:18–20 . . . .**vol. 2:** 99
40:18 . . . .**vol. 3:** 500
40:19–20 . . . . **vol. 2:** 102, 103; **vol. 4:** 468
40:19 . . . .**vol. 2:** 643
40:20 . . . .**vol. 2:** 147; **vol. 3:** 449; **vol. 4:** 332
40:22 . . . .**vol. 3:** 566
40:24 . . . .**vol. 3:** 803
40:25 . . . **vol. 1:** 127; **vol. 2:** 434, 435; **vol. 3:** 500
40:26–28 . . . .**vol. 2:** 759
40:26 . . . .**vol. 2:** 603; **vol. 3:** 151; **vol. 4:** 579
40:27 . . . .**vol. 2:** 753
40:28–31 . . . .**vol. 3:** 691
40:28 . . . . **vol. 2:** 643, 722; **vol. 4:** 618, 704
40:29 . . . .**vol. 2:** 753
40:30–31 . . . .**vol. 2:** 722
40:31 . . . **vol. 2:** 184, 185; **vol. 3:** 732; **vol. 4:** 566
41–45 . . . .**vol. 4:** 78
41:2 . . . .**vol. 2:** 604
41:4 . . . . . **vol. 2:** 107, 435, 604, 771; **vol. 4:** 478
41:7 . . . .**vol. 4:** 468
41:8 . . . . **vol. 1:** 88; **vol. 2:** 147, 604
41:10 . . . .**vol. 4:** 613
41:11 . . . .**vol. 1:** 182
41:12 . . . .**vol. 3:** 481
41:13 . . . .**vol. 4:** 613
41:14 . . . .**vol. 3:** 181
41:15 . . . .**vol. 3:** 120, 549
41:17–20 . . . .**vol. 4:** 166
41:17 . . . .**vol. 4:** 182
41:18 . . . **vol. 1:** 748; **vol. 2:** 274; **vol. 4:** 116, 117
41:19 . . . . **vol. 2:** 161; **vol. 3:** 692
41:20 . . . . **vol. 2:** 253; **vol. 3:** 429
41:22 . . . .**vol. 3:** 428
41:23 . . . .**vol. 2:** 293
41:25 . . . . **vol. 2:** 661; **vol. 3:** 742
41:26–27 . . . .**vol. 3:** 150
41:29 . . . .**vol. 2:** 123
42 . . . .**vol. 4:** 270
42:1–9 . . . .**vol. 1:** 770
42:1–4 . . . .**vol. 1:** 120, 770; **vol. 2:** 232, 360;
    vol. 3: 238, 285, 393, 592,
    597, 806; **vol. 4:** 270, 690
42:1–3 . . . .**vol. 4:** 125
42:1 . . . . **vol. 1:** 108, 176, 287; **vol. 2:** 315;
    vol. 3: 592, 593, 595, 596, 702,
    802, 812; **vol. 4:** 118, 531, 530
42:2 . . . .**vol. 2:** 737, 738
42:3–4 . . . .**vol. 4:** 270
42:3 . . . .**vol. 3:** 393
42:5 . . . . **vol. 2:** 442; **vol. 3:** 567, 804;
    vol. 4: 369, 370
42:6 . . . . **vol. 1:** 330; **vol. 2:** 604, 616;
    vol. 3: 369; **vol. 4:** 639, 641

42:7 . . . .**vol. 1:** 677, 770; **vol. 3:** 592;
    vol. 4: 321, 510
42:8 . . . . **vol. 1:** 389, 763; **vol. 2:** 435
42:9–10 . . . .**vol. 2:** 584
42:9 . . . . **vol. 1:** 117; **vol. 2:** 581
42:12 . . . .**vol. 1:** 389, 763
42:13 . . . .**vol. 2:** 351
42:14 . . . . **vol. 1:** 297; **vol. 4:** 295
42:15 . . . .**vol. 4:** 116
42:16–20 . . . .**vol. 4:** 510
42:16 . . . . **vol. 3:** 461; **vol. 4:** 321
42:17 . . . .**vol. 1:** 330
42:18 . . . .**vol. 2:** 781
42:19 . . . .**vol. 4:** 509
42:21 . . . .**vol. 3:** 324
42:25 . . . .**vol. 3:** 535
43:1–10 . . . .**vol. 4:** 424
43:1 . . . . **vol. 2:** 604; **vol. 3:** 181, 516
43:2 . . . .**vol. 2:** 401; **vol. 3:** 809; **vol. 4:** 117
43:3 . . . .**vol. 3:** 181
43:4 . . . . **vol. 1:** 106; **vol. 2:** 669
43:5 . . . .**vol. 4:** 398
43:7 . . . .**vol. 2:** 643
43:8–12 . . . .**vol. 2:** 553
43:8 . . . .**vol. 2:** 782
43:9–10 . . . .**vol. 3:** 150
43:9 . . . .**vol. 1:** 228
43:10–13 . . . .**vol. 2:** 435
43:10 . . . . **vol. 2:** 123, 147, 604;
    vol. 3: 238; **vol. 4:** 408
43:11–13 . . . .**vol. 4:** 424
43:11 . . . .**vol. 2:** 107
43:12 . . . .**vol. 3:** 238
43:14, 15 . . . .**vol. 1:** 127
43:16 . . . .**vol. 3:** 453
43:17 . . . .**vol. 3:** 581
43:18–19 . . . .**vol. 2:** 581, 584
43:18 . . . . **vol. 3:** 309; **vol. 4:** 175
43:19–20 . . . .**vol. 2:** 274
43:19 . . . .**vol. 3:** 453
43:20–21 . . . .**vol. 3:** 718
43:20 . . . . **vol. 3:** 692; **vol. 4:** 116
43:21 . . . .**vol. 1:** 389, 390
43:22–25 . . . .**vol. 2:** 534
43:22–24 . . . .**vol. 4:** 540
43:23 . . . .**vol. 2:** 722
43:25 . . . .**vol. 1:** 245, 447; **vol. 2:** 107,
    212; **vol. 3:** 310
43:28 . . . .**vol. 1:** 282
44–63 . . . .**vol. 4:** 214
44:1–19 . . . .**vol. 4:** 151
44:2 . . . . **vol. 1:** 176; **vol. 3:** 702; **vol. 4:** 611
44:3 . . . . . **vol. 3:** 692, 805; **vol. 4:** 117, 118, 519
44:5 . . . .**vol. 4:** 412
44:6 . . . .**vol. 1:** 477; **vol. 2:** 107, 111, 435;
    vol. 4: 175, 177, 214, 215, 478
44:7–20 . . . .**vol. 1:** 117

44:7	vol. 2: 549; vol. 3: 150, 821
44:8	vol. 2: 123; vol. 3: 238
44:9–20	vol. 1: 551; vol. 2: 99
44:9	vol. 4: 747
44:12–17	vol. 4: 192
44:12–13	vol. 4: 468
44:13–14	vol. 3: 449
44:13	vol. 3: 338
44:15	vol. 4: 192
44:17	vol. 3: 99
44:18	vol. 3: 429
44:19	vol. 3: 99
44:21	vol. 1: 477
44:23	vol. 2: 333
44:24	vol. 2: 107, 732; vol. 3: 566, 661
44:25	vol. 3: 150, 201, 358
44:26	vol. 3: 150
44:27	vol. 2: 274; vol. 3: 150; vol. 4: 116
44:28	vol. 2: 426; vol. 4: 78
45	vol. 4: 89, 424
45:1–7	vol. 2: 90
45:1	vol. 4: 689
45:2	vol. 2: 685; vol. 3: 550
45:3	vol. 1: 578; vol. 2: 435, 456, 604, 756
45:5	vol. 2: 107
45:6	vol. 2: 435
45:7–8	vol. 4: 78
45:7	vol. 2: 643, 760; vol. 4: 321, 638
45:9–13	vol. 3: 151
45:9	vol. 1: 553; vol. 2: 219, 643, 661, 662; vol. 3: 742, 744
45:11	vol. 1: 127
45:12	vol. 1: 427
45:13	vol. 2: 79; vol. 3: 179
45:14	vol. 4: 425
45:15	vol. 2: 753; vol. 4: 425
45:17	vol. 1: 195; vol. 4: 425
45:18	vol. 2: 107
45:19	vol. 3: 351
45:20	vol. 3: 100; vol. 4: 422, 426
45:21–22	vol. 4: 426
45:21	vol. 3: 150
45:22	vol. 2: 107; vol. 4: 424
45:23–24	vol. 2: 775
45:23	vol. 1: 507, 589, 592, 593; vol. 3: 150, 508
46:1–2	vol. 2: 99
46:3–4	vol. 3: 100, 700
46:4	vol. 2: 107
46:5	vol. 3: 500
46:6	vol. 4: 151
46:7	vol. 4: 422
46:10	vol. 1: 117
46:11	vol. 2: 760
46:12–13	vol. 1: 728
46:13	vol. 2: 77
47	vol. 1: 455
47:1	vol. 2: 577
47:2	vol. 2: 614; vol. 3: 348
47:3	vol. 1: 182; vol. 3: 513; vol. 4: 586
47:4	vol. 3: 181; vol. 4: 215
47:6	vol. 1: 718; vol. 2: 695
47:7	vol. 3: 428
47:8–9	vol. 4: 669
47:8	vol. 1: 577
47:10	vol. 4: 333
47:11	vol. 4: 447
47:13	vol. 1: 428; vol. 3: 567
47:14	vol. 4: 422
48:1–11	vol. 2: 747
48:2	vol. 2: 523; vol. 4: 94
48:4	vol. 4: 313
48:6	vol. 2: 581
48:7	vol. 1: 570
48:10	vol. 3: 754
48:12–16	vol. 1: 455
48:12	vol. 2: 107, 435, 771; vol. 4: 175, 177, 478
48:13	vol. 4: 663
48:14	vol. 3: 150
48:16	vol. 1: 287; vol. 3: 351
48:17	vol. 4: 215
48:18	vol. 2: 112, 113; vol. 4: 117
48:20–22	vol. 1: 455
48:20	vol. 2: 293, 294, 493; vol. 4: 215
48:21	vol. 2: 273; vol. 3: 692
49:1–7	vol. 1: 770
49:1–6	vol. 2: 232; vol. 3: 806; vol. 4: 690
49:1–2	vol. 1: 770; vol. 3: 592
49:1	vol. 3: 597
49:2	vol. 1: 770, 784; vol. 3: 151, 592
49:3	vol. 3: 592
49:4	vol. 2: 722; vol. 3: 249
49:5–6	vol. 3: 592
49:6	vol. 1: 705; vol. 2: 232, 294, 380, 616; vol. 3: 597; vol. 4: 424, 426, 491, 639, 641, 642
49:7	vol. 4: 215
49:8	vol. 1: 210, 525, 675; vol. 2: 590, 696; vol. 3: 369; vol. 4: 431
49:9–10	vol. 3: 692
49:9	vol. 1: 677, 770; vol. 3: 592; vol. 4: 321
49:10	vol. 1: 748; vol. 2: 595; vol. 3: 691, 693; vol. 4: 117, 184
49:11	vol. 3: 551
49:13	vol. 2: 333, 436; vol. 3: 569; vol. 4: 182, 450, 453
49:14–16	vol. 3: 151
49:16	vol. 4: 663
49:18	vol. 3: 436
49:19	vol. 4: 368
49:21	vol. 3: 334
49:24–25	vol. 2: 563; vol. 4: 288
49:26	vol. 1: 179; vol. 3: 259

50:1 . . . . .vol. 1: 363, 542; vol. 2: 553;
vol. 3: 298, 754
50:2 . . . . vol. 2: 401, 564, 603; vol. 4: 116
50:3 . . . . .vol. 3: 151, 261, 567
50:4–9 . . . . . vol. 1: 770; vol. 2: 232; vol. 3: 592;
vol. 4: 690
50:4–5 . . . . vol. 1: 770; vol. 3: 592
50:4 . . . . .vol. 3: 151
50:5 . . . . .vol. 1: 212, 328
50:7 . . . . .vol. 3: 736
50:8 . . . . .vol. 2: 77
50:9 . . . . . . .vol. 1: 728; vol. 2: 542; vol. 3: 599
50:10 . . . . .vol. 4: 321
51:1–2 . . . . .vol. 3: 121, 736
51:2 . . . . .vol. 4: 263
51:3 . . . . .vol. 3: 618
51:4 [51:5] . . . . vol. 3: 89; vol. 4: 565, 639
51:5–8 . . . . .vol. 1: 728
51:5 . . . . .vol. 2: 77, 184
51:6 . . . . vol. 2: 542; vol. 3: 567, 599
51:7 . . . . .vol. 2: 624
51:8 . . . . vol. 2: 457, 542; vol. 4: 704
51:9–13 . . . . .vol. 2: 584
51:9–10 . . . . .vol. 2: 401
51:9 . . . . .vol. 1: 774
51:10 . . . . . . .vol. 2: 274; vol. 3: 453; vol. 4: 215
51:11 . . . . vol. 3: 177, 182; vol. 4: 366
51:12 . . . . vol. 2: 107, 407; vol. 4: 526, 527
51:15 . . . . vol. 3: 517; vol. 4: 456
51:16 . . . . vol. 3: 151; vol. 4: 309
51:17 . . . vol. 1: 728; vol. 3: 483, 750; vol. 4: 424
51:19 . . . . .vol. 3: 177
51:21–23 . . . . .vol. 4: 182
51:22 . . . . .vol. 3: 483, 535
52:1 . . . . .vol. 1: 380; vol. 2: 196, 523; vol. 4: 94
52:2 . . . . vol. 2: 156; vol. 3: 187
52:5 . . . . .vol. 1: 516
52:6 . . . . .vol. 2: 197
52:7 . . . . .vol. 1: 94, 120, 478; vol. 2: 113,
307, 310, 435; vol. 3: 597;
vol. 4: 529, 743
52:9 . . . . .vol. 4: 215
52:10 . . . . .vol. 2: 304, 613, 680
52:11 . . . . .vol. 1: 451
52:13–53:12 . . . . vol. 1: 634, 728, 770;
vol. 2: 232; vol. 3: 238,
285, 592; vol. 4: 690
52:13 .vol. 3: 183, 595
52:15 . . . . . . .vol. 1: 120; vol. 3: 597; vol. 4: 409
53 . . . . .vol. 1: 105, 258, 261, 267, 447, 761;
vol. 2: 328, 411, 557; vol. 3: 183,
184, 339, 423, 450, 593, 596,
597, 671, 811; vol. 4: 85, 99
53:1–3 . . . . .vol. 1: 634
53:1 . . . . .vol. 2: 613, 617; vol. 3: 597;
vol. 4: 289, 589
53:2–7 . . . . .vol. 4: 125

53:2–3 . . . . .vol. 3: 369
53:2 . . . . vol. 2: 96; vol. 4: 212
53:3–8 . . . . .vol. 4: 497
53:3 . . . .vol. 2: 273; vol. 3: 216, 557; vol. 4: 495
53:4–9 . . . . .vol. 3: 671
53:4–6 . . . . . .vol. 1: 447; vol. 2: 634; vol. 3: 669
53:4 . . . . . .vol. 1: 494; vol. 2: 448; vol. 3: 423
53:5 . . . . .vol. 3: 587
53:6 . . . . .vol. 1: 247; vol. 3: 454, 623, 773, 774;
vol. 4: 86, 98, 135, 136, 388
53:7–12 . . . . .vol. 2: 279
53:7–8 . . . . .vol. 3: 592
53:7 . . . . .vol. 1: 266, 267, 328, 330
53:8 . . . . .vol. 2: 214
53:9 . . . . .vol. 1: 760; vol. 3: 171; vol. 4: 383
53:10–12 . . . . .vol. 2: 634
53:10–11 . . . . .vol. 2: 481
53:10 . . . . vol. 1: 514, 526; vol. 3: 126, 183, 595
53:11–12 . . . . .vol. 1: 652; vol. 2: 160; vol. 4: 98
53:11 . . . . vol. 1: 333; vol. 3: 183
53:12 . . . . .vol. 1: 691; vol. 2: 239, 659;
vol. 3: 126, 127, 413, 596, 597, 623;
vol. 4: 474, 540
54:1 . . . . .vol. 1: 523, 524, 614; vol. 2: 275, 333;
vol. 3: 299; vol. 4: 263, 524, 741
54:4–8 . . . . .vol. 3: 151
54:4 . . . . vol. 3: 513; vol. 4: 669
54:5 . . . . vol. 1: 624; vol. 4: 215
54:7–10 . . . . .vol. 1: 245
54:7–8 . . . . .vol. 3: 535
54:7 . . . . .vol. 1: 106; vol. 2: 634; vol. 3: 303
54:8–10 . . . . .vol. 3: 535
54:8 . . . . vol. 2: 436, 753; vol. 4: 215
54:9–10 . . . . vol. 2: 584; vol. 4: 440
54:9 . . . . .vol. 4: 704
54:10 . . . .vol. 1: 696; vol. 2: 113; vol. 3: 551
54:11–15 . . . . .vol. 4: 182
54:11 . . . . vol. 1: 201; vol. 4: 450
54:12 . . . . .vol. 3: 233
54:13 . . . . .vol. 1: 710
54:16 . . . . .vol. 2: 760
54:17 . . . . vol. 3: 592; vol. 4: 598
55:1–5 . . . . .vol. 2: 322
55:1 . . . . .vol. 1: 139, 748; vol. 3: 561, 692,
693, 750; vol. 4: 117, 118
55:3 . . . .vol. 1: 195, 696; vol. 3: 558; vol. 4: 525
55:5 . . . . .vol. 1: 127
55:6–13 . . . . .vol. 1: 447
55:6 . . . . .vol. 2: 330, 355
55:7–8 . . . . .vol. 2: 330
55:7 . . . . . . .vol. 1: 445; vol. 3: 455; vol. 4: 387
55:8–9 . . . . .vol. 3: 454
55:9 . . . . .vol. 3: 428
55:10–11 . . . . .vol. 4: 284
55:10 . . . . vol. 3: 258, 750; vol. 4: 343, 492
55:11 . . .vol. 1: 526; vol. 2: 200; vol. 3: 143, 150
55:13 . . . . .vol. 3: 517

Scripture Index: Old Testament: Isaiah

56–66 . . . . .vol. 4: 238
56–59 . . . . .vol. 1: 728
56:1 . . . . vol. 1: 728; vol. 2: 77, 613
56:2 . . . . vol. 1: 300; vol. 4: 222
56:3–5 . . . . .vol. 2: 327, 328
56:3 . . . . .vol. 3: 447
56:6–7 . . . . .vol. 3: 373
56:6 . . . . .vol. 3: 592
56:7 . . . . . .vol. 1: 481, 674; vol. 2: 91, 482, 519,
523, 605; vol. 3: 472; vol. 4: 351
56:8 . . . . .vol. 4: 399
56:9 . . . . .vol. 1: 141
56:11–12 . . . . .vol. 3: 481
56:11 . . . . vol. 3: 218; vol. 4: 83
57:3 . . . . .vol. 3: 201
57:5 . . . . .vol. 1: 663
57:6 . . . . .vol. 3: 481
57:8 . . . . .vol. 1: 107
57:10 . . . . .vol. 1: 667
57:13 . . . . .vol. 1: 522
57:15 [61:1] . . . . .vol. 1: 284; vol. 2: 538;
vol. 3: 210; vol. 4: 184
57:17 . . . . .vol. 3: 176
57:19 . . . . vol. 2: 76, 113; vol. 3: 215
58:3–7 . . . . .vol. 3: 387
58:3–6 . . . . .vol. 3: 386
58:2 . . . . .vol. 2: 242
58:3–10 . . . . .vol. 2: 338
58:3 . . . . .vol. 2: 538; vol. 3: 386; vol. 4: 450
58:5 . . . . .vol. 4: 450
58:6–7 . . . . .vol. 2: 610
58:6 .vol. 1: 445, 447
58:7 . . . . .vol. 1: 610; vol. 2: 290; vol. 3: 692
58:8–14 . . . . .vol. 1: 728
58:10 . . . . vol. 3: 692; vol. 4: 639
58:11 .vol. 4: 117, 118
58:12 . . . . .vol. 2: 274
58:13 . . . . vol. 3: 151; vol. 4: 222
59:1–2 . . . . .vol. 2: 338
59:1 . . . . .vol. 1: 451
59:3 . . . . .vol. 3: 332
59:4 . . . . .vol. 4: 492
59:6 . . . . .vol. 2: 267
59:7–8 . . . . .vol. 3: 457
59:7 . . . . vol. 3: 125; vol. 4: 447
59:9 . . . . .vol. 1: 439
59:10 . . . . .vol. 4: 509
59:13 . . . . .vol. 4: 721
59:14–15 . . . . .vol. 1: 228
59:14 . . . . .vol. 1: 451
59:17 . . . . .vol. 2: 196
59:19 . . . . .vol. 4: 118
59:20–21 . . . . vol. 1: 699; vol. 4: 216
59:20 . . . . .vol. 2: 379, 526; vol. 4: 215, 387, 388
59:21 . . . . vol. 1: 718; vol. 3: 806
60 . . . . vol. 1: 706; vol. 3: 116
60:1–6 . . . . .vol. 4: 642

60:1–3 . . . . vol. 2: 701; vol. 4: 638
60:1–2 . . . . .vol. 4: 764
60:1 .vol. 1: 291, 292
60:2 . . . . vol. 2: 612; vol. 4: 321
60:3 . . . . .vol. 2: 90; vol. 3: 86; vol. 4: 639
60:5–6 . . . . vol. 2: 283; vol. 3: 117
60:5 . . . . .vol. 2: 90
60:6 . . . . .vol. 2: 473
60:10–16 .vol. 2: 390
60:10 . . . . .vol. 3: 641
60:12 . . . . .vol. 2: 273
60:15 . . . . .vol. 3: 319
60:16 . . . . .vol. 1: 539
60:17 . . . . vol. 1: 728; vol. 2: 113, 250
60:19–20 . . . . .vol. 2: 385; vol. 4: 281,
282, 638, 642
60:20–22 .vol. 2: 589
60:20 . . . . .vol. 2: 388
60:21 . . . . .vol. 1: 571, 728
60:22 . . . . vol. 3: 303; vol. 4: 398
61 . . . . . .vol. 1: 101, 438; vol. 2: 309; vol. 3: 789
61:1–4 . . . . .vol. 4: 182
61:1–3 . . . . .vol. 3: 597
61:1–2 . . . . .vol. 1: 481; vol. 2: 497, 681,
782; vol. 3: 377, 597, 810, 811;
vol. 4: 531, 657, 700
61:1 . . . . . . .vol. 1: 192, 287, 445, 447, 618;
vol. 2: 174, 307, 624, 677; vol. 3: 109,
812; vol. 4: 184, 510, 698
61:2 . . . . vol. 1: 675; vol. 4: 657
61:3 . . .vol. 1: 221; vol. 2: 161, 391; vol. 3: 629
61:4 . . . . .vol. 2: 274
61:5 . . . . vol. 1: 268; vol. 2: 390
61:6 . . . .vol. 1: 482; vol. 2: 503, 603; vol. 3: 105
61:8 . . . . .vol. 1: 725
61:10 . . . . . vol. 1: 728; vol. 2: 542; vol. 3: 435,
436; vol. 4: 423
62:1–9 . . . . .vol. 2: 113
62:1–2 . . . . .vol. 2: 113
62:1 . . . . vol. 3: 86; vol. 4: 295
62:2 . . . . .vol. 3: 516
62:3 . . . . .vol. 1: 693
62:4 . . . . .vol. 3: 476
62:5 . . . . vol. 1: 543; vol. 3: 436
62:6 . . . . .vol. 3: 310
62:8 . . . . .vol. 2: 344
62:11 . . . . .vol. 1: 481
63:1–3 . . . . .vol. 3: 534
63:2–6 . . . . .vol. 3: 481
63:2–3 . . . . .vol. 1: 171
63:3 . . . . .vol. 3: 481
63:6 . . . . .vol. 3: 534
63:7 . . . . .vol. 1: 389
63:10–11 .vol. 1: 127
63:10 . . . . .vol. 3: 686
63:11–14 .vol. 3: 806
63:11–12 .vol. 3: 363

63:13 . . . . vol. 2: 273
63:15–64:11 . . . . vol. 1: 88
63:15 . . . . vol. 1: 88; vol. 2: 168, 351
63:16 . . . . . . vol. 2: 436; vol. 3: 679; vol. 4: 215
63:17 . . . . vol. 3: 773
63:19–20 . . . . vol. 3: 549
63:19 . . . . vol. 1: 413; vol. 2: 603; vol. 3: 516
64:1 [63:19] . . . . vol. 4: 419
64:6–7 . . . . vol. 1: 257
64:7 . . . . vol. 2: 603
64:8 . . . . vol. 3: 679
64:12 [64:11] . . . . vol. 1: 297; vol. 4: 295
65:1 . . . . vol. 2: 330; vol. 3: 360; vol. 4: 587, 590
65:2 . . . . vol. 3: 523
65:6 . . . . vol. 1: 511; vol. 4: 295
65:7 . . . . vol. 3: 513
65:8 . . . . vol. 1: 269
65:9 . . . . vol. 2: 148
65:11 . . . . . . vol. 1: 630; vol. 2: 664; vol. 3: 481
65:12 . . . . vol. 2: 603
65:13 . . . . vol. 1: 653, 645, 748; vol. 3: 562, 692
65:14 . . . . vol. 3: 805
65:15 . . . . vol. 2: 603
65:16 . . . . vol. 1: 264, 265
65:17–25 . . . . vol. 2: 322
65:17–19 . . . . vol. 2: 113
65:17 . . . vol. 1: 571; vol. 2: 390, 581; vol. 3: 567
65:19 . . . . vol. 1: 101; vol. 2: 332, 684
65:20 . . . . vol. 1: 256; vol. 4: 704
65:21 . . . . vol. 2: 390
65:22 . . . . vol. 3: 599
65:23 . . . . vol. 2: 657, 722
66:1–2 . . . . vol. 2: 521
66:1 . . . . vol. 1: 285, 568; vol. 2: 469;
 vol. 3: 471, 569
66:2 . . . . vol. 2: 397; vol. 4: 450
66:4 . . . . vol. 4: 193
66:7 . . . . vol. 1: 407; vol. 4: 740
66:10 . . . . vol. 4: 645, 646
66:11 . . . . vol. 3: 629
66:12 . . . . vol. 4: 117
66:13 . . . . vol. 3: 298
66:14 . . . . vol. 4: 645
66:15–16 . . . . vol. 4: 193
66:15 . . . . vol. 1: 746; vol. 2: 461; vol. 4: 195
66:18–24 . . . . vol. 3: 101
66:18 . . . . vol. 2: 283; vol. 4: 398
66:19 . . . . vol. 2: 179
66:20 . . . . vol. 2: 509
66:22–23 . . . . vol. 4: 271
66:22 . . . . vol. 1: 571, 766; vol. 3: 274, 567
66:23 . . . . vol. 4: 253
66:24 . . . . vol. 1: 218, 219, 548; vol. 4: 269, 271

Jeremiah

1–25 . . . . vol. 3: 144
1:1 . . . . vol. 2: 612; vol. 3: 141; vol. 4: 207
1:3 . . . . vol. 1: 706
1:4–10 . . . . vol. 3: 137, 144
1:4–9 . . . . vol. 2: 604
1:4 . . . . vol. 3: 144
1:5 . . . . . vol. 1: 126, 577; vol. 2: 253; vol. 3: 144
1:6 . . . . . . vol. 1: 671; vol. 2: 253; vol. 3: 144
1:8 . . . . vol. 3: 134
1:9 . . . . vol. 2: 253; vol. 3: 137, 144
1:10 . . . . vol. 3: 144
1:11–16 . . . . vol. 1: 208
1:11–12 . . . . vol. 1: 551
1:12 . . . . vol. 1: 609; vol. 3: 145; vol. 4: 78
1:13 . . . . vol. 4: 156
1:14 . . . . vol. 1: 567
1:18 . . . . vol. 4: 292
2 . . . . vol. 1: 314
2:1–4:4 . . . . vol. 3: 144
2:1–8 . . . . vol. 1: 106
2:2 . . . . vol. 3: 330, 436
2:3 . . . . vol. 2: 481
2:4–9 . . . . vol. 2: 747
2:4 . . . . vol. 1: 208
2:5 . . . . vol. 3: 249, 250
2:6 . . . . vol. 1: 163; vol. 2: 273;
 vol. 3: 750; vol. 4: 309
2:7 . . . . vol. 2: 571, 694
2:8 . . . . vol. 2: 253; vol. 4: 83, 165, 274
2:11 . . . . vol. 1: 242; vol. 2: 123; vol. 4: 747
2:13 . . . . . . vol. 2: 368; vol. 3: 740; vol. 4: 118
2:15 . . . . vol. 2: 273
2:16 . . . . vol. 2: 191
2:18 . . . . vol. 1: 163
2:19–25 . . . . vol. 1: 104
2:19 . . . . vol. 1: 450, 451; vol. 2: 165
2:20 . . . . vol. 1: 677; vol. 2: 358
2:21 . . . . vol. 1: 269; vol. 2: 558; vol. 3: 473
2:22 . . . . vol. 1: 157
2:23 . . . . vol. 2: 571; vol. 3: 523
2:24 . . . . vol. 3: 804; vol. 4: 728
2:26 . . . . vol. 1: 182; vol. 2: 692
2:27–28 . . . . vol. 3: 422
2:29 . . . . vol. 1: 257
2:30 . . . . vol. 1: 674
2:32 . . . . vol. 3: 638
2:36 . . . . vol. 1: 163
2:37 . . . . vol. 3: 453; vol. 4: 663
3:1–25 . . . . vol. 1: 542
3:1–10 . . . . vol. 3: 330
3:1–9 . . . . vol. 4: 113
3:1 . . . . vol. 4: 192
3:4–5 . . . . vol. 3: 679
3:4 . . . . vol. 3: 638, 680

Scripture Index: Old Testament: Jeremiah

3:6–10 .vol. 1: 106, 624
3:6–8 . . . . .vol. 4: 111
3:8 . . . . .vol. 1: 363, 542
3:9 . . . . .vol. 3: 330, 449
3:10 . . . . vol. 1: 257; vol. 4: 720
3:12 . . . . .vol. 1: 278; vol. 2: 169;
                    vol. 3: 557; vol. 4: 373
3:13 .vol. 1: 157, 207
3:14 . . . . .vol. 1: 451
3:15 . . . . .vol. 4: 83
3:17 . . . . . vol. 2: 390, 469, 523, 589; vol. 3: 523
3:19 . . . . .vol. 3: 679, 680
3:20 . . . . .vol. 1: 160
3:21 . . . . .vol. 1: 156
3:23 . . . . .vol. 4: 422, 720
3:25 . . . . .vol. 1: 183
4:3–4 . . . . .vol. 2: 523
4:3 . . . . .vol. 4: 343
4:4 . . . . . . .vol. 2: 756; vol. 3: 535, 725, 726;
                    vol. 4: 102, 269, 313
4:5–6:30 . . . . .vol. 3: 144
4:9 . . . . .vol. 2: 421
4:10 . . . . .vol. 1: 671
4:11–12 . . . . .vol. 3: 809
4:13 . . . . .vol. 4: 446
4:18 . . . . .vol. 2: 624
4:19–21 . . . . .vol. 3: 139, 148
4:19 . . . . .vol. 1: 179; vol. 3: 146; vol. 4: 295
4:23–26 . . . . .vol. 3: 567
4:24 . . . . .vol. 3: 549
4:26–27 . . . . .vol. 2: 273
4:28 .vol. 3: 290, 706
4:29 . . . . .vol. 2: 756
4:30 . . . . .vol. 4: 698
4:31 . . . . .vol. 4: 177
5–7 . . . . .vol. 1: 335
5:3 . . . . .vol. 1: 674; vol. 3: 578, 586, 736;
                    vol. 4: 369
5:4 . . . . .vol. 3: 454
5:5 . . . . vol. 2: 358; vol. 3: 498
5:6 . . . . .vol. 3: 485
5:7–17 . . . . .vol. 4: 113
5:7 . . . . vol. 2: 532; vol. 3: 330
5:12 . . . . .vol. 4: 721
5:13 . . . . .vol. 3: 144
5:14 . . . . vol. 1: 331; vol. 3: 145
5:17 . . . . .vol. 4: 392
5:18 . . . . .vol. 4: 472
5:19 . . . . .vol. 4: 444
5:21 . . . . .vol. 3: 357
5:22 . . . . .vol. 2: 317
5:26–28 . . . . .vol. 3: 797
5:27 . . . . vol. 1: 760; vol. 3: 732
5:28 . . . . vol. 2: 745; vol. 3: 554
5:31 . . . . .vol. 4: 721
6:4 . . . . vol. 2: 643; vol. 4: 309
6:7 . . . . .vol. 4: 446

6:10 . . . . .vol. 3: 573
6:11 .vol. 3: 534, 748
6:13 . . . . .vol. 3: 218
6:14 . . . . .vol. 2: 113
6:15 . . . . vol. 2: 589; vol. 4: 495
6:16 . . . . .vol. 1: 286; vol. 2: 331; vol. 3: 454
6:20 . . . . vol. 1: 675; vol. 2: 482, 484
6:21 .vol. 1: 420, 421
6:22–30 . . . . .vol. 2: 523
6:24 . . . . .vol. 4: 740
6:26 .vol. 3: 334, 479
6:27 . . . . .vol. 1: 757
6:29 . . . . vol. 1: 385; vol. 4: 192
6:30 . . . . .vol. 1: 757
7:1–15 . . . . .vol. 4: 165
7:1–7 . . . . .vol. 2: 695
7:1 . . . . .vol. 3: 145
7:2 . . . . vol. 1: 208; vol. 3: 145
7:3–7 . . . . .vol. 3: 555
7:4 . . . . . . vol. 2: 515, 523; vol. 3: 145, 371, 686
7:5–11 . . . . .vol. 3: 145
7:5–6 . . . . .vol. 2: 174
7:6 . . . . vol. 3: 523, 554; vol. 4: 351, 669
7:8 . . . . .vol. 3: 145
7:9–10 . . . . .vol. 4: 350
7:9 . . . . .vol. 2: 691
7:10 . . . . .vol. 3: 152, 517, 523
7:11 . . . . .vol. 1: 481; vol. 2: 484, 515, 692;
                    vol. 3: 115; vol. 4: 350, 351
7:13 . . . . vol. 1: 208; vol. 2: 603
7:14 . . . . .vol. 3: 145
7:17–18 . . . . .vol. 2: 484
7:18 . . . . vol. 3: 481; vol. 4: 157, 192, 341
7:20 . . . . .vol. 3: 534
7:21–22 . . . . .vol. 2: 484
7:22 . . . . .vol. 2: 388
7:23 .vol. 3: 90, 454
7:24 . . . . vol. 2: 599; vol. 3: 455
7:26 . . . . .vol. 4: 313
7:28 . . . . .vol. 1: 674
7:30 . . . . .vol. 2: 571
7:32 . . . . vol. 1: 548; vol. 2: 390
7:33 . . . . .vol. 3: 375
7:34 . . . . vol. 1: 544; vol. 3: 190, 435, 436
8:2 . . . . vol. 1: 428, 639; vol. 2: 384
8:3 . . . . .vol. 1: 175
8:6 . . . . .vol. 3: 290
8:7 . . . . . . .vol. 1: 578; vol. 2: 588; vol. 3: 732
8:8–9 . . . . .vol. 3: 145
8:8 . . . . .vol. 1: 595
8:9 . . . . .vol. 1: 183
8:11 . . . . .vol. 2: 113
8:13 . . . . .vol. 4: 392
8:14 . . . . .vol. 4: 676
8:16 . . . . .vol. 4: 279
8:20 . . . . .vol. 2: 450
8:22 . . . . .vol. 2: 497

8:18–23	vol. 3: 145	12:13	vol. 2: 652
8:19	vol. 3: 187, 249	12:14	vol. 3: 463
9:2–7	vol. 1: 589	12:15–16	vol. 3: 464
9:3 [9:2]	vol. 2: 127	12:16	vol. 3: 463
9:4	vol. 1: 228; vol. 2: 191	13:1–11	vol. 2: 374; vol. 3: 148
9:5	vol. 1: 228	13:10	vol. 2: 603
9:10	vol. 2: 725	13:11	vol. 2: 719
9:13–16	vol. 2: 99	13:14	vol. 4: 318
9:15 [9:14]	vol. 1: 453; vol. 3: 746	13:16	vol. 4: 309
9:16–21	vol. 2: 725	13:17	vol. 4: 83
9:18–19	vol. 3: 479	13:21	vol. 4: 740
9:18 [9:17]	vol. 2: 725; vol. 4: 206	13:22	vol. 3: 330
9:19 [9:18]	vol. 3: 794; vol. 4: 302	13:23	vol. 1: 571
9:20 [9:19]	vol. 1: 208, 674	13:26, 27	vol. 3: 330
9:21	vol. 1: 639; vol. 3: 382	14:1–15:4	vol. 3: 145
9:23–24 [9:22--23]	vol. 2: 652; vol. 4: 408	14:2	vol. 2: 657
9:23	vol. 2: 426	14:5	vol. 1: 141
9:24	vol. 1: 727; vol. 2: 653	14:6	vol. 4: 677
9:25	vol. 3: 253, 726	14:7	vol. 3: 145
10:1	vol. 2: 552	14:8	vol. 2: 184, 588; vol. 4: 423, 566
10:2	vol. 1: 428; vol. 2: 89; vol. 3: 567	14:9	vol. 2: 603; vol. 3: 145; vol. 4: 422
10:3–5	vol. 2: 99	14:10	vol. 1: 107; vol. 3: 145
10:3	vol. 4: 468	14:11–12	vol. 3: 386
10:6	vol. 2: 549	14:11	vol. 3: 146
10:7	vol. 1: 477; vol. 2: 89	14:12	vol. 2: 314, 338, 406; vol. 3: 387
10:9	vol. 4: 468	14:14–15	vol. 3: 518
10:10–15	vol. 2: 99	14:14	vol. 2: 624
10:10	vol. 1: 197	14:15	vol. 3: 421
10:12	vol. 1: 361; vol. 3: 477; vol. 4: 618	14:19–22	vol. 3: 145
10:14	vol. 3: 358, 804	14:19	vol. 2: 113, 588
10:15	vol. 3: 249	14:21	vol. 2: 470
10:16	vol. 2: 695, 732; vol. 3: 517	14:22	vol. 2: 99
10:19	vol. 3: 561	15:1–4	vol. 3: 145
10:20	vol. 4: 447	15:1	vol. 3: 360, 363
10:21	vol. 2: 355, 610; vol. 4: 83	15:2	vol. 1: 192
10:24	vol. 3: 586	15:3	vol. 1: 535; vol. 2: 453
10:25	vol. 2: 603	15:5–9	vol. 1: 624
11 [10]	vol. 2: 543	15:8	vol. 4: 348
11:1	vol. 3: 144	15:9	vol. 2: 385, 657
11:4	vol. 2: 388	15:10	vol. 3: 669
11:5	vol. 1: 264; vol. 3: 548; vol. 4: 205	15:11	vol. 1: 671; vol. 2: 588
11:6	vol. 1: 278	15:14	vol. 2: 595
11:7	vol. 2: 388	15:15	vol. 1: 750; vol. 3: 210
11:9	vol. 1: 677	15:16	vol. 2: 332, 603; vol. 3: 146, 148; vol. 4: 645
11:12	vol. 2: 472; vol. 4: 422	15:17	vol. 2: 577; vol. 3: 146, 334
11:14	vol. 1: 668	15:18	vol. 4: 369
11:15	vol. 1: 125	15:19	vol. 4: 168
11:16	vol. 2: 161; vol. 3: 725	15:20	vol. 4: 423
11:19	vol. 1: 266; vol. 3: 124, 125	16:1–9	vol. 3: 146
11:20	vol. 3: 624, 625	16:2	vol. 4: 165
11:21	vol. 2: 355	16:4	vol. 1: 639; vol. 3: 421
11:22, 23	vol. 2: 250	16:5–7	vol. 2: 725
12:1	vol. 1: 361	16:5	vol. 2: 113; vol. 4: 165
12:2	vol. 4: 212	16:7	vol. 2: 685
12:8	vol. 3: 319	16:8	vol. 4: 165
12:9	vol. 2: 453	16:9	vol. 1: 544; vol. 4: 645, 747
12:12	vol. 1: 568; vol. 2: 113; vol. 4: 269		

16:10–11	vol. 3: 406
16:11	vol. 2: 390
16:15	vol. 1: 354
16:17	vol. 2: 752, 753; vol. 3: 454
16:19–21	vol. 2: 390
16:19	vol. 2: 283
16:21	vol. 1: 681; vol. 3: 521
17	vol. 4: 395
17:1–4	vol. 1: 706
17:5	vol. 1: 450, 451; vol. 4: 254, 261
17:6	vol. 1: 216
17:7	vol. 3: 686
17:8	vol. 2: 595
17:9	vol. 2: 626
17:10	vol. 1: 757; vol. 4: 536
17:13	vol. 1: 451; vol. 2: 184, 368; vol. 4: 566
17:14	vol. 4: 423
17:15	vol. 3: 146
17:16	vol. 2: 253
17:21–22	vol. 1: 494
17:23	vol. 4: 313
17:24, 27	vol. 1: 494
18:1–12	vol. 3: 742
18:1–6	vol. 3: 610
18:2–12	vol. 1: 203
18:2–3	vol. 2: 661
18:2	vol. 2: 662
18:6	vol. 2: 219, 661, 662; vol. 3: 742
18:8	vol. 3: 124, 290; vol. 4: 386
18:13	vol. 3: 638
18:15	vol. 1: 421; vol. 2: 657
18:17	vol. 2: 595
18:18	vol. 3: 669
18:20	vol. 2: 716
19:1–20:6	vol. 3: 146
19	vol. 1: 203
19:1–15	vol. 1: 2–3
19:1–13	vol. 4: 284
19:2	vol. 1: 278; vol. 2: 662
19:5	vol. 2: 482
19:6–7	vol. 1: 548
19:11	vol. 2: 496
19:13	vol. 3: 471, 481
19:14	vol. 3: 661
19:15	vol. 4: 313
20:5	vol. 2: 455
20:7–8	vol. 3: 146
20:7	vol. 1: 550
20:9	vol. 3: 516, 564
20:10	vol. 1: 300
20:11	vol. 1: 750; vol. 3: 252
20:14–18	vol. 3: 669
20:16	vol. 3: 289
21:8	vol. 1: 389; vol. 2: 368, 408; vol. 3: 458
21:10	vol. 4: 373
22:3	vol. 3: 554; vol. 4: 669
22:6	vol. 1: 413
22:7	vol. 3: 485
22:15–16	vol. 1: 579
22:17	vol. 3: 780
22:18	vol. 2: 725
22:21	vol. 3: 636
22:22	vol. 4: 83, 201
22:28	vol. 4: 681
23 [23]	vol. 2: 543
23:1–5	vol. 4: 83
23:1–4	vol. 4: 136
23:1–2	vol. 2: 610
23:1	vol. 4: 241
23:2	vol. 4: 82
23:3	vol. 1: 441, 674
23:4	vol. 4: 83
23:5–8	vol. 4: 690
23:5–6	vol. 1: 477; vol. 3: 268
23:5	vol. 1: 291, 292; vol. 4: 525
23:8	vol. 1: 354
23:9–40	vol. 3: 146
23:9	vol. 2: 154
23:10	vol. 3: 707
23:11	vol. 3: 332
23:15	vol. 1: 453; vol. 3: 332, 746
23:16–17	vol. 2: 154; vol. 3: 146
23:16	vol. 3: 249
23:18	vol. 3: 147
23:20	vol. 2: 293, 294
23:22	vol. 3: 147; vol. 4: 571
23:24	vol. 2: 753; vol. 3: 786; vol. 4: 250
23:25	vol. 3: 518
23:28	vol. 3: 146
23:29	vol. 3: 146, 736; vol. 4: 193
23:30	vol. 2: 691
23:32	vol. 3: 511, 773; vol. 4: 747
23:34	vol. 3: 88
23:36	vol. 3: 516
23:40	vol. 4: 495
24:1–8	vol. 4: 392
24:6	vol. 1: 354; vol. 3: 463–64; vol. 4: 373
24:7	vol. 1: 571; vol. 3: 90; vol. 4: 386
24:8	vol. 3: 100
24:9	vol. 1: 383
25:5	vol. 3: 454, 455
25:9	vol. 1: 455; vol. 3: 592
25:10	vol. 1: 544
25:11	vol. 2: 261
25:12	vol. 3: 786
25:15–29 [32:15–29]	vol. 3: 750
25:15–16 [32:15–16]	vol. 3: 483
25:15 [32:15]	vol. 2: 475, 664; vol. 4: 424
25:16 [32:16]	vol. 3: 205
25:27–28 [32:27–28]	vol. 3: 483
25:28	vol. 1: 674
25:29 [32:29]	vol. 2: 603; vol. 3: 517
25:30 [32:30]	vol. 4: 684
25:34–38	vol. 4: 83

Scripture Index: Old Testament: Jeremiah

25:36 [32:36]	vol. 3: 485
25:37–38 [32:37–38]	vol. 3: 534
25:37	vol. 2: 113
26:1, 2–3	vol. 3: 145
26:2 [33:2]	vol. 4: 684
26:6 [33:6]	vol. 1: 383
26:8 [33:8]	vol. 4: 684
26:17 [33:17]	vol. 4: 131
26:19 [33:19]	vol. 1: 445, 667
26:21–23	vol. 1: 163
26:21 [46:21]	vol. 2: 589
27:2–11 [34:2–11]	vol. 2: 358
27:2–7 [34:2–7]	vol. 4: 284
27:4 [50:4]	vol. 2: 589
27:6–7	vol. 1: 455
27:9–10 [34:9–10]	vol. 3: 201
27:9 [34:9]	vol. 3: 511
27:20 [50:20]	vol. 2: 589
27:33	vol. 1: 191
27:40	vol. 3: 252
27:45	vol. 1: 266
28:1–4 [35:1–14]	vol. 3: 146
28:2–11 [35:2–11]	vol. 2: 358
28:5–6 [35:5–6]	vol. 4: 163
28:6 [35:6]	vol. 1: 264
28:9 [35:9]	vol. 2: 390; vol. 3: 147
28:11–12 [35:11–12]	vol. 3: 147
28:13–17 [35:13–17]	vol. 2: 358
28:15 [35:15]	vol. 3: 477
29:1 [36:1]	vol. 3: 661; vol. 4: 131
29:1–14 [36:1–14]	vol. 2: 185
29:2 [36:2]	vol. 2: 173
29:4–23	vol. 2: 256
29:6 [36:6]	vol. 3: 302
29:9 [36:9]	vol. 3: 518
29:11 [36:11]	vol. 2: 113, 184, 598; vol. 3: 100, 124
29:12–14 [36:12–14]	vol. 2: 330, 338
29:12–13 [36:12–13]	vol. 2: 751
29:12	vol. 2: 337
29:13–14	vol. 2: 355
29:17	vol. 4: 392
29:23 [36:23]	vol. 4: 684
29:26 [36:26]	vol. 3: 205
29:27 [36:27]	vol. 3: 171
30–32	vol. 3: 144
30:2, 4 [37:2, 4]	vol. 4: 684
30:7 [37:7]	vol. 4: 703
30:9 [37:9]	vol. 4: 525
30:12–13	vol. 3: 421
30:14 [37:14]	vol. 4: 369
30:19 [37:19]	vol. 3: 778
30:23–24 [37:28–24]	vol. 3: 534
30:23 [37:24]	vol. 2: 475
30:24 [37:24]	vol. 2: 293, 294, 579
31	vol. 1: 258, 644, 655, 696; vol. 3: 415
31:2 [38:2]	vol. 2: 273
31:4 [38:4]	vol. 1: 106; vol. 3: 463, 638
31:6 [38:6]	vol. 1: 361
31:7 [38:7]	vol. 4: 424, 745
31:8 [38:8]	vol. 3: 581; vol. 4: 398, 509
31:9 [38:9]	vol. 2: 436; vol. 3: 540, 679; vol. 4: 524
31:10 [38:10]	vol. 4: 82
31:12 [38:12]	vol. 2: 161; vol. 3: 480, 692
31:15 [38:15]	vol. 1: 506; vol. 2: 684; vol. 3: 788
31:17 [38:17]	vol. 2: 184
31:18 [38:18]	vol. 4: 386
31:19 [38:19]	vol. 2: 725; vol. 3: 290; vol. 4: 575
31:20 [38:20]	vol. 3: 679
31:21 [38:21]	vol. 3: 638
31:25 [38:25]	vol. 3: 258
31:27 [38:27]	vol. 4: 343
31:28 [38:28]	vol. 1: 609
31:29–34 [38:29–34]	vol. 2: 408
31:31–34 [38:33–34]	vol. 1: 245, 649, 653, 695, 697, 698, 699; vol. 3: 271, 472, 601, 711, 815, 817
31:31–33 [38:31–33]	vol. 3: 90
31:31–32 [38:31–32]	vol. 1: 571
31:31 [38:31]	vol. 1: 211, 696; vol. 2: 581; vol. 3: 415
31:32–33 [38:32–33]	vol. 2: 581
31:32 [38:32]	vol. 1: 697; vol. 2: 388; vol. 3: 415
31:33–34 [38:33–34]	vol. 2: 159, 182, 185, 232, 236, 257, 537, 582
31:33 [38:33]	vol. 1: 211, 571, 597, 697; vol. 3: 432; vol. 4: 633
31:34 [38:34]	vol. 1: 159, 448, 655, 716; vol. 3: 315, 303, 416; vol. 4: 95
31:35 [38:35]	vol. 4: 280, 638
31:38–40 [38:38–40]	vol. 2: 523
31:38 [38:38]	vol. 4: 94
32:1 [39:1]	vol. 1: 657
32:4	vol. 3: 623
32:6–15	vol. 2: 185
32:6–10	vol. 1: 203
32:7–15 [39:7–15]	vol. 3: 614
32:7	vol. 3: 180
32:8	vol. 3: 88
32:10–12 [39:10–12]	vol. 1: 595
32:10–11 [39:10]	vol. 3: 236
32:17 [39:17]	vol. 1: 777
32:19 [39:19]	vol. 3: 454
32:20–21 [39:20–21]	vol. 4: 285
32:33 [39:33]	vol. 1: 709
32:34	vol. 3: 301
32:35 [39:35]	vol. 1: 275, 548; vol. 2: 482
32:38–40 [39:38–40]	vol. 3: 90
32:38	vol. 4: 306
32:40 [39:40]	vol. 2: 624
32:41 [39:41]	vol. 1: 94

Scripture Index: Old Testament: Jeremiah

33:5 . . . . vol. 3: 251
33:7 [40:7] . . . . vol. 3: 463
33:8 [40:8] . . . . vol. 1: 448, 450; vol. 2: 570; vol. 3: 310
33:10–12 [40:10–12] . . . . vol. 2: 274
33:11 [40:11] . . . . vol. 4: 686
33:15–16 . . . . vol. 3: 268
33:15 . . . . vol. 3: 88; vol. 4: 525
34:2 [39:4] . . . . vol. 3: 623
34:5 [41:5] . . . . vol. 2: 725; vol. 3: 147
34:8–11 [41:8–11] . . . . . vol. 2: 174; vol. 3: 797
34:1 [41:1] . . . . vol. 1: 414
34:3 [27:3] . . . . vol. 1: 366
34:8 [41:8] . . . . vol. 1: 445, 694
34:9 . . . . vol. 2: 73
34:13 [41:13] . . . . vol. 2: 388
34:14 . . . . vol. 2: 73
34:15 [41:15] . . . . vol. 1: 445; vol. 2: 174
34:17 [41:17] . . . . . . vol. 1: 445, 705; vol. 2: 174
35 . . . . vol. 4: 82
35:1–10 [42:1–10] . . . . vol. 2: 273
35:5 [42:5] . . . . vol. 2: 661
35:6–10 . . . . vol. 4: 303
35:6–7 . . . . vol. 3: 481
35:6 . . . . vol. 3: 88
36 . . . . vol. 3: 146, 148
36:2 [43:2] . . . . vol. 4: 684
36:4 [43:32] . . . . vol. 1: 595; vol. 4: 684
36:5–10 [43:5–10] . . . . vol. 1: 278
36:7 [43:7] . . . . vol. 3: 535, 756
36:11, 12 [43:11, 12] . . . . vol. 1: 596
36:23 . . . . vol. 3: 146, 237
36:30 [43:30] . . . . vol. 2: 595
36:32 . . . . vol. 3: 146
37:5 . . . . vol. 1: 163
37:7 . . . . vol. 1: 163
37:10 [44:10] . . . . vol. 4: 303
37:17 [44:17] . . . . vol. 2: 287
38:6 . . . . vol. 2: 603
38:11 [45:11] . . . . vol. 1: 567
38:24 [45:24] . . . . vol. 1: 577
38:31–34 . . . . vol. 4: 477
39:18 [46:18] . . . . vol. 3: 686
39:35 . . . . vol. 1: 275
40:4 [47:4] . . . . vol. 3: 578
41:1–2 . . . . vol. 1: 645
41:1 . . . . vol. 4: 198
41:2 . . . . vol. 3: 623
41:5 [48:5] . . . . vol. 2: 515; vol. 4: 234, 376
41:17 [48:17] . . . . vol. 1: 163; vol. 4: 107
42–44 . . . . vol. 1: 163
42:5 [49:5] . . . . vol. 3: 237
44:4 [51:4] . . . . vol. 3: 319, 332
44:15–19 . . . . vol. 2: 99
44:15 [51:25] . . . . vol. 3: 506
44:23 [51:33] . . . . vol. 3: 406
44:27 [51:27] . . . . vol. 1: 609
44:28 [51:28] . . . . vol. 3: 489
46–51 . . . . vol. 4: 89
46 . . . . vol. 1: 163
46:1 . . . . vol. 3: 144
46:10 [26:10] . . . . vol. 3: 259
46:11 [26:11] . . . . vol. 2: 496
46:16 [26:16] . . . . vol. 2: 179
46:18 [26:18] . . . . vol. 1: 477
46:21 [26:21] . . . . vol. 2: 390; vol. 3: 498
46:27 [26:27] . . . . vol. 2: 397; vol. 4: 424
46:28 [26:28] . . . . vol. 3: 586
47:1 . . . . vol. 3: 144
47:3 [29:3] . . . . vol. 4: 279
47:4 [29:4] . . . . vol. 2: 389
47:5 [29:5] . . . . vol. 4: 376
48:6 [31:6] . . . . vol. 4: 425
48:11 [31:11] . . . . vol. 3: 559
48:15 [31:15] . . . . vol. 1: 477
48:29 [31:29] . . . . vol. 4: 514
48:32 [31:32] . . . . vol. 2: 684
48:37 [31:39] . . . . vol. 1: 242
48:37 [31:37] . . . . vol. 4: 376
48:38 [31:38] . . . . vol. 4: 681
48:44 [31:44] . . . . vol. 3: 757
49:2 [30:2] . . . . vol. 2: 465
49:8 [30:2] . . . . vol. 1: 456
49:9 [30:3] . . . . vol. 3: 437
49:16 [30:20] . . . . vol. 3: 88, 732
49:18 [29:19] . . . . vol. 3: 643
49:19 . . . . vol. 2: 549
49:20 [30:14] . . . . vol. 3: 124
49:22 [30:16] . . . . vol. 3: 732
49:30 [30:25] . . . . vol. 1: 456
49:34 . . . . vol. 3: 144
49:36 [25:16] . . . . vol. 3: 566; vol. 4: 486
49:39 [25:19] . . . . vol. 2: 293
50–51 . . . . vol. 1: 455
50:4–5 [27:4–5] . . . . vol. 1: 695
50:4 [27:4] . . . . vol. 2: 588
50:6 [27:6] . . . . vol. 4: 83, 241
50:11 [27:11] . . . . vol. 2: 651
50:12 [27:12] . . . . vol. 3: 298
50:13 [27:13] . . . . vol. 3: 534
50:16 [27:16] . . . . vol. 2: 179
50:19 [27:19] . . . . vol. 4: 82
50:21 . . . . vol. 1: 282
50:25 [27:25] . . . . vol. 2: 455
50:26 . . . . vol. 1: 282
50:29 [27:29] . . . . vol. 3: 616
50:31 [27:31] . . . . vol. 4: 514
50:32 [27:32] . . . . vol. 3: 756
50:35 [27:35] . . . . vol. 4: 333
50:40 [27:40] . . . . vol. 4: 526
50:45 [27:45] . . . . vol. 1: 266; vol. 3: 124
50:46 [27:46] . . . . vol. 4: 279
51:1 . . . . vol. 3: 146
51:8 [28:8] . . . . vol. 1: 221; vol. 3: 758

Scripture Index: Old Testament: Ezekiel

51:9 [28:9]......................vol. 2: 719
51:11 [28:11].....................vol. 2: 79
51:15 [28:15]....................vol. 2: 303
51:16 [28:16]....................vol. 2: 455
51:17 [28:17]....................vol. 3: 358
51:20–23 [28:20–23]............vol. 4: 318
51:25 [28:25]................vol. 3: 552, 549
51:26 [28:26]....................vol. 2: 430
51:27 [28:27]....................vol. 3: 616
51:33 [28:33]....................vol. 2: 450

51:35–36 [28:35–36]............vol. 1: 168
51:36 [28:36]....................vol. 2: 274
51:42 [28:42]....................vol. 2: 401
51:48............................vol. 3: 333
51:50 [28:50]....................vol. 3: 309
51:57 [28:57]....................vol. 4: 333
51:60–64.........................vol. 3: 349
52:11............................vol. 3: 348
52:16............................vol. 1: 268
52:25................vol. 1: 596; vol. 2: 327

Lamentations

1:2..............................vol. 1: 114
1:4..............................vol. 4: 366
1:5–12...........................vol. 4: 450
1:5..............................vol. 3: 382
1:7........vol. 1: 550; vol. 2: 242; vol. 4: 663
1:12........................vol. 2: 388, 390
1:15.............................vol. 3: 638
1:16.............................vol. 2: 683
1:18................vol. 1: 728; vol. 3: 638
1:21.............................vol. 2: 389
2:1..............................vol. 2: 390
2:2..............................vol. 1: 617
2:7..................vol. 2: 156; vol. 4: 463
2:8.....................vol. 3: 294, 498, 707
2:10........................vol. 4: 295, 679
2:11.............................vol. 3: 382
2:12.............................vol. 4: 728
2:13.............................vol. 3: 638
2:14.............................vol. 3: 249
2:16.............................vol. 1: 533
2:18.............................vol. 4: 295
2:21–22..........................vol. 2: 390
3:4..............................vol. 3: 599
3:10.............................vol. 2: 753

3:13.............................vol. 2: 543
3:15................vol. 1: 453; vol. 3: 745, 746
3:18.............................vol. 3: 392
3:19...vol. 1: 453, 750; vol. 3: 746; vol. 4: 676
3:20.............................vol. 4: 728
3:24.............................vol. 2: 695
3:25.............................vol. 4: 565
3:27.............................vol. 2: 358
3:32–34..........................vol. 4: 450
3:40.............................vol. 2: 264
3:42–44..........................vol. 3: 534
3:43.............................vol. 1: 749
3:49.............................vol. 4: 291
3:56.............................vol. 2: 754
3:59–60..........................vol. 3: 528
4:4........................vol. 2: 685, 719
4:11.............................vol. 2: 430
4:12.............................vol. 3: 477
4:14................vol. 3: 332; vol. 4: 509
4:16.............................vol. 3: 534
4:19.............................vol. 3: 732
5:2..............................vol. 3: 444
5:21.............................vol. 4: 386

Ezekiel

1.........vol. 2: 471; vol. 3: 137; vol. 4: 117
1:1–3:15.........................vol. 3: 149
1:1....vol. 2: 612; vol. 3: 527; vol. 4: 116, 419
1:4–28...........................vol. 2: 469
1:4–18...........................vol. 4: 486
1:4..............................vol. 1: 431
1:5–22...........................vol. 4: 487
1:5–12...........................vol. 1: 121
1:7................vol. 1: 431; vol. 3: 540
1:10.............................vol. 3: 732
1:11.............................vol. 4: 437
1:13.........................vol. 3: 86, 87
1:15.............................vol. 2: 367
1:22–25..........................vol. 4: 369
1:22.............................vol. 2: 469
1:23.............................vol. 4: 437
1:24.............................vol. 4: 520

1:26–28.....................vol. 4: 193, 194
1:27.............................vol. 4: 193
1:28.............................vol. 3: 528
2:1–8............................vol. 2: 604
2:1..............................vol. 4: 526
2:2..............................vol. 3: 805
2:4..............................vol. 3: 147
2:5..............................vol. 3: 149
2:6–8............................vol. 3: 745
2:9–3:3.....................vol. 3: 147, 567
2:9–10................vol. 1: 511; vol. 4: 415
2:9..............................vol. 2: 669
2:10..............vol. 1: 512; vol. 3: 147, 264
3................................vol. 4: 117
3:1–3...........vol. 2: 291, 669; vol. 3: 746
3:4..............................vol. 3: 148
3:7................vol. 1: 208; vol. 4: 313

93

Scripture Index: Old Testament: Ezekiel

3:9	vol. 3: 736
3:12	vol. 3: 805
3:17–19	vol. 1: 169
3:18–21	vol. 2: 368
3:19	vol. 1: 157
3:20	vol. 1: 472; vol. 3: 636
3:25–5:4	vol. 3: 148
3:26	vol. 2: 165, 781
4–5	vol. 4: 284
4:1–5:4	vol. 3: 148
4:4–8	vol. 3: 148
4:5–6	vol. 3: 699
4:7	vol. 4: 369
4:16	vol. 4: 373
5	vol. 4: 89, 318
5:2–9	vol. 1: 513
5:2	vol. 2: 657; vol. 4: 503
5:5	vol. 1: 651
5:10–12	vol. 4: 318
5:11	vol. 3: 134
5:12	vol. 4: 503
5:13	vol. 1: 578
5:14	vol. 2: 274
5:15–16	vol. 3: 691
5:17	vol. 2: 453
6:2	vol. 4: 373
6:4–6	vol. 2: 99
6:7	vol. 1: 512, 578
6:11–14	vol. 3: 534
6:11	vol. 4: 663
6:13–14	vol. 1: 578
6:13	vol. 2: 99
7:4	vol. 1: 578
7:7	vol. 2: 77, 389
7:8 [7:5]	vol. 2: 159
7:13	vol. 4: 195
7:17	vol. 3: 190
7:18	vol. 2: 669
7:19	vol. 1: 472
7:20	vol. 2: 103; vol. 4: 558
7:22	vol. 1: 502
7:23	vol. 4: 94
7:26	vol. 3: 527
8	vol. 2: 99
8:1–12	vol. 4: 131
8:1	vol. 2: 577
8:5	vol. 2: 103
8:11	vol. 2: 473
8:16	vol. 2: 384
8:17–18	vol. 2: 99
8:17	vol. 3: 747
8:18	vol. 1: 208
9:3	vol. 4: 667, 668
9:4	vol. 4: 376, 412
9:8–10	vol. 3: 534
9:8	vol. 3: 100
9:10	vol. 2: 669
10	vol. 4: 667
10:18–19	vol. 4: 668
10:19	vol. 4: 668
11:2	vol. 1: 527
11:5	vol. 2: 253; vol. 3: 757
11:10–12	vol. 1: 578
11:13	vol. 3: 100
11:17	vol. 1: 674, 705
11:19–20	vol. 3: 805
11:19	vol. 1: 571; vol. 2: 257, 581, 623; vol. 3: 119
11:20	vol. 3: 90; vol. 4: 623
11:22	vol. 4: 668
12:1–16	vol. 3: 148
12:1–7	vol. 3: 148
12:4	vol. 1: 191
12:3–6	vol. 4: 285
12:6, 11	vol. 4: 485
12:13	vol. 4: 465
12:15	vol. 1: 706
12:16	vol. 3: 100
12:17–20	vol. 3: 148
12:21–22	vol. 3: 148
12:22	vol. 2: 77
12:25	vol. 3: 149
12:27	vol. 2: 77; vol. 3: 149
13:5	vol. 4: 370
13:6–9	vol. 3: 249; vol. 4: 720
13:8	vol. 4: 721
13:10–16	vol. 4: 464
13:10–15	vol. 1: 221
13:10	vol. 2: 113
13:16	vol. 2: 113
13:18	vol. 2: 382
13:19	vol. 2: 685; vol. 4: 721
13:21–23	vol. 4: 214
14:3–4	vol. 2: 716
14:4	vol. 2: 100, 198
14:7	vol. 1: 303; vol. 2: 198; vol. 4: 147
14:9	vol. 3: 773
14:11	vol. 3: 301, 636
14:14	vol. 3: 439, 440; vol. 4: 501
14:16, 18	vol. 3: 335
14:20	vol. 2: 368; vol. 3: 439
14:21	vol. 2: 453
14:22	vol. 3: 100
15:1–8	vol. 1: 269
15:7	vol. 4: 373
15:8	vol. 3: 635
16	vol. 1: 104, 314, 542; vol. 3: 330, 611; vol. 4: 112
16:4	vol. 1: 215; vol. 3: 174
16:5	vol. 3: 667
16:7	vol. 1: 435
16:8	vol. 1: 435, 544, 624
16:9	vol. 2: 161; vol. 3: 174
16:11	vol. 2: 732

16:12	vol. 2: 654
16:13	vol. 2: 77, 161
16:15	vol. 3: 298
16:17	vol. 2: 103, 652
16:16	vol. 3: 298, 382
16:18–19	vol. 2: 161
16:20	vol. 4: 111
16:22	vol. 2: 435, 610; vol. 3: 382
16:24, 25	vol. 4: 111
16:26	vol. 4: 111, 253
16:31–34	vol. 3: 322
16:31	vol. 4: 111
16:36	vol. 1: 182; vol. 2: 612
16:38	vol. 1: 182; vol. 2: 351
16:39	vol. 1: 435; vol. 2: 652; vol. 4: 111
16:40	vol. 3: 330
16:41	vol. 3: 322
16:43	vol. 3: 382
16:44–45	vol. 3: 298
16:49	vol. 3: 747
16:52	vol. 1: 472, 727
16:55	vol. 1: 354
16:56	vol. 4: 558
16:59–63	vol. 2: 553
16:59	vol. 3: 606
16:63	vol. 1: 328; vol. 4: 495
17	vol. 1: 269; vol. 3: 611
17:12–21	vol. 1: 251
17:2	vol. 3: 609
17:3	vol. 1: 269
17:5	vol. 1: 269
17:6	vol. 1: 269
17:12–21	vol. 3: 611
17:15–19	vol. 3: 606
17:15	vol. 1: 163
17:17	vol. 2: 136
17:18–19	vol. 3: 494
17:21	vol. 3: 100
17:22–24	vol. 1: 477
17:22	vol. 3: 549
17:23	vol. 1: 163, 284; vol. 4: 309
17:24	vol. 3: 447; vol. 4: 450
18	vol. 2: 232, 408
18:2	vol. 3: 609
18:4	vol. 1: 168; vol. 2: 368
18:5	vol. 2: 746
18:6	vol. 1: 177
18:7	vol. 1: 402, 610; vol. 3: 575, 692
18:8	vol. 3: 778
18:9	vol. 2: 368
18:13	vol. 2: 368
18:16	vol. 3: 692
18:17	vol. 2: 368
18:19	vol. 4: 489
18:20–23	vol. 2: 368
18:20	vol. 3: 323
18:21–32	vol. 2: 408
18:21–22	vol. 2: 201
18:21	vol. 2: 200
18:22	vol. 3: 310, 636
18:26	vol. 3: 636
18:28	vol. 4: 274
18:31	vol. 2: 581; vol. 3: 805
19	vol. 3: 611
19:3	vol. 3: 221
19:4	vol. 1: 163
19:5	vol. 4: 572
19:6	vol. 3: 221
19:10–14	vol. 1: 269
19:12	vol. 2: 685
19:13	vol. 2: 273
20	vol. 1: 163, 502
20:6	vol. 2: 303
20:9	vol. 2: 553
20:10–26	vol. 2: 273
20:12–20	vol. 1: 578
20:14	vol. 2: 553
20:16	vol. 3: 523
20:22	vol. 2: 553
20:23	vol. 1: 705
20:25–26	vol. 2: 482
20:31	vol. 3: 544
20:32	vol. 3: 449
20:33–38	vol. 3: 747
20:34	vol. 1: 674
20:35	vol. 2: 274
20:36	vol. 2: 273
20:38	vol. 1: 450; vol. 3: 644
20:40	vol. 3: 544
20:41	vol. 1: 126
21:5	vol. 3: 609
21:18–20	vol. 3: 148
21:21 [21:26]	vol. 2: 694
21:26 [21:31]	vol. 4: 450
21:28–29	vol. 3: 308
21:30	vol. 1: 501
21:31 [21:36]	vol. 1: 467
22:2–4	vol. 4: 94
22:2	vol. 3: 152
22:7	vol. 1: 289; vol. 3: 554; vol. 4: 669
22:9	vol. 3: 557
22:10–11	vol. 4: 450
22:10	vol. 1: 182, 381
22:11	vol. 3: 301
22:14	vol. 2: 740
22:19	vol. 2: 664
22:26	vol. 1: 125, 161, 501
22:27	vol. 3: 780
22:28	vol. 1: 221; vol. 3: 201; vol. 4: 721
22:29	vol. 1: 289; vol. 4: 182
22:31	vol. 3: 534
23	vol. 1: 314, 542; vol. 3: 611; vol. 4: 112
23:3	vol. 3: 638
23:8	vol. 3: 638

Scripture Index: Old Testament: Ezekiel

23:10 . . . . vol. 1: 182, 356
23:11–32. . . . . .vol. 1: 455
23:14 . . . . .vol. 2: 103
23:17 . . . . .vol. 2: 713
23:18 . . . . vol. 1: 182, 451
23:20 . . . . .vol. 4: 253
23:24 .vol. 3: 147, 581
23:26 . . . . .vol. 2: 652
23:27 . . . . .vol. 2: 351
23:29 .vol. 1: 182, 435
23:31–35. . . . . .vol. 3: 483
23:32 . . . . .vol. 1: 550
23:37–45. . . . . .vol. 3: 330
23:38 . . . . .vol. 1: 502
23:43 . . . . .vol. 3: 330
24:3 . . . . .vol. 3: 609
24:4 . . . . .vol. 4: 253
24:6 . . . . vol. 2: 543; vol. 3: 264
24:11–12. . . . . .vol. 2: 543
24:15–24. . . . . .vol. 3: 148
24:24 . . . . .vol. 4: 285, 485
24:27 . . . . .vol. 2: 781; vol. 4: 285, 485
25–32 . . . . .vol. 4: 89
25:12 . . . . .vol. 1: 743
26:10 . . . . .vol. 4: 279
26:11 . . . . .vol. 4: 571
26:17 . . . . .vol. 3: 190
26:18 . . . . .vol. 2: 242
26:19–20. . . . . vol. 2: 274; vol. 4: 519
26:20 . . . . .vol. 1: 457
27:4 . . . . .vol. 2: 624
27:7 . . . . .vol. 1: 162
27:8 . . . . .vol. 2: 766
27:9 . . . . .vol. 1: 511
27:12–22. . . . . .vol. 1: 139
27:13 . . . . .vol. 2: 179
27:27–28. . . . . .vol. 2: 766
27:27 . . . . .vol. 2: 136, 390
27:29–36. . . . . .vol. 3: 564
27:30–34. . . . . .vol. 2: 725
27:30 . . . . .vol. 4: 679
27:35 . . . . .vol. 2: 154
28:2 . . . . .vol. 2: 109
28:4–5. . . . . .vol. 2: 253
28:13–14. . . . . .vol. 3: 618
28:13 . . . . .vol. 3: 618
28:14–16. . . . . .vol. 4: 667
28:19 . . . . .vol. 2: 253
28:24 . . . . .vol. 1: 200
28:24 . . . . .vol. 4: 316
28:25 . . . . vol. 1: 126; vol. 3: 592
28:26 . . . . .vol. 1: 578
29:3 . . . . .vol. 1: 774
29:4 . . . . .vol. 2: 564
29:10 . . . . .vol. 2: 274
29:12 . . . . .vol. 1: 705
29:13–16. . . . . .vol. 1: 163

29:16 . . . . vol. 1: 204; vol. 3: 523
29–32 . . . . .vol. 1: 163
29:21 . . . . .vol. 1: 328
30:3 . . . . .vol. 2: 77, 390
30:12 . . . . .vol. 2: 274
30:15 . . . . .vol. 3: 534
30:16 . . . . .vol. 4: 456
30:24–25. . . . . .vol. 1: 455
31. . . . . .vol. 3: 611
31:3 . . . . vol. 3: 255; vol. 4: 309
31:4 . . . . .vol. 4: 580
31:6 . . . . .vol. 4: 309
31:8–9. . . . . .vol. 3: 618
31:12 . . . . .vol. 3: 89
31:13 . . . . .vol. 1: 284
31:14 . . . . vol. 1: 457; vol. 4: 579
31:18 . . . . .vol. 2: 705
32:1–16. . . . . .vol. 2: 725
32:2 . . . . .vol. 1: 774
32:7 . . . vol. 1: 428, 558; vol. 2: 384; vol. 3: 261;
       vol. 4: 324, 233, 281
32:20–32. . . . . .vol. 1: 153
32:22 . . . . .vol. 2: 136
32:23 . . . . .vol. 2: 135
33:1–9. . . . . .vol. 3: 149
33:4 . . . . .vol. 2: 669
33:5 . . . . .vol. 4: 425
33:7 . . . . .vol. 3: 149
33:8 . . . . .vol. 1: 451; vol. 3: 149; vol. 4: 277
33:10 . . . . .vol. 1: 318
33:9–11. . . . . .vol. 4: 387
33:11 . . . . .vol. 2: 368
33:14–16. . . . . .vol. 4: 387
33:31 . . . . .vol. 3: 301, 523
33:33 . . . . .vol. 2: 390
34. . . . . vol. 3: 611, 774; vol. 4: 85
34:1–6. . . . . .vol. 4: 82
34:2–10. . . . . .vol. 4: 83
34:2–6. . . . . .vol. 4: 319
34:4 . . . . .vol. 4: 437
34:5–16. . . . . .vol. 2: 610
34:5–6. . . . . vol. 1: 705; vol. 4: 135, 136
34:5 . . . . .vol. 4: 85, 136
34:11–12. . . . . .vol. 4: 82
34:12–16. . . . . .vol. 2: 355
34:12 . . . . .vol. 2: 389
34:13 . . . . .vol. 4: 319
34:15 . . . . vol. 1: 284; vol. 4: 84
34:23–24. . . . . vol. 3: 592; vol. 4: 690
34:23 .vol. 4: 83, 136, 525
34:24–25. . . . . .vol. 1: 478
34:25–29. . . . . .vol. 2: 113
34:25 . . . . .vol. 1: 571, 695; vol. 2: 273, 274
34:29 . . . . vol. 3: 692; vol. 4: 184
34:30 . . . . .vol. 3: 517
34:31 . . . . .vol. 4: 83
34:35 . . . . .vol. 2: 453

34:38	vol. 4: 611
35:4, 9	vol. 2: 273
35:12	vol. 1: 516
36–37	vol. 2: 185, 696
36:3	vol. 3: 513
36:6	vol. 2: 351
36:9	vol. 4: 343
36:10	vol. 2: 274
36:23	vol. 1: 126, 129; vol. 3: 520
36:24–27	vol. 1: 695; vol. 4: 205
36:24–25	vol. 1: 571
36:24	vol. 4: 203
36:25–32	vol. 4: 519
36:25	vol. 3: 174, 175; vol. 4: 203
36:26–38	vol. 3: 90
36:26–37	vol. 2: 232
36:26–27	vol. 1: 571; vol. 3: 711, 805
36:26	vol. 2: 581, 626; vol. 3: 119; vol. 4: 203, 252
36:27	vol. 3: 415; vol. 4: 203
36:29	vol. 1: 447
36:33	vol. 1: 447; vol. 2: 274, 390, 570
36:38	vol. 2: 274
37–48	vol. 1: 335
37	vol. 1: 258, 317, 318
37:1–14	vol. 3: 149, 805
37:3	vol. 1: 317; vol. 2: 253
37:4–6	vol. 1: 317; vol. 3: 149
37:4	vol. 3: 150
37:5	vol. 2: 368
37:7	vol. 4: 279
37:8	vol. 3: 804
37:9–10	vol. 3: 149
37:9	vol. 3: 375, 712, 804, 820
37:10	vol. 2: 119; vol. 4: 399
37:11–14	vol. 1: 318; vol. 3: 149
37:14	vol. 3: 711
37:16	vol. 1: 595
37:21	vol. 4: 398
37:23	vol. 3: 187
37:24–25	vol. 3: 592
37:24	vol. 4: 83, 525
37:26	vol. 1: 695
37:27	vol. 3: 373; vol. 4: 306
38–39	vol. 1: 398; vol. 4: 166
38:4	vol. 4: 398
38:6–9	vol. 4: 98
38:8	vol. 2: 274
38:9	vol. 2: 612
38:12	vol. 2: 274
38:16	vol. 2: 293, 294, 695; vol. 3: 89
38:17	vol. 2: 553
38:18	vol. 2: 389
38:19–20	vol. 4: 278
38:19	vol. 2: 351
38:20	vol. 2: 564; vol. 3: 549, 758
38:22	vol. 4: 193
38:23	vol. 2: 294
39:6	vol. 4: 193
39:8	vol. 2: 389
39:13	vol. 2: 390
39:17	vol. 3: 732
39:21–22	vol. 1: 764
39:25	vol. 2: 350
39:27	vol. 1: 126; vol. 4: 98
39:29	vol. 3: 805; vol. 4: 655
40–48	vol. 1: 127; vol. 3: 294, 296; vol. 4: 189
40–43	vol. 2: 514; vol. 3: 372
40–42	vol. 3: 374
40:2	vol. 1: 567
40:3, 4–5	vol. 3: 294
40:5–9	vol. 2: 549
40:5	vol. 2: 490
40:9	vol. 2: 297
40:17–18 [40:3,5]	vol. 4: 390
40:38	vol. 2: 476, 482
40:39	vol. 1: 134; vol. 2: 482
40:42	vol. 2: 482
40:46	vol. 2: 77; vol. 4: 228
41:1	vol. 3: 372
41:5–6	vol. 4: 463
41:7	vol. 3: 776
41:12–13	vol. 3: 544
41:25	vol. 4: 348
41:46	vol. 2: 357
42:16–20	vol. 3: 804
42:18	vol. 2: 400
42:20	vol. 2: 490, 533
43:2	vol. 3: 87; vol. 4: 520
43:7	vol. 2: 469
43:11	vol. 3: 80
43:13–17	vol. 2: 479
43:14	vol. 2: 533
43:17	vol. 2: 533
43:19	vol. 4: 228
43:22–25	vol. 1: 272
43:22	vol. 2: 533
43:24	vol. 1: 215, 216
43:26	vol. 2: 533
44:7	vol. 3: 606,726; vol. 4: 253
44:9	vol. 3: 726; vol. 4: 253
44:11	vol. 2: 482
44:12	vol. 3: 105
44:13	vol. 2: 77
44:14	vol. 4: 228
44:15	vol. 2: 504
44:16	vol. 2: 483
44:18	vol. 1: 508
44:21	vol. 3: 481
44:22	vol. 3: 268
44:23	vol. 1: 501
44:28	vol. 2: 695
44:29	vol. 1: 282

Scripture Index: Old Testament: Daniel

44:30 . . . . **vol. 1:** 660	47:1 . . . . **vol. 4:** 118
45:1 . . . . **vol. 2:** 696	47:9–10. . . . . **vol. 2:** 564
45:10–13. . . . . **vol. 3:** 294	47:11 . . . . **vol. 1:** 215
45:10 . . . . **vol. 1:** 727	47:12 . . . . **vol. 1:** 535; **vol. 2:** 581
45:11 . . . . **vol. 2:** 358	47:13–14. . . . . **vol. 2:** 696
45:17 . . . . **vol. 2:** 483	47:13 . . . . **vol. 1:** 782
46:1 . . . . **vol. 2:** 266	47:21 . . . . **vol. 3:** 281
46:4, 11 . . . . **vol. 1:** 266	47:22–23. . . . . **vol. 3:** 644
46:13, 15 . . . . **vol. 2:** 481	48:8 . . . . **vol. 3:** 544
46:17 . . . . **vol. 1:** 445	48:15–23. . . . . **vol. 3:** 719
47. . . . . **vol. 4:** 516	48:15, 18 . . . . **vol. 3:** 719
47:1–12. . . . . **vol. 1:** 398; **vol. 4:** 117	48:29 . . . . **vol. 2:** 696; **vol. 3:** 281
47:1–2. . . . . **vol. 2:** 523	48:30–34. . . . . **vol. 4:** 628

Daniel

1:2 . . . . **vol. 2:** 99	2:41 . . . . **vol. 3:** 742
1:3 . . . . **vol. 4:** 198	2:43 . . . . **vol. 2:** 664
1:4 . . . . **vol. 1:** 595	2:44 . . . . **vol. 2:** 390; **vol. 3:** 567, 758
1:3–18. . . . . **vol. 2:** 327	2:45 . . . . **vol. 2:** 294, 463
1:8 . . . . **vol. 3:** 333	2:46 . . . . **vol. 4:** 151
1:10 . . . . **vol. 1:** 143	2:47 . . . . **vol. 2:** 774, 775
1:12–15. . . . . **vol. 1:** 660	2:48 . . . . **vol. 4:** 333
1:12 . . . . **vol. 3:** 695	3–7 . . . . **vol. 2:** 217
1:17 . . . . **vol. 4:** 468	3:1 . . . . **vol. 1:** 455
1:20 . . . . . . **vol. 1:** 478; **vol. 3:** 200; **vol. 4:** 332	3:2 . . . . **vol. 2:** 581
2–3 . . . . **vol. 2:** 102, 103	3:4 . . . . **vol. 2:** 674, 676; **vol. 3:** 616
2. . . . . **vol. 1:** 455; **vol. 3:** 511; **vol. 4:** 292, 293, 486	3:5–6. . . . . **vol. 4:** 742
	3:8 . . . . **vol. 1:** 691
2:2 . . . . **vol. 3:** 200	3:12 . . . . **vol. 3:** 94
2:3–45. . . . . **vol. 2:** 294	3:18 . . . . **vol. 4:** 91
2:4–9. . . . . **vol. 2:** 746	3:24–90. . . . . **vol. 4:** 547
2:4 . . . . **vol. 1:** 475	3:27 . . . . **vol. 4:** 269
2:5 . . . . **vol. 1:** 681	3:29 [3:96] . . . . **vol. 4:** 215
2:8 . . . . **vol. 1:** 139, 140	4:1–37. . . . . **vol. 2:** 256
2:9 . . . . **vol. 1:** 681	4:3 . . . . **vol. 1:** 478
2:10 . . . . **vol. 3:** 200	4. . . . . **vol. 1:** 663; **vol. 2:** 453; **vol. 3:** 511
2:12 . . . . **vol. 1:** 455	4:7 . . . . **vol. 3:** 200
2:13 . . . . **vol. 1:** 752	4:9 . . . . **vol. 3:** 351, 352
2:14 . . . . **vol. 4:** 332	4:11 . . . . **vol. 2:** 78
2:18–19. . . . . **vol. 3:** 352, 567	4:13–33. . . . . **vol. 2:** 453
2:18 . . . . **vol. 3:** 616; **vol. 4:** 332	4:13 . . . . **vol. 1:** 121
2:19 . . . . **vol. 2:** 613	4:15 . . . . **vol. 4:** 212
2:21 . . . . **vol. 1:** 718; **vol. 2:** 217; **vol. 4:** 408	4:17 . . . . **vol. 1:** 121; **vol. 2:** 287
2:22 . . . . **vol. 2:** 753, 754; **vol. 4:** 638	4:18 . . . . **vol. 1:** 681; **vol. 3:** 352
2:24 . . . . **vol. 4:** 332	4:19 . . . . **vol. 2:** 420; **vol. 4:** 742
2:27–30. . . . . **vol. 3:** 352	4:23 . . . . **vol. 1:** 121; **vol. 4:** 212
2:27–28. . . . . **vol. 3:** 511	4:24 . . . . **vol. 2:** 746
2:27 . . . . **vol. 1:** 681; **vol. 3:** 200	4:26 . . . . **vol. 3:** 566; **vol. 4:** 212
2:28–29. . . . . **vol. 2:** 463; **vol. 3:** 352	4:27 . . . . **vol. 2:** 240; **vol. 3:** 210
2:28 . . . . **vol. 1:** 637; **vol. 2:** 294; **vol. 3:** 567	4:30 . . . . **vol. 1:** 455
2:29–30. . . . . **vol. 3:** 125	4:31 . . . . **vol. 2:** 217
2:31 . . . . **vol. 4:** 611	4:32 . . . . **vol. 3:** 570
2:34–35. . . . . **vol. 3:** 120, 349	4:33 . . . . **vol. 1:** 460
2:34 . . . . **vol. 3:** 121, 758	4:34 . . . . **vol. 3:** 179
2:37 . . . . **vol. 3:** 567; **vol. 4:** 495	5:1 . . . . **vol. 2:** 277
2:38 . . . . **vol. 4:** 708	5:4 . . . . **vol. 2:** 442; **vol. 3:** 449

5:5	vol. 4: 743
5:7–9	vol. 2: 746
5:7	vol. 1: 300; vol. 2: 424; vol. 3: 200
5:11–12	vol. 4: 333
5:11	vol. 1: 609; vol. 3: 200
5:12	vol. 3: 719; vol. 4: 617
5:14	vol. 1: 609; vol. 3: 719
5:15	vol. 3: 200
5:19	vol. 4: 612
5:20	vol. 3: 805; vol. 4: 558
5:21	vol. 1: 460
5:23	vol. 3: 449, 454
5:27	vol. 2: 358; vol. 4: 575
6	vol. 3: 544; vol. 4: 501
6:3	vol. 3: 805
6:4	vol. 3: 719
6:8–9	vol. 3: 544
6:10	vol. 2: 778
6:11	vol. 3: 95; vol. 4: 489
6:12	vol. 3: 273
6:13	vol. 2: 208
6:15	vol. 1: 143
6:16	vol. 2: 418; vol. 3: 95
6:18	vol. 4: 142, 412, 413
6:19–22	vol. 4: 217
6:19	vol. 1: 644; vol. 3: 386
6:22	vol. 4: 614, 615
6:25	vol. 1: 691
6:26	vol. 3: 274
6:27	vol. 4: 612
7	vol. 1: 455, 478; vol. 2: 391, 454; vol. 3: 811; vol. 4: 292, 486, 528, 529, 543, 545
7:1	vol. 1: 455
7:2	vol. 2: 403; vol. 3: 438, 566
7:3–4	vol. 2: 401
7:3	vol. 2: 402
7:7–12	vol. 1: 337
7:7–8	vol. 1: 774
7:7	vol. 2: 665, 666
7:9–10	vol. 2: 577; vol. 3: 567
7:9	vol. 2: 470; vol. 3: 114, 599
7:10	vol. 1: 121, 511; vol. 3: 809; vol. 4: 672, 673
7:12	vol. 1: 335, 478; vol. 2: 217
7:13–14	vol. 1: 478; vol. 4: 495, 527
7:13	vol. 1: 666; vol. 2: 283, 285, 463, 557; vol. 3: 183, 502, 570, 599; vol. 4: 527, 538, 542, 545
7:14	vol. 2: 217, 220; vol. 4: 527, 543
7:17–27	vol. 2: 294
7:18	vol. 1: 127; vol. 4: 527
7:19–22	vol. 3: 809
7:19	vol. 4: 292
7:21	vol. 4: 91
7:22	vol. 2: 283; vol. 3: 599; vol. 4: 527, 581
7:23–25	vol. 1: 337
7:24	vol. 1: 661; vol. 2: 666
7:25	vol. 3: 405, 599; vol. 4: 527, 673
7:26	vol. 2: 577
7:27	vol. 1: 478; vol. 2: 217, 283, 390; vol. 3: 686; vol. 4: 527
8:5	vol. 2: 424
8:10	vol. 1: 428; vol. 4: 503
8:12	vol. 1: 228, 232
8:13	vol. 2: 274
8:16	vol. 1: 121, 538
8:17	vol. 1: 538; vol. 4: 526, 743
8:19–25	vol. 2: 294
8:18	vol. 1: 380; vol. 2: 79
8:19	vol. 4: 473, 743
8:21	vol. 2: 179
8:23–25	vol. 1: 336
8:23	vol. 3: 786
8:24	vol. 1: 684
8:27	vol. 1: 420; vol. 2: 421; vol. 3: 216
9	vol. 2: 391
9:2	vol. 1: 511; vol. 4: 172
9:3	vol. 3: 386
9:4	vol. 2: 421; vol. 4: 489
9:8–19	vol. 1: 671
9:9–11	vol. 1: 451; vol. 3: 406
9:13	vol. 1: 228, 667; vol. 3: 363
9:15–16	vol. 3: 535
9:15	vol. 1: 134
9:17	vol. 4: 587
9:18	vol. 1: 729
9:19	vol. 2: 533
9:20	vol. 3: 507
9:22	vol. 1: 121, 538
9:23	vol. 1: 641; vol. 2: 168
9:24	vol. 2: 261; vol. 4: 412
9:25	vol. 4: 529
9:26	vol. 4: 698
9:27	vol. 1: 336, 496; vol. 2: 273, 274
10–12	vol. 1: 538
10:3	vol. 1: 221
10:5	vol. 2: 373
10:6	vol. 1: 431; vol. 3: 86; vol. 4: 437
10:11	vol. 2: 168
10:13	vol. 1: 121, 122; vol. 3: 328
10:14	vol. 2: 294, 638
10:19	vol. 2: 168
10:20	vol. 2: 179; vol. 3: 328
10:21	vol. 1: 122
11:3–5	vol. 2: 770
11:3	vol. 2: 426
11:4	vol. 4: 486
11:7–10	vol. 4: 673
11:9	vol. 2: 725
11:10, 11	vol. 3: 581
11:13	vol. 4: 673, 683
11:14	vol. 1: 420
11:17	vol. 1: 718
11:19	vol. 1: 420
11:24	vol. 4: 683

11:26	vol. 3: 278
11:27	vol. 1: 644; vol. 2: 589
11:28	vol. 4: 683
11:31	vol. 1: 336, 496; vol. 2: 274
11:33	vol. 1: 420
11:37	vol. 4: 142
11:39	vol. 3: 281
11:40–12:3	vol. 4: 90
11:40	vol. 4: 743
11:41	vol. 4: 297
11:45	vol. 3: 281; vol. 4: 743
12	vol. 1: 153, 318
12:1–2	vol. 2: 589
12:1	vol. 1: 318, 511; vol. 2: 462, 463, 589; vol. 3: 328, 329; vol. 4: 424
12:2–6	vol. 4: 673
12:2–3	vol. 1: 318
12:2	vol. 1: 197; vol. 2: 368, 409, 575; vol. 3: 375; vol. 4: 98
12:3	vol. 1: 428; vol. 3: 87, 88
12:4	vol. 1: 512; vol. 3: 205; vol. 4: 205
12:5–12	vol. 2: 294
12:5–7	vol. 3: 497
12:7	vol. 3: 496; vol. 4: 673, 704
12:8	vol. 3: 190
12:9	vol. 1: 512; vol. 4: 412
12:11	vol. 1: 336; vol. 2: 274
12:12	vol. 4: 566
12:13	vol. 1: 496; vol. 2: 696

Hosea

1–3	vol. 3: 614, 668; vol. 4: 284
1–2	vol. 1: 542
1:1	vol. 2: 612; vol. 3: 139, 140, 141
1:2	vol. 3: 141, 142, 523
1:4	vol. 3: 303; vol. 4: 165
1:6	vol. 4: 165
1:7	vol. 4: 422
1:9	vol. 1: 105; vol. 3: 90, 152; vol. 4: 165
1:10 [2:1]	vol. 2: 603, 605; vol. 4: 530
2	vol. 1: 257, 314; vol. 2: 185
2:1–5	vol. 3: 298
2:2 [2:4]	vol. 2: 237; vol. 3: 330
2:3 [2:5]	vol. 1: 204, 354
2:5	vol. 2: 161
2:7	vol. 3: 523
2:8 [2:10]	vol. 2: 161; vol. 4: 112, 316
2:9	vol. 2: 588
2:11	vol. 4: 222
2:12	vol. 4: 392
2:13	vol. 1: 316
2:15	vol. 1: 269; vol. 3: 523
2:16–25	vol. 2: 273
2:16	vol. 2: 274
2:17	vol. 2: 388; vol. 3: 382
2:18	vol. 3: 141
2:19–20	vol. 1: 105, 624
2:19 [2:21]	vol. 2: 168
2:20	vol. 2: 453
2:22	vol. 2: 161
2:23–24	vol. 3: 141
2:23 [2:25]	vol. 1: 105, 698; vol. 2: 171, 347, 482, 605; vol. 4: 343
2:29	vol. 2: 343
3	vol. 3: 142
3:1–5	vol. 3: 142
3:1	vol. 3: 330, 332
3:4–5	vol. 4: 387
3:4	vol. 1: 476, 681
3:5	vol. 2: 293; vol. 3: 330
4–14	vol. 3: 142
4:1–5	vol. 1: 579
4:1–3	vol. 2: 99
4:1–2	vol. 2: 233
4:1	vol. 2: 747; vol. 3: 141, 142
4:2	vol. 3: 152, 330
4:3	vol. 1: 567; vol. 2: 564; vol. 3: 707
4:4–19	vol. 4: 112
4:4	vol. 2: 165; vol. 4: 165
4:5	vol. 1: 421
4:6–12	vol. 3: 90
4:6	vol. 1: 579; vol. 3: 563
4:10	vol. 2: 290
4:11	vol. 1: 674; vol. 3: 481
4:12–13	vol. 3: 330
4:12	vol. 3: 805
4:13–14	vol. 3: 330
4:13	vol. 2: 609; vol. 4: 309
4:16	vol. 2: 556
4:18	vol. 1: 107
5:2	vol. 3: 585
5:4	vol. 1: 579; vol. 4: 386
5:5	vol. 1: 421
5:6	vol. 4: 165
5:7–15	vol. 3: 330
5:8	vol. 2: 676
5:11	vol. 3: 674
5:13	vol. 3: 421
5:14–6:2	vol. 2: 462
5:14	vol. 1: 401
6:1–3	vol. 1: 316
6:2	vol. 2: 392, 634; vol. 4: 502
6:4	vol. 1: 105, 316
6:5	vol. 2: 449; vol. 3: 142
6:6	vol. 1: 127, 316, 579; vol. 2: 170, 429, 484, 485, 486; vol. 3: 491, 795; vol. 4: 593
6:7	vol. 1: 593; vol. 2: 645; vol. 3: 606
6:10	vol. 1: 316; vol. 4: 301
6:11	vol. 2: 450

7:1	vol. 3: 115	11:3	vol. 3: 700
7:3	vol. 1: 476	11:4	vol. 1: 677
7:4	vol. 1: 410; vol. 2: 363, 595	11:5	vol. 4: 387
7:5	vol. 3: 481	11:7	vol. 2: 743
7:6–7	vol. 1: 410	11:8–9	vol. 1: 105
7:11	vol. 1: 163; vol. 3: 735	11:8	vol. 3: 289, 679
7:12	vol. 3: 586, 732	11:9	vol. 1: 126; vol. 2: 435
7:14	vol. 3: 330	11:11	vol. 1: 163
7:15	vol. 3: 124	12	vol. 1: 257
7:16	vol. 1: 163	12:1 [12:2]	vol. 1: 163, 696
8:1	vol. 1: 696; vol. 3: 406, 606, 732	12:3–4	vol. 2: 551
8:2	vol. 1: 579	12:6 [12:7]	vol. 2: 77; vol. 3: 90
8:4–5	vol. 2: 99	12:7 [12:8]	vol. 1: 107; vol. 2: 184
8:7	vol. 1: 551; vol. 2: 450	12:8–9	vol. 1: 396
8:10	vol. 1: 674; vol. 2: 90	12:8 [12:9]	vol. 3: 797
8:13	vol. 1: 163, 674; vol. 3: 310	12:9	vol. 1: 163
9:1	vol. 1: 107	12:10 [12:9]	vol. 2: 273, 274
9:2	vol. 1: 316	12:11	vol. 1: 551
9:3	vol. 1: 163	12:12 [12:13]	vol. 2: 192
9:4	vol. 4: 341	12:13	vol. 1: 163
9:6	vol. 4: 447	12:14	vol. 2: 475
9:7–8	vol. 3: 205	13:2	vol. 2: 99
9:7	vol. 2: 154, 283; vol. 3: 804; vol. 4: 164	13:4–5	vol. 2: 273
9:10	vol. 1: 269; vol. 2: 273; vol. 4: 392	13:4	vol. 1: 579
9:14	vol. 3: 447	13:6	vol. 1: 396
9:15	vol. 3: 319	13:8	vol. 1: 141
9:17	vol. 1: 208	13:10–11	vol. 1: 476
10:1	vol. 1: 269; vol. 2: 627; vol. 3: 473	13:10	vol. 4: 422
10:2	vol. 3: 281	13:14	vol. 1: 316; vol. 2: 753; vol. 3: 395; vol. 4: 214
10:4	vol. 1: 696	13:15	vol. 2: 273
10:8	vol. 1: 200; vol. 2: 755, 757; vol. 3: 736, 758	14:1–7 [14:2–8]	vol. 4: 387
10:10	vol. 3: 586	14:3 [14:4]	vol. 3: 554; vol. 4: 422
10:12	vol. 2: 450, 629; vol. 4: 343	14:4 [14:5]	vol. 3: 535; vol. 4: 422
10:13	vol. 3: 783; vol. 4: 721	14:5–10	vol. 2: 274
11:1–4	vol. 1: 105; vol. 3: 679	14:6	vol. 2: 161
11:1	vol. 1: 105, 163, 164; vol. 2: 232, 273, 275, 436; vol. 3: 365, 382; vol. 4: 530, 532	14:7	vol. 2: 627
		14:8 [14:9]	vol. 2: 99
11:2	vol. 2: 478	14:9 [14:10]	vol. 3: 459

Joel

1:1	vol. 3: 141	2:10–11	vol. 4: 324
1:2–12	vol. 4: 392	2:10	vol. 1: 428, 558; vol. 2: 384; vol. 3: 261; vol. 4: 281, 322
1:6	vol. 2: 695; vol. 3: 348		
1:7	vol. 3: 113	2:11	vol. 4: 281, 322
1:8	vol. 3: 638	2:12–17	vol. 4: 322
1:10	vol. 2: 161	2:12	vol. 2: 338, 624; vol. 3: 386
1:11	vol. 2: 449; vol. 3: 447	2:13–14	vol. 3: 290
1:12	vol. 1: 182; vol. 3: 447	2:13	vol. 3: 210
1:14	vol. 2: 338, 447, 676; vol. 3: 386	2:15–17	vol. 2: 338
1:15	vol. 2: 77, 389, 390; vol. 4: 447	2:15	vol. 2: 676; vol. 3: 386
2	vol. 1: 195	2:16	vol. 2: 136; vol. 3: 382
2:1–2	vol. 1: 195; vol. 4: 236	2:17–18	vol. 2: 695
2:1	vol. 2: 77, 390, 676; vol. 3: 648	2:17	vol. 3: 89
2:2	vol. 2: 389; vol. 4: 322	2:19–24	vol. 2: 161
2:3	vol. 3: 618	2:21	vol. 4: 644

Scripture Index: Old Testament: Amos

2:22 . . . . vol. 4: 392
2:23 . . . . vol. 1: 535, 709; vol. 4: 465
2:24 . . . . vol. 2: 159; vol. 3: 481
2:25–28 . . . . vol. 2: 302
2:28–42 . . . . vol. 1: 590
2:28–32 [3:1–5] . . . . . . vol. 1: 558; vol. 2: 386;
   vol. 3: 813; vol. 4: 430
2:28–29 [3:1–2] . . . vol. 1: 722; vol. 2: 159, 160;
   vol. 3: 806; vol. 4: 424, 655
2:28 [3:1] . . . . vol. 3: 710, 711, 512, 530;
   vol. 4: 132
2:29 . . . . vol. 1: 769
2:30 [3:3] . . . . vol. 1: 171, 338; vol. 2: 649;
   vol. 4: 193, 287, 485
2:31 [3:4] . . . . vol. 1: 171; vol. 2: 283, 384;
   vol. 3: 261; vol. 4: 281, 281, 590
2:32 [3:5] . . . . . vol. 3: 100, 521; vol. 4: 424, 430
3:1 [4:1] . . . . vol. 2: 589; vol. 3: 511
3:2 [4:2] . . . . vol. 2: 695
3:3 [4:3] . . . . vol. 2: 694; vol. 4: 196
3:6 [4:6] . . . . vol. 2: 179
3:9 . . . . vol. 2: 676
3:13 [4:13] . . . . vol. 2: 159, 450; vol. 3: 481
3:14 [4:14] . . . . vol. 1: 269; vol. 2: 389, 390
3:15 . . . . vol. 1: 428; vol. 2: 384
3:17 [4:17] . . . . vol. 2: 523; vol. 4: 94
3:18 [4:18] . . . . vol. 3: 481, 549; vol. 4: 118, 205
3:19 . . . . vol. 1: 163

Amos

1–2 . . . . vol. 4: 89
1:1 . . . . vol. 2: 612; vol. 4: 279
1:3–16 . . . . vol. 3: 322
1:3 . . . . vol. 3: 141; vol. 4: 274, 292
1:4 . . . . vol. 4: 192
1:5, 6 . . . . vol. 3: 141
1:7 . . . . vol. 4: 192
1:8, 9, 11, 13, 14 . . . . vol. 3: 141
2:1, 3 . . . . vol. 3: 141
2:4 . . . . vol. 3: 141, 773; vol. 4: 721
2:5 . . . . vol. 2: 430
2:6–14 . . . . vol. 4: 89
2:6–7 . . . . . vol. 1: 728; vol. 2: 174; vol. 3: 797;
   vol. 4: 450
2:6 . . . . vol. 3: 141, 705
2:7–8 . . . . vol. 3: 152
2:7 . . . . . vol. 1: 126; vol. 3: 517, 674; vol. 4: 182
2:8 . . . . vol. 2: 639
2:10 . . . . vol. 1: 163
2:11 . . . . vol. 3: 141
2:12 . . . . vol. 4: 164
2:13–16 . . . . vol. 4: 450
2:14–15 . . . . vol. 4: 425
2:16 . . . . vol. 3: 141
3:1–15 . . . . vol. 2: 747
3:1 . . . . vol. 3: 140
3:2 . . . . vol. 1: 578; vol. 4: 139
3:4 . . . . vol. 1: 401
3:5 . . . . vol. 3: 732
3:6 . . . . vol. 2: 598; vol. 4: 235, 635
3:7 . . . . vol. 2: 613; vol. 3: 351
3:8 . . . . vol. 3: 140; vol. 4: 164
3:9–10 . . . . vol. 3: 152
3:11 . . . . vol. 4: 711
3:12 . . . . vol. 3: 141
3:13 . . . . vol. 2: 493
3:14 . . . . vol. 4: 165
3:15 . . . . vol. 3: 141
4:1–3 . . . . vol. 3: 138
4:1 . . . . vol. 2: 174; vol. 4: 182
4:2 . . . . vol. 1: 126
4:3 . . . . vol. 3: 141
4:4–5 . . . . vol. 2: 484
4:4 . . . . vol. 3: 195, 783
4:5–6 . . . . vol. 3: 141
4:6–8 . . . . vol. 4: 387
4:7 . . . . vol. 1: 297
4:8–11 . . . . vol. 3: 141
4:9 . . . . vol. 4: 392
4:10 . . . . vol. 1: 356
4:12 . . . . vol. 2: 304
4:13 . . . . vol. 2: 732; vol. 3: 517, 804
5:1–2 . . . . vol. 2: 725
5:1 . . . . vol. 3: 140
5:2 . . . . vol. 3: 638
5:3–4 . . . . vol. 3: 141
5:4 . . . . vol. 2: 368
5:8 . . . . . vol. 1: 378; vol. 3: 438; vol. 4: 309, 321
5:10–12 . . . . vol. 3: 797
5:10 . . . . vol. 2: 165; vol. 3: 319
5:11 . . . . vol. 4: 182
5:12–15 . . . . vol. 1: 728
5:13 . . . . vol. 2: 589; vol. 4: 295
5:14–15 . . . . vol. 2: 99, 609
5:14 . . . . vol. 2: 368; vol. 4: 101
5:15 . . . . vol. 1: 354; vol. 3: 99, 319
5:16–17 . . . . vol. 2: 725
5:16 . . . . vol. 2: 725
5:17 . . . . vol. 3: 141
5:18 . . . . vol. 2: 389, 747
5:20 . . . . vol. 2: 389; vol. 4: 322
5:21–27 . . . . vol. 2: 484; vol. 3: 372
5:21 . . . . vol. 2: 224; vol. 3: 559
5:22 . . . . vol. 1: 674; vol. 2: 482; vol. 4: 587
5:23–24 . . . . vol. 2: 338
5:23 . . . . vol. 4: 737
5:25–27 . . . . vol. 1: 455; vol. 3: 472
5:25 . . . . vol. 2: 486; vol. 4: 506
5:26 . . . . vol. 2: 102, 437; vol. 4: 506
5:27 . . . . vol. 1: 428

Scripture Index: Old Testament: Jonah

6:3 . . . . vol. 2: 77, 389
6:6 . . . . vol. 2: 161; vol. 3: 667
6:7 . . . . vol. 1: 191
6:8–14 . . . . vol. 2: 747
6:8 . . . . vol. 3: 494
6:9–10 . . . . vol. 3: 471
6:10 [6:11] . . . . vol. 4: 140, 291
6:11 . . . . vol. 4: 303
6:12 . . . . vol. 2: 627; vol. 3: 746
7–9 . . . . vol. 1: 208
7 . . . . vol. 1: 445
7:1–8 . . . . vol. 3: 141
7:1–6 . . . . vol. 2: 321
7:1 . . . . vol. 1: 641
7:3 . . . . vol. 3: 141, 290
7:4 . . . . vol. 3: 809
7:5 . . . . vol. 2: 722
7:6 . . . . vol. 3: 290
7:8 . . . . vol. 3: 90
7:10 . . . . vol. 3: 141
7:12–16 . . . . vol. 4: 164
7:12 . . . . vol. 1: 514
7:13 . . . . vol. 3: 141
7:14 . . . . vol. 4: 392, 524
7:15 . . . . vol. 3: 90, 141
7:16 . . . . vol. 2: 547
7:17 . . . . vol. 2: 571
8:1–2 . . . . vol. 1: 551; vol. 3: 141

8:2 . . . . vol. 3: 90, 141
8:4 . . . . vol. 4: 182
8:5 . . . . vol. 4: 222
8:7 . . . . vol. 4: 558
8:8 . . . . vol. 1: 163
8:9 . . . . . vol. 1: 558; vol. 2: 385, 389; vol. 3: 261;
. . . . vol. 4: 233, 322
8:10 . . . . vol. 2: 224, 390; vol. 4: 737
8:11–13 . . . . vol. 3: 692
8:11–12 . . . . vol. 3: 141
8:11 . . . . vol. 1: 748; vol. 3: 638
9:1–15 . . . . vol. 2: 553
9:1–4 . . . . vol. 3: 141
9:1 . . . . vol. 1: 356; vol. 4: 424
9:2 . . . . vol. 1: 153, 155
9:3 . . . . vol. 1: 774
9:4 . . . . vol. 4: 373
9:5, 7 . . . . vol. 1: 163
9:8 . . . . vol. 3: 578
9:9 . . . . vol. 2: 90
9:10 . . . . vol. 2: 389
9:13 . . . . vol. 1: 269; vol. 2: 390; vol. 3: 481
9:11–15 . . . . vol. 1: 477; vol. 3: 528
9:11–12 . . . . vol. 4: 305, 537
9:11 . . . . vol. 3: 464, 471, 541
9:12 . . . . vol. 2: 607; vol. 3: 102, 549
9:13 . . . . vol. 3: 327; vol. 4: 343
9:15 . . . . vol. 3: 141

Obadiah

1 . . . . vol. 3: 592; vol. 2: 612
4 . . . . vol. 3: 732
5 . . . . vol. 3: 115
11 . . . . vol. 2: 694

13 . . . . vol. 4: 105
15 . . . . vol. 2: 390
17 . . . . vol. 3: 100
21 . . . . vol. 1: 478

Jonah

1:2 . . . . vol. 2: 566; vol. 3: 399
1:3 . . . . vol. 2: 565, 753
1:5 . . . . vol. 2: 70413:2114:211:6
. . . . vol. 4: 198
1:7 . . . . vol. 2: 598, 694; vol. 3: 758
1:9 . . . . vol. 4: 273, 276
1:15 . . . . vol. 4: 232
1:17 [2:1] . . . . vol. 2: 704; vol. 3: 437; vol. 4: 501
2:1 . . . . vol. 3: 254
2:2 [2:3] . . . . vol. 2: 565
2:3 [2:4] . . . . vol. 1: 457; vol. 2: 704
2:7 . . . . vol. 1: 275
2:6 [2:7] . . . . vol. 2: 565; vol. 4: 418
2:9 . . . . vol. 3: 249; vol. 4: 422
3:1–10 . . . . vol. 3: 400
3:2–7 . . . . vol. 3: 399
3:2 . . . . vol. 2: 676

3:3 . . . . vol. 3: 399
3:4–10 . . . . vol. 3: 386
3:4 . . . . vol. 2: 565, 676
3:5 . . . . vol. 2: 676
3:6 . . . . vol. 2: 577
3:7–10 . . . . vol. 3: 154, 535
3:7 . . . . vol. 2: 676
3:9–10 . . . . vol. 3: 290; vol. 4: 387
3:10–4:10 . . . . vol. 2: 566
3:10 . . . . vol. 3: 399; vol. 4: 101, 386
4:2 . . . . vol. 2: 565; vol. 3: 210
4:3 . . . . vol. 1: 671
4:4 . . . . vol. 3: 177
4:5 . . . . vol. 2: 577; vol. 4: 309
4:6 . . . . vol. 4: 309, 646
4:11 . . . . vol. 1: 577; vol. 3: 399

Micah

1	vol. 2: 747
1:1	vol. 3: 141
1:2	vol. 1: 208; vol. 2: 389
1:4	vol. 3: 549
1:6	vol. 2: 430
1:7	vol. 2: 99; vol. 3: 322; vol. 4: 491
1:8	vol. 2: 725
2:1–2	vol. 3: 797
2:1	vol. 2: 599
2:2	vol. 4: 182
2:4	vol. 3: 264; vol. 4: 447
2:5	vol. 2: 136
2:10	vol. 4: 598
2:11	vol. 3: 481; vol. 4: 721
2:12–13	vol. 3: 100
2:12	vol. 2: 132
3:1–4	vol. 2: 338
3:1–3	vol. 2: 174
3:2–4	vol. 4: 182
3:2	vol. 1: 728; vol. 4: 253
3:3	vol. 4: 253
3:4	vol. 2: 589, 737
3:5	vol. 2: 677
3:6	vol. 2: 384; vol. 4: 321
3:8	vol. 1: 777; vol. 2: 561; vol. 3: 748
3:11	vol. 4: 165
4:1–5	vol. 2: 294
4:1–3	vol. 2: 90, 232; vol. 3: 143, 550, 552
4:1–2	vol. 2: 431
4:1	vol. 2: 293; vol. 4: 587
4:2	vol. 2: 522
4:3–4	vol. 2: 322
4:3	vol. 2: 165
4:4	vol. 2: 390; vol. 4: 392
4:6–7	vol. 1: 571
4:6	vol. 1: 674
4:8	vol. 1: 414
4:9–10	vol. 4: 740
4:10	vol. 4: 214
4:12	vol. 1: 527; vol. 3: 748
4:13	vol. 2: 665; vol. 4: 292
5:2–6 [5:1–5]	vol. 4: 689
5:2–5	vol. 1: 477
5:2 [5:1]	vol. 1: 195, 505, 506; vol. 2: 390
5:3	vol. 2: 588
4 [3]	vol. 2: 390
5:4 [5:3]	vol. 3: 517; vol. 4: 85
5:7–8	vol. 3: 100
5:9	vol. 2: 344
5:12	vol. 3: 201
5:15 [5:14]	vol. 3: 534
6:2	vol. 2: 165, 430
6:4	vol. 3: 360, 363
6:5	vol. 1: 578, 727
6:6–8	vol. 2: 484
6:7	vol. 2: 161, 482, 627
6:8	vol. 1: 94, 117, 208; vol. 2: 232, 304, 552; vol. 4: 107
6:15	vol. 2: 160; vol. 3: 327
7:1–6	vol. 4: 394
7:1	vol. 4: 177
7:2	vol. 2: 316, 462
7:4	vol. 2: 389
7:5	vol. 3: 761
7:6	vol. 3: 474
7:7	vol. 2: 185; vol. 4: 425
7:8	vol. 4: 321
7:9	vol. 1: 743
7:12	vol. 3: 281
7:14	vol. 4: 82
7:15	vol. 1: 163
7:16	vol. 2: 781
7:18	vol. 1: 445; vol. 2: 426, 695; vol. 3: 100
7:19	vol. 1: 447, 457

Nahum

1:1	vol. 3: 399
1:2	vol. 2: 350
1:3	vol. 3: 210, 528
1:5	vol. 3: 549
1:6	vol. 2: 461; vol. 3: 736
1:7	vol. 2: 317
1:15 [2:1]	vol. 2: 113, 310
2:4 [2:5]	vol. 2: 465; vol. 3: 86, 87
2:5 [2:6]	vol. 1: 421, 431
2:6	vol. 3: 399
2:7	vol. 2: 725
2:12 [2:13]	vol. 1: 402
2:13	vol. 3: 824
3:2	vol. 4: 279
3:3	vol. 1: 421, 431
3:6	vol. 1: 496, 639
3:7	vol. 3: 399
3:10	vol. 2: 694
3:11	vol. 2: 344
3:12	vol. 4: 392
3:13	vol. 2: 344
3:14	vol. 3: 674, 742
3:17	vol. 1: 596
3:18	vol. 4: 83

Habakkuk

1:2 . . . . .vol. 2: 771
1:4 . . . . vol. 3: 393; vol. 4: 472
1:5 . . . . .vol. 2: 214, 421, 423, 645
1:6 . . . . .vol. 2: 79
1:7 . . . . .vol. 4: 587, 611
1:8 . . . . .vol. 3: 732
1:10 . . . . .vol. 2: 190
1:12 . . . . .vol. 1: 413
1:13 . . . . .vol. 1: 737
1:14 . . . . .vol. 2: 564
2:1–3 . . . . .vol. 1: 737
2:2 . . . . .vol. 1: 597
2:3–4 . . . . vol. 1: 737; vol. 3: 763, 770
2:3 . . . . vol. 2: 184, 379; vol. 4: 566, 575
2:4 . . . . . .vol. 1: 729, 736, 737; vol. 2: 129, 315;
                        vol. 3: 764; vol. 4: 730
2:5 . . . . .vol. 1: 214; vol. 2: 645; vol. 3: 481
2:6 . . . . .vol. 3: 609
2:7 . . . . .vol. 3: 390
2:10 . . . . .vol. 1: 527
2:11 . . . . .vol. 3: 121
2:13 . . . . .vol. 2: 530
2:14 . . . . vol. 1: 130; vol. 3: 747, 786
2:16 . . . . vol. 3: 483; vol. 4: 232
2:17 . . . . .vol. 4: 447
2:18–19 . . . . .vol. 2: 99
2:18 . . . . .vol. 2: 781
2:19 . . . . .vol. 3: 390
2:20 . . . . .vol. 2: 317
3:2 . . . . .vol. 3: 310, 535
3:3 . . . . .vol. 2: 435
3:4 . . . . .vol. 4: 638
3:5 . . . . .vol. 2: 497
3:6 . . . . .vol. 3: 549
3:8 . . . . .vol. 2: 401
3:10 . . . . .vol. 4: 740
3:11 . . . . vol. 2: 385; vol. 4: 281
3:12 . . . . .vol. 3: 534
3:13 . . . . .vol. 4: 690
3:16 . . . . .vol. 2: 390, 462
3:17 . . . . vol. 2: 161, 533; vol. 4: 392
3:18 . . . . vol. 1: 101; vol. 4: 425, 429, 644
3:19 . . . . .vol. 3: 392

Zephaniah

1:1 . . . . vol. 2: 612; vol. 3: 139, 141
1:7 . . . . .vol. 2: 77
1:14–16 . . . . .vol. 4: 236
1:14 . . . . .vol. 2: 77, 390
1:15 . . . . vol. 2: 389; vol. 4: 324
1:18 . . . . .vol. 2: 461
2:3 . . . . vol. 2: 267; vol. 4: 450
2:4 . . . . .vol. 4: 212
2:7 . . . . vol. 2: 250; vol. 3: 100
2:8–10 . . . . .vol. 3: 513
2:9 . . . . vol. 1: 215; vol. 3: 100
2:13 . . . . .vol. 3: 399
2:14 . . . . vol. 3: 732; vol. 4: 635
3:1 . . . . .vol. 3: 179
3:2 . . . . .vol. 1: 674
3:4 . . . . vol. 2: 645; vol. 3: 804
3:7 . . . . .vol. 1: 674
3:8 . . . . .vol. 2: 461
3:10 . . . . .vol. 2: 390, 482
3:12 . . . . .vol. 4: 123, 450
3:13 . . . . vol. 1: 760; vol. 3: 249; vol. 4: 721
3:16 . . . . .vol. 2: 418, 589
3:17 . . . . .vol. 4: 423
3:18 . . . . .vol. 4: 566
3:19–20 . . . . vol. 1: 674; vol. 2: 589

Haggai

1:1, 3 . . . . .vol. 3: 139
1:11 . . . . .vol. 2: 161
1:13 . . . . .vol. 1: 117
1:14 . . . . .vol. 2: 79, 527
2:1 . . . . .vol. 3: 139
2:2, 4 . . . . .vol. 2: 527
2:5 . . . . .vol. 1: 163; vol. 2: 418; vol. 3: 806
2:6–9 . . . . .vol. 1: 706
2:6 . . . . vol. 1: 342; vol. 4: 233, 278
2:7 . . . . .vol. 1: 287; vol. 2: 283; vol. 4: 747
2:9 . . . . .vol. 3: 717
2:10–14 . . . . .vol. 4: 238
2:10 . . . . .vol. 3: 139
2:12 . . . . .vol. 2: 161
2:13 . . . . .vol. 1: 127
2:15, 18 . . . . .vol. 3: 371
2:20–23 . . . . .vol. 2: 553
2:21 . . . . .vol. 4: 278
2:22 . . . . .vol. 3: 485
2:23 . . . . vol. 2: 391; vol. 3: 592

Zechariah

1:3	vol. 2: 741
1:4	vol. 4: 387
1:8	vol. 3: 113, 438; vol. 4: 195
1:12	vol. 1: 671
1:13	vol. 3: 629
1:15	vol. 2: 462
1:16	vol. 3: 294
1:18–21 [2:1–4]	vol. 4: 318, 486
2–3	vol. 3: 567
2:1	vol. 2: 490
2:5–11 [2:9–15]	vol. 1: 764
2:5 [2:9]	vol. 4: 463
2:6 [2:10]	vol. 3: 566, 570
2:10	vol. 1: 295
2:11 [2:15]	vol. 2: 390; vol. 3: 90
3:1–10	vol. 2: 527
3:1–2	vol. 1: 692; vol. 4: 264
3:1	vol. 1: 665
3:2	vol. 1: 519; vol. 2: 258, 259
3:3–4	vol. 3: 320; vol. 4: 218
3:8–10	vol. 1: 634
3:8	vol. 1: 291; vol. 3: 592; vol. 4: 485, 525
3:10	vol. 4: 392
4	vol. 4: 689
4:2–14	vol. 2: 162
4:2–3	vol. 1: 783
4:3	vol. 3: 188
4:6	vol. 2: 163; vol. 3: 120, 806
4:7	vol. 2: 549; vol. 3: 120
4:9	vol. 3: 120
4:10	vol. 2: 260; vol. 3: 120
4:11–14	vol. 1: 783; vol. 3: 188
5:4	vol. 4: 472
5:11	vol. 2: 303
6:1–8	vol. 4: 195
6:1–6	vol. 4: 486
6:2	vol. 3: 261
6:5	vol. 3: 566
6:6	vol. 3: 261
6:9–15	vol. 2: 553
6:10	vol. 2: 391
6:11–13	vol. 2: 527
6:12–15	vol. 3: 371
6:12–13	vol. 1: 634
6:12	vol. 1: 291, 292; vol. 3: 516; vol. 4: 525
6:13	vol. 1: 389
6:15	vol. 3: 462
7:2	vol. 2: 532
7:3–5	vol. 3: 386
7:8–14	vol. 1: 208
7:9	vol. 2: 168
7:10	vol. 3: 554; vol. 4: 669
7:11	vol. 1: 469
8:3	vol. 3: 100
8:4–5	vol. 4: 166
8:4	vol. 4: 128
8:7	vol. 4: 424
8:8	vol. 1: 227; vol. 3: 90; vol. 4: 306
8:9	vol. 3: 371
8:11–12	vol. 3: 100
8:13	vol. 2: 418
8:14	vol. 3: 290
8:15	vol. 2: 418, 523
8:16–17	vol. 1: 228
8:16	vol. 1: 234; vol. 2: 113
8:17	vol. 1: 107; vol. 3: 124, 127, 319
8:19	vol. 3: 386
8:20–23	vol. 1: 706; vol. 2: 90
8:21	vol. 1: 667
8:22–23	vol. 2: 390
9:2	vol. 4: 617
9:3	vol. 4: 708
9:7	vol. 3: 101
9:9–10	vol. 2: 322, 390; vol. 3: 648; vol. 4: 613
9:9	vol. 1: 481; vol. 2: 283, 359; vol. 4: 124, 125, 248, 426, 644, 746
9:10	vol. 3: 268; vol. 4: 124
9:11	vol. 1: 653
9:12	vol. 3: 644
9:13	vol. 2: 179
9:14	vol. 1: 431
9:17	vol. 2: 322
10:1	vol. 4: 742
10:2	vol. 3: 201, 249, 511
10:3	vol. 4: 83
10:7	vol. 3: 481; vol. 4: 645
10:9	vol. 4: 343
10:10	vol. 1: 163
10:12	vol. 2: 651
11–14	vol. 4: 89
11	vol. 1: 203
11:1	vol. 2: 476; vol. 4: 136
11:5–6	vol. 4: 83
11:5	vol. 3: 667; vol. 4: 195
11:7–14	vol. 4: 200
11:13	vol. 1: 203
11:14	vol. 4: 238
11:15	vol. 4: 82
11:16	vol. 3: 492
12:4	vol. 4: 509
12:6	vol. 3: 86, 87
12:8–10	vol. 4: 525
12:8	vol. 4: 655
12:10–14	vol. 1: 159
12:10	vol. 2: 159; vol. 4: 83, 655
12:11	vol. 1: 398
13:1–2	vol. 4: 117
13:1	vol. 3: 174; vol. 4: 519, 525
13:2	vol. 4: 163, 720

13:7 ... **vol. 3:** 774; **vol. 4:** 83, 85, 136, 137, 319
13:8–9..........................**vol. 3:** 101
13:9..............................**vol. 1:** 385
14:2..........................**vol. 3:** 101, 332
14:4 ....**vol. 2:** 163, 400; **vol. 3:** 550; **vol. 4:** 418
14:5 .... **vol. 1:** 121, 127, 478; **vol. 4:** 418
14:7..............................**vol. 3:** 438
14:8..............................**vol. 4:** 117
14:9 .... **vol. 1:** 478; **vol. 3:** 517

14:10–11........................**vol. 1:** 571
14:11 .... **vol. 1:** 282; **vol. 3:** 686
14:12..............................**vol. 4:** 206
14:14..............................**vol. 2:** 561
14:16–19........................**vol. 2:** 222
14:16 .... **vol. 1:** 571; **vol. 3:** 90
14:18–19........................**vol. 1:** 162
14:18..............................**vol. 4:** 195
14:21..............................**vol. 2:** 391

Malachi

1:1..............................**vol. 2:** 612
1:2–3................. **vol. 2:** 494; **vol. 3:** 321
1:6 .... **vol. 3:** 679; **vol. 4:** 524
1:8 .... **vol. 2:** 132; **vol. 4:** 710
1:10 ....**vol. 2:** 132, 192, 426
1:11..............................**vol. 3:** 517
1:13–14..........................**vol. 4:** 710
1:13..............................**vol. 2:** 132
1:14..............................**vol. 3:** 254
2:2..............................**vol. 1:** 383
2:3..............................**vol. 2:** 224
2:5..............................**vol. 4:** 610
2:7..............................**vol. 2:** 165
2:8..........................**vol. 3:** 406, 454
2:10 ....**vol. 1:** 502; **vol. 2:** 123; **vol. 3:** 679, 680
2:13..............................**vol. 4:** 366
2:14–16............. **vol. 1:** 363; **vol. 3:** 331
2:14 .... **vol. 1:** 544; **vol. 3:** 236
2:17..............................**vol. 2:** 314
3:1–6..............................**vol. 1:** 463
3:1–3..............................**vol. 3:** 174
3:1–2..............................**vol. 3:** 809
3:1 .... **vol. 1:** 117, 122; **vol. 2:** 374, 644;
                vol. 3: 453, 458; **vol. 4:** 429
3:2........................**vol. 2:** 390, 684

3:3 .... **vol. 1:** 385; **vol. 2:** 570
3:4..............................**vol. 2:** 390
3:5 ....**vol. 1:** 376; **vol. 3:** 201, 322, 330;
                vol. 4: 669
3:7..............................**vol. 4:** 386
3:8..............................**vol. 1:** 660
3:10 .... **vol. 1:** 660; **vol. 4:** 419
3:12..............................**vol. 2:** 426
3:14..............................**vol. 3:** 249
3:15..............................**vol. 3:** 696
3:16–4:3..........................**vol. 3:** 716
3:16..............................**vol. 3:** 317
3:17–18..........................**vol. 2:** 390
3:17 .... **vol. 2:** 695; **vol. 3:** 716, 717, 718
3:24..............................**vol. 1:** 282
4:1 [3:19]........................**vol. 2:** 389
4:1 .... **vol. 3:** 809; **vol. 4:** 193
4:2 [3:20]... **vol. 1:** 291; **vol. 2:** 384; **vol. 3:** 185,
                268; **vol. 4:** 429
4:4..............................**vol. 3:** 363
4:5–6 [3:22–23]....... **vol. 1:** 355; **vol. 2:** 380;
                vol. 4: 387, 388
4:5 ....**vol. 2:** 285, 374; **vol. 3:** 185, 411;
                vol. 4: 587
4:6 .... **vol. 1:** 354; **vol. 2:** 624

Scripture Index: New Testament

Matthew

1–2 . . . . vol. 4: 492
1 . . . . vol. 1: 393
1:1–17 . . . . vol. 1: 88, 146, 635
1:1–16 . . . . vol. 1: 562
1:1 . . . . vol. 1: 512, 571, 572; vol. 4: 537
1:2–17 . . . . vol. 1: 572
1:2–3 . . . . vol. 2: 545
1:2 . . . . vol. 2: 494, 547
1:3 . . . . vol. 1: 620
1:4 . . . . vol. 1: 463
1:5 . . . . vol. 1: 620
1:6–7 . . . . vol. 4: 329
1:6 . . . . vol. 1: 480, 481, 620
1:11–12 . . . . vol. 1: 455
1:15–16 . . . . vol. 2: 494
1:16 . . . . vol. 1: 300, 562; vol. 4: 492
1:17 . . . . vol. 1: 557; vol. 2: 262; vol. 4: 487
1:18–2:23 . . . . vol. 3: 299
1:18–25 . . . . vol. 1: 364; vol. 3: 811; vol. 4: 532
1:18–19 . . . . vol. 1: 620
1:18 . . . . . vol. 1: 561, 571, 572; vol. 2: 128, 284
1:19 . . . . . vol. 1: 409, 640, 731; vol. 3: 191, 197
1:20–23 . . . . vol. 2: 189
1:20 . . . . vol. 1: 122, 562, 616; vol. 2: 774;
        vol. 3: 436, 438, 512, 640;
        vol. 4: 537, 587, 529
1:21 . . . . vol. 2: 529, 604; vol. 3: 520;
        vol. 4: 429, 433
1:22–23 . . . . vol. 2: 360; vol. 3: 600; vol. 4: 168
1:22 . . . . vol. 1: 603; vol. 2: 233; vol. 3: 788;
        vol. 4: 168, 560
1:23 . . . . vol. 2: 278; vol. 3: 520, 640
1:24 . . . . vol. 2: 80; vol. 3: 436; vol. 4: 461
1:25 . . . . vol. 1: 581; vol. 3: 640; vol. 4: 178
2 . . . . vol. 3: 365
2:1–23 . . . . vol. 1: 624
2:1–18 . . . . vol. 1: 480
2:1–12 . . . . vol. 1: 429
2:1 . . . . vol. 1: 292, 506, 562; vol. 2: 524;
        vol. 3: 202
2:2 . . . . vol. 1: 292; vol. 2: 284; vol. 3: 529;
        vol. 4: 152
2:5–6 . . . . vol. 3: 600; vol. 4: 168
2:5 . . . . vol. 1: 506; vol. 3: 788
2:6 . . . . vol. 1: 568; vol. 2: 360, 376, 559;
        vol. 4: 85
2:7 . . . . . vol. 2: 605; vol. 3: 202; vol. 4: 587, 706
2:8 . . . . vol. 1: 118, 506
2:9 . . . . vol. 1: 163, 209, 292, 429
2:10 . . . . vol. 4: 645
2:11 . . . vol. 1: 329, 720; vol. 2: 456; vol. 3: 116,
        472, 757; vol. 4: 327, 709
2:12 . . . . vol. 3: 512; vol. 4: 684, 712

2:13–19 . . . . vol. 1: 163
2:13–18 . . . . vol. 1: 403
2:13–15 . . . . vol. 2: 275
2:13–14 . . . . vol. 1: 163; vol. 3: 84
2:13 . . . . . . vol. 1: 122, 164, 359; vol. 2: 774;
        vol. 3: 438, 512; vol. 4: 596
2:14 . . . . vol. 2: 80; vol. 3: 438
2:15 . . . . vol. 1: 164, 603; vol. 2: 273, 275, 360;
        vol. 3: 365, 788; vol. 4: 168,
        473, 530, 532
2:16 . . . . . . vol. 2: 191, 475, 650; vol. 4: 706
2:17–18 . . . . vol. 1: 506; vol. 2: 360; vol. 4: 168
2:17 . . . . . . vol. 3: 353, 788; vol. 4: 168, 483
2:18 . . . . vol. 2: 684; vol. 3: 788
2:19–21 . . . . vol. 2: 275
2:19 . . . . vol. 1: 122, 164; vol. 3: 512
2:20–21 . . . . vol. 2: 559
2:20 . . . . . vol. 1: 568; vol. 3: 365; vol. 4: 529
2:21–22 . . . . vol. 3: 599
2:22 . . . vol. 1: 332; vol. 2: 237; vol. 3: 282, 512;
        vol. 4: 684
2:23–24 . . . . vol. 1: 545
2:23 . . . . vol. 1: 603; vol. 2: 360; vol. 3: 353,
        368, 369; vol. 4: 168
2:24 . . . . vol. 1: 601
3:1 . . . . vol. 1: 462; vol. 2: 275, 392, 680
3:2 . . . . vol. 1: 483, 487; vol. 2: 78, 680;
        vol. 3: 291, 569
3:3 . . . . vol. 1: 523; vol. 2: 305; vol. 3: 457, 788
3:4 . . . . vol. 1: 141
3:5–6 . . . . vol. 3: 184
3:5 . . . . vol. 3: 661; vol. 4: 100
3:6 . . . . vol. 1: 653; vol. 4: 118
3:7–12 . . . . vol. 3: 809
3:7–9 . . . . vol. 4: 229
3:7 . . . . . vol. 1: 561, 642; vol. 3: 263, 536, 580;
        vol. 4: 533, 596
3:8–10 . . . . vol. 3: 536
3:8 . . . . vol. 1: 340; vol. 2: 628; vol. 3: 291
3:9–12 . . . . vol. 1: 89
3:9 . . . . . vol. 1: 88, 415, 731; vol. 3: 121, 766;
        vol. 4: 466
3:10 . . . . vol. 1: 98; vol. 2: 609, 628, 726;
        vol. 4: 194, 212
3:11–12 . . . . vol. 1: 218
3:11 . . . . . . vol. 1: 463, 574, 677; vol. 2: 285,
        531, 563, 680; vol. 3: 291, 523,
        710, 809; vol. 4: 169, 191, 270, 521
3:12 . . . . vol. 1: 267, 548; vol. 2: 396, 451, 572;
        vol. 3: 699, 809; vol. 4: 271
3:13–17 . . . . vol. 4: 636
3:13 . . . . vol. 4: 118
3:14 . . . . vol. 2: 780

Scripture Index: New Testament: Matthew

3:15 ... **vol. 1:** 731; **vol. 2:** 660; **vol. 3:** 411, 790; **vol. 4:** 126
3:16 .... **vol. 1:** 276, 287, 328, 330, 352; **vol. 2:** 309, 440; **vol. 3:** 734; **vol. 4:** 118, 419
3:17 .... **vol. 1:** 108; **vol. 2:** 315; **vol. 3:** 335, 596, 702, 811
4:1–11 .... **vol. 2:** 275, 763; **vol. 3:** 699; **vol. 4:** 266
4:1–4 .... **vol. 4:** 288
4:1–2 .... **vol. 3:** 365
4:1 .... **vol. 1:** 402; **vol. 2:** 276; **vol. 3:** 699, 780, 812
4:2 .... **vol. 2:** 392; **vol. 3:** 388, 693; **vol. 4:** 487, 575
4:4 .... **vol. 2:** 237, 369, 392; **vol. 3:** 228, 696, 700, 702; **vol. 4:** 382
4:5–7 .... **vol. 4:** 288
4:5–6 .... **vol. 2:** 518
4:5 .... **vol. 2:** 524; **vol. 3:** 700; **vol. 4:** 95
4:6 .... **vol. 2:** 203, 649, 726; **vol. 3:** 700
4:7 .... **vol. 2:** 392; **vol. 3:** 697
4:8 .... **vol. 1:** 483, 641, 764; **vol. 3:** 477, 550, 551; **vol. 4:** 581
4:9 .... **vol. 3:** 757; **vol. 4:** 152
4:10 ..... **vol. 2:** 392; **vol. 3:** 95; **vol. 4:** 152
4:11 .... **vol. 1:** 447; **vol. 3:** 531
4:12 .... **vol. 3:** 624
4:13–26 .... **vol. 2:** 360
4:13 ..... **vol. 2:** 402; **vol. 3:** 102, 562
4:14 .... **vol. 3:** 788
4:15 .... **vol. 2:** 91; **vol. 4:** 482
4:16 .... **vol. 1:** 292; **vol. 4:** 311, 322, 323
4:17 .... **vol. 1:** 487; **vol. 2:** 175, 360, 680; **vol. 3:** 291, 569
4:18–22 .... **vol. 4:** 185; **vol. 3:** 225
4:18 .... **vol. 2:** 401; **vol. 3:** 675, 738
4:19 .... **vol. 1:** 205
4:21 ...... **vol. 1:** 275, 409; **vol. 2:** 275, 409
4:23 .... **vol. 1:** 710; **vol. 2:** 309, 312, 447, 677, 680, 681; **vol. 3:** 184, 217, 422, 492; **vol. 4:** 287, 288, 400
4:24 ..... **vol. 1:** 209, 212, 473; **vol. 2:** 448, 600; **vol. 3:** 191, 422; **vol. 4:** 281
4:25 .... **vol. 1:** 205; **vol. 3:** 581
5–7 .... **vol. 1:** 711; **vol. 2:** 447; **vol. 3:** 417
5:1–12 .... **vol. 4:** 583
5:1–2 .... **vol. 1:** 276, 711; **vol. 3:** 365
5:1 .... **vol. 1:** 275; **vol. 2:** 284; **vol. 3:** 550
5:2 .... **vol. 1:** 328, 710, 711; **vol. 4:** 383
5:3–12 .... **vol. 3:** 562
5:3–11 .... **vol. 1:** 108; **vol. 3:** 365
5:3–10 .... **vol. 1:** 488, 490; **vol. 3:** 208
5:3–6 .... **vol. 3:** 810
5:3 .... **vol. 1:** 259, 488; **vol. 2:** 698; **vol. 3:** 595, 799, 807; **vol. 4:** 125, 184
5:4 .. **vol. 1:** 483, 552; **vol. 3:** 178, 629, 631, 707
5:5 .... **vol. 1:** 568; **vol. 2:** 698; **vol. 4:** 125

5:6 ..... **vol. 1:** 731, 748; **vol. 3:** 693; **vol. 4:** 679
5:7 .... **vol. 2:** 169
5:8 .... **vol. 1:** 350; **vol. 2:** 572, 626; **vol. 3:** 529, 531; **vol. 4:** 159
5:9 .... **vol. 2:** 115, 116, 605; **vol. 3:** 569; **vol. 4:** 80, 530
5:10 .... **vol. 1:** 211, 731, 751; **vol. 2:** 698; **vol. 3:** 569
5:11–12 .... **vol. 1:** 750, 751; **vol. 3:** 325; **vol. 4:** 647
5:11 ... **vol. 1:** 287; **vol. 3:** 320, 514; **vol. 4:** 539
5:12 .... **vol. 1:** 102, 103, 750; **vol. 3:** 570; **vol. 4:** 646
5:13 .... **vol. 1:** 216, 217, 218; **vol. 2:** 562; **vol. 3:** 358
5:14–16 .... **vol. 2:** 755
5:14–15 .... **vol. 1:** 217
5:14 ... **vol. 1:** 217; **vol. 2:** 557; **vol. 3:** 551, 610; **vol. 4:** 560, 641
5:15–16 .... **vol. 3:** 87, 188, 551
5:15 .... **vol. 3:** 646
5:16 .... **vol. 1:** 95, 517; **vol. 2:** 269, 610; **vol. 3:** 569; **vol. 4:** 641
5:17–48 .... **vol. 3:** 550
5:17–21 .... **vol. 2:** 141
5:17–20 .... **vol. 3:** 193, 365
5:17–18 ...... **vol. 1:** 712; **vol. 2:** 360, 485; **vol. 3:** 411, 600
5:17 .... **vol. 1:** 731; **vol. 2:** 86, 177, 203, 284, 557, 558, 617; **vol. 3:** 191, 193, 194, 256, 599, 790; **vol. 4:** 167
5:18–19 .... **vol. 2:** 177
5:18 ... **vol. 1:** 568; **vol. 2:** 123; **vol. 3:** 193, 569
5:19–20 .... **vol. 3:** 562, 790; **vol. 4:** 474
5:19 .... **vol. 1:** 603, 712; **vol. 2:** 202; **vol. 3:** 194, 196, 256
5:20 .... **vol. 1:** 95, 488, 731; **vol. 2:** 86; **vol. 3:** 161, 191, 411, 458, 721; **vol. 4:** 490
5:21–48 .... **vol. 1:** 711; **vol. 2:** 86, 203; **vol. 3:** 411
5:21–22 .... **vol. 1:** 2, 199; **vol. 3:** 160
5:21 .... **vol. 1:** 211, 416, 712; **vol. 2:** 749; **vol. 3:** 411, 412
5:22 .... **vol. 1:** 548, 712; **vol. 3:** 358, 411, 535, 810; **vol. 4:** 201, 202, 402
5:23–24 .... **vol. 1:** 244, 553, 720; **vol. 2:** 340, 485
5:24 .... **vol. 1:** 243, 447; **vol. 4:** 176
5:25–26 .... **vol. 1:** 244
5:25 .... **vol. 1:** 747; **vol. 3:** 434, 456, 624; **vol. 4:** 121, 625
5:26 .... **vol. 3:** 110
5:27–32 .... **vol. 1:** 244
5:27–28 .... **vol. 1:** 545; **vol. 3:** 331
5:27 .... **vol. 3:** 331, 411
5:28 .... **vol. 3:** 411
5:29–30 .... **vol. 1:** 359, 548; **vol. 2:** 328; **vol. 3:** 265; **vol. 4:** 297, 299

109

Scripture Index: New Testament: Matthew

5:29 . . . . vol. 1: 459; vol. 2: 761; vol. 4: 299
5:30 . . . . vol. 1: 488; vol. 2: 725; vol. 4: 299
5:31–32 . . vol. 1: 545, 616; vol. 3: 191, 197, 331
5:31 . . . . vol. 1: 363; vol. 3: 411
5:32 . . . . vol. 1: 301, 364, 545; vol. 2: 239;
        vol. 3: 331, 411; vol. 4: 80
5:33–37 . . . . vol. 2: 519; vol. 3: 495
5:33 . . . . vol. 1: 416, 721; vol. 3: 411, 548
5:34–36 . . . . vol. 3: 160, 495
5:34–35 . . . . vol. 1: 568; vol. 3: 569
5:34 . . . . . vol. 2: 439, 471; vol. 3: 411, 495, 569
5:35 . . . . . vol. 2: 439, 524; vol. 3: 496; vol. 4: 94
5:36 . . . . vol. 1: 210; vol. 2: 670; vol. 3: 261;
               vol. 4: 80
5:37 . . . . vol. 3: 157, 496
5:38–48 . . . . vol. 1: 449
5:38–42 . . . . vol. 1: 488, 747
5:38 . . . . vol. 1: 332, 744; vol. 3: 411
5:39–48 . . . . vol. 1: 377
5:39 . . . . vol. 2: 301; vol. 3: 411; vol. 4: 103, 413
5:40 . . . . vol. 2: 542
5:41 . . . . vol. 2: 123
5:42 . . . . vol. 1: 187, 722
5:43–48 . . . . vol. 1: 106, 109, 152, 159
5:43–45 . . . . vol. 3: 795
5:43–44 . . . . vol. 2: 345; vol. 3: 319, 320
5:43 . . . . vol. 1: 114; vol. 3: 160, 411
5:44–45 . . . . vol. 1: 731; vol. 3: 682
5:44 . . . . vol. 1: 108, 383, 747, 750, 751;
          vol. 2: 340; vol. 3: 411
5:45–48 . . . . vol. 3: 320
5:45 . . . . . . vol. 1: 95, 158, 292, 305; vol. 2: 385;
       vol. 3: 569, 682; vol. 4: 102, 103
5:46–48 . . . . vol. 3: 411
5:46–47 . . . . vol. 1: 259; vol. 4: 482
5:46 . . . . vol. 1: 426; vol. 4: 656
5:47 . . . . vol. 1: 426; vol. 2: 91; vol. 3: 721
5:48 . . . . . . vol. 1: 95, 130, 305; vol. 2: 86, 116,
        203, 441; vol. 3: 160, 306, 412,
       479, 562, 721, 790; vol. 4: 474
6:1–18 . . . . vol. 3: 325
6:1–14 . . . . vol. 4: 413
6:1–5 . . . . vol. 4: 563
6:1–4 . . . . vol. 3: 295; vol. 4: 236
6:1 . . . . vol. 1: 731, 732; vol. 3: 324, 569
6:2–4 . . . . vol. 2: 170
6:2–3 . . . . vol. 4: 80
6:2 . . . . . . vol. 1: 265, 731, 764, 765; vol. 2: 363;
         vol. 3: 325; vol. 4: 236
6:3–6 . . . . vol. 3: 325
6:3–4 . . . . vol. 1: 732
6:3 . . . . vol. 1: 395
6:4 . . . . vol. 1: 721; vol. 2: 441, 755
6:5–15 . . . . vol. 2: 340
6:5 . . . . vol. 1: 107, 265, 627; vol. 2: 363;
       vol. 3: 325, 776; vol. 4: 588, 607
6:6–9 . . . . vol. 2: 340

6:6 . . . . vol. 2: 341, 441, 477, 755
6:7–8 . . . . vol. 3: 295
6:7 . . . vol. 1: 210, 212, 755; vol. 2: 91, 192, 194
6:8 . . . . vol. 1: 187; vol. 3: 461, 682; vol. 4: 682
6:9–13 . . . . vol. 1: 86; vol. 2: 340
6:9 . . . . vol. 1: 86, 129; vol. 2: 439, 440;
               vol. 3: 520
6:10 . . . . vol. 1: 483; vol. 2: 285, 429, 439;
               vol. 3: 570
6:11 . . . . vol. 1: 411; vol. 2: 247, 394, 425
6:12–13 . . . . vol. 3: 212
6:12 . . . . . vol. 1: 305, 447, 448; vol. 3: 575, 577
6:13 . . . . vol. 1: 265; vol. 2: 340; vol. 3: 697;
         vol. 4: 104, 215, 217, 266
6:14–15 . . . . . vol. 1: 448; vol. 3: 295, 577, 636
6:16–18 . . . . vol. 4: 730
6:16–17 . . . . vol. 4: 158
6:16 . . . . vol. 3: 325, 388; vol. 4: 588
6:18 . . . . vol. 2: 441, 754, 755
6:17–18 . . . . vol. 3: 325, 388
6:17 . . . . vol. 1: 221; vol. 2: 162; vol. 3: 402
6:18 . . . . vol. 4: 588
6:19–34 . . . . vol. 3: 295
6:19–21 . . . . vol. 2: 457
6:19–20 . . . . vol. 2: 456, 691; vol. 4: 585
6:19 . . . . vol. 1: 535; vol. 2: 198; vol. 3: 646;
               vol. 4: 599
6:20 . . . . vol. 2: 268, 457; vol. 3: 569, 570
6:21 . . . . vol. 3: 647
6:22–23 . . . . vol. 3: 188, 646; vol. 3: 188,
            579, 646; vol. 4: 323
6:22 . . . . vol. 1: 350; vol. 4: 438, 640
6:23 . . . . vol. 1: 483; vol. 4: 102, 322
6:24 . . . . vol. 1: 770, 783; vol. 2: 347, 645;
             vol. 3: 218, 781
6:25–34 . . . . . . vol. 2: 369, 710, 763; vol. 3: 278
6:25–33 . . . . vol. 1: 488; vol. 2: 248
6:25–32 . . . . vol. 3: 751, 799
6:25 . . . . vol. 2: 196, 290; vol. 4: 278, 434;
             vol. 4: 438, 730
6:26–32 . . . . vol. 2: 441
6:26 . . . vol. 1: 305; vol. 2: 450, 763; vol. 3: 279,
            569, 733; vol. 4: 399
6:27 . . . . vol. 2: 383; vol. 3: 279; vol. 4: 413
6:28 . . . . vol. 1: 141, 442; vol. 2: 723;
             vol. 3: 223, 434
6:29 . . . . vol. 1: 764; vol. 4: 329
6:30 . . . . vol. 3: 279; vol. 4: 678
6:32 . . . vol. 2: 91; vol. 3: 279, 682; vol. 4: 682
6:33 . . . . . vol. 1: 489, 731, 740, 748; vol. 2: 331,
       356, 457; vol. 3: 279, 751; vol. 4: 177
6:34 . . . . vol. 1: 396, 397; vol. 2: 247,
            457, 599; vol. 3: 279
7:1–5 . . . . vol. 3: 233; vol. 4: 563
7:1–2 . . . . vol. 2: 749; vol. 3: 294
7:2 . . . . vol. 2: 749; vol. 3: 294
7:3–5 . . . . vol. 1: 553
7:3 . . . . vol. 1: 520; vol. 3: 434

Scripture Index: New Testament: Matthew

7:4 . . . . vol. 2: 131; vol. 3: 647
7:5 . . . . vol. 1: 521; vol. 4: 177
7:6 . . . . .vol. 3: 233, 675
7:7–11. . . . . .vol. 1: 186, 187
7:7–8. vol. 2: 330, 751
7:7 . . . . .vol. 1: 330, 720, 722; vol. 2: 331,
351, 356
7:9–10. . . . . .vol. 1: 721
7:9 . . . . .vol. 3: 700
7:10 . . . . .vol. 3: 580
7:11 . . . . .vol. 1: 187, 720, 721, 722; vol. 2: 751;
vol. 3: 461, 569, 682, 812; vol. 4: 102, 465
7:12 . . . . .vol. 1: 711
7:13–14. . . . . vol. 1: 330; vol. 2: 370; vol. 3: 458;
vol. 4: 189
7:13 . . . . .vol. 1: 359, 360, 687; vol. 2: 463;
vol. 3: 776; vol. 4: 712
7:14–21. . . . . .vol. 2: 782
7:14 . . . . vol. 2: 331; vol. 3: 489
7:15 . . . . .vol. 1: 402, 470; vol. 2: 454;
vol. 4: 168, 170
7:16–20. . . . . .vol. 2: 628
7:16–17. . . . . .vol. 4: 394
7:16 . . . . .vol. 1: 200
7:17–19. . . . . vol. 1: 98; vol. 2: 609, 628
7:17–18. . . . . vol. 1: 98, 100; vol. 4: 102
7:17 . . . . .vol. 1: 664
7:18 . . . . .vol. 3: 647
7:19 . . . . vol. 2: 628, 726; vol. 4: 194
7:21–27. . . . . .vol. 1: 259
7:21–23. . . . . .vol. 3: 752
7:21 . . . . .vol. 1: 488; vol. 2: 429, 604, 775;
vol. 4: 80
7:22–23. . . . . .vol. 4: 170, 647
7:22 . . . vol. 1: 485, 778; vol. 2: 131; vol. 3: 521;
vol. 4: 167
7:23 . . . . vol. 1: 581; vol. 2: 269; vol. 3: 510;
vol. 4: 712
7:24–27. . . . . vol. 1: 211, 485, 488;
vol. 3: 358, 758
7:24–26. . . . . .vol. 4: 80
7:24–25. . . . . .vol. 3: 736
7:24 . . . . .vol. 1: 209; vol. 3: 161, 501;
vol. 4: 621, 622
7:25 . . . . .vol. 1: 295, vol. 2: 431; vol. 4: 118
7:26 . . . . vol. 3: 501; vol. 4: 621
7:27 . . . . vol. 1: 295; vol. 2: 726; vol. 3: 757;
vol. 4: 118
7:28–29. . . . . .vol. 1: 211
7:28 . . . . vol. 1: 571; vol. 4: 474
7:29 . . . .vol. 1: 602; vol. 2: 153, 219; vol. 3: 161
8–9 . . . . vol. 1: 658; vol. 2: 447
8:1–4. . . . . .vol. 2: 506
8:1 . . . . .vol. 1: 275
8:2–3. . . . . .vol. 3: 109
8:2 . . . . .vol. 2: 284, 572; vol. 3: 109;
vol. 4: 152, 483

8:3 . . . . vol. 1: 632; vol. 4: 664
8:4 . . . . vol. 1: 641; vol. 2: 680; vol. 4: 239;
vol. 4: 461
8:5–13. . . . . vol. 2: 572; vol. 4: 243
8:5 . . . . vol. 2: 284; vol. 3: 630
8:6 . . . . vol. 1: 473; vol. 3: 191, 594
8:8–10. . . . . .vol. 2: 448
8:8–9. . . . . .vol. 4: 483
8:8 . . . . .vol. 2: 498, 531
8:9 . . . . .vol. 1: 770; vol. 3: 335; vol. 4: 384
8:10 . . . . . . .vol. 1: 265; vol. 2: 422; vol. 3: 766
8:11–12. . . . . vol. 1: 89; vol. 2: 295
8:11 . . . . .vol. 1: 292, 329, 487; vol. 2: 284, 379,
494, 547, 703; vol. 3: 483
8:12 . . . . .vol. 1: 487, 534, 548; vol. 2: 298;
vol. 4: 152, 271, 324, 529
8:13 . . . .vol. 2: 448, 498; vol. 3: 594; vol. 4: 744
8:14–15. . . . . .vol. 1: 616
8:14 . . . . vol. 2: 741; vol. 4: 193
8:15 . . . . vol. 1: 326, 380; vol. 4: 193
8:16–17. . . . . .vol. 2: 448
8:16 . . . . vol. 2: 131, 448; vol. 3: 162, 808
8:17 . . . . .vol. 1: 494; vol. 3: 81, 423, 788;
vol. 4: 168
8:18 . . . . vol. 2: 656; vol. 3: 713
8:19–26. . . . . .vol. 3: 226
8:19–22. . . . . .vol. 1: 360
8:19 . . . . .vol. 1: 602, 712
8:20–21. . . . . .vol. 3: 225
8:20 . . . . . vol. 3: 569, 733; vol. 4: 185, 304, 538
8:21–22. . . . . vol. 1: 206; vol. 2: 417
8:22 . . . . vol. 1: 205; vol. 3: 377
8:23–27. . . . . vol. 2: 402; vol. 4: 287
8:24 . . . . vol. 2: 683; vol. 4: 279, 280
8:25 . . . . .vol. 1: 712; vol. 2: 284;
vol. 4: 199, 428, 609
8:26–27. . . . . .vol. 1: 295
8:26 . . . . vol. 2: 80; vol. 4: 296
8:27 . . . . vol. 2: 422; vol. 4: 550
8:29 . . . . vol. 1: 473, 632, 633; vol. 2: 738
8:30 . . . . vol. 3: 551; vol. 4: 288
8:31 . . . . .vol. 3: 630
8:32 . . . . . .vol. 2: 632; vol. 4: 681; vol. 3: 702
8:34 . . . . . .vol. 1: 275; vol. 2: 638; vol. 4: 95
9:2–8. . . . . vol. 4: 288; vol. 2: 219
9:2 . . . . .vol. 2: 419; vol. 3: 191; vol. 4: 466, 517
9:3 . . . . .vol. 1: 517, 602
9:4 . . . . vol. 3: 432, 462; vol. 4: 104
9:5 . . . . .vol. 1: 553
9:6 . . . . .vol. 1: 178; vol. 3: 191; vol. 4: 546
9:8 . . . . vol. 2: 155; vol. 4: 538, 612
9:9–13. . . . . .vol. 4: 483
9:9 . . . . .vol. 1: 205, 322; vol. 2: 425;
vol. 3: 111, 157, 225, 291, 614;
vol. 4: 481, 482
9:10–11. . . . . vol. 1: 259; vol. 4: 483
9:10 . . . . vol. 1: 259; vol. 4: 482

Scripture Index: New Testament: Matthew

9:11 . . . . **vol. 1:** 602, 713; **vol. 4:** 594
9:12–13 . . . . .**vol. 2:** 485; **vol. 3:** 223; **vol. 4:** 594
9:12 . . . . **vol. 2:** 562; **vol. 4:** 517, 483, 682
9:13 . . . .**vol. 1:** 259, 305, 553, 606, 731;
    vol. 2: 170, 284, 429, 484, 605; **vol. 3:** 224
9:14–17 . . . .**vol. 3:** 482, 614
9:14–15 . . . . **vol. 3:** 387; **vol. 4:** 647
9:14 . . . .**vol. 1:** 602
9:15 . . . . .**vol. 1:** 178, 485, 544; **vol. 3:** 436, 707;
    vol. 4: 646
9:16–17 . . . . **vol. 2:** 581; **vol. 3:** 388, 599
9:16 . . . .**vol. 2:** 599; **vol. 3:** 610, 787;
    vol. 4: 418, 419
9:17 . . . . **vol. 1:** 359; **vol. 2:** 159; **vol. 3:** 380;
    vol. 4: 490
9:18–26 . . . . **vol. 1:** 616; **vol. 4:** 287
9:18 . . . . . **vol. 1:** 326, 417; **vol. 4:** 152, 399, 665
9:20–22 . . . .**vol. 3:** 203
9:20 . . . .**vol. 2:** 284
9:22 . . . . **vol. 2:** 419; **vol. 4:** 428, 744
9:23–25 . . . .**vol. 3:** 377
9:23 . . . . **vol. 1:** 417; **vol. 2:** 738
9:24 . . . .**vol. 1:** 552
9:27–31 . . . . **vol. 4:** 510
9:27–30 . . . . **vol. 2:** 448
9:27 . . . . **vol. 2:** 169, 738; **vol. 4:** 537
9:28 . . . .**vol. 2:** 284
9:29 . . . .**vol. 3:** 113
9:30 . . . .**vol. 1:** 328, 329
9:32–33 . . . .**vol. 2:** 782
9:32 . . . .**vol. 1:** 304
9:33 . . . . **vol. 1:** 571; **vol. 2:** 421; **vol. 3:** 582;
    vol. 4: 587
9:34 . . . . **vol. 1:** 417, 503, 602, 672;
    vol. 2: 131, 192, 782; **vol. 3:** 699
9:35 . . . .**vol. 1:** 711; **vol. 2:** 309, 312, 447,
    677, 680, 681; **vol. 3:** 217, 422, 775;
    vol. 4: 287, 288
9:36 . . . .**vol. 4:** 84, 85, 136, 353
9:37–38 . . . .**vol. 3:** 327
9:37 . . . .**vol. 3:** 490
9:38 . . . . **vol. 1:** 668; **vol. 2:** 131, 774
10 . . . . **vol. 1:** 426; **vol. 2:** 114
10:1–16 . . . . **vol. 4:** 185, 241
10:1–6 . . . .**vol. 2:** 143
10:1–5 . . . .**vol. 1:** 369
10:1 . . . . . **vol. 1:** 783; **vol. 2:** 131, 219, 448, 605;
    vol. 3: 217, 422; **vol. 4:** 115
10:2–4 . . . .**vol. 1:** 375
10:2 . . . . **vol. 1:** 368, 375, 783; **vol. 3:** 738
10:3 . . . .**vol. 2:** 494, 546
10:4 . . . . **vol. 2:** 352, 546; **vol. 3:** 624
10:5–6 . . . . **vol. 2:** 558; **vol. 4:** 241
10:5 . . . . **vol. 3:** 617; **vol. 4:** 95, 241, 541
10:6 .**vol. 1:** 360, 416, 487, 783; **vol. 3:** 472, 775;
    vol. 4: 84, 136, 137
10:7–8 . . . .**vol. 4:** 289
10:7 . . . .**vol. 2:** 78, 680, 681

10:8 . . . . **vol. 1:** 326, 421, 721, 722;
    vol. 2: 131, 448; **vol. 3:** 109, 377
10:9 . . . .**vol. 1:** 385; **vol. 2:** 78, 374;
    vol. 4: 650, 708
10:10 . . .**vol. 1:** 340, 663; **vol. 2:** 291; **vol. 4:** 200
10:11–14 . . . .**vol. 3:** 445
10:12–15 . . . .**vol. 1:** 680
10:12 . . . .**vol. 1:** 426, 470
10:13 . . . .**vol. 1:** 286, 341, 426; **vol. 2:** 114,
    115, 116
10:14 . . . . **vol. 2:** 156; **vol. 3:** 239
10:15 . . .**vol. 1:** 298; **vol. 2:** 157, 393; **vol. 4:** 583
10:16 . . . .**vol. 1:** 203, 218; **vol. 3:** 580, 734;
    vol. 4: 137, 621
10:17–33 . . . .**vol. 3:** 226
10:17–22 . . . .**vol. 1:** 488
10:17 . . .**vol. 1:** 304; **vol. 3:** 247, 624; **vol. 4:** 402
10:18 . . . .**vol. 3:** 239
10:19–20 . . . .**vol. 1:** 287
10:19 . . .**vol. 1:** 361, 377; **vol. 3:** 278; **vol. 4:** 745
10:20 . . . . **vol. 2:** 440; **vol. 3:** 632
10:21–22 . . . .**vol. 1:** 510
10:21 . . . . **vol. 1:** 323; **vol. 4:** 394, 466
10:22 . . . .**vol. 1:** 287, 751; **vol. 3:** 320;
    vol. 4: 474, 567
10:23 . . . . **vol. 1:** 265, 484, 750;
    vol. 4: 474, 541, 596
10:24–25 . . . .**vol. 1:** 206; **vol. 2:** 774;
    vol. 3: 224, 226
10:24 . .**vol. 1:** 713; **vol. 2:** 403, 660; **vol. 4:** 361
10:25–26 . . . .**vol. 2:** 144
10:25 . . . . .**vol. 1:** 396, 503, 672, 713; **vol. 4:** 266
10:26–30 . . . .**vol. 2:** 143
10:26 . . . .**vol. 2:** 613, 615, 755; **vol. 3:** 647;
    vol. 4: 613
10:27 . . . . **vol. 2:** 678, 755; **vol. 4:** 322, 323, 641
10:28 . . . .**vol. 1:** 357, 360, 548; **vol. 2:** 369,
    410, 750; **vol. 2:** 750; **vol. 4:** 438,
    612, 613, 732
10:29–31 . . . .**vol. 2:** 441
10:29–30 . . . .**vol. 1:** 305
10:29 . . . .**vol. 3:** 733, 757
10:30–31 . . . .**vol. 4:** 613
10:30 . . . .**vol. 1:** 392; **vol. 2:** 369, 670;
    vol. 3: 261
10:32–33 . . . . . . **vol. 3:** 510, 569; **vol. 4:** 541
10:32 . . . .**vol. 1:** 304, 400, 485; **vol. 3:** 114, 325;
    vol. 4: 546
10:33 . . . . **vol. 1:** 400; **vol. 2:** 440
10:34–36 . . . .**vol. 3:** 811
10:34 . . . . **vol. 1:** 459; **vol. 3:** 253, 299
10:35–36 . . .**vol. 1:** 459; **vol. 3:** 474; **vol. 4:** 394
10:35 . . . .**vol. 3:** 436
10:37–39 . . . .**vol. 1:** 108
10:37–38 . . . .**vol. 1:** 206
10:37 . . . .**vol. 1:** 112, 488; **vol. 3:** 225, 320, 681;
    vol. 4: 529, 607
10:38 . . . . .**vol. 1:** 205, 495; **vol. 3:** 81, 226, 523;
    vol. 4: 359, 361

10:39 . . . . **vol. 1:** 360; **vol. 2:** 330
10:40–42 . . . . **vol. 1:** 369
10:40 . . . . **vol. 1:** 211, 675; **vol. 2:** 617, 680;
        vol. 3: 595, 632
10:41–42 . . . . **vol. 3:** 325
10:41 . . . . **vol. 1:** 731
10:42 . . . . . . **vol. 3:** 304, 325; **vol. 4:** 520, 735
11:1–5 . . . . **vol. 1:** 510
11:1 . . . .**vol. 1:** 783; **vol. 2:** 680, 681;
        vol. 4: 461, 474
11:2–6 . . . . . .**vol. 1:** 481; **vol. 2:** 566; **vol. 4:** 288
11:2–3 . . . . **vol. 3:** 109
11:2 . . . . **vol. 1:** 678, 783; **vol. 3:** 224
11:3 . . . .**vol. 1:** 482; **vol. 2:** 133, 285, 692;
        vol. 3: 377
11:4–6 . . . . **vol. 4:** 657
11:4 . . . . **vol. 1:** 210
11:5 . . . .**vol. 1:** 482, 521; **vol. 2:** 308, 309,
        681, 782; **vol. 3:** 109, 162, 209, 377,
        810, 811; **vol. 4:** 184, 510, 646, 656, 710
11:6 . . . .**vol. 2:** 309; **vol. 3:** 291, 811; **vol. 4:** 298
11:7–19 . . . .**vol. 3:** 411
11:7–18 . . . .**vol. 4:** 335
11:7–8 . . . . **vol. 3:** 217
11:7 . . . .**vol. 1:** 295; **vol. 2:** 275, 425; **vol. 4:** 233
11:9 . . . .**vol. 4:** 169, 170
11:10 . . . . **vol. 1:** 122; **vol. 3:** 388
11:11–13 . . . .**vol. 3:** 388
11:11 . . .**vol. 1:** 561; **vol. 3:** 257, 304; **vol. 4:** 744
11:12 . . . . **vol. 1:** 402, 485, 509, 510; **vol. 3:** 411
11:13 . . . .**vol. 3:** 411
11:14 . . . . **vol. 2:** 285, 381, 427; **vol. 3:** 411
11:15 . . . .**vol. 1:** 212
11:16 . . . .**vol. 1:** 139, 557; **vol. 3:** 209, 501, 594;
        vol. 4: 635
11:17 . . . . **vol. 2:** 727; **vol. 4:** 738
11:18–19 . . . . **vol. 3:** 482; **vol. 4:** 538
11:18 . . . .**vol. 1:** 288; **vol. 2:** 285, 291, 347;
        vol. 3: 752
11:19 . . .**vol. 1:** 259; **vol. 2:** 291, 328; **vol. 3:** 482,
        752; **vol. 4:** 335, 466, 483, 606
11:20–24 . . . . **vol. 2:** 750; **vol. 3:** 291
11:20 . . . .**vol. 3:** 514
11:21–24 . . . .**vol. 1:** 485
11:21 . . . . **vol. 1:** 383; **vol. 3:** 313, 562, 599
11:22 . . . .**vol. 1:** 298
11:23 . . . . **vol. 1:** 154, 155; **vol. 3:** 274
11:24 . . . .**vol. 1:** 298
11:25–27 . . . . **vol. 1:** 86; **vol. 2:** 616; **vol. 3:** 682;
        vol. 4: 531
11:25–26 . . . . **vol. 2:** 440; **vol. 3:** 384
11:25 . . . . .**vol. 1:** 86, 102, 567; **vol. 2:** 754, 755,
        774; **vol. 3:** 509, 569; **vol. 4:** 334
11:26 . . . . **vol. 1:** 86; **vol. 2:** 314, 315
11:27 . . . . . .**vol. 1:** 86, 528, 587; **vol. 2:** 219, 557;
        vol. 3: 160, 287, 385, 569, 623,
        632, 662; **vol. 4:** 531, 535
11:28–30 . . . . . .**vol. 1:** 470; **vol. 2:** 87, 203, 206,
        360; **vol. 3:** 411; **vol. 4:** 453, 656

11:28–29 . . . . **vol. 1:** 286; **vol. 4:** 335
11:28 . . . .**vol. 1:** 259; **vol. 2:** 722; **vol. 4:** 687
11:29 . . . .**vol. 1:** 286, 288, 493; **vol. 2:** 87,
        330, 331; **vol. 3:** 223; **vol. 4:** 125,
        452, 687, 731
11:30 . . . . **vol. 1:** 471; **vol. 4:** 687
12:1–12 . . . .**vol. 2:** 229
12:1–8 . . . . . .**vol. 2:** 360; **vol. 3:** 694; **vol. 4:** 224
12:1 . . . . **vol. 2:** 589; **vol. 4:** 108, 224, 344
12:2 . . . .**vol. 3:** 529
12:3 . . . . **vol. 1:** 279, 635
12:4 . . . .**vol. 2:** 518; **vol. 3:** 335; **vol. 4:** 157, 160
12:5 . . . .**vol. 1:** 190, 279, 502
12:6–8 . . . .**vol. 2:** 486
12:6 . . . .**vol. 2:** 518; **vol. 3:** 256; **vol. 4:** 351
12:7 . . . .**vol. 1:** 190, 746; **vol. 2:** 170, 429,
        484, 486; **vol. 4:** 593
12:8 . . . . **vol. 2:** 518; **vol. 4:** 539
12:9–16 . . . .**vol. 2:** 360
12:9–14 . . . .**vol. 4:** 224
12:10 . . . . **vol. 2:** 219, 288; **vol. 3:** 447
12:11 . . . . **vol. 3:** 757; **vol. 4:** 136
12:12 . . . . **vol. 1:** 304, 553; **vol. 2:** 219
12:13–17 . . . .**vol. 2:** 593
12:13–14 . . . .**vol. 1:** 230
12:13 . . . .**vol. 1:** 355; **vol. 2:** 301, 397;
        vol. 4: 517, 664
12:14 . . . . **vol. 1:** 359, 500; **vol. 4:** 593
12:15 . . . .**vol. 2:** 448
12:16 . . . .**vol. 4:** 588
12:17–21 . . . .**vol. 2:** 360
12:17 . . . .**vol. 3:** 788
12:18–21 . . . .**vol. 1:** 120; **vol. 3:** 393; **vol. 4:** 270
12:18 . . . .**vol. 1:** 108, 176; **vol. 2:** 315,
        397, 440; **vol. 3:** 595
12:19 . . . .**vol. 2:** 738
12:20 . . . . **vol. 3:** 393; **vol. 4:** 270
12:21 . . . .**vol. 3:** 521
12:22–32 . . . . **vol. 1:** 503; **vol. 2:** 360
12:22–30 . . . . **vol. 1:** 779; **vol. 3:** 810
12:22–28 . . . .**vol. 2:** 131
12:22 . . . .**vol. 1:** 520; **vol. 2:** 176, 628,
        782; **vol. 4:** 266, 510
12:23 . . . . . .**vol. 1:** 635; **vol. 2:** 155; **vol. 4:** 537
12:24–32 . . . .**vol. 1:** 602
12:24–27 . . . .**vol. 4:** 266
12:24 . . . . **vol. 1:** 417, 602, 672; **vol. 3:** 699
12:25–37 . . . . **vol. 3:** 204; **vol. 4:** 170
12:25–29 . . . . **vol. 3:** 809; **vol. 4:** 266
12:25–26 . . . .**vol. 3:** 283
12:25 . . . .**vol. 1:** 123; **vol. 2:** 272;
        vol. 3: 432, 462
12:26–27 . . . .**vol. 2:** 131
12:26 . . . .**vol. 1:** 483
12:27–28 . . . .**vol. 3:** 809
12:27 . . . . **vol. 3:** 91, 810
12:28 . . . .**vol. 1:** 483, 484, 633; **vol. 2:** 237,
        309, 360, 440, 448; **vol. 3:** 810

12:29 . . . . .vol. 1: 402, 484, 779; vol. 2: 563;
           vol. 3: 394, 810; vol. 4: 288, 300, 675
12:30 .vol. 4: 319, 399
12:31–32. . . . . vol. 3: 810; vol. 4: 539
12:31 . . . . .vol. 1: 259, 263, 517
12:32 . . . vol. 1: 198, 517; vol. 3: 157, 263, 510
12:33–37. . . . . .vol. 2: 360, 456
12:33 . . . . .vol. 1: 98; vol. 2: 609, 628;
                            vol. 3: 491; vol. 4: 102
12:34–35. . . . . .vol. 4: 102
12:34 . . . . . . .vol. 1: 561; vol. 3: 720; vol. 4: 383
12:35 . . . . vol. 1: 95; vol. 2: 131, 456
12:36 . . . . .vol. 2: 393
12:37 . . . . .vol. 1: 746
12:38–42. . . . . .vol. 2: 360
12:38–41. . . . . .vol. 2: 566
12:38–39. . . . . .vol. 4: 287
12:38 . . . . .vol. 1: 602, 712
12:39–42. . . . . .vol. 3: 400
12:39–40. . . . . .vol. 4: 541
12:39 . . . . .vol. 2: 356, 566; vol. 3: 331, 332;
                                           vol. 4: 102
12:40 . . . .vol. 1: 154, 603; vol. 2: 392, 566, 704;
                            vol. 3: 400; vol. 4: 502
12:41–43. . . . . .vol. 4: 626
12:41–42. . . .vol. 1: 557; vol. 2: 750; vol. 3: 256
12:41 . . . . .vol. 1: 322; vol. 2: 122, 566, 677,
                            678, 749; vol. 3: 291, 400, 529;
                                     vol. 4: 169, 170
12:42 . . . . vol. 1: 480, 487, 567; vol. 4: 329, 335
12:43–45. . . . . .vol. 2: 360
12:43 . . . . .vol. 1: 286; vol. 2: 274, 276,
                                     330; vol. 4: 520
12:44 . . . . vol. 2: 734; vol. 3: 472
12:45 . . . . . .vol. 2: 261; vol. 3: 475; vol. 4: 176
12:46–50. . . . . .vol. 3: 225, 299
12:46–49. . . . . .vol. 2: 360
12:49 . . . . .vol. 4: 664
12:50 . . . . vol. 2: 360; vol. 3: 569
13. . . . . .vol. 2: 262, 360; vol. 3: 233, 613;
                                           vol. 4: 344
13:1–23. . . . . vol. 2: 451; vol. 4: 344
13:1–9. . . . . .vol. 3: 612
13:2 . . . . .vol. 4: 399
13:4 . . . . .vol. 3: 733
13:5–8. . . . . vol. 1: 254; vol. 2: 300
13:5–6. . . . . .vol. 4: 212
13:5 . . . . vol. 1: 457, 567; vol. 3: 736
13:6 . . . . .vol. 1: 292; vol. 2: 108, 596;
                                     vol. 3: 447, 448
13:7 . . . . vol. 1: 200, 275; vol. 3: 824
13:8 . . . . vol. 1: 98; vol. 2: 609
13:9 . . . . .vol. 1: 212
13:10–15. . . . . .vol. 3: 613
13:11 . . . . .vol. 1: 212, 583; vol. 2: 617;
                                     vol. 4: 314, 713
13:12 . . . . .vol. 3: 721

13:13–15. . . . . .vol. 1: 211; vol. 2: 616
13:13 . . . .vol. 1: 520, 616; vol. 3: 685, 787, 788;
                                           vol. 4: 167
13:15 . . . . . .vol. 1: 213, 469; vol. 3: 573, 685
13:16–17. . . .vol. 1: 210; vol. 3: 209; vol. 4: 287
13:16 . . . . .vol. 2: 616
13:17 . . . . vol. 1: 731; vol. 2: 242
13:18–23. . . . . .vol. 3: 612
13:19 . . . vol. 1: 402; vol. 3: 733; vol. 4: 104, 267
13:20–21. . . . . vol. 2: 596; vol. 4: 212
13:20 . . . . vol. 3: 736; vol. 4: 646
13:21 . . . . . .vol. 1: 452; vol. 2: 590; vol. 4: 297
13:22 . . . . .vol. 1: 200, 348; vol. 2: 378;
                            vol. 3: 278, 798, 799, 824
13:23–25. . . . . .vol. 2: 610
13:23 . . . . . . .vol. 1: 98, 211; vol. 3: 213, 567
13:24–30. . . . . . .vol. 2: 451; vol. 4: 267, 345
13:24 . . . . .vol. 1: 141; vol. 3: 501; vol. 4: 282
13:25 . . . . vol. 2: 346; vol. 4: 344
13:26 . . . . .vol. 4: 587, 678
13:27 . . . . .vol. 1: 295, 672; vol. 2: 546,
                                     610; vol. 4: 199
13:28 . . . . .vol. 2: 345, 346
13:29 . . . . vol. 1: 200; vol. 4: 212
13:30 . . . . vol. 1: 442, 484, 678, 680;
                                     vol. 2: 450, 589
13:31–32. . . . . .vol. 1: 304, 610;
                                           vol. 4: 345
13:31 . . . . .vol. 3: 81, 501
13:32 . . . . .vol. 1: 199, 442; vol. 3: 97,
                                     733; vol. 4: 304
13:33 . . . .vol. 1: 487; vol. 2: 362, 363, 754, 755;
                                     vol. 3: 501, 610
13:34–35. . . . . .vol. 3: 613
13:34 . . . . .vol. 3: 582
13:35 . . .vol. 1: 328; vol. 2: 636, 755; vol. 3: 788
13:36–51. . . . . vol. 2: 458; vol. 3: 716
13:36 . . . . .vol. 1: 447
13:37–43. . . . . .vol. 4: 541
13:37–38. . . . . .vol. 2: 610
13:38 . . . . vol. 1: 100; vol. 4: 299, 529
13:39–40. . . . . .vol. 1: 198; vol. 4: 474
13:39 . . . . .vol. 1: 198; vol. 2: 346, 450;
                                           vol. 4: 266
13:40–50. . . . . .vol. 4: 194
13:41 . . . . .vol. 4: 297, 299, 541
13:42 . . . . .vol. 1: 534, 548
13:43 . . . . vol. 2: 385; vol. 3: 88
13:44–46. . . . . vol. 2: 331; vol. 3: 613
13:44 . . . .vol. 1: 139, 140; vol. 2: 330, 331, 457,
                            458, 755; vol. 3: 233, 501; vol. 4: 196
13:45–46. . . . . vol. 2: 330, 458; vol. 3: 233
13:45 . . . . . . .vol. 2: 356, 609, 610; vol. 3: 501
13:46 . . . . vol. 1: 140; vol. 3: 754
13:47 . . . . vol. 1: 557; vol. 3: 501
13:48 . . . . vol. 2: 610; vol. 3: 757
13:49–50. . . . . .vol. 4: 103

Scripture Index: New Testament: Matthew

13:49 . . . . vol. 1: 122, 198, 731; vol. 3: 546; vol. 4: 474
13:50 . . . . vol. 1: 534, 548
13:51 . . . . vol. 3: 354; vol. 4: 409
13:52 . . . . vol. 1: 601, 603, 672; vol. 2: 456, 459, 581; vol. 3: 227, 600
13:53–58 . . . . vol. 4: 172
13:53 . . . . vol. 1: 178; vol. 4: 474
13:54 . . . . vol. 3: 680; vol. 4: 335
13:55 . . . . vol. 2: 494, 546; vol. 4: 469
13:57 . . . . vol. 3: 472, 647, 680, 810; vol. 4: 298, 495
13:58 . . . . vol. 1: 779
14:1 . . . . vol. 1: 417
14:2 . . . . vol. 1: 326; vol. 2: 271; vol. 3: 594
14:3 . . . . vol. 4: 625
14:4 . . . . vol. 1: 411
14:5 . . . . vol. 1: 357; vol. 3: 582; vol. 4: 612
14:6 . . . . vol. 1: 386, 571
14:7 . . . . vol. 3: 497, 548
14:8 . . . . vol. 1: 480; vol. 2: 670; vol. 3: 350
14:9 . . . . vol. 2: 656; vol. 3: 177, 548
14:10 . . . . vol. 2: 670
14:12 . . . . . . vol. 1: 178; vol. 2: 417; vol. 3: 757
14:13–21 . . . . vol. 1: 411, 648; vol. 3: 720; vol. 4: 287
14:13 . . . . vol. 2: 275
14:14 . . . . vol. 2: 448; vol. 4: 35
14:15 . . . . . . vol. 1: 535; vol. 2: 284; vol. 4: 744
14:17 . . . . vol. 2: 565
14:19 . . . . vol. 1: 521; vol. 2: 656, 686; vol. 3: 582; vol. 4: 678
14:20 . . . . . . vol. 1: 178; vol. 2: 686; vol. 4: 678
14:21 . . . . vol. 1: 300; vol. 3: 594
14:22–33 . . . . vol. 4: 287
14:22–26 . . . . vol. 4: 520
14:22–23 . . . . vol. 2: 107
14:22 . . . . vol. 1: 280
14:23 . . . . . . vol. 1: 276; vol. 2: 341; vol. 3: 550
14:24–32 . . . . vol. 1: 295
14:24 . . . . vol. 1: 473, 567
14:25 . . . . vol. 3: 438; vol. 4: 487, 625
14:26 . . . . vol. 2: 738; vol. 4: 457, 588
14:27 . . . . vol. 2: 110, 419; vol. 4: 613
14:28–31 . . . . vol. 4: 520
14:29 . . . . vol. 1: 275
14:30 . . . . vol. 4: 428
14:31 . . . . vol. 3: 83
14:32 . . . . vol. 2: 722
14:33 . . . . vol. 4: 152, 409, 531
14:34 . . . . vol. 1: 617
15 . . . . vol. 3: 624
15:1–20 . . . . . vol. 1: 602; vol. 3: 402; vol. 4: 521
15:1–9 . . . . vol. 3: 625
15:1–2 . . . . vol. 4: 593, 665
15:2–3 . . . . vol. 3: 607
15:2 . . . . vol. 1: 602; vol. 3: 402, 625; vol. 4: 133

15:3–20 . . . . vol. 4: 594
15:3–9 . . . . vol. 3: 402; vol. 4: 665
15:3–6 . . . . vol. 4: 564
15:3 . . . . vol. 1: 161; vol. 2: 202; vol. 3: 600, 625
15:4–6 . . . . vol. 3: 299
15:4 . . . . vol. 2: 600; vol. 4: 496
15:5 . . . . vol. 2: 729; vol. 4: 310
15:6 . . . . vol. 2: 779; vol. 3: 600, 625
15:7–9 . . . . vol. 3: 702; vol. 4: 563
15:7 . . . . vol. 3: 788; vol. 4: 167
15:8 . . . . vol. 2: 626
15:9 . . . . vol. 1: 713; vol. 2: 202; vol. 3: 249; vol. 4: 274
15:10–20 . . . . vol. 3: 402; vol. 4: 665
15:10 . . . . vol. 1: 212; vol. 2: 605
15:11 . . . . vol. 2: 572, 709, 763; vol. 4: 383
15:12–14 . . . . vol. 4: 298
15:12 . . . . vol. 3: 157, 161; vol. 4: 298
15:13 . . . . vol. 4: 212, 298
15:14–15 . . . . vol. 3: 610
15:14 . . . . vol. 1: 447; vol. 3: 456, 457, 647, 757, 758; vol. 4: 51
15:15 . . . . vol. 3: 191, 738
15:17–20 . . . . vol. 2: 705
15:17–18 . . . . vol. 3: 702
15:17 . . . . vol. 3: 433; vol. 4: 108
15:18–19 . . . . vol. 1: 307; vol. 2: 626
15:18 . . . . vol. 2: 709
15:19 . . . . vol. 2: 600; vol. 3: 125, 239, 331; vol. 4: 103
15:20 . . . . vol. 2: 709; vol. 3: 402
15:21–28 . . . . vol. 1: 616; vol. 2: 448, 572
15:21–22 . . . . vol. 2: 738
15:21 . . . . vol. 3: 282; vol. 4: 517
15:22 . . . vol. 1: 635; vol. 2: 169, 600; vol. 4: 537
15:23 . . . . vol. 3: 191
15:24 . . . . . . vol. 1: 783; vol. 2: 558; vol. 3: 472; vol. 4: 84, 136–37, 241
15:25 . . . . vol. 1: 525
15:26 . . . . . . vol. 1: 97; vol. 2: 774; vol. 3: 757
15:28 . . . vol. 1: 616; vol. 2: 498; vol. 4: 483, 744
15:29–30 . . . . vol. 1: 276
15:30–31 . . . . vol. 2: 767, 782; vol. 4: 710
15:30 . . . . vol. 2: 448; vol. 4: 510
15:31 . . . . vol. 2: 422, 438; vol. 4: 517
15:32–39 . . . . vol. 1: 411, 648; vol. 3: 720; vol. 4: 287
15:32 . . . . vol. 3: 191, 387; vol. 4: 353
15:33 . . . . vol. 2: 275; vol. 4: 678
15:34–36 . . . . vol. 2: 565
15:34 . . . . vol. 2: 261, 564
15:35 . . . . vol. 2: 656; vol. 3: 616
15:36–37 . . . . vol. 2: 261
15:36 . . . . vol. 2: 335, 686
15:37 . . . . vol. 3: 721
15:38 . . . . vol. 3: 594
16:1–16 . . . . vol. 4: 229

Scripture Index: New Testament: Matthew

16:1–4 . . . .**vol. 4:** 288
16:1–3 . . . .**vol. 4:** 286
16:1 . . . .**vol. 2:** 566; **vol. 3:** 400, 699; **vol. 4:** 286
16:2–3 . . . .**vol. 4:** 193
16:2 . . . . **vol. 3:** 569; **vol. 4:** 158, 287, 745
16:4 . . . .**vol. 2:** 566; **vol. 3:** 102, 331, 332; **vol. 4:** 102, 287, 502
16:6 . . . .**vol. 2:** 397
16:7–8 . . . .**vol. 3:** 125
16:9 . . . .**vol. 3:** 313
16:10 . . . .**vol. 2:** 261
16:11–12 . . . .**vol. 2:** 363
16:11 . . . .**vol. 3:** 433
16:12 . . . .**vol. 4:** 409
16:13–23 . . . .**vol. 1:** 618
16:13 . . . . **vol. 2:** 288; **vol. 4:** 539
16:14 . . . .**vol. 2:** 301; **vol. 3:** 788; **vol. 4:** 169
16:15–19 . . . .**vol. 3:** 226
16:16–17 . . . . **vol. 2:** 440; **vol. 4:** 409
16:16 . . . . . . **vol. 1:** 132; **vol. 2:** 369; **vol. 3:** 739; **vol. 4:** 531, 539, 694
16:17 . . . .**vol. 1:** 169; **vol. 2:** 440, 617; **vol. 3:** 208, 739; **vol. 4:** 256, 259
16:18–19 . . . .**vol. 1:** 679; **vol. 2:** 142, 688; **vol. 3:** 711
16:18 . . . . . .**vol. 1:** 154, 627; **vol. 2:** 137, 143, 431, 562; **vol. 3:** 463, 737, 738, 739; **vol. 4:** 85, 190
16:19 . . . . **vol. 1:** 329, 448, 603, 679, 680; **vol. 2:** 687, 742; **vol. 3:** 197, 570, 738
16:21 . . . . **vol. 1:** 322, 326, 415, 601, 638, 641; **vol. 2:** 392, 507, 524; **vol. 3:** 671; **vol. 4:** 502, 539, 540
16:22 . . . .**vol. 2:** 537; **vol. 3:** 84; **vol. 4:** 298
16:23 . . . .**vol. 3:** 524, 536, 702, 738
16:24–25 . . . .**vol. 3:** 226
16:24 . . . . **vol. 1:** 178, 205, 360, 399, 400, 495; **vol. 2:** 176, 667; **vol. 4:** 360
16:25 . . . . . .**vol. 1:** 553; **vol. 2:** 176, 331, 667; **vol. 3:** 492; **vol. 4:** 429, 729
16:26 . . . .**vol. 1:** 243; **vol. 2:** 353, 667, 668; **vol. 4:** 748
16:27 . . . . . .**vol. 1:** 122, 507, 765; **vol. 2:** 285, 633; **vol. 3:** 263; **vol. 4:** 122
16:28–17:5 . . . .**vol. 4:** 541
16:28 . . . . **vol. 1:** 484, 489, 565; **vol. 2:** 285
17:1–8 . . . .**vol. 4:** 636
17:1 . . . .**vol. 1:** 783; **vol. 3:** 484, 550, 551, 738; **vol. 4:** 581
17:2–5 . . . .**vol. 1:** 766
17:2 . . . . . **vol. 1:** 765; **vol. 2:** 97, 385; **vol. 3:** 88, 113, 338; **vol. 4:** 158
17:3 . . . .**vol. 3:** 79
17:4 . . . .**vol. 1:** 97; **vol. 2:** 775; **vol. 3:** 738; **vol. 4:** 304
17:5 . . . .**vol. 1:** 108, 210; **vol. 2:** 151, 315; **vol. 3:** 363, 596; **vol. 4:** 169, 310, 640

17:6 . . . .**vol. 2:** 143; **vol. 4:** 158
17:7 . . . .**vol. 4:** 613
17:8 . . . .**vol. 3:** 335
17:9 . . . . **vol. 2:** 203; **vol. 3:** 530, 551
17:10–13 . . . .**vol. 3:** 411
17:10 . . . . **vol. 1:** 601; **vol. 2:** 285, 381
17:11–13 . . . .**vol. 4:** 169
17:11 . . . .**vol. 1:** 355
17:12 . . . .**vol. 3:** 263
17:14 . . . .**vol. 1:** 593
17:15 . . .**vol. 1:** 712; **vol. 2:** 169; **vol. 4:** 281, 520
17:16–21 . . . .**vol. 2:** 448
17:16 . . . .**vol. 2:** 448
17:17 . . . . **vol. 1:** 297, 557; **vol. 4:** 145, 388
17:18 . . . . **vol. 2:** 176, 448; **vol. 4:** 281, 744
17:20 . . . .**vol. 3:** 551, 765, 766, 767
17:21 . . . . . .**vol. 1:** 557; **vol. 2:** 143; **vol. 3:** 388
17:22 . . . .**vol. 4:** 388, 539, 664
17:24–27 . . . . **vol. 2:** 735; **vol. 4:** 287
17:24 . . . .**vol. 1:** 333, 660, 713; **vol. 3:** 738; **vol. 4:** 474, 481
17:25–26 . . . .**vol. 1:** 254
17:25 . . . .**vol. 1:** 480, 755; **vol. 4:** 474, 481
17:26 . . . .**vol. 2:** 175
17:27 . . . .**vol. 1:** 333, 329; **vol. 2:** 565; **vol. 4:** 176, 297
18:1–14 . . . .**vol. 3:** 304
18:1–10 . . . .**vol. 3:** 562
18:1–5 . . . .**vol. 3:** 257
18:1–4 . . . .**vol. 3:** 226
18:1 . . . . **vol. 3:** 595; **vol. 4:** 744
18:2 . . . .**vol. 2:** 605
18:3–4 . . . .**vol. 3:** 595
18:3 . . .**vol. 1:** 488, 676; **vol. 3:** 292; **vol. 4:** 387
18:4 . . . . **vol. 3:** 257; **vol. 4:** 452, 453
18:5 . . . .**vol. 1:** 211, 676
18:6 . . . .**vol. 2:** 743; **vol. 3:** 303; **vol. 4:** 299
18:7 . . . .**vol. 1:** 281; **vol. 3:** 562; **vol. 4:** 297, 299
18:8–9 . . . .**vol. 1:** 97, 488, 548; **vol. 2:** 370; **vol. 3:** 458; **vol. 4:** 194, 271, 299
18:8 . . . **vol. 1:** 197; **vol. 2:** 725, 768; **vol. 3:** 349; **vol. 4:** 710
18:9 . . . . **vol. 2:** 768; **vol. 3:** 579
18:10 . . .**vol. 1:** 123; **vol. 2:** 645; **vol. 3:** 531, 570
18:12–14 . . . . **vol. 2:** 331; **vol. 4:** 84
18:12–13 . . . .**vol. 3:** 774, 775
18:12 . . . . **vol. 1:** 755; **vol. 4:** 109
18:15–20 . . . .**vol. 3:** 232, 488
18:15–17 . . . .**vol. 3:** 232
18:15 . . . . **vol. 1:** 258; **vol. 2:** 166, 667, 668
18:16–17 . . . .**vol. 2:** 166
18:16 . . .**vol. 2:** 141; **vol. 3:** 226, 239; **vol. 4:** 209
18:17 . . . . . .**vol. 1:** 210; **vol. 2:** 91, 137, 141, 143; **vol. 4:** 85, 482, 483
18:18 . . . .**vol. 1:** 448, 603, 679, 680; **vol. 2:** 689, 742; **vol. 3:** 197, 212, 232
18:19 . . . .**vol. 1:** 186, 187, 188; **vol. 2:** 341; **vol. 3:** 232, 570; **vol. 4:** 122

Scripture Index: New Testament: Matthew

18:20 . . . . .vol. 1: 778, 783;vol. 2: 393; vol. 3: 231, 595, 632, 651
18:21–35. . . . . .vol. 3: 211, 232, 613
18:21–34. . . . . .vol. 4: 656
18:21–22. . . . . . . .vol. 1: 448; vol. 2: 261, 774; vol. 3: 576
18:21 . . . . vol. 1: 258; vol. 3: 738
18:23–35. . . vol. 1: 245; vol. 2: 169; vol. 3: 576; vol. 4: 353, 483
18:23 . . . . .vol. 3: 501
18:24 .vol. 3: 211, 577
18:25 . . .vol. 2: 656, 774; vol. 3: 754; vol. 4: 466
18:26 .vol. 3: 211, 757
18:27 . . .vol. 1: 447, 770; vol. 2: 774; vol. 4: 482
18:28–49. . . . . .vol. 1: 770
18:28–34. . . . . .vol. 3: 575
18:28 . . . . .vol. 3: 575
18:29 . . . . .vol. 3: 211, 212, 630
18:30 . . . . vol. 3: 575; vol. 4: 625
18:31 . . . . .vol. 3: 178
18:32–35. . . . . .vol. 1: 448
18:32 . . . . .vol. 3: 576
18:33–34. . . . . .vol. 2: 171
18:33 . . . . vol. 2: 169; vol. 3: 576
18:34 . . . . .vol. 1: 770; vol. 3: 212, 536, 575; vol. 4: 353
18:35 . . . . .vol. 3: 212, 576
19:1–12. . . . . .vol. 4: 716
19:1 . . . . vol. 1: 178; vol. 4: 474
19:3–12. . . . . .vol. 1: 243
19:3–9. . . . . .vol. 3: 197
19:3–8. . . . . .vol. 4: 114
19:3 . . . . . vol. 1: 190, 304, 363, 545; vol. 4: 715
19:4–6. . . . . .vol. 4: 716
19:4–5. . . . . .vol. 1: 544
19:4 . . . . . vol. 1: 279, 406, 416; vol. 2: 452, 763
19:5–6. . . . . .vol. 4: 259
19:5 . . . . .vol. 1: 304, 407; vol. 2: 125, 719, 720; vol. 3: 299
19:6 . . . .vol. 1: 407; vol. 2: 359; vol. 4: 715, 716
19:7 . . . . vol. 1: 512; vol. 2: 203
19:8–12. . . . . .vol. 4: 713
19:8 . . . . .vol. 1: 416, 712; vol. 2: 625; vol. 4: 315, 716
19:9–12. . . . . .vol. 1: 545
19:9 . . . . .vol. 1: 301, 364, 545; vol. 3: 239; vol. 4: 114, 717
19:10–12. . . . . .vol. 1: 545
19:10 . . . . .vol. 1: 190
19:11–12. . . . . .vol. 4: 713
19:12 . . . . .vol. 1: 488; vol. 2: 328, 448, 704; vol. 3: 298; vol. 4: 299
19:13–15. . . . . vol. 3: 594; vol. 4: 665
19:13–14. . . . . .vol. 1: 532
19:14 . . . . vol. 2: 780; vol. 3: 387, 594
19:15 . . . . vol. 2: 324; vol. 3: 594
19:16–30. . . . . .vol. 2: 203, 699

19:16–22. . . . . .vol. 4: 185
19:16–17. . . . . .vol. 2: 369
19:16 . . . . vol. 1: 197; vol. 2: 370
19:17 . . . .vol. 1: 95; vol. 2: 202, 204; vol. 4: 490
19:18 . . . . . . .vol. 1: 377; vol. 2: 691; vol. 3: 239
19:19 . . . . vol. 1: 377; vol. 3: 331
19:20 . . . . vol. 3: 101, 379; vol. 4: 576, 624
19:21 . . . . . vol. 1: 205; vol. 2: 458; vol. 3: 324; vol. 4: 183, 474, 552, 624
19:22 . . . . vol. 3: 177, 379, 799; vol. 4: 552
19:23–30. . . . . .vol. 3: 226
19:23–26. . . . . .vol. 3: 799
19:23–24. . . . . vol. 1: 488; vol. 3: 799
19:23 . . . . .vol. 4: 683
19:24 . . . . vol. 1: 483; vol. 3: 799
19:25 . . . . .vol. 2: 153; vol. 3: 799; vol. 4: 429
19:26 . . . . vol. 1: 778; vol. 4: 209, 430
19:27 . . . . .vol. 1: 270; vol. 2: 500; vol. 3: 738
19:28 . . . . vol. 1: 205, 265, 270, 487, 573, 574, 783; vol. 4: 543, 628
19:29 . . . . .vol. 1: 197, 270; vol. 2: 700; vol. 3: 325, 474
19:30 . . . . vol. 2: 295; vol. 4: 176
20:1–16. . . . . .vol. 1: 270; vol. 2: 269; vol. 3: 324, 613; vol. 4: 656
20:1–15. . . . . .vol. 1: 488
20:1–8. . . . . .vol. 1: 269
20:1 . . .vol. 1: 672; vol. 2: 269; vol. 3: 324, 501
20:3–6. . . . . .vol. 4: 743
20:3 . . . . vol. 1: 139; vol. 2: 301
20:6 . . . . .vol. 2: 301
20:8–16. . . . . .vol. 2: 294
20:8 . . . . vol. 1: 721; vol. 2: 269, 605
20:11–15. . . . . vol. 1: 731; vol. 4: 80
20:11 .vol. 1: 591, 672
20:12 . . . . . . .vol. 1: 470, 495; vol. 2: 550, 596; vol. 3: 325
20:13–16. . . . . .vol. 1: 270
20:13 . . . . vol. 1: 152, 157; vol. 2: 299
20:15 . . .vol. 1: 98; vol. 3: 324, 325; vol. 4: 102
20:16 . . .vol. 1: 305; vol. 2: 150, 295; vol. 4: 177
20:17 .vol. 1: 275, 783
20:18 . . . . .vol. 3: 624
20:20 . . . . vol. 3: 247, 299; vol. 4: 152
20:21 . . . . vol. 1: 489, 490, 665; vol. 2: 343, 427
20:22 . . . . .vol. 3: 263
20:23 .vol. 2: 305, 343
20:25 . . . . vol. 1: 417; vol. 2: 218, 774
20:26 .vol. 3: 218, 595
20:27–28. . . . . .vol. 4: 177
20:27 .vol. 1: 772, 773
20:28 . . . . .vol. 1: 333, 698; vol. 2: 284, 481; vol. 3: 183, 596; vol. 4: 99, 540, 730
20:29 . . . . .vol. 3: 581
20:30–31. . . . . .vol. 2: 169
20:30 . . . . vol. 3: 456; vol. 4: 537
20:31 . . . . .vol. 4: 295

20:32 . . . . **vol. 1:** 380
20:33 . . . . **vol. 1:** 328, 329
20:34 . . . . **vol. 4:** 288, 353
21:1–9 . . . . . . **vol. 1:** 481; **vol. 2:** 519; **vol. 3:** 614
21:1 . . . . **vol. 1:** 783; **vol. 2:** 163; **vol. 3:** 551
21:2 . . . . **vol. 3:** 191
21:3 . . . . **vol. 4:** 587
21:4–5 . . . . **vol. 4:** 125
21:4 . . . . **vol. 3:** 788
21:5 . . . . **vol. 2:** 359
21:6 . . . . **vol. 4:** 461
21:8 . . . . **vol. 1:** 664
21:9 . . . . **vol. 2:** 285, 324; **vol. 4:** 537, 746
21:10–17 . . . . **vol. 2:** 519
21:10 . . . . **vol. 4:** 95, 279, 280
21:12–17 . . . . **vol. 2:** 352; **vol. 3:** 382
21:12–13 . . . . **vol. 1:** 481; **vol. 3:** 614
21:12 . . **vol. 1:** 140; **vol. 2:** 577; **vol. 4:** 196, 388
21:13 . . **vol. 2:** 515; **vol. 3:** 115, 472; **vol. 4:** 351
21:14 . . . . **vol. 4:** 510, 710
21:15–16 . . . . **vol. 3:** 594; **vol. 4:** 393
21:15 . . . . **vol. 1:** 601, 602, 635; **vol. 2:** 421;
   vol. 3: 382; **vol. 4:** 537, 746
21:16 . . . . **vol. 1:** 173, 279, 409; **vol. 3:** 383
21:18–22 . . . . **vol. 3:** 447; **vol. 4:** 393
21:18–19 . . . . **vol. 2:** 520; **vol. 3:** 614, 693;
   vol. 4: 287
21:19–20 . . . . **vol. 3:** 447
21:19 . . . . **vol. 1:** 196, 571; **vol. 2:** 191, 628;
   vol. 4: 587
21:20–22 . . . . **vol. 3:** 551
21:21 . . . . **vol. 4:** 212
21:22 . . . . **vol. 1:** 187; **vol. 3:** 536
21:23–27 . . . . **vol. 4:** 80
21:23 . . . . **vol. 1:** 602; **vol. 3:** 734; **vol. 4:** 133
21:24 . . . . **vol. 2:** 288; **vol. 3:** 157
21:25 . . . . **vol. 1:** 553; **vol. 3:** 766
21:26 . . . . **vol. 3:** 582; **vol. 4:** 169
21:28–32 . . . . **vol. 1:** 270; **vol. 3:** 289
21:28 . . . . **vol. 1:** 269, 755, 783; **vol. 2:** 269;
   vol. 3: 289; **vol. 4:** 466
21:29–30 . . . . **vol. 2:** 775
21:29 . . . . **vol. 3:** 289; **vol. 4:** 575
21:31–32 . . . . **vol. 1:** 271; **vol. 4:** 114
21:31 . . . . **vol. 1:** 483; **vol. 2:** 429;
   vol. 4: 80, 482, 575
21:32 . . . . . . **vol. 1:** 731; **vol. 2:** 208; **vol. 3:** 289,
   457, 766; **vol. 4:** 483, 576
21:32 . . . . **vol. 4:** 483, 576
21:33–46 . . . . **vol. 1:** 271; **vol. 4:** 532
21:33–41 . . . . **vol. 1:** 169; **vol. 2:** 699
21:33 . . . . **vol. 1:** 672, 685, 721; **vol. 4:** 615
21:37 . . . . **vol. 4:** 575
21:41 . . **vol. 1:** 271; **vol. 2:** 599, 629; **vol. 3:** 464
21:42 . . . . **vol. 1:** 279, 604, 605, 627; **vol. 2:** 421;
   vol. 3: 758
21:43 . . . . **vol. 1:** 483, 487

21:44 . . . . **vol. 3:** 758
21:45–46 . . . . **vol. 2:** 506
21:46 . . . . **vol. 3:** 582
22:1–14 . . . . **vol. 1:** 329, 547; **vol. 2:** 286;
   vol. 3: 483; **vol. 4:** 693
22:1–10 . . . . **vol. 1:** 488, 490
22:2–12 . . . . **vol. 1:** 544
22:2–10 . . . . **vol. 2:** 605; **vol. 3:** 611
22:2 . . . . **vol. 1:** 251; **vol. 3:** 501
22:4 . . . . **vol. 2:** 305
22:6 . . . . **vol. 3:** 102; **vol. 4:** 514
22:7 . . . . . . **vol. 1:** 360; **vol. 3:** 535, 536, 704
22:8 . . . . **vol. 2:** 305
22:9 . . . . **vol. 2:** 330
22:10 . . . . **vol. 1:** 95; **vol. 3:** 457, 748;
   vol. 4: 102, 103, 399
22:11–12 . . . . **vol. 2:** 543
22:12 . . . . **vol. 2:** 299; **vol. 4:** 609
22:13–14 . . . . **vol. 1:** 680
22:13 . . . . **vol. 1:** 155, 534, 702; **vol. 2:** 298
22:14 . . . . . . **vol. 2:** 149, 150, 605; **vol. 3:** 489;
   vol. 4: 99
22:15–22 . . . . **vol. 2:** 352, 593
22:15–16 . . . . **vol. 1:** 230
22:16 . . . . **vol. 1:** 230; **vol. 2:** 394, 395;
   vol. 3: 457
22:17 . . . . **vol. 1:** 755
22:18 . . . . **vol. 4:** 103, 563
22:20 . . . . **vol. 1:** 600; **vol. 2:** 104
22:21 . . . . **vol. 1:** 721
22:22 . . . . **vol. 2:** 422
22:23–33 . . . . **vol. 1:** 324, 545
22:23–24 . . . . **vol. 4:** 229
22:23 . . . . **vol. 1:** 470; **vol. 2:** 288; **vol. 3:** 734
22:24–40 . . . . **vol. 4:** 242
22:24–25 . . . . **vol. 4:** 465
22:24 . . . . **vol. 1:** 322, 544; **vol. 3:** 257
22:25 . . . . **vol. 4:** 176
22:27 . . . . **vol. 4:** 575
22:28 . . . . **vol. 1:** 324
22:29 . . . . **vol. 1:** 605; **vol. 3:** 774
22:30 . . . . **vol. 1:** 123, 325, 544
22:31–32 . . . . **vol. 2:** 370
22:31 . . . . **vol. 1:** 279
22:32 . . . . **vol. 2:** 369, 438, 494, 547
22:34–40 . . . . **vol. 1:** 108, 244; **vol. 4:** 594
22:34 . . . . **vol. 2:** 237; **vol. 4:** 609
22:35 . . . . **vol. 2:** 288; **vol. 3:** 699
22:36–40 . . . . **vol. 4:** 80
22:36 . . . . **vol. 2:** 202
22:37–40 . . . . **vol. 1:** 722; **vol. 3:** 795
22:37 . . . . **vol. 2:** 124; **vol. 3:** 432, 492
22:38–40 . . . . **vol. 2:** 202
22:38 . . . . **vol. 2:** 202
22:39 . . . . . . **vol. 2:** 691; **vol. 3:** 417, 501, 790
22:40 . . . . **vol. 2:** 743; **vol. 3:** 411
22:41–46 . . . . **vol. 1:** 635, 665; **vol. 2:** 775;
   vol. 4: 537

Scripture Index: New Testament: Matthew

22:41 . . . .**vol. 1:** 602
22:42 . . . . **vol. 1:** 755; **vol. 4:** 536, 537
22:43–44. . . . .**vol. 1:** 562
22:44 . . . .**vol. 2:** 345, 650, 775
22:45 . . . .**vol. 4:** 536, 537
22:46 . . . .**vol. 2:** 288; **vol. 4:** 499
23. . . . .**vol. 1:** 601; **vol. 2:** 524; **vol. 3:** 102,
 372, 496, 536; **vol. 4:** 593
23:1–36. . . . .**vol. 1:** 259; **vol. 4:** 594
23:1–7. . . . .**vol. 4:** 452
23:1 . . . .**vol. 3:** 91, 734
23:2–3. . . . .**vol. 3:** 365
23:2 . . . .**vol. 1:** 601, 603; **vol. 2:** 577;
 vol. 4: 172, 198
23:3 . . . .**vol. 1:** 230; **vol. 4:** 490
23:4 . . . . . .**vol. 1:** 230, 469, 470, 494, 678, 679;
 vol. 2: 203, 360
23:5 . . . .**vol. 2:** 269, 338; **vol. 3:** 256, 777;
 vol. 4: 626
23:6–7. . . . .**vol. 1:** 601; **vol. 2:** 427
23:6 . . . .**vol. 1:** 107, 646; **vol. 4:** 607
23:7–12. . . . .**vol. 3:** 226
23:7–10. . . . .**vol. 2:** 604
23:7–8. . . . .**vol. 4:** 198
23:7 . . . .**vol. 1:** 426
23:8–12. . . . .**vol. 1:** 603
23:8–10. . . . .**vol. 2:** 124
23:8 . . . . **vol. 1:** 713; **vol. 3:** 225, 681
23:9 . . . . **vol. 2:** 438; **vol. 3:** 681
23:10 . . . .**vol. 3:** 681
23:11–12. . . . .**vol. 3:** 595
23:11 . . . . **vol. 2:** 268; **vol. 3:** 257
23:12 . . . .**vol. 4:** 452, 582
23:13–36. . . . .**vol. 1:** 603; **vol. 3:** 365
23:13–30. . . . .**vol. 4:** 564
23:13–29. . . . .**vol. 3:** 562; **vol. 4:** 562
23:13 . . . .**vol. 1:** 488, 601; **vol. 2:** 363, 688,
 689, 780; **vol. 3:** 102, 563
23:15 . . . .**vol. 1:** 351, 548, 731; **vol. 3:** 447, 563;
 vol. 4: 149, 529
23:16–22. . . . . **vol. 2:** 519; **vol. 3:** 495, 496, 563
23:16–19. . . . .**vol. 4:** 511
23:16–17. . . . .**vol. 4:** 709
23:16 . . . .**vol. 3:** 456
23:17 . . . .**vol. 1:** 129; **vol. 3:** 358
23:18–19. . . . .**vol. 1:** 720
23:19 . . . .**vol. 1:** 129; **vol. 4:** 564
23:22 . . . .**vol. 2:** 439
23:23–24. . . . .**vol. 1:** 230; **vol. 3:** 563
23:23 . . . .**vol. 1:** 661; **vol. 2:** 170; **vol. 3:** 97, 412
23:24–26. . . . .**vol. 4:** 511
23:24 . . . .**vol. 3:** 456
23:25–28. . . . .**vol. 2:** 572
23:25–26. . . . .**vol. 3:** 563
23:25 . . . .**vol. 1:** 555, 652; **vol. 2:** 84; **vol. 4:** 520
23:27–28. . . .**vol. 1:** 731; **vol. 3:** 563; **vol. 4:** 588
23:27 . . . .**vol. 1:** 555; **vol. 2:** 416, 572;
 vol. 3: 184, 501; **vol. 4:** 464, 743

23:29–36. . . . .**vol. 3:** 734
23:29–33. . . . .**vol. 3:** 563
23:29–31. . . . .**vol. 2:** 417
23:29 . . . .**vol. 1:** 416
23:30 . . . .**vol. 1:** 169; **vol. 2:** 712
23:31 . . . .**vol. 3:** 239; **vol. 4:** 168, 529
23:32 . . . .**vol. 3:** 295, 563, 792
23:33 . . . .**vol. 1:** 548, 561; **vol. 2:** 748;
 vol. 3: 580; **vol. 4:** 596
23:34–35. . . . .**vol. 4:** 335
23:34 . . . .**vol. 1:** 603; **vol. 3:** 247, 600, 734;
 vol. 4: 334, 358
23:35 . . . .**vol. 1:** 169, 402; **vol. 2:** 159, 516;
 vol. 4: 168
23:36 . . . . **vol. 1:** 557; **vol. 2:** 379
23:37–39. . . . .**vol. 2:** 525; **vol. 3:** 562, 733
23:37–38. . . . .**vol. 1:** 497
23:37 . . . .**vol. 1:** 357; **vol. 3:** 104;
 vol. 4: 95, 168, 466
23:38 . . . .**vol. 2:** 276
23:39 . . . . **vol. 2:** 324; **vol. 3:** 520, 734
24. . . . .**vol. 1:** 236; **vol. 3:** 653; **vol. 4:** 541
24:1–3. . . . . **vol. 2:** 163; **vol. 3:** 551
24:1 . . . . **vol. 2:** 519; **vol. 3:** 463, 734
24:2–25. . . . .**vol. 4:** 95
24:2 . . . . . . **vol. 2:** 520; **vol. 3:** 191, 194, 418
24:3 . . . . **vol. 1:** 198; **vol. 4:** 287, 474
24:4–12. . . . .**vol. 2:** 463
24:4–11. . . . .**vol. 3:** 775
24:5 . . . .**vol. 2:** 108
24:6 . . . .**vol. 1:** 637; **vol. 2:** 463;
 vol. 4: 91, 474, 476
24:7–8. . . . .**vol. 4:** 741
24:7 . . . .**vol. 4:** 279
24:8 . . . .**vol. 2:** 463
24:9 . . . .**vol. 1:** 357; **vol. 3:** 521, 624;
 vol. 4: 298, 567
24:10 . . . . **vol. 3:** 320; **vol. 4:** 297, 299
24:11 . . . .**vol. 3:** 775
24:12 . . . .**vol. 2:** 391, 680; **vol. 3:** 783;
 vol. 4: 98, 567, 734
24:13 . . . .**vol. 4:** 474, 566
24:14 . . . .**vol. 1:** 637; **vol. 2:** 558, 677, 680;
 vol. 3: 239, 477, 492; **vol. 4:** 474
24:15–22. . . . .**vol. 2:** 520
24:15–16. . . . .**vol. 1:** 336
24:15 . . . .**vol. 1:** 129, 279, 497, 510; **vol. 2:** 275,
 520; **vol. 3:** 433; **vol. 4:** 500
24:16 . . . .**vol. 4:** 596
24:19 . . . .**vol. 3:** 562
24:20 . . . .**vol. 3:** 651, 812; **vol. 4:** 225, 596
24:21 . . . .**vol. 1:** 281; **vol. 2:** 463; **vol. 3:** 257
24:22 . . .**vol. 1:** 690; **vol. 2:** 151, 716; **vol. 4:** 259
24:24 . . . . **vol. 1:** 336; **vol. 3:** 775; **vol. 4:** 170,
 287, 289, 485, 722
24:26 . . . .**vol. 2:** 151, 275
24:27 . . . .**vol. 1:** 292, 431; **vol. 3:** 651;
 vol. 4: 541, 587

Scripture Index: New Testament: Matthew

24:28 . . . . .vol. 3: 647, 757
24:29 . . . . . . .vol. 1: 428, 430; vol. 2: 386, 402;
vol. 3: 261, 569, 758; vol. 4: 233,
282, 322, 324
24:30–31. . . . . vol. 2: 463; vol. 3: 650
24:30 . . . .vol. 1: 568, 765, 766, 779; vol. 2: 285;
vol. 3: 570; vol. 4: 287, 587
24:31 . . . vol. 1: 295, 568; vol. 2: 151; vol. 3: 257;
vol. 4: 236, 394, 487
24:32–33. . . . . vol. 1: 484; vol. 4: 394
24:32 . . . . .vol. 2: 77, 450
24:33 . . . . .vol. 2: 477
24:34 . . . . .vol. 1: 265, 557
24:35 . . . . .vol. 3: 569
24:36–51. . . . . .vol. 4: 394
24:36 . . . . . .vol. 2: 285; vol. 3: 651; vol. 4: 744
24:37–39. . . . . . . .vol. 1: 484; vol. 3: 440, 651;
vol. 4: 542
24:37 . . . . .vol. 4: 541
24:38–39. . . . . .vol. 3: 751
24:38 . . . . .vol. 1: 275, 325, 544
24:39 . . . . vol. 3: 651; vol. 4: 541
24:40–42. . . . . .vol. 3: 348
24:40–41. . . . . .vol. 1: 616, 783
24:40 . . . . .vol. 2: 124
24:42–25:13 .vol. 3: 613
24:42–43. . . .vol. 1: 609; vol. 2: 285; vol. 3: 461
24:42 . . . . .vol. 2: 393
24:43–44. . . . . .vol. 1: 484
24:43 . . . vol. 1: 553, 672; vol. 2: 691; vol. 4: 625
24:44 . . . . vol. 1: 609; vol. 2: 285; 305
24:45–50. . . . . .vol. 1: 484
24:45 . . . vol. 1: 770; vol. 2: 579, 589; vol. 4: 621
24:47 . . . . .vol. 4: 636
24:48–51. . . . . .vol. 3: 751
24:48 . . . . . . vol. 1: 686; vol. 2: 599; vol. 3: 650;
vol. 4: 705
24:49 . . . . .vol. 3: 259
24:50 . . . . .vol. 4: 744
24:51 . . . . vol. 1: 534; vol. 3: 282
25:1–13. . . . . .vol. 1: 484, 546; vol. 2: 162,
vol. 3: 358, 436; vol. 4: 621
25:1–10. . . . . .vol. 3: 436
25:1–8. . . . . .vol. 3: 87
25:1–3. . . . . .vol. 1: 616
25:1 . . . . .vol. 1: 660; vol. 2: 638;
vol. 3: 87, 501, 639
25:2–3. . . . . .vol. 4: 621
25:3–7. . . . . .vol. 1: 602
25:3–4. . . . . .vol. 3: 87
25:5 . . . . vol. 3: 639, 650; vol. 4: 705
25:6 . . . . .vol. 2: 638, 738
25:7–8. . . . . .vol. 3: 87
25:7 . . . . vol. 1: 544; vol. 2: 80, 734
25:8 . . . . .vol. 4: 269, 621
25:9 . . . . .vol. 1: 140, 396
25:10 . . . . .vol. 2: 305, 477

25:11 . . . vol. 1: 330; vol. 3: 102, 639; vol. 4: 575
25:12 . . . . vol. 1: 581; vol. 3: 461
25:13 . . . . vol. 2: 285; vol. 4: 744
25:14–30. . . . . vol. 2: 667; vol. 3: 219, 613
25:14–15. . . . . .vol. 1: 686
25:14 . . . . .vol. 2: 499
25:16–17. . . . . .vol. 2: 667
25:18 . . . . .vol. 2: 755
25:19 . . . . vol. 2: 774; vol. 4: 705
25:20–26. . . . . .vol. 2: 774
25:20 . . . . vol. 2: 667; vol. 3: 624
25:21 . . . . . . .vol. 1: 95, 98; vol. 2: 237, 667;
vol. 3: 458, 490; vol. 4: 646
25:22 . . . . .vol. 2: 667
25:23 . . . vol. 1: 98; vol. 2: 667; vol. 3: 458, 490;
vol. 4: 646
25:24–26. . . . . .vol. 3: 461
25:24 . . . vol. 2: 450; vol. 3: 324; vol. 4: 314, 319
25:25 . . . . .vol. 2: 755
25:26 . . . . .vol. 4: 319
25:27 . . . . .vol. 4: 492
25:28 . . . . .vol. 1: 660
25:29 . . . . .vol. 3: 721
25:30 . . . . .vol. 1: 534, 770; vol. 2: 298;
vol. 4: 324
25:31–46. . . . . .vol. 1: 95, 324, 507; vol. 2: 285,
370, 471, 700, 717; vol. 3: 445,
632; vol. 4: 187, 693
25:31–33. . . . . .vol. 4: 85
25:31–32. . . . . .vol. 4: 399
25:31 . . . . vol. 1: 122, 485; vol. 2: 470
25:32–33. . . . . .vol. 4: 137
25:32 . . . . vol. 3: 546; vol. 4: 84
25:33–34. . . . . .vol. 1: 665
25:33 . . . . .vol. 2: 343
25:34–40. . . . . vol. 1: 676; vol. 2: 610
25:34 . . . .vol. 1: 197, 483, 488, 490; vol. 2: 305,
324, 393, 636, 698
25:35–45. . . . . . . vol. 1: 748; vol. 3: 595, 692
25:35–36. . . . . .vol. 1: 704, 730
25:35 . . . . . . .vol. 1: 748; vol. 3: 694; vol. 4: 520
25:36–44. . . . . .vol. 1: 611
25:36 . . . . vol. 1: 611; vol. 2: 251
25:37 . . . . vol. 1: 748; vol. 3: 694, 751
25:38 . . . . .vol. 1: 611
25:40 . . . . .vol. 1: 265, 704; vol. 2: 171;
vol. 3: 304, 325; vol. 4: 80
25:41 . . . . vol. 1: 122, 383, 548, 632;
vol. 2: 305, 343, 393, 717;
vol. 3: 752; vol. 4: 194, 266
25:42 . . . . .vol. 1: 748; vol. 3: 694, 751;
vol. 4: 520
25:43–44. . . . . .vol. 1: 611
25:43 . . . . .vol. 2: 251
25:44 . . . . vol. 1: 703, 748; vol. 3: 694
25:45 . . . .vol. 2: 171; vol. 3: 304, 325; vol. 4: 80
25:46 . . . .vol. 1: 197; vol. 2: 369, 717; vol. 4: 85

26–27 . . . . vol. 3: 372
26:1 . . . . vol. 4: 474
26:2 . . . . vol. 3: 624, 664; vol. 4: 540
26:3 . . . . vol. 2: 507; vol. 4: 133
26:4 . . . . vol. 1: 760
26:5 . . . . vol. 2: 465
26:6–13 . . . . vol. 1: 618
26:6 . . . . vol. 1: 619; vol. 3: 109
26:7 . . . . vol. 1: 469; vol. 2: 159, 670; vol. 3: 350
26:8 . . . . vol. 1: 359
26:9 . . . . vol. 3: 754
26:10 . . . . vol. 2: 269, 722
26:11 . . . . vol. 4: 184
26:12 . . . . vol. 2: 416, 417; vol. 3: 350
26:13 . . . . vol. 2: 309, 312, 677; vol. 3: 313,
315, 316
26:14 . . . . vol. 1: 783
26:15 . . . . . . vol. 1: 385; vol. 2: 427; vol. 3: 624
26:16 . . . . vol. 2: 356, 589
26:17–19 . . . . vol. 1: 650; vol. 3: 664
26:17 . . . . vol. 2: 304
26:18 . . . . vol. 1: 713; vol. 4: 145
26:19 . . . . vol. 2: 304
26:20 . . . . vol. 1: 650; vol. 2: 421
26:21 . . . . vol. 4: 540
26:22 . . . . vol. 2: 124
26:23 . . . . vol. 1: 462
26:24 . . . . vol. 1: 97; vol. 3: 562
26:25 . . . . vol. 4: 199
26:26–29 . . . . vol. 1: 647
26:26–27 . . . . vol. 1: 651
26:26 . . . . vol. 1: 653; vol. 2: 324, 686
26:27–29 . . . . vol. 3: 483
26:27 . . . . vol. 1: 602, 653; vol. 2: 335
26:28 . . . . . vol. 1: 171, 259, 448, 653, 655, 697;
vol. 2: 159, 582; vol. 3: 596, 714;
vol. 4: 99
26:29 . . . . vol. 1: 269, 483, 546; vol. 2: 248, 393;
vol. 3: 230
26:30 . . . . vol. 1: 650; vol. 4: 548
26:31–32 . . . . vol. 4: 85
26:31 . . . . vol. 3: 197, 775; vol. 4: 137, 298, 319
26:33–75 . . . . vol. 3: 738
26:33 . . . . vol. 4: 298
26:34–35 . . . . vol. 1: 399
26:34 . . . . vol. 2: 409; vol. 3: 733; vol. 4: 635
26:36–46 . . . . vol. 1: 212; vol. 4: 340
26:36 . . . . vol. 4: 712
26:37–38 . . . . vol. 3: 178
26:37 . . . . . . vol. 1: 144, 609, 783; vol. 2: 403
26:38 . . . . vol. 3: 177, 274; vol. 4: 731
26:39 . . . . vol. 1: 86; vol. 2: 203, 341, 429;
vol. 3: 303, 757
26:40–41 . . . . vol. 1: 609
26:40 . . . . vol. 1: 609; vol. 4: 744
26:41 . . . vol. 1: 421, 609; vol. 3: 808; vol. 4: 259
26:42 . . . . vol. 1: 86

26:43 . . . . vol. 1: 470
26:45 . . . . vol. 1: 259, 285; vol. 3: 624
26:47 . . . . vol. 3: 253, 449; vol. 4: 133
26:48 . . . . vol. 4: 286, 607
26:49 . . . . vol. 4: 199, 607, 646
26:50 . . . . vol. 2: 299
26:51–54 . . . . vol. 4: 288
26:51–52 . . . . vol. 3: 253
26:51 . . . . vol. 3: 573
26:52 . . . . vol. 1: 192, 359; vol. 3: 81; vol. 4: 500
26:53 . . . . vol. 2: 299; vol. 3: 630, 642
26:54 . . . . vol. 1: 604, 605, 638; vol. 3: 197
26:55 . . . . vol. 2: 519, 578; vol. 3: 85,
115, 253, 449
26:56 . . . . vol. 1: 605; vol. 3: 787
26:57–68 . . . . vol. 4: 225
26:57 . . . . vol. 4: 144
26:58 . . . . vol. 3: 215; vol. 4: 474
26:59–60 . . . . vol. 3: 239
26:59 . . . . vol. 3: 239; vol. 4: 402
26:60 . . . . vol. 3: 239; vol. 4: 575
26:61 . . . . vol. 1: 517; vol. 3: 191, 194,
373, 418, 463; vol. 4: 502
26:62 . . . . . . vol. 1: 322; vol. 2: 506; vol. 3: 239
26:63–64 . . . . vol. 1: 482
26:63 . . . vol. 2: 369; vol. 3: 548; vol. 4: 296, 694
26:64 . . . vol. 1: 666, 778; vol. 2: 285; vol. 4: 542
26:65 . . . vol. 1: 517; vol. 2: 543; vol. 3: 239
26:66 . . . . vol. 1: 755; vol. 2: 199
26:67 . . . . vol. 2: 718
26:68 . . . . vol. 4: 167, 169
26:69 . . . . vol. 3: 368
26:70 . . . . vol. 1: 399
26:71 . . . . vol. 3: 368; vol. 4: 189
26:72 . . . . vol. 1: 304, 399; vol. 3: 461, 548
26:73 . . . . vol. 1: 681
26:74 . . . vol. 1: 282; vol. 3: 461, 497; vol. 4: 635
26:75 . . . . vol. 1: 399; vol. 3: 313, 733, 745
27–28 . . . . vol. 2: 376
27 . . . . vol. 1: 481
27:1 . . . . vol. 4: 133
27:2 . . . . vol. 3: 624
27:3–10 . . . . vol. 2: 662
27:3 . . . . vol. 3: 289, 529
27:4 . . . . vol. 1: 168, 258
27:5 . . . . vol. 2: 520, 546
27:6 . . . . . vol. 1: 169; vol. 2: 729; vol. 4: 495
27:7–10 . . . . vol. 1: 141
27:7–8 . . . . vol. 2: 417
27:7 . . . vol. 1: 202; vol. 2: 416, 662; vol. 3: 445
27:8 . . . . vol. 1: 169, 202
27:9–10 . . . . vol. 1: 202
27:9 . . . . vol. 3: 788; vol. 4: 495
27:10 . . . . vol. 2: 662
27:11 . . . . vol. 1: 481, 482; vol. 2: 559
27:12 . . . . vol. 4: 133
27:13 . . . . vol. 3: 239

Scripture Index: New Testament: Mark

27:14 . . . . .vol. 2: 422
27:15–26. . . . . .vol. 4: 358
27:15 . . . . .vol. 1: 188; vol. 2: 95; vol. 3: 191
27:16–17. . . . . .vol. 2: 528
27:17 . . . . vol. 1: 481; vol. 2: 427
27:18 . . . . .vol. 4: 359, 603
27:19 . . .vol. 1: 507, 732; vol. 3: 512; vol. 4: 358
27:20 . . .vol. 1: 359; vol. 3: 91, 687; vol. 4: 133
27:23 . . . . .vol. 2: 738
27:24 . . . . . . vol. 1: 168; vol. 2: 465; vol. 3: 402;
vol. 4: 358, 665, 748
27:25 . . . . . . .vol. 1: 168; vol. 2: 670; vol. 4: 466
27:28 . . . . .vol. 2: 196
27:29 . . . . .vol. 1: 200, 481, 593; vol. 2: 127,
191, 559, 670; vol. 4: 372, 646
27:30 . . . . vol. 2: 670; vol. 3: 81
27:31 . . . . .vol. 2: 191, 197
27:33 . . . . .vol. 4: 327
27:34 . . . . . . .vol. 1: 565; vol. 3: 482; vol. 4: 676
27:35 . . . . vol. 2: 697; vol. 3: 283
27:36 . . . . .vol. 4: 490
27:37 . . .vol. 1: 190, 481; vol. 2: 559; vol. 4: 692
27:38 . . .vol. 1: 665; vol. 2: 343, 692; vol. 3: 115
27:39–43. . . . . .vol. 4: 359
27:39–40. . . . . .vol. 1: 517
27:39 . . . . vol. 2: 670; vol. 4: 108
27:40 . . . . vol. 3: 373; vol. 4: 428, 502
27:41 . . . . vol. 2: 191, 649; vol. 4: 133
27:42 .vol. 1: 481;vol. 4: 428
27:43 . . . . vol. 3: 689; vol. 4: 216
27:44 . . . . .vol. 3: 115, 514
27:45 . . . . vol. 2: 386; vol. 4: 323, 743
27:46 . . . . . . vol. 1: 523; vol. 2: 381; vol. 3: 102,
682; vol. 4: 428, 548, 636
27:48 . . . . vol. 3: 748; vol. 4: 676
27:49 . . . . .vol. 4: 428
27:50 . . . . . . vol. 1: 447; vol. 2: 738; vol. 3: 257,
807, 808; vol. 4: 636
27:51 . . . . .vol. 1: 339; vol. 2: 520, 640;
vol. 3: 736; vol. 4: 279, 280, 419
27:52–53. . . . . .vol. 4: 280, 590
27:52 . . . . . . .vol. 1: 330; vol. 2: 706; vol. 4: 438
27:53 . . . . .vol. 1: 129, 326; vol. 2: 80, 524;

vol. 4: 95
27:54 . . . . .vol. 4: 280
27:55–28:10 . . . . .vol. 1: 617
27:55 . . . . vol. 1: 703; vol. 2: 425
27:56 . . . . .vol. 3: 299
27:57 . . . . .vol. 3: 227, 799
27:58 . . . . . . .vol. 1: 721; vol. 2: 284; vol. 4: 438
27:59 . . . . .vol. 2: 572
27:60 . . . . vol. 2: 477, 582, 585; vol. 3: 121, 736
27:61–28:1 . . . . .vol. 2: 416
27:62 . . . . vol. 2: 643; vol. 4: 223
27:63–64. . . . . .vol. 4: 413
27:63 . . . . .vol. 2: 774; vol. 3: 774; vol. 4: 502
27:64–66. . . . . .vol. 1: 433
27:64 . . . . . . vol. 2: 656, 691; vol. 3: 376, 774
27:66 . . . . .vol. 4: 413
28:1 . . . . .vol. 1: 618; vol. 2: 124; vol. 4: 640
28:2–3. . . . . vol. 3: 88; vol. 4: 641
28:2 . . . . vol. 1: 122; vol. 2: 774; vol. 3: 569;
vol. 4: 280
28:3 . . . . vol. 2: 98; vol. 3: 113
28:4 . . . . vol. 3: 377; vol. 4: 279, 280, 612
28:5 . . . . .vol. 1: 122; vol. 2: 402; vol. 4: 613
28:7 . . . . .vol. 3: 376
28:8 . . . . . . vol. 1: 120, 323; vol. 4: 504, 646
28:9 . . . . .vol. 4: 152, 646
28:10–11. . . . . .vol. 1: 120
28:10 . . . . vol. 1: 120, 323; vol. 4: 613
28:11 . . . . .vol. 1: 118
28:12 . . . . vol. 1: 385; vol. 2: 530
28:13 . . . . .vol. 2: 691, 706
28:14 . . . . .vol. 3: 688
28:15 . . . . vol. 1: 385; vol. 3: 81, 157
28:16–20. . . . . .vol. 1: 375
28:16 . . . . vol. 3: 551; vol. 4: 461
28:17 . . . . vol. 3: 531; vol. 4: 152
28:18–20. . . . . vol. 2: 220; vol. 3: 662, 702, 775
28:18 . . . . . . vol. 2: 175, 219, 220; vol. 3: 570, 662
28:19–20. . . . . .vol. 3: 632
28:19 . . . . .vol. 2: 91, 119, 445; vol. 3: 227,
520, 522, 812; vol. 4: 503, 536
28:20 . . . .vol. 1: 198, 712; vol. 2: 190, 203, 324,
393, 681; vol. 4: 474, 490

Mark

1:1 . . . . vol. 1: 415; vol. 2: 309, 311, 312
1:2–8. . . . . .vol. 3: 752
1:2 . . . . .vol. 1: 122; vol. 2: 381; vol. 3: 458, 788
1:3 . . . . . . .vol. 1: 523; vol. 2: 305; vol. 3: 457
1:4–8. . . . . .vol. 1: 415
1:4–5. . . . . .vol. 1: 448
1:4 . . . . vol. 1: 653; vol. 2: 677, 680; vol. 3: 291;
vol. 4: 429
1:5 . . . . vol. 3: 509; vol. 4: 118
1:6 . . . . vol. 1: 141; vol. 2: 196, 291, 374
1:7–8. . . . . .vol. 2: 563

1:7 . . . . vol. 2: 285, 680; vol. 3: 191, 523
1:8 . . . . .vol. 1: 462; vol. 3: 811, 812; vol. 4: 521
1:9–11. . . . . .vol. 4: 636
1:9 . . . . vol. 1: 463; vol. 4: 118
1:10–11. . . . . .vol. 4: 118
1:10 . . . . .vol. 1: 276, 352; vol. 2: 97; vol. 4: 419
1:11 . . . . .vol. 2: 315; vol. 3: 569, 596,
597, 702, 811
1:12–13. . . . . vol. 2: 276; vol. 3: 693, 699
1:12 . . . . vol. 2: 131; vol. 3: 790, 812
1:13 . . .vol. 1: 122; vol. 2: 453; vol. 4: 266, 487

Scripture Index: New Testament: Mark

1:14–15..........................vol. 3: 365
1:14...................vol. 2: 309, 311, 677
1:15...............vol. 1: 305, 448, 483, 486,
           489, 711; vol. 2: 78, 309, 311, 590;
                 vol. 3: 291, 765, 766, 789
1:16–20..............vol. 1: 205; vol. 3: 225
1:16.......vol. 1: 205; vol. 2: 401; vol. 3: 529
1:17.........................vol. 3: 226, 523
1:19................................vol. 1: 275
1:20..................vol. 2: 605; vol. 3: 324
1:21–34.............................vol. 3: 162
1:21–26.............................vol. 1: 129
1:21–22.............................vol. 1: 710
1:21..................vol. 2: 226; vol. 4: 172
1:22..............vol. 1: 211, 713; vol. 2: 153,
                                219, 582, 617
1:23–26............................vol. 2: 422
1:23.........vol. 1: 304; vol. 2: 738; vol. 3: 808
1:24.........vol. 1: 129, 132, 360; vol. 2: 131;
                             vol. 3: 368, 461
1:25–26.......................vol. 3: 162, 203
1:25..................vol. 2: 259; vol. 4: 609
1:26..............................vol. 4: 636
1:27.....vol. 1: 713; vol. 2: 219, 403, 582, 617;
                             vol. 4: 461, 550
1:29–31............................vol. 3: 445
1:30..............................vol. 4: 193
1:31...............vol. 1: 326, 702; vol. 2: 741;
                             vol. 4: 193, 288
1:32.........................vol. 2: 196, 385
1:33...........................vol. 4: 95, 399
1:34.............vol. 2: 448; vol. 3: 422, 461
1:35–39............................vol. 2: 340
1:35...........................vol. 2: 276, 341
1:36..............................vol. 1: 750
1:38–39.........vol. 2: 284, 680; vol. 4: 287
1:38..................vol. 2: 679; vol. 3: 162
1:39..................vol. 2: 131; vol. 4: 288
1:40–42............................vol. 3: 109
1:40..................vol. 1: 593; vol. 3: 109
1:41..........vol. 1: 380; vol. 4: 288, 353, 664
1:44........vol. 1: 641; vol. 2: 572; vol. 3: 162,
                              239, 365; vol. 4: 461
1:45.........vol. 2: 276, 680; vol. 3: 157, 162;
                                   vol. 4: 588
2:1–3:6............................vol. 3: 162
2:1–12.............................vol. 1: 448
2:2...........................vol. 4: 399, 713
2:3–12...........................vol. 2: 219
2:3–10............................vol. 3: 191
2:3................................vol. 4: 487
2:4................................vol. 2: 661
2:5–12............................vol. 3: 422
2:5.....vol. 1: 448; vol. 3: 162, 766; vol. 4: 466
2:6–8..............................vol. 3: 125
2:7..................vol. 1: 517, 602; vol. 2: 124
2:8................................vol. 3: 807

2:9...............................vol. 3: 675
2:10.............vol. 1: 568; vol. 4: 538
2:11..............................vol. 3: 162
2:12..............................vol. 2: 155
2:13–17...........................vol. 2: 485
2:13..........................vol. 1: 710, 711
2:14..........vol. 2: 425; vol. 3: 111, 161,
                         225, 614; vol. 4: 481
2:15–17............................vol. 3: 445
2:15–16.......vol. 1: 259; vol. 4: 481, 483
2:16............vol. 1: 601, 602; vol. 2: 291;
                         vol. 3: 752; vol. 4: 594
2:17........vol. 1: 488, 731; vol. 2: 284, 291,
                         562, 605; vol. 4: 517
2:18–22....................vol. 3: 387, 482, 614
2:18–19............................vol. 4: 647
2:18........vol. 1: 602; vol. 2: 291; vol. 3: 224,
                             225; vol. 4: 636
2:19–22............................vol. 3: 752
2:19.......vol. 1: 485; vol. 2: 291; vol. 3: 387,
                             436; vol. 4: 646, 706
2:20.............vol. 1: 178; vol. 3: 388
2:21–22............................vol. 2: 581
2:21...............vol. 3: 610; vol. 4: 418, 419
2:22..................vol. 2: 582; vol. 3: 380
2:23–28.........vol. 3: 411, 694; vol. 4: 224
2:23–27............................vol. 2: 203
2:23..............................vol. 4: 344
2:24..............................vol. 3: 529
2:25.............vol. 1: 635; vol. 4: 682
2:26..............................vol. 4: 160
2:27–28........................vol. 4: 227, 539
2:27.......vol. 1: 690; vol. 2: 763; vol. 4: 225
2:28............vol. 2: 448, 775; vol. 4: 227
3:1–6..............................vol. 4: 224
3:1................................vol. 3: 447
3:2.....vol. 1: 483; vol. 2: 647; vol. 4: 197, 490
3:4...............vol. 1: 359, 357; vol. 2: 219;
                             vol. 4: 224, 227, 296
3:5.........vol. 1: 307, 355, 521; vol. 2: 626;
                         vol. 3: 177, 536; vol. 4: 197, 664
3:6.........vol. 2: 394, 397; vol. 4: 593, 691
3:7–6:6............................vol. 3: 163
3:7................................vol. 3: 783
3:9...........................vol. 2: 463, 630
3:10–11............................vol. 2: 448
3:10.......vol. 1: 381; vol. 2: 448; vol. 3: 247
3:11..............................vol. 4: 531
3:12..................vol. 2: 259; vol. 4: 588
3:13–19............................vol. 4: 241
3:13..........vol. 1: 275, 276; vol. 2: 605;
                             vol. 3: 291, 550
3:14–15............vol. 1: 783; vol. 4: 289
3:14.......vol. 1: 368, 375, 783; vol. 2: 680;
                                   vol. 3: 519
3:15..............................vol. 2: 219
3:16–19............................vol. 1: 375

3:16 . . . . vol. 2: 97; vol. 3: 738
3:18 . . . . vol. 2: 352, 546
3:19 . . . . vol. 2: 546
3:21–22 . . . . vol. 3: 163
3:21 . . . . vol. 2: 155
3:22–30 . . . . vol. 1: 602
3:22–27 . . . . vol. 3: 422, 810
3:22 . . . . vol. 1: 417, 503, 602, 632;
 vol. 2: 97, 348; vol. 3: 774
3:23–30 . . . . vol. 1: 503; vol. 3: 204
3:23–27 . . . . vol. 1: 778; vol. 3: 809
3:23–26 . . . . vol. 1: 504
3:24–26 . . . . vol. 3: 283
3:26 . . . . vol. 1: 322; vol. 4: 474
3:27 . . . vol. 1: 402, 484; vol. 2: 563; vol. 3: 394,
 810; vol. 4: 288, 300, 675
3:28–29 . . . . vol. 1: 258, 263; vol. 3: 810;
 vol. 4: 539
3:28 . . . . vol. 1: 517; vol. 3: 161; vol. 4: 530
3:29 . . . . . vol. 1: 196, 197, 448, 517; vol. 2: 199;
 vol. 3: 263
3:30 . . . . vol. 2: 348; vol. 3: 810
3:31–35 . . . . vol. 1: 150, 151; vol. 3: 225
3:31 . . . . vol. 2: 605
3:32 . . . . vol. 3: 529
3:34–35 . . . . vol. 1: 151, 620
3:34 . . . . vol. 3: 713
4 . . . . vol. 3: 613; vol. 4: 344
4:1–34 . . . . vol. 3: 612
4:1–20 . . . . vol. 4: 344
4:1–9 . . . . vol. 3: 612
4:1 . . . . vol. 3: 604; vol. 4: 399
4:2 . . . . vol. 1: 711, 713
4:4 . . . . vol. 3: 604
4:5–8 . . . . vol. 1: 254; vol. 2: 300
4:5–6 . . . . vol. 4: 213
4:5 . . . . vol. 1: 457
4:6 . . . . vol. 1: 292; vol. 2: 596
4:8 . . . . vol. 1: 98, 442; vol. 2: 734
4:5 . . . . vol. 3: 736
4:7 . . . . vol. 3: 824
4:9 . . . . vol. 3: 573, 799
4:10–12 . . . . vol. 4: 409
4:10 . . . . vol. 1: 783; vol. 2: 288
4:11 . . . . vol. 1: 584; vol. 2: 298; vol. 3: 613
4:12 . . . . vol. 2: 616; vol. 3: 685; vol. 4: 388
4:13–20 . . . . vol. 3: 612
4:13 . . . . vol. 3: 461, 462
4:14–20 . . . . vol. 2: 245, 246
4:15 . . . . vol. 4: 104, 266, 267
4:16–17 . . . . vol. 4: 213
4:16 . . . . vol. 1: 211; vol. 3: 736; vol. 4: 646
4:17 . . . . vol. 1: 452; vol. 2: 590; vol. 4: 297
4:19 . . . . vol. 1: 348; vol. 2: 242, 378, 628;
 vol. 3: 278, 279, 798, 824
4:20 . . . . vol. 1: 98; vol. 4: 213, 567
4:21 . . . . vol. 2: 703; vol. 3: 188

4:22 . . . . vol. 2: 615, 754, 755; vol. 4: 588
4:24 . . . . vol. 3: 294
4:26–29 . . . . vol. 1: 487; vol. 4: 345
4:26–27 . . . . vol. 4: 344
4:27 . . . . vol. 3: 438
4:28 . . . . vol. 2: 629; vol. 4: 678
4:29 . . . . vol. 2: 450, 451
4:30–32 . . . . . vol. 1: 487; vol. 3: 304; vol. 4: 345
4:30 . . . . vol. 3: 501, 609; vol. 4: 304, 310
4:33–34 . . . . vol. 3: 163, 613
4:34 . . . . vol. 2: 245
4:35–51 . . . . vol. 2: 402
4:36 . . . . vol. 1: 447; vol. 3: 84
4:37 . . . . vol. 2: 683
4:37–39 . . . . vol. 1: 295
4:37 . . . . vol. 1: 555; vol. 4: 280
4:38 . . . . vol. 1: 359, 712; vol. 2: 670; vol. 4: 199
4:39 . . . . vol. 2: 80, 259, 722; vol. 3: 162;
 vol. 4: 296, 609
4:40–41 . . . . vol. 4: 409
4:41 . . . . vol. 2: 422, 404, 763; vol. 4: 550
5:1–15 . . . . vol. 3: 422
5:2–10 . . . . vol. 1: 632
5:4 . . . . vol. 1: 381; vol. 2: 563
5:5 . . . . . . vol. 2: 392, 726, 738; vol. 3: 438, 550
5:6 . . . . vol. 4: 152
5:7 . . . . vol. 1: 473; vol. 2: 439; vol. 3: 548;
 vol. 4: 531, 636
5:9 . . . . vol. 3: 520
5:11 . . . . vol. 3: 551
5:13 . . . . vol. 1: 784; vol. 3: 824; vol. 4: 672
5:15 . . . . vol. 2: 542; vol. 4: 444
5:16 . . . . vol. 2: 214
5:18–20 . . . . vol. 4: 288
5:19 . . . . vol. 1: 447; vol. 2: 169
5:20 . . . . vol. 2: 421, 680
5:21 . . . . vol. 4: 399, 428
5:22–38 . . . . vol. 4: 399
5:22 . . . . vol. 3: 757
5:23 . . . . vol. 2: 294, 369; vol. 4: 665
5:24 . . . . vol. 1: 205; vol. 2: 463
5:25–34 . . . . vol. 3: 203
5:25 . . . . vol. 4: 206
5:26 . . . . vol. 2: 498; vol. 4: 748
5:27–31 . . . . vol. 1: 380
5:27, 28 . . . . vol. 2: 542
5:29 . . . . vol. 3: 247, 447, 741; vol. 4: 438
5:30 . . . . vol. 1: 381, 778, 779
5:31 . . . . vol. 1: 381; vol. 2: 463
5:33 . . . . vol. 1: 231; vol. 2: 404; vol. 4: 612
5:34 . . . . vol. 1: 381; vol. 2: 448; vol. 3: 247,
 766; vol. 4: 517
5:35–43 . . . . vol. 2: 369
5:36 . . . . vol. 2: 413; vol. 3: 766; vol. 4: 613
5:37 . . . . vol. 1: 205
5:38–39 . . . . vol. 2: 119
5:38 . . . . vol. 2: 465, 727

Scripture Index: New Testament: Mark

5:39 . . . . .vol. 2: 80, 465
5:40 . . . . vol. 1: 552; vol. 2: 80
5:41 . . . . vol. 2: 80, 278, 741; vol. 4: 288
5:42 . . . . .vol. 2: 155
5:43 . . . . vol. 3: 162; vol. 4: 288
6:1–6 . . . . .vol. 4: 172
6:1 . . . . .vol. 1: 779
6:2 . . . . .vol. 1: 711, 779; vol. 3: 225;
             vol. 4: 335, 664
6:3 . . . . .vol. 2: 536; vol. 3: 368;
             vol. 4: 145, 178, 298, 469
6:4 . . . . vol. 3: 810; vol. 4: 495
6:5–6 . . . . vol. 2: 448; vol. 3: 766
6:5 . . . . vol. 1: 381, 779; vol. 4: 665
6:6–7 . . . . .vol. 2: 729
6:6 . . . . .vol. 1: 779; vol. 2: 422; vol. 4: 288
6:7–13 . . . . vol. 1: 369; vol. 3: 226
6:7 . . . . .vol. 1: 368, 783; vol. 2: 219, 605;
             vol. 4: 289
6:8–11 . . . . .vol. 4: 241
6:8 . . . . .vol. 2: 374; vol. 3: 617; vol. 4: 200, 650
6:9 . . . . .vol. 1: 677
6:10–11 . . . . .vol. 4: 680
6:11 . . . . vol. 2: 156; vol. 3: 239
6:12 . . . . vol. 2: 679, 680; vol. 3: 292
6:13 . . . . vol. 1: 221; vol. 2: 162, 448
6:14 . . . . .vol. 1: 779; vol. 3: 519; vol. 4: 588
6:15 . . . . vol. 2: 381; vol. 4: 169
6:16 . . . . .vol. 2: 670
6:17 . . . . .vol. 2: 742
6:19 . . . . .vol. 1: 357
6:20 . . . . . . .vol. 1: 732; vol. 2: 378; vol. 4: 490
6:21 . . . vol. 1: 571, 646; vol. 2: 589; vol. 3: 256;
             vol. 4: 176, 672
6:22–25 . . . . .vol. 1: 186
6:22 . . . . .vol. 1: 386
6:23 . . . . .vol. 3: 497
6:24 . . . . .vol. 1: 462
6:25 . . . . .vol. 4: 349
6:26 . . . . vol. 1: 161; vol. 3: 177, 548
6:27 .vol. 2: 448, 670
6:29 . . . . vol. 2: 417; vol. 3: 225, 757
6:30–44 . . . . .vol. 3: 720
6:30 . . . . .vol. 1: 368, 375
6:31 . . . . vol. 1: 285; vol. 2: 590
6:33 . . . . .vol. 4: 504
6:34–44 . . . . .vol. 2: 291
6:34 . . . . .vol. 4: 85, 136, 353
6:35 . . . . .vol. 4: 744
6:39 . . . . .vol. 4: 678
6:41 . . . . .vol. 1: 411; vol. 2: 324, 686;
             vol. 3: 283, 569
6:42 . . . . .vol. 4: 678
6:45–52 . . . . vol. 2: 107; vol. 4: 520
6:45 . . . . .vol. 1: 280
6:46 . . . . vol. 3: 550; vol. 4: 461
6:47–51 . . . . .vol. 1: 295
6:48 . . . .vol. 1: 473; vol. 2: 107; vol. 4: 487, 625
6:49 . . . . vol. 2: 108, 738; vol. 4: 588
6:50 . . . . vol. 2: 108, 110; vol. 4: 457
6:51 . . . . vol. 2: 722; vol. 3: 720
6:52 . . . . vol. 2: 626; vol. 4: 196, 408, 409
6:53 . . . . .vol. 1: 617
6:55 . . . . .vol. 4: 504
6:56 . . . . .vol. 1: 139, 141, 381, 421
7 . . . . .vol. 3: 624
7:1–23 . . . . vol. 1: 602; vol. 3: 402
7:1–13 . . . . .vol. 3: 625
7:1–5 . . . . .vol. 4: 593, 665
7:2–23 . . . . .vol. 4: 521
7:2 . . . . vol. 2: 709; vol. 3: 270, 402
7:3–4 . . . . vol. 2: 571, 742; vol. 3: 402
7:3 . . . . vol. 1: 601; vol. 3: 625; vol. 4: 133,
             204, 520, 665
7:4 . . . . .vol. 1: 462; vol. 3: 84;
             vol. 4: 204, 520, 651
7:5 . . . . .vol. 1: 602; vol. 2: 709, 729;
             vol. 3: 607, 625; vol. 4: 133
7:6–23 . . . . .vol. 4: 594
7:6–13 . . . . . . vol. 3: 193, 402, 410; vol. 4: 665
7:6–7 . . . . .vol. 4: 563
7:6 . . . . vol. 2: 626; vol. 3: 788
7:7 . . . . . . vol. 1: 713; vol. 2: 202; vol. 3: 249;
             vol. 4: 274
7:8–13 . . . . .vol. 4: 564
7:8–9 . . . . vol. 2: 202, 729; vol. 3: 625
7:9–13 . . . . vol. 3: 681; vol. 4: 529
7:9 . . . . vol. 1: 161; vol. 4: 490
7:10–12 . . . . .vol. 3: 299, 365
7:10 . . . . .vol. 2: 600
7:11–13 . . . . .vol. 2: 729
7:11 . . . . .vol. 1: 720
7:13 . . . .vol. 1: 161; vol. 2: 779; vol. 3: 501, 502
7:14–23 . . . . vol. 3: 402; vol. 4: 665
7:14–20 . . . . .vol. 2: 572
7:14 .vol. 2: 605, 710
7:15–23 . . . . .vol. 4: 108
7:15 . . . . .vol. 1: 711; vol. 2: 709; vol. 3: 610
7:18–23 . . . . .vol. 2: 705
7:18–19 . . . . .vol. 1: 535
7:18 . . . . vol. 2: 709; vol. 4: 408
7:19 . . . . vol. 1: 535; vol. 2: 291, 572
7:20 . . . . vol. 2: 709; vol. 3: 79
7:21–23 . . . . vol. 2: 572; vol. 4: 559
7:21–22 . . . . vol. 4: 103; vol. 2: 600
7:21 . . . . vol. 2: 599, 626; vol. 4: 114
7:22 . . . . .vol. 1: 419, 760; vol. 3: 781;
             vol. 4: 102, 103, 558
7:23 . . . . .vol. 2: 709
7:24 . . . . .vol. 1: 322
7:25 . . . . vol. 2: 348; vol. 3: 757
7:26 . . . . vol. 1: 557; vol. 2: 180, 288
7:27–28 . . . . .vol. 4: 678
7:27 . . . . vol. 1: 97; vol. 4: 176

125

7:28–29 . . . . **vol. 3:** 551
7:30 . . . . **vol. 3:** 472
7:32–33 . . . . **vol. 1:** 380
7:32 . . . . **vol. 2:** 782; **vol. 3:** 79; **vol. 4:** 665
7:33 . . . . **vol. 3:** 83, 203
7:34 . . . **vol. 1:** 521; **vol. 2:** 782; **vol. 3:** 569, 203;
                                               vol. 4: 366
7:35 . . . . . . **vol. 1:** 330, 678, 679, 589, 328, 209;
                           vol. 2: 782; **vol. 3:** 192, 541
7:36 . . . . **vol. 2:** 681; **vol. 3:** 162, 720; **vol. 4:** 288
7:37 . . . . **vol. 2:** 153, 422, 681, 782;
                               vol. 3: 79, 720; **vol. 4:** 517
8:1–10 . . . . **vol. 3:** 720
8:1–9 . . . . **vol. 2:** 291
8:2 . . . . **vol. 4:** 353
8:3 . . . . **vol. 3:** 191, 387
8:4 . . . . **vol. 2:** 275; **vol. 4:** 678
8:5 . . . . **vol. 2:** 261
8:6–7 . . . . **vol. 2:** 324
8:6 . . . . **vol. 1:** 411, 567; **vol. 2:** 335, 686;
                                               vol. 3: 616
8:7 . . . . **vol. 2:** 324, 564
8:8 . . . . **vol. 2:** 261; **vol. 3:** 162, 720, 721;
                                               vol. 4: 678
8:11–12 . . . . **vol. 4:** 286
8:11 . . . . **vol. 3:** 569
8:12 . . . . **vol. 3:** 161, 807; **vol. 4:** 367
8:13 . . . . **vol. 1:** 447
8:15 . . . . **vol. 2:** 397; **vol. 4:** 196
8:17–21 . . . . **vol. 4:** 511
8:17–18 . . . . **vol. 1:** 212
8:17 . . . . **vol. 2:** 626; **vol. 3:** 354, 433;
                                          vol. 4: 196, 408, 409
8:18 . . . . **vol. 3:** 313, 573; **vol. 4:** 409
8:20 . . . . **vol. 2:** 261
8:21 . . . . **vol. 4:** 408, 409
8:22–25 . . . . **vol. 4:** 510, 511
8:23–25 . . . . **vol. 1:** 381
8:23 . . . . **vol. 3:** 83, 203; **vol. 4:** 665
8:25 . . . . **vol. 1:** 355, 440, 521
8:27–29 . . . . **vol. 3:** 400
8:27 . . . . **vol. 2:** 288; **vol. 3:** 550; **vol. 4:** 539
8:28 . . . . **vol. 2:** 381
8:29 . . . . **vol. 1:** 132; **vol. 3:** 738
8:30 . . . . **vol. 2:** 259
8:31 . . . . . **vol. 1:** 322, 323, 326, 357, 638, 641;
                           vol. 2: 392, 524; **vol. 3:** 163, 671;
                         vol. 4: 133, 502, 539, 540, 560, 693
8:32 . . . . **vol. 2:** 259; **vol. 3:** 84, 163, 659
8:33 . . . . **vol. 2:** 259; **vol. 3:** 349; **vol. 4:** 266,
                                         388, 511, 619, 620
8:34 . . . . . **vol. 1:** 206, 399, 400, 495; **vol. 3:** 523;
                                               vol. 4: 360
8:35 . . . . **vol. 1:** 360; **vol. 2:** 309, 311, 331;
                                               vol. 4: 429
8:36 . . . . **vol. 2:** 353, 667; **vol. 3:** 325, 734;
                                               vol. 4: 748

8:37 . . . . **vol. 1:** 243; **vol. 2:** 369
8:38 . . . . . **vol. 1:** 129, 183; **vol. 3:** 114, 161, 331,
                         332, 510; **vol. 4:** 540, 545, 546
9:1–8 . . . . **vol. 2:** 404
9:1 . . . . **vol. 1:** 484, 489, 557, 565, 779;
                                                   vol. 3: 161
9:2–8 . . . . **vol. 4:** 636
9:2–3 . . . . **vol. 3:** 88
9:2 . . . . **vol. 1:** 484; **vol. 2:** 97; **vol. 3:** 338,
                                     484, 550; **vol. 4:** 581
9:3 . . . . **vol. 1:** 765; **vol. 3:** 113
9:4–5 . . . . **vol. 2:** 381; **vol. 3:** 365
9:5 . . . . . **vol. 1:** 97; **vol. 2:** 748, 775; **vol. 3:** 225,
                                     675; **vol. 4:** 199, 304
9:6 . . . . **vol. 4:** 612
9:7 . . . . . **vol. 1:** 210; **vol. 2:** 151; **vol. 4:** 310, 636
9:8 . . . . **vol. 2:** 742
9:9 . . . . **vol. 1:** 323; **vol. 2:** 203, 214
9:10 . . . . **vol. 1:** 326; **vol. 2:** 742; **vol. 3:** 157;
                                                  vol. 4: 409
9:11–13 . . . . **vol. 2:** 381
9:11–12 . . . . **vol. 4:** 540
9:11 . . . . **vol. 2:** 285, 381
9:12–13 . . . . **vol. 3:** 197
9:12 . . . . . . **vol. 1:** 355; **vol. 2:** 279; **vol. 3:** 671
9:13 . . . . **vol. 2:** 381
9:14–29 . . . . **vol. 2:** 782
9:15 . . . . **vol. 1:** 426; **vol. 2:** 403, 404;
                                                 vol. 4: 504
9:17–18 . . . . **vol. 4:** 281
9:17 . . . . **vol. 1:** 712; **vol. 3:** 79
9:18 . . . . **vol. 3:** 83
9:19 . . . . **vol. 1:** 297, 557; **vol. 4:** 145
9:21 . . . . **vol. 3:** 594
9:22 . . . . . . **vol. 1:** 359, 525; **vol. 4:** 193, 353
9:23 . . . . **vol. 1:** 779; **vol. 3:** 766
9:24 . . . . **vol. 1:** 525; **vol. 3:** 765
9:25 . . . . **vol. 2:** 259, 782; **vol. 3:** 79, 162;
                                                 vol. 4: 461, 504
9:26 . . . . **vol. 3:** 377
9:27 . . . . **vol. 1:** 326, 381
9:28–32 . . . . **vol. 1:** 369
9:29 . . . . **vol. 1:** 557; **vol. 3:** 388
9:31 . . . . **vol. 1:** 323, 357, 649; **vol. 3:** 624;
                                                 vol. 3: 539
9:32 . . . . **vol. 1:** 134; **vol. 2:** 288, 755;
                                     vol. 4: 409, 511, 612
9:33–42 . . . . **vol. 3:** 304
9:33–37 . . . . **vol. 3:** 257, 595
9:34 . . . . **vol. 1:** 219; **vol. 4:** 296
9:35 . . . . **vol. 1:** 703; **vol. 2:** 295; **vol. 4:** 636
9:37 . . . . **vol. 1:** 676; **vol. 3:** 595
9:38–39 . . . . **vol. 3:** 521
9:39 . . . . **vol. 2:** 600; **vol. 3:** 79, 521
9:41 . . . . **vol. 3:** 161, 325, 595
9:42–50 . . . . **vol. 1:** 219
9:42–48 . . . . **vol. 1:** 218, 490

9:42–45 . . . . **vol. 1:** 97
9:42 . . . . **vol. 3:** 304, 349; **vol. 4:** 299
9:43–48 . . . . **vol. 1:** 488; **vol. 4:** 194, 299
9:43 . . . . **vol. 1:** 155, 218, 488, 548;
  vol. 2: 725, 768; **vol. 4:** 271
9:45 . . . . **vol. 1:** 548; **vol. 2:** 725, 768; **vol. 4:** 710
9:46 . . . . **vol. 1:** 490
9:47–48 . . . . **vol. 4:** 271
9:47 . . . . **vol. 1:** 490, 548; **vol. 2:** 131, 768;
  vol. 3: 335, 579
9:48 . . . . **vol. 1:** 218, 219; **vol. 4:** 194, 271
9:49–50 . . . . **vol. 1:** 217
9:49 . . . . **vol. 1:** 216, 218; **vol. 3:** 811
9:50 . . . . **vol. 1:** 216, 217, 218, 219;
  vol. 2: 115, 116; **vol. 3:** 646
10:1–12 . . . . . . **vol. 1:** 364, 711; **vol. 3:** 193, 411;
  vol. 4: 716
10:1 . . . .**vol. 2:** 95
10:2–12 . . . . **vol. 1:** 244, 545; **vol. 3:** 197
10:2–9 . . . . **vol. 4:** 114
10:2 . . . . **vol. 3:** 699
10:3 . . . . **vol. 2:** 203
10:4 . . . . **vol. 1:** 363, 511, 512
10:5 . . . . **vol. 2:** 203, 625; **vol. 4:** 315, 716
10:6–8 . . . . **vol. 2:** 306; **vol. 4:** 716
10:6–7 . . . . **vol. 1:** 544
10:6 . . . . . **vol. 1:** 406; **vol. 2:** 452, 763; **vol. 4:** 79
10:7–8 . . . . **vol. 1:** 304, 407; **vol. 3:** 299
10:7 . . . . **vol. 2:** 719
10:8–9 . . . . **vol. 1:** 407
10:8 . . . . **vol. 2:** 125; **vol. 3:** 331; **vol. 4:** 259
10:9 . . . . **vol. 2:** 359; **vol. 4:** 715
10:11–12 . . . . **vol. 3:** 331; **vol. 4:** 114
10:11 . . . . **vol. 1:** 301, 364; **vol. 4:** 717
10:12 . . . . **vol. 1:** 364
10:13–16 . . . . **vol. 3:** 594
10:13–14 . . . . **vol. 1:** 532
10:13 . . . . **vol. 2:** 259
10:14 . . . . **vol. 1:** 465; **vol. 2:** 780
10:15 . . . . **vol. 1:** 488, 676; **vol. 2:** 324;
  vol. 3: 161, 594, 595
10:16 . . . . **vol. 2:** 323, 324; **vol. 3:** 594;
  vol. 4: 665
10:17–31 . . . . **vol. 1:** 205; **vol. 2:** 203, 699
10:17 . . . . **vol. 1:** 490, 699; **vol. 4:** 504
10:18 . . . . **vol. 1:** 95; **vol. 4:** 102
10:19 . . . . **vol. 2:** 202, 691; **vol. 3:** 239,
  461, 681; **vol. 4:** 490
10:20 . . . . **vol. 3:** 379; **vol. 4:** 624, 576
10:21 . . . . . . **vol. 1:** 521; **vol. 2:** 458; **vol. 3:** 101,
  324; **vol. 4:** 183, 196, 474, 552, 576
10:22 . . . . **vol. 2:** 758; **vol. 3:** 177, 799;
  vol. 4: 552
10:23–27 . . . . **vol. 3:** 799
10:23 . . . . **vol. 1:** 490; **vol. 3:** 799; **vol. 4:** 683
10:24 . . . **vol. 2:** 403; **vol. 3:** 689; **vol. 4:** 466, 683
10:26–27 . . . . **vol. 4:** 656

10:26 . . . . **vol. 2:** 153; **vol. 4:** 429
10:27 . . . . **vol. 1:** 778; **vol. 2:** 439
10:28–31 . . . . **vol. 1:** 151; **vol. 2:** 295
10:28 . . . . **vol. 2:** 500; **vol. 3:** 529
10:29–30 . . . . **vol. 3:** 474, 681
10:29 . . . . **vol. 1:** 489; **vol. 2:** 309, 311, 312;
  vol. 3: 161
10:30 . . . . **vol. 1:** 197; **vol. 2:** 591; **vol. 3:** 81, 325
10:31 . . . . **vol. 2:** 295
10:32–33 . . . . **vol. 1:** 275
10:32 . . . . **vol. 1:** 275; **vol. 2:** 404;
  vol. 3: 226, 263
10:33–34 . . . . **vol. 2:** 524
10:33 . . . . **vol. 3:** 529, 624
10:34 . . . . **vol. 1:** 323, 357; **vol. 2:** 114,
  191, 403; **vol. 3:** 247
10:35–45 . . . . **vol. 1:** 487
10:35–37 . . . . **vol. 3:** 752
10:35 . . . . **vol. 1:** 188; **vol. 4:** 108
10:37–40 . . . . **vol. 2:** 578
10:37–38 . . . . **vol. 4:** 511
10:37 . . . . **vol. 1:** 395, 489, 490; **vol. 2:** 343
10:38–39 . . . . **vol. 1:** 462; **vol. 3:** 811
10:38 . . . . **vol. 3:** 752
10:40 . . . . **vol. 2:** 343
10:42 . . . . **vol. 1:** 414, 417; **vol. 2:** 218
10:43–44 . . . . **vol. 3:** 257
10:44 . . . . **vol. 3:** 595
10:45 . . . . . **vol. 1:** 108, 333, 334, 448, 622, 652,
  698, 703, 704, 720, 722; **vol. 2:** 284,
  411, 660; **vol. 3:** 183, 184, 306, 596,
  597; **vol. 4:** 99, 453, 540
10:46–52 . . . . **vol. 4:** 510, 511
10:46 . . . **vol. 1:** 188; **vol. 2:** 530, 578; **vol. 4:** 529
10:47–48 . . . . **vol. 2:** 169; **vol. 4:** 694
10:47 . . . . **vol. 3:** 368
10:48 . . . . **vol. 2:** 259
10:49 . . . . **vol. 2:** 419
10:51–52 . . . . **vol. 1:** 521
10:51 . . . . **vol. 4:** 198
10:52 . . . . **vol. 3:** 766; **vol. 4:** 288, 428
11:1–10 . . . . . **vol. 1:** 481; **vol. 2:** 519; **vol. 3:** 614
11:1 . . . . **vol. 2:** 163; **vol. 3:** 551; **vol. 4:** 394
11:2 . . . . **vol. 1:** 678; **vol. 3:** 191
11:3 . . . . **vol. 4:** 80
11:4 . . . . **vol. 3:** 191, 457
11:5 . . . . **vol. 3:** 191; **vol. 4:** 80
11:8 . . . . **vol. 2:** 543, 725
11:9–10 . . . . . **vol. 2:** 285; **vol. 3:** 520; **vol. 4:** 746
11:10 . . . . **vol. 1:** 635
11:11–17 . . . . **vol. 2:** 219
11:11–12 . . . . **vol. 1:** 650
11:11 . . . . **vol. 2:** 520
11:12–14 . . . . . **vol. 2:** 520; **vol. 3:** 447, 614, 693;
  vol. 4: 393
11:13 . . . . **vol. 4:** 393
11:15–19 . . . . **vol. 1:** 481; **vol. 2:** 519, 352;
  vol. 3: 193

Scripture Index: New Testament: Mark

11:15–18 . . . . **vol. 2:** 507, 524
11:15–17 . . . . **vol. 3:** 614
11:15 . . . . **vol. 2:** 341, 577; **vol. 4:** 388
11:16 . . . . **vol. 4:** 300
11:17 . . . **vol. 1:** 711; **vol. 2:** 91, 605; **vol. 3:** 115; **vol. 4:** 351
11:18 . . . . **vol. 2:** 356; **vol. 3:** 91
11:19 . . . . **vol. 1:** 650
11:20–26 . . . . **vol. 3:** 551
11:20–25 . . . . **vol. 4:** 393
11:20–24 . . . . **vol. 3:** 447
11:21 . . . . **vol. 3:** 225; **vol. 4:** 199
11:22–24 . . . . **vol. 3:** 766
11:23 . . . . **vol. 3:** 161, 766; **vol. 4:** 212
11:24 . . . . **vol. 1:** 186, 188; **vol. 2:** 340
11:25 . . . **vol. 1:** 448; **vol. 2:** 340; **vol. 3:** 636, 682
11:27–33 . . . . **vol. 4:** 80
11:27 . . . . **vol. 2:** 515; **vol. 4:** 133
11:29 . . . . **vol. 2:** 288
11:30 . . . . **vol. 3:** 569
12–13 . . . . **vol. 4:** 289
12:1–12 . . . . **vol. 2:** 699; **vol. 4:** 532
12:1–9 . . . . **vol. 1:** 269
12:1 . . . . **vol. 1:** 685; **vol. 4:** 615
12:2 . . . . **vol. 2:** 658; **vol. 4:** 393
12:4 . . . . **vol. 2:** 670; **vol. 4:** 496
12:5–8 . . . . **vol. 1:** 357
12:6 . . . . **vol. 1:** 108; **vol. 2:** 296
12:9 . . . . **vol. 1:** 360; **vol. 2:** 774
12:10–11 . . . . **vol. 2:** 421; **vol. 3:** 464
12:10 . . . . **vol. 1:** 604, 627; **vol. 3:** 121
12:11 . . . . **vol. 2:** 421
12:12 . . . . **vol. 2:** 742; **vol. 4:** 393
12:13–17 . . . . **vol. 2:** 352
12:13 . . . . **vol. 2:** 394; **vol. 3:** 161
12:14–34 . . . . **vol. 1:** 711
12:14 . . . . **vol. 4:** 482
12:15 . . . . **vol. 3:** 462, 699; **vol. 4:** 562, 563
12:16 . . . . **vol. 1:** 600; **vol. 2:** 104
12:17 . . . . **vol. 2:** 421, 422
12:18–40 . . . . **vol. 3:** 225
12:18–27 . . . . **vol. 1:** 324, 545; **vol. 4:** 229
12:18–34 . . . . **vol. 1:** 712
12:18–23 . . . . **vol. 2:** 261
12:18 . . . . **vol. 2:** 288; **vol. 4:** 229
12:19–20 . . . . **vol. 3:** 102; **vol. 4:** 465
12:19 . . . . **vol. 1:** 323; **vol. 3:** 102, 365
12:21, 22 . . . . **vol. 3:** 102
12:24–27 . . . . **vol. 2:** 261
12:24 . . . . **vol. 1:** 604, 778; **vol. 3:** 774
12:25–26 . . . . **vol. 3:** 377
12:25 . . . . **vol. 1:** 544; **vol. 3:** 569
12:26–27 . . . . **vol. 1:** 89, 324
12:26 . . . **vol. 1:** 326, 512; **vol. 2:** 547; **vol. 3:** 365
12:27 . . . . **vol. 3:** 377, 774
12:28–34 . . . . **vol. 1:** 108, 244; **vol. 3:** 795; **vol. 4:** 242

12:28–30 . . . . **vol. 2:** 206
12:28 . . . **vol. 1:** 108; **vol. 2:** 202, 288; **vol. 3:** 256
12:29–30 . . . . **vol. 1:** 208; **vol. 2:** 438
12:29 . . . . **vol. 2:** 123, 124
12:30 . . . . **vol. 2:** 562; **vol. 3:** 431; **vol. 4:** 731
12:31 . . . . **vol. 2:** 202
12:32 . . . . **vol. 1:** 231, 254
12:33 . . . . **vol. 2:** 486; **vol. 3:** 215, 721
12:34 . . . . **vol. 2:** 215, 721; **vol. 4:** 499
12:35–37 . . . . **vol. 1:** 635, 665; **vol. 4:** 537
12:35–36 . . . . **vol. 1:** 711
12:35 . . . . **vol. 1:** 602, 711
12:36 . . . . **vol. 2:** 345; **vol. 4:** 491
12:37–40 . . . . **vol. 1:** 259
12:37 . . . . **vol. 2:** 378; **vol. 4:** 536
12:38–40 . . . . **vol. 1:** 601, 602
12:38 . . . . **vol. 1:** 139, 426, 713; **vol. 2:** 427
12:39 . . . . **vol. 2:** 577, 578, 703
12:40 . . . . **vol. 3:** 81, 215, 554; **vol. 4:** 670
12:41–44 . . . . **vol. 1:** 620, 722; **vol. 2:** 516, 518; **vol. 3:** 799; **vol. 4:** 184, 670
12:41 . . . . . . **vol. 1:** 720; **vol. 2:** 425; **vol. 4:** 650
12:42 . . . . **vol. 3:** 110, 706
12:43 . . . . **vol. 2:** 605; **vol. 3:** 161
12:44 . . . . . . **vol. 1:** 514; **vol. 2:** 519; **vol. 3:** 720; **vol. 4:** 575, 577
13 . . . . . **vol. 1:** 336; **vol. 3:** 656; **vol. 4:** 479, 706
13:1–4 . . . . . **vol. 1:** 558; **vol. 2:** 163; **vol. 3:** 551
13:1–2 . . . . **vol. 3:** 121, 463
13:1 . . . . **vol. 2:** 519
13:2–3 . . . . **vol. 2:** 520
13:2 . . . . **vol. 1:** 497, 517; **vol. 3:** 497, 517; **vol. 3:** 194, 257
13:4 . . . **vol. 2:** 391; **vol. 3:** 263, 653; **vol. 4:** 287
13:5–31 . . . . **vol. 3:** 653
13:5–27 . . . . **vol. 4:** 578
13:5–6 . . . . **vol. 3:** 774, 775
13:7 . . . . . **vol. 1:** 637; **vol. 2:** 391; **vol. 4:** 91, 474
13:8 . . . . **vol. 1:** 637, 415; **vol. 4:** 279, 456, 578, 741
13:9 . . . . **vol. 1:** 521; **vol. 3:** 239; **vol. 4:** 402
13:10 . . . . **vol. 1:** 637; **vol. 2:** 309, 677, 680
13:11 . . . . **vol. 3:** 632, 811, 812; **vol. 4:** 335, 745
13:12–13 . . . . **vol. 1:** 151
13:12 . . . . **vol. 1:** 323; **vol. 3:** 624; **vol. 4:** 466
13:13 . . . . **vol. 1:** 287, 751; **vol. 3:** 320; **vol. 4:** 474, 566, 567
13:14–20 . . . . **vol. 2:** 520
13:14 . . . **vol. 1:** 336, 497, 510; **vol. 2:** 275, 520
13:15 . . . . **vol. 4:** 196
13:17 . . . . **vol. 3:** 561, 562
13:19 . . . . **vol. 1:** 281, 416; **vol. 2:** 463
13:20 . . . . **vol. 2:** 149, 151; **vol. 4:** 259
13:22 . . . . . . **vol. 1:** 336; **vol. 2:** 151; **vol. 3:** 698; **vol. 4:** 287, 289, 485, 722
13:24–30 . . . . **vol. 1:** 558
13:24 . . . **vol. 1:** 707; **vol. 2:** 386, 402; **vol. 3:** 261; **vol. 4:** 322, 324

Scripture Index: New Testament: Mark

13:25 ... **vol. 1:** 428, 430; **vol. 3:** 758; **vol. 4:** 233
13:26–27. . . . .**vol. 2:** 451
13:26 ... **vol. 1:** 487; **vol. 2:** 285; **vol. 4:** 541, 542
13:27 . . . .**vol. 1:** 122, 568; **vol. 2:** 151, 557;
        vol. 3: 570; **vol. 4:** 394, 399, 487
13:28–29. . . . .**vol. 1:** 484
13:28 . . . . **vol. 2:** 450; **vol. 4:** 394
13:29 . . . .**vol. 1:** 329
13:30 . . . . **vol. 1:** 557, 558; **vol. 3:** 161
13:31 . . . . **vol. 1:** 558; **vol. 3:** 161, 569
13:32 . . . .**vol. 2:** 285, 393, 659; **vol. 3:** 462,
        569, 653; **vol. 4:** 706, 744
13:33 . . . . **vol. 1:** 142; **vol. 2:** 591
13:34–37. . . . .**vol. 4:** 394
13:34 . . . . **vol. 1:** 685, 686; **vol. 2:** 477, 689
13:35 . . . . **vol. 3:** 438; **vol. 4:** 635
14:1 . . . .**vol. 1:** 760; **vol. 2:** 356, 742; **vol. 4:** 133
14:2 . . . .**vol. 2:** 465
14:3–9. . . . .**vol. 1:** 618
14:3–5. . . . .**vol. 3:** 350
14:3 ... **vol. 1:** 619, 650; **vol. 2:** 159; **vol. 3:** 109;
        vol. 4: 223
14:4 . . . .**vol. 1:** 359, 618
14:5 . . . . **vol. 2:** 311; **vol. 3:** 754
14:6–9. . . . .**vol. 2:** 610
14:6 . . . .**vol. 2:** 269
14:7 . . . .**vol. 4:** 184
14:8 . . . . **vol. 2:** 416, 417; **vol. 3:** 84
14:9 . . . .**vol. 1:** 618, 704; **vol. 2:** 309, 677;
        vol. 3: 313, 315, 316
14:10–11. . . . .**vol. 1:** 649
14:11 . . . .**vol. 2:** 232, 233, 356
14:12–26. . . . .**vol. 3:** 665
14:12 . . .**vol. 1:** 650; **vol. 2:** 304; **vol. 3:** 664, 665
14:13 . . . . **vol. 1:** 494; **vol. 2:** 638, 662
14:14 . . . .**vol. 1:** 650, 672
14:15 . . . .**vol. 1:** 641
14:16 . . . . **vol. 1:** 650; **vol. 2:** 304
14:17 . . . .**vol. 1:** 650
14:18–25. . . . .**vol. 3:** 161
14:18 . . . . **vol. 1:** 645, 649; **vol. 4:** 540
14:19 . . . .**vol. 2:** 124
14:20 . . . .**vol. 1:** 462
14:21 . . . . . . **vol. 1:** 97, 649, 650; **vol. 3:** 561, 562
14:22–25. . . . .**vol. 1:** 647, 648
14:22–24. . . . .**vol. 3:** 665
14:22 . . . . . **vol. 1:** 411, 412, 647, 655; **vol. 2:** 686
14:23–25. . . . .**vol. 3:** 483
14:23 . . . . **vol. 1:** 653; **vol. 2:** 335
14:24 . . . . . . **vol. 1:** 108, 171, 647, 651, 652, 653,
        655, 697; **vol. 2:** 159, 411, 582;
        vol. 3: 596, 597, 714; **vol. 4:** 99
14:25 . . . . . . **vol. 1:** 269, 329, 484, 487, 652, 655;
        vol. 2: 393, 751; **vol. 3:** 230
14:26 . . . .**vol. 1:** 650; **vol. 2:** 163; **vol. 4:** 548
14:27–28. . . . .**vol. 4:** 85
14:27 . . . . **vol. 3:** 197, 811; **vol. 4:** 137, 319

14:30–31. . . . .**vol. 1:** 399
14:30 . . . . . . **vol. 1:** 400; **vol. 2:** 392; **vol. 3:** 161;
        vol. 4: 635
14:31 . . . . **vol. 2:** 409; **vol. 3:** 720
14:32 . . . . **vol. 2:** 163; **vol. 4:** 712
14:33 . . . . **vol. 1:** 144; **vol. 2:** 403
14:34 . . . . **vol. 1:** 609; **vol. 3:** 177
14:35 . . . .**vol. 3:** 303
14:36 . . . . .**vol. 1:** 86, 778; **vol. 2:** 203, 429, 440;
        vol. 3: 230, 682, 752, 811
14:37–38. . . . .**vol. 1:** 609
14:37 . . . . **vol. 1:** 609; **vol. 2:** 562
14:38 . . . .**vol. 1:** 421, 609; **vol. 3:** 697, 699, 808;
        vol. 4: 259
14:40 . . . .**vol. 1:** 469
14:41–42. . . . .**vol. 3:** 529
14:41 . . . . **vol. 1:** 259, 285; **vol. 3:** 624
14:43–64. . . . .**vol. 4:** 358
14:43 . . . .**vol. 3:** 253, 449, 581
14:44 . . . .**vol. 1:** 433, 649; **vol. 2:** 742;
        vol. 4: 286, 607
14:45 . . . .**vol. 4:** 199, 607
14:46 . . . .**vol. 2:** 742
14:47–48. . . . .**vol. 3:** 253
14:47 . . . .**vol. 3:** 573, 642
14:48 . . . .**vol. 3:** 115, 449
14:49 . . . .**vol. 1:** 604; **vol. 2:** 519; **vol. 3:** 787
14:50 . . . .**vol. 4:** 596
14:51–52. . . . .**vol. 1:** 611
14:51 . . . .**vol. 1:** 205, 611
14:52 . . . .**vol. 3:** 102
14:53–65. . . . .**vol. 4:** 225
14:54 . . . .**vol. 4:** 640
14:55–56. . . . .**vol. 3:** 239
14:55 . . . . **vol. 3:** 492; **vol. 4:** 402
14:56–57. . . . .**vol. 3:** 239
14:56 . . . .**vol. 2:** 550
14:57 . . . .**vol. 1:** 322
14:58 . . . . . . **vol. 1:** 517; **vol. 2:** 254; **vol. 3:** 194,
        373, 463; **vol. 4:** 502
14:59 . . . . **vol. 2:** 550; **vol. 3:** 239
14:60 . . . . **vol. 1:** 322; **vol. 3:** 239
14:61–62. . . . . **vol. 1:** 482; **vol. 2:** 108
14:61 . . . . **vol. 2:** 323; **vol. 4:** 296
14:62 . . . .**vol. 1:** 487, 666, 778; **vol. 2:** 285, 578;
        vol. 3: 570; **vol. 4:** 542
14:63 . . . .**vol. 3:** 239
14:64 . . . .**vol. 1:** 209, 517; **vol. 2:** 108, 199, 749;
        vol. 4: 588
14:65 . . . . **vol. 2:** 613, 718; **vol. 3:** 171
14:67 . . . . **vol. 1:** 438, 521; **vol. 3:** 368
14:68, 70 . . . .**vol. 1:** 399
14:71 . . . . **vol. 1:** 282; **vol. 3:** 497
14:72 . . .**vol. 1:** 399; **vol. 3:** 313; **vol. 4:** 210, 635
15. . . . .**vol. 1:** 481
15:1–15. . . . .**vol. 4:** 358
15:1 . . . . **vol. 1:** 649; **vol. 4:** 133, 402

129

Scripture Index: New Testament: Luke

15:2 . . . . vol. 1: 481, 482; vol. 2: 558
15:3 . . . . .vol. 4: 133
15:5 .vol. 2: 403, 422
15:6–15. .vol. 4: 358
15:7 . . . . .vol. 3: 115
15:9 . . . . vol. 1: 481; vol. 2: 558
15:10 . . . . vol. 1: 649; vol. 4: 359, 603
15:11 .vol. 4: 133, 279
15:12 . . . . .vol. 2: 558
15:13–14. . . . . .vol. 2: 738
15:14 . . . . .vol. 3: 191
15:15 . . . .vol. 1: 649; vol. 2: 530; vol. 3: 582
15:16–19. . . . . .vol. 3: 171
15:16 . . . . .vol. 2: 604
15:17 . . . . . . .vol. 1: 200; vol. 2: 196; vol. 4: 372
15:18 . . .vol. 1: 426, 481; vol. 2: 558; vol. 4: 646
15:19 . . . . vol. 1: 593; vol. 4: 152
15:20 . . . . .vol. 2: 632; vol. 2: 278
15:23 . . . . vol. 3: 482; vol. 4: 327, 676
15:24 . . . . vol. 2: 697; vol. 4: 359, 548
15:25 . . . . .vol. 4: 743
15:26 . . . . .vol. 1: 190, 481, 600; vol. 2: 558;
vol. 4: 692
15:27 . . . . vol. 2: 343; vol. 3: 115
15:28 . . . . .vol. 3: 788
15:29–32. .vol. 4: 358, 359
15:29–30. . . . . .vol. 4: 692
15:29 . . . . .vol. 1: 517; vol. 3: 171, 373;
vol. 4: 359, 502
15:29–31. . . . . .vol. 4: 428
15:31 . . . . . . .vol. 2: 194; vol. 3: 171; vol. 4: 133
15:32 . . . . vol. 1: 481; vol. 3: 514
15:33–34. . . . . .vol. 4: 743
15:33 . . . . vol. 2: 386; vol. 4: 323
15:34 . . . . .vol. 1: 86, 523, 524; vol. 2: 381;
vol. 3: 102, 682; vol. 4: 359,
428, 548, 636

15:35 . . . . .vol. 4: 636
15:36 . . . . vol. 1: 555; vol. 4: 428428
15:37 . . .vol. 1: 447; vol. 3: 257, 807; vol. 4: 636
15:38 . . . . .vol. 1: 339; vol. 2: 520, 640;
vol. 3: 372; vol. 4: 419, 672
15:39 . . . . .vol. 3: 807
15:40 . . . . . . .vol. 1: 617; vol. 2: 494; vol. 3: 303
15:42 . . . . .vol. 4: 223
15:43 . . . . vol. 1: 436, 488, 489, 528;
vol. 4: 438, 499
15:44 . . . . vol. 2: 422, 605; vol. 3: 599
15:45 . . . . vol. 1: 721; vol. 3: 757
15:46 . . . . .vol. 3: 736
15:47 . . . . .vol. 2: 425
16:1 . . . . vol. 1: 221, 571, 617; vol. 4: 327
16:2–5. . . . . .vol. 2: 416
16:2 . . . . vol. 1: 292; vol. 2: 223
16:4 . . . . .vol. 1: 521
16:5–7. . . . . .vol. 1: 617
16:5–6. . . . . .vol. 2: 403
16:5 . . . . vol. 1: 665; vol. 3: 113
16:6 . . . . vol. 2: 403; vol. 3: 368
16:7 . . . . .vol. 1: 375
16:8 . . . .vol. 1: 367; vol. 2: 155, 404; vol. 4: 647
16:9 . . . . .vol. 1: 617
16:10 . . . . vol. 1: 120; vol. 3: 707
16:11 . . . . .vol. 3: 765
16:12 . . . . .vol. 3: 338
16:13 . . . vol. 1: 120; vol. 3: 514, 765; vol. 4: 315
16:15–20. . . . . .vol. 4: 289
16:15 . . . . .vol. 2: 763
16:16 . . . . .vol. 3: 765
16:17 . . . . .vol. 1: 205
16:18 . . . . .vol. 2: 409
16:19 . . . . .vol. 3: 82
16:20 . . . . vol. 1: 205, 499, 500; vol. 2: 268, 271

Luke

1–2 . . . . vol. 3: 814; vol. 4: 433, 492
1. . . . . vol. 2: 169; vol. 3: 790
1:1 . . . . vol. 2: 214; vol. 3: 787
1:2 . . . . .vol. 1: 344, 415, 3, 579, 625
1:3–4. . . . . vol. 1: 604; vol. 2: 356
1:3 . . . . .vol. 1: 205, 339, 754
1:4 . . . . vol. 1: 434; vol. 2: 648
1:5–80. . . . . vol. 2: 524; vol. 3: 299
1:5 . . . . vol. 1: 480; vol. 2: 392, 504
1:6 . . . . vol. 1: 732; vol. 2: 203; vol. 3: 271;
vol. 4: 109
1:7 . . . . .vol. 1: 275
1:8–23. . . . . .vol. 2: 518
1:8 . . . . .vol. 2: 392, 504
1:9 . . . . vol. 2: 95, 473; vol. 3: 77, 372
1:10 . . . . .vol. 2: 473; vol. 3: 91, 784; vol. 4: 743
1:11 . . . . vol. 1: 665; vol. 2: 473, 774
1:12 . . . . vol. 3: 757; vol. 4: 457, 612

1:13–26. . . . . .vol. 1: 374
1:13–17. . . . . .vol. 1: 538
1:13 . . . . .vol. 1: 210, 212, 562, 668; vol. 2: 604;
vol. 4: 492, 529, 613
1:14 . . . . vol. 1: 102, 103, 561, 571, 572;
vol. 4: 647
1:15 . . . . .vol. 2: 704; vol. 3: 298, 482, 749,
790, 812; vol. 4: 244
1:16–17. . . . . vol. 2: 381; vol. 4: 429
1:17 . . . . . .vol. 1: 367, 732; vol. 2: 76, 285, 644;
vol. 3: 411, 458, 690, 812;
vol. 4: 169, 388, 618, 622
1:18 . . . . vol. 1: 275; vol. 4: 132
1:19 . . . . .vol. 1: 122, 123, 538; vol. 2: 681;
vol. 3: 642
1:20 . . . . .vol. 1: 331; vol. 3: 748, 765, 788;
vol. 4: 295
1:21–22. . . . . .vol. 3: 372

Scripture Index: New Testament: Luke

1:21 . . . . vol. 2: 422, 644; vol. 4: 705
1:22 . . . . vol. 2: 782; vol. 3: 579
1:23 . . . . vol. 3: 106, 748, 789
1:24 . . . . vol. 2: 754; vol. 3: 85
1:25 . . . . vol. 3: 514
1:26–38 . . . . vol. 3: 299
1:26 . . . . vol. 1: 538
1:27 . . . . vol. 1: 635; vol. 3: 472, 640; vol. 4: 178, 537
1:28–30 . . . . vol. 1: 538
1:28 . . . . vol. 4: 646, 656
1:29 . . . . vol. 1: 426
1:30 . . . . vol. 2: 330, 331; vol. 3: 604; vol. 4: 613
1:31 . . . . vol. 2: 529, 604; vol. 3: 85
1:32–35 . . . . vol. 4: 532
1:32 . . . . . vol. 1: 635; vol. 2: 439, 470, 605, 581
1:33 . . . . vol. 1: 562; vol. 3: 494; vol. 3: 472; vol. 4: 474
1:34–35 . . . . vol. 4: 532
1:34 . . . . vol. 1: 581; vol. 3: 640; vol. 4: 178
1:35 . . . vol. 1: 129, 562; vol. 2: 190; vol. 3: 811, 812; vol. 4: 310, 492, 581
1:36 . . . . vol. 3: 85
1:37 . . . . vol. 1: 778; vol. 3: 604; vol. 4: 209
1:38 . . . . vol. 1: 451, 770; vol. 4: 210, 452
1:39 . . . . . vol. 1: 322; vol. 3: 550; vol. 4: 95, 349
1:41–45 . . . . vol. 4: 169
1:41–42 . . . . vol. 2: 704
1:41 . . . . vol. 1: 426, 532; vol. 3: 749, 790, 812, 814
1:42 . . . . vol. 2: 628, 738; vol. 4: 635
1:44 . . . . vol. 1: 102, 426, 532; vol. 2: 704; vol. 4: 647
1:45 . . . . vol. 4: 473, 474
1:46–55 . . . . . vol. 2: 170; vol. 3: 299; vol. 4: 719
1:46–47 . . . . vol. 4: 731
1:46 . . . . vol. 2: 170; vol. 3: 255
1:47 . . . vol. 1: 102; vol. 3: 807; vol. 4: 429, 647
1:48 . . . . vol. 1: 521, 770; vol. 3: 208; vol. 4: 452
1:49 . . . . vol. 1: 129, 778; vol. 3: 256
1:50 . . . . vol. 1: 108, 557; vol. 2: 170
1:51 . . . . . vol. 2: 741; vol. 3: 431; vol. 4: 319, 558
1:52 . . . . vol. 1: 778; vol. 2: 470; vol. 4: 452, 583
1:53 . . . . vol. 2: 658; vol. 3: 692, 748, 799
1:54–55 . . . . vol. 3: 315
1:54 . . . . vol. 2: 170; vol. 3: 82, 597
1:55 . . . . vol. 1: 196; vol. 4: 346
1:57 . . . vol. 1: 562; vol. 3: 748, 789; vol. 4: 705
1:58 . . . . . vol. 2: 169; vol. 3: 255; vol. 4: 353
1:59 . . . . vol. 1: 571; vol. 3: 484, 594, 727
1:62 . . . . vol. 2: 782
1:63 . . . . vol. 1: 600; vol. 2: 422
1:64 . . . . vol. 1: 328, 330, 589; vol. 2: 324
1:65 . . . . vol. 3: 79, 550; vol. 4: 209
1:66 . . . . vol. 2: 774; vol. 4: 664
1:67 . . . . . vol. 3: 749, 790, 812, 814; vol. 4: 169
1:68–79 . . . . . . vol. 1: 192; vol. 2: 170, 323, 666; vol. 4: 719
1:68 . . . . vol. 2: 251, 438; vol. 3: 185; vol. 4: 647
1:69 . . . vol. 1: 635; vol. 2: 666; vol. 3: 185, 472, 597; vol. 4: 429, 537
1:70 . . . . vol. 1: 129, 196; vol. 4: 590, 647
1:71 . . . vol. 2: 345; vol. 3: 185, 320; vol. 4: 429
1:72–73 . . . . vol. 3: 315
1:72 . . . . vol. 1: 129; vol. 2: 170
1:73 . . . . vol. 3: 495, 497, 548
1:74 . . . . . vol. 2: 345; vol. 3: 95, 185; vol. 4: 104, 215
1:75 . . . . vol. 1: 732; vol. 3: 558
1:76–77 . . . . vol. 3: 185
1:76 . . . . . vol. 2: 305, 381, 529; vol. 3: 185, 458; vol. 4: 108, 581
1:77 . . . . vol. 1: 259, 448, 580; vol. 4: 429
1:78–79 . . . . vol. 4: 429
1:78 . . . . vol. 1: 292; vol. 2: 170, 251, 443; vol. 3: 185; vol. 4: 353, 581
1:79 . . . . vol. 2: 115; vol. 3: 185; vol. 4: 311, 323
1:80 . . . . . vol. 1: 442, 642; vol. 2: 275, 383, 742
2:1–52 . . . . vol. 3: 299
2:1–3 . . . . vol. 1: 506
2:1 . . . . vol. 1: 600, 753; vol. 2: 592; vol. 3: 477
2:2 . . . . vol. 1: 600; vol. 2: 376
2:3 . . . . vol. 1: 600; vol. 4: 108
2:4 . . . . vol. 1: 352, 635; vol. 2: 127; vol. 3: 472, 680; vol. 4: 95, 537
2:5 . . . . vol. 1: 600; vol. 3: 640
2:6–7 . . . . vol. 4: 492
2:6 . . . . vol. 3: 748, 789
2:7 . . . . vol. 3: 191; vol. 4: 178
2:8–20 . . . . vol. 4: 84
2:8–14 . . . . vol. 2: 275
2:8–9 . . . . vol. 3: 438; vol. 4: 84
2:8 . . . . vol. 3: 438; vol. 4: 624, 625, 712
2:9–14 . . . . vol. 4: 210
2:9 . . . . . . vol. 1: 122; vol. 2: 774; vol. 3: 87, 88; vol. 4: 612
2:10–11 . . . . vol. 4: 647
2:10 . . . . vol. 2: 681; vol. 4: 613
2:11 . . . vol. 1: 635; vol. 3: 529; vol. 4: 429, 433, 492, 537
2:12 . . . . vol. 1: 532
2:13 . . . . vol. 1: 122, 173; vol. 3: 531, 566, 568, 784; vol. 4: 384
2:14 . . . . . vol. 1: 305, 764; vol. 2: 115, 314, 315; vol. 4: 429, 581
2:15 . . . vol. 1: 506, 580; vol. 2: 618; vol. 3: 569; vol. 4: 209
2:16 . . . . vol. 1: 532; vol. 2: 330; vol. 4: 349
2:17–19 . . . . vol. 4: 210
2:17 . . . . vol. 1: 580; vol. 2: 618
2:18 . . . . vol. 2: 422
2:19 . . . . vol. 4: 209, 490
2:20 . . . . vol. 1: 173, 210
2:21–24 . . . . vol. 3: 411
2:21–22 . . . . vol. 3: 748, 789

Scripture Index: New Testament: Luke

2:21 . . . . vol. 2: 704; vol. 3: 85, 484, 727
2:22–52. . . . . .vol. 2: 517
2:22 . . . .vol. 2: 524, 525; vol. 3: 642; vol. 4: 225
2:23 . . . . . vol. 1: 129, 328, 407; vol. 3: 298, 661
2:24 . . . . .vol. 1: 720; vol. 2: 359, 486;
                                                                 vol. 3: 359, 486
2:25–38. . . . . .vol. 1: 617
2:25–32. . . . . .vol. 4: 169
2:25–27. . . . . .vol. 3: 812
2:25–26. . . . . .vol. 2: 517
2:25 . . . .vol. 1: 732; vol. 2: 133, 317; vol. 3: 629
2:26 . . . . vol. 3: 529; vol. 4: 684
2:27 . . . . .vol. 2: 95
2:28–29. . . . . .vol. 2: 324
2:29–32. . . . . vol. 2: 517; vol. 4: 719
2:29 . . . . . .vol. 1: 671; vol. 3: 191; vol. 4: 210
2:30–32. . . . . .vol. 2: 558
2:30–31. . . . . .vol. 2: 304
2:30 . . . . vol. 3: 529; vol. 4: 429
2:31 . . . . .vol. 4: 158
2:32 . . . . vol. 3: 616; vol. 4: 641
2:33 . . . . .vol. 2: 422
2:34–35. . . . . .vol. 4: 286
2:34 . . . vol. 1: 322; vol. 2: 319, 324; vol. 3: 121,
                         157, 529, 757, 758; vol. 4: 298
2:35 . . . . vol. 2: 615; vol. 4: 731
2:36 . . . . .vol. 1: 275, 300; vol. 3: 639;
                                    vol. 4: 168, 167, 629
2:37 . . . . .vol. 1: 451, 668, 669; vol. 3: 95,
                                           387, 438, 484
2:38 . . . . vol. 2: 133, 517, 525, 558;
                                         vol. 3: 185, 508
2:39 . . . . vol. 3: 411; vol. 4: 388, 474
2:40 . . . . .vol. 1: 442; vol. 2: 237, 383, 742;
                                         vol. 4: 335, 657
2:41–51. . . . . .vol. 1: 151
2:41 . . . .vol. 1: 276; vol. 3: 663, 664; vol. 4: 225
12:232:42. . . . . vol. 1: 276; vol. 2: 95
2:43 . . . . vol. 3: 594, 789; vol. 4: 474, 566
2:44–45. . . . . .vol. 2: 356
2:44 . . . . vol. 1: 152, 580; vol. 3: 456
2:46 . . . . vol. 1: 712; vol. 2: 288, 515, 524
2:47 . . . . vol. 2: 155; vol. 4: 335, 409
2:48–49. . . . . .vol. 1: 151
2:48 . . . . vol. 2: 153; vol. 3: 529
4:49 . . . . .vol. 1: 638; vol. 2: 524; vol. 3: 299
2:50 . . . . vol. 4: 210, 409
2:51 . . . . vol. 3: 299; vol. 4: 209, 462, 490
2:52 . . . . vol. 2: 383, 726; vol. 4: 335, 657
3:1 . . . . .vol. 2: 376, 592
3:2–3. . . . . .vol. 2: 170
3:2 . . . . .vol. 2: 237, 507; vol. 3: 160; vol. 4: 210
3:3 . . . . vol. 2: 677, 680; vol. 3: 291
3:4 . . . . .vol. 1: 512, 523; vol. 2: 305;
                                         vol. 3: 457, 788
3:5 . . . . .vol. 4: 451
3:6 . . . . vol. 2: 304; vol. 4: 429

3:7–9. . . . . .vol. 3: 809
3:7 . . . . vol. 1: 561, 642; vol. 3: 536, 581
3:8–9. . . . . .vol. 1: 89
3:8 . . . . .vol. 1: 340, 415; vol. 3: 121, 291;
                                                   vol. 4: 466
3:9 . . . . . .vol. 1: 98; vol. 2: 609, 726; vol. 4: 212
3:10 . . . . vol. 2: 170; vol. 3: 291, 581
3:11 . . . . vol. 1: 721; vol. 4: 80
3:12–13. . . . . .vol. 4: 483
3:12 . . . . vol. 1: 712; vol. 4: 121
3:13 . . . . .vol. 4: 121
3:14 . . . . .vol. 1: 396; vol. 3: 583;
                                       vol. 4: 279, 384, 392
3:15–18. . . . . .vol. 3: 809
3:15 . . . . .vol. 4: 691
3:16–17. . . . . .vol. 1: 218
3:16 . . . . .vol. 2: 285, 563, 680; vol. 3: 711, 809;
                                          vol. 4: 270, 521
3:17 . . . . .vol. 1: 267, 548; vol. 2: 572, 596;
                                     vol. 3: 699; vol. 4: 271
3:18 . . . . vol. 2: 312, 681; vol. 3: 630
3:19 . . . . vol. 2: 166; vol. 4: 304
3:20 . . . . .vol. 2: 237, 688
3:21–22. . . . . .vol. 2: 341; vol. 3: 570; vol. 4: 636
3:21 . . . . .vol. 1: 330; vol. 3: 91, 661; vol. 4: 419
3:22 . . . vol. 1: 305, 562; vol. 2: 315; vol. 3: 702,
                             811, 812; vol. 4: 118, 414, 438
3:23–38. . . . . vol. 1: 89; vol. 2: 262
3:23 . . . . vol. 1: 415; vol. 3: 368
3:24 . . . . .vol. 3: 111
3:26 . . . . .vol. 2: 545
3:29 . . . . vol. 2: 528; vol. 3: 111
3:30 . . . . .vol. 2: 545
3:31 . . . . vol. 1: 635; vol. 4: 537
3:33–34. . . . . .vol. 2: 545
3:34 . . . . vol. 1: 89; vol. 2: 494, 547
3:36 . . . . .vol. 3: 440
3:38 . . . . .vol. 1: 146
4:1–14. . . . . .vol. 3: 812
4:1–13. . . . . .vol. 3: 699
4:1 . . . . .vol. 3: 790, 812
4:2–13. . . . . .vol. 4: 266
4:2 . . . . vol. 3: 388, 693; vol. 4: 487
4:4 . . . . .vol. 3: 693, 700
4:5 . . . . vol. 1: 641; vol. 2: 734; vol. 3: 477;
                                                  vol. 4: 705
4:6 . . . . .vol. 3: 624
4:7 . . . . .vol. 4: 152
4:8 . . . . vol. 3: 95; vol. 4: 152
4:9–12. . . . . .vol. 3: 551
4:9–11. . . . . .vol. 2: 518
4:9 . . . . .vol. 3: 700
4:10–11. . . . . .vol. 3: 700
4:10 . . . . .vol. 3: 203
4:11 . . . . .vol. 2: 726
4:12 . . . . .vol. 3: 697
4:13 . . . . .vol. 1: 451

Scripture Index: New Testament: Luke

4:14–21 . . . . .vol. 2: 681
4:14–15. . . . . .vol. 4: 288
4:14 . . . . vol. 3: 812; vol. 4: 461
4:15 . . . . .vol. 1: 710
4:16–27. . . . . .vol. 1: 481
4:16–21. . . . .vol. 1: 711; vol. 1: 578; vol. 4: 172
4:16 . . . . vol. 1: 279, 322; vol. 2: 95, 226
4:17–18. . . . . .vol. 1: 330
4:17 . . . .vol. 1: 512, 598; vol. 3: 788; vol. 4: 500
4:18–21. . . . . .vol. 4: 531
4:18–19. . . . . . vol. 3: 597, 810; vol. 4: 657, 700
4:18 . . . . .vol. 1: 192, 447, 448, 618; vol. 2: 162,
309, 386; vol. 3: 162, 812;
vol. 4: 184, 414, 500
4:19 . . . . .vol. 1: 675
4:20 . . . . .vol. 1: 438, 721
4:21 . . . . .vol. 1: 414, 604, 605; vol. 2: 681;
vol. 3: 788, 789
4:22 . . . . .vol. 2: 422; vol. 3: 368;
vol. 4: 108, 383, 657
4:23 . . . . vol. 2: 447; vol. 3: 610
4:24 . . . . .vol. 1: 132; vol. 3: 366; vol. 4: 495
4:25–26. . . . . .vol. 1: 620; vol. 2: 381
4:25 . . . .vol. 1: 230, 265; vol. 2: 477; vol. 3: 570
4:27 . . . . .vol. 3: 109
4:28 . . . . vol. 2: 475; vol. 3: 748, 791
4:31 . . . . .vol. 4: 172
4:32 . . . . vol. 2: 153, 219; vol. 3: 157
4:33 . . . . .vol. 1: 304; vol. 2: 348, 738;
vol. 3: 257; vol. 4: 636
4:34 . . . . vol. 1: 129; vol. 3: 368
4:35 . . . . .vol. 4: 609
4:36 . . . . vol. 2: 219, 403; vol. 3: 157, 808
4:37 . . . . .vol. 2: 398; vol. 4: 500
4:38–39. . . . . .vol. 4: 193
4:38 . . . . .vol. 2: 741
4:39 . . . . .vol. 2: 259
4:40–41. . . . . .vol. 2: 448
4:40 . . . . vol. 2: 196; vol. 3: 422
4:41 . . . . .vol. 2: 738
4:42 . . . . vol. 1: 750; vol. 2: 356
4:43–44. . . . . .vol. 2: 681
4:43 . . . . vol. 1: 638; vol. 2: 679
4:44 . . . . vol. 2: 681; vol. 4: 288
5:1–11. . . . . .vol. 4: 287
5:1 . . . . .vol. 2: 401, 618
5:2 . . . . .vol. 1: 275, 462
5:3 . . . . .vol. 1: 710, 711
5:4 . . . . .vol. 1: 457
5:5 . . . . vol. 2: 237, 723; vol. 4: 199, 210
5:6–8. . . . . .vol. 4: 210
5:6 . . . . .vol. 2: 565, 688; vol. 3: 783, 784;
vol. 4: 419
5:7 . . . . vol. 1: 152, 457; vol. 2: 85, 748
5:8 . . . . .vol. 1: 593
5:9 . . . . vol. 2: 403; vol. 3: 85
5:10 . . . vol. 1: 152; vol. 2: 369, 712; vol. 3: 226;
vol. 4: 613
5:11 . . . . vol. 1: 205; vol. 3: 102
5:12–13. . . . . .vol. 3: 109
5:12 . . . . . . .vol. 1: 668; vol. 3: 757; vol. 4: 158
5:13 . . . . .vol. 4: 664
5:14 . . . . vol. 1: 641; vol. 3: 239, 617
5:15 . . . . vol. 2: 680; vol. 3: 157
5:16 . . . . vol. 2: 341; vol. 4: 712
5:17 . . . . vol. 1: 710, 778; vol. 3: 410
5:18–26. . . . . .vol. 2: 219
5:18 . . . . .vol. 3: 191
5:19 . . . . .vol. 2: 661, 703
5:21 . . . .vol. 1: 516, 602; vol. 2: 124; vol. 3: 335
5:23 . . . . .vol. 3: 570
5:24 . . . . vol. 2: 703; vol. 3: 191
5:26 . . . .vol. 1: 762; vol. 2: 155; vol. 3: 81, 748
5:27–32. . . . . .vol. 2: 485
5:27 . . . .vol. 2: 425; vol. 3: 111, 614; vol. 4: 481
5:28 . . . . vol. 3: 102; vol. 4: 482
5:29–30. . . . . .vol. 4: 483
5:29 . . . . vol. 1: 675; vol. 3: 111, 581
5:30 . . . . vol. 3: 752; vol. 4: 594
5:31 . . . . vol. 2: 562; vol. 4: 483, 517
5:32 . . .vol. 1: 732; vol. 2: 284, 605; vol. 3: 291
5:33–39. . . . . .vol. 3: 614
5:33–38. . . . . .vol. 3: 482
5:33–35. . . . . .vol. 3: 387
5:33–34. . . . . .vol. 4: 647
5:33 . . . . vol. 1: 668, 669; vol. 2: 347
5:34 . . . . . . .vol. 1: 485; vol. 3: 436; vol. 4: 646
5:35 . . . . .vol. 1: 178
5:36–39. . . . . .vol. 2: 581
5:36–37. . . . . .vol. 3: 599
5:36 . . . . vol. 3: 609; vol. 4: 419
5:37 . . . . .vol. 2: 159
5:38–39. . . . . .vol. 3: 380
5:39 . . . . vol. 3: 482, 599; vol. 4: 686
6:1 . . . . .vol. 4: 344
6:1–5. . . . . vol. 3: 694; vol. 4: 224
6:2–6. . . . . .vol. 1: 374
6:3–6. . . . . .vol. 1: 703
6:3 . . . . .vol. 1: 635
6:4 . . . . .vol. 4: 160
6:5 . . . . .vol. 4: 539
6:6–11. . . . . vol. 2: 397; vol. 4: 224
6:9 . . . . . .vol. 1: 96, 359; vol. 2: 288; vol. 4: 224
6:10 . . . . vol. 1: 355, 521; vol. 4: 664
6:11 . . . . vol. 3: 79, 433, 748, 791
6:12–16. . . . . vol. 1: 374, 375; vol. 4: 241
6:12–13. . . . . .vol. 2: 341
6:12 . . . . vol. 2: 341, 605; vol. 3: 438, 550
6:13 . . . . .vol. 1: 367, 375, 783; vol. 2: 149, 151;
vol. 3: 519
6:14 . . . . .vol. 3: 519
6:15 . . . . vol. 2: 352; vol. 3: 225
6:16 . . .vol. 1: 722; vol. 2: 494, 546; vol. 3: 624
6:17 . . . . .vol. 3: 91, 551, 582, 783, 784
6:18 . . . . vol. 2: 447; vol. 3: 423

133

6:19 . . . . vol. 1: 380; vol. 2: 498
6:20–49. . . . . .vol. 3: 479
6:20–26. . . . . .vol. 3: 208
6:20–23. . . . . .vol. 3: 562
6:20–22. . . . . .vol. 1: 108
6:20–21. . . . . .vol. 3: 810
6:20 . . . . .vol. 2: 698; vol. 3: 799; vol. 4: 184
6:21 . . . vol. 1: 552; vol. 2: 684; vol. 3: 209, 692;
vol. 4: 679
6:22 . . . vol. 1: 287; vol. 2: 131; vol. 3: 514, 546;
vol. 4: 103, 539
6:23 . . . . vol. 1: 102, 552; vol. 2: 393
6:24–26. . . . . vol. 3: 561; vol. 4: 184
6:24 . . . . .vol. 3: 631, 799
6:25 . . . . .vol. 1: 552; vol. 2: 684;
vol. 3: 693, 707, 748
6:26 . . . . .vol. 4: 80
6:27–28. . . . . vol. 1: 109; vol. 2: 325
6:27 . . . . vol. 1: 108, 114, 747; vol. 3: 320
6:28 . . . . .vol. 1: 383
6:29 . . . . .vol. 2: 542, 780
6:30 . . . . .vol. 1: 187, 188
6:32–36. . . . . .vol. 1: 109
6:32–34. . . . . .vol. 1: 259
6:32 . . . . .vol. 2: 750
6:33–34. . . . . .vol. 4: 482
6:33 . . . . .vol. 1: 96
6:34 . . . . vol. 2: 550; vol. 3: 83
6:35 . . . . vol. 1: 96; vol. 2: 186; vol. 3: 320;
vol. 4: 103, 581, 656, 687
6:36 . . . .vol. 1: 108; vol. 3: 479, 682; vol. 4: 474
6:37 . . . . vol. 1: 448, 745, 746; vol. 3: 191
6:38 . . . . .vol. 2: 159; vol. 3: 294; vol. 4: 233
6:39 . . . . vol. 3: 457, 610; vol. 4: 511
6:40 . . . . vol. 1: 409, 713; vol. 3: 361
6:41 . . . . .vol. 3: 434
6:42 . . . . vol. 1: 521; vol. 4: 563
6:43–44. . . . . .vol. 4: 394
6:43 . . . .vol. 1: 98; vol. 2: 609, 628; vol. 4: 102
6:45 . . . . .vol. 1: 95; vol. 2: 456, 610;
vol. 3: 720; vol. 4: 102
6:46 . . . . .vol. 2: 604, 775; vol. 3: 752; vol. 4: 80
6:47–49. . . . . : . . . vol. 1: 485; vol. 4: 80
6:48–49. . . . . vol. 4: 431; vol. 4: 118
6:48 . . . . .vol. 1: 457; vol. 3: 736; vol. 4: 232
6:49 . . . . .vol. 3: 757
7. . . . . .vol. 1: 619
7:1–10. . . . . .vol. 4: 243
7:1 . . . . vol. 3: 91; vol. 4: 210
7:2–3. . . . . .vol. 3: 594
7:2 . . . . .vol. 4: 495
7:3 . . . . .vol. 4: 132, 133, 428
7:4–5. . . . . .vol. 1: 341
7:4 . . . . .vol. 4: 349
7:5 . . . . vol. 2: 91; vol. 4: 400
7:6 . . . . .vol. 3: 704
7:7 . . . . .vol. 1: 340, 341; vol. 2: 498; vol. 3: 594

7:8 . . . . .vol. 3: 594
7:9 . . . . .vol. 1: 205
7:10 . . . . .vol. 4: 517
7:11–17. . . . . vol. 1: 616; vol. 4: 287
7:11–15. . . . . vol. 2: 369; vol. 3: 377
7:12–15. . . . . .vol. 3: 299
7:12 . . . . vol. 3: 335, 376; vol. 4: 189
7:13 . . . . vol. 2: 728; vol. 4: 353
7:14–15. . . . . .vol. 3: 162
7:14 . . . . vol. 1: 380, 494; vol. 2: 80
7:16 . . . . .vol. 2: 251; vol. 3: 81, 366;
vol. 4: 169, 244
7:19–20. . . . . .vol. 1: 482
7:19 . . . . .vol. 2: 692
7:20 . . . . .vol. 3: 109
7:21 . . . . .vol. 1: 520; vol. 3: 247;
vol. 4: 103, 510, 657, 744
7:22–23. . . . . .vol. 4: 657
7:22 . . . . .vol. 1: 210, 482; vol. 2: 309, 386, 782;
vol. 3: 109, 675, 810, 811;
vol. 4: 184, 510, 646, 710
7:23 . . . . .vol. 4: 298
7:24 . . . . .vol. 1: 122, 295; vol. 3: 91;
vol. 4: 233, 560
7:25 . . . . .vol. 1: 480, 764; vol. 2: 542;
vol. 3: 217
7:26–27. . . . . .vol. 4: 210
7:27 . . . . vol. 1: 122; vol. 3: 458
7:28 . . . . . . vol. 1: 561; vol. 3: 257, 303, 304
7:29 . . . . .vol. 1: 732; vol. 3: 91; vol. 4: 483
7:30 . . . . .vol. 1: 161, 529
7:31–32. . . . . .vol. 3: 501
7:31 . . . . .vol. 3: 500
7:32 . . . . vol. 2: 727; vol. 3: 594
7:33–34. . . . . vol. 3: 482; vol. 4: 538
7:33 . . . . vol. 1: 411; vol. 3: 752
7:34 . . . . . . vol. 3: 482, 752; vol. 4: 483, 539, 606
7:35 . . . . .vol. 4: 334, 335, 466, 561
7:36–50. . . . . vol. 1: 259, 448, 617, 619;
vol. 3: 445, 576; vol. 4: 656
7:36–37. . . . . .vol. 4: 593
7:36 . . . . vol. 1: 619; vol. 2: 288, 291, 703
7:37–48. . . . . vol. 1: 221; vol. 3: 350
7:38 . . . . .vol. 1: 221; vol. 3: 523; vol. 4: 607
7:39–40. . . . . .vol. 4: 172
7:39 . . . . .vol. 1: 380
7:40 . . . . .vol. 1: 619, 712
7:41–43. . . . . vol. 1: 488; vol. 3: 576
7:41 . . . . .vol. 3: 575, 576
7:42–43. . . . . .vol. 4: 657
7:43–44. . . . . .vol. 1: 619
7:43 . . . . .vol. 3: 85, 541
7:44–45. . . . . .vol. 4: 593
7:44 . . . . .vol. 4: 520
7:45 . . . . vol. 3: 102; vol. 4: 607
7:46 . . . . .vol. 1: 221; vol. 2: 162; vol. 3: 350
7:47 . . . . vol. 1: 109; vol. 4: 100

7:48	vol. 3: 577
7:50	vol. 4: 428
8	vol. 3: 613
8:1	vol. 1: 783; vol. 2: 677, 679, 681
8:1–3	vol. 1: 617; vol. 2: 710
8:2	vol. 1: 617; vol. 2: 261, 604
8:4–15	vol. 4: 344
8:4–8	vol. 3: 612
8:4	vol. 4: 108
8:5	vol. 3: 569, 675; vol. 4: 344
8:6–8	vol. 1: 254; vol. 2: 300
8:6	vol. 3: 757
8:7	vol. 3: 824
8:8	vol. 1: 98; vol. 4: 636
8:9–10	vol. 3: 613; vol. 4: 409
8:9	vol. 2: 288; vol. 3: 617
8:10	vol. 2: 616; vol. 3: 102, 353, 685
8:11–15	vol. 3: 612
8:11	vol. 1: 675; vol. 2: 590; vol. 4: 344
8:12	vol. 4: 104, 266, 267
8:13	vol. 1: 211, 452, 676; vol. 2: 591; vol. 3: 698, 736; vol. 4: 213, 297, 646
8:14–25	vol. 1: 374
8:14	vol. 1: 515; vol. 2: 378; vol. 3: 278, 798, 799, 824
8:15	vol. 1: 98, 212; vol. 2: 347, 363, 626; vol. 4: 213, 567, 570
8:16	vol. 1: 380; vol. 2: 595; vol. 3: 188; vol. 4: 300, 640
8:17	vol. 2: 615, 754, 755; vol. 4: 588
8:18	vol. 1: 755
8:20	vol. 1: 118
8:21	vol. 2: 618
8:22–25	vol. 2: 402
8:23–25	vol. 1: 295
8:23	vol. 2: 683; vol. 3: 787; vol. 4: 280
8:24	vol. 1: 712; vol. 2: 80; vol. 4: 199, 296, 609
8:25	vol. 2: 422; vol. 4: 461, 550
8:27	vol. 2: 196, 530; vol. 4: 705
8:28	vol. 1: 473; vol. 2: 738; vol. 4: 581
8:29	vol. 1: 402, 678; vol. 4: 705
8:31	vol. 1: 93, 155; vol. 4: 461
8:32	vol. 3: 551
8:33	vol. 3: 824
8:35	vol. 2: 542; vol. 4: 444
8:37	vol. 3: 783
8:39	vol. 2: 214, 681
8:40	vol. 1: 675
8:41	vol. 1: 417; vol. 4: 399
8:42	vol. 3: 91, 335, 824
8:43–44	vol. 4: 206
8:44	vol. 3: 741
8:43–48	vol. 2: 448
8:43	vol. 2: 447, 563
8:45	vol. 1: 399, 712; vol. 2: 463; vol. 4: 199
8:47	vol. 1: 190; vol. 2: 498; vol. 3: 91
8:48	vol. 2: 419; vol. 4: 428
8:49	vol. 4: 399
8:51	vol. 3: 594
8:52	vol. 2: 465, 727
8:53	vol. 1: 552
8:54	vol. 3: 594; vol. 4: 636
8:55	vol. 3: 808
8:56	vol. 2: 155; vol. 3: 617; vol. 4: 288
9:1–2	vol. 4: 289
9:1	vol. 2: 219, 448
9:2–5	vol. 4: 241
9:2	vol. 2: 497, 677
9:3	vol. 4: 200
9:5	vol. 2: 156
9:6	vol. 2: 448, 679, 681; vol. 4: 289
9:8	vol. 1: 416; vol. 4: 187
9:9	vol. 2: 670
9:10–17	vol. 3: 720
9:10	vol. 1: 369, 375, 583; vol. 2: 214; vol. 4: 712
9:11	vol. 2: 447, 497; vol. 4: 287, 682
9:12	vol. 2: 703; vol. 3: 191
9:14	vol. 2: 703
9:15	vol. 3: 239
9:16	vol. 2: 686; vol. 3: 582
9:17	vol. 4: 678
9:18	vol. 2: 341; vol. 4: 539
9:19	vol. 1: 416
9:20	vol. 1: 132; vol. 3: 738
9:22	vol. 1: 638; vol. 4: 475, 539
9:23	vol. 1: 400, 495; vol. 2: 394; vol. 4: 360, 730
9:24	vol. 1: 359; vol. 2: 331; vol. 4: 429, 456
9:25	vol. 2: 353, 667; vol. 4: 748
9:26	vol. 1: 129, 183
9:27	vol. 1: 230, 265, 484, 565
9:28–36	vol. 4: 636
9:28–29	vol. 2: 341
9:28	vol. 1: 276, 484; vol. 3: 84, 484, 550
9:29	vol. 2: 97, 98, 542; vol. 3: 88, 338
9:31	vol. 1: 484; vol. 2: 524, 525; vol. 3: 457, 550
9:32	vol. 1: 470, 765
9:33	vol. 1: 97; vol. 2: 775; vol. 4: 199, 304, 714
9:34–38	vol. 3: 203
9:34	vol. 4: 310
9:35	vol. 1: 210; vol. 2: 149, 151
9:36	vol. 4: 291
9:37–43	vol. 2: 782
9:37	vol. 3: 550
9:38	vol. 1: 521, 523, 668; vol. 3: 335
9:39	vol. 2: 738; vol. 3: 81; vol. 4: 281, 712
9:41	vol. 1: 297, 557; vol. 4: 145, 388
9:42	vol. 2: 497
9:43	vol. 2: 153, 422; vol. 3: 256
9:44	vol. 1: 213; vol. 3: 624; vol. 4: 539

Scripture Index: New Testament: Luke

9:45 ..... **vol. 1:** 134, 179; **vol. 2:** 288, 613, 755; **vol. 4:** 194, 210
9:46–48. .... **vol. 3:** 257, 304, 595
9:47 .... **vol. 3:** 83, 461, 604
9:48 .... **vol. 1:** 675, 676; **vol. 3:** 257, 595
9:49 .... **vol. 1:** 712; **vol. 4:** 199
9:51 .... **vol. 2:** 535; **vol. 3:** 82, 787, 789; **vol. 4:** 158, 242, 374
9:52 .... **vol. 1:** 122
9:54 .... **vol. 2:** 381; **vol. 3:** 570, 811; **vol. 4:** 242
9:55 .... **vol. 2:** 259; **vol. 4:** 242
9:56 .... **vol. 1:** 360; **vol. 4:** 242
9:57 .... **vol. 4:** 538
9:58 .... **vol. 2:** 703; **vol. 4:** 304, 539
9:59–62. .... **vol. 1:** 205; **vol. 3:** 225
9:60 .... **vol. 1:** 117, 118
9:62 .... **vol. 1:** 488; **vol. 3:** 524
10. .... **vol. 3:** 795
10:1–13. .... **vol. 3:** 226
10:1–12. .... **vol. 4:** 241
10:1–2. .... **vol. 3:** 327
10:1 .... **vol. 1:** 368, 642; **vol. 2:** 262, 301; **vol. 3:** 366, 614
10:2 .... **vol. 1:** 668; **vol. 2:** 269, 451; **vol. 3:** 490
10:3–6. .... **vol. 4:** 242
10:3 .... **vol. 1:** 267; **vol. 4:** 427
10:5–6. .... **vol. 2:** 115
10:5 .... **vol. 1:** 427
10:6 .... **vol. 1:** 286
10:7 ..... **vol. 1:** 275, 340, 605, 663; **vol. 2:** 291
10:9 .... **vol. 2:** 237, 681; **vol. 4:** 289
10:10 .... **vol. 3:** 776
10:11 .... **vol. 2:** 78, 719
10:12 ...**vol. 1:** 298; **vol. 2:** 393; **vol. 4:** 242, 583
10:13–16. .... **vol. 1:** 381
10:13 .... **vol. 2:** 578; **vol. 3:** 562, 599
10:14 .... **vol. 1:** 298
10:15 .... **vol. 1:** 154, 155; **vol. 4:** 583
10:16 .... **vol. 1:** 161, 211, 369, 676; **vol. 2:** 617; **vol. 3:** 595, 632
10:17–19. .... **vol. 3:** 366
10:17–18. .... **vol. 3:** 809; **vol. 4:** 266, 675
10:17 .... **vol. 3:** 521, 614; **vol. 4:** 462, 647
10:18 .... **vol. 1:** 122, 276, 431, 484, 558; **vol. 2:** 386, 425, 647; **vol. 3:** 569, 758; **vol. 4:** 266, 288
10:19 .... **vol. 1:** 779; **vol. 2:** 219, 346; **vol. 3:** 580, 675; **vol. 4:** 266
10:20 .... **vol. 1:** 513; **vol. 3:** 204, 519, 569, 570; **vol. 4:** 647
10:21–22. .... **vol. 1:** 529; **vol. 2:** 616; **vol. 3:** 682; **vol. 4:** 531
10:21 ... **vol. 1:** 102, 528; **vol. 2:** 314, 754, 755, 774; **vol. 3:** 384, 509, 812; **vol. 4:** 744
10:22 .. **vol. 1:** 528, 587; **vol. 2:** 219; **vol. 3:** 385, 632; **vol. 4:** 531, 535
10:23–24. .... **vol. 1:** 210; **vol. 2:** 616

10:23 .... **vol. 3:** 434
10:24 .... **vol. 2:** 386; **vol. 4:** 169
10:25–37. .... **vol. 1:** 244; **vol. 2:** 203, 700; **vol. 3:** 257
10:25–28. .... **vol. 1:** 108; **vol. 4:** 242
10:25 .... **vol. 1:** 197, 322, 712; **vol. 2:** 370; **vol. 3:** 699
10:27 .... **vol. 2:** 124; **vol. 3:** 432
10:29–37. .... **vol. 1:** 152; **vol. 3:** 795
10:29 .... **vol. 3:** 795; **vol. 4:** 242
10:30–37. .... **vol. 3:** 611, 613; **vol. 4:** 242, 243, 353
10:30–35. .... **vol. 1:** 702
10:30 ..... **vol. 2:** 197, 410; **vol. 3:** 85, 116, 757
10:31–32. .... **vol. 3:** 112; **vol. 4:** 353
10:31 .... **vol. 2:** 506
10:33 .... **vol. 3:** 457, 795; **vol. 4:** 353
10:34–35. .... **vol. 1:** 675; **vol. 3:** 445
10:34 .. **vol. 1:** 678; **vol. 2:** 159, 162; **vol. 3:** 482
10:35 .... **vol. 2:** 131
10:36 ... **vol. 1:** 754; **vol. 3:** 116; **vol. 4:** 242, 353
10:37 .... **vol. 1:** 109; **vol. 2:** 170; **vol. 3:** 611, 795; **vol. 4:** 242, 353
10:38–42. ..... **vol. 1:** 617, 618; **vol. 3:** 279, 445
10:38 .... **vol. 1:** 619; **vol. 3:** 541
10:39 .... **vol. 2:** 578; **vol. 3:** 157
10:40 .... **vol. 1:** 702, 703; **vol. 3:** 85, 335
10:41 .... **vol. 3:** 278
10:42 .... **vol. 2:** 149; **vol. 3:** 283
11:1–23. .... **vol. 1:** 374
11:1–13. .... **vol. 2:** 340, 630
11:1 .... **vol. 2:** 341; **vol. 3:** 225
11:2–4. .... **vol. 1:** 86; **vol. 2:** 340
11:2 .... **vol. 1:** 129; **vol. 2:** 440
11:3 .... **vol. 2:** 247, 394
11:4 .... **vol. 1:** 447; **vol. 3:** 697
11:5–8. .... **vol. 2:** 751; **vol. 3:** 445
11:5 .... **vol. 3:** 438
11:7 .... **vol. 2:** 714; **vol. 3:** 594
11:8 .... **vol. 1:** 166; **vol. 4:** 682
11:9–13. .... **vol. 1:** 186
11:9–10. .... **vol. 1:** 330; **vol. 2:** 356, 751
11:9 .... **vol. 2:** 331, 751
11:11 .... **vol. 1:** 332; **vol. 3:** 580
11:13 .... **vol. 1:** 187, 287, 720, 721, 722; **vol. 2:** 340, 751; **vol. 3:** 812; **vol. 4:** 102, 465
11:14–23. .... **vol. 1:** 503; **vol. 3:** 810
11:14 .... **vol. 2:** 421, 782
11:15–22. .... **vol. 1:** 602
11:15 .... **vol. 1:** 418
11:16 .... **vol. 1:** 602; **vol. 4:** 286
11:17–23. .... **vol. 3:** 204
11:17–18. .... **vol. 3:** 283
11:17 .... **vol. 2:** 275; **vol. 3:** 432
11:19–20. .... **vol. 3:** 809
11:19 .... **vol. 3:** 810

Scripture Index: New Testament: Luke

11:20 . . . . .vol. 1: 484; vol. 2: 309, 439; vol. 3: 291, 394, 422, 810
11:21–22. . . .vol. 2: 562; vol. 3: 394; vol. 4: 288
11:21 . . . . . . vol. 1: 484; vol. 2: 115; vol. 3: 525, 810; vol. 4: 624
11:22 . . . . vol. 1: 721; vol. 3: 395, 525, 687, 689
11:23 . . . . .vol. 4: 319, 399
11:24 . . . . vol. 2: 274, 331; vol. 4: 244, 520
11:25 . . . . .vol. 2: 734
11:26 . . . . . . .vol. 1: 617; vol. 2: 261; vol. 3: 475
11:27–28. . . . . vol. 1: 620; vol. 3: 299
11:27 . . . . vol. 1: 178; vol. 2: 704
11:28 . . . . .vol. 1: 211
11:29–32. . . . . .vol. 1: 602; vol. 2: 566; vol. 3: 400; vol. 4: 502
11:29–30. . . . . .vol. 4: 287, 541
11:29 . . . . vol. 1: 557; vol. 4: 102
11:30 . . . . .vol. 3: 400
11:31–32. . . . . .vol. 1: 300
11:31 .vol. 1: 329, 335
11:32 . . . . .vol. 1: 322; vol. 2: 566, 677, 678; vol. 3: 400
11:33–34. . . . . .vol. 3: 87
11:33 . . . . . . .vol. 1: 380; vol. 2: 595, 754, 755; vol. 3: 188; vol. 4: 640
11:34–36. . . . . vol. 3: 188; vol. 4: 323
11:34 . . . . .vol. 1: 350; vol. 3: 579; vol. 4: 102, 322, 438, 640
11:36 . . .vol. 1: 431; vol. 3: 282; vol. 4: 322, 640
11:37–41. . . . . .vol. 4: 521
11:37 . . . . vol. 2: 288; vol. 4: 593
11:38–42. . . . . .vol. 4: 594
11:38 . . . . . . .vol. 1: 462; vol. 2: 422; vol. 4: 593
11:39–40. . . . . .vol. 2: 298
11:39 . . . vol. 1: 402, 55; vol. 2: 572; vol. 3: 563; vol. 4: 103, 520
11:40 . . . . vol. 3: 358; vol. 4: 622
11:41 . . . . .vol. 2: 170
11:42–52. . . . . vol. 3: 562; vol. 4: 564
11:42 . . . . vol. 1: 638, 661; vol. 3: 97
11:43 . . . . .vol. 1: 107, 286, 426; vol. 2: 577; vol. 4: 607
11:44 . . . . . . .vol. 1: 682; vol. 2: 416; vol. 3: 563
11:45–52. . . . . .vol. 3: 193, 734
11:45 . . . . vol. 1: 712; vol. 4: 514
11:46 . . . . . . vol. 1: 470, 381; vol. 2: 203, 688
11:47–48. . . . . .vol. 3: 563
11:47 . . . . .vol. 2: 417
11:48 . . . . vol. 1: 494; vol. 3: 239
11:49–50. . . . . .vol. 4: 335
11:49 . . . . vol. 1: 367, 375, 750; vol. 3: 734
11:50–51. . . . . vol. 1: 169, 357; vol. 2: 356
11:50 . . . . .vol. 2: 159, 636
11:51 . . . . vol. 3: 472; vol. 4: 168
11:52 . . . . . . .vol. 1: 580; vol. 2: 687, 688, 780; vol. 3: 563
11:53 . . . . vol. 2: 198; vol. 4: 382

11:54 . . . . .vol. 2: 453
12:1–12. . . . . .vol. 1: 271
12:1 . . . . . . .vol. 2: 363; vol. 3: 675; vol. 4: 563
12:2 . . . . .vol. 2: 613, 615, 755
12:3 . . . .vol. 1: 331; vol. 2: 678; vol. 4: 322, 641
12:4–5. . . . . .vol. 4: 613
12:4 . . . . .vol. 4: 606, 612
12:5–6. . . . . .vol. 4: 438
12:5 . . . .vol. 1: 548; vol. 2: 218; vol. 4: 613, 732
12:7 . . . . vol. 1: 392; vol. 3: 261
12:8–9. . . . . . vol. 3: 510; vol. 4: 539, 540, 545
12:8 . . .vol. 1: 485; vol. 3: 114; vol. 4: 539, 546
12:10 . . . . vol. 1: 517; vol. 3: 810, 811
12:11–26. . . . . .vol. 3: 278
12:11 . . . . vol. 1: 361, 416; vol. 2: 218
12:12 . . . . vol. 1: 712; vol. 4: 745
12:13–21. . . . . .vol. 4: 185
12:13–14. . . . . vol. 1: 712; vol. 3: 225
12:13 . . . vol. 1: 712; vol. 2: 698, 751; vol. 3: 283
12:14–15. . . . . .vol. 2: 458
12:15 . . . vol. 2: 369; vol. 3: 720, 781; vol. 4: 552
12:16–21. . . . . vol. 2: 458; vol. 3: 611, 800
12:16–20. . . . . .vol. 3: 613
12:16 . . . . . .vol. 2: 751; vol. 3: 811; vol. 4: 712
12:17–18. . . . . .vol. 4: 80
12:17 . . . . .vol. 4: 399
12:19 . . . . .vol. 2: 333; vol. 3: 751; vol. 4: 730
12:20–21. . . . . .vol. 2: 458
12:20 . . . . .vol. 1: 188, 550; vol. 2: 369; vol. 3: 358, 751; vol. 4: 622, 730
12:21 . . . . .vol. 2: 456
12:22–34. . . . . .vol. 3: 800
12:22–31. . . . . .vol. 3: 278
12:22–30. . . . . .vol. 3: 751
12:22 . . . . .vol. 2: 457
12:23 . . . . vol. 2: 197; vol. 4: 438
12:24 . . . . vol. 1: 265; vol. 3: 434
12:25 . . . . vol. 2: 383; vol. 3: 279
12:26 . . . . .vol. 3: 102, 279
12:27 . . . . . . vol. 1: 771; vol. 2: 723; vol. 3: 434; vol. 4: 329
12:28 . . . . .vol. 4: 678
12:30 . . . . vol. 3: 682; vol. 4: 682
12:31 . . . . vol. 2: 356; vol. 3: 751
12:32 . . . . . .vol. 1: 485, 488; vol. 2: 315, 457; vol. 3: 304, 682; vol. 4: 84, 613
12:33–34. . . . . .vol. 2: 457
12:33 . . . . .vol. 2: 268, 691; vol. 3: 102, 599; vol. 4: 196, 552, 599
12:35 . . . . .vol. 2: 373; vol. 3: 189; vol. 4: 641
12:36–40. . . . . .vol. 1: 546
12:36–37. . . . . .vol. 2: 774
12:36 . . . . .vol. 1: 330; vol. 2: 133, 751; vol. 3: 191; vol. 4: 542
12:37 . . . . .vol. 1: 609, 686; vol. 2: 373; vol. 3: 208, 466
12:38 . . . . .vol. 4: 625

Scripture Index: New Testament: Luke

12:39–40 . . . . **vol. 1:** 484; **vol. 4:** 745
12:39 . . . .**vol. 2:** 285, 691
12:40 . . . . **vol. 2:** 305; **vol. 3:** 208
12:41 . . . .**vol. 3:** 466
12:42–46 . . . .**vol. 1:** 484
12:42 . . . .**vol. 2:** 447, 689; **vol. 3:** 294, 466; **vol. 4:** 621
12:44 . . . . **vol. 1:** 230; **vol. 2:** 237
12:45 . . . **vol. 1:** 686; **vol. 3:** 259, 594; **vol. 4:** 705
12:46 . . . .**vol. 2:** 774; **vol. 3:** 282, 468; **vol. 4:** 744, 745
12:47 . . . .**vol. 2:** 305
12:48 . . . . **vol. 1:** 187; **vol. 3:** 721
12:49–50 . . . . **vol. 3:** 811; **vol. 4:** 194
12:49 . . . .**vol. 1:** 380, 459; **vol. 2:** 284; **vol. 4:** 194
12:50 . . . . **vol. 1:** 461; **vol. 4:** 474
12:51–53 . . . .**vol. 3:** 283, 811
12:51 . . . . **vol. 1:** 459; **vol. 2:** 116
12:53 . . . .**vol. 3:** 299, 436, 474
12:54–56 . . . .**vol. 1:** 245
12:55 . . . .**vol. 2:** 596
12:56 . . . .**vol. 1:** 757, 758; **vol. 3:** 569; **vol. 4:** 564, 745
12:58–59 . . . .**vol. 1:** 244, 245
12:58 . . . **vol. 1:** 243, 417, 747; **vol. 2:** 268, 269; **vol. 3:** 624; **vol. 4:** 121, 625
12:59 . . . .**vol. 3:** 110
13:1–9 . . . .**vol. 1:** 245
13:1–8 . . . .**vol. 4:** 394
13:1–5 . . . . **vol. 1:** 497; **vol. 2:** 750
13:1–4 . . . .**vol. 1:** 374
13:1 . . . . **vol. 2:** 486, 515; **vol. 4:** 266
13:3 . . . . **vol. 1:** 359; **vol. 2:** 486
13:4 . . . .**vol. 3:** 577, 757
13:5 . . . . **vol. 1:** 270, 359; **vol. 4:** 394
13:6–9 . . . . **vol. 2:** 628, 750; **vol. 3:** 613
13:6–8 . . . .**vol. 4:** 656
13:6–7 . . . .**vol. 2:** 357
13:6 . . . .**vol. 1:** 269; **vol. 2:** 628; **vol. 4:** 394
13:7 . . . .**vol. 2:** 641, 726
13:8 . . . . **vol. 2:** 774; **vol. 3:** 713
13:9 . . . .**vol. 2:** 726
13:10–17 . . . .**vol. 4:** 224
13:11 . . . .**vol. 1:** 421, 632; **vol. 2:** 348, 447, 498; **vol. 3:** 422; **vol. 4:** 473
13:12 . . . .**vol. 3:** 191
13:13 . . . .**vol. 1:** 381; **vol. 3:** 541; **vol. 4:** 665
13:14 . . . . **vol. 1:** 638; **vol. 2:** 269
13:15–16 . . . .**vol. 3:** 192
13:16 . . . . .**vol. 1:** 89, 632, 638, 679; **vol. 2:** 176, 447; **vol. 3:** 422, 485; **vol. 4:** 266
13:17 . . . . **vol. 1:** 183, 764; **vol. 4:** 647
13:18–21 . . . .**vol. 3:** 501, 613
13:18–19 . . . . **vol. 3:** 304; **vol. 4:** 345
13:18 . . . .**vol. 3:** 97, 501
13:19 . . . . **vol. 1:** 442; **vol. 4:** 304

13:20–21 . . . . **vol. 1:** 616; **vol. 3:** 610
13:20 . . . .**vol. 3:** 501
13:21 . . . .**vol. 2:** 362, 363, 754, 755
13:22 . . . .**vol. 4:** 108
13:23 . . . .**vol. 3:** 490
13:24 . . . . . **vol. 1:** 143; **vol. 2:** 477; **vol. 3:** 489, 501; **vol. 4:** 189
13:25–30 . . . .**vol. 2:** 291
13:25 . . . . **vol. 1:** 330, 672; **vol. 2:** 477, 688, 751
13:26 . . . . **vol. 2:** 291; **vol. 3:** 751
13:27 . . .**vol. 1:** 158, 451; **vol. 2:** 269; **vol. 3:** 752
13:28–29 . . . .**vol. 1:** 89
13:28 . . . . **vol. 1:** 534; **vol. 2:** 547, 684
13:29 . . . . **vol. 1:** 292; **vol. 3:** 445
13:31 . . . .**vol. 4:** 474, 593, 744
13:32 . . . . **vol. 2:** 131, 497; **vol. 4:** 473, 475
13:33–34 . . . .**vol. 2:** 525
13:33 . . . .**vol. 1:** 359, 638, 675; **vol. 2:** 525; **vol. 3:** 366, 671, 810; **vol. 4:** 95, 169
13:34–35 . . . . **vol. 2:** 525; **vol. 3:** 734
13:34 . . . . **vol. 3:** 104; **vol. 4:** 168, 466
13:35 . . . .**vol. 3:** 734
14:1–6 . . . .**vol. 4:** 224
14:1 . . . . **vol. 1:** 417; **vol. 4:** 593
14:3 . . . .**vol. 2:** 219
14:4 . . . . **vol. 2:** 397; **vol. 4:** 83
14:5 . . . .**vol. 4:** 222
14:6 . . . .**vol. 2:** 563, 748
14:7–10 . . . .**vol. 2:** 703
14:7–8 . . . .**vol. 2:** 703
14:7 . . . .**vol. 2:** 149, 347
14:8 . . . .**vol. 4:** 495
14:9–10 . . . .**vol. 2:** 294
14:9 . . . .**vol. 1:** 183
14:10 . . . .**vol. 1:** 338, 764
14:11–14 . . . .**vol. 4:** 583
14:11 . . . .**vol. 4:** 452, 582
14:12–14 . . . . **vol. 3:** 800; **vol. 4:** 184
14:12 . . . .**vol. 1:** 646, 721; **vol. 2:** 604; **vol. 4:** 606, 636
14:13 . . . . **vol. 1:** 675; **vol. 4:** 510, 710
14:14 . . . .**vol. 1:** 324
14:15 . . . . **vol. 1:** 411; **vol. 2:** 291
14:16–25 . . . .**vol. 2:** 605
14:16–24 . . . .**vol. 2:** 286; **vol. 3:** 445, 611; **vol. 4:** 615
14:16–17 . . . .**vol. 1:** 646
14:17–20 . . . .**vol. 3:** 809
14:17 . . . .**vol. 2:** 305
14:18–19 . . . .**vol. 1:** 188; **vol. 2:** 288; **vol. 4:** 176
14:18 . . . .**vol. 1:** 141, 281
14:19 . . . . **vol. 1:** 757; **vol. 2:** 359
14:21 . . . . . . **vol. 1:** 672; **vol. 3:** 535; **vol. 4:** 184, 510, 615, 710
14:23 . . . **vol. 1:** 280, 555; **vol. 3:** 457; **vol. 4:** 615
14:24 . . . .**vol. 1:** 565, 646
14:25–34 . . . .**vol. 1:** 219

14:26–27 . . . .vol. 2: 144; vol. 3: 225; vol. 4: 529
14:26 . . . . .vol. 1: 151; vol. 3: 320, 681;
     vol. 4: 730
14:27 . . . . vol. 1: 495; vol. 4: 359, 361, 582
14:28–33. . . . . .vol. 3: 610
14:28–32. . . . . .vol. 1: 488
14:29–30. . . . . .vol. 4: 473
14:29 . . . . .vol. 2: 191, 425, 431
14:31 . . . . .vol. 1: 528, 778; vol. 2: 192, 638;
     vol. 4: 91, 672
14:32 . . . . vol. 2: 115; vol. 4: 132
14:33 . . . . vol. 2: 144, 403; vol. 3: 292
14:34 . . . . . . vol. 1: 216, 217, 218; vol. 3: 358
14:35 . . . . .vol. 1: 219
15. . . . . .vol. 1: 305, 360; vol. 3: 292;
     vol. 4: 647, 656
15:1–32. . . . . .vol. 2: 617
15:1–6. . . . . .vol. 2: 331
15:1–2. . . . . vol. 1: 648; vol. 3: 614
15:1 . . . . vol. 1: 259, 686; vol. 4: 84
15:2 . . . . vol. 1: 591; vol. 2: 133, 291
15:4–10. . . . . .vol. 3: 610
15:4–7. . . . . vol. 1: 488; vol. 4: 84
15:4–6. . . . . .vol. 3: 775
15:4 . . . . .vol. 1: 359; vol. 2: 275, 276;
     vol. 3: 775; vol. 4: 136
15:5–6. . . . . .vol. 4: 647
15:6 . . . . vol. 1: 152, 359; vol. 2: 331
15:7 . . . vol. 1: 305, 732; vol. 2: 331; vol. 3: 292;
     vol. 4: 647
15:8–10. . . . . vol. 1: 616; vol. 2: 331
15:8 . . . . .vol. 1: 359, 380, 660; vol. 2: 356;
     vol. 3: 188; vol. 4: 640
15:9 . . . . vol. 1: 152; vol. 4: 606, 647
15:10 . . . . . . vol. 1: 123; vol. 2: 356; vol. 3: 292;
     vol. 4: 647
15:11–32. . . . . .vol. 1: 270, 488, 490; vol. 2: 441;
     vol. 3: 613; vol. 4: 353
15:12–13. . . . . .vol. 3: 380
15:12 . . . . vol. 1: 515; vol. 3: 282
15:13 . . . . .vol. 1: 437, 686; vol. 2: 369;
     vol. 3: 562; vol. 4: 319
15:14 . . . . .vol. 4: 576
15:15 . . . . .vol. 1: 270; vol. 2: 719; vol. 4: 95
15:16 . . . . .vol. 2: 242, 704
15:17 . . . . vol. 1: 359, 411; vol. 3: 324, 721
15:18–20. . . . . .vol. 1: 258, 686
15:18 . . . . .vol. 3: 569
15:19 . . . . vol. 1: 341, 381; vol. 3: 324
15:20–24. . . . . .vol. 1: 448
15:20 . . . . vol. 3: 758; vol. 4: 353, 607
15:21 . . . . .vol. 1: 258, 341; vol. 2: 331;
     vol. 3: 324, 569
15:22 . . . . .vol. 4: 176
15:23–24. . . . . .vol. 4: 647
15:23 . . . . .vol. 2: 291, 331, 333
15:24 . . . . .vol. 1: 326, 359; vol. 2: 331, 369;
     vol. 3: 292, 377; vol. 4: 517

15:25–32. . . . . .vol. 4: 517
15:25 . . . . .vol. 4: 132, 152, 636, 738
15:26 . . . . .vol. 3: 594
15:27 . . . . .vol. 3: 83
15:28 . . . . vol. 3: 535, 630; vol. 4: 353
15:29 . . . . .vol. 2: 333
15:30 . . . . .vol. 1: 437, 515
15:31 . . . . .vol. 4: 466
15:32 . . . .vol. 1: 326, 359; vol. 2: 331, 332, 369;
     vol. 3: 292; vol. 4: 647
16:1–8. . . . . .vol. 3: 466, 613
16:1 . . . . .vol. 2: 689; vol. 3: 467; vol. 4: 319
16:2 . . . . vol. 3: 466; vol. 4: 636
16:3 . . . . .vol. 1: 183, 188; vol. 2: 774; vol. 4: 80
16:5–7. . . . . .vol. 3: 577
16:5 . . . . vol. 2: 774; vol. 3: 575, 576
16:6 . . . . .vol. 2: 162
16:7 . . . . .vol. 3: 484, 575
16:8–9. . . . . .vol. 1: 158
16:8 . . . . .vol. 1: 158, 173; vol. 3: 218, 263, 467;
     vol. 4: 529, 618, 642
16:9 . . . . .vol. 1: 197; vol. 3: 102, 218, 800;
     vol. 4: 304
16:11 . . . . .vol. 3: 217, 218, 219
16:12 . . . . .vol. 1: 254; vol. 2: 347, 645;
     vol. 3: 218, 219, 781
16:14 . . . . vol. 3: 799; vol. 4: 608
16:15 . . . . .vol. 1: 497, 732; vol. 2: 625;
     vol. 4: 582
16:16–17. . . . . .vol. 1: 600
16:16 . . . . vol. 1: 485, 509, 510; vol. 3: 160, 411
16:17 . . . . vol. 2: 722; vol. 3: 758
16:18 . . . .vol. 1: 244, 301, 364, 545; vol. 3: 197,
     331; vol. 4: 114, 715, 717
16:19–31. . . . . .vol. 3: 611
16:19 . . . . vol. 2: 196, 333; vol. 3: 87
16:20 . . . . .vol. 4: 184, 189
16:21 . . . . .vol. 4: 678
16:22 . . . . .vol. 4: 184
16:19–31. . . . . vol. 1: 619; vol. 3: 621, 693, 800
16:22–23. . . . . .vol. 1: 154
16:22 . . . . .vol. 1: 89, 123
16:23 . . . . vol. 1: 154, 178, 472; vol. 3: 215
16:24–25. . . . . .vol. 2: 171
16:24 . . . .vol. 1: 462, 589, 748; vol. 2: 169, 170;
     vol. 4: 271, 520, 636, 734
16:25 . . . . .vol. 1: 154; vol. 3: 83, 631, 800;
     vol. 4: 466
16:26 . . . . vol. 1: 275; vol. 4: 374
16:27–31. . . . . .vol. 4: 287
16:27–30. . . . . .vol. 3: 688
16:28 . . . . .vol. 1: 472
16:29–31. . . . . .vol. 3: 366
16:31 . . . . . . .vol. 1: 322; vol. 2: 566; vol. 3: 688
17. . . . . .vol. 3: 653
17:1–2. . . . . .vol. 3: 304
17:1 . . . .vol. 1: 375, 675; vol. 3: 562; vol. 4: 299

Scripture Index: New Testament: Luke

17:2 . . . . .vol. 2: 401; vol. 3: 121, 304, 349; vol. 4: 299, 640
17:3–4. . . . . .vol. 1: 258
17:3 . . . . .vol. 2: 259
17:4 . . . . .vol. 2: 261
17:5–6. . . . . .vol. 3: 766
17:5 . . . . vol. 1: 375; vol. 3: 226, 767
17:6 . . . vol. 2: 401; vol. 3: 551, 767; vol. 4: 212, 393, 550
17:7–10. . . . . vol. 1: 770; vol. 3: 610
17:8 . . . . vol. 1: 646, 703; vol. 2: 373
17:9–10. . . . . .vol. 4: 80
17:9 . . . . .vol. 4: 656
17:10 . . . . vol. 2: 268, 269; vol. 3: 325
17:11–19. . . . . vol. 2: 572; vol. 4: 243, 288
17:11 . . . . .vol. 4: 237, 241
17:12 . . .vol. 1: 660; vol. 2: 638; vol. 3: 109, 421
17:13 . . . . vol. 2: 169; vol. 4: 199
17:14–17. . . . . .vol. 2: 572
17:15–16. . . . . vol. 3: 109; vol. 4: 243, 636
17:16 . . .vol. 3: 757; vol. 2: 334, 572; vol. 4: 243
17:17 . . . . .vol. 1: 660
17:18 . . . . vol. 1: 255, 764; vol. 4: 243
17:19 . . . . .vol. 4: 428
17:20–21. .vol. 1: 484, 487
17:20 . . . . .vol. 1: 487; vol. 2: 288; vol. 4: 490
17:21 . . . . vol. 3: 291; vol. 4: 706
17:22–37. . . . . .vol. 4: 541
17:22 . . . . vol. 2: 379; vol. 4: 541
17:23–24. . . . . .vol. 4: 545
17:23 . . . . .vol. 2: 463
17:24 . . . . vol. 1: 431; vol. 2: 393; vol. 3: 78, 88; vol. 4: 541, 560
17:25 . . .vol. 1: 557, 638; vol. 3: 671; vol. 4: 540
17:26–27. . . .vol. 1: 484; vol. 3: 440; vol. 4: 542
17:26 . . . . .vol. 1: 487
17:27 . . . . .vol. 1: 544
17:28–30. . . . . .vol. 4: 542
17:28 . . . . .vol. 1: 140
17:29 . . . . vol. 3: 570; vol. 4: 194
17:31 . . . . .vol. 4: 616
17:33 . . . . . . vol. 1: 360; vol. 2: 369; vol. 3: 717, 718; vol. 4: 583
17:34–35. . . . . .vol. 3: 348
17:34 . . . . .vol. 3: 439
17:35 . . . . vol. 1: 616; vol. 2: 237
17:37 . . . . .vol. 4: 438
18:1–8. . . . . vol. 1: 616, 746; vol. 2: 630
18:1–5. . . . . .vol. 4: 670
18:1 . . . . . . .vol. 1: 638; vol. 3: 213; vol. 4: 144
18:2–5. .vol. 3: 213, 611
18:3 . . . . .vol. 1: 746, 747
18:5 . . . . vol. 1: 746; vol. 4: 474
18:6 . . . . .vol. 1: 158
18:7–8. . . . . .vol. 1: 746
18:7 . . . . .vol. 1: 523; vol. 2: 151; vol. 3: 211, 213, 438
18:8 . . . . .vol. 4: 542
18:9 . . . . .vol. 3: 102
18:9–14. . . . . .vol. 1: 259, 661, 732; vol. 2: 684; vol. 3: 331; vol. 4: 452
18:9–12. . . . . .vol. 4: 582
18:9 . . . . vol. 1: 730; vol. 3: 412, 537, 689
18:10–14. . . . . vol. 2: 518; vol. 3: 611
18:10 . . . . .vol. 2: 340
18:11–12. . . . . .vol. 2: 335
18:11 . . . . . . vol. 1: 402; vol. 2: 341; vol. 3: 331; vol. 4: 482
18:12 . . . . vol. 1: 661; vol. 3: 412
18:13 . . . . .vol. 1: 178; vol. 2: 341, 537; vol. 3: 412, 569
18:14 . . . . .vol. 2: 341, 538; vol. 3: 412, 604; vol. 4: 452, 582
18:15–17. . . . . .vol. 3: 594
18:15 . . . . vol. 1: 532; vol. 3: 594
18:16 . . . . vol. 1: 532; vol. 2: 780
18:17 . . . . vol. 1: 676; vol. 3: 595
18:18–30. . . . . .vol. 2: 203
18:18 . . . . vol. 1: 417; vol. 2: 698
18:19 . . . . .vol. 1: 95
18:20 . . . . .vol. 1: 377; vol. 2: 202, 691; vol. 3: 239; vol. 4: 490
18:21 . . . . vol. 3: 379; vol. 4: 576, 624
18:22 . . . . . . vol. 1: 721; vol. 2: 458; vol. 3: 101, 324, 624; vol. 4: 183, 474, 552, 576
18:23–24. . . . . .vol. 3: 177
18:23 . . . . .vol. 2: 758; vol. 3: 501; vol. 4: 552
18:24–27. . . . . .vol. 3: 799
18:24 . . . . vol. 3: 799; vol. 4: 683
18:26 . . . . .vol. 4: 429
18:27 . . . . .vol. 1: 778
18:28 . . . . .vol. 2: 500
18:29–30. . . . . .vol. 3: 474
18:29 . . . . vol. 1: 489; vol. 2: 312
18:30 . . . . vol. 2: 261; vol. 3: 325
18:31 . . . . . .vol. 1: 275; vol. 2: 525; vol. 4: 474
18:32 . . . . vol. 2: 191; vol. 4: 514
18:33 . . . . vol. 3: 247; vol. 4: 475, 502
18:34 . . . . vol. 2: 755; vol. 4: 210, 409
18:35 . . . . .vol. 1: 188
18:38–39. . . . . .vol. 2: 169
18:38 . . . . .vol. 1: 523
18:39 . . . . .vol. 4: 291
18:40 . . . . .vol. 2: 656
18:41 . . . . .vol. 1: 521
18:42 . . . . .vol. 4: 428
18:43 . . . . vol. 1: 173; vol. 4: 288
19–21 . . . . .vol. 4: 693
19:1–10. . . . . vol. 1: 259, 448; vol. 3: 800
19:1–6. . . . . .vol. 1: 553
19:2 . . . . .vol. 4: 481, 483
19:3 . . . . vol. 2: 382; vol. 3: 303
19:4 . . . . .vol. 4: 504
19:5–6. . . . . vol. 1: 648; vol. 3: 614

19:5 . . . . **vol. 1:** 276, 521; **vol. 3:** 274
19:6 . . . . **vol. 4:** 646
19:7–9 . . . . **vol. 1:** 546
19:7 . . . . **vol. 1:** 591; **vol. 3:** 191
19:8 . . . . **vol. 4:** 185, 392, 484, 487, 552
19:9–10 . . . . **vol. 4:** 656
19:9 . . . . **vol. 1:** 89; **vol. 4:** 529
19:10 . . . . **vol. 1:** 360; **vol. 2:** 284, 357;
                                       vol. 4: 84, 539
19:11–27 . . . . **vol. 2:** 667; **vol. 3:** 219, 468
19:11 . . . . **vol. 4:** 587
19:12–26 . . . . **vol. 1:** 660
19:12 . . . . **vol. 1:** 483; **vol. 3:** 215
19:13 . . . . . . **vol. 1:** 660; **vol. 2:** 605; **vol. 4:** 121
19:14 . . . . **vol. 4:** 95, 132
19:15 . . . . **vol. 1:** 483; **vol. 4:** 121, 430
19:16 . . . . **vol. 2:** 268
19:17 . . . . **vol. 1:** 95; **vol. 2:** 218;
                                       vol. 3: 325, 490, 757
19:21–22 . . . . **vol. 2:** 450
19:19 . . . . **vol. 3:** 325
19:22 . . . . **vol. 2:** 749
19:23 . . . . **vol. 1:** 703, 720; **vol. 4:** 121, 492
19:28–40 . . . . **vol. 3:** 614
19:28–38 . . . . **vol. 1:** 481; **vol. 2:** 519
19:28 . . . . **vol. 2:** 163
19:29–44 . . . . **vol. 2:** 163
19:29 . . . . **vol. 2:** 77, 161
19:30–31 . . . . **vol. 3:** 191
19:33 . . . . **vol. 2:** 774; **vol. 3:** 191
19:37–38 . . . . **vol. 4:** 636, 746
19:37 . . . . **vol. 1:** 173, 779; **vol. 3:** 784
19:38 . . . **vol. 1:** 764; **vol. 2:** 115, 285; **vol. 4:** 537
19:39 . . . . **vol. 1:** 712; **vol. 2:** 259
19:41–44 . . . . **vol. 4:** 394
19:40 . . . . . . **vol. 2:** 738; **vol. 3:** 121; **vol. 4:** 393
19:41–45 . . . . **vol. 1:** 497
19:42 . . . . **vol. 2:** 115, 116, 525, 755; **vol. 3:** 579
19:43–44 . . . . **vol. 2:** 525
19:43 . . . . **vol. 2:** 345, 379
19:44 . . . . . . **vol. 1:** 331; **vol. 2:** 251; **vol. 4:** 466
19:45–48 . . . . **vol. 2:** 519, 524
19:45–47 . . . . **vol. 2:** 515
19:45–46 . . . . **vol. 2:** 352; **vol. 3:** 614
19:46 . . . . **vol. 3:** 115; **vol. 4:** 351
19:47–48 . . . . **vol. 1:** 481
19:47 . . . . **vol. 2:** 519
19:48 . . . . **vol. 2:** 743; **vol. 3:** 91
20–21 . . . . **vol. 1:** 711
20:1–8 . . . . **vol. 4:** 80
20:1 . . . . **vol. 3:** 91; **vol. 4:** 133
20:5 . . . . **vol. 3:** 125
20:6 . . . . **vol. 3:** 121, 689
20:9–19 . . . . . **vol. 1:** 271; **vol. 2:** 699; **vol. 4:** 532
20:9–16 . . . . **vol. 1:** 269
20:9 . . . . . **vol. 1:** 685; **vol. 3:** 91; **vol. 4:** 615, 705
20:10–11 . . . . **vol. 2:** 658

20:10 . . . . **vol. 2:** 628, 629
20:11 . . . . **vol. 4:** 496
20:13 . . . . **vol. 3:** 704
20:16 . . . . **vol. 1:** 572
20:17 . . . . **vol. 1:** 521, 627; **vol. 2:** 421;
                                       vol. 3: 197, 464
20:18 . . . . **vol. 3:** 121, 122, 758
20:19 . . . . **vol. 4:** 742, 744
20:20–26 . . . . **vol. 2:** 352, 397
20:20 . . . **vol. 1:** 416, 732; **vol. 2:** 218; **vol. 3:** 83,
                                     157, 161; **vol. 4:** 562
20:21 . . . . **vol. 3:** 541; **vol. 4:** 158
20:23 . . . . **vol. 3:** 603
20:24 . . . . **vol. 1:** 600; **vol. 2:** 104
20:26 . . . . **vol. 2:** 422; **vol. 4:** 210, 291
20:27–40 . . . . **vol. 1:** 324; **vol. 4:** 229
20:27–38 . . . . **vol. 1:** 545
20:27 . . . . **vol. 2:** 288; **vol. 3:** 157; **vol. 4:** 229
20:28–29 . . . . **vol. 4:** 465
20:28 . . . . **vol. 1:** 323
20:32 . . . . **vol. 4:** 575
20:34 . . . . **vol. 1:** 544; **vol. 4:** 529
20:35 . . . . **vol. 1:** 340, 341, 544
20:36 . . . . **vol. 1:** 123, 325; **vol. 2:** 548;
                                      vol. 4: 529, 530
20:37 . . . . **vol. 2:** 547
20:40 . . . . **vol. 4:** 499
20:41–44 . . . . **vol. 1:** 635, 665; **vol. 4:** 537
20:42 . . . . **vol. 1:** 512; **vol. 4:** 719, 739
20:43 . . . . **vol. 2:** 345, 427
20:44 . . . . **vol. 4:** 536
20:45–47 . . . . **vol. 1:** 259, 602
20:45 . . . . **vol. 3:** 91
20:46 . . . . . . **vol. 1:** 426, 646; **vol. 2:** 577, 703;
                                               vol. 4: 607
20:47 . . . . **vol. 1:** 603; **vol. 3:** 215; **vol. 4:** 670
21 . . . . **vol. 1:** 336; **vol. 3:** 653
21:1–4 . . . . **vol. 1:** 620, 722; **vol. 2:** 518;
                                   vol. 3: 799; **vol. 4:** 184, 670
21:1 . . . . **vol. 1:** 521, 720; **vol. 4:** 626
21:2 . . . . **vol. 3:** 110, 706
21:3 . . . . **vol. 1:** 230, 265
21:4 . . . . **vol. 1:** 514, 720; **vol. 4:** 575, 577
21:5–7 . . . . **vol. 2:** 163; **vol. 3:** 551
21:5–6 . . . . **vol. 3:** 520
21:5 . . . . **vol. 1:** 519, 609
21:6 . . . . **vol. 3:** 194
21:7 . . . . **vol. 2:** 284; **vol. 4:** 287
21:8 . . . **vol. 1:** 521; **vol. 2:** 108, 591; **vol. 3:** 523,
                                           775; **vol. 4:** 109
21:9 . . . . . . **vol. 1:** 201, 637; **vol. 4:** 91, 177, 474
21:11 . . . . **vol. 3:** 257; **vol. 4:** 279, 500, 612
21:12 . . . . **vol. 3:** 624; **vol. 4:** 335, 625
21:13–14 . . . . **vol. 3:** 239
21:13 . . . . **vol. 1:** 275
21:14 . . . . **vol. 1:** 361
21:15 . . . . **vol. 3:** 632, 812; **vol. 4:** 335, 382

141

Scripture Index: New Testament: Luke

21:16 . . . . vol. 4: 606
21:17 . . . vol. 1: 287, 751; vol. 3: 320; vol. 4: 567
21:18 . . . . vol. 3: 261
21:19 . . . . vol. 2: 758; vol. 4: 566
21:20–24 . . . . vol. 2: 520
21:20 . . . . vol. 1: 281, 336, 497, 510; vol. 2: 275, 525
21:21 . . . . vol. 4: 712
21:22 . . . . vol. 1: 746; vol. 3: 748, 787
21:23 . . . . vol. 1: 281; vol. 3: 257, 536, 562
21:24 . . . . . . vol. 1: 192; vol. 2: 526; vol. 3: 253, 675, 757, 789; vol. 4: 382
21:25 . . . vol. 1: 428, 430; vol. 3: 386, 398, 401; vol. 4: 232, 282
21:26 . . . . vol. 2: 133; vol. 3: 477; vol. 4: 233, 612, 729
21:27 . . . . vol. 2: 285; vol. 4: 542
21:28 . . . vol. 1: 490; vol. 2: 78, 393; vol. 3: 186; vol. 4: 541
21:29–31 . . . . vol. 1: 484, 664
21:29 . . . . vol. 2: 450; vol. 4: 394
21:31 . . . . vol. 1: 483, 490; vol. 2: 78
21:32 . . . . vol. 1: 557; vol. 4: 394
21:34 . . . . vol. 1: 514, 515; vol. 2: 625; vol. 3: 259, 278, 279
21:35 . . . . vol. 4: 158
21:36 . . . vol. 1: 142, 668; vol. 2: 562, 589, 591; vol. 4: 542
21:37–38 . . . . vol. 2: 519
21:37 . . . . vol. 1: 711; vol. 2: 161, 163
22:1 . . . . vol. 3: 664
22:2 . . . . vol. 3: 91, 501
22:3 . . . . vol. 1: 392; vol. 4: 266
22:6 . . . . vol. 2: 589; vol. 3: 508
22:7 . . . . vol. 1: 650; vol. 3: 664
22:9 . . . . vol. 2: 304
22:10 . . . . vol. 2: 638, 662
22:11 . . . . vol. 1: 650, 672; vol. 3: 191, 664
22:12 . . . . vol. 1: 641, 650
22:13 . . . . vol. 2: 304
22:14 . . . . vol. 1: 375
22:15–20 . . . . vol. 1: 647
22:15 . . . . vol. 1: 650; vol. 2: 242
22:16 . . . . vol. 1: 654; vol. 2: 393
22:17–18 . . . . vol. 3: 483
22:17 . . . . vol. 2: 335; vol. 3: 283
22:18 . . . . vol. 1: 484, 654
22:19–20 . . . . vol. 1: 647, 651, 654
22:19 . . . vol. 1: 647, 655, 720; vol. 2: 335, 686; vol. 3: 313, 316; vol. 4: 441
22:20–26 . . . . vol. 2: 593
22:20 . . . . . vol. 1: 171, 646, 647, 651, 655, 697; vol. 3: 483; vol. 4: 99
22:21–22 . . . . vol. 4: 540, 266
22:22 . . . . vol. 3: 544, 545, 546, 562; vol. 4: 109
22:23 . . . . vol. 4: 122
22:25 . . . . vol. 1: 480; vol. 2: 218, 268, 604, 773, 774
22:26–27 . . . . vol. 1: 703; vol. 2: 773; vol. 3: 257

22:26 . . . . vol. 1: 704; vol. 3: 268, 376; vol. 3: 380; vol. 4: 132
22:27 . . . . vol. 2: 660; vol. 4: 453, 540
22:28–34 . . . . vol. 3: 698
22:28–30 . . . . vol. 1: 573
22:28 . . . . vol. 1: 269; vol. 2: 751
22:29 . . . . vol. 1: 488, 697; vol. 3: 811
22:30 . . . . vol. 1: 205, 546, 783; vol. 2: 248, 291, 749; vol. 3: 752; vol. 4: 628
22:31–32 . . . . vol. 4: 374
22:31 . . . . vol. 1: 188; vol. 4: 266
22:32 . . . . vol. 1: 187; vol. 3: 102, 226, 292; vol. 4: 389
22:34 . . . . vol. 1: 399; vol. 4: 635
22:35 . . . . vol. 2: 763; vol. 4: 576
22:36 . . . . vol. 1: 139, 140; vol. 3: 253
22:37 . . . . vol. 2: 279; vol. 3: 127, 413, 597; vol. 4: 474
22:38 . . . . vol. 2: 530; vol. 3: 253
22:39 . . . . vol. 2: 95
22:40 . . . . vol. 3: 698
22:41 . . . . vol. 1: 593
22:42 . . . . vol. 1: 529; vol. 2: 203, 429
22:43 . . . . . vol. 1: 122; vol. 2: 562; vol. 3: 569
22:44 . . . . vol. 1: 144; vol. 2: 341
22:45 . . . . vol. 1: 322; vol. 2: 144, 706; vol. 3: 177, 178
22:46 . . . . vol. 3: 698
22:47 . . . . vol. 4: 607
22:48 . . . . vol. 4: 540, 607
22:49 . . . . vol. 2: 192; vol. 3: 253
22:50 . . . . vol. 2: 582
22:51 . . . . vol. 2: 448; vol. 3: 573; vol. 4: 288
22:52 . . . . vol. 3: 115, 253, 449
22:53 . . . vol. 2: 219, 519; vol. 4: 266, 323, 664
22:54–71 . . . . vol. 4: 225
22:55 . . . . vol. 1: 380; vol. 4: 193
22:56 . . . . vol. 1: 438, 521; vol. 4: 640
22:57 . . . . vol. 1: 399
22:60 . . . . vol. 3: 497; vol. 4: 635
22:61 . . . . vol. 1: 399, 521; vol. 3: 313, 745; vol. 4: 210
22:63 . . . . vol. 2: 191, 718
22:64 . . . . vol. 2: 613
22:65 . . . . vol. 1: 517
22:66 . . . . vol. 4: 133, 402
22:67–70 . . . . vol. 1: 482
22:69 . . . . . . vol. 1: 666; vol. 2: 285; vol. 4: 542
22:70 . . . . vol. 4: 531
22:71 . . . . vol. 3: 239
23 . . . . vol. 1: 481
23:1 . . . . vol. 3: 784
23:2 . . . . vol. 1: 481; vol. 2: 91; vol. 4: 537
23:3 . . . . vol. 1: 481, 482; vol. 2: 559
23:4 . . . . vol. 1: 190; vol. 2: 330
23:5 . . . . vol. 2: 562; vol. 3: 91; vol. 4: 279
23:7 . . . . vol. 2: 218; vol. 3: 704
23:8 . . . . vol. 4: 705

Scripture Index: New Testament: Luke

23:9 . . . . .vol. 2: 530	24:5 . . . .vol. 1: 323; vol. 2: 403, 703; vol. 3: 377
23:11 . . . . vol. 2: 191; vol. 3: 87, 704	24:6–10. . . . . .vol. 1: 638; vol. 3: 624; vol. 4: 475
23:12 . . . . vol. 1: 571; vol. 2: 345	24:8 . . . . .vol. 4: 210
23:13 . . . . .vol. 1: 417	24:9 . . . . .vol. 1: 120
23:14 . . . . vol. 1: 190; vol. 2: 333	24:10 . . . . .vol. 1: 375, 617
23:15 . . . . . . .vol. 1: 340; vol. 3: 704; vol. 4: 122	24:11 . . . . . . .vol. 1: 618; vol. 3: 765; vol. 4: 588
23:16 . . . . .vol. 3: 587	24:12 . . . . vol. 2: 422; vol. 4: 504
23:17–25. . . . . .vol. 4: 358	24:13–27. . . . . .vol. 4: 695
23:17 . . . . .vol. 1: 481	24:16 . . . . .vol. 1: 323
23:18 . . . . vol. 2: 738; vol. 3: 783	24:18 . . . . .vol. 3: 644
23:19 . . . . .vol. 3: 115	24:19 . . . . . . vol. 1: 779; vol. 2: 269; vol. 3: 366, 368; vol. 4: 169, 695
23:20 . . . . .vol. 2: 755	24:20 . . . . .vol. 1: 417; vol. 3: 624; vol. 4: 358
23:21 . . . . .vol. 2: 738	24:21 . . . . vol. 2: 557, 558; vol. 3: 186
23:22 . . . . . .vol. 1: 190; vol. 2: 330; vol. 3: 587	24:22 . . . . .vol. 2: 155
23:23 . . . . . .vol. 1: 189; vol. 2: 562; vol. 4: 636	24:23 . . . . .vol. 3: 579
23:24 . . . . vol. 1: 189; vol. 2: 440, 748	24:25–27 . . . . .vol. 3: 788
23:26 . . . . .vol. 3: 83, 523	24:25 . . .vol. 1: 605; vol. 2: 626; vol. 3: 197, 432
23:27 . . . . vol. 2: 727; vol. 3: 783	24:26 . . . . . . .vol. 1: 638, 765; vol. 3: 354, 671; vol. 4: 692, 693
23:28–31. . . . . .vol. 2: 525	24:27 . . . . vol. 1: 196, 415, 604, 605; vol. 2: 278, 279, 558; vol. 3: 366
23:28 . . . . .vol. 4: 466	
23:29 . . . . vol. 1: 562, 580; vol. 2: 704	24:28 . . . . .vol. 3: 240
23:30 . . . . vol. 2: 757; vol. 3: 758	24:29–30. . . . . .vol. 1: 323
23:31 . . . . .vol. 3: 447, 449	24:29 . . . . .vol. 1: 509; vol. 2: 703; vol. 3: 274
23:33 . . . . vol. 1: 395; vol. 3: 115	24:30–31. . . . . .vol. 1: 648
23:34 . . . . .vol. 1: 108; vol. 2: 341, 697; vol. 3: 682	24:30 . . . . .vol. 2: 324, 686
	24:31 . . . . vol. 1: 323, 328; vol. 3: 531
23:35–39. . . . . .vol. 4: 359	24:32 . . . . vol. 1: 328, 605; vol. 2: 279, 595
23:35 . . . . .vol. 1: 417, 481; vol. 2: 149; vol. 4: 428	24:34 . . . . .vol. 2: 81
	24:35 . . . . .vol. 1: 648; vol. 2: 214, 686; vol. 3: 231
23:36 . . . . .vol. 4: 692	
23:37–38. . . . . .vol. 2: 559	24:36–51. . . . . .vol. 1: 367
23:37 . . . . .vol. 1: 481	24:36–37. . . . . .vol. 3: 531
23:38 . . . . vol. 1: 481, 600; vol. 2: 180, 525	24:38 . . . . vol. 2: 108; vol. 4: 457
23:39 . . . . vol. 2: 743; vol. 3: 431	24:39 . . .vol. 1: 323, 381; vol. 2: 108; vol. 4: 664
23:40–43. . . . . .vol. 4: 428	24:40 . . . . .vol. 2: 108
23:40 . . . . .vol. 2: 259	24:41–43. . . . . .vol. 1: 220
23:41 . . .vol. 1: 731; vol. 3: 672; vol. 4: 121, 500	24:41 . . . . . . .vol. 1: 535; vol. 2: 422; vol. 4: 647
23:42 . . . . vol. 2: 284; vol. 3: 315	24:43 . . . . .vol. 1: 648
23:43 . . . . vol. 1: 108, 448, 464; vol. 3: 619	24:44 . . vol. 1: 638; vol. 2: 558; vol. 3: 366, 411, 787; vol. 4: 719, 739
23:44 . . . . .vol. 4: 323, 743, 744	
23:45 . . . .vol. 2: 386, 520, 640; vol. 3: 102, 261; vol. 4: 419	24:45 . . . . .vol. 1: 328; vol. 3: 430, 431; vol. 4: 409
23:46 . . . .vol. 2: 738; vol. 3: 257, 682, 807, 808; vol. 4: 636, 664	24:46–49. . . . . .vol. 1: 211, 375
	24:46–47. . . . . .vol. 1: 448
23:47 . . . . .vol. 1: 732	24:46 . . . . vol. 3: 671; vol. 4: 475
23:48 . . . . vol. 1: 571; vol. 2: 425	24:47 . . . . .vol. 1: 448; vol. 2: 175, 525, 681; vol. 3: 292
23:49 . . . . .vol. 1: 205	
23:50 . . . . .vol. 1: 528, 732	24:48–49. . . . . .vol. 3: 632
23:51 . . . . vol. 2: 133; vol. 4: 122	24:49 . . . .vol. 2: 196, 233, 525; vol. 3: 711, 812; vol. 4: 581
23:52 . . . . .vol. 4: 438	
23:53–24:1 . . . . .vol. 2: 416	24:50–51. . . . . .vol. 2: 163, 324
23:53 . . . . .vol. 2: 192	24:50 . . . . .vol. 1: 178
23:54 . . . . .vol. 4: 223, 640	24:51 . . . . .vol. 1: 451
23:55 . . . . .vol. 1: 205	24:52–53. . . . . .vol. 2: 520
23:56 . .vol. 2: 203, 397; vol. 3: 350; vol. 4: 327	24:52 . . . . vol. 2: 525; vol. 4: 152, 647
24:1 . . . . vol. 1: 457; vol. 4: 327	24:53 . . . . .vol. 2: 324, 524, 525
24:4–7. . . . . .vol. 1: 617	
24:4 . . . . vol. 1: 431; vol. 3: 113	

John

1. . . . . **vol. 3:** 168
1:1–18. . . . . **vol. 2:** 226; **vol. 3:** 167
1:1–14. . . . . **vol. 1:** 111, 260
1:1–10. . . . . **vol. 3:** 735
1:1–5. . . . . **vol. 4:** 248
1:1–4. . . . . **vol. 3:** 167
1:1–3. . . . . **vol. 2:** 110, 500, 763; **vol. 3:** 167
1:1 . . . . **vol. 1:** 416; **vol. 2:** 120, 443;
 vol. 3: 166, 167; **vol. 4:** 144, 543
1:2 . . . . **vol. 3:** 167
1:3–4. . . . . **vol. 3:** 167
1:3 . . . . **vol. 1:** 572, 688; **vol. 2:** 734; **vol. 3:** 662
1:4–9. . . . . **vol. 1:** 206; **vol. 3:** 743
1:4–5. . . . . **vol. 2:** 617; **vol. 3:** 167
1:4 . . . . . **vol. 1:** 418; **vol. 2:** 371, 443, 444, 617;
 vol. 4: 641
1:5–13. . . . . **vol. 3:** 167
1:5 . . . . **vol. 2:** 494, 506; **vol. 3:** 83, 167;
 vol. 4: 324, 587
1:6–8. . . . . **vol. 3:** 167; **vol. 4:** 641
1:6 . . . . **vol. 1:** 304; **vol. 2:** 444
1:7–8. . . . . **vol. 3:** 241
1:7 . . . . **vol. 2:** 285; **vol. 3:** 763
1:8–9. . . . . **vol. 2:** 443
1:8 . . . . **vol. 2:** 506
1:9–11. . . . . **vol. 3:** 167, 168
1:9 . . . . **vol. 2:** 109, 284, 506, 734;
 vol. 3: 167; **vol. 4:** 641
1:10–11. . . . . **vol. 3:** 167
1:10 . . . . . **vol. 1:** 583, 688; **vol. 2:** 143, 734, 735
1:11 . . . . **vol. 2:** 500; **vol. 3:** 84; **vol. 4:** 247, 588
1:12–13. . . . . **vol. 1:** 465, 563; **vol. 2:** 143, 444;
 vol. 3: 167, 168; **vol. 4:** 467
1:12 . . . . **vol. 1:** 86, 151; **vol. 2:** 220;
 vol. 3: 82, 765; **vol. 4:** 530, 535
1:13 . . . . **vol. 1:** 168, 339; **vol. 2:** 128, 735;
 vol. 4: 259
1:14–18. . . . . **vol. 3:** 168
1:14–17. . . . **vol. 4:** 259, 305, 535, 543, 656, 657
1:14 . . **vol. 1:** 210, 235, 237, 306, 587, 765, 766;
 vol. 2: 110, 425, 440, 443, 444, 616;
 vol. 3: 166, 167, 168, 335, 336, 509,
 530, 605, 787, 791, 811; **vol. 4:** 261, 289
1:15 . . . . . **vol. 2:** 285, 738; **vol. 3:** 167, 241, 523
1:16 . . . . **vol. 1:** 332; **vol. 3:** 82, 167, 168,
 604, 787, 791; **vol. 4:** 657
1:17–18. . . . . **vol. 3:** 168
1:17 . . . . . **vol. 1:** 235, 237, 332; **vol. 2:** 429, 443,
 584; **vol. 3:** 167, 287, 366, 411. 416;
 vol. 4: 544, 657, 693
1:18 . . . . . . **vol. 1:** 151, 587; **vol. 2:** 98, 119, 120,
 213, 214, 215, 216, 371, 440, 443, 445,
 617; **vol. 3:** 335, 336, 530, 683; **vol. 4:** 248
1:19–34. . . . . **vol. 3:** 811
1:19–20. . . . . **vol. 4:** 693

1:19 . . . . **vol. 2:** 288, 559; **vol. 3:** 112, 241
1:20 . . . . **vol. 1:** 399; **vol. 3:** 509, 510
1:21 . . . . **vol. 2:** 288, 381; **vol. 3:** 365, 411;
 vol. 4: 169
1:22 . . . . **vol. 2:** 748
1:23 . . . . **vol. 1:** 523; **vol. 3:** 457, 788
1:25 . . . . **vol. 2:** 288, 381; **vol. 3:** 365
1:26–27. . . . . **vol. 2:** 680
1:26 . . . . **vol. 4:** 521
1:27 . . . . . . **vol. 1:** 341; **vol. 3:** 285; **vol. 3:** 523
1:29–2:13 . . . . **vol. 2:** 226
1:29–36. . . . . **vol. 2:** 228
1:29 . . . . **vol. 1:** 178, 260, 267, 448; **vol. 2:** 239;
 vol. 3: 529
1:30 . . . . **vol. 3:** 523
1:31 . . . . **vol. 2:** 559, 617; **vol. 4:** 521, 589;
 vol. 3: 461
1:32–34. . . . . . . **vol. 1:** 267; **vol. 3:** 241, 530
1:32–33. . . . . **vol. 3:** 820; **vol. 4:** 118
1:32 . . . . **vol. 1:** 287; **vol. 3:** 275
1:33 . . . . **vol. 1:** 132; **vol. 3:** 811, 820; **vol. 4:** 521
1:34 . . . . **vol. 2:** 149; **vol. 3:** 596
1:35–37. . . . . **vol. 3:** 225
1:36 . . . . . **vol. 1:** 267, 521, 553; **vol. 3:** 675
1:37–45. . . . . **vol. 1:** 205
1:38 . . . . **vol. 1:** 712; **vol. 2:** 278, 425;
 vol. 3: 225, 274, 530; **vol. 4:** 199
1:39 . . . . **vol. 1:** 661; **vol. 2:** 284; **vol. 4:** 145, 743
1:41 . . . . **vol. 4:** 691, 693
1:42 . . . . **vol. 1:** 521; **vol. 2:** 278, 604;
 vol. 3: 736, 738
1:43 . . . . **vol. 1:** 205, 2, 427; **vol. 3:** 225
1:45 . . . . **vol. 3:** 368; **vol. 4:** 693
1:46 . . . . **vol. 1:** 95; **vol. 3:** 369
1:47–50. . . . . **vol. 4:** 693
1:47 . . . . **vol. 1:** 240, 760; **vol. 2:** 284,
 557, 558, 559
1:48 . . . . **vol. 4:** 246, 393, 636
1:49 . . . . **vol. 4:** 199, 246, 538
1:50 . . . . **vol. 4:** 393
1:51 . . . . **vol. 1:** 122, 276, 329, 330; **vol. 3:** 570;
 vol. 4: 419, 543
2:1–11. . . . . **vol. 1:** 545; **vol. 2:** 519; **vol. 3:** 380;
 vol. 4: 287, 289, 521
2:1 . . . . **vol. 1:** 275
2:3 . . . . **vol. 3:** 483
2:4 . . . . **vol. 1:** 616; **vol. 2:** 379; **vol. 3:** 299;
 vol. 4: 744
2:5 . . . . **vol. 1:** 703
2:6 . . . . **vol. 2:** 571; **vol. 3:** 121, 294;
 vol. 4: 520, 712
2:7 . . . . **vol. 1:** 338, 555; **vol. 4:** 520
2:9–10. . . . . **vol. 3:** 483
2:9 . . . . **vol. 1:** 565, 703
2:10 . . . **vol. 2:** 609, 610; **vol. 3:** 259; **vol. 4:** 490

Scripture Index: New Testament: John

2:11 . . . . vol. 1: 765, 766, 779; vol. 2: 617; vol. 3: 226, 483, 530, 765; vol. 4: 287, 289
2:13–23 . . . . .vol. 2: 226, 227
2:13–17 . . . . vol. 2: 352, 519; vol. 3: 614
2:13 . . . . vol. 2: 524; vol. 3: 664
2:14 . . . . .vol. 4: 136
2:15 . . . . vol. 1: 379; vol. 2: 159
2:17 . . . . .vol. 2: 352
2:18–22 . . . . vol. 2: 519
2:18–21 . . . . vol. 3: 373
2:18 . . . . vol. 1: 553, 641; vol. 4: 287
2:19–22 . . . . vol. 1: 553; vol. 3: 463; vol. 4: 305
2:19–21 . . . . .vol. 3: 418
2:19–20 . . . . .vol. 4: 502
2:19 . . . . vol. 1: 517; vol. 3: 194
2:20 . . . . vol. 1: 394, 553; vol. 2: 515
2:21 . . . . .vol. 1: 236; vol. 2: 381; vol. 3: 194
2:22 . . . . vol. 1: 605; vol. 3: 194
2:23–25 . . . . vol. 2: 519; vol. 4: 289
2:23 . . . . vol. 2: 425; vol. 4: 287
2:25 . . . . vol. 2: 288, 381; vol. 3: 241
3 . . . . .vol. 4: 593
3:1 . . . . .vol. 1: 417
3:2–5 . . . . .vol. 1: 778
3:2 . . . . vol. 1: 779; vol. 2: 443; vol. 3: 225, 438; vol. 4: 199, 286
3:3–21 . . . . .vol. 2: 143
3:3–8 . . . . .vol. 1: 563
3:3–5 . . . . .vol. 1: 638
3:3 . . . . . .vol. 1: 339, 488, 562, 779; vol. 3: 531, 594, 712; vol. 4: 530
3:4 . . . . vol. 1: 553, 563; vol. 2: 704; vol. 3: 298; vol. 4: 593
3:5–8 . . . . .vol. 3: 818, 820
3:5–6 . . . . .vol. 1: 562
3:5 . . . . vol. 1: 464, 488, 563, 574, 779; vol. 2: 735; vol. 3: 175, 820; vol. 4: 246
3:6 . . . . vol. 1: 306; vol. 4: 259, 261
3:7 . . . . vol. 1: 339, 638; vol. 2: 423
3:8–11 . . . . .vol. 3: 461
3:8 . . . . .vol. 1: 562; vol. 3: 807, 820; vol. 4: 636
3:9 . . . . vol. 3: 403; vol. 4: 593
3:10 . . . . vol. 1: 712; vol. 2: 559
5:11 . . . . .vol. 3: 242, 530
3:12–13 . . . . vol. 3: 570
3:12 . . . . vol. 1: 567; vol. 3: 568
3:13–17 . . . . vol. 3: 226
3:13 . . . .vol. 1: 276; vol. 3: 712; vol. 4: 543, 546
3:14–18 . . . . vol. 3: 336
3:14–15 . . . . vol. 1: 411; vol. 3: 367, 580
3:14 . . . . vol. 1: 638; vol. 2: 275; vol. 3: 820; vol. 4: 543, 544, 583, 692
3:15–16 . . . . vol. 1: 197; vol. 2: 348
3:15 . . . . vol. 1: 197, 490
3:16–21 . . . . .vol. 2: 519
3:16–18 . . . . vol. 2: 750; vol. 3: 770
3:16–17 . . . . vol. 2: 734, 735

3:16 . . . . . . vol. 1: 107, 111, 197, 360, 448, 587, 720, 722; vol. 2: 205, 220, 440, 442, 443; vol. 3: 335, 336; vol. 4: 467, 533, 535, 660
3:17–18 . . . . .vol. 2: 749
3:17 . . . vol. 1: 217; vol. 2: 279, 429; vol. 4: 434, 533, 535
3:18–19 . . . . .vol. 4: 324
3:18 . . . . . .vol. 2: 440; vol. 3: 335, 521, 537, 765; vol. 4: 535
3:19–21 . . . . vol. 2: 269; vol. 3: 438
3:19–20 . . . . .vol. 3: 320
3:19 . . . . .vol. 1: 114; vol. 2: 284, 734, 735; vol. 4: 103, 322, 323, 641
3:20 . . . . vol. 1: 100; vol. 2: 166; vol. 3: 770; vol. 4: 121, 122
3:21 . . . . vol. 1: 237; vol. 3: 226
3:22 . . . . .vol. 4: 145
3:23 . . . . .vol. 4: 234
3:25 . . . . vol. 2: 356; vol. 3: 225
3:26 . . . . vol. 3: 241; vol. 4: 199
3:27 . . . . .vol. 3: 569
3:28 . . . . .vol. 3: 241
3:29 . . . . vol. 3: 436, 792; vol. 4: 636, 646
3:30 . . . . .vol. 1: 443
3:31–32 . . . . .vol. 3: 242
3:31 . . . . . .vol. 1: 339; vol. 3: 570; vol. 4: 543
3:32 . . . . vol. 2: 617; vol. 3: 530
3:33 . . . . .vol. 2: 441; vol. 3: 82, 242; vol. 4: 413
3:34 . . . . . vol. 3: 166, 295, 811, 820; vol. 4: 210
3:35–36 . . . . .vol. 4: 535
3:35 . . . . .vol. 1: 111; vol. 2: 119, 219, 617; vol. 3: 683; vol. 4: 210, 534, 535, 664
3:36 . . . . .vol. 1: 111, 197, 490; vol. 2: 348; vol. 3: 276, 537, 538, 690
4 . . . . vol. 3: 753; vol. 4: 247
4:1–42 . . . . .vol. 4: 245
4:1–2 . . . . .vol. 1: 463
4:4 . . . . .vol. 4: 237
4:5–7 . . . . .vol. 4: 241
4:5–6 . . . . vol. 2: 494; vol. 4: 247
4:5 . . . . vol. 1: 152; vol. 3: 795; vol. 4: 244, 245, 712
4:6 . . . . .vol. 2: 723; vol. 3: 457; vol. 4: 245, 743
4:7–27 . . . . .vol. 1: 617
4:7–14 . . . . .vol. 3: 753
4:7 . . . . .vol. 2: 128
4:9 . . . . .vol. 1: 615; vol. 2: 559; vol. 4: 241, 245, 247
4:10–15 . . . . vol. 4: 246, 521
4:10 . . . . vol. 1: 720, 721; vol. 4: 246
4:11–12 . . . . .vol. 4: 245
4:11 . . . . vol. 1: 457, 553, 639
4:12 . . . . .vol. 2: 494; vol. 3: 256; vol. 4: 247
4:13–15 . . . . .vol. 1: 748
4:13–14 . . . . . . vol. 1: 748; vol. 4: 119, 246, 520
4:13 . . . . .vol. 3: 693, 753
4:14 . . . vol. 1: 196, 197; vol. 2: 371; vol. 3: 693, 741, 753, 820; vol. 4: 206, 246

Scripture Index: New Testament: John

4:15 . . . . vol. 1: 748; vol. 2: 775
4:17 . . . . vol. 1: 236, 300
4:18 . . . . vol. 1: 236; vol. 4: 246
4:19 . . . . vol. 4: 246, 248
4:20–24 . . . . vol. 4: 151, 152, 153
4:20 . . . . vol. 2: 110, 516; vol. 4: 245, 246
4:21–24 . . . . vol. 4: 246, 247
4:22 . . . . vol. 2: 558; vol. 4: 247, 249
4:23–24 . . . . vol. 1: 237; vol. 3: 96, 821;
 vol. 4: 247
4:23 . . . . . vol. 1: 236, 239; vol. 2: 109, 286, 357
4:24 . . . . vol. 2: 433, 440
4:25–26 . . . . vol. 4: 693, 694
4:25 . . . . . vol. 1: 118, 120; vol. 4: 247, 248, 691
4:26 . . . . vol. 2: 110; vol. 4: 248
4:27 . . . . vol. 1: 615, 617
4:28 . . . . vol. 1: 638; vol. 4: 520
4:29 . . . . vol. 4: 248
4:31 . . . . vol. 2: 288; vol. 3: 225; vol. 4: 199
4:32 . . . . vol. 1: 535, 536, 553
4:34–36 . . . . vol. 4: 647
4:34 . . . . vol. 1: 535; vol. 2: 269, 429;
 vol. 3: 704; vol. 4: 478
4:35 . . . . vol. 2: 425, 450; vol. 3: 113, 529
4:36–38 . . . . vol. 2: 450, 451; vol. 3: 327
4:36 . . . . . . vol. 1: 197, 286; vol. 2: 629; vol. 4: 399
4:37 . . . . vol. 1: 239; vol. 2: 109
4:38 . . . . vol. 2: 723; vol. 3: 704; vol. 4: 244
4:39–40 . . . . vol. 4: 243
4:39 . . . . vol. 3: 243
4:40 . . . . vol. 2: 288; vol. 4: 145
4:41 . . . . vol. 3: 157
4:42 . . . . . . vol. 3: 79; vol. 4: 247, 248, 434
4:43–44 . . . . vol. 4: 247
4:44–45 . . . . vol. 3: 680
4:44 . . . . vol. 3: 810; vol. 4: 495
4:45 . . . . vol. 3: 529
4:46 . . . . vol. 1: 421; vol. 3: 483
4:47–54 . . . . vol. 4: 289; vol. 2: 369
4:47 . . . . vol. 2: 288
4:48 . . . . vol. 4: 287, 485
4:49–51 . . . . vol. 3: 594
4:51 . . . . vol. 1: 117
4:52–53 . . . . vol. 4: 744
4:52 . . . . vol. 4: 193
4:53 . . . . vol. 3: 474
5:1–17 . . . . vol. 4: 225
5:1 . . . . vol. 2: 227, 524; vol. 4: 304
5:2 . . . . . . vol. 1: 304; vol. 2: 74, 149; vol. 4: 136
5:3–4 . . . . vol. 4: 457
5:3 . . . . vol. 4: 456, 710
5:4 . . . . vol. 3: 422; vol. 4: 456
5:5–15 . . . . vol. 4: 516, 517
5:5 . . . . vol. 1: 394; vol. 3: 485
5:6 . . . . vol. 4: 705
5:7 . . . . vol. 1: 421; vol. 4: 457
5:8–9 . . . . vol. 2: 498

5:10 . . . . vol. 2: 219
5:12 . . . . vol. 2: 288
5:13–14 . . . . vol. 2: 498
5:14 . . . . vol. 2: 519; vol. 3: 422
5:16 . . . . vol. 1: 750
5:17–30 . . . . vol. 4: 535
5:17 . . . . vol. 2: 269, 440, 550; vol. 3: 195;
 vol. 4: 225
5:18–19 . . . . vol. 4: 103
5:18 . . . . vol. 1: 357; vol. 2: 356, 550;
 vol. 3: 195, 196; vol. 4: 225
5:19 . . . . vol. 1: 779; vol. 2: 550, 557, 660;
 vol. 4: 80, 535
5:20–29 . . . . vol. 3: 377
5:20–26 . . . . vol. 4: 535
5:20 . . . . vol. 1: 112, 114, 641; vol. 2: 423;
 vol. 4: 535, 607
5:21 . . . . vol. 1: 326; vol. 2: 81, 429
5:22–30 . . . . vol. 2: 748
5:22 . . . . vol. 2: 749; vol. 4: 535
5:23 . . . . vol. 4: 496, 534, 535
5:24–27 . . . . vol. 4: 745
5:24–25 . . . . vol. 4: 636
5:24 . . . . . vol. 1: 197, 275, 306, 323; vol. 2: 348,
 371, 410, 413, 749; vol. 3: 166, 530
5:25–29 . . . . vol. 2: 81, 110
5:25 . . . . vol. 1: 211; vol. 2: 286; vol. 4: 636
5:26 . . . . vol. 1: 689; vol. 4: 535
5:27 . . . . vol. 2: 220; vol. 4: 538, 543
5:28 . . . . vol. 1: 211
5:28–29 . . . . vol. 2: 414, 423; vol. 4: 636
5:29–30 . . . . vol. 2: 749
5:29 . . . . vol. 1: 95, 100; vol. 2: 286, 749;
 vol. 4: 108, 121, 122
5:30–31 . . . . vol. 3: 242
5:30 . . . . vol. 1: 733, 779; vol. 2: 356, 429
5:31–32 . . . . vol. 1: 236
5:32 . . . . vol. 2: 301; vol. 3: 242
5:33 . . . . vol. 1: 237, vol. 3: 242
5:34 . . . . vol. 4: 434
5:35–36 . . . . vol. 4: 641
5:35 . . . . vol. 1: 102; vol. 3: 188;
 vol. 4: 587, 744
5:36–38 . . . . vol. 3: 242, 704
5:36 . . . . . . vol. 2: 269, 279, 557; vol. 3: 256;
 vol. 4: 478
5:37–38 . . . . vol. 3: 242
5:37 . . . . vol. 1: 212; vol. 2: 97; vol. 4: 247
5:38–40 . . . . vol. 2: 348
5:39–40 . . . . vol. 1: 582
5:39 . . . . . vol. 1: 197, 604, 605; vol. 2: 264, 485;
 vol. 3: 197, 242, 416, 530; vol. 4: 432
5:40 . . . . vol. 2: 286
5:41 . . . . vol. 1: 764, 766
5:42 . . . . vol. 4: 247
5:43 . . . . vol. 2: 285; vol. 3: 82
5:44 . . . . vol. 1: 764, 766; vol. 2: 356; vol. 3: 335

5:45–47 . . . . vol. 2: 98, 264; vol. 3: 416
5:45 . . . . vol. 2: 186, 647; vol. 3: 366; vol. 4: 544
5:46–47 . . . . vol. 4: 657
5:46 . . . . vol. 2: 647
5:47 . . . . vol. 1: 600
6–7 . . . . vol. 1: 591
6 . . . . . . vol. 1: 655; vol. 2: 227; vol. 4: 289, 353
6:1–15 . . . . vol. 4: 693
6:1–13 . . . . vol. 3: 720
6:1 . . . . vol. 2: 402
6:2 . . . . . vol. 1: 205, 421; vol. 2: 425; vol. 4: 289
6:4 . . . . vol. 2: 227; vol. 3: 664
6:5–15 . . . . vol. 3: 693
6:5 . . . . vol. 2: 425; vol. 3: 582
6:7 . . . . vol. 1: 396
6:9 . . . . vol. 2: 564; vol. 3: 594
6:10 . . . . vol. 1: 392; vol. 4: 678
6:11 . . . . vol. 1: 721; vol. 2: 564
6:12 . . . . vol. 1: 359; vol. 3: 748
6:13 . . . . vol. 1: 535, 555; vol. 3: 721
6:14 . . . . vol. 4: 169, 289
6:15–21 . . . . vol. 2: 107
6:15 . . . . vol. 1: 402, 482; vol. 2: 227;
vol. 3: 263, 335, 664; vol. 4: 596
6:16–25 . . . . vol. 2: 402
6:16–21 . . . . vol. 4: 520
6:16 . . . . vol. 1: 276
6:17 . . . . vol. 4: 323
6:18 . . . . vol. 1: 295; vol. 2: 80
6:19 . . . . vol. 2: 425
6:20 . . . . vol. 1: 553; vol. 2: 110
6:25 . . . . vol. 4: 199
6:26 . . . . vol. 4: 289, 678
6:27–59 . . . . vol. 2: 296
6:27 . . . . vol. 1: 197, 359, 535, 536;
vol. 2: 291, 371; vol. 4: 544
6:29 . . . . vol. 2: 269; vol. 3: 327
6:30 . . . . vol. 4: 286, 289
6:31–34 . . . . vol. 3: 229
6:31 . . . . vol. 1: 322; vol. 2: 275
6:32–50 . . . . vol. 3: 570
6:32–35 . . . . vol. 3: 367
6:32 . . . . vol. 1: 239; vol. 2: 109
6:33–35 . . . . vol. 2: 757
6:33 . . . . vol. 1: 276; vol. 2: 371
6:34 . . . . vol. 1: 412
6:35–58 . . . . vol. 3: 737
6:35–40 . . . . vol. 1: 329
6:35 . . . . vol. 1: 537, 655, 748; vol. 2: 109,
248, 371; vol. 3: 693
6:37 . . . . vol. 2: 131, 286, 379; vol. 4: 144
6:38 . . . . vol. 1: 276; vol. 2: 429; vol. 4: 80
6:39–54 . . . . vol. 2: 294
6:39–40 . . . . vol. 1: 322, 323; vol. 2: 296;
vol. 3: 650
6:39 . . . . . vol. 1: 360; vol. 2: 286, 296, 393, 429
6:40 . . . . vol. 1: 197; vol. 2: 371, 425, 429;
vol. 3: 530; vol. 4: 535

6:41–42 . . . . vol. 1: 276
6:41 . . . . vol. 1: 536, 591; vol. 2: 109
6:42 . . . . vol. 3: 368
6:43 . . . . vol. 1: 591
6:44 . . . . vol. 1: 779; vol. 2: 143, 286, 296
6:45 . . . . vol. 1: 710; vol. 3: 223
6:46 . . . . vol. 3: 530, 531, 605
6:47 . . . . . vol. 1: 197, 655; vol. 2: 109, 110, 371
6:48–58 . . . . vol. 1: 329; vol. 4: 298
6:48–51 . . . . vol. 3: 367
6:48 . . . . vol. 2: 109, 371, 443
6:49–51 . . . . vol. 3: 229
6:49–50 . . . . vol. 2: 291
6:49 . . . . vol. 2: 275
6:50–58 . . . . vol. 2: 291
6:50 . . . . vol. 1: 276
6:51–58 . . . . . . vol. 1: 648, 649, 654; vol. 4: 259
6:51 . . . . . vol. 1: 196, 216; vol. 2: 109, 110, 443;
vol. 3: 229, 570, 596
6:52 . . . . vol. 3: 252
6:53–55 . . . . vol. 1: 536
6:53–56 . . . . vol. 3: 753
6:53 . . . . vol. 2: 751; vol. 4: 544
6:54 . . . . vol. 1: 197, 322, 323, 655;
vol. 2: 286, 296
6:55 . . . . vol. 1: 237, 535; vol. 3: 751
6:56 . . . . vol. 1: 655; vol. 2: 195; vol. 3: 276
6:57 . . . . vol. 1: 689; vol. 3: 683
6:58 . . . . vol. 1: 196, 276
6:59 . . . . vol. 1: 710
6:60–61 . . . . vol. 4: 298
6:60 . . . . vol. 3: 226; vol. 4: 314
6:61 . . . . vol. 1: 591; vol. 4: 297
6:62–63 . . . . vol. 3: 712
6:62 . . . . vol. 1: 276; vol. 2: 425; vol. 4: 543, 544
6:63 . . . vol. 1: 655; vol. 3: 820; vol. 4: 210, 246,
259, 261, 298, 546, 784
6:66–69 . . . . vol. 3: 226
6:66 . . . . vol. 1: 452; vol. 4: 783
6:68–69 . . . . vol. 3: 738
6:68 . . . . vol. 1: 197; vol. 2: 371;
vol. 4: 210, 248, 636
6:69 . . . . vol. 1: 132, 587; vol. 3: 770
6:70–71 . . . . vol. 2: 546
6:70 . . . . vol. 1: 692; vol. 2: 149, 151, 152;
vol. 4: 266, 267
6:71 . . . . vol. 2: 546
7:1 . . . . vol. 1: 357; vol. 2: 356; vol. 3: 682
7:2 . . . . vol. 4: 304, 306
7:3–9 . . . . vol. 4: 306
7:3 . . . . vol. 2: 425
7:4 . . . . vol. 3: 658, 659; vol. 4: 590
7:5 . . . . vol. 1: 150
7:6 . . . . vol. 2: 305; vol. 3: 649
7:7 . . . . vol. 2: 269, 735; vol. 3: 320, 770
7:8 . . . . vol. 2: 756; vol. 3: 789
7:10 . . . . vol. 2: 524, 756; vol. 4: 588

7:11 . . . . .vol. 2: 559
7:12 . . . . .vol. 1: 591; vol. 2: 301;
                              vol. 3: 582, 774, 775
7:13 . . . . .vol. 3: 612
7:14 . . . . . . .vol. 1: 276; vol. 2: 519; vol. 4: 306
7:15–16. . . . . .vol. 3: 366
7:15 . . . .vol. 1: 600, 602; vol. 2: 422; vol. 3: 225
7:16–17. . . . . .vol. 1: 713
7:16 . . . . .vol. 2: 660
7:17 . . . . .vol. 2: 128, 429; vol. 3: 166, 366;
                                          vol. 4: 80
7:18 . . . .vol. 1: 158, 764; vol. 2: 356; vol. 4: 535
7:19 . . . . . vol. 2: 356, 660; vol. 3: 366, 416, 418
7:20 . . . . . .vol. 1: 633; vol. 2: 348; vol. 3: 206
7:21 . . . . .vol. 2: 422
7:22–23. . . . . .vol. 3: 727; vol. 4: 223, 225
7:22 . . . . .vol. 3: 727
7:23 . . . . . .vol. 2: 422; vol. 3: 195, 196, 416;
                              vol. 4: 516, 517, 676
7:24 . . . . . . .vol. 1: 733; vol. 2: 749; vol. 3: 579
7:26 . . . . vol. 1: 417; vol. 3: 659
7:27–29. . . . . .vol. 3: 461
7:27 . . . . .vol. 4: 537
7:28–29. . . . . .vol. 3: 704
7:28 . . . . vol. 2: 109, 519, 738; vol. 4: 247
7:29 . . . . vol. 2: 108; vol. 3: 461, 605
7:30 . . . . vol. 3: 789; vol. 4: 744
7:33 . . . . vol. 3: 304; vol. 4: 705
7:34 .vol. 2: 181, 330
7:35 . . . . vol. 1: 706; vol. 2: 181
7:37–39. . . . . .vol. 3: 753
7:37–38. . . . . .vol. 3: 741, 820; vol. 4: 118,
                                   206, 306, 521
7:37 . . . . .vol. 1: 748; vol. 2: 227, 286, 296, 738;
                                          vol. 3: 737
7:38–39. . . . . .vol. 3: 710, 712, 820, 821
7:38 . . . . .vol. 1: 604; vol. 2: 704; vol. 4: 520
7:39 . . . . .vol. 1: 765; vol. 3: 82, 263, 555, 820;
                           vol. 4: 119, 206, 246, 306, 521
7:40 . . . . .vol. 4: 169
7:41–42. . . . . .vol. 1: 352
7:42 . . . . vol. 1: 506, 582, 605, 635;
                           vol. 4: 95, 346, 536, 537
7:43 . . . . vol. 3: 582; vol. 4: 419
7:47 . . . . .vol. 3: 774
7:48 . . . . .vol. 1: 417
7:49 . . . . vol. 1: 383, 582; vol. 3: 416, 582
7:50 . . . . .vol. 4: 593
7:51 . . . . vol. 1: 582, 620; vol. 3: 416
7:52 . . . . .vol. 2: 264
8. . . . . .vol. 4: 249
8:2 . . . . vol. 1: 711; vol. 2: 519
8:3–11. . . . . .vol. 3: 331
8:3–4. . . . . .vol. 3: 83
8:3 . . . . vol. 1: 600; vol. 3: 331
8:4 . . . . .vol. 3: 331
8:5 . . . . vol. 1: 639; vol. 3: 330

8:6 . . . . .vol. 2: 647, 649; vol. 3: 699
8:7 . . . . .vol. 1: 258; vol. 2: 288; vol. 3: 274
8:9 . . . . .vol. 4: 132, 404
8:11 . . . . vol. 1: 448; vol. 3: 676
8:12 . . . . . .vol. 1: 206; vol. 2: 109, 110, 284, 348,
              443; vol. 3: 188, 743; vol. 4: 306, 324, 641
8:13–58. . . . . .vol. 1: 236
8:13 . . . . vol. 2: 228; vol. 3: 242
8:14 . . . . .vol. 3: 242
8:15 . . . . vol. 1: 236; vol. 4: 259, 261
8:16 . . . . .vol. 1: 239; vol. 2: 109; vol. 3: 335
8:17–18. . . . . .vol. 1: 236
8:17 . . . . .vol. 3: 239, 241, 416
8:19 . . . . .vol. 3: 461
8:20 . . .vol. 2: 519; vol. 3: 789; vol. 4: 626, 744
8:23 . . . . .vol. 2: 649
8:24 . . . . vol. 1: 260; vol. 2: 110, 228
8:25 . . . . .vol. 1: 415
8:26–29. . . . . .vol. 3: 683
8:26 . . . . vol. 1: 212; vol. 2: 617
8:28 . . . . .vol. 1: 712; vol. 2: 110, 228, 411;
                          vol. 3: 820; vol. 4: 544, 583
8:29 . . . . vol. 1: 386; vol. 3: 335
8:30–59. . . . . .vol. 1: 90
8:31–36. . . . . .vol. 1: 306; vol. 2: 176, 360
8:31–32. . . . . vol. 2: 177; vol. 4: 478
8:31 . . . . .vol. 3: 226, 276
8:32 . . . . .vol. 2: 175, 444
8:33 . . . . vol. 2: 175; vol. 4: 346
8:34–44. . . . . .vol. 4: 80
8:34–36. . . . . .vol. 2: 175
8:34 . . . . .vol. 1: 771
8:35 . . . . vol. 1: 196; vol. 3: 275, 474
8:36 . . . . vol. 1: 771; vol. 2: 175, 177
8:37 . . . . vol. 2: 356; vol. 4: 346, 713
8:38 . . . . vol. 3: 530; vol. 4: 145
8:39–40. . . . . .vol. 1: 91
8:39 . . . . vol. 2: 176; vol. 4: 466
8:40 . . . . .vol. 1: 209, 212
8:41–44. . . . . .vol. 2: 556
8:41 . . . . .vol. 2: 269, 348
8:42–47. . . . . .vol. 1: 586
8:42 . . . . .vol. 1: 111; vol. 2: 279, 285, 379;
                                          vol. 3: 605
8:43 . . . . . vol. 1: 212, 586, 779; vol. 3: 79, 206
8:44–45. . . . . .vol. 1: 238
8:44 . . . .vol. 1: 236, 416; vol. 2: 244, 269, 500;
                             vol. 4: 104, 266, 267, 723
8:45 . . . . .vol. 3: 530
8:46 . . . . vol. 1: 712; vol. 2: 166
8:47 . . . .vol. 1: 306, 586; vol. 2: 128; vol. 4: 210
8:48–59. . . . . .vol. 1: 91
8:48–49. . . . . vol. 1: 633; vol. 4: 248
8:48 . . . . vol. 2: 348; vol. 4: 249
8:49 . . . . vol. 2: 558; vol. 4: 496
8:50 . . . . vol. 1: 766; vol. 2: 356
8:51–52. . . . . vol. 1: 196; vol. 2: 205

8:51 . . . . . . .vol. 1: 91, 197, 566; vol. 2: 410, 413;
vol. 3: 166; vol. 4: 490
8:52 . . . . vol. 1: 91, 566, 633; vol. 3: 206
8:53 . . . . .vol. 3: 256; vol. 4: 80
8:54–55. . . . . .vol. 4: 247
8:55 . . . . vol. 2: 205; vol. 3: 461, 501
8:56 . . . . vol. 1: 91, 102; vol. 4: 647
8:58 . . . . vol. 1: 91; vol. 2: 110
8:59 . . . . vol. 1: 494; vol. 2: 519
9. . . . . .vol. 1: 329; vol. 3: 743; vol. 4: 511
9:1–7. . . . . .vol. 4: 289
9:1–3. . . . . vol. 2: 498; vol. 3: 422
9:2–3. . . . . .vol. 2: 750
9:2 . . . . .vol. 1: 562; vol. 2: 288;
vol. 4: 199, 225, 510
9:3 . . . . .vol. 4: 225, 510, 589
9:4–5. . . . . .vol. 3: 438
9:4 .vol. 2: 269, 443
9:5 . . . . .vol. 2: 227, 443; vol. 3: 188, 743;
vol. 4: 641
9:6–15. . . . . .vol. 3: 743
9:6 . . . . .vol. 4: 699
9:7–15. . . . . .vol. 3: 402
9:7 . . . . .vol. 2: 227, 278
9:8 . . . . vol. 1: 188; vol. 2: 578
9:9 . . . . .vol. 2: 110
9:10 .vol. 1: 328, 521
9:11 . . . . vol. 1: 521; vol. 4: 699
9:14 . . . . vol. 1: 521; vol. 2: 288
9:16–41. . . . . .vol. 1: 260
9:16 . . . . .vol. 1: 779; vol. 3: 84;
vol. 4: 289, 419, 490
9:17 . . . . .vol. 4: 510
9:18 . . . . vol. 1: 521; vol. 2: 288
9:21 . . . . .vol. 2: 288, 383
9:22 . . . . vol. 2: 556; vol. 3: 510
9:23 . . . . vol. 1: 639; vol. 2: 288, 383
9:25 . . . . .vol. 2: 123
9:28 . . . . .vol. 3: 171, 224, 367
9:30 . . . . .vol. 2: 421
9:31 . . . . .vol. 1: 212; vol. 2: 429; vol. 4: 275
9:32 . . . . .vol. 1: 196
9:33 . . . . .vol. 3: 605
9:34–35. . . . . .vol. 2: 131
9:38 . . . . .vol. 4: 152
9:39 . . . . vol. 2: 108, 735, 749, 756;
vol. 3: 685; vol. 4: 511
9:35–41. . . . .vol. 4: 289; vol. 3: 530; vol. 4: 511
9:41 . . . . .vol. 1: 236, 260
10. . . . . .vol. 2: 477, 692; vol. 3: 775;
vol. 4: 85, 319
10:1–30. . . . . .vol. 4: 85
10:1–18. . . . . .vol. 2: 143
10:1–11. . . . . .vol. 4: 137
10:1–3. . . . . .vol. 2: 477
10:1–2. . . . . vol. 1: 687; vol. 2: 477
10:1 . . . . . .vol. 2: 692; vol. 3: 115; vol. 4: 84, 85

10:2–16. . . . . .vol. 4: 84
10:2–3. . . . . .vol. 2: 617
10:3–4. . . . . vol. 2: 500; vol. 4: 84
10:3 . . . . .vol. 1: 329; vol. 2: 477; vol. 3: 519;
vol. 4: 636
10:4–7. . . . . .vol. 3: 461
10:4 . . . . .vol. 1: 206; vol. 2: 131; vol. 4: 85
10:5 . . . . .vol. 4: 596
10:6 . . . . .vol. 3: 646
10:7 . . . . .vol. 2: 109, 110, 443, 477
10:8 . . . . vol. 2: 110, 692; vol. 3: 115
10:9 . . . . . vol. 2: 109, 110, 331, 477; vol. 4: 434
10:11–16. . . . . .vol. 1: 360
10:11–15. . . . . .vol. 4: 137
10:10 . . . . .vol. 1: 360; vol. 2: 285, 371, 692;
vol. 3: 721
10:11 . . . . .vol. 1: 95; vol. 2: 109, 110, 610, 443;
vol. 3: 596; vol. 4: 730
10:12–13. . . . . .vol. 3: 324
10:12 . . . . vol. 1: 402; vol. 4: 319, 596
10:14–16. . . . . .vol. 2: 136
10:14–15. . . . . vol. 1: 586; vol. 4: 531
10:14 . . . . .vol. 1: 95; vol. 2: 109, 110, 443, 610;
vol. 4: 691
10:15 . . vol. 1: 251; vol. 2: 219, 617; vol. 3: 596,
611, 683; vol. 4: 730
10:16 . . . . .vol. 1: 211; vol. 2: 124, 205, 558;
vol. 4: 85, 137, 249, 636
10:17–18. . . . . .vol. 2: 299, 756
10:17 . . . . .vol. 1: 111; vol. 2: 205, 756;
vol. 3: 596; vol. 4: 730
10:18 . . . . .vol. 2: 205; vol. 3: 81, 596; vol. 4: 85
10:19 . . . . .vol. 4: 419
10:20–21. . . . . vol. 1: 633
10:20 . . . . vol. 2: 348; vol. 3: 205
10:21 . . .vol. 1: 329, 779; vol. 3: 206; vol. 4: 210
10:22–29. . . . . .vol. 2: 227
10:22 . . . . .vol. 2: 582
10:23 . . . . vol. 2: 515, 519; vol. 4: 329
10:24–26. . . . . .vol. 1: 712
10:24–25. . . . . .vol. 3: 520, 659
10:25 . . . . .vol. 2: 269
10:27–28. . . . . . vol. 1: 95, 206; vol. 4: 85, 636
10:27 . . . . vol. 1: 211; vol. 4: 636
10:28 . . . . vol. 2: 371, 414; vol. 4: 664
10:29 . . . . . .vol. 1: 722; vol. 3: 256; vol. 4: 664
10:30–33. . . . . .vol. 2: 110
10:30 . . . . vol. 2: 124, 125, 443, 756;
vol. 3: 336, 683; vol. 4: 80
10:31 . . . . vol. 1: 494; vol. 2: 610
10:32 . . . . .vol. 2: 610
10:33 . . . . vol. 1: 132, 304; vol. 4: 80
10:34–35. . . . . .vol. 1: 605
10:34 . . . . .vol. 3: 416
10:35–36. . . . . .vol. 3: 196
10:35 . . . . .vol. 3: 196
10:36 . . . . vol. 1: 132, 517; vol. 3: 596

10:37–38. . . . . .vol. 4: 80
10:38 . . . . .vol. 2: 195
10:41 . . . . .vol. 1: 236
10:42–43. .vol. 1: 448
11. . . . . .vol. 2: 369; vol. 3: 377, 634;
vol. 4: 287, 289
11:1–12:8 . . . . .vol. 1: 618
11:2 . . . . .vol. 1: 221
11:3 . . . . .vol. 1: 112
11:4 . . . . vol. 1: 765, 766; vol. 4: 146, 289
11:6 . . . . .vol. 2: 417
11:8 . . . . .vol. 4: 199
11:9–10. . . . . vol. 2: 726; vol. 3: 438, 676
11:9 . . . . .vol. 4: 743
11:10 . . . . .vol. 4: 640
11:11–14. . . . . .vol. 2: 706
11:11 .vol. 2: 80, 706
11:12 . . . . . . .vol. 2: 706; vol. 4: 341; vol. 3: 659
11:15 . . . . .vol. 2: 662
11:16 . . . . .vol. 3: 224
11:17 . . . . vol. 2: 417, 727; vol. 3: 487
11:18 . . . . .vol. 2: 77
11:19 . . . . vol. 2: 727; vol. 3: 634
11:23–24. . . . . .vol. 1: 322
11:24–25. . . . . .vol. 2: 296
11:24 . . . . .vol. 1: 324; vol. 2: 80, 295, 393;
vol. 3: 650
11:25–26. . . . . vol. 1: 111, 197, 306;
vol. 2: 280, 750; vol. 3: 770
11:25 . . . . .vol. 1: 323, 490; vol. 2: 109, 110,
371, 410, 443
11:20–28. . . . . .vol. 1: 618
11:26 . . . . vol. 1: 196; vol. 3: 650
11:27–28. . . . . .vol. 1: 713
11:27 . . . . .vol. 4: 535
11:28 . . . . .vol. 3: 649
11:30 . . . . .vol. 2: 727
11:31 . . .vol. 1: 322, 754; vol. 2: 727; vol. 3: 634
11:32 . . . . .vol. 3: 757
11:33 . . . . .vol. 1: 617; vol. 2: 371, 728;
vol. 3: 807; vol. 4: 457, 458
11:35 . . . . .vol. 2: 728
11:36 . . . . .vol. 1: 112
11:37 . . . . .vol. 2: 80
11:38 . . . . vol. 2: 728; vol. 4: 350
11:39 . . . . . . .vol. 1: 618; vol. 3: 560; vol. 4: 487
11:40 . . . . vol. 2: 616, 617; vol. 4: 289
11:41–42. . . . . .vol. 2: 335
11:41 . . . . .vol. 1: 178, 212, 338; vol. 2: 440;
vol. 3: 682
11:42 . . . . .vol. 1: 690
11:43 . . . . . . .vol. 1: 211; vol. 2: 738; vol. 4: 636
11:44 . . . . . . vol. 1: 678; vol. 2: 417; vol. 3: 191,
376, 579; vol. 4: 664
11:46–47. . . . . .vol. 4: 593
11:47–50. . . . . .vol. 4: 230
11:47 . . . . vol. 4: 289, 399, 402

11:48–52. . . . . .vol. 2: 91
11:48 . . . . vol. 2: 507; vol. 4: 500
11:49–53. . . . . .vol. 1: 582
11:49–51. . . . . .vol. 2: 507
11:49 . . . . .vol. 4: 359
11:50–51. . . . . .vol. 3: 596
11:50 . . . . . .vol. 1: 553; vol. 3: 127; vol. 4: 554
11:52 . . . . vol. 2: 125; vol. 4: 319, 399, 530
11:53 . . . . vol. 1: 357, 528
11:54 . . . . vol. 3: 659; vol. 4: 712
11:55 . . . . . . .vol. 1: 138; vol. 2: 227, 417;
vol. 3: 663; vol. 4: 712
11:56 . . . . vol. 1: 755; vol. 2: 579
11:57 . . . . vol. 2: 205; vol. 4: 593
12:1 . . . . . .vol. 1: 619; vol. 2: 228; vol. 3: 377
12:2–11. . . . . .vol. 2: 417
12:2 . . . . .vol. 1: 618, 646
12:3–5. . . . . .vol. 3: 350
12:3 . . . . vol. 1: 221, 469, 618; vol. 3: 560
12:4–6. . . . . vol. 1: 618; vol. 2: 546, 710
12:5 . . . . .vol. 3: 754
12:6 . . . . .vol. 3: 691, 692
12:7 . . . vol. 1: 553; vol. 2: 416, 417; vol. 3: 350;
vol. 4: 490
12:8 . . . . .vol. 4: 184
12:9 . . . . .vol. 3: 377
12:10 . . . . .vol. 1: 357
12:12–19. . . . . vol. 1: 481; vol. 2: 519
12:12–15. . . . . .vol. 2: 227, 228
12:12–13. . . . . .vol. 4: 693
12:13 . . . . vol. 2: 333, 559, 638, 738;
vol. 4: 537, 538, 746
12:14 . . . . .vol. 3: 197
12:15 . . . . vol. 2: 176; vol. 4: 613
12:16 . . . . vol. 1: 111, 765; vol. 4: 210
12:17 . . . . vol. 3: 241; vol. 4: 626
12:19 . . . . vol. 2: 425; vol. 3: 523
12:20 . . . . . . .vol. 1: 276; vol. 2: 181; vol. 4: 152
12:21 . . . . .vol. 2: 181, 288, 774
12:23–33. . . . . vol. 1: 111; vol. 4: 583
12:23 . . . . .vol. 4: 458, 544, 583
12:24–26. . . . . .vol. 2: 414
12:24 . . . . .vol. 2: 628, 629; vol. 3: 757;
vol. 4: 346
12:25–26. . . . . .vol. 2: 331
12:25 . . . . . .vol. 1: 114, 197, 360; vol. 2: 371;
vol. 3: 320; vol. 4: 429, 625, 705, 729
12:26 . . . . vol. 1: 206, 703; vol. 4: 496
12:27–28. . . . . .vol. 2: 341; vol. 3: 682;
vol. 4: 535, 744
12:27 . . . . .vol. 4: 428, 434
12:28 . . . . .vol. 3: 522, 569
12:30 . . . . .vol. 1: 690
12:31 . . . .vol. 1: 418, 558; vol. 2: 219, 647, 558;
vol. 3: 569, 699; vol. 4: 266, 288
12:32–34. . . . . .vol. 3: 820
12:32–33. . . . . .vol. 2: 411

12:32 . . . . vol. 1: 518; vol. 4: 583, 584
12:33 . . . . vol. 3: 263
12:34 . . . . vol. 1: 196; vol. 3: 416;
                      vol. 4: 538, 544, 583, 692
12:35–36 . . . . vol. 2: 348; vol. 3: 676; vol. 4: 544
12:35 . . . . vol. 2: 443; vol. 3: 83, 304; vol. 4: 324
12:36 . . . . vol. 4: 529, 641
12:37–43 . . . . vol. 4: 289
12:37–41 . . . . vol. 4: 247, 289
12:37–39 . . . . vol. 4: 196
12:38–39 . . . . vol. 3: 788
12:38 . . . . . . vol. 2: 617; vol. 3: 788; vol. 4: 589
12:39–41 . . . . vol. 2: 616
12:40 . . . . vol. 1: 211; vol. 3: 433, 613, 685;
                      vol. 4: 196, 387, 409, 510, 512
12:41 . . . . vol. 1: 765, 766; vol. 3: 788
12:42 . . . . . . vol. 1: 417; vol. 2: 556; vol. 3: 510
12:43 . . . . vol. 1: 107, 114
12:44 . . . . vol. 2: 617, 738
12:45 . . . . vol. 1: 587; vol. 2: 425, 443;
                      vol. 3: 530; vol. 4: 159
12:46–47 . . . . vol. 2: 285
12:46 . . . . vol. 4: 324, 641
12:47–48 . . . . vol. 1: 680; vol. 3: 166
12:47 . . . . vol. 2: 735; vol. 4: 434, 624
12:48 . . . . vol. 1: 161; vol. 2: 296, 348; vol. 3: 82
12:49–50 . . . . vol. 2: 205; vol. 3: 683
12:49 . . . . vol. 4: 535
12:50 . . . . vol. 1: 197; vol. 2: 371
13–16 . . . . vol. 1: 114
13 . . . . vol. 1: 553; vol. 3: 614
13:1–30 . . . . vol. 1: 654
13:1–20 . . . . vol. 4: 521
13:1 . . . . vol. 1: 275; vol. 2: 228, 500, 756;
                      vol. 3: 789; vol. 4: 478, 744
13:2 . . . . vol. 1: 459, 646, 692; vol. 2: 546;
                      vol. 4: 266
13:3–17 . . . . vol. 3: 402
13:3 . . . . vol. 2: 219, 443; vol. 3: 55; vol. 4: 664
13:4–17 . . . . vol. 3: 596
13:4–16 . . . . vol. 2: 660
13:4–5 . . . . vol. 2: 373
13:4 . . . . vol. 1: 646
13:5–14 . . . . vol. 3: 402
13:5 . . . . vol. 4: 520
13:8 . . . . vol. 1: 196; vol. 3: 282
13:9 . . . . vol. 2: 670
13:10 . . . . vol. 2: 573; vol. 3: 174, 176, 402, 492
13:13–14 . . . . vol. 1: 713
13:13 . . . . vol. 4: 199
13:14 . . . . vol. 3: 199
13:15–16 . . . . vol. 1: 773
13:15 . . . vol. 1: 639, 704; vol. 3: 306; vol. 4: 507
13:16 . . . . vol. 1: 368; vol. 4: 361
13:17 . . . . vol. 3: 208
13:18 . . . . vol. 1: 604, 605; vol. 2: 149, 151;
                      vol. 3: 197, 788

13:19 . . . . vol. 2: 110
13:20 . . . . vol. 1: 211, 676; vol. 2: 617;
                      vol. 3: 82, 595, 632
13:21 . . . . vol. 3: 807; vol. 4: 458
13:22 . . . . vol. 1: 520
13:23–25 . . . . vol. 1: 89
13:23 . . . . vol. 1: 114; vol. 2: 120, 703
13:25 . . . . vol. 2: 703
13:26 . . . . vol. 1: 462; vol. 2: 546
13:27 . . . . vol. 2: 546; vol. 4: 266
13:28–30 . . . . vol. 2: 295
13:29 . . . . vol. 2: 710
13:30 . . . . vol. 2: 295; vol. 3: 438
13:31–32 . . . . vol. 1: 765
13:31 . . . . vol. 4: 544
13:33 . . . . vol. 3: 304; vol. 4: 465
13:34–35 . . . . . vol. 2: 143, 177, 735; vol. 3: 226
13:34 . . . . vol. 1: 111, 722; vol. 2: 203,
                      205, 584; vol. 3: 790
13:35 . . . . vol. 2: 206; vol. 3: 226
13:36 . . . . vol. 4: 575
13:37 . . . . vol. 4: 730
13:38 . . . . vol. 1: 448
14–16 . . . . . . vol. 2: 233; vol. 3: 630, 631, 811;
                      vol. 4: 692
14 . . . . vol. 3: 459
14:1–3 . . . . vol. 2: 233
14:1 . . . . vol. 3: 631; vol. 4: 457, 458
14:2–3 . . . . . vol. 1: 329; vol. 2: 305; vol. 3: 474,
                      555; vol. 4: 109, 555
14:2 . . . . vol. 3: 276, 277
14:3–6 . . . . vol. 3: 458
14:3 . . . . vol. 3: 84, 276, 277
14:4–5 . . . . vol. 3: 461
14:6 . . . . . vol. 1: 197, 236, 237, 239; vol. 2: 109,
                      110, 220, 371, 443, 444, 477, 539;
                      vol. 3: 287, 458, 775
14:7 . . . . vol. 1: 587; vol. 2: 617; vol. 3: 683
14:8 . . . . vol. 1: 396, 641
14:9 . . . . . . vol. 1: 587; vol. 2: 98, 104, 126, 205,
                      443, 617; vol. 3: 530, 683;
                      vol. 4: 159, 652
14:10–11 . . . . vol. 2: 195; vol. 3: 683
14:10 . . . . vol. 2: 195, 443; vol. 3: 166, 275;
                      vol. 4: 80, 210
14:11 . . . . vol. 2: 269
14:12–14 . . . . vol. 2: 233; vol. 3: 555
14:12 . . . . . . vol. 2: 269; vol. 3: 256; vol. 4: 109
14:13–14 . . . . vol. 1: 187, 188; vol. 3: 521
14:15–17 . . . . vol. 3: 226
14:15 . . . . vol. 2: 205, 206, 736; vol. 4: 490
14:16–28 . . . . vol. 3: 821
14:16–17 . . . . vol. 3: 631, 712
14:16 . . . . vol. 1: 187, 196; vol. 2: 285, 288;
                      vol. 3: 632, 821
14:17 . . . vol. 1: 237, 239, 586, 779; vol. 2: 143;
                      vol. 3: 276; vol. 4: 145

Scripture Index: New Testament: John

14:18–24. . . . . .vol. 3: 712
14:18 . . . . vol. 2: 285; vol. 3: 230, 555
14:19 . . . . . . .vol. 1: 448; vol. 2: 425; vol. 3: 304
14:20 . . . . .vol. 2: 195
14:21–24. . . . . .vol. 1: 111
14:21–22. . . . . .vol. 4: 590
14:21 . . . . vol. 2: 205, 206, 233; vol. 4: 490
14:22 . . . . .vol. 2: 546
14:23–24. . . . . vol. 1: 111; vol. 2: 490
14:23 . . . . .vol. 1: 329; vol. 2: 285, 736;
    vol. 3: 277, 474, 555; vol. 4: 145
14:24 . . . . .vol. 3: 166
14:25–26. . . . . .vol. 3: 277
14:25 . . . . vol. 3: 78; vol. 4: 145
14:26–27. . . . . .vol. 2: 233
14:26 . . . . .vol. 1: 132, 712; vol. 2: 285, 617;
    vol. 3: 313, 315, 457, 521, 605,
    631, 632, 821; vol. 4: 503, 700
14:27 . . . . vol. 2: 114, 115; vol. 4: 457, 458, 648
14:28 . . . . vol. 3: 256, 555; vol. 4: 109
14:30 . . . . . . vol. 1: 418; vol. 2: 219; vol. 3: 699;
    vol. 4: 266
14:31 . . . . vol. 1: 587; vol. 2: 205
15. . . . . vol. 2: 109; vol. 4: 85
15:1–11. . . . . .vol. 1: 271
15:1–8. . . . . vol. 2: 143, 558; vol. 3: 276
15:1–6. . . . . .vol. 2: 629
15:1 . . . . vol. 1: 239, 269; vol. 2: 109, 110
15:2–6. . . . . .vol. 2: 686
15:2 .vol. 2: 571, 628, 629
15:3 . . . . vol. 2: 573; vol. 3: 166
15:4–7 . . .vol. 1: 111; vol. 2: 735; vol. 3: 275, 595
15:4–5. . . . . vol. 1: 269; vol. 2: 195, 628
15:4 . . . . vol. 3: 275, 276; vol. 4: 648
15:5–8. . . . . .vol. 1: 95
15:5 . . . . .vol. 1: 721; vol. 2: 109, 110, 629;
    vol. 3: 276; vol. 4: 80
15:6 . . . . vol. 1: 452; vol. 2: 595; vol. 3: 276,
    447; vol. 4: 194
15:7 . . . . vol. 1: 186, 187, 188, 271;
    vol. 3: 276; vol. 4: 210
15:8 . . . . vol. 2: 628, 629; vol. 3: 226
15:9–17. . . . . vol. 2: 371, 735; vol. 3: 276
15:9–10. . . . . .vol. 1: 111
15:9 . . . . . . .vol. 1: 111, 271, 587; vol. 3: 276;
    vol. 4: 648
15:10 . . vol. 1: 271; vol. 2: 205, 660; vol. 3: 276;
    vol. 4: 490
15:11 . . . . vol. 3: 78, 792; vol. 4: 647
15:12–14. . . . . .vol. 2: 205
15:12 . . . . vol. 1: 111; vol. 2: 205
15:13 . . .vol. 1: 151; vol. 2: 584; vol. 4: 606, 648
15:14–15. . . . . .vol. 4: 606
15:14 . . . . .vol. 1: 620
15:15 . . . . vol. 1: 212, 580; vol. 2: 617, 618
15:16 . . . . . . .vol. 1: 187, 188; vol. 2: 149, 151,
    628, 629; vol. 3: 276, 521

15:17 . . . . vol. 1: 111; vol. 2: 205
15:18–25. . . . . .vol. 3: 320
15:18–19. . . . . vol. 1: 751; vol. 2: 735
15:18 . . . . vol. 1: 586; vol. 3: 770
15:19 . . . . .vol. 1: 114; vol. 2: 127, 149, 151,
    500, 735; vol. 4: 607
15:20 . . .vol. 1: 750; vol. 2: 205, 660; vol. 4: 361
15:21 . . . . .vol. 1: 287
15:22–24. . . . . .vol. 1: 260
15:22 . . . . .vol. 2: 269
15:23 . . . . .vol. 3: 770
15:24 . . . . vol. 1: 254; vol. 2: 269
15:25 . . . . .vol. 3: 320, 411, 416, 788
15:26–27. . . . . .vol. 3: 226
15:26 . . .vol. 1: 239; vol. 2: 617; vol. 3: 243, 555,
    605, 631, 632, 821; vol. 4: 503, 700
15:27 . . . . vol. 1: 415; vol. 3: 243
16:1–4. . . . . .vol. 4: 745
16:1 . . . . vol. 3: 78; vol. 4: 297
16:2–3. . . . . .vol. 1: 586
16:2 . . . . vol. 3: 96; vol. 4: 745
16:7 . . . vol. 1: 236; vol. 2: 285; vol. 3: 277, 631;
    vol. 4: 109
16:8–11. . . . . vol. 2: 166; vol. 3: 821
16:8–9. . . . . .vol. 1: 260
16:8 . . . . vol. 1: 239, 733; vol. 3: 632
16:9–11. . . . . .vol. 3: 632
16:10 . . . . vol. 1: 733; vol. 2: 425
16:11 . . . . .vol. 1: 418; vol. 2: 219, 735, 749;
    vol. 3: 699; vol. 4: 266
16:12–15. . . . . .vol. 3: 277, 555
16:12–13. . . . . vol. 2: 285; vol. 3: 821
16:12 . . . . .vol. 1: 495
16:13–14. . . .vol. 2: 233; vol. 3: 632; vol. 4: 700
16:13 . . . . .vol. 1: 118, 239, 287; vol. 2: 617;
    vol. 3: 457
16:14 . . . . .vol. 3: 821
16:15 . . . . .vol. 3: 683
16:16–30. . . . . .vol. 3: 555
16:16–19. . . . . vol. 2: 425; vol. 3: 303, 304
16:18 . . . . .vol. 3: 462
16:19 . . . . .vol. 3: 646
16:20–24. . . . . .vol. 2: 371
16:20–22. . . . . .vol. 3: 178, 792
16:20 . . . . vol. 2: 233, 684, 728;
    vol. 3: 178, 388, 631
16:21–22. . . . . .vol. 2: 464
16:21 . . . . vol. 1: 304; vol. 3: 178, 594
16:22 . . . . vol. 3: 178; vol. 4: 648
16:23–26. . . . . .vol. 1: 186, 187
16:23–24. . . . . vol. 1: 187; vol. 4: 647
16:24 . . . . vol. 1: 188; vol. 3: 792
16:25–29. . . . . .vol. 3: 659
16:25 . . . . vol. 1: 119; vol. 3: 646
16:26–27. . . . . .vol. 1: 187
16:26 . . . . vol. 1: 186, 188; vol. 2: 288
16:27–28. . . . . .vol. 2: 443

16:27 ... **vol. 1:** 113, 114; **vol. 3:** 605; **vol. 4:** 607
16:28 ...... **vol. 2:** 285; **vol. 3:** 605; **vol. 4:** 109
16:29 .... **vol. 3:** 646, 658
16:32 .... **vol. 2:** 500; **vol. 3:** 335, 529; **vol. 4:** 319, 745
16:33 ..... **vol. 2:** 114, 115, 116, 348, 419, 464, 735; **vol. 3:** 395; **vol. 4:** 648
17:1 ... **vol. 1:** 765; **vol. 3:** 569, 789; **vol. 4:** 535
17:2–3. .... **vol. 1:** 197
17:2 .... **vol. 2:** 143, 220, 371; **vol. 4:** 259
17:3 ..... **vol. 1:** 239, 586; **vol. 2:** 109, 371, 438; **vol. 3:** 335; **vol. 4:** 534, 543, 693
17:4–5. .... **vol. 1:** 765
17:4 .... **vol. 2:** 269, 443, 660; **vol. 4:** 478
17:5 .... **vol. 1:** 765; **vol. 2:** 341, 440
17:6–9. .... **vol. 1:** 722
17:6 .... **vol. 2:** 205; **vol. 3:** 520; **vol. 4:** 589
17:8 ...... **vol. 3:** 82, 166, 605, 770; **vol. 4:** 210
17:9–21. .... **vol. 2:** 509
17:9 .... **vol. 2:** 288
17:11–14. .... **vol. 2:** 506
17:11–12. .... **vol. 3:** 520; **vol. 4:** 535, 625
17:11 ... **vol. 1:** 128, 131; **vol. 2:** 124, 125, 127, 341, 440, 441, 443; **vol. 4:** 490
17:12 .... **vol. 1:** 360, 604; **vol. 3:** 197, 788; **vol. 4:** 530
17:13 .... **vol. 3:** 792; **vol. 4:** 647
17:14 .... **vol. 2:** 126, 735; **vol. 3:** 166, 320
17:15 .... **vol. 2:** 127, 288, 735; **vol. 4:** 103, 104, 267, 490
17:16 .... **vol. 2:** 735
17:17 .... **vol. 1:** 132, 236, 238
17:18 .... **vol. 1:** 238; **vol. 2:** 736
17:19 .... **vol. 1:** 132, 237
17:20–23. .... **vol. 2:** 126, 205
17:20–21. .... **vol. 4:** 137
17:20 .... **vol. 2:** 288; **vol. 3:** 157
17:21 .... **vol. 2:** 195, 443; **vol. 4:** 478
17:22–23. .... **vol. 2:** 124
17:22 .... **vol. 1:** 206, 765, 766
17:23 .... **vol. 1:** 587; **vol. 2:** 195; **vol. 4:** 478
17:24 ... **vol. 1:** 111, 765; **vol. 2:** 636; **vol. 3:** 531
17:25 .... **vol. 1:** 733; **vol. 2:** 219
17:26 .... **vol. 1:** 111, 580, 587; **vol. 2:** 618; **vol. 3:** 520
18–21. .... **vol. 2:** 144
18–19. .... **vol. 1:** 481
18. .... **vol. 2:** 110, 228
18:1–2. .... **vol. 2:** 163
18:2–11. .... **vol. 1:** 649
18:3 .... **vol. 3:** 87, 525
18:4–7. .... **vol. 3:** 369
18:5–6, 8. .... **vol. 2:** 110
18:9 .... **vol. 1:** 360; **vol. 3:** 788
18:10–11. .... **vol. 3:** 253
18:10 .... **vol. 1:** 665; **vol. 2:** 726; **vol. 3:** 573
18:11 .... **vol. 3:** 752

18:12 .... **vol. 2:** 559; **vol. 4:** 672
18:13–24. .... **vol. 4:** 225
18:13–14. .... **vol. 2:** 507
18:14 .... **vol. 4:** 554; **vol. 3:** 596
18:15–16. .... **vol. 1:** 254, 580
18:16–17. .... **vol. 2:** 477
18:18 .... **vol. 4:** 735
18:19 .... **vol. 1:** 713; **vol. 2:** 288
18:20 .... **vol. 1:** 711; **vol. 2:** 519, 756; **vol. 3:** 659; **vol. 4:** 400
18:21 .... **vol. 2:** 288
18:22 .... **vol. 3:** 642
18:23 .... **vol. 2:** 599; **vol. 3:** 241
18:25 .... **vol. 1:** 399
18:26 .... **vol. 2:** 726; **vol. 3:** 573
18:27 .... **vol. 1:** 399
18:28 .... **vol. 2:** 417, 507; **vol. 3:** 301, 664, 665
18:29 .... **vol. 2:** 646, 647
18:31 .... **vol. 2:** 748, 749; **vol. 4:** 402
18:32 .... **vol. 2:** 411; **vol. 3:** 263, 788
18:33–38. .... **vol. 4:** 693
18:33 .... **vol. 2:** 559
18:36–37. .... **vol. 4:** 692
18:36 .... **vol. 1:** 143, 489; **vol. 2:** 128, 175
18:37 ....**vol. 1:** 236, 239, 635; **vol. 2:** 285; **vol. 3:** 242, 336, 770; **vol. 4:** 248, 538, 636
18:38 .... **vol. 1:** 190; **vol. 2:** 330
18:39 ....**vol. 2:** 95, 593, 559, 738
18:40 .... **vol. 2:** 692, 738; **vol. 3:** 115
19:2 .... **vol. 1:** 200; **vol. 4:** 372
19:3 .... **vol. 2:** 559; **vol. 4:** 646
19:4 .... **vol. 1:** 190; **vol. 2:** 330
19:5 .... **vol. 1:** 200; **vol. 4:** 372
19:6 .... **vol. 1:** 190; **vol. 2:** 330, 738
19:7 ....**vol. 3:** 416, 417
19:11 .... **vol. 1:** 339
19:12–16. .... **vol. 2:** 593
19:12 .... **vol. 2:** 738; **vol. 4:** 80
19:13 ....**vol. 1:** 507; **vol. 2:** 74, 119, 578; **vol. 3:** 121
19:14 ....**vol. 2:** 228, 364; **vol. 3:** 665; **vol. 4:** 223, 743
19:15 .... **vol. 1:** 178; **vol. 2:** 738
19:17 .... **vol. 1:** 494, 495; **vol. 2:** 74
19:19–22. .... **vol. 4:** 692
19:19 ...... **vol. 1:** 481; **vol. 2:** 559; **vol. 3:** 369; **vol. 4:** 538
19:20 ....**vol. 2:** 74, 181
19:21–22. .... **vol. 4:** 693
19:21 .... **vol. 2:** 559
19:23 ....**vol. 1:** 339; **vol. 3:** 282; **vol. 4:** 487
19:24 ....**vol. 1:** 604, 605; **vol. 2:** 542, 697; **vol. 3:** 77, 788; **vol. 4:** 419, 548
19:25 ....**vol. 1:** 617; **vol. 3:** 604; **vol. 4:** 145
19:26–27. .... **vol. 3:** 299
19:26 .... **vol. 1:** 326
19:27 .... **vol. 2:** 500

19:28 . . . . **vol. 3:** 693, 788; **vol. 4:** 478
19:29 . . . . **vol. 4:** 300
19:30 . . .**vol. 2:** 203; **vol. 3:** 624, 712, 807, 820; **vol. 4:** 478
19:31 . . . . . . **vol. 2:** 288, 364; **vol. 4:** 223, 438
19:32–36. **vol. 2:** 228
19:32 . . . . **vol. 4:** 176, 356
19:33 . . . . **vol. 3:** 376
19:34 . . . . **vol. 3:** 712, 821; **vol. 4:** 521
19:35 . . . . **vol. 2:** 109; **vol. 3:** 530, 531
19:36 . . . . **vol. 1:** 604, 605; **vol. 3:** 788
19:37 . . . . **vol. 1:** 254
19:38 . . . . **vol. 2:** 288, 755
19:39 . .**vol. 2:** 417; **vol. 3:** 438; **vol. 4:** 327, 593
19:40 . . . . **vol. 2:** 94, 416
19:41 . . . . **vol. 2:** 585
19:42 . . . . **vol. 4:** 223
20–21 . . . . **vol. 1:** 323
20. . . . . **vol. 3:** 459
20:1–18. . . . . **vol. 1:** 618
20:1 . . . . **vol. 2:** 228; **vol. 4:** 223, 323
20:2 . . . . **vol. 1:** 114; **vol. 4:** 504
20:3–8. **vol. 2:** 119
20:3–4. **vol. 1:** 254
20:4 . . . . **vol. 4:** 504
20:8 . . . . **vol. 1:** 254; **vol. 3:** 530
20:9 . . . . . . **vol. 1:** 605, 638; **vol. 3:** 376
20:12 . . . . **vol. 3:** 113
20:14–29. . . . . **vol. 3:** 531
20:14 . . . . **vol. 2:** 425
20:15 . . . . **vol. 1:** 494; **vol. 2:** 774
20:16 . . .**vol. 1:** 712; **vol. 2:** 74; **vol. 4:** 198, 199
20:17 . . . **vol. 1:** 276, 323, 338, 618; **vol. 3:** 458
20:18 . . . . **vol. 1:** 117, 120
20:19 . . . . **vol. 2:** 114; **vol. 4:** 227, 612
20:20 . . . . **vol. 1:** 641; **vol. 4:** 648
20:21–23. . . . . **vol. 1:** 375
20:21 . . . .**vol. 1:** 211; **vol. 2:** 114, 689, 736; **vol. 3:** 521, 704, 712
20:22–23. . . . . **vol. 3:** 822

20:22 . . . .**vol. 1:** 132; **vol. 3:** 82, 712, 812, 820, 821
20:23 . . . .**vol. 1:** 447, 448, 680; **vol. 2:** 143, 689, 742; **vol. 3:** 712
20:25 . . . . . **vol. 3:** 531; **vol. 4:** 506; **vol. 2:** 114; **vol. 3:** 484; **vol. 4:** 227
20:27 . . . . **vol. 1:** 323, 380; **vol. 3:** 769
20:28 . . . . **vol. 2:** 445, 776; **vol. 3:** 335
20:29 . . . . **vol. 1:** 211; **vol. 3:** 208, 531, 770
20:30–31. . . . . **vol. 1:** 375, 512, 604; **vol. 4:** 289
20:31 . . . .**vol. 1:** 465; **vol. 3:** 766; **vol. 4:** 467, 535, 693
21:1–19. . . . .**vol. 4:** 287
21:1 . . . . **vol. 2:** 402; **vol. 4:** 590
21:3 . . . . **vol. 4:** 482
21:5–13. . . . . **vol. 1:** 114
21:5 . . . . **vol. 3:** 594
21:6 . . . .**vol. 1:** 665; **vol. 2:** 565, 723; **vol. 3:** 282, 783, 784
21:7 . . . **vol. 1:** 114, 611; **vol. 2:** 197, 373, 402
21:9–10. . . . . **vol. 2:** 564
21:9 . . . . **vol. 1:** 275
21:11 . . . . **vol. 1:** 393; **vol. 4:** 419
21:12–13. . . . . **vol. 1:** 323
21:12 . . . . **vol. 4:** 499
21:13 . . . . **vol. 1:** 648
21:14 . . . . **vol. 3:** 376
21:15–24. . . . . **vol. 1:** 375
21:15–17. . . . .**vol. 1:** 113, 114; **vol. 3:** 461; **vol. 3:** 461; **vol. 4:** 607
21:15 . . . . **vol. 1:** 113, 267; **vol. 4:** 85
21:16–17. . . . . . . **vol. 1:** 113, 267; **vol. 4:** 136
21:16 . . . . **vol. 4:** 85, 86
21:17 . . . . **vol. 1:** 113; **vol. 4:** 85
21:18 . . . . .**vol. 2:** 373; **vol. 3:** 380; **vol. 4:** 664
21:19 . . . . **vol. 4:** 664
21:20 . . . . **vol. 1:** 89, 114; **vol. 2:** 703
21:24 . . . . **vol. 1:** 604
21:25 . . . . **vol. 4:** 712

Acts

1–10 . . . . **vol. 2:** 559
1–5 . . . . **vol. 2:** 558
1–2 . . . . **vol. 3:** 632
1. . . . . **vol. 3:** 739
1:1 . . . . **vol. 1:** 415, 713; **vol. 2:** 256; **vol. 3:** 157; **vol. 4:** 172
1:2 . . . . **vol. 1:** 323; **vol. 3:** 82, 812
1:3 . . . . . .**vol. 1:** 367, 687; **vol. 3:** 579, 642, 671; **vol. 4:** 487
1:4 . . . . . .**vol. 1:** 222, 368, 648; **vol. 2:** 233, 525; **vol. 3:** 274, 617, 711; **vol. 4:** 714
1:5 . . . .**vol. 2:** 142; **vol. 3:** 711, 811, 812; **vol. 4:** 521
1:6–8. . . . . **vol. 2:** 220
1:6–7. . . . . **vol. 4:** 706
1:6 . . . .**vol. 1:** 355; **vol. 2:** 557; **vol. 3:** 711

1:7 . . . .**vol. 2:** 218, 285, 591; **vol. 3:** 166; **vol. 4:** 491
1:8 . . .**vol. 1:** 211, 368, 375, 567, 779; **vol. 2:** 142, 294, 302, 558; **vol. 3:** 166, 240, 711, 814; **vol. 4:** 172, 237, 243, 289
1:9 . . . . **vol. 1:** 178, 323, 520; **vol. 3:** 85
1:10–11. . . . .**vol. 4:** 109
1:10 . . . . **vol. 1:** 122, 438; **vol. 3:** 113
1:11 . . . . **vol. 2:** 163, 285; **vol. 3:** 82, 569
1:12 . . .**vol. 2:** 161, 163; **vol. 3:** 456; **vol. 4:** 226
1:13–26. . . . . **vol. 1:** 374
1:13 . . . . .**vol. 1:** 275, 375; **vol. 2:** 352, 495, 546; **vol. 3:** 225, 274
1:14 . . . . . .**vol. 1:** 150, 216, 622; **vol. 2:** 341, 631; **vol. 3:** 498
1:15–16. . . . .**vol. 2:** 299

1:15 . . . . vol. 2: 237; vol. 3: 519, 582
1:16–28. . . . . .vol. 1: 368
1:16–20. . . . . .vol. 2: 546
1:16 . . . . .vol. 1: 300, 604, 635; vol. 3: 85,
157, 457, 788, 813
1:17 . . . . .vol. 1: 392; vol. 2: 697; vol. 3: 77
1:18–19. . . . . .vol. 4: 712
1:18 . . . .vol. 1: 202; vol. 2: 159, 662; vol. 4: 353
1:19 . . . . .vol. 1: 202
1:20 . . . .vol. 1: 512; vol. 2: 251; vol. 4: 719, 739
1:21–22. . . . . vol. 2: 697; vol. 3: 711
1:21 . . . . .vol. 4: 705, 706
1:22 . . . . vol. 1: 323, 375; vol. 3: 82, 240
1:24–25. .vol. 2: 341, 697
1:24 . . . . . . vol. 1: 581, 642; vol. 2: 149, 151, 625
1:25 . . . . .vol. 1: 367; vol. 3: 607; vol. 4: 500
1:26 . . . . vol. 2: 697; vol. 3: 712, 758
2. . . . . . . vol. 1: 368, 590; vol. 2: 689; vol. 3: 166,
710, 711, 738, 821; vol. 4: 171
2:1–13. . . . . .vol. 3: 709
2:1–4. . . . . .vol. 2: 525
2:1 . . . . .vol. 3: 709, 787, 789
2:2 . . . . .vol. 1: 509; vol. 2: 398, 578;
vol. 3: 569, 807; vol. 4: 232
2:3 . . . . vol. 3: 529; vol. 4: 194, 270
2:4–21. . . . . .vol. 2: 142
2:4 . . . . vol. 1: 590; vol. 2: 301; vol. 3: 711,
749, 790, 813, 814
2:5 . . . . vol. 1: 300; vol. 2: 317; vol. 3: 184,
711, 814; vol. 4: 560
2:6 . . . . .vol. 3: 711
2:7–8. . . . . .vol. 2: 302
2:7 . . . . .vol. 2: 155, 423
2:8 . . . .vol. 1: 562; vol. 2: 725; vol. 3: 711, 739
2:9–11. . . . . .vol. 3: 711
2:9 . . . . .vol. 1: 635
2:10 . . . . .vol. 1: 163, 685
2:11 . . . vol. 1: 589, 590; vol. 2: 302; vol. 3: 256,
711; vol. 4: 149
2:13 . . . . vol. 2: 301, 302; vol. 3: 259, 814
2:14–36. . . . . .vol. 4: 172
2:14 . . . . .vol. 1: 178, 213; vol. 3: 300, 573;
vol. 4: 210
2:15–21. . . . . .vol. 1: 558
2:15 . . . . vol. 3: 85, 259, 260; vol. 4: 743
2:16–21. . . . . .vol. 1: 590
2:16–17. . . . . .vol. 2: 192
2:17–36. . . . . .vol. 2: 559
2:17–21. . . . . . vol. 2: 233, 302, 386; vol. 3: 521,
813; vol. 4: 430
2:17–18. . . . . .vol. 1: 722; vol. 2: 160, 237;
vol. 3: 570, 710, 711, 814; vol. 4: 171
2:17 . . . . vol. 3: 512, 530, 712, 814;
vol. 4: 132, 172, 430
2:18 . . . . vol. 1: 770; vol. 3: 711, 814
2:19–20. . . . . .vol. 3: 386
2:19 . . . vol. 1: 171, 338; vol. 2: 649; vol. 3: 814;
vol. 4: 287, 485

2:20 . . . . vol. 1: 171; vol. 2: 386; vol. 3: 261;
vol. 4: 282, 324, 388, 590
2:21 . . . . .vol. 2: 386
2:22 . . . . .vol. 1: 642, 779; vol. 4: 79,
287, 485, 561
2:23–32. . . . . .vol. 2: 634
2:23 . . . . .vol. 1: 529, 722; vol. 3: 545, 546;
vol. 4: 139, 583
2:24 . . . vol. 1: 322; vol. 2: 442, 742; vol. 3: 192;
vol. 4: 740
2:25–36. .vol. 1: 277, 529
2:25–28. . . . . .vol. 1: 313
2:25 . . . . .vol. 1: 635; vol. 3: 529; vol. 4: 233
2:26 . . . . .vol. 1: 102, 589; vol. 2: 333;
vol. 4: 304, 305
2:27–31. . . . . vol. 1: 529; vol. 2: 417
2:27 . . . . .vol. 1: 154; vol. 3: 102, 558;
vol. 4: 537, 599, 602, 730
2:28 . . . .vol. 1: 580; vol. 2: 333, 618; vol. 3: 457
2:29 . . . . vol. 1: 150; vol. 3: 659, 680
2:30 . . . . .vol. 2: 470, 628, 704; vol. 3: 495,
497, 548
2:31 . . . . .vol. 1: 154, 313, 323; vol. 3: 102, 529;
vol. 4: 259, 599, 602, 693
2:32–36. . . . . vol. 2: 233; vol. 3: 570
2:32 . . . . .vol. 1: 322; vol. 2: 442; vol. 3: 240
2:33 . . . . vol. 1: 211, 666; vol. 2: 160; vol. 3: 81,
711, 812, 814, 818; vol. 4: 172
2:34–35. . . . . .vol. 2: 775
2:34 . . . . . . vol. 1: 276, 323, 635, 666; vol. 2: 345
2:36 . . . vol. 1: 433, 489; vol. 2: 776; vol. 3: 472,
812; vol. 4: 358, 583, 693
2:37 . . . . .vol. 2: 626
2:38–40. . . . . .vol. 2: 233
2:38–39. . . . . vol. 2: 233; vol. 3: 711, 813
2:38 . . . . . . vol. 1: 448, 463, 465, 574, 653, 720,
722; vol. 2: 121, 386, 681; vol. 3: 292,
522, 710, 711; vol. 4: 414, 521
2:39 . . . .vol. 2: 438; vol. 3: 215, 711; vol. 4: 466
2:40 . . . . vol. 1: 557; vol. 2: 386; vol. 3: 630;
vol. 4: 172, 430
2:41 . . . .vol. 1: 172, 430; vol. 3: 711; vol. 4: 672
2:42 . . . .vol. 1: 412, 647, 651, 713; vol. 2: 631,
686, 709, 710; vol. 3: 711
2:43–47. . . . . .vol. 3: 711
2:43 . . . . vol. 3: 814; vol. 4: 287, 485, 730
2:44 . . . . vol. 1: 662; vol. 2: 237, 709, 710
2:45 . . . .vol. 2: 710, 758; vol. 3: 283, 754, 799;
vol. 4: 552, 682
2:46–47. .vol. 2: 341, 394
2:46 . . . . . vol. 1: 102, 351, 647, 698; vol. 2: 237,
291, 520, 525, 631, 634, 686;
vol. 3: 83, 474, 498
2:47 . . . . .vol. 1: 173; vol. 2: 237; vol. 3: 91
3:1–10. . . . . vol. 2: 520; vol. 4: 289
3:1 . . . . .vol. 1: 138, 276; vol. 2: 525; vol. 4: 743
3:2 . . . . . vol. 1: 494; vol. 2: 477, 704; vol. 3: 298;
vol. 4: 189, 710, 743

155

3:3 . . . . .vol. 2: 288
3:4–5. . . . . .vol. 1: 439
3:4. . . . . .vol. 1: 438
3:5. . . . . .vol. 2: 347
3:6–9. . . . . .vol. 3: 675
3:6–8. . . . . .vol. 1: 439
3:6 . . . . .vol. 1: 385; vol. 3: 521; vol. 4: 370, 710
3:8. . . . . .vol. 1: 173
3:9 . . . . vol. 1: 173, vol. 3: 91
3:10 . . . . vol. 2: 155, 403; vol. 4: 189, 743
3:11 . . . . vol. 2: 403, 515; vol. 4: 329, 504
3:12–26. . . . . .vol. 4: 172
3:12–13. . . . . .vol. 1: 89
3:12 . . .vol. 1: 438; vol. 2: 423; vol. 4: 275, 276
3:13–14. . . . . vol. 1: 400; vol. 2: 520
3:13 . . . . vol. 2: 438, 547, 748; vol. 3: 595
3:14 . . . .vol. 1: 129, 732; vol. 2: 463; vol. 4: 658
3:15 . . . . . . .vol. 1: 357, 418; vol. 3: 240, 376;
                                                vol. 4: 179
3:16 . . . .vol. 2: 237; vol. 3: 492, 521; vol. 4: 370
3:17 . . . . vol. 1: 136, 400, 417; vol. 4: 122
3:18 . . . . .vol. 1: 117, 120; vol. 3: 671,
                                       788, 813; vol. 4: 168
3:19–21. . . . . .vol. 1: 355
3:19–20. . . . . .vol. 3: 710
3:19 . . . .vol. 2: 212, 386; vol. 3: 292; vol. 4: 388
3:20 . . . . vol. 1: 581; vol. 4: 664, 735
3:21 . . . . vol. 1: 196, 355, 574, 637, 638;
                                                vol. 3: 570
3:22–26. . . . . .vol. 2: 559
3:22–24. . . . . .vol. 3: 363
3:22–23. . . . . vol. 2: 275; vol. 4: 169
3:22. . . . . .vol. 3: 365
3:23 . . . .vol. 2: 386; vol. 3: 486, 487; vol. 4: 730
3:24 . . . . .vol. 1: 120
3:25–26. . . . . .vol. 2: 325
3:25 . . . . . vol. 1: 89, 697; vol. 2: 323; vol. 3: 552,
                                      680, 711; vol. 4: 346
3:26 . . . . vol. 3: 595; vol. 4: 388, 430
4. . . . . .vol. 4: 402
4:1 . . . . .vol. 4: 229
4:2 . . . . .vol. 1: 119, 713; vol. 2: 193;
                                                vol. 4: 106, 230
4:3 . . . . .vol. 4: 490
4:4 . . . . .vol. 1: 392, vol. 3: 166, 459; vol. 4: 672
4:5. . . . . vol. 1: 417, 602
4:6 . . . . vol. 1: 556; vol. 2: 506, 507
4:7 . . . . vol. 1: 779; vol. 3: 464, 521
4:8–22. . . . . .vol. 3: 739
4:8–12. . . . . .vol. 4: 172
4:8 . . . . . . vol. 1: 417; vol. 3: 711, 749, 790, 814
4:9–10. . . . . vol. 4: 428, 430
4:9 . . . . .vol. 2: 268
4:10–11. . . . . vol. 2: 520; vol. 3: 121
4:10 . . . . vol. 3: 376; vol. 4: 357, 358, 517
4:11 . . . . vol. 1: 627; vol. 2: 464, 473
4:12 . . . . .vol. 1: 254, 638; vol. 2: 125, 386;
                                       vol. 3: 520; vol. 4: 560
4:13 . . . . .vol. 1: 600; vol. 2: 423, 501;
                                       vol. 3: 83, 659, 814
4:15 . . . . .vol. 2: 656
4:16 . . . . vol. 1: 388; vol. 4: 287, 289, 588
4:18 . . . . vol. 1: 713; vol. 3: 616
4:20 . . . . . . .vol. 1: 210; vol. 2: 616; vol. 3: 239
4:21 . . . . .vol. 2: 716
4:22 . . . . vol. 2: 497; vol. 4: 287, 289
4:23 . . . . .vol. 2: 500
4:24–30. . . . . .vol. 3: 546
4:24–27. . . . . .vol. 1: 562
4:24 . . . . . . .vol. 1: 178, 671; vol. 2: 402;
                                       vol. 3: 498, 569; vol. 4: 79
4:25–27. . . . . vol. 1: 417; vol. 4: 700
4:25 . . . . .vol. 1: 635; vol. 2: 658;
                                       vol. 3: 595, 597, 813
4:26 . . . . vol. 1: 480; vol. 2: 237
4:27 . . .vol. 1: 129, 618; vol. 2: 162; vol. 3: 595
4:28 . . . .vol. 1: 529; vol. 3: 544, 546; vol. 4: 664
4:29–31. . . . . .vol. 3: 814
4:29–30. . . . . .vol. 4: 289
4:29 . . . . vol. 2: 299; vol. 3: 79, 166, 659
4:30–31. . . . . .vol. 3: 814
4:30 . . . . .vol. 2: 497; vol. 3: 595, 596;
                                       vol. 4: 287, 485, 664
4:31–37. . . . . .vol. 2: 142
4:31 . . . vol. 3: 79, 166, 659, 661, 711, 749, 790,
                                       813, 814; vol. 4: 232, 500
4:32–37. . . . . .vol. 1: 662
4:32–35. . . . . .vol. 2: 710
4:32 . . . . . . .vol. 2: 125, 709; vol. 3: 784;
                                       vol. 4: 552, 732
4:33–34. . . . . .vol. 4: 658
4:33 . . . . vol. 1: 323, 779; vol. 3: 240
4:34 . . . . . . .vol. 1: 110, 668; vol. 3: 754;
                                       vol. 4: 196, 495
4:35 . . . . vol. 1: 721; vol. 4: 682
4:36–37. . . . . .vol. 4: 553
4:36 . . . . . . .vol. 1: 557; vol. 2: 278, 607, 710;
                                       vol. 3: 112, 630; vol. 4: 529
4:37 . . . . vol. 1: 141; vol. 4: 495, 683
5:1–11. . . . . vol. 2: 710; vol. 3: 739
5:1–10. . . . . vol. 3: 814; vol. 4: 146
5:1–2. . . . . .vol. 4: 553
5:1 . . . . .vol. 2: 758
5:2–3. . . . . .vol. 4: 495
5:2 . . . . .vol. 3: 461
5:3–10. . . . . .vol. 4: 553
5:3 . . . . .vol. 2: 758; vol. 3: 791;
                                       vol. 4: 171, 267, 724
5:4 . . . . vol. 3: 754; vol. 4: 724
5:5–10. . . . . .vol. 2: 417
5:5 . . . . vol. 3: 757; vol. 4: 729
5:7 . . . . .vol. 4: 744
5:8 . . . . vol. 1: 140, 721; vol. 2: 758
5:9 . . . . .vol. 2: 477, 774
5:10 . . . . vol. 3: 376, 757; vol. 4: 729

Scripture Index: New Testament: Acts

5:11 .... vol. 2: 142
5:12 .... vol. 2: 515, 520; vol. 3: 498;
    vol. 4: 287, 289, 329, 485
5:13 .... vol. 2: 494, 719; vol. 3: 255; vol. 4: 499
5:14 .... vol. 1: 300; vol. 2: 776; vol. 3: 770, 783
5:15 .... vol. 2: 703; vol. 3: 739; vol. 4: 310
5:16 .... vol. 2: 448; vol. 3: 783
5:17–41 .... vol. 4: 402
5:17–32 .... vol. 1: 553
5:17 .... vol. 1: 176; vol. 2: 351; vol. 3: 748, 791
5:18 .... vol. 1: 685; vol. 4: 490
5:19 ..... vol. 1: 123, 330, 328; vol. 2: 477, 774;
    vol. 3: 438; vol. 4: 289
5:20–21 .... vol. 2: 520, 525
5:20 .... vol. 4: 210
5:21 .... vol. 1: 678; vol. 2: 506; vol. 4: 129, 401
5:22 .... vol. 1: 290
5:23 .... vol. 1: 330, 433, 678; vol. 4: 626
5:24 .... vol. 2: 506
5:25 .... vol. 1: 326; vol. 2: 520, 525
5:26 .... vol. 1: 509
5:28 .... vol. 1: 168, 713; vol. 3: 521, 616
5:29 .... vol. 3: 739
5:30 .... vol. 1: 326; vol. 2: 438, 520, 743;
    vol. 3: 450; vol. 4: 357
5:31 .... vol. 1: 418, 448, 666; vol. 3: 292;
    vol. 4: 179, 430, 583
5:32 .... vol. 3: 814; vol. 4: 209, 210
5:33 .... vol. 1: 528; vol. 2: 626
5:34 .... vol. 1: 710; vol. 2: 656; vol. 3: 91, 410;
    vol. 4: 593
5:35 .... vol. 4: 121
5:36–39 .... vol. 3: 688
5:36–37 .... vol. 4: 692
5:36 .... vol. 1: 322, 392; vol. 2: 701, 703;
    vol. 3: 191; vol. 4: 318
5:37 ... vol. 1: 451, 600; vol. 2: 546; vol. 3: 523;
    vol. 4: 318
5:38–39 .... vol. 3: 191
5:38 .... vol. 1: 447, 451
5:39 .... vol. 2: 128, 330, 439; vol. 3: 253
5:40–41 .... vol. 3: 521
5:40 .... vol. 1: 713; vol. 3: 191, 688
5:41 ... vol. 1: 340, 341; vol. 3: 520; vol. 4: 158, 496, 647
5:42 ..... vol. 1: 713; vol. 2: 520, 525, 634, 681;
    vol. 3: 474
6 .... vol. 3: 791; vol. 4: 400
6:1–6 .... vol. 4: 185, 670
6:1–2 .... vol. 3: 226
6:1 ... vol. 1: 571, 592, 703; vol. 2: 74, 181, 392, 425, 555; vol. 4: 250
6:2 ... vol. 1: 386, 402, 602, 703; vol. 2: 74, 605;
    vol. 3: 166, 784
6:3–5 .... vol. 3: 710
6:3 ...... vol. 2: 251, 579; vol. 3: 240, 791, 814;
    vol. 4: 172, 335, 682

6:4 .... vol. 2: 631; vol. 3: 166
6:5 .... vol. 1: 386; vol. 2: 149, 312;
    vol. 3: 396, 784, 791, 814; vol. 4: 149
6:6 .... vol. 1: 368; vol. 2: 341; vol. 4: 666
6:7 .... vol. 1: 392, 443; vol. 2: 506;
    vol. 3: 166, 581, 724
6:8–7:60 .... vol. 4: 402
6:8–10 .... vol. 1: 779; vol. 4: 172
6:8 .... vol. 1: 779; vol. 3: 791, 814;
    vol. 4: 287, 289, 485, 657, 658
6:9 .... vol. 1: 322; vol. 3: 117, 118; vol. 4: 400
6:10–14 .... vol. 3: 118
6:10 .... vol. 2: 563; vol. 3: 711, 791, 814;
    vol. 4: 289, 335
6:11–14 .... vol. 3: 366, 418
6:11 .... vol. 1: 516; vol. 4: 210
6:12 .... vol. 3: 91
6:13 .... vol. 2: 632; vol. 3: 239;
    vol. 4: 210, 500, 722
6:14 .... vol. 1: 517; vol. 3: 625
6:15 .... vol. 1: 438; vol. 2: 578
7 .... vol. 1: 163, 164; vol. 4: 250, 329
7:2–53 .... vol. 2: 559; vol. 4: 250
7:2–5 .... vol. 2: 233
7:2 .... vol. 1: 765; vol. 2: 441
7:4 .... vol. 4: 250, 251
7:5–6 .... vol. 4: 346
7:5 ... vol. 1: 507; vol. 2: 698; vol. 4: 250, 466
7:6 .... vol. 1: 254; vol. 3: 644
7:7 .... vol. 3: 95
7:8–9 .... vol. 3: 680
7:8 .... vol. 1: 783; vol. 2: 494, 547;
    vol. 3: 484, 727
7:9 .... vol. 1: 140, 721; vol. 2: 351
7:10 .... vol. 1: 480; vol. 2: 376; vol. 4: 335
7:11 .... vol. 4: 678
7:12 .... vol. 2: 494
7:13 .... vol. 1: 556; vol. 4: 588
7:14 .... vol. 2: 494; vol. 4: 740
7:15–16 .... vol. 4: 250
7:16 .... vol. 1: 140; vol. 4: 495
7:17 .... vol. 2: 233; vol. 3: 508, 724, 784
7:18 .... vol. 1: 322
7:19 .... vol. 1: 532, 556; vol. 2: 369; vol. 4: 334
7:22 .... vol. 3: 365, 587
7:23 ... vol. 1: 275; vol. 3: 361, 789; vol. 4: 487, 488, 705
7:24–27 .... vol. 1: 157
7:24 .... vol. 1: 157, 746; vol. 4: 106
7:25–29 .... vol. 3: 366
7:26 .... vol. 1: 243; vol. 2: 115, 247; vol. 3: 252
7:27 .... vol. 1: 417, 745; vol. 2: 579; vol. 3: 794
7:29 .... vol. 1: 568; vol. 2: 194; vol. 3: 644
7:30–44 .... vol. 2: 275
7:30 .... vol. 3: 361, 789; vol. 4: 193, 250, 294, 488
7:31–32 .... vol. 3: 434

Scripture Index: New Testament: Acts

7:31 . . . . .vol. 2: 423
7:32 . . . . vol. 2: 438, 547; vol. 4: 250, 499
7:33 . . . . .vol. 3: 174, 191
7:34 . . . . .vol. 1: 212; vol. 2: 599; vol. 4: 367
7:35 . . . . .vol. 1: 400, 745; vol. 3: 185, 366; vol. 4: 250
7:36 . . . .vol. 1: 568; vol. 3: 361; vol. 4: 287, 487
7:37 . . .vol. 2: 275; vol. 3: 363, 365; vol. 4: 169
7:38 . . .vol. 2: 142; vol. 3: 158; vol. 4: 250, 294
7:39 . . . . vol. 1: 164; vol. 4: 387, 549, 551
7:40 . . . . .vol. 4: 108
7:41–43 . . . . .vol. 2: 276
7:41–42 . . . . .vol. 2: 486
7:41 . . . . .vol. 2: 100, 333
7:42–43 . . . . vol. 1: 455; vol. 3: 472
7:42 . . . . .vol. 1: 512; vol. 3: 95, 624; vol. 4: 384, 387, 487
7:43 . . . . .vol. 1: 428, 430, 455; vol. 2: 437; vol. 3: 82; vol. 4: 304, 506
7:44–50 . . . . .vol. 2: 521
7:44 . . . . .vol. 4: 304, 461, 506
7:45–50 . . . . .vol. 3: 472
7:45 . . . . vol. 1: 635, 675; vol. 2: 528
7:46 . . . . vol. 2: 330, 331, 494; vol. 4: 304
7:47–50 . . . . .vol. 4: 250
7:47 . . . . .vol. 4: 329
7:48–49 . . . . .vol. 3: 418
7:48 . . . . vol. 2: 439, 521; vol. 4: 581
7:49 . . . . .vol. 1: 286, 568; vol. 2: 439, 774; vol. 3: 569
7:50 .vol. 4: 329, 664
7:51–52 . . . . .vol. 1: 129
7:51 . . . . .vol. 1: 212; vol. 3: 727, 729, 757, 814; vol. 4: 315
7:52 . . . . vol. 1: 117, 357, 722, 732, 750; vol. 2: 284, 520; vol. 3: 186; vol. 4: 168
7:53 . . .vol. 1: 123; vol. 3: 418; vol. 4: 461, 624
7:54 . . . . vol. 1: 534; vol. 2: 626
7:55–60 . . . . .vol. 2: 142
7:55–56 . . . . .vol. 1: 666
7:55 . . . . .vol. 1: 287, 438, 765; vol. 3: 569, 791, 814; vol. 4: 647
7:56 . . . . vol. 1: 328; vol. 4: 419, 538, 544
7:57–60 . . . . .vol. 3: 118, 418
7:57 . . . . vol. 1: 212; vol. 2: 738; vol. 3: 499; vol. 4: 636
7:58–60 . . . . .vol. 4: 402
7:58–59 . . . . .vol. 3: 121
7:58 . . . . .vol. 3: 239, 379, 619
7:59 . . . . vol. 2: 607; vol. 3: 808
7:60 . . . .vol. 1: 593; vol. 2: 706, 738; vol. 4: 636
8 . . . . .vol. 1: 279; vol. 3: 166; vol. 4: 244
8:1–14 . . . . .vol. 4: 241
8:1 . . . . .vol. 1: 706; vol. 2: 142; vol. 4: 237, 243
8:2 .vol. 2: 317, 727
8:3 . . . . . . .vol. 2: 142; vol. 3: 624; vol. 4: 625
8:4–25 .vol. 4: 240, 244

8:4–5 . . . . .vol. 2: 681
8:4 . . . . vol. 1: 706; vol. 3: 166
8:5–7 . . . . .vol. 2: 312
8:5 . . . . vol. 2: 677, 681; vol. 4: 95, 241, 244
8:6–8 . . . . .vol. 4: 289, 450
8:6–7 . . . . .vol. 4: 244
8:6 . . . . .vol. 4: 287
8:7 . . . . vol. 1: 523; vol. 2: 348, 448; vol. 3: 191; vol. 4: 636, 710
8:8 .vol. 4: 244, 647
8:9–24 .vol. 4: 172, 244
8:9–13 . . . . .vol. 3: 814
8:9–11 . . . . .vol. 3: 202
8:9 . . . . vol. 2: 155; vol. 4: 244
8:10 . . . . vol. 3: 255, 303; vol. 4: 244
8:11 . . . . vol. 2: 155; vol. 4: 244
8:12–17 . . . . .vol. 3: 813
8:12–13 . . . . .vol. 3: 202
8:12 . . . . vol. 1: 489; vol. 3: 521
8:13 . . . .vol. 1: 778, 779; vol. 2: 630; vol. 4: 244
8:14–17 . . . . vol. 1: 463; vol. 3: 710
8:14–15 . . . . .vol. 2: 312
8:14 . . . .vol. 1: 375, 676; vol. 2: 525; vol. 3: 166
8:15–19 . . . . .vol. 3: 813
8:16 .vol. 3: 522, 757
8:17 . . . . .vol. 4: 666
8:18–24 . . . . .vol. 4: 244
8:18–23 . . . . .vol. 4: 666
8:18–20 . . . . .vol. 1: 781
8:18–19 . . . . .vol. 3: 202
8:18 .vol. 4: 665, 683
8:19 . . . . . .vol. 2: 220; vol. 3: 746; vol. 4: 666
8:20–23 . . . . .vol. 3: 202
8:20 . . . . . . vol. 1: 360, 385, 720; vol. 4: 683
8:21–23 . . . . .vol. 4: 171
8:21 . . . .vol. 2: 701; vol. 3: 158, 283; vol. 4: 676
8:22 . . . . vol. 1: 447, 668; vol. 3: 292, 433
8:23 . . . . .vol. 1: 678, 679; vol. 2: 425; vol. 3: 529, 746; vol. 4: 676
8:24 . . . . .vol. 1: 668
8:25 . . . . .vol. 2: 774; vol. 3: 79, 239; vol. 4: 241
8:26 . . . . . vol. 1: 123, 276, 322; vol. 2: 276, 774
8:27–39 . . . . .vol. 2: 328
8:27 . . . .vol. 1: 480, 778; vol. 2: 327; vol. 4: 152
8:28–32 . . . . .vol. 1: 279
8:28 . . . . .vol. 3: 788
8:29 . . . . vol. 2: 719; vol. 3: 814
8:30 . . . . vol. 3: 788; vol. 4: 504
8:31 .vol. 3: 457, 630
8:32 . . . .vol. 1: 266, 267, 330, 328; vol. 2: 279; vol. 4: 136
8:33 .vol. 2: 214, 279
8:34 . . . . .vol. 3: 592
8:35 . . . . vol. 1: 266, 328, 330; vol. 4: 383
8:36–39 . . . . .vol. 4: 521
8:36 . . . . .vol. 2: 780
8:38 . . . . .vol. 2: 656

Scripture Index: New Testament: Acts

8:39 . . . . **vol. 1:** 402; **vol. 2:** 774; **vol. 4:** 647
9–28 . . . . **vol. 3:** 166
9:1–19 . . . . **vol. 1:** 374
9:1–2 . . . . **vol. 1:** 293
9:1 . . . . **vol. 3:** 226, 459, 807
9:2 . . . . **vol. 4:** 400
9:3 . . . . . . **vol. 1:** 431; **vol. 3:** 568; **vol. 4:** 640
9:4–5 . . . . **vol. 1:** 750
9:4 . . . . **vol. 4:** 314
9:5 . . . . **vol. 4:** 172
9:6 . . . . **vol. 1:** 638
9:7 . . . . **vol. 2:** 425
9:8–9 . . . . **vol. 4:** 511
9:8 . . . . **vol. 1:** 328, 330, 521
9:10 . . . . **vol. 3:** 814; **vol. 4:** 171
9:11 . . . . **vol. 2:** 341, 546
9:12 . . . . **vol. 1:** 521
9:13–16 . . . . **vol. 3:** 521
9:13 . . . . **vol. 2:** 144
9:14 . . . . **vol. 2:** 521
9:15–18 . . . . **vol. 2:** 662
9:15 . . . . **vol. 1:** 375, 494; **vol. 2:** 149; **vol. 4:** 301
9:16 . . . . **vol. 1:** 287, 638; **vol. 3:** 672
9:17–18 . . . . **vol. 1:** 521
9:17 . . . . . **vol. 2:** 193; **vol. 3:** 749, 791, 813, 814;
. . . . **vol. 4:** 666
9:18 . . . . . . **vol. 3:** 110, 107, 757; **vol. 4:** 511
9:19–33 . . . . **vol. 2:** 663
9:19–29 . . . . **vol. 2:** 662
9:19 . . . . **vol. 1:** 647; **vol. 2:** 562, 662
9:20 . . . . . **vol. 2:** 662, 677, 681; **vol. 4:** 531, 534
9:21 . . . . **vol. 2:** 662
9:22–29 . . . . **vol. 2:** 662
9:22 . . . . **vol. 1:** 778; **vol. 2:** 633
9:23 . . . . **vol. 3:** 789
9:24 . . . . **vol. 4:** 189
9:26 . . . . **vol. 2:** 719; **vol. 3:** 697
9:27–28 . . . . **vol. 3:** 659
9:27 . . . . **vol. 1:** 375; **vol. 2:** 193; **vol. 3:** 83, 659
9:29 . . . . **vol. 2:** 74, 180, 181, 555
9:30 . . . . **vol. 2:** 525
9:31 . . . . **vol. 2:** 142; **vol. 3:** 464, 784;
. . . . **vol. 4:** 109, 237, 243, 612
9:32–43 . . . . **vol. 4:** 289
9:32 . . . . **vol. 2:** 144; **vol. 3:** 739
9:33 . . . . **vol. 1:** 304; **vol. 3:** 191, 485
9:36–42 . . . . **vol. 1:** 552
9:36 . . . . **vol. 2:** 170, 278; **vol. 3:** 224
9:37–42 . . . . **vol. 2:** 170
9:37 . . . . **vol. 1:** 421
9:39 . . . . **vol. 2:** 684; **vol. 4:** 80
9:40 . . . . **vol. 1:** 330, 593; **vol. 4:** 438
9:41 . . . . **vol. 1:** 326; **vol. 2:** 144; **vol. 3:** 642
9:42 . . . . **vol. 3:** 765
10:1–11:18 . . . . **vol. 2:** 573; **vol. 4:** 276
10 . . . . **vol. 2:** 521, 559, 689; **vol. 3:** 632, 738;
. . . . **vol. 4:** 243

10:1–16 . . . . **vol. 1:** 368
10:2 . . . . **vol. 1:** 669; **vol. 2:** 170; **vol. 4:** 275, 613
10:3–8 . . . . **vol. 1:** 123
10:3 . . . . **vol. 3:** 530, 814; **vol. 4:** 743, 588
10:4 . . . . **vol. 1:** 276, 438; **vol. 2:** 170; **vol. 3:** 313
10:5 . . . . **vol. 3:** 704
10:6 . . . . **vol. 2:** 401; **vol. 3:** 445
10:7 . . . . **vol. 2:** 630; **vol. 3:** 814; **vol. 4:** 275, 384
10:8 . . . . **vol. 2:** 214
10:9–16 . . . . . **vol. 2:** 341; **vol. 1:** 553; **vol. 4:** 636
10:9 . . . . **vol. 1:** 275; **vol. 2:** 341; **vol. 3:** 457;
. . . . **vol. 4:** 743
10:10–16 . . . . **vol. 3:** 814; **vol. 4:** 171
10:10 . . . . **vol. 1:** 565; **vol. 2:** 155, 237, 643;
. . . . **vol. 3:** 692
10:11 . . . . **vol. 1:** 328, 330, 415;
. . . . **vol. 4:** 300, 419, 487
10:12 . . . . **vol. 3:** 569, 733; **vol. 4:** 487
10:13–14 . . . . **vol. 4:** 636
10:13 . . . . **vol. 4:** 172
10:14–15 . . . . **vol. 1:** 536
10:14 . . . . **vol. 2:** 709
10:15 . . . . **vol. 2:** 572, 573, 710
10:16 . . . . **vol. 3:** 82; **vol. 4:** 300, 502
10:17 . . . . **vol. 2:** 287; **vol. 4:** 189
10:18 . . . . **vol. 4:** 636
10:19 . . . . **vol. 3:** 814
10:21 . . . . **vol. 1:** 190; **vol. 3:** 649
10:22 . . . **vol. 1:** 129, 732; **vol. 2:** 91; **vol. 3:** 240;
. . . . **vol. 4:** 210, 275, 613, 684
10:23 . . . . **vol. 3:** 445
10:24 . . . . **vol. 1:** 280; **vol. 4:** 606
10:25–26 . . . . **vol. 4:** 152
10:25 . . . . **vol. 2:** 638; **vol. 3:** 757
10:28 . . . . **vol. 1:** 255, 300, 642;
. . . . **vol. 2:** 709, 710, 719
10:29 . . . . **vol. 3:** 158; **vol. 4:** 209
10:30–32 . . . . **vol. 2:** 341
10:30 . . . . **vol. 3:** 88; **vol. 4:** 487, 743, 744
10:31 . . . **vol. 1:** 210, 212; **vol. 2:** 170; **vol. 3:** 315
10:32 . . . . **vol. 2:** 401
10:33 . . . . **vol. 3:** 649; **vol. 4:** 461
10:34 . . . . **vol. 1:** 328, 330; **vol. 3:** 83; **vol. 4:** 158
10:35 . . . . **vol. 1:** 732; **vol. 2:** 92
10:36–43 . . . . **vol. 3:** 166
10:36 . . . . . . **vol. 2:** 115; **vol. 3:** 166; **vol. 4:** 209
10:37–38 . . . . **vol. 4:** 414
10:37 . . . . **vol. 3:** 166; **vol. 4:** 677
10:38 . . . . **vol. 1:** 618, 632, 778, 779; **vol. 2:** 162,
. . . . 268, 497, 498, 563; **vol. 3:** 812;
. . . . **vol. 4:** 266, 700
10:39 . . . . . . **vol. 2:** 520, 525, 743; **vol. 3:** 450
10:40–41 . . . . **vol. 3:** 376
10:40 . . . . **vol. 4:** 502, 590
10:41 . . . . **vol. 1:** 220, 648; **vol. 2:** 291;
. . . . **vol. 3:** 91, 231; **vol. 4:** 664
10:42–43 . . . . **vol. 1:** 448

Scripture Index: New Testament: Acts

10:42 .... **vol. 2:** 369, 749; **vol. 3:** 377, 545, 617
10:43 .... **vol. 3:** 81, 521; **vol. 4:** 430
10:44–48. ....**vol. 3:** 813
10:44–45. ....**vol. 1:** 463
10:44 ...**vol. 2:** 155; **vol. 3:** 166, 757; **vol. 4:** 210
10:45 ....**vol. 1:** 720; **vol. 2:** 92, 160, 237;
  vol. 3: 710, 728
10:46 ...**vol. 1:** 590; **vol. 2:** 155; **vol. 3:** 255, 711
10:47 ...**vol. 1:** 574; **vol. 2:** 780; **vol. 4:** 414, 521
10:48 ...**vol. 2:** 288; **vol. 3:** 274, 522; **vol. 4:** 461
11:1–3. ....**vol. 2:** 91, 142
11:1 ....**vol. 1:** 676; **vol. 2:** 92; **vol. 3:** 166
11:2 .... **vol. 1:** 275; **vol. 3:** 728
11:3 .... **vol. 2:** 291; **vol. 3:** 727, 728
11:4 ....**vol. 1:** 414
11:5 ..... **vol. 1:** 415; **vol. 2:** 155; **vol. 3:** 530;
  vol. 4: 300
11:6 ... **vol. 1:** 438; **vol. 2:** 453; **vol. 3:** 569, 733;
  vol. 4: 487
11:7–9. ....**vol. 4:** 636
11:8 ....**vol. 2:** 709
11:10 ....**vol. 4:** 502
11:12 .... **vol. 2:** 93; **vol. 3:** 814
11:13 ....**vol. 3:** 519
11:14 .... **vol. 1:** 465; **vol. 3:** 474
11:15–18. ....**vol. 3:** 813
11:15 ......**vol. 1:** 415; **vol. 2:** 155; **vol. 3:** 757
11:16 ...... **vol. 1:** 720; **vol. 2:** 775; **vol. 3:** 711;
  vol. 4: 210, 521
11:17 ....**vol. 1:** 720; **vol. 2:** 155, 550, 780;
  vol. 4: 245
11:18 .... **vol. 2:** 92, 397; **vol. 3:** 292
11:19–20. ....**vol. 4:** 245
11:19 ....**vol. 1:** 706; **vol. 3:** 166, 459
11:20 .... **vol. 2:** 74, 180, 181; **vol. 4:** 388
11:21 .... **vol. 2:** 774; **vol. 4:** 388, 664
11:22 .... **vol. 2:** 142, 525; **vol. 3:** 157
11:23 ....**vol. 3:** 275, 630; **vol. 4:** 160,
  172, 647, 658
11:24 ....**vol. 3:** 791, 814
11:25 ....**vol. 2:** 356, 525
11:26 .... **vol. 3:** 226, 492, 521;
  vol. 4: 176, 684, 691
11:27–30. .... **vol. 3:** 123, 814;
  vol. 4: 133, 171, 185
11:27 ....**vol. 2:** 525
11:28 .... **vol. 1:** 689; **vol. 3:** 263, 477;
  vol. 4: 171, 172
11:29–30. ....**vol. 4:** 80
11:29 ....**vol. 3:** 545
11:30 ....**vol. 4:** 133, 141
12. ....**vol. 3:** 739
12:1 ....**vol. 1:** 480
12:2 ....**vol. 3:** 253
12:3–10. ....**vol. 4:** 289
12:3 ....**vol. 1:** 386
12:4–6. ....**vol. 4:** 625

12:4 ....**vol. 1:** 528; **vol. 3:** 624, 664;
  vol. 4: 487, 624
12:5 .... **vol. 2:** 340; **vol. 3:** 714
12:6–11. ....**vol. 3:** 438
12:6 .... **vol. 2:** 477, 706; **vol. 4:** 626
12:7–10. ....**vol. 1:** 123
12:7 .....**vol. 2:** 774; **vol. 3:** 88, 438; **vol. 4:** 641
12:8 .... **vol. 1:** 677; **vol. 2:** 373
12:10 .... **vol. 1:** 328, 330, 451, 528;
  vol. 4: 176, 189, 293, 625
12:11 .... **vol. 2:** 133; **vol. 4:** 664
12:12–16. ....**vol. 1:** 553
12:12 ....**vol. 1:** 622; **vol. 2:** 341, 607;
  vol. 3: 299, 530; **vol. 4:** 553
12:13–14. ....**vol. 4:** 189
12:13 ....**vol. 4:** 550
12:14 .... **vol. 1:** 330; **vol. 4:** 504, 636
12:15 .... **vol. 1:** 123; **vol. 3:** 205
12:16 .... **vol. 1:** 330; **vol. 3:** 274
12:17 ....**vol. 4:** 214, 279, 291
12:18 ....**vol. 4:** 456, 457
12:19 .... **vol. 2:** 356, 656; **vol. 4:** 626
12:20 ....**vol. 1:** 480; **vol. 2:** 475, 714;
  vol. 3: 498, 649, 687
12:21 ....**vol. 1:** 507, 685; **vol. 2:** 196, 577;
  vol. 4: 461
12:22 ....**vol. 1:** 243, 685
12:23 ....**vol. 1:** 123, 331, 764; **vol. 2:** 498;
  vol. 3: 422; **vol. 4:** 729
12:24 .... **vol. 1:** 443; **vol. 2:** 774
12:25 .... **vol. 3:** 85; **vol. 4:** 185
13:1 ....**vol. 1:** 152, 713; **vol. 2:** 142;
  vol. 3: 814; **vol. 4:** 171
13:2 ....**vol. 2:** 341, 605; **vol. 3:** 106,
  388, 546, 814
13:3 ....**vol. 2:** 341, 680; **vol. 3:** 388; **vol. 4:** 666
13:4–12. ....**vol. 2:** 559
13:4 .... **vol. 2:** 578; **vol. 3:** 704, 814
13:5 ....**vol. 1:** 119; **vol. 3:** 166; **vol. 4:** 226, 400
13:6–12. ....**vol. 4:** 172
13:6 ....**vol. 3:** 202
13:7–8. ....**vol. 1:** 309
13:7 .... **vol. 1:** 211; **vol. 3:** 166
13:18–12. ....**vol. 4:** 511
13:8 .... **vol. 2:** 278; **vol. 3:** 202
13:9–11. .... **vol. 1:** 439; **vol. 3:** 814
13:9 .... **vol. 1:** 438; **vol. 3:** 711, 749, 814
13:10–12. ....**vol. 3:** 202
13:10 ...... **vol. 1:** 760; **vol. 2:** 346; **vol. 3:** 459;
  vol. 4: 267, 530
13:11 .....**vol. 2:** 589; **vol. 4:** 172, 323, 510, 664
13:12 ....**vol. 1:** 713; **vol. 2:** 153; **vol. 3:** 459
13:13 .... **vol. 3:** 713; **vol. 4:** 712
13:14–52. ....**vol. 4:** 217
13:14 ....**vol. 2:** 558
13:15 ....**vol. 1:** 279, 300, 598
13:16 ....**vol. 4:** 275, 279, 613

13:17 .... **vol. 1:** 164; **vol. 2:** 150, 438; **vol. 3:** 465, 644; **vol. 4:** 582
13:18 .... **vol. 2:** 275; **vol. 4:** 487, 570, 705
13:19 .... **vol. 2:** 697, 698; **vol. 3:** 814
13:21 ....**vol. 4:** 488, 629
13:22 ....**vol. 1:** 480, 635
13:23 ...**vol. 2:** 233; **vol. 3:** 711; **vol. 4:** 346, 431
13:24 ....**vol. 3:** 291, 457
13:25 ...**vol. 1:** 341; **vol. 3:** 434; **vol. 4:** 476, 504
13:26 .... **vol. 1:** 89, 556; **vol. 3:** 430, 613
13:27–29.................................**vol. 2:** 520
13:27 ....**vol. 1:** 135, 136, 279, 417; **vol. 2:** 525; **vol. 3:** 788; **vol. 4:** 636
13:28 .... **vol. 1:** 190; **vol. 2:** 330
13:29 .... **vol. 3:** 450; **vol. 4:** 474
13:30 ....**vol. 3:** 376
13:31 ...**vol. 1:** 687; **vol. 2:** 525; **vol. 3:** 91, 240
13:32–33................ **vol. 2:** 233; **vol. 3:** 788
13:32 .... **vol. 2:** 233; **vol. 3:** 711
13:33 ....**vol. 1:** 562; **vol. 3:** 787, 812; **vol. 4:** 466, 531, 534, 719, 739
13:34–37...**vol. 1:** 529; **vol. 2:** 634; **vol. 4:** 599, 602
13:34 ....**vol. 1:** 326, 635; **vol. 3:** 376, 558; **vol. 4:** 388
13:35–37...........................**vol. 2:** 417
13:35 ....**vol. 3:** 558
13:36 .... **vol. 1:** 529, 557, 635; **vol. 2:** 706
13:37 .... **vol. 1:** 529; **vol. 4:** 537
13:38–39..............................**vol. 3:** 366
13:38 .... **vol. 1:** 119, 448; **vol. 4:** 430
13:41 ....**vol. 2:** 214, 267, 423, 645
13:42 .... **vol. 3:** 630; **vol. 4:** 209, 210, 226
13:43 ....**vol. 3:** 79, 687; **vol. 4:** 149, 275, 400, 658
13:44 .... **vol. 1:** 211; **vol. 3:** 166; **vol. 4:** 226
13:45 ....**vol. 1:** 516, 517; **vol. 2:** 351; **vol. 3:** 157, 748, 791
13:46 ... **vol. 1:** 281; **vol. 2:** 92, 559; **vol. 3:** 166, 659; **vol. 4:** 387
13:47 ...**vol. 2:** 294; **vol. 3:** 597; **vol. 4:** 491, 642
13:48–49......................**vol. 2:** 774
13:48 ...**vol. 2:** 121; **vol. 3:** 166; **vol. 4:** 461, 647
13:50 .... **vol. 2:** 80; **vol. 4:** 275
13:51 ....**vol. 2:** 157, 638
13:52 .... **vol. 3:** 226, 790, 791; **vol. 4:** 647
14:1–20................................**vol. 4:** 217
14:1 ....**vol. 2:** 181, 558; **vol. 3:** 783; **vol. 4:** 275, 400
14:2 ....**vol. 2:** 80; **vol. 3:** 690; **vol. 4:** 732
14:3–4..................................**vol. 3:** 659
14:3 .... **vol. 3:** 659; **vol. 4:** 287, 289, 485, 658, 705
14:4 ...**vol. 1:** 375; **vol. 3:** 783, 784; **vol. 4:** 419
14:5 .... **vol. 2:** 91; **vol. 4:** 515
14:6 .... **vol. 3:** 530; **vol. 4:** 596
14:8 .... **vol. 1:** 778; **vol. 2:** 704; **vol. 3:** 298; **vol. 4:** 710

14:9 .... **vol. 1:** 438; **vol. 4:** 428
14:10 .... **vol. 3:** 521, 540; **vol. 4:** 636
14:11 ....**vol. 3:** 502
14:12 ....**vol. 2:** 277, 376, 437
14:11–12..............................**vol. 4:** 244
14:13 ....**vol. 4:** 189, 372
14:14 ....**vol. 1:** 367, 368, 375; **vol. 2:** 543, 709; **vol. 3:** 738
14:15 ....**vol. 2:** 402, 438; **vol. 3:** 187, 249, 501, 502, 569, 670; **vol. 4:** 389
14:16 ...... **vol. 1:** 136; **vol. 2:** 92; **vol. 3:** 457; **vol. 4:** 109
14:17 .....**vol. 1:** 96, 447; **vol. 2:** 333, 625, 628; **vol. 3:** 239, 568, 570, 748
14:18 ....**vol. 1:** 286
14:19 .... **vol. 3:** 687; **vol. 4:** 279
14:21 ....**vol. 3:** 227
14:22 ....**vol. 2:** 464; **vol. 3:** 274, 630; **vol. 4:** 172, 374
14:23 ....**vol. 2:** 142, 634; **vol. 3:** 387, 388; **vol. 4:** 141, 134
14:26 .... **vol. 3:** 624; **vol. 4:** 658
14:27 ...... **vol. 1:** 119, 329, 330; **vol. 2:** 477
15..............**vol. 1:** 368, 374; **vol. 2:** 525; **vol. 3:** 728, 739
15:1–21.................................**vol. 3:** 366
15:1–3.................................**vol. 4:** 245
15:1–2.................................**vol. 4:** 457
15:1 .....**vol. 1:** 713; **vol. 2:** 95; **vol. 3:** 728
15:2 ...... **vol. 1:** 375; **vol. 2:** 356; **vol. 3:** 728; **vol. 4:** 133, 141
15:3 ... **vol. 2:** 214; **vol. 3:** 704; **vol. 4:** 237, 388, 389, 647
15:4 .... **vol. 1:** 119; **vol. 4:** 133, 561
15:5 ....**vol. 1:** 176, 323; **vol. 3:** 616, 728; **vol. 4:** 305, 593, 490
15:6 ....**vol. 4:** 133
15:7–29........................**vol. 3:** 728
15:7–11.............. **vol. 3:** 739; **vol. 4:** 304
15:7 ......**vol. 1:** 416; **vol. 2:** 150, 312, 356; **vol. 3:** 166
15:8 .... **vol. 2:** 625; **vol. 3:** 813
15:9 ....**vol. 2:** 573, 626
15:10–11..............................**vol. 4:** 430, 658
15:10 ...**vol. 1:** 286, 494; **vol. 2:** 359; **vol. 4:** 305
15:11 ....**vol. 3:** 499
15:12 ...... **vol. 1:** 370; **vol. 2:** 214; **vol. 3:** 784; **vol. 4:** 287, 289, 291, 304, 485
15:13–21..............................**vol. 3:** 739
15:13 ....**vol. 4:** 291
15:14 ....**vol. 2:** 214, 251, 438
15:16–17................................**vol. 4:** 305, 537
15:16 ....**vol. 1:** 290, 635; **vol. 3:** 463, 464, 471, 541; **vol. 4:** 526
15:17 .... **vol. 2:** 607; **vol. 3:** 102
15:18 .... **vol. 1:** 196; **vol. 3:** 419
15:19 ....**vol. 4:** 305, 388

161

Scripture Index: New Testament: Acts

15:20 . . . . .vol. 1: 168; vol. 2: 100, 101, 256;
vol. 3: 398, 441, 824; vol. 4: 186
15:21 . . . . vol. 1: 279, 416, 557; vol. 2: 101, 681
15:22–23. . . . . .vol. 4: 133
15:22 . . . . vol. 1: 755; vol. 2: 149, 376
15:23–29. . . . . .vol. 2: 256
15:23 . . . . vol. 1: 150; vol. 4: 646
15:24 . . . . vol. 2: 643; vol. 4: 456, 457
15:25 . .vol. 1: 107, 755; vol. 2: 149; vol. 3: 499
15:26 . . . . . . .vol. 1: 287; vol. 3: 624; vol. 4: 730
15:27 . . . . .vol. 3: 157
15:28–29. . . . vol. 1: 138; vol. 3: 419; vol. 4: 226
15:28 . . . . vol. 1: 280, 470, 581, 755; vol. 3: 814
15:29 . . . . .vol. 1: 168; vol. 2: 100, 101, 573;
vol. 3: 398, 824; vol. 4: 121, 490
15:30 . . . . .vol. 3: 784
15:31 . . . . vol. 1: 279; vol. 4: 647
15:32 . . vol. 3: 630, 814; vol. 4: 171, 172, 374
15:33 . . . . .vol. 4: 561, 705
15:35–36. .vol. 2: 312, 774
15:35 . . . . .vol. 1: 713
15:36–40. . . . . .vol. 1: 368
15:36 . . . . .vol. 3: 166
15:37–38. . . . . .vol. 3: 85
15:37 . . . . .vol. 1: 528
15:38 . . . . .vol. 1: 340
15:39 . . . . vol. 3: 84; vol. 4: 714
15:40 . . . . . . .vol. 2: 149; vol. 3: 624; vol. 4: 658
15:41 . . . . vol. 2: 142; vol. 4: 374
16:1–5. . . . . .vol. 4: 217
16:1–3. . . . . .vol. 2: 181
16:1 . . . . .vol. 3: 765
16:2 . . . . .vol. 3: 240
16:3 . . . . vol. 2: 487; vol. 3: 366, 419, 728
16:4 . . . . .vol. 1: 344, 375, 753; vol. 3: 419, 625;
vol. 4: 133, 625
16:5 . . . . vol. 2: 142; vol. 4: 370
16:6–7. . . . . .vol. 3: 711, 814
16:6 . . . .vol. 2: 748, 780; vol. 3: 166; vol. 4: 712
16:7 . . . . vol. 3: 697, 814; vol. 4: 172
16:9–10. . . . . .vol. 3: 814
16:9 . . . . .vol. 1: 275, 525; vol. 3: 438,
512, 630; vol. 4: 171
16:10 . . . . .vol. 2: 605
16:11 . . . . . . .vol. 2: 247; vol. 3: 379; vol. 4: 506
16:13 . . . . .vol. 1: 621; vol. 2: 226, 339;
vol. 4: 118, 189, 226
16:14–15. . . . . .vol. 1: 622
16:14 . . .vol. 1: 328; vol. 2: 95, 626; vol. 4: 275
16:15 . . . . . vol. 1: 509, 621; vol. 3: 445, 474
16:16–24. . . . . .vol. 1: 201
16:16 . . . . vol. 2: 339, 638; vol. 4: 167, 172, 188
16:17 . . . . .vol. 1: 119, 205; vol. 2: 439;
vol. 3: 459; vol. 4: 430, 581
16:18 . . . . . . .vol. 2: 219; vol. 3: 617; vol. 4: 106
16:19 . . . . vol. 1: 139, 417; vol. 3: 83
16:20 . . . . .vol. 4: 456, 457

16:21 . . . . .vol. 2: 95
16:22 . . . . vol. 2: 656; vol. 4: 200
16:23–24. . . . . vol. 3: 616; vol. 4: 625
16:23 . . . . vol. 1: 433, 678; vol. 4: 490, 626
16:24 . . .vol. 1: 433; vol. 2: 298; vol. 3: 449, 616
16:25–28. . . . . .vol. 4: 289
16:25–27. . . . . .vol. 1: 678
16:25 . . . . .vol. 1: 213; vol. 3: 438;
vol. 4: 548, 739
16:26–27. . . . . .vol. 1: 330
16:26 . . . . .vol. 1: 678; vol. 2: 431, 477;
vol. 4: 232, 279
16:27 . . . . . .vol. 1: 678; vol. 3: 253; vol. 4: 626
16:28 . . . . .vol. 4: 121
16:29 . . . . .vol. 4: 640
16:30 . . . . vol. 2: 774; vol. 4: 506
16:31 . . . . vol. 3: 474, 770; vol. 4: 430
16:33 . . .vol. 1: 465; vol. 3: 102; vol. 3: 474, 770
16:35–36. . . . . .vol. 3: 191
16:35 . . . . .vol. 4: 200
16:36 . . . . vol. 1: 678; vol. 4: 626
16:37 . . . . vol. 1: 190, 308, 459, 685; vol. 2: 748
16:38 . . . . .vol. 4: 200
16:40 . . . . . . .vol. 1: 621; vol. 3: 630; vol. 4: 172
16:34 . . . . .vol. 3: 474
17:1–9. . . . . .vol. 2: 593
17:1 . . . . .vol. 3: 166
17:2 . . . . .vol. 1: 604, 605; vol. 2: 95;
vol. 4: 223, 226
17:3 . . . .vol. 1: 120, 328; vol. 2: 633; vol. 3: 671
17:4 . . . . .vol. 1: 621, 622; vol. 2: 181, 697, 701;
vol. 3: 688, 783
17:5 . . . . .vol. 1: 139, 685; vol. 2: 351, 465;
vol. 3: 84, 581
17:6 . . . . .vol. 1: 323, 523; vol. 3: 477; vol. 4: 96
17:7 . . . . .vol. 1: 482, 753; vol. 2: 593;
vol. 4: 96, 121
17:8 . . . . .vol. 4: 96, 457
17:9 . . . . .vol. 1: 385; vol. 2: 530; vol. 4: 97
17:10 . . . . .vol. 3: 704
17:11 . . . . vol. 1: 605, 676; vol. 3: 166
17:12 . . . . vol. 1: 621, 622; vol. 2: 181
17:13 . . . . vol. 3: 166; vol. 4: 233, 457
17:14 . . . . vol. 2: 401; vol. 4: 566
17:16 . . . . vol. 2: 100, 132, 438; vol. 3: 807
17:17 . . . . .vol. 1: 139
17:18 . . . .vol. 1: 117, 312, 324, 632; vol. 3: 444;
vol. 4: 334, 344, 339
17:19 . . . . . . vol. 1: 713; vol. 2: 437; vol. 3: 83;
vol. 4: 652
17:20 . . . . .vol. 3: 445
17:21 . . . . vol. 1: 685; vol. 2: 590
17:22 . . . . vol. 1: 632; vol. 2: 486
17:23 . . . . .vol. 1: 135, 136; vol. 3: 502;
vol. 4: 247, 275, 276
17:24–25. . . . . .vol. 2: 438
17:24 . . . . . vol. 2: 438, 439, 442, 521, 734, 774;
vol. 3: 372, 569

Scripture Index: New Testament: Acts

17:25 . . . vol. 1: 304, 668; vol. 2: 447; vol. 3: 807
17:26 . . . . vol. 3: 544, 545; vol. 4: 158, 461
17:27 . . . . vol. 1: 381; vol. 2: 330, 356
17:28–29. . . . . .vol. 1: 556
17:28 . . . . vol. 2: 442; vol. 4: 79
17:29 . . . . vol. 3: 502; vol. 4: 470, 709
17:30 . . .vol. 1: 136; vol. 3: 530, 617; vol. 4: 706
17:31–32. . . . . .vol. 1: 312
17:31 . . . . .vol. 1: 732; vol. 2: 393, 749;
vol. 3: 263, 477, 545
17:32 . . . . .vol. 1: 324
17:34 . . . . vol. 1: 300; vol. 2: 719
18:2 . . . . vol. 1: 557, 622; vol. 4: 155, 553
18:3 . . . . .vol. 4: 304, 305, 470
18:4 . . . . vol. 3: 687; vol. 4: 226, 275
18:5–13. . . . . .vol. 4: 217
18:5 . . . . .vol. 3: 166, 239
18:6 . . . . . . vol. 1: 169, 516, 517; vol. 2: 92, 157,
543, 670; vol. 4: 461, 680
18:7 . . . . .vol. 4: 275, 400
18:8 . . . .vol. 1: 465; vol. 2: 776; vol. 3: 474, 770
18:9–10. . . . . .vol. 4: 296
18:9 . . . . vol. 3: 438, 512; vol. 4: 613
18:11 . . . . .vol. 1: 713
18:12–17. . . . . .vol. 1: 309
18:12 . . . . .vol. 3: 499
18:13 . . . . vol. 3: 418, 687; vol. 4: 276
18:14 . . . . .vol. 1: 157, 297, 328, 330
18:15 . . . . .vol. 3: 519
18:16–17. . . . . .vol. 1: 507
18:18 . . . . vol. 2: 339, 486; vol. 3: 366
18:19 . . . . .vol. 3: 102
18:20 . . . . vol. 2: 288; vol. 4: 705
18:21 . . . . .vol. 2: 428
18:22 . . . . .vol. 1: 426
18:23 . . . . vol. 3: 226; vol. 4: 374, 705
18:24 . . . . vol. 1: 557, 605; vol. 3: 159
18:25–26. . . . . .vol. 3: 459
18:25 . . . . . . vol. 1: 713; vol. 2: 648; vol. 3: 159,
710, 808, 813, 814; vol. 4: 270
18:26 . . . .vol. 1: 622; vol. 2: 648; vol. 3: 84, 659
18:27 . . . . vol. 1: 379, 600, 675; vol. 4: 658
18:28 . . . . vol. 1: 605, 642, 685; vol. 2: 166
19:1–7. .vol. 3: 710, 813
19:1–6. . . . . .vol. 1: 463
19:1–2. . . . . .vol. 3: 813
19:1 . . . . .vol. 1: 338
19:4 . . . . .vol. 3: 291, 292
19:5 . . . . .vol. 3: 522
19:6 . . . vol. 1: 590; vol. 2: 155, 220; vol. 3: 711,
813, 814; vol. 4: 171, 666
19:8 . . . . .vol. 3: 687, 659
19:9 . . . . . vol. 1: 451; vol. 2: 92, 600; vol. 3: 79,
459, 546, 690, 784; vol. 4: 314
19:10 . . . . vol. 2: 181; vol. 3: 166
19:11 . . . . .vol. 1: 779
19:12 . . . . vol. 1: 243; vol. 3: 157, 422

19:13–20. . . . . .vol. 4: 172
19:13–16. . . . . .vol. 3: 521
19:13 . . . . vol. 2: 677; vol. 3: 548
19:16 . . . . vol. 1: 611; vol. 2: 774
19:17 . . . . .vol. 3: 255
19:18 . . . . vol. 3: 509; vol. 4: 122
19:19 . . . . .vol. 3: 122, 495
19:20 . . . . vol. 1: 443; vol. 2: 741
19:21 . . . . . . .vol. 1: 638, 689; vol. 2: 525;
vol. 3: 808, 814
19:22 . . . . vol. 2: 347, 758; vol. 4: 705
19:23–41. . . . . .vol. 2: 438
19:23–40. . . . . .vol. 4: 217
19:23–29. . . . . .vol. 1: 685
19:23 . . .vol. 2: 589; vol. 3: 459; vol. 4: 456, 457
19:24 . . . . . .vol. 1: 385; vol. 3: 372; vol. 4: 470
19:25–27. . . . . .vol. 1: 307
19:25 . . . . .vol. 2: 254
19:26–27. . . . . .vol. 2: 517
19:26 . . .vol. 1: 571; vol. 2: 438; vol. 3: 582, 687
19:27 . . . .vol. 2: 166, 437, 516, 683; vol. 3: 127,
256, 282, 477; vol. 4: 276
19:28 . . . . vol. 2: 475, 738; vol. 3: 457, 791
19:29 . . .vol. 1: 684; vol. 2: 425; vol. 3: 499, 749
19:30 . . . . .vol. 1: 685
19:31 . . . . vol. 2: 425; vol. 4: 606
19:32 . . . . vol. 1: 685; vol. 2: 142
19:33 . . . . vol. 1: 361, 685; vol. 4: 279
19:34 . . . . .vol. 4: 636, 744
19:35 . . . . vol. 1: 601; vol. 3: 372
19:36 . . . . vol. 1: 637; vol. 4: 121, 209
19:37 . . . . .vol. 2: 517
19:38 . . . . vol. 1: 139, 309; vol. 4: 470
19:39–40. . . . . .vol. 2: 142
19:39 . . .vol. 1: 685; vol. 2: 245, 246; vol. 3: 410
19:40 . . . . .vol. 1: 190, 685; vol. 2: 683;
vol. 3: 191; vol. 4: 388
20:1–2. . . . . .vol. 4: 172
20:1 . . . . vol. 1: 426; vol. 2: 465
20:2 . . . . .vol. 2: 180
20:3 . . . . vol. 1: 687; vol. 3: 123
20:5 . . . . .vol. 3: 274
20:6 . . . . vol. 2: 261; vol. 3: 665
20:7–12. . . . . .vol. 4: 289
20:7 . . . vol. 1: 647; vol. 2: 229, 686; vol. 3: 263;
vol. 4: 226, 227
20:8 . . . . .vol. 3: 87
20:9–12. . . . . .vol. 3: 377
20:9 . . . vol. 1: 457; vol. 2: 477, 578; vol. 3: 379,
757; vol. 4: 561
20:10 . . . . .vol. 3: 85
20:11 . . . . vol. 1: 440, 565, 647; vol. 2: 686
20:12 . . . . .vol. 3: 294
20:13–14. . . . . .vol. 3: 82
20:15 . . . . vol. 2: 300; vol. 3: 609
20:16 . . . . vol. 3: 709, 710; vol. 4: 349, 705
20:17–35. . . . . .vol. 1: 529

163

20:17 . . . . vol. 2: 251; vol. 4: 134
20:18 . . . . vol. 4: 705
20:19 . . . . vol. 4: 453
20:20 . . . . vol. 1: 685, 713; vol. 3: 474
20:21 . . . . vol. 3: 292
20:22–23 . . . . vol. 1: 689
20:22 . . . . . . vol. 1: 679; vol. 2: 638; vol. 4: 108
20:23 . . . . . vol. 1: 678; vol. 2: 464; vol. 3: 123,
 274, 814; vol. 4: 172
20:24 . . . . vol. 2: 312; vol. 3: 239;
 vol. 4: 476, 504, 647, 658
20:25 . . . . vol. 2: 677, 681; vol. 4: 172
20:26 . . . . vol. 1: 169; vol. 2: 238
20:27 . . . . vol. 2: 441
20:28–30 . . . . vol. 3: 424
20:28–29 . . . . vol. 4: 84
20:28 . . . . vol. 1: 142, 251, 252, 438, 445;
 vol. 3: 335, 814; vol. 4: 86, 491
20:29 . . . . vol. 4: 86
20:30 . . . . vol. 1: 529; vol. 3: 523
20:31 . . . . vol. 1: 609; vol. 3: 424
20:32 . . vol. 1: 130; vol. 3: 166, 464; vol. 4: 658
20:33 . . . . vol. 2: 542
20:34 . . . . vol. 4: 682
20:35 . . . . vol. 2: 723, 775; vol. 3: 82
20:36 . . . . vol. 1: 593
20:37 . . . . vol. 3: 758; vol. 4: 607
20:38 . . . . vol. 2: 425; vol. 3: 704
21:1 . . . . vol. 4: 506
21:3 . . . . vol. 1: 470; vol. 2: 343
21:4 . . . . vol. 1: 689; vol. 2: 261, 330, 429;
 vol. 3: 123, 814
21:5 . . . vol. 1: 409, 593; vol. 2: 341; vol. 3: 704;
 vol. 4: 100, 466
21:6 . . . . vol. 1: 426; vol. 2: 500
21:7 . . . . vol. 1: 426
21:8 . . . . vol. 2: 308
21:9–11. . . . . vol. 4: 171
21:9 . . . . vol. 1: 623; vol. 3: 639;
 vol. 4: 167, 171, 487
21:10–14. . . . . vol. 3: 123
21:10–11. . . . . vol. 4: 171
21:11 . . . . . . vol. 1: 689; vol. 2: 374; vol. 3: 624;
 vol. 4: 172, 664
21:12–14. . . . . vol. 1: 689
21:12 . . . . vol. 1: 689
21:13 . . . . vol. 1: 287
21:14 . . . . vol. 2: 397; vol. 3: 688
21:15 . . . . vol. 2: 525, 643
21:16 . . . . vol. 1: 416
21:17–26. . . . . vol. 3: 728
21:17–21. . . . . vol. 4: 463
21:17 . . . . vol. 1: 571, 675
21:18–26. . . . . vol. 1: 138
21:18 . . . . vol. 1: 678; vol. 2: 312; vol. 4: 133
21:19 . . . . vol. 1: 704; vol. 2: 214
21:20–21. . . . . vol. 3: 366

21:20 . . . . vol. 2: 425; vol. 3: 418
21:21 . . . . vol. 1: 451; vol. 2: 95, 648;
 vol. 3: 675, 728
21:23 . . . . vol. 2: 339; vol. 4: 487
21:24–29. . . . . vol. 3: 266
21:24 . . . . vol. 1: 138; vol. 2: 525, 648;
 vol. 3: 419; vol. 4: 378, 624
21:25 . . . . vol. 2: 100, 101, 256; vol. 3: 824
21:26 . . . . vol. 1: 117, 119, 138; vol. 2: 486, 520;
 vol. 3: 419, 787
21:27–28. . . . . vol. 3: 419
21:27 . . . . vol. 2: 425
21:28 . . . . vol. 1: 525; vol. 2: 95, 181, 738;
 vol. 3: 418; vol. 4: 500
21:29 . . . . vol. 3: 529
21:30 . . . . vol. 2: 477; vol. 3: 83
21:31–35. . . . . vol. 2: 515
21:32 . . . . vol. 1: 433; vol. 4: 656
21:34 . . . . vol. 2: 465
21:35 . . . . vol. 1: 509
21:36 . . . . vol. 3: 91, 783
21:37 . . . . vol. 2: 181
21:38 . . vol. 1: 163, 323; vol. 2: 275; vol. 4: 672
21:39 . . . . . . vol. 1: 668; vol. 2: 525; vol. 4: 95
21:40 . . . . vol. 2: 74; vol. 4: 279, 291
22:1–21. . . . . vol. 1: 375
22:1 . . . . vol. 1: 362
22:2 . . . . vol. 2: 74, 397
22:3 . . . . vol. 2: 74, 351, 525, 558;
 vol. 3: 419, 587, 680
22:4 . . . . vol. 1: 678, 751; vol. 3: 459, 624
22:5 . . . . vol. 3: 240; vol. 4: 132
22:6 . . . . vol. 1: 431; vol. 3: 568; vol. 4: 640
22:9 . . . . vol. 4: 640
22:10 . . . . vol. 4: 461
22:11 . . . . vol. 1: 521, 765; vol. 4: 640
22:12 . . . . vol. 3: 240, 419
22:14–15. . . . . vol. 1: 210
22:14 . . . . . . vol. 1: 582, 732; vol. 2: 193, 438;
 vol. 4: 636, 664
22:15 . . . . vol. 3: 240
22:16 . . vol. 1: 463, 465; vol. 3: 175; vol. 4: 521
22:17–21. . . . . vol. 4: 171
22:17 . . . . vol. 2: 155, 520
22:18 . . . . vol. 4: 172
22:19 . . . . vol. 2: 254; vol. 4: 626
22:20 . . . . vol. 1: 326; vol. 2: 159; vol. 3: 240
22:21 . . . . vol. 1: 375
22:22 . . . . vol. 2: 379
22:23 . . . . vol. 1: 160, 459; vol. 2: 738
22:24 . . . . vol. 1: 190; vol. 2: 656; vol. 3: 246
22:25 . . . . vol. 2: 748; vol. 3: 247
22:28 . . . . vol. 4: 95
22:30–23:10 . . . . vol. 2: 507; vol. 4: 402
22:30 . . . . vol. 1: 433, 678; vol. 2: 647, 656
23–24 . . . . vol. 2: 376
23:1 . . . . vol. 1: 96, 438; vol. 2: 727;
 vol. 4: 95, 404

Scripture Index: New Testament: Acts

23:2–5 . . . .**vol. 3:** 172
23:2 . . . .**vol. 4:** 382, 461
23:3 . . . . **vol. 2:** 416, 507, 578, 656, 749;
       vol. 3: 411, 419; **vol. 4:** 463
23:4–5 . . . .**vol. 2:** 506
23:4 . . . .**vol. 3:** 171
23:5 . . . . **vol. 1:** 417; **vol. 2:** 507, 600; **vol. 4:** 317
23:6–9 . . . .**vol. 4:** 230
23:6 . . . . **vol. 2:** 187, 749; **vol. 3:** 282, 377
23:7 . . . . **vol. 3:** 252, 784; **vol. 4:** 419
23:8–9 . . . .**vol. 3:** 809
23:8 . . . . **vol. 1:** 121; **vol. 3:** 508; **vol. 4:** 230
23:9 . . . **vol. 1:** 603; **vol. 2:** 330, 738; **vol. 3:** 252,
          282; **vol. 4:** 593
23:10 . . . .**vol. 2:** 656; **vol. 3:** 252; **vol. 4:** 612
23:11 . . . . . . **vol. 1:** 638; **vol. 2:** 419; **vol. 3:** 240,
         438, 512; **vol. 4:** 172
23:12 . . . . **vol. 1:** 282; **vol. 4:** 388
23:13 . . . .**vol. 3:** 495
23:14 . . . .**vol. 1:** 282, 565
23:15 . . . .**vol. 4:** 589
23:17 . . . .**vol. 3:** 379
23:18 . . . . **vol. 1:** 678; **vol. 3:** 379
23:20 . . . .**vol. 4:** 402
23:21 . . .**vol. 1:** 282; **vol. 2:** 133, 233; **vol. 3:** 688
23:22 . . . . . . **vol. 3:** 79, 379, 616; **vol. 4:** 589
23:24 . . . .**vol. 3:** 642
23:25 . . . .**vol. 4:** 506
23:26–30 . . . .**vol. 2:** 256
23:26 . . . .**vol. 4:** 646
23:27 . . . .**vol. 3:** 223
23:28 . . . . **vol. 1:** 190; **vol. 4:** 402
23:29 . . . . **vol. 1:** 678; **vol. 2:** 604
23:30 . . . . **vol. 2:** 646; **vol. 3:** 616
23:31 . . . . **vol. 1:** 687; **vol. 3:** 82
23:33 . . . .**vol. 1:** 721
23:34 . . . . **vol. 1:** 352; **vol. 2:** 127
23:35 . . . . **vol. 1:** 210; **vol. 2:** 646, 656
24:1 . . . . **vol. 2:** 508; **vol. 4:** 209, 589
24:2 . . . . **vol. 2:** 647; **vol. 3:** 541
24:3 . . . . **vol. 2:** 334; **vol. 4:** 143
24:4 . . . .**vol. 2:** 82, 241, 726
24:5 . . . . **vol. 1:** 176; **vol. 2:** 95; **vol. 3:** 369, 477;
           vol. 4: 176
24:6 . . . .**vol. 1:** 502; **vol. 2:** 520; **vol. 3:** 697
24:8 . . . .**vol. 2:** 656
24:10 . . . .**vol. 1:** 362
24:11 . . . . **vol. 1:** 276; **vol. 4:** 152
24:12 . . . .**vol. 2:** 520
24:13 . . . .**vol. 2:** 647
24:14 . . . .**vol. 1:** 176; **vol. 3:** 95, 419,
          459, 680, 770
24:15 . . . . . **vol. 1:** 158, 732; **vol. 2:** 133, 187, 438;
           vol. 3: 263
24:16 . . .**vol. 1:** 425; **vol. 2:** 194, 727; **vol. 4:** 404
24:17–18 . . . .**vol. 2:** 486
24:17 . . . .**vol. 2:** 170

24:18 . . . . **vol. 1:** 138; **vol. 2:** 465, 520
24:19 . . . . **vol. 2:** 647; **vol. 3:** 649
24:20 . . . . . .**vol. 1:** 157; **vol. 2:** 330; **vol. 4:** 402
24:21 . . . .**vol. 4:** 636
24:22 . . . . **vol. 1:** 296; **vol. 3:** 459
24:23 . . . .**vol. 2:** 500, 780
24:25 . . . . **vol. 2:** 84, 749; **vol. 3:** 84, 263
24:26 . . . .**vol. 4:** 683
24:27 . . . . **vol. 3:** 789; **vol. 4:** 658
25–28 . . . .**vol. 2:** 607
25:2 . . . .**vol. 4:** 589
25:3 . . . .**vol. 4:** 658
25:5 . . . . **vol. 2:** 647; **vol. 4:** 500
25:6 . . . . **vol. 1:** 507; **vol. 2:** 656
25:7 . . . .**vol. 1:** 190, 191, 642
25:8 . . . .**vol. 1:** 362; **vol. 2:** 520, 593; **vol. 3:** 418
25:9 . . . .**vol. 4:** 658
25:10–12 . . . .**vol. 2:** 593
25:10–11 . . . .**vol. 1:** 157
25:10 . . . . **vol. 1:** 507; **vol. 2:** 609
25:11 . . .**vol. 1:** 189; **vol. 2:** 647; **vol. 4:** 122, 658
25:12 . . . .**vol. 3:** 79
25:13–14 . . . .**vol. 1:** 480
25:13 . . . . **vol. 1:** 426, 571
25:14 . . . .**vol. 1:** 678
25:15 . . . . **vol. 1:** 746; **vol. 4:** 589
25:16 . . . .**vol. 2:** 95, 604, 646, 647;
         vol. 4: 500, 658
25:17 . . . . **vol. 1:** 507; **vol. 2:** 656
25:18 . . .**vol. 1:** 190, 191; **vol. 2:** 646; **vol. 3:** 434
25:19 . . . . **vol. 1:** 632; **vol. 3:** 376
25:21 . . .**vol. 2:** 593, 656; **vol. 3:** 704; **vol. 4:** 275
25:23 . . . . **vol. 4:** 585; **vol. 2:** 656
25:24 . . . .**vol. 1:** 523; **vol. 2:** 208; **vol. 3:** 784
25:25 . . . . **vol. 3:** 83; **vol. 4:** 122, 237, 275, 444
25:26 . . . . **vol. 1:** 433; **vol. 2:** 748, 769
25:27 . . . . .**vol. 1:** 190, 191, 678; **vol. 3:** 159
26:1–2 . . . .**vol. 1:** 362
26:1 . . . .**vol. 4:** 664
26:2–18 . . . .**vol. 1:** 375
26:3 . . . . .**vol. 1:** 580, 668; **vol. 2:** 95; **vol. 3:** 211
26:4 . . . . **vol. 1:** 415; **vol. 3:** 379
26:5 . . . **vol. 1:** 176, 339; **vol. 2:** 466; **vol. 3:** 240,
          419; **vol. 4:** 139
26:6–7 . . . . **vol. 2:** 639; **vol. 3:** 95
26:6 . . . . **vol. 2:** 233; **vol. 3:** 711
26:7 . . . . **vol. 1:** 783; **vol. 4:** 629
26:8 . . . .**vol. 2:** 748
26:9 . . . .**vol. 4:** 122
26:10 . . . . **vol. 1:** 603; **vol. 2:** 688
26:11 . . . .**vol. 3:** 722
26:13 . . . . **vol. 3:** 87, 568; **vol. 4:** 641
26:14 . . . .**vol. 2:** 74; **vol. 3:** 757; **vol. 4:** 314
26:16–17 . . . .**vol. 1:** 375
26:16 . . . .**vol. 2:** 193; **vol. 3:** 240; **vol. 4:** 664
26:18 . . **vol. 1:** 130, 330; **vol. 2:** 700; **vol. 3:** 292;
        vol. 4: 267, 324, 388, 430

26:19 .... **vol. 2:** 193; **vol. 3:** 568, 579, 690, 722
26:20 ....**vol. 1:** 119, 340; **vol. 3:** 292; **vol. 4:** 122, 389
26:21 .... **vol. 2:** 520; **vol. 3:** 85, 697
26:22 ....**vol. 3:** 238, 255, 263, 303, 366
26:23 .... **vol. 3:** 670, 671; **vol. 4:** 177, 179
26:24 ....**vol. 1:** 362, 379, 600; **vol. 3:** 205; **vol. 4:** 636
26:25 ......**vol. 1:** 231; **vol. 3:** 205; **vol. 4:** 210
26:26 ..**vol. 1:** 627; **vol. 2:** 254; **vol. 3:** 659, 689 **vol. 3:** 770
26:27 ....**vol. 3:** 770
26:28 .... **vol. 3:** 490, 521, 687; **vol. 4:** 691
26:29 ....**vol. 2:** 339
26:30 ....**vol. 2:** 578
26:31 .... **vol. 1:** 678; **vol. 4:** 122
26:32 ....**vol. 2:** 593
27:1 .... **vol. 1:** 678; **vol. 4:** 275
27:3 .... **vol. 1:** 202; **vol. 2:** 300
27:4, 7 ....**vol. 1:** 295
27:9 ....**vol. 1:** 172, 571; **vol. 3:** 387; **vol. 4:** 705
27:10 ..**vol. 1:** 470, 471; **vol. 2:** 353; **vol. 4:** 514
27:11 .... **vol. 2:** 767; **vol. 3:** 688
27:12 .... **vol. 1:** 325; **vol. 4:** 98
27:13 ...... **vol. 1:** 754; **vol. 2:** 742; **vol. 3:** 807; **vol. 4:** 160
27:14–15..............................**vol. 1:** 295
27:14 .... **vol. 1:** 459; **vol. 2:** 632
27:15 .... **vol. 1:** 402; **vol. 3:** 579
27:16 ....**vol. 4:** 504
27:17 .....**vol. 1:** 525; **vol. 2:** 373; **vol. 4:** 300
27:20 ..**vol. 1:** 428; **vol. 2:** 385; **vol. 4:** 428, 590
27:21 .... **vol. 2:** 353; **vol. 4:** 514
27:22 .... **vol. 1:** 172; **vol. 4:** 172
27:23–24..............**vol. 1:** 123; **vol. 3:** 512
27:23 .... **vol. 3:** 95, 438, 642; **vol. 4:** 171
27:24 ...... **vol. 1:** 638; **vol. 2:** 593; **vol. 3:** 642; **vol. 4:** 613, 658
27:27 .... **vol. 3:** 434; **vol. 4:** 487
27:29 .... **vol. 2:** 339; **vol. 4:** 487
27:30 .... **vol. 2:** 401; **vol. 4:** 596
27:31 ....**vol. 4:** 428
27:32 ....**vol. 2:** 725
27:33 .... **vol. 3:** 84; **vol. 4:** 473, 487
27:34 .... **vol. 3:** 84, 261; **vol. 4:** 144, 428
27:35 ....**vol. 2:** 335, 686

27:36 ....**vol. 3:** 84
27:37 ....**vol. 4:** 730
27:38 ....**vol. 2:** 401
27:39 .... **vol. 1:** 528; **vol. 3:** 434
27:40 ....**vol. 2:** 401
27:41 ...... **vol. 1:** 509; **vol. 2:** 402; **vol. 3:** 192; **vol. 4:** 232
27:42 .... **vol. 1:** 678; **vol. 4:** 596
27:43–44..............................**vol. 4:** 428
27:43 .... **vol. 1:** 528; **vol. 2:** 656, 780
28:1–6................................**vol. 3:** 580
28:1 ....**vol. 4:** 428
28:2 .....**vol. 1:** 380, 467; **vol. 3:** 84; **vol. 4:** 735
28:3 .... **vol. 3:** 376, 783; **vol. 4:** 388
28:4–5................................**vol. 2:** 453
28:4 .....**vol. 1:** 467, 745; **vol. 2:** 401, 402, 743; **vol. 4:** 428
28:5 .... **vol. 2:** 156; **vol. 4:** 193
28:6 .... **vol. 3:** 757; **vol. 4:** 500
28:7 .... **vol. 1:** 675; **vol. 3:** 445
28:8 ....**vol. 4:** 193, 665
28:10 ....**vol. 4:** 496, 682
28:13 ....**vol. 1:** 571
28:14 .... **vol. 2:** 261; **vol. 3:** 630
28:15 ....**vol. 2:** 419, 638
28:16 ....**vol. 4:** 384
28:17 ... **vol. 1:** 678; **vol. 2:** 95; **vol. 3:** 624, 630, 680; **vol. 4:** 664
28:18 ....**vol. 1:** 191
28:19 ..**vol. 1:** 280; **vol. 2:** 593, 647; **vol. 3:** 157
28:20 ......**vol. 1:** 190; **vol. 2:** 558; **vol. 3:** 79
28:22 .... **vol. 1:** 176, 340; **vol. 4:** 619
28:23–24..............**vol. 3:** 688; **vol. 4:** 550
28:23 .... **vol. 2:** 558; **vol. 3:** 239, 366, 445, 687
28:25–28..............................**vol. 4:** 172
28:25 .... **vol. 3:** 788, 813; **vol. 4:** 636
28:26–27....**vol. 2:** 616; **vol. 3:** 613; **vol. 4:** 409
28:27 ....**vol. 1:** 212, 469; **vol. 3:** 573, 685; **vol. 4:** 196
28:28 ....**vol. 4:** 431
28:29 ....**vol. 2:** 356
28:30–31..............................**vol. 3:** 166
28:30 .... **vol. 1:** 675; **vol. 3:** 324
28:31 ......**vol. 1:** 489, 600, 713; **vol. 2:** 677, 681, 780; **vol. 3:** 659

Romans

1–8 ....**vol. 1:** 698
1–7 ....**vol. 2:** 508
1–3 ....**vol. 2:** 540, 749
1–2 ....**vol. 1:** 740
1:1–7 ....**vol. 2:** 256
1:1–4 ....**vol. 2:** 309
1:1 .....**vol. 1:** 771; **vol. 2:** 176, 299, 310, 606; **vol. 3:** 546, 597
1:2–4................................**vol. 4:** 210

1:2 ....**vol. 1:** 129, 132, 780; **vol. 2:** 233, 616; **vol. 3:** 414
1:3–4.............**vol. 2:** 128; **vol. 4:** 256, 531, 532, 536, 537
1:3 ....**vol. 1:** 481, 572, 635; **vol. 2:** 632; **vol. 3:** 545; **vol. 4:** 532, 534, 536
1:4 ......**vol. 1:** 130, 323, 780; **vol. 3:** 544, 545, 812, 817, 818; **vol. 4:** 532, 583, 693
1:5 ....**vol. 1:** 367, 368, 772; **vol. 2:** 617; **vol. 3:** 81, 521; **vol. 4:** 550, 659

Scripture Index: New Testament: Romans

1:6–7 . . . . vol. 2: 138, 606
1:7 . . . . .vol. 1: 109, 130; vol. 2: 114, 115,
441, 446, 606
1:8–12. . . . . vol. 2: 257
1:8 . . . . .vol. 2: 334, 342, 438; vol. 3: 596,
683, 766, 767, 769
1:9 . . . . vol. 3: 95, 102, 104, 240, 315, 497, 807;
vol. 4: 532, 534
1:10 . . . . . . .vol. 1: 669; vol. 2: 428; vol. 3: 457
1:11–12. . . . . .vol. 1: 369
1:11 . . . . .vol. 1: 721, 722; vol. 3: 529, 817,
819, 820; vol. 4: 374
1:12 . . . . vol. 3: 629, 768; vol. 4: 374
1:13 . . . . vol. 2: 427, 629, 780; vol. 4: 160
1:14 . . . . vol. 1: 468; vol. 2: 182; vol. 3: 432,
577, 818
1:15 . . . . vol. 2: 310; vol. 4: 431
1:16–17. . . . . vol. 1: 736; vol. 2: 310
1:16 . . . . .vol. 1: 183, 780; vol. 2: 182, 442, 558;
vol. 3: 767, 769; vol. 4: 176, 361, 431
1:17 . . . . .vol. 1: 737; vol. 2: 129, 130, 442,
616, 776; vol. 4: 589, 657
1:18–3:20 . . . . .vol. 4: 723
1:18–32. . . . . . .vol. 1: 158, 305; vol. 2: 92, 100,
182, 619; vol. 3: 537, 604
1:18–23. . . . . vol. 4: 336
1:18 . . . . .vol. 1: 158, 232, 259, 384; vol. 2: 347,
441; vol. 3: 250, 537, 570; vol. 4: 277
1:19–20. . . . . .vol. 1: 583; vol. 3: 502
1:19 . . . . .vol. 1: 580; vol. 4: 588
1:20 . . . . .vol. 1: 232, 362, 780; vol. 2: 121, 437,
441, 442, 761, 762, 764, 765;
vol. 3: 433, 530; vol. 4: 79
1:21–25. . . . . .vol. 1: 407
1:21 . . . vol. 1: 583; vol. 2: 193, 335; vol. 3: 125,
249, 250; vol. 4: 322, 323, 410
1:22–23. . . . . .vol. 1: 583
1:22 . . . . vol. 3: 359; vol. 4: 277
1:23 . . . . vol. 1: 243, 765; vol. 2: 105, 441;
vol. 3: 359, 502, 733; vol. 4: 487, 600
1:24 . . . . .vol. 1: 306; vol. 2: 193, 243, 626;
vol. 3: 624; vol. 4: 314, 440, 496
1:25–26. 243
1:25 . . . . .vol. 1: 196, 232, 265; vol. 2: 324, 764;
vol. 3: 95, 359; vol. 4: 275, 277, 723
1:26–30. . . . . .vol. 3: 359
1:26–27. . . . . . vol. 1: 406, 407; vol. 4: 632, 685
1:26 . . . . .vol. 2: 452; vol. 3: 604, 624, 670;
vol. 4: 314, 496, 633
1:27 . . . . .vol. 1: 308, 435, 447; vol. 2: 452, 596;
vol. 3: 83, 539, 774, 775
1:28–29. . . . . .vol. 4: 603
1:28 . . . . .vol. 1: 583, 637, 758; vol. 2: 379;
vol. 3: 430, 624; vol. 4: 314
1:29–32. . . . . vol. 2: 171; vol. 4: 515, 559
1:29 . . . . .vol. 1: 158, 760; vol. 2: 95, 599;
vol. 3: 184, 781; vol. 4: 103

1:30 . . . . vol. 1: 214; vol. 3: 690
1:31 . . . . vol. 2: 169, 171; vol. 4: 410
1:32 . . . . .vol. 1: 260; vol. 3: 335; vol. 4: 122
2:1–3. . . . . .vol. 4: 121
2:1 . . . . .vol. 1: 305, 362; vol. 2: 459, 749;
vol. 4: 323
2:2–3. . . . . .vol. 2: 748, 749
2:2 . . . . .vol. 3: 461
2:3 . . . . vol. 1: 298; vol. 3: 126
2:4–5. . . . . .vol. 2: 210
2:4 . . . . vol. 1: 298; vol. 2: 459, 645; vol. 3: 212;
vol. 4: 570, 687
2:5–6. . . . . .vol. 2: 270
2:5 . . . . .vol. 1: 384, 731; vol. 2: 393, 441,
459, 461, 475, 619, 626, 748;
vol. 3: 291, 537; vol. 4: 314, 315
2:6–10. . . . . vol. 1: 96; vol. 3: 415
2:6 . . . . vol. 2: 285, 633; vol. 3: 326
2:7 . . . . .vol. 1: 197, 766; vol. 3: 326, 538;
vol. 4: 496, 567, 568, 570, 599
2:8–9. . . . . .vol. 2: 475
2:8 . . . . .vol. 1: 158, 232; vol. 2: 475;
vol. 3: 689, 690; vol. 4: 550
2:9–10. . . . . .vol. 2: 182
2:9 . . . . . . vol. 2: 182, 268; vol. 4: 176, 368, 730
2:10 . . . .vol. 1: 766; vol. 2: 270; vol. 4: 176, 496
2:11 . . . . .vol. 3: 604; vol. 4: 158
2:12–20. . . . . .vol. 3: 410
2:12 . . . . .vol. 2: 749
2:13 . . . . .vol. 1: 211, 734; vol. 3: 283,
414, 604; vol. 4: 79
2:14–16. . . . . .vol. 2: 182
2:14–15. . . . . .vol. 1: 211; vol. 2: 92;
vol. 3: 415, 607, 653
2:14 . . . . .vol. 4: 633
2:15 . . . .vol. 1: 362, 600, 642; vol. 2: 625, 642;
vol. 3: 125, 239, 272; vol. 4: 404, 633
2:16 . . . . . . vol. 2: 310, 749, 756; vol. 3: 596, 626
2:17–29. . . . . .vol. 3: 607
2:17–24. . . . . .vol. 1: 305; vol. 2: 427; vol. 3: 416
2:17 . . . . . . .vol. 1: 287; vol. 3: 519; vol. 4: 323
2:18 . . . . vol. 1: 582, 758; vol. 2: 649
2:19–20. . . . . .vol. 3: 384
2:19 . . . . . vol. 3: 456, 689; vol. 4: 323, 510, 511
2:20 . . . vol. 1: 232, 582; vol. 2: 348; vol. 3: 338,
341, 587; vol. 4: 622
2:21–25. . . . . .vol. 4: 323
2:21 . . . . vol. 1: 714, 772; vol. 2: 691
2:22 . . . . vol. 1: 497; vol. 2: 517, 692
2:23 . . . .vol. 2: 348, 653; vol. 3: 607; vol. 4: 496
2:24 . . . . .vol. 1: 516; vol. 2: 91; vol. 3: 520
2:25–27. . . . . vol. 2: 92
2:25 . . . . vol. 3: 607, 729; vol. 4: 122, 729
2:26 . . . . .vol. 4: 624
2:27 . . . . . . .vol. 1: 600, 607, 689; vol. 3: 607;
vol. 4: 476, 632
2:28–29. . . . . .vol. 2: 756; vol. 3: 93, 711,
744, 817; vol. 4: 400, 632

2:28	vol. 2: 540; vol. 4: 255, 256, 588
2:29	vol. 1: 173, 600, 607; vol. 2: 128; vol. 3: 326, 729, 815; vol. 4: 256
2:30	vol. 2: 487
3	vol. 2: 543
3:1–2	vol. 3: 721, 729
3:1	vol. 4: 747, 748
3:2	vol. 3: 158
3:3	vol. 3: 441, 642; vol. 3: 765
3:4	vol. 1: 233, 572; vol. 3: 394; vol. 4: 723
3:5	vol. 1: 158, 304, 740
3:6	vol. 1: 572; vol. 2: 734, 749
3:7	vol. 4: 722
3:8	vol. 1: 731; vol. 2: 749; vol. 3: 415
3:9	vol. 1: 190; vol. 2: 182; vol. 3: 746; vol. 4: 560
3:10–18	vol. 3: 544
3:10	vol. 3: 790
3:11	vol. 4: 408, 409
3:12	vol. 2: 703
3:13	vol. 1: 328, 589, 761; vol. 2: 416, 544
3:14	vol. 1: 383, 555; vol. 3: 746
3:15	vol. 1: 168, 571; vol. 2: 159, 544
3:16–17	vol. 3: 457
3:16	vol. 3: 457; vol. 4: 447
3:17	vol. 2: 116
3:18	vol. 2: 544
3:19–23	vol. 2: 177
3:19–20	vol. 3: 418
3:19	vol. 1: 384, 747; vol. 2: 734; vol. 3: 412; vol. 4: 615
3:20	vol. 1: 96, 259, 423, 734, 735; vol. 3: 270; vol. 3: 414, 721; vol. 4: 256
3:21–31	vol. 1: 449; vol. 4: 658
3:21–26	vol. 1: 735, 740; vol. 2: 442, 540, 764; vol. 4: 658
3:21–22	vol. 1: 735
3:21	vol. 1: 198, 722; vol. 3: 590, 616, 618; vol. 3: 240, 410, 414; vol. 4: 589
3:22–24	vol. 3: 130
3:22	vol. 1: 305; vol. 2: 130; vol. 3: 767, 768
3:23	vol. 1: 259; vol. 3: 414; vol. 4: 576
3:24–26	vol. 4: 658
3:24	vol. 1: 158, 721, 722, 735; vol. 2: 194; vol. 3: 186, 815
3:25–26	vol. 1: 260, 642, 735; vol. 2: 130, 411; vol. 3: 414
3:25	vol. 1: 136, 170, 246, 247, 258, 298, 384, 690; vol. 2: 130, 487, 539, 541; vol. 3: 185; vol. 4: 160, 692
3:26	vol. 1: 158, 298, 735, 736; vol. 2: 130, 541, 590; vol. 3: 768; vol. 4: 570
3:27–31	vol. 3: 767
3:27–28	vol. 2: 270
3:27	vol. 2: 653, 688
3:28	vol. 1: 734, 735; vol. 3: 126, 414
3:29–30	vol. 2: 124, 182
3:29	vol. 1: 305, 553; vol. 2: 92
3:30	vol. 1: 735; vol. 2: 129, 438; vol. 3: 287, 727, 728, 729
3:31	vol. 1: 572, 699; vol. 2: 177, 642; vol. 3: 414
4	vol. 1: 90, 736; vol. 4: 414, 507
4:1–13	vol. 1: 89
4:1–3	vol. 1: 90
4:1	vol. 2: 632; vol. 4: 256
4:2–5	vol. 1: 90
4:2	vol. 2: 653; vol. 4: 658
4:3–8	vol. 1: 246
4:3–6	vol. 3: 126
4:3–5	vol. 1: 246
4:3	vol. 1: 246, 604; vol. 2: 438, 699; vol. 3: 763
4:4–8	vol. 1: 90
4:4	vol. 3: 326, 575
4:5	vol. 1: 490; vol. 3: 769; vol. 4: 277
4:6	vol. 1: 635; vol. 3: 208
4:7–12	vol. 3: 729
4:7–8	vol. 3: 208
4:7	vol. 1: 246, 260, 447, 449; vol. 2: 613
4:8	vol. 1: 300; vol. 2: 774; vol. 3: 126
4:9–25	vol. 3: 121
4:9–15	vol. 3: 767
4:9–12	vol. 1: 90
4:9	vol. 1: 735; vol. 3: 208, 763
4:10	vol. 3: 126, 728
4:11–17	vol. 3: 93
4:11–12	vol. 3: 729, 744; vol. 4: 256, 379
4:11	vol. 1: 466, 688, 735; vol. 2: 121, 130; vol. 3: 767; vol. 4: 413
4:12	vol. 3: 335
4:13–16	vol. 3: 607
4:13–15	vol. 2: 698, 700
4:13	vol. 2: 234, 699
4:14	vol. 2: 127, 234, 658, 699
4:15	vol. 3: 412, 537, 607, 779
4:16–18	vol. 4: 346
4:16–17	vol. 2: 92
4:16	vol. 1: 499, 690; vol. 2: 121; vol. 4: 658
4:17–18	vol. 3: 767
4:17	vol. 1: 781; vol. 2: 234, 369, 410, 413, 606, 763; vol. 3: 376, 377; vol. 4: 491
4:18–22	vol. 1: 90, 738
4:18	vol. 2: 121, 188, 438
4:19	vol. 1: 624; vol. 3: 298, 376, 434; vol. 4: 263, 264, 439
4:20	vol. 1: 764; vol. 2: 121, 122
4:21	vol. 2: 234; vol. 4: 79
4:22–24	vol. 3: 126, 763
4:22	vol. 1: 449
4:23–25	vol. 3: 126; vol. 4: 507, 696
4:24	vol. 2: 81; vol. 3: 377
4:25	vol. 1: 448, 449, 482, 650, 690; vol. 2: 411; vol. 3: 624; vol. 4: 533, 692

5–6 . . . . .vol. 4: 659
5 . . . . .vol. 1: 260
5:1–2 . . . . .vol. 3: 458
5:1 . . .vol. 1: 96, 247, 260, 507, 735; vol. 2: 115, 117, 130, 348
5:2 . . . . . .vol. 1: 766; vol. 2: 187, 188, 349, 509, 654; vol. 3: 759; vol. 4: 567, 659
5:3–5 . . . . vol. 2: 464; vol. 4: 567, 568
5:3 . . . . .vol. 2: 193, 464, 654; vol. 3: 335; vol. 4: 567
5:4 . . . . vol. 1: 758; vol. 3: 488
5:5 . . . . .vol. 1: 110, 183; vol. 2: 160, 626; vol. 3: 710, 815, 816
5:6–11 . . . . .vol. 2: 411
5:6 . . . . vol. 1: 422; vol. 2: 590; vol. 4: 277, 555, 692
5:7 . . . . vol. 1: 99; vol. 4: 499
5:8–9 . . . . vol. 1: 109, 115; vol. 3: 537
5:8 . . . . vol. 1: 109, 247, 260, 422, 780; vol. 2: 411; vol. 4: 277, 555, 692
5:9 . . . . . .vol. 1: 171, 246, 688, 691; vol. 2: 411; vol. 4: 432, 533
5:10–11 . . . . vol. 1: 243, 449; vol. 2: 195
5:10 . . . . .vol. 1: 245, 246, 247; vol. 2: 194, 345, 370; vol. 3: 164; vol. 4: 532, 534
5:11 . . . . vol. 1: 173, 260, 245, 688; vol. 2: 194, 653, 777
5:12–21 . . . . .vol. 1: 147, 460; vol. 2: 295, 370, 410, 579; vol. 3: 441
5:12–19 . . . . .vol. 1: 246
5:12–14 . . . . vol. 1: 734; vol. 2: 734
5:12 . . . . .vol. 1: 147, 260; vol. 2: 126, 238, 410; vol. 3: 661; vol. 4: 216
5:13–14 . . . . .vol. 1: 148
5:14 . . . . .vol. 1: 148, 482; vol. 3: 366, 502, 607, 636; vol. 4: 508
5:15–20 . . . . .vol. 3: 636
5:15–17 .vol. 1: 721, 722
5:15–16 . . . . .vol. 4: 660
5:15 . . . . .vol. 1: 343; vol. 2: 126, 579; vol. 3: 502, 721; vol. 4: 98, 659
5:16 . . . .vol. 1: 721; vol. 2: 580, 748; vol. 4: 100
5:17 . . . . .vol. 1: 148, 482, 676, 720; vol. 2: 126, 580; vol. 3: 82, 720, 721; vol. 4: 659
5:18 . . . . .vol. 1: 369, 734; vol. 2: 370, 580, 748; vol. 4: 99
5:19 . . . . . .vol. 1: 170, 210, 734, 736; vol. 2: 579, 580; vol. 4: 98, 550
5:20–21 . . . . .vol. 4: 659
5:20 . . . . .vol. 1: 248, 259, 689, 699; vol. 2: 177, 284; vol. 3: 413, 414, 607, 636, 720, 721, 778; vol. 4: 660
5:21 . . . . vol. 1: 260, 482; vol. 4: 216
6–8 . . . . vol. 1: 738; vol. 2: 369
6 . . . . . . .vol. 1: 490; vol. 2: 177; vol. 3: 266, 340
6:1–14 . . . . .vol. 2: 364
6:1–11 . . . . . . vol. 1: 260, 325; vol. 3: 340, 376
6:1–5 . . . . .vol. 1: 465
6:1–3 . . . . .vol. 4: 363
6:1 . . . . .vol. 1: 344, 553; vol. 3: 274, 398, 415, 779; vol. 4: 659, 661
6:2–4 . . . . .vol. 2: 412
6:2 . . . . .vol. 2: 176
6:3–13 . . . . .vol. 1: 585
6:3–10 . . . . vol. 1: 260; vol. 3: 600
6:3–5 . . . . .vol. 3: 175
6:3–4 . . .vol. 1: 463, 466; vol. 2: 773; vol. 3: 522
6:3 . . . . .vol. 1: 135, 344, 462
6:4–5 . . . . .vol. 1: 401
6:4 . . . . . . .vol. 1: 344, 464, 765, 780; vol. 4: 81, 416, 441; vol. 3: 503, 675; vol. 4: 692
6:5–9 . . . . .vol. 1: 344
6:5 . . . . vol. 1: 323; vol. 3: 502
6:6 . . . . .vol. 1: 260, 305; vol. 2: 176, 412; vol. 3: 487, 600, 816; vol. 4: 362, 439
6:7–10 . . . . .vol. 4: 693
6:7 . . . . vol. 1: 735; vol. 4: 363
6:8–9 . . . . .vol. 4: 692
6:8 . . . . .vol. 2: 188, 369, 712
6:9 . . . . vol. 1: 260, 421; vol. 2: 81, 773
6:10–11 . . . . .vol. 2: 370
6:10 . . . . .vol. 1: 343, 344, 735; vol. 3: 671; vol. 4: 363
6:11–12 . . . . .vol. 3: 266
6:11 . . . . . . .vol. 1: 323, 344, 735; vol. 2: 176; vol. 3: 377
6:12–18 . . . . vol. 1: 260; vol. 4: 439
6:12–14 . . . . .vol. 2: 243
6:12 . . . . .vol. 1: 482; vol. 2: 176, 243, 409; vol. 4: 439, 551
6:13–19 . . . . .vol. 3: 642
6:13 . . . . . . vol. 1: 735; vol. 3: 266, 377, 525
6:14–15 . . . . vol. 3: 413; vol. 4: 560
6:14 . . . . vol. 2: 773; vol. 4: 659
6:15–22 . . . . .vol. 3: 415
6:15 . . . . vol. 2: 177; vol. 4: 659
6:16–17 . . . . vol. 1: 771; vol. 4: 550
6:16 . . . . vol. 1: 260, 662; vol. 3: 583
6:17 . . . . .vol. 1: 260, 344, 714; vol. 2: 626; vol. 3: 626; vol. 4: 507, 659
6:18–22 . . . . .vol. 2: 176, 178
6:18 . . . . . vol. 1: 735, 771, 772; vol. 2: 175, 176
6:19–22 . . . . .vol. 1: 130
6:19 . . . . . . .vol. 1: 304, 735, 772; vol. 2: 176; vol. 3: 266; vol. 4: 439
6:20–23 . . . . .vol. 2: 176
6:20 . . . . .vol. 2: 176
6:21 . . . . .vol. 1: 183; vol. 2: 177; vol. 4: 475
6:22 . . . . . .vol. 1: 130, 197, 735, 772; vol. 2: 175, 176, 371; vol. 4: 475
6:23 . .vol. 1: 96, 148; vol. 2: 177, 410, 728, 777; vol. 3: 326, 583; vol. 4: 216, 601, 659, 660
7 . . . . vol. 2: 87, 177; vol. 3: 754
7:1–3 . . . . .vol. 1: 364

7:1 . . . . . **vol. 1:** 135, 582; **vol. 2:** 773; **vol. 3:** 412
7:2–3. . . . . **vol. 3:** 410; **vol. 4:** 716
7:2 . . . . **vol. 1:** 300, 301, 679
7:3–6. . . . . **vol. 2:** 176
7:3 . . . . . . **vol. 2:** 176; **vol. 3:** 331; **vol. 4:** 684
7:4–5. . . . . **vol. 2:** 629
7:4 . . . . **vol. 2:** 411; **vol. 3:** 600
7:5–11. . . . . **vol. 1:** 260
7:5 . . . . . **vol. 1:** 260; **vol. 2:** 121, 244, 271, 633;
  vol. 3: 266, 583, 670; **vol. 4:** 259
7:6 . . **vol. 1:** 600, 607, 771, 772; **vol. 2:** 412, 582,
  583, 641, 773; **vol. 3:** 599,
  600, 601, 676, 711, 815, 816
7:7–25. . . . . **vol. 2:** 87, 203; **vol. 4:** 385
7:7–13. . . . .**vol. 2:** 177
7:7–12. . . . . **vol. 1:** 148, 734; **vol. 2:** 203;
  vol. 3: 607
7:7–8. . . . . **vol. 2:** 243
7:7 . . . . . . **vol. 1:** 553, 581; **vol. 3:** 412, 414, 461
7:8–13. . . . . **vol. 2:** 202; **vol. 3:** 413
7:8–11. . . . . **vol. 1:** 780
7:8 . . . . **vol. 2:** 204, 268; **vol. 3:** 184
7:9–25. . . . . **vol. 1:** 260
7:9–11. . . . .**vol. 2:** 87
7:9–10. . . . . **vol. 2:** 204; **vol. 3:** 414
7:9 . . **vol. 1:** 326; **vol. 2:** 369, 411; **vol. 3:** 779
7:10–11. . . . . **vol. 2:** 177
7:10 . . . . **vol. 2:** 177; **vol. 3:** 583
7:11 . . . . **vol. 1:** 348, 357; **vol. 2:** 204
7:12–21. . . . .**vol. 2:** 610
7:12 . . . . . **vol. 1:** 96, 129, 699; **vol. 2:** 177, 204;
  vol. 3: 413, 589; **vol. 4:** 475
7:13 . . . . **vol. 3:** 583; **vol. 4:** 588
7:14–25. . . . .**vol. 3:** 816
7:14 . . . . **vol. 2:** 177, 204; **vol. 3:** 754, 818;
  vol. 4: 258, 560
7:15–23. . . . .**vol. 2:** 428
7:15–21. . . . . **vol. 2:** 600; **vol. 4:** 121
7:15 . . . .**vol. 3:** 320
7:17 . . . .**vol. 3:** 475
7:18–24. . . . . **vol. 1:** 96
7:18–20. . . . .**vol. 3:** 475
7:18–19. . . . . **vol. 1:** 305; **vol. 2:** 429
7:18 . . . . **vol. 1:** 99; **vol. 4:** 258
7:19 . . . . **vol. 2:** 600; **vol. 4:** 121
7:20 . . . .**vol. 2:** 268
7:21–23. . . . .**vol. 3:** 266
7:21 . . . . . . **vol. 1:** 98, 99; **vol. 2:** 330, 429, 600;
  vol. 3: 410
7:22–23. . . . . **vol. 3:** 754; **vol. 4:** 385
7:22 . . . . **vol. 2:** 298, 378; **vol. 3:** 415
7:23–24. . . . .**vol. 2:** 177
7:23 . . . . **vol. 1:** 192, 521; **vol. 3:** 410, 431;
  vol. 4: 384
7:24–25. . . . . **vol. 4:** 447
7:24 . . . . **vol. 2:** 204, 410; **vol. 3:** 414;
  vol. 4: 104, 216, 439, 447

7:25 . . . . . **vol. 1:** 771; **vol. 2:** 204, 342, 600, 777;
  vol. 3: 414, 431; **vol. 4:** 216, 258, 659
8. **vol. 2:** 762; **vol. 4:** 257
8:1–11. . . . . **vol. 2:** 178, 209
8:1–4. . . . . **vol. 1:** 260; **vol. 2:** 204
8:1 . . . . **vol. 1:** 96, 449, 507; **vol. 2:** 194,
  211, 349, 748
8:2–27. . . . .**vol. 2:** 509
8:2–11. . . . .**vol. 2:** 176
8:2 . . . . **vol. 1:** 689; **vol. 2:** 175, 370, 429;
  vol. 3: 272, 410, 815; **vol. 4:** 258
8:3–4. . . . . **vol. 3:** 415; **vol. 4:** 216
8:3 . . **vol. 1:** 247, 422, 423, 772, 780; **vol. 2:** 176;
  vol. 3: 272, 335, 414, 503, 537,
  704, 714, 790; **vol. 4:** 258, 439,
  532, 533, 534
8:4–14. . . . . **vol. 2:** 440
8:4–13. . . . . **vol. 3:** 768
8:4–6. . . . . **vol. 1:** 387; **vol. 3:** 816
8:4–5. . . . . **vol. 2:** 178; **vol. 4:** 257
8:4 . . . . **vol. 3:** 272, 413, 414, 419, 676, 790;
  vol. 4: 258, 475
8:5–11. . . . . **vol. 3:** 601
8:5–8. . . . . . **vol. 1:** 780; **vol. 3:** 415; **vol. 4:** 261
8:5 . . . . **vol. 2:** 633; **vol. 4:** 259, 619
8:6–7. . . . .**vol. 4:** 619
8:6 . . . . . **vol. 2:** 115, 177, 370; **vol. 3:** 414, 583;
  vol. 4: 259
8:7–8. . . . .**vol. 1:** 778
8:7 . . . . **vol. 1:** 387; **vol. 2:** 345; **vol. 4:** 462
8:8–9. . . . . **vol. 2:** 633; **vol. 4:** 259
8:8 . . . . **vol. 1:** 387
8:9–17. . . . .**vol. 1:** 260
8:9–15. . . . .**vol. 2:** 243
8:9–11. . . . . **vol. 1:** 781; **vol. 3:** 275
8:9–10. . . . .**vol. 1:** 46
8:9 . . . . **vol. 1:** 387; **vol. 2:** 348; **vol. 3:** 475,
  710, 815, 818; **vol. 4:** 259, 307, 367
8:10–11. . . . . **vol. 2:** 370
8:10 . . . . **vol. 2:** 195; **vol. 3:** 816
8:11 . . . . . . **vol. 1:** 326, 387, 689; **vol. 2:** 81, 187,
  409, 442, 717, 777; **vol. 3:** 414,
  475, 816, 817; **vol. 4:** 307
8:12–13. . . . . **vol. 2:** 178; **vol. 3:** 415, 816;
  vol. 4: 257
8:12 . . . .**vol. 3:** 577
8:13–17. . . . .**vol. 4:** 466
8:13 . . . . . **vol. 1:** 260, 387; **vol. 3:** 263, 376, 816;
  vol. 4: 122, 439
8:14–17. . . . . **vol. 1:** 86; **vol. 3:** 597, 683, 812
8:14–16. . . . .**vol. 3:** 815
8:14–15. . . . .**vol. 3:** 710
8:14 . . . **vol. 1:** 130, 151; **vol. 2:** 341; **vol. 3:** 816,
  818; **vol. 4:** 530, 534
8:15–17. . . . .**vol. 3:** 816
8:15–16. . . . . .**vol. 2:** 341, 441; **vol. 3:** 711, 817;
  vol. 4: 530

8:15 ...... **vol. 1:** 86, 772; **vol. 2:** 209, 340, 341, 738; **vol. 3:** 82, 230, 808, 818; **vol. 4:** 530, 613
8:16 ..... **vol. 1:** 151, 387; **vol. 3:** 239, 807, 818; **vol. 4:** 367
8:17–23......................**vol. 3:** 178
8:17–18......................**vol. 1:** 765
8:17 .... **vol. 1:** 325, 764; **vol. 2:** 371, 464, 697, 699, 700, 712; **vol. 3:** 670, 672, 673; **vol. 3:** 531, 649; **vol. 4:** 531, 649
8:18–25.......... **vol. 2:** 763; **vol. 3:** 673, 816
8:18–21......................**vol. 2:** 370
8:18–19.............. **vol. 2:** 619; **vol. 3:** 250
8:18 ... **vol. 1:** 340, 766; **vol. 2:** 591; **vol. 3:** 126, 263, 672
8:19–25......................**vol. 2:** 133
8:19–23......................**vol. 4:** 466
8:19–22.............. **vol. 2:** 411, 734, 764
8:19 .... **vol. 2:** 133, 764; **vol. 4:** 530, 534
8:20–23......................**vol. 2:** 188
8:20 ..**vol. 2:** 237; **vol. 3:** 249, 250; **vol. 4:** 462
8:21 .... **vol. 1:** 568, 765, 766; **vol. 2:** 175, 176, 764; **vol. 3:** 250; **vol. 4:** 602
8:22–27......................**vol. 4:** 367
8:22–23............. **vol. 2:** 209; **vol. 4:** 216
8:22 .... **vol. 2:** 210; **vol. 4:** 367
8:23–25......................**vol. 4:** 567
8:23 ... **vol. 1:** 347, 405; **vol. 2:** 133, 187, 197, 210, 235, 349, 413; **vol. 3:** 186, 710, 816; **vol. 4:** 367, 431, 530
8:24 .... **vol. 2:** 186; **vol. 3:** 768; **vol. 4:** 431
8:25 .... **vol. 2:** 133, 188; **vol. 4:** 568
8:26–27...... **vol. 2:** 208, 211; **vol. 3:** 816, 817
8:26 .... **vol. 1:** 638; **vol. 2:** 210, 341; **vol. 3:** 85, 632; **vol. 4:** 367, 655
8:27 .... **vol. 2:** 211, 264, 625, 626, 633; **vol. 4:** 367
8:28–39......................**vol. 3:** 733
8:28–30.................**vol. 4:** 99, 161
8:28 ..... **vol. 1:** 96, 529; **vol. 2:** 271, 606, 634; **vol. 3:** 547, 816; **vol. 4:** 160
8:29–30.........**vol. 1:** 325; **vol. 2:** 138, 606; **vol. 3:** 546
8:29 ... **vol. 1:** 151, 532; **vol. 2:** 105; **vol. 3:** 338, 340; **vol. 4:** 100, 139, 180, 432, 532, 534
8:30–31......................**vol. 1:** 325
8:30 ....**vol. 1:** 765
8:31–39......................**vol. 1:** 96
8:31–32............. **vol. 1:** 267; **vol. 4:** 648
8:31 ....**vol. 2:** 632
8:32 ..... **vol. 1:** 448, 449, 650; **vol. 2:** 187, 442; **vol. 3:** 335, 624; **vol. 4:** 532, 533, 534, 555, 658, 660
8:33–34......................**vol. 2:** 647
8:33 .... **vol. 1:** 130, 294; **vol. 2:** 151, 604
8:34 .... **vol. 1:** 666; **vol. 2:** 208, 210, 509, 749; **vol. 3:** 596, 632

8:35–39.......... **vol. 1:** 109, 751; **vol. 4:** 714
8:35 ... **vol. 1:** 611; **vol. 2:** 464, 682; **vol. 3:** 253, 694; **vol. 4:** 368
8:36–39......................**vol. 2:** 413
8:36 ....**vol. 4:** 136
8:37–39......................**vol. 1:** 110
8:37 ....**vol. 1:** 110; **vol. 2:** 464; **vol. 3:** 393, 394
8:38–39...... **vol. 1:** 123, 780; **vol. 2:** 177, 414
8:38 .... **vol. 1:** 123, 417, 779; **vol. 2:** 176, 188, 393; **vol. 3:** 689
8:39 ....**vol. 1:** 155, 458; **vol. 2:** 194, 764; **vol. 4:** 582, 581
9–11 .... **vol. 1:** 246, 698; **vol. 2:** 92, 150, 558, 560; **vol. 3:** 93, 102, 164, 488, 681, 691; **vol. 4:** 466
9. .... **vol. 1:** 109; **vol. 4:** 301
9:1 ....**vol. 1:** 233; **vol. 3:** 239, 497, 816; **vol. 4:** 404
9:2 ....**vol. 1:** 698; **vol. 3:** 102, 103, 177, 178, 255
9:3 .... **vol. 1:** 150, 282; **vol. 2:** 339, 632; **vol. 3:** 103; **vol. 4:** 256
9:4–5......... **vol. 1:** 699; **vol. 2:** 92, 348, 444
9:4 ....**vol. 2:** 557; **vol. 3:** 96, 410, 413; **vol. 4:** 530
9:5 ....**vol. 1:** 265; **vol. 2:** 237, 324, 632; **vol. 3:** 335
9:6–13......................**vol. 2:** 494
9:6–8.................**vol. 4:** 256, 466
9:6 .... **vol. 2:** 139, 441; **vol. 3:** 164, 744
9:7–12......................**vol. 3:** 321
9:7–8.............. **vol. 3:** 93; **vol. 4:** 466
9:7 ..... **vol. 1:** 90; **vol. 2:** 548, 605; **vol. 3:** 744; **vol. 4:** 346
9:8 ....**vol. 2:** 139; **vol. 3:** 126; **vol. 4:** 255
9:9 ....**vol. 1:** 624; **vol. 3:** 164; **vol. 4:** 263
9:10 .... **vol. 2:** 548, 715; **vol. 3:** 681
9:11–12......... **vol. 2:** 150, 715; **vol. 3:** 479
9:11 ....**vol. 1:** 100, 529, 562; **vol. 2:** 149, 606; **vol. 3:** 103, 164, 275; **vol. 4:** 160
9:12 ....**vol. 3:** 255
9:13 ....**vol. 3:** 320, 321
9:14–24......................**vol. 3:** 743
9:14–18......................**vol. 2:** 428
9:14 ....**vol. 1:** 158
9:15–18......................**vol. 2:** 169
9:15–16......................**vol. 3:** 366
9:15 ......**vol. 2:** 170; **vol. 3:** 479; **vol. 4:** 314
9:16 ....**vol. 2:** 169, 170, 428; **vol. 3:** 103, 164, 479; **vol. 4:** 161, 504
9:17 ......**vol. 1:** 117, 120, 605, 642; **vol. 2:** 80; **vol. 4:** 314
9:18 ....**vol. 2:** 170, 428; **vol. 3:** 270, 743; **vol. 4:** 314
9:19 .... **vol. 1:** 528, 529; **vol. 3:** 270, 743
9:20–23......................**vol. 1:** 553
9:20 .... **vol. 2:** 748; **vol. 3:** 744

171

Scripture Index: New Testament: Romans

9:21–23 . . . . .vol. 4: 301
9:21 . . . . .vol. 2: 219; vol. 3: 743, 744; vol. 4: 300, 496, 630
9:22–23. . . . . vol. 1: 360; vol. 3: 630
9:22 . . . . .vol. 1: 359, 409, 642; vol. 2: 121, 428, 441; vol. 3: 537; vol. 4: 570
9:23–24. . . . . vol. 2: 171, 618; vol. 3: 744
9:23 . . . . vol. 2: 169, 304; vol. 3: 798, 801
9:24 . . . . .vol. 3: 103
9:25–29. . . . . .vol. 3: 744
9:25–26. . . . . vol. 2: 171; vol. 3: 103
9:25 . . . . vol. 1: 698; vol. 2: 605
9:26 . . . . vol. 2: 605; vol. 4: 530, 534
9:27–28. . . . . .vol. 2: 103
9:27 . . . .vol. 1: 392; vol. 2: 738; vol. 3: 102, 788
9:28–29. . . . . .vol. 2: 774
9:29 . . . . . vol. 2: 771; vol. 3: 102, 103, 157, 788
9:30–31. . . . . vol. 1: 751; vol. 3: 744
9:30 . . . . vol. 2: 93, 130, 442; vol. 3: 83, 737
9:31–32. . . . . .vol. 3: 737
9:31 . . . . vol. 1: 734; vol. 3: 721
9:32–33. . . . . .vol. 3: 121, 758
9:32 . . . . vol. 1: 734; vol. 2: 130, 727
9:33 . . . . .vol. 1: 183, 628; vol. 3: 737; vol. 4: 297, 298
10:1 . . . . vol. 1: 668; vol. 2: 314
10:2 . . . . .vol. 1: 582, 586; vol. 2: 348, 351; vol. 3: 240
10:3 . . . . vol. 1: 135, 260, 735, 740; vol. 3: 356, 442; vol. 4: 462
10:4 . . . . .vol. 1: 734, 735; vol. 2: 121, 177, 270; vol. 3: 413, 419, 589, 729; vol. 4: 475
10:5 . . . . .vol. 1: 734; vol. 2: 177; vol. 3: 366
10:6–10. . . . . .vol. 2: 626
10:6–8. . . . . .vol. 1: 93
10:6–7. . . . . .vol. 1: 155, 276
10:6 . . . . .vol. 3: 597
10:8–12. . . . . .vol. 2: 680
10:8–10. . . . . .vol. 4: 383
10:8 . . . . .vol. 1: 344; vol. 2: 78; vol. 4: 210
10:9–13. . . . . .vol. 3: 114
10:9–10. . . . . .vol. 3: 509
10:9 . . . . .vol. 1: 464; vol. 2: 81, 440, 442, 633, 775; vol. 3: 766
10:10 . . . . .vol. 2: 121
10:11 . . . . .vol. 1: 183, 277
10:12–14. . . . . .vol. 2: 607
10:12 . . . .vol. 1: 305; vol. 2: 182; vol. 3: 721
10:13–15. . . . . .vol. 2: 177
10:13 . . . . .vol. 3: 521
10:14–19. . . . . .vol. 1: 211
10:15 . . .vol. 1: 368; vol. 2: 310, 680; vol. 4: 743
10:16 . . . . .vol. 2: 774; vol. 3: 788; vol. 4: 550
10:17 . . . . .vol. 2: 130; vol. 3: 769; vol. 4: 210
10:18 . . . . vol. 3: 477; vol. 4: 210
10:19 . . . . .vol. 2: 93, 351; vol. 3: 366, 535; vol. 4: 409

10:20 . . . . .vol. 2: 287; vol. 3: 788; vol. 4: 498, 590
10:21 . . . . .vol. 3: 690
11. . . . . .vol. 3: 480
11:1 . . . . . vol. 1: 90; vol. 2: 557; vol. 3: 93, 355; vol. 4: 197, 629
11:2–5. . . . . vol. 2: 382; vol. 3: 103
11:2 . . . . vol. 2: 208, 381; vol. 4: 139
11:3 . . . .vol. 2: 774; vol. 3: 102, 335; vol. 4: 684
11:4 . . . . .vol. 1: 593; vol. 2: 261, 437; vol. 4: 672, 685
11:5–6. . . . . .vol. 4: 659, 672
11:5 . . . . .vol. 2: 149, 150; vol. 3: 102, 103; vol. 4: 139, 685
11:6 . . . . .vol. 3: 103
11:7 . . . . . . vol. 2: 149, 150; vol. 4: 139, 197
11:8 . . . . .vol. 1: 212; vol. 2: 392, 653, 616; vol. 3: 573
11:9 . . . . .vol. 1: 635, 721; vol. 2: 453, 710; vol. 3: 636; vol. 4: 297
11:10 . . . . .vol. 4: 322, 323
11:11–16. . . . . .vol. 1: 698
11:11–15. . . . . .vol. 4: 213
11:11–12. . . . . vol. 2: 93; vol. 3: 103, 636
11:11 . . . . vol. 2: 93, 351; vol. 3: 721
11:12 . . . . .vol. 3: 801
11:13–21. . . . . .vol. 1: 90
11:13–14. . . . . .vol. 2: 93
11:13 . . . . vol. 1: 368, 704; vol. 2: 92
11:14 . . . . vol. 2: 351; vol. 4: 255, 431
11:15 . . .vol. 1: 243, 246, 260, 449; vol. 2: 129; vol. 3: 85
11:16–21. . . . . .vol. 2: 686
11:16–18. .vol. 4: 212, 213
11:16 . . . . vol. 1: 346; vol. 4: 213, 630
11:17–24. . . . . .vol. 1: 251; vol. 2: 163; vol. 3: 611, 729
11:17–18. . . . . vol. 2: 653; vol. 4: 213
11:17 . . . . .vol. 2: 92, 161, 686, 712
11:19 . . . . .vol. 2: 686
11:20 . . . . .vol. 2: 686; vol. 3: 356; vol. 4: 581, 582, 619
11:21 . . . . .vol. 4: 633
11:22 . . . . . .vol. 2: 726; vol. 3: 274; vol. 4: 687
11:23–31. . . . . .vol. 3: 93
11:23 . . . . .vol. 2: 163
11:24 . . . . vol. 2: 161, 609, 726; vol. 4: 633
11:25–26. . . . . .vol. 4: 431
11:25 . . . . .vol. 1: 135, 698, 699; vol. 2: 93, 284; vol. 3: 282, 356; vol. 4: 197, 622
11:26–27. . . . . .vol. 1: 699
11:26 . . . . .vol. 1: 699; vol. 2: 379, 494, 526, 557, 559; vol. 4: 216, 388, 628
11:28–32. . . . . .vol. 2: 150
11:28–29. . . . . .vol. 4: 659
11:28 . . . . vol. 1: 109, 114, 346, 690; vol. 2: 149, 150, 345

Scripture Index: New Testament: Romans

11:29 . . . . .vol. 1: 699; vol. 2: 441, 606; vol. 3: 93, 289; vol. 4: 660
11:30–32. . . . . .vol. 2: 171
11:30, 31 . . . . .vol. 3: 690
11:32 . . .vol. 1: 605; vol. 2: 688, 690; vol. 3: 691
11:33–36. . . .vol. 1: 698; vol. 2: 690; vol. 3: 356
11:33 . . . . .vol. 1: 457; vol. 2: 439, 750; vol. 3: 457; vol. 4: 337
11:34 . . . . . . .vol. 1: 528; vol. 2: 774; vol. 3: 431
11:35 . . . . .vol. 1: 721
11:36 . . . .vol. 1: 265, 688, 689, 764; vol. 2: 438; vol. 3: 661
12–13 . . . . .vol. 2: 211
12 . . . . vol. 2: 141; vol. 3: 394
12:1–5. . . . . .vol. 2: 139
12:1–2. . . . . .vol. 1: 307
12:1 . . . . .vol. 1: 130, 388, 540, 722; vol. 2: 171, 211, 443, 487, 508; vol. 3: 96, 158, 479, 480, 630, 642; vol. 4: 439, 440
12:2 . . . . .vol. 1: 198, 306, 388, 759; vol. 2: 121, 428, 582, 583, 625; vol. 3: 158, 263, 338, 340, 341, 431, 817; vol. 4: 417, 440, 477
12:3–5. . . . . .vol. 4: 660
12:3 . . . . .vol. 3: 295, 817; vol. 4: 444, 445, 618, 659
12:4–8. . . . . vol. 2: 140; vol. 3: 817
12:4–5. . . . . .vol. 3: 266
12:4 . . . . vol. 1: 351; vol. 4: 122
12:5 . . . . vol. 2: 508; vol. 4: 98, 441
12:6–8. . . . . vol. 3: 817; vol. 4: 660
12:6 . . . .vol. 1: 714; vol. 3: 820; vol. 4: 167, 659
12:7 . . . . .vol. 1: 703, 714
12:8 . . . . .vol. 1: 351, 721, 722; vol. 2: 171; vol. 3: 630; vol. 4: 140, 141, 349
12:9 . . . vol. 1: 114, 390; vol. 2: 720; vol. 4: 102, 103, 564
12:10 . . .vol. 1: 151; vol. 2: 376; vol. 4: 497, 608
12:11 . . . . vol. 1: 771, 772; vol. 4: 270, 349
12:12 . . . . . vol. 2: 186, 188, 710vol. 4: 567, 648
12:13 . . . . .vol. 1: 130, 751; vol. 2: 711; vol. 3: 123, 445; vol. 4: 682
12:14 . . . . vol. 1: 383, 751; vol. 2: 325
12:15 . . . . .vol. 2: 684, 728
12:16 . . . . .vol. 4: 454, 582, 619, 620, 622
12:17–18. . . . . .vol. 1: 387
12:17 . . .vol. 1: 332, 721; vol. 2: 600; vol. 4: 143
12:18 . . . . vol. 1: 778; vol. 2: 115, 116
12:19–21. . . . . .vol. 1: 449
12:19–20. . . . . .vol. 3: 394
12:19 . . . . vol. 1: 383, 519, 721, 747; vol. 3: 536
12:20 . . . . .vol. 1: 747, 748; vol. 2: 345; vol. 3: 647, 694
12:21 . . . . vol. 2: 600; vol. 3: 394
13. . . . . vol. 2: 218; vol. 3: 653
13:1–4. . . . . vol. 1: 96; vol. 2: 600
13:1–2. . . . . .vol. 4: 461

13:1 . . . . vol. 2: 218; vol. 4: 461, 462, 730
13:2 . . . . .vol. 4: 461
13:3 . . .vol. 1: 173, 417; vol. 2: 599; vol. 4: 612
13:4 . . . . .vol. 1: 702, 746; vol. 3: 253, 536; vol. 4: 121
13:5 . . . . vol. 1: 281, 691; vol. 4: 405, 462
13:6–7. . . . . .vol. 4: 474
13:6 . . . .vol. 2: 630; vol. 3: 107; vol. 4: 476, 481
13:7 . . . . vol. 3: 576; vol. 4: 481, 496
13:8–10. . . . .vol. 1: 110; vol. 2: 370; vol. 3: 419
13:8 . . . . .vol. 2: 301, 691; vol. 3: 415, 575, 577, 790
13:9–10. . . . . vol. 2: 691; vol. 4: 475
13:9 . . . . vol. 1: 108; vol. 2: 206; vol. 3: 417, 790, 795
13:10 . . . . . vol. 2: 268, 600; vol. 3: 413, 589
13:11–12. . . . . .vol. 2: 78
13:11 . . . . vol. 2: 80, 591; vol. 4: 431, 745
13:12–13. . . . . .vol. 3: 676
13:12 . . . .vol. 2: 196, 270, 393, 726; vol. 3: 439, 525; vol. 4: 323, 642
13:13 . . . .vol. 1: 135, 419, 436; vol. 2: 351, 715; vol. 3: 259
13:14 . . . . vol. 2: 196, 715; vol. 4: 143, 258
14. . . .vol. 2: 291, 292; vol. 3: 388; vol. 4: 621
14:1 . . . .vol. 1: 422; vol. 2: 748; vol. 3: 85, 768; vol. 4: 226
14:2 . . . . vol. 1: 423; vol. 3: 97
14:3–4. . . . . vol. 2: 748; vol. 4: 227
14:3 . . . . .vol. 3: 85
14:4 . . . . vol. 1: 254, 778; vol. 3: 418, 759
14:5–8. . . . . .vol. 2: 228
14:5–6. . . . . .vol. 4: 226
14:5 . . . . .vol. 3: 430, 604
14:6 . . . . .vol. 2: 335
14:7 . . . . .vol. 2: 370
14:8 . . . . .vol. 2: 370, 776
14:9 . . . . .vol. 1: 154, 326, 448; vol. 2: 370, 773, 775; vol. 3: 377
14:10 . . .vol. 1: 507; vol. 2: 270, 285; vol. 3: 642
14:11–21. . . . . .vol. 2: 370
14:11 . . .vol. 1: 589, 593; vol. 2: 774; vol. 3: 508
14:12 . . . . vol. 1: 507, 662; vol. 3: 158
14:13 . . .vol. 1: 423; vol. 2: 727; vol. 4: 297, 299
14:14 . . .vol. 1: 423; vol. 2: 709, 777; vol. 3: 689
14:15 . . . . .vol. 1: 360, 535; vol. 3: 178, 675; vol. 4: 555
14:17 . . . .vol. 1: 490, 535, 536; vol. 2: 116, 140, 371; vol. 3: 751, 816; vol. 4: 648
14:18 . . . . vol. 1: 388, 771, 772, 757
14:19 . . . . .vol. 1: 751; vol. 2: 116; vol. 3: 464
14:20 . . . .vol. 1: 423, 535; vol. 2: 572, 573, 727; vol. 3: 191; vol. 4: 299
14:21 . . . . .vol. 1: 97, 423; vol. 2: 194, 573, 727; vol. 3: 482, 483, 751; vol. 4: 255, 299
14:22 . . . . vol. 1: 758; vol. 3: 208
14:23 . . . . vol. 1: 260, 423; vol. 3: 768

173

Scripture Index: New Testament: 1 Corinthians

15:1–3 . . **vol. 1:** 386, 387; **vol. 3:** 577; **vol. 4:** 567
15:1–2 . . . . **vol. 4:** 621
15:1 . . **vol. 1:** 387, 421, 422, 423, 495, 778, 781; **vol. 4:** 570
15:2 . . . . **vol. 1:** 96, 387; **vol. 3:** 464
15:3 . . . .**vol. 1:** 387, 404; **vol. 3:** 306, 514; **vol. 4:** 186, 621
15:4–6 . . . . **vol. 4:** 568
15:4 . . . . . **vol. 1:** 600, 604, 605, 714; **vol. 3:** 631
15:5 . . . .**vol. 1:** 404; **vol. 2:** 748; **vol. 4:** 620, 621
15:6 . . . . .**vol. 2:** 125, 441, 776; **vol. 3:** 498, 306; **vol. 4:** 621
15:8–9 . . . . **vol. 2:** 508
15:8 . . .**vol. 1:** 499, 703; **vol. 2:** 234; **vol. 3:** 729
15:9 . . . .**vol. 2:** 171, 310; **vol. 3:** 508; **vol. 4:** 719
15:10 . . . . **vol. 1:** 277; **vol. 2:** 333
15:11 . . . .**vol. 2:** 91, 774
15:12 . . . .**vol. 2:** 186; **vol. 3:** 788; **vol. 4:** 213
15:13 . . . . **vol. 2:** 116, 186, 187, 508; **vol. 3:** 723, 816; **vol. 4:** 648
15:14 . . . . **vol. 1:** 96; **vol. 3:** 424, 689
15:15 . . . .**vol. 1:** 604; **vol. 3:** 282, 313; **vol. 4:** 498, 659
15:16–19 . . . . **vol. 3:** 817
15:16 . . . . . .**vol. 1:** 675; **vol. 2:** 310, 442, 487, 506, 508, 509; **vol. 3:** 106, 107
15:17 . . . . **vol. 2:** 654
15:18–19 . . . . **vol. 4:** 289
15:18 . . . . **vol. 2:** 268, 617; **vol. 4:** 499, 550
15:19 . . . .**vol. 1:** 368, 780; **vol. 2:** 525; **vol. 3:** 123; **vol. 4:** 287, 485
15:20 . . . .**vol. 2:** 432
15:21 . . .**vol. 1:** 120; **vol. 3:** 597; **vol. 4:** 408, 409
15:22 . . . .**vol. 2:** 82, 726, 780
15:23 . . . . **vol. 2:** 530
15:24 . . **vol. 2:** 425; **vol. 3:** 704, 748; **vol. 4:** 108
15:25–28 . . . . **vol. 1:** 662
15:25–27 . . . . **vol. 2:** 555; **vol. 4:** 660
15:25 . . . . **vol. 1:** 702; **vol. 4:** 108, 185
15:26–27 . . . . **vol. 2:** 314
15:26 . . . . **vol. 2:** 711; **vol. 4:** 185
15:27 . . . .**vol. 2:** 525; **vol. 3:** 106, 123, 577, 818, 820; **vol. 4:** 185, 257
15:28 . . . .**vol. 4:** 185, 413, 476

15:29 . . . .**vol. 2:** 325
15:30–31 . . . .**vol. 4:** 185
15:30 . . . .**vol. 1:** 110, 144; **vol. 2:** 340, 777; **vol. 3:** 630, 816
15:31 . . .**vol. 1:** 702; **vol. 3:** 123, 690; **vol. 4:** 216
15:32 . . . .**vol. 2:** 428
15:33 . . . . **vol. 1:** 265; **vol. 2:** 115, 443
16:1–2 . . . .**vol. 1:** 621
16:1 . . . . **vol. 1:** 622, 703; **vol. 2:** 140
16:2 . . . **vol. 1:** 340, 341; **vol. 2:** 777; **vol. 3:** 642; **vol. 4:** 122, 682
16:3–23 . . . .**vol. 1:** 426
16:3–4 . . . .**vol. 1:** 622
16:3 . . . . **vol. 1:** 621; **vol. 2:** 271
16:4 . . . . **vol. 2:** 91, 140, 334; **vol. 4:** 730
16:5 . . . . **vol. 1:** 346; **vol. 2:** 140
16:6 . . . .**vol. 1:** 621
16:7 . . . .**vol. 1:** 192, 369; **vol. 2:** 194; **vol. 3:** 560
16:8 . . . .**vol. 2:** 777
16:10 . . . .**vol. 1:** 757, 759
16:12 . . . . **vol. 1:** 621; **vol. 2:** 723
16:13 . . . . **vol. 2:** 149, 777; **vol. 3:** 299
16:14 . . . .**vol. 2:** 177
16:15 . . . .**vol. 1:** 621
16:16 . . . . . .**vol. 1:** 111, 426; **vol. 2:** 139; **vol. 3:** 816; **vol. 4:** 607
16:17 . . . .**vol. 1:** 344, 714; **vol. 2:** 703; **vol. 3:** 224; **vol. 4:** 297, 299
16:18 . . . .**vol. 1:** 348, 771; **vol. 2:** 177, 323, 600, 705; **vol. 4:** 688
16:19 . . . .**vol. 1:** 96, 203; **vol. 2:** 427, 600; **vol. 4:** 550
16:20 . . . .**vol. 2:** 115, 116, 443
16:21 . . . .**vol. 2:** 777
16:22 . . . .**vol. 2:** 257, 777
16:23 . . . .**vol. 3:** 445, 467
16:25–27 . . . . **vol. 2:** 92; **vol. 4:** 589
16:25–26 . . . . **vol. 2:** 590; **vol. 4:** 292
16:25 . . . .**vol. 1:** 196; **vol. 2:** 310, 618, 677, 678, 756; **vol. 3:** 354, 626; **vol. 4:** 291, 375, 706
16:26–27 . . . . **vol. 2:** 441
16:26 . . . .**vol. 1:** 196, 605; **vol. 2:** 618; **vol. 4:** 167, 550
16:27 . . **vol. 1:** 265, 764; **vol. 3:** 335; **vol. 4:** 338

1 Corinthians

1–3 . . . .**vol. 4:** 334
1:1 . . . . **vol. 1:** 368; **vol. 2:** 427, 606
1:2 . . . .**vol. 1:** 130; **vol. 2:** 138, 139, 445, 606, 607; **vol. 3:** 521; **vol. 4:** 336
1:3 . . . . **vol. 2:** 115, 776; **vol. 3:** 683
1:4–7 . . . . **vol. 3:** 815; **vol. 4:** 659
1:4 . . . . **vol. 2:** 335, 438; **vol. 4:** 658
1:5 . . . .**vol. 1:** 583; **vol. 3:** 798, 801; **vol. 4:** 186, 576
1:6 . . . . **vol. 1:** 500; **vol. 3:** 241

1:7 . . . .**vol. 2:** 133, 619, 777; **vol. 3:** 820; **vol. 4:** 576
1:8 . . . .**vol. 1:** 294, 500, 501; **vol. 2:** 777; **vol. 3:** 488; **vol. 4:** 475
1:9 . . . . . .**vol. 1:** 294, 688; **vol. 2:** 441, 606, 711; **vol. 3:** 765; **vol. 4:** 532
1:10–4:21 . . . .**vol. 4:** 363
1:10–13 . . . .**vol. 4:** 442
1:10 . . . .**vol. 1:** 410; **vol. 3:** 430, 521, 630; **vol. 4:** 419

Scripture Index: New Testament: 1 Corinthians

1:11 . . . . vol. 1: 682; vol. 4: 419
1:12 . . . . vol. 3: 738; vol. 4: 419
1:13–17 . . . . vol. 1: 462
1:13 . . . . vol. 3: 283, 522; vol. 4: 362, 419
1:14–16 . . . . vol. 1: 464
1:15 . . . . vol. 3: 522
1:16 . . . . vol. 2: 121; vol. 3: 472, 474
1:17 . . . . . vol. 1: 368, 464, 528; vol. 2: 121, 310, 349, 658; vol. 4: 336, 361, 362, 363
1:18–31 . . . . vol. 1: 260, 550; vol. 4: 518
1:18–27 . . . . vol. 3: 358
1:18–25 . . . . vol. 4: 359, 361
1:18–24 . . . . vol. 3: 359; vol. 4: 363
1:18–21 . . . . vol. 3: 164
1:18 . . . . . vol. 1: 360, 583, 780; vol. 2: 393, 442, 563; vol. 4: 361, 431, 692
1:19–21 . . . . vol. 4: 362
1:19–20 . . . . vol. 4: 361
1:19 . . . vol. 1: 161; vol. 3: 354; vol. 4: 336, 409
1:20 . . . . vol. 1: 198, 199, 601, 603; vol. 2: 356, 734; vol. 3: 263; vol. 4: 336
1:21 . . . . vol. 1: 583; vol. 2: 315, 677, 678; vol. 3: 767, 769; vol. 4: 336, 361
1:22–25 . . . . vol. 3: 164
1:22–24 . . . . vol. 2: 182; vol. 3: 354
1:22 . . . . vol. 1: 188; vol. 2: 356; vol. 3: 400; vol. 4: 287, 336, 362
1:23–25 . . . . vol. 1: 422
1:23–24 . . . . vol. 2: 413
1:23 . . . . . vol. 2: 92, 349, 677, 679; vol. 4: 298, 336, 362, 363, 392
1:24 . . . . vol. 1: 780; vol. 2: 181, 442, 606; vol. 3: 164, 250, 734; vol. 4: 336, 337
1:25–26 . . . . vol. 2: 563
1:25 . . . . vol. 1: 583; vol. 3: 359
1:26–31 . . . . vol. 3: 354
1:26–29 . . . . vol. 1: 781; vol. 2: 257; vol. 4: 336, 362
1:26 . . . . vol. 1: 521, 778; vol. 2: 606; vol. 4: 257, 261
1:27–28 . . . . vol. 2: 149, 152
1:27 . . . . vol. 1: 183, 422; vol. 2: 641
1:29 . . . . vol. 2: 653; vol. 4: 256, 336
1:30–31 . . . . vol. 4: 658
1:30 . . . . . vol. 1: 130, 287, 384, 740; vol. 2: 539; vol. 3: 186, 268; vol. 4: 336, 337
1:31 . . . . vol. 2: 653; vol. 4: 336
2:1–5 . . . . vol. 1: 422; vol. 4: 363
2:1–2 . . . . vol. 2: 257; vol. 4: 361
2:1 . . . . vol. 1: 119; vol. 3: 165, 241, 354; vol. 4: 336
2:2 . . . . vol. 2: 257; vol. 3: 163, 354; vol. 4: 336, 362
2:3 . . . . vol. 4: 612
2:4–5 . . . . vol. 3: 815, 817; vol. 4: 336
2:4 . . . . vol. 1: 642; vol. 2: 677, 678; vol. 3: 525, 687; vol. 4: 289

2:5 . . . . vol. 2: 442; vol. 3: 767
2:6–16 . . . . vol. 4: 336
2:6–8 . . . . vol. 1: 554
2:6–7 . . . . vol. 4: 336
2:6 . . . . vol. 1: 199, 418; vol. 2: 641; vol. 3: 354, 699; vol. 4: 257, 476
2:7–16 . . . . vol. 1: 519
2:7 . . . . . . vol. 1: 196, 416, 765; vol. 2: 756; vol. 3: 354, 546
2:8 . . . . vol. 1: 418, 765; vol. 3: 699
2:9–13 . . . . vol. 4: 731
2:9 . . . . vol. 1: 211, 275; vol. 2: 304, 626; vol. 3: 573
2:10–16 . . . . vol. 1: 306; vol. 4: 261, 337
2:10–12 . . . . vol. 3: 815
2:10 . . . . vol. 1: 457; vol. 2: 264, 440, 618, 756
2:11–16 . . . . vol. 2: 209
2:11–14 . . . . vol. 3: 461
2:11 . . . . vol. 1: 583; vol. 2: 440
2:12–3:4 . . . . vol. 3: 822
2:12–16 . . . . vol. 2: 348
2:12–15 . . . . vol. 3: 817, 819
2:12 . . . . vol. 2: 128, 440; vol. 3: 82, 354, 808, 815; vol. 4: 660
2:13–3:1 . . . . vol. 3: 819
2:13–14 . . . . vol. 3: 817
2:13 . . . . . vol. 1: 304, 710, 714, 780; vol. 2: 748; vol. 3: 165, 819, 820; vol. 4: 336
2:14–15 . . . . vol. 2: 440
2:14 . . . . vol. 1: 279; vol. 3: 165, 359, 807; vol. 4: 731
2:15 . . . . vol. 1: 780; vol. 2: 633; vol. 3: 354, 819
2:16 . . . . vol. 3: 431, 650
3 . . . . vol. 3: 464
3:1 . . . . vol. 1: 780; vol. 2: 633; vol. 3: 525, 819; vol. 4: 259
3:2–8 . . . . vol. 3: 751
3:2 . . . . vol. 1: 533, 535, 536, 539
3:3–4 . . . . vol. 4: 262
3:3 . . . . . vol. 2: 351, 633; vol. 3: 675; vol. 4: 259
3:4 . . . . vol. 4: 255, 419
3:5–15 . . . . vol. 4: 363
3:5–9 . . . . vol. 1: 442
3:5 . . . . vol. 1: 704, 759; vol. 2: 776
3:6–9 . . . . vol. 3: 473
3:6–7 . . . . vol. 1: 442, 443
3:8–17 . . . . vol. 3: 464
3:8 . . . . vol. 2: 633; vol. 3: 326
3:9–17 . . . . vol. 1: 627
3:9 . . . . . . vol. 2: 139, 257, 271; vol. 3: 464
3:10–14 . . . . vol. 3: 463
3:10–13 . . . . vol. 1: 251; vol. 3: 611
3:10–12 . . . . vol. 2: 431; vol. 3: 473
3:10–11 . . . . vol. 3: 449; vol. 4: 414
3:10 . . . . . . vol. 1: 759; vol. 2: 432; vol. 3: 326; vol. 4: 337, 469, 659
3:11–15 . . . . vol. 4: 709

175

3:11–12	vol. 2: 270
3:11	vol. 1: 254; vol. 2: 88; vol. 4: 469
3:12–15	vol. 1: 507
3:12	vol. 1: 385; vol. 3: 449; vol. 4: 678
3:13–15	vol. 3: 449
3:13	vol. 1: 218, 682, 758, 759; vol. 2: 393, 619; vol. 3: 488; vol. 4: 194, 588
3:14	vol. 3: 326
3:15	vol. 1: 687; vol. 2: 353, 595; vol. 3: 488; vol. 4: 431, 432
3:16–17	vol. 3: 373, 473
3:16	vol. 2: 88, 348, 446; vol. 3: 475, 815; vol. 4: 307
3:17	vol. 3: 333, 488; vol. 4: 599
3:18–23	vol. 4: 337
3:18–21	vol. 4: 336
3:18–19	vol. 1: 199; vol. 2: 734; vol. 3: 359
3:18	vol. 1: 198, 348, 755; vol. 3: 359; vol. 4: 337
3:19–20	vol. 4: 336
3:19	vol. 3: 603, 604; vol. 4: 336, 339
3:20	vol. 2: 774; vol. 3: 249
3:21–23	vol. 2: 734
3:21	vol. 2: 176, 653
3:22–23	vol. 2: 414
3:22	vol. 3: 662, 738
3:23	vol. 2: 176
4:1–2	vol. 3: 467
4:1	vol. 1: 368; vol. 2: 439, 689; vol. 3: 127, 354, 468
4:2	vol. 2: 330, 357; vol. 3: 765
4:3–5	vol. 1: 759
4:3	vol. 1: 304
4:4	vol. 1: 736; vol. 2: 193; vol. 3: 461; vol. 4: 405
4:5	vol. 1: 173, 528; vol. 2: 591, 626, 756, 777; vol. 4: 324, 588, 642
4:6	vol. 2: 632; vol. 3: 224; vol. 4: 363, 417, 554
4:7	vol. 2: 349, 653; vol. 3: 82
4:8	vol. 1: 482; vol. 2: 349; vol. 3: 164, 326, 575, 694, 801; vol. 4: 186
4:10	vol. 4: 495, 496, 497, 622
4:9–13	vol. 1: 368; vol. 3: 326
4:9	vol. 1: 123, 553, 642; vol. 2: 295, 409, 425, 718
4:10–13	vol. 4: 622
4:10	vol. 1: 422, 764; vol. 2: 349; vol. 3: 359
4:11	vol. 1: 611, 748; vol. 4: 744
4:12	vol. 1: 298, 751; vol. 2: 325, 499, 723; vol. 3: 171
4:13	vol. 1: 516; vol. 3: 731
4:14–15	vol. 3: 681
4:14	vol. 1: 184, 604; vol. 3: 424; vol. 4: 466
4:15	vol. 1: 563; vol. 2: 459; vol. 3: 587
4:16	vol. 1: 369; vol. 2: 298; vol. 3: 305, 306, 631; vol. 4: 363
4:17	vol. 1: 563, 714; vol. 2: 777; vol. 3: 306, 313, 315, 457, 459, 704; vol. 4: 466
4:19–20	vol. 1: 780, 781
4:19	vol. 2: 428, 776; vol. 3: 157
4:20	vol. 2: 140
4:21	vol. 4: 125, 200
5–6	vol. 4: 114
5	vol. 1: 546
5:1–13	vol. 4: 115, 431, 715
5:1–8	vol. 2: 226
5:1–5	vol. 2: 413; vol. 3: 380
5:1	vol. 2: 364; vol. 4: 103
5:2	vol. 2: 364; vol. 3: 487, 707; vol. 4: 122
5:3–5	vol. 3: 487
5:3	vol. 2: 268; vol. 3: 649, 808; vol. 4: 440
5:4	vol. 1: 780, 781; vol. 3: 521
5:5	vol. 2: 777; vol. 3: 487, 488, 588, 624; vol. 4: 267, 431
5:6–8	vol. 1: 252; vol. 2: 363
5:6	vol. 1: 97; vol. 2: 363, 364, 653; vol. 3: 303, 492; vol. 4: 630
5:7–8	vol. 2: 363, 364, 487; vol. 3: 601
5:7	vol. 1: 347, 654; vol. 2: 228, 411, 572; vol. 3: 380, 599, 664, 665; vol. 4: 630
5:8	vol. 1: 233; vol. 2: 225, 364; vol. 3: 380, 665; vol. 4: 103
5:9–11	vol. 4: 115
5:9–10	vol. 2: 361
5:9	vol. 1: 604
5:10–11	vol. 1: 402; vol. 2: 100; vol. 3: 781
5:10	vol. 2: 734
5:11	vol. 1: 151, 604; vol. 2: 291; vol. 3: 171, 172, 259, 519
5:12–13	vol. 2: 298
5:12	vol. 2: 748, 749
5:13	vol. 1: 178; vol. 2: 139, 364; vol. 4: 103
6	vol. 1: 377
6:1–11	vol. 1: 158; vol. 4: 363
6:1–6	vol. 2: 361
6:1–2	vol. 1: 130
6:1	vol. 1: 158; vol. 4: 122, 499
6:2–3	vol. 2: 749
6:2	vol. 1: 340; vol. 2: 470, 748, 749
6:3–4	vol. 1: 514
6:4	vol. 2: 578
6:5	vol. 1: 185; vol. 4: 337
6:7–8	vol. 1: 157
6:7	vol. 1: 158, 262, 377
6:8	vol. 1: 158
6:9–20	vol. 2: 361; vol. 4: 115
6:9–11	vol. 3: 331, 815, 816
6:9–10	vol. 1: 197; vol. 3: 331
6:9	vol. 1: 158, 407; vol. 2: 698, 715; vol. 3: 217, 331, 774, 775
6:10–11	vol. 3: 781
6:10	vol. 1: 402; vol. 2: 691; vol. 3: 171, 172, 259, 781

Scripture Index: New Testament: 1 Corinthians

6:11 ... **vol. 1:** 130, 158; **vol. 2:** 440; **vol. 3:** 175, 520, 815; **vol. 4:** 521
6:12–20 . . . . **vol. 1:** 584
6:12 . . . . **vol. 2:** 218, 221, 220
6:13–20 . . . . **vol. 4:** 440
6:13 . . . . **vol. 1:** 536; **vol. 2:** 641, 704, 705, 776; **vol. 4:** 115
6:14 . . . . **vol. 1:** 781; **vol. 2:** 80
6:15–20 . . . . **vol. 1:** 546; **vol. 4:** 715
6:15–17 . . . . **vol. 4:** 115
6:15 . . . **vol. 1:** 572; **vol. 2:** 292; **vol. 3:** 265, 266
6:16–17 . . . . **vol. 3:** 267; **vol. 4:** 440
6:16 . . . . **vol. 2:** 544; **vol. 2:** 125, 720
6:17 . . . . **vol. 2:** 125, 720; **vol. 3:** 808, 815, 817
6:18–19 . . . . **vol. 2:** 176
6:18 . . . . **vol. 1:** 258; **vol. 4:** 596
6:19–20 . . . . **vol. 2:** 364; **vol. 4:** 496
6:19 . . . . **vol. 2:** 348; **vol. 3:** 373, 473, 815
6:20 . . . . **vol. 1:** 140, 662; **vol. 3:** 185; **vol. 4:** 440
7–16 . . . . **vol. 3:** 714
7 . . . . . . **vol. 1:** 544; **vol. 2:** 84, 218; **vol. 3:** 275; **vol. 4:** 715
7:1–24 . . . . **vol. 4:** 715
7:1–9 . . . . **vol. 1:** 545; **vol. 4:** 715
7:1–7 . . . . **vol. 3:** 640
7:1–2 . . . . **vol. 4:** 715
7:1 . . . . **vol. 1:** 97, 304, 380, 546; **vol. 2:** 256; **vol. 3:** 714
7:2–7 . . . . **vol. 3:** 197
7:2–4 . . . . **vol. 1:** 300, 616
7:2 . . . . **vol. 1:** 546; **vol. 4:** 115
7:3–7 . . . . **vol. 4:** 715
7:3–5 . . . . **vol. 1:** 546; **vol. 2:** 634
7:3 . . . . **vol. 1:** 544; **vol. 2:** 734; **vol. 3:** 576
7:4 . . . . **vol. 1:** 622, 624; **vol. 2:** 218
7:5 . . . . . . **vol. 1:** 377, 624; **vol. 2:** 84, 237, 284; **vol. 3:** 388, 699; **vol. 4:** 267, 636
7:7 . . . . **vol. 1:** 546; **vol. 2:** 84, 85, 128, 292, 427; **vol. 4:** 660
7:8–9 . . . . . . **vol. 2:** 610; **vol. 3:** 275; **vol. 4:** 715
7:8 . . . . **vol. 1:** 97
7:9 . . . . **vol. 2:** 84; **vol. 4:** 194
7:10–16 . . . . **vol. 4:** 716
7:10–15 . . . . **vol. 3:** 197; **vol. 4:** 715
7:10–13 . . . . **vol. 3:** 275
7:10–11 . . . . **vol. 1:** 243, 365; **vol. 4:** 715
7:10 . . . . **vol. 1:** 369; **vol. 2:** 775; **vol. 3:** 617, 650; **vol. 4:** 171
7:11–13 . . . . **vol. 1:** 447
7:11 . . . . **vol. 1:** 243; **vol. 3:** 275
7:12–16 . . . . **vol. 1:** 546; **vol. 2:** 361; **vol. 4:** 715
7:12–13 . . . . **vol. 3:** 474
7:12 . . . **vol. 1:** 369; **vol. 3:** 650; **vol. 4:** 171, 715
7:13–16 . . . . **vol. 1:** 244
7:14 . . . . **vol. 1:** 130, 465; **vol. 2:** 193
7:15–24 . . . . **vol. 2:** 604, 606
7:15 . . . . **vol. 2:** 193, 606, 776; **vol. 4:** 715
7:16 . . . . **vol. 4:** 431, 715

7:17–24 . . . . . **vol. 2:** 139; **vol. 3:** 283; **vol. 4:** 461
7:18 . . . . **vol. 3:** 727, 728
7:19 . . . . **vol. 2:** 204; **vol. 3:** 415, 419, 729; **vol. 4:** 490
7:20–24 . . . . . **vol. 1:** 771; **vol. 2:** 735; **vol. 3:** 275
7:20 . . . . **vol. 2:** 606
7:21–22 . . . . **vol. 2:** 175
7:21 . . . . **vol. 1:** 771
7:22–23 . . . . **vol. 4:** 497
7:22 . . . . **vol. 1:** 662, 771; **vol. 2:** 175, 176, 178; **vol. 3:** 117, 597
7:23 . . . . **vol. 1:** 140; **vol. 3:** 185; **vol. 4:** 496
7:25–38 . . . . **vol. 3:** 639, 640
7:25–28 . . . . **vol. 4:** 716
7:25 . . . . **vol. 2:** 170; **vol. 3:** 197, 617, 714; **vol. 4:** 171
7:26 . . . . **vol. 1:** 97, 281, 436; **vol. 2:** 85
7:27–35 . . . . **vol. 2:** 85
7:27 . . . . **vol. 1:** 679; **vol. 3:** 197
7:28 . . . . **vol. 2:** 84; **vol. 4:** 255
7:29–31 . . . . . . **vol. 1:** 349, 735; **vol. 3:** 280
7:29 . . . . **vol. 2:** 591
7:30 . . . . **vol. 2:** 684; **vol. 4:** 649
7:31 . . . . **vol. 4:** 417
7:32–35 . . . . **vol. 1:** 436, 546
7:32–34 . . . . **vol. 1:** 386; **vol. 3:** 278, 280
7:32–33 . . . . **vol. 1:** 387
7:32 . . . . **vol. 2:** 427; **vol. 3:** 278
7:34 . . . . **vol. 3:** 283; **vol. 4:** 440
7:35 . . . . **vol. 1:** 436
7:36–38 . . . . **vol. 1:** 546
7:36 . . . **vol. 1:** 436; **vol. 2:** 428; **vol. 4:** 556, 557
7:37 . . . . **vol. 1:** 281; **vol. 2:** 88
7:38 . . . . **vol. 1:** 436, 544; **vol. 4:** 556, 557
7:39 . . . . . **vol. 1:** 679; **vol. 2:** 193, 361, 706, 777; **vol. 4:** 705, 716
7:40 . . . . **vol. 3:** 208, 274, 275, 817
8–11 . . . . **vol. 2:** 291; **vol. 4:** 363
8 . . . . **vol. 2:** 101; **vol. 4:** 404
8:1–7 . . . . **vol. 2:** 438
8:1–6 . . . . **vol. 2:** 101
8:1–4 . . . . **vol. 1:** 423; **vol. 3:** 461
8:1 . . . . **vol. 1:** 110, 423, 584, 585; **vol. 2:** 349; **vol. 3:** 464, 714
8:2 . . . . **vol. 1:** 585, 775
8:3 . . . . **vol. 1:** 110, 581
8:4–13 . . . . **vol. 1:** 536
8:4–6 . . . . **vol. 2:** 226
8:4 . . . . **vol. 1:** 463, 535; **vol. 2:** 101, 124, 125, 438, 457
8:5–6 . . . . **vol. 2:** 438, 775
8:5 . . . . **vol. 3:** 230
8:6 . . . . **vol. 1:** 423; **vol. 2:** 124, 125, 438, 763, 776; **vol. 3:** 661, 662, 683
8:7–13 . . . . **vol. 4:** 405
8:7 . . . . **vol. 1:** 423, 443, 585; **vol. 2:** 95; **vol. 3:** 333
8:8 . . . . **vol. 1:** 535, 536; **vol. 3:** 723

Scripture Index: New Testament: 1 Corinthians

8:9–13	vol. 2: 101, 292, 727
8:9	vol. 1: 423, 585
8:10–11	vol. 1: 423; vol. 2: 361
8:10	vol. 1: 423; vol. 2: 100
8:11	vol. 1: 423; vol. 4: 555
8:12	vol. 1: 423
8:13	vol. 1: 196, 423, 535; vol. 4: 255, 297, 299
9–10	vol. 2: 347
9	vol. 3: 564
9:1–14	vol. 1: 662
9:1–2	vol. 2: 375
9:1	vol. 2: 155, 270, 617, 654
9:2	vol. 1: 254, 367; vol. 4: 413
9:3–4	vol. 1: 663
9:3	vol. 1: 362
9:4–6	vol. 2: 220; vol. 3: 583
9:4	vol. 3: 751
9:5	vol. 1: 150, 370; vol. 3: 738; vol. 4: 660
9:7	vol. 1: 269, 387, 539; vol. 2: 629; vol. 3: 583; vol. 4: 84, 86, 345, 384, 395
9:8–18	vol. 1: 662
9:8	vol. 3: 412
9:9–10	vol. 1: 251
9:9	vol. 3: 366; vol. 4: 609
9:10	vol. 2: 237
9:11	vol. 2: 451; vol. 3: 820; vol. 4: 345
9:12	vol. 1: 254; vol. 2: 82, 310, 726, 727; vol. 3: 326; vol. 4: 570
9:13	vol. 2: 516
9:14–15	vol. 3: 326, 564
9:14	vol. 1: 119; vol. 2: 291, 310; vol. 4: 461
9:15	vol. 1: 97; vol. 2: 654
9:16	vol. 1: 281; vol. 2: 311, 654; vol. 3: 561, 564
9:17–18	vol. 3: 326
9:17	vol. 3: 468; vol. 4: 122
9:18	vol. 2: 310; vol. 4: 385
9:19–23	vol. 2: 178, 520
9:19–22	vol. 2: 667, 668
9:19–20	vol. 3: 419
9:19	vol. 1: 772, vol. 2: 176, 668
9:20–22	vol. 2: 486
9:20–21	vol. 3: 413
9:20	vol. 3: 728; vol. 4: 560
9:21	vol. 2: 270; vol. 3: 410, 415
9:22	vol. 1: 387; vol. 2: 668; vol. 4: 431
9:23	vol. 2: 310, 712
9:24–27	vol. 1: 531; vol. 4: 431, 599
9:24–26	vol. 4: 504
9:24	vol. 1: 144, 531; vol. 3: 83, 326; vol. 4: 504
9:25	vol. 1: 144, 531; vol. 2: 84, 188; vol. 4: 372
9:26	vol. 1: 160, 532, 682
9:27	vol. 1: 758, 759, 770; vol. 4: 440
10–11	vol. 1: 546; vol. 3: 751; vol. 4: 714
10	vol. 2: 101
10:1–13	vol. 2: 275
10:1–6	vol. 1: 465
10:1–5	vol. 1: 345
10:1–2	vol. 4: 521
10:1	vol. 1: 135; vol. 2: 427; vol. 3: 681; vol. 4: 560
10:2–5	vol. 3: 366
10:2	vol. 1: 462, 464; vol. 3: 522
10:3–4	vol. 3: 737, 752, 818, 819
10:3	vol. 1: 535, 536; vol. 2: 121
10:4	vol. 1: 205, 252; vol. 3: 751; vol. 4: 245
10:5	vol. 2: 275, 276, 315; vol. 4: 98
10:6	vol. 2: 242, 600; vol. 4: 507
10:7–10	vol. 2: 101
10:7	vol. 1: 322
10:8	vol. 3: 757, 759; vol. 4: 115, 672
10:9–10	vol. 1: 359
10:9	vol. 3: 697
10:10	vol. 3: 486, 488; vol. 4: 404
10:11	vol. 1: 198; vol. 2: 279, 639; vol. 3: 424, 425; vol. 4: 476, 506, 507
10:12	vol. 1: 135; vol. 3: 636, 759
10:13	vol. 1: 304; vol. 2: 441; vol. 3: 697, 699
10:14–22	vol. 2: 101
10:14–20	vol. 2: 292
10:14	vol. 2: 100; vol. 4: 596
10:15	vol. 4: 622
10:16–17	vol. 1: 411, 698; vol. 4: 441
10:16	vol. 1: 412, 645, 647, 655; vol. 2: 292, 324, 686, 712; vol. 3: 753
10:17	vol. 1: 654; vol. 2: 349; vol. 3: 753; vol. 4: 98
10:18	vol. 2: 712; vol. 4: 257, 692
10:20–22	vol. 2: 292
10:20–21	vol. 1: 632
10:20	vol. 2: 439
10:21	vol. 1: 647, vol. 2: 349, 361, 776
10:22	vol. 1: 647; vol. 2: 351, 776
10:23–31	vol. 1: 536
10:23–24	vol. 2: 221
10:23	vol. 2: 139, 218, 220
10:25–30	vol. 2: 101
10:25–29	vol. 4: 405
10:25–27	vol. 2: 101
10:25	vol. 2: 292; vol. 4: 196
10:27–29	vol. 2: 361
10:27	vol. 2: 605
10:28	vol. 2: 221, 516
10:29	vol. 2: 748
10:30	vol. 2: 335; vol. 4: 660
10:31–33	vol. 2: 517
10:31	vol. 2: 290; vol. 4: 80
10:32	vol. 2: 101, 181, 182, 292, 671, 727
10:33–11:1	vol. 2: 671
10:33	vol. 1: 387; vol. 2: 356; vol. 4: 431

Scripture Index: New Testament: 1 Corinthians

11. . . . . .vol. 1: 111, 622, 623
11:1–16. . . . . .vol. 2: 614
11:1 . . . . vol. 3: 305, 306, 672; vol. 4: 363
11:2–16. . . . . .vol. 1: 621
11:2 . . . . vol. 1: 173, 344; vol. 3: 626
11:3–15. . . . . .vol. 1: 300
11:3–12. . . . . .vol. 1: 300
11:3 . . . . .vol. 1: 544, 621; vol. 2: 427, 671, 672;
 vol. 4: 497
11:4–16. .vol. 2: 71
11:4–5. . . . . vol. 1: 183; vol. 2: 341
11:4 .vol. 2: 672, 679
11:5 . . . . vol. 1: 623; vol. 2: 613, 670
11:6 . . . . vol. 1: 180; vol. 2: 613
11:7 . . . . .vol. 1: 300, 765; vol. 2: 105, 672;
 vol. 3: 577; vol. 4: 497
11:8–9. . . . . .vol. 2: 306
11:9 . . . . vol. 1: 689; vol. 2: 764
11:10 . . . . .vol. 1: 123; vol. 2: 614, 672;
 vol. 3: 577
11:11–12. . . . . .vol. 2: 764
11:12. . . . . vol. 1: 621, 689; vol. 2: 128
11:13–14. . . . . .vol. 2: 749
11:13 . . . . . . .vol. 1: 623; vol. 2: 613; vol. 4: 126
11:14 . . . . vol. 1: 714; vol. 4: 496, 633
11:15 . . . . .vol. 1: 331
11:16 . . . . vol. 1: 623; vol. 2: 95, 139, 141
11:17–34. . . . . .vol. 1: 341
11:17 . . . . .vol. 1: 173; vol. 2: 121; vol. 3: 617
11:18 . . .vol. 1: 176; vol. 2: 139, 238; vol. 4: 419
11:19 . . . . vol. 1: 176, 757; vol. 4: 588
11:20–21. . . . . .vol. 1: 646
11:20 . . . . .vol. 1: 647, 654; vol. 2: 238, 654;
 vol. 3: 260
11:21–22. . . . . .vol. 4: 442
11:21 . . . . .vol. 1: 654; vol. 2: 292;
 vol. 3: 84, 260, 694
11:22 . . . . .vol. 1: 173, 183; vol. 2: 139, 645;
 vol. 3: 84
11:23–28. . . . . .vol. 1: 411
11:23–26. . . . . vol. 1: 370; vol. 3: 753
11:23–25. . . . . .vol. 1: 647, 648
11:23 . . . . vol. 1: 344, 353, 368, 412, 650;
 vol. 2: 87, 228; vol. 3: 84, 596, 624, 626
11:24–25. . . . . .vol. 1: 647, 651; vol. 2: 411;
 vol. 3: 313, 316
11:24 . . . . .vol. 1: 655; vol. 2: 686, 335;
 vol. 4: 99, 100, 441
11:25 . . . . vol. 1: 171, 646, 649, 651, 654,
 655, 697, 698; vol. 2: 335,
 560, 582; vol. 3: 711
11:26–32. . . . . .vol. 1: 651
11:26 . . . . . . .vol. 1: 119, 648, 652; vol. 2: 292,
 393, 411, 776; vol. 3: 230, 316,
 317; vol. 4: 441
11:27–32. . . . . .vol. 1: 698
11:27–28. . . . . .vol. 1: 648

11:27 . . . . vol. 1: 170, 340, 341, 647;
 vol. 2: 199, 776; vol. 4: 441
11:28 .vol. 1: 283, 758
11:29 . . . . .vol. 2: 292
11:30–32. . . . . .vol. 4: 146
11:30 . . .vol. 1: 421; vol. 2: 530; vol. 3: 422, 488
11:31–32. . . . . .vol. 1: 647
11:32 . . . . vol. 2: 776; vol. 3: 588
11:33–34. . . . . .vol. 4: 419
11:34 . . . . vol. 3: 694; vol. 4: 461
12–14 . . . . . .vol. 1: 589; vol. 3: 820; vol. 4: 167
12. . . . . .vol. 1: 305; vol. 2: 126, 141; vol. 4: 442
12:1 . . . . .vol. 1: 780; vol. 3: 714, 819,
 820; vol. 4: 442
12:2 . . . . vol. 2: 92; vol. 4: 635
12:3 . . . . .vol. 1: 283, 585, 698; vol. 2: 440,
 618, 775, 776; vol. 3: 114, 817
12:4–7. . . . . .vol. 3: 817
12:4 . . . . .vol. 1: 722
12:5 . . . . vol. 1: 703, 704; vol. 2: 776
12:6 . . . . .vol. 2: 268, 271
12:7–13. . . . . .vol. 2: 124
12:7 . . . . vol. 3: 266; vol. 4: 588
12:8–10. . . . . vol. 1: 254; vol. 2: 301
12:8–11. . . . . vol. 3: 817; vol. 4: 289
12:8 . . . . .vol. 1: 337
12:9–10. . . . . .vol. 4: 660
12:9 . . . . vol. 2: 497; vol. 3: 768
12:10 . . . .vol. 1: 557, 632, 780; vol. 2: 268, 271,
 278, 279, 748; vol. 3: 809; vol. 4: 170
12:11–27. . . . . .vol. 4: 660
12:11 . . . . vol. 1: 529; vol. 2: 271, 428
12:12–27. . . . . vol. 2: 139; vol. 3: 265, 266
12:12–26. . . . . vol. 3: 488; vol. 4: 419
12:12–13. . . . . vol. 1: 620; vol. 4: 441
12:13 . . . .vol. 1: 462, 464, 465, 574; vol. 2: 175,
 181, 182; vol. 3: 710, 815, 817;
 vol. 4: 98, 414, 497
12:14–31. . . . . .vol. 2: 140
12:14–26. . .vol. 1: 553; vol. 3: 817; vol. 4: 441
12:14–25. . . . . .vol. 4: 439
12:17 . . . . .vol. 1: 209
12:18 . . . . vol. 2: 428; vol. 4: 491
12:20 . . . . vol. 1: 778; vol. 4: 442
12:21 . . . . .vol. 4: 682
12:22 . . . . .vol. 1: 281
12:23–24. . . . . .vol. 4: 497
12:23 . . . . vol. 1: 436, 754; vol. 4: 495, 496
12:24 . . . . vol. 2: 664; vol. 4: 576
12:25–28. . . . . .vol. 1: 369
12:25 . . . . .vol. 2: 775; vol. 3: 278, 279;
 vol. 4: 419, 442
12:26 .vol. 3: 670, 672
12:27 . . . . .vol. 2: 140, 292; vol. 3: 282;
 vol. 4: 441, 442
12:28–30. . . . . .vol. 4: 660
12:28–29. . .vol. 1: 714; vol. 2: 648; vol. 4: 170

Scripture Index: New Testament: 1 Corinthians

12:28 . . . . **vol. 1:** 557, 780; **vol. 2:** 497, 767; **vol. 3:** 817; **vol. 4:** 172, 177, 289, 491
12:30 . . . . **vol. 2:** 278, 279, 497
12:31 . . . . **vol. 1:** 641, 642; **vol. 2:** 352; **vol. 3:** 459; **vol. 4:** 172, 660
13 . . . . **vol. 1:** 109, 110, 585; **vol. 2:** 140, 178, 443; **vol. 3:** 383
13:1 . . . . **vol. 1:** 123; **vol. 2:** 210, 398; **vol. 4:** 650
13:2 . . . . **vol. 1:** 110; **vol. 2:** 349; **vol. 3:** 354; **vol. 4:** 170
13:3 . . . . **vol. 3:** 624; **vol. 4:** 440, 748
13:4–7 . . . . **vol. 1:** 159
13:4 . . . **vol. 2:** 351; **vol. 3:** 211, 213; **vol. 4:** 570, 686, 687
13:5 . . . . **vol. 1:** 436; **vol. 2:** 356, 600; **vol. 3:** 126
13:6 . . . . **vol. 1:** 158, 234
13:7–8 . . . . **vol. 1:** 110
13:7 . . . . **vol. 2:** 188; **vol. 4:** 568
13:8–9 . . . . **vol. 3:** 383
13:8 . . . . **vol. 2:** 642; **vol. 3:** 275, 282, 758
13:10–11 . . . . **vol. 2:** 642
13:10 . . . . **vol. 3:** 383; **vol. 4:** 477
13:11 . . . . **vol. 1:** 300; **vol. 2:** 443; **vol. 3:** 126, 382, 383
13:12 . . . . **vol. 1:** 110, 174, 581, 585; **vol. 2:** 371; **vol. 3:** 383, 502; **vol. 4:** 159
13:13 . . . . **vol. 2:** 187; **vol. 3:** 275, 383, 758, 768; **vol. 4:** 502
14 . . . . . . **vol. 1:** 201, 623; **vol. 2:** 210; **vol. 3:** 78, 356; **vol. 4:** 167, 173, 236, 291, 292, 337
14:1–5 . . . . **vol. 3:** 817
14:1 . . . . **vol. 1:** 751, 780; **vol. 2:** 340, 352; **vol. 3:** 459, 819, 820; **vol. 4:** 172
14:2–6 . . . . **vol. 2:** 279
14:2 . . . . **vol. 1:** 590; **vol. 2:** 279, 302; **vol. 3:** 354, 356, 635
14:3–5 . . . . **vol. 3:** 464
14:3 . . . . **vol. 3:** 635; **vol. 4:** 167, 170, 172
14:4–5 . . . . **vol. 2:** 635
14:4 . . . . **vol. 3:** 464
14:5 . . . . **vol. 4:** 590; **vol. 2:** 278, 279
14:6 . . . . **vol. 1:** 714; **vol. 2:** 618; **vol. 4:** 167
14:7–8 . . . . **vol. 1:** 553; **vol. 2:** 210
14:7 . . . . **vol. 4:** 729, 738
14:8–9 . . . . **vol. 4:** 236
14:8 . . . . **vol. 1:** 682; **vol. 2:** 643; **vol. 4:** 91
14:9 . . . . **vol. 1:** 160
14:10 . . . . **vol. 1:** 160
14:11–17 . . . . **vol. 3:** 356
14:11 . . . . **vol. 1:** 468; **vol. 2:** 193
14:12 . . . . **vol. 1:** 627; **vol. 2:** 140, 352; **vol. 3:** 464, 723, 809, 817
14:13–16:26 . . . . **vol. 2:** 341
14:13–19 . . . . **vol. 3:** 817
14:13–15 . . . . **vol. 2:** 209
14:13 . . . . **vol. 1:** 590; **vol. 2:** 210, 278, 279
14:14–17 . . . . **vol. 3:** 817

14:14–16 . . . . **vol. 2:** 342
14:14–15 . . . . **vol. 3:** 431
14:14 . . . . **vol. 2:** 155, 279, 628
14:15–16 . . . . **vol. 4:** 170
14:15 . . . . **vol. 1:** 536; **vol. 4:** 719
14:16–17 . . . . **vol. 1:** 590; **vol. 2:** 335
14:16 . . . . . . **vol. 1:** 265; **vol. 2:** 279, 324, 501
14:17 . . . . **vol. 3:** 464
14:18 . . . **vol. 1:** 590; **vol. 2:** 155, 335; **vol. 4:** 660
14:19 . . . . **vol. 1:** 306; **vol. 2:** 140, 279, 155, 648; **vol. 3:** 431
14:20–21 . . . . **vol. 1:** 536
14:20 . . . . **vol. 3:** 385, 594; **vol. 4:** 476, 618
14:21 . . . . . . **vol. 1:** 210, 589; **vol. 2:** 302, 774
14:22 . . . . **vol. 4:** 287
14:23–24 . . . . **vol. 2:** 501; **vol. 4:** 170
14:23 . . . . **vol. 2:** 140, 155; **vol. 3:** 205
14:24–25 . . . . **vol. 3:** 817, 821; **vol. 4:** 170
14:25 . . . . **vol. 2:** 756; **vol. 3:** 757; **vol. 4:** 151, 152, 158, 588
14:26–28 . . . . **vol. 2:** 211
14:26 . . . . . . **vol. 2:** 278, 279, 618; **vol. 3:** 464, 817; **vol. 4:** 719
14:27–28 . . . . **vol. 2:** 280
14:27 . . . . **vol. 1:** 583, 783; **vol. 2:** 278, 279
14:28 . . . . **vol. 1:** 590; **vol. 4:** 292
14:29–32 . . . . **vol. 1:** 623
14:30–31 . . . . **vol. 4:** 170
14:30 . . . . **vol. 2:** 578, 618; **vol. 4:** 292
14:31 . . . . **vol. 3:** 167, 170
14:32 . . . . **vol. 4:** 170
14:32 . . . . **vol. 4:** 170
14:33–36 . . . . **vol. 1:** 623
14:33–34 . . . . **vol. 2:** 140
14:33 . . . . **vol. 1:** 201; **vol. 2:** 115, 140, 443; **vol. 4:** 170
14:34–35 . . . . **vol. 1:** 621; **vol. 2:** 398; **vol. 4:** 462
14:34 . . . . **vol. 1:** 623; **vol. 4:** 292
14:35 . . . . **vol. 1:** 180; **vol. 2:** 287
14:36 . . . . **vol. 2:** 639, 776; **vol. 3:** 163
14:37–38 . . . . **vol. 1:** 585
14:37 . . . . **vol. 1:** 136, 780; **vol. 2:** 204; **vol. 3:** 819
14:38 . . . . **vol. 1:** 136
14:39 . . . . **vol. 1:** 590; **vol. 2:** 352
14:40 . . . . **vol. 1:** 436
15 . . . . . . **vol. 1:** 323, **vol. 2:** 80, 294, 417, 705; **vol. 3:** 376, 378, 653, 656; **vol. 4:** 440, 714
15:1–8 . . . . **vol. 3:** 244
15:1–7 . . . . . . **vol. 1:** 370; **vol. 2:** 309; **vol. 4:** 691
15:1–4 . . . . **vol. 4:** 518
15:1–3 . . . . **vol. 1:** 344; **vol. 3:** 163
15:1 . . . . **vol. 3:** 84
15:2 . . . **vol. 2:** 310; **vol. 3:** 157, 767; **vol. 4:** 431
15:3–11 . . . . **vol. 2:** 138
15:3–8 . . . . **vol. 2:** 679
15:3–5 . . . . **vol. 3:** 163, 596, 626; **vol. 4:** 692

Scripture Index: New Testament: 1 Corinthians

15:3–4 . . . . **vol. 1:** 466, 482, 604;
 vol. 2: 411, 634; **vol. 3:** 767
15:3 . . . . **vol. 1:** 260, 652, 690; **vol. 3:** 84;
 vol. 4: 261, 555
15:4 . . . . **vol. 2:** 370, 416, 417; **vol. 4:** 502, 693
15:5–9 . . . . **vol. 1:** 375
15:5–8 . . . . **vol. 1:** 648; **vol. 3:** 531
15:5 . . . . **vol. 1:** 783; **vol. 3:** 738
15:6 . . . . **vol. 1:** 343; **vol. 2:** 706;
 vol. 3: 274, 711; **vol. 4:** 98
15:7 . . . . **vol. 1:** 368, 372
15:8 . . . . **vol. 2:** 155, 157, 617
15:9 . . . . **vol. 1:** 751; **vol. 2:** 87, 141,
 158, 531, 604, 605; **vol. 3:** 303
15:10 . . . . **vol. 2:** 658, 723; **vol. 3:** 815;
 vol. 4: 256, 659
15:11 . . . **vol. 1:** 370; **vol. 2:** 618, 680; **vol. 3:** 767
15:12–24 . . . . **vol. 1:** 198
15:12–23 . . . . **vol. 4:** 692
15:12–22 . . . . **vol. 3:** 377
15:12–20 . . . . **vol. 2:** 413
15:12 . . . . **vol. 1:** 324, 679, 680
15:13–23 . . . . **vol. 2:** 81
15:14–17 . . . . **vol. 2:** 81
15:14 . . . . **vol. 1:** 347; **vol. 2:** 187, 658, 677, 678;
 vol. 3: 250, 767, 769
15:15–17 . . . . **vol. 1:** 326
15:15 . . . . **vol. 2:** 330; **vol. 3:** 239, 767
15:18 . . . .**vol. 2:** 706
15:19 . . . . **vol. 1:** 347; **vol. 2:** 169, 171, 186
15:20–57 . . . .**vol. 2:** 371
15:20–28 . . . . **vol. 1:** 198; **vol. 4:** 675
15:20–26 . . . .**vol. 2:** 393
15:20–23 . . . .**vol. 2:** 187
15:20–22 . . . **vol. 1:** 147; **vol. 2:** 370; **vol. 4:** 179
15:20 . . . . **vol. 1:** 347, 766; **vol. 2:** 129, 706;
 vol. 3: 710, 722; **vol. 4:** 602
15:21–22 . . . . **vol. 2:** 295, 410
15:21 . . . . **vol. 4:** 560
15:22–28 . . . . **vol. 3:** 488
15:22–23 . . . . **vol. 2:** 193
15:22 . . . . **vol. 1:** 148, 326; **vol. 2:** 194,
 370, 413; **vol. 4:** 99
15:23–28 . . . . **vol. 1:** 637; **vol. 2:** 296; **vol. 4:** 533
15:23–24 . . . . **vol. 1:** 324
15:23 . . . . **vol. 1:** 347; **vol. 2:** 129;
 vol. 3: 650, 710
15:24–28 . . . . **vol. 1:** 491
15:24–27 . . . . **vol. 3:** 488
15:24 . . . . **vol. 1:** 123, 148, 417, 779; **vol. 2:** 176,
 219, 439, 641; **vol. 3:** 624; **vol. 4:** 476
15:25 . . . . **vol. 1:** 562, 637, 666; **vol. 2:** 345,
 650; **vol. 4:** 693
15:26 . . . . **vol. 2:** 177, 371, 372, 413, 641;
 vol. 4: 288
15:27–28 . . . .**vol. 4:** 462
15:27 . . . . **vol. 1:** 682; **vol. 4:** 544
15:28 . . . .**vol. 4:** 532, 533
15:29 . . . . **vol. 1:** 462, 464; **vol. 4:** 363, 555
15:30–32 . . . . **vol. 1:** 368; **vol. 4:** 363
15:30 . . . . **vol. 2:** 683; **vol. 4:** 744
15:31–32 . . . .**vol. 2:** 393
15:31 . . . .**vol. 2:** 654
15:32 . . . . . . **vol. 2:** 405, 453; **vol. 3:** 253, 751;
 vol. 4: 747
15:33 . . . . **vol. 2:** 94, 599; **vol. 3:** 647, 774;
 vol. 4: 599, 687
15:34 . . . . **vol. 1:** 136, 185, 585, 731; **vol. 3:** 390
15:35–58 . . . .**vol. 4:** 601
15:35–49 . . . .**vol. 4:** 601
15:36–44 . . . . **vol. 4:** 344, 346
15:36 . . . .**vol. 4:** 622
15:37–38 . . . .**vol. 2:** 628
15:37 . . . .**vol. 1:** 611
15:39–41 . . . .**vol. 1:** 254
15:39 . . . **vol. 1:** 254, 304; **vol. 2:** 564; **vol. 4:** 255
15:40 . . . . **vol. 1:** 567, 765; **vol. 3:** 571
15:41 . . . **vol. 1:** 254, 765; **vol. 2:** 385; **vol. 4:** 281
15:42–50 . . . .**vol. 3:** 816
15:42–44 . . . .**vol. 3:** 571
15:42–43 . . . .**vol. 2:** 81
15:42 . . . .**vol. 4:** 599, 601
15:43–54 . . . .**vol. 2:** 409
15:43–44 . . . . **vol. 1:** 421, 686; **vol. 4:** 601
15:43 . . . . **vol. 1:** 766; **vol. 4:** 496, 497
15:44–49 . . . .**vol. 3:** 816
15:44 . . . . **vol. 2:** 238; **vol. 3:** 819;
 vol. 4: 440, 731, 732
15:45–49 . . . . . . **vol. 1:** 147, 148; **vol. 4:** 99, 544
15:45–48 . . . .**vol. 4:** 441
15:45–46 . . . .**vol. 4:** 732
15:45 . . . . **vol. 1:** 305, 689; **vol. 2:** 295, 370;
 vol. 3: 502, 812, 817, 818
15:47–49 . . . .**vol. 4:** 680
15:47 . . . . **vol. 1:** 568; **vol. 3:** 571; **vol. 4:** 680
15:48–53 . . . .**vol. 1:** 686
15:48 . . . .**vol. 3:** 572
15:49 . . . . **vol. 2:** 105; **vol. 3:** 572; **vol. 4:** 680
15:50–54 . . . .**vol. 4:** 599
15:50 . . . . **vol. 1:** 169; **vol. 2:** 698, 699;
 vol. 4: 261, 441, 601
15:51 . . . . **vol. 2:** 706; **vol. 3:** 356
15:52–56 . . . .**vol. 2:** 187
15:52 . . . . **vol. 2:** 393; **vol. 4:** 236, 601
15:53–57 . . . .**vol. 4:** 441
15:53–54 . . . . **vol. 2:** 196, 409
15:53 . . . . **vol. 1:** 637; **vol. 2:** 413; **vol. 4:** 601
15:54–57 . . . . **vol. 3:** 394; **vol. 4:** 602
15:54–55 . . . .**vol. 2:** 413
15:54 . . . . **vol. 1:** 316; **vol. 3:** 157, 164, 393, 751
15:55–57 . . . .**vol. 1:** 110
15:55 . . . . **vol. 1:** 316; **vol. 2:** 177; **vol. 3:** 393
15:56 . . . . **vol. 1:** 260, 780; **vol. 2:** 177,
 411; **vol. 3:** 413

15:57 ...vol. 2: 413, 777; vol. 3: 393; vol. 4: 659
15:58 ...vol. 1: 151; vol. 2: 270, 777; vol. 3: 722
16:1–3.........................vol. 1: 662
16:1–2......vol. 1: 662; vol. 3: 122; vol. 4: 185
16:1 ....vol. 2: 140, 141, 144; vol. 3: 714; vol. 4: 80, 461
16:2 ....vol. 1: 662; vol. 2: 229, 459, 526; vol. 3: 457; vol. 4: 223, 226, 227
16:3–4..............................vol. 4: 185
16:3 ....vol. 1: 662, 758; vol. 3: 123; vol. 4: 660
16:4 ....vol. 1: 341
16:5–9................................vol. 2: 257
16:6–7................................vol. 4: 145
16:6 ....vol. 3: 274
16:7–8................................vol. 3: 274
16:7 ....vol. 2: 776; vol. 4: 705
16:8 ....vol. 1: 347; vol. 3: 709

16:9 ....vol. 1: 328, 329; vol. 2: 477
16:10 ....vol. 2: 270
16:11 ....vol. 2: 132
16:12 ....vol. 2: 590
16:13 ..vol. 1: 301, 609; vol. 2: 742; vol. 3: 768
16:14 ....vol. 1: 110
16:15 ....vol. 1: 347, 702; vol. 4: 461
16:16 ....vol. 2: 271, 723
16:17 ....vol. 3: 649, 792; vol. 4: 577
16:18 ....vol. 1: 286; vol. 3: 710, 808
16:19 ....vol. 1: 622; vol. 2: 777
16:20–22............................vol. 1: 651
16:20 ....vol. 1: 648; vol. 4: 607
16:19 ....vol. 2: 140, 176
16:21 ....vol. 1: 426; vol. 2: 257
16:22 ....vol. 1: 113, 129, 283, 648; vol. 2: 285, 775, 777; vol. 3: 229; vol. 4: 607

2 Corinthians

1:1 ....vol. 1: 130, 368; vol. 2: 139, 445
1:2 ....vol. 1: 290; vol. 2: 139; vol. 3: 683
1:3–7..............................vol. 3: 631
1:3 ....vol. 2: 323, 438, 441, 443, 776; vol. 3: 479, 683
1:4–6..............................vol. 2: 463
1:4 ....vol. 2: 464; vol. 4: 560
1:5 ....vol. 3: 672
1:6–17..............................vol. 3: 672
1:6 ....vol. 2: 464; vol. 4: 568
1:7 ....vol. 2: 712
1:8 ....vol. 1: 135, 470; vol. 2: 464
1:9 ....vol. 2: 748; vol. 3: 689
1:10 ....vol. 4: 217
1:11 ....vol. 1: 668, 669; vol. 2: 334; vol. 4: 158, 660
1:12 ....vol. 1: 290, 350; vol. 2: 654, 734; vol. 3: 241, 354; vol. 4: 257, 336, 405, 659
1:13–14.............................vol. 3: 689
1:13 ....vol. 1: 279; vol. 4: 475
1:14 ....vol. 2: 393, 464, 654, 777; vol. 3: 282; vol. 4: 713
1:15 ....vol. 3: 689
1:16 ....vol. 2: 119
1:17 ....vol. 3: 525; vol. 4: 257
1:18 ....vol. 2: 441; vol. 4: 3: 164
1:19 ....vol. 2: 677, 679; vol. 4: 532
1:20 ...vol. 1: 265; vol. 2: 234, 679; vol. 3: 164
1:21–22..............................vol. 4: 414, 701
1:21 ....vol. 1: 501; vol. 4: 700
1:22 ......vol. 1: 405, 464, 720, 722; vol. 2: 75, 349, 626; vol. 3: 815, 816
1:23 ....vol. 3: 240, 497; vol. 4: 730
1:24 ....vol. 2: 773; vol. 4: 648
2:1–5..............................vol. 3: 178
2:1 ....vol. 2: 427; vol. 4: 267
2:2 ....vol. 4: 183

2:3–4..............................vol. 4: 648
2:3 ....vol. 3: 689
2:4 ....vol. 1: 110, 604; vol. 2: 464
2:5 ....vol. 3: 282
2:6 ....vol. 2: 259, 530; vol. 4: 98
2:7 ....vol. 3: 488; vol. 4: 661
2:8 ....vol. 2: 778
2:9 ....vol. 1: 165; vol. 4: 183, 549, 550
2:10 ....vol. 4: 431, 661
2:11 ...vol. 1: 135, 192; vol. 2: 176; vol. 3: 432, 488, 781; vol. 4: 267
2:12 .....vol. 1: 328, 329; vol. 2: 310, 477, 777
2:13 ....vol. 1: 296; vol. 3: 807; vol. 4: 461
2:14–16..............vol. 2: 468; vol. 3: 560
2:14 ....vol. 2: 467; vol. 3: 560; vol. 4: 589, 659
2:15–16.............................vol. 3: 560
2:15 ....vol. 1: 360; vol. 3: 560; vol. 4: 431
2:16 ....vol. 2: 129, 413, 531; vol. 3: 560
2:17 ....vol. 2: 128, 257; vol. 3: 163, 165, 781; vol. 4: 98
3................................vol. 3: 711
3:1–3..............................vol. 4: 413
3:1–2..............................vol. 1: 291
3:1 ....vol. 2: 257; vol. 4: 682
3:2–3..............................vol. 2: 257
3:2 ....vol. 1: 279, 600; vol. 4: 257
3:3 ....vol. 1: 607; vol. 3: 121, 261, 815, 817; vol. 4: 255
3:7 ....vol. 1: 438, 600, 704; vol. 2: 615, 641; vol. 3: 366; vol. 4: 506
3:8–9..............vol. 1: 704; vol. 2: 371
3:9 ....vol. 1: 704, 735, 740; vol. 2: 748; vol. 3: 366, 721
3:10–12.............................vol. 2: 187
3:10 ....vol. 3: 721
3:11 ....vol. 2: 614, 615, 641; vol. 3: 275
3:12 ....vol. 3: 659

Scripture Index: New Testament: 2 Corinthians

3:13–18. . . . . **vol. 2:** 614; **vol. 3:** 815
3:13–16. . . . .**vol. 2:** 614
3:13 . . . .**vol. 1:** 438; **vol. 2:** 615; **vol. 4:** 159, 475
3:14–17. . . . .**vol. 3:** 815
3:14–15. . . . .**vol. 1:** 279; **vol. 2:** 392, 625;
                                vol. 4: 159, 388
3:14 . . . .**vol. 1:** 192, 279; **vol. 2:** 194, 614;
                       vol. 3: 432; **vol. 4:** 176, 197
3:15 . . . . **vol. 3:** 366; **vol. 4:** 159
3:16–18. . . . .**vol. 4:** 159
3:16 . . . . **vol. 3:** 366; **vol. 4:** 144, 388
3:17–18. . . . .**vol. 3:** 812
3:17 . . . . . .**vol. 1:** 464, 607; **vol. 2:** 34, 175, 178,
                     257, 615, 776; **vol. 3:** 815, 817
3:18 . . . . .**vol. 1:** 174, 689, 765, 766; **vol. 2:** 105,
                  129, 614, 615; **vol. 3:** 338, 340,
                                 366, 816, 818
4. . . . .**vol. 1:** 494
4:1 . . . . **vol. 1:** 704; **vol. 2:** 171
4:2 . . . . **vol. 1:** 183, 232, 233, 369, 760;
        vol. 2: 756; **vol. 3:** 163, 165, 603, 676;
                                   vol. 4: 405, 588
4:3 . . . .**vol. 1:** 360; **vol. 2:** 615; **vol. 3:** 626
4:4 . . . . **vol. 1:** 192, 198, 440, 765, 766;
      vol. 2: 105, 193, 219, 615; **vol. 3:** 432, 487,
        808; **vol. 4:** 159, 510, 511, 640, 642, 652
4:5 . . . . **vol. 1:** 469, 772; **vol. 2:** 311, 679
4:6–7. . . . .**vol. 2:** 460
4:6 . . **vol. 1:** 306, 368, 585, 765, 766; **vol. 2:** 459,
       583, 615, 626, 763; **vol. 3:** 87, 735, 815;
        vol. 4: 87, 735, 815; **vol. 4:** 158, 159,
                                      324, 640, 642
4:7–12. . . . .**vol. 1:** 325, 368, 751; **vol. 3:** 560,
                                779; **vol. 4:** 363
4:7 . . . .**vol. 1:** 781; **vol. 2:** 349, 443, 459;
                                         vol. 4: 300
4:8–12. . . . .**vol. 4:** 589
4:8–10. . . . .**vol. 2:** 463
4:8 . . . . **vol. 2:** 464; **vol. 4:** 368, 497
4:9–10. . . . .**vol. 2:** 370
4:9 . . . .**vol. 1:** 359; **vol. 2:** 635; **vol. 3:** 102
4:10–12. . . . .**vol. 2:** 349
4:10–11. . . . .**vol. 4:** 261
4:10 . . . . **vol. 2:** 370; **vol. 3:** 376, 731
4:11–12. . . . .**vol. 2:** 413
4:11 . . . . **vol. 2:** 409; **vol. 3:** 577
4:12 . . . .**vol. 2:** 271
4:13 . . . .**vol. 3:** 808
4:14 . . . .**vol. 1:** 781; **vol. 2:** 81; **vol. 3:** 642
4:15 . . . . **vol. 2:** 335; **vol. 3:** 659
4:16 . . . .**vol. 1:** 305; **vol. 2:** 393, 582, 583;
                        vol. 3: 488; **vol. 4:** 601
4:17 . . . . **vol. 1:** 197, 287, 470, 765;
                         vol. 2: 464; **vol. 4:** 497
4:18 . . . .**vol. 1:** 196, 686; **vol. 2:** 590; **vol. 3:** 768
5. . . . .**vol. 1:** 405; **vol. 4:** 307
5:1–19. . . . .**vol. 1:** 449

5:1–10. . . . .**vol. 2:** 371, 413; **vol. 4:** 440
5:1–7. . . . .**vol. 4:** 307
5:1–5. . . . . **vol. 3:** 816; **vol. 4:** 602
5:1–4. . . . . **vol. 1:** 405; **vol. 2:** 197
5:1–2. . . . .**vol. 3:** 570
5:1 . . . .**vol. 1:** 197, 567; **vol. 2:** 128, 349;
                     vol. 3: 464; **vol. 4:** 304, 307
5:2–4. . . . .**vol. 4:** 307
5:2–3. . . . .**vol. 1:** 154, 612
5:2 . . . .**vol. 2:** 196, 197, 238; **vol. 4:** 307,
                                          366, 367
5:3–4. . . . .**vol. 2:** 197
5:3 . . . .**vol. 2:** 197
5:4–5. . . . .**vol. 2:** 239
5:4 . . . .**vol. 1:** 470; **vol. 2:** 196, 197, 238, 409;
            vol. 3: 488, 808; **vol. 4:** 304, 307, 366
5:5 . . . .**vol. 1:** 405, 686, 722; **vol. 2:** 268,
                                 349; **vol. 3:** 816
5:6–9. . . . .**vol. 1:** 684, 686
5:6–8. . . . .**vol. 4:** 145, 307
5:6 . . . .**vol. 2:** 419, 777
5:7 . . . .**vol. 1:** 686, 689; **vol. 2:** 97,
                  188, 371; **vol. 3:** 676, 768
5:8–9. . . . .**vol. 2:** 188
5:8 . . . .**vol. 1:** 154, 686; **vol. 2:** 188, 314, 371,
            419, 777; **vol. 3:** 619; **vol. 4:** 145, 146
5:9 . . . . **vol. 1:** 388, 686; **vol. 3:** 676
5:10–11. . . . .**vol. 4:** 589
5:10 . . . **vol. 1:** 96, 100, 324, 507, 637, 686, 688;
                  vol. 2: 257, 270, 285, 393;
               vol. 3: 326, 537; **vol. 4:** 431
5:11–21. . . . .**vol. 1:** 582
5:11 . . . . **vol. 3:** 687; **vol. 4:** 405, 613
5:12 . . . .**vol. 1:** 582; **vol. 2:** 625, 633, 653
5:13 . . . .**vol. 2:** 155; **vol. 4:** 444
5:14–15. . . . .**vol. 1:** 582; **vol. 2:** 411,
                         412, 583; **vol. 4:** 555
5:14 . . . .**vol. 1:** 110; **vol. 2:** 126;
                  vol. 3: 287, 306; **vol. 4:** 555
5:15–16. . . . .**vol. 4:** 99
5:15 . . . . **vol. 1:** 448; **vol. 2:** 257, 370
5:16 . . . .**vol. 1:** 110, 581, 582; **vol. 2:** 583,
            632, 633; **vol. 3:** 461; **vol. 4:** 257, 261
5:17 . . . . . . **vol. 1:** 110, 148, 198, 247, 305, 416,
         449, 574; **vol. 2:** 139, 194, 257, 582, 583,
         763, 764; **vol. 3:** 599; **vol. 4:** 176, 261, 397
5:18–21. . . . . **vol. 1:** 109, 246; **vol. 3:** 185
5:18–20. . . . . **vol. 1:** 243, 704; **vol. 2:** 679
5:18–19. . . . .**vol. 1:** 245
5:18 . . . .**vol. 1:** 245, 246, 688; **vol. 2:** 128,
                      194, 446; **vol. 3:** 164
5:19–21. . . . .**vol. 2:** 734
5:19–20. . . . .**vol. 2:** 138
5:19 . . . . .**vol. 1:** 246, 247; **vol. 2:** 194, 445, 734;
             vol. 3: 126, 164, 637; **vol. 4:** 491
5:20–21. . . . .**vol. 1:** 507; **vol. 2:** 177
5:20 . . . . **vol. 1:** 245, 368, 668, 702;
                    vol. 3: 631; **vol. 4:** 132

Scripture Index: New Testament: 2 Corinthians

5:21 .. **vol. 1:** 158, 246, 247, 260, 384, 449, 581, 734; **vol. 2:** 194, 411, 442; **vol. 3:** 126, 413; **vol. 4:** 555
6:1–9 . . . . **vol. 4:** 659
6:1 . . . . **vol. 1:** 676; **vol. 2:** 271, 658; **vol. 3:** 631, 815; **vol. 4:** 659
6:2 . . . . **vol. 1:** 210, 213, 277, 525, 675; **vol. 2:** 393, 413, 590; **vol. 4:** 431
6:4–10 . . . . **vol. 1:** 781; **vol. 2:** 464
6:4–7 . . . . **vol. 1:** 233
6:4 . . . . **vol. 1:** 281, 704; **vol. 4:** 368, 568
6:5 . . . . **vol. 1:** 142, 201; **vol. 2:** 723; **vol. 3:** 387; **vol. 4:** 625
6:6 . . . . . **vol. 1:** 138; **vol. 3:** 212; **vol. 4:** 564, 687
6:7–8 . . . . **vol. 4:** 497
6:7 . . . . **vol. 1:** 233, 395, 665, 780; **vol. 3:** 525
6:8–10 . . . . **vol. 4:** 186
6:8 . . . . **vol. 1:** 516, 764, 766; **vol. 3:** 774; **vol. 4:** 496
6:9 . . . . **vol. 1:** 135; **vol. 2:** 370; **vol. 3:** 529, 588, 731
6:10 . . . . . **vol. 2:** 347, 349; **vol. 3:** 178, 798, 801; **vol. 4:** 648, 649
6:11 . . . . **vol. 1:** 328; **vol. 3:** 777
6:12–15 . . . . **vol. 1:** 495
6:12 . . . . **vol. 1:** 306; **vol. 4:** 354, 368, 713
6:13 . . . . **vol. 3:** 324, 777; **vol. 4:** 466, 713
6:14–18 . . . . **vol. 1:** 505; **vol. 2:** 361
6:14–16 . . . . **vol. 1:** 290
6:14 . . . . . **vol. 2:** 347, 349, 359, 361; **vol. 4:** 324
6:15 . . . . **vol. 1:** 335, 505; **vol. 3:** 283; **vol. 4:** 266, 636
6:16–18 . . . . **vol. 1:** 150
6:16 . . . . **vol. 2:** 438, 446; **vol. 3:** 373, 473, 475, 675, 676; **vol. 4:** 306
6:17 . . . . **vol. 1:** 380, 674, 675; **vol. 3:** 546
6:18 . . . . **vol. 1:** 86, 150; **vol. 3:** 742; **vol. 4:** 534
7–8 . . . . **vol. 4:** 349
7:1 . . . . **vol. 3:** 333; **vol. 4:** 476, 612
7:2 . . . . . **vol. 2:** 409; **vol. 3:** 781; **vol. 4:** 599, 713
7:3 . . . . **vol. 2:** 369, 748
7:4–7 . . . . **vol. 3:** 631
7:4–5 . . . . **vol. 2:** 464; **vol. 4:** 648
7:4 . . . . . **vol. 1:** 329; **vol. 2:** 654; **vol. 3:** 659, 720
7:5–7 . . . . **vol. 4:** 453
7:5 . . . . **vol. 1:** 296; **vol. 2:** 298; **vol. 3:** 252; **vol. 4:** 255, 550
7:6–7 . . . . **vol. 3:** 649
7:7 . . . . **vol. 1:** 119; **vol. 2:** 352; **vol. 3:** 335
7:8–10 . . . . **vol. 3:** 289
7:8 . . . . **vol. 3:** 289
7:9–10 . . . . **vol. 2:** 121; **vol. 3:** 289, 292
7:9 . . . . **vol. 2:** 353, 633; **vol. 3:** 178
7:10 . . . . **vol. 2:** 633; **vol. 3:** 178, 289, 488; **vol. 4:** 648
7:11–16 . . . . **vol. 4:** 648
7:11–12 . . . . **vol. 4:** 349

7:11 . . . . . **vol. 1:** 138, 362, 746; **vol. 2:** 352, 633; **vol. 3:** 178; **vol. 4:** 122
7:12 . . . . **vol. 1:** 157; **vol. 4:** 589
7:13 . . . . **vol. 1:** 286; **vol. 2:** 237; **vol. 3:** 807; **vol. 4:** 560, 561, 646
7:14 . . . . **vol. 1:** 183, 233
7:15 . . . **vol. 1:** 306, 675; **vol. 3:** 315; **vol. 4:** 612
7:16 . . . . **vol. 2:** 419
8–9 . . . . . **vol. 1:** 662; **vol. 2:** 555; **vol. 4:** 185
8:1–5 . . . . **vol. 1:** 662
8:1 . . . . **vol. 2:** 140, 618; **vol. 4:** 659
8:2 . . . . . **vol. 1:** 351, 457, 758, 759; **vol. 2:** 464, 632; **vol. 3:** 720, 723, 798, 801
8:3 . . . . **vol. 2:** 712; **vol. 3:** 240
8:4 . . . . **vol. 1:** 662, 668; **vol. 2:** 711
8:5 . . . . **vol. 1:** 704, 722
8:6–7 . . . . **vol. 4:** 660
8:6 . . . . **vol. 2:** 121; **vol. 4:** 186, 476
8:7–8 . . . . **vol. 2:** 526; **vol. 4:** 349
8:7 . . . . **vol. 1:** 110; **vol. 3:** 123
8:8–9 . . . . **vol. 3:** 723
8:8 . . . . **vol. 4:** 186
8:9–15 . . . . **vol. 1:** 583
8:9 . . . . . **vol. 1:** 662; **vol. 3:** 306, 798, 801; **vol. 4:** 183, 186
8:10–11 . . . . **vol. 2:** 428
8:10 . . . . **vol. 4:** 186
8:11 . . . . **vol. 4:** 476
8:13–14 . . . . **vol. 2:** 550
8:13 . . . . **vol. 1:** 296
8:14–15 . . . . **vol. 2:** 526
8:14 . . . . **vol. 3:** 720; **vol. 4:** 577
8:15–16 . . . . **vol. 4:** 186
8:15 . . . . **vol. 3:** 490
8:16–17 . . . . **vol. 4:** 349
8:16 . . . . **vol. 2:** 192; **vol. 4:** 659
8:18–19 . . . . **vol. 4:** 186
8:18 . . . . . **vol. 1:** 173; **vol. 2:** 310; **vol. 3:** 704
8:19–21 . . . . **vol. 1:** 766
8:19 . . . **vol. 1:** 684, 702; **vol. 2:** 140; **vol. 3:** 123; **vol. 4:** 660
8:21 . . . . **vol. 4:** 143
8:22 . . . . **vol. 3:** 689, 704; **vol. 4:** 349
8:23 . . . . **vol. 2:** 271; **vol. 4:** 186
8:24 . . . . **vol. 1:** 642; **vol. 2:** 654; **vol. 3:** 123
9:1–2 . . . . **vol. 4:** 186
9:1 . . . . **vol. 1:** 662; **vol. 3:** 123, 723
9:2–3 . . . . **vol. 2:** 644
9:2 . . . . **vol. 2:** 352; **vol. 4:** 98
9:3–5 . . . . **vol. 4:** 186
9:3 . . . . **vol. 2:** 658; **vol. 3:** 282; **vol. 4:** 572
9:4 . . . . **vol. 1:** 183; **vol. 2:** 643; **vol. 4:** 572
9:5–14 . . . . **vol. 3:** 123
9:5–6 . . . . **vol. 2:** 325
9:5 . . . . . . **vol. 1:** 281, 409, 662; **vol. 2:** 233, 376; **vol. 3:** 123; **vol. 4:** 186
9:6–9 . . . . **vol. 1:** 662

9:6–7 . . . . .vol. 4: 186
9:6 . . . . .vol. 1: 662; vol. 2: 451; vol. 4: 345
9:7 . . . . . . vol. 1: 306, 662, 721, 722; vol. 2: 526
9:8 . . . . .vol. 1: 397, 778; vol. 3: 722, 723;
vol. 4: 659
9:9–10 . . . . .vol. 1: 732
9:9 . . . . vol. 3: 275, 706; vol. 4: 186, 318
9:10–15 . . . . .vol. 3: 801
9:10 . . . . .vol. 1: 411, 442, 535; vol. 2: 457;
vol. 3: 783; vol. 4: 344
9:11–12 . . . . .vol. 2: 335
9:11 . . . . vol. 1: 351; vol. 3: 798
9:12–13 . . . . .vol. 3: 122
9:12 . . . . .vol. 2: 526; vol. 3: 106, 107, 723,
787, 792; vol. 4: 577
9:13–15 . . . . .vol. 4: 186
9:13 . . . . .vol. 1: 351, 758, 759; vol. 2: 711;
vol. 3: 508, 509; vol. 4: 461
9:14 . . . . vol. 1: 669; vol. 4: 659
9:15 . . . . vol. 1: 720, 722; vol. 4: 659
10–13 . . . . .vol. 2: 130
10:1–13:4 . . . . .vol. 1: 553
10–12 . . . . .vol. 2: 653
10 . . . . .vol. 3: 525
10:1–2 . . . . vol. 2: 130, 419; vol. 3: 649
10:1 . . . vol. 1: 643; vol. 2: 241; vol. 3: 306, 630;
vol. 4: 125, 452
10:2 . . . .vol. 1: 668; vol. 3: 127, 689; vol. 4: 499
10:3–4 . . . . .vol. 3: 525
10:3 . . . . .vol. 2: 128, 633; vol. 3: 676;
vol. 4: 257, 259, 261, 384
10:4–5 . . . . .vol. 3: 432
10:4 . . . . vol. 3: 125; vol. 4: 257, 339, 384
10:5–6 . . . . .vol. 4: 550
10:5 . . . . .vol. 1: 192, 583; vol. 3: 126;
vol. 4: 550, 581, 582
10:6 . . . . .vol. 1: 210, 746
10:7 . . . . .vol. 3: 126, 689
10:8 . . . . .vol. 1: 183; vol. 2: 220, 622, 654, 776;
vol. 3: 464, 722
10:9 . . . . .vol. 4: 612
10:10–11 . . . . .vol. 2: 130
10:10 . . . . .vol. 1: 421, 470; vol. 2: 563;
vol. 3: 157, 165, 649
10:11 . . . . .vol. 3: 649
10:12–16 . . . . .vol. 3: 295
10:12 . . . . .vol. 2: 622, 748; vol. 3: 294;
vol. 4: 408, 499
10:13–16 . . . . .vol. 2: 310, 621
10:13 . . . . vol. 3: 283, 294, 295
10:15–16 . . . . .vol. 1: 443
10:15 . . . . vol. 1: 443; vol. 3: 256, 294, 720, 768
10:16 . . . . .vol. 2: 432
10:17–18 . . . . .vol. 2: 653
10:18 . . . . vol. 1: 757; vol. 2: 311
11–12 . . . . .vol. 4: 316, 619, 622
11 . . . . .vol. 3: 343

11:1 . . . . vol. 1: 298; vol. 3: 575
11:2 . . . vol. 1: 350, 547; vol. 2: 352; vol. 3: 437,
639, 642
11:3–4 . . . . .vol. 3: 639
11:3 . . . . .vol. 1: 138, 348, 350; vol. 2: 306;
vol. 3: 432, 580, 603; vol. 4: 599
11:4 . . . . .vol. 1: 232, 298, 676; vol. 2: 301,
310, 677; vol. 3: 809, 915
11:5 . . . . .vol. 1: 704; vol. 3: 127; vol. 4: 576
11:6 . . . . .vol. 1: 643; vol. 2: 501; vol. 4: 589
11:7 . . . . vol. 2: 310; vol. 4: 453
11:8–9 . . . . .vol. 4: 453
11:8 . . . . . . .vol. 2: 692; vol. 3: 583; vol. 4: 395
11:9 . . . . .vol. 1: 469, 470; vol. 3: 649, 787, 792;
vol. 4: 576
11:10 . . . . .vol. 4: 615
11:12 . . . . vol. 1: 748; vol. 2: 654, 726
11:13 . . . . .vol. 1: 367, 760; vol. 3: 343;
vol. 4: 417, 722
11:14 . . . . vol. 2: 421, 423; vol. 4: 267, 417, 642
11:15 . . .vol. 1: 735; vol. 3: 255; vol. 4: 417, 475
11:16–12:10 . . . . .vol. 2: 464
11:16–30 . . . . .vol. 2: 654
11:16–21 . . . . .vol. 4: 316
11:16 . . . . vol. 3: 303; vol. 4: 572, 622
11:17 . . . . .vol. 4: 572
11:18 . . . . vol. 2: 653; vol. 4: 257
11:19 . . . . .vol. 1: 298; vol. 2: 378; vol. 4: 622
11:20–21 . . . . .vol. 2: 130
11:20 . . . . vol. 1: 298, 770; vol. 4: 158
11:21–12:10 . . . . .vol. 3: 560
11:21–28 . . . . .vol. 2: 343
11:21 . . . . .vol. 4: 499
11:22 . . . . vol. 1: 90; vol. 2: 74, 557, 558
11:23–30 . . . . .vol. 4: 316
11:23–29 . . . . vol. 1: 368; vol. 3: 671, 672
11:23–28 . . . . .vol. 2: 718
11:23 . . . . . . vol. 1: 704; vol. 2: 723; vol. 3: 722;
vol. 4: 619, 625
11:25 . . . . .vol. 1: 342, 457; vol. 2: 392;
vol. 4: 200, 502
11:26 . . . . .vol. 1: 151, 556; vol. 2: 139, 275,
276, 402, 682, 692; vol. 3: 115, 457;
vol. 4: 118, 722
11:27 . . vol. 1: 142, 611; vol. 2: 723; vol. 3: 343,
387, 694; vol. 4: 735
11:28 . . . . vol. 2: 394; vol. 3: 278
11:29–30 . . . . .vol. 1: 422
11:29 . . . . .vol. 4: 194, 297
11:30 . . . . vol. 2: 130, 654; vol. 3: 619
11:31 . . .vol. 2: 324, 441; vol. 3: 683; vol. 4: 723
11:32 . . . . vol. 1: 417, 480; vol. 2: 89
11:33 . . . . vol. 2: 477; vol. 4: 664
12:1–10 . . . . .vol. 1: 397
12:1–7 . . . . .vol. 2: 618
12:1–4 . . . . .vol. 3: 650
12:1 . . . .vol. 1: 362, 372; vol. 3: 579; vol. 4: 316

Scripture Index: New Testament: Galatians

12:2–7 . . . . **vol. 2:** 155
12:2–4 . . . . **vol. 1:** 402
12:2 . . . **vol. 1:** 402; **vol. 2:** 155, 194; **vol. 3:** 569, 619; **vol. 4:** 440, 487, 502
12:4 . . . **vol. 1:** 210; **vol. 2:** 155, 218; **vol. 3:** 619, 620, 621; **vol. 4:** 209, 502
12:5–10 . . . . **vol. 2:** 210
12:5 . . . . **vol. 1:** 422; **vol. 2:** 193; **vol. 3:** 619
12:6–8 . . . . **vol. 4:** 307
12:6 . . . . **vol. 1:** 209, 643; **vol. 3:** 127; **vol. 4:** 316, 622
12:7 . . . . . . **vol. 1:** 122, 632; **vol. 2:** 82, 718, 726; **vol. 3:** 422, 488; **vol. 4:** 217, 255, 265, 266, 267, 316
12:8 . . . . **vol. 1:** 451; **vol. 3:** 630; **vol. 4:** 502
12:9–10 . . . . **vol. 1:** 422, 781; **vol. 2:** 130; **vol. 3:** 619; **vol. 4:** 316, 317
12:9 . . . . . **vol. 1:** 362, 396, 422; **vol. 2:** 130, 193, 237, 378, 563, 654; **vol. 3:** 359, 488, 619, 722; **vol. 4:** 304, 317, 476, 659
12:10 . . . . **vol. 1:** 281, 554, 751; **vol. 2:** 314; **vol. 4:** 368, 514
12:11 . . . . **vol. 1:** 280; **vol. 4:** 576, 622
12:12 . . . **vol. 1:** 368, 643, 780; **vol. 2:** 155, 268; **vol. 4:** 287, 289, 485, 568, 570
12:13–14 . . . . **vol. 1:** 470
12:13 . . . . **vol. 1:** 158; **vol. 3:** 102; **vol. 4:** 661
12:14 . . . . **vol. 2:** 459; **vol. 3:** 577
12:15 . . . . **vol. 2:** 378; **vol. 3:** 722
12:16 . . . . **vol. 1:** 469, 470, 760; **vol. 3:** 603
12:17–18 . . . . **vol. 3:** 781
12:18 . . . . **vol. 3:** 808
12:19 . . . . **vol. 3:** 464, 599
12:20–21 . . . . **vol. 4:** 453
12:20 . . . . **vol. 1:** 201; **vol. 2:** 351, 475
12:21 . . . . **vol. 1:** 258, 419; **vol. 2:** 438; **vol. 3:** 291, 292, 707; **vol. 4:** 115, 122
13:1 . . . . **vol. 1:** 783; **vol. 3:** 239, 240; **vol. 4:** 209
13:2 . . . . **vol. 1:** 258; **vol. 3:** 649
13:3–4 . . . . **vol. 1:** 422, 780
13:3 . . . . **vol. 1:** 758, 759, 778; **vol. 2:** 617; **vol. 4:** 550
13:4 . . . . **vol. 1:** 780, 781; **vol. 2:** 130, 370; **vol. 4:** 363
13:5–7 . . . . **vol. 1:** 758
13:5–6 . . . . **vol. 1:** 757
13:5 . . . . **vol. 1:** 758, 759; **vol. 2:** 195
13:7 . . . . **vol. 1:** 757; **vol. 2:** 339, 600; **vol. 4:** 588
13:8 . . . . **vol. 1:** 232, 233; **vol. 2:** 632
13:9–10 . . . . **vol. 2:** 130
13:9 . . . . **vol. 1:** 409, 422; **vol. 2:** 339
13:10 . . . . **vol. 2:** 220, 776; **vol. 3:** 464, 649
13:11 . . . . **vol. 1:** 109, 409, 410; **vol. 2:** 115, 116; **vol. 3:** 102; **vol. 4:** 620
13:12 . . . . **vol. 4:** 607
13:13 . . . . **vol. 1:** 109; **vol. 2:** 711; **vol. 4:** 503
13:14 . . . . . . **vol. 2:** 445; **vol. 3:** 817; **vol. 4:** 658

Galatians

1:1–5 . . . . **vol. 2:** 256
1:1 . . . . **vol. 1:** 304, 368, 372; **vol. 2:** 525; **vol. 3:** 163
1:2 . . . . **vol. 2:** 140
1:3 . . . . **vol. 2:** 776
1:4 . . . . . . **vol. 1:** 198, 720, 722; **vol. 2:** 427; **vol. 3:** 185, 596; **vol. 4:** 103, 555
1:5 . . . . **vol. 1:** 196, 265
1:6–10 . . . . **vol. 2:** 310; **vol. 4:** 362
1:6–9 . . . . **vol. 2:** 257, 310
1:6–7 . . . . **vol. 1:** 254; **vol. 2:** 301
1:6 . . . . **vol. 1:** 452; **vol. 2:** 421, 423, 606; **vol. 4:** 659
1:7 . . . . **vol. 2:** 82; **vol. 4:** 388, 457
1:8–9 . . . . **vol. 1:** 283; **vol. 2:** 177
1:8 . . . . **vol. 1:** 123; **vol. 3:** 569, 604, 738
1:9 . . . . **vol. 3:** 84, 604
1:10–12 . . . . **vol. 1:** 304
1:10 . . . . **vol. 1:** 771; **vol. 2:** 311; **vol. 3:** 687
1:11–12 . . . . **vol. 3:** 626
1:11 . . . . **vol. 2:** 310, 618
1:12–17 . . . . **vol. 1:** 375
1:12 . . . . **vol. 1:** 368, 714; **vol. 2:** 87, 756; **vol. 3:** 84, 626, 650, 739, 815
1:13–14 . . . . **vol. 1:** 603; **vol. 2:** 546
1:13 . . . . . . **vol. 1:** 20, 751; **vol. 2:** 139, 141, 445; **vol. 3:** 722
1:14 . . . . . . **vol. 1:** 556, 714; **vol. 2:** 74, 351, 726; **vol. 3:** 625, 680, 722
1:15–16 . . . . **vol. 2:** 618; **vol. 3:** 163, 815
1:15 . . . . **vol. 2:** 315, 606, 704; **vol. 3:** 298, 546, 597, 815; **vol. 4:** 659
1:16 . . . . . . **vol. 1:** 169, 368; **vol. 2:** 92, 155, 182, 193, 310; **vol. 3:** 626; **vol. 4:** 256, 532
1:17 . . . . **vol. 1:** 372, 647; **vol. 2:** 276
1:18–20 . . . . **vol. 2:** 525
1:18–19 . . . . **vol. 1:** 370
1:18 . . . . **vol. 4:** 145
1:19 . . . . **vol. 1:** 150, 369; **vol. 2:** 494
1:20 . . . . **vol. 3:** 497; **vol. 4:** 723
1:22–23 . . . . **vol. 2:** 194
1:22 . . . . **vol. 1:** 134; **vol. 2:** 139, 140
1:23 . . . . **vol. 1:** 344, 751; **vol. 3:** 768
2–3 . . . . **vol. 2:** 270
2 . . . . **vol. 3:** 728
2:1–10 . . . . **vol. 2:** 525
2:1–2 . . . . **vol. 1:** 275
2:1 . . . . **vol. 1:** 368; **vol. 3:** 85; **vol. 4:** 487
2:2 . . . . **vol. 1:** 755; **vol. 2:** 310, 525, 618, 658, 677, 679; **vol. 4:** 504

2:3–5 . . . . .vol. 2: 487
2:3 . . . . vol. 1: 280; vol. 3: 728
2:4–5 . . . . .vol. 1: 161
2:4 . . . . .vol. 1: 151, 770; vol. 2: 139, 175, 176, 284; vol. 4: 722
2:5 . . . . vol. 1: 231; vol. 4: 461
2:6 . . . . .vol. 1: 755; vol. 2: 182; vol. 4: 158, 390
2:7–9 . . . . .vol. 2: 92, 310
2:7 . . . . . vol. 1: 370; vol. 3: 529, 626, 727, 728
2:8–9 . . . . .vol. 2: 508
2:8 . . . . vol. 1: 367, 368; vol. 3: 739
2:9 . . . . .vol. 1: 368, 370, 665; vol. 2: 119, 142, 494, 711; vol. 3: 728, 738; vol. 4: 390, 391, 659
2:10 . . . . .vol. 4: 185, 349
2:11–16 .vol. 3: 607, 729
2:11–12 . . . . .vol. 4: 562
2:11 . . . . vol. 2: 637; vol. 3: 738
2:12 . . . . vol. 2: 91, 291; vol. 3: 546, 728
2:13 . . . . .vol. 4: 562, 563
2:14–16 . . . . .vol. 1: 161
2:14 . . . . vol. 1: 280; vol. 2: 91, 546; vol. 3: 341, 541, 546, 738, 739; vol. 4: 144, 563
2:15 . . . . vol. 2: 92; vol. 4: 632
2:16 . . . . .vol. 1: 734, 735; vol. 2: 130, 270; vol. 3: 765, 768, 769; vol. 4: 256
2:17 . . . . vol. 1: 553, 572, 704, 736; vol. 2: 330, 356
2:18–19 . . . . .vol. 2: 177
2:18 . . . . .vol. 3: 191, 607
2:19–21 . . . . .vol. 4: 362, 364
2:19–20 . . . . .vol. 2: 412
2:19 . . . . .vol. 4: 361
2:20–21 . . . . .vol. 4: 658, 692
2:20 . . . . .vol. 1: 109, 110, 401; vol. 2: 195, 370, 633; vol. 3: 185, 341, 624, 650, 768; vol. 4: 259, 261, 317, 439, 532, 534, 555
2:21 . . . . .vol. 1: 161, 721, 734; vol. 2: 411; vol. 4: 659
3:1–4:7 . . . . .vol. 3: 711
3 .vol. 1: 740; vol. 3: 383; vol. 4: 344, 507
3:1–2 . . . . .vol. 3: 383
3:1 . . . . .vol. 1: 492, 600; vol. 2: 140, 680; vol. 3: 163, 433; vol. 4: 316, 362
3:2–3 . . . . .vol. 3: 815
3:2 . . . . . .vol. 1: 209, 465; vol. 2: 270; vol. 3: 223
3:3 . . . . vol. 3: 433; vol. 4: 261, 476
3:4 . . . . .vol. 3: 670
3:5 . . . . .vol. 1: 209, 780; vol. 2: 270; vol. 3: 815; vol. 4: 289
3:6–29 . . . . .vol. 1: 89
3:6–14 . . . . .vol. 3: 164, 412
3:6–9 . . . . .vol. 1: 449
3:6–7 . . . . .vol. 4: 213, 531
3:6 . . . . .vol. 1: 246, 735; vol. 2: 438, 699; vol. 3: 126, 763

3:7–9 . . . . .vol. 1: 90
3:7 . . . . vol. 2: 92, 127; vol. 4: 466
3:8 . . . . . . .vol. 1: 605, 735, 771; vol. 2: 91, 308, 323, 325; vol. 3: 530, 552
3:9 . . . . .vol. 2: 127, 325
3:10–22 . . . . .vol. 2: 310
3:10–14 . . . . .vol. 1: 260; vol. 2: 359; vol. 3: 413, 767
3:10–13 . . . . .vol. 1: 96, 384
3:10–12 . . . . .vol. 2: 177
3:10 . . . . . . vol. 1: 90, 96, 383, 384, 512, 699; vol. 2: 177, 270; vol. 3: 414, 418; vol. 4: 560
3:11 . . . . .vol. 1: 682, 734, 737
3:12–19 . . . . .vol. 3: 287
3:12 . . . . .vol. 3: 414
3:13–14 . . . . vol. 1: 247; vol. 2: 93
3:13 . . . . .vol. 1: 140, 383; vol. 2: 177, 326, 411, 743; vol. 3: 413, 450, 503; vol. 4: 298, 362, 555
3:14 . . . . .vol. 1: 384, 465; vol. 2: 235, 325; vol. 3: 82, 815
3:15–18 . . . . .vol. 1: 736
3:15 . . . . .vol. 1: 161, 699, 700; vol. 2: 779; vol. 4: 461
3:16–17 . . . . .vol. 1: 90
3:16 . . . .vol. 1: 252, 277; vol. 2: 235; vol. 4: 346
3:17–25 . . . . .vol. 3: 366
3:17–21 . . . . .vol. 2: 270
3:17–18 . . . . .vol. 3: 767
3:17 . . . . .vol. 1: 699; vol. 2: 121, 642, 779; vol. 3: 414; vol. 4: 502
3:18 . . . . vol. 2: 234, 700; vol. 4: 659
3:19–20 . . . . .vol. 3: 286
3:19 . . . . vol. 1: 90, 123, 424, 688, 699; vol. 2: 177; vol. 3: 607, 779; vol. 4: 380, 461, 664
3:20 . . . . .vol. 2: 438
3:21 . . . . vol. 1: 326, 424, 572, 699, 734, 735, 780; vol. 2: 234; vol. 3: 228, 413, 414; vol. 4: 659
3:22–23 . . . . vol. 2: 688; vol. 3: 414
3:22 . . . . .vol. 1: 259, 384, 605; vol. 2: 234, 235, 689; vol. 3: 768, 769; vol. 4: 560
3:23–4:7 . . . . .vol. 3: 767
3:23–29 . . . . .vol. 2: 700
3:23–26 . . . . .vol. 3: 413
3:23 . . . . .vol. 2: 618, 690
3:24–25 . . . . .vol. 3: 414, 587, 589
3:24 . . . . .vol. 1: 90
3:25 . . . . vol. 3: 589; vol. 4: 560
3:26–29 . . . . . . vol. 2: 93, 182, 633; vol. 3: 767
3:26–27 . . . . .vol. 4: 530
3:26 . . . . vol. 1: 463; vol. 2: 130; vol. 3: 768; vol. 4: 530, 534
3:27–29 . . . . vol. 1: 464; vol. 2: 139
3:27 . . . . .vol. 1: 462, 463, 465; vol. 2: 196, 688; vol. 3: 175

3:28 ...... vol. 1: 300, 305, 406, 407, 620, 624;
  vol. 2: 125, 130, 175, 181, 452, 764
3:29 .... vol. 1: 90, 407, 699; vol. 2: 699;
  vol. 4: 213, 346, 531
4:1–11 .... vol. 4: 380
4:1–7 .... vol. 3: 597, 683; vol. 4: 187
4:1–2 .... vol. 3: 467
4:1 .... vol. 2: 699, 774; vol. 3: 383, 589;
  vol. 4: 161, 705
4:2–5 .... vol. 4: 560
4:2 .... vol. 4: 161
4:3–7 .... vol. 4: 161
4:3–5 .... vol. 4: 380
4:3 .... vol. 1: 123, 771; vol. 2: 176, 177;
  vol. 3: 383; vol. 4: 379, 582
4:4–7 .... vol. 1: 86; vol. 4: 531
4:4–6 .... vol. 2: 445
4:4–5 .... vol. 2: 443; vol. 3: 413, 789;
  vol. 4: 186, 532, 533, 705
4:4 .... vol. 1: 140, 198, 367, 571, 572, 722, 772;
  vol. 2: 442, 660; vol. 3: 287, 383, 640, 704
4:5–7 .... vol. 1: 384; vol. 2: 177
4:5–6 .... vol. 4: 466, 530
4:5 .... vol. 3: 83; vol. 4: 530
4:6–7 ... vol. 2: 626; vol. 3: 812, 816; vol. 4: 534
4:6 ...... vol. 1: 86, 367; vol. 3: 230, 711, 815,
  817, 818; vol. 2: 209, 340, 341, 738;
  vol. 4: 530, 532, 613
4:7 .... vol. 3: 699; vol. 4: 531
4:8–11 .... vol. 2: 228
4:8–9 .... vol. 1: 583; vol. 2: 359, 438
4:8 .... vol. 1: 772; vol. 4: 380, 633
4:9 .... vol. 1: 110, 339, 421, 581, 585;
  vol. 2: 176; vol. 3: 346; vol. 4: 187,
  379, 380, 389
4:10 .... vol. 4: 227, 380, 490
4:11 .... vol. 2: 723
4:12 .... vol. 1: 157, 668
4:13–15 .... vol. 4: 255
4:13 .... vol. 1: 421; vol. 4: 261
4:14 .... vol. 1: 211, 492, 675; vol. 3: 699
4:15 .... vol. 3: 208, 240
4:16 .... vol. 1: 234; vol. 2: 345
4:17 .... vol. 1: 492; vol. 2: 82
4:18 .... vol. 1: 97; vol. 2: 352; vol. 3: 649
4:19 ..... vol. 1: 563; vol. 3: 299, 338, 341, 759;
  vol. 4: 465, 466, 741
4:20 .... vol. 3: 649; vol. 4: 636
4:21–31 ...... vol. 1: 116, 252; vol. 2: 176, 633;
  vol. 3: 767, 788; vol. 4: 263, 294,
  379, 741
4:21–26 .... vol. 1: 699
4:21 .... vol. 1: 524; vol. 4: 560
4:22–31 .... vol. 3: 594
4:23 .... vol. 2: 633; vol. 4: 257, 466
4:24–31 .... vol. 2: 270, 560; vol. 4: 294
4:24 .... vol. 1: 252, 562

4:25–26 .... vol. 4: 95
4:25 .... vol. 1: 116, 338; vol. 2: 526;
  vol. 4: 378, 379, 466
4:26–31 .... vol. 1: 699
4:26–27 .... vol. 3: 299
4:26 ... vol. 1: 252, 338; vol. 2: 526; vol. 3: 446,
  570; vol. 4: 216, 263, 294, 379
4:27 .... vol. 1: 524; vol. 2: 275, 333;
  vol. 4: 263, 492, 741
4:28 ... vol. 1: 524; vol. 2: 548, 633; vol. 3: 759;
  vol. 4: 466
4:29 .... vol. 1: 751; vol. 2: 633; vol. 3: 815
4:30–31 .... vol. 3: 594
4:30 .... vol. 1: 604; vol. 2: 700
4:31 .... vol. 4: 263, 466
5:1–26 .... vol. 2: 359
5:1–13 .... vol. 2: 176
5:1 .... vol. 1: 699; vol. 2: 175, 176, 177,
  199, 359; vol. 3: 759, 816
5:2–4 .... vol. 4: 659
5:2 .... vol. 4: 748
5:3–4 .... vol. 2: 359
5:3 .... vol. 3: 238, 492, 578, 729
5:4 .... vol. 1: 734; vol. 2: 642; vol. 3: 759
5:5 .... vol. 1: 736; vol. 2: 133, 186, 187;
  vol. 3: 769, 816
5:6 ...... vol. 1: 110, 687; vol. 2: 204, 271, 562;
  vol. 3: 729, 768
5:7 ..... vol. 1: 231; vol. 2: 82, 726; vol. 3: 689;
  vol. 4: 504, 550
5:8 .... vol. 3: 687, 690
5:9 .... vol. 2: 226, 363, 364; vol. 3: 303;
  vol. 4: 630
5:10 .... vol. 1: 494; vol. 3: 689, 759;
  vol. 4: 457, 620
5:11 .... vol. 1: 751; vol. 2: 177, 642, 679;
  vol. 4: 298, 317, 362
5:12 .... vol. 1: 323; vol. 2: 726; vol. 3: 575
5:13–26 .... vol. 1: 260, 738
5:13–14 .... vol. 2: 177, 178; vol. 2: 176;
  vol. 4: 478
5:14 .... vol. 1: 108, 110; vol. 2: 124;
  vol. 3: 413, 661, 790, 795
5:15 .... vol. 2: 291
5:16–24 .... vol. 2: 633; vol. 3: 816
5:16–21 .... vol. 2: 243
5:16–17 .... vol. 3: 816
5:16 .... vol. 2: 243, 351, 475; vol. 3: 675,
  768, 816; vol. 4: 258, 439, 476
5:17 ..... vol. 2: 243, 428, 632, 633; vol. 4: 258
5:18–23 .... vol. 3: 816
5:18 .... vol. 2: 178, 475; vol. 3: 413,
  812, 816; vol. 4: 560
5:19–24 .... vol. 4: 379
5:19–23 .... vol. 3: 791
5:19–21 .... vol. 4: 258, 261, 603
5:19 ...... vol. 1: 260, 419; vol. 2: 85, 270, 475,
  629; vol. 4: 115, 439, 588

Scripture Index: New Testament: Ephesians

5:20 . . . . .vol. 1: 176, 632; vol. 2: 100, 345, 351, 475
5:21 . . . . .vol. 2: 698, 699; vol. 3: 259, 502; vol. 4: 122
5:22–23. . . . . . . vol. 2: 85, 178; vol. 3: 413
5:22 . . . . .vol. 1: 99, 110, 390, 391; vol. 2: 115, 116, 351, 475, 629; vol. 3: 212, 413; vol. 4: 648, 687
5:23 . . . . vol. 2: 84, 85; vol. 4: 125
5:24 . . . . .vol. 1: 260; vol. 3: 670; vol. 4: 364
5:25–26. . . . . .vol. 2: 370
5:25 . . . . . . .vol. 2: 475, 583; vol. 3: 791, 816; vol. 4: 603
5:26 . . . . vol. 2: 604, 658; vol. 4: 603
6:1 . . . . . . .vol. 1: 410, 780; vol. 3: 84, 636, 699, 816, 819; vol. 4: 125
6:2 . . . . .vol. 1: 470, 471, 495; vol. 2: 270; vol. 3: 415, 787, 790
6:3 . . . . .vol. 1: 755
6:4 . . . . vol. 1: 758; vol. 2: 654
6:5 . . . . .vol. 1: 470, 471, 495
6:6 . . . . . .vol. 1: 96; vol. 2: 648, 711; vol. 3: 163
6:7–9. .vol. 2: 450, 451
6:7–8. . . . . .vol. 4: 216, 345
6:7 . . . . .vol. 3: 774
6:8 . . . . . . .vol. 1: 197; vol. 2: 178, 371; vol. 3: 816; vol. 4: 600
6:9–10. . . . . .vol. 2: 610
6:9 . . . . vol. 1: 97; vol. 2: 591; vol. 3: 191; vol. 4: 80
6:10 . . . . . . .vol. 1: 96, 151, 344; vol. 2: 270; vol. 3: 123, 475; vol. 4: 144
6:11 . . . . . . .vol. 1: 600; vol. 2: 257; vol. 4: 316
6:12 . . . . .vol. 1: 280
6:12–14. . . . . .vol. 4: 261, 317
6:12–13. . . . . vol. 3: 729; vol. 4: 255
6:12 . . . . vol. 1: 751; vol. 4: 158, 257, 362
6:13–14. . . . . .vol. 2: 653
6:13 . . . . .vol. 4: 122, 257, 624
6:14 . . . . . . .vol. 1: 495, 572; vol. 2: 412, 583, 620, 764; vol. 4: 361, 362, 364
6:15 . . . . vol. 2: 204, 582, 20, 763, 764; vol. 3: 729
6:16 . . . . .vol. 2: 171, 557, 559, 620; vol. 4: 257, 376, 378, 628, 692
6:17 . . . vol. 1: 494, 495; vol. 2: 722; vol. 3: 165, 731; vol. 4: 376, 439
6:18 . . . . vol. 1: 265; vol. 3: 807

Ephesians

1:1 . . . . .vol. 2: 427
1:3–14. . . . . .vol. 2: 700
1:3–11. . . . . .vol. 2: 441
1:3 . . . . vol. 2: 323, 325, 441, 438, 776; vol. 3: 184, 572, 683, 819
1:4 . . . . .vol. 1: 273, 416; vol. 2: 149, 151, 636, 698, 700
1:5 . . . . .vol. 2: 315, 427, 700; vol. 3: 547; vol. 4: 530
1:6 . . . . .vol. 1: 173; vol. 2: 700; vol. 4: 656, 659
1:7–8. . . . . .vol. 3: 722, 815
1:7 . . . . vol. 1: 140, 170, 171, 447, 448, 449; vol. 2: 411, 443, 700; vol. 3: 185, 186, 187, 637, 801
1:8 . . . . vol. 3: 184; vol. 4: 337, 618, 622
1:9 . . . . .vol. 1: 584; vol. 2: 315, 427, 618; vol. 3: 355, 789; vol. 4: 160
1:10 . . . . .vol. 1: 443; vol. 2: 670, 673, 700; vol. 3: 355, 468, 571, 789; vol. 4: 338
1:11–12. . . . . .vol. 2: 699, 700
1:11 . . . . .vol. 1: 528, 529; vol. 2: 271, 315, 697, 698; vol. 3: 547; vol. 4: 161
1:12 . . . . vol. 1: 173; vol. 2: 186
1:13–14. . . . . .vol. 1: 405; vol. 2: 235, 698; vol. 3: 816; vol. 4: 414
1:13 . . . . .vol. 1: 211, 464; vol. 2: 311, 700; vol. 3: 815; vol. 4: 431
1:14 . . . . .vol. 1: 173; vol. 2: 75; vol. 3: 186, 717, 816
1:15–16. . . . . .vol. 2: 334
1:15 . . . . .vol. 1: 110, 130
1:16 . . . . .vol. 3: 315
1:17–18. . . . . vol. 1: 287; vol. 3: 816
1:17 . . . vol. 1: 583, 765; vol. 2: 618; vol. 3: 808, 815; vol. 4: 337
1:18 . . . . .vol. 1: 765, 766; vol. 2: 187, 698, 700; vol. 3: 579, 801
1:19 . . . . .vol. 1: 780; vol. 2: 443, 563, 741; vol. 3: 256
1:20–23. . . . . vol. 2: 651; vol. 3: 571
1:20–21. . . . . vol. 1: 123, 780; vol. 2: 141
1:20 . . . . .vol. 1: 666; vol. 2: 271, 445, 578; vol. 3: 572
1:21 . . . . .vol. 1: 123, 198, 779; vol. 2: 219, 774; vol. 3: 263
1:22–23. . . . . vol. 1: 628; vol. 4: 442
1:22 . . . vol. 1: 720; vol. 2: 187, 671; vol. 3: 662; vol. 4: 442, 462
1:23 . . . . .vol. 1: 277; vol. 2: 192; vol. 3: 792
2–3 . . . . .vol. 2: 92
2:1–3:6 . . . . .vol. 2: 700
2 . . . . .vol. 3: 195, 215, 373
2:1–10. . . . . .vol. 3: 676
2:1–3 . . . . .vol. 1: 290
2:1–2 . . . . .vol. 3: 675
2:1 . . . . .vol. 3: 378, 637
2:2 . . . . . .vol. 1: 160, 418, 632; vol. 2: 271, 734; vol. 3: 690, 699, 808; vol. 4: 388, 530
2:3–4. .vol. 1: 109, 115
2:3 . . . . vol. 1: 290; vol. 2: 243; vol. 3: 431, 537; vol. 4: 258, 466, 633

Scripture Index: New Testament: Ephesians

2:4–10 . . . . vol. 4: 633
2:4–9 . . . . vol. 2: 171
2:4 . . . . vol. 2: 171; vol. 3: 798
2:5–8 . . . . vol. 4: 659
2:5 . . . . vol. 3: 378, 637
2:6 . . . . vol. 1: 323; vol. 2: 80, 578; vol. 3: 446, 572
2:7 . . . . . vol. 1: 642; vol. 3: 801; vol. 4: 601, 687
2:8–10 . . . . vol. 1: 734
2:8–9 . . . . vol. 2: 653
2:8 . . . . vol. 1: 720, 722; vol. 2: 130; vol. 3: 815; vol. 4: 431
2:10 . . . . . . vol. 1: 96; vol. 2: 304, 305, 446, 765
2:12–22 . . . . vol. 2: 141, 311
2:11–22 . . . . vol. 3: 446
2:11–12 . . . . vol. 2: 92, 633
2:11 . . . . vol. 3: 727, 728; vol. 4: 255, 664
2:12–13 . . . . vol. 1: 248; vol. 3: 215
2:12 . . . . . vol. 1: 255; vol. 2: 186, 187, 235, 437; vol. 3: 444; vol. 4: 95
2:13 . . . . vol. 1: 170, 171; vol. 2: 78
2:14–22 . . . . vol. 2: 673
2:14–18 . . . . . vol. 1: 249; vol. 2: 115; vol. 4: 739
2:14–16 . . . . vol. 3: 729
2:14–15 . . . . vol. 3: 268; vol. 4: 80
2:14 . . . . vol. 2: 525; vol. 3: 195, 215, 216, 347; vol. 4: 258, 464, 616
2:15–16 . . . . vol. 3: 195; vol. 4: 364
2:15 . . . . vol. 1: 305, 753; vol. 2: 204, 585, 641, 673, 764; vol. 3: 216, 414
2:16 . . . . vol. 1: 243, 248, 357; vol. 2: 345
2:17–22 . . . . vol. 2: 92
2:17–18 . . . . vol. 3: 215
2:17 . . . . vol. 2: 77, 115, 311
2:18–22 . . . . vol. 3: 473
2:18–19 . . . . vol. 3: 458
2:18 . . . . vol. 1: 171, 781; vol. 2: 124, 509; vol. 3: 817
2:19 . . . . vol. 1: 129, 151; vol. 2: 93; vol. 3: 373, 446, 465, 475, 644; vol. 4: 95
2:20–22 . . . . vol. 2: 431; vol. 3: 464
2:20–21 . . . . vol. 3: 355
2:20 . . . vol. 1: 627, 628; vol. 2: 431; vol. 3: 122, 373, 473; vol. 4: 170, 414
2:21–22 . . . . vol. 3: 373
2:21 . . . . vol. 1: 442; vol. 2: 446; vol. 3: 195, 372, 473
2:22 . . . . vol. 2: 673; vol. 3: 463, 475, 817
3:1–9 . . . . vol. 3: 311
3:1–6 . . . . vol. 1: 368
3:1 . . . . vol. 1: 678; vol. 2: 91
3:2–9 . . . . vol. 2: 427
3:2–6 . . . . vol. 2: 92; vol. 3: 355
3:2 . . . . vol. 3: 468
3:3–5 . . . . vol. 1: 584
3:3 . . . . vol. 1: 600
3:4 . . . . vol. 3: 433; vol. 4: 410

3:5 . . . . vol. 1: 556; vol. 2: 618, 756; vol. 3: 815; vol. 4: 170, 530, 589
3:6–7 . . . . vol. 2: 182
3:6 . . . . . vol. 2: 235, 347, 697, 700; vol. 3: 355; vol. 4: 438
3:7–8 . . . . vol. 4: 659
3:7 . . . . vol. 1: 704, 720; vol. 2: 271
3:8–11 . . . . vol. 4: 161
3:8–10 . . . . vol. 2: 439
3:8–9 . . . . vol. 3: 355
3:8 . . . . vol. 2: 756; vol. 3: 303, 355, 798
3:9–10 . . . . vol. 4: 338
3:9 . . . . vol. 1: 196; vol. 2: 756; vol. 3: 354, 355, 468, 661, 683
3:10 . . . . vol. 1: 417, 584; vol. 2: 141, 219, 618; vol. 3: 572
3:11–12 . . . . vol. 3: 458
3:11 . . . . vol. 2: 765
3:12 . . . . vol. 3: 659, 687, 690, 768
3:13 . . . . vol. 2: 464; vol. 3: 355
3:14–15 . . . . vol. 2: 340; vol. 3: 683
3:14 . . . . vol. 1: 593; vol. 2: 341; vol. 3: 680; vol. 4: 144
3:15 . . . . vol. 3: 519, 569, 680
3:16–19 . . . . vol. 2: 432
3:16–17 . . . . vol. 1: 781; vol. 3: 816
3:16 . . . . vol. 1: 766; vol. 2: 298, 441, 443, 742; vol. 3: 801
3:17–19 . . . . vol. 1: 110
3:17 . . . . vol. 1: 465; vol. 2: 626; vol. 3: 475; vol. 4: 213, 307
3:18–19 . . . . vol. 1: 458
3:18 . . . . . vol. 1: 458; vol. 2: 562; vol. 3: 83, 777
3:19 . . . . vol. 1: 110; vol. 2: 443; vol. 3: 791
3:20 . . . . vol. 1: 186, 778; vol. 2: 443; vol. 3: 433, 720, 723
3:21 . . . . vol. 1: 265, 556, 557
4 . . . . vol. 3: 536
4:1–16 . . . . vol. 1: 704
4:1–3 . . . . vol. 4: 454
4:1–2 . . . . vol. 4: 125
4:1 . . . . . . vol. 1: 340, 341, 678; vol. 2: 606, 777; vol. 3: 526, 676
4:2–5 . . . . vol. 1: 390
4:2 . . . . vol. 1: 298, 495; vol. 3: 212; vol. 4: 570
4:3–13 . . . . vol. 2: 141
4:3–4 . . . . vol. 2: 673; vol. 3: 817
4:3 . . . . vol. 1: 678, 679; vol. 2: 115, 125; vol. 4: 349, 490
4:4–6 . . . vol. 1: 464; vol. 2: 125, 445; vol. 3: 767
4:4 . . . . vol. 2: 187
4:5–6 . . . . vol. 2: 775
4:5 . . . . vol. 1: 646; vol. 2: 776
4:6 . . . . vol. 2: 438; vol. 3: 287, 683
4:7–16 . . . . vol. 3: 296
4:7 . . . vol. 1: 277; vol. 2: 348, 383, 776; vol. 3: 296
4:8–10 . . . vol. 1: 276, 606; vol. 2: 141; vol. 3: 621

Scripture Index: New Testament: Ephesians

4:8 . . . . **vol. 1:** 192, 276, 277, 720, 721;
    vol. 2: 650; **vol. 3:** 710; **vol. 4:** 172, 581
4:9 . . . .**vol. 1:** 155, 277; **vol. 2:** 650, 651;
    vol. 3: 282
4:10 . . . . **vol. 1:** 277; **vol. 3:** 571
4:11–16. . . . .**vol. 3:** 464, 817
4:11–12. . . . .**vol. 2:** 141
4:11 . . . . .**vol. 1:** 277, 369, 720; **vol. 2:** 308, 312,
    648; **vol. 3:** 296, 817; **vol. 4:** 86, 170
4:12–16. . . . .**vol. 1:** 277
4:12–13. . . . .**vol. 2:** 671
4:12 . . . .**vol. 1:** 409, 704; **vol. 2:** 383;
    vol. 3: 296, 464; **vol. 4:** 441
4:13–14. . . . .**vol. 3:** 384
4:13 . . . . .**vol. 1:** 409, 442; **vol. 2:** 125, 383, 639,
    673; **vol. 3:** 296, 791; **vol. 4:** 476
4:14–16. . . . .**vol. 2:** 639
4:14 . . . **vol. 1:** 295, 713; **vol. 2:** 383; **vol. 3:** 457,
    603, 774, 775, 791
4:15–16. . . . .**vol. 1:** 442; **vol. 2:** 670; **vol. 4:** 442
4:15 . . . . **vol. 1:** 234; **vol. 3:** 384
4:16 . . . . .**vol. 1:** 110, 442; **vol. 2:** 192, 271, 383;
    vol. 3: 296
4:17–18. . . . .**vol. 4:** 197
4:17 . . . .**vol. 2:** 92, 777; **vol. 3:** 238, 249,
    250, 431; **vol. 4:** 660
4:18 . . . .**vol. 1:** 136, 255, 306; **vol. 2:** 626;
    vol. 3: 431; **vol. 4:** 322, 323
4:19 . . . .**vol. 1:** 419; **vol. 2:** 186, 268;
    vol. 3: 624, 781
4:20–21. . . . .**vol. 1:** 211
4:20 . . . .**vol. 3:** 224
4:21–22. . . . .**vol. 1:** 233
4:21 . . . .**vol. 1:** 714
4:22–24. . . . . .**vol. 2:** 243, 581, 583; **vol. 3:** 381;
    vol. 4: 724
4:22 . . . . .**vol. 1:** 290, 305, 349; **vol. 2:** 176, 243,
    475; **vol. 3:** 600; **vol. 4:** 176, 600
4:23–24. . . . .**vol. 2:** 475
4:23 . . . . **vol. 2:** 625; **vol. 3:** 380, 431
4:24 . . . .**vol. 1:** 305, 736; **vol. 2:** 196, 586,
    633, 765; **vol. 3:** 558
4:25–5:2 . . . .**vol. 3:** 795
4:25 . . . .**vol. 1:** 234; **vol. 3:** 265, 266; **vol. 4:** 724
4:26–27. . . . .**vol. 3:** 535
4:26 . . . . **vol. 2:** 385; **vol. 3:** 535, 536
4:27 . . . .**vol. 4:** 500
4:28 . . . .**vol. 1:** 662, 721; **vol. 2:** 349, 691;
    vol. 4: 682
4:29 . . . .**vol. 1:** 100, 219; **vol. 3:** 464;
    vol. 4: 108, 383
4:30 . . . .**vol. 1:** 464; **vol. 3:** 178, 815,
    817, 818; **vol. 4:** 414
4:31–32. . . . .**vol. 4:** 687
4:31 . . . .**vol. 1:** 517; **vol. 2:** 475, 738;
    vol. 3: 535, 536, 746
4:32–5:2 . . . .**vol. 1:** 390

4:32 . . . . **vol. 1:** 449; **vol. 4:** 353, 661
5:1 . . . . **vol. 3:** 305, 306; **vol. 4:** 466
5:2 . . . . **vol. 1:** 109; **vol. 2:** 487; **vol. 3:** 185, 306,
    560, 624, 675; **vol. 4:** 555
5:3 . . . . **vol. 3:** 519, 781; **vol. 4:** 115, 126
5:4 . . . .**vol. 1:** 181; **vol. 2:** 335, 379;
    vol. 3: 358, 359
5:5 . . . . . .**vol. 1:** 489, 491, 583; **vol. 2:** 100, 698;
    vol. 3: 781
5:6 . . . .**vol. 1:** 348; **vol. 2:** 284, 441, 658;
    vol. 3: 536, 537, 690; **vol. 4:** 530
5:7 . . . .**vol. 2:** 347
5:8–16. . . . .**vol. 1:** 217
5:8 . . . .**vol. 2:** 591, 777; **vol. 3:** 675, 690;
    vol. 4: 323, 466, 641, 642
5:9 . . . .**vol. 1:** 736; **vol. 2:** 629; **vol. 4:** 642
5:10 . . . . **vol. 1:** 759; **vol. 3:** 676
5:11 . . . .**vol. 2:** 166, 709, 712; **vol. 4:** 323
5:12 . . . . **vol. 1:** 180; **vol. 2:** 754, 756
5:13–14. . . . .**vol. 4:** 588
5:13 . . . .**vol. 2:** 166
5:14 . . . . **vol. 1:** 277, 322, 323; **vol. 4:** 640
5:15–16. . . . . **vol. 1:** 218; **vol. 3:** 468
5:15 . . . . **vol. 3:** 676; **vol. 4:** 334, 337, 410
5:16 . . . . **vol. 1:** 140; **vol. 2:** 590, 591
5:17 . . . .**vol. 2:** 427; **vol. 4:** 408, 410, 622
5:18–20. . . . . **vol. 4:** 739; **vol. 3:** 817
5:18–19. . . . .**vol. 3:** 817
5:18 . . . .**vol. 3:** 260, 482, 483, 790
5:19–20. . . . .**vol. 3:** 260
5:19 . . . . **vol. 3:** 819; **vol. 4:** 547, 719, 738
5:20 . . . .**vol. 2:** 335; **vol. 3:** 521, 683
5:21–6:9 . . . .**vol. 3:** 260
5:21–33. . . . .**vol. 1:** 544, 624; **vol. 2:** 85;
    vol. 3: 653; **vol. 4:** 497
5:21 . . . .**vol. 4:** 462
5:22–33. . . . .**vol. 1:** 109, 547; **vol. 3:** 437
5:22–25. . . . .**vol. 1:** 300
5:22 . . . .**vol. 1:** 621
5:23 . . . .**vol. 1:** 544; **vol. 2:** 671; **vol. 4:** 432
5:24 . . . .**vol. 4:** 462
5:25–33. . . . .**vol. 1:** 622
5:25–27. . . . . **vol. 2:** 125, 141; **vol. 4:** 432
5:25–26. . . . .**vol. 3:** 175
5:25 . . . .**vol. 1:** 300, 621; **vol. 3:** 306, 624;
    vol. 4: 555
5:26 . . . .**vol. 1:** 464, 574; **vol. 2:** 573;
    vol. 4: 211, 521
5:27 . . . . **vol. 1:** 273, 764; **vol. 3:** 642
5:28–29. . . . .**vol. 1:** 114
5:28 . . . .**vol. 1:** 300
5:29–30. . . . .**vol. 3:** 266
5:29 . . . .**vol. 4:** 255
5:30 . . . . **vol. 2:** 720; **vol. 3:** 265
5:31 . . . .**vol. 1:** 304, 331, 544; **vol. 2:** 125,
    719, 720; **vol. 4:** 259
5:32 . . . .**vol. 1:** 624; **vol. 2:** 720; **vol. 3:** 255, 356

6:1–9. . . . . .vol. 4: 551
6:1–4. . . . . vol. 3: 681; vol. 4: 529
6:1–3. . . . . .vol. 3: 589
6:1 . . . . vol. 1: 736; vol. 4: 466
6:2 . . . . .vol. 2: 204
6:3 . . . . .vol. 4: 705
6:4 . . . . . . vol. 3: 424, 425; vol. 3: 535, 587, 589
6:5–6. . . . . .vol. 1: 350
6:5 . . . . .vol. 1: 672, 771; vol. 2: 774;
 vol. 4: 256, 612
6:6 . . . . .vol. 1: 387, 662, 770; vol. 3: 579;
 vol. 4: 732
6:7 . . . . vol. 1: 304; vol. 3: 433
6:8 . . . . .vol. 2: 175
6:9 . . . . .vol. 1: 288, 773; vol. 2: 774;
 vol. 4: 158, 497
6:10–17. . . . . .vol. 1: 735; vol. 3: 526, 699;
 vol. 4: 194
6:10–18. . . . . .vol. 2: 176
6:10 . . . . vol. 1: 780; vol. 2: 563, 741, 777
6:11 . . . . vol. 2: 196; vol. 3: 457, 525, 526

6:12 . . . . .vol. 1: 145, 160, 169, 417, 632;
 vol. 2: 176, 734, 742; vol. 3: 82, 818;
 vol. 4: 103, 256, 261, 323
6:13 . . . . .vol. 2: 268; vol. 3: 82, 525, 526;
 vol. 4: 103
6:14 . . . . . vol. 1: 233, 736; vol. 2: 196, 373, 374
6:15 . . . . . . vol. 1: 677; vol. 2: 115, 304, 305, 311
6:16 . . . . vol. 2: 477; vol. 3: 82; vol. 4: 104,
 194, 270
6:17–20. . . . . .vol. 2: 340
6:17 . . . vol. 1: 784; vol. 2: 670; vol. 3: 253, 817;
 vol. 4: 211
6:18 . . . . .vol. 1: 142, 668, 669; vol. 2: 209, 340,
 341, 591, 631; vol. 3: 699, 817, 822
6:19–20. . . . . .vol. 3: 659
6:19 . . . . vol. 1: 328; vol. 2: 618
6:20 . . . . .vol. 4: 132
6:21 . . .vol. 1: 151, 704; vol. 2: 618; vol. 4: 121
6:23 . . . . .vol. 1: 110
6:24 . . . . .vol. 4: 600

Philippians

1:1 . . . . .vol. 1: 703, 771; vol. 2: 140, 176,
 251, 252; vol. 3: 597; vol. 4: 141
1:2 . . . . .vol. 2: 776
1:3–11. . . . . .vol. 2: 257
1:3 . . . . vol. 2: 257; vol. 3: 315
1:4–7. . . . . .vol. 4: 648
1:4 . . . . .vol. 1: 668
1:5–6. . . . . .vol. 4: 649
1:5 . . . . vol. 2: 711, 335; vol. 4: 648
1:6 . . . . . . .vol. 1: 97, 443; vol. 2: 188, 270, 393;
 vol. 3: 271; vol. 4: 476
1:7 . . . . .vol. 1: 362, 499, 500, 678; vol. 2: 712;
 vol. 4: 659
1:8 . . . . .vol. 1: 306; vol. 3: 240; vol. 4: 354
1:9 . . . . vol. 1: 179, 583, 586; vol. 3: 722
1:10–11. . . . . .vol. 3: 488
1:10 . . . . .vol. 1: 241, 758, 759; vol. 2: 121,
 393, 727
1:11 . . . . .vol. 1: 173; vol. 2: 629; vol. 3: 791
1:12–17. . . . . .vol. 1: 678
1:12 . . . . .vol. 2: 726
1:13 . . . . vol. 2: 193; vol. 4: 588
1:14 . . . . vol. 3: 163, 689; vol. 4: 98
1:15–18. . . . . .vol. 4: 648
1:15 . . . . vol. 2: 314, 677, 679; vol. 4: 603
1:16 . . . . .vol. 1: 362, 500
1:17 . . . . vol. 1: 138; vol. 2: 80, 464
1:18 . . . . .vol. 4: 648
1:19 . . . . . . vol. 1: 275, 669, 781; vol. 3: 818
1:20–21. . . . . .vol. 4: 217
1:20 . . . . .vol. 1: 183, 305; vol. 2: 133, 413;
 vol. 3: 255, 659; vol. 4: 342, 649
1:21 . . . . .vol. 2: 370, 413, 667, 668

1:22–24. . . . . .vol. 4: 259
1:22 . . . . vol. 1: 175; vol. 2: 618, 629
1:23 . . . .vol. 1: 154; vol. 2: 197, 242, 371, 668;
 vol. 3: 191, 619; vol. 4: 146, 397
1:24 . . . . .vol. 1: 281; vol. 2: 668; vol. 4: 261
1:25–26. . . . . vol. 1: 443; vol. 4: 342
1:25 . . . . .vol. 2: 726; vol. 3: 689; vol. 4: 648
1:26 . . . .vol. 2: 654; vol. 3: 649, 722; vol. 4: 145
1:27 . . . . .vol. 1: 162, 340, 341; vol. 2: 310;
 vol. 3: 649, 817; vol. 4: 96, 732
1:28 . . . . vol. 1: 359, 639, 642; vol. 4: 613
1:29–30. . . . . .vol. 1: 145
1:29 . . . . vol. 3: 672; vol. 4: 661
2:1–10. . . . . .vol. 4: 363
2:1–4. . . . . .vol. 3: 459
2:1–2. . . . . vol. 1: 110; vol. 4: 648
2:1 . . . . . . vol. 3: 480, 630, 634, 817; vol. 4: 354
2:2 . . . . vol. 2: 125; vol. 4: 620, 729
2:3–4. . . . . vol. 2: 658; vol. 4: 620
2:3 . . . . . .vol. 1: 404, 764; vol. 2: 377, 658;
 vol. 4: 453
2:5–11. . . . . .vol. 1: 333; vol. 3: 306;
 vol. 4: 534, 583, 696
2:5 . . . .vol. 2: 194; vol. 3: 484; vol. 4: 620, 621
2:6–11. . . . . .vol. 1: 464; vol. 2: 376, 551, 658;
 vol. 3: 338, 596; vol. 4: 186, 361, 453, 739
2:6–8. . . . . vol. 3: 339; vol. 4: 534, 583, 534
2:6–7. . . . . .vol. 3: 338
2:6 . . . . .vol. 1: 402, 403; vol. 2: 377, 445,
 550, 551, 658; vol. 3: 338
2:7–8. . .vol. 1: 404; vol. 2: 411, 660; vol. 3: 413
2:7 . . . . . .vol. 1: 400, 622, 772; vol. 2: 551, 658,
 660; vol. 3: 338, 501, 503; vol. 4: 417

Scripture Index: New Testament: Philippians

2:8–13. . . . .**vol. 4:** 658
2:8–11. . . . . **vol. 2:** 680; **vol. 4:** 363
2:8 . . . . . .**vol. 1:** 170, 277; **vol. 2:** 130, 203, 659;
        vol. 4: 361, 549, 550
2:9–11. . . . . . .**vol. 1:** 122, 123, 489; **vol. 2:** 775;
        vol. 3: 339, 520, 571, 662; **vol. 4:** 583
2:9 . . . . **vol. 2:** 529; **vol. 4:** 581, 583
2:10–11. . . . . **vol. 1:** 507; **vol. 4:** 453
2:10 . . . . . **vol. 1:** 155, 567, 593; **vol. 3:** 568, 570
2:11 . . . .**vol. 1:** 589; **vol. 2:** 121, 585, 775, 776;
        vol. 3: 114, 510; **vol. 4:** 583, 696
2:12–16. . . . . , ...**vol. 1:** 130
2:12–13. . . . .**vol. 1:** 305
2:12 . . . .**vol. 2:** 268; **vol. 3:** 649;
        vol. 4: 431, 550, 612
2:13–14. . . . .**vol. 2:** 315
2:13 . . . .**vol. 2:** 271, 428, 446
2:14–15. . . . .**vol. 1:** 273
2:14 . . . .**vol. 1:** 592; **vol. 3:** 125; **vol. 4:** 80
2:15 . . . .**vol. 1:** 203, 556, 557; **vol. 2:** 734;
        vol. 3: 271; **vol. 4:** 388, 587, 640, 641, 642
2:16 . . . . .**vol. 1:** 532, 766; **vol. 2:** 347, 370, 393;
        vol. 3: 164; **vol. 4:** 342, 504
2:17–18. . . . .**vol. 4:** 648
2:17 . . . **vol. 1:** 532, 722; **vol. 2:** 509; **vol. 3:** 106,
        731; **vol. 4:** 342, 649
2:19 . . . . . .**vol. 2:** 186; **vol. 3:** 704; **vol. 4:** 729
2:20–21. . . . .**vol. 4:** 648
2:20 . . . .**vol. 2:** 550; **vol. 3:** 278, 279; **vol. 4:** 729
2:21 . . . . **vol. 2:** 356; **vol. 3:** 279
2:22 . . . . **vol. 1:** 758, 759, 772; **vol. 4:** 466
2:23 . . . .**vol. 3:** 335, 530
2:24 . . . .**vol. 3:** 689
2:25–30. . . . .**vol. 2:** 82
2:25 . . . .**vol. 1:** 281, 387; **vol. 2:** 271, 376;
        vol. 3: 106; **vol. 4:** 384, 682
2:26 . . . .**vol. 2:** 194
2:27 . . . . **vol. 2:** 171; **vol. 3:** 349
2:29 . . . . **vol. 2:** 777; **vol. 4:** 495, 497
2:30 . . . .**vol. 2:** 270; **vol. 3:** 106, 792;
        vol. 4: 577, 730
3. . . . .**vol. 1:** 325
3:1 . . . . .**vol. 1:** 433; **vol. 2:** 238, 777; **vol. 4:** 648
3:2 . . . . **vol. 1:** 521; **vol. 2:** 599; **vol. 3:** 727;
        vol. 4: 326
3:3–7. . . . .**vol. 4:** 261
3:3–4. . . . . **vol. 3:** 689; **vol. 4:** 261
3:3 . . . .**vol. 2:** 194, 653, 756; **vol. 3:** 95, 711,
        729, 815, 817; **vol. 4:** 257, 377
3:4–5. . . . .**vol. 2:** 74
3:4 . . . . . **vol. 2:** 653; **vol. 3:** 687, 689; **vol. 4:** 257
3:5–11. . . . .**vol. 3:** 412
3:5–6. . . . . **vol. 2:** 668; **vol. 4:** 258
3:5 . . . .**vol. 1:** 556, 783; **vol. 2:** 74, 392, 558;
        vol. 3: 484, 727, 729; **vol. 4:** 593, 629
3:6 . . . .**vol. 1:** 751; **vol. 2:** 141, 351;
        vol. 3: 271, 321

3:7–9. . . . .**vol. 4:** 258
3:7–8. . . . . **vol. 2:** 353, 377; **vol. 4:** 629
3:7 . . . .**vol. 2:** 460, 667
3:8–11. . . . .**vol. 2:** 349
3:8 . . . . . .**vol. 1:** 325, 585; **vol. 2:** 353, 667, 668;
        vol. 4: 326
3:9 . . . . . .**vol. 1:** 325; **vol. 2:** 128, 330, 442, 668;
        vol. 3: 768
3:10–11. . . . .**vol. 1:** 325
3:10 . . . .**vol. 1:** 323, 325, 532, 585, 780, 781;
        vol. 2: 464, 712; **vol. 3:** 340, 338,
        339, 376, 672, 673
3:11 . . . .**vol. 1:** 323, 325, 326, 532, 604;
        vol. 2: 639
3:12–16. . . . .**vol. 1:** 325
3:12–14. . . . .**vol. 1:** 325, 33, 531, 532, 751;
        vol. 4: 620
3:12 . . . .**vol. 1:** 532; **vol. 3:** 83, 305;
        vol. 4: 473, 476
3:13–16. . . . .**vol. 4:** 476
3:13 . . . .**vol. 1:** 772; **vol. 3:** 83, 127, 524
3:14 . . .**vol. 1:** 338; **vol. 2:** 606; **vol. 3:** 326, 571
3:15 . . . . . **vol. 2:** 300, 618; **vol. 4:** 378, 476, 620
3:16 . . . . **vol. 2:** 621; **vol. 4:** 378
3:17 . . .**vol. 1:** 369; **vol. 3:** 305; **vol. 4:** 363, 507
3:18–19. . . . . **vol. 1:** 360; **vol. 4:** 96
3:18 . . . . **vol. 2:** 345; **vol. 4:** 363
3:19 . . . . . .**vol. 1:** 183, 568, 584; **vol. 2:** 705;
        vol. 4: 369, 475, 479, 619
3:20–21. . . . . **vol. 1:** 766; **vol. 4:** 417, 432
3:20 . . . .**vol. 1:** 489, 707; **vol. 2:** 139, 777;
        vol. 3: 446, 570, 571; **vol. 4:** 96, 433
3:21 . . . .**vol. 1:** 325, 532, 765, 766, 781;
        vol. 2: 105, 271; **vol. 3:** 338, 339;
        vol. 4: 453, 462
4:1 . . . .**vol. 1:** 151; **vol. 2:** 777; **vol. 4:** 372
4:2–3. . . . .**vol. 1:** 621, 623
4:2 . . . . **vol. 3:** 630, 631; **vol. 4:** 620, 621
4:3 . . . . .**vol. 1:** 162, 513; **vol. 2:** 359; **vol. 3:** 85
4:4 . . . . **vol. 3:** 722; **vol. 4:** 648, 649
4:5 . . .**vol. 2:** 78, 241, 777; **vol. 3:** 229, 279, 661;
        vol. 4: 125, 649
4:6–7. . . . .**vol. 3:** 722
4:6 . . . . . .**vol. 1:** 189, 669; **vol. 2:** 335, 340, 618;
        vol. 3: 279; **vol. 4:** 649
4:7 . . . .**vol. 2:** 116, 625; **vol. 3:** 431, 432;
        vol. 4: 625
4:8 . . . .**vol. 1:** 138, 173, 390; **vol. 2:** 254;
        vol. 3: 127; **vol. 4:** 276, 283
4:9 . . . .**vol. 2:** 115, 443; **vol. 3:** 84, 224;
        vol. 4: 122
4:10 . . . . .**vol. 2:** 238, 590; **vol. 3:** 256, 722, 729;
        vol. 4: 648, 649
4:11 . . . .**vol. 1:** 397; **vol. 3:** 722; **vol. 4:** 575, 577
4:12 . . . .**vol. 3:** 353, 694, 722; **vol. 4:** 452,
        576; 577, 678
4:13 . . . . **vol. 1:** 780, 781; **vol. 2:** 563
4:14 . . . . **vol. 2:** 464, 709, 712; **vol. 4:** 648

4:15 .... **vol. 1:** 415; **vol. 3:** 158, 779, 781
4:16 .... **vol. 1:** 342; **vol. 4:** 648, 682
4:17 .... **vol. 1:** 721; **vol. 3:** 779
4:18 .... **vol. 1:** 388, 675; **vol. 2:** 487;
      vol. 3: 158, 560, 722, 779
4:19 .... **vol. 2:** 438; **vol. 3:** 722; **vol. 4:** 682
4:20 .... **vol. 1:** 265
4:22 .... **vol. 2:** 592
4:23 .... **vol. 3:** 807

Colossians

1:2 .... **vol. 1:** 130; **vol. 2:** 115
1:3–4 .... **vol. 2:** 334
1:3 .... **vol. 2:** 441; **vol. 3:** 714
1:4–5 .... **vol. 2:** 188; **vol. 3:** 768
1:5–6 .... **vol. 3:** 649
1:5 ...... **vol. 1:** 210; **vol. 2:** 186, 310
1:6 .... **vol. 1:** 442; **vol. 4:** 659
1:7 .... **vol. 1:** 704; **vol. 4:** 554
1:8 .... **vol. 1:** 682; **vol. 3:** 816
1:9–10 .... **vol. 1:** 583
1:9 .... **vol. 3:** 819; **vol. 4:** 337, 410
1:10 ...... **vol. 1:** 96, 340, 341, 386, 442;
      vol. 3: 676; **vol. 4:** 337
1:11 .... **vol. 1:** 765, 766, 778, 781; **vol. 2:** 741;
      vol. 3: 212; **vol. 4:** 568, 569, 649
1:12 ... **vol. 1:** 129, 130; **vol. 2:** 335, 531, 697,
      701; **vol. 3:** 283, 683; **vol. 4:** 642
1:13–20 .... **vol. 1:** 464
1:13–14 .... **vol. 1:** 448; **vol. 4:** 534
1:13 .... **vol. 1:** 198; **vol. 2:** 141, 219;
      vol. 4: 104, 217, 324
1:14 .... **vol. 1:** 148, 447, 448, 449; **vol. 2:** 348;
      vol. 3: 185, 186; **vol. 4:** 217
1:15–20 .... **vol. 1:** 123; **vol. 2:** 141;
      vol. 4: 442, 739
1:15–18 .... **vol. 2:** 226
1:15–16 .... **vol. 2:** 441; **vol. 3:** 662; **vol. 4:** 536
1:15 .... **vol. 1:** 151; **vol. 2:** 105, 443, 460;
      vol. 3: 339, 530, 571; **vol. 4:** 178, 652
1:16–17 .... **vol. 1:** 248; **vol. 4:** 179
1:16 ..... **vol. 1:** 123, 416, 688; **vol. 2:** 219,
      470, 763, 774; **vol. 3:** 530, 571
1:18–22 .... **vol. 3:** 791
1:18–20 .... **vol. 3:** 355
1:18 ..... **vol. 1:** 151, 416; **vol. 2:** 129, 141;
      vol. 3: 571; **vol. 4:** 176, 179, 442
1:19–22 .... **vol. 1:** 248; **vol. 2:** 195, 463
1:19–20 .... **vol. 1:** 117; **vol. 3:** 662;
      vol. 4: 179, 364
1:19 .... **vol. 2:** 195, 315, 460; **vol. 3:** 475, 791;
      vol. 4: 442
1:20 .... **vol. 1:** 243, 248, 417, 688, 714;
      vol. 2: 115, 141, 194, 445; **vol. 3:** 571;
      vol. 4: 442
1:21–22 .... **vol. 1:** 248
1:21 .... **vol. 1:** 255, 290; **vol. 2:** 194, 345;
      vol. 3: 431; **vol. 4:** 103
1:22 .... **vol. 1:** 243, 248, 273, 294; **vol. 2:** 194,
      411; **vol. 3:** 642; **vol. 4:** 258

1:23 ..**vol. 1:** 248, 294, 704; **vol. 2:** 88, 187, 310,
      432, 677; **vol. 3:** 662, 792; **vol. 4:** 560
1:24–26 .... **vol. 3:** 354, 731
1:24 .... **vol. 2:** 141, 463, 712; **vol. 3:** 376, 672,
      787, 792; **vol. 4:** 261, 441, 577, 648
1:25–27 .... **vol. 2:** 756; **vol. 4:** 589
1:25 .... **vol. 2:** 618; **vol. 3:** 468, 792
1:26 .... **vol. 1:** 196, 198, 556, 557, 584;
      vol. 2: 590; **vol. 3:** 355; **vol. 4:** 589
1:27 ..... **vol. 1:** 765; **vol. 2:** 187, 195, 428, 618;
      vol. 3: 354, 355
1:28–29 .... **vol. 4:** 578
1:28 .... **vol. 3:** 355, 424, 642; **vol. 4:** 476
1:29 .... **vol. 1:** 144; **vol. 2:** 271, 723
2 .... **vol. 3:** 388
2:1 .... **vol. 1:** 144; **vol. 4:** 255
2:2–3 .... **vol. 1:** 457, 584; **vol. 4:** 338, 410
2:2 .... **vol. 1:** 110; **vol. 2:** 460; **vol. 3:** 354;
      vol. 4: 696
2:3 .... **vol. 2:** 460, 754, 756; **vol. 3:** 734
2:4 .... **vol. 3:** 125, 687
2:5–8 .... **vol. 4:** 696
2:5 ...... **vol. 3:** 649, 808; **vol. 4:** 370, 649
2:6 .... **vol. 2:** 777; **vol. 3:** 84, 675
2:7 .... **vol. 1:** 501, 714; **vol. 2:** 192, 335;
      vol. 3: 464, 723; **vol. 4:** 213
2:8–17 .... **vol. 2:** 228
2:8 ....**vol. 1:** 304, 349, 565; **vol. 2:** 735;
      vol. 3: 625; **vol. 4:** 334, 338, 379,
      380, 395, 438, 442, 582, 696
2:9 .... **vol. 1:** 277; **vol. 2:** 195, 437, 443;
      vol. 3: 475, 662, 791; **vol. 4:** 438, 696
2:10 .... **vol. 1:** 417; **vol. 2:** 194, 219, 671;
      vol. 3: 791; **vol. 4:** 442
2:11–15 .... **vol. 3:** 791
2:11–14 .... **vol. 4:** 217, 578
2:11–12 .... **vol. 1:** 465; **vol. 2:** 756; **vol. 3:** 330;
      vol. 4: 414
2:11 .... **vol. 2:** 197; **vol. 3:** 711, 727;
      vol. 4: 255, 439
2:12 .... **vol. 1:** 325, 464, 465;
      vol. 2: 80, 271, 756
2:13–15 .... **vol. 1:** 248
2:13 .... **vol. 1:** 323; **vol. 3:** 376, 378, 637;
      vol. 4: 255, 661
2:14–15 .... **vol. 2:** 141, 239; **vol. 4:** 364
2:14 .... **vol. 1:** 178, 600, 753; **vol. 2:** 212, 632;
      vol. 4: 223
2:15 .... **vol. 1:** 417; **vol. 2:** 197, 468, 735;
      vol. 3: 346, 488, 659; **vol. 4:** 380, 395

2:16–17..........................vol. 1: 535
2:16 ... vol. 1: 531, 535; vol. 2: 225; vol. 3: 282,
    380, 751; vol. 4: 223, 380
2:17 ....vol. 2: 104; vol. 3: 263; vol. 4: 223, 311
2:18 ... vol. 1: 123, 531; vol. 2: 466; vol. 4: 259,
    338, 380, 452
2:19 .... vol. 1: 442, 678, 679; vol. 2: 141
2:20–4:1..............................vol. 2: 364
2:20–23........... vol. 1: 565, 753; vol. 4: 381
2:20 .....vol. 1: 325, 752; vol. 2: 141, 412, 735;
    vol. 4: 379, 380, 582
2:21 ....vol. 1: 380, 381, 565
2:22 .... vol. 1: 713; vol. 2: 202
2:23 ....vol. 2: 466; vol. 3: 748; vol. 4: 452
3:1–17...............................vol. 1: 290
3:1–13...............................vol. 2: 182
3:1–2................................vol. 1: 339
3:1 .....vol. 1: 325, 666; vol. 2: 80; vol. 4: 619
3:2 .... vol. 1: 568; vol. 4: 619
3:3–13.........................vol. 1: 297, 449, 464
3:3–4................................vol. 2: 370
3:3 ....vol. 2: 460, 583, 756
3:4 .... vol. 1: 287, 766; vol. 2: 539;
    vol. 4: 397, 578, 589
3:5 ....vol. 1: 568; vol. 2: 100, 599, 600;
    vol. 3: 266, 376, 670, 781
3:6 ....vol. 3: 537
3:8 ....vol. 1: 181, 517; vol. 2: 475, 599;
    vol. 3: 535; vol. 4: 383
3:9–11.................. vol. 1: 620; vol. 3: 330
3:9–10........... .vol. 2: 583, 765; vol. 3: 380;
    vol. 4: 724
3:9 ....vol. 1: 305; vol. 2: 176, 197, 475;
    vol. 3: 600; vol. 4: 122, 724
3:10–11.............................vol. 4: 497
3:10 .....vol. 1: 583, 621; vol. 2: 105, 121, 196,
    197, 582, 585, 586, 633; vol. 3: 380
3:11 .....vol. 1: 468; vol. 2: 175, 181, 182, 192;
    vol. 3: 662, 729
3:12–13............... vol. 1: 297; vol. 4: 454
3:12 .....vol. 1: 109, 130, 297, 390; vol. 2: 152,
    196, 443, 583; vol. 3: 212, 480;
    vol. 4: 125, 354, 454, 687
3:13–14..............................vol. 3: 536
3:13 .... vol. 3: 272; vol. 4: 661
3:14 ....vol. 1: 678, 679; vol. 2: 237;
    vol. 4: 473, 477
3:15 ....vol. 1: 531; vol. 2: 115, 116, 125,
    334, 335, 606, 626
3:16 .....vol. 1: 714, 715; vol. 3: 424, 475, 798,
    819; vol. 4: 307, 547, 659, 719, 738, 739
3:17 ....vol. 2: 335; vol. 3: 521; vol. 4: 80
3:18–22..............................vol. 4: 551
3:18–19........vol. 1: 544, 634; vol. 2: 85;
    vol. 3: 653; vol. 4: 497
3:18 ....vol. 2: 462
3:19 .... vol. 1: 300; vol. 3: 746
3:20–21................... vol. 3: 681; vol. 4: 529
3:20 .... vol. 1: 388; vol. 2: 193
3:21 ....vol. 4: 466
3:22–24..............................vol. 2: 777
3:22 ....vol. 1: 350, 387, 672, 770, 771;
    vol. 2: 774; vol. 3: 579; vol. 4: 256, 612
3:23 ....vol. 4: 80, 732
3:24 .... vol. 1: 721, 771, 772; vol. 3: 700
3:25 ....vol. 4: 158
4:1 .... vol. 1: 736; vol. 2: 550
4:2–3................................vol. 2: 631
4:2 ...... vol. 1: 609; vol. 2: 192, 335, 340, 630
4:3 .....vol. 1: 329; vol. 2: 477; vol. 3: 354, 714
4:4 ....vol. 4: 589
4:5 ....vol. 1: 140; vol. 2: 298, 590;
    vol. 3: 468, 676; vol. 4: 338
4:6 .....vol. 1: 216, 219; vol. 2: 748; vol. 4: 659
4:7 .... vol. 1: 151, 704, 771; vol. 2: 618
4:9 .... vol. 1: 151; vol. 3: 618
4:10 ....vol. 1: 151, 192, 675; vol. 2: 204;
    vol. 3: 560
4:11 .... vol. 2: 528; vol. 3: 728
4:12 ...vol. 1: 144, 771; vol. 2: 340; vol. 3: 597
4:13 .... vol. 3: 240; vol. 4: 105
4:14 .... vol. 1: 147; vol. 2: 497
4:15–16.............................vol. 2: 141
4:15 ....vol. 2: 140
4:16 ....vol. 1: 279, 603
4:18 ....vol. 1: 426

1 Thessalonians

1:1 ....vol. 2: 138, 139
1:2–10..............................vol. 2: 257
1:2–3........... vol. 2: 334; vol. 3: 104, 315
1:2 ....vol. 3: 102
1:3 ....vol. 1: 110; vol. 2: 187, 188, 723;
    vol. 3: 768; vol. 4: 568
1:4 ....vol. 2: 149, 151, 152
1:5 ...... vol. 4: 289; vol. 3: 157, 815, 817
1:6–7.................................vol. 4: 507
1:6 .... vol. 1: 676; vol. 2: 464; vol. 3: 163,
    305, 306, 815; vol. 4: 648
1:7 ....vol. 4: 507
1:8 ....vol. 3: 163, 766
1:9–10................ vol. 3: 165; vol. 4: 533
1:9 ....vol. 1: 235, 772; vol. 2: 100, 178,
    438, 439; vol. 4: 389
1:10 ... vol. 1: 109; vol. 2: 441; vol. 3: 274, 376,
    457, 537, 571; vol. 4: 104, 432, 532
2....................................vol. 3: 84
2:1 ....vol. 3: 457
2:2 ....vol. 1: 145; vol. 2: 310, 442, 679;
    vol. 3: 659, 670; vol. 4: 515
2:3–7................................vol. 2: 676
2:3 .... vol. 1: 760; vol. 3: 775

Scripture Index: New Testament: 1 Thessalonians

2:4 .. **vol. 1:** 387, 642, 758, 759; **vol. 2:** 625, 626
2:5 ....**vol. 3:** 165, 240
2:6 ....**vol. 1:** 764, 766
2:7 ....**vol. 1:** 470; **vol. 3:** 299, 384; **vol. 4:** 466
2:8–9 ....**vol. 2:** 679
2:8 .....**vol. 1:** 721, 722; **vol. 2:** 314; **vol. 4:** 730
2:9 ....**vol. 1:** 470; **vol. 2:** 310, 677, 723;
                vol. 3: 343, 781; **vol. 4:** 730
2:10 ....**vol. 1:** 731; **vol. 3:** 271, 558
2:11 ....**vol. 3:** 634; **vol. 4:** 466
2:12 .....**vol. 1:** 340, 341, 765; **vol. 2:** 140, 441, 606; **vol. 3:** 631, 634, 676
2:13 .....**vol. 1:** 209, 235, 676; **vol. 2:** 335, 618, 639; **vol. 3:** 84, 102, 104, 163, 165
2:14–15 ....**vol. 2:** 556
2:14 ....**vol. 2:** 139; **vol. 3:** 305, 672; **vol. 4:** 627
2:15–16 ....**vol. 2:** 82, 726; **vol. 3:** 792;
                    vol. 4: 217, 357
2:15 ....**vol. 1:** 387, 750
2:16 ....**vol. 2:** 537; **vol. 4:** 431, 475
2:17–3:13 ....**vol. 4:** 577
2:17 ....**vol. 2:** 242, 625; **vol. 3:** 555;
                    vol. 4: 349, 744
2:18–19 ....**vol. 3:** 651
2:18 .....**vol. 1:** 342; **vol. 2:** 82, 726; **vol. 4:** 267
2:19–20 ....**vol. 1:** 766
2:19 ....**vol. 2:** 654; **vol. 4:** 372
2:20 ....**vol. 4:** 649
3:1 ....**vol. 3:** 335; **vol. 2:** 314
3:2 ....**vol. 3:** 630, 769; **vol. 4:** 375
3:3 ....**vol. 2:** 464; **vol. 4:** 649
3:4 ....**vol. 2:** 464; **vol. 3:** 263; **vol. 4:** 145
3:5 ....**vol. 2:** 176, 658; **vol. 3:** 699; **vol. 4:** 267
3:6 ....**vol. 1:** 110; **vol. 4:** 144
3:7 ....**vol. 1:** 281; **vol. 2:** 464; **vol. 3:** 631
3:9 ....**vol. 4:** 646, 649
3:10 ....**vol. 1:** 410, 668; **vol. 3:** 720, 722;
                    vol. 4: 577
3:12–13 ....**vol. 2:** 776
3:12 ....**vol. 3:** 722, 723, 724, 778
3:13 ....**vol. 1:** 129; **vol. 4:** 375, 397
4:1 ......**vol. 1:** 638, 387; **vol. 2:** 194, 288, 777;
                  vol. 3: 84, 630, 631, 675, 722
4:2 ....**vol. 2:** 777; **vol. 3:** 616, 617
4:3–8 ....**vol. 1:** 622
4:3–7 ....**vol. 1:** 130
4:3 ....**vol. 3:** 781; **vol. 4:** 115
4:4 ....**vol. 2:** 758; **vol. 3:** 781; **vol. 4:** 301
4:5 ....**vol. 1:** 622; **vol. 2:** 92, 438;
                  vol. 3: 461, 670, 781
4:6 ....**vol. 1:** 622, 746; **vol. 3:** 607, 781;
                  vol. 4: 122
4:7 ....**vol. 2:** 193
4:8 ....**vol. 1:** 161, 720, 722
4:9 ....**vol. 1:** 151, 710; **vol. 4:** 608
4:10 ....**vol. 3:** 631, 722
4:11 ....**vol. 2:** 397, 500; **vol. 3:** 617; **vol. 4:** 121
4:12 ....**vol. 1:** 436; **vol. 2:** 298; **vol. 3:** 676

4:13–18 ....**vol. 3:** 650, 656; **vol. 4:** 577
4:13–17 ....**vol. 1:** 402; **vol. 2:** 371
4:13–15 ....**vol. 2:** 575, 706
4:13–14 ....**vol. 2:** 414, 728
4:13 ....**vol. 1:** 135; **vol. 2:** 187; **vol. 3:** 102, 650
4:14 ....**vol. 1:** 322; **vol. 3:** 766
4:15 ....**vol. 2:** 775; **vol. 3:** 102, 650
4:16–17 ....**vol. 2:** 777
4:16 ....**vol. 1:** 123, 276, 322, 324, 558;
        vol. 3: 377, 571; **vol. 4:** 177, 236, 397, 636
4:17 .....**vol. 1:** 160; **vol. 2:** 371, 638, 712, 779;
                  vol. 3: 102; **vol. 4:** 397
4:18 ....**vol. 2:** 188
5:1–11 ....**vol. 3:** 650; **vol. 4:** 675, 706
5:1 ....**vol. 2:** 591
5:2–3 ....**vol. 4:** 649
5:2 ....**vol. 2:** 285, 393, 691, 693, 777;
                  vol. 3: 439; **vol. 4:** 741
5:3 .....**vol. 1:** 434; **vol. 3:** 487; **vol. 4:** 740, 741
5:4–8 ....**vol. 3:** 439
5:4–5 ....**vol. 3:** 260; **vol. 4:** 325
5:4 ....**vol. 2:** 393, 691; **vol. 3:** 83
5:5 ....**vol. 4:** 529, 642
5:6–18 ....**vol. 4:** 270
5:6–10 ....**vol. 2:** 575
5:6–8 ....**vol. 3:** 390, 391
5:6–7 ....**vol. 3:** 260
5:6 ......**vol. 1:** 609; **vol. 2:** 393; **vol. 3:** 390
5:8–9 ....**vol. 4:** 432
5:8 ......**vol. 1:** 110; **vol. 2:** 187, 188, 196, 670;
                  vol. 3: 260, 390, 526, 768
5:9 ....**vol. 4:** 491
5:10 ......**vol. 1:** 609; **vol. 2:** 411; **vol. 3:** 656;
                  vol. 4: 555
5:11 ....**vol. 3:** 464, 631
5:12 ....**vol. 2:** 723; **vol. 3:** 424; **vol. 4:** 140
5:13 ....**vol. 2:** 115, 376; **vol. 3:** 720
5:14 ....**vol. 2:** 347; **vol. 3:** 211, 212, 424, 634;
                  vol. 4: 461, 577, 729
5:15 ....**vol. 1:** 96, 98, 332, 751
5:16 ....**vol. 4:** 649
5:17 ....**vol. 3:** 102, 104
5:18 ....**vol. 2:** 335
5:19–22 ....**vol. 3:** 809, 817
5:19–20 ....**vol. 3:** 817
5:19 ....**vol. 4:** 269
5:20 ....**vol. 4:** 270
5:21 ....**vol. 1:** 98, 759
5:22 ....**vol. 2:** 97
5:23 .....**vol. 1:** 130, 306; **vol. 2:** 115, 116, 443;
        vol. 3: 271, 492, 650; **vol. 4:** 79, 440, 473, 490, 731
5:24 ....**vol. 4:** 79
5:25 ....**vol. 2:** 340
5:26 ....**vol. 4:** 607
5:27 ... **vol. 1:** 279, 603; **vol. 2:** 257; **vol. 3:** 548;
                  vol. 4: 100

2 Thessalonians

1:1 .... vol. 2: 138
1:2 .... vol. 2: 776
1:3–4 .... vol. 1: 751
1:3 ...... vol. 1: 110, 341, 442, 443; vol. 3: 577
1:4–5 .... vol. 3: 673
1:4 .... vol. 1: 298; vol. 2: 139, 140, 654;
            vol. 4: 568
1:5 .... vol. 1: 340, 341, 639; vol. 2: 140;
            vol. 3: 672
1:6–7 .... vol. 2: 464
1:7–8 .... vol. 4: 194
1:7 .... vol. 1: 122, 288, 296; vol. 2: 619;
            vol. 3: 571
1:8 .... vol. 1: 720, 746; vol. 4: 550
1:9 ...... vol. 1: 197, 745, 765; vol. 2: 563, 777;
            vol. 3: 487, 488
1:10 .... vol. 1: 764; vol. 2: 421, 423;
            vol. 3: 241; vol. 4: 217
1:11–12 .... vol. 1: 781
1:11 ...... vol. 1: 96, 340, 341; vol. 2: 316
1:12 .... vol. 1: 764; vol. 3: 521
2:1–12 .... vol. 4: 590, 675
2:1–4 .... vol. 1: 336
2:1–2 .... vol. 2: 256; vol. 3: 651
2:1 .... vol. 2: 777; vol. 4: 399
2:2 .... vol. 2: 619, 777; vol. 3: 809, 817;
            vol. 4: 233
2:3–12 .... vol. 1: 336
2:3 ...... vol. 1: 348, 360, 451, 505; vol. 2: 619;
            vol. 3: 651, 656; vol. 4: 177, 530
2:4 .... vol. 1: 497; vol. 2: 472; vol. 3: 372, 373;
            vol. 4: 275
2:5 .... vol. 2: 593; vol. 4: 145
2:6–7 .... vol. 4: 590
2:6 .... vol. 2: 619; vol. 3: 356
2:7 .... vol. 3: 356
2:8–9 .... vol. 3: 651
2:8 ...... vol. 1: 336; vol. 2: 439, 619, 641, 777;
            vol. 3: 818; vol. 4: 382, 590
2:9–12 .... vol. 1: 158
2:9–10 .... vol. 4: 290
2:9 .... vol. 1: 779; vol. 2: 271;
            vol. 4: 287, 485, 590
2:10 ...... , ... vol. 1: 233, 331, 349, 360, 676
2:11 .... vol. 2: 271; vol. 3: 704
2:12 .... vol. 2: 749
2:13–14 .... vol. 4: 432
2:13 ...... vol. 1: 109, 130, 175, 176, 231, 346,
            347, 416; vol. 3: 577, 816
2:14 .... vol. 1: 765; vol. 2: 606; vol. 3: 718
2:15 .... vol. 1: 344, 714; vol. 2: 742; vol. 3: 626
2:16 .... vol. 2: 187, 188; vol. 3: 631
2:17 .... vol. 2: 270; vol. 4: 375
3 .... vol. 2: 268
3:1 .... vol. 2: 340; vol. 4: 504
3:2 .... vol. 1: 100; vol. 4: 102, 217, 500
3:3 .... vol. 4: 104, 375, 624, 625
3:4 .... vol. 3: 617, 689
3:5 .... vol. 2: 626; vol. 4: 566, 568
3:6–7 .... vol. 4: 461
3:6 ... vol. 1: 344; vol. 3: 84, 521, 617, 626, 676;
            vol. 4: 507
3:7 .... vol. 1: 638; vol. 3: 305
3:8 .... vol. 1: 411, 470; vol. 3: 343
3:9 .... vol. 2: 220; vol. 3: 305; vol. 4: 507
3:10–12 .... vol. 3: 617
3:10 .... vol. 2: 291
3:11 .... vol. 1: 553; vol. 3: 715; vol. 4: 461
3:12 .... vol. 1: 411; vol. 2: 397; vol. 3: 617, 631
3:13 .... vol. 1: 96; vol. 2: 609
3:14 .... vol. 1: 184; vol. 4: 550
3:15 .... vol. 2: 345; vol. 3: 424
3:16 .... vol. 2: 116, 776
3:17 .... vol. 1: 426, 600; vol. 4: 286

1 Timothy

1:1–4 .... vol. 4: 518
1:1 .... vol. 2: 187, 442; vol. 4: 433
1:2 .... vol. 1: 563; vol. 2: 114, 171, 776;
            vol. 3: 681
1:3–7 .... vol. 1: 293
1:3–4 .... vol. 3: 345
1:3 .... vol. 1: 344, 710; vol. 3: 617
1:4 .... vol. 1: 556; vol. 2: 356, 709;
            vol. 3: 160, 468, 778
1:5 ..... vol. 1: 96; vol. 2: 573, 626; vol. 3: 616,
            617; vol. 4: 405, 475, 564
1:6 .... vol. 1: 379; vol. 3: 249; vol. 4: 461
1:7 .... vol. 1: 499, 710; vol. 3: 410, 433
1:8–9 .... vol. 3: 413
1:8 .... vol. 2: 610; vol. 3: 410
1:9–10 .... vol. 1: 293, 301
1:9 ..... vol. 1: 133, 293, 502, 736; vol. 3: 299,
            558; vol. 4: 277, 461
1:10 .... vol. 1: 293, 408, 715; vol. 2: 715;
            vol. 3: 331, 548; vol. 4: 517
1:11 .... vol. 2: 441, 442; vol. 3: 208
1:12 .... vol. 1: 780; vol. 2: 376; vol. 4: 491, 659
1:13 .... vol. 1: 135, 516, 517, 750, 751;
            vol. 2: 170; vol. 4: 515
1:14 .... vol. 1: 110; vol. 4: 660
1:15 .... vol. 1: 675, 715; vol. 3: 765; vol. 4: 432
1:16–17 .... vol. 4: 176
1:16 .... vol. 1: 197, 642, 690; vol. 2: 170;
            vol. 3: 212; vol. 4: 506, 507, 570
1:17 ..... vol. 1: 199, 764; vol. 2: 409, 438, 441;
            vol. 3: 335, 530; vol. 4: 496, 600
1:18 .... vol. 2: 610; vol. 3: 616, 617, 681;
            vol. 4: 384

Scripture Index: New Testament: 1 Timothy

1:19 . . . . vol. 1: 96, 452; vol. 4: 405
1:20 . . . . vol. 3: 487, 588, 624; vol. 4: 267
2:1–4. . . . . .vol. 3: 184
2:1 . . . . vol. 1: 669; vol. 2: 208, 335
2:2 . . . . .vol. 1: 480, 514; vol. 2: 397, 398;
    vol. 4: 283
2:3–6. . . . . .vol. 3: 287
2:3 . . . . .vol. 1: 675; vol. 2: 442; vol. 4: 433
2:4 . . . . vol. 1: 234, 586; vol. 2: 442; vol. 3: 287;
    vol. 4: 432
2:5–6. . . . . vol. 2: 125; vol. 3: 184
2:5 . . . . .vol. 1: 304; vol. 2: 124, 438;
    vol. 3: 286, 287
2:6 . . . . .vol. 1: 334, 722; vol. 3: 184, 596;
    vol. 4: 99, 555
2:7 . . . . vol. 1: 715; vol. 2: 182, 677
2:8 . . . . .vol. 1: 178; vol. 2: 341;
    vol. 3: 125, 535, 558
2:9 . . . . .vol. 1: 166, 184; vol. 2: 542, 734;
    vol. 3: 233; vol. 4: 445, 709
2:10 . . . . .vol. 1: 166; vol. 2: 233;
    vol. 4: 126, 275, 276
2:11–15. . . . . .vol. 1: 147, 621
2:11–12. . . . . vol. 2: 398; vol. 4: 462
2:11 . . . . .vol. 4: 461
2:12 . . . . .vol. 1: 621, 623, 715; vol. 2: 306;
    vol. 3: 239
2:13–14. . . . . vol. 1: 147; vol. 2: 306
2:13 . . . . .vol. 2: 765
2:14 . . . . vol. 1: 348; vol. 3: 607
2:15 . . . . vol. 1: 147; vol. 4: 432, 445, 465
3:1 . . . . vol. 2: 243, 252, 610; vol. 3: 539
3:2 . . .vol. 1: 301, 710, 715; vol. 2: 85, 251, 734;
    vol. 3: 83, 390, 391, 445; vol. 4: 445
3:3 . . . . .vol. 2: 241; vol. 3: 252, 391,
    482, 483; vol. 4: 608
3:4 . . . . .vol. 4: 141, 283, 461, 466
3:5 . . . . vol. 2: 140; vol. 4: 141
3:6 . . . . .vol. 3: 380
3:7 . . . . .vol. 2: 298, 610; vol. 3: 514, 758;
    vol. 4: 267
3:8 . . . . .vol. 1: 181, 703; vol. 2: 667, 668;
    vol. 3: 159, 391, 482; vol. 4: 283
3:9 . . . . .vol. 2: 573; vol. 3: 355; vol. 4: 405
3:10 . . . . .vol. 1: 294, 703, 758
3:11 . . . . .vol. 1: 622, 692; vol. 3: 390, 391;
    vol. 4: 283
3:12 . . . . vol. 1: 301, 703; vol. 4: 141, 466
3:13 . . .vol. 1: 703; vol. 2: 610; vol. 3: 659, 717
3:15–16. . . . . .vol. 2: 140
3:15 . . . . .vol. 1: 290; vol. 2: 88, 431, 432;
    vol. 3: 473; vol. 4: 390, 414
3:16 . . . . vol. 1: 765; vol. 3: 82; vol. 4: 259,
    261, 276, 583, 588, 693, 739
4. . . . . .vol. 1: 279
4:1–5. . . . . .vol. 1: 290
4:1–2. . . . . vol. 4: 405, 563
4:1 . . . . . .vol. 1: 377, 452, 632, 715; vol. 2: 591;
    vol. 3: 765, 768, 774, 775, 808, 818;
    vol. 4: 209, 575

4:2 . . . . vol. 2: 596; vol. 4: 722
4:3–5. . . . . vol. 1: 535; vol. 2: 764
4:3 . . . . . .vol. 1: 546; vol. 2: 335; vol. 3: 84, 160
4:4 . . . . .vol. 2: 610
4:5 . . . . .vol. 2: 208
4:6 . . . vol. 1: 98, 205, 344, 704, 715; vol. 2: 610
4:7–8. . . . . vol. 1: 144, 612; vol. 4: 276
4:7 . . . . . . vol. 1: 133, 189, 502, 611; vol. 3: 345
4:8 . . . . .vol. 2: 369; vol. 3: 263, 490;
    vol. 4: 276, 438, 748
4:9 . . . . .vol. 1: 675
4:10 . . . . .vol. 1: 144; vol. 2: 442, 723;
    vol. 4: 432, 433
4:11 . . . . .vol. 1: 715
4:12 . . . . .vol. 1: 138, 290; vol. 2: 645;
    vol. 3: 379; vol. 4: 507
4:13 . . . . .vol. 1: 279, 715
4:14 . . . . .vol. 1: 688; vol. 4: 132, 134,
    651, 660, 665
4:15 . . . . vol. 2: 726; vol. 4: 588
4:16 . . . . . . .vol. 1: 715; vol. 4: 432; vol. 2: 347
5. . . . . .vol. 3: 379
5:1–2. . . . . .vol. 3: 380
5:2 . . . . .vol. 1: 138; vol. 3: 299; vol. 4: 132
5:3–16. . . . . .vol. 4: 670
5:3 . . . . .vol. 4: 496
5:4 . . . vol. 1: 140, 675; vol. 4: 275, 276, 466, 670
5:5 . . . . .vol. 1: 669; vol. 3: 335; vol. 4: 670
5:7 . . . . .vol. 3: 83, 617
5:8 . . . . vol. 1: 399, 400; vol. 2: 500; vol. 3: 475;
    vol. 4: 143, 529
5:9 . . . . vol. 1: 301, 622; vol. 4: 670
5:10 . . .vol. 1: 99, 205, 396, 675; vol. 2: 85, 610;
    vol. 3: 402, 445; vol. 4: 465, 670
5:11–14. . . . . .vol. 4: 670
5:11 . . . . .vol. 1: 189
5:12 . . . . .vol. 1: 161
5:13 . . . . vol. 1: 379; vol. 3: 715
5:14–15. . . . . .vol. 2: 85
5:14 . . . .vol. 1: 672; vol. 3: 171, 172; vol. 4: 465
5:15 . . . . vol. 1: 379; vol. 3: 523
5:16 . . . . vol. 1: 396, 470; vol. 4: 670
5:17 . . . . .vol. 1: 340, 351, 715; vol. 2: 723;
    vol. 4: 134, 495, 497
5:18 . . . . . vol. 1: 251, 340, 604, 605; vol. 4: 609
5:19 . . . . .vol. 1: 783; vol. 2: 237, 646, 647;
    vol. 3: 239, 240; vol. 4: 134
5:20 . . . . vol. 2: 703, 748; vol. 4: 625
5:22 . . . . vol. 1: 138; vol. 4: 490, 666
5:23 . . . . .vol. 1: 421; vol. 3: 482, 483, 751;
    vol. 4: 382, 520
5:24 . . . . .vol. 1: 205
5:25 . . . . .vol. 2: 610, 756
6. . . . . .vol. 3: 801
6:1–2. . . . . .vol. 1: 672
6:1 . . . . .vol. 1: 516, 771; vol. 2: 359, 499;
    vol. 3: 520; vol. 4: 496

Scripture Index: New Testament: 2 Timothy

6:2 . . . . . .**vol. 1:** 715; **vol. 2:** 268, 645; **vol. 3:** 82
6:3–5. . . . .**vol. 1:** 377
6:3 . . . . **vol. 1:** 710, 715; **vol. 4:** 276, 517
6:4–5. . . . .**vol. 1:** 234
6:4 . . . . **vol. 1:** 517; **vol. 2:** 254; **vol. 3:** 159, 253, 422, 433; **vol. 4:** 604
6:5–6. . . . .**vol. 4:** 276
6:5 . . . . **vol. 1:** 377, 451; **vol. 3:** 430
6:6 . . . . **vol. 1:** 397
6:8 . . . . **vol. 1:** 396
6:9 . . . . **vol. 1:** 457, 528; **vol. 2:** 243; **vol. 3:** 433, 487, 488, 699, 758, 800
6:10 . . . .**vol. 2:** 600; **vol. 3:** 539, 774, 775; **vol. 4:** 213, 608
6:11 . . . .**vol. 1:** 682, 736, 751; **vol. 4:** 124, 276, 568, 596
6:12–13. . . . .**vol. 3:** 244, 508
6:12 . . . .**vol. 1:** 144; **vol. 2:** 610; **vol. 3:** 83, 241, 509; **vol. 4:** 590
6:13–14. . . . .**vol. 3:** 617
6:13 . . . .**vol. 2:** 369
6:14–15. . . . .**vol. 2:** 591
6:14 . . . .**vol. 4:** 590
6:15–16. . . . . **vol. 2:** 441, 442; **vol. 3:** 335
6:15 . . . . **vol. 1:** 481, 641, 642, 778; **vol. 2:** 773, 774, 775; **vol. 3:** 208
6:16 . . . . . .**vol. 2:** 409, 410, 741; **vol. 3:** 474, 531; **vol. 4:** 496, 641
6:17–19. . . . .**vol. 3:** 800
6:17 . . . .**vol. 1:** 682; **vol. 3:** 617, 798; **vol. 4:** 581
6:18–19. . . . .**vol. 2:** 610
6:18 . . . . **vol. 1:** 95, 96; **vol. 2:** 709
6:19 . . . . **vol. 2:** 88, 268, 456; **vol. 3:** 83
6:20 . . . .**vol. 1:** 378, 502, 584, 586, 715; **vol. 2:** 204; **vol. 3:** 160, 397, 519; **vol. 4:** 625, 635, 722
6:21 . . . . **vol. 2:** 233; **vol. 3:** 519

2 Timothy

1:1 . . . .**vol. 2:** 427
1:2 . . . .**vol. 2:** 114, 171, 776; **vol. 3:** 681; **vol. 4:** 466
1:3 . . . .**vol. 1:** 669; **vol. 3:** 102, 104, 315; **vol. 4:** 404, 405, 659
1:5 . . . . **vol. 3:** 299, 313, 475, 689, 770; **vol. 4:** 564
1:6 . . . .**vol. 1:** 190, 688; **vol. 4:** 270, 660, 665, 666
1:7 . . . . **vol. 3:** 808, 818; **vol. 4:** 445, 613
1:8 . . . . **vol. 1:** 183, 678; **vol. 3:** 670, 672
1:9 . . . . . . **vol. 1:** 196; **vol. 4:** 161, 432, 660, 706
1:10 . . . . **vol. 2:** 369, 370, 411, 616, 641; **vol. 2:** 433, 589, 600, 642
1:11 . . . . **vol. 2:** 311, 677; **vol. 4:** 172
1:12 . . . . .**vol. 1:** 183, 190, 325; **vol. 3:** 461, 689; **vol. 4:** 217, 625
1:13 . . . .**vol. 4:** 506, 507, 517, 518
1:14 . . . . **vol. 1:** 715; **vol. 2:** 610; **vol. 3:** 475; **vol. 4:** 625
1:16 . . . .**vol. 1:** 183; **vol. 2:** 171, 776, 777; **vol. 3:** 474; **vol. 4:** 349, 735
1:17 . . . .**vol. 2:** 330; **vol. 4:** 349
1:18 . . . .**vol. 1:** 198, 703; **vol. 2:** 171, 330
2. . . . .**vol. 4:** 301
2:1–2. . . . .**vol. 1:** 344
2:1 . . . .**vol. 1:** 563, 780; **vol. 3:** 681; **vol. 4:** 466, 659
2:2 . . . .**vol. 1:** 344, 671, 715; **vol. 2:** 530; **vol. 3:** 241
2:3–4. . . . .**vol. 4:** 385
2:3 . . . . **vol. 2:** 610; **vol. 3:** 670, 672
2:4 . . . . **vol. 1:** 387, 514; **vol. 4:** 121
2:5 . . . . . .**vol. 1:** 162; **vol. 3:** 410; **vol. 4:** 372
2:6 . . . . **vol. 2:** 629; **vol. 3:** 83
2:7 . . . . **vol. 2:** 777; **vol. 4:** 410
2:8 . . . . **vol. 1:** 635; **vol. 2:** 311; **vol. 3:** 376, 626; **vol. 4:** 536
2:9 . . . .**vol. 1:** 679; **vol. 2:** 311, 439; **vol. 3:** 670, 672
2:10 . . . . **vol. 1:** 197, 765; **vol. 4:** 432, 568
2:11–13. . . . .**vol. 4:** 568
2:11 . . . . **vol. 1:** 325; **vol. 2:** 369, 409, 414
2:12, 13 . . . .**vol. 1:** 400
2:14–18. . . . .**vol. 3:** 160
2:14 . . . . **vol. 3:** 253, 542; **vol. 4:** 388, 685
2:15 . . . . .**vol. 1:** 183, 758; **vol. 3:** 541, 542, 642; **vol. 4:** 349, 414
2:16 . . . . **vol. 1:** 502; **vol. 2:** 726; **vol. 3:** 542; **vol. 4:** 277, 635
2:18 . . . . .**vol. 1:** 323, 325, 379, 452; **vol. 3:** 542; **vol. 4:** 414
2:19 . . . . . .**vol. 1:** 159, 451, 581; **vol. 2:** 88, 139, 431; **vol. 3:** 473; **vol. 4:** 370, 414
2:20–21. . . . . **vol. 1:** 671; **vol. 4:** 301
2:20 . . . **vol. 1:** 385; **vol. 3:** 449; **vol. 4:** 300, 496, 497, 709
2:21 . . . . **vol. 2:** 305, 572; **vol. 4:** 301, 685
2:22 . . . .**vol. 2:** 573; **vol. 3:** 380; **vol. 4:** 596
2:23 . . . .**vol. 1:** 189, 562; **vol. 3:** 299, 638, 710, 715; **vol. 3:** 252
2:25 . . . .**vol. 1:** 586; **vol. 2:** 122; **vol. 4:** 125
2:26 . . . .**vol. 2:** 369; **vol. 3:** 390; **vol. 4:** 267
3:1–5. . . . .**vol. 2:** 85
3:1 . . . . **vol. 2:** 192, 393, 591; **vol. 3:** 341
3:2–5. . . . .**vol. 4:** 559
3:2 . . . . **vol. 1:** 133, 214, 516, 517, 692; **vol. 3:** 558, 690; **vol. 4:** 608, 656
3:3–4. . . . .**vol. 1:** 234
3:3 . . . . **vol. 1:** 96; **vol. 2:** 84, 85

3:4 . . . . **vol. 1:** 722, 780; **vol. 2:** 378
3:5 . . . .**vol. 1:** 378, 399; **vol. 3:** 338, 341;
　　　　　　　　　　　　　　　vol. 4: 276
3:6 . . . . **vol. 1:** 193, 616; **vol. 2:** 243
3:7 . . . . **vol. 1:** 234, 586
3:8 . . . .**vol. 3:** 341, 367, 430
3:9 . . . .**vol. 1:** 682; **vol. 2:** 726; **vol. 3:** 433
3:10–11. . . . .**vol. 3:** 672
3:10 . . . .**vol. 1:** 205, 715; **vol. 3:** 212;
　　　　　　　　　　　　　vol. 4: 160, 568, 569
3:11 . . . . **vol. 1:** 751; **vol. 4:** 217
3:12 . . . .**vol. 1:** 751; **vol. 2:** 369; **vol. 4:** 275, 276
3:13 . . . . . .**vol. 2:** 726; **vol. 3:** 774; **vol. 4:** 102
3:14–15. . . . . **vol. 1:** 605; **vol. 4:** 432
3:14 . . . .**vol. 3:** 224, 274, 765
3:15 . . . . .**vol. 1:** 132, 533, 600, 605; **vol. 2:** 516;
　　　　　　　　　　　　　vol. 3: 461; **vol. 4:** 334
3:16–17. . . . .**vol. 4:** 748
3:16 . . . . .**vol. 1:** 605, 715, 736; **vol. 2:** 166, 437;
　　　　　　vol. 3: 425, 541, 542, 587, 588, 807
3:17 . . . .**vol. 1:** 409, 605
4:1 . . . .**vol. 1:** 489; **vol. 2:** 749; **vol. 3:** 263
4:2 . . . . . .**vol. 1:** 715; **vol. 2:** 166, 259, 589, 590;
　　　　　　　　　　　　　　　　　vol. 3: 212
4:3–4. . . . . **vol. 1:** 344; **vol. 3:** 345, 390

4:3 . . . .**vol. 1:** 234, 298, 715; **vol. 2:** 591;
　　　　　　　　　　　　　　　　　vol. 4: 517
4:4 . . . .**vol. 1:** 379
4:5 . . . . . .**vol. 2:** 308, 312; **vol. 3:** 390, 670
4:6–8. . . . .**vol. 4:** 217
4:6 . . . . **vol. 3:** 191; **vol. 4:** 341
4:7–8. . . . .**vol. 2:** 414
4:7 . . .**vol. 1:** 144; **vol. 2:** 610; **vol. 4:** 476, 506
4:8 . . . . . .**vol. 1:** 144, 489, 736; **vol. 2:** 393, 749;
　　　　　　　　　　　vol. 3: 102; **vol. 4:** 372, 590
4:9 . . . .**vol. 4:** 349
4:10 . . . . **vol. 1:** 107; **vol. 3:** 102
4:11 . . . . **vol. 3:** 82; **vol. 4:** 685
4:13 . . . .**vol. 3:** 102
4:14 . . . . **vol. 1:** 642; **vol. 2:** 633
4:15 . . . .**vol. 4:** 625
4:16–18. . . . .**vol. 4:** 217
4:16 . . . . **vol. 1:** 362, 571; **vol. 3:** 102
4:17 . . .**vol. 1:** 780; **vol. 2:** 677, 678; **vol. 3:** 642
4:18 . . . **vol. 1:** 764; **vol. 3:** 568, 572; **vol. 4:** 103,
　　　　　　　　　　　　　　　　　　217, 432
4:19 . . . . **vol. 1:** 622; **vol. 3:** 474
4:21 . . . .**vol. 4:** 349
4:20 . . . . **vol. 1:** 421; **vol. 3:** 102
4:22 . . . .**vol. 3:** 807

Titus

1:1–3. . . . .**vol. 4:** 518
1:1 . . . .**vol. 1:** 586; **vol. 2:** 152; **vol. 4:** 276
1:2–3. . . . .**vol. 2:** 370
1:2 . . . .**vol. 1:** 196, 241; **vol. 2:** 187, 234,
　　　　　　　235, 237, 441; **vol. 4:** 706, 722
1:3 . . . . . . **vol. 2:** 442, 677, 678; **vol. 4:** 432, 589
1:4 . . . . .**vol. 2:** 171; **vol. 3:** 681; **vol. 4:** 433, 466
1:5 . . . .**vol. 2:** 579; **vol. 3:** 101, 102, 541;
　　　　　　　　　　　　　　vol. 4: 134, 461
1:6–7. . . . .**vol. 1:** 294
1:6 . . . .**vol. 1:** 301, 437; **vol. 2:** 646, 647;
　　　　　　　　　　　　　　　　　vol. 4: 466
1:7–8. . . . .**vol. 3:** 391
1:7 . . . . . .**vol. 1:** 181; **vol. 2:** 251, 251, 667, 668;
　　　　　　　　　vol. 3: 467, 482, 535, 536
1:8 . . **vol. 1:** 96, 736; **vol. 2:** 84, 85; **vol. 3:** 445,
　　　　　　　　　　　　　　558; **vol. 4:** 445
1:9 . . . .**vol. 1:** 344, 715; **vol. 2:** 166, 347;
　　　　　　　　　　　　vol. 3: 157; **vol. 4:** 517
1:10 . . .**vol. 1:** 715; **vol. 3:** 249, 728; **vol. 4:** 461
1:11 . . . . .**vol. 1:** 181, 379, 715; **vol. 2:** 667, 668;
　　　　　　　　　　　　　　　　　vol. 4: 382
1:12 . . . .**vol. 2:** 453, 599; **vol. 4:** 167, 275
1:13 . . . . . .**vol. 1:** 190; **vol. 2:** 166; **vol. 3:** 768;
　　　　　　　　　　　　　　　　　vol. 4: 517
1:14–16. . . . .**vol. 3:** 160
1:14 . . . .**vol. 2:** 202, 546; **vol. 3:** 345
1:15–16. . . . .**vol. 3:** 690
1:15 . . . .**vol. 2:** 573; **vol. 3:** 301, 430; **vol. 4:** 405

1:16 . . . .**vol. 1:** 400, 497; **vol. 2:** 85;
　　　　　　　　　　　　　　vol. 3: 509, 510
2:1 . . . . **vol. 1:** 715; **vol. 4:** 127
2:2–5. . . . .**vol. 3:** 380
2:2 . . . .**vol. 3:** 768, 390, 391; **vol. 4:** 132,
　　　　　　　　　　283, 445, 517, 518, 568
2:3–5. . . . .**vol. 1:** 622
2:3 . . . .**vol. 1:** 692, 710; **vol. 2:** 517, 609;
　　　　　　　vol. 3: 391, 482, 483; **vol. 4:** 132
2:4–5. . . . .**vol. 1:** 621
2:4 . . . .**vol. 4:** 445, 465
2:5–6. . . . .**vol. 4:** 445
2:5 . . . .**vol. 1:** 516, 517
2:7–8. . . . .**vol. 4:** 283
2:7 . . . . .**vol. 1:** 715; **vol. 2:** 610; **vol. 4:** 507, 599
2:8 . . . .**vol. 4:** 517
2:9 . . . . . .**vol. 1:** 387, 672, 771; **vol. 4:** 462
2:10 . . . . **vol. 1:** 642, 715; **vol. 3:** 765
2:11–14. . . . .**vol. 3:** 187, 588
2:11–13. . . . .**vol. 3:** 588
2:11 . . . .**vol. 2:** 616, 442; **vol. 4:** 428,
　　　　　　　　　　　　　　　432, 590, 660
2:12–14. . . . .**vol. 2:** 243
2:12 . . . . **vol. 1:** 731, 736; **vol. 2:** 734;
　　　　　　　vol. 3: 588; **vol. 4:** 276, 277, 445
2:13 . . . . .**vol. 1:** 765; **vol. 2:** 133, 186, 441, 442,
　　　　　　　445; **vol. 3:** 335; **vol. 1:** 433, 590
2:14 . . . .**vol. 1:** 720; **vol. 2:** 352, 610;
　　　　　　　　　　　vol. 3: 716; **vol. 4:** 555

Scripture Index: New Testament: Hebrews

2:15 . . . . .vol. 2: 166, 645
3:1 . . . . .vol. 1: 416; vol. 2: 218, 305;
                    vol. 3: 687; vol. 4: 462
3:2 . . . . vol. 1: 642; vol. 2: 241; vol. 3: 252;
                    vol. 4: 125
3:3 . . . . . .vol. 1: 115, 574, 771; vol. 2: 243, 378;
            vol. 3: 320, 433, 690, 775; vol. 4: 603
3:4–7 . . . . .vol. 1: 573
3:4–5 . . . . .vol. 2: 378
3:4 . . . . . . vol. 2: 616, 442; vol. 4: 433, 590, 687
3:5–7 . . . . .vol. 3: 711
3:5–6 . . . . .vol. 4: 660
3:5 . . . . . .vol. 1: 113, 464, 465, 574; vol. 2: 171,
           582, 583; vol. 3: 175, 818; vol. 4: 432
3:6 . . . vol. 2: 160, 237; vol. 3: 10, 798; vol. 4: 433
3:7–8 . . . . .vol. 2: 414
3:7 . . . . vol. 2: 187, 698, 699; vol. 4: 660
3:8 . . . . .vol. 1: 499; vol. 2: 438, 610;
                    vol. 4: 141, 618, 748
3:9 . . . . .vol. 1: 556; vol. 3: 160, 252,
                    345, 359; vol. 4: 748
3:10 . . . . vol. 1: 176, 189; vol. 3: 424, 425
3:11 . . . . vol. 2: 748; vol. 4: 388
3:12 . . . . vol. 2: 748; vol. 4: 349
3:13 . . . . vol. 3: 101; vol. 4: 349
3:14 . . . . .vol. 1: 280; vol. 2: 610, 628;
                    vol. 4: 141, 682
3:15 . . . . .vol. 4: 607

Philemon

1 . . . . .vol. 1: 678
2 . . . . vol. 1: 387; vol. 2: 140; vol. 3: 474;
                    vol. 4: 384
3 . . . . .vol. 3: 776
4–5 . . . . .vol. 2: 334
4 . . . . vol. 2: 438; vol. 3: 315
5 . . . . .vol. 2: 119
6 . . . . .vol. 2: 711
7 . . . . vol. 1: 286, 306; vol. 4: 354
8–20 . . . . .vol. 1: 771
8 . . . . .vol. 2: 379; vol. 3: 659; vol. 4: 461
9 . . . . vol. 1: 140, 678; vol. 4: 132
10 . . . . vol. 1: 563; vol. 3: 299, 681
11 . . . . .vol. 4: 685
12 . . . . . .vol. 1: 306; vol. 3: 84, 704; vol. 4: 354
13 . . . . vol. 1: 679; vol. 4: 145, 554
14 . . . . .vol. 1: 281
15 . . . . . . vol. 1: 196, 690; vol. 4: 550, 714, 744
16 . . . . vol. 1: 151; vol. 4: 255
18 . . . . .vol. 3: 575
19 . . . . vol. 2: 257; vol. 3: 575
20 . . . . vol. 1: 286; vol. 4: 354
21 . . . . vol. 3: 689; vol. 4: 80, 549
22 . . . . vol. 3: 445; vol. 4: 661
23 . . . . vol. 1: 192; vol. 3: 560
25 . . . . .vol. 3: 807

Hebrews

1:1–6 . . . . .vol. 4: 180
1:1–4 . . .vol. 1: 97; vol. 2: 440; vol. 4: 477, 652
1:1–2 . . . . vol. 2: 216, 616; vol. 3: 165
1:1 . . . . vol. 3: 381, 599,
                    681; vol. 4: 168
1:2 . . . . .vol. 1: 196, 199; vol. 2: 192, 295,
        296, 699, 763; vol. 3: 271, 381, 543;
                vol. 4: 476, 536, 745
1:3–4 . . . . . . vol. 1: 562; vol. 2: 578; vol. 3: 165,
                271; vol. 4: 179, 372, 700
1:3 . . . . . .vol. 1: 440, 666; vol. 2: 105, 121, 572,
        574; vol. 3: 256, 458, 571; vol. 4: 80,
          211, 536, 572, 573, 581, 652, 739
1:4–14 . . . . .vol. 1: 122
1:4–5 . . . . .vol. 3: 520, 812
1:4 . . . . vol. 1: 500; vol. 2: 699
1:5–2:18 . . . . .vol. 2: 487
1:5–6 . . . . .vol. 4: 179
1:5 . . . . .vol. 1: 562
1:6 . . . . vol. 1: 603; vol. 3: 477
1:7 . . . . vol. 3: 106, 809; vol. 4: 144
1:8–9 . . . . .vol. 1: 736
1:8 . . . . vol. 1: 196; vol. 4: 201, 536, 700
1:9 . . . . .vol. 1: 103, 618; vol. 2: 161, 162;
                  vol. 3: 320, 416; vol. 4: 700
1:10 . . . . vol. 2: 763; vol. 4: 664
1:11–12 .vol. 2: 542, 763
1:12 . . . . .vol. 3: 102
1:13 . . . . vol. 2: 345, 775; vol. 4: 583
1:14 . . . . .vol. 2: 698; vol. 3: 106, 263, 809;
                    vol. 4: 433
2:1–2 . . . . .vol. 4: 233
2:1 . . . . .vol. 3: 206
2:2–4 . . . . .vol. 1: 500
2:2 . . . . . . vol. 1: 123, 210, 731; vol. 3: 165, 607
2:3–4 . . . . .vol. 4: 289
2:3 . . . . .vol. 1: 211; vol. 3: 165; vol. 4: 433
2:4 . . . . .vol. 2: 427, 664; vol. 3: 239, 283,
               710, 822; vol. 4: 287, 485
2:5–18 . . . . .vol. 1: 635
2:5 . . . . . . vol. 3: 263, 477, 478; vol. 4: 462
2:6–9 . . . . .vol. 4: 544
2:6–7 . . . . .vol. 4: 418
2:6 . . . . vol. 2: 251; vol. 4: 538
2:7–19 . . . . .vol. 3: 327
2:7–9 . . . . .vol. 4: 496
2:7 . . . . .vol. 4: 372, 496, 583
2:8 .vol. 1: 447; vol. 2: 591;
                  vol. 4: 461, 462, 544

Scripture Index: New Testament: Hebrews

2:9–10. . . . . .vol. 2: 411
2:9 . . . . vol. 1: 565; vol. 3: 671; vol. 4: 99, 372, 661, 700
2:10 . . . . .vol. 1: 418, 689, 765; vol. 3: 271, 458, 770; vol. 4: 127, 179, 180, 433, 477
2:11–12. . . . . .vol. 1: 151
2:11 . . . . .vol. 1: 131, 183, 190; vol. 2: 125; vol. 4: 180
2:12 . . . . .vol. 1: 120, 603; vol. 2: 125, 143; vol. 4: 548, 739
2:13–14. . . . . .vol. 3: 594
2:13 . . . . .vol. 3: 689
2:14–18. . . . . .vol. 4: 359
2:14–15. . . . . . vol. 1: 169, 566; vol. 2: 177, 411
2:14 . . . . .vol. 1: 154; vol. 2: 410, 411, 641, 709, 741; vol. 3: 795; vol. 4: 256, 260, 268
2:15 . . . . .vol. 1: 243, 770, 771, 772; vol. 2: 199, 410; vol. 4: 612, 613
2:16 . . . . vol. 1: 91; vol. 3: 83
2:17 . . . . .vol. 1: 151, 772; vol. 2: 169, 171, 509, 510, 538; vol. 3: 503, 577, 594
2:18 . . . . vol. 1: 525; vol. 3: 671, 697, 699
3–4 . . . . vol. 1: 345, 738; vol. 2: 275
3:1–4:16 . . . . .vol. 1: 344
3:1–6. . . . vol. 2: 275, 487, 644; vol. 3: 415, 473
3:1 . . . . .vol. 1: 120, 131; vol. 2: 509, 604, 607; vol. 3: 434, 571
3:2–5. . . . . .vol. 3: 367
3:2 . . . . vol. 2: 644; vol. 3: 471
3:3–4. . . . . .vol. 2: 644
3:3 . . . . vol. 1: 340, 341; vol. 4: 496
3:4 . . . . .vol. 2: 439
3:5 . . . . vol. 2: 447; vol. 3: 471
3:6 . . . . .vol. 1: 501; vol. 2: 188, 653, 654; vol. 3: 473, 660; vol. 4: 477, 536, 691
3:7–4:13 . . . . .vol. 2: 487
3:7–19. . . . . .vol. 4: 575
3:7–13. . . . . .vol. 4: 573
3:7–11. . . . . vol. 1: 212; vol. 4: 568
3:7–8. . . . . .vol. 3: 746
3:7 . . . . vol. 1: 603; vol. 3: 822
3:8 . . . . .vol. 2: 275, 276; vol. 3: 545, 746; vol. 4: 314, 315
3:9 . . . . .vol. 1: 757; vol. 2: 267; vol. 4: 487
3:10 . . . . vol. 1: 556; vol. 3: 457, 775
3:11 . . . . vol. 1: 286; vol. 3: 497
3:12 . . . . vol. 1: 452; vol. 2: 626; vol. 3: 636; vol. 4: 684
3:13 . . . . vol. 1: 307, 349; vol. 4: 314
3:14 . . . . .vol. 1: 415, 501; vol. 2: 349; vol. 4: 260, 359, 477, 573
3:15–16. . . . . .vol. 3: 746
3:16 . . . . .vol. 1: 367
3:17 . . . .vol. 2: 275, 276; vol. 3: 757; vol. 4: 487
3:18 . . . . vol. 1: 286; vol. 3: 497, 690
4:1–13. . . . . .vol. 3: 327
4:1–11. . . . . vol. 1: 286; vol. 3: 165

4:1 . . . . .vol. 4: 576
4:2 . . . . .vol. 1: 209; vol. 2: 235; vol. 4: 748
4:3–11. . . . . vol. 1: 212; vol. 4: 568
4:3–4. . . . . .vol. 1: 603
4:3 . . . . vol. 2: 636; vol. 3: 497
4:4 . . . . .vol. 4: 244
4:6 . . . . .vol. 3: 102, 690
4:7 . . . . vol. 3: 544, 545; vol. 4: 314
4:8 . . . . .vol. 2: 528
4:9–11. . . . . .vol. 3: 497
4:9 . . . . . .vol. 2: 76, 236; vol. 3: 102; vol. 4: 223
4:10 . . . . .vol. 4: 223
4:11 . . . . . . vol. 3: 690, 759; vol. 4: 350, 507
4:12 . . . . .vol. 1: 612, 784; vol. 2: 271, 748; vol. 3: 165, 253, 283, 433, 671, 807; vol. 4: 382, 731
4:13 . . . . . . .vol. 1: 612; vol. 2: 765; vol. 4: 145
4:14–7:21 . . . . .vol. 2: 487
4:14–5:10 . . . . .vol. 3: 415
4:14–16. . . . . .vol. 4: 661
4:14–15. . . . . .vol. 4: 359
4:14 . . . .vol. 2: 359; vol. 3: 501, 571; vol. 4: 536
4:15 . . . . .vol. 1: 261, 422, 423; vol. 2: 171, 510; vol. 3: 503, 504, 670, 671, 697, 699
4:16 . . . . .vol. 1: 525; vol. 2: 171, 284, 330, 331, 470, 509, 589; vol. 3: 81, 660
5:1–10. . . . . .vol. 3: 165
5:1 . . . . vol. 2: 488, 509; vol. 4: 555
5:2 . . . . .vol. 1: 135, 423; vol. 2: 509; vol. 3: 670, 774, 775
5:3 . . . . vol. 2: 509; vol. 3: 91, 577, 714
5:4–5. . . . . .vol. 1: 766
5:4 . . . . vol. 2: 509; vol. 4: 496
5:5–10. . . . . .vol. 3: 268
5:5 . . . . vol. 1: 562; vol. 4: 583
5:6 . . . . vol. 1: 196; vol. 2: 509
5:7–10. . . . . vol. 2: 509; vol. 4: 359
5:7–9. . . . . .vol. 1: 333
5:7–8. . . . . .vol. 1: 261
5:7 . . . vol. 1: 144, 210, 212, 353, 668; vol. 2: 317, 342, 738; vol. 4: 260, 261, 428, 433
5:8–9. . . . . .vol. 4: 550
5:8 . . . . .vol. 1: 170; vol. 3: 224, 671; vol. 4: 536, 549
5:9–10. . . . . .vol. 1: 212; vol. 2: 317; vol. 4: 700
5:9 . . . . .vol. 1: 190, 197, 418; vol. 3: 771; vol. 4: 433, 477
5:10 . . . . .vol. 2: 278, 510
5:11–6:19 . . . . .vol. 3: 268
5:11–14. . . . . vol. 2: 432; vol. 3: 384
5:12–14. . . . . .vol. 1: 539
5:12–13. . . . . .vol. 4: 707
5:12 . . . vol. 1: 415, 715; vol. 2: 648; vol. 3: 158, 577; vol. 4: 370, 379, 477, 682
5:13–14. . . . . .vol. 1: 533
5:13 . . . . .vol. 3: 382
5:14 . . . . .vol. 1: 179, 611, 612; vol. 2: 600, 748; vol. 4: 370, 477

Scripture Index: New Testament: Hebrews

6. . . . .**vol. 1:** 501
6:1–20. . . . .**vol. 1:** 344
6:1–8. . . . .**vol. 3:** 292
6:1–2. . . . .**vol. 4:** 379
6:1 . . . . . .**vol. 1:** 415, 447, 448; **vol. 2:** 432, 438, 635; **vol. 3:** 378, 766; **vol. 4:** 477
6:2 . . . . . .**vol. 1:** 197, 324, 462, 716; **vol. 2:** 749; **vol. 4:** 665
6:4–10. . . . .**vol. 1:** 383
6:4–8. . . . .**vol. 3:** 327
6:4–6. . . . . . .**vol. 1:** 261, 344, 758; **vol. 4:** 493
6:4–5. . . . . **vol. 1:** 566; **vol. 3:** 636
6:4 . . . .**vol. 1:** 343, 720; **vol. 2:** 349; **vol. 3:** 571, 822; **vol. 4:** 642
6:5 . . . .**vol. 1:** 196, 199; **vol. 3:** 263, 710; **vol. 4:** 211, 289
6:6 . . . . .**vol. 1:** 448, 452, 640; **vol. 2:** 121, 582; **vol. 3:** 636, 757; **vol. 4:** 357, 536
6:7 . . . .**vol. 2:** 325; **vol. 3:** 83; **vol. 4:** 492
6:8 . . . . .**vol. 1:** 200, 383, 757, 758; **vol. 2:** 596; **vol. 3:** 293; **vol. 4:** 477, 492
6:9–12. . . . .**vol. 4:** 493
6:9 . . . . **vol. 1:** 97; **vol. 3:** 689
6:10–11. . . . .**vol. 1:** 642
6:10 . . . .**vol. 1:** 703
6:11–12. . . . . **vol. 2:** 236; **vol. 3:** 213
6:11 . . . . **vol. 2:** 242; **vol. 4:** 350, 477
6:12–20. . . . .**vol. 2:** 235
6:12 . . . .**vol. 2:** 325, 698, 699; **vol. 3:** 211, 305, 306; **vol. 4:** 573
6:13–18. . . . . **vol. 1:** 736; **vol. 3:** 497
6:13 . . . .**vol. 1:** 91; **vol. 2:** 236; **vol. 3:** 286
6:14 . . . . **vol. 2:** 235, 325; **vol. 3:** 783
6:15 . . . .**vol. 2:** 235; **vol. 3:** 211, 213, 306
6:16–18. . . . .**vol. 1:** 501
6:16–17. . . . .**vol. 3:** 548
6:16 . . . .**vol. 1:** 499, 500
6:17–18. . . . . **vol. 1:** 500; **vol. 4:** 723
6:17 . . . . . .**vol. 1:** 528, 530, 642; **vol. 2:** 698, 699; **vol. 3:** 286, 287, 723
6:18–19. . . . .**vol. 2:** 188
6:18 . . . . . **vol. 1:** 333, 530; **vol. 2:** 441, 699, 742; **vol. 3:** 631; **vol. 4:** 122, 596
6:19–20. . . . . **vol. 2:** 640; **vol. 4:** 419
6:19 . . . . . .**vol. 1:** 433, 500, 501; **vol. 2:** 76, 298; **vol. 4:** 732
6:20 . . . . **vol. 1:** 196; **vol. 2:** 699; **vol. 3:** 458; **vol. 4:** 506
7–10. . . . .**vol. 2:** 485
7:1–22. . . . .**vol. 2:** 509
7:1–17. . . . .**vol. 3:** 165
7:1–10. . . . . **vol. 1:** 661; **vol. 3:** 268, 415
7:1–7. . . . .**vol. 2:** 325
7:1–3. . . . . **vol. 1:** 480; **vol. 3:** 268
7:1–2. . . . .**vol. 4:** 234
7:1 . . . .**vol. 2:** 439, 638, 725; **vol. 4:** 581
7:2 . . . . **vol. 1:** 91, 736; **vol. 2:** 278
7:3 . . . .**vol. 1:** 416, 556, 661; **vol. 2:** 509; **vol. 3:** 298, 501, 681; **vol. 4:** 477, 536

7:4–10. . . . .**vol. 1:** 91
7:4–8. . . . .**vol. 3:** 112
7:4–7. . . . .**vol. 1:** 661
7:4 . . . .**vol. 3:** 680
7:5–10. . . . .**vol. 2:** 509
7:5–6. . . . .**vol. 3:** 269
7:5 . . . .**vol. 1:** 661; **vol. 2:** 205, 506; **vol. 3:** 111, 112, 416
7:6–8. . . . .**vol. 3:** 416
7:6–7. . . . .**vol. 3:** 269
7:6 . . . . **vol. 1:** 556, 661; **vol. 2:** 235
7:8 . . . .**vol. 1:** 661
7:9–10. . . . . **vol. 1:** 661; **vol. 3:** 112
7:9 . . . . **vol. 1:** 661; **vol. 3:** 111
7:10 . . . .**vol. 2:** 638
7:11–28. . . . .**vol. 3:** 268
7:11–12. . . . .**vol. 2:** 506, 509
7:11 . . . .**vol. 1:** 322; **vol. 3:** 112, 271, 410; **vol. 4:** 234, 473, 477
7:12 . . . . **vol. 1:** 281; **vol. 3:** 416
7:13–17. . . . .**vol. 3:** 112
7:13–14. . . . .**vol. 1:** 661; **vol. 3:** 416, 681; **vol. 4:** 628
7:13 . . . .**vol. 2:** 489
7:14 . . . .**vol. 1:** 292, 682; **vol. 2:** 545; **vol. 3:** 367
7:15 . . . .**vol. 1:** 322, 682; **vol. 3:** 416, 501, 504, 724
7:16 . . . **vol. 1:** 154; **vol. 2:** 205, 509; **vol. 3:** 191, 269, 504, 416; **vol. 4:** 234, 255, 260
7:17 . . . .**vol. 1:** 196, 661
7:18–22. . . . .**vol. 2:** 582
7:18–19. . . . . **vol. 2:** 509, 510
7:18 . . . . . .**vol. 1:** 161, 422, 423; **vol. 2:** 204; **vol. 3:** 415; **vol. 4:** 748
7:19 . . . . . **vol. 1:** 97; **vol. 2:** 78, 204; **vol. 3:** 165, 271, 416; **vol. 4:** 477
7:20–22. . . . . **vol. 2:** 509; **vol. 3:** 287, 497
7:20–21. . . . . **vol. 2:** 75; **vol. 3:** 495, 548
7:21 . . . . **vol. 1:** 196; **vol. 3:** 289
7:22 . . . . . .**vol. 1:** 97, 405, 662, 699; **vol. 2:** 75; **vol. 3:** 287
7:23–26. . . . .**vol. 3:** 458
7:23 . . . .**vol. 2:** 509, 780
7:24–25. . . . .**vol. 4:** 234
7:24 . . . . . .**vol. 1:** 196, 662; **vol. 2:** 506, 509; **vol. 3:** 269, 275, 607
7:25–27. . . . .**vol. 1:** 261
7:25 . . . . .**vol. 1:** 662, 778; **vol. 2:** 208, 284, 509; **vol. 3:** 433, 596, 632; **vol. 4:** 433, 473
7:26 . . . .**vol. 2:** 510, 600; **vol. 3:** 558, 571; **vol. 4:** 127, 581, 714
7:27–28. . . . .**vol. 1:** 343; **vol. 3:** 558
7:27 . . .**vol. 1:** 281; **vol. 2:** 76, 124, 239, 488, 509, 538; **vol. 3:** 91, 302, 671; **vol. 4:** 80, 555
7:28 . . . .**vol. 1:** 196, 343, 422, 423; **vol. 2:** 509; **vol. 3:** 165, 271, 416, 495, 548, 771; **vol. 4:** 477, 536

203

Scripture Index: New Testament: Hebrews

8–9 . . . . .vol. 4: 307
8:1–2 . . . . vol. 3: 571; vol. 4: 307
8:1 . . . . .vol. 1: 666; vol. 2: 348, 489, 670;
         vol. 3: 256, 569, 571
8:2 . . . . vol. 1: 131, 241; vol. 2: 510, 644
8:3–4 . . . . .vol. 1: 720
8:3 . . . . vol. 1: 281; vol. 2: 509
8:4–5 . . . . vol. 1: 568; vol. 3: 416
8:5 . . . . .vol. 1: 699; vol. 2: 104, 510, 644;
    vol. 3: 95, 367, 571; vol. 4: 95, 307,
          311, 506, 507, 684
8:6–13 . . . . vol. 2: 510, 582; vol. 3: 543
8:6–7 . . . . .vol. 3: 601
8:6 . . . . .vol. 1: 97, 699, 700; vol. 2: 75,
  236; vol. 3: 106, 271, 287, 410, 416;
            vol. 4: 176, 204
8:7–13 . . . . .vol. 2: 487
8:7–8 . . . . vol. 1: 423; vol. 3: 271
8:7 . . . . vol. 2: 355, 582; vol. 4: 176, 500
8:8–13 . . . . vol. 2: 560; vol. 4: 477
8:8–12 . . . . .vol. 1: 150, 699; vol. 2: 236;
         vol. 3: 472; vol. 4: 315
8:8 . . . . vol. 3: 271, 272; vol. 4: 155
8:9 . . . . vol. 1: 164; vol. 3: 83
8:10–12 . . . . .vol. 4: 204
8:10 . . . . vol. 1: 600, 697; vol. 3: 272, 432
8:11 . . . . . .vol. 1: 716; vol. 3: 255, 303; vol. 4: 95
8:12 . . . . vol. 1: 158, 159; vol. 2: 537
8:13 . . . . .vol. 1: 199, 699; vol. 2: 537, 581;
  vol. 3: 381, 415, 416, 599, 601; vol. 4: 176
9–10 . . . . vol. 2: 488; vol. 4: 581
9:1 . . . . .vol. 1: 736; vol. 2: 510, 734;
       vol. 3: 96, 542; vol. 4: 307
9:2–3 . . . . .vol. 4: 307
9:2 . . . . . .vol. 1: 411; vol. 2: 644; vol. 4: 160, 176
9:3 . . . . vol. 2: 640; vol. 4: 176
9:4 . . . . .vol. 2: 474, 613; vol. 3: 228;
          vol. 4: 200, 709
9:5 . . . . .vol. 1: 699; vol. 2: 539, 540;
       vol. 3: 282; vol. 4: 310, 668
9:6–8 . . . . .vol. 4: 307
9:6 . . . . .vol. 2: 644; vol. 3: 96; vol. 4: 176
9:7 . . . . . .vol. 1: 135, 169, 342; vol. 2: 509;
        vol. 3: 335; vol. 4: 176
9:8 . . . . .vol. 1: 682; vol. 3: 458, 822;
          vol. 4: 176, 419
9:9–10 . . . . .vol. 3: 543
9:9 . . . . . vol. 1: 199; vol. 2: 488; vol. 3: 95, 174,
    271, 609; vol. 4: 95, 311, 406, 477
9:10 . . . . .vol. 1: 199, 462, 736; vol. 3: 541,
         542, 751; vol. 4: 260
9:11 . . . . .vol. 1: 97, 199; vol. 2: 510, 765;
      vol. 3: 263, 571; vol. 4: 307, 477
9:12–14 . . . . .vol. 1: 170
9:12–13 . . . . .vol. 1: 169
9:12 . . . . . . .vol. 1: 131, 197, 343; vol. 2: 76, 330,
    538; vol. 3: 185, 186, 187; vol. 4: 303

9:13–21 . . . . .vol. 4: 204
9:13–15 . . . . .vol. 1: 700
9:13–14 . . . . .vol. 1: 171; vol. 2: 573;
          vol. 4: 204, 260
9:13 . . . . vol. 2: 510, 572, 710; vol. 4: 260
9:14 . . . . . .vol. 1: 170, 196, 273, 343; vol. 2: 510,
    572; vol. 3: 95, 185, 378, 822;
         vol. 4: 260, 389, 406
9:15 . . . . .vol. 1: 197, 424, 700; vol. 2: 235,
    582, 607, 699; vol. 3: 186, 287,
         607; vol. 4: 155
9:16–22 . . . . .vol. 1: 169
9:16–17 . . . . .vol. 1: 697, 700
9:16 . . . . .vol. 1: 281
9:17 . . . . vol. 1: 500; vol. 2: 562
9:18–22 . . . . .vol. 1: 169
9:18–21 . . . . .vol. 4: 204
9:18 . . . . vol. 1: 700; vol. 2: 582
9:19–23 . . . . .vol. 3: 416
9:19–20 . . . . vol. 2: 205; vol. 3: 174
9:19 . . . . .vol. 1: 169
9:20 . . . . vol. 1: 535, 653; vol. 2: 202
9:21 . . . . vol. 3: 106; vol. 4: 300
9:22 . . . . . .vol. 1: 169, 448; vol. 2: 159, 509, 574;
           vol. 3: 185
9:23–24 . . . . .vol. 3: 571
9:23 . . . . . .vol. 1: 97, 281; vol. 2: 488; vol. 3: 571
9:24–28 . . . . .vol. 3: 416
9:24 . . . . .vol. 1: 131, 241; vol. 2: 445, 510;
      vol. 3: 416; vol. 4: 158, 307,
         506, 507, 590
9:25–28 . . . . .vol. 3: 185
9:25–26 . . . . .vol. 2: 488
9:25 . . . . .vol. 1: 169, 254
9:26–10:2 . . . . .vol. 1: 342
9:26–28 . . . . .vol. 1: 343
9:26 . . . . vol. 1: 161, 196, 198, 199, 281;
  vol. 2: 510, 538, 636, 639; vol. 3: 416;
         vol. 4: 473, 588
9:28 . . . .vol. 2: 133; vol. 3: 571, 596; vol. 4: 433
10 . . . . .vol. 4: 507
10:1–4 . . . . vol. 2: 510, 574; vol. 4: 438
10:1 . . . . .vol. 1: 97; vol. 2: 104, 284, 509;
    vol. 3: 263, 271, 416; vol. 4: 95,
         123, 477, 507
10:2 . . . . . .vol. 1: 343; vol. 3: 95, 416; vol. 4: 406
10:3 . . . . vol. 1: 343; vol. 3: 313
10:4–10 . . . . .vol. 1: 261
10:4 . . . . vol. 1: 169; vol. 4: 204
10:5–10 . . . . vol. 2: 429, 510; vol. 4: 438
10:5–7 . . . . .vol. 2: 488
10:5 . . . . vol. 1: 409; vol. 4: 438
10:6 . . . . vol. 2: 315; vol. 3: 491, 714
10:7 . . . . .vol. 2: 379, 670
10:8–10 . . . . .vol. 2: 488
10:8 . . . . .vol. 1: 338; vol. 2: 315;
        vol. 3: 416, 491, 714

10:9–10 . . . . .vol. 3: 416
10:9 . . . . vol. 2: 379; vol. 3: 415
10:10 . . . . .vol. 1: 131, 343; vol. 2: 76, 489;
vol. 4: 439
10:11–13 . . . . .vol. 2: 578
10:11 . . . . .vol. 3: 106
10:12–14 . . . . .vol. 1: 700
10:12 . . . . .vol. 1: 343, 666; vol. 2: 124, 538;
vol. 4: 583
10:13 . . . . .vol. 2: 132, 345
10:14 . . . . . . vol. 1: 131; vol. 2: 124; vol. 3: 271;
vol. 4: 477
10:15–18 . . . . .vol. 4: 204
10:15–16 . . . . .vol. 3: 711
10:15 . . . . .vol. 3: 243, 416
10:16–18 . . . . .vol. 2: 560
10:16–17 . . . . .vol. 1: 699
10:16 . . . . vol. 1: 600, 697; vol. 3: 432
10:17 . . . . .vol. 3: 315, 416
10:18 . . . . .vol. 2: 261, 448; vol. 2: 510;
vol. 3: 416
10:19–25 . . . . .vol. 2: 289
10:19–22 . . . . .vol. 2: 510
10:19–20 . . . . vol. 3: 458; vol. 4: 155, 419
10:19 . . . . vol. 1: 131, 170, 171, 199, 737;
vol. 2: 509; vol. 3: 457, 660; vol. 4: 303
10:20 . . . . .vol. 2: 582, 640; vol. 3: 381, 458;
vol. 4: 260
10:21–22 . . . . .vol. 4: 204
10:21 . . . . . . .vol. 2: 348; vol. 3: 472; vol. 4: 155
10:22 . . . . vol. 1: 170, 171, 241, 737;
vol. 2: 284, 509, 574, 626; vol. 3: 174,
458; vol. 4: 103, 204, 406, 521
10:23–25 . . . . .vol. 3: 326
10:23 . . . . vol. 2: 188, 236, 703; vol. 3: 514
10:24 . . . . vol. 1: 99; vol. 3: 434
10:25–28 . . . . .vol. 2: 124
10:25 . . . . . . .vol. 2: 77, 78, 94, 236; vol. 3: 102;
vol. 4: 399
10:26–39 . . . . .vol. 1: 344
10:26–31 . . . . .vol. 1: 261, 746
10:26–27 . . . . .vol. 3: 293
10:26 . . . . .vol. 1: 240, 581, 586; vol. 2: 489;
vol. 3: 102, 636; vol. 4: 515
10:27 . . . . vol. 2: 133; vol. 4: 612, 613
10:28 . . . . vol. 1: 161, 783; vol. 3: 239, 479
10:29 . . . . . vol. 1: 131, 170, 171, 340, 653, 700;
vol. 2: 489, 710; vol. 3: 675, 711,
822; vol. 4: 515, 536, 661
10:30 . . . . .vol. 1: 131, 721, 747; vol. 2: 749;
vol. 3: 536
10:31 . . . . vol. 3: 758; vol. 4: 612, 613, 664
10:32–34 . . . . .vol. 4: 568
10:32 . . . . .vol. 1: 162; vol. 3: 671, 673;
vol. 4: 176, 642
10:33 . . . . vol. 1: 290; vol. 2: 425, 712
10:34 . . . . .vol. 1: 97, 402, 678; vol. 3: 275,
670, 672; vol. 4: 552, 553, 649

10:35–39 . . . . .vol. 3: 327
10:35 . . . . vol. 2: 236; vol. 3: 324, 326, 327, 660
10:36 . . .vol. 1: 737; vol. 2: 429, 698; vol. 3: 326;
vol. 4: 568, 649
10:37–38 . . . . vol. 1: 737; vol. 3: 770
10:37 . . . . vol. 2: 236, 379; vol. 4: 705
10:38–39 . . . . .vol. 4: 573
10:38 . . . . . . .vol. 1: 736; vol. 2: 315; vol. 4: 730
10:39 . . . . vol. 3: 718; vol. 4: 732
11 . . . vol. 1: 261, 624; vol. 3: 243, 306, 587, 770
11:1 . . . . . vol. 1: 736; vol. 2: 166, 167, 188, 630;
vol. 3: 770; vol. 4: 123, 573
11:2 . . . . .vol. 1: 451; vol. 3: 243; vol. 4: 132
11:3 . . . . .vol. 1: 196, 199, 409, 572; vol. 2: 121,
765; vol. 3: 433; vol. 4: 211, 573, 588
11:4 . . . . . .vol. 1: 736; vol. 2: 482; vol. 3: 243
11:5–6 . . . . .vol. 1: 386, 388
11:5 . . . . vol. 3: 243; vol. 4: 286, 684
11:6 . . . . vol. 2: 284; vol. 3: 324, 326
11:7 . . . . .vol. 1: 353, 736; vol. 2: 317, 644, 698,
699; vol. 3: 440; vol. 4: 433
11:8–16 . . . . .vol. 1: 685
11:8–12 . . . . .vol. 1: 91
11:8–10 . . . . vol. 2: 275; vol. 3: 440
11:8 . . .vol. 2: 254, 699; vol. 3: 539; vol. 4: 551
11:9–10 . . . . .vol. 4: 303
11:9 . . . .vol. 1: 254; vol. 2: 235, 494, 548, 697;
vol. 3: 465, 539, 644; vol. 4: 82, 307
11:10–16 . . . . .vol. 2: 236
11:10 . . . . .vol. 1: 683, 685; vol. 2: 132, 431;
vol. 3: 263, 465; vol. 4: 95, 470
11:11 . . . . .vol. 1: 624; vol. 2: 376, 383, 635;
vol. 4: 263
11:12 . . . . vol. 1: 392, 428, 554; vol. 3: 376, 783
11:13 . . .vol. 1: 426, 684, 685; vol. 3: 446, 465,
508, 539; vol. 4: 82, 96, 307
11:14 . . . . vol. 1: 685; vol. 3: 465, 539, 680;
vol. 4: 589
11:15–16 . . . . .vol. 3: 446
11:15 . . . . vol. 1: 275; vol. 3: 539
11:16 . . . . .vol. 1: 183, 685, 707; vol. 2: 438;
vol. 3: 263, 465, 539, 571; vol. 4: 95, 553
11:17–19 . . . . vol. 1: 91; vol. 3: 440
11:17–18 . . . . .vol. 2: 548
11:17 . . . . vol. 1: 675; vol. 3: 335, 539
11:18–19 . . . . .vol. 2: 235
11:18 . . . . .vol. 4: 346
11:19 . . . . vol. 1: 780; vol. 3: 127, 609
11:20 . . . . .vol. 2: 235, 325, 548
11:21 . . . . .vol. 1: 196; vol. 2: 235, 325, 494;
vol. 4: 200
11:22 . . . . vol. 2: 202, 205; vol. 3: 457
11:23–28 . . . . .vol. 3: 367
11:23 . . . .vol. 1: 480, 562, 752; vol. 2: 755;
vol. 3: 486, 594; vol. 4: 613
11:24–28 . . . . .vol. 2: 630
11:24–27 . . . . .vol. 1: 164

Scripture Index: New Testament: Hebrews

11:24 .... vol. 1: 399
11:25–26 .... vol. 1: 333
11:25 .... vol. 1: 175; vol. 2: 438, 590
11:26 .... vol. 1: 521; vol. 2: 460;
  vol. 3: 324, 514, 798
11:27 .... vol. 1: 480, 736; vol. 2: 441, 460,
  475, 630; vol. 3: 530; vol. 4: 613
11:28 .... vol. 1: 169, 170, 381; vol. 2: 159;
  vol. 3: 604; vol. 4: 178
11:29 .... vol. 1: 275; vol. 3: 447, 697
11:30 .... vol. 2: 261; vol. 3: 757; vol. 4: 463
11:31 ...... vol. 1: 624; vol. 2: 235; vol. 3: 690;
  vol. 4: 114
11:32 ..... vol. 1: 635; vol. 2: 214; vol. 3: 102;
  vol. 4: 705
11:33–34 .... vol. 4: 91
11:33 .... vol. 1: 736; vol. 2: 233; vol. 4: 615
11:34 ...... vol. 1: 254, 423, 778; vol. 2: 703;
  vol. 3: 253; vol. 4: 269, 382, 596
11:35 .... vol. 1: 324, 624; vol. 3: 186
11:36 .. vol. 1: 678; vol. 2: 191; vol. 3: 246, 697;
  vol. 4: 625
11:37 .... vol. 3: 253
11:38 ...... vol. 2: 275; vol. 3: 774; vol. 4: 350
11:39–40 .... vol. 3: 543
11:39 .. vol. 2: 233, 235; vol. 3: 243; vol. 4: 477
11:40 ...... vol. 1: 521; vol. 3: 271; vol. 4: 477
12 .... vol. 3: 587
12:1–11 .... vol. 3: 770
12:1–4 .... vol. 1: 261
12:1–3 .... vol. 4: 568, 573
12:1 .... vol. 1: 144, 333, 470; vol. 2: 235;
  vol. 3: 243; vol. 4: 504
12:2–3 .... vol. 4: 568
12:2 ..... vol. 1: 183, 333, 418, 666; vol. 2: 645;
  vol. 3: 458, 530, 770; vol. 4: 357, 363,
  473, 477, 497, 583, 649
12:3–6 .... vol. 3: 327
12:3 .... vol. 3: 125, 191; vol. 4: 732
12:4–7 .... vol. 4: 710
12:4 .... vol. 1: 168
12:5–6 .... vol. 2: 166; vol. 3: 587, 647
12:5 .... vol. 3: 191, 489, 631
12:6 .... vol. 2: 349; vol. 3: 247
12:7–11 .... vol. 3: 588
12:7 .... vol. 4: 530, 568
12:8 .... vol. 2: 349
12:9 ..... vol. 3: 587, 588, 682, 809; vol. 4: 462
12:10 .... vol. 1: 131, 754; vol. 3: 84, 588
12:11 .... vol. 1: 611, 612, 721, 736; vol. 2: 115,
  117, 629; vol. 3: 177, 588, 649;
  vol. 4: 575, 649, 710
12:12–13 .... vol. 3: 543; vol. 4: 710
12:12 .... vol. 1: 592; vol. 3: 191, 541
12:13 ...... vol. 1: 378; vol. 2: 497; vol. 3: 540;
  vol. 4: 710
12:14 .... vol. 1: 131, 751; vol. 2: 117, 188

12:15–29 .... vol. 1: 344
12:15–17 .... vol. 3: 327; vol. 4: 661
12:15 .... vol. 1: 502; vol. 2: 117, 250, 251;
  vol. 3: 301, 746; vol. 4: 98, 213, 576
12:16–17 .... vol. 2: 494
12:16 ..... vol. 1: 133, 140, 261, 332, 502, 535;
  vol. 2: 117; vol. 4: 178
12:17 .... vol. 1: 758; vol. 2: 325, 689;
  vol. 3: 292; vol. 4: 649
12:18–29 .... vol. 2: 488; vol. 4: 294
12:18–24 .... vol. 2: 275
12:18–21 .... vol. 3: 367
12:18–19 .... vol. 4: 236
12:18 .... vol. 1: 381; vol. 4: 194
12:19 ...... vol. 1: 188; vol. 2: 398; vol. 3: 710;
  vol. 4: 211
12:20 .... vol. 1: 381; vol. 2: 453
12:21 .... vol. 4: 588, 612
12:22–24 .... vol. 3: 95, 327
12:22–23 .... vol. 3: 446; vol. 4: 294
12:22 .... vol. 1: 154; vol. 2: 144, 284, 526;
  vol. 3: 570, 571, 808; vol. 4: 95
12:23 .... vol. 1: 102, 600, 736; vol. 2: 143, 749;
  vol. 3: 570; vol. 4: 180, 477
12:24 .... vol. 1: 171, 699, 700; vol. 2: 144;
  vol. 3: 287, 381; vol. 4: 204
12:25–29 .... vol. 4: 233
12:25–27 .... vol. 3: 327
12:25 .... vol. 1: 189; vol. 3: 367, 569;
  vol. 4: 684
12:26–27 .... vol. 1: 342
12:26 .... vol. 3: 569; vol. 4: 279
12:27 .... vol. 1: 682; vol. 4: 79
12:28 .... vol. 1: 166, 353, 386; vol. 2: 236, 284;
  vol. 3: 95; vol. 4: 232, 294, 659
12:29 .... vol. 2: 317; vol. 4: 194
13 .... vol. 1: 666
13:1 .... vol. 1: 151; vol. 4: 608
13:2 .... vol. 3: 445
13:3 .... vol. 1: 678
13:4 .... vol. 1: 545; vol. 2: 714, 749; vol. 3: 302
13:5–6 .... vol. 1: 525
13:5 .... vol. 1: 396, 397; vol. 3: 102, 649;
  vol. 4: 608
13:6 .... vol. 1: 525; vol. 2: 419; vol. 4: 613
13:7 .... vol. 1: 290; vol. 2: 376, 425;
  vol. 3: 305, 306
13:8 .... vol. 1: 196; vol. 2: 392, 591
13:9 .... vol. 1: 97, 535, 716; vol. 2: 626;
  vol. 3: 444, 675; vol. 4: 661, 748
13:10–13 .... vol. 2: 489
13:10 .... vol. 2: 291; vol. 3: 95
13:11–13 .... vol. 3: 671
13:11–12 .... vol. 4: 189
13:11 .... vol. 1: 169, 688; vol. 2: 369;
  vol. 3: 714; vol. 4: 438
13:12–13 .... vol. 3: 671

13:12 . . . **vol. 1:** 131, 170; **vol. 3:** 671; **vol. 4:** 189
13:13 . . . . **vol. 3:** 514
13:14 . . . .**vol. 1:** 707; **vol. 2:** 236, 489, 526; **vol. 3:** 263, 275, 446; **vol. 4:** 95
13:15–16. . . . . **vol. 1:** 722; **vol. 2:** 489, 510
13:15 . . . . **vol. 1:** 173; **vol. 3:** 509
13:16 . . . .**vol. 1:** 386, 388
13:17 . . . . . . **vol. 1:** 142; **vol. 2:** 376; **vol. 3:** 689; **vol. 4:** 366, 732
13:18 . . . .**vol. 1:** 170; **vol. 3:** 689; **vol. 4:** 406
13:19 . . . . **vol. 1:** 355; **vol. 3:** 720
13:20–21. . . . .**vol. 2:** 116
13:20 . . . .**vol. 1:** 171, 653, 700; **vol. 2:** 115, 116, 411, 443, 582; **vol. 4:** 86, 136
13:21 . . . . **vol. 1:** 265, 386, 388, 410, 764; **vol. 2:** 429
13:22 . . .**vol. 1:** 297; **vol. 2:** 256; **vol. 3:** 165, 630
13:24 . . . . **vol. 1:** 426; **vol. 2:** 376
13:25 . . . .**vol. 4:** 658

James

1:1 . . . .**vol. 1:** 706, 783; **vol. 2:** 256, 299; **vol. 3:** 417, 597; **vol. 4:** 96, 628, 646
1:2–3. . . . . **vol. 1:** 759; **vol. 2:** 464
1:2 . . . . **vol. 1:** 758; **vol. 2:** 376; **vol. 3:** 697, 757, 758; **vol. 4:** 372, 649
1:3–4. . . . .**vol. 4:** 568
1:3 . . . .**vol. 1:** 757; **vol. 2:** 268; **vol. 3:** 771
1:4 . . . . **vol. 3:** 101, 492; **vol. 4:** 477, 493
1:5–7. . . . .**vol. 2:** 340
1:5–6. . . . .**vol. 1:** 187
1:5 . . . . . .**vol. 1:** 187, 350, 720, 722; **vol. 3:** 101, 514; **vol. 4:** 338
1:6 . . . .**vol. 1:** 295
1:7 . . . .**vol. 1:** 188, 304, 722
1:8 . . . . .**vol. 1:** 202, 300; **vol. 3:** 457; **vol. 4:** 729
1:9–10. . . . .**vol. 4:** 454, 582
1:9 . . . .**vol. 2:** 653
1:10–11. . . . . **vol. 3:** 800; **vol. 4:** 678
1:11 . . . **vol. 1:** 292; **vol. 2:** 385, 596; **vol. 3:** 447, 448, 757; **vol. 4:** 108, 158
1:12 . . . . .**vol. 1:** 300, 757, 759; **vol. 3:** 208, 697; **vol. 4:** 568
1:13–16. . . . .**vol. 1:** 240
1:13 . . . .**vol. 2:** 600; **vol. 3:** 697; **vol. 4:** 561
1:14 . . . .**vol. 2:** 244; **vol. 3:** 699; **vol. 4:** 493
1:15 . . . . **vol. 1:** 261; **vol. 2:** 244; **vol. 3:** 85; **vol. 4:** 473, 493
1:16 . . . . **vol. 1:** 151; **vol. 3:** 774
1:17 . . . . . . **vol. 1:** 240, 243, 276, 339, 530, 721; **vol. 3:** 683; **vol. 4:** 310, 311, 477, 642
1:18 . . . .**vol. 1:** 240, 347, 530; **vol. 2:** 765; **vol. 4:** 493, 530
1:19–20. . . . .**vol. 3:** 535
1:19 . . . .**vol. 1:** 151
1:20 . . . . **vol. 1:** 738, 740
1:21 . . . **vol. 1:** 359; **vol. 2:** 196, 599; **vol. 3:** 159, 720, 724; **vol. 4:** 124, 125, 213, 219, 433, 732
1:22–25. . . . .**vol. 4:** 79
1:22–23. . . . .**vol. 1:** 211
1:22 . . . .**vol. 3:** 125, 417
1:23–24. . . . .**vol. 1:** 572; **vol. 3:** 434
1:23 . . . .**vol. 1:** 571
1:25 . . . . .**vol. 2:** 175, 177, 178, 271; **vol. 3:** 417; **vol. 4:** 79, 477
1:26 . . . .**vol. 1:** 348, 589, 755; **vol. 2:** 466; **vol. 3:** 250
1:27 . . . .**vol. 2:** 251, 466, 574; **vol. 3:** 302, 555, 604; **vol. 4:** 670
2:1–4. . . . .**vol. 1:** 305
2:1 . . . . **vol. 3:** 768; **vol. 4:** 158
2:2–6. . . . .**vol. 4:** 187
2:2–4. . . . .**vol. 2:** 578
2:2–3. . . . .**vol. 3:** 87
2:2 . . . . **vol. 2:** 137; **vol. 4:** 219, 399, 708
2:4 . . . .**vol. 4:** 103
2:5 . . . . . .**vol. 1:** 151, 706; **vol. 2:** 149, 152, 698, 699; **vol. 3:** 800; **vol. 4:** 187
2:6 . . . .**vol. 1:** 778; **vol. 2:** 748; **vol. 3:** 800; **vol. 4:** 496
2:7 . . . . **vol. 1:** 463; **vol. 2:** 607
2:8 . . . . .**vol. 1:** 108; **vol. 3:** 417, 795; **vol. 4:** 478
2:9–10. . . . .**vol. 3:** 418
2:9 . . . . **vol. 3:** 607; **vol. 4:** 158
2:10–11. . . . .**vol. 3:** 417
2:10 . . . .**vol. 2:** 123, 199; **vol. 3:** 492; **vol. 4:** 490
2:11 . . . . **vol. 1:** 451; **vol. 3:** 418, 607
2:12 . . . . **vol. 2:** 175, 177, 178; **vol. 3:** 417
2:13 . . . .**vol. 2:** 169, 171, 653; **vol. 3:** 418; **vol. 4:** 80, 187
2:14–26. . . . .**vol. 1:** 90, 688, 738
2:14 . . . . **vol. 1:** 738; **vol. 4:** 433, 747
2:15 . . . . **vol. 2:** 392; **vol. 3:** 101
2:16 . . . .**vol. 4:** 438, 678, 747
2:17 . . . .**vol. 2:** 271; **vol. 3:** 378; **vol. 4:** 478
2:18 . . . .**vol. 1:** 642
2:19 . . . . **vol. 1:** 633; **vol. 2:** 438
2:20 . . . . **vol. 2:** 658; **vol. 4:** 478
2:21–24. . . . .**vol. 1:** 738
2:21 . . . . **vol. 1:** 739; **vol. 2:** 239, 548
2:22 . . . . **vol. 2:** 271; **vol. 4:** 478
2:23 . . . .**vol. 1:** 246, 604, 738; **vol. 2:** 438; **vol. 3:** 126, 127, 763, 787, 788; **vol. 4:** 606
2:24 . . . . **vol. 2:** 271; **vol. 3:** 529
2:25 . . . . **vol. 1:** 122; **vol. 4:** 114
2:26 . . . . **vol. 1:** 734; **vol. 3:** 378
3. . . . .**vol. 3:** 745
3:1–6. . . . .**vol. 1:** 738

Scripture Index: New Testament: 1 Peter

3:1 . . . . **vol. 1:** 716; **vol. 2:** 648
3:3 . . . . **vol. 1:** 459; **vol. 2:** 121; **vol. 3:** 689; **vol. 4:** 382
3:4 . . . . **vol. 1:** 295; **vol. 4:** 314
3:5–10 . . . . **vol. 2:** 600
3:5–6 . . . **vol. 1:** 589; **vol. 3:** 265, 266; **vol. 4:** 194
3:5 . . . . **vol. 1:** 380; **vol. 2:** 651
3:6 . . . . **vol. 1:** 158, 548, 571, 572
3:7 . . . . **vol. 1:** 304; **vol. 2:** 453; **vol. 3:** 733; **vol. 4:** 632
3:8 . . . . **vol. 1:** 202, 589; **vol. 2:** 544
3:9–10 . . . . **vol. 1:** 383; **vol. 2:** 324
3:9 . . . . **vol. 3:** 501
3:10 . . . . **vol. 3:** 745; **vol. 4:** 383, 681
3:11 . . . . **vol. 3:** 741, 745
3:12 . . . . **vol. 1:** 220, 269; **vol. 2:** 161, 162; **vol. 4:** 393, 394
3:13 . . . . **vol. 1:** 642; **vol. 2:** 254; **vol. 4:** 124, 125, 338
3:14–16 . . . . **vol. 2:** 351
3:14 . . . . **vol. 1:** 240, 306; **vol. 2:** 653, 654; **vol. 3:** 745
3:15–16 . . . . **vol. 4:** 338
3:15 . . . . **vol. 1:** 339, 567, 568, 632; **vol. 4:** 729, 732
3:16 . . . . **vol. 1:** 100, 201; **vol. 4:** 122
3:17–18 . . . . **vol. 4:** 91
3:17 . . . . . . **vol. 1:** 98, 138, 339; **vol. 2:** 115, 117, 171, 241, 748; **vol. 3:** 687; **vol. 4:** 125, 338, 564
3:18 . . . . **vol. 1:** 738; **vol. 2:** 115, 629; **vol. 4:** 345
4:1–4 . . . . **vol. 4:** 604
4:1–2 . . . . **vol. 4:** 90
4:1 . . . . . **vol. 2:** 378; **vol. 3:** 252, 265; **vol. 4:** 385
4:2 . . . . **vol. 2:** 349; **vol. 3:** 252
4:3 . . . . **vol. 1:** 188; **vol. 3:** 340, 378
4:4 . . . . **vol. 1:** 28, 547; **vol. 2:** 346, 579; **vol. 3:** 331, 332; **vol. 4:** 606, 607
4:5 . . . . . . **vol. 3:** 475, 807, 822; **vol. 4:** 307, 604
4:6 . . . . **vol. 3:** 647; **vol. 4:** 451, 461, 559, 604, 661
4:7 . . . . **vol. 4:** 268, 454, 596
4:8–10 . . . . **vol. 3:** 708
4:8 . . . . **vol. 2:** 78, 626; **vol. 4:** 729
4:9–10 . . . . **vol. 2:** 685
4:9 . . . . **vol. 1:** 379, 552; **vol. 4:** 447

4:10 . . . . **vol. 4:** 583
4:11 . . . . **vol. 3:** 418; **vol. 4:** 79
4:12 . . . **vol. 1:** 360; **vol. 2:** 124; **vol. 3:** 410, 418; **vol. 4:** 433
4:13–15 . . . . **vol. 1:** 214; **vol. 2:** 254
4:13 . . . . . **vol. 1:** 140; **vol. 2:** 392, 667; **vol. 4:** 80
4:14 . . . . **vol. 2:** 254; **vol. 3:** 490; **vol. 4:** 587
4:15 . . . . **vol. 1:** 332; **vol. 2:** 369
4:16 . . . . **vol. 1:** 214; **vol. 2:** 653; **vol. 4:** 103
4:17 . . . . **vol. 1:** 261
5:1–6 . . . . **vol. 1:** 377; **vol. 3:** 800
5:1 . . . . **vol. 4:** 447
5:2–3 . . . . **vol. 4:** 447
5:2 . . . . **vol. 2:** 542; **vol. 3:** 798
5:3 . . . . **vol. 1:** 377, 385; **vol. 2:** 192, 457, 461, 544; **vol. 4:** 255, 709
5:4 . . . . . . **vol. 1:** 212, 376, 377, 523; **vol. 2:** 450, 771, 738; **vol. 4:** 712
5:5 . . . . **vol. 2:** 625; **vol. 4:** 461
5:6 . . . . **vol. 1:** 738, 746
5:7–8 . . . . **vol. 2:** 777; **vol. 3:** 213, 651
5:7 . . . . **vol. 2:** 628; **vol. 4:** 570
5:8 . . . . **vol. 1:** 489; **vol. 2:** 78; **vol. 4:** 375
5:9 . . . . . **vol. 1:** 329; **vol. 2:** 47, 749; **vol. 3:** 213; **vol. 4:** 367
5:10–11 . . . . **vol. 3:** 213; **vol. 4:** 569
5:10 . . . **vol. 1:** 639; **vol. 2:** 774; **vol. 3:** 211, 670, 672; **vol. 4:** 507
5:11 . . . . . **vol. 3:** 208, 479; **vol. 4:** 353, 478, 569
5:12 . . . . **vol. 3:** 495, 496, 548
5:13 . . . . . **vol. 2:** 342; **vol. 3:** 670; **vol. 4:** 719
5:14–18 . . . . **vol. 2:** 340
5:14–16 . . . . **vol. 1:** 222; **vol. 2:** 342
5:14 . . . . **vol. 1:** 221, 423; **vol. 2:** 143, 161, 162, 774; **vol. 4:** 132
5:15–20 . . . . **vol. 1:** 261
5:15 . . . . **vol. 1:** 447; **vol. 2:** 80, 339; **vol. 4:** 428, 433
5:16 . . . . . **vol. 1:** 448, 668, 669, 738; **vol. 2:** 339, 497, 498, 562; **vol. 3:** 509
5:17–18 . . . . **vol. 2:** 340; **vol. 3:** 570
5:17 . . . . **vol. 2:** 381; **vol. 3:** 501, 670
5:19–20 . . . . **vol. 4:** 389
5:19 . . . . **vol. 1:** 240; **vol. 3:** 459, 775
5:20 . . . **vol. 1:** 359, 583; **vol. 2:** 615; **vol. 3:** 457, 775, 783; **vol. 4:** 433, 732

1 Peter

1:1–2:10 . . . . **vol. 1:** 563
1:1–2 . . . . **vol. 1:** 130; **vol. 2:** 144
1:1 . . **vol. 2:** 144; **vol. 3:** 77; **vol. 4:** 96, 205, 628
1:2 . . . . **vol. 1:** 131, 170, 171, 287; **vol. 2:** 634; **vol. 3:** 783, 822; **vol. 4:** 139, 205, 503, 549, 550
1:3–12 . . . . **vol. 3:** 390
1:3 . . . . **vol. 1:** 323, 533, 561, 563, 564; **vol. 2:** 129, 171, 187, 323, 438, 441, 634, 776
1:4 . . . . **vol. 2:** 698; **vol. 3:** 570; **vol. 4:** 600

1:5–7 . . . . **vol. 2:** 619
1:5–6 . . . . **vol. 2:** 591
1:5 . . . . **vol. 1:** 563, 781; **vol. 2:** 304, 591; **vol. 4:** 433, 625
1:6–8 . . . . **vol. 3:** 771
1:6–7 . . . . **vol. 1:** 759
1:6 . . . . **vol. 1:** 103, 637; **vol. 3:** 490, 697
1:7 . . . . **vol. 1:** 173, 218, 287, 359, 757, 758; **vol. 2:** 279, 330; **vol. 3:** 771; **vol. 4:** 194, 496, 497, 709

Scripture Index: New Testament: 1 Peter

1:8–9 . . . . **vol. 3:** 770; **vol. 4:** 649
1:8 . . . **vol. 1:** 103; **vol. 3:** 79; **vol. 4:** 433, 478, 732
1:10–12 . . . . **vol. 1:** 287
1:10–11 . . . . **vol. 2:** 264; **vol. 4:** 169, 661
1:10 . . . . **vol. 4:** 433
1:11–12 . . . . **vol. 2:** 616
1:11 . . . . . **vol. 1:** 287, 682; **vol. 3:** 239, 671, 822; **vol. 4:** 168, 691
1:12 . . . . . **vol. 1:** 118; **vol. 2:** 309, 311, 616, 619; **vol. 3:** 569, 822
1:13–23 . . . . **vol. 1:** 171
1:13–17 . . . . **vol. 3:** 665
1:13 . . . . . **vol. 2:** 186, 373, 374, 619; **vol. 3:** 390, 432, 665; **vol. 4:** 473, 478, 661
1:14–19 . . . . **vol. 3:** 250
1:14–15 . . . . **vol. 1:** 131
1:14 . . . . **vol. 1:** 136, 290, 706; **vol. 2:** 244; **vol. 4:** 417, 466, 549, 550
1:15–18 . . . . **vol. 1:** 290
1:15–16 . . . . **vol. 1:** 128
1:15 . . . . . **vol. 1:** 290; **vol. 2:** 144, 441, 606, 607; **vol. 4:** 417
1:17 . . . . **vol. 1:** 290, 566; **vol. 2:** 633, 749; **vol. 3:** 465, 644; **vol. 4:** 158, 613, 707
1:18–19 . . . . . . **vol. 1:** 140, 170, 385; **vol. 2:** 411; **vol. 3:** 187, 665; **vol. 4:** 709
1:18 . . . . **vol. 1:** 385; **vol. 3:** 624, 681
1:19 . . . **vol. 1:** 267, 273, 287; **vol. 2:** 228, 364; **vol. 3:** 665; **vol. 4:** 139
1:20 . . . . **vol. 2:** 192, 296, 636; **vol. 4:** 139, 588, 706
1:21 . . . . **vol. 2:** 438; **vol. 3:** 765
1:22 . . . . **vol. 1:** 151, 240, 563; **vol. 2:** 340, 573; **vol. 4:** 549, 550, 563, 564, 600, 608, 732
1:23–25 . . . . **vol. 3:** 159
1:23 . . . . **vol. 1:** 533, 540, 561, 563, 566; **vol. 3:** 275; **vol. 4:** 344, 530, 600
1:24–25 . . . . **vol. 3:** 758; **vol. 4:** 211
1:24 . . . . **vol. 1:** 764; **vol. 3:** 447, 448; **vol. 4:** 260, 261, 678
1:25 . . . . **vol. 2:** 309
2:1–3 . . . . **vol. 3:** 159
2:1–2 . . . . **vol. 1:** 566; **vol. 4:** 603
2:1 . . . . . **vol. 1:** 566, 760; **vol. 2:** 196; **vol. 4:** 563
2:2 . . . . **vol. 1:** 443, 533, 540, 561, 760; **vol. 3:** 159; **vol. 4:** 433
2:3 . . . . . **vol. 1:** 565, 566; **vol. 3:** 159; **vol. 4:** 687
2:4–8 . . . . **vol. 3:** 121
2:4–5 . . . . **vol. 2:** 489; **vol. 3:** 473
2:4 . . . . **vol. 1:** 627, 628; **vol. 2:** 149, 151, 284, 446; **vol. 3:** 121; **vol. 4:** 495
2:5–8 . . . . **vol. 2:** 145
2:5 . . . . . . **vol. 1:** 131, 675, 722; **vol. 2:** 431, 506, 508; **vol. 3:** 122, 464, 737, 807, 819
2:6–8 . . . . **vol. 3:** 737; **vol. 4:** 298
2:6 . . . . **vol. 1:** 183, 604, 627, 628; **vol. 2:** 149, 151; **vol. 4:** 495

2:7–8 . . . . **vol. 1:** 627
2:7 . . . . **vol. 1:** 627; **vol. 2:** 421; **vol. 3:** 464, 690, 737, 758, 765; **vol. 4:** 106
2:8 . . . . **vol. 1:** 627; **vol. 2:** 121, 727; **vol. 3:** 690, 758; **vol. 4:** 297, 298
2:9–10 . . . . **vol. 1:** 150
2:9 . . . . **vol. 1:** 117, 119, 390, 483, 557; **vol. 2:** 144, 149, 151, 421, 438, 490, 506, 508; **vol. 3:** 718; **vol. 4:** 324
2:10 . . . . **vol. 1:** 698; **vol. 2:** 171
2:11–3:7 . . . . **vol. 1:** 290
2:11 . . . . **vol. 1:** 684, 685, 707; **vol. 2:** 244; **vol. 3:** 465, 644; **vol. 4:** 96, 255, 260, 385, 732
2:12 . . . . **vol. 1:** 100, 291; **vol. 2:** 251, 269; **vol. 3:** 579, 672
2:13–18 . . . . **vol. 4:** 569
2:13 . . . . **vol. 1:** 304, 480; **vol. 2:** 762, 777; **vol. 4:** 462
2:14 . . . . **vol. 1:** 96, 173, 746; **vol. 2:** 376; **vol. 3:** 704, 757; **vol. 4:** 363
2:15 . . . . . . **vol. 1:** 96, 136, 675; **vol. 4:** 609, 622
2:16 . . . . **vol. 1:** 662; **vol. 2:** 175, 176, 178, 299, 614; **vol. 3:** 597
2:17 . . . . **vol. 1:** 151; **vol. 4:** 496, 497, 612
2:18 . . . . **vol. 1:** 100, 771; **vol. 2:** 241; **vol. 4:** 462, 612
2:19–20 . . . . **vol. 3:** 672
2:19 . . . **vol. 1:** 159; **vol. 3:** 177, 672; **vol. 4:** 405
2:20 . . . . **vol. 1:** 96; **vol. 2:** 718; **vol. 4:** 569
2:21–25 . . **vol. 1:** 261, 287, 448; **vol. 4:** 264, 569
2:21 . . . . . **vol. 1:** 205, 600; **vol. 2:** 145, 464, 607; **vol. 3:** 102, 171, 671; **vol. 4:** 507
2:22–25 . . . . **vol. 3:** 671
2:22 . . . . **vol. 1:** 760, 761; **vol. 3:** 171, 771; **vol. 4:** 383
2:23–24 . . . . **vol. 4:** 497
2:23 . . . . **vol. 1:** 731, 739; **vol. 3:** 171
2:24 . . . . **vol. 1:** 571, 739; **vol. 2:** 239, 497; **vol. 3:** 450; **vol. 4:** 439
2:25 . . . . **vol. 2:** 251; **vol. 3:** 774, 775; **vol. 4:** 86, 136, 388, 732
3:1–7 . . . . **vol. 1:** 624
3:1 . . . . **vol. 1:** 291; **vol. 2:** 667, 668; **vol. 3:** 690; **vol. 4:** 462, 496
3:2 . . . . **vol. 1:** 138; **vol. 3:** 579; **vol. 4:** 612
3:3–4 . . . . **vol. 4:** 600
3:3 . . . . **vol. 2:** 542, 733; **vol. 4:** 709
3:4 . . . . . **vol. 2:** 398, 625, 756; **vol. 3:** 807; **vol. 4:** 124, 125
3:5 . . . . **vol. 2:** 186, 438; **vol. 4:** 462
3:6 . . . . **vol. 1:** 96, 624; **vol. 2:** 774; **vol. 4:** 264, 551
3:7 . . . **vol. 1:** 300, 423, 580, 616, 624; **vol. 2:** 340, 634, 697, 700, 726; **vol. 4:** 301, 496, 661
3:8 . . . . **vol. 1:** 151; **vol. 3:** 499, 670; **vol. 4:** 353, 451, 454, 478, 618

Scripture Index: New Testament: 2 Peter

3:9 . . . . **vol. 1:** 332, 761; **vol. 2:** 325, 326, 607, 698; **vol. 3:** 171
3:10–12. . . . . **vol. 1:** 566
3:10–11. . . . . **vol. 2:** 600
3:10 . . . . **vol. 1:** 589, 760
3:11 . . . . **vol. 1:** 751; **vol. 2:** 355, 600, 703
3:12 . . . . **vol. 1:** 212, 668, 669, 739
3:13 . . . . **vol. 2:** 352; **vol. 4:** 497
3:14 . . . . **vol. 1:** 739; **vol. 3:** 208, 672; **vol. 4:** 457, 613
3:15 . . . . . **vol. 1:** 187, 362; **vol. 2:** 188, 305, 626
3:16 . . . . **vol. 1:** 96, 290, 291; **vol. 4:** 124, 125, 405, 612
3:17 . . . . **vol. 1:** 96; **vol. 2:** 430; **vol. 4:** 497
3:18–4:6 . . . . **vol. 4:** 260
3:18–22. . . . . **vol. 4:** 739
3:18 . . . . **vol. 1:** 158, 261, 287, 343, 739; **vol. 2:** 369, 411, 509; **vol. 3:** 671, 714, 818, 822; **vol. 4:** 260
3:19–20. . . . . **vol. 1:** 122; **vol. 3:** 440
3:19 . . . . **vol. 1:** 154; **vol. 2:** 109, 260, 626
3:20–21. . . . . **vol. 4:** 521
3:20 . . . . **vol. 2:** 133, 289, 644; **vol. 3:** 211, 212, 485, 690; **vol. 4:** 428, 434, 730
3:21 . . . . **vol. 1:** 96, 323, 464, 465; **vol. 2:** 288, 289; **vol. 3:** 441; **vol. 4:** 219, 260, 405, 433, 506, 507
3:22 . . . . **vol. 1:** 666, 779; **vol. 2:** 219, 445; **vol. 4:** 109, 462
4:1–2. . . . . **vol. 4:** 260
4:1 . . . . **vol. 1:** 261; **vol. 3:** 433, 525, 671; **vol. 4:** 260, 261
4:2 . . . . **vol. 1:** 514; **vol. 2:** 244; **vol. 3:** 102; **vol. 4:** 706, 707
4:3 . . . **vol. 1:** 396, 419, 514, 528, 706; **vol. 2:** 100, 244, 268; **vol. 3:** 482, 483, 751; **vol. 4:** 109, 707
4:4 . . . . **vol. 1:** 437, 517; **vol. 4:** 504
4:5–6 . . . . **vol. 2:** 749
4:5 . . . . . **vol. 2:** 305, 748; **vol. 3:** 377; **vol. 4:** 260
4:6 . . . . **vol. 2:** 311; **vol. 4:** 260
4:7 . . . . . . **vol. 2:** 78; **vol. 3:** 390; **vol. 4:** 444, 478
4:8 . . . . **vol. 1:** 592; **vol. 2:** 615; **vol. 3:** 783
4:9 . . . . **vol. 1:** 592; **vol. 3:** 445
4:10–11. . . . . **vol. 1:** 703
4:10 . . . . **vol. 1:** 662, 704; **vol. 2:** 145, 689; **vol. 3:** 158, 466, 468; **vol. 4:** 656, 660, 661
4:11 . . . . **vol. 2:** 741; **vol. 3:** 158
4:12–19. . . . . **vol. 1:** 287
4:12–13. . . . . **vol. 2:** 145
4:12 . . . . **vol. 1:** 218; **vol. 3:** 445, 697; **vol. 4:** 193, 269
4:13 . . . . **vol. 1:** 103, 287, 765; **vol. 2:** 464, 619, 709; **vol. 3:** 672; **vol. 4:** 649
4:14 . . . . **vol. 1:** 285, 287; **vol. 2:** 237, 440; **vol. 3:** 208, 514, 521, 822
4:15 . . . . **vol. 1:** 255; **vol. 2:** 250, 691; **vol. 3:** 672
4:16 . . . . **vol. 1:** 183; **vol. 3:** 672; **vol. 4:** 691
4:17–18. . . . . **vol. 2:** 591
4:17 . . . . **vol. 1:** 415; **vol. 2:** 308, 311, 442, 749; **vol. 3:** 473, 690; **vol. 4:** 478
4:18 . . . . **vol. 1:** 739; **vol. 4:** 277, 434, 587
4:19 . . . . . . **vol. 1:** 96, 97; **vol. 2:** 430, 762, 765; **vol. 3:** 672; **vol. 4:** 732
5:1–2. . . . . **vol. 4:** 86
5:1 . . . . **vol. 1:** 765, 766; **vol. 2:** 619, 712; **vol. 3:** 263, 672, 673
5:2–3. . . . . **vol. 4:** 84
5:2 . . . . **vol. 1:** 181, 280; **vol. 2:** 250, 633, 667, 668
5:3–4. . . . . **vol. 4:** 86
5:3 . . . . . . **vol. 2:** 697, 701, 773, 774; **vol. 4:** 507
5:4 . . . . . . **vol. 1:** 287, 765; **vol. 4:** 84, 372, 589
5:5–6. . . . . **vol. 2:** 538
5:5 . . . . **vol. 3:** 380; **vol. 4:** 132, 454, 461, 462, 559, 654, 661
5:6 . . . . . . **vol. 2:** 591, 742; **vol. 4:** 454, 583, 664
5:7 . . . . **vol. 3:** 279
5:8–9. . . . . **vol. 2:** 145
5:8 . . . . **vol. 1:** 609; **vol. 2:** 176, 346, 355; **vol. 3:** 675; **vol. 4:** 217, 266, 268
5:9 . . . . . **vol. 1:** 151, 501; **vol. 2:** 88; **vol. 3:** 672; **vol. 4:** 370, 478
5:10 . . . . **vol. 1:** 410, 420, 765; **vol. 2:** 607; **vol. 3:** 490, 672, 673; **vol. 4:** 375, 661
5:12 . . . . **vol. 1:** 240, 604; **vol. 2:** 443; **vol. 3:** 127, 239
5:13–14. . . . . **vol. 1:** 426
5:13 . . . . **vol. 1:** 455, 563; **vol. 3:** 681
5:14 . . . . **vol. 1:** 111; **vol. 2:** 116; **vol. 4:** 608
5:17 . . . . **vol. 3:** 278

2 Peter

1:1 . . . . . . **vol. 1:** 373, 739; **vol. 2:** 438, 445, 550; **vol. 3:** 597; **vol. 4:** 434
1:2–3. . . . . **vol. 1:** 581, 586
1:2 . . . . **vol. 1:** 583; **vol. 3:** 783; **vol. 4:** 434
1:3–9. . . . . **vol. 2:** 712
1:3–8. . . . . **vol. 4:** 276
1:3–4. . . . . **vol. 1:** 390; **vol. 2:** 607
1:3 . . . . . . **vol. 1:** 390, 688, 721; **vol. 2:** 437, 712
1:4 . . . . **vol. 2:** 233, 244, 712, 713; **vol. 4:** 596, 600, 632
1:5–8. . . . . **vol. 1:** 390
1:5–6. . . . . **vol. 1:** 580, 586
1:5 . . . . **vol. 1:** 390; **vol. 4:** 350
1:6 . . . . **vol. 2:** 84, 85; **vol. 4:** 568
1:7 . . . . **vol. 1:** 151; **vol. 4:** 608
1:8 . . **vol. 1:** 581, 586; **vol. 2:** 579, 628; **vol. 3:** 778

1:9 ... **vol. 2:** 572; **vol. 3:** 599, 649; **vol. 4:** 510, 512
1:10–11 . . . .**vol. 4:** 434
1:10 . . . .**vol. 1:** 500; **vol. 2:** 149, 152, 604; **vol. 4:** 80, 350
1:11 . . . . **vol. 1:** 197, 489; **vol. 3:** 457, 798
1:12–13 . . . . **vol. 3:** 315
1:12 . . . . **vol. 3:** 649; **vol. 4:** 375
1:13–14 . . . . **vol. 4:** 304, 307
1:13 . . . . .**vol. 1:** 739; **vol. 2:** 80, 376; **vol. 3:** 313
1:14 . . . . **vol. 1:** 682
1:15 . . . . **vol. 3:** 313, 457; **vol. 4:** 350
1:16–18 . . . . **vol. 1:** 500
1:16 . . . .**vol. 1:** 205, 580; **vol. 2:** 618; **vol. 3:** 256, 345, 579, 651; **vol. 4:** 334
1:17 . . . .**vol. 1:** 74, 765, 766; **vol. 2:** 315; **vol. 3:** 256; **vol. 4:** 496, 636
1:19 . . . .**vol. 1:** 292, 440, 500; **vol. 3:** 188; **vol. 4:** 167, 587, 640, 643
1:20 . . . . **vol. 1:** 604; **vol. 2:** 245, 246, 499
1:21 . . . . **vol. 2:** 246, 429; **vol. 3:** 822
2 . . . . **vol. 3:** 301
2:1–3 . . . . **vol. 4:** 218
2:1 . . . . **vol. 1:** 140, 176, 359, 400, 671, 710; **vol. 2:** 411; **vol. 4:** 277, 722
2:2 . . . .**vol. 1:** 205, 240; **vol. 3:** 459
2:3 . . . . .**vol. 1:** 140; **vol. 2:** 749; **vol. 3:** 599, 781
2:4–5 . . . . **vol. 3:** 441
2:4 . . . . . . **vol. 1:** 122, 155, 632; **vol. 4:** 459, 490
2:5–6 . . . . **vol. 4:** 277
2:5 . . . .**vol. 1:** 416, 739; **vol. 2:** 677, 678; **vol. 3:** 485; **vol. 4:** 625
2:6 . . . . .**vol. 1:** 639; **vol. 4:** 218, 275, 388, 507
2:7–8 . . . . **vol. 1:** 739
2:7 . . . . **vol. 1:** 290, 419; **vol. 4:** 218
2:8 . . . . **vol. 1:** 209, 290, 473, 521; **vol. 3:** 417; **vol. 4:** 731
2:9 . . . .**vol. 1:** 158, 159; **vol. 2:** 393, 716; **vol. 3:** 218, 275, 276
2:10–12 . . . . **vol. 1:** 516
2:10 . . . .**vol. 1:** 765; **vol. 2:** 244, 645, 774; **vol. 3:** 301, 523; **vol. 4:** 109, 260, 498
2:11 . . . . **vol. 1:** 516; **vol. 2:** 564
2:12 . . . .**vol. 1:** 134; **vol. 2:** 369; **vol. 4:** 599, 632
2:13–14 . . . . **vol. 1:** 419
2:13 . . . . . **vol. 1:** 111, 157, 159, 349; **vol. 2:** 378
2:14 . . . . .**vol. 1:** 383, 611, 612; **vol. 3:** 331, 781; **vol. 4:** 375, 466
2:15 . . . .**vol. 1:** 159, 205; **vol. 3:** 397, 460, 774, 775

2:16 . . . .**vol. 2:** 166, 359; **vol. 3:** 411; **vol. 4:** 619
2:17 . . . .**vol. 1:** 155; **vol. 3:** 741; **vol. 4:** 324, 520
2:18 . . . **vol. 1:** 419; **vol. 2:** 244; **vol. 3:** 249, 250, 489, 775; **vol. 4:** 260, 596
2:19 . . . .**vol. 2:** 175, 176, 233
2:20 . . . . **vol. 3:** 302; **vol. 4:** 434, 596
2:21 . . . . **vol. 4:** 388
2:20 . . . . **vol. 1:** 581, 586; **vol. 3:** 459
2:21 . . . .**vol. 1:** 586, 739; **vol. 2:** 208; **vol. 3:** 459, 625
2:22 . . . . . . **vol. 1:** 240; **vol. 3:** 174, 646, 647
3 . . . .**vol. 3:** 213
3:1 . .**vol. 1:** 241, 604; **vol. 2:** 80; **vol. 3:** 313, 432
3:2 . . . . **vol. 2:** 208; **vol. 4:** 211, 434
3:3–13 . . . .**vol. 3:** 651
3:3 . . . . **vol. 2:** 296, 393; **vol. 4:** 109
3:4 . . . . . .**vol. 1:** 416, 530; **vol. 2:** 393, 706, 765; **vol. 3:** 651
3:5–7 . . . .**vol. 3:** 441
3:5–6 . . . .**vol. 4:** 520
3:5 . . . .**vol. 3:** 599
3:6 . . . .**vol. 1:** 359
3:7–12 . . . . **vol. 4:** 195
3:7 . . . . **vol. 2:** 461; **vol. 3:** 569
3:8 . . . . **vol. 2:** 393; **vol. 4:** 672
3:9 . . . . . . **vol. 1:** 360; **vol. 3:** 211, 213, 291, 293
3:10–13 . . . .**vol. 1:** 199, 558
3:10–12 . . . .**vol. 3:** 193, 213
3:10 . . . .**vol. 2:** 393, 596, 691; **vol. 3:** 569; **vol. 4:** 379
3:11–14 . . . .**vol. 2:** 414
3:11–12 . . . .**vol. 4:** 276, 349
3:12–14 . . . .**vol. 2:** 133
3:12 . . . . **vol. 2:** 393, 596; **vol. 3:** 569
3:13 . . . . . .**vol. 1:** 568, 574, 739; **vol. 2:** 233, 582, 585; **vol. 3:** 213, 569, 599
3:14–15 . . . .**vol. 4:** 434
3:14 . . . . **vol. 1:** 273; **vol. 2:** 330
3:15–17 . . . .**vol. 1:** 606
3:15–16 . . . .**vol. 2:** 622
3:15 . . . . . . **vol. 1:** 151; **vol. 2:** 376; **vol. 3:** 211, 212, 213; **vol. 4:** 350
3:16 . . . .**vol. 1:** 604, 605; **vol. 2:** 246, 256; **vol. 3:** 433; **vol. 4:** 375
3:17 . . . . **vol. 3:** 759, 774, 775; **vol. 4:** 139, 375, 625
3:18 . . . .**vol. 1:** 196, 442, 580, 586, 764; **vol. 4:** 434, 661

1 John

1:1–10 . . . .**vol. 2:** 206
1:1–4 . . . .**vol. 1:** 323, 587
1:1–3 . . . .**vol. 2:** 348
1:1–2 . . . .**vol. 2:** 371
1:1 . . . .**vol. 1:** 118, 210, 381, 416; **vol. 2:** 425, 616; **vol. 3:** 530

1:2–3 . . . .**vol. 1:** 119
1:2 . . . .**vol. 3:** 243; **vol. 4:** 145, 589
1:3 . . . . . . **vol. 2:** 709, 713; **vol. 4:** 467, 535
1:4 . . . .**vol. 4:** 647
1:5–10 . . . .**vol. 2:** 539
1:5–6 . . . .**vol. 1:** 337

1:5 ... **vol. 1:** 117, 118, 119, 209; **vol. 4:** 324, 641
1:6–7 .... **vol. 2:** 348, 709, 713; **vol. 3:** 676
1:6 .... **vol. 3:** 676; **vol. 4:** 324, 724
1:7–10 .... **vol. 1:** 170
1:7 ...... **vol. 1:** 119, 170, 171, 261; **vol. 2:** 573, 626; **vol. 4:** 642
1:8 ...... **vol. 1:** 236, 261, 733; **vol. 3:** 417, 774
1:9–2:2 .... **vol. 1:** 733
1:9 .... **vol. 1:** 158, 159, 239, 440, 465, 733; **vol. 2:** 573; **vol. 3:** 417, 509, 769
1:10 .... **vol. 3:** 417; **vol. 4:** 723
2:1–6 .... **vol. 3:** 601
2:1 .... **vol. 1:** 733; **vol. 2:** 348, 509, 539; **vol. 3:** 417, 630, 631, 632, 821
2:2 .... **vol. 1:** 197, 260; **vol. 2:** 539, 735; **vol. 3:** 714
2:3–7 .... **vol. 2:** 206
2:3–6 .... **vol. 1:** 587
2:3 .... **vol. 2:** 348; **vol. 4:** 490
2:4–5 .... **vol. 1:** 337
2:4 .... **vol. 1:** 236; **vol. 4:** 724
2:5 .... **vol. 4:** 478
2:6 ...... **vol. 2:** 348; **vol. 3:** 276, 577, 601, 676
2:7–11 .... **vol. 1:** 587
2:7–10 .... **vol. 3:** 676
2:7–8 .... **vol. 2:** 206, 584
2:7 ...... **vol. 1:** 415; **vol. 2:** 581; **vol. 3:** 601
2:8 .... **vol. 2:** 109, 206; **vol. 3:** 601; **vol. 4:** 324, 587, 641
2:9–14 .... **vol. 2:** 717
2:9–11 .... **vol. 4:** 642
2:9–10 .... **vol. 3:** 601
2:9 .... **vol. 1:** 151; **vol. 3:** 320; **vol. 4:** 324
2:10–11 .... **vol. 4:** 298
2:10 ...... **vol. 1:** 119; **vol. 3:** 276; **vol. 4:** 297
2:11 ...... **vol. 3:** 676; **vol. 4:** 324, 510, 512
2:12 .... **vol. 1:** 447; **vol. 3:** 521
2:13–14 ..... **vol. 1:** 416; **vol. 3:** 395; **vol. 4:** 267
2:13 .... **vol. 4:** 103, 104
2:14 .... **vol. 3:** 276, 594; **vol. 4:** 104
2:15–17 .... **vol. 3:** 770
2:15 .... **vol. 1:** 107, 214; **vol. 2:** 736; **vol. 4:** 607
2:16 .... **vol. 1:** 214; **vol. 2:** 244; **vol. 4:** 260
2:17 .... **vol. 1:** 196; **vol. 2:** 244, 429, 736; **vol. 3:** 276; **vol. 4:** 81
2:18 .... **vol. 1:** 337; **vol. 2:** 296; **vol. 3:** 594; **vol. 4:** 745
2:19–20 .... **vol. 1:** 261
2:19 .... **vol. 4:** 147, 700
2:20 .... **vol. 1:** 128, 132; **vol. 2:** 348; **vol. 3:** 820
2:21 .... **vol. 1:** 604
2:22–27 .... **vol. 1:** 132
2:22–23 .... **vol. 1:** 337; **vol. 4:** 535
2:22 .... **vol. 1:** 399, 400; **vol. 3:** 509; **vol. 4:** 693, 723
2:23 .... **vol. 1:** 400; **vol. 2:** 700; **vol. 3:** 509, 510
2:24 .... **vol. 1:** 415; **vol. 3:** 276
2:26 .... **vol. 3:** 276; **vol. 4:** 700

2:27 ... **vol. 1:** 712, 716; **vol. 2:** 348; **vol. 3:** 276, 820, 821; **vol. 4:** 700
2:28 .... **vol. 1:** 183; **vol. 3:** 651, 660; **vol. 4:** 478, 589, 700
2:29–3:2 .... **vol. 4:** 467
2:29 ..... **vol. 1:** 733; **vol. 2:** 441; **vol. 4:** 81, 530
3:1–10 .... **vol. 1:** 261
3:1–2 .... **vol. 4:** 530
3:1 .... **vol. 1:** 111; **vol. 2:** 605; **vol. 3:** 529
3:2–3 .... **vol. 2:** 187
3:2 .... **vol. 1:** 325; **vol. 2:** 187; **vol. 3:** 502, 529, 531; **vol. 4:** 589
3:3 .... **vol. 1:** 138; **vol. 2:** 188; **vol. 3:** 502
3:4–10 .... **vol. 3:** 688
3:4 .... **vol. 3:** 417
3:5 .... **vol. 1:** 178, 260; **vol. 4:** 589
3:6–10 .... **vol. 1:** 261, 337
3:6 .... **vol. 1:** 261, 587; **vol. 3:** 276, 417; **vol. 4:** 147
3:7–10 .... **vol. 4:** 81
3:7–8 .... **vol. 1:** 733
3:7 .... **vol. 1:** 733; **vol. 3:** 774, 775
3:8 .... **vol. 1:** 416, 733; **vol. 2:** 269; **vol. 4:** 267, 535, 589
3:9 .... **vol. 1:** 261, 52; **vol. 2:** 128, 441; **vol. 3:** 820, 821; **vol. 4:** 345
3:10–5:2 .... **vol. 1:** 151
3:10 .... **vol. 1:** 111, 261, 733; **vol. 4:** 267, 467, 530, 588
3:11–18 .... **vol. 2:** 717
3:11–14 .... **vol. 3:** 676
3:11 .... **vol. 1:** 117, 119, 415
3:12 ... **vol. 1:** 733; **vol. 2:** 269; **vol. 4:** 103, 104
3:13 .... **vol. 2:** 421, 423; **vol. 3:** 320
3:14–17 .... **vol. 3:** 276
3:14–16 .... **vol. 3:** 461
3:14–15 .... **vol. 1:** 111
3:14 .... **vol. 1:** 275; **vol. 2:** 371, 413
3:15 .... **vol. 3:** 320
3:16–18 .... **vol. 2:** 441
3:16 .... **vol. 1:** 111, 151, 704; **vol. 2:** 539; **vol. 3:** 577
3:17 .... **vol. 1:** 515; **vol. 2:** 687, 689; **vol. 4:** 353, 682
3:18 .... **vol. 1:** 589; **vol. 3:** 688
3:19 .... **vol. 3:** 688
3:20–21 .... **vol. 2:** 637
3:20 .... **vol. 3:** 688
3:21–24 .... **vol. 2:** 206; **vol. 3:** 417
3:21–22 .... **vol. 3:** 660; **vol. 4:** 146
3:22 .... **vol. 1:** 187, 188, 386; **vol. 4:** 490
3:23 .... **vol. 2:** 206; **vol. 3:** 521
3:24 .... **vol. 1:** 720; **vol. 2:** 195, 206; **vol. 3:** 820, 821
4:1–6 .... **vol. 4:** 700
4:1–4 .... **vol. 1:** 261
4:1–3 .... **vol. 3:** 821; **vol. 4:** 543
4:1 .... **vol. 1:** 632, 757, 758, 759; **vol. 3:** 809; **vol. 4:** 168

Scripture Index: New Testament: 3 John

4:2–3 . . . . **vol. 1:** 337; **vol. 3:** 509
4:2 . . . .**vol. 1:** 306; **vol. 3:** 509;
                        vol. 4: 260, 261, 693
4:3 . . . . **vol. 1:** 337; **vol. 3:** 809
4:4 . . . . **vol. 2:** 128, 441; **vol. 3:** 395
4:5 . . . .**vol. 1:** 306
4:6 . . . .**vol. 1:** 239, 587; **vol. 2:** 128;
              vol. 3: 676, 770, 774, 775, 809, 821
4:7–21 . . . .**vol. 1:** 111
4:7–12 . . . .**vol. 2:** 717
4:7–10 . . . .**vol. 2:** 539
4:7–8 . . . .**vol. 1:** 111, 587
4:7 . . . .**vol. 2:** 128, 441, 443
4:8 . . . . **vol. 1:** 107, 11, 587; **vol. 2:** 443
4:9–14 . . . .**vol. 4:** 535
4:9–10 . . . . . .**vol. 1:** 587; **vol. 3:** 336; **vol. 4:** 533
4:9 . . . .**vol. 1:** 111; **vol. 2:** 369, 371, 440;
                  vol. 3: 335; **vol. 4:** 535, 589
4:10 . . . . **vol. 1:** 260; **vol. 2:** 442, 443, 539
4:11 . . . .**vol. 1:** 107
4:12–16 . . . .**vol. 3:** 276
4:12–15 . . . .**vol. 1:** 111
4:12 . . . .**vol. 4:** 478
4:13–21 . . . .**vol. 2:** 539
4:13–16 . . . .**vol. 2:** 348
4:13 . . . . **vol. 1:** 720; **vol. 2:** 195; **vol. 3:** 276,
                              820, 821
4:14 . . . . **vol. 3:** 243; **vol. 4:** 434, 533
4:15–16 . . . .**vol. 2:** 195
4:15 . . . . **vol. 3:** 509; **vol. 4:** 535
4:16 . . . . **vol. 1:** 111, 459, 587; **vol. 2:** 441
4:17 . . . .**vol. 2:** 393, 539, 717; **vol. 3:** 660;
                              vol. 4: 478
4:18 . . . .**vol. 1:** 459; **vol. 2:** 717; **vol. 4:** 478, 613
4:19 . . . .**vol. 2:** 717

4:20 . . . . **vol. 3:** 320; **vol. 4:** 724
4:21 . . . .**vol. 1:** 111; **vol. 2:** 206; **vol. 4:** 467
5:1–12 . . . .**vol. 3:** 417
5:1–2 . . . .**vol. 1:** 337
5:1 . . . .**vol. 4:** 693
5:2–3 . . . .**vol. 2:** 206
5:2 . . . .**vol. 4:** 81, 467, 530
5:3–4 . . . .**vol. 2:** 206
5:3 . . . . **vol. 1:** 470; **vol. 4:** 613
5:4–5 . . . .**vol. 3:** 389, 395
5:4 . . . .**vol. 3:** 393, 769
5:5 . . . .**vol. 4:** 535
5:6–11 . . . .**vol. 3:** 243
5:6–8 . . . .**vol. 3:** 821
5:6 . . . .**vol. 2:** 539; **vol. 3:** 243; **vol. 4:** 521
5:8 . . . . **vol. 2:** 445; **vol. 4:** 502, 521
5:10 . . . . **vol. 2:** 348; **vol. 4:** 723
5:12 . . . .**vol. 2:** 348, 371, 700
5:13 . . . . **vol. 1:** 604; **vol. 3:** 521
5:14–16 . . . .**vol. 1:** 186
5:14–15 . . . . **vol. 1:** 187; **vol. 4:** 146
5:14 . . .**vol. 1:** 187, 212; **vol. 3:** 660; **vol. 4:** 145
5:15 . . . .**vol. 1:** 188, 189
5:16–18 . . . .**vol. 1:** 261
5:16–17 . . . .**vol. 4:** 146
5:16 . . . . **vol. 2:** 288; **vol. 4:** 417
5:17 . . . .**vol. 1:** 158
5:18–20 . . . .**vol. 3:** 461
5:18–19 . . . .**vol. 2:** 735
5:18 . . . . **vol. 3:** 336; **vol. 4:** 104, 490
5:19 . . . . **vol. 2:** 128; **vol. 4:** 104
5:20 . . . . .**vol. 1:** 586; **vol. 2:** 109, 371, 379, 445;
                         vol. 3: 432; **vol. 4:** 535
5:21 . . . . **vol. 2:** 100; **vol. 4:** 625

2 John

1 . . . . **vol. 2:** 149, 773; **vol. 4:** 134, 466
2 . . . .**vol. 1:** 196
3 . . . .**vol. 2:** 114, 169, 171
4–6 . . . .**vol. 2:** 206
4 . . . . **vol. 2:** 330; **vol. 4:** 466
5–6 . . . . **vol. 1:** 415; **vol. 2:** 206
5 . . . . **vol. 1:** 111; **vol. 2:** 584, 773
6 . . . .**vol. 3:** 676
7–11 . . . .**vol. 4:** 535

7 . . . .**vol. 1:** 337; **vol. 3:** 774, 775;
                        vol. 4: 260, 543, 693
8 . . . .**vol. 3:** 327, 787
9–10 . . . .**vol. 1:** 716
9 . . . . **vol. 2:** 256, 700; **vol. 3:** 274
10 . . . .**vol. 4:** 646
11 . . . . **vol. 2:** 709; **vol. 4:** 103
12 . . . . **vol. 3:** 261, 793; **vol. 4:** 647
13 . . . . **vol. 1:** 426; **vol. 2:** 149

3 John

1 . . . .**vol. 4:** 134
2 . . . .**vol. 2:** 339; **vol. 3:** 457; **vol. 4:** 516, 731
3–4 . . . .**vol. 3:** 676
3 . . . .**vol. 3:** 241
5 . . . .**vol. 3:** 445, 769
6 . . .**vol. 1:** 340, 341; **vol. 2:** 143; **vol. 3:** 241, 704
7 . . . . **vol. 2:** 91; **vol. 3:** 520
8 . . . . **vol. 2:** 268, 271; **vol. 3:** 83, 85

9–10 . . . .**vol. 1:** 675
9 . . . .**vol. 2:** 143
10 . . . .**vol. 1:** 396; **vol. 2:** 131, 143;
                          vol. 3: 315; **vol. 4:** 103
11 . . .**vol. 1:** 96; **vol. 2:** 128, 600; **vol. 3:** 305, 306
12 . . . .**vol. 3:** 241
13 . . . .**vol. 3:** 261
15 . . . . **vol. 1:** 426; **vol. 4:** 606

Jude

1. . . . . .vol. 3: 597
2. . . . . vol. 2: 171; vol. 3: 367, 783
3. . . . . .vol. 1: 183, 281, 344; vol. 2: 709;
vol. 3: 625; vol. 4: 350, 434
4. . . . . . . .vol. 1: 400, 600, 672; vol. 3: 355, 599;
vol. 4: 277, 661
5. . . . . vol. 1: 164, 343, 344; vol. 4: 434
6. . . .vol. 1: 122, 165, 417, 632, 678; vol. 2: 393;
vol. 3: 102, 441; vol. 4: 490
7–8 . . . . .vol. 1: 419
7. . . . . .vol. 1: 197, 639, 745; vol. 3: 523;
vol. 4: 114, 194, 260
8. . . . . .vol. 1: 161, 765; vol. 2: 645, 774;
vol. 3: 301; vol. 4: 260
9. . . . . .vol. 1: 123, 516, 518; vol. 2: 259;
vol. 4: 268, 499
10. . . . . . .vol. 1: 519; vol. 2: 254, 369; vol. 3: 159
11. . . vol. 3: 397, 460, 561, 564, 774; vol. 4: 109
12. . . . . . . vol. 1: 111, 185, 295; vol. 4: 212, 520
13. . . . . .vol. 3: 774
14–15 . . . . .vol. 3: 231
14. . . . . .vol. 1: 129
15. . . . . vol. 2: 166; vol. 4: 277, 314, 730
16. . . . . vol. 1: 591, 592; vol. 2: 421; vol. 3: 272;
vol. 4: 109, 747
17. . . . . .vol. 1: 344; vol. 3: 157; vol. 4: 211
18. . . . . . . vol. 2: 191, 296; vol. 4: 109, 277, 706
19–20 . . . . .vol. 3: 822
19. . . . . vol. 3: 544; vol. 4: 729, 732
20. . . . . . . .vol. 1: 344; vol. 2: 209; vol. 3: 464
21–23 . . . . .vol. 2: 171
21. . . . . vol. 1: 197; vol. 2: 133
22–23 . . . . vol. 2: 169; vol. 4: 434
23. . . . . vol. 3: 320; vol. 4: 260
24. . . . . vol. 1: 103, 273; vol. 4: 625
25. . . . . vol. 1: 196; vol. 2: 438; vol. 3: 256, 335;
vol. 4: 434

Revelation

1–3 . . . . .vol. 2: 143, 262
1:1 . . . . . .vol. 1: 123, 637, 642; vol. 2: 143, 262,
299, 463, 619; vol. 3: 597; vol. 4: 173
1:2 . . . . vol. 3: 243; vol. 4: 173
1:3 . . . . . .vol. 1: 604; vol. 2: 78, 591; vol. 3: 208
1:4 . . . . . . .vol. 2: 115, 143, 262; vol. 3: 822;
vol. 4: 502
1:5 . . . . vol. 1: 151, 170, 171, 260, 417, 480;
vol. 2: 775; vol. 3: 174, 175, 187,
192, 240, 376, 769; vol. 4: 179
1:6 . . . . .vol. 1: 131, 483; vol. 2: 508, 741;
vol. 4: 80
1:7 . . . . .vol. 1: 265, 568; vol. 2: 463; vol. 4: 627
1:8 . . . . vol. 2: 111, 444, 585, 774;
vol. 4: 177, 478
1:9 . . . . .vol. 2: 463; vol. 3: 243, 263;
vol. 4: 173, 566, 569
1:10–13 . . . . .vol. 1: 604
1:10–12 . . . . .vol. 4: 636
1:10 . . . . .vol. 1: 211; vol. 2: 155, 229, 585, 774;
vol. 3: 257, 822; vol. 4: 226, 227, 236, 636
1:11 . . . . vol. 1: 512; vol. 2: 143, 262
1:12–20 . . . . .vol. 2: 585
1:12–13 . . . . .vol. 3: 188
1:12 . . . . .vol. 4: 709
1:13–16 . . . . .vol. 1: 429
1:13 . . . . .vol. 2: 196, 374, 451, 463; vol. 3: 502;
vol. 4: 538, 545
1:14–16 . . . . .vol. 4: 545
1:14 . . . . vol. 3: 114; vol. 4: 194
1:15 . . . . .vol. 4: 520, 636, 651
1:16 . . . . . . vol. 1: 784; vol. 2: 385; vol. 3: 579;
vol. 4: 108, 382, 587
1:17–18 . . . . .vol. 2: 111, 371, 411
1:17 . . . . vol. 2: 296, 444, 591;
vol. 4: 177, 478, 613
1:18 . . . . . . vol. 1: 154, 329, 679; vol. 2: 689
1:19 . . . . .vol. 3: 356
1:20 . . . vol. 1: 123, 429; vol. 2: 143; vol. 3: 188,
356; vol. 4: 709
2–3 . . . . vol. 1: 604, 722; vol. 2: 256, 262
2. . . . . .vol. 3: 397
2:1 . . . . vol. 1: 429; vol. 2: 143; vol. 3: 188, 675;
vol. 4: 709
2:2–3 . . . . .vol. 1: 495
2:2 . . . . .vol. 2: 330, 599, 723; vol. 3: 396;
vol. 4: 173, 569, 722, 723
2:3 . . . . .vol. 1: 287; vol. 2: 723; vol. 4: 569
2:4 . . . . .vol. 1: 447, 491
2:5 . . . . .vol. 3: 188, 189, 759
2:6 . . . . vol. 1: 491; vol. 3: 396
2:7 . . . . .vol. 1: 212; vol. 3: 395, 450, 573,
620, 621, 822
2:8 . . . . .vol. 1: 326; vol. 2: 143, 296;
vol. 4: 177, 478
2:9–10 . . . . .vol. 4: 267
2:9 . . . . .vol. 1: 517; vol. 3: 798, 800;
vol. 4: 183, 187, 399, 400
2:10 . . . vol. 1: 400, 660; vol. 2: 393; vol. 3: 698,
769; vol. 4: 372, 613, 625
2:11 . . . .vol. 1: 157; vol. 2: 414; vol. 3: 395, 822
2:12–17 . . . . .vol. 1: 784
2:12 . . . . vol. 2: 143; vol. 4: 382
2:13 . . . vol. 1: 400; vol. 2: 471, 742; vol. 3: 240,
521, 769; vol. 4: 267
2:14–15 . . . . .vol. 1: 716; vol. 2: 742; vol. 3: 397

Scripture Index: New Testament: Revelation

2:14 .... **vol. 1:** 459; **vol. 2:** 100, 101, 559; **vol. 3:** 397, 398; **vol. 4:** 297
2:15 .... **vol. 3:** 396
2:16 .... **vol. 4:** 91
2:17 ... **vol. 1:** 604; **vol. 2:** 248; **vol. 3:** 114, 228, 395, 520, 822
2:18 .... **vol. 2:** 143; **vol. 3:** 502; **vol. 4:** 86, 194, 536, 651
2:19 .... **vol. 3:** 769; **vol. 4:** 569
2:20–23 .... **vol. 1:** 547
2:20–21 .... **vol. 4:** 706
2:20 .... **vol. 1:** 447, 584, 624; **vol. 2:** 100, 101; **vol. 3:** 397, 398, 597; **vol. 4:** 167
2:21–22 .... **vol. 3:** 292
2:21 .... **vol. 2:** 679
2:22 .... **vol. 2:** 463, 703
2:23 .... **vol. 2:** 264, 270, 410, 625, 633; **vol. 4:** 536
2:24 .... **vol. 1:** 457, 470, 584, 716; **vol. 3:** 397; **vol. 4:** 267
2:26–28 .... **vol. 3:** 397
2:26–27 .... **vol. 2:** 93; **vol. 4:** 536
2:26 .... **vol. 3:** 395; **vol. 4:** 478, 490
2:27–28 .... **vol. 4:** 201
2:27 .... **vol. 1:** 562; **vol. 2:** 663; **vol. 4:** 86, 201, 293, 300
2:28 .... **vol. 1:** 429; **vol. 3:** 81
2:29 .... **vol. 3:** 822
3 .... **vol. 1:** 93
3:1–2 .... **vol. 2:** 410
3:1 .... **vol. 1:** 429; **vol. 2:** 143; **vol. 3:** 519, 822
3:2–3 .... **vol. 1:** 609
3:2 .... **vol. 4:** 375
3:3 .... **vol. 2:** 379, 691; **vol. 4:** 490, 745
3:4–5 .... **vol. 2:** 543; **vol. 3:** 113
3:4 .... **vol. 1:** 341; **vol. 3:** 320, 333
3:5 .... **vol. 1:** 513; **vol. 2:** 212; **vol. 3:** 395, 510, 519
3:6 .... **vol. 3:** 822
3:7–8 .... **vol. 1:** 329
3:7 .... **vol. 1:** 128, 240, 679; **vol. 2:** 143, 441, 477; **vol. 4:** 538
3:8 .... **vol. 1:** 287, 328, 329, 399, 400, 635; **vol. 2:** 477; **vol. 3:** 521; **vol. 4:** 490
3:9 ...... **vol. 2:** 556, 558; **vol. 4:** 267, 399, 400
3:10 .... **vol. 2:** 463; **vol. 3:** 263, 478, 698; **vol. 4:** 490, 566, 569, 745
3:11 .... **vol. 3:** 81; **vol. 4:** 372
3:12 .... **vol. 1:** 276, 604; **vol. 2:** 526, 584; **vol. 3:** 374, 395, 521, 570; **vol. 4:** 80, 95, 390
3:13 .... **vol. 3:** 822
3:14 .... **vol. 1:** 240, 265, 416; **vol. 2:** 143, 763; **vol. 3:** 240, 769; **vol. 4:** 512
3:15–16 .... **vol. 4:** 735
3:15 .... **vol. 3:** 575
3:17–18 .... **vol. 1:** 612; **vol. 3:** 800

3:17 .... **vol. 2:** 169, 171; **vol. 4:** 187, 447, 510, 512, 682, 736
3:18 .... **vol. 1:** 183, 611; **vol. 2:** 543, 721; **vol. 3:** 113; **vol. 4:** 194, 699, 709, 735, 736
3:19 ... **vol. 1:** 113; **vol. 2:** 166, 351; **vol. 3:** 588; **vol. 4:** 607, 735
3:20 .... **vol. 1:** 329, 646; **vol. 2:** 477, 751; **vol. 4:** 736
3:21 .... **vol. 2:** 578, 751; **vol. 3:** 395
3:22 .... **vol. 3:** 822
4–5 .... **vol. 3:** 569
4:1–8:2 .... **vol. 2:** 262
4:1–2 .... **vol. 2:** 155
4:1 .... **vol. 1:** 637, 642; **vol. 2:** 463, 477; **vol. 4:** 236, 636
4:2–10 .... **vol. 2:** 577; **vol. 4:** 675
4:2 .... **vol. 2:** 237; **vol. 3:** 822
4:3 .... **vol. 3:** 502, 530
4:4–10 .... **vol. 4:** 134
4:4 .... **vol. 2:** 471, 543, 670; **vol. 3:** 113; **vol. 4:** 372
4:5 ..... **vol. 1:** 432; **vol. 2:** 262; **vol. 3:** 87, 822; **vol. 4:** 194
4:6–9 .... **vol. 4:** 487
4:6–8 .... **vol. 4:** 668
4:6–7 .... **vol. 3:** 502
4:6 .... **vol. 2:** 402, 471; **vol. 3:** 523
4:8–11 .... **vol. 2:** 340; **vol. 4:** 153
4:8 .... **vol. 1:** 128, 129, 286; **vol. 2:** 441, 742, 774
4:8 .... **vol. 4:** 502
4:9–10 .... **vol. 2:** 237, 371
4:9 .... **vol. 1:** 764; **vol. 2:** 334, 335; **vol. 4:** 496
4:10 .... **vol. 2:** 471; **vol. 3:** 757; **vol. 4:** 372
4:11 .... **vol. 1:** 341, 780; **vol. 2:** 438, 471, 765; **vol. 4:** 153, 496
5–6 .... **vol. 1:** 328; **vol. 4:** 413
5:1–13 .... **vol. 2:** 577
5:1–10 .... **vol. 4:** 415
5:1 .... **vol. 1:** 512, 604; **vol. 2:** 262; **vol. 3:** 523; **vol. 4:** 413
5:2 ..... **vol. 1:** 328, 341; **vol. 2:** 563, 677, 678; **vol. 3:** 192, 257
5:3–5 .... **vol. 3:** 571
5:3 .... **vol. 2:** 650
5:4 .... **vol. 1:** 341; **vol. 2:** 330
5:5–11 .... **vol. 2:** 585
5:5–6 .... **vol. 1:** 329
5:5 .... **vol. 1:** 268, 635; **vol. 2:** 471, 546; **vol. 3:** 396; **vol. 4:** 134, 213, 538, 628, 693
5:6–14 .... **vol. 4:** 134
5:6–13 .... **vol. 4:** 675
5:6–7 .... **vol. 2:** 445
5:6 ..... **vol. 1:** 268, 666; **vol. 2:** 262, 471, 666; **vol. 3:** 665, 822; **vol. 4:** 487
5:8–14 .... **vol. 2:** 340

215

Scripture Index: New Testament: Revelation

5:8–10 . . . . vol. 4: 153
5:8 . . . . vol. 1: 268; vol. 2: 474
5:9–13 . . . . vol. 4: 719
5:9–10 . . . . . . vol. 1: 268; vol. 2: 93; vol. 4: 739
5:9 . . . . . vol. 1: 140, 170, 341; vol. 2: 228, 585; vol. 3: 187, 192; vol. 4: 153, 627, 738
5:10 . . . . . vol. 1: 131, 483, 491; vol. 2: 506, 508
5:11–14 . . . . vol. 3: 571
5:11–12 . . . . vol. 4: 636, 673
5:11 . . . . vol. 1: 123, 211, 392
5:12–14 . . . . vol. 4: 153
5:12–13 . . . . vol. 1: 268; vol. 2: 323, 324; vol. 4: 496, 739
5:12 . . . . vol. 1: 341; vol. 2: 228, 564; vol. 3: 81, 257, 798, 800; vol. 4: 153, 338, 636
5:13 . . . . . vol. 1: 211, 780; vol. 2: 472, 650, 765
6 . . . . vol. 3: 571
6:1–8 . . . . vol. 4: 195
6:1 . . . . vol. 4: 415
6:2 . . . . vol. 1: 693; vol. 3: 114, 396
6:3 . . . . vol. 4: 415
6:4 . . . . vol. 3: 81, 253; vol. 4: 193
6:5 . . . . vol. 2: 359; vol. 3: 261; vol. 4: 415
6:6 . . . . vol. 1: 157; vol. 2: 161, 162, 359; vol. 3: 483
6:7 . . . . vol. 4: 415
6:8 . . . . vol. 1: 154, 357; vol. 2: 162, 219, 409, 453; vol. 3: 114
6:9–10 . . . . vol. 2: 490; vol. 4: 636
6:9 . . . . . . vol. 1: 154; vol. 3: 243; vol. 4: 173, 415, 733
6:10–11 . . . . vol. 1: 169
6:10 . . . . . vol. 1: 128, 240, 671, 746; vol. 2: 739; vol. 3: 257
6:11 . . . . vol. 1: 286, 357, 746; vol. 3: 113
6:12–17 . . . . vol. 1: 558
6:12–14 . . . . vol. 3: 552
6:12–13 . . . . vol. 4: 282
6:12 . . . . . . vol. 1: 171; vol. 2: 385; vol. 3: 261; vol. 4: 279, 415
6:13–14 . . . . vol. 1: 430
6:13 . . . . vol. 1: 295; vol. 3: 569, 758
6:14 . . . . vol. 4: 714
6:15–17 . . . . vol. 3: 736; vol. 4: 351
6:15–16 . . . . vol. 1: 268; vol. 2: 757; vol. 3: 552, 800
6:15 . . . . vol. 1: 480; vol. 2: 176, 563; vol. 3: 256; vol. 4: 672
6:16 . . . . vol. 2: 577, 755; vol. 3: 537, 758
6:17 . . . . vol. 2: 393, 441; vol. 3: 257, 537
7 . . . . vol. 1: 268
7:1–8 . . . . vol. 2: 558; vol. 4: 415
7:1 . . . . vol. 1: 123, 295, 568, 627, 664; vol. 4: 487
7:2–3 . . . . vol. 1: 157
7:2 . . . . . vol. 1: 292; vol. 2: 385, 739; vol. 3: 257
7:3–4 . . . . vol. 4: 652

7:3 . . . . vol. 1: 664; vol. 3: 597
7:4–8 . . . . vol. 1: 784; vol. 4: 672
7:4 . . . . . vol. 1: 784; vol. 2: 559; vol. 4: 628, 673
7:5–8 . . . . vol. 1: 783; vol. 4: 628
7:5 . . . . vol. 4: 628
7:7 . . . . vol. 3: 111
7:9–17 . . . . vol. 2: 340; vol. 4: 675
7:9–10 . . . . vol. 3: 582; vol. 4: 636
7:9 . . . . vol. 1: 154, 392, 784; vol. 2: 93; vol. 3: 113; vol. 4: 627, 673
7:10–17 . . . . vol. 2: 577
7:10–12 . . . . vol. 4: 153
7:10 . . . . vol. 1: 268; vol. 2: 739; vol. 3: 257; vol. 4: 435
7:11–13 . . . . vol. 4: 134
7:11 . . . . vol. 1: 123; vol. 4: 152
7:12 . . . . . . vol. 1: 265, 780; vol. 2: 323, 324, 334, 335, 438, 564; vol. 4: 153, 338, 496, 719
7:13 . . . . vol. 2: 748; vol. 3: 113
7:14 . . . . . vol. 1: 170, 268, 462; vol. 2: 113, 175
7:15 . . . . vol. 3: 95, 374; vol. 4: 306
7:16–17 . . . . vol. 4: 288
7:16 . . . vol. 1: 748; vol. 2: 385, 596; vol. 3: 693
7:17 . . . . vol. 2: 212; vol. 3: 178, 457, 741; vol. 4: 86, 118, 520, 521
8–11 . . . . vol. 4: 236
8–9 . . . . vol. 2: 162
8:1 . . . . vol. 4: 291, 415
8:2–6 . . . . vol. 2: 262
8:2–3 . . . . vol. 1: 123
8:2 . . . . vol. 1: 123
8:3–11:18 . . . . vol. 2: 262
8:3–4 . . . . vol. 2: 474
8:3 . . . . . vol. 2: 490; vol. 3: 117; vol. 4: 675, 709
8:4 . . . . vol. 1: 276
8:5 . . . . vol. 1: 432, 555; vol. 2: 490; vol. 3: 117; vol. 4: 279
8:2–9:21 . . . . vol. 4: 236
8:6 . . . . vol. 4: 236
8:7–8 . . . . vol. 1: 123
8:7 . . . . vol. 1: 171, 664; vol. 2: 595; vol. 4: 194, 678
8:8–9 . . . . vol. 2: 765
8:8 . . . . vol. 2: 402; vol. 3: 552
8:9 . . . . vol. 1: 171; vol. 4: 599, 730
8:10–12 . . . . vol. 4: 503
8:10–11 . . . . vol. 1: 430
8:10 . . . . vol. 2: 402; vol. 3: 87, 377, 569, 741, 758; vol. 4: 118, 520
8:11 . . . . vol. 1: 453; vol. 3: 746
8:12 . . . . vol. 1: 430; vol. 2: 385; vol. 3: 439; vol. 4: 282, 322, 324
8:13 . . . . vol. 3: 564; vol. 4: 236, 502
9:1–2 . . . . vol. 1: 93
9:1 . . . vol. 1: 123, 253, 430, 679; vol. 3: 569, 758
9:2 . . . . vol. 1: 160, 329; vol. 2: 385; vol. 3: 261; vol. 4: 322, 324

Scripture Index: New Testament: Revelation

9:3–5 . . . . vol. 1: 93
9:3 . . . . vol. 2: 219
9:4 . . . . vol. 1: 157, 664; vol. 4: 415, 678
9:5 . . . . vol. 1: 473
9:6 . . . . vol. 2: 330, 355, 393; vol. 4: 597
9:7 . . . . vol. 3: 501, 502; vol. 4: 91, 709
9:8 . . . . vol. 1: 624
9:9 . . . . vol. 4: 91, 293, 504
9:10 . . . . vol. 2: 219
9:11 . . . . vol. 1: 93, 360; vol. 2: 74, 180
9:13 . . . . vol. 1: 123; vol. 2: 490, 666;
vol. 4: 487, 709
9:14–15 . . . . vol. 3: 191; vol. 4: 487
9:14 . . . . vol. 4: 118
9:15–18 . . . . vol. 1: 357
9:15 . . . . vol. 2: 392; vol. 4: 744
9:16 . . . . vol. 1: 784
9:17–19 . . . . vol. 4: 115
9:17–18 . . . . vol. 4: 195
9:17 . . . . vol. 3: 530; vol. 4: 193
9:18 . . . . vol. 3: 447; vol. 4: 561
9:19 . . . . vol. 2: 219; vol. 3: 580
9:20–21 . . . . vol. 1: 632; vol. 2: 100
9:20 . . . . vol. 2: 100; vol. 3: 121, 449;
vol. 4: 152, 651, 709
9:21 . . . . vol. 4: 115
10 . . . . vol. 3: 570
10:1–11 . . . . vol. 1: 123
10:1–2 . . . . vol. 1: 512
10:1 . . . . vol. 2: 385, 563; vol. 3: 569; vol. 4: 390
10:2 . . . . vol. 1: 512, 665; vol. 2: 343
10:3–4 . . . . vol. 2: 262
10:3 . . . . vol. 2: 739; vol. 3: 257
10:4 . . . . vol. 3: 569; vol. 4: 415
10:5–6 . . . . vol. 1: 178
10:5 . . . . vol. 3: 569
10:6 . . . . . vol. 2: 402, 439, 765; vol. 3: 497, 569;
vol. 4: 706
10:7 . . . . vol. 2: 308, 393; vol. 3: 356;
vol. 4: 173, 478
10:8–10 . . . . vol. 1: 512
10:8 . . . . vol. 3: 569; vol. 4: 636
10:9–10 . . . . vol. 1: 512; vol. 2: 291, 704;
vol. 3: 746
11–12 . . . . vol. 3: 245
11:1–2 . . . . vol. 3: 294, 296, 374
11:1 . . . . vol. 2: 490; vol. 4: 12, 200
11:2 . . . . vol. 2: 93, 490, 526; vol. 3: 675;
vol. 4: 95, 673
11:3–6 . . . . vol. 2: 381
11:3 . . . . vol. 4: 673
11:4–11 . . . . vol. 1: 783
11:4 . . . . vol. 2: 161, 162; vol. 3: 188
11:5 . . . vol. 1: 637; vol. 2: 171, 783; vol. 2: 381,
477; vol. 3: 570; vol. 4: 167, 118, 387
11:7–10 . . . . vol. 3: 396
11:7 . . . . vol. 1: 93, 357; vol. 2: 454; vol. 3: 396;
vol. 4: 91, 478

11:8–9 . . . . vol. 3: 757
11:8 . . . vol. 1: 164; vol. 2: 526; vol. 3: 776, 807;
vol. 4: 95, 357
11:9 . . . . vol. 1: 447; vol. 2: 93, 417
11:10 . . . . vol. 1: 473; vol. 4: 173
11:11 . . . . vol. 2: 119, 128; vol. 3: 757, 822
11:12 . . . vol. 2: 345, 425; vol. 3: 569; vol. 4: 636
11:13 . . . . vol. 1: 661, 764; vol. 3: 102, 569, 758;
vol. 4: 279, 612
11:15–19 . . . . vol. 4: 236
11:15–18 . . . . vol. 4: 153
11:15 . . . . vol. 1: 123, 489, 491; vol. 2: 663, 774;
vol. 3: 257; vol. 4: 636, 719
11:16–18 . . . . vol. 4: 719
11:17 . . . . vol. 1: 129, 780; vol. 2: 335, 742, 774
11:18 . . . . vol. 2: 441, 591, 749; vol. 3: 303,
536, 537; vol. 4: 173, 599, 612
11:19–16:1 . . . . vol. 2: 262
11:19 . . . vol. 1: 329, 432; vol. 3: 374; vol. 4: 279
12 . . . . vol. 1: 407, 624, 774; vol. 3: 520
12:1–6 . . . . vol. 1: 403, 624
12:1–2 . . . . vol. 4: 741
12:1 . . . . vol. 1: 407, 430, 693, 783; vol. 2: 385;
vol. 3: 569; vol. 4: 281
12:2–5 . . . . vol. 4: 492
12:2 . . . . vol. 1: 473; vol. 2: 472, 739
12:3–17 . . . . vol. 1: 774
12:3 . . . . vol. 1: 661, 693; vol. 2: 262, 666;
vol. 3: 569; vol. 4: 193, 195, 492
12:4–5 . . . . vol. 3: 520; vol. 4: 741
12:4 . . . . vol. 1: 403, 430; vol. 3: 243, 569;
vol. 4: 503
12:5 . . . . vol. 1: 403, 407; vol. 2: 93;
vol. 4: 86, 201, 293, 675
12:6 . . . . . . vol. 2: 275; vol. 4: 561, 597, 673
12:7–9 . . . . vol. 1: 123; vol. 3: 647
12:7–8 . . . . vol. 3: 329
12:7 . . . . vol. 1: 123; vol. 3: 569; vol. 4: 91
12:9–10 . . . . vol. 4: 675
12:9 . . . . vol. 1: 416, 692, 774; vol. 2: 647;
vol. 3: 478, 580, 775; vol. 4: 267
12:10–12 . . . . vol. 4: 719, 739
12:10–11 . . . . vol. 4: 153
12:10 . . . . . . vol. 1: 490, 780; vol. 2: 646, 647;
vol. 4: 267, 435
12:11 . . . . vol. 1: 170, 689; vol. 2: 228;
vol. 3: 243, 296; vol. 4: 730
12:12 . . . . vol. 2: 333, 591; vol. 3: 490, 536,
564, 569; vol. 4: 267, 306
12:13 . . . . vol. 1: 407, 751; vol. 4: 492
12:14–17 . . . . vol. 1: 624
12:14 . . . . vol. 2: 275; vol. 3: 580; vol. 4: 673
12:15–16 . . . . vol. 4: 118
12:15 . . . . vol. 1: 775; vol. 2: 402
12:16 . . . . vol. 1: 328
12:17 . . vol. 1: 407, 784; vol. 2: 206; vol. 3: 102,
243, 520, 536; vol. 4: 91, 173, 346, 490

Scripture Index: New Testament: Revelation

13. .vol. 1: 336, 337, 497
13:1 . . . . .vol. 1: 661, 693; vol. 2: 401, 402, 454, 666, 670; vol. 3: 520
13:8 . . . . vol. 2: 636; vol. 4: 12
13:9 . . . . vol. 2: 670, 673; vol. 3: 573
13:10 . . .vol. 1: 192; vol. 3: 253, 769; vol. 4: 569
13:11–14. . . . . .vol. 4: 289
13:11 . . . . . . vol. 1: 267, 774; vol. 2: 454, 666
13:12 . . . . vol. 2: 219, 447; vol. 4: 152
13:13 . . . . vol. 2: 454; vol. 4: 195
13:14–15. . . . . .vol. 2: 104
13:14 . .vol. 1: 326; vol. 2: 454; vol. 3: 253, 775
13:15 . . . . vol. 2: 454; vol. 3: 822
13:16–18. . . . . .vol. 4: 652
13:16–17. . . . . vol. 2: 454; vol. 4: 415
13:16 . . . . . . .vol. 1: 604; vol. 3: 303; vol. 4: 187
13:17–18. . . . . vol. 1: 393; vol. 3: 520
13:17 . . . . vol. 1: 140; vol. 4: 196
13:18 . . .vol. 1: 337, 393; vol. 3: 430; vol. 4: 338
14:1–3. . . . . .vol. 4: 673
14:1 . . . vol. 1: 604; vol. 2: 526; vol. 3: 521, 552; vol. 4: 415
14:2 . . . . .vol. 4: 520
14:3 . . . . .vol. 1: 140, 154, 784; vol. 2: 585; vol. 3: 223; vol. 4: 675, 738
14:4 . . . . .vol. 1: 347, 624; vol. 3: 333, 639; vol. 4: 86
14:5 . . . . . . vol. 1: 273; vol. 4: 383, 675, 724
14:6–11. . . . . .vol. 1: 123
14:6 . . . . .vol. 2: 93, 308
14:7 . . . . .vol. 2: 402; vol. 3: 569, 741; vol. 4: 79, 152, 520, 636, 745
14:8 . . . . .vol. 1: 455; vol. 2: 93, 414, 475; vol. 3: 483, 758
14:9 . . . . .vol. 4: 415, 636, 652
14:10 . . . . .vol. 1: 129; vol. 2: 441, 476; vol. 3: 483, 537; vol. 4: 195
14:11 . . . . vol. 1: 286; vol. 4: 415, 652
14:12 . . .vol. 2: 206; vol. 3: 769; vol. 4: 490, 569
14:13 . . . . .vol. 1: 286; vol. 2: 414, 723; vol. 3: 377, 569, 82
14:14–16. . . . . .vol. 2: 451
14:14 . . . . vol. 3: 114, 502; vol. 4: 538, 545
14:15–17. . . . . .vol. 3: 374
14:15–16. . . . . .vol. 2: 450
14:15 . . . . . . .vol. 1: 123; vol. 3: 447; vol. 4: 745
14:18–19. . . . . .vol. 1: 269
14:18 . . . . .vol. 2: 171
14:19 . . . . .vol. 2: 476
14:20 . . . . vol. 3: 481, 675; vol. 4: 673
15:1 . . . . .vol. 1: 123; vol. 2: 296, 421, 475; vol. 3: 537, 569; vol. 4: 478
15:2–18:24 . . . . .vol. 2: 262
15:2–4. . . . . .vol. 3: 396
15:2–3. . . . . .vol. 4: 738
15:2 . . . vol. 1: 393; vol. 2: 402, 454; vol. 3: 335, 367, 520; vol. 4: 194

15:3–4. . . . . vol. 2: 296; vol. 4: 153, 719
15:3 . . . . vol. 1: 240; vol. 2: 92, 439; vol. 3: 457; vol. 4: 738
15:5–8. . . . . .vol. 3: 374
15:5 . . . . .vol. 1: 329; vol. 3: 241; vol. 4: 306
15:4 . . . vol. 1: 733; vol. 2: 379, 441; vol. 3: 335, 558; vol. 4: 589
15:6–7. . . . . .vol. 1: 123
15:6 . . . . . . vol. 2: 196, 373, 374, 574; vol. 3: 88
15:7 . . . . vol. 1: 555; vol. 2: 475, 476
15:8 . . . . vol. 1: 555, 765; vol. 2: 441
16. . . . . .vol. 2: 159, 160
16:1 . . . . . vol. 2: 475, 476; vol. 3: 257, 374, 537
16:2 . . . . vol. 3: 422; vol. 4: 102, 652
16:3–4. . . . . .vol. 1: 171
16:3 . . . . vol. 2: 402; vol. 4: 730
16:4 . . . . . .vol. 2: 402; vol. 3: 741; vol. 4: 118
16:5–7. . . . . .vol. 4: 153
16:5 . . . . .vol. 1: 733; vol. 3: 558; vol. 4: 20
16:6–7. . . . . .vol. 1: 169
16:6 . . . . vol. 2: 159; vol. 4: 173
16:7 . . . . vol. 1: 240; vol. 2: 490, 774
16:8–9. . . . . .vol. 2: 596
16:8 . . . . .vol. 2: 385
16:9 . . . . vol. 1: 516; vol. 3: 292, 520
16:10 . . . . .vol. 1: 483, 589; vol. 2: 472; vol. 4: 106, 322, 324
16:11 . . . . . .vol. 1: 516; vol. 3: 569; vol. 4: 106
16:12 . . . . . . vol. 1: 292; vol. 2: 385; vol. 3: 447, 448; vol. 4: 118, 520
16:13–14. . . . . vol. 1: 632; vol. 3: 808
16:13 . . . . vol. 1: 774; vol. 3: 454
16:14 . . . . .vol. 1: 397, 480; vol. 2: 393; vol. 3: 478; vol. 4: 91, 290
16:15 . . . . . vol. 1: 435, 609, 612; vol. 2: 691
16:16 . . . . .vol. 1: 397, 398; vol. 2: 74; vol. 4: 91
16:17 . . . . . . .vol. 1: 160; vol. 3: 374; vol. 4: 636
16:18 . . . . vol. 1: 432; vol. 3: 257; vol. 4: 279
16:19 . . . vol. 1: 455; vol. 2: 93, 476; vol. 3: 315, 318, 483, 537, 758
16:20 . . . . vol. 3: 552; vol. 4: 597
16:21 . . . . .vol. 1: 516
17:1–19:10 . . . . .vol. 1: 455
17–18 . . . . .vol. 3: 191
17. . . . . .vol. 1: 497, 624
17:1 . . . . vol. 1: 123, 456; vol. 3: 520
17:2–14. . . . . .vol. 1: 481
17:2 . . . . .vol. 3: 260, 483
17:3–10. . . . . .vol. 1: 624
17:3–4. . . . . .vol. 1: 456
17:3 . . . . .vol. 1: 661; vol. 2: 276, 666; vol. 3: 520, 822
17:4 . . . . .vol. 1: 456, 497, 555; vol. 3: 233; vol. 4: 708, 709
17:5–6. . . . . .vol. 2: 423
17:5 . . . . vol. 1: 456, 497, 568, 604; vol. 3: 356, 520, 552

17:6-9. . . . . .vol. 1: 547
17:6-8. . . . . .vol. 2: 423
17:6 . . . .vol. 1: 169; vol. 2: 421; vol. 3: 240, 260
17:7 . . . . .vol. 1: 494, 661; vol. 2: 666;
vol. 3: 356, 552
17:8 . . . . . .vol. 1: 93, 359, 513; vol. 2: 454, 636;
vol. 3: 649
17:9-18. . . . . .vol. 1: 480
17:9 . . . . .vol. 1: 456; vol. 3: 299, 430, 552;
vol. 4: 338
17:10 . . . . vol. 1: 637; vol. 3: 757
17:11 . . . . . . .vol. 1: 393; vol. 2: 454; vol. 3: 484
17:12-14. . . . . vol. 2: 666; vol. 4: 91
17:12 .vol. 1: 483, 661
17:13-14. .vol. 1: 779
17:13 . . . . .vol. 1: 780
17:14 . . . . .vol. 1: 456, 481; vol. 2: 775;
vol. 3: 396, 769; vol. 4: 99
17:15 . . . . .vol. 3: 582
17:16 . . . .vol. 1: 611, 661; vol. 2: 275, 276, 666;
vol. 4: 255
17:17 . . . . .vol. 4: 478
17:18 . . . . .vol. 1: 624
18-19 . . . . .vol. 3: 245
18. . . . . .vol. 3: 552, 564, 707, 708
18:1-2. . . . . vol. 1: 123; vol. 4: 636
18:1 . . . . .vol. 1: 558, 765; vol. 3: 88, 569
18:2 . . . . .vol. 2: 276, 564, 739; vol. 3: 257,
356, 475, 758, 808; vol. 4: 625
18:3 . . . . vol. 1: 780; vol. 2: 483, 800
18:4 . . . . vol. 2: 709, 712; vol. 3: 569
18:5 . . . . vol. 2: 719; vol. 3: 315
18:6 . . . . vol. 1: 351; vol. 2: 664
18:7 . . . . .vol. 1: 473, 480, 720; vol. 2: 577;
vol. 3: 529, 708; vol. 3: 529, 708; vol. 4: 669
18:8 . . . . vol. 2: 564; vol. 3: 708
18:9 . . . . .vol. 2: 684; vol. 3: 564; vol. 4: 193
18:10 . . . . .vol. 1: 473; vol. 2: 284, 563;
vol. 3: 215, 257; vol. 4: 744
18:11-12. . . . . .vol. 1: 470
18:11 .vol. 3: 564, 708
18:12 . . . . .vol. 1: 385; vol. 3: 121, 233, 449;
vol. 4: 293, 300, 650
18:13 . . . . .vol. 2: 161, 162, 473; vol. 3: 116,
350, 483; vol. 4: 438
18:14 . . . . vol. 2: 242; vol. 3: 87
18:15 . . . . vol. 1: 473; vol. 3: 215, 708, 800
18:16 . . . . vol. 3: 233, 257; vol. 4: 708, 709
18:17 . . . . .vol. 2: 275, 276, 767; vol. 3: 215,
564, 798, 800; vol. 4: 744
18:18-21. . . . . .vol. 3: 257
18:18 . . . . .vol. 4: 193
18:19 . . . . .vol. 2: 276; vol. 3: 708, 800;
vol. 4: 680, 744
18:20 . . . . . .vol. 1: 129; vol. 2: 333; vol. 3: 569;
vol. 4: 170, 173
18:21-22. . . . . .vol. 3: 349

18:21 . . . . vol. 2: 564; vol. 3: 349, 552
18:22 . . . . vol. 3: 348; vol. 4: 236, 470
18:23 . . . vol. 1: 544; vol. 2: 93; vol. 3: 189, 256,
774, 775; vol. 4: 587, 640
18:24 . . . . vol. 1: 169; vol. 4: 173
19:1-21:8 . . . . .vol. 2: 262
19:1-7. . . . . .vol. 4: 153
19:1-2. .vol. 4: 719, 739
19:1 . . . . .vol. 1: 765, 780; vol. 3: 257, 569, 582;
vol. 4: 153, 435, 599, 636
19:2 . . . . . . .vol. 1: 169, 240, 746; vol. 4: 599
19:3 . . . . vol. 1: 253; vol. 4: 153
19:4-5. . . . . .vol. 4: 675
19:4 . . . . vol. 1: 253, 265; vol. 4: 134, 153
19:5 . . . . vol. 1: 173; vol. 2: 438
19:6-8. .vol. 4: 719, 739
19:6 . . . . . .vol. 1: 253; vol. 2: 564, 774;
vol. 3: 356, 582; vol. 4: 520
19:7-9. . . . . .vol. 1: 103, 268, 624
19:7-8. . . . . vol. 2: 296; vol. 3: 333
19:7 . . . .vol. 1: 103, 624; vol. 2: 305; vol. 3: 437
19:8 . . . . . .vol. 1: 733; vol. 2: 574; vol. 3: 87
19:9 . . . . .vol. 1: 240, 604, 646; vol. 2: 291, 605;
vol. 3: 208, 228, 437
19:10 . . . . . . .vol. 1: 123; vol. 3: 243, 757, 822;
vol. 4: 152, 173
19:11 . . . .vol. 1: 328, 329, 733; vol. 3: 114, 769;
vol. 4: 91
19:12-13. . . . . .vol. 3: 520
19:12 . . .vol. 1: 604, 693; vol. 2: 670; vol. 4: 194
19:13 . . . . .vol. 1: 462, 693, 784; vol. 3: 167;
vol. 4: 204
19:14 . . . . vol. 2: 196; vol. 3: 113, 114
19:15-16. . . . . .vol. 2: 775
19:15 . . . . .vol. 1: 784; vol. 2: 93, 476;
vol. 3: 303, 483, 537, 675;
vol. 4: 86, 108, 210, 293, 382
19:16 . . . . vol. 1: 481, 604; vol. 3: 520
19:17 . . . . vol. 1: 123, 646; vol. 2: 385, 666
19:18-21. . . . . .vol. 1: 481
19:18 . . .vol. 3: 303; vol. 2: 563; vol. 4: 255, 672
19:20 . . . . .vol. 1: 459, 548; vol. 2: 454;
vol. 3: 775; vol. 4: 195, 290, 652, 723
19:21 . . . . vol. 1: 351; vol. 4: 255, 678
20. . . . . vol. 3: 192; vol. 4: 674, 675
20:1-7. . . . . .vol. 4: 479
20:1-3. . . . . vol. 1: 123; vol. 4: 288
20:1 . . . . vol. 1: 93; vol. 2: 689
20:2-7. .vol. 4: 672, 673
20:2-3. . . . . .vol. 1: 775
20:2 . . . . vol. 1: 416, 692, 774;
vol. 3: 580; vol. 4: 267, 626
20:3 . . . . vol. 1: 637; vol. 2: 93, 689; vol. 3: 191,
775; vol. 4: 413, 478, 626
20:4-6. . . . . .vol. 1: 324
20:4 . . . . .vol. 1: 326, 483, 604; vol. 2: 471,
470, 749; vol. 4: 652, 733

219

Scripture Index: New Testament: Revelation

20:5 . . . . **vol. 1:** 326; **vol. 4:** 478
20:6 . . . . **vol. 1:** 131, 483; **vol. 2:** 508; **vol. 3:** 282
20:7–10. . . . . **vol. 1:** 398
20:7 . . . . **vol. 1:** 154; **vol. 3:** 191; **vol. 4:** 478, 626
20:8–10. . . . . **vol. 3:** 775
20:8 . . . . **vol. 1:** 392, 627, 775; **vol. 2:** 93; **vol. 3:** 775; **vol. 4:** 487
20:9 . . . . **vol. 2:** 291; **vol. 3:** 570, 777; **vol. 4:** 195
20:10 . . . **vol. 1:** 548, 775; **vol. 2:** 454; **vol. 3:** 775; **vol. 4:** 195, 288, 723
20:11 . . . . **vol. 2:** 578; **vol. 3:** 114, 552, 569; **vol. 4:** 597
20:12–13. . . . . **vol. 2:** 749
20:12 . . . . **vol. 1:** 513; **vol. 3:** 303
20:13–14. . . . . **vol. 1:** 154, 155; **vol. 2:** 414
20:13 . . . . **vol. 2:** 402
20:14 . . . . **vol. 1:** 155, 548; **vol. 4:** 195
20:15 . . . . **vol. 1:** 513, 604
21–22 . . . . **vol. 4:** 189
21:1–22:5 . . . . **vol. 1:** 455
21. . . . . **vol. 2:** 701
21:1–8. . . . . **vol. 1:** 491
21:1–5. . . . . **vol. 1:** 573
21:1–4. . . . . **vol. 2:** 113
21:1 . . . . **vol. 1:** 568; **vol. 2:** 402, 585, 765; **vol. 3:** 552, 569; **vol. 4:** 280, 288
21:2 . . . . **vol. 1:** 131, 276, 624; **vol. 2:** 125, 305, 526, 585, 734; **vol. 3:** 296, 437, 570; **vol. 4:** 95, 306
21:3–4. . . . . **vol. 2:** 372
21:3 . . . . **vol. 3:** 257, 374, 569; **vol. 4:** 306
21:4 . . . . . **vol. 2:** 212, 585, 728, 738; **vol. 3:** 178, 708; **vol. 4:** 106, 288
21:5 . . . . . **vol. 1:** 240; **vol. 2:** 237, 577, 585, 765; **vol. 3:** 769; **vol. 4:** 79
21:6 . . . . . **vol. 1:** 416, 721, 748; **vol. 2:** 111, 371, 444; **vol. 3:** 693, 741; **vol. 4:** 118, 478, 521
21:7 . . . . **vol. 2:** 698; **vol. 3:** 396
21:8 . . . . **vol. 1:** 497, 624, 632; **vol. 2:** 100, 439, 595; **vol. 3:** 282, 331; **vol. 4:** 195, 642, 722, 724
21:9–22:21 . . . . **vol. 2:** 263
21:9 . . . . **vol. 1:** 268, 616, 624; **vol. 2:** 296; **vol. 3:** 436, 437
21:10–11. . . . . **vol. 2:** 526
21:10 . . . . **vol. 1:** 131, 268, 276; **vol. 3:** 550, 552, 822; **vol. 4:** 581
21:11 . . . . **vol. 2:** 441; **vol. 4:** 640
21:12–27. . . . . **vol. 1:** 784
21:12–16. . . . . **vol. 1:** 783; **vol. 2:** 526
21:12–15. . . . . **vol. 4:** 189
21:12–14. . . . . **vol. 4:** 134, 173
21:12 . . . . . **vol. 1:** 604; **vol. 2:** 559; **vol. 3:** 233, 520; **vol. 4:** 463, 581, 628
21:13 . . . . **vol. 1:** 292; **vol. 4:** 502
21:14 . . . . **vol. 1:** 373, 783; **vol. 2:** 431; **vol. 3:** 233, 520

21:15–17. . . . .**vol. 3:** 294, 296
21:16 . . . . . . **vol. 1:** 627; **vol. 2:** 550; **vol. 3:** 777; **vol. 4:** 581, 673
21:17 . . .**vol. 2:** 585; **vol. 3:** 233, 296; **vol. 4:** 463
21:18 . . . . **vol. 4:** 709
21:19 . . . . **vol. 2:** 431; **vol. 4:** 495
21:20 . . . . **vol. 1:** 661
21:21 . . .**vol. 1:** 440, 783; **vol. 3:** 233; **vol. 4:** 709
21:22–23. . . . . **vol. 1:** 268
21:22 . . . . **vol. 1:** 131; **vol. 2:** 296, 508, 526, 742, 774; **vol. 4:** 374
21:23–24. . . . . **vol. 4:** 642
21:23 . . . . **vol. 2:** 386, 441; **vol. 3:** 189; **vol. 4:** 282, 587, 682
21:24 . . . . . **vol. 1:** 481; **vol. 2:** 90, 93; **vol. 3:** 675
21:25 . . . . **vol. 3:** 233, 439; **vol. 4:** 463
21:26 . . . .**vol. 1:** 764; **vol. 2:** 93; **vol. 4:** 496
21:27 . . . . .**vol. 1:** 497, 604; **vol. 2:** 439, 710; **vol. 4:** 642, 724
22:1–5. . . . . **vol. 1:** 574
22:1–2. . . . .**vol. 1:** 398; **vol. 2:** 371; **vol. 3:** 450, 621; **vol. 4:** 118
22:1 . . . .**vol. 2:** 472; **vol. 3:** 88; **vol. 4:** 118, 521, 675
22:2 . . . .**vol. 2:** 447, 629
22:3 . . . . .**vol. 1:** 282; **vol. 3:** 95; **vol. 4:** 642, 675
22:4 . . .**vol. 1:** 604; **vol. 3:** 521; **vol. 4:** 159, 415
22:5 . . . .**vol. 1:** 483, 491; **vol. 3:** 189, 439; **vol. 4:** 640, 642, 682
22:6 . . . .**vol. 1:** 240, 637; **vol. 2:** 463, 774; **vol. 3:** 769; **vol. 4:** 173
22:7 . . . . **vol. 1:** 512; **vol. 3:** 208
22:8–9. . . . . **vol. 1:** 123; **vol. 4:** 152
22:8 . . . .**vol. 3:** 757
22:9–10. . . . . **vol. 1:** 512
22:9 . . . .**vol. 4:** 173
22:10 . . . . **vol. 2:** 78, 591; **vol. 4:** 415
22:11 . . . . **vol. 1:** 158, 159, 733; **vol. 4:** 219, 642
22:12–15. . . . . **vol. 4:** 219
22:12 . . . . **vol. 3:** 324
22:13 . . . .**vol. 1:** 416; **vol. 2:** 111, 296, 444, 585; **vol. 4:** 177, 478
22:14 . . . .**vol. 1:** 462; **vol. 3:** 208, 450, 621; **vol. 4:** 95
22:15 . . .**vol. 2:** 100; **vol. 3:** 331; **vol. 4:** 463, 724
22:16 . . . .**vol. 1:** 428, 429, 430, 556, 635; **vol. 2:** 143; **vol. 3:** 88; **vol. 4:** 201, 213, 538, 693
22:17–21. . . . . **vol. 1:** 648, 652; **vol. 2:** 776
22:17 . . . .**vol. 1:** 721, 748; **vol. 2:** 209, 371; **vol. 3:** 437, 693, 822; **vol. 4:** 118, 521
22:18–19. . . . . **vol. 1:** 512, 604; **vol. 4:** 642
22:19 . . .**vol. 1:** 131; **vol. 2:** 371; **vol. 3:** 282, 450
22:20 . . . .**vol. 1:** 129, 265, 651; **vol. 2:** 285, 585, 619; **vol. 3:** 229, 230
22:21 . . . . **vol. 3:** 605; **vol. 4:** 658

Apocrypha Index

Additions to Daniel

Bel and the Dragon (Bel)
3–22	vol. 2: 99
5	vol. 2: 760
8	vol. 4: 140
11	vol. 2: 664, 687
27	vol. 4: 273
33	vol. 2: 449, 664
36	vol. 1: 493
42	vol. 1: 190

Prayer of Azariah (Pr Azar)
28	vol. 4: 580
87	vol. 4: 453

Susanna (Sus)
6	vol. 2: 630
14	vol. 1: 190
5	vol. 2: 766
50	vol. 4: 132
56	vol. 1: 348
60	vol. 1: 190; vol. 3: 236; vol. 4: 609
61	vol. 1: 190
62	vol. 3: 236
63	vol. 1: 349, 435

Additions to Esther (Add Esth)
10:6	vol. 1: 541
11:1	vol. 2: 277
13:1–7	vol. 2: 255
13:4	vol. 3: 270
13:13	vol. 1: 498
14:1	vol. 1: 143
15:8	vol. 1: 143; vol. 4: 123
16:5	vol. 1: 190; vol. 3: 634
16:6	vol. 1: 203
16:7	vol. 2: 217
16:13	vol. 3: 270
16:15	vol. 4: 93–94
16:18	vol. 4: 356

Baruch (Bar)
1:10	vol. 3: 227
1:20	vol. 3: 593
2:11	vol. 4: 285
2:20	vol. 3: 593
3:12	vol. 4: 704
3:13	vol. 4: 704
3:14	vol. 3: 222
3:18	vol. 4: 468
3:20	vol. 3: 379
3:23	vol. 2: 354; vol. 3: 344
3:25	vol. 4: 473
3:27–28	vol. 4: 531
3:32	vol. 2: 329
3:34	vol. 1: 428
3:37	vol. 2: 329
4:9	vol. 3: 643
4:24	vol. 4: 426
4:25	vol. 3: 210
4:29	vol. 4: 426

Epistle of Jeremiah (Ep Jer)
4–73	vol. 1: 579
4	vol. 3: 449, 500
8	vol. 2: 643
9–73	vol. 2: 99
10	vol. 2: 543
11	vol. 2: 543
17	vol. 4: 395
19	vol. 1: 179
23	vol. 1: 179; vol. 2: 543
24	vol. 2: 543
28	vol. 1: 215
31	vol. 1: 644
33	vol. 3: 667
40	vol. 1: 179
41	vol. 1: 179
45–46	vol. 2: 643
49	vol. 1: 179
57	vol. 3: 115
60	vol. 1: 428
62	vol. 3: 500
70	vol. 3: 500

Apocrypha Index

1 Esdras (1 Esd)

1:20	vol. 4: 704
1:22	vol. 1: 179
1:31	vol. 1: 511
1:40	vol. 4: 274
1:46	vol. 3: 606
1:48	vol. 3: 606
1:49	vol. 2: 191; vol. 4: 274
1:54	vol. 3: 786
1:55	vol. 4: 220
1:57	vol. 3: 786
2:1	vol. 2: 676
2:5	vol. 1: 414
2:12	vol. 1: 594
2:17	vol. 2: 447
2:21	vol. 1: 450
2:26	vol. 2: 641
3:8	vol. 4: 412
3:9	vol. 1: 595
3:13–14	vol. 1: 595
3:19	vol. 3: 392
3:20	vol. 3: 574
4:20	vol. 2: 719
4:23	vol. 3: 115
4:30	vol. 1: 692
4:31	vol. 1: 243
4:37	vol. 2: 267
4:39	vol. 2: 314
4:41	vol. 4: 634
4:44	vol. 4: 714
4:53	vol. 2: 759, 760
4:56	vol. 3: 583
4:57	vol. 4: 714
4:62	vol. 1: 296
5:39	vol. 4: 714
5:40	vol. 1: 681
5:53	vol. 1: 535
5:59	vol. 2: 80
5:70	vol. 1: 684
6:9	vol. 4: 348
6:13	vol. 2: 760
6:14	vol. 3: 566
6:15	vol. 3: 566
6:20	vol. 1: 512
6:22	vol. 1: 512
6:27	vol. 1: 438
6:31	vol. 2: 778
8:8–9	vol. 1: 278
8:19	vol. 1: 278
8:53	vol. 2: 533
8:56	vol. 3: 622
8:62	vol. 4: 742
8:63	vol. 4: 742
8:66–9:36	vol. 4: 243
8:76	vol. 4: 704
8:80	vol. 3: 332
8:83	vol. 3: 332
8:90	vol. 3: 494, 686
9:3	vol. 2: 676
9:4	vol. 2: 513
9:14	vol. 1: 531
9:39	vol. 1: 278
9:41	vol. 3: 428
9:42	vol. 1: 278, 507
9:48	vol. 1: 278
9:49	vol. 1: 278
9:53	vol. 1: 684; vol. 2: 655

2 Esdras (2 Esd)

2:20–21	vol. 1: 602
4:28–32	vol. 4: 344
4:48–5:8	vol. 1: 335
5:1–3	vol. 2: 391
5:23–27	vol. 2: 148
6:23–24	vol. 4: 236
6:55–59	vol. 3: 91
7:28–29	vol. 3: 593; vol. 4: 674
7:31–44	vol. 2: 409
7:31–36	vol. 1: 319
7:37–44	vol. 1: 319
7:78–100	vol. 1: 154
7:88–99	vol. 2: 409
9:7–8	vol. 3: 101
9:38–10:59	vol. 1: 624

Judith (Jdt)

1:1	vol. 3: 399
1:13	vol. 2: 740
2:2	vol. 3: 352
2:3	vol. 1: 204
2:15	vol. 2: 655
2:21	vol. 3: 399
4:4	vol. 4: 234
4:7	vol. 2: 780
4:8	vol. 1: 684
4:9	vol. 3: 386
4:12	vol. 3: 498
4:13	vol. 3: 386
5:7	vol. 1: 204
5:11	vol. 4: 332
6:1	vol. 2: 465
6:16	vol. 4: 132

6:21	vol. 4: 132	11:19	vol. 4: 138
7:28	vol. 3: 236	12:1	vol. 2: 655
8:1	vol. 2: 380	12:7	vol. 1: 460; vol. 2: 780
8:6	vol. 4: 221	12:10	vol. 2: 603
8:16	vol. 4: 527	13:1	vol. 2: 722
8:25–27	vol. 3: 587	13:6	vol. 2: 620
8:25	vol. 2: 334	13:7	vol. 2: 740
8:26	vol. 3: 695	13:11	vol. 2: 741
8:27	vol. 3: 424	13:12	vol. 1: 180
9:2	vol. 4: 243	13:18	vol. 2: 760
9:3	vol. 1: 166	13:19	vol. 3: 309
9:6	vol. 4: 138	14:9	vol. 2: 332
9:8	vol. 3: 521	14:13	vol. 4: 472
9:9	vol. 1: 502	14:14	vol. 2: 751
9:10	vol. 2: 452	15:7	vol. 2: 724
9:12	vol. 2: 759, 760	15:13	vol. 3: 507
10:4	vol. 1: 348	15:14	vol. 3: 507
10:18	vol. 3: 648	16:7	vol. 1: 221
10:19	vol. 4: 332	16:9	vol. 1: 193
11:8	vol. 3: 602	16:15	vol. 2: 533
11:17	vol. 2: 447	16:17	vol. 1: 179; vol. 4: 271

1 Maccabees (1 Macc)

1:1	vol. 2: 179	2:52	vol. 1: 738; vol. 3: 695
1:4	vol. 4: 711	2:54	vol. 2: 502
1:9	vol. 1: 692	2:57	vol. 4: 526
1:10	vol. 4: 586	2:58	vol. 3: 81
1:11–15	vol. 3: 444	2:60	vol. 1: 349
1:14	vol. 1: 611	2:66	vol. 2: 546
1:15	vol. 1: 129; vol. 3: 754	2:67	vol. 4: 78
1:17	vol. 3: 581	3:2	vol. 2: 719
1:20	vol. 3: 581	3:18–19	vol. 3: 568
1:21	vol. 2: 479	3:18	vol. 2: 722; vol. 4: 426
1:22	vol. 4: 160	3:19	vol. 3: 393
1:29	vol. 3: 581	3:28	vol. 3: 583
1:33–35	vol. 3: 538	3:30	vol. 2: 317
1:36	vol. 1: 692	4:6	vol. 2: 612
1:39	vol. 2: 224	4:9	vol. 4: 426
1:42	vol. 1: 674	4:10	vol. 3: 568
1:44–50	vol. 3: 727	4:11	vol. 3: 181; vol. 4: 426
1:45	vol. 2: 224	4:30	vol. 4: 426
1:46	vol. 1: 128	4:35	vol. 3: 778
1:47	vol. 2: 708	4:36–59	vol. 2: 227, 515
1:54	vol. 1: 496, 497; vol. 2: 274, 480, 515	4:36–41	vol. 2: 224
1:57	vol. 2: 314	4:36	vol. 2: 581
1:60–63	vol. 3: 727	4:43	vol. 3: 301
1:61	vol. 1: 532	4:44–49	vol. 2: 480
1:62	vol. 2: 708, 740	4:61	vol. 4: 489
1:63	vol. 1: 129, 502	5:37	vol. 4: 208
2:15	vol. 1: 450	5:49	vol. 2: 676
2:18	vol. 1: 367	5:58	vol. 3: 616
2:19	vol. 1: 451	6:2	vol. 2: 612
2:36	vol. 2: 156	6:11	vol. 3: 248
2:37	vol. 1: 349	6:15	vol. 4: 412
2:42	vol. 3: 557; vol. 4: 592	6:21	vol. 2: 719
2:44	vol. 4: 426	6:44	vol. 3: 717; vol. 4: 426

6:63	vol. 4: 348
7:7	vol. 1: 524
7:10	vol. 1: 229
7:12	vol. 1: 597
7:13	vol. 3: 557
7:16	vol. 1: 597
7:18	vol. 1: 229
7:29	vol. 1: 402
7:30	vol. 1: 760
7:34	vol. 4: 558
7:37	vol. 4: 558
7:39	vol. 3: 273
8:4	vol. 3: 210
8:9	vol. 2: 179
8:16	vol. 4: 603
8:18	vol. 2: 179
8:26	vol. 1: 396
8:29	vol. 1: 684
8:30	vol. 2: 769
8:32	vol. 2: 208
9:7	vol. 4: 206
9:21	vol. 4: 426
9:27	vol. 2: 613; vol. 4: 167
9:39	vol. 1: 544
9:46	vol. 4: 426
9:54	vol. 4: 463
9:56	vol. 1: 472
10:3	vol. 2: 255
10:7	vol. 2: 255
10:17–20	vol. 2: 255
10:20–21	vol. 2: 505
10:21	vol. 2: 643
10:29	vol. 1: 215
10:30	vol. 4: 237
10:31	vol. 4: 481
10:38	vol. 4: 239
10:44	vol. 2: 581
10:47	vol. 2: 314
10:53	vol. 3: 252
10:54	vol. 1: 541
10:56	vol. 1: 541
10:61–64	vol. 2: 208
10:63	vol. 2: 677
10:83	vol. 4: 426
10:89	vol. 2: 94
11:10	vol. 3: 289
11:24	vol. 4: 239
11:25	vol. 2: 208
11:28	vol. 2: 231
11:29–37	vol. 2: 255
11:35	vol. 1: 215, 396; vol. 4: 481
11:39	vol. 1: 591; vol. 4: 481
11:57	vol. 4: 239
11:58	vol. 1: 701
12:5–23	vol. 2: 255
12:9	vol. 1: 127, 511
12:10	vol. 1: 150
12:11	vol. 3: 99; vol. 4: 126
12:17	vol. 1: 150
12:25	vol. 1: 297
12:27	vol. 1: 609
12:36	vol. 4: 196, 580
12:44	vol. 2: 722
13:15	vol. 3: 574
13:37	vol. 4: 372
13:47	vol. 2: 99
13:49	vol. 4: 196
14:22	vol. 1: 527
14:26	vol. 2: 173
14:29	vol. 3: 408
14:32	vol. 3: 583
14:41	vol. 2: 314, 613; vol. 4: 167
14:44	vol. 2: 217
14:47	vol. 2: 502
15:8	vol. 3: 574

2 Maccabees (2 Macc)

1:1–9	vol. 2: 256
1:2	vol. 2: 494
1:5	vol. 1: 242
1:10–2:18	vol. 1: 256
1:10	vol. 1: 709; vol. 4: 688
1:11	vol. 2: 334; vol. 3: 254
1:16	vol. 3: 264, 735
1:19	vol. 1: 134
1:20	vol. 1: 754; vol. 2: 655
1:24	vol. 2: 759, 761; vol. 4: 686
1:25	vol. 4: 426
1:27	vol. 1: 496, 705; vol. 2: 173
1:28	vol. 1: 472
1:36	vol. 2: 277; vol. 4: 98
2:1	vol. 2: 682
2:4–8	vol. 3: 228
2:4	vol. 4: 684
2:7	vol. 1: 134; vol. 3: 270; vol. 4: 399
2:13	vol. 1: 511, 752; vol. 2: 635
2:14	vol. 2: 80
2:17–18	vol. 2: 231
2:21	vol. 1: 467; vol. 4: 587
2:22	vol. 2: 173, 240
2:25	vol. 3: 309
2:27	vol. 2: 643
2:28	vol. 1: 600
2:29	vol. 2: 635, 732; vol. 4: 468
2:31	vol. 1: 749
3:1	vol. 3: 319
3:8	vol. 4: 160
3:9	vol. 1: 674
3:10	vol. 4: 669

3:11	vol. 1: 692; vol. 4: 274
3:12	vol. 4: 283
3:14	vol. 1: 143; vol. 3: 465
3:15	vol. 2: 502
3:16	vol. 1: 143
3:18	vol. 2: 645
3:21	vol. 1: 143
3:24	vol. 4: 498, 587
3:26	vol. 3: 246
3:27	vol. 1: 402
3:28	vol. 1: 524
3:30	vol. 4: 587
3:35	vol. 3: 717
3:39	vol. 3: 566
3:40	vol. 4: 712
4:1	vol. 1: 683
4:2	vol. 2: 350
4:3	vol. 1: 757
4:4	vol. 1: 441
4:5	vol. 2: 646; vol. 4: 93
4:8	vol. 2: 208, 231
4:10	vol. 2: 179; vol. 3: 207; vol. 4: 651
4:12–15	vol. 2: 505
4:13	vol. 2: 179, 555
4:15	vol. 2: 179
4:18	vol. 1: 143
4:19	vol. 2: 424
4:21	vol. 2: 638
4:24	vol. 2: 638
4:25	vol. 1: 467
4:33	vol. 2: 165
4:34	vol. 1: 166, 665; vol. 3: 686
4:35	vol. 1: 190
4:36	vol. 2: 179
4:37	vol. 3: 177
4:38	vol. 1: 340; vol. 3: 301
4:40	vol. 3: 747
4:41	vol. 1: 402; vol. 2: 156; vol. 3: 735
4:44	vol. 2: 638
4:46	vol. 4: 390
4:47	vol. 1: 190
5:2	vol. 1: 159
5:6	vol. 2: 635
5:8	vol. 1: 289, 451
5:10	vol. 2: 416; vol. 3: 707
5:12	vol. 2: 655
5:15	vol. 4: 498
5:16	vol. 1: 441, 501
5:20	vol. 1: 242, 671; vol. 4: 575
5:25	vol. 4: 561
5:27	vol. 3: 333, 485; vol. 4: 677
6:1	vol. 4: 93
6:2	vol. 1: 496
6:4	vol. 1: 437
6:6–7	vol. 2: 224
6:6	vol. 1: 349; vol. 4: 220
6:7	vol. 4: 352
6:8	vol. 2: 179; vol. 4: 352
6:10	vol. 1: 532
6:11	vol. 4: 283
6:12–17	vol. 3: 587
6:12	vol. 3: 786
6:14–15	vol. 3: 786
6:14	vol. 2: 638, 716; vol. 3: 210
6:18	vol. 4: 175
6:21	vol. 4: 352
6:23	vol. 1: 289
6:24	vol. 1: 154
6:25	vol. 4: 562
6:28	vol. 1: 560, 639; vol. 4: 283
6:30	vol. 3: 669; vol. 4: 437
6:31	vol. 1: 560, 639; vol. 2: 409
7:1	vol. 3: 246
7:5	vol. 2: 655
7:7–14	vol. 3: 186
7:8	vol. 1: 472
7:9	vol. 1: 319, 327, 514
7:11	vol. 1: 319
7:12	vol. 2: 153
7:14	vol. 1: 319
7:16	vol. 4: 598
7:18	vol. 3: 667, 669
7:19	vol. 2: 434
7:21	vol. 1: 406; vol. 4: 617
7:23	vol. 1: 319; vol. 2: 329, 761
7:24	vol. 3: 207; vol. 4: 681
7:28	vol. 4: 78
7:29	vol. 1: 319
7:30	vol. 3: 273
7:32	vol. 3: 669
7:33	vol. 1: 242; vol. 3: 593
7:34	vol. 3: 567
7:38	vol. 1: 725
7:42	vol. 4: 352
8:4	vol. 1: 258, 516
8:8	vol. 1: 524; vol. 2: 724
8:15	vol. 2: 603
8:21	vol. 2: 369
8:25	vol. 1: 749
8:27	vol. 4: 426
8:28	vol. 4: 669
8:29	vol. 1: 242
8:30	vol. 2: 84, 549; vol. 4: 669
8:32	vol. 3: 177
8:33	vol. 1: 340
8:35	vol. 1: 567
9:2	vol. 1: 435; vol. 2: 513
9:4	vol. 4: 558
9:5–6	vol. 4: 352
9:7	vol. 2: 655
9:8	vol. 1: 214
9:10	vol. 1: 428
9:11	vol. 3: 246
9:12	vol. 2: 549; vol. 4: 460

9:20	vol. 2: 499
9:21	vol. 1: 420
9:27	vol. 2: 240
9:28	vol. 1: 516
9:29	vol. 2: 316
10:1–8	vol. 2: 224
10:2	vol. 1: 683
10:3	vol. 4: 160
10:4	vol. 1: 516
10:15	vol. 1: 611
10:19	vol. 4: 714
10:21	vol. 3: 264
10:24	vol. 3: 782
10:26	vol. 1: 597; vol. 2: 344
10:28	vol. 1: 143; vol. 2: 75
10:30	vol. 4: 456
10:34	vol. 1: 516
10:38	vol. 3: 392
11:1	vol. 2: 156
11:7	vol. 1: 524; vol. 2: 682
11:12	vol. 1: 180
11:13	vol. 3: 393
11:19	vol. 1: 190
11:24	vol. 2: 179, 314
11:25	vol. 1: 354; vol. 2: 94
11:35	vol. 2: 314
12:3	vol. 4: 274
12:6	vol. 3: 301
12:7	vol. 4: 93
12:9	vol. 1: 439
12:12	vol. 4: 714
12:14	vol. 3: 171
12:15	vol. 4: 704
12:22	vol. 2: 499
12:23	vol. 1: 750
12:31–32	vol. 3: 708
12:31	vol. 2: 334; vol. 3: 628
12:35	vol. 1: 382
12:38	vol. 2: 94
12:41	vol. 2: 754
12:42	vol. 1: 258
12:43	vol. 1: 319; vol. 3: 122
12:44	vol. 1: 312
13:4	vol. 1: 358
13:9	vol. 4: 617
13:10	vol. 1: 524; vol. 3: 616
13:12	vol. 2: 655; vol. 3: 99
13:14	vol. 2: 732, 761
13:15	vol. 3: 393; vol. 4: 175
13:18	vol. 4: 498
13:21	vol. 2: 354, 545; vol. 3: 352
13:26	vol. 1: 361, 507
14:4	vol. 4: 372
14:6	vol. 3: 557; vol. 4: 592
14:8	vol. 3: 303
14:18	vol. 2: 316
14:23	vol. 4: 500
14:25	vol. 1: 541
14:27	vol. 2: 655; vol. 4: 101
14:31	vol. 2: 655
14:35	vol. 4: 302
14:36	vol. 3: 301
14:37	vol. 1: 319
14:46	vol. 1: 319
15:2	vol. 3: 281
15:4	vol. 1: 424
15:5	vol. 1: 527
15:8	vol. 1: 524; vol. 2: 132; vol. 3: 428, 634
15:9	vol. 3: 634
15:10	vol. 3: 606
15:11–17	vol. 3: 511
15:11	vol. 1: 340; vol. 2: 214; vol. 3: 511, 629
15:12	vol. 2: 337; vol. 4: 123
15:17	vol. 1: 389
15:19	vol. 1: 143
15:21	vol. 3: 264, 648; vol. 4: 485
15:26	vol. 2: 603
15:34	vol. 4: 587
15:36	vol. 1: 753
15:39	vol. 2: 664
16:9	vol. 3: 407

3 Maccabees (3 Macc)

1:2	vol. 1: 356
1:3	vol. 1: 752
1:4	vol. 2: 231, 530
1:7	vol. 2: 579
1:9	vol. 4: 348
1:14	vol. 4: 485
1:19	vol. 1: 166
1:23	vol. 1: 378
1:28	vol. 1: 522
2:2	vol. 1: 671; vol. 2: 760; vol. 3: 334; vol. 4: 105
2:3	vol. 2: 760
2:5	vol. 1: 681; vol. 2: 579
2:7	vol. 1: 749; vol. 2: 760
2:9	vol. 2: 760; vol. 4: 587
2:13	vol. 4: 105
2:19	vol. 4: 587
2:21	vol. 3: 246
2:22	vol. 4: 634
2:24	vol. 3: 289
2:25	vol. 1: 441
2:26	vol. 1: 396, 419, 438; vol. 4: 160
2:28–29	vol. 4: 411
2:29	vol. 4: 652
2:30	vol. 3: 351, 352
2:33	vol. 2: 184

3:1	vol. 4: 274, 676
3:2	vol. 3: 465
3:3–7	vol. 2: 555
3:5	vol. 1: 757
3:7	vol. 4: 151
3:12	vol. 4: 291
3:17	vol. 1: 281; vol. 3: 648
3:19	vol. 1: 681; vol. 4: 631
3:21	vol. 1: 349; vol. 4: 93
3:23	vol. 4: 494
3:27	vol. 1: 180
3:29	vol. 4: 631
3:30	vol. 4: 506
4:4	vol. 1: 367
4:5	vol. 1: 166, 382
4:6	vol. 1: 541; vol. 2: 708; vol. 3: 498
4:8	vol. 4: 371
4:11	vol. 1: 639, 684
4:16	vol. 1: 637
4:17	vol. 2: 562; vol. 3: 782
4:19	vol. 1: 719
4:20	vol. 1: 641
4:21	vol. 3: 393
5:2	vol. 2: 664; vol. 3: 116; vol. 4: 603
5:7	vol. 3: 680
5:14	vol. 2: 603
5:18	vol. 1: 514
5:23	vol. 4: 390
5:25	vol. 3: 264
5:26	vol. 4: 343
5:27	vol. 1: 134
5:28	vol. 1: 671
5:30	vol. 4: 142
5:31	vol. 1: 294, 498
5:33	vol. 2: 682
5:35	vol. 4: 587
5:40	vol. 1: 754
5:41	vol. 3: 782
5:42	vol. 1: 499; vol. 3: 782
5:47	vol. 1: 555
5:49	vol. 1: 532
5:51	vol. 4: 190
6:1	vol. 3: 77
6:2	vol. 2: 760, 766
6:3	vol. 3: 680
6:4	vol. 4: 587
6:5	vol. 1: 681
6:7	vol. 4: 603
6:8	vol. 3: 680
6:9	vol. 4: 587
6:10	vol. 2: 198
6:13	vol. 3: 393
6:18	vol. 3: 566
6:24	vol. 1: 475
6:28	vol. 3: 566
6:29	vol. 4: 426
6:31	vol. 2: 703; vol. 3: 513
6:32	vol. 4: 485
6:33	vol. 3: 99, 507
6:34	vol. 4: 366
6:36	vol. 2: 332
7:5	vol. 1: 141
7:6	vol. 3: 566
7:7	vol. 1: 498
7:9	vol. 3: 177; vol. 4: 468
7:10	vol. 3: 574
7:13	vol. 1: 253; vol. 4: 126
7:14	vol. 1: 639
7:16	vol. 2: 334; vol. 4: 371
7:19	vol. 2: 332; vol. 3: 644
7:20	vol. 2: 513

4 Maccabees (4 Macc)

1:1	vol. 1: 671
1:2	vol. 1: 389
1:3	vol. 2: 242, 780
1:6	vol. 3: 190
1:10	vol. 4: 495
1:11	vol. 3: 596
1:12	vol. 2: 217; vol. 4: 332
1:16	vol. 1: 190
1:17	vol. 4: 283
1:20–33	vol. 2: 378
1:20	vol. 4: 437
1:22	vol. 2: 378
1:25–27	vol. 2: 378
1:26	vol. 1: 492
1:29	vol. 2: 94
1:30	vol. 1: 389, 671
1:32	vol. 4: 437, 728
1:33	vol. 1: 378
1:35	vol. 1: 297; vol. 4: 609
2:6	vol. 2: 780
2:7	vol. 1: 681; vol. 2: 94
2:11	vol. 2: 165
2:13	vol. 2: 165
2:15	vol. 1: 492
2:16	vol. 3: 428
2:19	vol. 1: 190; vol. 4: 332
2:21–22	vol. 1: 304
2:21	vol. 2: 94
2:22	vol. 1: 179
2:23	vol. 1: 479
3:1	vol. 4: 437
3:9	vol. 1: 644
3:10	vol. 4: 603
3:13	vol. 2: 264
3:14	vol. 2: 329
3:17	vol. 1: 280; vol. 4: 269

3:19	vol. 1: 641
3:30	vol. 2: 780
4:1	vol. 1: 692
4:3	vol. 2: 501
4:6	vol. 2: 501
4:10	vol. 1: 431; vol. 3: 566
4:11	vol. 3: 566
4:14	vol. 4: 426
4:18	vol. 2: 502
4:21	vol. 1: 743
4:22	vol. 2: 522
4:23–26	vol. 1: 752
4:25	vol. 1: 532; vol. 3: 461
4:26	vol. 1: 472, 564; vol. 2: 544
5:2	vol. 2: 99, 656
5:4	vol. 1: 402
5:6	vol. 1: 472
5:7	vol. 1: 166; vol. 2: 466; vol. 4: 332
5:8–9	vol. 4: 631
5:8	vol. 4: 252–53
5:11	vol. 4: 332
5:13	vol. 1: 280; vol. 2: 466
5:14	vol. 4: 253
5:18	vol. 1: 762; vol. 2: 217
5:20	vol. 2: 202
5:21	vol. 4: 558
5:22	vol. 1: 514
5:23–24	vol. 1: 709
5:24	vol. 2: 94; vol. 4: 273
5:25	vol. 4: 632
5:26	vol. 4: 253
5:30	vol. 4: 352
5:34	vol. 1: 399; vol. 2: 84; vol. 4: 605
5:35	vol. 1: 399
5:36	vol. 1: 514
6:1	vol. 1: 472; vol. 4: 208
6:2	vol. 1: 435
6:4	vol. 1: 522; vol. 2: 676
6:5	vol. 3: 511
6:9	vol. 2: 645
6:10	vol. 1: 161, 560
6:11	vol. 2: 420
6:19	vol. 4: 506
6:20	vol. 1: 180, 514
6:25	vol. 4: 468
6:28–29	vol. 3: 596
6:33	vol. 3: 392
7:1	vol. 2: 766
7:3	vol. 2: 407
7:5	vol. 3: 205
7:6	vol. 2: 708
7:7	vol. 1: 514; vol. 4: 332
7:8	vol. 1: 683
7:9	vol. 2: 778; vol. 4: 334
7:11	vol. 2: 473
7:15	vol. 1: 514; vol. 4: 283
7:16	vol. 2: 645
7:21	vol. 2: 620
7:22	vol. 1: 389
8:3	vol. 2: 261
8:4	vol. 2: 153, 378
8:5	vol. 3: 205
8:7	vol. 1: 399; vol. 2: 376
8:8	vol. 2: 179
8:9	vol. 3: 533
8:10	vol. 3: 338
8:12	vol. 3: 686
8:14	vol. 4: 273
8:18	vol. 1: 527; vol. 2: 407
8:23	vol. 1: 514
8:26	vol. 2: 407
9:4	vol. 4: 426
9:6	vol. 1: 472; vol. 3: 379; vol. 4: 565
9:8	vol. 1: 162, 389
9:9	vol. 1: 396; vol. 3: 301
9:14	vol. 2: 685
9:17	vol. 1: 702
9:18	vol. 1: 389; vol. 3: 393
9:22	vol. 4: 416, 598
9:23	vol. 1: 150
9:24	vol. 4: 142, 384
9:25	vol. 2: 513
9:32	vol. 3: 305
10:1	vol. 2: 409, 630
10:2	vol. 1: 752
10:10	vol. 1: 389
10:11	vol. 3: 190, 301
10:13	vol. 3: 205
10:15	vol. 1: 165, 399
11:2	vol. 1: 389, 472
11:3	vol. 1: 356
11:5	vol. 2: 761
11:11	vol. 4: 368
11:20	vol. 1: 143, 611; vol. 2: 513
11:21	vol. 3: 393
11:26	vol. 4: 734
11:27	vol. 3: 393
12:1	vol. 3: 207
12:7	vol. 2: 73
12:11	vol. 1: 166, 356, 424
12:13	vol. 1: 166; vol. 3: 500, 668; vol. 4: 378
12:19	vol. 2: 337
13:1	vol. 1: 671
13:2	vol. 3: 392
13:7	vol. 3: 392
13:9	vol. 3: 305
13:11	vol. 2: 418
13:12	vol. 4: 565
13:13	vol. 2: 513
13:15	vol. 1: 143
13:19	vol. 4: 142, 332
13:21	vol. 1: 539
13:22	vol. 1: 424
13:24	vol. 1: 106

Apocrypha Index

13:25	vol. 2: 350
13:27	vol. 1: 441; vol. 2: 94
14:1	vol. 2: 645
14:5	vol. 4: 504
14:6	vol. 2: 407; vol. 4: 728
14:7	vol. 2: 732
15:1–3	vol. 4: 426
15:2	vol. 2: 588; vol. 4: 426
15:3	vol. 1: 106; vol. 2: 368, 369
15:4	vol. 3: 500; vol. 4: 651
15:5	vol. 1: 420
15:8	vol. 2: 588; vol. 4: 426
15:12	vol. 2: 369
15:15	vol. 4: 156
15:23	vol. 2: 588
15:24	vol. 3: 765
15:26	vol. 2: 407
15:29	vol. 1: 162, 743; vol. 2: 261
15:31	vol. 3: 440
16:3	vol. 4: 631
16:7	vol. 1: 539; vol. 4: 447
16:9	vol. 1: 541
16:15	vol. 2: 73
16:16	vol. 1: 143
16:17	vol. 1: 180
16:22	vol. 3: 765
17:2	vol. 1: 560; vol. 3: 765
17:3	vol. 4: 390
17:4	vol. 1: 498; vol. 2: 418
17:5	vol. 2: 549
17:7	vol. 2: 217
17:8	vol. 2: 416
17:9	vol. 4: 93
17:11–15	vol. 1: 143
17:12	vol. 1: 162, 389; vol. 3: 392; vol. 4: 598
17:16	vol. 2: 153
17:17	vol. 1: 389; vol. 2: 420
17:18	vol. 1: 514
17:20–21	vol. 3: 596
17:20	vol. 4: 495
17:22	vol. 2: 533, 540; vol. 4: 142, 426
17:23	vol. 1: 389, 639; vol. 2: 677
18:5	vol. 2: 94, 522, 716
18:6–8	vol. 1: 147
18:8	vol. 3: 638
18:9	vol. 2: 367
18:11	vol. 3: 491
18:12	vol. 2: 350
18:15	vol. 3: 264
18:16	vol. 3: 646
18:20–24	vol. 3: 238
18:20	vol. 2: 179
18:23	vol. 1: 162; vol. 2: 407; vol. 4: 728

Prayer of Manasseh (Pr Man)

8	vol. 3: 290
9	vol. 1: 438
10	vol. 1: 296
13	vol. 3: 290

Sirach (Sir)

1:1–10	vol. 4: 531
1:2	vol. 1: 195
1:4	vol. 2: 760
1:6	vol. 2: 613
1:10	vol. 1: 719
1:11–20	vol. 4: 611
1:12	vol. 4: 645
1:14	vol. 2: 759
1:19–20	vol. 4: 407
1:22	vol. 3: 756
1:23	vol. 3: 210
1:27	vol. 4: 123
1:30	vol. 4: 580
2:1	vol. 2: 304
2:3	vol. 2: 719
2:4	vol. 3: 210
2:5	vol. 1: 675
2:16	vol. 3: 748
2:17	vol. 2: 304; vol. 4: 450
2:18	vol. 3: 758
3:1–12	vol. 4: 465
3:3–11	vol. 4: 495
3:4	vol. 2: 455
3:16	vol. 1: 516
3:17	vol. 1: 675; vol. 4: 465
3:18	vol. 4: 582
3:23	vol. 3: 715
4:1	vol. 1: 376, 668
4:3	vol. 1: 668
4:7	vol. 4: 399
4:11	vol. 4: 524
4:12	vol. 3: 748
4:17	vol. 1: 472
4:26	vol. 3: 508
4:28	vol. 1: 143
5:1	vol. 1: 396
5:4	vol. 3: 210
5:6	vol. 3: 783
5:7	vol. 2: 589; vol. 3: 535
5:11	vol. 3: 210
5:13	vol. 3: 78
5:14	vol. 2: 637
6:3	vol. 3: 447
6:19	vol. 1: 98

Apocrypha Index

6:21	vol. 1: 757
6:23–32	vol. 2: 358
6:24–25	vol. 1: 493
6:26	vol. 1: 493; vol. 3: 454; vol. 4: 732
6:27	vol. 2: 84
6:28	vol. 1: 285, 493
6:29	vol. 2: 329
6:35	vol. 3: 645
7:2	vol. 1: 451
7:5	vol. 1: 725; vol. 4: 332
7:11	vol. 4: 451
7:15	vol. 2: 761
7:17	vol. 4: 271
7:20	vol. 3: 322
7:21	vol. 1: 376; vol. 2: 173
7:29	vol. 1: 596
8:1	vol. 3: 758
8:8	vol. 3: 105, 645
8:9	vol. 3: 222
8:14	vol. 1: 762
8:15	vol. 4: 498
8:16	vol. 2: 475
9:3	vol. 3: 758
9:5	vol. 2: 258; vol. 4: 297
9:8	vol. 3: 338; vol. 4: 192
9:10	vol. 2: 470; vol. 4: 154
9:16	vol. 1: 644; vol. 2: 652
9:17	vol. 1: 173
10	vol. 1: 278
10:6	vol. 4: 120
10:11	vol. 1: 319
10:12	vol. 1: 451; vol. 4: 558
10:13	vol. 4: 558
10:15	vol. 4: 451
10:18	vol. 1: 560; vol. 2: 761; vol. 4: 558
10:19	vol. 4: 495
10:21	vol. 4: 313
10:22	vol. 2: 652
10:23	vol. 4: 495
10:26	vol. 4: 332, 368
10:29	vol. 1: 725
10:30	vol. 4: 183
11:5	vol. 1: 693
11:7	vol. 3: 270
11:12–13	vol. 4: 451
11:12	vol. 1: 668; vol. 3: 719
11:17	vol. 2: 314
11:24	vol. 1: 396
11:32	vol. 4: 192
11:34	vol. 2: 499
12:3	vol. 4: 654
12:6	vol. 4: 277
12:16	vol. 1: 527
13:1	vol. 3: 500
13:3	vol. 1: 668
13:5	vol. 1: 514; vol. 2: 657
13:7	vol. 1: 182; vol. 2: 657
13:9	vol. 4: 712
13:12	vol. 2: 168
13:17	vol. 2: 708
13:20	vol. 4: 449
13:22	vol. 1: 725; vol. 4: 208
14	vol. 1: 514; vol. 2: 277
14:2	vol. 2: 637
14:3	vol. 1: 492; vol. 3: 303
14:6	vol. 1: 492
14:8	vol. 1: 492
14:9	vol. 3: 780
14:10	vol. 4: 603
14:16	vol. 1: 319
14:18–19	vol. 2: 407
14:18	vol. 1: 168; vol. 4: 254
14:20–27	vol. 4: 334
14:20	vol. 3: 207
14:21	vol. 3: 429
14:24	vol. 3: 190
14:27	vol. 2: 595
15:1–3	vol. 3: 408
15:1	vol. 3: 81
15:2	vol. 3: 638
15:3	vol. 4: 246
15:7	vol. 4: 408
15:20	vol. 1: 296
16:10	vol. 4: 313
16:17	vol. 2: 761
16:27	vol. 2: 722
17	vol. 1: 278
17:1	vol. 2: 761
17:2	vol. 2: 588
17:3–4	vol. 2: 103
17:3	vol. 2: 102
17:7	vol. 3: 747
17:15	vol. 4: 753
17:17	vol. 3: 281
17:20	vol. 4: 753
17:24	vol. 3: 290
17:25	vol. 2: 725
17:27–28	vol. 1: 319
17:28	vol. 4: 516
17:29	vol. 2: 533
17:30	vol. 2: 407; vol. 4: 526
17:31	vol. 1: 168; vol. 4: 256
18:6	vol. 2: 421
18:10	vol. 4: 672
18:11	vol. 3: 210
18:13	vol. 2: 165; vol. 4: 83
18:14	vol. 3: 586
18:15	vol. 2: 84
18:17	vol. 4: 654
18:18	vol. 1: 492; vol. 3: 717; vol. 4: 654
18:20	vol. 4: 743
18:21	vol. 2: 589
18:22	vol. 2: 588
18:23	vol. 3: 696

Apocrypha Index

18:27	**vol. 2:** 316
18:30	**vol. 2:** 84, 242; **vol. 3:** 538
18:32	**vol. 1:** 668
19:2–3	**vol. 4:** 498
19:2	**vol. 2:** 719
19:5	**vol. 2:** 637
19:11	**vol. 1:** 532
19:15	**vol. 1:** 692
19:17	**vol. 2:** 75
19:22	**vol. 1:** 527
19:23	**vol. 3:** 602
19:24	**vol. 3:** 719
19:25	**vol. 3:** 602
19:30	**vol. 1:** 507
20	**vol. 2:** 277
20:3	**vol. 3:** 507
20:4	**vol. 3:** 638
20:8	**vol. 2:** 217
20:15	**vol. 2:** 676
20:19	**vol. 2:** 588; **vol. 3:** 344
20:26	**vol. 2:** 94
20:29	**vol. 1:** 378; **vol. 4:** 608
20:30	**vol. 4:** 747
20:31	**vol. 3:** 357
21:2	**vol. 4:** 595
21:3	**vol. 1:** 784
21:10	**vol. 2:** 397; **vol. 3:** 776
21:11	**vol. 3:** 408
21:12	**vol. 3:** 602
21:16	**vol. 2:** 214
21:17	**vol. 4:** 382
21:20	**vol. 3:** 602
21:27	**vol. 4:** 264
21:28	**vol. 3:** 644
22	**vol. 2:** 73
22:3	**vol. 1:** 560
22:6	**vol. 2:** 588
22:11	**vol. 1:** 319
22:15	**vol. 2:** 722
22:17	**vol. 2:** 88
22:19	**vol. 1:** 179
22:21	**vol. 2:** 184
22:22	**vol. 1:** 242; **vol. 3:** 352
22:24	**vol. 4:** 192
22:27	**vol. 4:** 412
23:1	**vol. 1:** 671
23:3	**vol. 3:** 778, 783
23:6	**vol. 3:** 538
23:8	**vol. 3:** 171; **vol. 4:** 297
23:9–11	**vol. 3:** 495
23:11	**vol. 1:** 725
23:12	**vol. 1:** 451
23:14	**vol. 3:** 358
23:16	**vol. 3:** 783; **vol. 4:** 192, 501
23:17	**vol. 4:** 111
23:19	**vol. 2:** 384
23:20	**vol. 2:** 761
23:23	**vol. 3:** 330
24	**vol. 4:** 338
24:1–12	**vol. 3:** 168
24:5	**vol. 1:** 92
24:6	**vol. 2:** 500
24:8–34	**vol. 4:** 333
24:8	**vol. 2:** 760, 761
24:15	**vol. 3:** 116, 559; **vol. 4:** 327
24:17	**vol. 1:** 269
24:23	**vol. 4:** 246
24:25–34	**vol. 4:** 246
24:30–33	**vol. 4:** 117
24:33	**vol. 1:** 708; **vol. 4:** 163
25:2	**vol. 3:** 330
25:7–10	**vol. 3:** 207
25:8	**vol. 3:** 207
25:17	**vol. 4:** 321
25:20	**vol. 2:** 397
25:23	**vol. 4:** 450, 453
25:24	**vol. 2:** 408
26:5	**vol. 3:** 342
26:6	**vol. 3:** 246
26:10	**vol. 1:** 296
26:15	**vol. 1:** 182; **vol. 2:** 84
26:28	**vol. 4:** 325, 501
27	**vol. 2:** 94
27:3	**vol. 4:** 348
27:4	**vol. 4:** 325
27:5	**vol. 2:** 661
27:8	**vol. 1:** 750, 751; **vol. 3:** 81
27:11	**vol. 4:** 280
27:15	**vol. 2:** 159; **vol. 3:** 171, 342
27:16–17	**vol. 3:** 352
27:21	**vol. 1:** 242; **vol. 2:** 184; **vol. 3:** 352
27:23	**vol. 2:** 420
27:30	**vol. 3:** 535
28:8	**vol. 2:** 475
28:10–11	**vol. 4:** 192
28:10	**vol. 4:** 370
28:16	**vol. 2:** 397
28:17	**vol. 3:** 246
29:1	**vol. 4:** 489
29:5	**vol. 1:** 190, 719
29:6–7	**vol. 1:** 376
29:8	**vol. 3:** 210
29:12	**vol. 2:** 168
29:15–16	**vol. 2:** 75
29:17	**vol. 2:** 75
29:19	**vol. 2:** 75
30:6	**vol. 1:** 743
30:9	**vol. 2:** 403
30:13	**vol. 1:** 435
30:14	**vol. 4:** 516
30:17	**vol. 1:** 319
30:21–25	**vol. 3:** 177
30:24	**vol. 3:** 278
30:26	**vol. 3:** 278

30:33	vol. 4: 677
31:2	vol. 1: 142; vol. 3: 390
31:4	vol. 1: 668
31:8	vol. 1: 272; vol. 3: 523
31:9–10	vol. 3: 461
31:13	vol. 2: 761
31:17	vol. 2: 725
31:21	vol. 1: 508
31:25	vol. 3: 173
31:27	vol. 2: 761
31:28	vol. 1: 396
31:30	vol. 1: 589
32:3	vol. 4: 126
32:4	vol. 2: 588
32:6	vol. 3: 264
32:9	vol. 2: 549
32:10	vol. 1: 182
32:15	vol. 4: 562
32:19	vol. 3: 289; vol. 4: 297, 562
32:21	vol. 2: 727
33:1	vol. 3: 695
33:2	vol. 4: 562
33:3	vol. 1: 681; vol. 2: 287
33:5	vol. 4: 352
33:10–13	vol. 3: 743
33:10	vol. 2: 761
33:12	vol. 1: 382
33:13	vol. 2: 661
33:25	vol. 4: 677
33:29	vol. 3: 686; vol. 4: 126
34:1–7	vol. 3: 511
34:8	vol. 3: 408
34:9–10	vol. 3: 461
34:10	vol. 3: 602
34:12	vol. 3: 773
34:18	vol. 1: 719
34:20	vol. 2: 725
34:21–22	vol. 1: 376
34:23	vol. 4: 747
34:25–26	vol. 4: 747
34:25	vol. 1: 460
34:30	vol. 3: 173
35	vol. 1: 514
35:3	vol. 1: 451; vol. 4: 102
35:6	vol. 1: 596
35:11	vol. 1: 719
35:15	vol. 4: 297
35:19	vol. 3: 210, 214
35:22	vol. 3: 210, 214
36:4–5	vol. 1: 578
36:5	vol. 4: 352
36:11	vol. 4: 177
36:12–13	vol. 2: 219; vol. 4: 94
36:12	vol. 1: 285
36:14	vol. 4: 163
36:15	vol. 2: 761
36:17	vol. 4: 177
36:18	vol. 1: 285
36:24	vol. 4: 390
36:26	vol. 2: 373; vol. 3: 115
36:29	vol. 4: 390
37:4	vol. 2: 378
37:10	vol. 1: 492
37:11	vol. 2: 94, 334
37:19	vol. 3: 602
38	vol. 2: 497
38:1–2	vol. 2: 497
38:1	vol. 2: 761
38:4	vol. 2: 761
38:6	vol. 2: 421
38:9–14	vol. 2: 497
38:12	vol. 2: 761
38:16	vol. 3: 667
38:21	vol. 1: 319
38:24–39:11	vol. 1: 596
38:24–34	vol. 2: 661
38:25–34	vol. 1: 596
38:26	vol. 1: 142
38:27	vol. 4: 411, 468
38:28	vol. 4: 192
38:30	vol. 2: 570; vol. 4: 506, 698
38:34	vol. 1: 668; vol. 3: 646; vol. 4: 468
39:1–2	vol. 1: 596
39:1	vol. 3: 646
39:3	vol. 3: 646
39:4	vol. 1: 596
39:6	vol. 3: 747; vol. 4: 207
39:8	vol. 1: 708; vol. 2: 652
39:9	vol. 1: 319
39:13	vol. 4: 206
39:14	vol. 3: 116; 559
39:19	vol. 2: 753
39:21–30	vol. 2: 761
39:26	vol. 1: 215; vol. 3: 481
39:33–34	vol. 4: 743
39:34	vol. 1: 757
40:1	vol. 3: 298
40:6	vol. 2: 465
40:10	vol. 2: 761
40:18	vol. 1: 396
40:21	vol. 3: 264
40:25	vol. 1: 757
40:28	vol. 1: 186; vol. 4: 183
41:1–4	vol. 2: 407
41:5	vol. 1: 496
41:7	vol. 3: 270, 272
41:11–13	vol. 1: 319
41:15	vol. 3: 357
41:16	vol. 1: 757
41:24	vol. 3: 715
41:27	vol. 1: 182
42:2	vol. 1: 725
42:10	vol. 1: 502; vol. 3: 638
42:17	vol. 2: 421

Apocrypha Index

42:18	vol. 4: 403
42:19	vol. 2: 754
42:21	vol. 1: 668
43:1–5	vol. 4: 638
43:2	vol. 2: 421
43:6–8	vol. 4: 280
43:6	vol. 4: 704
43:8	vol. 2: 421
43:18	vol. 2: 420
43:19	vol. 4: 316
43:20	vol. 4: 734
43:24–25	vol. 2: 761
43:31	vol. 2: 213
44:1–19	vol. 3: 679
44:2	vol. 2: 761
44:6	vol. 2: 112
44:8	vol. 1: 173, 319
44:16	vol. 1: 315, 639; vol. 3: 290
44:17	vol. 3: 440
44:20	vol. 1: 738
45:4	vol. 4: 124
45:6–26	vol. 1: 596
45:9	vol. 1: 507
45:10	vol. 1: 681
45:12	vol. 4: 506
45:14	vol. 3: 491
46:12	vol. 1: 319
46:19	vol. 1: 319; vol. 2: 705
47:1–11	vol. 4: 526
47:6	vol. 1: 693
47:13	vol. 3: 522
47:17	vol. 2: 277
47:19	vol. 2: 217; vol. 4: 437
48:3	vol. 2: 381
48:5	vol. 2: 79
48:9	vol. 3: 81
48:10	vol. 2: 380
48:12	vol. 3: 747, 806
48:13	vol. 2: 705
48:14	vol. 2: 267, 421
48:15	vol. 1: 451; vol. 3: 290
48:20	vol. 3: 181
48:24	vol. 3: 629
48:25	vol. 2: 754
49:8	vol. 4: 667
49:12	vol. 2: 303
49:13	vol. 2: 80
49:14	vol. 1: 315; vol. 3: 81
49:16	vol. 1: 146
50:6	vol. 1: 428; vol. 4: 280
50:15	vol. 1: 475; vol. 3: 481
50:21	vol. 4: 151
50:24	vol. 3: 182
50:25–26	vol. 4: 243, 501
50:27	vol. 1: 596; vol. 2: 522, 528; vol. 4: 652
50:28	vol. 4: 332
51:1	vol. 4: 426
51:2–3	vol. 3: 181
51:2	vol. 3: 182
51:3	vol. 1: 534
51:4	vol. 3: 824
51:8	vol. 4: 426
51:10	vol. 1: 524
51:12	vol. 4: 228
51:13–26	vol. 3: 408
51:17	vol. 2: 724
51:23–30	vol. 4: 453
51:23–26	vol. 1: 493; vol. 2: 360; vol. 4: 335
51:23	vol. 1: 286, 596
51:24	vol. 1: 748
51:25–26	vol. 2: 358
51:26	vol. 1: 286, 493
51:27	vol. 1: 285

Tobit (Tob)

1:3	vol. 2: 168
1:11	vol. 3: 309
1:12	vol. 3: 309
1:15	vol. 1: 201
2:1	vol. 3: 708
2:2	vol. 3: 309
2:8	vol. 1: 550
2:9	vol. 2: 614–15
3:8	vol. 1: 630; vol. 3: 824
3:15	vol. 3: 332, 334
4:7–11	vol. 2: 456
4:7	vol. 1: 725; vol. 4: 603
4:12	vol. 3: 440
4:13	vol. 1: 201
4:14	vol. 1: 289
4:15	vol. 3: 259
4:16	vol. 4: 603
4:19	vol. 2: 649; vol. 3: 309
4:21	vol. 1: 451
5:16	vol. 2: 319
5:18	vol. 3: 731
5:19	vol. 3: 731
5:58	vol. 2: 630
6	vol. 2: 564
6:2–8	vol. 2: 564
6:2	vol. 3: 401
6:5	vol. 4: 509
6:6	vol. 3: 453
6:9	vol. 4: 509
6:13	vol. 2: 75
6:14	vol. 3: 435
6:17	vol. 3: 435
7:6	vol. 2: 319; vol. 4: 509
7:7	vol. 2: 319

Apocrypha Index

7:8 . . . . .vol. 1: 644	10:14 . . . . .vol. 2: 318
7:10 . . . . .vol. 1: 229, 543	11:6 . . . . .vol. 3: 429
7:14 . . . . .vol. 4: 411	11:12–14 .vol. 4: 509
7:18 . . . . .vol. 2: 774	11:14 . . . . .vol. 3: 246
8:1 . . . . .vol. 1: 644	11:17 . . . . .vol. 2: 318
8:3 . . . . .vol. 2: 274, 275	12:3 . . . . vol. 2: 447; vol. 4: 516
8:5 . . . . .vol. 2: 760, 761	12:7 . . . . .vol. 3: 352
8:6 . . . . .vol. 2: 306	12:9 . . . . .vol. 4: 677
8:15 .vol. 2: 760, 761	13:2 . . . . .vol. 2: 649
8:18 . . . . .vol. 2: 655	13:14–16 .vol. 3: 207
8:19 . . . . .vol. 1: 543	13:16–17 .vol. 2: 524
9:5 . . . . .vol. 4: 412	13:18 . . . . .vol. 1: 253
9:6 . . . . .vol. 2: 168, 319	14:5 .vol. 3: 786, 789
10:12 . . . . vol. 1: 426; vol. 2: 319	14:10 . . . . .vol. 3: 758

Wisdom of Solomon (Wis)

1:1 . . . . .vol. 1: 349, 725	3:18 . . . . .vol. 3: 634
1:2 . . . . .vol. 3: 696	4:1 . . . . .vol. 1: 389; vol. 2: 409; vol. 3: 309
1:4 . . . . .vol. 4: 468	4:2 . . . . vol. 1: 143, 162; vol. 3: 305
1:5 . . . . .vol. 1: 760	4:3 . . . . .vol. 2: 88
1:6 . . . . vol. 2: 250; vol. 3: 237	4:4 . . . . .vol. 1: 508
1:7 . . . . .vol. 3: 786, 806	4:5 . . . . .vol. 4: 472
1:8 . . . . .vol. 1: 743	4:8–9 . . . . .vol. 2: 369
1:10 . . . . .vol. 2: 350	4:10–14 . . . . .vol. 1: 315
1:11 . . . . .vol. 3: 79	4:10 . . . . .vol. 1: 386
1:12 . . . . .vol. 1: 725	4:12 . . . . .vol. 1: 492
1:14 . . . . .vol. 2: 760	4:13 . . . . .vol. 4: 704
1:15 . . . . vol. 1: 725; vol. 2: 407	4:19 . . . . .vol. 3: 756
2:1 . . . . vol. 1: 514; vol. 3: 177	5:1 . . . . .vol. 3: 658
2:4 . . . . vol. 1: 514; vol. 3: 309	5:2 . . . . .vol. 4: 426
2:5 . . . . . vol. 1: 514; vol. 3: 500; vol. 4: 309, 412	5:3 . . . . vol. 3: 290; vol. 4: 368
2:6 . . . . vol. 2: 759, 761; vol. 4: 348	5:4 . . . . .vol. 3: 205
2:8 . . . . .vol. 4: 371	5:5 . . . . .vol. 4: 525
2:10–20 . . . . .vol. 4: 581	5:6 . . . . .vol. 1: 229, 692; vol. 2: 384; vol. 3: 87
2:10 . . . . .vol. 4: 669	5:8 . . . . .vol. 1: 214
2:13 . . . . vol. 2: 231; vol. 3: 593	5:11 . . . . .vol. 3: 246
2:15 . . . . .vol. 1: 242	5:13 . . . . .vol. 1: 389
2:16 . . . . vol. 1: 214; vol. 3: 680	5:17 . . . . .vol. 2: 761
2:17 . . . . .vol. 3: 695	5:18 . . . . .vol. 4: 562
2:19 . . . . vol. 1: 299; vol. 4: 514	5:22 . . . . .vol. 2: 401
2:20 . . . . .vol. 1: 435	6:2 . . . . .vol. 3: 581
2:22 . . . . vol. 1: 272; vol. 3: 352	6:3 . . . . .vol. 2: 264
2:23–24 . . . . .vol. 2: 103	6:5 . . . . .vol. 3: 542
2:23 . . . . .vol. 1: 165; vol. 2: 760; vol. 4: 598	6:7 . . . . vol. 1: 671; vol. 4: 142
2:24 . . . . .vol. 1: 692; vol. 2: 732; vol. 4: 603	6:8 . . . . .vol. 2: 264
3:1 . . . . .vol. 1: 472	6:9 .vol. 3: 222, 635
3:4 . . . . .vol. 2: 409	6:10 . . . . vol. 1: 361; vol. 3: 557
3:5 . . . . vol. 1: 340; vol. 3: 695	6:12 . . . . .vol. 3: 86
3:6 . . . . .vol. 3: 491	6:13 . . . . .vol. 4: 138
3:7–10 . . . . .vol. 4: 581	6:15 . . . . vol. 3: 278; vol. 4: 472
3:7 . . . . .vol. 3: 87	6:16 . . . . .vol. 1: 340
3:9 . . . . .vol. 3: 765	6:18–19 . . . . .vol. 4: 598
3:10 . . . . .vol. 2: 258	6:18 . . . . .vol. 1: 499
3:13 . . . . vol. 2: 714; vol. 3: 301	6:20 . . . . .vol. 1: 479
3:16 . . . . vol. 2: 714; vol. 4: 472	6:21 . . . . .vol. 2: 378
3:17 . . . . .vol. 1: 514	6:22 . . . . .vol. 3: 352

Apocrypha Index

6:23	vol. 4: 603
6:25	vol. 4: 207
7:1	vol. 2: 549
7:2	vol. 2: 378
7:3	vol. 1: 570; vol. 2: 549; vol. 3: 500, 668
7:5	vol. 1: 572
7:6	vol. 2: 549; vol. 3: 453
7:9	vol. 4: 494
7:10	vol. 3: 338; vol. 4: 639
7:12	vol. 4: 334
7:13	vol. 1: 760; vol. 3: 222; vol. 4: 603
7:14	vol. 1: 719
7:17	vol. 4: 378
7:18	vol. 4: 704
7:20	vol. 4: 631
7:21	vol. 4: 468
7:22	vol. 2: 780; vol. 3: 332, 334
7:23–24	vol. 4: 712
7:23	vol. 1: 498; vol. 2: 780; vol. 3: 278
7:25–26	vol. 1: 439, 777; vol. 4: 536
7:26	vol. 1: 165, 440; vol. 4: 639
7:27	vol. 4: 334
7:29	vol. 1: 428; vol. 2: 384; vol. 4: 175
8:3–4	vol. 4: 531
8:4	vol. 1: 175; vol. 3: 351, 352
8:6	vol. 4: 468
8:7	vol. 1: 389, 709, 725; vol. 4: 444
8:8	vol. 3: 190, 262; vol. 4: 138
8:18	vol. 2: 708
8:19–20	vol. 2: 369
8:19	vol. 3: 77
8:21	vol. 2: 208
9:2	vol. 2: 759, 761
9:4	vol. 4: 334
9:6	vol. 4: 526
9:8	vol. 2: 303; vol. 3: 305
9:10	vol. 1: 386
9:12	vol. 1: 674, 725
9:15	vol. 1: 469; vol. 4: 302, 307, 437, 598, 728
9:18	vol. 4: 426
10:1	vol. 2: 760; vol. 3: 636
10:4	vol. 2: 766; vol. 3: 440
10:5	vol. 3: 270; vol. 4: 352
10:10	vol. 1: 478
10:12	vol. 1: 143, 531
10:15	vol. 3: 270
10:16	vol. 4: 285
10:20	vol. 3: 498
10:21	vol. 2: 781
11:2–19:22	vol. 3: 743
11:7	vol. 2: 184
11:9	vol. 1: 472; vol. 3: 535, 695
11:10	vol. 3: 424
11:13	vol. 1: 179
11:15	vol. 2: 466
11:17	vol. 2: 466, 760; vol. 3: 338
11:18	vol. 1: 134, 431; vol. 2: 759
11:23	vol. 3: 290
11:24	vol. 2: 643
12:1	vol. 3: 806
12:2	vol. 3: 424, 635
12:4	vol. 4: 120
12:5	vol. 2: 168; vol. 3: 351; vol. 4: 352
12:6	vol. 1: 524
12:10	vol. 3: 290
12:12	vol. 1: 743
12:14	vol. 2: 716
12:16	vol. 1: 725
12:17	vol. 2: 165; vol. 4: 472
12:18	vol. 2: 240
12:19–27	vol. 3: 669
12:19–21	vol. 4: 525
12:19	vol. 2: 184; vol. 3: 290
12:20	vol. 4: 704
12:24	vol. 1: 180
12:26	vol. 3: 424
12:27	vol. 1: 399, 743
13–14	vol. 1: 232
13:1–10	vol. 1: 232
13:1–9	vol. 1: 579
13:1–3	vol. 4: 380
13:1	vol. 1: 134, 583; vol. 4: 631
13:2	vol. 1: 428; vol. 2: 760
13:3	vol. 2: 760
13:4	vol. 2: 153; vol. 3: 433
13:5	vol. 2: 759, 761, 764
13:6	vol. 3: 270
13:7	vol. 1: 289; vol. 2: 264
13:10	vol. 2: 442; vol. 4: 468
13:11	vol. 3: 222
13:13	vol. 4: 506
13:14	vol. 1: 232; vol. 4: 698
14:1	vol. 1: 141, 522
14:2	vol. 3: 538; vol. 4: 468
14:3	vol. 2: 766; vol. 3: 680; vol. 4: 142
14:4	vol. 4: 468
14:6	vol. 1: 195; vol. 2: 766
14:11	vol. 2: 761; vol. 4: 297
14:15	vol. 2: 99; vol. 3: 352, 375, 622
14:17	vol. 4: 348
14:18	vol. 4: 466
14:19	vol. 3: 500
14:20	vol. 4: 273
14:23	vol. 3: 352
14:26	vol. 1: 419; vol. 2: 465; vol. 3: 301, 330; vol. 4: 728
14:27	vol. 1: 190; vol. 2: 466
14:28	vol. 3: 205
14:31	vol. 3: 606
15:1	vol. 3: 210
15:3	vol. 1: 725; vol. 2: 409
15:4	vol. 4: 468
15:5	vol. 3: 375, 538

Apocrypha Index

15:7–17........................**vol. 3:** 743	17:9................**vol. 1:** 399; **vol. 4:** 610
15:7........**vol. 2:** 219; **vol. 3:** 342, 742, 743	17:10...............**vol. 1:** 399; **vol. 4:** 403
15:8............**vol. 1:** 188; **vol. 3:** 342, 743	17:11..............................**vol. 1:** 524
15:9.........................**vol. 3:** 305, 743	17:13.............................**vol. 3:** 437
15:10.............................**vol. 3:** 743	17:14.............................**vol. 3:** 437
15:11...................**vol. 3:** 803, 806, 820	18:3..............................**vol. 1:** 134
15:12.............................**vol. 2:** 667	18:4..............................**vol. 4:** 626
15:13...............**vol. 1:** 683; **vol. 3:** 743	18:6...............**vol. 1:** 433; **vol. 4:** 138
15:15.............................**vol. 1:** 209	18:9..............................**vol. 2:** 434
15:17.............................**vol. 4:** 273	18:14–15..........................**vol. 3:** 168
16:2–3..............**vol. 1:** 564; **vol. 3:** 538	18:14..............**vol. 2:** 397; **vol. 4:** 291
16:6..............................**vol. 3:** 424	18:15..............**vol. 3:** 485; **vol. 4:** 562
16:7..............................**vol. 4:** 426	18:17.............................**vol. 3:** 511
16:12.............................**vol. 2:** 497	18:18.............................**vol. 1:** 190
16:13.............................**vol. 4:** 190	18:19.............................**vol. 3:** 511
16:17.............................**vol. 4:** 426	18:20.............................**vol. 3:** 535
16:20.............................**vol. 2:** 378	18:21........................**vol. 3:** 270, 524
16:22.............................**vol. 1:** 431	18:24.............................**vol. 1:** 693
16:24.............................**vol. 2:** 761	18:25.............................**vol. 3:** 486
16:26.............................**vol. 1:** 399	19:1....................**vol. 3:** 262, 461, 535
16:27.............................**vol. 1:** 349	19:4..............................**vol. 3:** 785
16:28........................**vol. 2:** 209, 334	19:6...............**vol. 1:** 434; **vol. 2:** 761
17:2..............................**vol. 4:** 142	19:12.............................**vol. 3:** 634
17:5..............................**vol. 1:** 428	19:16.............................**vol. 2:** 222
17:7................**vol. 3:** 200; **vol. 4:** 468	19:18.............................**vol. 4:** 378
17:8................**vol. 2:** 316; **vol. 3:** 421	19:20........................**vol. 4:** 269, 631

Greek Literature Index
Note: Latin sources are not included

Aelianus, Claudius, *Varia historia*
12.31 .... vol. 3: 349

Aeschines

De falsa legatione (Fals. leg.)
34 .... vol. 2: 231

In Ctesiphonem (Ctes.)
242 .... vol. 3: 629

In Timarchum (Tim.)
1.106 .... vol. 3: 77
72 .... vol. 4: 448
119 .... vol. 4: 480

Aeschylus

Agamemnon (Ag.)
16 .... vol. 1: 754
35 .... vol. 1: 493
94 .... vol. 4: 697
155 .... vol. 3: 465
170 .... vol. 3: 667
177 .... vol. 3: 176
183 .... vol. 4: 282
215 .... vol. 3: 638
230 .... vol. 1: 530
242 .... vol. 1: 594
264 .... vol. 3: 645
289 .... vol. 3: 615
317 .... vol. 2: 336
480 .... vol. 3: 616
495 .... vol. 3: 741
536 .... vol. 2: 449
580 .... vol. 2: 318
613 .... vol. 1: 554
657 .... vol. 4: 81
758–60 .... vol. 4: 492
789 .... vol. 3: 606
797 .... vol. 3: 426
832–33 .... vol. 3: 261
834 .... vol. 2: 543
842 .... vol. 2: 303
847 .... vol. 4: 702
862 .... vol. 2: 272
896–98 .... vol. 4: 389
908 .... vol. 4: 471
915 .... vol. 3: 647
991 .... vol. 2: 298
995–98 .... vol. 4: 352
1030 .... vol. 4: 320
1050–51 .... vol. 4: 634
1081 .... vol. 1: 360
1096 .... vol. 1: 532
1183 .... vol. 1: 173
1287–88 .... vol. 4: 119
1356 .... vol. 4: 702
1360–61 .... vol. 1: 311
1464 .... vol. 1: 378
1566 .... vol. 2: 718
1669 .... vol. 3: 300

Choephori (Cho.)
59–60 .... vol. 2: 433
139–41 .... vol. 2: 336
173 .... vol. 3: 706
211 .... vol. 4: 740
234 .... vol. 3: 745
249 .... vol. 3: 555
267 .... vol. 2: 739
330 .... vol. 1: 724
369 .... vol. 2: 407
503 .... vol. 2: 211
554 .... vol. 1: 349
653–54 .... vol. 3: 590
732 .... vol. 3: 674
756 .... vol. 1: 747
803–4 .... vol. 4: 154
927 .... vol. 3: 543
975 .... vol. 2: 468
1013 .... vol. 4: 597
1044–45 .... vol. 4: 100
1060 .... vol. 2: 759

Eumenides (Eum.)
17–19 .... vol. 4: 162
52 .... vol. 1: 496
60 .... vol. 1: 670
72 .... vol. 4: 320
88 .... vol. 3: 391
107 .... vol. 3: 389
245–68 .... vol. 1: 167
412 .... vol. 3: 337
478 .... vol. 2: 543
553 .... vol. 3: 606
568 .... vol. 4: 235
643 .... vol. 3: 235

Greek Literature Index

648.	vol. 1: 311, 342
653.	vol. 1: 167
686.	vol. 4: 301
699.	vol. 1: 724
771.	vol. 3: 288
826.	vol. 3: 685
828.	vol. 4: 410
868.	vol. 3: 667
963.	vol. 3: 540

Persae (Pers.)

55.	vol. 3: 760
87.	vol. 1: 756
169.	vol. 3: 647
185.	vol. 1: 272
204.	vol. 2: 478
232.	vol. 3: 740
234.	vol. 4: 549
299.	vol. 4: 637
311.	vol. 3: 740
317.	vol. 3: 198
319.	vol. 4: 312
334.	vol. 3: 782
337–38.	vol. 1: 467
341.	vol. 4: 671
362.	vol. 4: 602
380.	vol. 2: 602; vol. 3: 628
402.	vol. 3: 590
409.	vol. 2: 179
417.	vol. 2: 179
443.	vol. 3: 760
499.	vol. 4: 150
507.	vol. 3: 802
519.	vol. 1: 680
521.	vol. 2: 778
589–90.	vol. 1: 475
614–15.	vol. 3: 297
634.	vol. 2: 549
636.	vol. 1: 152
663.	vol. 2: 600
671.	vol. 2: 600
692.	vol. 3: 270
712.	vol. 1: 456
718.	vol. 2: 657
743.	vol. 3: 740
783.	vol. 2: 255
800–801.	vol. 3: 760
804.	vol. 2: 656
826.	vol. 2: 158
828.	vol. 1: 469
858.	vol. 1: 756
912.	vol. 1: 558
1000.	vol. 4: 301

Prometheus vinctus (Prom.)

12.	vol. 2: 200
21.	vol. 3: 336
174–75.	vol. 4: 369
183–84.	vol. 4: 610
233–35.	vol. 4: 446
244.	vol. 3: 735
264.	vol. 3: 423
266.	vol. 3: 423
277–78.	vol. 3: 772
297.	vol. 1: 498
299.	vol. 1: 498
309.	vol. 3: 667
315.	vol. 4: 446
317–23.	vol. 4: 448
317.	vol. 3: 532
365.	vol. 4: 211
375–76.	vol. 4: 681
391.	vol. 1: 708
393.	vol. 1: 708
443.	vol. 3: 382
447.	vol. 1: 520
480.	vol. 4: 688
509.	vol. 1: 677
566.	vol. 4: 697
586.	vol. 1: 610
592.	vol. 1: 610
609–11.	vol. 1: 328
645–54.	vol. 3: 638
703–4.	vol. 3: 667
715.	vol. 4: 623
728.	vol. 3: 452
739.	vol. 3: 745
743.	vol. 2: 736
759.	vol. 3: 667
813–15.	vol. 3: 214
827.	vol. 3: 581
845.	vol. 3: 598
859.	vol. 4: 602
913.	vol. 3: 342
936.	vol. 4: 150
942.	vol. 1: 701
1038.	vol. 2: 263
1047.	vol. 4: 211
1081.	vol. 4: 231

Septem contra Thebas (Sept.)

132.	vol. 2: 245
134.	vol. 2: 245
185.	vol. 3: 755
267–70.	vol. 4: 610
272.	vol. 2: 249
344.	vol. 3: 300
437.	vol. 4: 492
463.	vol. 4: 608
465.	vol. 4: 416
471.	vol. 2: 357
488.	vol. 4: 416, 505
559.	vol. 2: 102
598.	vol. 1: 723
609–11.	vol. 4: 162
622.	vol. 4: 252

696.	vol. 3: 446	290.	vol. 4: 343
743.	vol. 3: 606	397.	vol. 2: 745
771.	vol. 3: 684	509.	vol. 1: 501
800.	vol. 4: 282	546.	vol. 3: 543
1016.	vol. 1: 569	570.	vol. 2: 403
1022.	vol. 1: 569	593–94	vol. 4: 467
1040.	vol. 2: 611	601.	vol. 4: 471
1046.	vol. 2: 611	603.	vol. 4: 471
		604.	vol. 3: 782

Supplices (Suppl.)

		605.	vol. 1: 754
24.	vol. 1: 469	616–18	vol. 3: 684
48.	vol. 1: 559	636–37	vol. 2: 449
89.	vol. 3: 261	654.	vol. 2: 568
198.	vol. 3: 248	721.	vol. 3: 378
282–83	vol. 4: 505	947.	vol. 4: 411
282.	vol. 4: 651	1005.	vol. 3: 703

Aesop, *Aesop's Fables*

3.17..........................vol. 2: 156

Aetius Amidenus

Iatricorum   *Libri medicinales*
7.33..........vol. 3: 692   8.12..........vol. 4: 375

Alcaeus, *Fragments*

306.	vol. 3: 598	335.	vol. 3: 258
332.	vol. 3: 258		

Alciphron, *Epistolographus (Ep.)*

2.19.1.......................vol. 4: 296

Alcman, *Fragment*

5.2..........................vol. 4: 468

Anacreon, *Epigram (Epigr.)*

11.48.......................vol. 1: 456

Anaxagoras, *Fragment*

12...........................vol. 3: 427

Anaximander, *Fragments*

9............vol. 2: 731   34............vol. 2: 731

Andocides, *De mysteriis*

133..........................vol. 3: 708

Antiphanes, *Fragment*
123.6 . . . . .vol. 1: 404

Antiphon, *Third Tetralogy (Third Tetral.)*
1.6 . . . . .vol. 2: 198

Apollonius of Rhodes, *Argonautica (Argon.)*
4.832 . . . . .vol. 3: 606

Apollonius of Tyana, *Epistula*
52 . . . . .vol. 1: 576

Appian

Bella civilia (Bell. civ.)
1.8 . . . . .vol. 4: 688
2.13 . . . . .vol. 2: 743
5.28 . . . . .vol. 2: 164

Historia romana (Hist. rom.)
17 . . . . .vol. 1: 725
70 . . . . .vol. 1: 725
578 . . . . .vol. 1: 636

Apuleius, *Metamorphoses (Metam.)*
11.21 . . . . .vol. 4: 421
11.23 . . . . vol. 2: 290; vol. 3: 620
11.25.7 . . . . .vol. 3: 677

Archilochus, *Fragments*
4 . . . . .vol. 3: 389
89.18 . . . . .vol. 4: 207
234 . . . . .vol. 4: 675
328.19 . . . . .vol. 4: 644

Aretaeus, *De curatione diuturnorum morborum libri duo*
1.5.6 . . . . .vol. 1: 452
1.13.4 . . . . .vol. 1: 452

Aristophanes

Acharnenses (Ach.)
12 . . . . .vol. 4: 278
45.173 . . . . .vol. 2: 675
599 . . . . .vol. 1: 496
687 . . . . .vol. 4: 296
1059 . . . . .vol. 1: 667
1126 . . . . .vol. 3: 776

Aves (Av.)
395 . . . . .vol. 2: 661
440 . . . . .vol. 1: 693
522 . . . . .vol. 1: 124
579 . . . . .vol. 4: 344
628 . . . . .vol. 1: 708
686 . . . . .vol. 3: 741
760 . . . . .vol. 4: 375
778 . . . . .vol. 4: 268
1015 . . . . .vol. 3: 498
1137 . . . . .vol. 2: 430
1379 . . . . .vol. 2: 767
1397 . . . . .vol. 3: 802
1519 . . . . .vol. 3: 385
1671 . . . . .vol. 1: 520

Ecclesiazusae (Eccl.)
317 . . . . .vol. 2: 750
366 . . . . .vol. 4: 468
524 . . . . .vol. 3: 349

Equites (Eq.)
45 . . . . .vol. 1: 691
247–50 . . . . .vol. 3: 602
248 . . . . .vol. 4: 480

296.	vol. 3: 505
656.	vol. 2: 307
684.	vol. 3: 602
1083.	vol. 2: 767

Historiae animalium epitome

2.31	vol. 1: 639–40
2.206	vol. 2: 354

Lysistrata (Lys.)

9.	vol. 2: 594
377.	vol. 3: 172
471.	vol. 3: 794
587.	vol. 4: 199
708.	vol. 2: 452

Nubes (Nub.)

81.	vol. 1: 664
105.	vol. 3: 382
225.	vol. 2: 645
270.	vol. 2: 512
282.	vol. 2: 512
404.	vol. 3: 446
592.	vol. 4: 608
842.	vol. 3: 684
889–1104	vol. 3: 130
1036.	vol. 3: 823
1203.	vol. 4: 135

Pax

484.	vol. 3: 498
734.	vol. 4: 199
749.	vol. 3: 462
1102.	vol. 4: 340
1299.	vol. 1: 272

Plutus (Plut.)

78.	vol. 2: 108
155.	vol. 4: 110
268.	vol. 4: 707
722.	vol. 2: 737
765.	vol. 2: 307

Ranae (Ran.)

3.	vol. 2: 461
5.	vol. 2: 461
96.	vol. 4: 78
103.	vol. 3: 204
674.	vol. 2: 512
686.	vol. 2: 512
1030.	vol. 4: 78
1059.	vol. 4: 492
2009.	vol. 3: 424

Thesmophoriazusae (Thesm.)

295.	vol. 2: 675
468.	vol. 4: 675
949.	vol. 3: 385
984.	vol. 3: 385
1111.	vol. 1: 256

Vespae (Vesp.)

62.	vol. 3: 85
118.	vol. 3: 172
177.	vol. 1: 754
379.	vol. 2: 476
660.	vol. 3: 785
792.	vol. 1: 495
1175–76	vol. 4: 282
1452.	vol. 3: 446
1512.	vol. 3: 206

Aristotle

Analytica posterior (An. post.)

79a30	vol. 1: 441

Analytica priora (An. pr.)

43a	vol. 2: 643

Athenain politeia (Ath. pol.)

42.1	vol. 3: 391
45.	vol. 2: 135
58.3	vol. 1: 363

Categoriae (Cat.)

2b7.	vol. 3: 337
13b.12–35.	vol. 1: 224
15.	vol. 2: 346

De anima (De an.)

412a15–30	vol. 4: 436
413b11–13	vol. 4: 726
420b20.	vol. 2: 277
433a16	vol. 2: 293

De caelo (Cael.)

271b33.	vol. 4: 631
284al	vol. 1: 164
291a33.	vol. 4: 631

De generatione anamalium (Gen. an.)

718a28.	vol. 3: 635
747a9	vol. 4: 688
755a.	vol. 2: 362
773b18.	vol. 2: 157

De interpretatione (Int.)

17a.2–4.	vol. 1: 224
19a.33	vol. 1: 224

De mirabilibus auscultationibus (Mir. ausc.)

834b11.	vol. 1: 124

De mundo (Mund.)
395b7	vol. 4: 373
398a16	vol. 4: 189
401a28–29	vol. 4: 175

De partibus animalium (Part. an.)
655a22	vol. 4: 369

De sensu et sensibilibus (Sens.)
5	vol. 3: 559

De virtutibus et vitiis (Virt. vit.)
1251b13	vol. 4: 218

Ethica eudemia (Eth. eud.)
1215a23	vol. 4: 127
1216a	vol. 2: 217
1223b12–16	vol. 2: 83
1242a25–26	vol. 2: 707

Ethica nichomachea (Eth. nic.)
1.1	vol. 1: 93
4.3.31	vol. 1: 690
1094a–b	vol. 4: 471
1094b25–26	vol. 1: 643
1095b14	vol. 1: 514
1096b13–15	vol. 4: 714
1098a4–5	vol. 3: 131
1101a1–3	vol. 1: 435
1101b33–34	vol. 4: 436, 725
1102a19	vol. 2: 447
1103b20	vol. 1: 289
1104b30	vol. 1: 174
1106a14–23	vol. 2: 266
1106a14	vol. 1: 389
1107a	vol. 1: 389
1117b4–5	vol. 4: 252
1119b12	vol. 2: 716
1125a10	vol. 1: 667
1125b26–35	vol. 4: 123
1127a22	vol. 1: 549
1128b	vol. 1: 166
1129a34	vol. 1: 723
1129b27	vol. 1: 723
1129b30	vol. 1: 724
1129b31	vol. 1: 724
1130	vol. 1: 389
1130b26–27	vol. 3: 585
1132a20–23	vol. 3: 284
1135a13	vol. 1: 724
1135b	vol. 1: 256
1136a18	vol. 1: 724
1138a9–10	vol. 3: 532
1139b18	vol. 2: 253
1146a23	vol. 2: 164
1150a33	vol. 3: 216
1150b19	vol. 1: 420
1152–55	vol. 2: 377
1152b1–3	vol. 4: 467
1162a27	vol. 1: 677
1162a1718	vol. 3: 470
1164a29	vol. 2: 230
1165a29	vol. 3: 658
1165b18–19	vol. 3: 542
1177a12–19	vol. 3: 427
1179b15	vol. 3: 426
1180b35–81a	vol. 2: 230
1181a18	vol. 2: 146
1181b7	vol. 4: 398

Historia animalium (Hist. an.)
571b18	vol. 3: 332
587b28	vol. 4: 268
612b22	vol. 4: 302
616b27	vol. 1: 513
619b29	vol. 3: 691
624a7–8	vol. 2: 476

Magna moralia (Mag. mor.)
1203b1	vol. 4: 734
1203b13	vol. 2: 83

Metaphysica (Metaph.)
1012a23	vol. 3: 133
1017a26	vol. 3: 666
1021b20	vol. 4: 471
1029a29	vol. 3: 337
1066a13–16	vol. 4: 379
1069a25–30	vol. 3: 598
1072b28	vol. 2: 366
1072b34	vol. 2: 608
982b21	vol. 2: 253
983a2	vol. 3: 719
983a26	vol. 1: 189
983b	vol. 4: 331
988a5	vol. 1: 406
989b17	vol. 1: 349
990b9	vol. 3: 337
1048a–b	vol. 2: 266

Meteorologica (Mete.)
359a8	vol. 1: 471

Oeconomica (Oec.)
134b	vol. 1: 658
135b	vol. 1: 658
1348a11	vol. 2: 135

Physica (Phys.)
20a25–26	vol. 4: 703
187a18	vol. 3: 337
190b15	vol. 1: 435
192b15	vol. 1: 438
194b16	vol. 1: 189
199b	vol. 1: 255

Poetica (Poet.)

1447b11	vol. 3: 134
1449b5	vol. 3: 344
1449b24–28	vol. 2: 167
1450a4	vol. 3: 344
1451a16	vol. 3: 344
1452b31–39	vol. 2: 167
1453a	vol. 3: 465
1457a14	vol. 4: 207
1457a31	vol. 1: 349
1458a21	vol. 4: 282

Politica (Pol.)

1249b38	vol. 4: 100
1252b	vol. 1: 467
1253a9–10	vol. 3: 131
1253b5–6	vol. 1: 670
1256b–58a	vol. 3: 796
1257a32–33	vol. 3: 778
1259a12	vol. 1: 404
1260b40	vol. 1: 296
1266a34–35	vol. 3: 542
1269a	vol. 3: 796
1273a37	vol. 1: 475
1274a34	vol. 3: 318
1285a7	vol. 1: 164
1285b20	vol. 1: 475
1286a15	vol. 1: 594
1287b3	vol. 3: 667
1287b5	vol. 1: 594
1289a14–20	vol. 3: 404
1291a27	vol. 1: 723
1305a27–28	vol. 3: 760
1306a28	vol. 3: 284
1308a29–30	vol. 4: 488
1309b15–18	vol. 4: 378
1309b35	vol. 4: 420
1324b10	vol. 2: 89
1330a8–14	vol. 3: 105
1335a20	vol. 1: 541
1336b14	vol. 1: 435

Problemata (Probl.)

929a25	vol. 4: 629
933a10	vol. 4: 373
966b35	vol. 4: 697

Rhetorica (Rhet.)

1362b22	vol. 1: 776
1366b9–10	vol. 1: 723
1368b6	vol. 1: 156
1368b21	vol. 3: 745
1372a34	vol. 4: 598
1380a23–24	vol. 4: 449
1382b10	vol. 4: 488
1384a4	vol. 4: 449
1385a22	vol. 1: 467
1388a31–38	vol. 2: 350
1389b33	vol. 2: 387
1390b32–34	vol. 4: 557
1392a29	vol. 2: 669
1392a31	vol. 2: 669
1393a28–30	vol. 3: 610
1393b4–7	vol. 3: 610
1395a18–19	vol. 3: 645
1395a20	vol. 3: 643
1404b11	vol. 3: 442
1406a35–36	vol. 4: 702
1406b9–10	vol. 2: 449; vol. 4: 342
1407b11	vol. 4: 407
1410b8	vol. 1: 610
1413a17	vol. 3: 645
1413b12	vol. 1: 493
1415a12–14	vol. 3: 772
1419b26	vol. 4: 603
1419b34–20a6	vol. 3: 608

Sophistici elenchi (Soph. elench.)

165a2	vol. 2: 164
170a24	vol. 2: 164

Topica (Top.)

102a26	vol. 1: 664
151b8	vol. 4: 416

Athenaeus of Naucratis, *Deipnosophistae*

7.14	vol. 4: 464	663c	vol. 2: 146

Callimachus

Hymnus in Apollinem (Hymn. Apoll.)

64 .... vol. 2: 79

Lyrica, Fragment

228.49 .... vol. 3: 490

Callisthenes, *Fragment*

14a .... vol. 4: 522

Chrysippus, *Fragmenta moralia*

4.............................vol. 4: 631

Conon, *Narration*

38............................vol. 3: 159

Corpus hermeticum (Corp. herm.)

1.6.............................vol. 3: 427	5.11............................vol. 3: 427
1.12............................vol. 3: 427	7.1–2..........................vol. 4: 421
1.15............................vol. 3: 667	7.2.............................vol. 3: 452
1.22............................vol. 3: 648	9.10............................vol. 3: 761
1.26–29........................vol. 3: 452	10.21......................vol. 3: 428, 452
1.26............................vol. 4: 421	13.1............................vol. 4: 577
1.28............................vol. 4: 320	13.6............................vol. 4: 437
1.29............................vol. 4: 421	13.15...........................vol. 3: 622
1.32............................vol. 3: 622	13.22b..........................vol. 3: 622
5.10a...........................vol. 3: 427	23..............................vol. 4: 331

Demetrius the Stylist, *De elocutione*

100............................vol. 1: 250   151............................vol. 1: 250

Democritus, *Fragments*

115............................vol. 4: 302   240............................vol. 4: 565
142............................vol. 3: 515   297............................vol. 4: 402

Demosthenes

Adversus Androtionem (Andr.)
31.............................vol. 3: 513
77.............................vol. 1: 657

Adversus Leptinem (Lept.)
60.............................vol. 1: 657
156............................vol. 2: 198

Contra Eubulidem (Eub.)
59.............................vol. 1: 673

Contra Lacritum (Lacr.)
27.............................vol. 4: 471
46.............................vol. 1: 742

Contra Macartatum (Macart.)
82.............................vol. 3: 280

2 Contra Onetorem (2 Onet.)
4..............................vol. 3: 546
8..............................vol. 4: 561

Contra Pantaenetum (Pant.)
10.............................vol. 3: 176
34.............................vol. 2: 211
59.............................vol. 1: 444

Contra Phormionem (C. Phorm.)
29–30..........................vol. 3: 628
30.............................vol. 2: 240

Contra Timotheum (Tim.)
9.........................vol. 3: 556, 622
118............................vol. 3: 532

De Chersoneso (Chers.)
17.............................vol. 2: 106
19.............................vol. 1: 492

De corona (Cor.)
33.............................vol. 1: 142
43.............................vol. 4: 421
46........................vol. 3: 753–54
48.............................vol. 3: 476
53.............................vol. 1: 594
72.............................vol. 2: 106
95.............................vol. 1: 515
113............................vol. 3: 123
127............................vol. 4: 344
129............................vol. 1: 541
141............................vol. 2: 601
150............................vol. 2: 656
193............................vol. 3: 124

199. . . . . .vol. 1:193
216. . . . . .vol. 2: 730
217. . . . . .vol. 2: 332
241. . . . . .vol. 1: 469
242. . . . . .vol. 1: 491
247. . . . . .vol. 4: 597
269. . . . . .vol. 1: 396
284. . . . . .vol. 2: 548
308. . . . . .vol. 1: 450

De falsa legatione (Fals. leg.)
1. . . . . .vol. 3: 628
163. . . . . .vol. 2: 675
212. . . . . .vol. 2: 601
233. . . . . .vol. 2: 744
284. . . . . .vol. 4: 448
309. . . . . .vol. 4: 448

De Halonneso (Halon.)
35. . . . . .vol. 3: 476

De pace
15. . . . . .vol. 2: 465

De symmoriis (Symm.)
5. . . . . .vol. 4: 455

Epistulae
4.11. . . . . .vol. 4: 110

1 In Aphobum (1 Aphob.)
21. . . . . .vol. 4: 726

3 In Aphobum (3 Aphob.)
58. . . . . .vol. 4: 138

In Aristocratem (Aristocr.)
64. . . . . .vol. 2: 350

1 In Aristogitonem (1 Aristog.)
16. . . . . .vol. 1: 752
57. . . . . .vol. 3: 802

2 In Aristogitonem (2 Aristog.)
17. . . . . .vol. 1: 467

In Cononem (Con.)
2. . . . . .vol. 1: 419
7. . . . . .vol. 2: 737; vol. 3: 674

In Evergum et Mnesibulum (Everg.)
53. . . . . .vol. 2: 131

In Midiam (Mid.)
21. . . . . .vol. 1: 640
44. . . . . .vol. 1: 376
72. . . . . .vol. 3: 641
77. . . . . .vol. 3: 574
88. . . . . .vol. 1: 419

93. . . . . .vol. 1: 531
137–39. . . . . .vol. 4: 597
137. . . . . .vol. 1: 419
152. . . . . .vol. 2: 637
155. . . . . .vol. 1: 379
166. . . . . .vol. 1: 391
195. . . . . .vol. 4: 558
205. . . . . .vol. 1: 274
207. . . . . .vol. 2: 240
214. . . . . .vol. 3: 634

In Neaeram (Neaer.)
63. . . . . .vol. 2: 131
122. . . . . .vol. 4: 111

In Olympiodorum (Olymp.)
31. . . . . .vol. 2: 745

In Stephanum I (1 Steph.)
25. . . . . .vol. 1: 284
79. . . . . .vol. 4: 597

In Theocrinem (Theocr.)
24. . . . . .vol. 1: 594

In Timocratem (Timocr.)
13. . . . . .vol. 1: 717
45. . . . . .vol. 1: 444

Olynthiaca I (1 Olynth.)
4. . . . . .vol. 1: 242
8. . . . . .vol. 1: 444

Olynthiaca II (2 Olynth.)
12. . . . . .vol. 2: 656–57; vol. 4:120

Olynthiaca III (3 Olynth.)
29. . . . . .vol. 4: 181

On the Accession of Alexander
20. . . . . .vol. 4: 460

Peri syntaxeōs (Syntax.)
29. . . . . .vol. 1: 776

Philippi epistula
4. . . . . .vol. 2: 675

Philippica II (2 Philip.)
31. . . . . .vol. 3: 657

Philippica III (3 Philip.)
12. . . . . .vol. 1: 224

Philippica IV (4 Philip.)
11. . . . . .vol. 2: 344
47. . . . . .vol. 2: 744

Pro Phormione (Pro Phorm.)
32. . . . . .vol. 3: 404

Dio, Cassius, *Historiae romanae*

45.17.5 . . . . .vol. 2: 385
75.91 . . . . .vol. 3: 783

Dio Chrysostom

Ad Alexandrinos (Alex.)
18 . . . . .vol. 4: 421

De exilio (Exil.)
13.7 . . . . .vol. 1: 184

Orationes (Or.)
1.40 . . . . .vol. 4: 88
25.3 . . . . .vol. 1: 611
33.21 . . . . .vol. 1: 103

Diodorus Siculus, *Biblioteca Historica*

1.31.5 . . . . .vol. 4: 449	13.47.4 . . . . .vol. 3: 643
1.32.8 . . . . .vol. 2: 82	13.90.5 . . . . .vol. 2: 164
1.36.8 . . . . .vol. 4: 448	14.81.6 . . . . .vol. 2: 216
1.66.3 . . . . .vol. 3: 118	15.7.1 . . . . .vol. 1: 139
1.81.4 . . . . .vol. 4: 373	15.10.2 . . . . .vol. 4: 683
2.1–3 . . . . .vol. 3: 399	15.57.2 . . . . .vol. 4: 369
2.4.5 . . . . .vol. 4: 369	16.32.3 . . . . .vol. 4: 571
2.6.3 . . . . .vol. 1: 749	16.80 . . . . .vol. 1: 460
3.9.1 . . . . .vol. 4: 631	17.74.3 . . . . .vol. 2: 643
3.43.7 . . . . .vol. 3: 253	19.26.2 . . . . .vol. 4: 678
4.6.4 . . . . .vol. 1: 492	19.59.6 . . . . .vol. 2: 293
4.68.4 . . . . .vol. 1: 475	20.14 . . . . .vol. 1: 658
4.73.4 . . . . .vol. 1: 751	20.41.1 . . . . .vol. 2: 643
8.12.14 . . . . .vol. 2: 475	25.5.2 . . . . .vol. 4: 355
8.18.3 . . . . .vol. 2: 293	29.4.1 . . . . .vol. 1: 752
9.15 . . . . .vol. 3: 393	31.26.1 . . . . .vol. 4: 522
13.11.2 . . . . .vol. 4: 449	32.11.1 . . . . .vol. 4: 556
13.12.6 . . . . .vol. 2: 316	36.2.2 . . . . .vol. 1: 139
13.36.2 . . . . .vol. 2: 216	38/39.4.4 . . . . .vol. 4: 688

Diogenes Laertius, *Vitae philosophorum (Vitae)*

1.58 . . . . .vol. 4: 411	7.42 . . . . .vol. 3: 426
1.110 . . . . .vol. 1: 136	7.81 . . . . .vol. 1: 389
2.1.2 . . . . .vol. 4: 377	7.110 . . . . .vol. 3: 778
2.24 . . . . .vol. 1: 396	7.173 . . . . .vol. 1: 549
6.50 . . . . .vol. 4: 608	9.91 . . . . .vol. 4: 571
6.51 . . . . .vol. 2: 102	10.30–31 . . . . .vol. 1: 174
7.1.3 . . . . .vol. 2: 255	10.123 . . . . .vol. 4: 600
7.8.87 . . . . .vol. 2: 255	

Dionysius of Halicarnassus

1.11.37 . . . . .vol. 3: 628
1.30.3 . . . . .vol. 4: 273
4.12.3 . . . . .vol. 2: 746
4.38.6 . . . . .vol. 2: 740
5.4.3 . . . . .vol. 4: 653
10.37.1 . . . . .vol. 4: 588

Antiquitates romanae (Ant. rom.)
6.86.1 . . . . .vol. 3: 264
6.86.4 . . . . .vol. 3: 264

Ars rhetorica
9.15 . . . . .vol.1: 708

De compositione verborum
4 . . . . .vol. 4: 181

De Dinarcho (Din.)
1 . . . . .vol. 4: 473

Dioscorides Pedanius, *De materia medica*

1.64.4. . . . . vol. 1: 353

Empedocles, *Fragment*

126. . . . . vol. 4: 252

Epictetus

Diatribai (Diatr.)

3.2. . . . . vol. 1: 424
3.2.3. . . . . vol. 3: 667
3.2.14. . . . . vol. 1: 389
3.4.5. . . . . vol. 2: 620
3.7.2. . . . . vol. 4: 436
3.7.18. . . . . vol. 1: 752
3.9.5. . . . . vol. 4: 516
3.9.13. . . . . vol. 2: 164
3.13.8. . . . . vol. 2: 462
3.19.1. . . . . vol. 3: 561
3.19.3. . . . . vol. 1: 201
3.20.10. . . . . vol. 1: 408
3.21.15. . . . . vol. 3: 542
3.22.3. . . . . vol. 1: 670
3.22.4. . . . . vol. 1: 670
3.22.9. . . . . vol. 2: 676
3.22.23. . . . . vol. 1: 65
3.22.30. . . . . vol. 2: 623
3.22.32. . . . . vol. 3: 561
3.22.35. . . . . vol. 4: 135
3.22.36–37 . . . . vol. 1: 616
3.22.69. . . . . vol. 1: 768; vol. 2: 676
3.22.80. . . . . vol. 4: 651
3.22.81–82 . . . . vol. 3: 677
3.22.82. . . . . vol. 1: 768
3.22.86. . . . . vol. 3: 236
3.22.95. . . . . vol. 1: 768
3.23.28. . . . . vol. 3: 375
3.23.31. . . . . vol. 4: 384
3.23.33. . . . . vol. 2: 164
3.24.9. . . . . vol. 1: 539
3.24.14–16 . . . . vol. 4: 522
3.24.34. . . . . vol. 4: 384
3.24.53. . . . . vol. 3: 382
3.24.56. . . . . vol. 4: 450
3.24.65. . . . . vol. 1: 701
4.1.6–7 . . . . vol. 1: 223
4.1.45. . . . . vol. 2: 462
4.1.51. . . . . vol. 2: 354
4.1.79. . . . . vol. 1: 591
4.1.89–90 . . . . vol. 2: 173
4.4.16. . . . . vol. 3: 538
4.6.3. . . . . vol. 3: 705
4.8.15. . . . . vol. 2: 108
4.8.33. . . . . vol. 1: 166
4.10.21. . . . . vol. 1: 507
4.11.3. . . . . vol. 2: 76
4.11.27. . . . . vol. 3: 742
4.11.33. . . . . vol. 2: 724

Enchiridion (Ench.)

33.5 . . . . vol. 3: 494

Epicurus

Gnomologium Vaticanum Epicureum, Fragment

33. . . . . vol. 4: 252

Letter to Herodotus

79. . . . . vol. 3: 465

Ratae sententiae (Sent.)

4. . . . . vol. 4: 252
18. . . . . vol. 4: 252
20. . . . . vol. 4: 252
30. . . . . vol. 2: 657

Epiphanius, *Panarion (Pan.)*

1.23.1. . . . . vol. 1: 577
1.239. . . . . vol. 1: 181
33.7.8. . . . . vol. 3: 504
48–49 . . . . vol. 4: 173

Euripides

Alcestis (Alc.)
5. . . . . vol. 4: 467
24–76 . . . . vol. 2: 404
209 . . . . vol. 3: 647
460 . . . . vol. 4: 605
516 . . . . vol. 4: 742
657 . . . . vol. 3: 553
670 . . . . vol. 4: 701
692 . . . . vol. 3: 123
766 . . . . vol. 3: 602
782–89 . . . . vol. 2: 405
972 . . . . vol. 3: 542
1071 . . . . vol. 2: 630

Andromache (Andr.)
32 . . . . vol. 2: 752
43 . . . . vol. 3: 643
266 . . . . vol. 2: 88
406 . . . . vol. 3: 578
419 . . . . vol. 4: 726
489–90 . . . . vol. 4: 553–54
674 . . . . vol. 3: 357
705 . . . . vol. 3: 342
742 . . . . vol. 2: 474
781–84 . . . . vol. 3: 446
899 . . . . vol. 1: 134
1031 . . . . vol. 2: 655

Bacchae (Bacch.)
170 . . . . vol. 2: 134
189–91 . . . . vol. 4: 231
211 . . . . vol. 4: 162
253 . . . . vol. 2: 156
298–301 . . . . vol. 3: 204
342 . . . . vol. 4: 493
616 . . . . vol. 1: 677
654 . . . . vol. 3: 606
832 . . . . vol. 4: 416
866 . . . . vol. 2: 190
874 . . . . vol. 2: 272
911 . . . . vol. 3: 206
947–48 . . . . vol. 4: 515
1084 . . . . vol. 4: 291
1094 . . . . vol. 3: 802
1196–97 . . . . vol. 3: 719
1321 . . . . vol. 4: 455

Cyclops (Cycl.)
149 . . . . vol. 1: 564
356–59 . . . . vol. 1: 533
447 . . . . vol. 4: 467
534 . . . . vol. 3: 171

Electra (El.)
44 . . . . vol. 1: 181
239–40 . . . . vol. 3: 446
386 . . . . vol. 3: 470

431 . . . . vol. 3: 705
897 . . . . vol. 4: 465
1049 . . . . vol. 3: 657
1139 . . . . vol. 3: 704

Fragments
289 . . . . vol. 3: 451
648 . . . . vol. 1: 501
715 . . . . vol. 4: 681
912.11 . . . . vol. 4: 211

Hecuba (Hec.)
1 . . . . vol. 4: 320
149 . . . . vol. 3: 553
252 . . . . vol. 3: 667
372 . . . . vol. 1: 569
407 . . . . vol. 1: 435
569 . . . . vol. 1: 435
602 . . . . vol. 2: 620
869 . . . . vol. 2: 172
1050 . . . . vol. 4: 509
1107–8 . . . . vol. 2: 405
1110 . . . . vol. 3: 590
1187–88 . . . . vol. 2: 561
1227 . . . . vol. 4: 685

Helena (Hel.)
48 . . . . vol. 1: 203
128 . . . . vol. 3: 543
190 . . . . vol. 1: 541
420 . . . . vol. 4: 681
481 . . . . vol. 3: 745
608 . . . . vol. 4: 446
996 . . . . vol. 1: 530
999–1000 . . . . vol. 3: 300
1056 . . . . vol. 3: 598
1552 . . . . vol. 4: 420

Heraclidae (Heracl.)
321–22 . . . . vol. 1: 177
342 . . . . vol. 3: 254
404 . . . . vol. 1: 501
530–34 . . . . vol. 2: 405
619–28 . . . . vol. 2: 405

Hercules furens (Herc. fur.)
16 . . . . vol. 3: 538
53–54 . . . . vol. 4: 411
102 . . . . vol. 3: 802
287 . . . . vol. 3: 574
597 . . . . vol. 2: 495
655–56 . . . . vol. 4: 407
824–25 . . . . vol. 4: 383
945 . . . . vol. 2: 620
1045 . . . . vol. 4: 365
1064 . . . . vol. 4: 718
1297 . . . . vol. 3: 740

Hippolytus (Hipp.)
258. . . . . vol. 4: 740
283. . . . . vol. 3: 772
422. . . . . vol. 3: 657
505. . . . . vol. 4: 726
516. . . . . vol. 4: 688
616. . . . . vol. 1: 302
728–31. . . . . vol. 3: 460
764–66. . . . . vol. 3: 420
799. . . . . vol. 4: 395
858. . . . . vol. 2: 255
862. . . . . vol. 4: 505
966. . . . . vol. 3: 357
1003–6. . . . . vol. 3: 637
1030–31. . . . . vol. 4: 252
1400. . . . . vol. 3: 602

Ion
109. . . . . vol. 3: 677
129. . . . . vol. 3: 94
152. . . . . vol. 3: 94
229–30. . . . . vol. 3: 606
314. . . . . vol. 3: 470
620. . . . . vol. 3: 421
681. . . . . vol. 4: 162
805–7. . . . . vol. 4: 301
923. . . . . vol. 2: 454
1015. . . . . vol. 2: 543
1189. . . . . vol. 1: 515
1192. . . . . vol. 3: 784
1194. . . . . vol. 3: 784
1386. . . . . vol. 4: 87

Iphigenia aulidensis (Iph. aul.)
37–38. . . . . vol. 4: 410
194. . . . . vol. 4: 371
337. . . . . vol. 4: 348
527. . . . . vol. 2: 198
543–57. . . . . vol. 4: 444
617. . . . . vol. 4: 373
1382. . . . . vol. 3: 485
1400–1401. . . . . vol. 1: 467

Iphigenia taurica (Iph. taur.)
57. . . . . vol. 4: 389
239. . . . . vol. 2: 674
276. . . . . vol. 4: 597
610. . . . . vol. 4: 211
770. . . . . vol. 2: 255
877. . . . . vol. 1: 352
1372. . . . . vol. 4: 410
1443. . . . . vol. 4: 231

Medea (Med.)
151–57. . . . . vol. 2: 714
337. . . . . vol. 3: 581
366. . . . . vol. 3: 435

399–400. . . . . vol. 3: 745
409. . . . . vol. 4: 467
432. . . . . vol. 3: 204
446–47. . . . . vol. 3: 533
557. . . . . vol. 4: 347
635. . . . . vol. 2: 336
745. . . . . vol. 2: 213
1039. . . . . vol. 4: 416
1226. . . . . vol. 3: 278
1279. . . . . vol. 4: 292
1280. . . . . vol. 4: 292

Orestes (Or./Orest.)
64. . . . . vol. 3: 622
299. . . . . vol. 3: 423
396. . . . . vol. 4: 403, 407
434. . . . . vol. 4: 501
454. . . . . vol. 3: 515
688. . . . . vol. 2: 657
708–9. . . . . vol. 3: 318
802. . . . . vol. 1: 640
859. . . . . vol. 2: 183
922. . . . . vol. 1: 203
1021. . . . . vol. 2: 154
1173. . . . . vol. 3: 635
1276. . . . . vol. 1: 116
1498. . . . . vol. 3: 198
1507. . . . . vol. 4: 150
1570. . . . . vol. 4: 105

Phoenissae (Phoen.)
1. . . . . vol. 3: 541
67. . . . . vol. 1: 382
107–8. . . . . vol. 4: 714
162. . . . . vol. 3: 336
225. . . . . vol. 3: 94
336. . . . . vol. 2: 752
533–34. . . . . vol. 3: 485
536. . . . . vol. 2: 548
542. . . . . vol. 2: 548
599. . . . . vol. 1: 432
634. . . . . vol. 2: 575
749. . . . . vol. 4: 460
753. . . . . vol. 2: 640
883. . . . . vol. 3: 745
1087. . . . . vol. 1: 450
1140. . . . . vol. 4: 81
1373. . . . . vol. 3: 469
1640. . . . . vol. 4: 365

Rhesus (Rhes.)
249. . . . . vol. 4: 231
400. . . . . vol. 4: 386
645. . . . . vol. 1: 308
709. . . . . vol. 1: 308
715. . . . . vol. 1: 186
965. . . . . vol. 3: 574

Greek Literature Index

Supplices (Suppl.)
42–43 . . . . vol. 1: 592
216 . . . . vol. 4: 617
238 . . . . vol. 3: 280
293 . . . . vol. 1: 592
337 . . . . vol. 3: 423
464 . . . . vol. 4: 119
548 . . . . vol. 2: 656
767 . . . . vol. 1: 494
773 . . . . vol. 2: 158
909 . . . . vol. 4: 436

927 . . . . vol. 2: 318
1043 . . . . vol. 1: 762
1215 . . . . vol. 1: 742

Troades (Tro.)
311–12 . . . . vol. 3: 206
634–41 . . . . vol. 2: 405
824 . . . . vol. 3: 784
994–95 . . . . vol. 4: 205
1276 . . . . vol. 1: 425

Gorgias, *Fragments*

11a.32, line 206 . . . . vol. 3: 478
11.51 . . . . vol. 3: 130

Heliodorus, *Aethiopica (Aeth.)*

1.18.5 . . . . vol. 2: 245

Heraclitus

Allegoriae (All.)
41.10 . . . . vol. 2: 88

Fragments
1 . . . . vol. 3: 129
2 . . . . vol. 3: 129

B5 . . . . vol. 1: 167
31 . . . . vol. 3: 129
39 . . . . vol. 3: 129
50 . . . . vol. 3: 129
87 . . . . vol. 3: 129
124 . . . . vol. 2: 731

Herodotus, *Historiae*

1.1.1 . . . . vol. 3: 470
1.2 . . . . vol. 1: 186
1.2.1 . . . . vol. 1: 156
1.5.2 . . . . vol. 2: 118
1.8.1–2 . . . . vol. 2: 96
1.8.3 . . . . vol. 1: 166; vol. 4: 515–16
1.8.4 . . . . vol. 1: 636
1.11.1 . . . . vol. 1: 754
1.11.4 . . . . vol. 1: 224
1.12.2 . . . . vol. 1: 284
1.21 . . . . vol. 1: 366
1.21.1 . . . . vol. 2: 674; vol. 3: 462
1.22.3 . . . . vol. 2: 293
1.23 . . . . vol. 3: 505
1.24.2 . . . . vol. 4: 726
1.25.2 . . . . vol. 4: 78
1.30.4 . . . . vol. 2: 379
1.32 . . . . vol. 1: 193
1.36.2 . . . . vol. 4: 597
1.48.1 . . . . vol. 2: 336
1.50.2 . . . . vol. 4: 707
1.51.2 . . . . vol. 1: 625
1.51.5 . . . . vol. 2: 98
1.53.1–3 . . . . vol. 2: 286
1.59.1 . . . . vol. 2: 500, 512

1.60.1 . . . . vol. 4: 212
1.60.4 . . . . vol. 2: 336
1.60.5 . . . . vol. 1: 302
1.64.1 . . . . vol. 4: 212
1.67.3 . . . . vol. 2: 286
1.70.1 . . . . vol. 2: 230
1.74.4 . . . . vol. 1: 575
1.76.3 . . . . vol. 1: 450
1.78.2 . . . . vol. 2: 213
1.87.1 . . . . vol. 4: 214
1.90.3 . . . . vol. 3: 513
1.92.2 . . . . vol. 1: 346
1.93.4 . . . . vol. 4: 109
1.94.5 . . . . vol. 3: 273
1.95.1 . . . . vol. 2: 375
1.95.2 . . . . vol. 1: 450
1.96 . . . . vol. 1: 424
1.96.2 . . . . vol. 1: 176
1.96.3 . . . . vol. 3: 540
1.100.8 . . . . vol. 1: 724
1.101 . . . . vol. 3: 198
1.101.1 . . . . vol. 2: 89
1.104.2 . . . . vol. 1: 378
1.110.3 . . . . vol. 3: 717
1.114.2 . . . . vol. 3: 462

Greek Literature Index

1.116	vol. 1: 223
1.116.1	vol. 1: 278
1.117	vol. 1: 256
1.117.5	vol. 2: 326
1.118.1	vol. 2: 198
1.119.3	vol. 2: 303
1.119.6	vol. 3: 98
1.125.2	vol. 1: 594
1.126.2	vol. 2: 478
1.133.1	vol. 3: 704
1.136.1	vol. 1: 641
1.138.1	vol. 1: 256; vol. 3: 107
1.142.4	vol. 4: 651
1.143	vol. 1: 101
1.153.1	vol. 4: 162
1.171.6	vol. 1: 641
1.181.5	vol. 1: 302
1.186.2	vol. 1: 378; vol. 3: 462
1.189.1	vol. 1: 569
1.190.2	vol. 2: 198
1.193.2	vol. 3: 398
1.193.3	vol. 1: 663; vol. 3: 776
1.195.1	vol. 3: 349–50
1.195.25	vol. 4: 411
1.196.1	vol. 4: 330
1.197.2	vol. 1: 717
1.199	vol. 4: 110
1.204.2	vol. 1: 569
1.209.5	vol. 4: 107
1.211.1	vol. 2: 568
1.216.2–3	vol. 2: 478
2.2.1	vol. 1: 475
2.15.2	vol. 3: 714
2.17.3	vol. 4: 418
2.18	vol. 2: 466
2.22.2	vol. 3: 123, 235
2.23	vol. 4: 78
2.28.3	vol. 3: 740
2.29.7	vol. 4: 493
2.30.4	vol. 2: 94
2.33.4	vol. 2: 400
2.36.3	vol. 3: 725
2.37	vol. 2: 466
2.38.3	vol. 4: 411
2.40.1	vol. 2: 594
2.41.5	vol. 1: 124
2.44.1	vol. 1: 124
2.45.1	vol. 3: 343
2.47.3	vol. 1: 420
2.54.1	vol. 3: 753
2.57.2	vol. 4: 407
2.60.3	vol. 3: 480
2.63.2	vol. 3: 370
2.64	vol. 2: 466
2.65	vol. 2: 466
2.66.4	vol. 4: 436
2.73.2	vol. 3: 500
2.79.1	vol. 4: 737
2.81	vol. 1: 399
2.82.2	vol. 4: 77
2.86.4	vol. 3: 480
2.88	vol. 1: 420
2.89.2	vol. 4: 154
2.91.6	vol. 1: 278
2.92.5	vol. 3: 823
2.103.2	vol. 4: 386
2.104.2	vol. 3: 725
2.104.3	vol. 3: 725
2.113.2	vol. 4: 375, 411
2.114.1	vol. 1: 348
2.121a.1	vol. 2: 455
2.121d.1	vol. 3: 634
2.121d.5	vol. 1: 425
2.125.6	vol. 2: 277
2.130	vol. 2: 102
2.130.1	vol. 2: 752
2.133.2	vol. 3: 513
2.134.4	vol. 4: 726
2.135.3	vol. 1: 657
2.142.2	vol. 1: 556
2.143.1	vol. 1: 556
2.145.2	vol. 3: 123
2.147.3	vol. 1: 541
2.148.7	vol. 4: 505
2.159.3	vol. 3: 622
2.169.4	vol. 1: 424
2.173.2	vol. 4: 282
2.175.5	vol. 4: 467
2.177.2	vol. 1: 272
3.1.2	vol. 1: 398
3.5.2	vol. 3: 760
3.6.1	vol. 2: 661
3.9.1	vol. 4: 565
3.11.2	vol. 2: 632
3.12.2	vol. 3: 684
3.13.1	vol. 2: 118
3.21.3	vol. 3: 460
3.25.2	vol. 4: 460
3.32.4	vol. 2: 157
3.33	vol. 3: 421; vol. 4: 516
3.36.6	vol. 2: 230
3.40.1	vol. 2: 255
3.40.2	vol. 4: 602
3.59.1	vol. 1: 331
3.60.3	vol. 4: 467
3.61.1	vol. 4: 702
3.62.4	vol. 1: 311
3.75.3	vol. 1: 756
3.78.2	vol. 4: 685
3.82.3	vol. 3: 391
3.86.2	vol. 4: 150
3.88.3	vol. 1: 388
3.95.2	vol. 1: 444
3.101.2	vol. 1: 302

3.107.2	vol. 2: 472
3.108.2	vol. 4: 142
3.108.3	vol. 1: 302
3.109	vol. 1: 406
3.112	vol. 3: 349
3.119.3	vol. 2: 476
3.125.3	vol. 4: 355
3.128.2–3	vol. 1: 511
3.130.1–2	vol. 2: 253
3.134.4	vol. 1: 708
3.135.3	vol. 2: 230
3.142.2	vol. 2: 134
3.142.3	vol. 1: 776
3.146.1	vol. 1: 203
3.146.2	vol. 3: 745
3.147.1	vol. 3: 616
3.156.1	vol. 2: 300; vol. 4: 188
3.160.1	vol. 3: 604
4.8.2	vol. 1: 291
4.17.1	vol. 1: 213
4.18.3	vol. 2: 499
4.56	vol. 3: 543
4.64.1	vol. 1: 168; vol. 2: 634
4.64.2	vol. 3: 724–25
4.75.2	vol. 1: 331
4.76.5	vol. 2: 94
4.77.1	vol. 3: 220
4.87.1	vol. 3: 118
4.96.1	vol. 3: 760
4.103.1–2	vol. 4: 355
4.110.2	vol. 3: 476
4.123.1	vol. 2: 657
4.134.2	vol. 2: 190
4.134.3	vol. 4: 446
4.135.2	vol. 1: 420
4.154.3	vol. 1: 701
4.155.4	vol. 4: 662
4.162.3	vol. 2: 472
4.168.2	vol. 3: 638
4.186.2	vol. 3: 385
4.191.3	vol. 4: 448
4.200.3	vol. 2: 398
4.205	vol. 2: 561
5.16.4	vol. 4: 677
5.28	vol. 1: 296, 408
5.31.2	vol. 2: 303
5.34.2	vol. 1: 691
5.37.2	vol. 3: 622
5.38	vol. 1: 366
5.39.2	vol. 1: 444
5.49.3	vol. 4: 214
5.62.2	vol. 3: 745
5.63.1	vol. 2: 499
5.63.2	vol. 4: 127
5.67.1	vol. 3: 305
5.68.1	vol. 1: 549
5.85	vol. 1: 186
5.87.1	vol. 1: 569
5.92a	vol. 1: 567
5.92e	vol. 1: 376
5.92y.4	vol. 2: 396
5.95.2	vol. 1: 242
5.100	vol. 1: 776
5.124.20	vol. 2: 286
6.11.2	vol. 3: 216; vol. 4: 446
6.12.2	vol. 4: 446
6.12.3	vol. 1: 213; vol. 3: 606
6.27.3	vol. 1: 592
6.30.1	vol. 1: 444; vol. 4: 355
6.32	vol. 3: 725
6.39.2	vol. 2: 258
6.44.2	vol. 2: 130
6.44.3	vol. 2: 452
6.52.7	vol. 3: 172
6.62.2	vol. 1: 444
6.64	vol. 1: 284
6.66.3	vol. 4: 162
6.68.1	vol. 3: 540
6.69.5	vol. 2: 131
6.78.2	vol. 2: 674
6.86	vol. 4: 163
6.86g.2	vol. 3: 694
6.97.2	vol. 2: 472
6.98.1	vol. 4: 484
6.100.1	vol. 1: 524
6.101.3	vol. 4: 395
6.107.3	vol. 4: 347
6.108.5	vol. 3: 543
6.131.1	vol. 1: 522
6.136.2	vol. 1: 361
7.10z	vol. 4: 492
7.11.1	vol. 2: 597
7.11.2	vol. 1: 569
7.14	vol. 4: 448
7.16a.1	vol. 3: 802
7.32.1	vol. 2: 642
7.32.3	vol. 1: 693
7.37.2–3	vol. 3: 198
7.46.3	vol. 1: 342
7.49.2	vol. 2: 79
7.101.3	vol. 2: 286
7.102.1	vol. 2: 561
7.110.2	vol. 2: 130
7.132.2	vol. 1: 657
7.141.3	vol. 2: 532
7.142.1–2	vol. 4: 614
7.145.1	vol. 1: 242
7.149.3	vol. 3: 780
7.153.4	vol. 3: 216
7.161.2	vol. 1: 361
7.162.2	vol. 4: 207
7.191.2	vol. 2: 722
7.203.2	vol. 1: 302
7.205.3	vol. 3: 628

Greek Literature Index

7.210.2	vol. 1: 299	9.5.2	vol. 2: 298
7.233.2	vol. 4: 375	9.9.2	vol. 1: 308
8.12.2	vol. 2: 183	9.26	vol. 2: 580
8.56.4	vol. 3: 351	9.27.1	vol. 2: 585
8.75.1	vol. 4: 401	9.40	vol. 3: 176
8.77.1	vol. 4: 522	9.49.1	vol. 4: 734
8.87.2–3	vol. 4: 142	9.65.2	vol. 1: 754
8.87.3	vol. 3: 635	9.73.2	vol. 3: 782
8.94.4	vol. 3: 235	9.81.3	vol. 3: 579
8.97.2	vol. 3: 426	9.94.1	vol. 1: 741
8.98.2	vol. 3: 622	9.96.2	vol. 3: 499
8.99.1	vol. 2: 472	9.98.3	vol. 2: 200
8.110.2	vol. 1: 472	9.109.2	vol. 1: 636
8.112.3	vol. 2: 532	9.110.2	vol. 4: 623
8.113.2–3	vol. 2: 146	9.115	vol. 4: 462
8.122	vol. 1: 186	9.116.2	vol. 4: 395
8.122.1	vol. 2: 286	9.120.4	vol. 4: 355
8.130	vol. 1: 213		

Hesiod

Opera et dies (Op.)

109–10	vol. 4: 708	723	vol. 2: 706
178	vol. 3: 277	724–26	vol. 3: 401
186	vol. 3: 269	826	vol. 3: 206
217	vol. 4: 513		
218	vol. 3: 667	*Scutum (Scut.)*	
256–63	vol. 1: 742	17	vol. 3: 755
260	vol. 1: 155	71	vol. 3: 86
275	vol. 1: 742	166	vol. 4: 375
276–85	vol. 1: 742	254–55	vol. 4: 458
276–80	vol. 3: 404		
286	vol. 3: 381	*Theogonia (Theog.)*	
287	vol. 3: 452	21	vol. 2: 512
304	vol. 3: 532	27	vol. 3: 128
308–11	vol. 2: 266	42	vol. 2: 398
337	vol. 2: 512	57	vol. 2: 512
352	vol. 2: 667	66	vol. 3: 404
372	vol. 3: 760	109	vol. 4: 77
387	vol. 4: 651	146	vol. 2: 561
391	vol. 4: 342	149	vol. 4: 557
401	vol. 3: 176	259	vol. 1: 272
402	vol. 4: 682	371–72	vol. 4: 280
452	vol. 4: 677	417	vol. 3: 404
481	vol. 1: 677	426	vol. 3: 334
539–40	vol. 4: 435	448	vol. 3: 334
649	vol. 4: 330	493	vol. 1: 441
653	vol. 2: 179	527	vol. 3: 420
694	vol. 2: 586	839	vol. 4: 312
719–20	vol. 2: 454	886	vol. 1: 474
		926	vol. 4: 88

Hippocrates

Aphorismata (Aph.)

6.59	vol. 2: 153

Coa praesagia

136	vol. 4: 420

253

De alimento (Alim.)
16. . . . . vol. 1: 610

De diaeta I–IV
42. . . . . vol. 2: 362

De flatibus
6. . . . . vol. 2: 725

De habitu decenti
4, line 8 . . . . vol. 1: 640

De morbis mulierum (Mul.)
57. . . . . vol. 3: 401
78.134 . . . . vol. 3: 374

De ratione victus in morbis acutis (Acut.)
8L §20 . . . . vol. 1: 201

De septimestri partu (Septim.)
5. . . . . vol. 3: 590

Genitalia (Genit.)
2. . . . . vol. 3: 357

Praeceptiones (Praec.)
6. . . . . vol. 2: 313
13. . . . . vol. 2: 647

Refutation omnium haeresium (Haer./Refutatio)
5.3 . . . . vol. 2: 737
5.7.37. . . . . vol. 4: 472
5.8.30. . . . . vol. 4: 472
6.34.7. . . . . vol. 1: 458
8.19.1–3 . . . . vol. 4: 173
27. . . . . vol. 1: 320
736. . . . . vol. 3: 397

Hipponax, *Fragments*

12. . . . . vol. 2: 715
30. . . . . vol. 3: 329
39. . . . . vol. 4: 101
175. . . . . vol. 2: 472
182. . . . . vol. 4: 685

Homer

Ilias (Il.)
1.11 . . . . vol. 2: 690
1.20 . . . . vol. 4: 605
1.21 . . . . vol. 1: 124
1.25 . . . . vol. 1: 444
1.35 . . . . vol. 1: 382
1.52 . . . . vol. 2: 594
1.60 . . . . vol. 4: 595
1.65 . . . . vol. 3: 269
1.66 . . . . vol. 4: 471
1.77 . . . . vol. 4: 662
1.89 . . . . vol. 1: 468
1.111–14. . . . . vol. 1: 526
1.132 . . . . vol. 2: 690
1.162 . . . . vol. 4: 522
1.171 . . . . vol. 3: 796
1.173 . . . . vol. 2: 474
1.179 . . . . vol. 2: 299
1.203 . . . . vol. 4: 513
1.205 . . . . vol. 2: 474
1.214 . . . . vol. 4: 513
1.222 . . . . vol. 1: 629
1.249 . . . . vol. 4: 205
1.254 . . . . vol. 3: 706
1.277 . . . . vol. 2: 426
1.304 . . . . vol. 3: 251
1.338 . . . . vol. 3: 234
1.468 . . . . vol. 1: 667
1.497 . . . . vol. 1: 274; vol. 3: 565
1.505–10. . . . . vol. 4: 493
1.509 . . . . vol. 2: 739
1.533–36. . . . . vol. 2: 468
1.544 . . . . vol. 1: 299; vol. 4: 522
1.582 . . . . vol. 3: 216
1.583 . . . . vol. 2: 531
1.599 . . . . vol. 1: 250
1.610–11. . . . . vol. 2: 575
2.36 . . . . vol. 3: 262
2.41 . . . . vol. 2: 79
2.42 . . . . vol. 3: 216
2.53 . . . . vol. 1: 526
2.58 . . . . vol. 2: 96
2.106 . . . . vol. 2: 404
2.118 . . . . vol. 2: 739
2.119 . . . . vol. 1: 180
2.124 . . . . vol. 1: 694; vol. 3: 760
2.171 . . . . vol. 2: 623
2.188 . . . . vol. 1: 684
2.195–96. . . . . vol. 2: 474
2.196 . . . . vol. 1: 474
2.198 . . . . vol. 1: 684
2.203 . . . . vol. 1: 475
2.214 . . . . vol. 2: 730
2.222 . . . . vol. 3: 513
2.270 . . . . vol. 1: 549
2.299 . . . . vol. 4: 701

Greek Literature Index

2.311	vol. 4: 465
2.362	vol. 2: 744
2.401	vol. 2: 336
2.408	vol. 1: 522
2.420	vol. 1: 673
2.426–27	vol. 4: 351
2.438	vol. 2: 674
2.459	vol. 2: 89; vol. 3: 731
2.471	vol. 4: 741
2.513–15	vol. 3: 637
2.514	vol. 2: 495
2.536	vol. 3: 802
2.565	vol. 2: 549
2.609	vol. 3: 590
2.684	vol. 2: 179
2.789	vol. 3: 378
2.797	vol. 2: 111
2.806	vol. 2: 212
2.825	vol. 3: 260
2.859	vol. 4: 214
2.867	vol. 1: 467
3.2	vol. 4: 290
3.25	vol. 3: 691
3.61	vol. 4: 468
3.118	vol. 2: 674
3.157	vol. 4: 701
3.175	vol. 3: 590
3.215	vol. 4: 574
3.246	vol. 2: 627
3.247	vol. 2: 702
3.248	vol. 2: 674
3.263	vol. 1: 687
3.275	vol. 2: 336
3.309	vol. 4: 471
3.334	vol. 2: 674
3.344	vol. 2: 76
3.345	vol. 4: 278
3.370	vol. 4: 385
3.396	vol. 3: 427
3.398	vol. 2: 420
3.409	vol. 1: 767
3.444	vol. 1: 401
3.452	vol. 1: 640
4.58	vol. 2: 106
4.75	vol. 1: 427
4.76	vol. 4: 484
4.101	vol. 2: 336
4.110	vol. 4: 467
4.116	vol. 4: 395
4.117	vol. 3: 261
4.118	vol. 3: 744
4.127	vol. 3: 206
4.141	vol. 3: 300
4.146	vol. 3: 300
4.149	vol. 3: 260
4.156	vol. 4: 140
4.157	vol. 3: 673
4.181	vol. 2: 656
4.184	vol. 2: 418
4.225	vol. 4: 347
4.242	vol. 4: 272
4.329	vol. 3: 794
4.362	vol. 1: 386
4.470	vol. 3: 98
4.478	vol. 1: 193
4.481	vol. 1: 687
4.503	vol. 4: 320
5.36	vol. 2: 130
5.47	vol. 4: 320
5.50–52	vol. 1: 708
5.60	vol. 2: 252
5.91	vol. 2: 282
5.116	vol. 3: 641
5.128	vol. 1: 575
5.258	vol. 2: 300
5.285	vol. 1: 297
5.287	vol. 1: 255
5.306	vol. 2: 601
5.310	vol. 3: 437
5.355	vol. 1: 394
5.369	vol. 3: 608
5.475	vol. 1: 775
5.498	vol. 4: 565
5.499	vol. 2: 512
5.646	vol. 4: 189
5.660	vol. 1: 394
5.741–42	vol. 4: 484
5.777	vol. 1: 291
5.796	vol. 3: 776
5.865	vol. 2: 594
5.893	vol. 4: 347
5.904	vol. 2: 495
6.70–71	vol. 4: 395
6.101	vol. 3: 204
6.139	vol. 4: 509
6.142	vol. 1: 456; vol. 2: 627
6.169	vol. 1: 593
6.202	vol. 3: 674
6.206–11	vol. 2: 651
6.209	vol. 1: 181; vol. 3: 677
6.215	vol. 3: 442
6.258–63	vol. 4: 340
6.266	vol. 3: 401
6.380	vol. 2: 531
6.425	vol. 1: 475
6.462	vol. 3: 378
6.511	vol. 2: 94
6.522	vol. 2: 265
7.77–79	vol. 4: 435
7.86	vol. 3: 776
7.140	vol. 3: 214
7.142	vol. 1: 760; vol. 2: 739
7.171	vol. 3: 77
7.184	vol. 1: 640

Greek Literature Index

7.189	vol. 4: 644
7.191–92	vol. 4: 644
7.192	vol. 1: 753
7.238	vol. 1: 664
7.276	vol. 2: 674
7.312	vol. 4: 644
7.362–64	vol. 2: 426
7.401	vol. 3: 381
7.407	vol. 4: 561
7.441	vol. 4: 315
8.4	vol. 4: 549
8.7	vol. 1: 406
8.13	vol. 4: 458
8.16	vol. 4: 458
8.43	vol. 4: 707
8.44	vol. 4: 708
8.66	vol. 2: 512
8.86	vol. 4: 455
8.111	vol. 3: 204
8.163	vol. 1: 331
8.168	vol. 4: 385
8.190	vol. 2: 336
8.225	vol. 2: 293
8.234	vol. 1: 340
8.249	vol. 2: 634
8.360	vol. 3: 204
8.368	vol. 1: 155
8.424	vol. 4: 498
8.431	vol. 2: 240
8.442	vol. 4: 708
8.481	vol. 4: 458
8.507	vol. 3: 448
8.524	vol. 4: 515
9.134	vol. 1: 302, 613
9.180	vol. 1: 741
9.206	vol. 2: 634
9.214	vol. 1: 215
9.237	vol. 1: 431
9.312	vol. 2: 344
9.314	vol. 1: 753
9.322	vol. 3: 608
9.337	vol. 1: 636
9.340–43	vol. 4: 605
9.343	vol. 2: 127
9.373	vol. 2: 118
9.417	vol. 3: 634
9.424	vol. 3: 88
9.478	vol. 4: 595
9.498	vol. 1: 388
9.501	vol. 1: 255; vol. 3: 606
9.527	vol. 3: 598
9.540	vol. 2: 94
9.541	vol. 3: 214
9.552	vol. 2: 164
9.566	vol. 1: 382
9.678	vol. 4: 268
9.684	vol. 3: 634
10.8	vol. 4: 381
10.38	vol. 2: 249
10.71	vol. 1: 469
10.161	vol. 3: 489
10.174	vol. 3: 485
10.195	vol. 2: 601
10.200	vol. 1: 378
10.201	vol. 1: 358
10.220	vol. 2: 623
10.249	vol. 1: 172
10.258–59	vol. 4: 214
10.258	vol. 4: 565
10.294	vol. 4: 707
10.315	vol. 2: 675
10.324	vol. 1: 761
10.372	vol. 1: 444
10.438	vol. 1: 424
10.443	vol. 1: 676
10.466	vol. 1: 680
10.542	vol. 1: 425
10.571	vol. 2: 303
11.28	vol. 4: 484
11.55	vol. 2: 669
11.79	vol. 1: 526
11.86	vol. 1: 643
11.194	vol. 2: 511
11.241	vol. 2: 705
11.269	vol. 4: 740
11.271	vol. 3: 744; vol. 4: 740
11.317	vol. 3: 272
11.334	vol. 4: 725
11.390	vol. 2: 781
11.522	vol. 3: 605–6
11.584	vol. 2: 685
11.645	vol. 2: 468
11.690	vol. 1: 508
11.694	vol. 4: 558
11.773–75	vol. 4: 340
11.774	vol. 4: 677
11.784	vol. 3: 584
12.24	vol. 4: 381
12.109	vol. 1: 272
12.202	vol. 1: 774
12.208	vol. 1: 774; vol. 3: 579
12.221	vol. 1: 444
12.303	vol. 4: 623
12.422	vol. 3: 293
12.431	vol. 4: 203
12.445	vol. 1: 401
13.18	vol. 3: 214
13.59	vol. 3: 747
13.77–78	vol. 4: 662
13.144	vol. 1: 640
13.199	vol. 1: 401
13.282	vol. 2: 622
13.371	vol. 1: 395
13.440	vol. 1: 395
13.477	vol. 1: 524
13.670	vol. 3: 420

Greek Literature Index

13.672	**vol. 3:** 264
13.710	**vol. 2:** 132
13.730	**vol. 2:** 433
13.736	**vol. 4:** 371
13.745	**vol. 1:** 450
13.778	**vol. 2:** 79
14.5	**vol. 3:** 749
14.16	**vol. 2:** 781
14.20	**vol. 2:** 426
14.90	**vol. 4:** 291
14.124	**vol. 4:** 135
14.187	**vol. 2:** 730
14.201	**vol. 1:** 569
14.245–46	**vol. 4:** 518
14.246	**vol. 1:** 569
14.258	**vol. 2:** 354
14.271	**vol. 3:** 493
14.285	**vol. 4:** 278
14.302	**vol. 1:** 569
14.315	**vol. 1:** 613
14.359	**vol. 3:** 216
14.366	**vol. 2:** 336
14.373	**vol. 2:** 752
14.394	**vol. 1:** 522
14.482	**vol. 2:** 575
14.493	**vol. 2:** 430
15.31	**vol. 3:** 307
15.38	**vol. 3:** 547
15.39	**vol. 2:** 512
15.45	**vol. 3:** 634
15.141	**vol. 1:** 556
15.188	**vol. 1:** 153
15.192	**vol. 3:** 565
15.238	**vol. 3:** 731
15.276	**vol. 1:** 378
15.280	**vol. 2:** 474
15.290–91	**vol. 4:** 420
15.321	**vol. 4:** 278
15.378	**vol. 1:** 382
15.389	**vol. 4:** 381
15.393	**vol. 3:** 128
15.411–12	**vol. 4:** 330
15.442	**vol. 3:** 427
15.498	**vol. 2:** 693
15.554	**vol. 1:** 184
15.633	**vol. 3:** 251
16.169	**vol. 2:** 375
16.213	**vol. 1:** 508
16.228–32	**vol. 3:** 401
16.260	**vol. 2:** 94
16.263	**vol. 1:** 302
16.350	**vol. 3:** 260
16.407	**vol. 2:** 512
16.453	**vol. 1:** 193
16.498	**vol. 3:** 513
16.531	**vol. 3:** 254
16.596	**vol. 3:** 796
16.621	**vol. 4:** 268
16.630	**vol. 4:** 471
16.658	**vol. 2:** 512
16.808	**vol. 2:** 382
17.68	**vol. 4:** 498
17.89	**vol. 4:** 268
17.98	**vol. 1:** 629; **vol. 3:** 251
17.136	**vol. 2:** 611, 648
17.242	**vol. 2:** 669
17.270	**vol. 3:** 318
17.272	**vol. 3:** 318
17.390	**vol. 3:** 258
17.425	**vol. 3:** 565
17.434	**vol. 3:** 272
17.435	**vol. 1:** 299
17.464	**vol. 2:** 512
17.514	**vol. 1:** 592
17.533	**vol. 4:** 711
17.550	**vol. 1:** 284
17.599	**vol. 1:** 593
17.615	**vol. 4:** 637
17.645–46	**vol. 4:** 213
18.11	**vol. 3:** 98
18.21	**vol. 1:** 610
18.22	**vol. 3:** 260
18.27	**vol. 1:** 181
18.30	**vol. 1:** 181
18.73	**vol. 4:** 465
18.83	**vol. 2:** 420
18.115–16	**vol. 1:** 673
18.161–62	**vol. 4:** 435
18.219	**vol. 4:** 235
18.275	**vol. 4:** 578
18.504	**vol. 2:** 512
18.505	**vol. 2:** 674–75
18.506	**vol. 1:** 741
18.508	**vol. 1:** 741
18.514–15	**vol. 4:** 214
18.516	**vol. 4:** 88
18.526	**vol. 4:** 141
18.568	**vol. 2:** 627
18.593	**vol. 3:** 637
19.77	**vol. 1:** 352
19.107	**vol. 4:** 470
19.160–70	**vol. 1:** 643
19.163	**vol. 1:** 776
19.171	**vol. 1:** 643
19.175	**vol. 3:** 492–93
19.178	**vol. 2:** 531
19.207	**vol. 3:** 385
19.225	**vol. 3:** 706
19.285	**vol. 4:** 155
19.291	**vol. 1:** 299
19.304	**vol. 1:** 398
20.9	**vol. 3:** 740
20.59	**vol. 4:** 278
20.194	**vol. 4:** 213
20.210	**vol. 2:** 683
20.216	**vol. 2:** 758–59

20.265	vol. 1: 717	23.544	vol. 3: 262
20.311	vol. 3: 427	23.550	vol. 4: 135
20.411	vol. 1: 388	23.574	vol. 3: 284
20.440	vol. 4: 734	23.621	vol. 3: 251
20.464	vol. 1: 444	23.647	vol. 1: 673
21.50	vol. 1: 610	23.693	vol. 3: 260
21.56	vol. 1: 310	23.728	vol. 2: 424
21.61	vol. 1: 564	23.741	vol. 3: 293
21.114	vol. 1: 592	23.761	vol. 2: 620
21.128	vol. 4: 597	24.41	vol. 3: 460
21.131	vol. 1: 395	24.68	vol. 1: 255
21.345	vol. 3: 446	24.93	vol. 2: 611
21.348	vol. 4: 446	24.111	vol. 4: 623
21.373	vol. 3: 493	24.221	vol. 2: 502
21.388	vol. 4: 235	24.343	vol. 4: 199
21.389	vol. 1: 549	24.344	vol. 2: 79
21.441	vol. 2: 623; vol. 3: 426	24.362	vol. 3: 677
21.445	vol. 3: 321	24.407	vol. 1: 223
21.450	vol. 3: 321	24.430	vol. 2: 433
21.547	vol. 2: 623	24.453	vol. 4: 354
21.598	vol. 2: 397	24.455	vol. 2: 686
22.8	vol. 1: 749	24.536	vol. 3: 796
22.33	vol. 2: 724	24.551	vol. 1: 309, 311
22.45	vol. 3: 753	24.611–12	vol. 2: 415
22.65–68	vol. 4: 727	24.612	vol. 1: 657
22.162	vol. 3: 713	24.640	vol. 4: 677
22.199	vol. 1: 749	24.665	vol. 2: 415; vol. 3: 88
22.255	vol. 2: 249	24.708	vol. 1: 613
22.263	vol. 2: 474	24.756	vol. 1: 311
22.325	vol. 4: 726	24.757	vol. 4: 154
22.419	vol. 2: 382	116–19	vol. 4: 347
22.453	vol. 2: 76	182	vol. 4: 407
22.484	vol. 3: 381		
22.505	vol. 1: 255		

Odyssea (Od.)

23.29	vol. 2: 415	1.6–8	vol. 4: 214
23.34	vol. 1: 167	1.11	vol. 4: 595
23.61	vol. 2: 568	1.21	vol. 1: 335
23.72	vol. 2: 98	1.36	vol. 1: 540
23.129–30	vol. 4: 650	1.56	vol. 3: 128
23.132	vol. 3: 606	1.143	vol. 2: 674
23.171	vol. 2: 702	1.217–19	vol. 3: 206
23.182	vol. 2: 289	1.262	vol. 4: 697
23.186	vol. 4: 697	1.298	vol. 3: 80
23.226	vol. 4: 643	1.323	vol. 2: 420
23.237	vol. 4: 268	1.367	vol. 4: 513
23.244	vol. 1: 153	1.423	vol. 3: 260
23.250	vol. 4: 268	2.38	vol. 2: 675
23.255	vol. 2: 430	2.75	vol. 4: 135
23.266	vol. 1: 532	2.78	vol. 4: 682
23.271	vol. 3: 539	2.159	vol. 1: 575
23.321	vol. 3: 772	2.168	vol. 1: 284
23.343	vol. 4: 623	2.206	vol. 1: 388
23.361	vol. 1: 223	2.285	vol. 3: 451
23.383	vol. 3: 706	2.305	vol. 2: 290
23.421	vol. 1: 456	2.311	vol. 2: 332
23.436	vol. 1: 289	2.409	vol. 2: 511
23.458	vol. 1: 439	3.74	vol. 4: 726
23.473	vol. 1: 180	3.121–22	vol. 3: 391

Greek Literature Index

3.139	vol. 1: 469
3.182	vol. 4: 268
3.270	vol. 2: 272
3.283	vol. 2: 766
3.324	vol. 2: 426
3.332	vol. 1: 588
3.393	vol. 2: 663
3.403	vol. 1: 670
4.12	vol. 1: 767
4.220–33	vol. 2: 495
4.220	vol. 2: 118
4.237	vol. 1: 776
4.250	vol. 1: 278
4.252	vol. 4: 697
4.283	vol. 4: 549
4.318	vol. 3: 469
4.377	vol. 3: 262
4.389	vol. 3: 293
4.451	vol. 1: 391
4.507	vol. 4: 418
4.545	vol. 3: 321
4.583	vol. 1: 284
4.670	vol. 4: 623
4.676	vol. 3: 343
4.750	vol. 2: 568
4.796	vol. 2: 98
4.834	vol. 1: 153
4.839	vol. 3: 802
5.68	vol. 3: 713
5.71	vol. 3: 793
5.123	vol. 1: 137
5.130	vol. 4: 420
5.135	vol. 4: 605
5.197	vol. 2: 289
5.265	vol. 3: 260
5.274	vol. 4: 385
5.291	vol. 4: 455
5.328	vol. 1: 200
5.332	vol. 1: 749
5.364	vol. 4: 141
5.397	vol. 3: 189
5.402	vol. 3: 446
5.490	vol. 4: 342, 420
6.33–34	vol. 3: 637
6.42	vol. 1: 432
6.49	vol. 2: 420
6.93	vol. 4: 218
6.96	vol. 4: 697
6.109	vol. 3: 637
6.128	vol. 2: 685
6.162	vol. 1: 680
6.208	vol. 3: 442
6.228	vol. 3: 637
6.232	vol. 4: 707
6.294	vol. 1: 522
6.300	vol. 2: 375
7.121	vol. 4: 392
7.123–24	vol. 2: 300
7.157	vol. 3: 343
7.167	vol. 2: 511
8.67	vol. 2: 743
8.78	vol. 3: 426
8.163	vol. 2: 249
8.170	vol. 3: 336
8.292–95	vol. 2: 705
8.313	vol. 2: 575
8.351	vol. 2: 75
8.426	vol. 4: 650
8.429	vol. 4: 547
8.490	vol. 3: 666
8.498	vol. 4: 737
8.503	vol. 2: 611
8.575	vol. 1: 723
9.118	vol. 4: 81
9.122	vol. 4: 81
9.155	vol. 1: 644
9.265	vol. 1: 357
9.281	vol. 3: 694
9.289–93	vol. 4: 252
9.297	vol. 1: 539
9.362	vol. 2: 282
9.390	vol. 4: 211
9.392	vol. 1: 460; vol. 4: 734
9.415	vol. 4: 740
9.416	vol. 1: 381
9.438	vol. 1: 406
9.478	vol. 3: 469
9.512	vol. 1: 255
9.525	vol. 2: 495
9.616	vol. 3: 489
10.45	vol. 1: 385
10.83	vol. 4: 549
10.90	vol. 3: 452
10.171	vol. 2: 452
10.177	vol. 1: 534
10.180	vol. 2: 452
10.232	vol. 4: 565
10.303	vol. 4: 630
10.326	vol. 2: 420
10.351	vol. 2: 512; vol. 4: 116
10.377	vol. 3: 641
10.471	vol. 2: 134
10.495	vol. 4: 308
10.515	vol. 4: 407
10.526	vol. 2: 336
10.555	vol. 4: 734
11.	vol. 3: 199
11.35–37	vol. 1: 167
11.51–53	vol. 2: 415
11.71	vol. 3: 308
11.97	vol. 3: 308
11.134–37	vol. 2: 405
11.140	vol. 3: 308
11.147	vol. 3: 308
11.204–22	vol. 2: 404
11.207	vol. 4: 308

Greek Literature Index

11.219–22	**vol. 4:** 252
11.255	**vol. 2:** 446
11.263	**vol. 2:** 759
11.325	**vol. 3:** 234
11.344	**vol. 1:** 761
11.367	**vol. 3:** 336
11.373	**vol. 3:** 214
11.379	**vol. 4:** 741
11.437	**vol. 1:** 613
11.449	**vol. 1:** 391
11.492	**vol. 3:** 343
11.507	**vol. 1:** 223
11.544–45	**vol. 3:** 391
11.584	**vol. 1:** 747
11.594	**vol. 1:** 493
12.4	**vol. 1:** 291
12.22	**vol. 1:** 342
12.107	**vol. 4:** 214
12.251	**vol. 4:** 199
12.252	**vol. 1:** 759
12.350	**vol. 1:** 342
12.363	**vol. 4:** 340
12.440	**vol. 2:** 744
13.44	**vol. 2:** 331
13.94	**vol. 2:** 282
13.100	**vol. 1:** 677
13.101	**vol. 3:** 293
13.215	**vol. 1:** 391
13.254	**vol. 1:** 223
13.255	**vol. 3:** 425
13.265	**vol. 2:** 446
13.279	**vol. 4:** 347
13.326	**vol. 1:** 289
13.331	**vol. 1:** 776
13.400	**vol. 1:** 302
14.11	**vol. 4:** 354
14.16	**vol. 1:** 406
14.83	**vol. 4:** 605
14.90	**vol. 1:** 723
14.146	**vol. 4:** 605
14.152	**vol. 2:** 306
14.166	**vol. 2:** 306
14.208	**vol. 2:** 365
14.422	**vol. 1:** 346
14.426	**vol. 4:** 726
14.467	**vol. 2:** 736
14.485	**vol. 4:** 549
15.35	**vol. 4:** 623
15.245	**vol. 4:** 605
15.258	**vol. 2:** 478
15.260	**vol. 2:** 478
15.261	**vol. 2:** 478
15.370	**vol. 4:** 605
15.491	**vol. 1:** 513
16.101	**vol. 2:** 183
16.117	**vol. 1:** 556
16.136	**vol. 1:** 575
16.189	**vol. 1:** 508
16.265	**vol. 2:** 739
16.319	**vol. 3:** 694
16.374	**vol. 2:** 253
16.383–84	**vol. 3:** 451
16.423	**vol. 3:** 556
17.176	**vol. 4:** 741
17.218	**vol. 3:** 499
17.221	**vol. 2:** 461
17.226	**vol. 3:** 219
17.246	**vol. 4:** 597
17.335	**vol. 1:** 683
17.343	**vol. 1:** 410; **vol. 3:** 491
17.386	**vol. 2:** 601
17.411	**vol. 3:** 747
17.462	**vol. 1:** 664
17.463	**vol. 3:** 735
17.487	**vol. 4:** 513
17.489	**vol. 2:** 623
18.12	**vol. 1:** 181
18.18	**vol. 1:** 753
18.22	**vol. 2:** 396
18.120	**vol. 1:** 410
18.130	**vol. 1:** 302
18.179	**vol. 3:** 401
18.228	**vol. 3:** 427
18.240	**vol. 3:** 258
18.254	**vol. 1:** 513
18.266	**vol. 3:** 307
18.267–68	**vol. 3:** 307
18.358	**vol. 3:** 321
18.406	**vol. 3:** 204
19.34	**vol. 3:** 188
19.84	**vol. 2:** 183
19.122	**vol. 1:** 469
19.127	**vol. 1:** 513
19.135	**vol. 1:** 683
19.137	**vol. 4:** 347
19.175	**vol. 1:** 588
19.244–47	**vol. 2:** 675
19.317	**vol. 4:** 697
19.356	**vol. 3:** 401
19.389	**vol. 4:** 320
19.436	**vol. 2:** 263
19.457	**vol. 3:** 199
19.478	**vol. 3:** 427
19.494	**vol. 4:** 369
19.535	**vol. 4:** 561
19.555	**vol. 4:** 561
19.598	**vol. 3:** 469
20.8	**vol. 2:** 332
20.13	**vol. 2:** 623
20.20	**vol. 4:** 498
20.67–68	**vol. 3:** 553
20.100–101	**vol. 4:** 484
20.119	**vol. 1:** 644
20.156	**vol. 2:** 221
20.181	**vol. 1:** 564
20.287	**vol. 1:** 308

20.333	vol. 1: 680	22.249	vol. 2: 656
20.390	vol. 1: 643	22.412	vol. 3: 556
20.392	vol. 1: 643	22.444	vol. 4: 726
21.33	vol. 2: 404	23.10–14	vol. 4: 443
21.46–50	vol. 2: 687	23.29–30	vol. 4: 443
21.69	vol. 2: 290	23.91	vol. 2: 649
21.205	vol. 1: 278	23.101	vol. 1: 450
21.241	vol. 1: 677	23.103	vol. 3: 118; vol. 4: 369
21.258	vol. 2: 221	23.114	vol. 3: 694
21.405	vol. 1: 493	23.361	vol. 2: 255
21.409	vol. 4: 347	24.1–9	vol. 4: 727
21.410–11	vol. 4: 737	24.48	vol. 1: 522
21.417	vol. 1: 610	24.201–2	vol. 1: 302, 613
21.424	vol. 2: 164	24.254–55	vol. 1: 741
22.55	vol. 1: 386	24.286	vol. 4: 551
22.137	vol. 4: 381	24.291–92	vol. 2: 452
22.180	vol. 2: 263	24.322	vol. 3: 677
22.235	vol. 2: 266	24.432	vol. 3: 706
22.245	vol. 4: 726	24.582	vol. 3: 172

Homeric Hymns

In Bacchum
7 .... vol. 3: 114

In Cerem
142 .... vol. 4: 488
205 .... vol. 3: 532
257 .... vol. 4: 138
399 .... vol. 3: 280

In Martem
10 .... vol. 4: 123

In Mercurium
19 .... vol. 4: 485
44 .... vol. 3: 277
92 .... vol. 2: 781
160 .... vol. 3: 277
285 .... vol. 2: 642
332 .... vol. 4: 348
485 .... vol. 2: 94

In Pana
16 .... vol. 3: 264

Iamblichus, *De Mysteriis Aegyptiorum*

1:10 .... vol. 1: 354

Ibycus, *Fragment*

S230 .... vol. 3: 686

Lucian

Abdicatus Disowned (Abdic.)
11 .... vol. 3: 291

Cataplus (Cat.)
26 .... vol. 4: 597

De morte Peregrini (Peregr.)
15 .... vol. 4: 608

De Syria dea (Syr. d.)
59 .... vol. 4: 376

Dialogi deorum
25.1 .... vol. 4: 420
26.2 .... vol. 4: 420

Juppiter tragoedus (Jupp. trag.)
39 .... vol. 2: 647

Vitarum auction (Vit. auct.)
9 .... vol. 2: 272

Lysias

Against Alcibiades 1
21.............................vol. 2: 646
9..............................vol. 4: 101

Against Andocides (Andocides)
10.............................vol. 2: 213

Against Diogeiton (Diog.)
24.............................vol. 3: 123

Epitaphius
2..............................vol. 4: 547

Eratosthenes (Eratosth.)
48.............................vol. 2: 211
51.............................vol. 3: 641

For Polystratus (Polystratus)
27.............................vol. 2: 255

For the Soldier
4..............................vol. 1: 179

On the Refusal of a Pension (Pension)
1..............................vol. 4: 602

Oration (Or.)
24.16..........................vol. 3: 378

Pro milite
6..............................vol. 4: 401

Melampus, *Peri palmon mantike*

36.............................vol. 3: 179

Menander, *Samia (Sam.)*

219............................vol. 3: 250

Mimnermus *Fragment*

2.13...........................vol. 2: 405

Nicander, *Alexipharmaca*

581............................vol. 2: 623

Papyri

Papyri BGrenfell (PGren)
2:50a.4–5......................vol. 4: 651

Papyri Enteux (PEnteux)
26.11..........................vol. 4: 597
75.9–10........................vol. 4: 683

Papyrus IV
2836–37........................vol. 4: 471

Papyri Griechische (PGiss)
1:22.5–6.......................vol. 4: 150

Papyri Hibeh (PHib)
1.43.7.........................vol. 4: 575
1.63.11–12.....................vol. 4: 92

Papyri London (PLond)
2.277..........................vol. 4: 651

Papyri Michigan (PMich)
1:31.15........................vol. 4: 325
8.473.17–18....................vol. 3: 730

Papyri Osloenses (POslo)
2.61.8.........................vol. 4: 325

Papyri Oxyrhynchus (POxy)
22:2338.28.....................vol. 4: 325
24:2407.44.....................vol. 4: 296

Papyri Revenue Laws of Ptolemy (PRevLaws)
25.7–11........................vol. 4: 410

Papyri Tebtunis (PTebt)
1:31.15........................vol. 4: 175
1:48.9–14......................vol. 3: 647
2:286.21–24....................vol. 4: 150

Greek Literature Index

Papyri Zenon (PCairZen)
3:59494.15–16 . . . . .vol. 4: 325
3:59520.4 .vol. 4: 128

4:59608.6–7 . . . . .vol. 4: 296
4:59732.4 . . . . .vol. 4: 325
4:59762.6 . . . . .vol. 4: 220

Parmenides, *Fragments*

1 . . . . .vol. 3: 452
3 . . . . .vol. 3: 427
6.4–5 . . . . .vol. 3: 130
7 . . . . .vol. 3: 451

7.4–5 . . . . .vol. 3: 129
8.29 . . . . .vol. 1: 223
8.50 . . . . .vol. 3: 130

Pausanias

Graeciae description (Descr.)
1.1.4 . . . . .vol. 1: 136
2.24.1 . . . . .vol. 1:168
10.31.7 . . . . .vol. 3: 273

Periegeta
2.26.5 . . . . .vol. 1: 312
2.27.4 . . . . .vol. 1: 312

Philodemus of Gadara

De libertate dicendi (De libertate)
23.2 . . . . .vol. 3: 674

De pietate (Piet.)
12 . . . . .vol. 4: 631

Philostratus, *Vita Apollonii (Vit. Apoll.)*

1.6 . . . . .vol. 4: 523
1.28 . . . . .vol. 2: 307
4.31 . . . . .vol. 4: 523
4.38 . . . . .vol. 2: 452

4.45 . . . . .vol. 1: 312
5.24 . . . . .vol. 4: 523
6.3 . . . . .vol. 1: 136

Phocylides, *Sententiae, Fragments*

2 . . . . .vol. 3: 465
17 . . . . .vol. 4: 561

Phrynichus, *Eclogae*

88 . . . . .vol. 1: 609

Pindar

Fragments
123.5 . . . . .vol. 3: 261
169.3 . . . . .vol. 1: 724

Isthmionikai (Isthm.)
1.1 . . . . .vol. 3: 297
1.18 . . . . .vol. 3: 85
1.6 . . . . .vol. 4: 340
5.8 . . . . .vol. 4: 119
5.51 . . . . .vol. 2: 651
5.53 . . . . .vol. 2: 768
5.56–57 . . . . .vol. 4: 509
8.1 . . . . .vol. 3: 179

Nemeonikai (Nem.)
1.60 .vol. 4: 162, 579
2.4 . . . . .vol. 2: 635
3.8 . . . . .vol. 1: 664
3.11 . . . . .vol. 1: 756
3.12 . . . . .vol. 2: 707
3.82 . . . . .vol. 4: 448
4.5 . . . . .vol. 2: 318
4.40 . . . . .vol. 2: 656
4.58 . . . . .vol. 4: 468
7.11–15 . . . . .vol. 4: 320
7.22–23 . . . . .vol. 3: 343
7.38 . . . . .vol. 3: 489
7.59 . . . . .vol. 3: 321

Greek Literature Index

7.60 . . . . vol. 4: 407

Olympionikai (Ol.)
1.28–29 . . . . vol. 3: 343
1.113 . . . . vol. 2: 293
2.17 . . . . vol. 4: 702
2.30 . . . . vol. 4: 459
2.56–77 . . . . vol. 1: 310
2.56 . . . . vol. 3: 262
2.72 . . . . vol. 1: 281
2.85 . . . . vol. 2: 277
3.28 . . . . vol. 1: 119
5.4 . . . . vol. 1: 441
5.17 . . . . vol. 4: 420
6.21 . . . . vol. 3: 235
7.30 . . . . vol. 4: 455
7.77 . . . . vol. 3: 179
8.15 . . . . vol. 2: 693
8.24 . . . . vol. 3: 540
8.30 . . . . vol. 3: 88
8.64 . . . . vol. 1: 762
9.37 . . . . vol. 3: 170
9.90–94 . . . . vol. 4: 742
10.55 . . . . vol. 4: 702
10.72 . . . . vol. 2: 465
10.75 . . . . vol. 4: 637
10.93 . . . . vol. 3: 802
13.37 . . . . vol. 2: 384

Pythionikai (Pyth.)
1.46 . . . . vol. 4: 702
1.50–51 . . . . vol. 4: 383
1.85 . . . . vol. 3: 478
1.92 . . . . vol. 1: 760
1.180 . . . . vol. 1: 760

2.64 . . . . vol. 2: 329
2.73–74 . . . . vol. 2: 627
2.93–95 . . . . vol. 2: 357
3.6 . . . . vol. 4: 467
3.15 . . . . vol. 4: 343
3.18 . . . . vol. 4: 605
3.43 . . . . vol. 1: 507
3.54 . . . . . . vol. 1: 676; vol. 2: 667; vol. 4: 330
4.31 . . . . vol. 2: 230
4.63 . . . . vol. 2: 744–45
4.118 . . . . vol. 3: 442
4.145 . . . . vol. 2: 344
4.147 . . . . vol. 4: 126
4.162 . . . . vol. 2: 433
4.167 . . . . vol. 3: 235
4.175–76 . . . . vol. 3: 677
4.207 . . . . vol. 1: 670
4.250 . . . . vol. 2: 690
4.269 . . . . vol. 2: 272
4.272 . . . . vol. 4: 278
4.279 . . . . vol. 3: 540
4.286 . . . . vol. 2: 586
4.299 . . . . vol. 4: 154
5.1–2 . . . . vol. 2: 663
5.3 . . . . vol. 3: 622
5.97 . . . . vol. 2: 512
7.7 . . . . vol. 4: 585
8.4 . . . . vol. 2: 687
8.95 . . . . vol. 4: 308
9.104 . . . . vol. 1: 748
9.179–80 . . . . vol. 1: 748
10.67 . . . . vol. 1: 472
10.68 . . . . vol. 3: 540
10.72 . . . . vol. 2: 766

Plato

Alcibiades major (Alc.)
1.122a . . . . vol. 3: 198
1.124c . . . . vol. 4: 585
1.130a–c . . . . vol. 4: 726
2.147 . . . . vol. 3: 553

Apologia (Apol.)
17d . . . . vol. 4: 634
18b–c . . . . vol. 3: 130
21d . . . . vol. 3: 123; vol. 4: 331
22a . . . . vol. 3: 494
23–24 . . . . vol. 2: 167
23a . . . . vol. 3: 489
23b . . . . vol. 3: 354
23c . . . . vol. 3: 94
25d . . . . vol. 1: 389
26c . . . . vol. 2: 433
28 . . . . vol. 4: 384
29a . . . . vol. 3: 98

29d . . . . vol. 1: 425; vol. 3: 686
30a–b . . . . vol. 4: 726
30a . . . . vol. 2: 76
30b . . . . vol. 4: 597
31c–d . . . . vol. 1: 630
31c . . . . vol. 3: 235
33a–b . . . . vol. 3: 220
33a . . . . vol. 1: 708; vol. 3: 220
34b–35d . . . . vol. 2: 167
35a . . . . vol. 1: 755
36d . . . . vol. 3: 391
38e–39b . . . . vol. 2: 405
39b . . . . vol. 1: 741
40b . . . . vol. 2: 682

Charmides (Charm.)
162a . . . . vol. 4: 119
163b–c . . . . vol. 4: 77
163d–e . . . . vol. 4: 120

Greek Literature Index

Cratylus (Crat.)
385e–f. . . . . vol. 3: 293
394a. . . . . vol. 4: 484
396d. . . . . vol. 3: 572
399a–b . . . . vol. 4: 207
399d–e . . . . vol. 4: 725
403a. . . . . vol. 3: 515
403b. . . . . vol. 1: 610
405b. . . . . vol. 2: 568; vol. 4: 203
406a. . . . . vol. 2: 354
407a. . . . . vol. 2: 213
408b. . . . . vol. 2: 313
411a. . . . . vol. 4: 407
411b. . . . . vol. 3: 598
440a. . . . . vol. 4: 683

Critias
110c–d . . . . vol. 2: 708
115a–b . . . . vol. 3: 446
121a–b . . . . vol. 3: 780
121a. . . . . vol. 3: 258

Crito
46b–c . . . . vol. 3: 131
46d. . . . . vol. 3: 131
48c. . . . . vol. 1: 327
51a. . . . . vol. 4: 282
52a. . . . . vol. 3: 508
52d–e . . . . vol. 3: 606
52d. . . . . vol. 3: 506

Definitiones (Def.)
412d. . . . . vol. 2: 216
414d. . . . . vol. 3: 133
415a. . . . . vol. 2: 222
415b. . . . . vol. 2: 216

Epinomis (Epin.)
980b. . . . . vol. 4: 475
989c. . . . . vol. 4: 416

Epistulae (Ep.)
7.330 . . . . vol. 1: 224
341b. . . . . vol. 1: 210
351d. . . . . vol. 4: 579

Euthydemus (Euthyd.)
271b. . . . . vol. 2: 382
272d. . . . . vol. 2: 779
274a. . . . . vol. 2: 231
281c. . . . . vol. 2: 266
283e. . . . . vol. 2: 669
287. . . . . vol. 3: 78
302. . . . . vol. 1: 670
302b. . . . . vol. 4: 448
306d. . . . . vol. 2: 382

Euthyphro (Euthyphr.)
5c–d . . . . vol. 3: 556

9d. . . . . vol. 2: 779
12a. . . . . vol. 3: 796

Gorgias (Gorg.)
447a. . . . . vol. 4: 574
448b. . . . . vol. 2: 253
449. . . . . vol. 4: 77
464d. . . . . vol. 3: 426
468d. . . . . vol. 2: 130
470c. . . . . vol. 2: 164
470e. . . . . vol. 2: 608
471e . . . . vol. 2: 164; vol. 3: 235
472a . . . . vol. 1: 754; vol. 3: 235
472b. . . . . vol. 3: 235
472c. . . . . vol. 3: 608
475a. . . . . vol. 3: 544
476a–d . . . . vol. 2: 716
477c. . . . . vol. 1: 156
486d. . . . . vol. 3: 118
487b. . . . . vol. 2: 283
489b. . . . . vol. 1: 308
491d–e . . . . vol. 4: 444
491e. . . . . vol. 2: 716
492c. . . . . vol. 2: 172
493. . . . . vol. 4: 515
494c. . . . . vol. 3: 785
496a. . . . . vol. 3: 421
502a. . . . . vol. 4: 77
505d. . . . . vol. 2: 669
506d. . . . . vol. 4: 300
507b. . . . . vol. 3: 556
514e. . . . . vol. 1: 299
518a–c . . . . vol. 2: 608
518c. . . . . vol. 1: 303
521a–b . . . . vol. 1: 701
523a–24a . . . . vol. 3: 344
524a–b . . . . vol. 3: 760
524b. . . . . vol. 4: 436
525a. . . . . vol. 1: 180
527a. . . . . vol. 3: 345

Ion
535a. . . . . vol. 2: 277

Laches (Lach.)
186e. . . . . vol. 3: 220
191d–e . . . . vol. 3: 251
193a. . . . . vol. 2: 630
199d. . . . . vol. 3: 557

Leges (Leg.)
6.759c . . . . vol. 1: 138
7.802a . . . . vol. 1: 514
133a. . . . . vol. 1: 670
491d. . . . . vol. 3: 420
631c. . . . . vol. 4: 510
635b. . . . . vol. 4: 602

Greek Literature Index

642d	vol. 4: 167
644c–d	vol. 2: 183
648c7	vol. 1: 610
649a	vol. 2: 531
649d	vol. 3: 258
660e	vol. 3: 206
663b	vol. 1: 514
666a–c	vol. 3: 258
670b	vol. 3: 581
677a	vol. 4: 597
679c	vol. 4: 603
682e	vol. 3: 258
683a	vol. 1: 149
697a	vol. 3: 404
706d	vol. 2: 94
715d	vol. 1: 768
716a	vol. 3: 426; vol. 4: 448
716c	vol. 3: 293
716e	vol. 2: 568
717c	vol. 1: 338
723e	vol. 4: 493
728b	vol. 2: 718
729d	vol. 1: 673
731d	vol. 3: 745
737a–b	vol. 1: 293
738b	vol. 2: 580
741b	vol. 3: 404
743b	vol. 1: 436
757e	vol. 2: 433
758a	vol. 3: 608
759c	vol. 2: 213
759d	vol. 1: 756
759e	vol. 2: 213
761c–d	vol. 3: 446
768c	vol. 1: 244
769a	vol. 3: 590
770a	vol. 1: 514
770e	vol. 3: 634; vol. 4: 565
775a	vol. 2: 213
775b	vol. 3: 258
776a	vol. 2: 718
777d–e	vol. 4: 342
777d	vol. 4: 273
783c	vol. 4: 623
783e	vol. 3: 435
785b	vol. 3: 544
791a	vol. 4: 278
791d	vol. 4: 448
792e	vol. 2: 94
793b	vol. 1: 677
795d	vol. 2: 249
795e	vol. 3: 280
797c	vol. 4: 207
798b	vol. 4: 702
801a	vol. 3: 391
802d	vol. 4: 734
803a	vol. 3: 622
803e	vol. 3: 541
804d	vol. 3: 585
805a	vol. 3: 124
808d	vol. 3: 740
810e	vol. 3: 541
818d	vol. 1: 280
836	vol. 3: 235
836c	vol. 1: 204
837c	vol. 3: 747
839a	vol. 3: 329
840a	vol. 1: 379
846a	vol. 2: 353
846d	vol. 2: 730
847b	vol. 4: 471
850a	vol. 3: 753
854a	vol. 1: 420
854d	vol. 4: 375
858b	vol. 2: 146
859a	vol. 1: 670
862c	vol. 2: 535
866a	vol. 3: 786
867c	vol. 4: 595
869d	vol. 1: 444
869e	vol. 1: 444
871b	vol. 1: 382
872e	vol. 2: 249
873a–b	vol. 4: 727
879e	vol. 2: 316
886a	vol. 2: 83; vol. 4: 703
889d	vol. 2: 707
892a–c	vol. 4: 630
895c–96b	vol. 2: 365
896a–b	vol. 4: 726
896c	vol. 4: 574
897d	vol. 3: 424
903b	vol. 4: 420
903e	vol. 4: 416
906a–b	vol. 4: 513
906c–d	vol. 1: 156
906c	vol. 4: 252, 416
908a	vol. 4: 436
910b	vol. 2: 531
914e–15a	vol. 2: 198
915c	vol. 1: 244
916a	vol. 3: 426
918a–b	vol. 3: 179
918c–d	vol. 3: 389
919b	vol. 3: 705
919e	vol. 1: 182
922c	vol. 1: 693
923b	vol. 4: 231
927b	vol. 4: 610
930c	vol. 2: 529
933b	vol. 3: 199
933d	vol. 2: 495
934c	vol. 1: 594
935c	vol. 2: 198
937b–c	vol. 3: 235

Greek Literature Index

938b	vol. 2: 146
943c	vol. 3: 235
944b	vol. 2: 366
948d	vol. 3: 80
954c	vol. 1: 670
955c	vol. 1: 701
958c	vol. 4: 597
959c	vol. 4: 252
966b	vol. 2: 277

Lysis (Lys.)

208c	vol. 3: 589
215a	vol. 2: 529

Menexenus (Menex.)

237	vol. 1: 331
238a	vol. 1: 221
242a	vol. 4: 603
247b	vol. 2: 455
249a	vol. 4: 471

Meno

81c	vol. 3: 585
82b–85b	vol. 1: 310
93c–d	vol. 3: 622

Parmenides (Parm.)

129d	vol. 2: 108

Phaedo (Phaed.)

60a–b	vol. 2: 724
61b	vol. 2: 478
65c	vol. 3: 124
66a	vol. 4: 455
66e–67a	vol. 4: 727
67c	vol. 4: 714
69c	vol. 2: 569
70c	vol. 4: 727
71e–72a	vol. 1: 326
71e	vol. 1: 569
72c	vol. 2: 745
72e–73a	vol. 1: 311
72e	vol. 3: 220
77c	vol. 1: 643
79c	vol. 3: 772
80c–d	vol. 2: 406
80d	vol. 2: 426
80e–81a	vol. 2: 405
81e–82a	vol. 3: 750
83a	vol. 3: 634
84a–b	vol. 2: 424
87b	vol. 2: 102; vol. 3: 608
91d	vol. 4: 436
95e	vol. 4: 598
96a	vol. 4: 557
97d–e	vol. 3: 776
99b	vol. 4: 320
102b	vol. 2: 96
103e	vol. 2: 96
105e–7a	vol. 1: 310
107d	vol. 1: 629
114a–15a	vol. 2: 406
114e	vol. 4: 348
115a	vol. 3: 172
116a	vol. 3: 553
118	vol. 3: 694
118a	vol. 3: 574

Phaedrus (Phaedr.)

64c	vol. 4: 436
67a	vol. 4: 436
73c	vol. 3: 307
230d	vol. 2: 426
235c	vol. 3: 460
236d	vol. 1: 508
237c	vol. 2: 258
239c	vol. 4: 369
242b	vol. 1: 116
242e	vol. 1: 256
243c	vol. 4: 123
244	vol. 3: 803
245c–e	vol. 4: 727
245e	vol. 4: 436
247c–d	vol. 3: 427
249–50	vol. 1: 311
249	vol. 2: 608
250c	vol. 4: 565
251d	vol. 3: 350
252–53	vol. 3: 305
252d	vol. 2: 146
255b	vol. 4: 702
256b	vol. 3: 205
257d	vol. 4: 282
257e	vol. 1: 107
258b	vol. 3: 706
260c–d	vol. 2: 627; vol. 4: 342
262a	vol. 1: 348
265b	vol. 3: 667, 803
268a–b	vol. 4: 734
271a	vol. 3: 337
273b	vol. 3: 164
274c	vol. 3: 124
275a	vol. 4: 505
276b	vol. 2: 221
276c	vol. 3: 261
276d	vol. 2: 455
279c	vol. 3: 796

Philebus (Phileb.)

12c	vol. 3: 515
15e	vol. 2: 454
16b	vol. 2: 579
16c	vol. 3: 622
33b	vol. 3: 608
46a	vol. 1: 435
50a	vol. 2: 663
55a	vol. 1: 569

61a	vol. 4: 471	391e	vol. 4: 120
62d	vol. 3: 740	393c	vol. 3: 500
		398a	vol. 3: 349

Politicus (Pol.)

		399b	vol. 3: 424
257c	vol. 4: 81	400d	vol. 2: 94, 318
263a	vol. 3: 772	402b	vol. 2: 102
271e	vol. 4: 81	403e–4a	vol. 1: 424
275b–c	vol. 4: 81	404e	vol. 1: 349
279e	vol. 2: 542	407b	vol. 2: 88
285e	vol. 1: 187	409a	vol. 1: 203
288e	vol. 4: 177	409c	vol. 3: 602
289b	vol. 4: 177	410d	vol. 4: 312
290b	vol. 2: 675	416a	vol. 4: 81
290c–d	vol. 1: 701	423a	vol. 3: 705
291d	vol. 4: 416	425d	vol. 2: 608
292a	vol. 4: 623	427c	vol. 2: 213
292e	vol. 1: 474	427e	vol. 4: 444
303d	vol. 4: 707	429d	vol. 2: 146
306d	vol. 3: 305	430e	vol. 2: 83
		433	vol. 1: 389

Protagoras (Prot.)

		438a	vol. 4: 685
321a	vol. 4: 369	440d	vol. 4: 81
322c	vol. 1: 166	442	vol. 3: 747
322d	vol. 3: 421	453c	vol. 2: 277
323b	vol. 3: 423	454a	vol. 1: 749
325a	vol. 4: 549	454d	vol. 1: 406
329–30	vol. 1: 389	460e	vol. 4: 556
343a	vol. 4: 331	463b	vol. 4: 421
360b	vol. 4: 610	466c	vol. 3: 273
365e	vol. 3: 273	473c–d	vol. 1: 474
		474d	vol. 4: 742

Republica (Resp.)

		476d	vol. 1: 762
274a	vol. 4: 740	484d	vol. 4: 575
327a	vol. 1: 274	485c	vol. 4: 720
328d	vol. 2: 377	485d	vol. 4: 205
330c	vol. 4: 348	486c	vol. 2: 657; vol. 4: 420
331b	vol. 3: 574	491c	vol. 4: 505
335b	vol. 1: 388	494c	vol. 3: 262; vol. 4: 605
335e	vol. 3: 574	494e	vol. 2: 265
343a	vol. 3: 133	496d–e	vol. 2: 568
344b	vol. 1: 293	498a	vol. 3: 465
349e	vol. 1: 296; vol. 3: 780	498d	vol. 2: 421
350e	vol. 3: 345	499c	vol. 1: 224
353	vol. 1: 389	500d	vol. 1: 683
353d	vol. 4: 726	505c	vol. 3: 772
360b	vol. 3: 329	506b	vol. 2: 249
361b	vol. 1: 349	506c	vol. 4: 509
363d	vol. 3: 321	507b	vol. 3: 427
364e	vol. 3: 190, 606	507e–9b	vol. 4: 637
365b	vol. 4: 106	509a	vol. 4: 308
366a	vol. 3: 606	509b	vol. 4: 128
371c	vol. 4: 460	509e–10a	vol. 2: 104
373d	vol. 4: 681	509e	vol. 4: 308
376e	vol. 1: 389; vol. 3: 585	514	vol. 3: 585
381e	vol. 1: 515	514a	vol. 4: 350
382a	vol. 1: 224	517b–c	vol. 1: 93
382b	vol. 1: 224	519e	vol. 3: 491
382c	vol. 3: 426	521a	vol. 2: 366; vol. 3: 796

521c–34	vol. 3: 585
523a	vol. 4: 312
524b	vol. 2: 277
524c	vol. 1: 690
530a	vol. 1: 683
532a	vol. 1: 776
533d	vol. 1: 575
535e	vol. 3: 332
536c	vol. 2: 146
547b	vol. 3: 796
553c	vol. 2: 469
556c	vol. 2: 630
558b	vol. 3: 674
562c	vol. 1: 748
566e	vol. 4: 123
567a	vol. 2: 303
573b–c	vol. 4: 616
574c	vol. 4: 742
574d	vol. 3: 370
575b	vol. 3: 235
577d	vol. 1: 767
581–88	vol. 2: 377
585	vol. 2: 657
586d	vol. 3: 747
588b	vol. 2: 102
589c	vol. 1: 224
597d	vol. 4: 78
600a–b	vol. 3: 451
607b	vol. 2: 737
607d	vol. 3: 264
608d	vol. 4: 727
608e	vol. 1: 93, 358
609c	vol. 4: 101
609d	vol. 4: 714
612b	vol. 3: 321
614a–21d	vol. 3: 344
614a–15a	vol. 1: 311
614b	vol. 1: 326
616a	vol. 1: 311
616b–c	vol. 1: 311
616c	vol. 1: 280
617d–18d	vol. 1: 514
617e	vol. 1: 311
619b	vol. 3: 426
620a–d	vol. 1: 311
621a	vol. 2: 657
621c–d	vol. 1: 311
621c	vol. 4: 300
909b	vol. 3: 470

Sophista (Soph.)

216b	vol. 4: 513
228e–29a	vol. 3: 421
230a	vol. 4: 105
242b	vol. 2: 164
249a	vol. 4: 282
262a	vol. 3: 133
263d	vol. 3: 426

Symposium (Symp.)

173d	vol. 3: 499
174a	vol. 3: 505
175e	vol. 3: 510
176b	vol. 1: 460
179b	vol. 3: 234
179c	vol. 1: 312
181d	vol. 1: 514
182e	vol. 2: 216
186a	vol. 4: 471
186b	vol. 4: 515
188e	vol. 3: 785
189c–93d	vol. 3: 344
189d	vol. 1: 636
192a	vol. 4: 471
192c	vol. 4: 347
197d	vol. 4: 123
198d	vol. 2: 146
201e	vol. 3: 254
202a	vol. 4: 616
202d–12a	vol. 3: 344
203d	vol. 1: 514
203e	vol. 1: 326
204	vol. 2: 608
204a	vol. 4: 331
208a	vol. 3: 452
208b	vol. 3: 598
209e	vol. 1: 559
211	vol. 2: 608
220d	vol. 4: 420
222c–d	vol. 1: 691
228b–c	vol. 2: 707

Theaetetus (Theaet.)

147a	vol. 3: 741
156a	vol. 3: 351
156b	vol. 2: 594
157d	vol. 1: 752
160b	vol. 3: 744
162e	vol. 1: 643; vol. 3: 687
163b–c	vol. 2: 253
163d	vol. 4: 484
169a	vol. 3: 505
169c7	vol. 1: 610
171a	vol. 1: 224
175a	vol. 3: 705; vol. 4: 181
175d	vol. 2: 578
180b	vol. 2: 111
186b	vol. 4: 312
187c	vol. 1: 224
192a	vol. 4: 505
194b	vol. 4: 516
200e	vol. 2: 263
207b	vol. 2: 253
208e	vol. 2: 253
209a	vol. 2: 277
210b	vol. 4: 740

Timaeus (Tim.)

22d	vol. 1: 224
24a	vol. 3: 544
24c	vol. 2: 146
26b	vol. 1: 207
27d–28a	vol. 2: 106
28	vol. 2: 731
28b	vol. 3: 565
28c	vol. 3: 678; vol. 4: 78
29d–92b	vol. 3: 344
29e	vol. 1: 569; vol. 4: 77
30a–b	vol. 3: 427
30b–c	vol. 4: 142
30b	vol. 2: 366; vol. 3: 426
31b	vol. 3: 334
37d	vol. 1: 193
37d	vol. 4: 702
37e	vol. 1: 164
38–48	vol. 3: 305
38b	vol. 4: 702
40c	vol. 2: 611; vol. 3: 608
41a	vol. 3: 678
44c	vol. 3: 491; vol. 4: 142
46d–e	vol. 3: 427
47a	vol. 3: 426
51a	vol. 3: 298
51d	vol. 3: 426
59c	vol. 3: 598
60e	vol. 1: 215
64b	vol. 2: 88
67d	vol. 2: 240
71e–72b	vol. 4: 162
72a	vol. 2: 279
74d	vol. 2: 362
79b	vol. 3: 794
86b	vol. 3: 426
88a	vol. 3: 220, 251
88b	vol. 2: 781
92c	vol. 2: 102, 366

Plotinus, *Enneades (Enn.)*

1.8.3	vol. 3: 293
3.2.2–4	vol. 2: 731
3.8.2	vol. 3: 132
5.1.1	vol. 4: 386
5.1.4	vol. 2: 731
5.5.4	vol. 3: 293
6.7.11	vol. 3: 132
6.8.18	vol. 3: 293
6.9.4	vol. 3: 132
6.9.10	vol. 3: 132

Plutarch

Ad principem ineruditum (Princ. iner.)
780E . . . . vol. 4: 475

Aemilius Paullus (Aem.)
16.8 . . . . vol. 1: 611

Agesilaus (Ages.)
15.5 . . . . vol. 4: 651

Alcibiades (Alc.)
36.2 . . . . vol. 4: 344

Alexander (Alex.)
2.8 . . . . vol. 3: 715
7.2 . . . . vol. 1: 408
26.7 . . . . vol. 4: 469

Antonius (Ant.)
65.2 . . . . vol. 2: 88
65.4 . . . . vol. 2: 88

Aristides (Arist.)
35 . . . . vol. 4: 191

Caesar
17.8 . . . . vol. 4: 155
69.3 . . . . vol. 2: 385

Cato Minor (Cat. Min.)
14.1–2 . . . . vol. 4: 386
64.5 . . . . vol. 4: 713

Cimon (Cim.)
13.6 . . . . vol. 2: 430

Comparatio Thesei et Romuli (Comp. Thes. Rom.)
4.2 . . . . vol. 2: 467
4.4 . . . . vol. 2: 467

De Alexandri magni fortuna aut virtute (Alex. fort.)
336E . . . . vol. 4: 450

De amore prolis (Am. prol.)
495C . . . . vol. 3: 725

De capienda ex inimicis utilitate (Inim. util.)
87E . . . . vol. 1: 294

De defectu oraculorum (Def. orac.)
414e . . . . vol. 4: 188

Greek Literature Index

De E apud Delphos (E Delph.)
389a7 .... **vol. 1:** 570

De esu cranium
995d–e .... **vol. 3:** 684

De genio Socratis (Gen. Socr.)
584E .... **vol. 4:** 450

De Iside et Osiride (Is. Os.)
54 .... **vol. 3:** 132
352D .... **vol. 4:** 325
364F .... **vol. 1:** 92

De laude ipsius (De laude)
546F .... **vol. 3:** 421

De liberis educandis (Lib. ed.)
12A .... **vol. 1:** 403

De Pythiae oraculis (Pyth. orac.)
16 .... **vol. 1:** 346
18 .... **vol. 3:** 761

De sera numinis vindicta (Sera)
3 .... **vol. 3:** 761

De sollertia animalium (Soll. an.)
975B .... **vol. 4:** 509

De superstitione (Superst.)
166a .... **vol. 1:** 462
168C .... **vol. 3:** 629

De tranquillitate animi (Tranq. an.)
475E .... **vol. 4:** 450

De virtute et vitio (Virt. vit.)
4 .... **vol. 3:** 705

De vitando aere alieno (Vit. aere al.)
3 .... **vol. 3:** 705
6 .... **vol. 3:** 705

Demetrius (Demetr.)
27.5 .... **vol. 4:** 603

Dion
56.5 .... **vol. 3:** 493

Galba (Galb.)
17.2 .... **vol. 1:** 404
21.2 .... **vol. 1:** 460

Lucullus (Luc.)
18.1 .... **vol. 1:** 327

Lycurgus
6.5 .... **vol. 4:** 128

Marcius Coriolanus (Cor.)
35.3 .... **vol. 2:** 467
35.6 .... **vol. 2:** 467

Moralia (Mor.)
83d .... **vol. 1:** 440
832c .... **vol. 3:** 227
934d .... **vol. 1:** 440

Non posse suaviter vivi secundum Epicurum (Suav. viv.)
1091E .... **vol. 4:** 646

Pericles (Per.)
33.7 .... **vol. 1:** 185

Pompeius (Pomp.)
8.5 .... **vol. 4:** 268

Praecepta gerendae rei publicae (Praec. ger. rei publ.)
811C .... **vol. 4:** 629

Publicola (Publ.)
9.5 .... **vol. 2:** 467
9.9 .... **vol. 2:** 467

Pyrrhus (Pyrrh.)
23.3 .... **vol. 2:** 240

Quaestionum convivialum libri IX (Quaest. conv.)
644A .... **vol. 1:** 403
712c .... **vol. 4:** 598

Quaestiones romanae et graecae (Quaest. rom.)
10 .... **vol. 4:** 449
44 .... **vol. 3:** 494
109 .... **vol. 2:** 362
226F .... **vol. 2:** 415
286E .... **vol. 3:** 720

Quomodo adulator ab amico internoscatur (Adul. amic.)
69d .... **vol. 1:** 581–82

Septem sapientium convivium (Sept. sap. conv.)
149a .... **vol. 4:** 582

Sertorius (Sert.)
25.1 .... **vol. 4:** 603

Solon
32.4 .... **vol. 1:** 705

Themistocles (Them.)
2.7 .... **vol. 1:** 408

Pollux, Julius, *Onomasticon* (*Onom.*)

1.15 . . . . **vol. 3:** 785
1.16 . . . . **vol. 3:** 785
8.124 . . . . **vol. 2:** 213

Polybius, *The Histories*

1.1.1 . . . . **vol. 1:** 172
1.2.1–2 . . . . **vol. 3:** 608
1.4.3 . . . . **vol. 3:** 465
1.8.4 . . . . **vol. 2:** 284, 313; **vol. 3:** 498
1.11.1 . . . . **vol. 4:** 401
1.11.3 . . . . **vol. 2:** 778
1.16.7 . . . . **vol. 2:** 316
1.17.1 . . . . **vol. 2:** 778
1.17.5 . . . . **vol. 1:** 469
1.17.9 . . . . **vol. 4:** 398
1.18.8 . . . . **vol. 1:** 554–55
1.31.7 . . . . **vol. 2:** 724
1.34.9 . . . . **vol. 1:** 749
1.36.8 . . . . **vol. 2:** 635
1.41.3 . . . . **vol. 1:** 366
1.44.7 . . . . **vol. 3:** 647
1.47.4 . . . . **vol. 4:** 317
1.51.6 . . . . **vol. 1:** 460
1.66.3 . . . . **vol. 3:** 582
1.66.10 . . . . **vol. 1:** 296
1.67.1 . . . . **vol. 4:** 368
1.70.1 . . . . **vol. 1:** 201
1.78.8 . . . . **vol. 1:** 349
1.83.5 . . . . **vol. 4:** 488
1.84.6 . . . . **vol. 1:** 776
1.86.4 . . . . **vol. 4:** 355
1.87.10 . . . . **vol. 2:** 682
1.160.1 . . . . **vol. 1:** 408
2.17.11 . . . . **vol. 4:** 551
2.34.12 . . . . **vol. 1:** 379
2.38.6 . . . . **vol. 3:** 658
2.39.1 . . . . **vol. 4:** 401
2.39.6 . . . .**vol. 3:** 80
2.43.1 . . . . **vol. 1:** 594
2.44.5 . . . . **vol. 2:** 89
2.54.9 . . . . **vol. 3:** 694
2.56.1 . . . . **vol. 1:** 673
2.56.12 . . . . **vol. 1:** 690
2.56.14 . . . . **vol. 3:** 540
2.57.2 . . . . **vol. 3:** 647
3.8.10 . . . . **vol. 1:** 743
3.9.6 . . . . **vol. 4:** 630
3.10.3 . . . . **vol. 1:** 184
3.15.4 . . . . **vol. 1:** 207
3.42.2 . . . . **vol. 3:** 643
3.48.6 . . . . **vol. 4:** 154
3.58.4 . . . . **vol. 3:** 540
3.81.9 . . . . **vol. 2:** 657
3.87.3 . . . . **vol. 2:** 146
3.94.7 . . . . **vol. 3:** 641
3.99.6 . . . . **vol. 1:** 354
3.109.6–7 . . . . **vol. 3:** 628
3.112.18 . . . . **vol. 4:** 284
3.116.8 . . . . **vol. 4:** 450
4.2.1 . . . . **vol. 4:** 571
4.3.12 . . . . **vol. 3:** 647, 778
4.7.6 . . . . **vol. 1:** 610; **vol. 4:** 398
4.8.10 . . . . **vol. 4:** 571
4.11.6 . . . . **vol. 3:** 694
4.18.2 . . . . **vol. 4:** 189
4.23.1 . . . . **vol. 1:** 354
4.35.6 . . . . **vol. 3:** 647
4.50.6 . . . . **vol. 3:** 288
4.50.10 . . . . **vol. 4:** 572
4.67.9 . . . . **vol. 3:** 465
4.69.9 . . . . **vol. 3:** 647
4.76.9 . . . . **vol. 2:** 208
4.82.1 . . . . **vol. 1:** 289
4.84.6 . . . . **vol. 4:** 489
5.2.5 . . . . **vol. 3:** 105
5.2.11 . . . . **vol. 1:** 408
5.5.8 . . . . **vol. 4:** 140
5.26.12 . . . . **vol. 4:** 579
5.35.2 . . . . **vol. 4:** 159
5.47.2 . . . . **vol. 1:** 460
5.63.11 . . . . **vol. 2:** 146
5.93.2 . . . . **vol. 2:** 430
5.94 . . . .**vol. 1:** 152
5.102.5 . . . . **vol. 1:** 191
5.105.2 . . . . **vol. 3:** 506
6.4.3 . . . . **vol. 1:** 530
6.5.7 . . . . **vol. 4:** 725
6.10.9 . . . . **vol. 2:** 146
6.14.6 . . . . **vol. 2:** 404
6.15.7–8 . . . . **vol. 2:** 467
6.15.7 . . . . **vol. 4:** 448
6.20.2 . . . . **vol. 2:** 693
6.23.1–16 . . . . **vol. 3:** 524
6.53.10 . . . . **vol. 1:** 762
6.55.2 . . . . **vol. 4:** 571, 572
6.58.5 . . . . **vol. 4:** 603
6.58.8 . . . . **vol. 1:** 207
6.402 . . . . **vol. 4:** 301
7.1.3 . . . . **vol. 2:** 313
7.4.8 . . . . **vol. 1:** 201
7.13.4 . . . . **vol. 3:** 606
8.4.7 . . . . **vol. 2:** 76
8.9.1 . . . . **vol. 2:** 258
8.18.1 . . . . **vol. 3:** 647
8.37.11 . . . .**vol. 2:** 76
9.3.8 . . . . **vol. 3:** 98
9.9.11 . . . . **vol. 3:** 628

9.10.6.	vol. 3: 635	20.10.9.	vol. 2: 403
9.33.10.	vol. 4: 449	21.7.4.	vol. 2: 156
9.39.5.	vol. 1: 657	21.24.3.	vol. 1: 694
9.40.4.	vol. 2: 475	21.35.5.	vol. 1: 673
9.43.3.	vol. 4: 448	22.10.14.	vol. 3: 647
10.16.2.	vol. 3: 465	22.13.7.	vol. 3: 647
10.23.7.	vol. 4: 379	23.1.3.	vol. 2: 89
10.29.4.	vol. 3: 105	23.5.8.	vol. 1: 438
10.37.2.	vol. 3: 647	23.5.15.	vol. 2: 200
11.27.7.	vol. 2: 154	23.11.3.	vol. 1: 762
11.29.3.	vol. 1: 160	23.12.1.	vol. 2: 745
11.34.3.	vol. 3: 284	23.13.2.	vol. 2: 302
12.5.5.	vol. 1: 641	25.3.7.	vol. 1: 419
12.6.1.	vol. 3: 622	27.1.7.	vol. 2: 586
12.8.2.	vol. 1: 293	27.2.2.	vol. 1: 134
12.9.1.	vol. 2: 745	27.2.10.	vol. 4: 317
12.15.9.	vol. 2: 379	27.10.4.	vol. 2: 313
12.21.10.	vol. 1: 361	27.13.2.	vol. 4: 398
13.5.7.	vol. 4: 300	28.5.6.	vol. 4: 377
13.6.2.	vol. 2: 635	28.17.12.	vol. 4: 516
13.8.6.	vol. 3: 235	28.178	vol. 3: 284
14.1.13.	vol. 2: 263	29.10.5.	vol. 1: 361
14.3.7.	vol. 2: 745	29.16.3.	vol. 4: 450
15.4.11.	vol. 3: 745	30.2.4.	vol. 4: 683
15.21.5.	vol. 3: 159	30.4.11.	vol. 2: 130
15.22.3.	vol. 1: 762	30.19.11.	vol. 4: 325
15.23.5.	vol. 3: 635	30.25.13.	vol. 2: 98
15.29.9.	vol. 1: 592	31.3.13.	vol. 2: 98
15.30.9.	vol. 1: 555	31.15.13.	vol. 3: 647
15.32.5.	vol. 1: 639	31.22.2.	vol. 1: 762
15.36.6.	vol. 2: 313	31.31.1.	vol. 3: 122
16.5.4.	vol. 2: 400	32.3.6.	vol. 2: 154
16.20.4.	vol. 2: 313	32.6.4.	vol. 1: 684
16.25.3.	vol. 3: 647	32.15.4.	vol. 1: 493
16.30.6.	vol. 2: 76	32.15.7.	vol. 1: 592
16.39.4.	vol. 2: 521	33.1.6.	vol. 1: 530
18.24.3.	vol. 2: 461	33.18.6.	vol. 4: 702
18.25.4.	vol. 1: 664	36.6.7.	vol. 1: 494
18.35.5.	vol. 3: 719	36.15.4.	vol. 1: 419
18.48.4.	vol. 2: 133	38.13.9.	vol. 3: 647
18.50.2.	vol. 3: 647	38.17.2.	vol. 3: 608

Proclus, *Institutio theologica*

199. . . . . vol. 1: 354

Psuedo-Apollodorus, *Bibliotheca*

1.3 . . . . vol. 4: 458

Pseudo-Scymnus, *Ad Nicomedem regem*

637. . . . . vol. 3: 253

Sappho, *Fragment*

44.14 . . . . vol. 3: 581

Sextus Empiricus, *Pyrrhōneioi hypotypōseis (Pyr.)*

2.246 . . . . vol. 2: 245

Sim[m]ias of Rhodes, *Epigrammata*

15.4 . . . . vol. 2: 88

Simonides, *Fragment*

8.10–12 . . . . vol. 4: 702

Sophocles

Ajax (Aj.)

59	vol. 3: 420
85	vol. 4: 320
95	vol. 1: 460
125–26	vol. 4: 308
130	vol. 3: 214
158–62	vol. 3: 302
182	vol. 1: 395
189	vol. 1: 436
345	vol. 1: 166
473	vol. 4: 681
502	vol. 2: 561
522	vol. 4: 492
635	vol. 3: 421
646–47	vol. 4: 702
652–53	vol. 4: 668
660	vol. 2: 649
664–65	vol. 3: 645
714	vol. 4: 702
744	vol. 1: 242
796	vol. 4: 301
803	vol. 4: 140
942	vol. 4: 616
944	vol. 2: 357
1150	vol. 3: 357
1162	vol. 3: 248
1207	vol. 3: 278
1230	vol. 4: 578–79
1252	vol. 1: 432
1254	vol. 3: 540
1318	vol. 1: 178
1361	vol. 4: 312

Antigone (Ant.)

74–75	vol. 2: 649
143	vol. 4: 471
149	vol. 3: 572
176	vol. 4: 726
221	vol. 3: 321
291	vol. 4: 278
345	vol. 4: 631
361–64	vol. 4: 595
416–20	vol. 3: 421
421	vol. 3: 421
449	vol. 2: 674
450	vol. 2: 674
452	vol. 3: 544
453	vol. 2: 674
454	vol. 1: 432
455	vol. 2: 674
469–70	vol. 3: 357
599	vol. 2: 293
657	vol. 2: 579
709	vol. 2: 656, 657
745	vol. 4: 493
833	vol. 3: 499
910	vol. 1: 308
922–23	vol. 1: 520
1041	vol. 2: 468
1052	vol. 3: 785
1054	vol. 2: 611
1066	vol. 4: 351
1072	vol. 1: 337
1095	vol. 4: 455
1111	vol. 4: 386
1114	vol. 4: 420
1188	vol. 3: 572
1339	vol. 3: 248

Elektra (El.)

111	vol. 1: 382
130	vol. 3: 634
137–39	vol. 1: 311
149	vol. 1: 120
190	vol. 3: 465
538	vol. 1: 717
616	vol. 1: 182
668	vol. 1: 673
690	vol. 1: 530
709	vol. 4: 460
734–35	vol. 4: 574
818	vol. 4: 188
1061	vol. 2: 329
1124	vol. 1: 186
1126	vol. 4: 308
1156–59	vol. 3: 337
1291	vol. 1: 705

1335	vol. 3: 214	1063	vol. 2: 597
1387	vol. 3: 602	1387	vol. 3: 740; vol. 4: 614
1412	vol. 1: 559	1390	vol. 3: 470
		1445	vol. 3: 760

Oedipus coloneus (Oed. col.)

Philoctetes (Phil.)

10	vol. 1: 501	71	vol. 1: 498
40	vol. 4: 320	123	vol. 2: 132
91	vol. 4: 446	254	vol. 3: 745
100	vol. 3: 389	267	vol. 4: 651
277	vol. 4: 493	271	vol. 4: 231
287	vol. 1: 132	285	vol. 4: 702
303–4	vol. 3: 772	368	vol. 1: 469
373	vol. 2: 739	437	vol. 4: 100, 685
382	vol. 1: 391	476	vol. 4: 685
418–19	vol. 4: 726	533–34	vol. 4: 150
560–68	vol. 3: 442	616	vol. 1: 680
608–9	vol. 4: 702	657	vol. 1: 493; vol. 4: 150
611	vol. 2: 404	706	vol. 2: 512
617–18	vol. 4: 702	715	vol. 4: 701
631–41	vol. 3: 442	745	vol. 1: 533
638–39	vol. 4: 460	766	vol. 4: 420
650	vol. 3: 494	846	vol. 3: 703
778	vol. 3: 785	902	vol. 4: 631
780	vol. 3: 248	943	vol. 2: 512
931	vol. 2: 657	978	vol. 3: 754
981	vol. 4: 381	1244–46	vol. 4: 330
1127	vol. 2: 240	1360–61	vol. 3: 297
1265	vol. 3: 235	1420	vol. 1: 390
1595	vol. 3: 735		

Oedipus tyrannus (Oed. tyr.)

Trachiniae (Trach.)

101	vol. 1: 167	17	vol. 2: 713
179	vol. 4: 708	41	vol. 3: 744–45
237	vol. 2: 469	94–96	vol. 4: 492
295	vol. 1: 382	111	vol. 2: 183
303–4	vol. 4: 421	148	vol. 3: 637
371	vol. 4: 509	280	vol. 4: 513
375	vol. 4: 637	361	vol. 3: 302
389	vol. 4: 468	629	vol. 2: 153
416	vol. 1: 337	681	vol. 3: 744
455	vol. 3: 705; vol. 4: 181	754	vol. 3: 543
613–14	vol. 4: 702	1076	vol. 3: 794
779	vol. 3: 258	1219	vol. 3: 637
884	vol. 4: 106	1225	vol. 3: 637
921	vol. 3: 190	1228–29	vol. 3: 760

Stobaeus, *Anthologium*

4.52b.40	vol. 4: 402

Strabo, *Geographica (Geogr.)*

2.5.18	vol. 3: 476	16.4.9	vol. 3: 725
8.378	vol. 4: 110	17.1.13	vol. 1: 469
9.3.12	vol. 4: 188	17.2.5	vol. 3: 725
10.3.7	vol. 3: 622		
16.1.27	vol. 4: 480		

Tacitus, Aeneas, *Poliorcetica*

26:12 .... vol. 4: 96

Tatius, Achilles, *Isagoga excerpta*

14.2 .... vol. 1: 427

Thales, *Apophthegmata*

5.9 .... vol. 1: 308

Theocritus, *Idylls* (*Id.*)

7.37 .... vol. 4: 381	16.96 .... vol. 2: 398
15.75 .... vol. 3: 478	253 .... vol. 3: 199

Theognis of Megara, *Elegiae*

1.19 .... vol. 4: 410	1.682 .... vol. 4: 330
1.62 .... vol. 4: 681	1.860 .... vol. 1: 425
1.118 .... vol. 2: 316	1.904 .... vol. 4: 407
1.147 .... vol. 1: 723	1.1144 .... vol. 2: 183
1.219 .... vol. 4: 455	2.1231 .... vol. 3: 205
1.255 .... vol. 4: 516	2.1247 .... vol. 3: 606
1.274 .... vol. 4: 100	131–32 .... vol. 3: 556
1.286 .... vol. 2: 75	220 .... vol. 3: 794
1.359 .... vol. 4: 585	221 .... vol. 3: 794
1.451 .... vol. 2: 543	282–83 .... vol. 3: 760
1.453 .... vol. 3: 426	283–84 .... vol. 3: 760
1.478 .... vol. 3: 389	903 .... vol. 4: 488
1.557 .... vol. 2: 682	1083 .... vol. 4: 386
1.628 .... vol. 3: 389	1164 .... vol. 4: 407

Theophrastus, *De causis plantarum* (*Caus. Plant.*)

3.7.4 .... vol. 3: 341	6.14.12 .... vol. 4: 312
5.16.4 .... vol. 4: 571	6.19.3 .... vol. 2: 455
6.11.6 .... vol. 3: 824	

Thucydides, *History of the Peloponnesian War*

1.1.2 .... vol. 1: 467	1.27.1 .... vol. 2: 643
1.2.6 .... vol. 2: 529	1.29.1 .... vol. 4: 549
1.5.1 .... vol. 1: 401	1.32.1 .... vol. 1: 667
1.6.3 .... vol. 4: 127	1.38.5 .... vol. 2: 216
1.8.1 .... vol. 3: 470	1.40.2 .... vol. 1: 376
1.9.2 .... vol. 3: 717	1.45.1 .... vol. 1: 524
1.9.4 .... vol. 3: 622	1.50.4 .... vol. 3: 489
1.11.1 .... vol. 1: 705	1.64.1 .... vol. 2: 529
1.21.1 .... vol. 3: 343–44	1.65.1 .... vol. 4: 488
1.21.2 .... vol. 1: 680	1.69.1 .... vol. 1: 376
1.22.4 .... vol. 3: 344	1.69.3 .... vol. 3: 794
1.24.2 .... vol. 2: 601	1.70 .... vol. 1: 179
1.24.6 .... vol. 4: 595	1.76.2 .... vol. 1: 352
1.25.4 .... vol. 2: 645	1.76.4 .... vol. 2: 240

Greek Literature Index

1.77.3.	vol. 2: 94
1.79.2.	vol. 2: 237
1.87.1–2	vol. 2: 135
1.93.2.	vol. 2: 430
1.107.2.	vol. 3: 378
1.110.3.	vol. 4: 355
1.118.3.	vol. 2: 286
1.120.3.	vol. 2: 397
1.120.4.	vol. 3: 778
1.120.5.	vol. 1: 432
1.122.3.	vol. 1: 498
1.124.1.	vol. 2: 500
1.125.2.	vol. 1: 754
1.129.1.	vol. 1: 594
1.131.2.	vol. 2: 745
1.132.5.	vol. 2: 255
1.133.1.	vol. 1: 701
1.137.4.	vol. 3: 469
1.138.3.	vol. 2: 561; vol. 3: 262
1.139.4.	vol. 4: 119
1.140.5.	vol. 1: 498
1.145.1.	vol. 3: 499
2.2.1.	vol. 4: 396
2.6.4.	vol. 1: 302
2.11.3.	vol. 1: 432
2.11.9.	vol. 1: 673
2.13.1.	vol. 1: 444
2.13.7.	vol. 4: 488
2.18.3.	vol. 4: 398
2.23.2.	vol. 1: 365
2.34.2.	vol. 4: 301
2.34.3.	vol. 2: 702
2.34.8.	vol. 1: 507
2.35.2.	vol. 3: 778
2.35.3.	vol. 1: 756
2.37.1.	vol. 3: 304
2.38.1.	vol. 2: 152
2.40.3.	vol. 1: 378
2.40.5.	vol. 3: 574
2.41.2.	vol. 1: 223
2.41.4.	vol. 3: 235
2.43.6.	vol. 4: 616
2.44.1.	vol. 3: 634
2.45.1.	vol. 2: 106
2.48.3.	vol. 2: 500
2.49.1.	vol. 1: 420
2.49.3.	vol. 4: 105, 446
2.50.1.	vol. 2: 96
2.52.2.	vol. 2: 241
2.53.4.	vol. 1: 741
2.61.2.	vol. 1: 420
2.63.1.	vol. 1: 749
2.65.5.	vol. 4: 138
2.65.6.	vol. 4: 138
2.65.8.	vol. 2: 377
2.65.9.	vol. 2: 265
2.65.11.	vol. 4: 455
2.65.13.	vol. 4: 138
2.67.1.	vol. 3: 396
2.69.1.	vol. 1: 365
2.70.1.	vol. 1: 564
2.70.3.	vol. 4: 396
2.75.1.	vol. 4: 679
2.76.2.	vol. 4: 679
2.77.6.	vol. 4: 268
2.81.1.	vol. 1: 567
2.84.3.	vol. 3: 171
2.87.4.	vol. 4: 747
2.89.2.	vol. 1: 690
2.97.4.	vol. 2: 561
2.100.2.	vol. 3: 541
2.101.4.	vol. 4: 446
2.102.5.	vol. 3: 476
3.3.3.	vol. 2: 221
3.10.1.	vol. 2: 707
3.12.1.	vol. 2: 396
3.15.2.	vol. 2: 627
3.18.4.	vol. 1: 349
3.20.3.	vol. 2: 211
3.22.2.	vol. 1: 432; vol. 2: 750
3.22.8.	vol. 1: 432
3.31.2.	vol. 4: 574
3.34.3.	vol. 4: 515
3.37.3.	vol. 2: 778
3.38.2.	vol. 1: 680
3.39.1.	vol. 1: 378
3.39.5.	vol. 1: 302
3.40.3.	vol. 2: 240
3.45.6.	vol. 1: 762, 763
3.53.1.	vol. 3: 622
3.58.4.	vol. 1: 346
3.61.1.	vol. 1: 361
3.62.3.	vol. 2: 96; vol. 4: 92
3.64.1.	vol. 1: 680
3.64.4.	vol. 3: 451
3.68.3.	vol. 2: 430
3.77.2.	vol. 1: 705
3.82.7.	vol. 1: 101
3.82.8.	vol. 3: 780
4.8.5.	vol. 2: 687
4.8.7.	vol. 2: 687
4.10.5.	vol. 2: 253
4.13.4.	vol. 4: 614
4.20	vol. 1: 164
4.25.5.	vol. 4: 561
4.26.3.	vol. 3: 280
4.26.5.	vol. 1: 535
4.27.4.	vol. 2: 586
4.51.1.	vol. 1: 498
4.61.4.	vol. 3: 628
4.61.6.	vol. 4: 127
4.62.3.	vol. 3: 780
4.66.3.	vol. 1: 498
4.69.2.	vol. 1: 663

4.76.2.	vol. 2: 730	6.69.2.	vol. 4: 235
4.83.3.	vol. 3: 284	6.78.2.	vol. 2: 241
4.87.1.	vol. 1: 498	6.100.1.	vol. 2: 146
4.92.5.	vol. 3: 644	6.104.1.	vol. 2: 237; vol. 3: 716
4.96.5.	vol. 4: 471	7.10.1.	vol. 1: 589, 594
4.98.4.	vol. 3: 280	7.11.2.	vol. 3: 462
4.104.1.	vol. 2: 465	7.19.3.	vol. 2: 146
4.108.3.	vol. 4: 123	7.24.1.	vol. 2: 634
4.113.1.	vol. 2: 465	7.25.3.	vol. 3: 448
4.118.10.	vol. 4: 471	7.25.5.	vol. 4: 354
4.119.2.	vol. 4: 340	7.29.1.	vol. 4: 106
4.126.6.	vol. 3: 581	7.44.2.	vol. 4: 368
4.132.2.	vol. 1: 498	7.55.2.	vol. 3: 289
5.5.1.	vol. 2: 207	7.62.2.	vol. 3: 581
5.7.4.	vol. 2: 424	7.64.2.	vol. 3: 515
5.9.5.	vol. 1: 348	7.71.5.	vol. 2: 737
5.14.3.	vol. 2: 298	7.77.7.	vol. 3: 542
5.15.1.	vol. 2: 241	7.84.3.	vol. 2: 241; vol. 3: 674
5.21.1.	vol. 4: 340	7.86.2.	vol. 4: 488
5.26.6.	vol. 2: 213	7.86.4.	vol. 3: 622
5.45.3.	vol. 1: 691	8.9.3.	vol. 1: 366
5.46.1.	vol. 2: 778	8.19.2.	vol. 2: 282
5.49.2–3	vol. 2: 230	8.32.3.	vol. 2: 597
5.55.1.	vol. 3: 505	8.47.2.	vol. 2: 561
5.71.1.	vol. 1: 610	8.48.4.	vol. 2: 299
5.72.4.	vol. 3: 674	8.52.3.	vol. 3: 235
5.103.2.	vol. 3: 500	8.74.1.	vol. 2: 230
6.10.3.	vol. 3: 505	8.75.2.	vol. 4: 140
6.16.2.	vol. 3: 391	8.78.	vol. 3: 272
6.34.8.	vol. 2: 637	8.78.1.	vol. 2: 597
6.35.1.	vol. 2: 644	8.83.3.	vol. 3: 532
6.36.1.	vol. 2: 230	8.86.3.	vol. 4: 598
6.39.2.	vol. 1: 776	8.89.3.	vol. 4: 416
6.53.1.	vol. 1: 361	8.90.1.	vol. 1: 450
6.53.2.	vol. 1: 756	8.90.4.	vol. 2: 580
6.60.3.	vol. 1: 398	8.92.11.	vol. 3: 628
6.60.4.	vol. 2: 637	8.93.2.	vol. 3: 280
6.62.4.	vol. 4: 683	8.163.	vol. 4: 702

Timotheus of Miletus, *Persians*

148. . . . . vol. 4: 411

Vitae Aesopi

35. . . . . vol. 3: 730

Xenophon

Agesilaus (Ages.)
10.2	vol. 2: 620
11.16	vol. 1: 164

Anabasis (Anab.)
1.1.2.	vol. 1: 641
1.2.6.	vol. 3: 476
1.2.7.	vol. 3: 617
1.2.10.	vol. 2: 478
1.2.14.	vol. 2: 387
1.2.26.	vol. 3: 532
1.3.11.	vol. 2: 575
1.3.21.	vol. 1: 116
1.4.9.	vol. 3: 784

Greek Literature Index

1.5.1	vol. 1: 452
1.5.9	vol. 3: 782
1.6.1	vol. 1: 242
1.6.5	vol. 2: 602
1.6.7	vol. 1: 450
1.7.4	vol. 1: 308
1.9.2	vol. 4: 396
1.9.7	vol. 4: 340
1.9.17	vol. 1: 224
2.2.13	vol. 2: 387
2.3.2	vol. 2: 249
2.4.1	vol. 1: 664
2.4.14	vol. 3: 617
2.5.7	vol. 4: 320
2.5.13	vol. 4: 448
2.6.26	vol. 4: 272
3.1.18	vol. 2: 283
3.1.32	vol. 3: 627
3.2.19	vol. 2: 743
3.3.11	vol. 3: 491
3.4.17	vol. 3: 214
3.4.35	vol. 1: 636; vol. 4: 100
3.5.7	vol. 4: 580
4.1.21	vol. 4: 565
4.2.24	vol. 2: 779
4.3.34	vol. 2: 586
5.3.1	vol. 4: 106
5.3.4	vol. 1: 657
5.3.6	vol. 3: 370
5.4.34	vol. 1: 467
5.6.19	vol. 3: 628
6.3.18	vol. 4: 448
6.5.23	vol. 2: 476
7.3.1	vol. 1: 664
7.3.21	vol. 2: 362
7.4.17	vol. 2: 198
7.8.4–5	vol. 3: 490

Apologia Socratis (Apol.)

32	vol. 3: 254

Cynegeticus (Cyn.)

1.6	vol. 1: 312
6.1	vol. 4: 488
9.18	vol. 2: 245
10.15	vol. 4: 386

Cyropaedia (Cyr.)

1.2.12	vol. 2: 263
1.3.9	vol. 2: 130
1.3.14	vol. 3: 617
1.4.9	vol. 3: 170
1.4.17	vol. 1: 352
1.4.20	vol. 1: 608
1.4.24	vol. 3: 755
1.4.27	vol. 4: 605
1.5.5	vol. 4: 551
1.5.11	vol. 2: 500
1.6.2	vol. 2: 531
1.6.16	vol. 3: 235
1.6.18	vol. 4: 747
1.6.25	vol. 3: 342
1.6.43	vol. 4: 460
1.32	vol. 1: 425
2.1.16	vol. 1: 256
2.1.20	vol. 1: 424
2.1.26	vol. 2: 730
2.1.27	vol. 4: 455
2.2.12	vol. 1: 214
2.2.25	vol. 4: 100
2.2.26	vol. 1: 723
2.3.11	vol. 3: 608
2.3.21	vol. 4: 574
3.1.5	vol. 3: 251
3.1.34	vol. 3: 98
3.1.40	vol. 1: 256
3.3.2	vol. 3: 476
3.3.14	vol. 4: 553
4.1.17	vol. 4: 465
4.2.2	vol. 3: 470
4.2.40	vol. 3: 747
4.4.3	vol. 1: 207
4.5.34	vol. 2: 255
4.6.5	vol. 3: 288
4.6.9	vol. 3: 637; vol. 4: 742
5.2.7	vol. 3: 707
5.2.14	vol. 1: 310
5.2.35	vol. 4: 610
5.3.36	vol. 3: 776
5.3.52	vol. 4: 574
5.5.2	vol. 1: 613
5.5.20	vol. 4: 295
5.5.30	vol. 1: 302
5.5.34	vol. 3: 776
6.1.47	vol. 3: 557
6.2.19	vol. 1: 331
6.3.34	vol. 4: 377
6.4.20	vol. 4: 416
6.4.35	vol. 4: 155
7.1.29	vol. 3: 606
7.1.38	vol. 1: 522
7.2.5	vol. 1: 522
7.5.16	vol. 3: 451
7.5.22	vol. 4: 697
7.5.27	vol. 4: 637
8.1.1	vol. 4: 142
8.1.20	vol. 4: 549
8.3.13	vol. 1: 692
8.3.23–24	vol. 3: 490
8.3.44	vol. 3: 705
8.3.49	vol. 2: 334
8.4.33	vol. 4: 100
8.5.15	vol. 1: 456
8.6.16	vol. 4: 445

8.7.4. . . . . vol. 4: 726
8.7.6. . . . . vol. 1: 299
8.7.15. . . . . vol. 3: 462
8.8.8. . . . . vol. 4: 369
8.8.17. . . . . vol. 4: 308

De equitande ratione (Eq.)

1.6 . . . . vol. 4: 312
1.9 . . . . vol. 2: 300
4.3 . . . . vol. 4: 369
4.5 . . . . vol. 4: 369
12.5 . . . . vol. 2: 611

Hellenica (Hell.)

1.1.13. . . . . vol. 1: 749
1.1.22. . . . . vol. 2: 145
1.1.27. . . . . vol. 4: 595
1.3.7. . . . . vol. 4: 368
1.5.3. . . . . vol. 2: 468
1.6.4. . . . . vol. 3: 635
1.6.8. . . . . vol. 2: 134
1.6.15. . . . . vol. 3: 329
1.7.9. . . . . vol. 2: 135, 646
1.7.10. . . . . vol. 1: 657
1.7.19. . . . . vol. 3: 556
2.1.4. . . . . vol. 3: 616
2.2.7. . . . . vol. 4: 396
2.3.11. . . . . vol. 1: 641
2.4.23. . . . . vol. 4: 448
2.4.38. . . . . vol. 2: 134
3.1.20. . . . . vol. 1: 352
3.1.24. . . . . vol. 2: 643
3.2.22. . . . . vol. 2: 336
3.2.31. . . . . vol. 4: 140
3.3.5. . . . . vol. 3: 499
4.1.15. . . . . vol. 3: 617
4.6.7. . . . . vol. 1: 644
4.7.4. . . . . vol. 4: 278
5.1.25. . . . . vol. 1: 705
5.3.7. . . . . vol. 3: 532
5.3.9. . . . . vol. 1: 575
5.3.24. . . . . vol. 4: 375
6.1.16. . . . . vol. 2: 377
6.2.2. . . . . vol. 1: 752
6.3.4. . . . . vol. 2: 111
6.5.43. . . . . vol. 2: 282
7.1.22. . . . . vol. 3: 498
7.1.32. . . . . vol. 3: 176
7.1.35. . . . . vol. 3: 235
7.1.45. . . . . vol. 1: 450
7.3.6. . . . . vol. 1: 749
7.5.12. . . . . vol. 3: 802

Hiero (Hier.)

1.5 . . . . vol. 4: 312
7.3 . . . . vol. 3: 159

Memorabilia (Mem.)

1.1.1. . . . . vol. 1: 156
1.1.14. . . . . vol. 3: 278
1.2.2. . . . . vol. 3: 216
1.2.3. . . . . vol. 3: 305
1.2.35. . . . . vol. 3: 378
1.2.42. . . . . vol. 1: 636
1.2.64. . . . . vol. 2: 242
1.3.9. . . . . vol. 3: 426
1.3.12. . . . . vol. 2: 153
1.4.6. . . . . vol. 4: 142
1.4.13. . . . . vol. 1: 747
1.5.4. . . . . vol. 2: 83
1.6.4. . . . . vol. 2: 249
1.6.14. . . . . vol. 2: 454–55
1.7.2. . . . . vol. 1: 303; vol. 2: 166
2.1.1. . . . . vol. 1: 535; vol. 2: 83
2.1.5. . . . . vol. 2: 242
2.1.21–34 . . . . vol. 3: 452
2.1.22. . . . . vol. 4: 742
2.1.27. . . . . vol. 1: 559, 693
2.1.30. . . . . vol. 3: 691
2.6.21. . . . . vol. 4: 88
2.6.24. . . . . vol. 2: 216
2.7.3. . . . . vol. 3: 717
2.7.9. . . . . vol. 1: 114
2.8.1. . . . . vol. 2: 299
2.8.5. . . . . vol. 1: 293
2.21.20. . . . . vol. 3: 452
3.5.20. . . . . vol. 3: 270
3.5.23. . . . . vol. 3: 278
3.6.13. . . . . vol. 1: 569
3.7.4. . . . . vol. 1: 142
3.8.2. . . . . vol. 3: 750
3.8.7. . . . . vol. 1: 180
3.11.8. . . . . vol. 1: 179
3.11.10. . . . . vol. 2: 249
3.11.13. . . . . vol. 1: 496
3.13.6. . . . . vol. 1: 471
3.14.1. . . . . vol. 3: 302
4.1.4. . . . . vol. 3: 254
4.2.24. . . . . vol. 1: 594; vol. 2: 249
4.2.27. . . . . vol. 1: 255
4.3.1–2 . . . . vol. 4: 444
4.3.11. . . . . vol. 3: 124
4.3.12. . . . . vol. 2: 277
4.3.13. . . . . vol. 3: 337; vol. 4: 493
4.3.14. . . . . vol. 4: 726
4.3.16. . . . . vol. 4: 653
4.4.7. . . . . vol. 3: 235
4.4.17. . . . . vol. 1: 297; vol. 3: 760
4.4.23. . . . . vol. 4: 556
4.5.2. . . . . vol. 3: 254
4.6.15. . . . . vol. 1: 432; vol. 4: 106
4.7.1. . . . . vol. 3: 220
4.7.5–6 . . . . vol. 1: 378

4.7.6	vol. 3: 278
21.23–28	vol. 2: 290

Oeconomicus (Oec.)

1.5	vol. 3: 470
5.8	vol. 1: 673
5.10	vol. 2: 334
5.17	vol. 3: 297
7.26	vol. 2: 89
9.8	vol. 4: 714
11.23	vol. 3: 270
12.20	vol. 3: 684
13.9	vol. 3: 691
17.14	vol. 3: 823
20.28	vol. 3: 622

Respublica Lacedaemoniorum (Lac.)

2.6	vol. 3: 776
6.3	vol. 1: 353
10.8	vol. 2: 585
11.3	vol. 4: 218
12.1	vol. 1: 432

Symposium (Symp.)

1.1	vol. 4: 347
4.10	vol. 3: 547
4.35	vol. 3: 719
4.43	vol. 3: 796
4.59	vol. 4: 418
5.10	vol. 1: 742

Zeno, *Fragments*

174	vol. 4: 142	176	vol. 4: 142

Jewish Literature Index

Old Testament Pseudepigrapha

Apocalypse of Abraham (Apoc. Ab.)
28–31 .... vol. 2: 391
29. .... vol. 4: 90

Apocalypse of Moses (Apoc. Mos.)
15.3 .... vol. 4: 265
16.1–5. .... vol. 4: 265
17.1 .... vol. 4: 265
17.4 .... vol. 4: 265
22.1–3. .... vol. 4: 236
36.3 .... vol. 3: 683
37.5 .... vol. 3: 619

Assumption of Moses (As. Mos.)
6. .... vol. 1: 336
7. .... vol. 2: 556
10.1 .... vol. 1: 777
10.5 .... vol. 2: 385; vol. 3: 261; vol. 4: 281
10.7–10. .... vol. 4: 90
10.12 .... vol. 2: 391
11.17 .... vol. 1: 117
12.10 .... vol. 2: 201

2 Baruch (2 Bar.)
4.2–7. .... vol. 2: 523
4.3–6. .... vol. 2: 516
6.8 .... vol. 2: 294
13.3 .... vol. 4: 581
13.12 .... vol. 2: 268
22.1 .... vol. 4: 419
25–30 .... vol. 3: 809
25.4 .... vol. 2: 391
27. .... vol. 2: 391
29.3 .... vol. 4: 674
29.5–8. .... vol. 3: 719
29.5 .... vol. 1: 269; vol. 4: 672
29.6 .... vol. 2: 290; vol. 3: 798
29.7–8. .... vol. 2: 391
29.8 .... vol. 2: 757; vol. 3: 228
30. .... vol. 4: 578
30.1–5. .... vol. 4: 674
30.15 .... vol. 3: 456
37.1 .... vol. 4: 193
39.7 .... vol. 1: 269
40.2–3. .... vol. 4: 90
40.2 .... vol. 3: 101
40.3 .... vol. 4: 674
44.3 .... vol. 3: 456
44.7 .... vol. 3: 629
44.15 .... vol. 4: 193
48.38 .... vol. 2: 267
48.39 .... vol. 4: 193
50.2 .... vol. 1: 319
50.3–4. .... vol. 1: 319
51.1 .... vol. 3: 338
51.3 .... vol. 1: 319
51.5 .... vol. 1: 319
51.12–52. .... vol. 3: 798
54.2 .... vol. 2: 267
54.5 .... vol. 3: 764
54.16 .... vol. 3: 764
54.17–18. .... vol. 1: 579
54.21 .... vol. 3: 764
57.2 .... vol. 1: 88; vol. 3: 764
70.2 .... vol. 2: 450
76.3–4. .... vol. 4: 486
81.4 .... vol. 3: 352
85.3 .... vol. 2: 613

3 Baruch (3 Bar.)
2.1–2. .... vol. 3: 620
4.3–6. .... vol. 1: 154
6–9 .... vol. 2: 384

4 Baruch (4 Bar.)
1.2 .... vol. 4: 390
5:8 .... vol. 2: 155

1 Enoch (1 En.)
1–36 .... vol. 1: 319
1.6–9. .... vol. 2: 461
1.8 .... vol. 2: 114
1.9 .... vol. 3: 231; vol. 4: 275, 314
3.4–9. .... vol. 2: 114
3.4 .... vol. 4: 382
5.4 .... vol. 1: 451
5.8–9. .... vol. 2: 391
6–16 .... vol. 1: 122
6–11 .... vol. 3: 440
6–9 .... vol. 4: 524
6. .... vol. 3: 696
7.1–4. .... vol. 1: 631
7.1 .... vol. 3: 301
8.1–3. .... vol. 1: 631
9.1 .... vol. 1: 538
9.4 .... vol. 1: 92
9.8 .... vol. 3: 301
9.9–10. .... vol. 1: 538
10.4 .... vol. 2: 274
10.6 .... vol. 2: 747
10.10 .... vol. 2: 368
10.11 .... vol. 3: 301
10.17–19. .... vol. 3: 719; vol. 4: 672
10.22 .... vol. 3: 301
14.9–22. .... vol. 4: 193
14.11 .... vol. 4: 667
14.16–20. .... vol. 2: 516
14.18–20. .... vol. 2: 470

14:18–19	vol. 2: 470	60	vol. 3: 440
14.18	vol. 4: 667	60.7	vol. 2: 401
15.4	vol. 1: 168	60.8	vol. 2: 274
16.12	vol. 3: 535	60.16	vol. 2: 401
17.6	vol. 4: 322	61.8	vol. 2: 359
17.7–8	vol. 1: 92	61.10	vol. 2: 401
18.3	vol. 4: 370	62	vol. 4: 528
18.7	vol. 3: 233	62.11–15	vol. 2: 148
18.13–16	vol. 3: 774	62.14–15	vol. 1: 320
18.13	vol. 3: 552	62.14	vol. 1: 653
19–21	vol. 1: 122	62.15–16	vol. 3: 113
19	vol. 3: 696	63.6	vol. 4: 322
20.5	vol. 3: 328	63.10	vol. 1: 154
20.7	vol. 1: 538; vol. 4: 667	65.1–69.25	vol. 3: 440
21.1–10	vol. 3: 774	66.2	vol. 2: 401
21.7	vol. 1: 92	68.1	vol. 3: 352
22	vol. 1: 154	69.13–21	vol. 3: 519
22.13	vol. 1: 320	69.22	vol. 2: 401
24.4	vol. 3: 620	70–71	vol. 4: 528
25.3	vol. 2: 516	70	vol. 4: 581
25.4–5	vol. 3: 449, 620	72–74	vol. 2: 384
26.1–2	vol. 2: 516	72.7–32	vol. 2: 225
26.4	vol. 4: 501	76.1	vol. 1: 782
37–71	vol. 1: 320; vol. 2: 516; vol. 3: 183, 593; vol. 4: 527	78	vol. 2: 384
		80.4–8	vol. 1: 335
38.2	vol. 3: 649	80.4	vol. 4: 281
39.3	vol. 3: 620; vol. 4: 581	81.4	vol. 1: 511
39.4	vol. 3: 806	83.7	vol. 3: 352
40.3	vol. 1: 538	83.8	vol. 3: 101
40.6	vol. 1: 538	85–90	vol. 2: 516
40.9	vol. 1: 538	86.1–88.3	vol. 4: 265
42	vol. 4: 333	89	vol. 4: 84
42.1–2	vol. 2: 500	89.52	vol. 4: 581
42.2	vol. 3: 168	89.59–60	vol. 2: 261
45.3	vol. 3: 474	89.61–64	vol. 1: 511
46	vol. 4: 528	90.9	vol. 2: 665
46.1–2	vol. 2: 670	90.19	vol. 4: 90
46.3–4	vol. 2: 283	90.31	vol. 4: 581
46.3	vol. 2: 460, 754	90.33	vol. 1: 320
46.6	vol. 1: 320	90.37–38	vol. 2: 666
47	vol. 4: 578	91–94	vol. 2: 391
48	vol. 4: 528	91.5	vol. 1: 157
48.1	vol. 3: 719; vol. 4: 117, 246	91.9	vol. 4: 193
48.2	vol. 2: 283	91:12–13	vol. 4: 674
48.7	vol. 1: 128, 157	93.1–14	vol. 4: 674
48:8–9	vol. 1: 128	93.9	vol. 1: 451
51.1–2	vol. 1: 320	94	vol. 4: 90
51.1	vol. 1: 154	94.7	vol. 4: 90
51.3	vol. 2: 470, 754	94.9	vol. 4: 90
51.5–6	vol. 3: 719	94.10	vol. 4: 90
52.1	vol. 4: 581	95.3	vol. 4: 90
52.6	vol. 2: 461	96.4	vol. 3: 798
54.1	vol. 1: 548	97–100	vol. 3: 561
54.6	vol. 1: 538	98.14	vol. 4: 426
54.7–55.2	vol. 3: 440	99	vol. 1: 335
56.3	vol. 1: 548	99.1	vol. 4: 426
58.2	vol. 3: 207	99.7	vol. 1: 631

99.10	vol. 4: 108	3.32–34	vol. 2: 306
99.14	vol. 2: 430	4.17	vol. 1: 315
100.1–5	vol. 4: 90	5.1–12	vol. 4: 265
100.6	vol. 3: 798	5.1	vol. 1: 631
100.9	vol. 4: 193	5.6	vol. 1: 92
102–4	vol. 2: 409	5.10	vol. 1: 92
102.1	vol. 4: 193, 426	5.14	vol. 4: 322
102.5	vol. 1: 154	6.7	vol. 1: 168
102.8	vol. 3: 751	6.12–14	vol. 1: 168
103.2–4	vol. 3: 352	6.17–21	vol. 3: 708
103.4–5	vol. 3: 798	6.23–32	vol. 2: 225
103.4	vol. 1: 320	6.32–38	vol. 2: 225
103.5	vol. 3: 207	7.27	vol. 1: 631
103.7	vol. 1: 154	8.25	vol. 1: 398
104.2–6	vol. 1: 320	10.1–2	vol. 1: 631
104.9	vol. 4: 722	10.7–11	vol. 1: 631
106	vol. 3: 440	10.8	vol. 3: 697
106.1–19	vol. 3: 440	11.14	vol. 3: 399
106.10	vol. 2: 104	16.26	vol. 4: 212
107	vol. 3: 440	17–19	vol. 3: 696
108.11–14	vol. 4: 322	17	vol. 3: 696
		19.9	vol. 1: 511
		19.29	vol. 3: 680; vol. 4: 525
		22.17	vol. 1: 631
		23	vol. 3: 806
		23:26	vol. 3: 456
		23.30	vol. 4: 90
		25.1	vol. 1: 502
		26–31	vol. 3: 806
		30.5	vol. 4: 243
		33.12–13	vol. 4: 113
		49.6	vol. 3: 481

2 Enoch (2 En.)

8.1–8	vol. 3: 568
8.1	vol. 3: 619
11–16	vol. 2: 384
19.4	vol. 2: 401
21.3	vol. 1: 538
24.1	vol. 1: 538
29.5	vol. 1: 160
31.6	vol. 1: 147
52.1	vol. 3: 207
55.2	vol. 2: 524

3 Enoch (3 En.)

11.1	vol. 3: 353

Greek Apocalypse of Ezra

2.12	vol. 1: 210

Joseph and Aseneth (Jos. Asen.)

8.5	vol. 2: 290; vol. 3: 751
12.4	vol. 3: 508
15.4	vol. 2: 290; vol. 3: 751
15.6–8	vol. 3: 290

Jubilees (Jub.)

1.11	vol. 1: 631
1.16	vol. 2: 670
1.20	vol. 3: 456
1.22–25	vol. 4: 525
1.24–25	vol. 1: 86; vol. 3: 680
1.28	vol. 3: 680
1.29–2.1	vol. 3: 328
2.17–33	vol. 4: 222
2.20	vol. 4: 525
3.9	vol. 2: 306
3.28	vol. 2: 306

Letter of Aristeas (Let. Aris.)

23	vol. 1: 191
34	vol. 4: 506
48–49	vol. 2: 528
65	vol. 1: 665
§89	vol. 2: 635
§129	vol. 2: 635
139	vol. 3: 195
188	vol. 3: 305
244	vol. 1: 762
281	vol. 3: 305
§294	vol. 2: 635

Life of Adam and Eve (L.A.E.)

11–16	vol. 3: 696

Mart. Ascen. Isa. 1–5 (Mart. Isa.)

1:9	vol. 4: 265
1:11	vol. 4: 265
1:13	vol. 2: 641
2:9–11	vol. 2: 274
3:2	vol. 4: 265
3:8	vol. 4: 265
3:11	vol. 1: 335

Mart. Ascen. Isa. 6–11 (Ascen. Isa.)

7.9	vol. 1: 160
9.21–23	vol. 3: 328

Odes of Solomon (Odes Sol./Odes)

2.43	vol. 1: 121
4:17	vol. 2: 533
7.3	vol. 1: 576
7.6	vol. 1: 576
7.13–14	vol. 3: 452
8	vol. 4: 547
11.6–8	vol. 3: 258
11.7	vol. 3: 751
12:8	vol. 3: 290
12:9	vol. 1: 438
12.13	vol. 3: 290
15.22–23	vol. 3: 452

Psalms of Solomon (Pss. Sol.)

2.3	vol. 1: 502
2.6	vol. 4: 376
2.10	vol. 1: 729
2.15	vol. 1: 729
2.18	vol. 1: 729
2.22	vol. 2: 530, 531
2.32	vol. 1: 729
2.34	vol. 1: 729
3	vol. 2: 747
3.2	vol. 1: 609
3.3	vol. 1: 725, 729
3.4–8	vol. 1: 729
3.4	vol. 3: 587
3.5–6	vol. 4: 426
3.5	vol. 1: 729; vol. 2: 725
3.9	vol. 2: 725
3:12	vol. 2: 368
3.16	vol. 2: 369
4.6	vol. 4: 562
4:7–8	vol. 1: 386
4.9	vol. 1: 729
4.18	vol. 3: 82
4:19	vol. 1: 386
4.21	vol. 3: 309
5.1–12	vol. 3: 692
5.1	vol. 1: 729
5.2	vol. 4: 183
5.11	vol. 4: 183
5:16	vol. 1: 396; vol. 3: 778
6.1	vol. 4: 426
8.7	vol. 1: 729
8.8	vol. 1: 729
8.10	vol. 3: 330
8.14	vol. 2: 664
8.23	vol. 1: 729
8.26	vol. 1: 729
9.1	vol. 3: 182
9.2	vol. 1: 729
9.4	vol. 2: 146
9.6	vol. 3: 508; vol. 4: 686
9.7	vol. 3: 289
10.1–7	vol. 3: 692
10.4	vol. 3: 315
10.5	vol. 1: 729
10.6	vol. 4: 183
10:8	vol. 4: 426
12.5	vol. 2: 397
12.6	vol. 3: 182; vol. 4: 426
13.7–10	vol. 3: 692
13.9	vol. 3: 424, 587
14.6–7	vol. 1: 154
15.1	vol. 4: 183
15.6–9	vol. 4: 376
15.6	vol. 1: 729; vol. 4: 412
15.11	vol. 1: 154
15:13	vol. 2: 368
16.4–5	vol. 4: 426
16.4	vol. 1: 609
16.7	vol. 4: 297
17–18	vol. 4: 426
17	vol. 4: 526
17.3	vol. 1: 478
17.20	vol. 3: 686
17:21–40	vol. 4: 690
17:21	vol. 4: 90
17.24	vol. 1: 778
17.29	vol. 1: 157
17.32	vol. 1: 729
17.36	vol. 1: 157
17.41	vol. 2: 549
17:42–43	vol. 1: 778
18.2	vol. 4: 183
18:3–9	vol. 4: 690
18.4	vol. 2: 555
18.5	vol. 2: 146

Sibylline Oracles (Sib. Or.)

1.29	vol. 2: 306
1.101–3	vol. 4: 458
1.119	vol. 4: 458
1.128–29	vol. 3: 441
1.129	vol. 3: 290
1.165	vol. 4: 676
1.294	vol. 4: 501
1.362	vol. 4: 676
1.377	vol. 3: 471–72
1.381	vol. 3: 472
1.391	vol. 2: 463
2.48	vol. 4: 504
2.64	vol. 4: 596
2.74	vol. 2: 463
2.187–213	vol. 2: 461
2.203	vol. 1: 534
2.279	vol. 1: 419
2.305	vol. 1: 534
3.27	vol. 4: 506
3.38	vol. 2: 100

3.63–76	vol. 1: 335
3.83–92	vol. 2: 461
3.187	vol. 2: 463
3.319–21	vol. 1: 398
3.390–96	vol. 2 747
3.429–30	vol. 1: 579
3.512	vol. 1: 398
3.582	vol. 3: 806
3.663–704	vol. 2: 523
3.663–68	vol. 1: 398
3.763	vol. 4: 596
3.787	vol. 2: 524; vol. 4: 640
3.801–2	vol. 2: 385
4.23	vol. 3: 382
4.113	vol. 3: 261
4.129	vol. 3: 261
4.151	vol. 3: 261
4.171–82	vol. 2: 461
4.173–74	vol. 4: 236
4.178–90	vol. 1: 154
4.186	vol. 1: 548; vol. 3: 458
5.97	vol. 3: 783
5.155–61	vol. 2: 461
5.158–59	vol. 3: 552
5.251–68	vol. 2: 524
5.346–47	vol. 4: 281
5.439	vol. 4: 609
7.144	vol. 3: 430
8.60	vol. 3: 756
8.86	vol. 1: 534
8.239	vol. 4: 236
8.283	vol. 4: 352
8.313	vol. 4: 640
8.381	vol. 1: 419
12.114	vol. 1: 201
13.104	vol. 1: 201
13.107	vol. 1: 201

Testaments of the Twelve Patriarchs:

— Testament of Asher (T. Ash.)

1.3	vol. 3: 456
1.5	vol. 3: 456
1.6–9	vol. 3: 456
2.7	vol. 4: 437
4.3	vol. 3: 305
6	vol. 3: 807
6.4	vol. 4: 265
7.2–3	vol. 4: 318
7.2	vol. 1: 568
7.3	vol. 4: 90, 426
7.6	vol. 4: 318

— Testament of Benjamin (T. Benj.)

3.1	vol. 3: 305
3.8	vol. 2: 641
4.1	vol. 3: 305; vol. 4: 371
5.1	vol. 2: 463
5.2	vol. 4: 596
5.6	vol. 4: 628
6.5	vol. 4: 562
7.1	vol. 4: 596
8.1	vol. 4: 603
8.2–3	vol. 3: 301, 430
9.1	vol. 4: 113
10	vol. 1: 154
10.1	vol. 1: 609; vol. 3: 341
10.3	vol. 2: 201
10.5	vol. 4: 426
10.6–9	vol. 1: 320
10.10	vol. 2: 100
10.11	vol. 2: 557
11.5	vol. 4: 577

— Testament of Dan (T. Dan.)

2.1	vol. 3: 211
2.4	vol. 4: 322
3.2	vol. 4: 437
3.6	vol. 4: 265
4.7	vol. 4: 456
5.1	vol. 2: 201; vol. 4: 489, 596
5.2	vol. 2: 114
5.6	vol. 4: 265
5.9–11	vol. 2: 114
5.9	vol. 4: 387
5.10–11	vol. 1: 504
5.10	vol. 1: 292
5.13–6.4	vol. 1: 777
6.1	vol. 4: 265
6.2	vol. 3: 286, 328
6.3–4	vol. 2: 344
6.9	vol. 3: 211
6.10	vol. 1: 740; vol. 4: 426

— Testament of Gad (T. Gad)

2.1	vol. 3: 508
4.1	vol. 4: 624
4.7	vol. 4: 265
5.1	vol. 4: 90
5.2	vol. 4: 596
5.3	vol. 2: 637; vol. 4: 451
5.4	vol. 4: 611–12
6.2	vol. 4: 322, 456
6.3	vol. 3: 508
7.5	vol. 3: 291

— Testament of Issachar (T. Iss.)

1.11	vol. 4: 712
3.8	vol. 1: 350
5.1	vol. 3: 715
6.3	vol. 4: 387
7.7	vol. 4: 596

— Testament of Joseph (T. Jos.)

1.5	vol. 4: 663
1.6	vol. 3: 629; vol. 4: 654
1.7	vol. 4: 581

2.7	**vol. 3:** 211, 697; **vol. 4:** 566	7.2	**vol. 3:** 358
3.8	**vol. 4:** 113	8.2	**vol. 4:** 371
4.1–2	**vol. 4:** 444	8.11	**vol. 4:** 501
4.6	**vol. 3:** 331	8.14–15	**vol. 3:** 649
6.7	**vol. 4:** 444	9.9	**vol. 3:** 301
7.2	**vol. 4:** 366	9.10	**vol. 1:** 502
8.5	**vol. 4:** 548	10.1	**vol. 4:** 624
10.1	**vol. 4:** 566	10.5	**vol. 3:** 472
10.3	**vol. 4:** 581	13.6	**vol. 2:** 463
10.5	**vol. 3:** 430; **vol. 4:** 581	13.7	**vol. 4:** 611
17.8	**vol. 4:** 581	14.3	**vol. 2:** 557; **vol. 4:** 281
18.1	**vol. 4:** 581	14.4	**vol. 2:** 556; **vol. 4:** 640
20.1	**vol. 2:** 463	14.6	**vol. 2:** 201
20.2	**vol. 4:** 640	16.1	**vol. 1:** 502; **vol. 3:** 301
		17.2–3	**vol. 4:** 699

— *Testament of Judah (T. Jud.)*

8.1	**vol. 4:** 84	17.8	**vol. 3:** 301
12.5	**vol. 1:** 405	17.9	**vol. 4:** 552
12.7	**vol. 1:** 405	17.11	**vol. 1:** 419
13.3	**vol. 4:** 113	18.1–14	**vol. 2:** 548
13.5	**vol. 3:** 233	18.2	**vol. 2:** 506; **vol. 4:** 655
14	**vol. 3:** 481	18.3	**vol. 1:** 580; **vol. 4:** 640
14.1	**vol. 3:** 430	18.7	**vol. 3:** 806
14.5	**vol. 2:** 614	18.9	**vol. 4:** 167, 655
14.6	**vol. 2:** 201	18.10	**vol. 3:** 619
15.4	**vol. 2:** 290	18.11	**vol. 3:** 620, 806
16.3–4	**vol. 2:** 201	19.1	**vol. 3:** 456; **vol. 4:** 322, 640
17.3	**vol. 4:** 549	19.2	**vol. 4:** 108
19.2	**vol. 3:** 290	21.1	**vol. 3:** 486
20	**vol. 3:** 807		

— *Testament of Naphtali (T. Naph.)*

21.2	**vol. 2:** 506	1.11	**vol. 1:** 191
22.2	**vol. 4:** 426	2.9	**vol. 4:** 611
22.22	**vol. 3:** 649	2.10	**vol. 4:** 322, 640
23.1	**vol. 2:** 100	3.1	**vol. 4:** 265
23.5	**vol. 4:** 108, 387	3.2	**vol. 4:** 281
24.1	**vol. 2:** 506; **vol. 4:** 200	4.3	**vol. 4:** 387
24.2	**vol. 4:** 655	4.5	**vol. 4:** 352
24.4–6	**vol. 4:** 526	5–7	**vol. 3:** 511
25.1–4	**vol. 1:** 320	5.1–5	**vol. 4:** 281
25.1	**vol. 2:** 368	6.10	**vol. 3:** 498
25.4–5	**vol. 1:** 552	8.4	**vol. 4:** 265, 596
25.4	**vol. 4:** 678		

— *Testament of Levi (T. Levi)*

— *Testament of Reuben (T. Reu.)*

2–5	**vol. 3:** 511	1.6	**vol. 4:** 108, 113
2.3	**vol. 3:** 463	1.9	**vol. 3:** 290
2.4	**vol. 4:** 426	2–3	**vol. 3:** 456
3.4–6	**vol. 2:** 516	2	**vol. 3:** 696
3.5	**vol. 4:** 157	2.1	**vol. 3:** 290
3.7	**vol. 4:** 157	2.7	**vol. 4:** 572
3.8	**vol. 2:** 218, 471	3	**vol. 3:** 807
3.16	**vol. 3:** 158	3.3–6	**vol. 4:** 559
4.2	**vol. 4:** 157	3.3	**vol. 4:** 113
4.3	**vol. 1:** 580	3.8	**vol. 3:** 430; **vol. 4:** 322
4.4	**vol. 4:** 352	3.9	**vol. 4:** 624
5.6	**vol. 3:** 328	4.1	**vol. 4:** 108, 611
6.8–11	**vol. 4:** 242	4.2	**vol. 1:** 438
		4.4	**vol. 3:** 629

Jewish Literature Index

4.5	vol. 4: 624
4.6	vol. 3: 430; vol. 4: 714
4.7	vol. 1: 504
4.8	vol. 2: 155
4.11	vol. 1: 504
5.3	vol. 4: 113
5.5	vol. 2: 716; vol. 4: 596
5.6–7	vol. 4: 524
5.7	vol. 3: 430
6.1	vol. 4: 624
6.8	vol. 2: 506
6.10	vol. 4: 451
6.12	vol. 4: 90

— Testament of Simeon (T. Sim.)

2.4	vol. 4: 352
2.5	vol. 4: 437
2.12	vol. 2: 779; vol. 3: 447
3.1	vol. 4: 624
3.2	vol. 3: 430; vol. 4: 603
3.3	vol. 4: 603
4.5	vol. 4: 108, 603, 655
4.8–9	vol. 4: 437
4.8	vol. 4: 90
5.1	vol. 4: 102
5.3	vol. 4: 714
5.5	vol. 4: 90
6.2	vol. 2: 557
6.3	vol. 3: 486
6.5	vol. 2: 557
7.1	vol. 4: 465
7.2	vol. 1: 292; vol. 2: 557
9.1	vol. 4: 663

— Testament of Zebulun (T. Zeb.)

2.4	vol. 4: 352, 572
4.2	vol. 4: 352
5.3–4	vol. 4: 352
6.4	vol. 4: 352

7.3–4	vol. 4: 681
7.3	vol. 4: 352, 353
8.1	vol. 4: 352
8.2	vol. 4: 352, 353
8.6	vol. 4: 456, 552
9.4	vol. 2: 670
9.6	vol. 1: 191
9.7	vol. 4: 353, 387
9.8	vol. 4: 640
10.4	vol. 1: 320

Testaments of the Three Patriarchs:
Testament of Abraham (T. Abr.)

1.4	vol. 3: 328
11.2–3	vol. 4: 528
12	vol. 4: 542
13	vol. 4: 529, 543

Testament of Job (T. Job)

4.8	vol. 4: 158
11.10	vol. 3: 211
21.4	vol. 3: 211
26.5	vol. 4: 352
43.13	vol. 4: 158

Testament of Moses (T. Mos.)

1	vol. 3: 286
1.2	vol. 4: 265
1.8–10	vol. 4: 265

Testament of Solomon (T. Sol.)

2.4	vol. 2: 641
4.10	vol. 2: 641
4.12	vol. 2: 641
8.1–4	vol. 4: 380
22.7	vol. 1: 627
22.17	vol. 1: 627
23.2–4	vol. 1: 627

Rabbinic Works

Babylonian Talmud (b.)
Baba Batra (B. Bat.)

16	vol. 3: 697
16a	vol. 4: 265
73a	vol. 2: 401
75a	vol. 3: 233

Baba Qamma (B. Qam.)

38a	vol. 2: 554
113a	vol. 4: 481

Bekorot (Bek.)

30b	vol. 4: 481

Berakot (Ber.)

4b	vol. 2: 232
5a	vol. 1: 168, 218
7d	vol. 2: 314
8b	vol. 3: 265
10a	vol. 4: 254
17a	vol. 2: 571
27b	vol. 2: 218
28b–29a	vol. 2: 556
28b	vol. 4: 390
35a	vol. 2: 323
40a	vol. 1: 85
47b	vol. 3: 222
55a	vol. 2: 368
60	vol. 3: 265
60b	vol. 2: 557; vol. 3: 698
61b	vol. 2: 123

Jewish Literature Index

'Erubin ('Erub.)
13b. . . . . **vol. 3:** 155; **vol. 4:** 208
19a. . . . . **vol. 2:** 650
53b. . . . . **vol. 1:** 615

Giṭṭin (Giṭ.)
88a. . . . . **vol. 2:** 687
90a. . . . . **vol. 1:** 364

Ḥagigah (Ḥag.)
2:7 . . . . **vol. 2:** 571
3b. . . . . **vol. 4:** 84
12b. . . . . **vol. 4:** 390
14b. . . . . **vol. 3:** 620
15a. . . . . **vol. 3:** 734

Ḥullin (Ḥul.)
92a. . . . . **vol. 2:** 554
106a. . . . . **vol. 2:** 218
131a. . . . . **vol. 3:** 111

Ketubbot (Ketub.)
50a. . . . . **vol. 3:** 554
67a–b . . . . **vol. 3:** 554

Megillah (Meg.)
13b. . . . . **vol. 2:** 555
23a. . . . . **vol. 1:** 615
27b. . . . . **vol. 2:** 368
29a. . . . . **vol. 2:** 555
31a. . . . . **vol. 2:** 565

Menaḥot (Menaḥ.)
65a–66a . . . . **vol. 2:** 225
104b. . . . . **vol. 2:** 482

Middot (Mid.)
23a. . . . . **vol. 4:** 208

Nedarim (Ned.)
32b. . . . . **vol. 3:** 268
41a. . . . . **vol. 4:** 183

Niddah (Nid.)
23a. . . . . **vol. 3:** 155

Pesaḥim (Pesaḥ.)
54a. . . . . **vol. 1:** 599
68b. . . . . **vol. 3:** 709; **vol. 4:** 223
92a. . . . . **vol. 1:** 461
112b. . . . . **vol. 2:** 218

Qiddušin (Qidd.)
29b. . . . . **vol. 1:** 216
76a. . . . . **vol. 4:** 243

Roš Haššanah (Roš Haš.)
10b–11a . . . . **vol. 2:** 226
12. . . . . **vol. 2:** 226
16b. . . . . **vol. 1:** 598

21a. . . . . **vol. 2:** 677

Šabbat (Šabb.)
4a. . . . . **vol. 3:** 194
17b. . . . . **vol. 4:** 209
31a–b . . . . **vol. 2:** 688
31a. . . . . **vol. 1:** 599; **vol. 3:** 222
33b. . . . . **vol. 4:** 481
88b. . . . . **vol. 3:** 155; **vol. 4:** 209
104a. . . . . **vol. 1:** 599
119a. . . . . **vol. 4:** 223
119b. . . . . **vol. 3:** 456
132a. . . . . **vol. 3:** 728
137b. . . . . **vol. 3:** 727

Sanhedrin (Sanh.)
5a. . . . . **vol. 2:** 218
19b. . . . . **vol. 1:** 563; **vol. 3:** 554
21b. . . . . **vol. 2:** 166
25b. . . . . **vol. 4:** 481
38a. . . . . **vol. 2:** 687
39a. . . . . **vol. 1:** 218
40b. . . . . **vol. 3:** 194
43a. . . . . **vol. 1:** 503; **vol. 2:** 228; **vol. 4:** 327, 676
46b. . . . . **vol. 2:** 416
56a–b . . . . **vol. 2:** 554
59a. . . . . **vol. 2:** 504
70b. . . . . **vol. 1:** 85
89b. . . . . **vol. 3:** 697
90b. . . . . **vol. 1:** 321
91a. . . . . **vol. 4:** 254
94b. . . . . **vol. 2:** 358
97a. . . . . **vol. 1:** 157; **vol. 2:** 162
98a–b . . . . **vol. 3:** 593
99a. . . . . **vol. 4:** 487
99b. . . . . **vol. 1:** 563
100a. . . . . **vol. 3:** 233
103a. . . . . **vol. 4:** 722
108b. . . . . **vol. 3:** 268

Šebu'ot (Šebu.)
36a. . . . . **vol. 1:** 264

Soṭah (Soṭah)
4b. . . . . **vol. 4:** 514
5b. . . . . **vol. 4:** 451
12b. . . . . **vol. 3:** 764
22a. . . . . **vol. 4:** 249
22b. . . . . **vol. 4:** 593
33a. . . . . **vol. 2:** 507
42a. . . . . **vol. 4:** 157
48b. . . . . **vol. 3:** 764
49a. . . . . **vol. 2:** 162
49b. . . . . **vol. 2:** 162

Sukkah (Sukkah)
52a. . . . . **vol. 1:** 561

Jewish Literature Index

Ta'anit (Ta'an)
8a.................................**vol. 3:** 764
20b.................**vol. 2:** 368; **vol. 4:** 202
23b.................................**vol. 1:** 85

Yebamot (Yebam.)
22...................................**vol. 1:** 461
22a..................................**vol. 1:** 563
45b..................................**vol. 3:** 519
63b..................................**vol. 1:** 544
75a..................................**vol. 2:** 327
79b..................................**vol. 2:** 327
86a–b................................**vol. 3:** 111
103b.................................**vol. 1:** 147

Yoma (Yoma)
9a...................................**vol. 3:** 319
26a..................................**vol. 3:** 77
53b..................................**vol. 2:** 507
72b..................................**vol. 4:** 372

Jerusalem Talmud (y.)
Berakot (Ber.)
2:4a.................................**vol. 2:** 123
2:61.................................**vol. 2:** 123
13b..................................**vol. 1:** 615

Sanhedrin (Sanh.)
6....................................**vol. 2:** 218
23d..................................**vol. 2:** 218

Soṭah (Soṭah)
8....................................**vol. 1:** 615
10a..................................**vol. 1:** 615

Mishnah (m.)
'Abot ('Abot)
1:1.................**vol. 1:** 599; **vol. 3:** 463, 623
1:3.................**vol. 2:** 268; **vol. 3:** 568
1:5..................................**vol. 1:** 615
1:9..................................**vol. 4:** 79
1:10.................................**vol. 2:** 218
1:12.................................**vol. 2:** 114
2:3..................................**vol. 2:** 218
2:8..................................**vol. 4:** 113
2:12................................**vol. 3:** 218, 519
2:16.................................**vol. 3:** 324
2:19.................................**vol. 3:** 324
3:5................................**vol. 2:** 358, 360
3:13.................................**vol. 3:** 623
3:14...............................**vol. 3:** 91, 623
3:16.................................**vol. 3:** 324
4:11.................................**vol. 2:** 646
4:17.................................**vol. 4:** 372
4:22.................................**vol. 4:** 79
5:19...............**vol. 3:** 460; **vol. 4:** 451
6:5..................................**vol. 4:** 372
6:6.................**vol. 2:** 504; **vol. 3:** 519

6:10.................................**vol. 2:** 555

Arakin (Arak.)
9:1–4................................**vol. 3:** 182

Baba Batra (B. Bat.)
6:8..................................**vol. 4:** 350

Baba Qamma (B. Qam.)
3:5..................................**vol. 2:** 218
5:3..................................**vol. 2:** 218
10:1.................................**vol. 4:** 481

Berakot (Ber.)
1:4..................................**vol. 2:** 339
2:2..................................**vol. 2:** 358
5:1..................................**vol. 4:** 500
5:5..................................**vol. 1:** 367
6:1..................................**vol. 4:** 645
7:1..................................**vol. 4:** 237
7:2..................................**vol. 1:** 615
7:3..................................**vol. 1:** 645

'Erubin ('Erub.)
6:2..................................**vol. 4:** 228

Giṭṭin (Giṭ.)
1:1..................................**vol. 4:** 413
9:10.................................**vol. 1:** 364

Ḥagigah (Ḥag.)
2:1..................................**vol. 1:** 580

Ḥullin (Ḥul.)
3:6..................................**vol. 3:** 732

Ketubbot (Ketub.)
1:2..................................**vol. 3:** 182
4:6..................................**vol. 1:** 271
9:5..................................**vol. 2:** 218

Makkot (Mak.)
1:6..................................**vol. 4:** 228
3:16.................................**vol. 3:** 324
3:17.................................**vol. 3:** 324

Megillah (Meg.)
4:1–4................................**vol. 1:** 598

Menaḥot (Menaḥ.)
10:3.................................**vol. 3:** 710

Middot (Mid.)
1:2..................................**vol. 1:** 612
3....................................**vol. 2:** 480
3:8..................................**vol. 1:** 271

Nazir (Naz.)
9:5..................................**vol. 1:** 168

Jewish Literature Index

Nedarim (Ned.)
3:2 .... vol. 2: 729
3:4 .... vol. 4: 482
8:1 .... vol. 4: 223
9:1 .... vol. 2: 729
10:2–4 .... vol. 2: 218
10:5 .... vol. 4: 556
11:10 .... vol. 4: 556

Niddah (Nid.)
4:2 .... vol. 4: 228

'Ohalot ('Ohal.)
17:5 .... vol. 4: 413

Parah (Parah)
3:3 .... vol. 4: 228
3:7 .... vol. 4: 228

Peah (Peah)
2:6 .... vol. 3: 623
4:7 .... vol. 3: 182

Pesaḥim (Pesaḥ.)
10:2–7 .... vol. 1: 645
10:5–6 .... vol. 3: 182
10:5 .... vol. 2: 557

Qiddusin (Qidd)
1:10 .... vol. 1: 710

Roš Haššanah (Roš Haš.)
1:1 .... vol. 2: 226

Šabbat (Šabb.)
6:5 .... vol. 1: 215
7:2 .... vol. 4: 223
14:4 .... vol. 3: 91

Sanhedrin (Sanh.)
3:2 .... vol. 2: 670; vol. 3: 496
4:1 .... vol. 2: 228
4:5 .... vol. 4: 413
6:1 .... vol. 2: 677
7:5 .... vol. 1: 517
11:1–4 .... vol. 4: 132
11:1 .... vol. 2: 555, 557
11:3 .... vol. 1: 597

Šebiʿit (Šeb.)
9:1 .... vol. 1: 661

Šebuʿot (Šebu.)
4:13 .... vol. 3: 496

Šeqalim (Šeqal.)
2:5 .... vol. 4: 183
6:5 .... vol. 4: 626

Soṭah (Soṭah)
1:7 .... vol. 3: 295
3:4 .... vol. 1: 615
9:9 .... vol. 4: 392
9:15 .... vol. 2: 381

Sukkah (Sukkah)
4:9 .... vol. 4: 306
5:2–5 .... vol. 4: 306
5:2 .... vol. 2: 227

Tamid (Tamid)
5:2 .... vol. 3: 77

Ṭeharot (Ṭehar.)
7:6 .... vol. 4: 481

Yadayim (Yad.)
4:6–7 .... vol. 4: 228

Yebamot (Yebam.)
4:4–6 .... vol. 2: 327
4:11 .... vol. 2: 218
9:3 .... vol. 3: 155

Yoma (Yoma)
2:4 .... vol. 2: 473
8:8–9 .... vol. 2: 485
8:9 .... vol. 1: 244; vol. 2: 485

Tosefta

Berakot (Ber.)
6:18 .... vol. 1: 615

Peah (Peah)
4:18 .... vol. 2: 456

Šeqalim (Šeqal.)
1:6 .... vol. 1: 333

Yoma (Yoma)
5:6 .... vol. 1: 447

Other Rabbinic Works

'Abot de Rabbi Nathan ('Abot R. Nat.)
3:14 .... vol. 1: 778
16 .... vol. 3: 319

B'reshith Rabbah (Gen Rab.)
1:1 .... vol. 1: 168
1.4 .... vol. 1: 660
4:4a .... vol. 4: 250
8d .... vol. 2: 555
11.8 .... vol. 4: 223
12 .... vol. 2: 555
26.2 .... vol. 3: 211
30.7 .... vol. 3: 441

Jewish Literature Index

44.5 . . . . **vol. 4:** 542
44.6 . . . . **vol. 3:** 670
55–56 . . . . **vol. 3:** 697
56 . . . . **vol. 4:** 360
65.1 . . . . **vol. 1:** 502
355 . . . . **vol. 3:** 313

Derekh Ereṣ Rabbah (Der. Er. Rab.)
2 . . . . **vol. 4:** 481

Devarim Rabbah (Deut. Rab.)
1 . . . . **vol. 2:** 456
11 . . . . **vol. 3:** 697
11.10 . . . . **vol. 3:** 328

Lamentations Rabbah (Lam. Rab.)
2.4 . . . . **vol. 1:** 617

Leviticus Rabbah (Lev. Rab)
15:2 . . . . **vol. 3:** 295
19.6 . . . . **vol. 2:** 661
32 . . . . **vol. 2:** 555
32:1 . . . . **vol. 1:** 85
122a . . . . **vol. 2:** 555

Megillat Taʿanit
9 . . . . **vol. 4:** 239

Mekilta (Mek.)
on Exod 3:1 . . . . **vol. 1:** 778
on Exod 12:1 . . . . **vol. 3:** 155
on Exod 19:21 . . . . **vol. 2:** 218
on Exod 20:2 . . . . **vol. 3:** 155; **vol. 4:** 209

Midrash on Canticles (Midr. Cant.)
on 1:5 . . . . **vol. 2:** 555
60 on 1:14 . . . . **vol. 3:** 670
87b . . . . **vol. 2:** 555

Midrash on Psalms (Midr. Psalms)
2 on 23:1 . . . . **vol. 4:** 84
2.6 . . . . **vol. 1:** 552
5.17 on 118:19 . . . . **vol. 3:** 554
18.6 . . . . **vol. 2:** 584
on 48:4 . . . . **vol. 4:** 628
106a §5 on 25:2 . . . . **vol. 3:** 387

Midrash Sipre Numbers (Midr. Sipre Num.)
118 . . . . **vol. 1:** 216

Midrash Tehillim (Midr. Tehillim.)
91 . . . . **vol. 3:** 700

Numbers Rabbah (Num. Rab.)
20 . . . . **vol. 3:** 697

Pesiqta Rabbati (Pesiq. Rab.)
21 . . . . **vol. 4:** 722
24 . . . . **vol. 4:** 722
176a . . . . **vol. 2:** 751

Pirqe Rabbi Eliezer
51 . . . . **vol. 2:** 392

Ruth Rabbah (Ruth Rab.)
prologue 1 . . . . **vol. 2:** 90

Seder ʿOlam Rabbah (S. ʿOlam Rab.)
30 . . . . **vol. 4:** 167

Shemoneh Esreh
2 . . . . **vol. 3:** 375

Shemot Rabbah (Exod. Rab.)
2.6 . . . . **vol. 4:** 390
18.5 . . . . **vol. 2:** 646
19.5 . . . . **vol. 4:** 413
30 . . . . **vol. 2:** 555
31.3 . . . . **vol. 1:** 573
31.13 . . . . **vol. 4:** 183
89d . . . . **vol. 2:** 555

Sipra
on Lev. 19:17 . . . . **vol. 2:** 166
on Lev. 19:18 . . . . **vol. 3:** 319
19:34 . . . . **vol. 1:** 597

Sipre Deuteronomy (Sipre Deut.)
2 . . . . **vol. 4:** 254
233 . . . . **vol. 4:** 254
305 . . . . **vol. 4:** 254

Sipre Numbers (Sipre Num.)
12 . . . . **vol. 1:** 265
158 . . . . **vol. 1:** 218

Soperim (Sop.)
15:8 . . . . **vol. 1:** 215

Tanḥuma (Tanḥ.)
40b . . . . **vol. 3:** 697

Testament A (Test. A.)
7:3 . . . . **vol. 4:** 90

Testament D (Test. D.)
5:10 . . . . **vol. 4:** 90

Yalkut
971 . . . . **vol. 3:** 155

Qumran Writings
(Dead Sea Scrolls)

Cairo Genizah copy of the Damascus Document (CD)

I, 3 .... vol. 2: 556; vol. 3: 636
I, 4 .... vol. 2: 114; vol. 3: 101, 313
I, 5–11 .... vol. 3: 372
I, 5 .... vol. 3: 535
I, 6 .... vol. 4: 663
I, 11 .... vol. 1: 710
I, 13 .... vol. 3: 456
I, 14 .... vol. 2: 556
I, 21–22 .... vol. 3: 535
II, 3–4 .... vol. 1: 446
II, 3 .... vol. 1: 580
II, 4 .... vol. 3: 211, 783
II, 5 .... vol. 4: 387
II, 6 .... vol. 3: 101, 456
II, 8–9 .... vol. 3: 535
II, 11 .... vol. 3: 518
II, 15 .... vol. 1: 272
II, 18–21 .... vol. 4: 265
II, 18 .... vol. 1: 122; vol. 4: 624
II, 21 .... vol. 2: 201; vol. 4: 624
III, 1 .... vol. 3: 773
III, 2–3 .... vol. 4: 624
III, 3–4 .... vol. 1: 598
III, 4 .... vol. 3: 773
III, 7–8 .... vol. 4: 635
III, 9 .... vol. 3: 486
III, 13–15 .... vol. 3: 353
III, 16 .... vol. 4: 246
III, 18 .... vol. 1: 446
III, 19 .... vol. 2: 556
III, 20 .... vol. 1: 764; vol. 2: 369
IV, 2 .... vol. 4: 387
IV, 4 .... vol. 2: 294, 604; vol. 3: 518
IV, 6 .... vol. 2: 537
IV, 8 .... vol. 3: 409
IV, 12 .... vol. 3: 463
IV, 13 .... vol. 1: 505; vol. 2: 114, 558
IV, 15–17 .... vol. 4: 113
IV, 15 .... vol. 1: 504; vol. 4: 501
IV, 16 .... vol. 2: 558
IV, 18 .... vol. 3: 463
IV, 20–21 .... vol. 4: 113
V, 2–3 .... vol. 1: 598
V, 2 .... vol. 4: 412
V, 6–15 .... vol. 2: 516
V, 8 .... vol. 3: 365
V, 18 .... vol. 1: 122; vol. 3: 365; vol. 4: 639
V, 19 .... vol. 4: 427
V, 21 .... vol. 3: 365
VI, 2 .... vol. 3: 313
VI, 4 .... vol. 4: 246
VI, 5 .... vol. 4: 387
VI, 7 .... vol. 2: 355
VI, 11 .... vol. 2: 294
VI, 14–VII, 4 .... vol. 1: 244; vol. 2: 485
VI, 15 .... vol. 3: 219
VI, 16–17 .... vol. 3: 554
VI, 18–19 .... vol. 2: 225
VI, 19 .... vol. 1: 697; vol. 3: 387
VI, 21 .... vol. 3: 644
VII, 2 .... vol. 2: 166
VII, 6 .... vol. 4: 672
VII, 10 .... vol. 3: 155; vol. 4: 208
VII, 15–21 .... vol. 1: 598
VII, 15 .... vol. 4: 526
VII, 18–21 .... vol. 1: 428
VII, 18–20 .... vol. 4: 526
VII, 18–19 .... vol. 1: 292
VII, 18 .... vol. 2: 355
VII, 20–21 .... vol. 4: 90
VIII, 1 .... vol. 2: 392
VIII, 2–3 .... vol. 2: 294
VIII, 2 .... vol. 2: 558
VIII, 6 .... vol. 1: 390
VIII, 20 .... vol. 3: 155; vol. 4: 208
IX, 1–X, 3 .... vol. 3: 495
IX, 4 .... vol. 4: 132
X, 11 .... vol. 1: 461
X, 14–XI, 18 .... vol. 4: 222
X, 14 .... vol. 4: 624
XI, 22 .... vol. 2: 137
XII, 2 .... vol. 1: 504
XII, 6 .... vol. 2: 137
XII, 20 .... vol. 2: 201
XII, 23–24 .... vol. 2: 506
XII, 23 .... vol. 2: 283
XIII, 1 .... vol. 4: 672
XIII, 6–7 .... vol. 2: 250
XIII, 9 .... vol. 2: 250; vol. 4: 84
XIII, 11 .... vol. 3: 430
XIII, 12 .... vol. 2: 696
XIII, 18 .... vol. 2: 169
XIV, 4 .... vol. 4: 149
XIV, 6 .... vol. 4: 149
XIV, 9–12 .... vol. 2: 250
XIV, 15 .... vol. 3: 639
XIV, 20 .... vol. 3: 218; vol. 4: 722
XV, 2–3 .... vol. 3: 518
XV, 5 .... vol. 3: 495
XV, 12 .... vol. 4: 387
XVI, 5 .... vol. 1: 122
XIX, 1–2 .... vol. 4: 672
XIX, 5–16 .... vol. 2: 294
XIX, 8–9 .... vol. 4: 136
XIX, 9 .... vol. 2: 294
XIX, 10–12 .... vol. 4: 376

Jewish Literature Index

XIX, 18	vol. 1: 390
XIX, 24	vol. 3: 463
XIX, 26–27	vol. 2: 556
XIX, 31	vol. 3: 463
XIX, 34	vol. 4: 246
XIX, 35	vol. 3: 91
XX, 1	vol. 1: 710; vol. 2: 283; vol. 3: 334
XX, 9	vol. 2: 100
XX, 14–15	vol. 1: 320
XX, 14	vol. 3: 334
XX, 17	vol. 4: 624
XX, 19	vol. 1: 598
XX, 22	vol. 4: 672
XX, 27–28	vol. 2: 294
XX, 28	vol. 4: 635
XX, 32	vol. 1: 710; vol. 4: 635
XX, 33–34	vol. 2: 294
XX, 33	vol. 2: 333
XX, 34	vol. 3: 518

Genesis Apocryphon (1QapGen)

II	vol. 3: 440
II, 1	vol. 1: 122
II, 9	vol. 2: 773
II, 16	vol. 1: 122
XX, 2–8	vol. 4: 263
XX, 12	vol. 2: 773
XX, 16–29	vol. 1: 632

Hodayot or Thanksgiving Hymns (1QH)

IV, 27	vol. 1: 764
VI, 24	vol. 1: 446
VI, 25	vol. 3: 593
VII, 17–19	vol. 4: 427
VII, 18	vol. 1: 580
VII, 19	vol. 3: 479
VII, 28	vol. 1: 229
VIII, 17	vol. 3: 479
IX, 7–8	vol. 2: 762
IX, 8–13	vol. 3: 353
IX, 20	vol. 2: 436
IX, 21	vol. 2: 613; vol. 3: 743
IX, 27–28	vol. 2: 762
IX, 28–29	vol. 3: 155; vol. 4: 208
IX, 30	vol. 2: 421
IX, 31	vol. 1: 580
IX, 33	vol. 2: 421
X	vol. 4: 728
X, 13–14	vol. 3: 696
X, 13	vol. 1: 729; vol. 3: 353
X, 17	vol. 1: 709
X, 20	vol. 3: 508
X, 23	vol. 4: 427
X, 26	vol. 4: 194
X, 30	vol. 3: 518
XI, 5–18	vol. 3: 669
XI, 19	vol. 3: 182
XI, 23–24	vol. 3: 743
XI, 23	vol. 2: 421
XI, 24	vol. 1: 580
XI, 29–39	vol. 4: 233
XI, 35–36	vol. 1: 122
XII, 14	vol. 1: 229
XII, 23–24	vol. 1: 778
XII, 25	vol. 2: 754
XII, 27–28	vol. 3: 352; vol. 4: 98
XII, 29	vol. 3: 353
XII, 32–33	vol. 1: 305; vol. 2: 314
XII, 32	vol. 3: 783
XII, 37	vol. 1: 446
XII, 38	vol. 2: 762
XIII	vol. 4: 728
XIII, 12	vol. 2: 463
XIII, 15	vol. 3: 593
XIII, 20	vol. 3: 554
XIII, 21	vol. 1: 122
XIV, 8	vol. 3: 91
XIV, 12	vol. 2: 90
XIV, 13	vol. 1: 122
XIV, 29–30	vol. 1: 320
XIV, 30–31	vol. 2: 294
XIV, 30	vol. 1: 777
XIV, 34	vol. 1: 320
XV, 6–7	vol. 1: 778
XV, 8–9	vol. 3: 473
XV, 15	vol. 2: 114
XV, 18	vol. 1: 446
XV, 30	vol. 1: 446
XV, 35	vol. 1: 446
XVI, 4–14	vol. 4: 117
XVI, 10–11	vol. 2: 754
XVI, 11	vol. 4: 413
XVII, 9–10	vol. 1: 580
XVII, 11	vol. 2: 114
XVII, 24	vol. 4: 645
XVII, 28	vol. 3: 736
XVII, 29–30	vol. 2: 149
XVII, 33	vol. 2: 114
XVII, 35	vol. 3: 680
XVIII	vol. 1: 446
XVIII, 2	vol. 1: 527
XVIII, 3–6	vol. 4: 680
XVIII, 5–9	vol. 2: 436
XVIII, 8	vol. 2: 436
XVIII, 34–35	vol. 1: 122
XIX, 9	vol. 1: 305; vol. 2: 314
XIX, 11–12	vol. 1: 128; vol. 2: 696
XIX, 13	vol. 1: 122
XIX, 14	vol. 1: 580
XIX, 15	vol. 3: 736
XIX, 28	vol. 3: 430
XIX, 30	vol. 4: 645
XX, 4–11	vol. 2: 225

Jewish Literature Index

XX, 13 . . . . **vol. 1:** 580
XXI, 5 . . . . **vol. 3:** 727

Pesher Habakkuk (1QpHab)

I, 13 . . . . **vol. 1:** 710
II, 1 . . . . **vol. 4:** 208, 722
II, 2 . . . . **vol. 1:** 710
II, 5–9 . . . . **vol. 3:** 155
II, 5–6 . . . . **vol. 2:** 294
II, 5 . . . . **vol. 4:** 208
II, 6 . . . . **vol. 2:** 392
II, 9 . . . . **vol. 3:** 593
V, 3 . . . . **vol. 2:** 90; **vol. 3:** 91
V, 4 . . . . **vol. 2:** 90
V, 5 . . . . **vol. 3:** 91
VII, 1–5 . . . . **vol. 4:** 167
VII, 4–8 . . . . **vol. 3:** 155
VII, 4–5 . . . . **vol. 4:** 208
VII, 7–8 . . . . **vol. 3:** 353
VIII, 1–3 . . . . **vol. 1:** 729; **vol. 3:** 764
IX, 6 . . . . **vol. 2:** 392
IX, 9 . . . . **vol. 2:** 294
X, 9–10 . . . . **vol. 2:** 556
X, 9 . . . . **vol. 4:** 722
XI, 1 . . . . **vol. 1:** 580
XI, 8 . . . . **vol. 3:** 387
XII, 2–10 . . . . **vol. 4:** 183
XII, 2–5 . . . . **vol. 4:** 451
XII, 13 . . . . **vol. 2:** 90; **vol. 4:** 151
XIII, 3–4 . . . . **vol. 2:** 90

Milhamah or War Scroll (1QM)

I, 1–7 . . . . **vol. 2:** 90
I, 1 . . **vol. 1:** 505; **vol. 2:** 556, 696; **vol. 4:** 90, 639
I, 5 . . . . **vol. 1:** 195; **vol. 2:** 696
I, 6 . . . . **vol. 3:** 101
I, 9–11 . . . . **vol. 2:** 114, 392
I, 9–10 . . . . **vol. 2:** 436
I, 10–15 . . . . **vol. 1:** 632
I, 10–11 . . . . **vol. 1:** 122
I, 11–12 . . . . **vol. 3:** 182
I, 11 . . . . **vol. 2:** 696
I, 12 . . . . **vol. 2:** 463
I, 13 . . . . **vol. 1:** 505
II, 2–3 . . . . **vol. 4:** 627
II, 7 . . . . **vol. 2:** 604
II, 10–15 . . . . **vol. 2:** 90
III–IX . . . . **vol. 4:** 90
III, 2–11 . . . . **vol. 4:** 235
III, 5–6 . . . . **vol. 4:** 318
III, 5 . . . . **vol. 2:** 114
III, 9–19 . . . . **vol. 2:** 747
III, 9 . . . . **vol. 3:** 535
III, 11 . . . . **vol. 2:** 114
III, 12–IV, 17 . . . . **vol. 4:** 627
IV, 1–2 . . . . **vol. 3:** 535
IV, 2 . . . . **vol. 2:** 696; **vol. 3:** 101; **vol. 4:** 672

IV, 6 . . . . **vol. 1:** 229
IV, 13 . . . . **vol. 4:** 427
IV, 14 . . . . **vol. 2:** 114; **vol. 4:** 645
IV, 32 . . . . **vol. 3:** 798
VI, 6 . . . . **vol. 1:** 128; **vol. 2:** 90; **vol. 3:** 91
VI, 9 . . . . **vol. 3:** 798
VII, 5 . . . . **vol. 2:** 392
VII, 6 . . . . **vol. 1:** 122; **vol. 2:** 696
VII, 7–IX, 9 . . . . **vol. 2:** 505
VII, 27 . . . . **vol. 3:** 798
VIII, 5–15 . . . . **vol. 4:** 635
IX, 7–8 . . . . **vol. 2:** 283
IX, 14–16 . . . . **vol. 1:** 538; **vol. 3:** 328
IX, 34 . . . . **vol. 3:** 798
X–XIV . . . . **vol. 4:** 90
X, 1 . . . . **vol. 4:** 611
X, 2–4 . . . . **vol. 4:** 611
X, 2 . . . . **vol. 1:** 709
X, 4–5 . . . . **vol. 4:** 427
X, 6 . . . . **vol. 3:** 365
X, 9–10 . . . . **vol. 2:** 148
X, 9 . . . . **vol. 3:** 91
X, 10–11 . . . . **vol. 2:** 697
X, 10 . . . . **vol. 1:** 709; **vol. 3:** 91
X, 11–12 . . . . **vol. 1:** 122
X, 12 . . . . **vol. 2:** 201; **vol. 4:** 79
X, 14 . . . . **vol. 3:** 91
X, 15 . . . . **vol. 2:** 696
X, 24 . . . . **vol. 3:** 798
XI, 1–XII, 5 . . . . **vol. 1:** 777
XI, 5–7 . . . . **vol. 1:** 428
XI, 8–9 . . . . **vol. 1:** 505; **vol. 2:** 90
XI, 9 . . . . **vol. 3:** 182
XI, 12–14 . . . . **vol. 1:** 320
XII, 1–2 . . . . **vol. 2:** 696
XII, 1 . . . . **vol. 3:** 91, 567; **vol. 4:** 90
XII, 3 . . . . **vol. 2:** 114, 169
XII, 4 . . . . **vol. 2:** 149; **vol. 4:** 672
XII, 7–9 . . . . **vol. 1:** 122
XII, 8 . . . . **vol. 1:** 777; **vol. 2:** 773
XII, 9 . . . . **vol. 1:** 777
XII, 11 . . . . **vol. 2:** 90; **vol. 4:** 663
XII, 12–13 . . . . **vol. 3:** 787
XII, 13 . . . . **vol. 2:** 333
XII, 14 . . . . **vol. 2:** 90; **vol. 4:** 151
XIII . . . . **vol. 2:** 218
XIII, 1–5 . . . . **vol. 1:** 632
XIII, 1 . . . . **vol. 4:** 131
XIII, 2–5 . . . . **vol. 2:** 696
XIII, 4–5 . . . . **vol. 1:** 504
XIII, 7–9 . . . . **vol. 3:** 91
XIII, 8 . . . . **vol. 3:** 101
XIII, 9 . . . . **vol. 2:** 696
XIII, 10 . . . . **vol. 1:** 122; **vol. 4:** 639
XIII, 11–12 . . . . **vol. 1:** 631; **vol. 4:** 322
XIII, 12–13 . . . . **vol. 2:** 333; **vol. 4:** 645
XIII, 12 . . . . **vol. 1:** 504

Jewish Literature Index

XIII, 14	**vol. 2:** 391
XIV, 3-4	**vol. 4:** 645
XIV, 4-5	**vol. 3:** 182
XIV, 4	**vol. 2:** 436
XIV, 5	**vol. 2:** 137, 604; **vol. 3:** 91, 101; **vol. 4:** 297, 427
XIV, 6	**vol. 1:** 709
XIV, 7	**vol. 2:** 90, 392
XIV, 8-9	**vol. 3:** 101
XIV, 9-10	**vol. 2:** 218
XIV, 12	**vol. 1:** 128
XIV, 14-15	**vol. 3:** 353
XIV, 15	**vol. 1:** 122
XIV, 16	**vol. 2:** 436
XV, 2-3	**vol. 2:** 392
XV, 3	**vol. 1:** 505
XV, 14	**vol. 1:** 122
XVI, 1	**vol. 2:** 604; **vol. 3:** 91
XVII, 5-6	**vol. 2:** 218
XVII, 7-8	**vol. 1:** 122
XVII, 9	**vol. 3:** 787
XVIII, 1	**vol. 1:** 505
XVIII, 3	**vol. 1:** 505
XVIII, 5	**vol. 2:** 392
XVIII, 6	**vol. 2:** 436
XIX, 6	**vol. 2:** 90

Serek Hayahad or Rule of the Community (1QS)

I, 1-2	**vol. 2:** 355
I, 2-3	**vol. 3:** 319
I, 3-4	**vol. 1:** 106; **vol. 2:** 345
I, 3	**vol. 2:** 201; **vol. 3:** 365, 593
I, 5	**vol. 1:** 229
I, 6	**vol. 1:** 289; **vol. 4:** 113
I, 8-9	**vol. 2:** 117
I, 8	**vol. 1:** 272, 289; **vol. 2:** 169; **vol. 4:** 473
I, 9-11	**vol. 2:** 345; **vol. 3:** 319
I, 9	**vol. 2:** 225; **vol. 4:** 525, 639
I, 10	**vol. 1:** 504; **vol. 2:** 556, 696
I, 11-12	**vol. 2:** 709
I, 12	**vol. 3:** 798
I, 14-15	**vol. 4:** 704
I, 15	**vol. 1:** 229, 289
I, 16-II, 18	**vol. 3:** 709
I, 17	**vol. 2:** 201
I, 18-20	**vol. 1:** 264
I, 18	**vol. 1:** 504, 631; **vol. 2:** 218
I, 22	**vol. 4:** 352
I, 23-24	**vol. 2:** 218
I, 23	**vol. 1:** 632
I, 24	**vol. 1:** 389; **vol. 3:** 508
I, 25	**vol. 1:** 289
II, 1-14	**vol. 2:** 537
II, 1-3	**vol. 1:** 195
II, 1	**vol. 4:** 352
II, 2-4	**vol. 2:** 323

II, 2	**vol. 1:** 289; **vol. 2:** 696; **vol. 4:** 473
II, 4-10	**vol. 1:** 632
II, 4-9	**vol. 1:** 504; **vol. 2:** 345
II, 4-5	**vol. 1:** 383; **vol. 2:** 556
II, 4	**vol. 2:** 114
II, 5	**vol. 1:** 504; **vol. 2:** 696
II, 7-8	**vol. 4:** 193, 640
II, 8	**vol. 1:** 446
II, 10	**vol. 1:** 264
II, 11-17	**vol. 3:** 535
II, 11	**vol. 2:** 100
II, 12	**vol. 4:** 297
II, 13	**vol. 3:** 155; **vol. 4:** 208
II, 14	**vol. 1:** 289
II, 16	**vol. 4:** 525, 639
II, 17	**vol. 2:** 100, 696; **vol. 4:** 297
II, 18	**vol. 1:** 264
II, 19-20	**vol. 2:** 505
II, 19	**vol. 1:** 504; **vol. 2:** 218
II, 20	**vol. 1:** 122
II, 21	**vol. 4:** 672
II, 22	**vol. 1:** 580
II, 23	**vol. 2:** 696
II, 24-25	**vol. 4:** 686
II, 24	**vol. 1:** 390; **vol. 4:** 451
II, 25-III, 12	**vol. 1:** 461
II, 26	**vol. 1:** 289
III-IV	**vol. 2:** 747
III, 4-12	**vol. 2:** 571
III, 4-9	**vol. 4:** 519
III, 4-5	**vol. 3:** 174
III, 5	**vol. 3:** 174
III, 6-12	**vol. 1:** 446
III, 6	**vol. 1:** 229; **vol. 2:** 166
III, 7-9	**vol. 3:** 809
III, 7-8	**vol. 3:** 806
III, 7	**vol. 2:** 369
III, 8	**vol. 4:** 451, 728
III, 9	**vol. 3:** 174
III, 10	**vol. 2:** 225
III, 13-IV, 26	**vol. 1:** 304; **vol. 3:** 430, 807
III, 13-21	**vol. 2:** 599
III, 13-15	**vol. 1:** 710
III, 13	**vol. 4:** 639
III, 15	**vol. 1:** 580; **vol. 2:** 436; **vol. 3:** 353
III, 16	**vol. 3:** 787
III, 17-25	**vol. 1:** 631
III, 17-21	**vol. 3:** 456
III, 17-18	**vol. 2:** 762
III, 17	**vol. 4:** 79
III, 18	**vol. 1:** 122; **vol. 2:** 294, 589; **vol. 3:** 674
III, 19	**vol. 3:** 741
III, 20-23	**vol. 1:** 504; **vol. 2:** 218
III, 20-21	**vol. 3:** 353, 674; **vol. 4:** 639
III, 21-24	**vol. 4:** 322
III, 21-22	**vol. 3:** 353
III, 23	**vol. 2:** 294; **vol. 3:** 353

III, 24–25	vol. 1: 122	V, 25	vol. 4: 451
III, 24	vol. 1: 229; vol. 3: 696; vol. 4: 297	V, 26	vol. 4: 314
III, 25–26	vol. 4: 639	VI, 1	vol. 4: 208
III, 25	vol. 1: 122; vol. 2: 436, 762	VI, 2	vol. 3: 218
IV, 1–V, 13	vol. 3: 101	VI, 3–4	vol. 2: 505
IV, 3–14	vol. 1: 389	VI, 4–6	vol. 1: 646
IV, 3	vol. 4: 451, 686	VI, 4	vol. 4: 208
IV, 4	vol. 3: 783	VI, 6	vol. 3: 409
IV, 5–6	vol. 4: 722	VI, 7–8	vol. 1: 598
IV, 5	vol. 1: 389; vol. 2: 100	VI, 8	vol. 4: 132
IV, 6–13	vol. 4: 640	VI, 12	vol. 2: 250
IV, 6	vol. 1: 389; vol. 2: 201, 754	VI, 14	vol. 2: 250
IV, 7–8	vol. 4: 322	VI, 15	vol. 1: 229
IV, 7	vol. 2: 114; vol. 3: 783	VI, 16–17	vol. 3: 571
IV, 9–11	vol. 1: 631; vol. 4: 559	VI, 16	vol. 2: 77; vol. 4: 208
IV, 9	vol. 1: 390; vol. 2: 201; vol. 4: 514	VI, 17	vol. 3: 798
IV, 10	vol. 1: 390; vol. 4: 113	VI, 19	vol. 3: 798
IV, 12–13	vol. 3: 535; vol. 4: 193	VI, 20	vol. 2: 250
IV, 12	vol. 1: 631	VI, 24	vol. 4: 722
IV, 13	vol. 3: 707	VI, 25	vol. 2: 571; vol. 4: 98
IV, 15–17	vol. 2: 696	VII	vol. 4: 704
IV, 15–16	vol. 3: 456	VII, 1	vol. 1: 598
IV, 17	vol. 4: 686	VII, 2	vol. 1: 229
IV, 18–23	vol. 2: 294, 589	VII, 3	vol. 2: 571; vol. 4: 98
IV, 18	vol. 3: 430; vol. 4: 334	VII, 6	vol. 3: 798
IV, 20–21	vol. 1: 229; vol. 2: 571; vol. 4: 154, 254	VII, 16	vol. 2: 571
IV, 21–22	vol. 4: 204, 334, 519	VII, 18–19	vol. 1: 451
IV, 21	vol. 3: 809	VII, 18	vol. 3: 806
IV, 22	vol. 1: 122; vol. 2: 117, 436; vol. 3: 567	VII, 20	vol. 3: 787
IV, 23–24	vol. 4: 618	VII, 22–24	vol. 1: 451
IV, 23	vol. 1: 764	VII, 22	vol. 3: 787
IV, 25	vol. 1: 580	VII, 23	vol. 3: 806
IV, 26	vol. 2: 696	VIII, 2	vol. 1: 390
V	vol. 4: 228	VIII, 3	vol. 3: 806; vol. 4: 624
V, 1	vol. 2: 201	VIII, 4–10	vol. 3: 372
V, 2	vol. 2: 504; vol. 3: 798; vol. 4: 624	VIII, 4–9	vol. 2: 114
V, 3	vol. 4: 451	VIII, 5–11	vol. 2: 431
V, 4	vol. 1: 389; vol. 3: 773	VIII, 5–9	vol. 2: 556
V, 5–6	vol. 2: 556	VIII, 5–6	vol. 1: 128
V, 5	vol. 3: 727; vol. 4: 314	VIII, 5	vol. 3: 472
V, 6	vol. 3: 472	VIII, 6	vol. 1: 229; vol. 2: 537
V, 7–11	vol. 3: 495	VIII, 7–8	vol. 3: 120
V, 7	vol. 2: 238	VIII, 9	vol. 3: 472
V, 8	vol. 2: 201; vol. 3: 365, 409; vol. 4: 387	VIII, 10	vol. 2: 537
V, 9	vol. 2: 504; vol. 4: 624	VIII, 11–12	vol. 4: 208
V, 10–11	vol. 3: 456	VIII, 12	vol. 2: 274; vol. 3: 806
V, 10	vol. 3: 675	VIII, 13	vol. 3: 456
V, 11	vol. 1: 580; vol. 3: 773	VIII, 15	vol. 3: 365
V, 13–14	vol. 4: 519	VIII, 17	vol. 1: 128
V, 14	vol. 3: 155; vol. 4: 208, 387	VIII, 20	vol. 4: 473
V, 17	vol. 1: 598	VIII, 22	vol. 3: 365
V, 19	vol. 3: 155; vol. 4: 208	IX, 3–5	vol. 1: 128
V, 21–24	vol. 1: 580	IX, 3	vol. 2: 431; vol. 4: 154
V, 21	vol. 3: 806	IX, 5	vol. 2: 556
V, 22	vol. 2: 201	IX, 6	vol. 3: 372, 472
V, 24	vol. 3: 806	IX, 9–10	vol. 3: 648
		IX, 10–11	vol. 2: 506

Jewish Literature Index

IX, 11 . . . . **vol. 2:** 283; **vol. 4:** 167
IX, 12–16 . . . . **vol. 2:** 589
IX, 12 . . . . **vol. 2:** 201
IX, 13–14 . . . . **vol. 2:** 225
IX, 13 . . . . **vol. 1:** 709
IX, 14 . . . . **vol. 1:** 729
IX, 17 . . . . **vol. 2:** 754
IX, 18–20 . . . . **vol. 2:** 589
IX, 19–20 . . . . **vol. 2:** 274
IX, 21–23 . . . . **vol. 3:** 319
IX, 22 . . . . **vol. 4:** 451
IX, 26 . . . . **vol. 4:** 704
X, 1–8 . . . . **vol. 2:** 225; **vol. 4:** 704
X, 9 . . . . **vol. 1:** 580
X, 11 . . . . **vol. 1:** 102
X, 12 . . . . **vol. 1:** 580; **vol. 2:** 436; **vol. 3:** 741
X, 16–18 . . . . **vol. 2:** 436
X, 17 . . . . **vol. 4:** 427
X, 18–21 . . . . **vol. 2:** 294
X, 19–20 . . . . **vol. 3:** 535
X, 19 . . . . **vol. 2:** 392
X, 20 . . . . **vol. 1:** 390; **vol. 4:** 387
X, 25–26 . . . . **vol. 1:** 390
X, 32 . . . . **vol. 4:** 722
XI, 1 . . . . **vol. 4:** 451
XI, 2 . . . . **vol. 1:** 729
XI, 3–7 . . . . **vol. 3:** 741
XI, 3 . . . . **vol. 1:** 446, 580, 729
XI, 4–5 . . . . **vol. 3:** 736
XI, 4 . . . . **vol. 1:** 229
XI, 5 . . . . **vol. 1:** 729; **vol. 2:** 436; **vol. 4:** 639
XI, 6 . . . . **vol. 2:** 754
XI, 7–8 . . . . **vol. 2:** 696, 701; **vol. 4:** 527
XI, 8 . . . . **vol. 1:** 128
XI, 9 . . . . **vol. 4:** 254
XI, 10 . . . . **vol. 3:** 675
XI, 11 . . . . **vol. 2:** 436
XI, 12 . . . . **vol. 1:** 729, 740; **vol. 4:** 254
XI, 16–XII, 18 . . . . **vol. 4:** 640
XI, 17–19 . . . **vol. 1:** 527; **vol. 2:** 436; **vol. 3:** 743
XI, 18–19 . . . . **vol. 1:** 457
XI, 20–22 . . . . **vol. 3:** 743
XI, 21–22 . . . . **vol. 4:** 679

Rule of the Congregation (Appendix A to 1QS) (1QSa)

I, 1 . . . . **vol. 2:** 294
I, 2 . . . . **vol. 2:** 504
I, 5 . . . . **vol. 2:** 201
I, 6–11 . . . . **vol. 1:** 544
I, 7 . . . . **vol. 1:** 709
I, 14 . . . . **vol. 4:** 672
I, 21 . . . . **vol. 4:** 90
I, 26 . . . . **vol. 4:** 90
I, 29 . . . . **vol. 4:** 672
II, 1–21 . . . . **vol. 2:** 505
II, 11–13 . . . . **vol. 2:** 604
II, 11 . . . . **vol. 1:** 561
II, 17–21 . . . . **vol. 1:** 646
II, 6–9 . . . . **vol. 4:** 510
II, 8–9 . . . . **vol. 2:** 696; **vol. 4:** 90
II, 9–10 . . . . **vol. 3:** 570
V, 28 . . . . **vol. 3:** 518

Rule of the Blessings (Appendix B to 1QS) (1QSb)

I, 1 . . . . **vol. 4:** 611
IV, 23 . . . . **vol. 2:** 696
IV, 25–26 . . . . **vol. 2:** 696
V, 25 . . . . **vol. 4:** 90

DM (ApocrMoses^a?) (1Q22)

I, 7 . . . . **vol. 2:** 100
II, 8 . . . . **vol. 2:** 201

pHos^a (4QpHos^a [4Q166])

II, 14–17 . . . . **vol. 2:** 225
II, 17 . . . . **vol. 3:** 707

Florilegium, also Midrash on Eschatology (4QFlor [4Q174])

I, 4 . . . . **vol. 2:** 90
I, 10–12 . . . . **vol. 1:** 561
I, 11–13 . . . . **vol. 4:** 526
I, 17 . . . . **vol. 2:** 100
I, 19 . . . . **vol. 2:** 294

Testimonia (4QTest [4Q175])

12–13 . . . . **vol. 1:** 428

Jubilees^a (4Q216)

VII, 11 . . . . **vol. 4:** 178

Commentary on Genesis (4Q252)

V, 3–4 . . . . **vol. 1:** 292; **vol. 4:** 526

Calendrical Document (4Q320–330)

vol. 2: 225

Songs of the Sabbath Sacrifice (4Q405)

f20ii 22 . . . . **vol. 4:** 667

Pesher Nahum (4QpNah)

I, 7 . . . . **vol. 4:** 357

Psalms Scroll (11Q5)

XIX, 14–15 . . . . **vol. 4:** 265

Melchizedek (11QMelch; 11Q13)

II, 10–16 . . . . **vol. 4:** 529
II, 13 . . . . **vol. 3:** 267
II, 18–19 . . . . **vol. 4:** 529

Temple Scroll (11Q19)

LXIV, 7–13 . . . . **vol. 3:** 449
LXVI, 8–9 . . . . **vol. 3:** 639

Targumic Texts

Targum Isaiah (Tg. Isa.)
4:3 .... vol. 3: 101
10:22–23 .... vol. 3: 101
on Isa 55:1 .... vol. 3: 218

Targum Job (Tg. Job)
4.5 .... vol. 4: 552
4.7 .... vol. 4: 552
8.2–3 .... vol. 4: 552

Targum Neofiti (Tg. Neof.)
on Gen 1:3 .... vol. 3: 156
on Gen 3:8 .... vol. 3: 156
on Num 7:89 .... vol. 3: 156

Targum Onqelos (Tg. Onq.)
on Gen 18:23 .... vol. 3: 577
on Gen 31:36 .... vol. 3: 575
on Gen 50:17 .... vol. 3: 575

Targum of the Prophets (Tg. Neb.)
on 1 Sam 25:28 .... vol. 3: 575

Targum Pseudo-Jonathan (Tg. Ps.-J.)
on Exod 24:1 .... vol. 3: 328
on Num 7:89 .... vol. 3: 156

Targum of the Writings (Tg. Ket.)
on Job 5:2 .... vol. 2: 773
on Cant 2:12 .... vol. 3: 735

Josephus and Philo

Josephus
Antiquitates Judaicae (A.J.)
1.4 .... vol. 1: 509
1.12 .... vol. 3: 255, 305
1.14 .... vol. 3: 606
1.19 .... vol. 3: 466
1.20 .... vol. 1: 671
1.24 .... vol. 1: 250; vol. 3: 255
1.26 .... vol. 1: 511
1.31 .... vol. 2: 255
1.32 .... vol. 1: 683
1.33 .... vol. 4: 222
1.36 .... vol. 2: 306
1.37 .... vol. 3: 618
1.40 .... vol. 3: 486
1.43 .... vol. 2: 201
1.49 .... vol. 2: 306
1.51 .... vol. 2: 306
1.54 .... vol. 4: 178
1.55 .... vol. 3: 376
1.60 .... vol. 2: 716
1.100 .... vol. 1: 415
1.107 .... vol. 1: 467
1.114–18 .... vol. 3: 463
1.116 .... vol. 3: 205
1.155 .... vol. 1: 683
1.162 .... vol. 4: 562
1.168 .... vol. 3: 648
1.169 .... vol. 1: 175
1.172 .... vol. 3: 252, 393
1.180 .... vol. 4: 234
1.192 .... vol. 1: 527
1.195 .... vol. 4: 558
1.200 .... vol. 3: 223
1.201 .... vol. 1: 184
1.207 .... vol. 4: 562
1.222–24 .... vol. 2: 466
1.258 .... vol. 2: 494
1.274 .... vol. 2: 397
1.302 .... vol. 3: 393
1.310–11 .... vol. 4: 505
1.322–23 .... vol. 4: 505
1.327 .... vol. 2: 186
1.340 .... vol. 1: 296
2.7 .... vol. 4: 566, 575
2.9 .... vol. 4: 729
2.35 .... vol. 3: 333
2.45 .... vol. 3: 422
2.48 .... vol. 4: 444
2.55 .... vol. 2: 715; vol. 4: 456
2.69 .... vol. 2: 214
2.75 .... vol. 4: 681
2.94 .... vol. 4: 427
2.97 .... vol. 4: 652
2.98 .... vol. 2: 501
2.105 .... vol. 1: 472
2.126 .... vol. 4: 646
2.138 .... vol. 4: 401
2.146 .... vol. 1: 446
2.152 .... vol. 1: 376; vol. 4: 525
2.205 .... vol. 1: 597
2.209 .... vol. 1: 230
2.233 .... vol. 1: 693
2.235 .... vol. 1: 693
2:247 .... vol. 2: 96
2.252 .... vol. 3: 252
2.257 .... vol. 4: 245
2.274 .... vol. 2: 201
2.275–76 .... vol. 3: 518
2.275 .... vol. 1: 499
2.280 .... vol. 4: 143
2.301 .... vol. 3: 90
2.304 .... vol. 1: 529
2.311 .... vol. 3: 90

Reference	Location	Reference	Location
2.313	vol. 4: 178	5.137	vol. 1: 243
2.345	vol. 1: 525	5.198	vol. 4: 549
3.8	vol. 3: 648	5.206	vol. 4: 456
3.16	vol. 4: 566	5.218	vol. 1: 527
3.44	vol. 3: 634	5.219	vol. 1: 609
3.46	vol. 3: 393	5.227	vol. 3: 393
3.49	vol. 2: 466	5.234	vol. 4: 140
3.54	vol. 3: 393	5.240	vol. 4: 237
3.91	vol. 4: 489	5.287	vol. 1: 611
3.103	vol. 3: 333	5.300	vol. 4: 456
3.123	vol. 4: 632	5.358	vol. 4: 138
3.137	vol. 4: 667	6.1	vol. 1: 191
3.139	vol. 1: 409	6.16	vol. 4: 676
3.146	vol. 1: 409	6.38	vol. 3: 634
3.155	vol. 1: 702	6.71	vol. 1: 175
3.178	vol. 3: 518	6.72–73	vol. 1: 297
3.181	vol. 1: 502	6.84	vol. 3: 223
3.198	vol. 4: 699	6.87	vol. 4: 140
3.202	vol. 3: 648	6.92	vol. 1: 446
3.212	vol. 4: 684	6.116	vol. 4: 318
3.234	vol. 3: 481; vol. 4: 341	6.123	vol. 2: 287
3.237–54	vol. 2: 224	6.126	vol. 3: 397
3.252	vol. 3: 708	6.133	vol. 3: 382
3.260	vol. 1: 168	6.144	vol. 2: 240
3.279	vol. 1: 272; vol. 3: 390	6.166	vol. 1: 630
3.282–83	vol. 2: 174	6.193	vol. 4: 603
3.312	vol. 3: 669	6.222	vol. 1: 741
3.319	vol. 4: 549	6.225	vol. 1: 230
4.5	vol. 1: 214	6.241	vol. 3: 390
4.6	vol. 3: 397	6.255	vol. 4: 684
4.38	vol. 4: 558	6.263	vol. 1: 750
4.41	vol. 4: 603	6.274	vol. 3: 223
4.44	vol. 4: 279	6.278	vol. 3: 215
4.60	vol. 4: 655	6.298	vol. 1: 702
4.71	vol. 4: 178	6.306	vol. 3: 390
4.72	vol. 2: 729	6.328	vol. 2: 287
4.73	vol. 2: 729	7.43	vol. 4: 686
4.116	vol. 3: 477	7.48	vol. 1: 609
4.133	vol. 3: 285	7.66	vol. 4: 606
4.189	vol. 4: 140	7.67	vol. 4: 234
4.199	vol. 1: 499	7.76	vol. 2: 684
4.200	vol. 4: 699	7.86	vol. 2: 721
4.207	vol. 2: 517	7.110	vol. 1: 597
4.209	vol. 4: 306	7.122	vol. 3: 686
4.214	vol. 4: 349	7.136	vol. 2: 255
4.248	vol. 4: 140	7.160	vol. 1: 175
4.270	vol. 3: 669	7.164	vol. 2: 287
4.288	vol. 1: 376	7.165	vol. 4: 562
4.311	vol. 1: 709	7.167	vol. 2: 721
4.322	vol. 4: 632	7.196	vol. 1: 720
4.330	vol. 3: 177	7.203	vol. 1: 499
5.42	vol. 4: 684	7.209	vol. 3: 669
5.47	vol. 1: 203	7.267	vol. 4: 218
5.51	vol. 4: 341	7.281	vol. 1: 297
5.93	vol. 4: 525	7.319	vol. 1: 597
5.109	vol. 2: 217	7.326	vol. 3: 824
5.111	vol. 4: 140	7.332	vol. 1: 350; vol. 3: 255

7.335	vol. 3: 644	10.250	vol. 1: 492
7.347	vol. 1: 175	10.262	vol. 3: 692
7.365–66	vol. 2: 504	10.281	vol. 1: 294
7.380	vol. 3: 680	11.2	vol. 3: 371
7.383	vol. 4: 108	11.9	vol. 1: 326
8.5	vol. 3: 639	11.40	vol. 4: 269
8.59	vol. 3: 644	11.47	vol. 1: 609
8.62	vol. 1: 561	11.56	vol. 1: 165
8.101	vol. 4: 341	11.63	vol. 1: 354
8.111	vol. 3: 255	11.66	vol. 1: 571
8.114	vol. 2: 516	11.90	vol. 3: 593
8.115	vol. 4: 426	11.98	vol. 1: 354
8.120	vol. 4: 489	11.101	vol. 3: 593
8.131	vol. 2: 516	11.120	vol. 4: 495
8.137	vol. 4: 688	11.128	vol. 1: 595
8.148–49	vol. 1: 173	11.133	vol. 4: 627
8.162	vol. 4: 681	11.144	vol. 4: 344
8.167	vol. 2: 245	11.169	vol. 4: 143
8.214	vol. 4: 686	11.217	vol. 1: 499
8.217	vol. 3: 424	11.240	vol. 4: 729
8.245	vol. 3: 558	11.261	vol. 4: 357
8.251	vol. 1: 157	11.263	vol. 3: 745
8.252	vol. 1: 419	11.266–67	vol. 4: 357
8.253	vol. 3: 773	11.291	vol. 4: 238
8.264	vol. 1: 214	11.293	vol. 4: 489
8.271	vol. 4: 151	11.294	vol. 4: 489
8.280	vol. 2: 186	11.302–47	vol. 4: 238
8.295	vol. 3: 558	11.302–12	vol. 4: 238
8.327	vol. 1: 326	11.312	vol. 4: 238
8.328	vol. 3: 477	11.321–24	vol. 4: 239
8.350	vol. 3: 274	11.326–27	vol. 2: 507
8.354	vol. 3: 223	11.328	vol. 3: 648
8.395	vol. 4: 489	11.331	vol. 3: 518
8.404	vol. 4: 318	11.340	vol. 4: 238
9.43	vol. 3: 669	11.341	vol. 1: 399; vol. 4: 238
9.55	vol. 3: 648	11.344	vol. 4: 238
9.61	vol. 4: 237	11.345	vol. 4: 240
9.96	vol. 1: 709	11.346	vol. 4: 239, 250
9.99	vol. 2: 99–100	12.7–10	vol. 4: 240
9.100–101	vol. 3: 422	12.10	vol. 4: 246
9.151	vol. 3: 301	12.11	vol. 2: 277
9.187	vol. 1: 205	12.14–15	vol. 4: 652
9.239	vol. 4: 456	12.18	vol. 2: 208
9.240	vol. 3: 261; vol. 4: 728	12.28	vol. 3: 583
9.260	vol. 4: 632	12.33	vol. 3: 182
9.287	vol. 4: 246	12.36	vol. 4: 652
9.288	vol. 4: 237	12.37	vol. 1: 203
10.37	vol. 2: 97	12.39	vol. 2: 277
10.51	vol. 3: 623	12.46	vol. 3: 182
10.72	vol. 2: 214	12.122	vol. 2: 241
10.79	vol. 1: 175	12.138–53	vol. 4: 481
10.83	vol. 4: 632	12.142	vol. 1: 595
10.115	vol. 1: 472	12.154	vol. 4: 341, 606
10.117	vol. 2: 737	12.160	vol. 3: 648
10.158	vol. 3: 223	12.164	vol. 1: 276
10.169	vol. 1: 460	12.175–76	vol. 4: 483
10.212	vol. 4: 603	12.186–89	vol. 1: 544

12.239	vol. 2: 528
12.258–64	vol. 4: 238
12.258–62	vol. 4: 238
12.258–61	vol. 4: 239
12.258	vol. 4: 238
12.261	vol. 4: 243
12.262	vol. 4: 238
12.278	vol. 1: 706
12.318	vol. 2: 639
12.320	vol. 1: 502
12.323–25	vol. 2: 224
12.352	vol. 3: 648
12.362	vol. 1: 276
12.387–88	vol. 4: 239
12.405	vol. 2: 499
13.41	vol. 3: 274
13.49–57	vol. 4: 481
13.62–73	vol. 4: 239
13.70	vol. 1: 419
13.74–79	vol. 4: 240, 246
13.98	vol. 4: 318
13.127	vol. 4: 237
13.171	vol. 1: 175
13.172	vol. 4: 591
13.173	vol. 4: 229
13.252	vol. 3: 708
13.255–56	vol. 4: 239
13.255	vol. 4: 243
13.256	vol. 4: 239
13.257	vol. 3: 727; vol. 4: 628
13.293	vol. 4: 229
13.297–98	vol. 1: 599; vol. 4: 592
13.297	vol. 3: 623; vol. 4: 229, 489
13.299	vol. 2: 507
13.310	vol. 4: 603
13.311	vol. 4: 167
13.318	vol. 4: 628
13.379–80	vol. 1: 544
13.401	vol. 4: 592
13.405	vol. 4: 592
13.408–9	vol. 4: 592
13.408	vol. 3: 623
14.9.2	vol. 2: 553
14.21	vol. 3: 663
14.66	vol. 3: 387
14.91	vol. 4: 401
14.213	vol. 3: 644
14.244	vol. 1: 309
14.249	vol. 1: 752
14.251	vol. 1: 752
14.268	vol. 4: 456
14.302	vol. 2: 217
14.320	vol. 4: 572
14.371	vol. 3: 182
14.411	vol. 4: 239
14.415	vol. 4: 350
14.450	vol. 2: 394
14.468	vol. 4: 239
15.50	vol. 4: 306
15.67	vol. 1: 433
15.69	vol. 2: 201
15.70	vol. 2: 208
15.136	vol. 1: 122
15.153	vol. 1: 499
15.164	vol. 4: 603
15.210	vol. 1: 425
15.277	vol. 3: 498
15.298	vol. 3: 371
15.394	vol. 2: 639
15.410–16	vol. 2: 515
15.417	vol. 2: 516; vol. 4: 464
15.418	vol. 2: 516
15.421	vol. 2: 224
15.539	vol. 4: 352
16.10	vol. 4: 318
16.24	vol. 3: 285
16.48	vol. 4: 552
16.93	vol. 4: 729
16.150	vol. 1: 399
16.163	vol. 4: 223
16.182	vol. 2: 533
16.223	vol. 1: 435
16.241	vol. 3: 616
16.301	vol. 4: 729
16.354	vol. 2: 201
16.363	vol. 1: 435
16.380	vol. 3: 756
17.3	vol. 1: 499
17.121	vol. 1: 419
17.127	vol. 2: 198
17.149	vol. 2: 214
17.159	vol. 1: 708
17.168	vol. 3: 422
17.209	vol. 3: 358
17.214	vol. 2: 214
17.216	vol. 2: 214
17.274	vol. 1: 116
17.289	vol. 1: 294
17.295	vol. 4: 357
17.300	vol. 1: 366
17.320	vol. 4: 481
18.1	vol. 1: 304
18.4	vol. 4: 481
18.11	vol. 4: 334
18:14	vol. 1: 154, 326
18.16	vol. 4: 229
18.17	vol. 4: 229
18.21	vol. 1: 702
18.23	vol. 2: 352, 593
18.24	vol. 4: 572
18.29–30	vol. 4: 240
18.35	vol. 2: 507
18.42	vol. 2: 175
18.59	vol. 4: 334

18.81	vol. 4: 334	1.253	vol. 3: 708
18.85–89	vol. 4: 239	1.302–3	vol. 4: 239
18.85–86	vol. 4: 359	1.315	vol. 2: 465
18.90	vol. 4: 481	1.319	vol. 2: 394
18.95	vol. 2: 507	1.355	vol. 4: 239
18.116–19	vol. 2: 274	1.361	vol. 3: 390
18.117	vol. 1: 462	1.376	vol. 1: 630
18.167	vol. 4: 239	1.429	vol. 4: 729
18.179	vol. 2: 199	1.430	vol. 1: 664
18.235	vol. 1: 296	1.438	vol. 4: 609
18.281	vol. 4: 489	1.470	vol. 3: 352
18.293	vol. 4: 229	1.493	vol. 4: 728
18.312	vol. 1: 660	1.504	vol. 1: 435
19.22	vol. 1: 178	1.562	vol. 4: 237
19.42	vol. 2: 175	1.568	vol. 1: 419
19.104	vol. 3: 352	1.589	vol. 1: 611
19.107	vol. 3: 358	1.607	vol. 4: 609
19.123	vol. 3: 301	1.619	vol. 3: 390
19.319	vol. 3: 514	1.621	vol. 1: 203
19.344	vol. 1: 438	1.627	vol. 3: 278
19.357	vol. 3: 498; vol. 4: 113	1.629	vol. 2: 82
20.18	vol. 1: 532	1.657	vol. 1: 221
20.97–98	vol. 4: 359	2.8	vol. 1: 304
20.97	vol. 2: 227	2.42	vol. 1: 752
20.102	vol. 4: 357	2.96	vol. 4: 237
20.103	vol. 2: 508	2.97	vol. 4: 481
20.106–7	vol. 2: 227	2.119–61	vol. 2: 709
20.118–36	vol. 4: 242	2.119	vol. 1: 175; vol. 4: 334
20.118–24	vol. 4: 239	2.120	vol. 1: 544
20.118	vol. 4: 240	2.121	vol. 1: 419
20.129	vol. 4: 357	2.122	vol. 3: 798
20.131	vol. 2: 508	2.123	vol. 3: 113
20.161	vol. 4: 357	2.124	vol. 1: 175
20.169–74	vol. 4: 359	2.125	vol. 3: 444
20.169	vol. 2: 227	2.129	vol. 4: 519
20.181	vol. 1: 660	2.133	vol. 3: 352
20.193	vol. 2: 217	2.135	vol. 3: 495
20.200	vol. 2: 528	2.137	vol. 1: 175
20.205	vol. 2: 508	2.139	vol. 2: 345; vol. 3: 495
20.206–7	vol. 1: 660	2.140	vol. 2: 217
		2.141	vol. 1: 175
Bellum Judaicum (B.J.)		2.142	vol. 1: 122
1.4–5	vol. 2: 465	2.149–50	vol. 3: 174
1.16	vol. 4: 609	2.151	vol. 3: 238
1.28	vol. 4: 286	2.154	vol. 4: 729
1.29	vol. 2: 467	2.159–61	vol. 1: 461
1.33	vol. 4: 239	2.159	vol. 4: 138
1.37	vol. 3: 252	2.160	vol. 1: 544
1.55	vol. 3: 686	2.161	vol. 3: 174
1.63	vol. 4: 239	2.162–63	vol. 4: 592
1.122	vol. 1: 426	2.162	vol. 1: 601; vol. 2: 214
1.123	vol. 3: 318	2.163	vol. 1: 154, 165; vol. 4: 729
1.170	vol. 4: 401	2.164–65	vol. 4: 229
1.172	vol. 1: 509	2.165	vol. 4: 229
1.185	vol. 1: 507; vol. 2: 255	2.166	vol. 4: 229
1.213	vol. 4: 239	2.169	vol. 2: 103
1.215	vol. 4: 310	2.174	vol. 3: 606

2.175	**vol. 2:** 729
2.210	**vol. 3:** 558
2.225	**vol. 3:** 390
2.232–46	**vol. 4:** 239, 242
2.232	**vol. 4:** 240
2.253–54	**vol. 3:** 115
2.258–63	**vol. 2:** 274
2.260	**vol. 2:** 635
2.261–65	**vol. 4:** 359
2.289	**vol. 4:** 399
2.323	**vol. 1:** 425
2.340	**vol. 1:** 276
2.350	**vol. 2:** 217
2.354	**vol. 1:** 494
2.358	**vol. 4:** 558
2.409	**vol. 3:** 95
2.420	**vol. 2:** 308
2.425	**vol. 2:** 224
2.441	**vol. 2:** 508
2.455	**vol. 3:** 301
2.554	**vol. 4:** 395
2.586	**vol. 4:** 562
3.187	**vol. 2:** 685
3.212	**vol. 3:** 252
3.284	**vol. 2:** 88
3.307–15	**vol. 4:** 239
3.356	**vol. 4:** 366
3.374	**vol. 1:** 194; **vol. 4:** 632
3.375	**vol. 1:** 154
4.74	**vol. 1:** 555
4.104	**vol. 3:** 486
4.137	**vol. 1:** 460
4.239	**vol. 3:** 246
4.246	**vol. 4:** 632
4.263	**vol. 4:** 352
4.306	**vol. 1:** 609
4.323	**vol. 1:** 527
4.325	**vol. 4:** 366
4.334	**vol. 3:** 318
4.406–7	**vol. 3:** 265
4.484	**vol. 1:** 561
4.495	**vol. 4:** 456
4.502	**vol. 4:** 232
4.504	**vol. 3:** 115
4.525	**vol. 1:** 460
4.562	**vol. 4:** 113
4.629	**vol. 2:** 259
5.13.7	**vol. 4:** 325
5.32	**vol. 4:** 366, 609
5.123	**vol. 4:** 366
5.184	**vol. 2:** 516
5.185	**vol. 1:** 194
5.187	**vol. 1:** 194
5.193–95	**vol. 4:** 464
5.194	**vol. 3:** 195
5.210	**vol. 1:** 271
5.224	**vol. 3:** 333
5.229	**vol. 1:** 272
5.295	**vol. 3:** 795
5.389	**vol. 3:** 370
5.393	**vol. 2:** 277
5.405	**vol. 4:** 481
5.413	**vol. 1:** 419
5.423	**vol. 4:** 310
5.436	**vol. 3:** 692
5.449	**vol. 4:** 357
5.480	**vol. 4:** 426
5.513	**vol. 2:** 100
5.517	**vol. 1:** 438
5.532	**vol. 1:** 597
5.539	**vol. 4:** 558
5.570	**vol. 3:** 705
6.4	**vol. 2:** 516
6.28	**vol. 4:** 232
6.37	**vol. 3:** 211
6.99	**vol. 3:** 301
6.105	**vol. 4:** 206
6.111	**vol. 2:** 82
6.197	**vol. 4:** 218
6.271	**vol. 1:** 502
6.272	**vol. 4:** 366
6.285	**vol. 1:** 276; **vol. 4:** 426
6.291	**vol. 1:** 597
6.351	**vol. 2:** 274
6.438	**vol. 4:** 234
7:8	**vol. 1:** 304
7.8.7	**vol. 2:** 369
7.36	**vol. 2:** 467
7.67	**vol. 4:** 426
7.185	**vol. 1:** 630
7.202	**vol. 2:** 743
7.203	**vol. 4:** 355
7.314	**vol. 4:** 232
7.325–26	**vol. 2:** 409
7.330	**vol. 2:** 165
7.340	**vol. 2:** 409
7.341–56	**vol. 4:** 729
7.341	**vol. 2:** 409
7.349	**vol. 3:** 620
7.362	**vol. 1:** 184
7.372	**vol. 2:** 409
7.388	**vol. 2:** 409
7.391	**vol. 1:** 426
7.418–19	**vol. 1:** 671
7.418	**vol. 3:** 508
7.420–736	**vol. 4:** 239
7.452	**vol. 2:** 100
7.453	**vol. 4:** 143
8.11	**vol. 1:** 320

Contra Apionem (C. Ap.)

1.1	**vol. 4:** 572
1.33	**vol. 1:** 706
1.42	**vol. 1:** 752

Jewish Literature Index

1.120	vol. 3: 393
1.167	vol. 2: 729
1.179	vol. 2: 521
1.219–2.150	vol. 2: 555
1.220	vol. 4: 218
1.241	vol. 3: 498
1.289–90	vol. 1: 597
1.290	vol. 1: 597
1.292	vol. 4: 350
1.310–11	vol. 2: 522
2.121–24	vol. 2: 555
2.145–50	vol. 2: 555
2.165	vol. 2: 741
2.168	vol. 3: 255
2.174	vol. 2: 620
2.193	vol. 2: 516
2.211	vol. 2: 416
2.224	vol. 1: 433
2.240	vol. 4: 458
2.244	vol. 1: 419
2.255	vol. 1: 250
2.273	vol. 4: 632
2.282	vol. 2: 224

Vita

1.198	vol. 1: 14
9–12	vol. 4: 592
10	vol. 1: 175; vol. 2: 556; vol. 4: 229
15	vol. 1: 460
72	vol. 2: 217
102	vol. 4: 102
112	vol. 2: 217
244	vol. 3: 333
366	vol. 2: 647

Philo of Alexandria

De Abrahamo (Abr.)

1.156	vol. 1: 511
13	vol. 4: 487
17–18	vol. 1: 315
20	vol. 4: 722
26	vol. 4: 473
27	vol. 1: 285; vol. 3: 440
35	vol. 3: 440
48	vol. 3: 393
55	vol. 4: 598
75	vol. 4: 175
87	vol. 2: 355; vol. 4: 632
88	vol. 4: 175
90	vol. 1: 673
103	vol. 1: 157
153	vol. 2: 308
163	vol. 4: 121
191	vol. 4: 603
196	vol. 3: 634
201–7	vol. 4: 645
202	vol. 4: 456
213	vol. 4: 124, 140
226	vol. 3: 477
232	vol. 3: 686
235	vol. 3: 646
236	vol. 2: 424
248	vol. 4: 632
261	vol. 1: 479
268	vol. 3: 765
269	vol. 3: 756
272	vol. 3: 765

De aeternitate mundi (Aet.)

1.88	vol. 4: 572
1.92	vol. 4: 572
2	vol. 3: 512
8–9	vol. 1: 570
8	vol. 1: 561
33	vol. 1: 338
41	vol. 1: 272
44	vol. 4: 598
103	vol. 3: 685
115	vol. 1: 338

De agricultura (Agr.)

1.50	vol. 4: 575
1.108	vol. 3: 778
1.148	vol. 1: 597
9	vol. 2: 627; vol. 3: 382
16	vol. 2: 245
40	vol. 2: 716
41–49	vol. 4: 83
51	vol. 3: 156; vol. 4: 84, 178
63	vol. 4: 729
79	vol. 4: 384
80	vol. 4: 547
81	vol. 4: 738
89	vol. 1: 509
98	vol. 4: 444
110–21	vol. 1: 143
112	vol. 4: 603
132	vol. 2: 397
139	vol. 3: 157
152	vol. 3: 599
162	vol. 4: 322

De cherubim (Cher.)

2	vol. 1: 165
3	vol. 4: 263
9	vol. 4: 722
10	vol. 3: 422; vol. 4: 263
14	vol. 2: 264
17	vol. 2: 505
23	vol. 4: 667
30	vol. 1: 174
33	vol. 4: 603
43	vol. 1: 204
45	vol. 3: 364

49.	vol. 3: 352
57.	vol. 4: 492
63.	vol. 3: 382
72.	vol. 2: 174
75.	vol. 3: 358
78.	vol. 4: 566
84.	vol. 1: 719
85–86	vol. 2: 224
87.	vol. 4: 222
88.	vol. 4: 705
90.	vol. 2: 224
92.	vol. 4: 514
94–95	vol. 2: 516
95.	vol. 3: 401
105.	vol. 2: 277
107.	vol. 1: 671, 770; vol. 3: 798
113.	vol. 3: 798
114.	vol. 1: 571
117.	vol. 3: 798
120.	vol. 3: 644
121.	vol. 3: 644
127.	vol. 3: 169

De confusione linguarum (Conf.)

1.	vol. 3: 795
27.	vol. 3: 557; vol. 4: 510
33.	vol. 4: 615
39.	vol. 4: 547
58.	vol. 3: 498
60–63	vol. 1: 292
62–63	vol. 4: 525
69.	vol. 4: 456
78.	vol. 4: 94
82.	vol. 3: 274
90.	vol. 3: 778
93.	vol. 3: 182
94.	vol. 1: 499
96.	vol. 4: 370
98.	vol. 2: 767
108.	vol. 1: 156
129–32	vol. 3: 525
136.	vol. 3: 786
146.	vol. 4: 178
148.	vol. 3: 529
152.	vol. 2: 450; vol. 4: 344
161.	vol. 4: 729
163.	vol. 3: 422
190.	vol. 4: 310
191.	vol. 4: 510
197.	vol. 1: 706; vol. 4: 618

De congressueru ditionis gratia (Congr.)

16.	vol. 2: 224
19.	vol. 1: 539
34.	vol. 1: 599
46.	vol. 4: 504
59.	vol. 4: 437
90.	vol. 1: 599; vol. 3: 440
96.	vol. 4: 655
99.	vol. 1: 658; vol. 3: 267
101.	vol. 1: 224
107.	vol. 2: 652
108.	vol. 1: 446
109.	vol. 1: 446
112.	vol. 4: 349
116.	vol. 4: 303
141.	vol. 1: 433, 499
160.	vol. 3: 685
163.	vol. 1: 591
172.	vol. 3: 424

De decalogo (Decal.)

5.	vol. 1: 214
17.	vol. 1: 719
24–25	vol. 4: 502
30.	vol. 4: 704
32.	vol. 4: 635
33.	vol. 3: 709; vol. 4: 635
34.	vol. 4: 635
35.	vol. 4: 635
40.	vol. 1: 214
41.	vol. 1: 165; vol. 4: 632
46.	vol. 3: 709; vol. 4: 635
47.	vol. 4: 208
49.	vol. 4: 643
53.	vol. 3: 466; vol. 4: 380
58.	vol. 3: 616
59.	vol. 4: 175
64.	vol. 4: 151
84–93	vol. 3: 495
86.	vol. 4: 404, 456
87.	vol. 4: 404
91.	vol. 3: 741
93–94	vol. 3: 518
97.	vol. 4: 79
100.	vol. 4: 222
101.	vol. 2: 104; vol. 4: 705
106.	vol. 3: 616
121–31	vol. 3: 331
126.	vol. 3: 514
133.	vol. 4: 283, 395
141.	vol. 3: 606
143.	vol. 2: 378
144.	vol. 3: 177
149.	vol. 3: 539
155.	vol. 2: 767
160.	vol. 3: 708
170.	vol. 4: 514

De ebrietate (Ebr.)

30.	vol. 1: 179; vol. 2: 733; vol. 3: 334
31.	vol. 3: 298
44.	vol. 4: 643
70.	vol. 4: 437

79	vol. 4: 738
80–81	vol. 3: 298
94	vol. 1: 640
97	vol. 2: 114
111	vol. 4: 427
112	vol. 3: 751
135	vol. 1: 409
137	vol. 4: 652
144	vol. 3: 95
152	vol. 4: 341
154	vol. 3: 259
155	vol. 4: 322
157	vol. 4: 322
188	vol. 1: 399
192	vol. 1: 399
194	vol. 3: 557
200	vol. 1: 509
212	vol. 3: 274
223	vol. 4: 102

De exsecrationibus (Exsecr.)

6	vol. 2: 163

De fuga et inventione (Fug.)

1.188	vol. 3: 486
6	vol. 4: 124
42	vol. 4: 314
43	vol. 4: 596
58	vol. 4: 606
63	vol. 3: 558
79	vol. 2: 455, 599
84	vol. 2: 737
90	vol. 3: 370
93–94	vol. 3: 370
97	vol. 1: 165; vol. 3: 741
105	vol. 4: 681
110	vol. 4: 699
136	vol. 2: 397
139	vol. 3: 692
144	vol. 4: 510
149–51	vol. 1: 405
165	vol. 2: 264
173	vol. 1: 165
196	vol. 2: 737
199	vol. 3: 751
202	vol. 3: 751
207	vol. 4: 451
208	vol. 4: 178, 722

De gigantibus (Gig.)

6	vol. 1: 160
20	vol. 3: 274
31	vol. 3: 806
51	vol. 4: 90
52	vol. 3: 156
53	vol. 1: 611
54	vol. 1: 709; vol. 3: 352

60	vol. 1: 611

De Iosepho (Ios.)

18	vol. 1: 293
23	vol. 1: 425
43	vol. 4: 113
51	vol. 1: 419, 509
57	vol. 2: 114
67	vol. 2: 217
68	vol. 4: 562, 640
99	vol. 4: 143
122	vol. 3: 756
144	vol. 4: 681
198	vol. 4: 686
212	vol. 4: 102
239	vol. 3: 629
258	vol. 3: 798

De migratione Abrahami (Migr./Mig.)

1	vol. 3: 255
1.12	vol. 4: 310
1.98	vol. 3: 401
2	vol. 4: 427
18	vol. 4: 729
21	vol. 4: 612
25	vol. 4: 684
31	vol. 3: 639
38	vol. 3: 529
39	vol. 4: 640
47	vol. 3: 529
48–52	vol. 4: 635
48	vol. 3: 529
57	vol. 4: 747
84	vol. 3: 205
86	vol. 3: 255
90	vol. 1: 709
97	vol. 1: 479
119	vol. 4: 516
124	vol. 4: 390, 427
126	vol. 4: 263
128	vol. 1: 204; vol. 4: 473
130	vol. 4: 606
132	vol. 2: 719; vol. 3: 95
133	vol. 3: 774; vol. 4: 108
134	vol. 4: 371
143	vol. 3: 692
144	vol. 1: 494
146	vol. 3: 455
170	vol. 3: 455, 636
171	vol. 3: 456
176–77	vol. 4: 251
180	vol. 3: 282
181	vol. 4: 175
183	vol. 4: 603
185	vol. 3: 157
192	vol. 3: 429
194	vol. 4: 175

195. . . . . vol. 3: 455
210. . . . . vol. 4: 566
218. . . . . vol. 4: 334
223. . . . . vol. 3: 343

De mutatione nominum (Mut.)

1.112 . . . . vol. 1: 492
11–12 . . . . vol. 3: 518
22. . . . . vol. 3: 424
29–32 . . . . vol. 1: 683
63. . . . . vol. 1: 561
82. . . . . vol. 4: 371
83. . . . . vol. 1: 715
116. . . . . vol. 4: 84
121. . . . . vol. 2: 529
131. . . . . vol. 3: 157
149. . . . . vol. 4: 670
158. . . . . vol. 2: 308
163. . . . . vol. 3: 648
171. . . . . vol. 4: 437
228. . . . . vol. 1: 446
269. . . . . vol. 2: 450; vol. 4: 603
270. . . . . vol. 3: 223
267. . . . . vol. 1: 193

De opificio mundi (Opif.)

1.24 . . . . vol. 2: 104
1.25 . . . . vol. 2: 104
1.38–39 . . . . vol. 3: 447
1.69–72 . . . . vol. 2: 104
1.103 . . . . vol. 2: 240
3. . . . . vol. 4: 94
10. . . . . vol. 1: 683
12. . . . . vol. 1: 165
13. . . . . vol. 1: 683
15–19 . . . . vol. 4: 506
16. . . . . vol. 1: 527; vol. 2: 733; vol. 3: 305
17. . . . . vol. 2: 217
18. . . . . vol. 2: 100
23. . . . . vol. 3: 798
25. . . . . vol. 1: 570; vol. 2: 733; vol. 4: 412
26. . . . . vol. 4: 704
28. . . . . vol. 2: 609
29. . . . . vol. 3: 568
31. . . . . vol. 2: 278
33. . . . . vol. 4: 714
34. . . . . vol. 2: 308
36. . . . . vol. 1: 683; vol. 4: 370, 506
38. . . . . vol. 4: 630
43. . . . . vol. 4: 492
45–46 . . . . vol. 4: 281
47. . . . . vol. 4: 487
51. . . . . vol. 4: 487
54. . . . . vol. 3: 466
60. . . . . vol. 4: 705
73. . . . . vol. 4: 618
80. . . . . vol. 3: 539

89. . . . . vol. 2: 224; vol. 3: 680
90. . . . . vol. 2: 260
117. . . . . vol. 1: 338; vol. 3: 568
119. . . . . vol. 2: 766
128. . . . . vol. 1: 467
134–37 . . . . vol. 4: 680
134. . . . . vol. 4: 412
135. . . . . vol. 3: 429
136. . . . . vol. 4: 176
137. . . . . vol. 2: 516; vol. 3: 371
140. . . . . vol. 4: 176
146. . . . . vol. 1: 440
151. . . . . vol. 1: 426
154. . . . . vol. 3: 618
155–56 . . . . vol. 2: 369
155. . . . . vol. 4: 729
156. . . . . vol. 1: 350
161. . . . . vol. 1: 532
164. . . . . vol. 3: 252; vol. 4: 283
170. . . . . vol. 1: 350
171. . . . . vol. 3: 282

De plantatione (Plant.)

1.18 . . . . vol. 4: 412
1.38 . . . . vol. 3: 783
1.174 . . . . vol. 3: 481
8–9 . . . . vol. 3: 156
8. . . . . vol. 1: 165
14. . . . . vol. 1: 160; vol. 4: 729
18. . . . . vol. 4: 652
29. . . . . vol. 4: 547
45. . . . . vol. 1: 174
48. . . . . vol. 4: 343
50. . . . . vol. 1: 440; vol. 4: 663
52. . . . . vol. 4: 581
79. . . . . vol. 3: 751
97. . . . . vol. 3: 773
108. . . . . vol. 4: 153
122. . . . . vol. 2: 550
126. . . . . vol. 2: 516; vol. 4: 738
141. . . . . vol. 2: 264
148. . . . . vol. 3: 481
151. . . . . vol. 1: 175
162–63 . . . . vol. 3: 259
169. . . . . vol. 4: 566

De posteritate Caini (Post.)

3. . . . . vol. 3: 282
26. . . . . vol. 3: 539
29. . . . . vol. 3: 456
38. . . . . vol. 3: 460
39. . . . . vol. 1: 165
51. . . . . vol. 1: 250
56. . . . . vol. 4: 279
63. . . . . vol. 4: 178
68. . . . . vol. 3: 424
74. vol. 4: 492, 740

Jewish Literature Index

89.	vol. 3: 795
96.	vol. 1: 502
102.	vol. 3: 156
118.	vol. 4: 352
121.	vol. 3: 685
124.	vol. 1: 571
125.	vol. 2: 627
132.	vol. 1: 709
135.	vol. 4: 387
139.	vol. 2: 231
143.	vol. 4: 712
154.	vol. 3: 455
156.	vol. 1: 419
162.	vol. 3: 298
169.	vol. 4: 349
175.	vol. 3: 390
182.	vol. 4: 609
183.	vol. 4: 176
184.	vol. 4: 516

De praemiis et poenis (Praem.)

1.13	vol. 2: 186
15.	vol. 3: 393
16.	vol. 1: 315
27.	vol. 4: 371
30.	vol. 4: 374
52.	vol. 4: 514
72.	vol. 3: 634
115.	vol. 1: 706
117.	vol. 3: 456, 774
120–22	vol. 3: 90
123.	vol. 3: 90
125.	vol. 3: 90
152.	vol. 4: 458
153.	vol. 2: 224
166.	vol. 1: 243; vol. 2: 240

De sacrificiis Abelis et Caini (Sacr.)

2.	vol. 3: 252
4.	vol. 4: 566
5.	vol. 1: 425; vol. 4: 729
6–7	vol. 3: 90
7.	vol. 3: 223
15.	vol. 4: 269
16.	vol. 3: 422; vol. 4: 279
17.	vol. 1: 531; vol. 4: 371
27.	vol. 1: 389; vol. 2: 550
32.	vol. 4: 265
33.	vol. 3: 783
36.	vol. 3: 539
45.	vol. 4: 136
47.	vol. 4: 502
49.	vol. 1: 479
54.	vol. 4: 656
57.	vol. 4: 656
59.	vol. 2: 217; vol. 4: 263
63.	vol. 4: 255

64.	vol. 3: 223
67.	vol. 3: 786
73.	vol. 3: 282
79.	vol. 3: 223
85.	vol. 1: 611
100.	vol. 4: 632
101.	vol. 3: 207
102.	vol. 4: 740
107–8	vol. 4: 630
109.	vol. 4: 326
118.	vol. 3: 182
130.	vol. 4: 384, 606
136.	vol. 2: 624
138.	vol. 1: 502
139.	vol. 4: 326

De sobrietate (Sobr.)

1.	vol. 3: 390
2.	vol. 3: 259, 390
3.	vol. 3: 390
5.	vol. 4: 437
10.	vol. 3: 558
42.	vol. 1: 157
56.	vol. 4: 525

De somniis I, II (Somn.)

1.6	vol. 4: 246
1.7	vol. 1: 509
1.23	vol. 4: 281
1.27	vol. 4: 624
1.36	vol. 3: 620
1.46	vol. 4: 94
1.63	vol. 4: 500
1.75	vol. 4: 640
1.76	vol. 1: 683
1.77	vol. 4: 279
1.86	vol. 4: 427
1.89	vol. 1: 502, 639
1.92	vol. 1: 435
1.104	vol. 3: 514
1.109	vol. 3: 514
1.129	vol. 3: 529
1.134–35	vol. 1: 160
1.135	vol. 4: 729
1.142–43	vol. 3: 285
1.149	vol. 2: 516; vol. 3: 472
1.152	vol. 1: 531
1.163	vol. 2: 773
1.181	vol. 4: 729
1.188	vol. 4: 572
1.214	vol. 2: 208
1.215	vol. 2: 505; vol. 4: 178
1.229–30	vol. 2: 437
1.243	vol. 2: 505
2.	vol. 4: 138
2.8	vol. 4: 469
2.11	vol. 4: 279

2.22–24	vol. 2: 450	1.203	vol. 4: 665
2.22	vol. 4: 326	1.205	vol. 4: 341
2.40	vol. 1: 112	1.208	vol. 3: 265
2.45	vol. 4: 417	1.210	vol. 3: 265
2.51	vol. 2: 174	1.211	vol. 3: 265
2.58	vol. 1: 221	1.215	vol. 1: 446
2.84	vol. 3: 246	1.237	vol. 1: 446; vol. 3: 629
2.92	vol. 1: 433	1.241	vol. 3: 514
2.116	vol. 3: 282	1.250	vol. 1: 446
2.145	vol. 1: 143	1.261	vol. 3: 174
2.148	vol. 1: 437	1.265	vol. 1: 214; vol. 2: 550
2.152	vol. 4: 456	1.269	vol. 1: 752
2.174	vol. 4: 387	1.271	vol. 4: 153
2.175	vol. 4: 387	1.277	vol. 3: 157, 158
2.183	vol. 1: 335	1.282	vol. 4: 113
2.213	vol. 3: 376	1.288	vol. 4: 640
2.230	vol. 4: 279	1.300	vol. 3: 95
2.244	vol. 1: 479	1.302	vol. 3: 568
2.248	vol. 2: 516	1.303	vol. 3: 751
2.249	vol. 3: 482	1.304	vol. 3: 751; vol. 4: 314
2.253	vol. 2: 114	1.308	vol. 3: 479; vol. 4: 670
2.256	vol. 4: 437	1.310	vol. 4: 670
2.268	vol. 2: 397	1.314	vol. 3: 177
2.273	vol. 3: 555	1.321	vol. 3: 659
2.276	vol. 3: 778	1.330	vol. 4: 552
2.284	vol. 3: 463	1.332	vol. 4: 113
2.285	vol. 3: 463	1.344	vol. 4: 113
195	vol. 3: 696	1.345	vol. 2: 355
		2.2–38	vol. 3: 495

De specialibus legibus I, II, III, IV (Spec.)

		2.6	vol. 3: 680
1.1–11	vol. 3: 727	2.18	vol. 1: 214
1.13	vol. 4: 281	2.23	vol. 3: 514
1.20	vol. 2: 198	2.26	vol. 2: 198
1.25–26	vol. 2: 100	2.30	vol. 3: 177
1.25	vol. 4: 510	2.31	vol. 3: 555
1.35	vol. 4: 552	2.36	vol. 3: 774
1.36	vol. 2: 332	2.39	vol. 4: 314
1.43	vol. 1: 186	2.41	vol. 2: 224; vol. 3: 387
1.44	vol. 4: 712	2.42–55	vol. 2: 224
1.51	vol. 4: 148	2.51	vol. 3: 780
1.54	vol. 4: 510	2.53	vol. 2: 599
1.58	vol. 4: 376	2.54–55	vol. 4: 645
1.63	vol. 1: 611	2.56	vol. 3: 639
1.66	vol. 3: 371; vol. 4: 729	2.67	vol. 3: 95
1.68	vol. 2: 508	2.113	vol. 3: 558
1.77	vol. 3: 182	2.115	vol. 3: 558
1.81	vol. 3: 156, 169; vol. 4: 437	2.159	vol. 2: 214
1.96	vol. 3: 680	2.176	vol. 3: 708, 710
1.100	vol. 3: 481	2.183	vol. 1: 162
1.102	vol. 1: 503; vol. 2: 259	2.185	vol. 2: 363
1.119	vol. 3: 174	2.192	vol. 2: 111
1.121	vol. 3: 740–741	2.196	vol. 1: 667; vol. 2: 716
1.142	vol. 4: 283	2.199	vol. 2: 186
1.149	vol. 1: 93	2.201	vol. 3: 692
1.160	vol. 3: 393	2.257	vol. 4: 624
1.169–89	vol. 2: 224	2.258	vol. 1: 112
1.190	vol. 1: 446	2.260	vol. 4: 747

Jewish Literature Index

3.3	vol. 4: 603
3.6	vol. 2: 186
3.23	vol. 1: 419
3.37	vol. 4: 699
3.51	vol. 3: 301
3.54	vol. 2: 165
3.89	vol. 3: 174
3.155	vol. 4: 102
3.167	vol. 3: 318
3.170–71	vol. 3: 466
3.173	vol. 1: 509
3.189	vol. 4: 143
3.205–6	vol. 3: 174
3.209	vol. 1: 157
4.5	vol. 3: 780
4.6	vol. 2: 165
4.13–14	vol. 1: 293
4.31	vol. 3: 286
4.39	vol. 1: 502
4.40	vol. 1: 399; vol. 2: 165
4.42	vol. 4: 722
4.79	vol. 3: 778
4.91	vol. 1: 437
4.93	vol. 4: 124
4.96	vol. 3: 424
4.108	vol. 3: 455
4.122	vol. 3: 824
4.123	vol. 1: 440; vol. 4: 157
4.147	vol. 1: 93
4.164	vol. 2: 652
4.170	vol. 2: 652
4.176–78	vol. 3: 554
4.179	vol. 3: 554
4.180	vol. 1: 347
4.199	vol. 1: 525
4.231	vol. 2: 549
149–50	vol. 2: 84

De virtutibus (Virt.)

1.55	vol. 1: 112
1.62	vol. 1: 112
1.146	vol. 4: 686
13	vol. 4: 516
18	vol. 4: 632
37	vol. 3: 639
65	vol. 1: 165
67	vol. 4: 599
70	vol. 2: 620
90	vol. 3: 705
92	vol. 4: 218
124	vol. 3: 558
145	vol. 4: 326, 609
147	vol. 2: 737
164	vol. 4: 322
171	vol. 4: 558
172	vol. 1: 214
175–86	vol. 3: 291
182	vol. 4: 283
188	vol. 2: 516
208	vol. 1: 502
215–16	vol. 1: 579
217	vol. 4: 729
223	vol. 4: 603
226	vol. 3: 686

De vita contemplativa (Contempl.)

3–4	vol. 4: 378
25	vol. 2: 709; vol. 4: 283, 547
28	vol. 2: 277
29	vol. 1: 175
31	vol. 2: 277
46	vol. 1: 460
58	vol. 1: 426
65–66	vol. 3: 710
75	vol. 2: 245
78	vol. 2: 214
90	vol. 4: 606

De vita Mosis I, II (Mos.)

1:1	vol. 3: 364
1.3	vol. 1: 419
1.23	vol. 3: 622
1.26	vol. 4: 124
1.27	vol. 2: 403
1.31	vol. 3: 606
1.39	vol. 1: 280
1.48	vol. 1: 230
1.54	vol. 3: 397
1.67	vol. 4: 143
1.72	vol. 3: 498
1.75	vol. 3: 518
1.89	vol. 1: 296
1.95	vol. 1: 641; vol. 4: 286
1.96	vol. 1: 657
1.113	vol. 3: 424
1.137	vol. 3: 634
1.142	vol. 1: 376; vol. 3: 636
1.155	vol. 2: 708
1.156	vol. 2: 709; vol. 3: 646
1.157	vol. 4: 94
1.158	vol. 2: 709
1.161	vol. 4: 283
1.173	vol. 2: 208
1.187	vol. 3: 259
1.235	vol. 1: 230
1.236	vol. 3: 422
1.247	vol. 3: 745
1.276	vol. 1: 630
1.279	vol. 2: 635; vol. 4: 343
1.284	vol. 3: 343
1.287	vol. 1: 529
1.295	vol. 3: 397
1.305	vol. 1: 419
1.316	vol. 3: 370

Jewish Literature Index

1.323	vol. 3: 282
2.14	vol. 1: 499; vol. 4: 232, 283, 632
2.48	vol. 1: 205
2.50	vol. 3: 634
2.53	vol. 3: 797
2.65	vol. 1: 571
2.74	vol. 4: 506
2.101–4	vol. 2: 516
2.108	vol. 4: 153
2.116	vol. 1: 693
2.125	vol. 2: 246
2.131	vol. 1: 693
2.134	vol. 2: 733
2.138	vol. 4: 520
2.141	vol. 4: 303
2.147	vol. 1: 446
2.166	vol. 3: 286
2.167	vol. 1: 230
2.171	vol. 4: 600
2.196	vol. 3: 301
2.238	vol. 3: 786
2.290	vol. 1: 599
2.291	vol. 1: 519
2.292	vol. 1: 599
177	vol. 2: 499
187	vol. 4: 140

Hypothetica (Hypoth.)

7.1	vol. 4: 110
7.4	vol. 1: 399
7.6	vol. 3: 705
11.141	vol. 1: 544

In Flaccum (Flacc.)

1.4	vol. 1: 597
36	vol. 3: 205
41–96	vol. 2: 555
141	vol. 3: 616

Legatio ad Gaium (Legat.)

1.247	vol. 1: 399
26	vol. 2: 217
54	vol. 2: 217
85	vol. 3: 741
99	vol. 2: 308
120–39	vol. 2: 555
137–38	vol. 3: 118
155	vol. 3: 117
156–57	vol. 3: 118
156	vol. 4: 334
190	vol. 2: 217
197	vol. 2: 214
198	vol. 2: 647
233	vol. 3: 205
248	vol. 2: 255
293	vol. 2: 450; vol. 4: 495
303	vol. 1: 667
315	vol. 1: 309
334	vol. 1: 203
335	vol. 4: 124
347	vol. 4: 495
353	vol. 2: 277

Legum allegoriae I, II, III (Leg.)

1.1	vol. 1: 179
1.10	vol. 4: 556
1.16	vol. 4: 79
1.18	vol. 3: 429
1.20	vol. 4: 705
1.21	vol. 4: 79
1.22	vol. 1: 179; vol. 2: 96
1.24	vol. 4: 678
1.28	vol. 4: 157
1.31–32	vol. 4: 680
1.31	vol. 2: 104; vol. 3: 568
1.33	vol. 2: 104
1.34	vol. 3: 719
1.39	vol. 4: 157, 729
1.41	vol. 3: 157
1.42	vol. 2: 104
1.43	vol. 2: 104; vol. 3: 305
1.44	vol. 3: 786
1.45	vol. 3: 422
1.46	vol. 3: 618; vol. 4: 322
1.48	vol. 3: 305, 463
1.49	vol. 2: 549, 635
1.50	vol. 3: 301
1.53	vol. 2: 104
1.54–55	vol. 1: 752
1.60	vol. 2: 609
1.61	vol. 2: 494
1.63–64	vol. 4: 444
1.65	vol. 4: 444
1.66	vol. 4: 624
1.69	vol. 4: 444
1.70	vol. 4: 444, 502
1.71	vol. 2: 475
1.75	vol. 4: 740
1.76	vol. 4: 492, 740
1.80	vol. 1: 424
1.86	vol. 1: 280
1.89	vol. 1: 424
1.92	vol. 2: 104
1.93	vol. 4: 349
1.94	vol. 4: 681
1.95–96	vol. 1: 671
1.95	vol. 2: 217
1.97	vol. 4: 747
1.98	vol. 2: 501
1.104	vol. 1: 179
1.105–8	vol. 2: 409
1.107	vol. 4: 714
2.3	vol. 1: 683; vol. 2: 550
2.4	vol. 2: 104

2.22	vol. 2: 96	3.84	vol. 2: 264
2.23	vol. 3: 157	3.90	vol. 4: 665
2.24	vol. 1: 179	3.91–93	vol. 3: 313
2.27	vol. 1: 435	3.95	vol. 4: 652
2.31	vol. 2: 155; vol. 3: 429	3.96	vol. 2: 104; vol. 3: 169; vol. 4: 310
2.34	vol. 3: 486	3.99–102	vol. 4: 310
2.42–43	vol. 2: 186	3.100	vol. 3: 274
2.42	vol. 4: 502	3.103	vol. 4: 310
2.46	vol. 1: 376	3.105	vol. 2: 455
2.49–50	vol. 2: 719	3.108	vol. 3: 773
2.53	vol. 2: 599; vol. 4: 349	3.111	vol. 1: 383
2.55	vol. 1: 112; vol. 4: 303	3.115	vol. 3: 539
2.56	vol. 4: 341	3.126	vol. 3: 557
2.57	vol. 2: 369; vol. 3: 620	3.131	vol. 3: 298; vol. 4: 492
2.60	vol. 3: 390, 422	3.134	vol. 1: 243
2.64	vol. 1: 611	3.135	vol. 4: 105
2.79	vol. 2: 306	3.136	vol. 4: 656
2.80	vol. 1: 112	3.138	vol. 3: 539
2.81	vol. 2: 306	3.140	vol. 3: 364, 715
2.82	vol. 4: 263, 492	3.151	vol. 2: 369
2.83	vol. 1: 112, 671	3.152	vol. 4: 255
2.85	vol. 4: 318	3.156	vol. 3: 393
2.90	vol. 4: 232	3.163	vol. 3: 798
2.95	vol. 2: 437	3.167	vol. 3: 696
2.98	vol. 4: 455	3.168	vol. 1: 425
2.99	vol. 3: 756; vol. 4: 444	3.173	vol. 1: 709
2.101	vol. 3: 756	3.176	vol. 4: 382
2.103	vol. 4: 738	3.184	vol. 4: 489
2.106	vol. 3: 252	3.185	vol. 4: 343
2.108	vol. 3: 393	3.190	vol. 3: 252
3.1	vol. 4: 606	3.193	vol. 4: 618
3.3	vol. 3: 463; vol. 4: 349	3.196	vol. 1: 719
3.4	vol. 3: 786	3.197	vol. 2: 427
3.7	vol. 4: 322	3.200	vol. 4: 366
3.11	vol. 4: 502	3.203–5	vol. 2: 509
3.14	vol. 4: 384, 656	3.204	vol. 1: 499; vol. 2: 708; vol. 3: 156
3.21	vol. 2: 369; vol. 3: 182	3.211–12	vol. 4: 366
3.25	vol. 4: 238	3.211	vol. 3: 177, 422; vol. 4: 366, 618
3.27	vol. 4: 596	3.212	vol. 4: 366
3.32–33	vol. 2: 691	3.219	vol. 1: 561
3.32	vol. 4: 516	3.226	vol. 1: 173
3.36	vol. 1: 424; vol. 3: 422; vol. 4: 598	3.228	vol. 3: 463
3.38	vol. 4: 232	3.229	vol. 1: 230
3.42	vol. 3: 472	3.230	vol. 4: 722
3.48	vol. 4: 504	3.233	vol. 2: 620
3.53	vol. 4: 232	3.239	vol. 1: 529
3.65	vol. 4: 489	3.244	vol. 4: 263
3.71	vol. 3: 352	3.251	vol. 4: 678
3.72	vol. 2: 609	57–58	vol. 2: 424
3.73	vol. 2: 437; vol. 4: 686		
3.74	vol. 1: 531		
3.77	vol. 1: 285		
3.78	vol. 4: 656	1.15	vol. 2: 363
3.79–82	vol. 3: 267	2.14	vol. 2: 363; vol. 4: 341
3.79	vol. 4: 234	2.105	vol. 3: 95
3.81	vol. 4: 234		
3.82	vol. 3: 482		

Quaestiones et solutiones in Exodum, I, II (QE)

Jewish Literature Index

Quaestiones et solutiones in Genesin I, II, III, IV (QG)
2.62 . . . . vol. 1: 540

Quis rerum divinarum heres sit (Her.)
5–29 . . . . vol. 3: 658
17 . . . . vol. 1: 709
29 . . . . vol. 4: 451
38 . . . . vol. 4: 652
55 . . . . vol. 4: 729
57 . . . . vol. 4: 256
75 . . . . vol. 2: 733
76 . . . . vol. 2: 164, 455
98 . . . . vol. 1: 93
114 . . . . vol. 1: 272
133 . . . . vol. 1: 683
166 . . . . vol. 2: 716
178 . . . . vol. 4: 596
191 . . . . vol. 4: 575
201 . . . . vol. 4: 504
241 . . . . vol. 1: 174
245 . . . . vol. 3: 778
249–51 . . . . vol. 2: 155
250 . . . . vol. 4: 510
263–65 . . . . vol. 2: 155
265 . . . . vol. 3: 429
270 . . . . vol. 3: 177
293 . . . . vol. 1: 354
302 . . . . vol. 4: 632
303 . . . . vol. 4: 722
314 . . . . vol. 1: 499
315 . . . . vol. 2: 333; vol. 4: 473, 645

Quod deterius potiori insidari soleat (Det.)
9 . . . . vol. 3: 157
13 . . . . vol. 2: 264
20 . . . . vol. 2: 516; vol. 4: 218
21 . . . . vol. 2: 466; vol. 4: 153
24 . . . . vol. 3: 774
29 . . . . vol. 3: 429
30 . . . . vol. 4: 566
38 . . . . vol. 4: 687
46 . . . . vol. 4: 686
49 . . . . vol. 4: 598
53 . . . . vol. 2: 766
54 . . . . vol. 3: 298
55 . . . . vol. 4: 747
57 . . . . vol. 2: 264
59 . . . . vol. 4: 729
68 . . . . vol. 3: 156
70 . . . . vol. 4: 729

79 . . . . vol. 2: 278
82 . . . . vol. 2: 208; vol. 3: 157
83 . . . . vol. 2: 104; vol. 4: 652
84 . . . . vol. 4: 729
86 . . . . vol. 2: 104; vol. 3: 223
93 . . . . vol. 4: 367
122 . . . . vol. 3: 798
126 . . . . vol. 3: 364
127 . . . . vol. 4: 740
130 . . . . vol. 3: 156
146 . . . . vol. 1: 770
176 . . . . vol. 1: 460

Quod Deus sit immutabilis (Deus)
1.57 . . . . vol. 2: 550
1.135 . . . . vol. 4: 640
4 . . . . vol. 3: 334
7 . . . . vol. 3: 402
16 . . . . vol. 1: 179
21 . . . . vol. 1: 527
24 . . . . vol. 2: 609
31 . . . . vol. 2: 733
37 . . . . vol. 4: 632
52–56 . . . . vol. 4: 254
52 . . . . vol. 4: 255
54 . . . . vol. 3: 424
60–61 . . . . vol. 2: 351
69 . . . . vol. 4: 612
85 . . . . vol. 3: 783
130 . . . . vol. 4: 322
131–35 . . . . vol. 2: 505
135 . . . . vol. 2: 516; vol. 3: 422
138 . . . . vol. 4: 670
143 . . . . vol. 3: 429
162–63 . . . . vol. 2: 343
163 . . . . vol. 1: 395
175 . . . . vol. 3: 477
182 . . . . vol. 4: 445

Quod omnis probus liber sit (Prob.)
12–13 . . . . vol. 2: 709
13 . . . . vol. 3: 259
28 . . . . vol. 1: 494
62 . . . . vol. 4: 632
81–83 . . . . vol. 1: 599
81 . . . . vol. 4: 399
83 . . . . vol. 2: 620
87 . . . . vol. 1: 702
88 . . . . vol. 1: 162
141 . . . . vol. 4: 562
160 . . . . vol. 4: 632

Post-New Testament Christian Literature Index

Apostolic Fathers

Barnabas (Barn.)
4.6	vol. 2: 560
4.9	vol. 3: 261
4.10	vol. 2: 238
4.11	vol. 2: 207
4.14	vol. 2: 560
6.6	vol. 2: 697
6.7	vol. 2: 560
7.3	vol. 2: 548
8.1–3	vol. 2: 560
8.7	vol. 2: 560
9.3	vol. 1: 523
10.12	vol. 2: 560
11.1	vol. 2: 560
12.2	vol. 2: 560
12.5	vol. 2: 560
15.4	vol. 4: 674
15.8	vol. 3: 485
15.9	vol. 2: 229
16.5	vol. 2: 560
19	vol. 2: 207
20.1	vol. 3: 261

1 Clement (1 Clem.)
1.2	vol. 4: 276
3.2	vol. 4: 90
4.8	vol. 3: 681
4.13	vol. 2: 560
5.1–2	vol. 1: 162
8.3	vol. 2: 56; vol. 3: 261
13.3	vol. 2: 207
14.1	vol. 1: 300
20.11	vol. 1: 683
25.2	vol. 3: 336
29.2	vol. 2: 560
31.2–4	vol. 2: 560
31.2	vol. 3: 681
31.43	vol. 2: 560
34.7	vol. 2: 238
46:5	vol. 4: 90
47.3	vol. 3: 738
49.5	vol. 2: 615
50.5	vol. 2: 207
52.1	vol. 1: 668
55.6	vol. 2: 560
57	vol. 1: 359
59.2–4	vol. 3: 596
59.2–3	vol. 3: 596
59.4	vol. 4: 590
60.3	vol. 4: 590
60.4	vol. 3: 681

2 Clement (2 Clem.)
2.1–2	vol. 1: 524
2.4	vol. 1: 606
4.5	vol. 2: 207
5.2	vol. 1: 267
6.7	vol. 2: 207
7.6	vol. 4: 414
8.2	vol. 2: 663
8.4	vol. 2: 207
8.6	vol. 4: 414
16.4	vol. 2: 615
17.1	vol. 2: 648

Didache (Did.)
1	vol. 2: 207
1.3	vol. 3: 388
2.1	vol. 1: 716
6.1	vol. 1: 716
7.1–3	vol. 4: 536
8.1	vol. 2: 228; vol. 4: 223
9–10	vol. 3: 596
9	vol. 3: 230
9.5	vol. 3: 233
10	vol. 3: 230
10.6	vol. 1: 652; vol. 3: 229, 230
10.7	vol. 4: 173
11.2	vol. 1: 716
11.3	vol. 4: 170
11.7–12	vol. 4: 173
13.1–7	vol. 4: 173
14.1	vol. 2: 229
15.1	vol. 4: 170
16.3	vol. 1: 114
16.5	vol. 4: 193

Diognetus (Diogn.)
5.4–5	vol. 4: 96
5.9–10	vol. 4: 96
6.3	vol. 2: 128
7.2	vol. 1: 683
12.8	vol. 1: 147

Ignatius

To the Ephesians (Ign. Eph.)
4.1–2	vol. 4: 739
5.3	vol. 2: 238
6.10	vol. 1: 177
7.2	vol. 3: 671
9.2	vol. 2: 207
11.1	vol. 3: 537
13.1	vol. 2: 238

Post-New Testament Christian Literature Index

To the Magnesians (Ign. Magn./Mag.)
7.1 .... vol. 2: 238
8. .... vol. 2: 560
9.1 .... vol. 2: 229
10.3 .... vol. 2: 560

To the Philadelphians (Ign. Phld./Phil.)
6. .... vol. 3: 397
6.2 .... vol. 2: 238
9.1 .... vol. 2: 477
10.1 .... vol. 2: 238

To Polycarp (Ign. Pol.)
3.2 .... vol. 3: 671

To the Romans (Ign. Rom.)
preamble .... vol. 2: 207
2.2 .... vol. 4: 341
3.1 .... vol. 1: 493
3.3 .... vol. 2: 445
5.3 .... vol. 4: 318
6.3 .... vol. 3: 672
7.2 .... vol. 1: 493

To the Smyrnaeans (Ign. Smyrn.)
4.2 .... vol. 3: 671
8.2 .... vol. 1: 112

To the Trallians (Ign. Trall.)
6.1 .... vol. 1: 177
7.1 .... vol. 2: 445
11. .... vol. 3: 397
13.2 .... vol. 2: 207

Martyrdom of Polycarp (Mart. Pol.)
14. .... vol. 3: 596
17.1 .... vol. 1: 493

Polycarp, To the Philippians (Pol. Phil.)
8.1 .... vol. 1: 405

Shepherd of Hermas
Mandate (Herm. Mand.)
3.2 .... vol. 1: 377
8.5 .... vol. 1: 377
8.12 .... vol. 2: 207
11.16 .... vol. 3: 804

Similitude (Herm. Sim.)
3.1–2. .... vol. 2: 245
4.2–3. .... vol. 2: 245
5.1 .... vol. 2: 245
5.4.1–2 .... vol. 1: 682
6.5.1. .... vol. 1: 682
6.5.5. .... vol. 1: 377
8.6.3. .... vol. 4: 414
9.1.5. .... vol. 3: 261
9.8.1–5 .... vol. 3: 261
9.12.1. .... vol. 1: 682
9.12.3–4 .... vol. 2: 477
10.4.1. .... vol. 2: 207

Vision (Herm. Vis.)
1.2.1. .... vol. 2: 533
3.5.3. .... vol. 2: 207
4.1.10. .... vol. 3: 261
5.5 .... vol. 2: 207

Church Fathers

Athanasius
De Synodis
41. .... vol. 3: 505

Epistola de decretis Nicaenae synodi / De decretis Nicaenae synodi
21. .... vol. 3: 504
26.7 .... vol. 2: 679

Augustine; De civitate Dei (Civ.)
19.3 .... vol. 2: 608
20.7 .... vol. 4: 674, 675
22.19 .... vol. 2: 608

Basil the Great, Epistula
52.3 .... vol. 3: 504–505

John Chrysostom
Fragmenta in Epistulas Catholicas (Fr. Ep. Cath.)
James 5. .... vol. 4: 570

Homiliae in epistulam ad Colossenses (Hom. Col.)
2. .... vol. 4: 570

Homiliae in epistulam i ad Corinthios (Hom. 1 Cor.)
13. .... vol. 3: 731

Homiliae in epistulam ad Hebraeos (Hom. Heb.)
17.5 .... vol. 2: 104

Homiliae in Joannem (Hom. Jo.)
15.2 .... vol. 2: 120

Homiliae in Matthaeum (Hom. Matt.)
57.49 .... vol. 1: 181

Clement of Alexandria
Excerpta ex Theodoto
4.78.2. .... vol. 1: 576

Post-New Testament Christian Literature Index

Paedagogus
2.1 . . . . **vol. 1:** 112

Protrepticus (Protr.)
2.26.7 . . . . **vol. 4:** 420
12 . . . . **vol. 3:** 198

Stromata (Strom.)
1.136.1 . . . . **vol. 2:** 312
2.3 . . . . **vol. 1:** 577
2.5 . . . . **vol. 2:** 548
2.20 . . . . **vol. 3:** 397
2.21 . . . . **vol. 4:** 471
3.4.31 . . . . **vol. 1:** 577
6.7 . . . . **vol. 3:** 683
7.14 . . . . **vol. 1:** 377

Eusebius
Historia ecclesiastica (Hist. eccl.)
1.7.13 . . . . **vol. 4:** 628
2.13.1 . . . . **vol. 3:** 202
3.39.15 . . . . **vol. 2:** 278
5.16.3–17 . . . . **vol. 4:** 173
5.19.2 . . . . **vol. 4:** 173
5.24.16 . . . . **vol. 3:** 665
6.8 . . . . **vol. 2:** 328

Praeparatio evangelica (Praep. ev.)
9:17 . . . . **vol. 4:** 246
9:27 . . . . **vol. 3:** 364

Vita Constantini
3.18 . . . . **vol. 2:** 560

Gregory of Nazianzus, Orationes
31.23–24 . . . . **vol. 3:** 504

Irenaeus, Adversus haereses (Haer.)
1 . . . . **vol. 3:** 345
1.5.1 . . . . **vol. 1:** 576
1.10.3 . . . . **vol. 3:** 468
1.13.1 . . . . **vol. 2:** 757
1.15.1 . . . . **vol. 3:** 504
1.16 . . . . **vol. 4:** 244
1.20.1 . . . . **vol. 2:** 757
1.21.5 . . . . **vol. 2:** 500
1.23 . . . . **vol. 4:** 244
1.23.3 . . . . **vol. 1:** 577
1.25.1–2 . . . . **vol. 1:** 518
1.25.4 . . . . **vol. 1:** 577
1.26.3 . . . . **vol. 3:** 397
1.30.9 . . . . **vol. 3:** 345
1.33.3 . . . . **vol. 1:** 577
3.1.1 . . . . **vol. 2:** 312
3.11.7 . . . . **vol. 3:** 397
3.11.8 . . . . **vol. 2:** 312
4.4 . . . . **vol. 2:** 548

4.18.2 . . . . **vol. 1:** 663
4.18.6 . . . . **vol. 2:** 489
4.20.2 . . . . **vol. 1:** 577
4.33.7 . . . . **vol. 3:** 468
4.37.7 . . . . **vol. 1:** 510
5.1 . . . . **vol. 1:** 317
5.30.2 . . . . **vol. 4:** 628

Jerome, De viris illustribus (Vir. ill.)
5 . . . . **vol. 4:** 95

Justin Martyr
Apologia i (1 Apol.)
14.3 . . . . **vol. 4:** 590
26.1–3 . . . . **vol. 4:** 244
29 . . . . **vol. 2:** 328
40.1 . . . . **vol. 4:** 590
53 . . . . **vol. 4:** 243
61.3 . . . . **vol. 4:** 536
61.12–13 . . . . **vol. 4:** 642
67 . . . . **vol. 1:** 662–63

Apologia ii (2 Apol.)
5.2 . . . . **vol. 4:** 378
87 . . . . **vol. 1:** 317

Dialogus cum Tryphone (Dial.)
1.3 . . . . **vol. 2:** 555
9.1 . . . . **vol. 2:** 560
11.5 . . . . **vol. 2:** 560
14 . . . . **vol. 3:** 648
30.3 . . . . **vol. 3:** 468
33.1–2 . . . . **vol. 2:** 560
45.4 . . . . **vol. 3:** 468
51.2 . . . . **vol. 1:** 177
52 . . . . **vol. 3:** 648
80–81 . . . . **vol. 4:** 674
82.1 . . . . **vol. 4:** 173
85.3 . . . . **vol. 3:** 202
88.7 . . . . **vol. 4:** 469
100.4 . . . . **vol. 2:** 560
107.2 . . . . **vol. 3:** 783
123.9 . . . . **vol. 2:** 560
138.1 . . . . **vol. 3:** 485

Lactantius, Divinae institutiones
7:18 . . . . **vol. 1:** 353

Leontius, In ramos palmarum=homilia 2
347 . . . . **vol. 1:** 420

Origen
Commentarium in evangelium Matthaei (Comm. Matt.)
15.3 . . . . **vol. 2:** 328
on Matt 22:16 . . . . **vol. 2:** 395

Contra Celsum (Cels.)
1.38 .... **vol. 3:** 203
1.60 .... **vol. 3:** 203
2.13 .... **vol. 4:** 240
7.3 .... **vol. 3:** 785

De principiis (Princ.)
1.6.1–4 .... **vol. 1:** 355
2.3.1–5 .... **vol. 1:** 355
2.11.2 .... **vol. 4:** 674
2.11.6 .... **vol. 3:** 277
3.2.1 .... **vol. 1:** 519; **vol. 3:** 328
3.6.1–9 .... **vol. 1:** 355
4.4.1 .... **vol. 3:** 504

Homiliae in Genesim (Hom. Gen.)
5:12 .... **vol. 1:** 220

Homiliae in Numeros (Hom. Num.)
11 .... **vol. 1:** 663

Philocalia
9.2 .... **vol. 1:** 589

Tertullian

Adversus Marcionem (Marc.)
1.29 .... **vol. 3:** 397
3.24 .... **vol. 4:** 674

Adversus Valentinianos (Val.)
3 .... **vol. 3:** 345

De anima (An.)
9 .... **vol. 4:** 173

De baptismo
20.2 .... **vol. 3:** 698

De idololatria (Idol.)
9 .... **vol. 3:** 203

De praescriptione haereticorum (Praescr.)
7 .... **vol. 3:** 345
33 .... **vol. 3:** 345
41 .... **vol. 3:** 233

De pudicitia (Pud.)
13–15 .... **vol. 3:** 488
14.13 .... **vol. 3:** 231

De resurrectione carnis
30 .... **vol. 1:** 317

New Testament Apocrypha

Acts of Paul (Acts Paul)
15 .... **vol. 3:** 203

Acts of Pilate (Acts Pil)
2.1 .... **vol. 3:** 203

Acts of Thomas (Acts Thom.)
20 .... **vol. 3:** 203
143 .... **vol. 1:** 458

Pseudo-Clementine Epistle to James
7.3 .... **vol. 4:** 556

Pseudo-Clementine Recognitions
1:42 .... **vol. 3:** 203
1.57 .... **vol. 4:** 242

Other Early Christian Literature

Apostolic Constitution (Apos. Con.)
2.27 .... **vol. 1:** 663

Canons of Nicea
1 .... **vol. 2:** 328

Codex justinianus (Code of Justinian)
1.5 .... **vol. 4:** 240

Gospel of Thomas (Gos. Thom.)
7 .... **vol. 3:** 614
8 .... **vol. 3:** 614
10 .... **vol. 3:** 811
16 .... **vol. 3:** 811
20 .... **vol. 3:** 614
25 .... **vol. 3:** 614
27 .... **vol. 3:** 614
64 .... **vol. 3:** 614
65 .... **vol. 3:** 614
66 .... **vol. 3:** 614
82 .... **vol. 3:** 811
94 .... **vol. 3:** 615

Pistis Sophia
102.255 .... **vol. 3:** 203
102.258 .... **vol. 3:** 203
130.332–35 .... **vol. 3:** 203

Hebrew and Aramaic Word Index

The Hebrew words in the first column are in Hebrew alphabetical order, accompanied with their assigned Goodrick-Kohlenberger number (labeled H####) in the second column. The third column gives the Greek word, together with its Goodrick-Kohlenberger number (G####), under which that Hebrew word is mentioned and, briefly, studied. Please note that a Hebrew word may be studied under more than one Greek word; for example, the Hebrew word אָבָה (H14, "to be willing") is noted and discussed briefly under both the Greek word θέλω ("to want, will, desire" G2527), and under the Greek word βούλομαι ("to want, choose," G1089).

Hebrew Word	Hebrew Number	See this Greek Word	Hebrew Word	Hebrew Number	See this Greek Word
אָב	H3	see πατήρ G4252	I אָוֶן	H224	see μάταιος G3469
אָבַד	H6	see ἀπόλλυμι G660	אוֹצָר	H238	see θησαυρός G2565
אָבָה	H14	see θέλω G2527	I אוֹר	H239	see φαίνω G5743
אָבָה	H14	see βούλομαι G1089	I אוֹר	H239	see φῶς G5890
אָבִיב	H26	see νέος G3742	II אוֹר	H240	see φῶς G5890
אֶבְיוֹן	H36	see πένης G4288	II אוֹר	H240	see δηλόω G1317
אֶבְיוֹן	H36	see πτωχός G4777	II אוּר	H242	see δηλόω G1317
I אָבַל	H61	see στενάζω G100	I אוֹת	H253	see σημεῖον G4956
I אָבַל	H63	see πενθέω G4291	I אוֹת	H253	see τέρας G5469
II אָבַל	H62	see πενθέω G4291	אַזְכָּרָה	H260	see μιμνήσκομαι G3630
אֵבֶל	H65	see πενθέω G4291	אָזַל	H261	see ἀφίημι G894
אֶבֶן	H74	see λίθος G3345	I אֹזֶן	H263	see οὖς G4044
אֶבֶן	H74	see γωνία G1224	אֹזֶן	H265	see οὖς G4044
אַבְנֵט	H77	see ζώννυμι G2439	אָזַר	H273	see ζώννυμι G2439
אַבְרָהָם	H90	see Ἀβραάμ G11	II אָח	H278	see πλησίον G4446
אַבְרָם	H92	see Ἀβραάμ G11	אָח	H278	see ἀδελφός G81
אִגֶּרֶת	H115	see ἐπιστολή G2186	אֶחָד	H285	see ἴσος G2698
אָדוֹן	H123	see κύριος G3261	אֶחָד	H285	see εἷς G1651
אָדוֹן	H123	see Μελχισέδεκ G3519	אֶחָד	H285	see ἅπαξ G562
אָדָם	H131	see Ἀδάμ G77	אָחוֹר	H294	see ὀπίσω G3958
I אָדָם	H132	see υἱός G5626	אָחוֹת	H295	see ἀδελφός G81
I אָדָם	H132	see ἀνήρ G467	I אָחַז	H296	see λαμβάνω G3284
I אָדָם	H132	see ἄνθρωπος G476	אֲחֻזָּה	H299	see κτῆμα G3228
I אָדָם	H132	see Ἀδάμ G77	אַחַר	H336	see χρόνος G5989
I אֲדָמָה	H141	see χοῦς G5967	I אַחֵר	H337	see ἕτερος G2283
I אֲדָמָה	H141	see γῆ G1178	אַחַר	H339	see ὀπίσω G3958
I אֲדָמָה	H141	see Ἀδάμ G77	אַחַר	H339	see ὕστερος G5731
I אֲדָמָה	H141	see ἄνθρωπος G476	אַחֲרוֹן	H340	see ἔσχατος G2274
אֲדֹנָי	H151	see κύριος G3261	אַחֲרִית	H344	see ἔσχατος G2274
אֲדֹנָי	H151	see δεσπότης G1305	VI אִי	H365	see οὐαί G4026
אֲדֹנִי־צֶדֶק	H155	see Μελχισέδεκ G3519	אֹיֵב	H367	see ἐχθρός G2398
אָהַב	H170	see φιλέω G5797	אֵיבָה	H368	see ἐχθρός G2398
אָהַב	H170	see ἀγαπάω G26	אֵיד	H369	see πόνος G4506
I אַהֲבָה	H173	see φιλέω G5797	אִי־כָבוֹד	H376	see δόξα G1518
I אַהֲבָה	H173	see ἀγαπάω G26	אֵילָם	H395	see ναός G3724
I אֹהֶל	H185	see σκηνή G5008	אֵימָה	H399	see φόβος G5832
I אָוָה	H203	see ἐπιθυμέω G2121	I אַיִן	H401	see ὑπάρχω G5639
אַוָּה	H205	see ἐπιθυμέω G2121	I אִישׁ	H408	see πλησίον G4446
אִי	H208	see οὐαί G4026	I אִישׁ	H408	see υἱός G5626
I אֱוִיל	H211	see μωρία G3702	I אִישׁ	H408	see ἀνήρ G467
I אֱוִיל	H211	see φρονέω G5858	I אִישׁ	H408	see ἄνθρωπος G476
II אוּלַי	H218	see λείπω G3309	אָכַל	H430	see βρῶμα G1109
אִוֶּלֶת	H222	see φρονέω G5858	אָכַל	H430	see ἐσθίω G2266

Hebrew and Aramaic Word Index

Hebrew Word	Hebrew Number	See this Greek Word	Hebrew Word	Hebrew Number	See this Greek Word
אֵל I	H440	see θαρρέω G2509	אָסַר	H673	see δέω G1313
אֵל V	H446	see θεός G2563	אָסַר	H674	see ὁρίζω G3988
אֵל V	H446	see Ἰσραήλ G2702	אַף II	H678	see θυμός G2596
אֵל V	H446	see Γαβριήλ G1120	אַף II	H678	see ὀργή G3973
אֵל V	H446	see Ἐμμανουήλ G1842	אַף II	H678	see πρόσωπον G4725
אֵל V	H446	see ἐπίσκοπος G2176	אַרְבַּע I	H752	see τέσσαρες G5475
אֶל	H448	see πρός G4639	אֹרַח	H784	see ὁδός G3847
אֶל	H448	see ἐπί G2093	אַרְמוֹן	H810	see θεμέλιος G2529
אֵלָה VI	H460	see ἀρά G725	אַרְמוֹן	H810	see χώρα G6001
אֱלֹהִים	H466	see θεός G2563	אֶרֶץ	H824	see κόσμος G3180
אֱלוֹהַּ	H468	see θεός G2563	אֶרֶץ	H824	see χώρα G6001
אַלּוּף I	H476	see ἡγέομαι G2451	אֶרֶץ	H824	see γῆ G1178
אַלּוּף II	H477	see ἡγέομαι G2451	אָרַר	H826	see ἀρά G725
אֵלִיָּה	H488	see Ἡλίας G2460	אֵשׁ I	H836	see πῦρ G4786
אֵלִיָּהוּ	H489	see Ἡλίας G2460	אִשָּׁה	H851	see γυνή G1222
אֱלִיל	H496	see δαίμων G1230	אִשָּׁה	H851	see ἀνήρ G467
אֱלִיל	H496	see εἴδωλον G1631	אָשָׁם	H871	see περί G4309
אִלֵּם	H522	see κωφός G3273	אָשָׁם	H871	see βασανίζω G989
אַלְמָנָה	H530	see ὀρφανός G4003	אָשָׁם	H871	see ἀγνοέω G51
אַלְמָנָה	H530	see χήρα G5939	אַשָּׁף	H879	see μαγεία G3404
אַלְמָנָה	H530	see γυνή G1222	אֲשֶׁר II	H887	see μακάριος G3421
אַלְמָנוּת	H531	see χήρα G5939	אֲשֵׁרָה	H895	see δένδρον G1285
אֶלֶף II	H547	see χίλιοι G5943	אַשְׁרֵי	H897	see μακάριος G3421
אֶלֶף III	H548	see χίλιοι G5943	אֵת I	H906	see σύν G5250
אֵם	H562	see μήτηρ G3613	אֵת II	H907	see παρά G4123
אָמָה	H563	see παῖς G4090	אֵת II	H907	see πρός G4639
אָמָה	H563	see δοῦλος G1528	אֵת II	H907	see σύν G5250
אֱמוּנָה	H575	see ὅσιος G4008	אֶתְנַן	H924	see μισθός G3635
אֱמוּנָה	H575	see πιστεύω G4409	בְּ	H928	see ἐν G1877
אֱמוּנָה	H575	see ἀλήθεια G237	בְּ	H928	see ἐπί G2093
אָמַל I	H581	see πενθέω G4291	בְּאֹשׁ	H946	see ἄκανθα G180
אָמַן I	H586	see μαμωνᾶς G3440	בָּבֶל	H951	see Βαβυλών G956
אָמַן I	H586	see πιστεύω G4409	בָּגַד	H953	see καταφρονέω G2969
אָמַן I	H586	see στηρίζω G5114	בָּגַד	H953	see ἀθετέω G119
אָמַן I	H586	see ἀλήθεια G237	בֶּגֶד	H955	see ἱμάτιον G2668
אָמַן I	H586	see ἀμήν G297	בִּגְדוֹת	H956	see καταφρονέω G2969
אָמֵן	H589	see ἀμήν G297	בַּד I	H963	see μόνος G3668
אַמִּיץ	H599	see κράτος G3197	בָדַל	H976	see λίθος G3345
אָמַר I	H606	see λόγος G3364	בָדַל	H976	see ὁρίζω G3988
אָמַר I	H606	see φαίνω G5743	בָדַל	H976	see χωρίζω G6004
אֵמֶר I	H609	see λόγος G3364	בָּהַל	H987	see σπεύδω G5067
אֵמֶר I	H609	see ῥῆμα G4839	בָּהַל	H987	see ταράσσω G5429
אִמְרָה	H614	see λόγος G3364	בֶּהָלָה	H988	see σπεύδω G5067
אֱמֶת	H622	see ἀλήθεια G237	בְּהֵמָה	H989	see κτῆμα G3228
אָנַח	H627	see στενάζω G100	בּוֹא	H995	see ὁδός G3847
אֱנוֹשׁ I	H632	see υἱός G5626	בּוֹא	H995	see παρουσία G4242
אֱנוֹשׁ I	H632	see ἀνήρ G467	בּוֹא	H995	see πορεύομαι G4513
אֱנוֹשׁ I	H632	see ἄνθρωπος G476	בּוֹא	H995	see ἥκω G2457
אָנַח	H634	see στενάζω G100	בּוֹא	H995	see γίνομαι G1181
אֲנָחָה	H635	see στενάζω G100	בּוֹא	H995	see ἔρχομαι G2262
אֲנִי	H638	see ἐγώ G1609	בּוּז I	H996	see καταφρονέω G2969
אָנֹכִי	H644	see ἐγώ G1609	בּוֹשׁ I	H1017	see αἰσχύνη G158
אָסַף	H665	see συναγωγή G5252	בָּזָה	H1022	see τιμή G5507
אָסַר	H673	see ὁρίζω G3988	בָּחוּר I	H1033	see νέος G3742
אָסַר	H673	see ζυγός G2433	בָּחוּר I	H1033	see ἐκλέγομαι G1721

Hebrew and Aramaic Word Index

Hebrew Word	Hebrew Number	See this Greek Word	Hebrew Word	Hebrew Number	See this Greek Word
בָּחִיר	H1040	see ἐκλέγομαι G1721	בֶּצַע	H1299	see μαμωνᾶς G3440
בָּחַן	H1043	see δοκιμάζω G1507	בֶּצַע	H1299	see πλεονεξία G4432
בֹּחַן II	H1046	see γωνία G1224	בָּקַע	H1324	see σχίζω G5387
בָּחַר I	H1047	see ἐκλέγομαι G1721	בקר	H1329	see ἐπίσκοπος G2176
בָּחַר I	H1047	see αἱρέομαι G145	בִּקֵּשׁ	H1335	see ζητέω G2426
בָּטַח I	H1053	see πείθω G4275	בקשׁ	H1335	see ἐραυνάω G2236
בָּטַח I	H1053	see πιστεύω G4409	בֹּר	H1341	see καθαρός G2754
בָּטַח I	H1053	see ἐλπίς G1828	בָּרָא I	H1343	see κατασκευάζω G2941
בָּטַח I	H1053	see ἐπαγγελία G2039	בָּרָא I	H1343	see κτίζω G3231
בֶּטַח I	H1055	see πείθω G4275	בָּרָא I	H1343	see ποιέω G4472
בֶּטַח I	H1055	see εἰρήνη G1645	בָּרָא I	H1343	see γίνομαι G1181
בֶּטַח I	H1055	see ἐλπίς G1828	בַּרְזֶל	H1366	see σίδηρος G4970
בֶּטַח I	H1055	see ἀσφαλής G855	בָּרַח I	H1368	see φεύγω G5771
בִּטָּחוֹן	H1059	see πείθω G4275	בְּרִית	H1382	see διαθήκη G1347
בֶּטֶן I	H1061	see κοιλία G3120	בְּרִית	H1382	see ἔλεος G1799
בֶּטֶן I	H1061	see σπλάγχνον G5073	בָּרַךְ II	H1385	see εὐλογέω G2328
בִּין	H1067	see νουθετέω G3805	בָּרַךְ II	H1385	see εὔχομαι G2377
בִּין	H1067	see νοῦς G3808	בְּרָכָה I	H1388	see εἰρήνη G1645
בִּין	H1067	see σύνεσις G5304	בְּרָכָה I	H1388	see εὐλογέω G2328
בִּין	H1067	see φρονέω G5858	בָּרָק I	H1398	see ἀστράπτω G848
בִּין	H1067	see γινώσκω G1182	בשׂר	H1413	see εὐαγγέλιον G2295
בִּין	H1067	see ἐπίσταμαι G2179	בָּשָׂר	H1414	see σάρξ G4922
בִּינָה	H1069	see σοφία G5053	בָּשָׂר	H1414	see σῶμα G5393
בִּינָה	H1069	see σύνεσις G5304	בָּשָׂר	H1414	see ζωή G2437
בִּינָה	H1069	see φρονέω G5858	בָּשָׂר	H1414	see ἄνθρωπος G476
בִּינָה	H1069	see ἐπίσταμαι G2179	בְּשׂוֹרָה	H1415	see εὐαγγέλιον G2295
בַּיִת I	H1074	see ἱερός G2641	בֹּשֶׁת	H1425	see αἰσχύνη G158
בַּיִת I	H1074	see ναός G3724	בְּתוּלָה	H1435	see παρθένος G4221
בַּיִת I	H1074	see οἶκος G3875	בְּתוּלִים	H1436	see παρθένος G4221
בֵּית לֶחֶם	H1107	see Βηθλέεμ G1033	בְּתוּלִים	H1436	see παρθένος G4221
בָּכָה	H1134	see κλαίω G3081	גֵּאֶה	H1450	see ὕβρις G5615
בָּכָה	H1134	see πενθέω G4291	גַּאֲוָה	H1452	see ὑπερήφανος G5662
בִּכּוּרָה	H1136	see συκῆ G5190	גָּאוֹן	H1454	see ὕβρις G5615
בִּכּוּרִים	H1137	see πρωτότοκος G4758	גָּאוֹן	H1454	see ὑπερήφανος G5662
בִּכּוּרִים	H1137	see ἀπαρχή G569	גָּאַל I	H1457	see λυτρόω G3390
בְּכִי	H1140	see κλαίω G3081	גָּאַל I	H1457	see ῥύομαι G4861
בְּכֹר	H1147	see πρωτότοκος G4758	גָּאַל II	H1458	see λυτρόω G3390
בְּכֹרָה	H1148	see πρωτότοκος G4758	גאל II	H1458	see μολύνω G3662
בָּלַג	H1158	see ψῦχος G6036	גְּאֻלָּה	H1460	see λυτρόω G3390
בָּלָה I	H1162	see παλαιός G4094	גַּבָּה	H1469	see ὕψος G5737
בְּלִי	H1172	see Βελιάρ G1016	גִּבּוֹר	H1475	see ἰσχύς G2709
בְּלִיַּעַל	H1175	see Βελιάρ G1016	גִּבּוֹר	H1475	see μάχομαι G3481
בְּלִיל I	H1176	see ὄνομα G3950	גִּבּוֹר	H1475	see δύναμις G1539
בָּלַע I	H1180	see πίνω G4403	גִּבּוֹר	H1475	see Γαβριήλ G1120
בָּלַע I	H1180	see γεύομαι G1174	גְּבוּרָה	H1476	see δύναμις G1539
בָּמָה I	H1195	see ὕψος G5737	גְּבוּרָה	H1476	see δύναμις G1539
בֵּן I	H1201	see παῖς G4090	גְּבִירָה	H1485	see κύριος G3261
בֵּן I	H1201	see τέκνον G5451	גִּבְעָה	H1496	see ὄρος G4001
בֵּן I	H1201	see υἱός G5626	גֶּבֶר I	H1505	see Γαβριήλ G1120
בָּנָה	H1215	see οἰκοδομέω G3868	גֶּבֶר I	H1505	see ἀνήρ G467
בַּעַד	H1237	see περί G4309	גֶּבֶר I	H1505	see ἄνθρωπος G476
בַּעַל I	H1251	see ἀνήρ G467	גַּבְרִיאֵל	H1508	see Γαβριήλ G1120
בָּעַר	H1277	see καίω G2794	גַּד II	H1513	see δαίμων G1230
בַּעַר III	H1279	see μωρία G3702	גָּדוּד II	H1522	see μόνος G3668
בַּעַר III	H1279	see βάρβαρος G975	גָּדוֹל	H1524	see μέγας G3489

Hebrew and Aramaic Word Index

Hebrew Word	Hebrew Number	See this Greek Word
גָּדוֹל	H1524	see πρεσβύτερος G4565
גְּדוּלָּה	H1525	see μέγας G3489
גָּדַל	H1540	see μέγας G3489
גָּדַל	H1540	see αὐξάνω G889
גֹּדֶל	H1542	see μέγας G3489
גָּדַף	H1552	see βλασφημέω G1059
גָּדַר	H1555	see φραγμός G5850
גְּדֵרָה I	H1556	see φραγμός G5850
גּוֹי	H1580	see λαός G3295
גּוֹי	H1580	see πολύς G4498
גּוֹי	H1580	see ἔθνος G1620
גְּוִיָּה	H1581	see σῶμα G5393
גּוֹלָה	H1583	see διασπορά G1402
גּוֹלָה	H1583	see αἰχμάλωτος G171
גּוּר I	H1591	see προσήλυτος G4670
גּוֹרָל	H1598	see κλῆρος G3102
גָּזַל	H1608	see ἁρπάζω G773
גָּזַל	H1610	see ἁρπάζω G773
גֶּזַע	H1614	see ῥίζα G4884
גִּיל I	H1635	see χαίρω G5897
גִּיל I	H1635	see ἀγαλλιάω G22
גָּלַח	H1655	see καλύπτω G2821
גָּלַח	H1655	see φαίνω G5743
גָּלַח	H1655	see αἰχμάλωτος G171
גִּלּוּלִים	H1658	see εἴδωλον G1631
גָּלוּת	H1661	see διασπορά G1402
גַּן	H1703	see παράδεισος G4137
גָּנַב	H1704	see κλέπτω G3096
גַּנָּב	H1705	see κλέπτω G3096
גִּנָּה	H1708	see παράδεισος G4137
גָּעַר	H1721	see ἐπιτιμάω G2203
גְּעָרָה	H1722	see ἐπιτιμάω G2203
גֶּפֶן	H1728	see ἄμπελος G306
גֵּר	H1731	see ξένος G3828
גֵּר	H1731	see ὀρφανός G4003
גֵּר	H1731	see πάροικος G4230
גֵּר	H1731	see πλησίον G4446
גֵּר	H1731	see προσήλυτος G4670
גֵּר	H1731	see προσήλυτος G4670
גָּרַע I	H1757	see ἀποστερέω G691
גָּרַשׁ I	H1763	see ἐκβάλλω G1675
דָּאַג	H1793	see μέριμνα G3533
דְּאָגָה	H1796	see μέριμνα G3533
דְּבִיר I	H1808	see ἱερός G2641
דְּבִיר I	H1808	see ναός G3724
דָּבַק	H1815	see κολλάω G3140
דָּבַק	H1815	see λαμβάνω G3284
דָּבַק	H1815	see ἀκολουθέω G199
דָּבַר II	H1819	see λαλέω G3281
דָּבַר	H1819	see λόγος G3364
דָּבַר	H1819	see χρηματίζω G5976
דָּבָר	H1821	see λόγος G3364
דָּבָר	H1821	see πράσσω G4556
דָּבָר	H1821	see ῥῆμα G4839
דָּבָר	H1821	see ἀλήθεια G237
דֶּבֶר I	H1822	see θάνατος G2505
דֶּבֶר I	H1822	see λόγος G3364
דָּג	H1834	see ἰχθύς G2716
דּוֹד	H1856	see κοίτη G3130
דּוֹד	H1856	see Δαυίδ G1253
דּוֹד	H1856	see ἀδελφός G81
דָּוִד	H1858	see Δαυίδ G1253
דּוֹר II	H1887	see γενεά G1155
דַּי	H1896	see ἱκανός G2653
דִּין	H1906	see κρίνω G3212
דַּל II	H1924	see πένης G4288
דַּל II	H1924	see πτωχός G4777
דַּלָּה II	H1930	see πτωχός G4777
דֶּלֶת	H1946	see θύρα G2598
דָּם	H1947	see ἔνοχος G1944
דָּם	H1947	see αἷμα G135
דָּמָה II	H1949	see σιωπάω G4995
דְּמוּת	H1952	see εἰκών G1635
דַּעַת	H1978	see γινώσκω G1182
דָּעַךְ	H1980	see σβέννυμι G4931
דַּעַת I	H1981	see σοφία G5053
דַּעַת I	H1981	see γινώσκω G1182
דַּעַת I	H1981	see ἐπίσταμαι G2179
דַּעַת I	H1981	see αἰσθάνομαι G150
דַּק	H1987	see λεπτός G3321
דַּר	H1993	see μαργαρίτης G3449
דְּרוֹר III	H2002	see ἐλευθερία G1800
דְּרוֹר III	H2002	see ἀφίημι G894
דָּרַךְ	H2005	see πατέω G4251
דֶּרֶךְ	H2006	see ὁδός G3847
דָּרַשׁ	H2011	see μιμνῄσκομαι G3630
דָּרַשׁ	H2011	see ζητέω G2426
דָּרַשׁ	H2011	see ἔρημος G2245
דָּרַשׁ	H2011	see ἐρωτάω G2263
דָּת	H2017	see νόμος G3795
הֶבֶל I	H2039	see κενός G3031
הֶבֶל I	H2039	see μάταιος G3469
הֶבֶל I	H2039	see εἴδωλον G1631
הָדָר	H2077	see μέγας G3489
הָדָר	H2077	see ὕψος G5737
הָדָר	H2077	see δόξα G1518
הוֹד I	H2086	see ὁμολογέω G3933
הוֹד I	H2086	see δόξα G1518
הוֹד I	H2086	see ἀρετή G746
הֹוָה	H2096	see ταλαίπωρος G5417
הוֹי	H2098	see οὐαί G4026
הוֹן	H2104	see μαμωνᾶς G3440
הוֹן	H2104	see ἀρκέω G758
הוֹשֵׁעַ	H2107	see σῴζω G5392
הוֹשַׁעְיָה	H2108	see σῴζω G5392
הָיָה	H2118	see κύριος G3261
הָיָה	H2118	see λόγος G3364
הָיָה	H2118	see γίνομαι G1181
הָיָה	H2118	see εἰμί G1639
הֵיכָל	H2121	see ἱερός G2641

Hebrew and Aramaic Word Index

Hebrew Word	Hebrew Number	See this Greek Word	Hebrew Word	Hebrew Number	See this Greek Word
הֵיכָל	H2121	see ναός G3724	I זָרָה	H2430	see σκορπίζω G5025
הָלַךְ	H2143	see πατέω G4251	זָרַח	H2436	see φαίνω G5743
הָלַךְ	H2143	see πορεύομαι G4513	זֶרַע	H2445	see σπέρμα G5065
הָלַךְ	H2143	see ῥέω G4835	זֶרַע	H2445	see διασπορά G1402
הָלַךְ	H2143	see τρέχω G5556	זֶרַע	H2446	see σπέρμα G5065
הָלַךְ	H2143	see ἔρχομαι G2262	I זָרַק	H2450	see ῥαντίζω G4822
הָלַךְ	H2143	see ἄμωμος G320	חָבָא	H2461	see κρύπτω G3221
הָלַךְ	H2143	see ἀναστρέφω G418	חֶבֶל	H2477	see ὠδίν G6047
הָלַךְ	H2143	see ἀρέσκω G743	חָבַר	H2492	see κοινός G3123
II הָלַל	H2146	see καυχάομαι G3016	חָבֵר	H2492	see ἑταῖρος G2279
II הָלַל	H2146	see ὁμολογέω G3933	חַג	H2504	see ἑορτή G2038
II הָלַל	H2146	see ὕμνος G5631	חָגַג	H2510	see ἑορτή G2038
II הָלַל	H2146	see αἰνέω G140	חֲגוֹרָה	H2514	see ζώννυμι G2439
II הָלַל	H2146	see ἁλληλουϊά G252	חָגַר	H2520	see ζώννυμι G2439
הָמוֹן	H2162	see ὄχλος G4063	I חָדַל	H2532	see ὕστερος G5731
הָמוֹן	H2162	see πλῆθος G4436	I חָדַל	H2532	see ἀφίημι G894
הָמְלָה	H2167	see περιτέμνω G4362	חָדָשׁ	H2542	see καινός G2785
הִנֵּה	H2180	see ὁράω G3972	חָדָשׁ	H2543	see καινός G2785
הָס	H2187	see σιωπάω G4995	חָדָשׁ	H2543	see νέος G3742
הָס	H2187	see εὐλάβεια G2325	חָדָשׁ	H2543	see πρόσφατος G4710
הָפַךְ	H2200	see στρέφω G5138	I חֹדֶשׁ	H2544	see σελήνη G4943
הַר	H2215	see ὄρος G4001	חוֹב	H2550	see ὀφείλω G4053
הָרַג	H2222	see ἀποκτείνω G650	II חָוָה	H2556	see μιμνήσκομαι G3630
הָרָה	H2225	see λαμβάνω G3284	II חָוָה	H2556	see προσκυνέω G4686
זֶבַח	H2284	see θυμίαμα G2592	II חַוָּה	H2558	see Εὕα G2293
זֶבַח	H2284	see θύω G2604	חוֹמָה	H2570	see τεῖχος G5446
זֶבַח	H2284	see πάσχα G4247	חוּץ	H2575	see ἔσω G2276
זֶבַח	H2285	see θύω G2604	II חוּשׁ	H2591	see γωνία G1224
II זְבוּל	H2292	see Βεελζεβούλ G1015	I חוֹתָם	H2597	see σφραγίς G5382
זֵד	H2294	see ὑπερήφανος G5662	חָזָה	H2600	see λόγος G3364
זָהָב	H2298	see χρυσός G5996	חָזָה	H2600	see ὁράω G3972
זוּב	H2307	see ῥέω G4835	חָזָה	H2600	see βλέπω G1063
זוּב	H2308	see ῥέω G4835	I חֹזֶה	H2602	see ὁράω G3972
זַיִת	H2339	see ἐλαία G1777	I חֹזֶה	H2602	see προφήτης G4737
זָכָה	H2342	see νικάω G3771	I חִזָּיוֹן	H2606	see λόγος G3364
I זָכַר	H2349	see μιμνήσκομαι G3630	I חִזָּיוֹן	H2606	see ὁράω G3972
I זָכַר	H2349	see ὄνομα G3950	חָזַק	H2616	see ἰσχύς G2709
זָכָר	H2351	see κοίτη G3130	חָזַק	H2616	see κράτος G3197
זָכָר	H2351	see ἄρσην G781	חָזַק	H2616	see λαμβάνω G3284
זָכָר	H2352	see κύριος G3261	חָזַק	H2616	see σκληρός G5017
זָכָר	H2352	see μιμνήσκομαι G3630	חָזָק	H2617	see κράτος G3197
זִכָּרוֹן	H2355	see μιμνήσκομαι G3630	חָטָא	H2627	see ἱλάσκομαι G2661
זְמָן	H2375	see χρόνος G5989	חָטָא	H2627	see ὀφείλω G4053
I זִמְרָה	H2376	see ψαλμός G6011	חָטָא	H2627	see ῥαντίζω G4822
I זִמְרָה	H2376	see ὁμολογέω G3933	חָטָא	H2627	see ἀδικέω G92
זָנָה	H2390	see πορνεύω G4519	חָטָא	H2627	see ἁμαρτάνω G279
זְנוּנִים	H2393	see πορνεύω G4519	חָטָא	H2629	see σέβομαι G4936
זְנוּת	H2394	see πορνεύω G4519	חַטָּאָה	H2631	see ὀφείλω G4053
זֵעָה	H2400	see διασπορά G1402	חַטָּאָה	H2632	see νόμος G3795
זָעַק	H2410	see κηρύσσω G3062	חַטָּאת	H2633	see περί G4309
זָעַק	H2410	see βοάω G1066	חֹטֶר	H2643	see ῥάβδος G4811
זְעָקָה	H2411	see κράζω G3189	I חַי	H2644	see ζωή G2437
II זָקֵן	H2418	see πρεσβύτερος G4565	II חַי	H2645	see θάνατος G2505
זָר	H2424	see προσήλυτος G4670	II חַי	H2645	see ζωή G2437
זָר	H2424	see σέβομαι G4936	II חַי	H2645	see Εὕα G2293

Hebrew and Aramaic Word Index

Hebrew Word	Hebrew Number	See this Greek Word	Hebrew Word	Hebrew Number	See this Greek Word
חִידָה	H2648	see παραβολή G4130	I חֶמֶץ	H2806	see ζύμη G2434
חִידָה	H2648	see αἴνιγμα G141	VI חָמֵץ	H2809	see ζύμη G2434
חָיָה	H2649	see περιποιέομαι G4347	II חֹמֶר	H2817	see πηλός G4384
חָיָה	H2649	see ζωή G2437	חֵן	H2834	see χάρις G5921
חָיָה	H2649	see ὑγιής G5618	חַנּוּן	H2843	see ἔλεος G1799
I חַיָּה	H2651	see θηρίον G2563	חָנָה	H2852	see καινός G2785
I חַיָּה	H2651	see חָיָה G2437	חֲנֻכָּה	H2853	see καινός G2785
I חַיִל	H2655	see εὐλάβεια G2325	חָנַם	H2855	see δίδωμι G1443
חַיִל	H2657	see ἰσχύς G2709	I חָנַן	H2858	see οἰκτιρμός G3880
חַיִל	H2657	see ὄχλος G4063	I חָנַן	H2858	see χάρις G5921
חַיִל	H2657	see πλοῦτος G4458	I חָנַן	H2858	see δέομαι G1289
חַיִל	H2657	see συναγωγή G5252	I חָנַן	H2858	see ἔλεος G1799
חַיִל	H2657	see δύναμις G1539	I חָנֵף	H2866	see μολύνω G3662
III חִיל	H2659	see ὠδίν G6047	III חָנֵף	H2868	see σέβομαι G4936
חִיצוֹן	H2667	see ἔσω G2276	III חָנֵף	H2868	see ὑποκρίνομαι G5693
חָכָם	H2681	see σοφία G5053	II חֶסֶד	H2876	see ὅσιος G4008
חָכָם	H2681	see φρονέω G5858	II חֶסֶד	H2876	see χάρις G5921
חָכָם	H2682	see πανουργία G4111	II חֶסֶד	H2876	see διαθήκη G1347
חָכָם	H2682	see σοφία G5053	II חֶסֶד	H2876	see δικαιοσύνη G1466
חָכָם	H2682	see σύνεσις G5304	II חֶסֶד	H2876	see εἰρήνη G1645
חָכָם	H2682	see φρονέω G5858	II חֶסֶד	H2876	see ἔλεος G1799
חָכְמָה	H2683	see νοῦς G3808	II חֶסֶד	H2876	see ἀγαπάω G26
חָכְמָה	H2683	see σοφία G5053	חָסָה	H2879	see πείθω G4275
חָכְמָה	H2683	see φρονέω G5858	חָסָה	H2879	see ἐλπίς G1828
חָכְמָה	H2683	see γινώσκω G1182	חָסָה	H2879	see εὐλάβεια G2325
חָכְמָה	H2683	see ἐπίσταμαι G2179	חָסִיד	H2883	see ὅσιος G4008
חֹל	H2687	see βέβηλος G1013	חָסִיד	H2883	see Φαρισαῖος G5757
חֹל	H2687	see ἅγιος G41	חָסִיד	H2883	see εὐλάβεια G2325
I חֶלְאָה	H2689	see ἰός G2675	I חָפֵץ	H2911	see θέλω G2527
I חֵלֶב	H2693	see ἀπαρχή G569	I חָפֵץ	H2911	see χρεία G5970
חֶלֶד	H2698	see ὑπόστασις G5712	I חָפֵץ	H2911	see βούλομαι G1089
I חָלָה	H2703	see πόνος G4506	חֵפֶץ	H2914	see θέλω G2527
I חָלָה	H2703	see δέομαι G1289	חָפַשׁ	H2924	see ἀνανεύω G2236
חַלָּה É É	H2704	see ἱλάσκομαι G2661	חָפְשִׁי	H2926	see ἐλευθερία G1800
חַלָּה	H2705	see ἄρτος G788	חֻפְשָׁה	H2928	see ἐλευθερία G1800
חַלּוֹן	H2707	see θύρα G2598	חָפְשִׁי	H2930	see ἐλευθερία G1800
חֳלִי	H2716	see νόσος G3798	חָפְשִׁי	H2930	see ἀφίημι G894
I חָלַל	H2725	see μιαίνω G3620	חָצָב	H2933	see θερισμός G2546
I חָלַל	H2725	see βέβηλος G1013	I חָצִיר	H2945	see χορτάζω G5963
I חָלַל	H2725	see ἀρχή G794	חֲצֹצֵר	H2955	see σάλπιγξ G4894
II חָלַם	H2731	see ὄναρ G3941	חֲצֹצְרָה	H2956	see σάλπιγξ G4894
I חָלַף	H2736	see ἀλλάσσω G248	חֹק	H2976	see κρίνω G3212
I חֵלֶץ	H2740	see ῥύομαι G4861	חֹק	H2976	see νόμος G3795
I חֵלֶק	H2744	see δολιόω G1514	חֹק	H2976	see νόμος G3795
II חֵלֶק	H2745	see μέρος G3538	חֹק	H2976	see ἐντέλλω G1948
II חֵלֶק	H2750	see κλῆρος G3102	חֻקָּה	H2978	see νόμος G3795
II חֵלֶק	H2750	see μέρος G3538	חֻקָּה	H2978	see δικαιοσύνη G1466
I חֶלְקָה	H2753	see διαβάλλω G1330	חֻקָּה	H2978	see ἐντέλλω G1948
II חֶלְקָה	H2754	see μέρος G3538	חָקַר	H2983	see δοκιμάζω G1507
חֹם	H2770	see καίω G2794	חֹרִים	H2985	see τιμή G5507
חָמַד	H2773	see ἐπιθυμέω G2121	I חֹרֶב	H2990	see ἔρημος G2245
חֶמְדָּה	H2775	see ἐκλέγομαι G1721	חָרַב	H2995	see μάχομαι G3481
חֶמְדָּה	H2775	see ἐπιθυμέω G2121	חֹרֵב	H2998	see Σινᾶ G4892
חֵמָה	H2779	see θυμός G2596	חָרְבָּה	H2999	see ἔρημος G2245
חֵמָה	H2779	see ἰός G2675	חָרְבָּה	H3000	see ξηραίνω G3830

Hebrew and Aramaic Word Index

Hebrew Word	Hebrew Number	See this Greek Word	Hebrew Word	Hebrew Number	See this Greek Word
חָרַד	H3006	see φόβος G5832	טָמֵא I	H3237	see μιαίνω G3620
חָרַד	H3006	see ἔκστασις G1749	טָמֵא I	H3237	see βέβηλος G1013
חָרָה I	H3013	see θυμός G2596	טָמֵא II	H3238	see καθαρός G2754
חָרָה I	H3013	see λυπέω G3382	טָמֵא II	H3238	see μιαίνω G3620
חָרָה I	H3013	see ὀργή G3973	טֻמְאָה	H3240	see καθαρός G2754
חָרוֹן	H3019	see θυμός G2596	טָעַם	H3247	see γεύομαι G1174
חָרוֹן	H3019	see ὀργή G3973	טָעַם	H3248	see γεύομαι G1174
חָרוּץ I	H3021	see χρυσός G5996	טָרַף	H3271	see ἁρπάζω G773
חַרְטֹם	H3033	see ἐξηγέομαι G2007	טְרֵפָה	H3274	see ἁρπάζω G773
חֵרֶם I	H3049	see ὄλεθρος G3897	יָאַל II	H3283	see ἐπιεικής G2117
חֵרֶם I	H3049	see ἀνάθεμα G353	יְאֹר	H3284	see ποταμός G4532
חֵרֶם I	H3051	see ἀνάθεμα G353	יָבָם	H3302	see γαμέω G1138
חָרְמָה	H3055	see ἀνάθεμα G353	יָבֵשׁ	H3312	see ξηραίνω G3830
חָרַף II	H3070	see ὀνειδίζω G3943	יָבֵשׁ II	H3313	see ξηραίνω G3830
חָרַף II	H3070	see βλασφημέω G1059	יַבָּשָׁה	H3317	see ξηραίνω G3830
חֶרְפָּה	H3075	see ὀνειδίζω G3943	יָגִיעַ	H3330	see πόνος G4506
חָרַק	H3080	see βρύχω G1107	יָגַע	H3333	see πόνος G4506
חָרֵשׁ I	H3086	see τέκτων G5454	יָגַע	H3335	see κόπος G3160
חָרֵשׁ II	H3087	see σιγάω G4967	יָד	H3338	see χείρ G5931
חָרֵשׁ II	H3087	see σιωπάω G4995	ידה II	H3344	see Ἰούδα G2676
חָרֵשׁ II	H3087	see ἡσυχία G2484	ידה II	H3344	see μιμνήσκομαι G3630
חָרָשׁ	H3093	see οἰκοδομέω G3868	ידה II	H3344	see ὁμολογέω G3933
חָרָשׁ	H3093	see τέκτων G5454	ידה II	H3344	see αἰνέω G140
חֵרֵשׁ	H3094	see κωφός G3273	יְדִידְיָה	H3354	see Σολομών G5048
חָשַׁב	H3108	see λογίζομαι G3357	יָדַע	H3359	see μανθάνω G3443
חָשַׁב	H3108	see ἡγέομαι G2451	יָדַע	H3359	see οἶδα G3857
חָשַׁב	H3108	see φρονέω G5858	יָדַע	H3359	see φαίνω G5743
חָשַׁב	H3108	see δοκέω G1506	יָדַע	H3359	see δηλόω G1317
חָשַׁב	H3108	see εὐλάβεια G2325	יָדַע	H3359	see διδάσκω G1438
חָשָׁה	H3120	see σιγάω G4967	יָדַע	H3359	see γινώσκω G1182
חָשָׁה	H3120	see σιωπάω G4995	יָדַע	H3359	see ἐπίσταμαι G2179
חֹשֶׁךְ	H3125	see σκότος G5030	יָהּ	H3363	see ἀλληλουϊά G252
חֶשְׁבּוֹן	H3136	see λόγος G3364	יָהַב	H3365	see μέριμνα G3533
חָטָא	H3148	see ἁγνός G54	יהד	H3366	see Ἰούδα G2676
חִתִּית	H3154	see φόβος G5832	יְהוּדָה	H3373	see Ἰούδα G2676
חָתַם	H3159	see σφραγίς G5382	יְהוּדִי I	H3374	see Ἰούδα G2676
חָתַן	H3161	see γαμέω G1138	יְהוּדִית I	H3376	see Ἰούδα G2676
חָתָן	H3163	see νύμφη G3811	יהוה	H3378	see θεός G2563
טָבַל	H3188	see βάπτω G966	יהוה	H3378	see κύριος G3261
טַבַּעַת	H3192	see σφραγίς G5382	יהוה	H3378	see Μελχισέδεκ G3519
טָהוֹר	H3196	see καθαρός G2754	יְהוֹנָתָן	H3387	see κύριος G3261
טָהוֹר	H3196	see ἁγνός G54	יְהוֹשֻׁעַ	H3397	see Ἰησοῦς G2652
טָהֵר	H3197	see καθαρός G2754	יְהוֹשֻׁעַ	H3397	see σῴζω G5392
טָהֵר	H3197	see καθαρός G2754	יוֹבֵל	H3413	see ἀφίημι G894
טֹהַר	H3198	see καθαρός G2754	יוֹם I	H3427	see ἡμέρα G2465
טָהֳרָה	H3200	see καθαρός G2754	יוֹם I	H3427	see χρόνος G5989
טוֹב II	H3202	see καλός G2819	יוֹם I	H3427	see βίος G1050
טוֹב II	H3202	see χρηστός G5982	יוֹמָם	H3429	see ἡμέρα G2465
טוֹב II	H3202	see ἐπιεικής G2117	יוֹנָה II	H3434	see Ἰωνᾶς G2731
טוֹב II	H3202	see ἀγαθός G19	יְוָנִי	H3436	See Ἕλλην G1818
טוֹבָה	H3208	see χρηστός G5982	יוֹנֵק	H3437	see νήπιος G3758
טוּחַ	H3212	see ἐξαλείφω G1981	יוֹצֵר	H3450	see κεράμιον G3040
טוּחַ	H3212	see ἀλείφω G230	יוֹתֵר	H3463	see περισσεύω G4355
טְהוֹת	H3219	see ἀλήθεια G237	יָזַע	H3472	see βία G1040
טִיט	H3226	see πηλός G4384	יָחִיד	H3495	see μόνος G3668

325

Hebrew and Aramaic Word Index

Hebrew Word	Hebrew Number	See this Greek Word	Hebrew Word	Hebrew Number	See this Greek Word
יָחֵל	H3498	see ἐλπίς G1828	יְרֻשָּׁה	H3772	see κλῆρος G3102
יָטַב	H3512	see μανθάνω G3443	יִשְׂרָאֵל	H3776	see Ἰσραήλ G2702
יָטַב	H3512	see ὀρθός G3981	יָשַׁב	H3782	see κάθημαι G2764
יַיִן	H3516	see οἶνος G3885	יָשַׁב	H3782	see πάροικος G4230
יכח	H3519	see μεσίτης G3542	יָשַׁב	H3782	see ὑπομένω G5702
יכח	H3519	see ἐλέγχω G1794	I יְשׁוּעַ	H3800	see Ἰησοῦς G2652
יָכֹל	H3523	see δύναμις G1539	I יְשׁוּעַ	H3800	see κύριος G3261
יָלַד	H3528	see τίκτω G5503	I יְשׁוּעַ	H3800	see σῴζω G5392
יָלַד	H3528	see γενεά G1155	יְשׁוּעָה	H3802	see σῴζω G5392
יָלַד	H3528	see γίνομαι G1181	יְשׁוּעָה	H3802	see εἰρήνη G1645
יַלְדוּת	H3531	see γενεά G1155	יָשֵׁן	H3824	see παλαιός G4094
יָם	H3542	see θάλασσα G2498	III יָשֵׁן	H3825	see καθεύδω G2761
I יָמִין	H3545	see δεξιός G1288	יָשַׁע	H3828	see ῥύομαι G4861
יְמָנִי	H3556	see δεξιός G1288	יָשַׁע	H3828	see σῴζω G5392
I יָסַד	H3569	see θεμέλιος G2529	יָשַׁע	H3828	see ὡσαννά G6057
I יָסַד	H3569	see γωνία G1224	יָשַׁע	H3828	see Ἰησοῦς G2652
יְסוֹד	H3572	see θεμέλιος G2529	יָשַׁע	H3828	see κύριος G3261
I יָסַר	H3579	see παιδεύω G4084	יָשַׁע	H3829	see Ἰησοῦς G2652
יָעַל	H3603	see ὠφελέω G6067	יְשַׁעְיָהוּ	H3833	see σῴζω G5392
יָעַל	H3603	see Βελιάρ G1016	I יָשָׁר	H3838	see μέμφομαι G3522
I יַעַן	H3610	see ἀντί G505	I יָשָׁר	H3838	see ὀρθός G3981
I יָעֵף	H3615	see πεινάω G4277	I יָשָׁר	H3838	see ὅσιος G4008
יַעֲקֹב	H3620	see γελάω G1151	I יָשָׁר	H3838	see δικαιοσύνη G1466
יָפֶה	H3637	see ὥρα G6052	יֹשֶׁר	H3841	see ὀρθός G3981
יָפֶה	H3637	see καλός G2819	יֹשֶׁר	H3841	see ἁπλότης G605
יָצָא	H3655	see πορεύομαι G4513	יָתוֹם	H3846	see ὀρφανός G4003
יָצַב	H3656	see παρίστημι G4225	יֶתֶר	H3855	see λείπω G3309
I יִצְהָר	H3658	see ἐλαία G1777	יֶתֶר	H3855	see περισσεύω G4355
יִצְחָק	H3663	see Ἰσαάκ G2693	I יֶתֶר	H3856	see λείπω G3309
יָצַר	H3670	see κτίζω G3231	I יֶתֶר	H3856	see περισσεύω G4355
יְקָהָה	H3682	see ἐκδέχομαι G1683	יִתְרוֹן	H3862	see περισσεύω G4355
יָקַץ	H3699	see νήφω G3768	כְּ	H3869	see ἴσος G2698
יָקָר	H3701	see τιμή G5507	כְּ	H3869	see κατά G2848
יָקָר	H3701	see τιμή G5507	I כָּבֵד	H3877	see τιμή G5507
יָקָר	H3701	see γωνία G1224	I כָּבֵד	H3877	see δόξα G1518
יָקָר	H3702	see τιμή G5507	II כָּבֵד	H3878	see βάρος G983
יָקָר	H3702	see δόξα G1518	כָּבָה	H3882	see σβέννυμι G4931
I יָרֵא	H3707	see θαρρέω G2509	I כָּבוֹד	H3883	see χρίω G5987
I יָרֵא	H3707	see θαῦμα G2512	I כָּבוֹד	H3883	see τιμή G5507
I יָרֵא	H3707	see σέβομαι G4936	I כָּבוֹד	H3883	see δόξα G1518
I יָרֵא	H3707	see φαίνω G5743	כָּבַס	H3891	see νίπτω G3782
I יָרֵא	H3707	see φόβος G5832	כֶּבֶשׂ	H3897	see ἀμνός G303
יִרְאָה	H3711	see σέβομαι G4936	כִּבְשָׂה	H3898	see ἀμνός G303
יִרְאָה	H3711	see φόβος G5832	כֵּהֶה	H3909	see νουθετέω G3805
III יָרַד	H3723	see μανθάνω G3443	כֹּהֵן	H3912	see ἱερεύς G2636
III יָרַד	H3723	see νόμος G3795	כֹּהֵן	H3913	see ἱερεύς G2636
III יָרַד	H3723	see δηλόω G1317	כְּהֻנָּה	H3914	see ἱερεύς G2636
III יָרַד	H3723	see διδάσκω G1438	כּוֹכָב	H3919	see ἀστήρ G843
יְרוּשָׁלַם	H3731	see Ἰερουσαλήμ G2647	I כּוּן	H3922	see κτίζω G3231
יָרֵחַ	H3734	see σελήνη G4943	I כּוּן	H3922	see ἑτοιμάζω G2286
כֶּרֶם	H3755	see ἄμπελος G306	I כּוֹס	H3926	see πίνω G4403
יָרָק	H3763	see λάχανον G3303	כּוּב	H3941	see ψεύδομαι G6017
יָרָק	H3764	see λάχανον G3303	כָּזָב	H3942	see ψεύδομαι G6017
I יָרַשׁ	H3769	see κλῆρος G3102	כָּזָב	H3942	see μάταιος G3469
I יָרַשׁ	H3769	see ὄλεθρος G3897	I כֹּחַ	H3946	see ἰσχύς G2709

Hebrew and Aramaic Word Index

Hebrew Word	Hebrew Number	See this Greek Word	Hebrew Word	Hebrew Number	See this Greek Word
I כֹּחַ	H3946	see δύναμις G1539	לֵב	H4213	see νοῦς G3808
כָּחַשׁ	H3950	see ψεύδομαι G6017	לֵב	H4213	see σπλάγχνον G5073
כָּחַשׁ	H3950	see ἀρνέομαι G766	לֵב	H4213	see ἄνθρωπος G476
כִּיּוֹר	H3963	see λούω G3374	I לֵבָב	H4220	see καρδία G2840
כֹּל	H3972	see κόσμος G3180	לֵבָב	H4222	see ψυχή G6034
כֹּל	H3972	see πᾶς G4246	לֵבָב	H4222	see καρδία G2840
כֹּל	H3972	see πολύς G4498	לֵבָב	H4222	see νοῦς G3808
I כָּלָא	H3973	see κωλύω G3266	לֵבָב	H4222	see ἄνθρωπος G476
I כָּלָה	H3983	see λείπω G3309	לָבָן	H4237	see λευκός G3328
I כָּלָה	H3983	see τέλος G5465	I לְבָנָה	H4244	see σελήνη G4943
I כָּלָה	H3983	see τέλος G5465	לְבֹנָה	H4247	see λίβανος G3337
III כָּלָה	H3986	see τέλος G5465	לָבַשׁ	H4252	see ἐνδύω G1907
כַּלָּה	H3987	see νύμφη G3811	לוּ	H4273	see ὀφείλω G4053
כַּלָּה	H3987	see παρθένος G4221	I לֵוָה	H4277	see Λευί G3322
כְּלִי	H3998	see σκεῦος G5007	לוּחַ	H4283	see βίβλος G1047
כָּלִיל	H4000	see δοκιμάζω G1507	I לֵוִי	H4290	see Λευί G3322
כִּלִּמָּה	H4009	see τιμή G5507	לִוְיָתָן	H4293	see δράκων G1532
כִּלִּמָּה	H4009	see βασανίζω G989	לוּן	H4296	see γογγύζω G1197
כָּנָס	H4043	see ἐκκλησία G1711	I לָחַם	H4309	see μάχομαι G3481
כנע	H4044	see ταπεινός G5424	I לָחַם	H4309	see πόλεμος G4483
כְּנָת	H4056	see δοῦλος G1528	לֶחֶם	H4312	see δίδωμι G1443
כִּסֵּא	H4058	see θρόνος G2585	לֶחֶם	H4312	see βίος G1050
כָּסָה	H4059	see καλύπτω G2821	לֶחֶם	H4312	see ἄρτος G788
I כְּסִיל	H4067	see μωρία G3702	לַחַץ	H4315	see θλῖψις G2568
I כְּסִיל	H4067	see νήπιος G3758	I לַיְלָה	H4326	see νύξ G3816
I כְּסִיל	H4067	see σέβομαι G4936	לָכַד	H4334	see λαμβάνω G3284
כֶּסֶף	H4084	see μαμωνᾶς G3440	לָמַד	H4340	see μανθάνω G3443
כֶּסֶף	H4084	see ἀργύριον G736	לָמַד	H4340	see μανθάνω G3443
כַּעַס	H4087	see ὀργή G3973	לָמַד	H4340	see διδάσκω G1438
כַּף	H4090	see χείρ G5931	לָעַג	H4352	see γελάω G1151
כָּפַר	H4105	see ἱλάσκομαι G2661	לַעַז	H4357	see βάρβαρος G975
I כָּפַר	H4105	see λυτρόω G3390	לַעֲנָה	H4360	see ἀφίστημι G923
I כָּפַר	H4105	see ἀφίημι G894	לַפִּיד	H4365	see λάμπω G3290
VI כֹּפֶר	H4111	see λυτρόω G3390	לָקַח	H4374	see λαμβάνω G3284
כִּפֻּרִים	H4113	see ἱλάσκομαι G2661	לָקַח	H4374	see δέχομαι G1312
כַּפֹּרֶת	H4114	see ἱλάσκομαι G2661	לֶקַח	H4375	see νόμος G3795
כַּפֹּרֶת	H4114	see σκηνή G5008	לָשׁוֹן	H4383	see γλῶσσα G1185
I כְּרוּב	H4131	see χερούβ G5938	מָאוֹר	H4401	see φῶς G5890
I כֶּרֶם	H4142	see ἄμπελος G306	מֹאזְנַיִם	H4404	see ζυγός G2433
פָּרַת	H4162	see κόπτω G3164	מַאֲכֶלֶת	H4408	see μάχομαι G3481
כרת	H4162	see ὄλεθρος G3897	מַאֲמָר	H4411	see λόγος G3364
כָּרַת	H4162	see διαθήκη G1347	מָאֵן	H4412	see βούλομαι G1089
כָּרַת	H4162	see ἀπόλλυμι G660	I מָאַס	H4415	see δοκιμάζω G1507
כָּשַׁל	H4173	see κόπτω G3164	I מָאַס	H4415	see ἀρνέομαι G766
כָּשַׁל	H4173	see σκάνδαλον G4998	מִבְטָח	H4440	see ἐλπίς G1828
כָּשַׁל	H4173	see ἀσθένεια G819	מִגְדָּל	H4479	see κεφαλή G3051
כִּשָּׁלוֹן	H4174	see πίπτω G4406	מִגְרָשׁ	H4494	see ὁρίζω G3988
כָּשֵׁר	H4178	see στοιχεῖον G5122	I מִדְבָּר	H4497	see ἔρημος G2245
כָּתַב	H4180	see γράφω G1211	מָדַד	H4499	see μέτρον G3586
כֶּתֶר	H4195	see διάδημα G1343	I מִדָּה	H4500	see μέτρον G3586
לְבַד (לְ)	H4200	see μόνος G3668	I מָדוֹן	H4506	see λοιδορέω G3366
I לְ-	H4200	see εἰς G1650	מְדוּחָה	H4510	see ἀκαταστασία G189
לְאָה	H4206	see ἀγών G74	מְדִינָה	H4519	see χώρα G6001
לֵב	H4213	see ψυχή G6034	מַדָּע	H4529	see συνείδησις G5287
לֵב	H4213	see καρδία G2840	מִדְרָשׁ	H4535	see ἔρημος G2245

Hebrew and Aramaic Word Index

Hebrew Word	Hebrew Number	See this Greek Word	Hebrew Word	Hebrew Number	See this Greek Word
מֶחֱזָה	H4538	see ὕστερος G5731	מֶכֶס	H4830	see τέλος G5465
מָחַר I	H4554	see σπεύδω G5067	מֶכֶס	H4830	see τελώνης G5467
מָחָר	H4558	see γαμέω G1138	מֶכֶס	H4830	see τέλος G5465
מוֹט I	H4572	see σαλεύω G4888	מִכְסָה	H4831	see τελώνης G5467
מוּל I	H4576	see περιτέμνω G4362	מִכְסֶה	H4832	see καλύπτω G2821
מוֹלֶדֶת	H4580	see γίνομαι G1181	מַכְפֵּלָה	H4834	see σπήλαιον G5068
מוּלָה	H4581	see περιτέμνω G4362	מָכַר	H4835	see πιπράσκω G4405
מוֹסֵד	H4586	see γωνία G1224	מָכַר	H4835	see πωλέω G4797
מוֹסָד	H4587	see θεμέλιος G2529	מִכְשׁוֹל	H4842	see κολάζω G3134
מוֹסֵר	H4591	see δέω G1313	מִכְשׁוֹל	H4842	see σκάνδαλον G4998
מוֹסֵר	H4592	see νόμος G3795	מִכְשׁוֹל	H4842	see βασανίζω G989
מוֹסֵר	H4592	see παιδεύω G4084	מִכְשׁוֹל	H4842	see ἀσθένεια G819
מוֹסֵרָה I	H4593	see δέω G1313	מָלֵא I	H4848	see πίμπλημι G4398
מוֹעֵד	H4595	see θύρα G2598	מָלֵא I	H4848	see πληρόω G4444
מוֹעֵד	H4595	see καιρός G2789	מָלֵא I	H4848	see τέλος G5465
מוֹעֵד	H4595	see μαρτυρία G3456	מָלֵא II	H4849	see πληρόω G4444
מוֹעֵד	H4595	see ἑορτή G2038	מָלֵא	H4850	see πληρόω G4444
מוֹעֵד	H4595	see ἑορτή G2038	מִלֻּאִים	H4854	see τέλος G5465
מוֹפֵת	H4603	see σημεῖον G4956	מַלְאָךְ	H4855	see πρεσβύτερος G4565
מוֹפֵת	H4603	see τέρας G5469	מַלְאָךְ	H4855	see ἀγγέλλω G33
מוֹקֵשׁ	H4613	see κόπτω G3164	מַלְאָךְ	H4855	see ἄγγελος G34
מוֹקֵשׁ	H4613	see σκάνδαλον G4998	מְלָאכָה	H4856	see ἐργάζομαι G2237
מוֹקֵשׁ	H4613	see βρύχω G1107	מִלָּה	H4863	see λόγος G3364
מוֹרָא	H4616	see φόβος G5832	מִלָּה	H4863	see ῥῆμα G4839
מוֹרֶה II	H4620	see διδάσκω G1438	מֶלַח II	H4875	see ἅλας G229
מוֹרֶה III	H4621	see διδάσκω G1438	מִלְחָמָה	H4878	see μάχομαι G3481
מוֹשָׁב	H4632	see κάθημαι G2764	מִלְחָמָה	H4878	see πόλεμος G4483
מָוֶת	H4637	see θάνατος G2505	מלט I	H4880	see ῥύομαι G4861
מָוֶת	H4637	see νεκρός G3738	מלט I	H4880	see σώζω G5392
מָוֶת	H4637	see ἀποκτείνω G650	מֵלִיץ	H4885	see μεσίτης G3542
מֶוֶת	H4638	see θάνατος G2505	מֶלֶךְ I	H4887	see βασιλεύς G995
מֶוֶת	H4638	see σκιά G5014	מֶלֶךְ I	H4889	see βασιλεύς G995
מִזְבֵּחַ	H4640	see θύω G2604	מֶלֶךְ I	H4889	see ἀρχή G794
מִזְמוֹר	H4660	see ᾠδή G6046	מַלְכוּת	H4895	see βασιλεύς G995
מִזְמוֹר	H4660	see ψαλμός G6011	מַלְכִּי־צֶדֶק	H4900	see Μελχισέδεκ G3519
מִזְרָח	H4667	see ἀναστρέφω G418	מִמְכָּר	H4928	see πωλέω G4797
מָחָה I	H4681	see ἐξαλείφω G1981	מֶמְשָׁלָה	H4939	see δεσπότης G1305
מִחְיָה	H4695	see περιποιέομαι G4347	מֶמְשָׁלָה	H4939	see ἐξουσία G2026
מָחִיר I	H4697	see μαμωνᾶς G3440	מֶמְשָׁלָה	H4939	see ἀρχή G794
מַחֲלֹקֶת	H4713	see ἡμέρα G2465	מָן I	H4942	see μάννα G3445
מַחְמֹד	H4719	see ἐπιθυμέω G2121	מִן	H4946	see κάτω G3004
מַחְמֶצֶת	H4721	see ζύμη G2434	מִן	H4946	see μακρός G3431
מַחְסוֹר	H4728	see ὕστερος G5731	מִן	H4946	see ὑπέρ G5642
מַחֲשָׁבָה	H4742	see λογίζομαι G3357	מִן	H4946	see ἔσω G2276
מַטֶּה	H4751	see ῥάβδος G4811	מִן	H4946	see ἀπό G608
מַטֶּה	H4751	see στηρίζω G5114	מָנָה I	H4948	see ἀριθμός G750
מַטֶּה	H4751	see φυλή G5876	מָנָה II	H4950	see μέρος G3538
מִטָּה	H4753	see κλίνω G3111	מָנוֹחַ I	H4955	see ἀναπαύω G399
מִטָּה	H4753	see κοίτη G3130	מְנוּחָה	H4957	see ἀναπαύω G399
מִיכָאֵל	H4776	see Μιχαήλ G3640	מָנוֹס	H4960	see φεύγω G5771
מַיִם	H4784	see ὕδωρ G5623	מְנוֹרָה	H4963	see λύχνος G3394
מִין	H4786	see γενεά G1155	מִנְחָה	H4966	see θύω G2604
מִין	H4786	see αἱρέομαι G145	מִנְחָה	H4966	see θύω G2604
מַכְאֹב	H4799	see μαστιγόω G3463	מִנְחָה	H4966	see δίδωμι G1443
מָכוֹן	H4806	see ἑτοιμάζω G2286	מָנַע	H4979	see ἀποστερέω G691

Hebrew and Aramaic Word Index

Hebrew Word	Hebrew Number	See this Greek Word	Hebrew Word	Hebrew Number	See this Greek Word
מְנָת	H4987	see μέρος G3538	I מִרְמָה	H5327	see γέμω G1154
III מַסָּה	H5001	see πειράζω G4279	I מַרְפֵּא	H5340	see ἰάομαι G2615
מַסְוֶה	H5003	see καλύπτω G2821	מָרַר	H5352	see πικρός G4395
מָסַךְ	H5007	see κεράννυμι G3042	מְרֹר	H5353	see πικρός G4395
מָסָךְ	H5009	see καλύπτω G2821	II מַשָּׂא	H5363	see χρηματίζω G5976
מָסָךְ	H5009	see καταπέτασμα G2925	מְשׂוּכָה	H5372	see φραγμός G5850
מִסְפֵּד	H5027	see κόπτω G3164	I מָשׂוֹשׂ	H5375	see εὐφραίνω G2370
מִסְפּוֹא	H5028	see χορτάζω G5963	מַשְׂכִּיל	H5380	see σύνεσις G5304
I מִסְפָּר	H5031	see ἀριθμός G750	מַשְׂכֹּרֶת	H5382	see μισθός G3635
מִסְתָּר	H5041	see κρύπτω G3221	מַשָּׁאָה	H5394	see ὀφείλω G4053
מֵעֶה	H5055	see κοιλία G3120	מֹשֶׁה	H5406	see Μωϋσῆς G3707
מָעַט	H5070	see ποιέω G4472	מֹשֶׁה	H5407	see Μωϋσῆς G3707
מָעַט	H5071	see μικρός G3625	מָשַׁח	H5417	see χρηστός G5982
מַעְיָן	H5078	see πηγή G4380	מָשַׁח	H5417	see χρίω G5987
מָעַל	H5085	see παραπίπτω G4178	I מִשְׁחָה	H5418	see χρηστός G5982
מָעַל	H5085	see ἀφίστημι G923	I מִשְׁחָה	H5418	see χρίω G5987
מָעַל	H5086	see παραπίπτω G4178	מָשִׁיחַ	H5431	see χρηστός G5982
I מְעָרָה	H5117	see σπήλαιον G5068	מִשְׁכָּב	H5435	see κοίτη G3130
מַעֲשֶׂה	H5126	see ποιέω G4472	מִשְׁכָּן	H5438	see σκηνή G5008
מַעֲשֶׂה	H5126	see ἐργάζομαι G2237	I מָשַׁל	H5439	see παραβολή G4130
מַעֲשֵׂר	H5130	see δέκα G1274	II מָשַׁל	H5440	see κύριος G3261
מִפְתָּח	H5158	see κλείω G3091	II מָשַׁל	H5440	see ἀρχή G794
מָצָא	H5162	see εὑρίσκω G2351	II מָשָׁל	H5442	see παραβολή G4130
מָצָא	H5162	see ἀρκέω G758	I מָשָׁל	H5442	see παροιμία G4231
I מַצָּה	H5174	see ζύμη G2434	I מִשְׁמָר	H5464	see φυλάσσω G5875
I מַצָּה	H5174	see ἄρτος G788	מִשְׁמֶרֶת	H5466	see τηρέω G5498
II מְצוּדָה	H5181	see φεύγω G5771	מִשְׁמֶרֶת	H5466	see φυλάσσω G5875
מִצְוָה	H5184	see ἐντέλλω G1948	מִשְׁפָּחָה	H5476	see πατήρ G4252
מְצוּלָה	H5185	see βάθος G958	מִשְׁפָּחָה	H5476	see πρεσβύτερος G4565
מְצוּקָה	H5188	see ἀνάγκη G340	מִשְׁפָּחָה	H5476	see φυλή G5876
I מָצוֹר	H5189	see στενοχωρία G5103	מִשְׁפָּחָה	H5476	see δῆμος G1322
מִצְרַיִם	H5213	see Αἴγυπτος G131	מִשְׁפָּחָה	H5476	see γενεά G1155
מִקְדָּשׁ	H5219	see ἱερός G2641	מִשְׁפָּחָה	H5476	see γίνομαι G1181
I מִקְוֶה	H5223	see ὑπομένω G5702	מִשְׁפָּט	H5477	see κρίνω G3212
מָקוֹם	H5226	see τόπος G5536	מִשְׁפָּט	H5477	see δικαιοσύνη G1466
מָקוֹר	H5227	see πηγή G4380	מִשְׁפָּט	H5477	see εἰρήνη G1645
מַקֵּל	H5234	see ῥάβδος G4811	מִשְׁתֶּה	H5492	see πίνω G4403
מִקְנֶה	H5238	see κτῆμα G3228	מִשְׁתֶּה	H5492	see δέχομαι G1312
מִקְנֶה	H5238	see ὑπάρχω G5639	מִשְׁתֶּה	H5492	see γαμέω G1138
מִקְצוֹעַ	H5243	see γωνία G1224	מַתָּם	H5507	see εἰρήνη G1645
מִקְרָא	H5246	see γράφω G1211	I מַתָּנָה	H5510	see δίδωμι G1443
מִקְרָא	H5246	see ἀναγινώσκω G336	נְאֻם	H5536	see λόγος G3364
I מַר	H5253	see πικρός G4395	נָאַף	H5537	see μοιχεύω G3658
מֹר	H5255	see σμύρνα G5043	נָאַף	H5537	see πορνεύω G4519
מַרְאֶה	H5260	see ὁράω G3972	נְאָקָה	H5544	see στενάζω G100
מַרְאֶה	H5260	see ὀφθαλμός G4057	נָבָא	H5547	see προφήτης G4737
מָרַד	H5277	see ἀφίστημι G923	נָבָא	H5547	see ἔκστασις G1749
I מָרָה	H5286	see πείθω G4275	נְבוּאָה	H5553	see προφήτης G4737
I מָרָה	H5286	see πικρός G4395	נָבַט	H5564	see νοῦς G3808
מָרוֹם	H5294	see ὕψος G5737	נָבַט	H5564	see βλέπω G1063
I מְרוּצָה	H5297	see τρέχω G5556	נָבִיא	H5566	see προφήτης G4737
מֶרְחָב	H5303	see πλατύς G4426	נְבִיאָה	H5567	see προφήτης G4737
מְרִי	H5308	see πικρός G4395	נָבֵל	H5570	see φθείρω G5780
מְרִירוּת	H5320	see γέμω G1154	I נָבָל	H5572	see μωρία G3702
I מִרְמָה	H5327	see δολιόω G1514	I נָבָל	H5572	see φρονέω G5858

329

Hebrew and Aramaic Word Index

Hebrew Word	Hebrew Number	See this Greek Word	Hebrew Word	Hebrew Number	See this Greek Word
גְּבְלָה	H5576	see ἀσχημοσύνη G859	I נכר	H5795	see γινώσκω G1182
גְּבֵלָה	H5577	see νεκρός G3738	נָכְרִי	H5799	see ξένος G3828
גְּבֵלָה	H5577	see σῶμα G5393	נָכְרִי	H5799	see προσήλυτος G4670
נגד	H5583	see δείκνυμι G1259	נסה	H5814	see πειράζω G4279
נגד	H5583	see ἀγγέλλω G33	I נֶסֶךְ	H5818	see σπένδω G5064
I נגה	H5586	see λάμπω G3290	I נֶסֶךְ	H5821	see θύω G2604
נָגִיד	H5592	see ἡγέομαι G2451	I נֶסֶךְ	H5821	see σπένδω G5064
נְגִינָה	H5593	see ὕμνος G5631	נְעוּרִים	H5830	see νέος G3742
נגן	H5594	see ψαλμός G6011	נְעוּרִים	H5830	see νήπιος G3758
נֶגַע	H5595	see μαστιγόω G3463	II נַעַר	H5850	see ἐκτινάσσω G1759
נֶגַע	H5595	see ἅπτω G721	II נַעַר	H5853	see νέος G3742
נָגַע	H5596	see μαστιγόω G3463	II נַעַר	H5853	see νήπιος G3758
נגשׁ	H5602	see ἐγγύς G1584	II נַעַר	H5853	see παῖς G4090
נָדַב	H5605	see δοκέω G1506	I נַעֲרָה	H5855	see νέος G3742
נְדָבָה	H5607	see ὁμολογέω G3933	I נַעֲרָה	H5855	see παῖς G4090
נְדָבָה	H5607	see αἱρέομαι G145	I נַעֲרָה	H5855	see παρθένος G4221
נִדָּה	H5614	see ῥαντίζω G4822	נָפַל	H5877	see καταβολή G2856
I נדח	H5615	see πλανάω G4414	נָפַל	H5877	see πίπτω G4406
I נדח	H5615	see διασπορά G1402	נָפַל	H5877	see βάλλω G965
נָדַר	H5623	see ὁμολογέω G3933	נֶפֶל	H5878	see ἔκτρωμα G1765
נָדַר	H5623	see εὔχομαι G2377	I נפץ	H5879	see σκορπίζω G5025
נֶדֶר	H5624	see ὁμολογέω G3933	נֶפֶשׁ	H5883	see ψυχή G6034
נֶדֶר	H5624	see εὔχομαι G2377	נֶפֶשׁ	H5883	see καρδία G2840
נָהַם	H5638	see βρύχω G1107	נֶפֶשׁ	H5883	see κεφαλή G3051
נָהָר	H5643	see ποταμός G4532	נֶפֶשׁ	H5883	see πνεῦμα G4460
נוב	H5649	see ῥέω G4835	נֶפֶשׁ	H5883	see ζητέω G2426
I נוּחַ	H5663	see Νῶε G3820	נֶפֶשׁ	H5883	see ἄνθρωπος G476
I נוּחַ	H5663	see ἀναπαύω G399	I נצה	H5897	see μάχομαι G3481
I נוּחַ	H5663	see ἀφίημι G894	I נצה	H5905	see νικάω G3771
I נזה	H5684	see λούω G3374	נצל	H5911	see ῥύομαι G4861
I נזה	H5684	see ῥαντίζω G4822	נצל	H5911	see σκιά G5014
נָזַל	H5688	see ῥέω G4835	נצל	H5911	see σῴζω G5392
II נֵזֶר	H5693	see ἁγνός G54	נָצַר	H5915	see τηρέω G5498
נָזַר	H5694	see εὔχομαι G2377	II נָקַב	H5919	see ὄνομα G3950
נֹחַ	H5695	see Νῶε G3820	נְקֵבָה	H5922	see θῆλυς G2559
I נָחָה	H5697	see ὁδός G3847	נְקֵבָה	H5922	see ἄρσην G781
נַחַל	H5706	see κλῆρος G3102	נָקָה	H5927	see καθαρός G2754
I נַחֲלָה	H5709	see κλῆρος G3102	נָקַם	H5933	see δίκη G1472
I נַחֲלָה	H5709	see μέρος G3538	נָקָם	H5934	see δίκη G1472
I נַחֲלָה	H5709	see μέρος G3538	נָקָם	H5934	see δίκη G1472
I נַחֲלָה	H5709	see μισθός G3635	נְקָמָה	H5935	see δίκη G1472
נחם	H5714	see μεταμέλομαι G3564	I נֵר	H5944	see λύχνος G3394
נחם	H5714	see Νῶε G3820	נָשָׂא	H5951	see λαμβάνω G3284
נחם	H5714	see παρακαλέω G4151	נָשָׂא	H5951	see λαμβάνω G3284
I נָחָשׁ	H5729	see ὄφις G4058	נָשָׂא	H5951	see αἴρω G149
I נְחֹשֶׁת	H5733	see χαλκός G5910	נָשָׂא	H5951	see ἀφίημι G894
נָטָה	H5742	see κλίνω G3111	נָשַׂג	H5952	see λαμβάνω G3284
נָטָה	H5742	see ὕψος G5737	נָשַׂג	H5952	see εὑρίσκω G2351
נִיחֹחַ	H5767	see ὀσμή G4011	I נָשִׂיא	H5954	see ἡγέομαι G2451
נִינְוֵה	H5770	see Νινευίτης G3780	I נָשִׂיא	H5954	see ἀρχή G794
נכה	H5782	see κόπτω G3164	I נָשָׁא	H5957	see ὀφείλω G4053
נכה	H5782	see μαστιγόω G3463	II נָשָׁא	H5958	see ἀπατάω G572
נָבָל	H5792	see δολιόω G1514	נְשָׁמָה	H5972	see ψυχή G6034
נָבָל	H5793	see δολιόω G1514	נְשָׁמָה	H5972	see πνεῦμα G4460
נְכָסִים	H5794	see χρῆμα G5975	נְשָׁמָה	H5972	see Ἀδάμ G77

Hebrew and Aramaic Word Index

Hebrew Word	Hebrew Number	See this Greek Word	Hebrew Word	Hebrew Number	See this Greek Word
I נָשַׁק	H5975	see φιλέω G5797	עָבַד	H6268	see λατρεία G3302
נָתַח	H5983	see μέλος G3517	עָבַד	H6268	see λειτουργέω G3310
נֵתַח	H5984	see μέλος G3517	עָבַד	H6268	see δοῦλος G1528
נָתַן	H5989	see κύριος G3261	עָבַד	H6268	see ἐργάζομαι G2237
נָתַן	H5989	see παραδίδωμι G4140	I עֶבֶד	H6269	see θεραπεύω G2543
נָתַן	H5989	see χάρις G5921	I עֶבֶד	H6269	see παῖς G4090
נָתַן	H5989	see τίθημι G5502	I עֶבֶד	H6269	see δοῦλος G1528
נָתַן	H5989	see δίδωμι G1443	עֲבֹדָה	H6275	see λατρεία G3302
נָתַן	H5989	see ἀφίημι G894	עֲבֹדָה	H6275	see λειτουργέω G3310
III נתר	H6002	see λύω G3395	עָבָה	H6286	see παχύνω G4266
סְאָה	H6006	see μέτρον G3586	I עָבַר	H6296	see παραβαίνω G4124
סָבַב	H6015	see στρέφω G5138	I עָבַר	H6296	see πορεύομαι G4513
סָגַד	H6032	see προσκυνέω G4686	I עָבַר	H6296	see Ἑβραῖος G1578
סְגֻלָּה	H6035	see κλῆρος G3102	I עָבַר	H6296	see ἔρχομαι G2262
סְגֻלָּה	H6035	see περιούσιος G4342	I עֵבֶר	H6298	see μέρος G3538
סְגֻלָּה	H6035	see περιποιέομαι G4347	II עֵבֶר	H6299	see Ἑβραῖος G1578
סָגַר	H6037	see κλείω G3091	עֶבְרָה	H6301	see ὀργή G3973
סָגַר	H6037	see ὁρίζω G3988	I עִבְרִי	H6303	see Ἑβραῖος G1578
סוֹד	H6051	see καλύπτω G2821	עֵד	H6332	see μαρτυρία G3456
סוֹד	H6051	see μυστήριον G3696	II עֵדָה	H6335	see κόσμος G3180
סוֹד	H6051	see βούλομαι G1089	I עֵדָה	H6337	see συναγωγή G5252
II סוּךְ	H6057	see ἀλείφω G230	I עֵדָה	H6337	see βούλομαι G1089
I סוּר	H6073	see κλίνω G3111	I עֵדָה	H6337	see ἐκκλησία G1711
I סוּר	H6073	see παραβαίνω G4124	עֵדוּת	H6343	see μαρτυρία G3456
I סוּר	H6073	see ἀφίστημι G923	עֵדוּת	H6343	see διαθήκη G1347
I סוּת	H6077	see σείω G4940	עֲדִי	H6344	see κόσμος G3180
סִינַי	H6099	see Σινᾶ G4892	II עֵדֶן	H6359	see παράδεισος G4137
סֻכָּה	H6109	see σκηνή G5008	עָדֵף	H6369	see πλεονάζω G4429
סֻכָּה	H6109	see σκηνή G5008	I עֵדֶר	H6373	see ποιμήν G4478
I סָכַךְ	H6114	see σκιά G5014	עוֹד	H6386	see μαρτυρία G3456
סָכַל	H6118	see μωρία G3702	I עָוָה	H6390	see ἀδικέω G92
סָכָל	H6119	see μωρία G3702	עוֹל	H6404	see παραπίπτω G4178
סִכְלוּת	H6121	see φρονέω G5858	עוֹלֵל	H6407	see νήπιος G3758
סֶלָה	H6138	see ψαλμός G6011	עוֹלָם	H6409	see κόσμος G3180
סָלַח	H6142	see ἱλάσκομαι G2661	עוֹלָם	H6409	see αἰών G172
סָלַח	H6142	see ἀφίημι G894	עוֹלָם	H6409	see ἀρχή G794
סֶלַח	H6143	see ἐπιεικής G2117	עָוֺן	H6411	see νόμος G3795
I סֶלַע	H6152	see πέτρα G4376	עָוֺן	H6411	see ἀδικέω G92
סָמַךְ	H6164	see στηρίζω G5114	עָוֺן	H6411	see αἰτία G162
סָעַד	H6184	see στηρίζω G5114	עוֹף	H6416	see πετεινόν G4374
סַעַר	H6192	see ἀκαταστασία G189	עוּר	H6422	see τυφλός G5603
סָפַד	H6199	see κόπτω G3164	III עוּר	H6424	see ἐγείρω G1586
סֵפֶר	H6218	see βίβλος G1047	עִוֵּר	H6426	see τυφλός G5603
סָפַר	H6218	see ἐξηγέομαι G2007	עִוָּרוֹן	H6427	see τυφλός G5603
סָפַר	H6218	see ἀγγέλλω G33	עַוֶּרֶת	H6428	see τυφλός G5603
סְפָר	H6218	see ἀριθμός G750	עַז	H6437	see κέρας G3043
I סֵפֶר	H6219	see βίβλος G1047	עֹז	H6437	see κράτος G3197
I סֵפֶר	H6219	see ἐπιστολή G2186	עֹז	H6437	see δύναμις G1539
סֹפֵר	H6221	see γράφω G1211	עֲזָאזֵל	H6439	see ἀφίημι G894
סָרִיס	H6247	see εὐνοῦχος G2336	I עָזַב	H6440	see λείπω G3309
סָתַם	H6258	see φραγμός G5850	I עָזַב	H6440	see ἀφίημι G894
סָתַר	H6259	see κρύπτω G3221	עָזַר	H6468	see κύριος G3261
סָתַר	H6259	see στρέφω G5138	עָזַר	H6468	see ὠφελέω G6067
סֵתֶר	H6260	see κρύπτω G3221	עֲזָרָה	H6478	see ἱλάσκομαι G2661
סֵתֶר	H6260	see μυστήριον G3696	עֲזַרְיָהוּ	H6482	see κύριος G3261

331

Hebrew and Aramaic Word Index

Hebrew Word	Hebrew Number	See this Greek Word	Hebrew Word	Hebrew Number	See this Greek Word
עֲטָרָה I	H6498	see στερεός G5104	עָנִי	H6714	see πτωχός G4777
עֲטָרָה I	H6498	see διάδημα G1343	עָנִי	H6714	see ταπεινός G5424
עַיִן I	H6524	see ὀφθαλμός G4057	עָנִי	H6715	see πτωχός G4777
עַיִן I	H6524	see πηγή G4380	עָנִי	H6715	see ταπεινός G5424
עָיֵף	H6546	see πεινάω G4277	עָפָר	H6760	see χοῦς G5967
עָיֵף	H6546	see διψάω G1498	עָפָר	H6760	see γῆ G1178
עִיר I	H6551	see πόλις G4484	עֵץ	H6770	see ξύλον G3833
עֵירֹם	H6567	see γυμνός G1218	עֵץ	H6770	see δένδρον G1285
עַל II	H6584	see περί G4309	עָצָב	H6773	see εἴδωλον G1631
עַל II	H6584	see πρός G4639	עָצַב II	H6776	see λυπέω G3382
עַל II	H6584	see ἐκ G1666	עֵצָה I	H6783	see βούλομαι G1089
עַל II	H6584	see ἐπί G2093	עֶצֶם I	H6793	see κράτος G3197
עֹל	H6585	see ζυγός G2433	עָקֵב	H6810	see γελάω G1151
עָלָה	H6590	see ἀναβαίνω G326	קָב I	H6811	see γελάω G1151
עֹלָה	H6592	see θύω G2604	עֹקֶר I	H6827	see ῥίζα G4884
עֶלְיֹון II	H6610	see ὕψος G5737	עֶרְוָה	H6872	see αἰσχύνη G158
עָלַל I	H6618	see ἐμπαίζω G1850	עֶרְוָה	H6872	see ἀσχημοσύνη G859
עֶלֶם	H6623	see κρύπτω G3221	עָרֹום	H6873	see γυμνός G1218
עַלְמָה	H6625	see παρθένος G4221	עָרוּם	H6874	see πανουργία G4111
עַם II	H6639	see λαός G3295	עָרוּם	H6874	see φρονέω G5858
עַם II	H6639	see περιούσιος G4342	עֲרִיסָה	H6881	see φύραμα G5878
עַם II	H6639	see πολύς G4498	עָרַךְ	H6885	see παρίστημι G4225
עַם II	H6639	see δῆμος G1322	עָרַךְ	H6885	see τιμή G5507
עַם II	H6639	see γενεά G1155	עֶרֶךְ	H6886	see τιμή G5507
עַם II	H6639	see ἔθνος G1620	עָרֵל	H6888	see περιτέμνω G4362
עִם	H6640	see παρά G4123	עָרְלָה	H6889	see περιτέμνω G4362
עִם	H6640	see πρός G4639	עָרַם II	H6891	see πανουργία G4111
עִם	H6640	see σύν G5250	עָרַם II	H6891	see φρονέω G5858
עָמַד	H6641	see κτίζω G3231	עָרְמָה	H6893	see πανουργία G4111
עָמַד	H6641	see μένω G3531	עָשַׂב	H6912	see χορτάζω G5963
עָמַד	H6641	see παρίστημι G4225	עָשָׂה I	H6913	see καθίστημι G2770
עַמּוּד	H6647	see στῦλος G5146	עָשָׂה I	H6913	see ποιέω G4472
עֲמִית	H6660	see πλησίον G4446	עָשָׂה I	H6913	see πράσσω G4556
עָמָל	H6661	see κόπος G3677	עֲשִׂירִי	H6920	see δέκα G1274
עָמָל I	H6662	see κόπος G3160	עֹשֶׁק	H6943	see ἀδικέω G92
עָמָל I	H6662	see μόχθος G3677	עָשֵׁר	H6947	see πλοῦτος G4458
עָמָל I	H6662	see πόνος G4506	עֹשֶׁר	H6948	see πλοῦτος G4458
עָמֵל II	H6665	see μόχθος G3677	עֵת	H6961	see ὥρα G6052
עִמָּנוּ אֵל	H6672	see Ἐμμανουήλ G1842	עֵת	H6961	see καιρός G2789
עֹמֶק	H6678	see βάθος G958	עֵת	H6961	see χρόνος G5989
עָנָב	H6694	see ἄκανθα G180	עָתַר I	H6983	see εὔχομαι G2377
עֶנֶג	H6695	see παρρησία G4244	פֵּאָה I	H6991	see μέρος G3538
עֵנָה I	H6699	see μαρτυρία G3456	פָּאַר II	H6995	see δόξα G1518
עֵנָה I	H6699	see ὑπακούω G5634	פָּגַע	H7003	see καταντάω G2918
עֵנָה I	H6699	see ἀκούω G201	פָּדָה	H7009	see λυτρόω G3390
עָנָה II	H6700	see κακός G2805	פִּדְיֹום	H7012	see λυτρόω G3390
עָנָה II	H6700	see πτωχός G4777	פִּדְיֹום	H7017	see λυτρόω G3390
ענה II	H6700	see ταπεινός G5424	פֶּה	H7023	see στόμα G5125
עָנָו	H6705	see πένης G4288	פּוּץ I	H7046	see σκορπίζω G5025
עָנָו	H6705	see πραΰς G4558	פּוּץ I	H7046	see διασπορά G1402
עָנָו	H6705	see πτωχός G4777	חַד	H7064	see φόβος G5832
עָנָו	H6705	see ταπεινός G5424	פַּחַד I	H7065	see φόβος G5832
עֲנָוָה	H6708	see ταπεινός G5424	פֶּלֶא	H7098	see θαῦμα G2512
עָנִי	H6714	see πένης G4288	פֶּלֶא	H7098	see σημεῖον G4956
עָנִי	H6714	see πραΰς G4558	פֶּלֶא	H7099	see μυστήριον G3696

Hebrew and Aramaic Word Index

Hebrew Word	Hebrew Number	See this Greek Word	Hebrew Word	Hebrew Number	See this Greek Word
פֶּלֶא	H7099	see πράσσω G4556	צֹאן	H7366	see ποιμήν G4478
פלט	H7117	see ῥύομαι G4861	צֹאן	H7366	see πρόβατον G4585
פָּלִיט	H7127	see σῴζω G5392	צָבָא II	H7372	see κόσμος G3180
פְּלֵיטָה	H7129	see σῴζω G5392	צָבָא II	H7372	see κράτος G3197
פָּלַל II	H7137	see εὔχομαι G2377	צָבָא II	H7372	see κύριος G3261
פְּלִשְׁתִּי	H7149	see Ἕλλην G1818	צָבָא II	H7372	see στρατεία G5127
פְּלִשְׁתִּי	H7149	see ἄλλος G257	צָבָא II	H7372	see δύναμις G1539
פָּנָה	H7155	see στρέφω G5138	צָבָא II	H7372	see ἀστήρ G843
פָּנָה	H7155	see βλέπω G1063	צְבִי I	H7382	see ἐκλέγομαι G1721
פָּנֶה	H7156	see πρόσωπον G4725	צָדוֹק	H7401	see Σαδδουκαῖος G4881
פָּנֶה	H7156	see δέομαι G1289	צַדִּיק	H7404	see ὅσιος G4008
פָּנֶה	H7156	see εὐλογέω G2328	צַדִּיק	H7404	see πιστεύω G4409
פִּנָּה	H7157	see γωνία G1224	צַדִּיק	H7404	see Σαδδουκαῖος G4881
פֶּסַח I	H7173	see πάσχα G4247	צַדִּיק	H7404	see σέβομαι G4936
פֶּסַח	H7175	see πάσχα G4247	צַדִּיק	H7404	see δικαιοσύνη G1466
פָּסַח	H7177	see χωλός G6000	צָדַק	H7405	see δικαιοσύνη G1466
פֶּסֶל	H7181	see εἰκών G1635	צֶדֶק	H7406	see δικαιοσύνη G1466
פָּעַל	H7188	see πράσσω G4556	צֶדֶק	H7406	see δίκη G1472
פָּעַל	H7188	see ἐργάζομαι G2237	צְדָקָה	H7407	see κρίνω G3212
פַּעַם	H7193	see καιρός G2789	צְדָקָה	H7407	see πιστεύω G4409
פַּעַם	H7193	see ἅπαξ G562	צְדָקָה	H7407	see εἰρήνη G1645
פָּצָה	H7198	see ἀνοίγω G487	צְדָקָה	H7407	see ἔλεος G1799
פָּקַד	H7212	see καθίστημι G2770	צִוָּה	H7422	see ἐντέλλω G1948
פָּקַד	H7212	see δίκη G1472	צוֹם	H7426	see νηστεύω G3764
פָּקַד	H7212	see ἐπίσκοπος G2176	צוֹם	H7427	see νηστεύω G3764
פְּקֻדָּה	H7213	see δίκη G1472	צוּר VI	H7446	see πέτρα G4376
פְּקֻדָּה	H7213	see ἐπίσκοπος G2176	צָחַק	H7464	see Ἰσαάκ G2693
פְּקֻדָּה	H7213	see ἀριθμός G750	צָחַק	H7464	see γελάω G1151
פִּקּוּדִים	H7218	see ἐντέλλω G1948	צָחַק	H7464	see ἐμπαίζω G1850
פָּקַח	H7219	see ἀνοίγω G487	צָחֹק	H7465	see γελάω G1151
פָּקִיד	H7224	see ἐπίσκοπος G2176	צִיָּה	H7480	see ὕδωρ G5623
פָּרַד	H7233	see λείπω G3309	צֵל	H7498	see σκιά G5014
פָּרַד	H7233	see χωρίζω G6004	צָלַח I	H7502	see λάμπω G3290
פַּרְדֵּס	H7236	see παράδεισος G4137	צָלַח II	H7503	see ὁδός G3847
פָּרָה I	H7238	see αὐξάνω G889	צֵלָל III	H7511	see σκιά G5014
פְּרִי	H7262	see καρπός G2843	צֶלֶם I	H7512	see εἰκών G1635
פָּרֹכֶת	H7267	see καταπέτασμα G2925	צַלְמָוֶת	H7516	see σκιά G5014
פָּרוּשׁ I	H7300	see Φαρισαῖος G5757	צָמֵא	H7533	see διψάω G1498
פָּשַׁט	H7320	see ἐνδύω G1907	צֶמֶד	H7538	see ζυγός G2433
פָּשַׁע	H7321	see σέβομαι G4936	צָמַח	H7541	see ἀναστρέφω G418
פָּשַׁע	H7321	see ἀθετέω G119	צֶמַח	H7542	see ἀναστρέφω G418
פָּשַׁע	H7321	see ἀφίστημι G923	צִנָּה II	H7558	see ὅπλον G3960
פֶּשַׁע	H7322	see νόμος G3795	צְנִינִים	H7564	see σκόλοψ G5022
פֶּשַׁע	H7322	see ὀφείλω G4053	צָנִיף	H7565	see διάδημα G1343
פֶּשַׁע	H7322	see παραπίπτω G4178	צָעִיר I	H7582	see μικρός G3625
פֶּשַׁע	H7322	see σέβομαι G4936	צָעִיר I	H7582	see νέος G3742
פֶּשֶׁר	H7323	see γράφω G1211	צָעַק	H7590	see κράζω G3189
פָּתָה I	H7331	see πείθω G4275	צָעַק	H7590	see βοάω G1066
פָּתָה I	H7331	see ἀπατάω G572	צְעָקָה	H7591	see κράζω G3189
פָּתַח I	H7337	see λύω G3395	צָפָה II	H7596	see χρυσός G5996
פָּתַח I	H7337	see ἀνοίγω G487	צַר I	H7639	see ἀνάγκη G340
פֶּתַח	H7339	see θύρα G2598	צַר II	H7640	see θλῖψις G2568
פֶּתַח	H7339	see πύλη G4783	צַר II	H7640	see ἐχθρός G2398
פְּתִי I	H7343	see νήπιος G3758	צָרָה I	H7650	see θλῖψις G2568
פָּתַר	H7354	see κρίνω G3212	צָרָה I	H7650	see ἀνάγκη G340

333

Hebrew and Aramaic Word Index

Hebrew Word	Hebrew Number	See this Greek Word	Hebrew Word	Hebrew Number	See this Greek Word
צְרוֹר II	H7656	see λίθος G3345	קָלַל	H7837	see ὕβρις G5615
צָרַע	H7665	see λέπρα G3319	קָלַל	H7837	see ἀρά G725
צָרַעַת	H7669	see λέπρα G3319	קָלַל	H7837	see ἀφίημι G894
צָרַף	H7671	see δοκιμάζω G1507	קְלָלָה	H7839	see ἀρά G725
צָרָה I	H7674	see θλῖψις G2568	קִנְאָ	H7861	see ζῆλος G2419
צָרָר II	H7675	see διαβάλλω G1330	קִנְאָה	H7863	see ζῆλος G2419
קְבוּרָה	H7690	see θάπτω G2507	קִנְיָן I	H7864	see κτῆμα G3228
קָבַץ	H7695	see συναγωγή G5252	קִנְיָן I	H7864	see γυνή G1222
קָבַץ	H7695	see δέχομαι G1312	קָנָה II	H7865	see κτίζω G3231
קָבַץ	H7695	see ἐκδέχομαι G1683	קָנָה II	H7865	see ὄνομα G3950
קָבַר	H7699	see θάπτω G2507	קֶסֶם	H7877	see μαγεία G3404
קָבַר	H7700	see θάπτω G2507	קֵץ	H7891	see μέρος G3538
קָדוֹשׁ	H7705	see ἱερός G2641	קֵץ	H7891	see τέλος G5465
קָדוֹשׁ	H7705	see ἅγιος G41	קֵץ	H7891	see γελάω G1151
קֶדֶם	H7710	see ἥλιος G2463	קָצֶה	H7895	see μέρος G3538
קֶדֶם	H7710	see ἀναστρέφω G418	קָצִיר I	H7907	see θερισμός G2546
קֶדֶם	H7710	see ἀρχή G794	קָצַף	H7911	see λυπέω G3382
קָדַשׁ	H7727	see γινώσκω G1182	קָצַף	H7911	see ὀργή G3973
קָדַשׁ	H7727	see ἅγιος G41	קָצַץ I	H7912	see χολή G5958
קָדַשׁ	H7727	see ἁγνός G54	קָצַר I	H7917	see θερισμός G2546
קֹדֶשׁ	H7731	see ἱερός G2641	קַר	H7922	see ψῦχος G6036
קָהַל	H7735	see ἐκκλησία G1711	קָרָא I	H7924	see καλέω G2813
קָהָל	H7736	see ὄχλος G4063	קָרָא I	H7924	see κηρύσσω G3062
קָהָל	H7736	see συναγωγή G5252	קָרָא I	H7924	see κράζω G3189
קָהָל	H7736	see ἐκκλησία G1711	קָרָא I	H7924	see ὄνομα G3950
קְהִלָּת	H7738	see ἐκκλησία G1711	קָרָא I	H7924	see βοάω G1066
קָוָה I	H7747	see μένω G3531	קָרָא I	H7924	see ἀναγινώσκω G336
קָוָה I	H7747	see πιστεύω G4409	קָרָא II	H7925	see καταντάω G2918
קָוָה I	H7747	see ὑπομένω G5702	קָרַב	H7928	see δίδωμι G1443
קוֹחַ I	H7747	see ἐγγύς G1584	קָרַב	H7928	see ἐγγύς G1584
קוֹל	H7754	see λόγος G3364	קָרַב	H7928	see ἅπτω G721
קוֹל	H7754	see φωνή G5889	קָרְבָּן	H7933	see θύω G2604
קוּם	H7756	see καθίστημι G2770	קָרְבָּן	H7933	see κορβᾶν G3167
קוּם	H7756	see κυρόω G3263	קָרְבָּן	H7933	see δίδωμι G1443
קוּם	H7756	see μένω G3531	קָרוֹב	H7940	see ἐγγύς G1584
קוּם	H7756	see τηρέω G5498	קִרְיָה	H7953	see πόλις G4484
קוּם	H7756	see ὑπομένω G5702	קֶרֶן	H7967	see κέρας G3043
קוּם	H7756	see διαθήκη G1347	קָרַע	H7973	see σχίζω G5387
קוּם	H7756	see ἐγείρω G1586	קֶרֶשׁ	H7983	see στῦλος G5146
קוּם	H7756	see ἀνίστημι G482	קָשָׁה	H7996	see σκληρός G5017
קוֹמָה	H7757	see μέγας G3489	קָשָׁה	H7997	see σκληρός G5017
קוֹמָה	H7757	see ἡλικία G2461	קֹשֶׁט	H7999	see ἀλήθεια G237
קוֹמָה	H7757	see ὕψος G5737	קְשִׁי	H8001	see σκληρός G5017
קוֹץ I	H7764	see ἄκανθα G180	רָאָה I	H8011	see θεάομαι G2517
קַיִץ I	H7783	see νέος G3742	רָאָה I	H8011	see νοῦς G3808
קָטֹן II	H7785	see μικρός G3625	רָאָה I	H8011	see ὁράω G3972
קָטָן II	H7785	see νέος G3742	רָאָה I	H8011	see φαίνω G5743
קְטֹרֶת I	H7787	see θυμίαμα G2592	רָאָה I	H8011	see δείκνυμι G1259
קְטֹרֶת	H7792	see θυμίαμα G2592	רָאָה I	H8011	see βλέπω G1063
קַיִץ	H7811	see θερισμός G2546	רֹאֶה	H8014	see προφήτης G4737
קַיִץ	H7811	see γελάω G1151	רֹאשׁ I	H8031	see κεφαλή G3051
קַיִץ	H7811	see ἄκανθα G180	רֹאשׁ I	H8031	see ἀρχή G794
קִיר I	H7815	see τεῖχος G5446	רֹאשׁ II	H8032	see χολή G5958
קָלָה II	H7829	see ἀσχημοσύνη G859	רִאשׁוֹן	H8037	see πρῶτος G4755
קָלוֹן	H7830	see τιμή G5507	רֵאשִׁית	H8040	see ἀπαρχή G569

Hebrew and Aramaic Word Index

Hebrew Word	Hebrew Number	See this Greek Word
רֵאשִׁית	H8040	see ἀρχή G794
רַב I	H8041	see μέγας G3489
רַב I	H8041	see πολύς G4498
רַב I	H8041	see ῥαββί G4806
רַב־חֶסֶד	H8041/H2876	see ἐπιεικής G2117
רַב II	H8042	see ῥαββί G4806
רֹב	H8044	see πλῆθος G4436
רָבַב I	H8045	see ῥαββί G4806
רָבָה I	H8049	see πλεονάζω G4429
רָבָה I	H8049	see πλῆθος G4436
רָבָה I	H8049	see ῥαββί G4806
רָבָה I	H8049	see αὐξάνω G889
רָבַץ	H8069	see ἀναπαύω G399
רָגַז	H8074	see μέριμνα G3533
רָגַז	H8074	see ταράσσω G5429
רָגַל	H8078	see δολιόω G1514
רָגַן	H8087	see γογγύζω G1197
רָגַע I	H8088	see ταράσσω G5429
רָדַף	H8103	see διώκω G1503
רָוָה	H8115	see μεθύω G3501
רֶוַח	H8118	see ψῦχος G6036
רוּחַ	H8120	see ψυχή G6034
רוּחַ	H8120	see πνεῦμα G4460
רוּחַ	H8120	see προφήτης G4737
רוּחַ	H8120	see ἄγγελος G34
רוּחַ	H8120	see Ἀδάμ G77
רוּחַ	H8120	see ἄνεμος G449
רוּחַ	H8120	see ἄνθρωπος G476
רוּם I	H8123	see ὑπερήφανος G5662
רוּם I	H8123	see ὕψος G5737
רוּם I	H8123	see ὕψος G5737
רוּעַ	H8131	see κηρύσσω G3062
רוּץ	H8132	see τρέχω G5556
רוּשׁ	H8133	see πένης G4288
רוּשׁ	H8133	see πτωχός G4777
רוּשׁ	H8133	see ταπεινός G5424
רָחָב	H8143	see πλατύς G4426
רֹחַב	H8145	see πλατύς G4426
רָחָב I	H8146	see πλατύς G4426
רְחֹב I	H8148	see πλατύς G4426
רַחוּם	H8157	see οἰκτιρμός G3880
רָחוֹק	H8158	see μακρός G3431
רֵחַיִם	H8160	see μύλος G3685
רָחַם	H8163	see οἰκτιρμός G3880
רָחַם	H8163	see ἔλεος G1799
רָחַם	H8163	see ἀγαπάω G26
רַחֲמִים	H8171	see οἰκτιρμός G3880
רַחֲמִים	H8171	see σπλάγχνον G5073
רַחֲמִים	H8171	see εἰρήνη G1645
רַחֲמִים	H8171	see ἔλεος G1799
רָחַץ	H8175	see λούω G3374
רָחַץ	H8175	see νίπτω G3782
רָחַץ	H8175	see βάπτω G966
רַחְצָה	H8177	see λούω G3374
רָחַק	H8178	see ἐγγύς G1584

Hebrew Word	Hebrew Number	See this Greek Word
רִיב I	H8189	see κρίνω G3212
רִיב I	H8189	see λοιδορέω G3366
רִיב I	H8189	see μάχομαι G3481
רִיב I	H8189	see πικρός G4395
רִיב I	H8189	see δίκη G1472
רִיב I	H8189	see ἀπολογέομαι G664
רִיב II	H8190	see κρίνω G3212
רִיב II	H8190	see μάχομαι G3481
רִיב II	H8190	see δίκη G1472
רִיב II	H8190	see ἀπολογέομαι G664
רֵיחַ	H8194	see ὀσμή G4011
רִיק I	H8197	see κενός G3031
רִיק II	H8198	see κενός G3031
רֵיק	H8199	see κενός G3031
רֵיק	H8199	see ῥακά G4819
רֵיקָם	H8200	see κενός G3031
רֶכֶב	H8207	see μύλος G3685
רְכוּשׁ	H8214	see χρῆμα G5975
רְכוּשׁ	H8214	see ὑπάρχω G5639
רָכַשׁ	H8223	see περιποιέομαι G4347
רָמָה II	H8228	see λογίζομαι G3357
רְמִיָּה II	H8245	see δολιόω G1514
רָמַס	H8252	see πατέω G4251
רָנָה I	H8262	see δέομαι G1289
רָנָה I	H8262	see γελάω G1151
רָנָה I	H8262	see εὐφραίνω G2370
רָנָה I	H8262	see ἀγαλλιάω G22
רָנַן	H8264	see εὐφραίνω G2370
רָנַן	H8264	see ἀγαλλιάω G22
רַע I	H8273	see κακός G2805
רַע I	H8273	see πονηρός G4505
רֵעַ II	H8276	see πλησίον G4446
רֵעַ II	H8276	see φιλέω G5797
רֵעַ II	H8276	see ἑταῖρος G2279
רָעֵב	H8279	see πεινάω G4277
רָעָה I	H8286	see ποιμήν G4478
רָעָה III	H8288	see κακός G2805
רָעָה III	H8288	see πονηρός G4505
רָעָה III	H8288	see ταλαίπωρος G5417
רֵעָה	H8291	see ἑταῖρος G2279
רַע I	H8317	see πονηρός G4505
רַעַשׁ I	H8321	see σείω G4940
רַעַשׁ	H8323	see σείω G4940
רָפָא I	H8324	see ἰάομαι G2615
רָפָא I	H8324	see ἐγείρω G1586
רִפָּה	H8332	see ἀφίημι G894
רְפוּאָה	H8337	see ἰάομαι G2615
רָצָה I	H8354	see δέχομαι G1312
רָצָה I	H8354	see ἐκδέχομαι G1683
רָצָה I	H8354	see εὐδοκέω G2305
רָצוֹן	H8356	see θέλω G2527
רָצוֹן	H8356	see εὐδοκέω G2305
רָקַח	H8379	see μύρον G3693
רָקִיעַ	H8385	see κόσμος G3180
רָקִיעַ	H8385	see στερεός G5104

335

Hebrew and Aramaic Word Index

Hebrew Word	Hebrew Number	See this Greek Word
רָקַע	H8392	see στερεός G5104
רָשַׁע	H8399	see καταγινώσκω G2861
רָשַׁע	H8399	see σέβομαι G4936
רָשַׁע	H8399	see δίκη G1472
רָשַׁע	H8399	see ἀγνοέω G51
רֶשַׁע	H8401	see νόμος G3795
רֶשַׁע	H8401	see σέβομαι G4936
רֶשַׁע	H8401	see δικαιοσύνη G1466
רֶשַׁע	H8401	see ἁμαρτάνω G279
רֶשֶׁת	H8407	see θηρίον G2563
שְׂאֹר	H8419	see ζύμη G2434
שָׂבַע	H8425	see πίμπλημι G4398
שָׂבַע	H8425	see χορτάζω G5963
שָׂבַע	H8426	see πίμπλημι G4398
שֹׂבַע	H8428	see πληρόω G4444
שִׂבְעָה	H8429	see πίμπλημι G4398
שֶׁבֶר II	H8432	see ἐκδέχομαι G1683
שֶׁבֶר	H8433	see ἐκδέχομαι G1683
שָׂדֶה	H8441	see ἀγρός G69
שֶׂה	H8445	see πρόβατον G4585
שְׂחוֹק	H8468	see γελάω G1151
שָׂחַק	H8471	see γελάω G1151
שָׂחַק	H8471	see ἐμπαίζω G1850
שָׂטָן	H8477	see Σατάν G4927
שָׂטַן	H8477	see διαβάλλω G1330
שִׂיחַ I	H8488	see ἐξηγέομαι G2007
שִׂים	H8492	see ποιέω G4472
שִׂים	H8492	see προτίθημι G4729
שִׂים	H8492	see στηρίζω G5114
שִׂים	H8492	see τάσσω G5435
שִׂים	H8492	see τίθημι G5502
שִׂים	H8492	see δίδωμι G1443
שִׂים	H8492	see γράφω G1211
שֵׂךְ	H8493	see σκόλοψ G5022
שָׂכִיר	H8502	see πάροικος G4230
שֵׂכֶל I	H8505	see νοῦς G3808
שֵׂכֶל I	H8505	see σύνεσις G5304
שֵׂכֶל I	H8505	see γινώσκω G1182
שֵׂכֶל I	H8505	see ἐπίσταμαι G2179
שֵׂכֶל	H8507	see νοῦς G3808
שֵׂכֶל	H8507	see σοφία G5053
שָׂכִיר	H8509	see μισθός G3635
שָׂכָר I	H8510	see μισθός G3635
שְׂמֹאל	H8520	see εὐώνυμος G2381
שְׂמֹאל	H8520	see ἀριστερός G754
שָׂמַח	H8523	see χαίρω G5897
שָׂמַח	H8523	see γελάω G1151
שָׂמַח	H8523	see εὐφραίνω G2370
שִׂמְחָה	H8525	see χαίρω G5897
שִׂמְחָה	H8525	see εὐφραίνω G2370
שִׂמְלָה	H8529	see ἱμάτιον G2668
שָׂנֵא	H8533	see μισέω G3631
שִׂנְאָה	H8534	see μισέω G3631
שִׂנְאָה	H8534	see ἐχθρός G2398
שָׂעִיר II	H8538	see δαίμων G1230
שָׂעִיר III	H8539	see μάταιος G3469
שַׂר	H8569	see Σάρρα G4925
שַׂר	H8569	see ἡγέομαι G2451
שַׂר	H8569	see ἄγγελος G34
שַׂר	H8569	see ἀρχή G794
שָׂרָה I	H8575	see Ἰσραήλ G2702
שָׂרָה I	H8575	see Σάρρα G4925
שָׂרָה II	H8576	see Σάρρα G4925
שָׂרָה III	H8577	see Σάρρα G4925
שָׂרַי	H8584	see Σάρρα G4925
שָׂשׂוֹן	H8607	see χαίρω G5897
שָׂשׂוֹן	H8607	see εὐφραίνω G2370
שָׂשׂוֹן	H8607	see ἀγαλλιάω G22
שְׁאוֹל	H8619	see κόσμος G3180
שְׁאוֹל	H8619	see ᾅδης G87
שָׁאַל	H8626	see ἐρωτάω G2263
שָׁאַל	H8626	see αἰτέω G160
שָׁאַר	H8636	see λείπω G3309
שָׁאַר	H8637	see λείπω G3309
שְׁאָר	H8638	see σάρξ G4922
שְׁאֵרִית	H8642	see λείπω G3309
שָׁבָה	H8647	see αἰχμάλωτος G171
שְׁבוּעָה	H8652	see ὅρκος G3992
שָׁבַח I	H8655	see αἰνέω G140
שֵׁבֶט	H8657	see ῥάβδος G4811
שֵׁבֶט	H8657	see φυλή G5876
שֵׁבֶט	H8657	see υἱός G5626
שֵׁבֶט	H8657	see εἰς G1650
שֵׁבֶט	H8657	see ἀστήρ G843
שְׁבִי	H8660	see αἰχμάλωτος G171
שְׁבִיעִי	H8668	see ἑπτά G2231
שֶׁבַע	H8678	see ὅρκος G3992
שֶׁבַע I	H8679	see σάββατον G4879
שֶׁבַע I	H8679	see ἑπτά G2231
שָׁבַר II	H8690	see πωλέω G4797
שֶׁבֶר I	H8691	see ταλαίπωρος G5417
שַׁבָּת I	H8697	see σάββατον G4879
שַׁבָּת I	H8697	see ἡσυχία G2484
שַׁבָּת I	H8697	see ἀναπαύω G399
שַׁבָּת	H8701	see σάββατον G4879
שַׁבָּת	H8701	see ἀναπαύω G399
שַׁבָּתוֹן	H8702	see ἀναπαύω G399
שְׁגָגָה	H8705	see ἀγνοέω G51
שָׁגָה	H8706	see ἀγνοέω G51
שְׁגִיאָה	H8709	see παραπίπτω G4178
שָׁגַל	H8711	see μολύνω G3662
שֵׁד	H8717	see δαίμων G1230
שֹׁד II	H8719	see ταλαίπωρος G5417
שָׁדַד	H8720	see ταλαίπωρος G5417
שַׁדַּי	H8724	see ἱκανός G2653
שַׁדַּי	H8724	see κράτος G3197
שָׁוְא	H8736	see μάταιος G3469
שׁוֹאָה	H8739	see ταλαίπωρος G5417
שׁוּב I	H8740	see μεταμέλομαι G3564
שׁוּב I	H8740	see μιμνήσκομαι G3630

Hebrew and Aramaic Word Index

Hebrew Word	Hebrew Number	See this Greek Word	Hebrew Word	Hebrew Number	See this Greek Word
I שׁוּב	H8740	see στρέφω G5138	II שָׁלֵם	H8969	see εἰρήνη G1645
I שׁוּב	H8740	see ἀναστρέφω G418	III שָׁלֵם	H8970	see Σαλήμ G4889
I שׁוּב	H8740	see ἀποκαθίστημι G635	שָׁלִישׁ	H8993	see τρεῖς G5552
I שׁוֹט	H8765	see μαστιγόω G3463	שָׁם	H9004	see τόπος G5536
שׁוע	H8775	see κράζω G3189	I שֵׁם	H9005	see ὄνομα G3950
I שׁוּע	H8780	see κύριος G3261	שָׁמַד	H9012	see ὄλεθρος G3897
שַׁוְעָה	H8784	see βοάω G1066	שָׁמַד	H9012	see ἀπόλλυμι G660
שׁוֹפָר	H8795	see σάλπιγξ G4894	שְׁמוּעָה	H9019	see ἀκούω G201
שַׁחַד	H8816	see δίδωμι G1443	שָׁמַט	H9023	see ἀφίημι G894
שָׁחָה	H8817	see προσκυνέω G4686	שִׁמְטָּה	H9024	see ὀφείλω G4053
שָׁחַט	H8821	see θύω G2604	שִׁמְטָּה	H9024	see ἀφίημι G894
שָׁחַט	H8821	see πάσχα G4247	שָׁמַיִם	H9028	see οὐρανός G4041
שַׁחַק	H8836	see ἀήρ G113	שְׁמִינִי	H9029	see ὀκτώ G3893
שָׁחֹר	H8839	see μέλας G3506	I שָׁמֵם	H9037	see ἔρημος G2245
שַׁחַת	H8845	see ὄλεθρος G3897	שֶׁמֶן	H9043	see μύρον G3693
שַׁחַת	H8845	see φθείρω G5780	שֶׁמֶן	H9043	see ἐλαία G1777
שַׁחַת	H8845	see ἀπόλλυμι G660	שְׁמֹנֶה	H9046	see ὀκτώ G3893
שַׁחַת	H8846	see φθείρω G5780	שָׁמַע	H9048	see παραγγέλλω G4133
שָׁטַף	H8851	see νίπτω G3782	שָׁמַע	H9048	see ὑπακούω G5634
שָׁטַר	H8853	see γράφω G1211	שָׁמַע	H9048	see ἀκούω G201
I שִׁיר	H8876	see ᾠδή G6046	שָׁמַר	H9068	see τηρέω G5498
II שִׁיר	H8877	see ᾠδή G6046	שָׁמַר	H9068	see φυλάσσω G5875
שָׁכַב	H8886	see καθεύδω G2761	II שֹׁמֵר	H9070	see Σαμάρεια G4899
שָׁכַב	H8886	see κοιμάω G3121	שֹׁמְרוֹן	H9076	see Σαμάρεια G4899
שָׁכַב	H8886	see κοίτη G3130	שֹׁמְרֹנִי	H9085	see Σαμάρεια G4899
שְׁכֹבֶת	H8888	see κοίτη G3130	שֶׁמֶשׁ	H9087	see ἥλιος G2463
שַׁכּוּל	H8890	see ὀρφανός G4003	שְׁנַיִם	H9109	see δύο G1545
שִׁכּוֹר	H8893	see μεθύω G3501	שָׁעַן	H9128	see ἀναπαύω G399
שָׁכַן	H8905	see καλέω G2813	I שַׁעַר	H9133	see πόλις G4484
שָׁכַן	H8905	see σκηνή G5008	I שַׁעַר	H9133	see πύλη G4783
שָׁכַן	H8905	see σκηνή G5008	שִׁפְחָה	H9148	see παῖς G4090
שָׁכַן	H8905	see σκιά G5014	שִׁפְחָה	H9148	see δοῦλος G1528
שָׁכַן	H8905	see ἀναπαύω G399	שָׁפַט	H9149	see κρίνω G3212
שָׁכַר	H8910	see μεθύω G3501	שָׁפַט	H9149	see δίκη G1472
שֵׁכָר	H8911	see μεθύω G3501	שֶׁפֶט	H9150	see δίκη G1472
שָׁלוֹם	H8934	see θύω G2604	שָׁפַד	H9161	see χάρις G5921
שָׁלוֹם	H8934	see κακός G2805	שָׁפַד	H9161	see ἐκχέω G1772
שָׁלוֹם	H8934	see ὅσιος G4008	I שָׁפֵל	H9164	see ταπεινός G5424
שָׁלוֹם	H8934	see Σαλήμ G4889	שָׁפָל	H9166	see ταπεινός G5424
שָׁלוֹם	H8934	see Σολομῶν G5048	I שֶׁקֶר	H9193	see λόγος G3364
שָׁלוֹם	H8934	see ὑγιής G5618	I שֶׁקֶר	H9193	see ἀγρυπνέω G70
שָׁלוֹם	H8934	see εἰρήνη G1645	שָׁקָה	H9197	see πίνω G4403
שָׁלוֹם	H8934	see εὐλογέω G2328	שָׁקַט	H9200	see ἡσυχία G2484
שָׁלוֹם	H8934	see ἀσπάζομαι G832	שָׁקַל	H9202	see ἀποκαθίστημι G635
שָׁלַח	H8938	see πέμπω G4287	שִׁקְמָה	H9204	see συκῆ G5190
שָׁלַח	H8938	see ἀποστέλλω G690	שִׁקְמָה	H9204	see συκῆ G5190
שְׁלִישִׁי	H8958	see τρεῖς G5552	שָׁקַץ	H9210	see βδελύσσομαι G1009
I שָׁלֵם	H8966	see θύω G2604	שֶׁקֶץ	H9211	see βδελύσσομαι G1009
I שָׁלֵם	H8966	see πληρόω G4444	שָׁקַר	H9214	see ψεύδομαι G6017
I שָׁלֵם	H8966	see Σολομῶν G5048	שֶׁקֶר	H9214	see ἀδικέω G92
I שָׁלֵם	H8966	see εἰρήνη G1645	שֹׁרֶשׁ	H9245	see ῥίζα G4884
שָׁלֵם	H8968	see θύω G2604	שׁוֹרֶשׁ	H9247	see ῥίζα G4884
שָׁלֵם	H8968	see εἰρήνη G1645	שרת	H9250	see λειτουργέω G3310
II שָׁלֵם	H8969	see Σαλήμ G4889	שרת	H9250	see παρίστημι G4225
II שָׁלֵם	H8969	see εἰρήνη G1645	II שָׁתָה	H9272	see πίνω G4403

Hebrew and Aramaic Word Index

Hebrew Word	Hebrew Number	See this Greek Word	Hebrew Word	Hebrew Number	See this Greek Word
תּאָה	H9292	see μέτρον G3586	תָּמִים	H9460	see δηλόω G1317
תָּאַָוה I	H9294	see ἐπιθυμέω G2121	תֹּם	H9462	see πληρόω G4444
תְּאֵנָה	H9300	see συκῆ G5190	תְּנוּפָה	H9485	see θύω G2604
תְּבוּנָה	H9312	see σοφία G5053	תְּנוּפָה	H9485	see δίδωμι G1443
תְּבוּנָה	H9312	see σύνεσις G5304	תַּנִּין	H9490	see δράκων G1532
תְּבוּנָה	H9312	see φρονέω G5858	תָּעַב	H9493	see βδελύσσομαι G1009
תְּבוּנָה	H9312	see γινώσκω G1182	תָּעָה	H9494	see πλανάω G4414
תֵּבֵל	H9315	see οἰκουμένη G3876	תִּפְאֶרֶת	H9514	see καυχάομαι G3016
תַּבְנִית	H9322	see μορφή G3671	תִּפְאֶרֶת	H9514	see δόξα G1518
תַּבְנִית	H9322	see τύπος G5596	תְּפִלָּה	H9525	see δέομαι G1289
תַּבְנִית	H9322	see δεῖγμα G1257	תְּפִלָּה	H9525	see εὔχομαι G2377
תְּהוֹם	H9333	see ἄβυσσος G12	תִּקְוָה II	H9536	see ὑπομένω G5702
תְּהִלָּה	H9335	see καυχάομαι G3016	תִּקְוָה II	H9536	see ὑπόστασις G5712
תְּהִלָּה	H9335	see ὕμνος G5631	תִּקְוָה II	H9536	see ἐλπίς G1828
תְּהִלָּה	H9335	see αἰνέω G140	תָּקַע	H9546	see σάλπιγξ G4894
תְּהִלָּה	H9335	see ἀρετή G746	תַּרְבִּית	H9552	see πλεονάζω G4429
תּו	H9338	see σφραγίς G5382	תַּרְדֵּמָה	H9554	see ἔκστασις G1749
תּוֹדָה	H9343	see ὁμολογέω G3933	תְּרוּמָה	H9556	see ἀπαρχή G569
תּוֹדָה	H9343	see αἰνέω G140	תְּרָפִים	H9572	see Ἰακώβ G2609
תּוֹכַחַת	H9350	see ἐλέγχω G1794	תְּרָפִים	H9572	see δηλόω G1317
תּוֹלְדוֹת	H9352	see γίνομαι G1181	תְּשׁוּעָה	H9591	see σῴζω G5392
תּוֹעֵבָה	H9359	see μολύνω G3662	אַב	H10003	see ἀββά G5
תּוֹעֵבָה	H9359	see βδελύσσομαι G1009	אִגְּרָה	H10007	see ἐπιστολή G2186
תּוֹצָאוֹת	H9362	see ὁδός G3847	אִילָן	H10027	see δένδρον G1285
תּוֹרָה	H9368	see νόμος G3795	אֱנָשׁ	H10050	see ἀνήρ G467
תּוֹשָׁב	H9369	see πάροικος G4230	אֱנָשׁ	H10050	see ἄνθρωπος G476
תּוֹשָׁב	H9369	see προσήλυτος G4670	אַשָּׁף	H10081	see μαγεία G3404
תּוֹשָׁב	H9369	see δῆμος G1322	בְּטֵל	H10098	see καταπέτασμα G2925
תַּזְנוּת	H9373	see πορνεύω G4519	בְּקַר	H10118	see ἐπίσκοπος G2176
תַּחְבֻּלוֹת	H9374	see κυβέρνησις G3236	גְּבַר	H10131	see ἀνήρ G467
תְּחִלָּה	H9378	see ἀρχή G794	גְּבַר	H10131	see ἄνθρωπος G476
תְּחִנָּה I	H9382	see δέομαι G1289	דְּהַב	H10160	see χρυσός G5996
תַּחֲנוּן	H9384	see δέομαι G1289	דְּחַל	H10167	see φόβος G5832
תַּחַת I	H9393	see κάτω G3004	דָּת	H10186	see νόμος G3795
תַּחַת I	H9393	see ὑπό G5679	זִיו	H10228	see μορφή G3671
תַּחַת I	H9393	see ἀντί G505	חֲזָה	H10252	see δηλόω G1317
תַּחְתִּי	H9397	see βάθος G958	חֲזָה	H10255	see θεάομαι G2517
תִּירוֹשׁ	H9408	see οἶνος G3885	חֵיוָה	H10263	see θηρίον G2563
תְּלָאָה	H9430	see μόχθος G3677	חַכִּים	H10265	see σοφία G5053
תָּלָה	H9434	see κρεμάννυμι G3203	חֵלֶם	H10267	see ὄναρ G3941
תָּלָה	H9434	see σταυρός G5089	חֵלֶם	H10267	see ὁράω G3972
תַּלְמִיד	H9441	see μανθάνω G3443	יְדַע	H10313	see δηλόω G1317
תְּלֻנּוֹת	H9442	see γογγύζω G1197	יְהַב	H10314	see δίδωμι G1443
תֹּם	H9447	see μέμφομαι G3522	יוֹם	H10317	see παλαιός G4094
תֹּם	H9447	see τέλος G5465	יְרוּשְׁלֶם	H10332	see Ἰερουσαλήμ G2647
תֹּם	H9448	see ἁπλότης G605	יַתִּיר	H10339	see περισσεύω G4355
תְּמָהָ	H9449	see θαῦμα G2512	כְּלָל	H10354	see ἄρσην G781
תְּמוּנָה	H9454	see μορφή G3671	כְּסַף	H10362	see μαμωνᾶς G3440
תְּמוּנָה	H9454	see ὁράω G3972	כְּסַף	H10362	see ἀργύριον G736
תְּמוּנָה	H9454	see ἔθνος G1620	כָּרוֹז	H10370	see κηρύσσω G3062
תָּמִיד	H9458	see πᾶς G4246	לְבַב	H10381	see καρδία G2840
תָּמִיד	H9458	see διά G1328	מֵאמַר	H10397	see λόγος G3364
תָּמִים	H9459	see τέλος G5465	מְחָא	H10411	see σταυρός G5089
תָּמִים	H9459	see εἰρήνη G1645	מִלָּה	H10418	see λόγος G3364
תָּמִים	H9459	see ἄμωμος G320	מָרֵא	H10437	see κύριος G3261

338

Hebrew and Aramaic Word Index

Hebrew Word	Hebrew Number	See this Greek Word	Hebrew Word	Hebrew Number	See this Greek Word
סְגִד	H10504	see προσκυνέω G4686	רָז	H10661	see μυστήριον G3696
עַתִּיק	H10578	see παλαιός G4094	רַעְיוֹן	H10669	see λογίζομαι G3357
פְּלַח	H10586	see λατρεία G3302	שָׂב	H10675	see πρεσβύτερος G4565
פַּרְזֶל	H10591	see σίδηρος G4970	שָׁלוּ	H10712	see ἄνεμος G449
צְבַע	H10607	see βάπτω G966	שָׁלְטָן	H10717	see ἐξουσία G2026
צְלֵם	H10614	see εἰκών G1635	שְׁלָם	H10720	see ἀσπάζομαι G832
קָל	H10631	see φωνή G5889	שָׁמַיִן	H10723	see οὐρανός G4041
קִרְיָה	H10640	see πόλις G4484	שָׁמְרַיִן	H10726	see Σαμάρεια G4899
רְבוּ	H10650	see μέγας G3489			

339

Greek Word Index

The Greek words in the first column are in Greek alphabetical order, accompanied with their assigned Goodrick-Kohlenberger number (labeled G####), given in the second column. If the Greek word is a main lexical entry, there is no entry in the third column ("Greek Word Studied"). That means that you can go directly to the Greek word in the first column, where the word, along with other related words, is studied. All other Greek words direct you to a different Greek word for your study. On occasion you will find the same Greek word listed twice in the first column, because it is discussed under two different organizing words. Inevitably this happens with Greek compound words, where each of the individual words is studied. See, for example, G17 (ἀγαθοποιΐα), studied under both ἀγαθός and ποιέω.

Greek Word	Greek Number	Greek Word Studied	Greek Word	Greek Number	Greek Word Studied
ἀβαρής	G4	see βάρος G983	ἀγράμματος	G63	see γράφω G1211
Ἀβραάμ	G11		ἀγριέλαιος	G66	see ἐλαία G1777
ἄβυσσος	G12		ἄγριος	G67	see ἀγρός G69
ἀγαθοεργέω	G14	see ἀγαθός G19	ἀγρός	G69	
ἀγαθοποιέω	G16	see ἀγαθός G19	ἀγρυπνέω	G70	
ἀγαθοποιΐα	G17	see ἀγαθός G19	ἀγρυπνία	G71	see ἀγρυπνέω G70
ἀγαθοποιΐα	G17	see ποιέω G4472	ἀγών	G74	
ἀγαθοποιός	G18	see ἀγαθός G19	ἀγωνία	G75	see ἀγών G74
ἀγαθοποιός	G18	see ποιέω G4472	ἀγωνίζομαι	G76	see ἀγών G74
ἀγαθός	G19		Ἀδάμ	G77	
ἀγαθωσύνη	G20	see ἀγαθός G19	ἀδελφή	G80	see ἀδελφός G81
ἀγαλλίασις	G21	see ἀγαλλιάω G22	ἀδελφός	G81	
ἀγαλλιάω	G22		ἀδελφότης	G82	see ἀδελφός G81
ἄγαμος	G23	see γαμέω G1138	ἄδηλος	G83	see δηλόω G1317
ἀγαπάω	G26		ἀδηλότης	G84	see δηλόω G1317
ἀγάπη	G27	see ἀγαπάω G26	ἀδήλως	G85	see δηλόω G1317
ἀγαπητός	G28	see ἀγαπάω G26	ᾅδης	G87	
Ἁγάρ	G29		ἀδιάκριτος	G88	see κρίνω G3212
ἀγγελία	G32	see ἀγγέλλω G33	ἀδιάλειπτος	G89	see λείπω G3309
ἀγγέλλω	G33		ἀδιαλείπτως	G90	see λείπω G3309
ἄγγελος	G34		ἀδικέω	G92	
ἀγενεαλόγητος	G37	see γενεά G1155	ἀδίκημα	G93	see ἀδικέω G92
ἁγιάζω	G39	see ἅγιος G41	ἀδικία	G94	see ἀδικέω G92
ἁγιασμός	G40	see ἅγιος G41	ἄδικος	G96	see ἀδικέω G92
ἅγιος	G41		ἀδίκως	G97	see ἀδικέω G92
ἁγιότης	G42	see ἅγιος G41	ἀδόκιμος	G99	see δοκιμάζω G1507
ἁγιωσύνη	G43	see ἅγιος G41	ἄδολος	G100	see δολιόω G1514
ἁγνεία	G48	see ἁγνός G54	ἀδυνατέω	G104	see δύναμις G1539
ἁγνίζω	G49	see ἁγνός G54	ἀδύνατος	G105	see δύναμις G1539
ἁγνισμός	G50	see ἁγνός G54	ᾄδω	G106	see ᾠδή G6046
ἀγνοέω	G51		ἄζυμος	G109	see ζύμη G2434
ἀγνόημα	G52	see ἀγνοέω G51	ἀήρ	G113	
ἄγνοια	G53	see ἀγνοέω G51	ἀθανασία	G114	see θάνατος G2505
ἁγνός	G54		ἄθεος	G117	see θεός G2563
ἁγνότης	G55	see ἁγνός G54	ἀθετέω	G119	
ἁγνῶς	G56	see ἁγνός G54	ἀθέτησις	G120	see ἀθετέω G119
ἀγνωσία	G57	see ἀγνοέω G51	ἀθλέω	G123	see ἄθλησις G124
ἄγνωστος	G58	see ἀγνοέω G51	ἄθλησις	G124	
ἀγορά	G59	see ἀγοράζω G60	Αἰγύπτιος	G130	see Αἴγυπτος G131
ἀγοράζω	G60		Αἴγυπτος	G131	
ἀγοραῖος	G61	see ἀγοράζω G60	ἀΐδιος	G132	

Greek Word Index

Greek Word	Greek Number	Greek Word Studied
αἰδώς	G133	
αἷμα	G135	
αἱματεκχυσία	G136	see ἐκχέω G1772
αἴνεσις	G139	see αἰνέω G140
αἰνέω	G140	
αἴνιγμα	G141	
αἶνος	G142	see αἰνέω G140
αἱρέομαι	G145	
αἵρεσις	G146	see αἱρέομαι G147
αἱρετίζω	G147	see αἱρέομαι G147
αἱρετικός	G148	see αἱρέομαι G147
αἴρω	G149	
αἰσθάνομαι	G150	
αἴσθησις	G151	see αἰσθάνομαι G150
αἰσθητήριον	G152	see αἰσθάνομαι G150
αἰσχροκερδής	G153	see αἰσχρότης G157
αἰσχροκερδής	G153	see κέρδος G3046
αἰσχροκερδῶς	G154	see αἰσχρότης G157
αἰσχροκερδῶς	G154	see κέρδος G3046
αἰσχρολογία	G155	see αἰσχρότης G157
αἰσχρός	G156	see αἰσχρότης G157
αἰσχρότης	G157	
αἰσχύνη	G158	
αἰσχύνω	G159	see αἰσχύνη G158
αἰτέω	G160	
αἴτημα	G161	see αἰτέω G160
αἰτία	G162	
αἴτιος	G165	see αἰτία G162
αἰτίωμα	G166	see αἰτία G162
αἰχμαλωσία	G168	see αἰχμάλωτος G171
αἰχμαλωτεύω	G169	see αἰχμάλωτος G171
αἰχμαλωτίζω	G170	see αἰχμάλωτος G171
αἰχμάλωτος	G171	
αἰών	G172	
αἰώνιος	G173	see αἰών G172
ἀκαθαρσία	G174	see καθαρός G2754
ἀκάθαρτος	G176	see καθαρός G2754
ἀκαιρέομαι	G177	see καιρός G2789
ἄκαιρος	G178	see καιρός G2789
ἄκακος	G179	see κακός G2805
ἄκανθα	G180	
ἀκάνθινος	G181	see ἄκανθα G180
ἄκαρπος	G182	see καρπός G2844
ἀκατακάλυπτος	G184	see καλύπτω G2821
ἀκατάκριτος	G185	see κρίνω G3212
ἀκατάλυτος	G186	see λύω G3395
ἀκατάπαυστος	G188	see ἀναπαύω G399
ἀκαταστασία	G189	
ἀκατάστατος	G190	see ἀκαταστασία G189
Ἀκελδαμάχ	G192	
ἀκέραιος	G193	
ἀκλινής	G195	see κλίνω G3111
ἀκοή	G198	see ἀκούω G201
ἀκολουθέω	G199	
ἀκούω	G201	
ἀκρασία	G202	see ἐγκράτεια G1602
ἀκρατής	G203	see ἐγκράτεια G1602
ἄκρατος	G204	see κεράννυμι G3042
ἀκρογωνιαῖος	G214	see γωνία G1224
ἀκυρόω	G218	see κυρόω G3263
ἀκωλύτως	G219	see κωλύω G3266
ἀλαζονεία	G224	
ἀλαζών	G225	see ἀλαζονεία G224
ἀλάλητος	G227	see λαλέω G3281
ἄλαλος	G228	see λαλέω G3281
ἅλας	G229	
ἀλείφω	G230	
ἀλεκτοροφωνία	G231	see φωνή G5889
ἀλήθεια	G237	
ἀληθεύω	G238	see ἀλήθεια G237
ἀληθής	G239	see ἀλήθεια G237
ἀληθινός	G240	see ἀλήθεια G237
ἀληθῶς	G242	see ἀλήθεια G237
ἁλίζω	G245	see ἅλας G229
ἀλλάσσω	G248	
ἀλληγορέω	G251	
ἁλληλουϊά	G252	
ἀλλογενής	G254	see ἄλλος G257
ἄλλος	G257	
ἀλλοτριεπίσκοπος	G258	see ἄλλος G257
ἀλλότριος	G259	see ἄλλος G257
ἀλλόφυλος	G260	see ἄλλος G257
ἄλλως	G261	see ἄλλος G257
ἄλογος	G263	see λόγος G3364
ἁλυκός	G266	see ἅλας G229
ἄλυπος	G267	see λυπέω G3382
ἀμαθής	G276	see μανθάνω G3443
ἁμαρτάνω	G279	
ἁμάρτημα	G280	see ἁμαρτάνω G279
ἁμαρτία	G281	see ἁμαρτάνω G279
ἀμάρτυρος	G282	see μαρτυρία G3456
ἁμαρτωλός	G283	see ἁμαρτάνω G279
ἄμαχος	G285	see μάχομαι G3481
ἄμεμπτος	G289	see μέμφομαι G3522
ἀμέμπτως	G290	see μέμφομαι G3522
ἀμέριμνος	G291	see μέριμνα G3533
ἀμεταμέλητος	G294	see μεταμέλομαι G3564
ἀμετανόητος	G295	see μετανοέω G3566
ἄμετρος	G296	see μέτρον G3586
ἀμήν	G297	
ἀμήτωρ	G298	see μήτηρ G3613
ἀμίαντος	G299	see μιαίνω G3620
ἀμνός	G303	
ἄμπελος	G306	
ἀμπελουργός	G307	see ἄμπελος G306
ἀμπελών	G308	see ἄμπελος G306
ἄμφοδον	G316	see ὁδός G3847
ἀμώμητος	G318	see ἄμωμος G320
ἄμωμος	G320	
ἀναβαίνω	G326	

Greek Word Index

Greek Word	Greek Number	Greek Word Studied	Greek Word	Greek Number	Greek Word Studied
ἀναβλέπω	G329	see βλέπω G1063	ἀνάπτω	G409	see ἅπτω G721
ἀναβοάω	G331	see βοάω G1066	ἀνασείω	G411	see σείω G4940
ἀναγγέλλω	G334	see ἀγγέλλω G33	ἀνασκευάζω	G412	see κατασκευάζω G2941
ἀναγεννάω	G335	see γεννάω G1164	ἀνάστασις	G414	see ἀνίστημι G482
ἀναγινώσκω	G336		ἀναστατόω	G415	see ἀνίστημι G482
ἀναγκάζω	G337	see ἀνάγκη G340	ἀνασταυρόω	G416	see σταυρός G5089
ἀναγκαῖος	G338	see ἀνάγκη G340	ἀναστενάζω	G417	see στενάζω G5100
ἀναγκαστῶς	G339	see ἀνάγκη G340	ἀναστρέφω	G418	
ἀνάγκη	G340		ἀναστροφή	G419	see ἀναστρέφω G418
ἀνάγνωσις	G342	see ἀναγινώσκω G336	ἀνατέλλω	G422	
ἀναδείκνυμι	G344	see δείκνυμι G1259	ἀνατολή	G424	see ἀνατέλλω G422
ἀνάδειξις	G345	see δείκνυμι G1259	ἀνατρέπω	G426	see ἀποτρέπω G706
ἀναδέχομαι	G346	see δέχομαι G1312	ἀναφαίνω	G428	see φαίνω G5743
ἀναδίδωμι	G347	see δίδωμι G1443	ἀναφωνέω	G430	see φωνή G5889
ἀναζάω	G348	see ζωή G2437	ἀνάχυσις	G431	see ἐκχέω G1772
ἀναζητέω	G349	see ζητέω G2426	ἀναχωρέω	G432	see χώρα G6001
ἀναζώννυμι	G350	see ζώννυμι G2439	ἀνάψυξις	G433	see ψῦχος G6036
ἀνάθεμα	G353		ἀναψύχω	G434	see ψῦχος G6036
ἀναθεματίζω	G354	see ἀνάθεμα G353	ἀνδραποδιστής	G435	
ἀναθεωρέω	G355	see θεάομαι G2517	ἀνδρίζομαι	G437	see ἀνήρ G467
ἀνάθημα	G356	see ἀνάθεμα G353	ἀνέγκλητος	G441	see καλέω G2813
ἀναίδεια	G357	see αἰδώς G133	ἀνεκλάλητος	G443	see λαλέω G3281
ἀναίτιος	G360	see αἰτία G162	ἀνέκλειπτος	G444	see λείπω G3309
ἀνακαθίζω	G361	see κάθημαι G2764	ἀνεκτός	G445	see ἀνέχομαι G462
ἀνακαινίζω	G362	see καινός G2785	ἀνέλεος	G447	see ἔλεος G1799
ἀνακαινόω	G363	see καινός G2785	ἀνεμίζω	G448	see ἄνεμος G449
ἀνακαίνωσις	G364	see καινός G2785	ἄνεμος	G449	
ἀνακαλύπτω	G365	see καλύπτω G2821	ἀνεξεραύνητος	G451	see ἐραυνάω G2236
ἀνακεφαλαιόω	G368	see κεφαλή G3051	ἀνεξίκακος	G452	see ἀνέχομαι G462
ἀνακλίνω	G369	see κλίνω G3111	ἀνεξίκακος	G452	see κακός G2805
ἀνακράζω	G371	see κράζω G3189	ἀνεπαίσχυντος	G454	see αἰσχύνη G158
ἀνακρίνω	G373	see κρίνω G3212	ἀνέρχομαι	G456	see ἔρχομαι G2262
ἀνάκρισις	G374	see κρίνω G3212	ἄνεσις	G457	
ἀναλαμβάνω	G377	see λαμβάνω G3284	ἀνευρίσκω	G461	see εὑρίσκω G461
ἀνάλημψις	G378	see λαμβάνω G3284	ἀνέχομαι	G462	
ἀναλογίζομαι	G382	see λογίζομαι G3357	ἀνήρ	G467	
ἄναλος	G383	see ἅλας G229	ἀνθομολογέομαι	G469	see ὁμολογέω G3933
ἀνάλυσις	G385	see λύω G3395	ἀνθρωπάρεσκος	G473	see ἀρέσκω G743
ἀναλύω	G386	see λύω G3395	ἀνθρώπινος	G474	see ἄνθρωπος G476
ἀναμάρτητος	G387	see ἁμαρτάνω G279	ἄνθρωπος	G476	
ἀναμένω	G388	see μένω G3531	ἀνθύπατος	G478	
ἀναμιμνήσκω	G389	see μιμνήσκομαι G3630	ἄνιπτος	G481	see νίπτω G3782
ἀνάμνησις	G390	see μιμνήσκομαι G3630	ἀνίστημι	G482	
ἀνανεόω	G391	see νέος G3742	ἀνόητος	G485	see νοῦς G3808
ἀνανήφω	G392	see νήφω G3768	ἄνοια	G486	see νοῦς G3808
ἀναντίρρητος	G394	see ῥῆμα G4839	ἀνοίγω	G487	
ἀναντιρρήτως	G395	see ῥῆμα G4839	ἀνοικοδομέω	G488	see οἰκοδομέω G3868
ἀνάξιος	G396	see ἄξιος G545	ἄνοιξις	G489	see ἀνοίγω G487
ἀναξίως	G397	see ἄξιος G545	ἀνομία	G490	see νόμος G3795
ἀνάπαυσις	G398	see ἀναπαύω G399	ἄνομος	G491	see νόμος G3795
ἀναπαύω	G399		ἀνορθόω	G494	see ὀρθός G3981
ἀναπέμπω	G402	see πέμπω G4287	ἀνόσιος	G495	see ὅσιος G4008
ἀναπίπτω	G404	see πίπτω G4406	ἀνοχή	G496	see ἀνέχομαι G462
ἀναπληρόω	G405	see πληρόω G4444	ἀνταγωνίζομαι	G497	see ἀγών G74
ἀναπολόγητος	G406	see ἀπολογέομαι G664	ἀντάλλαγμα	G498	see ἀλλάσσω G248

Greek Word Index

Greek Word	Greek Number	Greek Word Studied	Greek Word	Greek Number	Greek Word Studied
ἀνταναπληρόω	G499	see πληρόω G4444	ἀπειθέω	G578	see πείθω G4275
ἀνταποδίδωμι	G500	see δίδωμι G1443	ἀπειθής	G579	see πείθω G4275
ἀνταπόδομα	G501	see δίδωμι G1443	ἄπειμι	G582	see παρουσία G4242
ἀνταπόδοσις	G502	see δίδωμι G1443	ἀπείραστος	G585	see πειράζω G4279
ἀνταποκρίνομαι	G503	see κρίνω G3212	ἀπεκδέχομαι	G587	see ἐκδέχομαι G1683
ἀντέχω	G504	see ἔχω G2400	ἀπεκδύομαι	G588	see ἐνδύω G1907
ἀντί	G505		ἀπέκδυσις	G589	see ἐνδύω G1907
ἀντίδικος	G508	see δίκη G1472	ἀπελεγμός	G591	see ἐλέγχω G1794
ἀντικαλέω	G511	see καλέω G2813	ἀπελεύθερος	G592	see ἐλευθερία G1800
ἀντιλαμβάνω	G514	see λαμβάνω G3284	ἀπελπίζω	G594	see ἐλπίς G1828
ἀντιλέγω	G515	see λόγος G3364	ἀπερίτμητος	G598	see περιτέμνω G4362
ἀντίλημψις	G516	see λαμβάνω G3284	ἀπέρχομαι	G599	see ἔρχομαι G2262
ἀντιλογια	G517	see λόγος G3364	ἀπιστέω	G601	see πιστεύω G4409
ἀντιλοιδορέω	G518	see λοιδορέω G3366	ἀπιστία	G602	see πιστεύω G4409
ἀντίλυτρον	G519	see λυτρόω G3390	ἄπιστος	G603	see πιστεύω G4409
ἀντιμετρέω	G520	see μέτρον G3586	ἁπλότης	G605	
ἀντιμισθία	G521	see μισθός G3635	ἁπλοῦς	G606	see ἁπλότης G605
ἀντιπαρέρχομαι	G524	see ἔρχομαι G2262	ἁπλῶς	G607	see ἁπλότης G605
ἀντιπίπτω	G528	see πίπτω G4406	ἀπό	G608	
ἀντιστρατεύομαι	G529	see στρατεία G5127	ἀποβαίνω	G609	see ἀναβαίνω G326
ἀντιτάσσω	G530	see τάσσω G5435	ἀποβλέπω	G611	see βλέπω G1063
ἀντίτυπος	G531	see τύπος G5596	ἀπογίνομαι	G614	see γίνομαι G1181
ἀντίχριστος	G532		ἀπογραφή	G615	see γράφω G1211
ἀντοφθαλμέω	G535	see ὀφθαλμός G4057	ἀπογράφω	G616	see γράφω G1211
ἄνυδρος	G536	see ὕδωρ G5623	ἀποδείκνυμι	G617	see δείκνυμι G1259
ἀνυπόκριτος	G537	see ὑποκρίνομαι G5693	ἀπόδειξις	G618	see δείκνυμι G1259
ἀνυπότακτος	G538	see τάσσω G5435	ἀποδεκατόω	G620	see δέκα G1274
ἄνω	G539		ἀπόδεκτος	G621	see δέχομαι G1312
ἄνωθεν	G540	see ἄνω G539	ἀποδέχομαι	G622	see δέχομαι G1312
ἀνωτερικός	G541	see ἄνω G539	ἀποδημέω	G623	see δῆμος G1322
ἀνώτερος	G542	see ἄνω G539	ἀπόδημος	G624	see δῆμος G1322
ἀνωφελής	G543	see ὠφελέω G6067	ἀποδίδωμι	G625	see δίδωμι G1443
ἄξιος	G545		ἀποδιορίζω	G626	see ὁρίζω G3988
ἀξιόω	G546	see ἄξιος G545	ἀποδοκιμάζω	G627	see δοκιμάζω G1507
ἀξίως	G547	see ἄξιος G545	ἀποδοχή	G628	see δέχομαι G1312
ἀόρατος	G548	see ὁράω G3972	ἀποθησαυρίζω	G631	see θησαυρός G2565
ἀπαγγέλλω	G550	see ἀγγέλλω G33	ἀποθλίβω	G632	see θλῖψις G2568
ἀπαίδευτος	G553	see παιδεύω G4084	ἀποθνήσκω	G633	see θάνατος G2505
ἀπαίρω	G554	see αἴρω G149	ἀποκαθιστάνω	G634	see ἀποκαθίστημι G635
ἀπαιτέω	G555	see αἰτέω G160	ἀποκαθίστημι	G635	
ἀπαλλάσσω	G557	see ἀλλάσσω G248	ἀποκαλύπτω	G636	see καλύπτω G2821
ἀπαλλοτριόω	G558	see ἄλλος G257	ἀποκάλυψις	G637	see καλύπτω G2821
ἀπαντάω	G560	see καταντάω G2918	ἀποκαραδοκία	G638	see ἐκδέχομαι G1683
ἀπάντησις	G561	see καταντάω G2918	ἀποκαταλλάσσω	G639	see ἀλλάσσω G248
ἅπαξ	G562		ἀποκατάστασις	G640	see ἀποκαθίστημι G635
ἀπαράβατος	G563		ἀποκεφαλίζω	G642	see κεφαλή G3051
ἀπαρασκεύαστος	G564	see κατασκευάζω G2941	ἀποκλείω	G643	see κλείω G3091
ἀπαρχή	G569		ἀποκόπτω	G644	see κόπτω G3164
ἅπας	G570	see πᾶς G4246	ἀπόκριμα	G645	see κρίνω G3212
ἀπασπάζομαι	G571	see ἀσπάζομαι G832	ἀποκρίνομαι	G646	see κρίνω G3212
ἀπατάω	G572		ἀπόκρισις	G647	see κρίνω G3212
ἀπάτη	G573	see ἀπατάω G572	ἀποκρύπτω	G648	see κρύπτω G3221
ἀπάτωρ	G574	see πατήρ G4252	ἀπόκρυφος	G649	see κρύπτω G3221
ἀπαύγασμα	G575	see αὐγάζω G878	ἀποκτείνω	G650	
ἀπείθεια	G577	see πείθω G4275	ἀπολαμβάνω	G655	see λαμβάνω G3284

Greek Word Index

Greek Word	Greek Number	Greek Word Studied
ἀπαρνέομαι	G656	see ἀρνέομαι G766
ἀπολείπω	G657	see λείπω G3309
ἀπόλλυμι	G660	
Ἀπολλύων	G661	see ἀπόλλυμι G660
ἀπολογέομαι	G664	
ἀπολογία	G665	see ἀπολογέομαι G664
ἀπολούω	G666	see λούω G3374
ἀπολύτρωσις	G667	see λυτρόω G3390
ἀπολύω	G668	see λύω G3395
ἀπονίπτω	G672	see νίπτω G3782
ἀποπίπτω	G674	see πίπτω G4406
ἀποπλανάω	G675	see πλανάω G4414
ἀποπνίγω	G678	see πνίγω G4464
ἀπορφανίζω	G682	see ὀρφανός G4003
ἀποσκίασμα	G684	see σκιά G5014
ἀποστασία	G686	see ἀφίστημι G923
ἀποστάσιον	G687	
ἀποστέλλω	G690	
ἀποστερέω	G691	
ἀποστολή	G692	see ἀποστέλλω G690
ἀπόστολος	G693	see ἀποστέλλω G690
ἀποστοματίζω	G694	see στόμα G5125
ἀποστρέφω	G695	see στρέφω G5138
ἀποσυνάγωγος	G697	see συναγωγή G5252
ἀποτάσσω	G698	see τάσσω G5435
ἀποτελέω	G699	see τέλος G5465
ἀποτινάσσω	G701	see ἐκτινάσσω G1759
ἀποτολμάω	G703	see τολμάω G5528
ἀποτρέπω	G706	
ἀπουσία	G707	see παρουσία G4242
ἀποφεύγω	G709	see φεύγω G5771
ἀποχωρέω	G713	see χώρα G6001
ἀποχωρίζω	G714	see χωρίζω G6004
ἀποψύχω	G715	see ψυχή G6034
ἀπρόσκοπος	G718	see κόπτω G3164
ἀπροσωπολήμπτως	G719	see πρόσωπον G4725
ἅπτω	G721	
ἀπώλεια	G724	see ἀπόλλυμι G660
ἀρά	G725	
ἀργύρεος	G735	see ἀργύριον G736
ἀργύριον	G736	
ἀργυροκόπος	G737	see ἀργύριον G736
ἄργυρος	G738	see ἀργύριον G736
ἀρεσκεία	G742	see ἀρέσκω G743
ἀρέσκω	G743	
ἀρεστός	G744	see ἀρέσκω G743
ἀρετή	G746	
ἀρήν	G748	see ἀμνός G303
ἀριθμέω	G749	see ἀριθμός G750
ἀριθμός	G750	
ἀριστερός	G754	
ἀρκετός	G757	see ἀρκέω G758
ἀρκέω	G758	
Ἁρμαγεδών	G762	
ἀρνέομαι	G766	
ἀρνίον	G768	see ἀμνός G303
ἁρπαγή	G771	see ἁρπάζω G773
ἁρπαγμός	G772	see ἁρπάζω G773
ἁρπάζω	G773	
ἅρπαξ	G774	see ἁρπάζω G773
ἀρραβών	G775	
ἄρρητος	G777	see ῥῆμα G4839
ἀρσενοκοίτης	G780	see ἄρσην G781
ἀρσενοκοίτης	G780	see κοίτη G3130
ἄρσην	G781	
ἀρτιγέννητος	G786	see γεννάω G1164
ἄρτιος	G787	
ἄρτος	G788	
ἀρχάγγελος	G791	see ἄγγελος G34
ἀρχαῖος	G792	see ἀρχή G794
ἀρχή	G794	
ἀρχηγός	G795	see ἀρχή G794
ἀρχιερατικός	G796	see ἱερεύς G2636
ἀρχιερεύς	G797	see ἱερεύς G2636
ἀρχιποίμην	G799	see ποιμήν G4478
ἀρχισυνάγωγος	G801	see συναγωγή G5252
ἀρχιτέκτων	G802	see τέκτων G5454
ἀρχιτελώνης	G803	see τελώνης G5467
ἀρχιτρίκλινος	G804	see κλίνω G3111
ἄρχω	G806	see ἀρχή G794
ἄρχων	G807	see ἀρχή G794
ἀσάλευτος	G810	see σαλεύω G4888
ἄσβεστος	G812	see σβέννυμι G4931
ἀσέβεια	G813	see σέβομαι G4936
ἀσεβέω	G814	see σέβομαι G4936
ἀσεβής	G815	see σέβομαι G4936
ἀσέλγεια	G816	
ἀσθένεια	G819	
ἀσθενέω	G820	see ἀσθένεια G819
ἀσθένημα	G821	see ἀσθένεια G819
ἀσθενής	G822	see ἀσθένεια G819
ἀσκέω	G828	
ἄσοφος	G831	see σοφία G5053
ἀσπάζομαι	G832	
ἀσπασμός	G833	see ἀσπάζομαι G832
ἀστήρ	G843	
ἀστήρικτος	G844	see στηρίζω G5114
ἀστραπή	G847	see ἀστράπτω G848
ἀστράπτω	G848	
ἄστρον	G849	see ἀστήρ G843
ἀσύμφωνος	G851	see φωνή G5889
ἀσύνετος	G852	see σύνεσις G5304
ἀσφάλεια	G854	see ἀσφαλής G855
ἀσφαλής	G855	
ἀσφαλίζω	G856	see ἀσφαλής G855
ἀσφαλῶς	G857	see ἀσφαλής G855
ἀσχημονέω	G858	see ἀσχημοσύνη G859
ἀσχημοσύνη	G859	
ἀσχήμων	G860	see ἀσχημοσύνη G859
ἀσωτία	G861	

Greek Word Index

Greek Word	Greek Number	Greek Word Studied	Greek Word	Greek Number	Greek Word Studied
ἀσώτως	G862	see ἀσωτία G861	βαρύνω	G986	see βάρος G983
ἀτακτέω	G863	see τάσσω G5435	βαρύς	G987	see βάρος G983
ἄτακτος	G864	see τάσσω G5435	βαρύτιμος	G988	see βάρος G983
ἀτάκτως	G865	see τάσσω G5435	βασανίζω	G989	
ἄτεκνος	G866	see τέκνον G5451	βασανισμός	G990	see βασανίζω G989
ἀτενίζω	G867		βασανιστής	G991	see βασανίζω G989
ἀτιμάζω	G869	see τιμή G5507	βάσανος	G992	see βασανίζω G989
ἀτιμία	G871	see τιμή G5507	βασιλεία	G993	see βασιλεύς G995
ἄτιμος	G872	see τιμή G5507	βασίλειος	G994	see βασιλεύς G995
ἄτοπος	G876	see τόπος G5536	βασιλεύς	G995	
αὐγάζω	G878		βασιλεύω	G996	see βασιλεύς G995
αὐγή	G879	see αὐγάζω G878	βασιλικός	G997	see βασιλεύς G995
αὐξάνω	G889		βασίλισσα	G999	see βασιλεύς G995
αὔξησις	G890	see αὐξάνω G889	βασκαίνω	G1001	
αὐτάρκεια	G894	see ἀρκέω G758	βαστάζω	G1002	
αὐτάρκης	G895	see ἀρκέω G758	βδέλυγμα	G1007	see βδελύσσομαι G1009
αὐτοκατάκριτος	G896	see κρίνω G3212	βδελυκτός	G1008	see βδελύσσομαι G1009
αὐτόπτης	G898	see ὀφθαλμός G4057	βδελύσσομαι	G1009	
αὐτόχειρ	G901	see χείρ G5931	βέβαιος	G1010	
ἀφανής	G905	see φαίνω G5743	βεβαιόω	G1011	see βέβαιος G1010
ἄφαντος	G908	see φαίνω G5743	βεβαίωσις	G1012	see βέβαιος G1010
ἄφεσις	G912	see ἀφίημι G918	βέβηλος	G1013	
ἀφθαρσία	G914	see φθείρω G5780	βεβηλόω	G1014	see βέβηλος G1013
ἄφθαρτος	G915	see φθείρω G5780	Βεελζεβούλ	G1015	
ἀφθορία	G917	see φθείρω G5780	Βελιάρ	G1016	
ἀφίημι	G918		Βηθλέεμ	G1033	
ἀφιλάγαθος	G920	see ἀγαθός G19	βῆμα	G1037	
ἀφιλάργυρος	G921	see φιλέω G5797	βία	G1040	
ἀφίστημι	G923		βιάζω	G1041	see βία G1040
ἀφόβως	G925	see φόβος G5832	βίαιος	G1042	see βία G1040
ἀφομοιόω	G926	see ὅμοιος G3927	βιαστής	G1043	see βία G1040
ἀφοράω	G927	see ὁράω G3972	βιβλαρίδιον	G1044	see βίβλος G1047
ἀφορίζω	G928	see ὁρίζω G3988	βιβλίον	G1046	see βίβλος G1047
ἀφροσύνη	G932	see φρονέω G5858	βίβλος	G1047	
ἄφρων	G933	see φρονέω G5858	βιβρώσκω	G1048	see βρῶμα G1109
ἄφωνος	G936	see φωνή G5889	βίος	G1050	
ἀχάριστος	G940	see χάρις G5921	βιόω	G1051	see βίος G1050
ἀχειροποίητος	G942	see ποιέω G4472	βίωσις	G1052	see βίος G1050
ἀχειροποίητος	G942	see χείρ G5931	βιωτικός	G1053	see βίος G1050
ἀψευδής	G950	see ψεύδομαι G6017	βλασφημέω	G1059	
ἄψινθος	G952		βλασφημία	G1060	see βλασφημέω G1059
ἄψυχος	G953	see ψυχή G6034	βλάσφημος	G1061	see βλασφημέω G1059
Βαβυλών	G956		βλέμμα	G1062	see βλέπω G1063
βάθος	G958		βλέπω	G1063	
βαθύνω	G959	see βάθος G958	βοάω	G1066	
βαθύς	G960	see βάθος G958	βοή	G1068	see βοάω G1066
βάλλω	G965		βοήθεια	G1069	see βοηθέω G1070
βαπτίζω	G966	see βάπτω G970	βοηθέω	G1070	
βάπτισμα	G967	see βάπτω G970	βοηθός	G1071	see βοηθέω G1070
βαπτισμός	G968	see βάπτω G970	βουλευτής	G1085	see βούλομαι G1089
βαπτιστής	G969	see βάπτω G970	βουλεύω	G1086	see βούλομαι G1089
βάπτω	G970		βουλή	G1087	see βούλομαι G1089
βάρβαρος	G975		βούλημα	G1088	see βούλομαι G1089
βαρέω	G976	see βάρος G983	βούλομαι	G1089	
βάρος	G983		βραβεῖον	G1092	

345

Greek Word Index

Greek Word	Greek Number	Greek Word Studied	Greek Word	Greek Number	Greek Word Studied
βραβεύω	G1093	see βραβεῖον G1092	γυναικάριον	G1220	see γυνή G1222
βρέφος	G1100		γυναικεῖος	G1221	see γυνή G1222
βρυγμός	G1106	see βρύχω G1107	γυνή	G1222	
βρύχω	G1107		γωνία	G1224	
βρῶμα	G1109		δαιμονίζομαι	G1227	see δαίμων G1230
βρώσιμος	G1110	see βρῶμα G1109	δαιμόνιον	G1228	see δαίμων G1230
βρῶσις	G1111	see βρῶμα G1109	δαιμονιώδης	G1229	see δαίμων G1230
βυθίζω	G1112	see βάθος G958	δαίμων	G1230	
βυθός	G1113	see βάθος G958	Δαυίδ	G1253	
Γαβριήλ	G1120		δέησις	G1255	see δέομαι G1289
γαζοφυλάκιον	G1126	see φυλάσσω G5875	δεῖ	G1256	
γάλα	G1128		δεῖγμα	G1257	
γαμέω	G1138		δειγματίζω	G1258	see δεῖγμα G1257
γαμίζω	G1139	see γαμέω G1138	δείκνυμι	G1259	
γαμίσκω	G1140	see γαμέω G1138	δειπνέω	G1268	see δεῖπνον G1270
γάμος	G1141	see γαμέω G1138	δεῖπνον	G1270	
γέεννα	G1147		δεισιδαιμονία	G1272	see δαίμων G1230
γελάω	G1151	see γελάω G1147	δεισιδαίμων	G1273	see δαίμων G1230
γέλως	G1152	see γελάω G1147	δέκα	G1274	
γεμίζω	G1153	see γέμω G1154	δεκατέσσαρες	G1280	see τέσσαρες G5475
γέμω	G1154		δέκατος	G1281	see δέκα G1274
γενεά	G1155		δεκάτη	G1281	see δέκα G1274
γενεαλογέω	G1156	see γενεά G1155	δεκατόω	G1282	see δέκα G1274
γενεαλογία	G1157	see γενεά G1155	δεκτός	G1283	see δέχομαι G1312
γενέσια	G1160	see γίνομαι G1181	δένδρον	G1285	
γένεσις	G1161	see γίνομαι G1181	δεξιός	G1288	
γεννάω	G1164		δέομαι	G1289	
γέννημα	G1165	see γεννάω G1164	δεσμεύω	G1297	see δέω G1313
γεννητός	G1168	see γεννάω G1164	δέσμη	G1299	see δέω G1313
γένος	G1169	see γενεά G1155	δέσμιος	G1300	see δέω G1313
γεύομαι	G1174		δεσμός	G1301	see δέω G1313
γῆ	G1178	see γῆ G1178	δεσμοφύλαξ	G1302	see δέω G1313
γίνομαι	G1181		δεσμοφύλαξ	G1302	see φυλάσσω G5875
γινώσκω	G1182		δεσμωτήριον	G1303	see δέω G1313
γλῶσσα	G1185		δεσμώτης	G1304	see δέω G1313
γνωρίζω	G1192	see γινώσκω G1182	δεσπότης	G1305	
γνῶσις	G1194	see γινώσκω G1182	δεύτερος	G1311	see δύο G1545
γνώστης	G1195	see γινώσκω G1182	δέχομαι	G1312	
γνωστός	G1196	see γινώσκω G1182	δέω	G1313	
γογγύζω	G1197		δῆλος	G1316	see δηλόω G1317
γογγυσμός	G1198	see γογγύζω G1197	δηλόω	G1317	
γογγυστής	G1199	see γογγύζω G1197	δημηγορέω	G1319	see δῆμος G1322
γόνυ	G1205		δημιουργός	G1321	
γονυπετέω	G1206	see γόνυ G1205	δῆμος	G1322	
γράμμα	G1207	see γράφω G1211	δημόσιος	G1323	see δῆμος G1322
γραμματεύς	G1208	see γράφω G1211	διά	G1328	
γραπτός	G1209	see γράφω G1211	διαβαίνω	G1329	see ἀναβαίνω G326
γραφή	G1210	see γράφω G1211	διαβάλλω	G1330	
γράφω	G1211		διαβεβαιόομαι	G1331	see βέβαιος G1010
γρηγορέω	G1213		διαβλέπω	G1332	see βλέπω G1063
γυμνάζω	G1214	see γυμνός G1218	διάβολος	G1333	see διαβάλλω G1330
γυμνασία	G1215	see γυμνός G1218	διαγγέλλω	G1334	see ἀγγέλλω G33
γυμνιτεύω	G1217	see γυμνός G1218	διαγίνομαι	G1335	see γίνομαι G1181
γυμνός	G1218		διαγογγύζω	G1339	see γογγύζω G1197
γυμνότης	G1219	see γυμνός G1218	διαδέχομαι	G1342	see δέχομαι G1312

Greek Word Index

Greek Word	Greek Number	Greek Word Studied
διάδημα	G1343	
διαδίδωμι	G1344	see δίδωμι G1443
διαζώννυμι	G1346	see ζώννυμι G2439
διαθήκη	G1347	
διακαθαίρω	G1350	see καθαρός G2754
διακαθαρίζω	G1351	see καθαρός G2754
διακατελέγχομαι	G1352	see ἐλέγχω G1794
διακονέω	G1354	
διακονία	G1355	see διακονέω G1355
διάκονος	G1356	see διακονέω G1355
διακούω	G1358	see ἀκούω G201
διακρίνω	G1359	see κρίνω G3212
διάκρισις	G1360	see κρίνω G3212
διακωλύω	G1361	see κωλύω G3266
διαλαλέω	G1362	see λαλέω G3281
διαλέγομαι	G1363	see λόγος G3364
διαλείπω	G1364	see λείπω G3309
διάλεκτος	G1365	see λόγος G3364
διαλλάσσομαι	G1367	see ἀλλάσσω G248
διαλογίζομαι	G1368	see λογίζομαι G3357
διαλογισμός	G1369	see λογίζομαι G3357
διαλύω	G1370	see λύω G3395
διαμαρτύρομαι	G1371	see μαρτυρία G3456
διαμάχομαι	G1372	see μάχομαι G3481
διαμένω	G1373	see μένω G3531
διαμερίζω	G1374	see μέρος G3538
διαμερισμός	G1375	see μέρος G3538
διανόημα	G1378	see νοῦς G3808
διάνοια	G1379	see νοῦς G3808
διανοίγω	G1380	see ἀνοίγω G487
διανυκτερεύω	G1381	see νύξ G3816
διαπονέομαι	G1387	see πόνος G4506
διαπορεύομαι	G1388	see πορεύομαι G4513
διαπραγματεύομαι	G1390	see πράσσω G4556
διαρπάζω	G1395	see ἁρπάζω G773
διασείω	G1398	see σείω G4940
διασκορπίζω	G1399	see σκορπίζω G5025
διασπείρω	G1401	see διασπορά G1402
διασπορά	G1402	
διαστρέφω	G1406	see στρέφω G5138
διασῴζω	G1407	see σῴζω G5392
διαταγή	G1408	see τάσσω G5435
διάταγμα	G1409	see τάσσω G5435
διαταράσσω	G1410	see ταράσσω G5429
διατάσσω	G1411	see τάσσω G5435
διατελέω	G1412	see τέλος G5465
διατηρέω	G1413	see τηρέω G5499
διατίθημι	G1416	see διαθήκη G1347
διαυγάζω	G1419	see αὐγάζω G878
διαυγής	G1420	see αὐγάζω G878
διαφεύγω	G1423	see φεύγω G5771
διαφθείρω	G1425	see φθείρω G5780
διαφθορά	G1426	see φθείρω G5780
διαχειρίζω	G1429	see χείρ G5931
διαχωρίζω	G1431	see χωρίζω G6004
διδακτικός	G1434	see διδάσκω G1438
διδακτός	G1435	see διδάσκω G1438
διδασκαλία	G1436	see διδάσκω G1438
διδάσκαλος	G1437	see διδάσκω G1438
διδάσκω	G1438	
διδαχή	G1439	see διδάσκω G1438
δίδωμι	G1443	
διεγείρω	G1444	see ἐγείρω G1586
διέξοδος	G1447	see ὁδός G3847
διερμηνεία	G1448	see ἑρμηνεύω G2257
διερμηνευτής	G1449	see ἑρμηνεύω G2257
διερμηνεύω	G1450	see ἑρμηνεύω G2257
διέρχομαι	G1451	see ἔρχομαι G2262
διερωτάω	G1452	see ἐρωτάω G2263
διηγέομαι	G1455	see ἐξηγέομαι G2007
διήγησις	G1456	see ἐξηγέομαι G2007
διθάλασσος	G1458	see θάλασσα G2498
δικαιοκρισία	G1464	see κρίνω G3212
δικαιοκρισία	G1464	see δικαιοσύνη G1466
δίκαιος	G1465	see δικαιοσύνη G1466
δικαιοσύνη	G1466	
δικαιόω	G1467	see δικαιοσύνη G1466
δικαίωμα	G1468	see δικαιοσύνη G1466
δικαίως	G1469	see δικαιοσύνη G1466
δικαίωσις	G1470	see δικαιοσύνη G1466
δικαστής	G1471	see δίκη G1472
δίκη	G1472	
δίλογος	G1474	see λόγος G3364
διόρθωμα	G1480	see ὀρθός G3981
διόρθωσις	G1481	see ὀρθός G3981
δισμυριάς	G1490	see δύο G1545
δίστομος	G1492	see στόμα G5125
δίστομος	G1492	see δύο G1545
δισχίλιοι	G1493	see δύο G1545
δισχίλιοι	G1493	see χίλιοι G5943
διψάω	G1498	
δίψος	G1499	see διψάω G1498
δίψυχος	G1500	see ψυχή G6034
διωγμός	G1501	see διώκω G1503
διώκτης	G1502	see διώκω G1503
διώκω	G1503	
δόγμα	G1504	
δογματίζω	G1505	see δόγμα G1504
δοκέω	G1506	
δοκιμάζω	G1507	
δοκιμασία	G1508	see δοκιμάζω G1507
δοκιμή	G1509	see δοκιμάζω G1507
δοκίμιον	G1510	see δοκιμάζω G1507
δόκιμος	G1511	see δοκιμάζω G1507
δολιόω	G1514	
δόλος	G1515	see δολιόω G1514
δολόω	G1516	see δολιόω G1514
δόμα	G1517	see δίδωμι G1443
δόξα	G1518	
δοξάζω	G1519	see δόξα G1518

Greek Word Index

Greek Word	Greek Number	Greek Word Studied
δόσις	G1521	see δίδωμι G1443
δότης	G1522	see δίδωμι G1443
δουλαγωγέω	G1524	see δοῦλος G1528
δουλεία	G1525	see δοῦλος G1528
δουλεύω	G1526	see δοῦλος G1528
δούλη	G1527	see δοῦλος G1528
δοῦλος	G1528	
δουλόω	G1530	see δοῦλος G1528
δοχή	G1531	see δέχομαι G1312
δράκων	G1532	
δρόμος	G1536	see τρέχω G5556
δύναμαι	G1538	see δύναμις G1539
δύναμις	G1539	
δυναμόω	G1540	see δύναμις G1539
δυνάστης	G1541	see δύναμις G1539
δυνατέω	G1542	see δύναμις G1539
δυνατός	G1543	see δύναμις G1539
δύο	G1545	
δυσβάστακτος	G1546	see βαστάζω G1002
δυσερμήνευτος	G1549	see ἑρμηνεύω G2257
δυσνόητος	G1554	see νοῦς G3808
δυσφημέω	G1555	see βλασφημέω G1059
δυσφημία	G1556	see βλασφημέω G1059
δώδεκα	G1557	see δύο G1545
δωδέκατος	G1558	see δύο G1545
δωδεκάφυλον	G1559	see δύο G1545
δωρεά	G1561	see δίδωμι G1443
δωρεάν	G1562	see δίδωμι G1443
δωρέομαι	G1564	see δίδωμι G1443
δῶρον	G1565	see δίδωμι G1443
ἑβδομήκοντα	G1573	see ἑπτά G2231
ἑβδομηκοντάκις	G1574	see ἑπτά G2231
ἕβδομος	G1575	see ἑπτά G2231
Ἑβραῖος	G1578	
Ἑβραΐς	G1579	see Ἑβραῖος G1578
Ἑβραϊστί	G1580	see Ἑβραῖος G1578
ἐγγίζω	G1581	see ἐγγύς G1584
ἐγγράφω	G1582	see γράφω G1211
ἔγγυος	G1583	
ἐγγύς	G1584	
ἐγείρω	G1586	
ἔγερσις	G1587	see ἐγείρω G1586
ἐγκαίνια	G1589	see καινός G2785
ἐγκαινίζω	G1590	see καινός G2785
ἐγκαλέω	G1592	see καλέω G2813
ἐγκαταλείπω	G1593	see λείπω G3309
ἐγκατοικέω	G1594	see οἶκος G3875
ἐγκαυχάομαι	G1595	see καυχάομαι G3016
ἔγκλημα	G1598	see καλέω G2813
ἐγκοπή	G1600	see ἐγκόπτω G1601
ἐγκόπτω	G1601	
ἐγκράτεια	G1602	
ἐγκρατεύομαι	G1603	see ἐγκράτεια G1602
ἐγκρατής	G1604	see ἐγκράτεια G1602
ἐγκρίνω	G1605	see κρίνω G3212
ἐγκρύπτω	G1606	see κρύπτω G3221
ἐγχρίω	G1608	see χρίω G5987
ἐγώ	G1609	
ἑδραῖος	G1612	
ἑδραίωμα	G1613	see ἑδραῖος G1612
ἐθελοθρησκία	G1615	see θρησκεία G2579
ἐθίζω	G1616	see ἔθος G1621
ἐθνικός	G1618	see ἔθνος G1620
ἐθνικῶς	G1619	see ἔθνος G1620
ἔθνος	G1620	
ἔθος	G1621	
εἰδέα	G1624	see εἶδος G1626
εἶδος	G1626	
εἰδωλεῖον	G1627	see εἴδωλον G1631
εἰδωλόθυτος	G1628	see εἴδωλον G1631
εἰδωλολάτρης	G1629	see εἴδωλον G1631
εἰδωλολατρία	G1630	see εἴδωλον G1631
εἴδωλον	G1631	
εἰκών	G1635	
εἰμί	G1639	
εἰρηνεύω	G1644	see εἰρήνη G1645
εἰρήνη	G1645	
εἰρηνικός	G1646	see εἰρήνη G1645
εἰρηνοποιέω	G1647	see εἰρήνη G1645
εἰρηνοποιέω	G1647	see ποιέω G4472
εἰρηνοποιός	G1648	see εἰρήνη G1645
εἰρηνοποιός	G1648	see ποιέω G4472
εἰς	G1650	
εἷς	G1651	
εἰσακούω	G1653	see ἀκούω G201
εἰσδέχομαι	G1654	see δέχομαι G1312
εἰσέρχομαι	G1656	see ἔρχομαι G2262
εἴσοδος	G1658	see ὁδός G3847
εἰσπορεύομαι	G1660	see πορεύομαι G4513
εἰστρέχω	G1661	see τρέχω G5556
εἴωθα	G1665	see ἔθος G1621
ἐκ	G1666	
ἐκβαίνω	G1674	see ἀναβαίνω G326
ἐκβάλλω	G1675	
ἐκδέχομαι	G1683	
ἔκδηλος	G1684	see δηλόω G1317
ἐκδημέω	G1685	see δῆμος G1322
ἐκδίδωμι	G1686	see δίδωμι G1443
ἐκδιηγέομαι	G1687	see ἐξηγέομαι G2007
ἐκδικέω	G1688	see δίκη G1472
ἐκδίκησις	G1689	see δίκη G1472
ἔκδικος	G1690	see δίκη G1472
ἐκδιώκω	G1691	see διώκω G1503
ἔκδοτος	G1692	see δίδωμι G1443
ἐκδοχή	G1693	see ἐκδέχομαι G1683
ἐκδύω	G1694	see ἐνδύω G1907
ἐκζητέω	G1699	see ζητέω G2426
ἐκζήτησις	G1700	see ζητέω G2426
ἐκθαμβέω	G1701	see θαμβέω G2501
ἔκθαμβος	G1702	see θαμβέω G2501

Greek Word Index

Greek Word	Greek Number	Greek Word Studied	Greek Word	Greek Number	Greek Word Studied
ἐκθαυμάζω	G1703	see θαῦμα G2512	ἔλεος	G1799	
ἐκκαθαίρω	G1705	see καθαρός G2754	ἐλευθερία	G1800	
ἐκκαίω	G1706	see καίω G2794	ἐλεύθερος	G1801	see ἐλευθερία G1800
ἐκκλάω	G1709	see κλάω G3089	ἐλευθερόω	G1802	see ἐλευθερία G1800
ἐκκλείω	G1710	see κλείω G3091	ἔλευσις	G1803	see ἔρχομαι G2262
ἐκκλησία	G1711		Ἑλλάς	G1817	see Ἕλλην G1818
ἐκκλίνω	G1712	see κλίνω G3111	Ἕλλην	G1818	
ἐκκρεμάννυμι	G1717	see κρεμάννυμι G3203	Ἑλληνικός	G1819	see Ἕλλην G1818
ἐκλαλέω	G1718	see λαλέω G3281	Ἑλληνίς	G1820	see Ἕλλην G1818
ἐκλάμπω	G1719	see λάμπω G3290	Ἑλληνιστής	G1821	see Ἕλλην G1818
ἐκλέγομαι	G1721		Ἑλληνιστί	G1822	see Ἕλλην G1818
ἐκλείπω	G1722	see λείπω G3309	ἐλπίζω	G1827	see ἐλπίς G1828
ἐκλεκτός	G1723	see ἐκλέγομαι G1721	ἐλπίς	G1828	
ἐκλογή	G1724	see ἐκλέγομαι G1721	ἐμβαίνω	G1832	see ἀναβαίνω G326
ἐκλύω	G1725	see λύω G3395	ἐμβάπτω	G1835	see βάπτω G970
ἐκνήφω	G1729	see νήφω G3768	ἐμβλέπω	G1838	see βλέπω G1063
ἔκπαλαι	G1732	see παλαιός G4094	ἐμμαίνομαι	G1841	see μαίνομαι G3419
ἐκπειράζω	G1733	see πειράζω G4279	Ἐμμανουήλ	G1842	
ἐκπέμπω	G1734	see πέμπω G4287	ἐμμένω	G1844	see μένω G3531
ἐκπερισσῶς	G1735	see περισσεύω G4355	ἐμπαιγμονή	G1848	see ἐμπαίζω G1850
ἐκπίπτω	G1738	see πίπτω G4406	ἐμπαιγμός	G1849	see ἐμπαίζω G1850
ἐκπληρόω	G1740	see πληρόω G4444	ἐμπαίζω	G1850	
ἐκπλήρωσις	G1741	see πληρόω G4444	ἐμπαίκτης	G1851	see ἐμπαίζω G1850
ἐκπλήσσω	G1742		ἐμπεριπατέω	G1853	see πατέω G4251
ἐκπνέω	G1743	see πνεῦμα G4460	ἐμπίμπλημι	G1855	see πίμπλημι G4398
ἐκπορεύομαι	G1744	see πορεύομαι G4513	ἐμπίπτω	G1860	see πίπτω G4406
ἐκπορνεύω	G1745	see πορνεύω G4519	ἐμπνέω	G1863	see πνεῦμα G4460
ἐκριζόω	G1748	see ῥίζα G4884	ἐμφανής	G1871	see φαίνω G5743
ἔκστασις	G1749		ἐμφανίζω	G1872	see φαίνω G5743
ἐκστρέφω	G1750	see στρέφω G5138	ἔμφοβος	G1873	see φόβος G5832
ἐκταράσσω	G1752	see ταράσσω G5429	ἐν	G1877	
ἐκτελέω	G1754	see τέλος G5465	ἐνάρχομαι	G1887	see ἀρχή G794
ἐκτινάσσω	G1759		ἐνδεής	G1890	see δέομαι G1289
ἐκτρέπω	G1762	see ἀποτρέπω G706	ἔνδειγμα	G1891	see δεῖγμα G1257
ἔκτρωμα	G1765		ἐνδείκνυμι	G1892	see δείκνυμι G1259
ἐκφεύγω	G1767	see φεύγω G5771	ἔνδειξις	G1893	see δείκνυμι G1259
ἐκφοβέω	G1768	see φόβος G5832	ἐνδέχομαι	G1896	see δέχομαι G1312
ἔκφοβος	G1769	see φόβος G5832	ἐνδημέω	G1897	see δῆμος G1322
ἐκχέω	G1772		ἐνδιδύσκω	G1898	see ἐνδύω G1907
ἐκχωρέω	G1774	see χώρα G6001	ἔνδικος	G1899	see δικαιοσύνη G1466
ἐκψύχω	G1775	see ψυχή G6034	ἐνδοξάζομαι	G1901	see δόξα G1518
ἐλαία	G1777		ἔνδοξος	G1902	see δόξα G1518
ἔλαιον	G1778	see ἐλαία G1777	ἔνδυμα	G1903	see ἐνδύω G1907
ἐλαιών	G1779	see ἐλαία G1777	ἐνδυναμόω	G1904	see δύναμις G1539
ἐλάσσων	G1781	see μικρός G3625	ἐνδύω	G1907	
ἐλάχιστος	G1788	see μικρός G3625	ἐνέργεια	G1918	see ἐργάζομαι G2237
ἐλεάω	G1790	see ἔλεος G1799	ἐνεργέω	G1919	see ἐργάζομαι G2237
ἐλεγμός	G1791	see ἐλέγχω G1794	ἐνέργημα	G1920	see ἐργάζομαι G2237
ἔλεγξις	G1792	see ἐλέγχω G1794	ἐνεργής	G1921	see ἐργάζομαι G2237
ἔλεγχος	G1793	see ἐλέγχω G1794	ἐνευλογέω	G1922	see εὐλογέω G2328
ἐλέγχω	G1794		ἐνέχω	G1923	see ἔνοχος G1944
ἐλεήμων	G1795	see ἔλεος G1799	ἐνισχύω	G1932	see ἰσχύς G2709
ἐλεέω	G1796	see ἔλεος G1799	ἔννοια	G1936	see νοῦς G3808
ἐλεημοσύνη	G1797	see ἔλεος G1799	ἔννομος	G1937	see νόμος G3795
ἐλεήμων	G1798	see ἔλεος G1799	ἐνοικέω	G1940	see οἶκος G3875

349

Greek Word Index

Greek Word	Greek Number	Greek Word Studied	Greek Word	Greek Number	Greek Word Studied
ἐνορκίζω	G1941	see ὅρκος G3992	ἐπακούω	G2052	see ἀκούω G201
ἑνότης	G1942	see εἷς G1651	ἐπάναγκες	G2055	see ἀνάγκη G340
ἔνοχος	G1944		ἐπαναμιμνήσκω	G2057	see μιμνήσκομαι G3630
ἔνταλμα	G1945	see ἐντέλλω G1948	ἐπαναπαύομαι	G2058	see ἀναπαύω G399
ἐνταφιάζω	G1946	see θάπτω G2507	ἐπανέρχομαι	G2059	see ἔρχομαι G2262
ἐνταφιασμός	G1947	see θάπτω G2507	ἐπανίστημι	G2060	see ἀνίστημι G482
ἐντέλλω	G1948		ἐπανόρθωσις	G2061	see ὀρθός G3981
ἔντευξις	G1950	see ἐντυγχάνω G1961	ἐπάρατος	G2063	see ἀρά G725
ἔντιμος	G1952	see τιμή G5507	ἐπαρκέω	G2064	see ἀρκέω G758
ἐντολή	G1953	see ἐντέλλω G1948	ἐπεγείρω	G2074	see ἐγείρω G1586
ἐντυγχάνω	G1961		ἐπεισέρχομαι	G2082	see ἔρχομαι G2262
ἐντυπόω	G1963	see τύπος G5596	ἐπενδύομαι	G2086	see ἐνδύω G1907
ἐνυβρίζω	G1964	see ὕβρις G5615	ἐπενδύτης	G2087	see ἐνδύω G1907
ἐνωτίζομαι	G1969	see οὖς G4044	ἐπέρχομαι	G2088	see ἔρχομαι G2262
ἐξαγγέλλω	G1972	see ἀγγέλλω G33	ἐπερωτάω	G2089	see ἐρωτάω G2263
ἐξαγοράζω	G1973	see ἀγοράζω G60	ἐπερώτημα	G2090	see ἐρωτάω G2263
ἐξαίρω	G1976	see αἴρω G149	ἐπέχω	G2091	see ἔχω G2400
ἐξαιτέω	G1977	see αἰτέω G160	ἐπί	G2093	
ἐξακολουθέω	G1979	see ἀκολουθέω G199	ἐπιβαίνω	G2094	see ἀναβαίνω G326
ἐξαλείφω	G1981		ἐπιβαρέω	G2096	see βάρος G983
ἐξανάστασις	G1983	see ἀνίστημι G482	ἐπιβλέπω	G2098	see βλέπω G1063
ἐξανίστημι	G1985	see ἀνίστημι G482	ἐπιβουλή	G2101	see βούλομαι G1089
ἐξαπατάω	G1987	see ἀπατάω G572	ἐπιγαμβρεύω	G2102	see γαμέω G1138
ἐξαποστέλλω	G1990	see ἀποστέλλω G690	ἐπίγειος	G2103	see γῆ G1178
ἐξαρτίζω	G1992	see ἄρτιος G787	ἐπιγίνομαι	G2104	see γίνομαι G1181
ἐξαστράπτω	G1993	see ἀστράπτω G848	ἐπιγινώσκω	G2105	see γινώσκω G1182
ἐξεγείρω	G1995	see ἐγείρω G1586	ἐπίγνωσις	G2106	see γινώσκω G1182
ἐξεραυνάω	G2001	see ἐρaυνάω G2236	ἐπιγραφή	G2108	see γράφω G1211
ἐξέρχομαι	G2002	see ἔρχομαι G2262	ἐπιδείκνυμι	G2109	see δείκνυμι G1259
ἔξεστι	G2003	see ἐξουσία G2026	ἐπιδέχομαι	G2110	see δέχομαι G1312
ἐξηγέομαι	G2007		ἐπιδημέω	G2111	see δῆμος G1322
ἐξίστημι	G2014	see ἔκστασις G1749	ἐπιδιατάσσομαι	G2112	see τάσσω G5435
ἐξισχύω	G2015	see ἰσχύς G2709	ἐπιδίδωμι	G2113	see δίδωμι G1443
ἔξοδος	G2016	see ὁδός G3847	ἐπιδιορθόω	G2114	see ὀρθός G3981
ἐξολεθρεύω	G2017	see ὄλεθρος G3897	ἐπιείκεια	G2116	see ἐπιεικής G2117
ἐξομολογέω	G2018	see ὁμολογέω G3933	ἐπιεικής	G2117	
ἐξορκίζω	G2019	see ὅρκος G3992	ἐπιζητέω	G2118	see ζητέω G2426
ἐξορκιστής	G2020	see ὅρκος G3992	ἐπιθανάτιος	G2119	see θάνατος G2505
ἐξουσία	G2026		ἐπιθυμέω	G2121	
ἐξουσιάζω	G2027	see ἐξουσία G2026	ἐπιθυμητής	G2122	see ἐπιθυμέω G2121
ἔξω	G2032	see ἔσω G2276	ἐπιθυμία	G2123	see ἐπιθυμέω G2121
ἔξωθεν	G2033	see ἔσω G2276	ἐπικαθίζω	G2125	see κάθημαι G2764
ἐξώτερος	G2035	see ἔσω G2276	ἐπικαλέω	G2126	see καλέω G2813
ἑορτάζω	G2037	see ἑορτή G2038	ἐπικάλυμμα	G2127	see καλύπτω G2821
ἑορτή	G2038		ἐπικαλύπτω	G2128	see καλύπτω G2821
ἐπαγγελία	G2039		ἐπικατάρατος	G2129	see ἀρά G725
ἐπαγγέλλομαι	G2040	see ἐπαγγελία G2039	ἐπικρίνω	G2137	see κρίνω G3212
ἐπάγγελμα	G2041	see ἐπαγγελία G2039	ἐπιλαμβάνομαι	G2138	see λαμβάνω G3284
ἐπαγωνίζομαι	G2043	see ἀγών G74	ἐπιλέγω	G2141	see ἐκλέγομαι G1721
ἐπαινέω	G2046	see αἰνέω G140	ἐπιλείπω	G2142	see λείπω G3309
ἔπαινος	G2047	see αἰνέω G140	ἐπίλοιπος	G2145	see λείπω G3309
ἐπαίρω	G2048	see αἴρω G149	ἐπίλυσις	G2146	see ἐπιλύω G2147
ἐπαισχύνομαι	G2049	see αἰσχύνη G158	ἐπιλύω	G2147	
ἐπαιτέω	G2050	see αἰτέω G160	ἐπιμαρτυρέω	G2148	see μαρτυρία G3456
ἐπακολουθέω	G2051	see ἀκολουθέω G199	ἐπιμένω	G2152	see μένω G3531

Greek Word Index

Greek Word	Greek Number	Greek Word Studied	Greek Word	Greek Number	Greek Word Studied
ἐπίνοια	G2154	see νοῦς G3808	ἔρημος	G2245	
ἐπιορκέω	G2155	see ὅρκος G3992	ἐρημόω	G2246	see ἔρημος G2245
ἐπίορκος	G2156	see ὅρκος G3992	ἐρήμωσις	G2247	see ἔρημος G2245
ἐπιούσιος	G2157		ἑρμηνεία	G2255	see ἑρμηνεύω G2257
ἐπιπίπτω	G2158	see πίπτω G4406	ἑρμηνευτής	G2256	see ἑρμηνεύω G2257
ἐπιπορεύομαι	G2164	see πορεύομαι G4513	ἑρμηνεύω	G2257	
ἐπισκέπτομαι	G2170	see ἐπίσκοπος G2176	ἔρχομαι	G2262	
ἐπισκευάζομαι	G2171	see κατασκευάζω G2941	ἐρωτάω	G2263	
ἐπισκηνόω	G2172	see σκηνή G5008	ἐσθίω	G2266	
ἐπισκιάζω	G2173	see σκιά G5014	ἔσχατος	G2274	
ἐπισκοπέω	G2174	see ἐπίσκοπος G2176	ἐσχάτως	G2275	see ἔσχατος G2274
ἐπισκοπή	G2175	see ἐπίσκοπος G2176	ἔσω	G2276	
ἐπίσκοπος	G2176		ἔσωθεν	G2277	see ἔσω G2276
ἐπισπείρω	G2178	see σπέρμα G5065	ἐσώτερος	G2278	see ἔσω G2276
ἐπίσταμαι	G2179		ἑταῖρος	G2279	
ἐπιστέλλω	G2182	see ἐπιστολή G2186	ἑτερόγλωσσος	G2280	see γλῶσσα G1185
ἐπιστήμων	G2184	see ἐπίσταμαι G2179	ἑτερόγλωσσος	G2280	see ἕτερος G2283
ἐπιστηρίζω	G2185	see στηρίζω G5114	ἑτεροδιδασκαλέω	G2281	see διδάσκω G1438
ἐπιστολή	G2186		ἑτεροδιδασκαλέω	G2281	see ἕτερος G2283
ἐπιστομίζω	G2187	see στόμα G5125	ἑτεροζυγέω	G2282	see ἕτερος G2283
ἐπιστρέφω	G2188	see στρέφω G5138	ἑτεροζυγέω	G2282	see ζυγός G2433
ἐπιστροφή	G2189	see στρέφω G5138	ἕτερος	G2283	
ἐπισυνάγω	G2190	see συναγωγή G5252	ἑτέρως	G2284	see ἕτερος G2283
ἐπισυναγωγή	G2191	see συναγωγή G5252	ἑτοιμάζω	G2286	
ἐπισυντρέχω	G2192	see τρέχω G5556	ἑτοιμασία	G2288	see ἑτοιμάζω G2286
ἐπισχύω	G2196	see ἰσχύς G2709	ἕτοιμος	G2289	see ἑτοιμάζω G2286
ἐπιταγή	G2198	see τάσσω G5435	ἑτοίμως	G2290	see ἑτοιμάζω G2286
ἐπιτάσσω	G2199	see τάσσω G5435	Εὔα	G2293	
ἐπιτελέω	G2200	see τέλος G5465	εὐαγγελίζω	G2294	see εὐαγγέλιον G2295
ἐπιτιμάω	G2203		εὐαγγέλιον	G2295	
ἐπιτιμία	G2206	see ἐπιτιμάω G2203	εὐαγγελιστής	G2296	see εὐαγγέλιον G2295
ἐπιφαίνω	G2210	see φαίνω G5743	εὐαρεστέω	G2297	see ἀρέσκω G743
ἐπιφάνεια	G2211	see φαίνω G5743	εὐάρεστος	G2298	see ἀρέσκω G743
ἐπιφανής	G2212	see φαίνω G5743	εὐαρέστως	G2299	see ἀρέσκω G743
ἐπιφαύσκω	G2213	see φῶς G5890	εὐδοκέω	G2305	
ἐπιφωνέω	G2215	see φωνή G5889	εὐδοκία	G2306	see εὐδοκέω G2305
ἐπιφώσκω	G2216	see φῶς G5890	εὐεργεσία	G2307	see ἐργάζομαι G2237
ἐπιχειρέω	G2217	see χείρ G5931	εὐεργετέω	G2308	see ἐργάζομαι G2237
ἐπιχέω	G2219	see ἐκχέω G1772	εὐεργέτης	G2309	see ἐργάζομαι G2237
ἐπιχρίω	G2222	see χρίω G5987	εὐθυδρομέω	G2312	see τρέχω G5556
ἐποικοδομέω	G2224	see οἰκοδομέω G3868	εὐκαιρέω	G2320	see καιρός G2789
ἐπονομάζω	G2226	see ὄνομα G3950	εὐκαιρία	G2321	see καιρός G2789
ἐποπτεύω	G2227	see ὀφθαλμός G4057	εὔκαιρος	G2322	see καιρός G2789
ἐπόπτης	G2228	see ὀφθαλμός G4057	εὐκαίρως	G2323	see καιρός G2789
ἐπουράνιος	G2230	see οὐρανός G4041	εὔκοπος	G2324	see κόπος G3160
ἑπτά	G2231		εὐλάβεια	G2325	
ἑπτάκις	G2232	see ἑπτά G2231	εὐλαβέομαι	G2326	see εὐλάβεια G2325
ἑπτακισχίλιοι	G2233	see ἑπτά G2231	εὐλαβής	G2327	see εὐλάβεια G2325
ἑπτακισχίλιοι	G2233	see χίλιοι G5943	εὐλογέω	G2328	
ἐραυνάω	G2236		εὐλογητός	G2329	see εὐλογέω G2328
ἐργάζομαι	G2237		εὐλογία	G2330	see εὐλογέω G2328
ἐργασία	G2238	see ἐργάζομαι G2237	εὐνοέω	G2333	see νοῦς G3808
ἐργάτης	G2239	see ἐργάζομαι G2237	εὔνοια	G2334	see νοῦς G3808
ἔργον	G2240	see ἐργάζομαι G2237	εὐνουχίζω	G2335	see εὐνοῦχος G2336
ἐρημία	G2244	see ἔρημος G2245	εὐνοῦχος	G2336	

Greek Word Index

Greek Word	Greek Number	Greek Word Studied	Greek Word	Greek Number	Greek Word Studied
εὐοδόω	G2338	see ὁδός G3847	ἡδέως	G2452	see ἡδονή G2454
εὐποιΐα	G2343	see ποιέω G4472	ἡδονή	G2454	
εὐπρόσδεκτος	G2347	see δέχομαι G1312	ἦθος	G2456	see ἔθος G1621
εὐπροσωπέω	G2349	see πρόσωπον G4725	ἥκω	G2457	
εὑρίσκω	G2351		Ἠλίας	G2460	
εὐρύχωρος	G2353	see χώρα G6001	ἡλικία	G2461	
εὐσέβεια	G2354	see σέβομαι G4936	ἥλιος	G2463	
εὐσεβέω	G2355	see σέβομαι G4936	ἡμέρα	G2465	
εὐσεβής	G2356	see σέβομαι G4936	ἡμιθανής	G2467	see θάνατος G2505
εὐσεβῶς	G2357	see σέβομαι G4936	Ἡρῳδιανοί	G2477	
εὔσπλαγχνος	G2359	see σπλάγχνον G5073	ἡσυχάζω	G2483	see ἡσυχία G2484
εὐσχημόνως	G2361	see ἀσχημοσύνη G859	ἡσυχία	G2484	
εὐσχημοσύνη	G2362	see ἀσχημοσύνη G859	ἡσύχιος	G2485	see ἡσυχία G2484
εὐσχήμων	G2363	see ἀσχημοσύνη G859	ἠχέω	G2490	see ἦχος G2491/G2492
εὐφραίνω	G2370		ἦχος	G2491/G2492	
εὐφροσύνη	G2372	see εὐφραίνω G2370	θάλασσα	G2498	
εὐχαριστέω	G2373		θαμβέω	G2501	
εὐχαριστία	G2374	see εὐχαριστέω G2373	θάμβος	G2502	see θαμβέω G2501
εὐχάριστος	G2375	see εὐχαριστέω G2373	θανάσιμος	G2503	see θάνατος G2505
εὐχή	G2376	see εὔχομαι G2377	θανατηφόρος	G2504	see θάνατος G2505
εὔχομαι	G2377		θάνατος	G2505	
εὐψυχέω	G2379	see ψυχή G6034	θανατόω	G2506	see θάνατος G2505
εὐώνυμος	G2381		θάπτω	G2507	
ἐφάπαξ	G2384	see ἅπαξ G562	θαρρέω	G2509	
ἐφημερία	G2389	see ἡμέρα G2465	θαρσέω	G2510	
ἐφήμερος	G2390	see ἡμέρα G2465	θάρσος	G2511	see θαρσέω G2509
ἔχθρα	G2397	see ἐχθρός G2398	θαῦμα	G2512	
ἐχθρός	G2398		θαυμάζω	G2513	see θαῦμα G2512
ἔχω	G2400		θαυμάσιος	G2514	see θαῦμα G2512
ζάω	G2409	see ζωή G2437	θαυμαστός	G2515	see θαῦμα G2512
ζεῦγος	G2414	see ζυγός G2433	θεά	G2516	see θεός G2563
ζηλεύω	G2418	see ζῆλος G2419	θεάομαι	G2517	
ζῆλος	G2419		θεατρίζω	G2518	see θεάομαι G2517
ζηλόω	G2420	see ζῆλος G2419	θέατρον	G2519	see θεάομαι G2517
ζηλωτής	G2421	see ζῆλος G2419	θεῖος	G2521	see θεός G2563
ζημία	G2422		θειότης	G2522	see θεός G2563
ζημιόω	G2423	see ζημία G2422	θέλημα	G2525	see θέλω G2527
ζητέω	G2426		θέλησις	G2526	see θέλω G2527
ζήτημα	G2427	see ζητέω G2426	θέλω	G2527	
ζήτησις	G2428	see ζητέω G2426	θεμέλιον	G2528	see θεμέλιος G2529
ζυγός	G2433		θεμέλιος	G2529	
ζύμη	G2434		θεμελιόω	G2530	see θεμέλιος G2529
ζυμόω	G2435	see ζύμη G2434	θεοδίδακτος	G2531	see διδάσκω G1438
ζωγρέω	G2436	see ζωή G2437	θεομάχος	G2534	see θεός G2563
ζωή	G2437		θεομάχος	G2534	see μάχομαι G3481
ζώνη	G2438	see ζώννυμι G2439	θεόπνευστος	G2535	see θεός G2563
ζώννυμι	G2439		θεόπνευστος	G2535	see πνεῦμα G4460
ζωογονέω	G2441	see ζωή G2437	θεοσέβεια	G2537	see σέβομαι G4936
ζῷον	G2442	see ζωή G2437	θεοσεβής	G2538	see σέβομαι G4936
ζωοποιέω	G2443	see ζωή G2437	θεοστυγής	G2539	see θεός G2563
ζωοποιέω	G2443	see ποιέω G4472	θεότης	G2540	see θεός G2563
ἡγεμονεύω	G2448	see ἡγέομαι G2451	θεραπεία	G2542	see θεραπεύω G2543
ἡγεμονία	G2449	see ἡγέομαι G2451	θεραπεύω	G2543	
ἡγεμών	G2450	see ἡγέομαι G2451	θεράπων	G2544	see θεραπεύω G2543
ἡγέομαι	G2451		θερίζω	G2545	see θερισμός G2546

Greek Word Index

Greek Word	Greek Number	Greek Word Studied
θερισμός	G2546	
θεριστής	G2547	see θερισμός G2546
θέρος	G2550	see θερισμός G2546
θεωρέω	G2555	see θεάομαι G2517
θεωρία	G2556	see θεάομαι G2517
θῆλυς	G2559	
θήρα	G2560	see θηρίον G2563
θηρεύω	G2561	see θηρίον G2563
θηριομαχέω	G2562	see θηρίον G2563
θηριομαχέω	G2562	see μάχομαι G3481
θεός	G2563	
θηρίον	G2563	
θησαυρίζω	G2564	see θησαυρός G2565
θησαυρός	G2565	
θλίβω	G2567	see θλῖψις G2568
θλῖψις	G2568	
θνήσκω	G2569	see θάνατος G2505
θνητός	G2570	see θάνατος G2505
θορυβάζω	G2571	see θορυβέω G2572
θορυβέω	G2572	
θόρυβος	G2573	see θορυβέω G2572
θρησκεία	G2579	
θρῆσκος	G2580	see θρησκεία G2579
θριαμβεύω	G2581	
θρόνος	G2585	
θυμίαμα	G2592	
θυμιατήριον	G2593	see θυμίαμα G2592
θυμιάω	G2594	see θυμίαμα G2592
θυμομαχέω	G2595	see θυμός G2596
θυμός	G2596	
θυμόω	G2597	see θυμός G2596
θύρα	G2598	
θυρεός	G2599	see θύρα G2598
θυρίς	G2600	see θύρα G2598
θυρωρός	G2601	see θύρα G2598
θυσία	G2602	see θύω G2604
θυσιαστήριον	G2603	see θύω G2604
θύω	G2604	
Ἰακώβ	G2609	
Ἰάκωβος	G2610	see Ἰακώβ G2609
ἴαμα	G2611	see ἰάομαι G2615
ἰάομαι	G2615	
ἴασις	G2617	see ἰάομαι G2615
ἰατρός	G2620	see ἰάομαι G2615
ἴδιος	G2625	
ἰδιώτης	G2626	
ἰδού	G2627	see ὁράω G3972
ἱερατεία	G2632	see ἱερεύς G2636
ἱεράτευμα	G2633	see ἱερεύς G2636
ἱερατεύω	G2634	see ἱερεύς G2636
ἱερεύς	G2636	
ἱερόθυτος	G2638	see ἱερός G2641
ἱεροπρεπής	G2640	see ἱερός G2641
ἱερός	G2641	
Ἱεροσολυμίτης	G2643	see Ἱερουσαλήμ G2647
ἱεροσυλέω	G2644	see ἱερός G2641
ἱερουργέω	G2646	see ἱερεύς G2636
Ἱερουσαλήμ	G2647	
ἱερωσύνη	G2648	see ἱερεύς G2636
Ἰησοῦς	G2652	
ἱκανός	G2653	
ἱκανότης	G2654	see ἱκανός G2653
ἱκανόω	G2655	see ἱκανός G2653
ἱλάσκομαι	G2661	
ἱλασμός	G2662	see ἱλάσκομαι G2661
ἱλαστήριον	G2663	see ἱλάσκομαι G2661
ἵλεως	G2664	see ἱλάσκομαι G2661
ἱματίζω	G2667	see ἱμάτιον G2668
ἱμάτιον	G2668	
ἱματισμός	G2669	see ἱμάτιον G2668
ἰός	G2675	
Ἰούδα	G2676	
Ἰουδαία	G2677	see Ἰούδα G2676
ἰουδαΐζω	G2678	see Ἰούδα G2676
Ἰουδαϊκός	G2679	see Ἰούδα G2676
Ἰουδαϊκῶς	G2680	see Ἰούδα G2676
Ἰουδαῖος	G2681	see Ἰούδα G2676
Ἰουδαϊσμός	G2682	see Ἰούδα G2676
Ἰούδας	G2683	see Ἰούδα G2676
Ἰσαάκ	G2693	
ἰσάγγελος	G2694	see ἄγγελος G34
ἴσος	G2698	
ἰσότης	G2699	see ἴσος G2698
ἰσότιμος	G2700	see ἴσος G2698
ἰσόψυχος	G2701	see ψυχή G6034
ἰσόψυχος	G2701	see ἴσος G2698
Ἰσραήλ	G2702	
Ἰσραηλίτης	G2703	see Ἰσραήλ G2702
ἰσχυρός	G2708	see ἰσχύς G2709
ἰσχύς	G2709	
ἰσχύω	G2710	see ἰσχύς G2709
ἰχθύδιον	G2715	see ἰχθύς G2716
ἰχθύς	G2716	
Ἰωνᾶς	G2731	
καθαίρω	G2748	see καθαρός G2754
καθάπτω	G2750	see ἅπτω G721
καθαρίζω	G2751	see καθαρός G2754
καθαρισμός	G2752	see καθαρός G2754
καθαρός	G2754	
καθαρότης	G2755	see καθαρός G2754
καθέδρα	G2756	see κάθημαι G2764
καθέζομαι	G2757	see κάθημαι G2764
καθεύδω	G2761	
κάθημαι	G2764	
καθημερινός	G2766	see ἡμέρα G2465
καθίζω	G2767	see κάθημαι G2764
καθίστημι	G2770	
καθοπλίζω	G2774	see ὅπλον G3960
καθοράω	G2775	see ὁράω G3972
καινός	G2785	

Greek Word Index

Greek Word	Greek Number	Greek Word Studied	Greek Word	Greek Number	Greek Word Studied
καινότης	G2786	see καινός G2785	κατάδηλος	G2867	see δηλόω G1317
καιρός	G2789		καταδικάζω	G2868	see δίκη G1472
Καῖσαρ	G2790		καταδίκη	G2869	see δίκη G1472
καίω	G2794		καταδιώκω	G2870	see διώκω G1503
κακία	G2798	see κακός G2805	καταδουλόω	G2871	see δοῦλος G1528
κακοήθεια	G2799	see ἔθος G1621	καταδυναστεύω	G2872	see δύναμις G1539
κακοήθεια	G2799	see κακός G2805	κατάθεμα	G2873	see ἀνάθεμα G353
κακολογέω	G2800	see κακός G2805	καταθεματίζω	G2874	see ἀνάθεμα G353
κακοπάθεια	G2801	see κακός G2805	καταισχύνω	G2875	see αἰσχύνη G158
κακοπαθέω	G2802	see κακός G2805	κατακαίω	G2876	see καίω G2794
κακοπαθέω	G2802	see πάσχω G4248	κατακαλύπτω	G2877	see καλύπτω G2821
κακοποιέω	G2803	see κακός G2805	κατακαυχάομαι	G2878	see καυχάομαι G3016
κακοποιέω	G2803	see ποιέω G4472	κατακλάω	G2880	see κλάω G3089
κακοποιός	G2804	see κακός G2805	κατακλείω	G2881	see κλείω G3091
κακοποιός	G2804	see ποιέω G4472	κατακληρονομέω	G2883	see κλῆρος G3102
κακός	G2805		κατακλίνω	G2884	see κλίνω G3111
κακοῦργος	G2806	see κακός G2805	κατακολουθέω	G2887	see ἀκολουθέω G199
κακουχέω	G2807	see κακός G2805	κατάκριμα	G2890	see κρίνω G3212
κακόω	G2808	see κακός G2805	κατακρίνω	G2891	see κρίνω G3212
κακῶς	G2809	see κακός G2805	κατάκρισις	G2892	see κρίνω G3212
κάκωσις	G2810	see κακός G2805	κατακυριεύω	G2894	see κύριος G3261
καλέω	G2813		καταλαλέω	G2895	see λαλέω G3281
καλλιέλαιος	G2814	see ἐλαία G1777	καταλαλιά	G2896	see λαλέω G3281
καλλιέλαιος	G2814	see καλός G2819	κατάλαλος	G2897	see λαλέω G3281
καλοδιδάσκαλος	G2815	see διδάσκω G1438	καταλαμβάνω	G2898	see λαμβάνω G3284
καλοδιδάσκαλος	G2815	see καλός G2819	κατάλειμμα	G2900	see λείπω G3309
καλοποιέω	G2818	see καλός G2819	καταλείπω	G2901	see λείπω G3309
καλοποιέω	G2818	see ποιέω G4472	καταλλαγή	G2903	see ἀλλάσσω G248
καλός	G2819		καταλλάσσω	G2904	see ἀλλάσσω G248
κάλυμμα	G2820	see καλύπτω G2821	κατάλοιπος	G2905	see λείπω G3309
καλύπτω	G2821		κατάλυμα	G2906	see λύω G3395
καλῶς	G2822	see καλός G2819	καταλύω	G2907	see λύω G3395
κανών	G2834		καταμανθάνω	G2908	see μανθάνω G3443
καρδία	G2840		καταμαρτυρέω	G2909	see μαρτυρία G3456
καρδιογνώστης	G2841	see καρδία G2841	καταμένω	G2910	see μένω G3531
καρδιογνώστης	G2841	see γινώσκω G1182	κατανοέω	G2917	see νοῦς G3808
καρπός	G2843		καταντάω	G2918	
καρποφορέω	G2844	see καρπός G2844	καταξιόω	G2921	see ἄξιος G545
καρποφόρος	G2845	see καρπός G2844	καταπατέω	G2922	see πατέω G4251
καρτερέω	G2846		κατάπαυσις	G2923	see ἀναπαύω G399
κατά	G2848		καταπαύω	G2924	see ἀναπαύω G399
καταβαίνω	G2849	see ἀναβαίνω G326	καταπέτασμα	G2925	
καταβάλλω	G2850	see καταβολή G2856	καταπίνω	G2927	see πίνω G4403
καταβαρέω	G2851	see βάρος G983	καταπίπτω	G2928	see πίπτω G4406
καταβαρύνω	G2852	see βάρος G983	καταπονέω	G2930	see πόνος G4506
κατάβασις	G2853	see ἀναβαίνω G326	κατάρα	G2932	see ἀρά G725
καταβολή	G2856		καταράομαι	G2933	see ἀρά G725
καταβραβεύω	G2857	see βραβεῖον G1092	καταργέω	G2934	
καταγγελεύς	G2858	see ἀγγέλλω G33	καταρτίζω	G2936	see ἄρτιος G787
καταγγέλλω	G2859	see ἀγγέλλω G33	κατάρτισις	G2937	see ἄρτιος G787
καταγελάω	G2860	see γελάω G1147	καταρτισμός	G2938	see ἄρτιος G787
καταγινώσκω	G2861		κατασείω	G2939	see σείω G4940
καταγράφω	G2863	see γράφω G1211	κατασκευάζω	G2941	
καταγωνίζομαι	G2865	see ἀγών G74	κατασκηνόω	G2942	see σκηνή G5008
καταδέω	G2866	see δέω G1313	κατασκήνωσις	G2943	see σκηνή G5008

Greek Word Index

Greek Word	Greek Number	Greek Word Studied	Greek Word	Greek Number	Greek Word Studied
κατασκιάζω	G2944	see σκιά G5014	κέραμος	G3041	see κεράμιον G3040
κατασοφίζομαι	G2947	see σοφία G5053	κεράννυμι	G3042	
καταστρέφω	G2951	see στρέφω G5138	κέρας	G3043	
καταστροφή	G2953	see στρέφω G5138	κερδαίνω	G3045	see κέρδος G3046
κατασφραγίζω	G2958	see σφραγίς G5382	κέρδος	G3046	
κατάσχεσις	G2959	see ἔχω G2400	κεφάλαιον	G3049	see κεφαλή G3051
κατατρέχω	G2963	see τρέχω G5556	κεφαλή	G3051	
καταφεύγω	G2966	see φεύγω G5771	κεφαλιόω	G3052	see κεφαλή G3051
καταφιλέω	G2968	see φιλέω G5797	κεφαλίς	G3053	see κεφαλή G3051
καταφρονέω	G2969		κήρυγμα	G3060	see κηρύσσω G3062
καταφρονητής	G2970	see καταφρονέω G2969	κῆρυξ	G3061	see κηρύσσω G3062
καταχέω	G2972	see ἐκχέω G1772	κηρύσσω	G3062	
καταψύχω	G2976	see ψῦχος G6036	κινδυνεύω	G3073	
κατείδωλος	G2977	see εἴδωλον G1631	κίνδυνος	G3074	see κινδυνεύω G3073
κατεξουσιάζω	G2980	see ἐξουσία G2026	κλάδος	G3080	see κλάω G3089
κατεργάζομαι	G2981	see ἐργάζομαι G2237	κλαίω	G3081	
κατέρχομαι	G2982	see ἔρχομαι G2262	κλάσις	G3082	see κλάω G3089
κατεσθίω	G2983	see ἐσθίω G2266	κλάσμα	G3083	see κλάω G3089
κατευλογέω	G2986	see εὐλογέω G2328	κλαυθμός	G3088	see κλαίω G3081
κατέχω	G2988	see ἔχω G2400	κλάω	G3089	
κατηγορέω	G2989		κλείς	G3090	see κλείω G3091
κατηγορία	G2990	see κατηγορέω G2989	κλείω	G3091	
κατήγορος	G2991	see κατηγορέω G2989	κλέμμα	G3092	see κλέπτω G3096
κατήγωρ	G2992	see κατηγορέω G2989	κλέπτης	G3095	see κλέπτω G3096
κατηχέω	G2994		κλέπτω	G3096	
κατισχύω	G2996	see ἰσχύς G2709	κληρονομέω	G3099	see κλῆρος G3102
κατοικέω	G2997	see οἶκος G3875	κληρονομία	G3100	see κλῆρος G3102
κατοίκησις	G2998	see οἶκος G3875	κληρονόμος	G3101	see κλῆρος G3102
κατοικητήριον	G2999	see οἶκος G3875	κλῆρος	G3102	
κατοικία	G3000	see οἶκος G3875	κληρόω	G3103	see κλῆρος G3102
κατοικίζω	G3001	see οἶκος G3875	κλῆσις	G3104	see καλέω G2813
κάτω	G3004		κλητός	G3105	see καλέω G2813
κατώτερος	G3005	see κάτω G3004	κλινάριον	G3108	see κλίνω G3111
κατωτέρω	G3006	see κάτω G3004	κλίνη	G3109	see κλίνω G3111
καῦμα	G3008	see καίω G2794	κλινίδιον	G3110	see κλίνω G3111
καυματίζω	G3009	see καίω G2794	κλίνω	G3111	
καῦσις	G3011	see καίω G2794	κλισία	G3112	see κλίνω G3111
καυσόω	G3012	see καίω G2794	κλοπή	G3113	see κλέπτω G3096
καυστηριάζω	G3013	see καίω G2794	κοιλία	G3120	
καύσων	G3014	see καίω G2794	κοιμάω	G3121	
καυχάομαι	G3016		κοίμησις	G3122	see κοιμάω G3121
καύχημα	G3017	see καυχάομαι G3016	κοινός	G3123	
καύχησις	G3018	see καυχάομαι G3016	κοινόω	G3124	see κοινός G3123
κέλευσμα	G3026	see κελεύω G3027	κοινωνέω	G3125	see κοινός G3123
κελεύω	G3027		κοινωνία	G3126	see κοινός G3123
κενοδοξία	G3029	see δόξα G1518	κοινωνικός	G3127	see κοινός G3123
κενοδοξία	G3029	see κενός G3031	κοινωνός	G3128	see κοινός G3123
κενόδοξος	G3030	see δόξα G1518	κοίτη	G3130	
κενόδοξος	G3030	see κενός G3031	κοιτών	G3131	see κοίτη G3130
κενός	G3031		κολάζω	G3134	
κενοφωνία	G3032	see φωνή G5889	κόλασις	G3136	see κολάζω G3134
κενόω	G3033	see κενός G3031	κολαφίζω	G3139	see κολάζω G3134
κεραμεύς	G3038	see κεράμιον G3040	κολλάω	G3140	
κεραμικός	G3039	see κεράμιον G3040	κολλούριον	G3141	
κεράμιον	G3040		κοπάζω	G3156	see κόπος G3160

Greek Word Index

Greek Word	Greek Number	Greek Word Studied
κοπετός	G3157	see κόπτω G3164
κοπή	G3158	see κόπτω G3164
κοπιάω	G3159	see κόπος G3160
κόπος	G3160	
κόπτω	G3164	
κορβᾶν	G3167	
κορβανᾶς	G3168	see κορβᾶν G3167
κοσμέω	G3175	see κόσμος G3180
κοσμικός	G3176	see κόσμος G3180
κόσμιος	G3177	see κόσμος G3180
κοσμοκράτωρ	G3179	see κόσμος G3180
κοσμοκράτωρ	G3179	see κράτος G3197
κόσμος	G3180	
κράζω	G3189	
κραταιός	G3193	see κράτος G3197
κραταιόω	G3194	see κράτος G3197
κρατέω	G3195	see κράτος G3197
κράτος	G3197	
κραυγάζω	G3198	see κράζω G3189
κραυγή	G3199	see κράζω G3189
κρεμάννυμι	G3203	
κρίμα	G3210	see κρίνω G3212
κρίνω	G3212	
κρίσις	G3213	see κρίνω G3212
κριτήριον	G3215	see κρίνω G3212
κριτής	G3216	see κρίνω G3212
κριτικός	G3217	see κρίνω G3212
κρούω	G3218	
κρύπτη	G3219	see κρύπτω G3221
κρυπτός	G3220	see κρύπτω G3221
κρύπτω	G3221	
κρυφῇ	G3225	see κρύπτω G3221
κτάομαι	G3227	see κτῆμα G3228
κτῆμα	G3228	
κτῆνος	G3229	see κτῆμα G3228
κτήτωρ	G3230	see κτῆμα G3228
κτίζω	G3231	
κτίσις	G3232	see κτίζω G3231
κτίσμα	G3233	see κτίζω G3231
κτίστης	G3234	see κτίζω G3231
κυβέρνησις	G3236	
κυβερνήτης	G3237	see κυβέρνησις G3236
κυλλός	G3245	
κυρία	G3257	see κύριος G3261
κυριακός	G3258	see κύριος G3261
κυριεύω	G3259	see κύριος G3261
κύριος	G3261	
κυριότης	G3262	see κύριος G3261
κυρόω	G3263	
κωλύω	G3266	
κωφός	G3273	
λαγχάνω	G3275	
λαλέω	G3281	
λαλιά	G3282	see λαλέω G3281
λαμβάνω	G3284	
λαμπάς	G3286	see λάμπω G3290
λαμπρός	G3287	see λάμπω G3290
λαμπρότης	G3288	see λάμπω G3290
λαμπρῶς	G3289	see λάμπω G3290
λάμπω	G3290	
λαός	G3295	
λατρεία	G3301	see λατρεύω G3302
λατρεύω	G3302	
λάχανον	G3303	
λέγω	G3306	see λόγος G3364
λεῖμμα	G3307	see λείπω G3309
λείπω	G3309	
λειτουργέω	G3310	
λειτουργία	G3311	see λειτουργέω G3310
λειτουργικός	G3312	see λειτουργέω G3310
λειτουργός	G3313	see λειτουργέω G3310
λέπρα	G3319	
λεπρός	G3320	see λέπρα G3319
λεπτός	G3321	
Λευί	G3322	
Λευίτης	G3324	see Λευί G3322
Λευιτικός	G3325	see Λευί G3322
λευκαίνω	G3326	see λευκός G3328
λευκός	G3328	
λῆμψις	G3331	see λαμβάνω G3284
λῃστής	G3334	
λίβανος	G3337	
λιβανωτός	G3338	see λίβανος G3337
Λιβερτῖνος	G3339	
λιθάζω	G3342	see λίθος G3345
λίθινος	G3343	see λίθος G3345
λιθοβολέω	G3344	see λίθος G3345
λίθος	G3345	
λιθόστρωτος	G3346	see λίθος G3345
λογεία	G3356	
λογίζομαι	G3357	
λογικός	G3358	see λόγος G3364
λόγιον	G3359	see λόγος G3364
λόγιος	G3360	see λόγος G3364
λογισμός	G3361	see λογίζομαι G3357
λογομαχέω	G3362	see μάχομαι G3481
λογομαχία	G3363	see μάχομαι G3481
λόγος	G3364	
λοιδορέω	G3366	
λοιδορία	G3367	see λοιδορέω G3366
λοίδορος	G3368	see λοιδορέω G3366
λοιπός	G3370	see λείπω G3309
λουτρόν	G3373	see λούω G3374
λούω	G3374	
λυπέω	G3382	
λύπη	G3383	see λυπέω G3382
λύσις	G3386	see λύω G3395
λύτρον	G3389	see λυτρόω G3390
λυτρόω	G3390	
λύτρωσις	G3391	see λυτρόω G3390

Greek Word Index

Greek Word	Greek Number	Greek Word Studied	Greek Word	Greek Number	Greek Word Studied
λυτρωτής	G3392	see λυτρόω G3390	μέγιστος	G3492	see μέγας G3489
λυχνία	G3393	see λύχνος G3394	μεθερμηνεύω	G3493	see ἑρμηνεύω G2257
λύχνος	G3394		μέθη	G3494	see μεθύω G3501
λύω	G3395		μεθοδεία	G3497	see ὁδός G3847
μαγεία	G3404		μεθύσκω	G3499	see μεθύω G3501
μαγεύω	G3405	see μαγεία G3404	μέθυσος	G3500	see μεθύω G3501
μάγος	G3407	see μαγεία G3404	μεθύω	G3501	
μαθητεύω	G3411	see μανθάνω G3443	μείζων	G3505	see μέγας G3489
μαθητής	G3412	see μανθάνω G3443	μέλας	G3506	
μαθήτρια	G3413	see μανθάνω G3443	μέλλω	G3516	
μαίνομαι	G3419		μέλος	G3517	
μακαρίζω	G3420	see μακάριος G3421	Μελχισέδεκ	G3519	
μακάριος	G3421		μέμφομαι	G3522	
μακαρισμός	G3422	see μακάριος G3421	μεμψίμοιρος	G3523	see μέμφομαι G3522
μακράν	G3426	see μακρός G3431	μένω	G3531	
μακρόθεν	G3427	see μακρός G3431	μερίζω	G3532	see μέρος G3538
μακροθυμέω	G3428		μέριμνα	G3533	
μακροθυμία	G3429	see μακροθυμέω G3428	μεριμνάω	G3534	see μέριμνα G3533
μακροθύμως	G3430	see μακροθυμέω G3428	μερίς	G3535	see μέρος G3538
μακρός	G3431		μερισμός	G3536	see μέρος G3538
μακροχρόνιος	G3432	see χρόνος G5989	μεριστής	G3537	see μέρος G3538
μαλακία	G3433	see μαλακός G3434	μέρος	G3538	
μαλακός	G3434		μεσιτεύω	G3541	see μεσίτης G3542
μαμωνᾶς	G3440		μεσίτης	G3542	
μανθάνω	G3443		μεσονύκτιον	G3543	see νύξ G3816
μανία	G3444	see μαίνομαι G3419	μεσότοιχον	G3546	see τεῖχος G5446
μάννα	G3445		μεσουράνημα	G3547	see οὐρανός G4041
μαράνα θά	G3448		μετά	G3552	see σύν G5250
μαργαρίτης	G3449		μεταβαίνω	G3553	see ἀναβαίνω G326
μαρτυρέω	G3455	see μαρτυρία G3456	μεταδίδωμι	G3556	see δίδωμι G1443
μαρτυρία	G3456		μεταίρω	G3558	see αἴρω G149
μαρτύριον	G3457	see μαρτυρία G3456	μετακαλέω	G3559	see καλέω G2813
μαρτύρομαι	G3458	see μαρτυρία G3456	μεταλαμβάνω	G3561	see λαμβάνω G3284
μάρτυς	G3459	see μαρτυρία G3456	μετάλημψις	G3562	see λαμβάνω G3284
μαστιγόω	G3463		μεταλλάσσω	G3563	see ἀλλάσσω G248
μαστίζω	G3464	see μαστιγόω G3463	μεταμέλομαι	G3564	
μάστιξ	G3465	see μαστιγόω G3463	μεταμορφόω	G3565	see μορφή G3671
ματαιολογία	G3467	see μάταιος G3469	μετανοέω	G3566	
ματαιολόγος	G3468	see μάταιος G3469	μετάνοια	G3567	see μετανοέω G3566
μάταιος	G3469		μεταπέμπω	G3569	see πέμπω G4287
ματαιότης	G3470	see μάταιος G3469	μεταστρέφω	G3570	see στρέφω G5138
ματαιόω	G3471	see μάταιος G3469	μετασχηματίζω	G3571	see σχῆμα G5386
μάτην	G3472	see μάταιος G3469	μετατρέπω	G3573	see ἀποτρέπω G706
μάχαιρα	G3479	see μάχομαι G3481	μετέχω	G3576	see ἔχω G2400
μάχη	G3480	see μάχομαι G3481	μετοικεσία	G3578	see οἶκος G3875
μάχομαι	G3481		μετοικίζω	G3579	see οἶκος G3875
μεγαλεῖος	G3483	see μέγας G3489	μετοχή	G3580	see ἔχω G2400
μεγαλειότης	G3484	see μέγας G3489	μέτοχος	G3581	see ἔχω G2400
μεγαλοπρεπής	G3485	see μέγας G3489	μετρέω	G3582	see μέτρον G3586
μεγαλύνω	G3486	see μέγας G3489	μετρητής	G3583	see μέτρον G3586
μεγάλως	G3487	see μέγας G3489	μετριοπαθέω	G3584	see πάσχω G4248
μεγαλωσύνη	G3488	see μέγας G3489	μετρίως	G3585	see μέτρον G3586
μέγας	G3489		μέτρον	G3586	
μέγεθος	G3490	see μέγας G3489	μήτηρ	G3613	
μεγιστάν	G3491	see μέγας G3489	μητρολῴας	G3618	see μήτηρ G3613

Greek Word Index

Greek Word	Greek Number	Greek Word Studied	Greek Word	Greek Number	Greek Word Studied
μιαίνω	G3620		νεκρός	G3738	
μίασμα	G3621	see μιαίνω G3620	νεκρόω	G3739	see νεκρός G3738
μιασμός	G3622	see μιαίνω G3620	νέκρωσις	G3740	see νεκρός G3738
μικρός	G3625		νεομηνία	G3741	see νέος G3742
μιμέομαι	G3628		νέος	G3742	
μιμητής	G3629	see μιμέομαι G3628	νεότης	G3744	see νέος G3742
μιμνήσκομαι	G3630		νεόφυτος	G3745	see νέος G3742
μισέω	G3631		νεωκόρος	G3753	see ναός G3724
μισθαποδοσία	G3632	see μισθός G3635	νεωτερικός	G3754	see νέος G3742
μισθαποδότης	G3633	see μισθός G3635	νηπιάζω	G3757	see νήπιος G3758
μίσθιος	G3634	see μισθός G3635	νήπιος	G3758	
μισθός	G3635		νηστεία	G3763	see νηστεύω G3764
μισθόω	G3636	see μισθός G3635	νηστεύω	G3764	
μίσθωμα	G3637	see μισθός G3635	νῆστις	G3765	see νηστεύω G3764
μισθωτός	G3638	see μισθός G3635	νηφάλιος	G3767	see νήφω G3768
Μιχαήλ	G3640		νήφω	G3768	
μνεία	G3644	see μιμνήσκομαι G3630	νικάω	G3771	
μνήμη	G3647	see μιμνήσκομαι G3630	νίκη	G3772	see νικάω G3771
μνημονεύω	G3648	see μιμνήσκομαι G3630	Νικολαΐτης	G3774	
μνημόσυνον	G3649	see μιμνήσκομαι G3630	νῖκος	G3777	see νικάω G3771
μογιλάλος	G3652	see λαλέω G3281	Νινευίτης	G3780	
μοιχαλίς	G3655	see μοιχεύω G3658	νίπτω	G3782	
μοιχάω	G3656	see μοιχεύω G3658	νοέω	G3783	see νοῦς G3808
μοιχεία	G3657	see μοιχεύω G3658	νόημα	G3784	see νοῦς G3808
μοιχεύω	G3658		νομικός	G3788	see νόμος G3795
μοιχός	G3659	see μοιχεύω G3658	νομίμως	G3789	see νόμος G3795
μολύνω	G3662		νομοδιδάσκαλος	G3791	see διδάσκω G1438
μολυσμός	G3663	see μολύνω G3662	νομοδιδάσκαλος	G3791	see νόμος G3795
μομφή	G3664	see μέμφομαι G3522	νομοθεσία	G3792	see νόμος G3795
μονή	G3665	see μένω G3531	νομοθετέω	G3793	see νόμος G3795
μονογενής	G3666	see μόνος G3668	νομοθέτης	G3794	see νόμος G3795
μόνος	G3668		νόμος	G3795	
μονόφθαλμος	G3669	see ὀφθαλμός G4057	νοσέω	G3796	see νόσος G3798
μορφή	G3671		νόσος	G3798	
μορφόω	G3672	see μορφή G3671	νουθεσία	G3804	see νουθετέω G3805
μόρφωσις	G3673	see μορφή G3671	νουθετέω	G3805	
μοσχοποιέω	G3674	see ποιέω G4472	νουνεχῶς	G3807	see νοῦς G3808
μόχθος	G3677		νοῦς	G3808	
μυέω	G3679	see μυστήριον G3696	νύμφη	G3811	
μῦθος	G3680		νυμφίος	G3812	see νύμφη G3811
μυλικός	G3683	see μύλος G3685	νυμφών	G3813	see νύμφη G3811
μύλινος	G3684	see μύλος G3685	νύξ	G3816	
μύλος	G3685		νυχθήμερον	G3819	see ἡμέρα G2465
μυρίζω	G3690	see μύρον G3693	Νῶε	G3820	
μύρον	G3693		ξενία	G3825	see ξένος G3828
μυστήριον	G3696		ξενίζω	G3826	see ξένος G3828
μωραίνω	G3701	see μωρία G3702	ξενοδοχέω	G3827	see ξένος G3828
μωρία	G3702		ξένος	G3828	
μωρολογία	G3703	see μωρία G3702	ξηραίνω	G3830	
μωρός	G3704	see μωρία G3702	ξηρός	G3831	see ξηραίνω G3830
Μωϋσῆς	G3707		ξύλινος	G3832	see ξύλον G3833
Ναζαρηνός	G3716		ξύλον	G3833	
Ναζωραῖος	G3717	see Ναζαρηνός G3716	ὀγδοήκοντα	G3837	see ὀκτώ G3893
ναός	G3724		ὄγδοος	G3838	see ὀκτώ G3893
νεανίας	G3733	see νέος G3742	ὁδεύω	G3841	see ὁδός G3847

Greek Word Index

Greek Word	Greek Number	Greek Word Studied	Greek Word	Greek Number	Greek Word Studied
ὁδηγέω	G3842	see ὁδός G3847	ὁμοιόω	G3929	see ὅμοιος G3927
ὁδηγός	G3843	see ὁδός G3847	ὁμοίωμα	G3930	see ὅμοιος G3927
ὁδοιπορέω	G3844	see ὁδός G3847	ὁμοίως	G3931	see ὅμοιος G3927
ὁδοιπορία	G3845	see ὁδός G3847	ὁμοίωσις	G3932	see ὅμοιος G3927
ὁδός	G3847		ὁμολογέω	G3933	
ὄζω	G3853	see ὀσμή G4011	ὁμολογία	G3934	see ὁμολογέω G3933
οἶδα	G3857		ὁμολογουμένως	G3935	see ὁμολογέω G3933
οἰκεῖος	G3858	see οἶκος G3875	ὁμότεχνος	G3937	see τέκτων G5454
οἰκετεία	G3859	see οἶκος G3875	ὁμόφρων	G3939	see φρονέω G5858
οἰκέτης	G3860	see οἶκος G3875	ὄναρ	G3941	
οἰκέω	G3861	see οἶκος G3875	ὀνειδίζω	G3943	
οἴκημα	G3862	see οἶκος G3875	ὀνειδισμός	G3944	see ὀνειδίζω G3943
οἰκητήριον	G3863	see οἶκος G3875	ὄνειδος	G3945	see ὀνειδίζω G3943
οἰκία	G3864	see οἶκος G3875	ὄνομα	G3950	
οἰκιακός	G3865	see οἶκος G3875	ὀνομάζω	G3951	see ὄνομα G3950
οἰκοδεσποτέω	G3866	see δεσπότης G1305	ὄπισθεν	G3957	see ὀπίσω G3958
οἰκοδεσπότης	G3867	see δεσπότης G1305	ὀπίσω	G3958	
οἰκοδομέω	G3868		ὁπλίζω	G3959	see ὅπλον G3960
οἰκοδομή	G3869	see οἰκοδομέω G3868	ὅπλον	G3960	
οἰκοδόμος	G3871	see οἰκοδομέω G3868	ὀπτάνομαι	G3964	see ὀφθαλμός G4057
οἰκονομέω	G3872	see οἰκονομία G3873	ὀπτασία	G3965	see ὀφθαλμός G4057
οἰκονομία	G3873		ὅραμα	G3969	see ὁράω G3972
οἰκονόμος	G3874	see οἰκονομία G3873	ὅρασις	G3970	see ὁράω G3972
οἶκος	G3875		ὁρατός	G3971	see ὁράω G3972
οἰκουμένη	G3876		ὁράω	G3972	
οἰκουργός	G3877	see οἶκος G3875	ὀργή	G3973	
οἰκτιρμός	G3880		ὀργίζω	G3974	see ὀργή G3973
οἰκτίρμων	G3881	see οἰκτιρμός G3880	ὀργίλος	G3975	see ὀργή G3973
οἰκτίρω	G3882	see οἰκτιρμός G3880	ὀρέγω	G3977	
οἰνοπότης	G3884	see οἶνος G3885	ὀρεινός	G3978	see ὄρος G4001
οἶνος	G3885		ὄρεξις	G3979	see ὀρέγω G3977
οἰνοφλυγία	G3886	see οἶνος G3885	ὀρθοποδέω	G3980	see ὀρθός G3981
ὀκταήμερος	G3892	see ἡμέρα G2465	ὀρθός	G3981	
ὀκταήμερος	G3892	see ὀκτώ G3893	ὀρθοτομέω	G3982	see ὀρθός G3981
ὀκτώ	G3893		ὀρθῶς	G3987	see ὀρθός G3981
ὄλεθρος	G3897		ὁρίζω	G3988	
ὀλιγοπιστία	G3898	see πιστεύω G4409	ὅρκος	G3992	
ὀλιγόπιστος	G3899	see πιστεύω G4409	ὁρκωμοσία	G3993	see ὀμνύω G3923
ὀλίγος	G3900		ὁρκωμοσία	G3993	see ὅρκος G3992
ὀλιγόψυχος	G3901	see ψυχή G6034	ὁροθεσία	G3999	see ὁρίζω G3988
ὀλιγωρέω	G3902	see ὀλίγος G3900	ὄρος	G4001	
ὀλίγως	G3903	see ὀλίγος G3900	ὀρφανός	G4003	
ὀλοθρευτής	G3904	see ὄλεθρος G3897	ὅσιος	G4008	
ὀλοθρεύω	G3905	see ὄλεθρος G3897	ὁσιότης	G4009	see ὅσιος G4008
ὁλοκαύτωμα	G3906		ὁσίως	G4010	see ὅσιος G4008
ὁλοκληρία	G3907	see ὅλος G3910	ὀσμή	G4011	
ὁλόκληρος	G3908	see ὅλος G3910	οὐαί	G4026	
ὅλος	G3910		οὐράνιος	G4039	see οὐρανός G4041
ὁλοτελής	G3911	see τέλος G5465	οὐρανόθεν	G4040	see οὐρανός G4041
ὀμνύω	G3923		οὐρανός	G4041	
ὁμοθυμαδόν	G3924		οὖς	G4044	
ὁμοιοπαθής	G3926	see ὅμοιος G3927	ὀφειλέτης	G4050	see ὀφείλω G4053
ὁμοιοπαθής	G3926	see πάσχω G4248	ὀφειλή	G4051	see ὀφείλω G4053
ὅμοιος	G3927		ὀφείλημα	G4052	see ὀφείλω G4053
ὁμοιότης	G3928	see ὅμοιος G3927	ὀφείλω	G4053	

359

Greek Word Index

Greek Word	Greek Number	Greek Word Studied
ὄφελον	G4054	see ὀφείλω G4053
ὄφελος	G4055	see ὠφελέω G6067
ὀφθαλμοδουλία	G4056	see δοῦλος G1528
ὀφθαλμοδουλία	G4056	see ὀφθαλμός G4057
ὀφθαλμός	G4057	
ὄφις	G4058	
ὀχλοποιέω	G4062	see ὄχλος G4063
ὀχλοποιέω	G4062	see ποιέω G4472
ὄχλος	G4063	
ὄψις	G4071	see ὀφθαλμός G4057
ὀψώνιον	G4072	
πάθημα	G4077	see πάσχω G4248
παθητός	G4078	see πάσχω G4248
πάθος	G4079	see πάσχω G4248
παιδαγωγός	G4080	see παιδεύω G4084
παιδάριον	G4081	see παῖς G4090
παιδεία	G4082	see παιδεύω G4084
παιδεύω	G4084	
παιδιόθεν	G4085	see παῖς G4090
παιδίον	G4086	see παῖς G4090
παιδίσκη	G4087	see παῖς G4090
παῖς	G4090	
πάλαι	G4093	see παλαιός G4094
παλαιός	G4094	
παλαιότης	G4095	see παλαιός G4094
παλαιόω	G4096	see παλαιός G4094
παλιγγενεσία	G4098	see γίνομαι G1181
παμπληθεί	G4101	see πλῆθος G4436
πανοπλία	G4110	see ὅπλον G3960
πανουργία	G4111	
πανοῦργος	G4112	see πανουργία G4111
παντελής	G4117	see τέλος G5465
παντοκράτωρ	G4120	see κράτος G3197
παραβάτης	G4122	
παρά	G4123	
παραβαίνω	G4124	
παραβάλλω	G4125	see παραβολή G4130
παράβασις	G4126	see παραβαίνω G4124
παραβιάζομαι	G4128	see βία G1040
παραβολή	G4130	
παραγγελία	G4132	see παραγγέλλω G4133
παραγγέλλω	G4133	
παραγίνομαι	G4134	see γίνομαι G1181
παραδειγματίζω	G4136	see δεῖγμα G1257
παράδεισος	G4137	
παραδέχομαι	G4138	see δέχομαι G1312
παραδίδωμι	G4140	
παράδοξος	G4141	see δόξα G1518
παράδοσις	G4142	see παραδίδωμι G4140
παραζηλόω	G4143	see ζῆλος G2419
παραθαλάσσιος	G4144	see θάλασσα G2498
παραθεωρέω	G4145	see θεάομαι G2517
παραιτέομαι	G4148	see αἰτέω G160
παρακαθέζομαι	G4149	see κάθημαι G2764
παρακαλέω	G4151	
παρακαλέω	G4151	see also καλέω G2813
παρακαλύπτω	G4152	see καλύπτω G2821
παράκλησις	G4155	see παρακαλέω G4151
παράκλητος	G4156	see παρακαλέω G4151
παρακοή	G4157	see ἀκούω G201
παρακολουθέω	G4158	see ἀκολουθέω G199
παρακούω	G4159	see ἀκούω G201
παραλαμβάνω	G4161	see λαμβάνω G3284
παραλλαγή	G4164	see ἀλλάσσω G248
παραλογίζομαι	G4165	see λογίζομαι G3357
παραλυτικός	G4166	see λύω G3395
παραλύω	G4168	see λύω G3395
παραμένω	G4169	see μένω G3531
παραμυθέομαι	G4170	
παραμυθία	G4171	see παραμυθέομαι G4170
παραμύθιον	G4172	see παραμυθέομαι G4170
παρανομέω	G4174	see νόμος G3795
παρανομία	G4175	see νόμος G3795
παραπικραίνω	G4176	see πικρός G4395
παραπίπτω	G4178	
παραπλήσιος	G4180	see πλησίον G4446
παραπλησίως	G4181	see πλησίον G4446
παραπορεύομαι	G4182	see πορεύομαι G4513
παράπτωμα	G4183	see παράπτωμα G4178
παραρρέω	G4184	see ῥέω G4835
παρασκευάζω	G4186	see κατασκευάζω G2941
παρασκευή	G4187	see κατασκευάζω G2941
παρατηρέω	G4190	see τηρέω G5499
παρατήρησις	G4191	see τηρέω G5499
παραφρονέω	G4196	see φρονέω G5858
παραφρονία	G4197	see φρονέω G5858
πάρειμι	G4205	see παρουσία G4242
παρεισέρχομαι	G4209	see ἔρχομαι G2262
παρεπίδημος	G4215	see δῆμος G1322
παρέρχομαι	G4216	see ἔρχομαι G2262
παρθενία	G4220	see παρθενία G4221
παρθένος	G4221	
παρίστημι	G4225	
πάροδος	G4227	see ὁδός G3847
παροικέω	G4228	see πάροικος G4230
παροικία	G4229	see πάροικος G4230
πάροικος	G4230	
παροιμία	G4231	
πάροινος	G4232	see οἶνος G3885
παρομοιάζω	G4234	see ὅμοιος G3927
παρόμοιος	G4235	see ὅμοιος G3927
παροργίζω	G4239	see ὀργή G3973
παροργισμός	G4240	see ὀργή G3973
παρουσία	G4242	
παρρησία	G4244	
παρρησιάζομαι	G4245	see παρρησία G4244
πᾶς	G4246	
πάσχα	G4247	
πάσχω	G4248	
πατέω	G4251	

Greek Word Index

Greek Word	Greek Number	Greek Word Studied
πατήρ	G4252	
πατριά	G4255	see πατήρ G4252
πατριάρχης	G4256	see πατήρ G4252
πατρικός	G4257	see πατήρ G4252
πατρίς	G4258	see πατήρ G4252
πατρολῴας	G4260	see πατήρ G4252
πατροπαράδοτος	G4261	see παραδίδωμι G4140
πατροπαράδοτος	G4261	see πατήρ G4252
πατρῷος	G4262	see πατήρ G4252
παχύνω	G4266	
πειθαρχέω	G4272	see πείθω G4275
πειθός	G4273	see πείθω G4275
πείθω	G4275	
πεινάω	G4277	
πεῖρα	G4278	see πειράζω G4279
πειράζω	G4279	
πειρασμός	G4280	see πειράζω G4279
πειράω	G4281	see πειράζω G4279
πεισμονή	G4282	see πείθω G4275
πέμπω	G4287	
πένης	G4288	
πενθέω	G4291	
πένθος	G4292	see πενθέω G4291
πενιχρός	G4293	see πένης G4288
πεντακισχίλιοι	G4295	see χίλιοι G5943
πεντηκοστή	G4300	
πεποίθησις	G4301	see πείθω G4275
περί	G4309	
περιάπτω	G4312	see ἅπτω G721
περιαστράπτω	G4313	see ἀστράπτω G848
περιβλέπω	G4315	see βλέπω G1063
περιδέω	G4317	see δέω G1313
περιεργάζομαι	G4318	see περίεργος G4319
περίεργος	G4319	
περιέρχομαι	G4320	see ἔρχομαι G2262
περιζώννυμι	G4322	see ζώννυμι G2439
περικάθαρμα	G4326	see καθαρός G2754
περικαλύπτω	G4328	see καλύπτω G2821
περικεφαλαία	G4330	see κεφαλή G3051
περικρατής	G4331	see κράτος G3197
περικρύβω	G4332	see κρύπτω G3221
περιλάμπω	G4334	see λάμπω G3290
περιλείπομαι	G4335	see λείπω G3309
περίλυπος	G4337	see λυπέω G3382
περιμένω	G4338	see μένω G3531
περιοικέω	G4340	see οἶκος G3875
περίοικος	G4341	see οἶκος G3875
περιούσιος	G4342	
περιπατέω	G4344	see πατέω G4251
περιπίπτω	G4346	see πίπτω G4406
περιποιέομαι	G4347	
περιποίησις	G4348	see περιποιέομαι G4347
περισσεία	G4353	see περισσεύω G4355
περίσσευμα	G4354	see περισσεύω G4355
περισσεύω	G4355	
περισσός	G4356	see περισσεύω G4355
περισσότερος	G4358	see περισσεύω G4355
περισσοτέρως	G4359	see περισσεύω G4355
περισσῶς	G4360	see περισσεύω G4355
περιτέμνω	G4362	
περιτομή	G4364	see περιτέμνω G4362
περιτρέπω	G4365	see ἀποτρέπω G706
περιτρέχω	G4366	see τρέχω G5556
περιφρονέω	G4368	see καταφρονέω G2969
περίχωρος	G4369	see χώρα G6001
περίψημα	G4370	
πετεινόν	G4374	
πέτρα	G4376	
Πέτρος	G4377	see πέτρα G4376
πετρώδης	G4378	see πέτρα G4376
πηγή	G4380	
πηλός	G4384	
πιθανολογία	G4391	see πείθω G4275
πικραίνω	G4393	see πικρός G4395
πικρία	G4394	see πικρός G4395
πικρός	G4395	
πικρῶς	G4396	see πικρός G4395
πίμπλημι	G4398	
πίνω	G4403	
πιπράσκω	G4405	
πίπτω	G4406	
πιστεύω	G4409	
πίστις	G4411	see πιστεύω G4409
πιστός	G4412	see πιστεύω G4409
πιστόω	G4413	see πιστεύω G4409
πλανάω	G4414	
πλάνη	G4415	see πλανάω G4414
πλανήτης	G4417	see πλανάω G4414
πλάνος	G4418	see πλάνος G4414
πλατεῖα	G4423	see πλατύς G4426
πλάτος	G4424	see πλατύς G4426
πλατύνω	G4425	see πλατύς G4426
πλατύς	G4426	
πλεονάζω	G4429	
πλεονεκτέω	G4430	see πλεονεξία G4432
πλεονέκτης	G4431	see πλεονεξία G4432
πλεονεξία	G4432	
πλῆθος	G4436	
πληθύνω	G4437	see πλῆθος G4436
πλήρης	G4441	see πληρόω G4444
πληροφορέω	G4442	see πληρόω G4444
πληροφορία	G4443	see πληρόω G4444
πληρόω	G4444	
πλήρωμα	G4445	see πληρόω G4444
πλησίον	G4446	
πλησμονή	G4447	see πίμπλημι G4398
πλούσιος	G4454	see πλοῦτος G4458
πλουσίως	G4455	see πλοῦτος G4458
πλουτέω	G4456	see πλοῦτος G4458
πλοῦτος	G4458	

Greek Word Index

Greek Word	Greek Number	Greek Word Studied
πνεῦμα	G4460	
πνευματικός	G4461	see πνεῦμα G4460
πνευματικῶς	G4462	see πνεῦμα G4460
πνέω	G4463	see πνεῦμα G4460
πνίγω	G4464	
πνικτός	G4465	see πνίγω G4464
πνοή	G4466	see πνεῦμα G4460
ποιέω	G4472	
ποίημα	G4473	see ποιέω G4472
ποίησις	G4474	see ποιέω G4472
ποιητής	G4475	see ποιέω G4472
ποιμαίνω	G4477	see ποιμήν G4478
ποιμήν	G4478	
ποίμνη	G4479	see ποιμήν G4478
ποίμνιον	G4480	see ποιμήν G4478
πολεμέω	G4482	see πόλεμος G4483
πόλεμος	G4483	
πόλις	G4484	
πολιτάρχης	G4485	see πόλις G4484
πολιτεία	G4486	see πόλις G4484
πολίτευμα	G4487	see πόλις G4484
πολιτεύομαι	G4488	see πόλις G4484
πολίτης	G4489	see πόλις G4484
πολύς	G4498	
πολύσπλαγχνος	G4499	see σπλάγχνον G5073
πόμα	G4503	see πίνω G4403
πονηρία	G4504	see πονηρός G4505
πονηρός	G4505	
πόνος	G4506	
πορεία	G4512	see πορεύομαι G4513
πορεύομαι	G4513	
πορνεία	G4518	see πορνεύω G4519
πορνεύω	G4519	
πόρνη	G4520	see πορνεύω G4519
πόρνος	G4521	see πορνεύω G4519
ποταμός	G4532	
ποταμοφόρητος	G4533	see ποταμός G4532
ποτήριον	G4539	see πίνω G4403
ποτίζω	G4540	see πίνω G4403
πόσις	G4542	see πίνω G4403
πρᾶγμα	G4547	see πράσσω G4556
πραγματεία	G4548	see πράσσω G4556
πραγματεύομαι	G4549	see πράσσω G4556
πράκτωρ	G4551	see πράσσω G4556
πρᾶξις	G4552	see πράσσω G4556
πράσσω	G4556	
πραϋπαθία	G4557	see πραΰς G4558
πραΰς	G4558	
πραΰτης	G4559	see πραΰς G4558
πρέπω	G4560	
πρεσβεία	G4561	see πρεσβύτερος G4565
πρεσβεύω	G4563	see πρεσβύτερος G4565
πρεσβυτέριον	G4564	see πρεσβύτερος G4565
πρεσβύτερος	G4565	
πρεσβύτης	G4566	see πρεσβύτερος G4565
πρεσβῦτις	G4567	see πρεσβύτερος G4565
προαιρέω	G4576	see αἱρέομαι G147
προαιτιάομαι	G4577	see αἰτία G162
προακούω	G4578	see ἀκούω G201
προαμαρτάνω	G4579	see ἁμαρτάνω G279
προβαίνω	G4581	see ἀναβαίνω G326
προβατικός	G4583	see πρόβατον G4585
πρόβατον	G4585	
προβλέπω	G4587	see βλέπω G1063
προγινώσκω	G4589	
πρόγνωσις	G4590	see προγινώσκω G4589
προγράφω	G4592	see γράφω G1211
πρόδηλος	G4593	see δηλόω G1317
προδίδωμι	G4594	see δίδωμι G1443
προδότης	G4595	see δίδωμι G1443
πρόδρομος	G4596	see τρέχω G5556
προελπίζω	G4598	see ἐλπίς G1828
προενάρχομαι	G4599	see ἀρχή G794
προεπαγγέλλω	G4600	see ἐπαγγελία G2039
προέρχομαι	G4601	see ἔρχομαι G2262
προετοιμάζω	G4602	see ἑτοιμάζω G2286
προευαγγελίζομαι	G4603	see εὐαγγέλιον G2295
προηγέομαι	G4605	see ἡγέομαι G2451
πρόθεσις	G4606	see προτίθημι G4729
προθεσμία	G4607	see προτίθημι G4729
προΐστημι	G4613	
προκαλέω	G4614	see καλέω G2813
προκαταγγέλλω	G4615	see ἀγγέλλω G33
προκαταρτίζω	G4616	see ἄρτιος G787
προκηρύσσω	G4619	see κηρύσσω G3062
προκοπή	G4620	see κόπτω G3164
προκόπτω	G4621	see κόπτω G3164
πρόκριμα	G4622	see κρίνω G3212
προκυρόω	G4623	see κυρόω G3263
προλαμβάνω	G4624	see λαμβάνω G3284
προλέγω	G4625	see λόγος G3364
προμαρτύρομαι	G4626	see μαρτυρία G3456
προμεριμνάω	G4628	see μέριμνα G3533
προνοέω	G4629	
πρόνοια	G4630	see προνοέω G4629
προοράω	G4632	see ὁράω G3972
προορίζω	G4633	see ὁρίζω G3988
προπάσχω	G4634	see πάσχω G4248
προπέμπω	G4636	see πέμπω G4287
προπορεύομαι	G4638	see πορεύομαι G4513
πρός	G4639	
προσάββατον	G4640	see σάββατον G4879
προσαιτέω	G4644	see αἰτέω G160
προσαίτης	G4645	see αἰτέω G160
προσαναβαίνω	G4646	see ἀναβαίνω G326
προσαναπληρόω	G4650	see πληρόω G4444
προσδέομαι	G4656	see δέομαι G1289
προσδέχομαι	G4657	see δέχομαι G1312
προσδέχομαι	G4657	see ἐκδέχομαι G1683
προσδοκάω	G4659	see ἐκδέχομαι G1683

Greek Word Index

Greek Word	Greek Number	Greek Word Studied
προσδοκία	G4660	see ἐκδέχομαι G1683
προσεργάζομαι	G4664	see ἐργάζομαι G2237
προσέρχομαι	G4665	see ἔρχομαι G2262
προσευχή	G4666	see εὔχομαι G2377
προσεύχομαι	G4667	see εὔχομαι G2377
προσήλυτος	G4670	
πρόσκαιρος	G4672	see καιρός G2789
προσκαλέω	G4673	see καλέω G2813
προσκαρτερέω	G4674	
προσκαρτέρησις	G4675	see προσκαρτερέω G4674
προσκεφάλαιον	G4676	see κεφαλή G3051
προσκληρόω	G4677	see κλῆρος G3102
προσκλίνω	G4679	see κλίνω G3111
πρόσκλισις	G4680	see κλίνω G3111
προσκολλάω	G4681	see κολλάω G3140
πρόσκομμα	G4682	see κόπτω G3164
προσκοπή	G4683	see κόπτω G3164
προσκόπτω	G4684	see κόπτω G3164
προσκυνέω	G4686	
προσκυνητής	G4687	see προσκυνέω G4686
προσλαλέω	G4688	see λαλέω G3281
προσλαμβάνω	G4689	see λαμβάνω G3284
πρόσλημψις	G4691	see λαμβάνω G3284
προσμένω	G4693	see μένω G3531
προσοφείλω	G4695	see ὀφείλω G4053
πρόσπεινος	G4698	see πεινάω G4277
προσπίπτω	G4700	see πίπτω G4406
προσπορεύομαι	G4702	see πορεύομαι G4513
προστάσσω	G4705	see τάσσω G5435
προστρέχω	G4708	see τρέχω G5556
πρόσφατος	G4710	
προσφάτως	G4711	see πρόσφατος G4710
προσφιλής	G4713	see φιλέω G5797
προσφωνέω	G4715	see φωνή G5889
πρόσχυσις	G4717	see ἐκχέω G1772
προσωπολημπτέω	G4719	see πρόσωπον G4725
προσωπολήμπτης	G4720	see πρόσωπον G4725
προσωπολημψία	G4724	see πρόσωπον G4725
πρότερος	G4728	see πρῶτος G4755
προτίθημι	G4729	
προτρέχω	G4731	see τρέχω G5556
προϋπάρχω	G4732	see ὑπάρχω G5639
προφητεία	G4735	see προφήτης G4737
προφητεύω	G4736	see προφήτης G4737
προφήτης	G4737	
προφητικός	G4738	see προφήτης G4737
προφῆτις	G4739	see προφήτης G4737
προχειρίζω	G4741	see χείρ G5931
προχειροτονέω	G4742	see χείρ G5931
πρωτεύω	G4750	see πρῶτος G4755
πρωτοκαθεδρία	G4751	see κάθημαι G2764
πρωτοκλισία	G4752	see κλίνω G3111
πρῶτος	G4755	
πρωτοστάτης	G4756	see πρῶτος G4755
πρωτοτόκια	G4757	see πρωτότοκος G4758
πρωτότοκος	G4758	
πρώτως	G4759	see πρῶτος G4755
πτῶμα	G4773	see πίπτω G4406
πτῶσις	G4774	see πίπτω G4406
πτωχεία	G4775	see πτωχός G4776
πτωχεύω	G4776	see πτωχός G4776
πτωχός	G4777	
πύθων	G4780	
πύλη	G4783	
πυλών	G4784	see πύλη G4783
πῦρ	G4786	
πυρά	G4787	see πῦρ G4786
πυρέσσω	G4789	see πῦρ G4786
πυρετός	G4790	see πῦρ G4786
πύρινος	G4791	see πῦρ G4786
πυρόω	G4792	see πῦρ G4786
πυρράζω	G4793	see πῦρ G4786
πυρρός	G4794	see πῦρ G4786
πύρωσις	G4796	see πῦρ G4786
πωλέω	G4797	
πωρόω	G4800	
πώρωσις	G4801	see πωρόω G4800
ῥαββί	G4806	
ῥαββουνί	G4808	see ῥαββί G4806
ῥαβδίζω	G4810	see ῥάβδος G4811
ῥάβδος	G4811	
ῥαβδοῦχος	G4812	see ῥάβδος G4811
ῥακά	G4819	
ῥαντίζω	G4822	
ῥαντισμός	G4823	see ῥαντίζω G4822
ῥέω	G4835	
ῥῆμα	G4839	
ῥήτωρ	G4842	see ῥῆμα G4839
ῥητῶς	G4843	see ῥῆμα G4839
ῥίζα	G4844	
ῥιζόω	G4845	see ῥίζα G4484
ῥύομαι	G4861	
ῥυπαίνω	G4862	see ῥύπος G4866
ῥυπαρία	G4864	see ῥύπος G4866
ῥυπαρός	G4865	see ῥύπος G4866
ῥύπος	G4866	
ῥύσις	G4868	see ῥέω G4835
σαββατισμός	G4878	see σάββατον G4879
σάββατον	G4879	
Σαδδουκαῖος	G4881	
σαλεύω	G4888	
Σαλήμ	G4889	
σάλος	G4893	see σαλεύω G4888
σάλπιγξ	G4894	
σαλπίζω	G4895	see σάλπιγξ G4894
σαλπιστής	G4896	see σάλπιγξ G4894
Σαμάρεια	G4899	
Σαμαρίτης	G4901	see Σαμάρεια G4899
Σαμαρῖτις	G4902	see Σαμάρεια G4899
σαρκικός	G4920	see σάρξ G4922

Greek Word Index

Greek Word	Greek Number	Greek Word Studied
σάρκινος	G4921	see σάρξ G4922
σάρξ	G4922	
Σάρρα	G4925	
Σατάν	G4927	
Σατανᾶς	G4928	see Σατάν G4927
σβέννυμι	G4931	
σεβάζομαι	G4933	see σέβομαι G4936
σέβασμα	G4934	see σέβομαι G4936
σεβαστός	G4935	see σέβομαι G4936
σέβομαι	G4936	
σεισμός	G4939	see σείω G4940
σείω	G4940	
σελήνη	G4943	
σεληνιάζομαι	G4944	see σελήνη G4943
σεμνός	G4948	
σεμνότης	G4949	see σεμνός G4948
σημεῖον	G4956	
σήμερον	G4958	see ἡμέρα G2465
σιγάω	G4967	
σιγή	G4968	see σιγάω G4967
σίδηρος	G4970	
σιδηροῦς	G4971	see σίδηρος G4970
Σινᾶ	G4982	
σιτομέτριον	G4991	see μέτρον G3586
σιωπάω	G4995	
σκανδαλίζω	G4997	see σκάνδαλον G4998
σκάνδαλον	G4998	
σκεῦος	G5007	
σκηνή	G5008	
σκηνοπηγία	G5009	see σκηνή G5008
σκηνοποιός	G5010	see ποιέω G4472
σκηνοποιός	G5010	see σκηνή G5008
σκῆνος	G5011	see σκηνή G5008
σκηνόω	G5012	see σκηνή G5008
σκήνωμα	G5013	see σκηνή G5008
σκιά	G5014	see σκιά G5014
σκληροκαρδία	G5016	see καρδία G2841
σκληροκαρδία	G5016	see σκληρός G5017
σκληρός	G5017	
σκληρότης	G5018	see σκληρός G5017
σκληροτράχηλος	G5019	see σκληρός G5017
σκληρύνω	G5020	see σκληρός G5017
σκόλοψ	G5022	
σκορπίζω	G5025	
σκοτεινός	G5027	see σκότος G5030
σκοτία	G5028	see σκότος G5030
σκοτίζω	G5029	see σκότος G5030
σκότος	G5030	
σκοτόω	G5031	see σκότος G5030
σκύβαλον	G5032	
σμύρνα	G5043	
σμυρνίζω	G5046	see σμύρνα G5043
Σολομών	G5048	
σοφία	G5053	
σοφίζω	G5054	see σοφία G5053
σοφός	G5055	see σοφία G5053
σπείρω	G5062	see σπέρμα G5065
σπένδω	G5064	
σπέρμα	G5065	
σπερμολόγος	G5066	see σπέρμα G5065
σπεύδω	G5067	
σπήλαιον	G5068	
σπλαγχνίζομαι	G5072	see σπλάγχνον G5073
σπλάγχνον	G5073	
σπόριμος	G5077	see σπέρμα G5065
σπόρος	G5078	see σπέρμα G5065
σπουδάζω	G5079	see σπεύδω G5067
σπουδαῖος	G5080	see σπεύδω G5067
σπουδαίως	G5081	see σπεύδω G5067
σπουδή	G5082	see σπεύδω G5067
σταυρός	G5089	
σταυρόω	G5090	see σταυρός G5089
στέμμα	G5098	see στέφανος G5109
στεναγμός	G5099	see στενάζω G5100
στενάζω	G5100	
στενοχωρέω	G5102	see στενοχωρία G5103
στενοχωρία	G5103	
στερεός	G5104	
στερεόω	G5105	see στερεός G5104
στερέωμα	G5106	see στερεός G5104
στέφανος	G5109	
στεφανόω	G5110	see στέφανος G5109
στηριγμός	G5113	see στηρίζω G5114
στηρίζω	G5114	
στίγμα	G5116	
στοιχεῖον	G5122	
στοιχέω	G5123	see στοιχεῖον G5122
στόμα	G5125	
στόμαχος	G5126	see στόμα G5125
στρατεία	G5127	
στράτευμα	G5128	see στρατεία G5127
στρατεύομαι	G5129	see στρατεία G5127
στρατηγός	G5130	see στρατεία G5127
στρατιά	G5131	see στρατεία G5127
στρατιώτης	G5132	see στρατεία G5127
στρατολογέω	G5133	see στρατεία G5127
στρατοπεδάρχης	G5134	see στρατεία G5127
στρατόπεδον	G5136	see στρατεία G5127
στρέφω	G5138	
στῦλος	G5146	
συγκάθημαι	G5153	see κάθημαι G2764
συγκαθίζω	G5154	see κάθημαι G2764
συγκακοπαθέω	G5155	see κακός G2805
συγκακοπαθέω	G5155	see πάσχω G4248
συγκακουχέομαι	G5156	see κακός G2805
συγκαλέω	G5157	see καλέω G2813
συγκαλύπτω	G5158	see καλύπτω G2821
συγκαταβαίνω	G5160	see ἀναβαίνω G326
συγκεράννυμι	G5166	see κεράννυμι G3042
συγκλείω	G5168	see κλείω G3091

Greek Word Index

Greek Word	Greek Number	Greek Word Studied
συγκληρονόμος	G5169	see κλῆρος G3102
συγκοινωνέω	G5170	see κοινός G3123
συγκοινωνός	G5171	see κοινός G3123
συγκρίνω	G5173	see κρίνω G3212
συγχαίρω	G5176	see χαίρω G5915
συζάω	G5182	see ζωή G2437
συζεύγνυμι	G5183	see ζυγός G2433
συζητέω	G5184	see ζητέω G2426
συζητητής	G5186	see ζητέω G2426
σύζυγος	G5187	see ζυγός G2433
συζωοποιέω	G5188	see ζωή G2437
συζωοποιέω	G5188	see ποιέω G4472
συκάμινος	G5189	see συκῆ G5190
συκῆ	G5190	
συκομορέα	G5191	see συκῆ G5190
σῦκον	G5192	see συκῆ G5190
συλαγωγέω	G5194	see συλάω G5195
συλάω	G5195	
συλλαλέω	G5196	see λαλέω G3281
συλλαμβάνω	G5197	see λαμβάνω G3284
συλλογίζομαι	G5199	see λογίζομαι G3357
συλλυπέω	G5200	see λυπέω G3382
συμβαίνω	G5201	see ἀναβαίνω G326
συμβασιλεύω	G5203	see βασιλεύς G995
συμβουλεύω	G5205	see βούλομαι G1089
συμβούλιον	G5206	see βούλομαι G1089
σύμβουλος	G5207	see βούλομαι G1089
συμμαθητής	G5209	see μανθάνω G3443
συμμαρτυρέω	G5210	see μαρτυρία G3456
συμμερίζομαι	G5211	see μέρος G3538
συμμέτοχος	G5212	see ἔχω G2400
συμμιμητής	G5213	see μιμέομαι G3628
συμμορφίζω	G5214	see μορφή G3671
σύμμορφος	G5215	see μορφή G3671
συμπαθέω	G5217	see πάσχω G4248
συμπαθής	G5218	see πάσχω G4248
συμπαραγίνομαι	G5219	see γίνομαι G1181
συμπαρακαλέω	G5220	see παρακαλέω G4151
συμπαραλαμβάνω	G5221	see λαμβάνω G3284
συμπάσχω	G5224	see πάσχω G4248
συμπέμπω	G5225	see πέμπω G4287
συμπεριλαμβάνω	G5227	see λαμβάνω G3284
συμπίνω	G5228	see πίνω G4403
συμπίπτω	G5229	see πίπτω G4406
συμπληρόω	G5230	see πληρόω G4444
συμπνίγω	G5231	see πνίγω G4464
συμπολίτης	G5232	see πόλις G4484
συμπορεύομαι	G5233	see πορεύομαι G4513
συμφυλέτης	G5241	see φυλή G5876
συμφωνέω	G5244	see φωνή G5889
συμφώνησις	G5245	see φωνή G5889
συμφωνία	G5246	see φωνή G5889
σύμφωνος	G5247	see φωνή G5889
σύμψυχος	G5249	see ψυχή G6034
σύν	G5250	
συνάγω	G5251	see συναγωγή G5252
συναγωγή	G5252	
συναγωνίζομαι	G5253	see ἀγών G74
συναθλέω	G5254	see ἄθλησις G124
συναιχμάλωτος	G5257	see αἰχμάλωτος G171
συνακολουθέω	G5258	see ἀκολουθέω G199
συναλίζω	G5259	see ἅλας G229
συναλλάσσω	G5261	see ἀλλάσσω G248
συναναβαίνω	G5262	see ἀναβαίνω G326
συναναπαύομαι	G5265	see ἀναπαύω G399
συναντάω	G5267	see καταντάω G2918
συναντιλαμβάνομαι	G5269	see λαμβάνω G3284
συναποθνήσκω	G5271	see θάνατος G2505
συναπόλλυμι	G5272	see ἀπόλλυμι G660
συναποστέλλω	G5273	see ἀποστέλλω G690
συναρπάζω	G5275	see ἁρπάζω G773
συναυξάνω	G5277	see αὐξάνω G889
σύνδεσμος	G5278	see δέω G1313
συνδέω	G5279	see δέω G1313
συνδοξάζω	G5280	see δόξα G1518
σύνδουλος	G5281	see δοῦλος G1528
συνδρομή	G5282	see τρέχω G5556
συνεγείρω	G5283	see ἐγείρω G1586
συνέδριον	G5284	
συνείδησις	G5287	
συνεισέρχομαι	G5291	see ἔρχομαι G2262
συνέκδημος	G5292	see δῆμος G1322
συνεκλεκτός	G5293	see ἐκλέγομαι G1721
συνεπιμαρτυρέω	G5296	see μαρτυρία G3456
συνεργέω	G5300	see ἐργάζομαι G2237
συνεργός	G5301	see ἐργάζομαι G2237
συνέρχομαι	G5302	see ἔρχομαι G2262
συνεσθίω	G5303	see ἐσθίω G2266
σύνεσις	G5304	
συνετός	G5305	see σύνεσις G5304
συνευδοκέω	G5306	see εὐδοκέω G2305
συνήδομαι	G5310	see ἡδονή G2454
συνήθεια	G5311	see ἔθος G1621
συνθάπτω	G5313	see θάπτω G2507
συνθλίβω	G5315	see θλῖψις G2568
συνίημι	G5317	see σύνεσις G5304
σύνοιδα	G5323	see οἶδα G3857
συνοικέω	G5324	see οἶκος G3875
συνοικοδομέω	G5325	see οἰκοδομέω G3868
συνοράω	G5328	see ὁράω G3972
συντάσσω	G5332	see τάσσω G5435
συντέλεια	G5333	see τέλος G5465
συντελέω	G5334	see τέλος G5465
συντηρέω	G5337	see τηρέω G5499
συντρέχω	G5340	see τρέχω G5556
συνυποκρίνομαι	G5347	see ὑποκρίνομαι G5693
συνωδίνω	G5349	see ὠδίν G6047
συνωμοσία	G5350	see ὀμνύω G3923
σύσσωμος	G5362	see σῶμα G5393
συσταυρόω	G5365	see σταυρός G5089

Greek Word Index

Greek Word	Greek Number	Greek Word Studied	Greek Word	Greek Number	Greek Word Studied
συστενάζω	G5367	see στενάζω G5100	τελέω	G5464	see τέλος G5465
συστοιχέω	G5368	see στοιχεῖον G5122	τέλος	G5465	
συστρέφω	G5370	see στρέφω G5138	τελώνης	G5467	
συστροφή	G5371	see στρέφω G5138	τελώνιον	G5468	see τελώνης G5467
συσχηματίζω	G5372	see σχῆμα G5386	τέρας	G5469	
σφραγίζω	G5381	see σφραγίς G5382	τέσσαρες	G5475	
σφραγίς	G5382		τεσσαρεσκαιδέκατος	G5476	see τέσσαρες G5475
σχῆμα	G5386		τεσσεράκοντα	G5477	see τέσσαρες G5475
σχίζω	G5387		τεσσερακονταετής	G5478	see τέσσαρες G5475
σχίσμα	G5388	see σχίζω G5387	τεταρταῖος	G5479	see τέσσαρες G5475
σώζω	G5392		τέταρτος	G5480	see τέσσαρες G5475
σῶμα	G5393		τετράγωνος	G5481	see γωνία G1224
σωματικός	G5394	see σῶμα G5393	τετρακισχίλιοι	G5483	see χίλιοι G5943
σωματικῶς	G5395	see σῶμα G5393	τέχνη	G5492	see τέκτων G5454
σωτήρ	G5400	see σῴζω G5392	τεχνίτης	G5493	see τέκτων G5454
σωτηρία	G5401	see σῴζω G5392	τηλαυγῶς	G5495	see αὐγάζω G878
σωτήριος	G5403	see σῴζω G5392	τηρέω	G5498	
σωφρονέω	G5404	see σωφροσύνη G5408	τήρησις	G5499	see τηρέω G5499
σωφρονίζω	G5405	see σωφροσύνη G5408	τίθημι	G5502	
σωφρονισμός	G5406	see σωφροσύνη G5408	τίκτω	G5503	
σωφρόνως	G5407	see σωφροσύνη G5408	τιμάω	G5506	see τιμή G5507
σωφροσύνη	G5408		τιμή	G5507	
σώφρων	G5409	see σωφροσύνη G5408	τίμιος	G5508	see τιμή G5507
τάγμα	G5413	see τάσσω G5435	τιμιότης	G5509	see τιμή G5507
τακτός	G5414	see τάσσω G5435	τοῖχος	G5526	see τεῖχος G5446
ταλαιπωρέω	G5415	see ταλαίπωρος G5417	τολμάω	G5528	
ταλαιπωρία	G5416	see ταλαίπωρος G5417	τολμηρός	G5529	see τολμάω G5528
ταλαίπωρος	G5417		τολμητής	G5532	see τολμάω G5528
ταπεινός	G5424		τόπος	G5536	
ταπεινοφροσύνη	G5425	see ταπεινός G5424	τρεῖς	G5552	
ταπεινόφρων	G5426	see ταπεινός G5424	τρέχω	G5556	
ταπεινόω	G5427	see ταπεινός G5424	τριάκοντα	G5558	see τρεῖς G5552
ταπείνωσις	G5428	see ταπεινός G5424	τριακόσιοι	G5559	see τρεῖς G5552
ταράσσω	G5429		τριετία	G5562	see τρεῖς G5552
ταραχή	G5430	see ταράσσω G5429	τρίμηνος	G5564	see τρεῖς G5552
τάραχος	G5431	see ταράσσω G5429	τρίς	G5565	see τρεῖς G5552
ταρταρόω	G5434		τρίστεγον	G5566	see τρεῖς G5552
τάσσω	G5435		τρισχίλιοι	G5567	see τρεῖς G5552
ταφή	G5438	see θάπτω G2507	τρισχίλιοι	G5567	see χίλιοι G5943
τάφος	G5439	see θάπτω G2507	τρίτος	G5569	see τρεῖς G5552
τεῖχος	G5446		τυπικῶς	G5595	see τύπος G5596
τεκνίον	G5448	see τέκνον G5451	τύπος	G5596	
τεκνογονέω	G5449	see τέκνον G5451	τυφλός	G5603	
τεκνογονία	G5450	see τέκνον G5451	τυφλόω	G5604	see τυφλός G5603
τέκνον	G5451		ὑβρίζω	G5614	see ὕβρις G5615
τεκνοτροφέω	G5452	see τέκνον G5451	ὕβρις	G5615	
τέκτων	G5454		ὑβριστής	G5616	see ὕβρις G5615
τέλειος	G5455	see τέλος G5465	ὑγιαίνω	G5617	see ὑγιής G5618
τελειότης	G5456	see τέλος G5465	ὑγιής	G5618	
τελειόω	G5457	see τέλος G5465	ὑδρία	G5620	see ὕδωρ G5623
τελείως	G5458	see τέλος G5465	ὑδροποτέω	G5621	see πίνω G4403
τελείωσις	G5459	see τέλος G5465	ὑδροποτέω	G5621	see ὕδωρ G5623
τελειωτής	G5460	see τέλος G5465	ὕδωρ	G5623	
τελευτάω	G5462	see τέλος G5465	υἱοθεσία	G5625	see υἱός G5626
τελευτή	G5463	see τέλος G5465	υἱός	G5626	

Greek Word Index

Greek Word	Greek Number	Greek Word Studied	Greek Word	Greek Number	Greek Word Studied
ὑμνέω	G5630	see ὕμνος G5631	ὑστερέω	G5728	see ὕστερος G5731
ὕμνος	G5631		ὑστέρημα	G5729	see ὕστερος G5731
ὑπακοή	G5633	see ὑπακούω G5634	ὑστέρησις	G5730	see ὕστερος G5731
ὑπακούω	G5634		ὕστερος	G5731	
ὑπαντάω	G5636	see καταντάω G2918	ὑψηλός	G5734	see ὕψος G5737
ὑπάντησις	G5637	see καταντάω G2918	ὑψηλοφρονέω	G5735	see ὕψος G5737
ὕπαρξις	G5638	see ὑπάρχω G5639	ὕψιστος	G5736	see ὕψος G5737
ὑπάρχω	G5639		ὕψος	G5737	
ὑπέρ	G5642		ὑψόω	G5738	see ὕψος G5737
ὑπέρακμος	G5644		ὕψωμα	G5739	see ὕψος G5737
ὑπεραυξάνω	G5647	see αὐξάνω G889	φαίνω	G5743	
ὑπερβαίνω	G5648	see παραβαίνω G4124	φανερός	G5745	see φαίνω G5743
ὑπερεκπερισσοῦ	G5655	see περισσεύω G4355	φανερόω	G5746	see φαίνω G5743
ὑπερεκχύννω	G5658	see ἐκχέω G1772	φανερῶς	G5747	see φαίνω G5743
ὑπερεντυγχάνω	G5659	see ἐντυγχάνω G1961	φανέρωσις	G5748	see φαίνω G5743
ὑπερηφανία	G5661	see ὑπερήφανος G5662	φανός	G5749	see φαίνω G5743
ὑπερήφανος	G5662		φαντάζω	G5751	see φαίνω G5743
ὑπερνικάω	G5664	see νικάω G3771	φάντασμα	G5753	see φαίνω G5743
ὑperoráw	G5666	see ὁράω G3972	Φαρισαῖος	G5757	
ὑπερπερισσεύω	G5668	see περισσεύω G4355	φεύγω	G5771	
ὑπερπερισσῶς	G5669	see περισσεύω G4355	φθείρω	G5780	
ὑπερπλεονάζω	G5670	see πλεονάζω G4429	φθονέω	G5783	see φθόνος G5784
ὑπερυψόω	G5671	see ὕψος G5737	φθόνος	G5784	
ὑπερφρονέω	G5672	see φρονέω G5858	φθορά	G5785	see φθείρω G5780
ὑπήκοος	G5675	see ὑπακούω G5634	φιλάγαθος	G5787	see ἀγαθός G19
ὑπό	G5679		φιλάγαθος	G5787	see φιλέω G5797
ὑπογραμμός	G5681	see γράφω G1211	φιλαδελφία	G5789	see ἀδελφός G81
ὑπόδειγμα	G5682	see δεῖγμα G1257	φιλαδελφία	G5789	see φιλέω G5797
ὑποδείκνυμι	G5683	see δείκνυμι G1259	φιλάδελφος	G5790	see ἀδελφός G81
ὑποδέχομαι	G5685	see δέχομαι G1312	φιλάδελφος	G5790	see φιλέω G5797
ὑποδέω	G5686	see δέω G1313	φίλανδρος	G5791	see φιλέω G5797
ὑπόδημα	G5687	see δέω G1313	φιλανθρωπία	G5792	see φιλέω G5797
ὑπόδικος	G5688	see δίκη G1472	φιλανθρώπως	G5793	see φιλέω G5797
ὑποζώννυμι	G5690	see ζώννυμι G2439	φιλαργυρία	G5794	see φιλέω G5797
ὑποκάτω	G5691	see κάτω G3004	φιλάργυρος	G5795	see φιλέω G5797
ὑποκρίνομαι	G5693		φίλαυτος	G5796	see φιλέω G5797
ὑπόκρισις	G5694	see ὑποκρίνομαι G5693	φιλέω	G5797	
ὑποκριτής	G5695	see ὑποκρίνομαι G5693	φιλήδονος	G5798	see ἡδονή G2454
ὑπολαμβάνω	G5696	see λαμβάνω G3284	φιλήδονος	G5798	see φιλέω G5797
ὑπόλειμμα	G5698	see λείπω G3309	φίλημα	G5799	see φιλέω G5797
ὑπολείπω	G5699	see λείπω G3309	φιλία	G5802	see φιλέω G5797
ὑπολιμπάνω	G5701	see λείπω G3309	φιλόθεος	G5806	see φιλέω G5797
ὑπομένω	G5702		φιλονεικία	G5808	see φιλέω G5797
ὑπομιμνήσκω	G5703	see μιμνήσκομαι G3630	φιλόνεικος	G5809	see φιλέω G5797
ὑπόμνησις	G5704	see μιμνήσκομαι G3630	φιλοξενία	G5810	see ξένος G3828
ὑπομονή	G5705	see ὑπομένω G5702	φιλόξενος	G5811	see ξένος G3828
ὑπονοέω	G5706	see νοῦς G3808	φίλος	G5813	see φιλέω G5797
ὑποπνέω	G5710	see πνεῦμα G4460	φιλοσοφία	G5814	see σοφία G5053
ὑπόστασις	G5712		φιλόσοφος	G5815	see σοφία G5053
ὑποστρέφω	G5715	see στρέφω G5138	φιλόστοργος	G5816	see φιλέω G5797
ὑποταγή	G5717	see τάσσω G5435	φιλότεκνος	G5817	see τέκνον G5451
ὑποτάσσω	G5718	see τάσσω G5435	φιλότεκνος	G5817	see φιλέω G5797
ὑποτρέχω	G5720	see τρέχω G5556	φιλοτιμέομαι	G5818	see φιλέω G5797
ὑποτύπωσις	G5721	see τύπος G5596	φιλοφρόνως	G5819	see φιλέω G5797
ὑποχωρέω	G5723	see χώρα G6001	φιμόω	G5821	

Greek Word Index

Greek Word	Greek Number	Greek Word Studied	Greek Word	Greek Number	Greek Word Studied
φοβέομαι	G5828	see φόβος G5832	χειροτονέω	G5936	see χείρ G5931
φοβερός	G5829	see φόβος G5832	χερούβ	G5938	
φόβητρον	G5831	see φόβος G5832	χήρα	G5939	
φόβος	G5832		χιλίαρχος	G5941	see χίλιοι G5943
φραγμός	G5850		χιλιάς	G5942	see χίλιοι G5943
φράσσω	G5852	see φραγμός G5850	χίλιοι	G5943	
φρεναπατάω	G5854	see ἀπατάω G572	χοϊκός	G5954	see χοῦς G5967
φρεναπάτης	G5855	see ἀπατάω G572	χολάω	G5957	see χολή G5958
φρήν	G5856	see φρονέω G5858	χολή	G5958	
φρονέω	G5858		χορτάζω	G5963	
φρόνημα	G5859	see φρονέω G5858	χόρτασμα	G5964	see χορτάζω G5963
φρόνησις	G5860	see φρονέω G5858	χόρτος	G5965	see χορτάζω G5963
φρόνιμος	G5861	see φρονέω G5858	χοῦς	G5967	
φρονίμως	G5862	see φρονέω G5858	χρεία	G5970	
φροντίζω	G5863	see φρονέω G5858	χρεοφειλέτης	G5971	see ὀφείλω G4053
φυγή	G5870	see φεύγω G5771	χρή	G5973	see χρεία G5970
φυλακή	G5871	see φυλάσσω G5875	χρῄζω	G5974	see χρεία G5970
φυλακίζω	G5872	see φυλάσσω G5875	χρῆμα	G5975	
φυλακτήριον	G5873	see φυλάσσω G5875	χρηματίζω	G5976	
φύλαξ	G5874	see φυλάσσω G5875	χρηματισμός	G5977	see χρηματίζω G5976
φυλάσσω	G5875		χρηστεύομαι	G5980	see χρηστός G5982
φυλή	G5876		χρηστολογία	G5981	see χρηστός G5982
φύραμα	G5878		χρηστός	G5982	
φυσικός	G5879	see φύσις G5882	χρηστότης	G5983	see χρηστός G5982
φυσικῶς	G5880	see φύσις G5882	χρῖσμα	G5984	see χρίω G5987
φύσις	G5882		Χριστιανός	G5985	see Χριστός G5986
φωνέω	G5888	see φωνή G5889	Χριστός	G5986	
φωνή	G5889		χρίω	G5987	
φῶς	G5890		χρονίζω	G5988	see χρόνος G5989
φωστήρ	G5891	see φῶς G5890	χρόνος	G5989	
φωσφόρος	G5892	see φῶς G5890	χρονοτριβέω	G5990	see χρόνος G5989
φωτεινός	G5893	see φῶς G5890	χρυσίον	G5992	see χρυσός G5996
φωτίζω	G5894	see φῶς G5890	χρυσοδακτύλιος	G5993	see χρυσός G5996
φωτισμός	G5895	see φῶς G5890	χρυσός	G5996	
χαίρω	G5897		χρυσοῦς	G5997	see χρυσός G5996
χαλκεύς	G5906	see χαλκός G5910	χρυσόω	G5998	see χρυσός G5996
χαλκίον	G5908	see χαλκός G5910	χωλός	G6000	
χαλκολίβανον	G5909	see χαλκός G5910	χώρα	G6001	
χαλκός	G5910		χωρέω	G6003	see χώρα G6001
χαλκοῦς	G5911	see χαλκός G5910	χωρίζω	G6004	
χαρά	G5915	see χαίρω G5915	χωρίον	G6005	see χώρα G6001
χάραγμα	G5916		ψάλλω	G6010	see ψαλμός G6011
χαρακτήρ	G5917	see χάραγμα G5916	ψαλμός	G6011	
χαρίζομαι	G5919	see χάρις G5921	ψευδάδελφος	G6012	see ἀδελφός G81
χάριν	G5920	see χάρις G5921	ψευδάδελφος	G6012	see ψεύδομαι G6017
χάρις	G5921		ψευδαπόστολος	G6013	see ἀποστέλλω G690
χάρισμα	G5922	see χάρις G5921	ψευδαπόστολος	G6013	see ψεύδομαι G6017
χαριτόω	G5923	see χάρις G5921	ψευδής	G6014	see ψεύδομαι G6017
χείρ	G5931		ψευδοδιδάσκαλος	G6015	see διδάσκω G1438
χειραγωγέω	G5932	see χείρ G5931	ψευδοδιδάσκαλος	G6015	see ψεύδομαι G6017
χειραγωγός	G5933	see χείρ G5931	ψευδολόγος	G6016	see ψεύδομαι G6017
χειρόγραφον	G5934	see γράφω G1211	ψεύδομαι	G6017	
χειρόγραφον	G5934	see χείρ G5931	ψευδομαρτυρέω	G6018	see μαρτυρία G3456
χειροποίητος	G5935	see ποιέω G4472	ψευδομαρτυρέω	G6018	see ψεύδομαι G6017
χειροποίητος	G5935	see χείρ G5931	ψευδομαρτυρία	G6019	see μαρτυρία G3456

Greek Word Index

Greek Word	Greek Number	Greek Word Studied
ψευδομαρτυρία	G6019	see ψεύδομαι G6017
ψευδόμαρτυς	G6020	see μαρτυρία G3456
ψευδόμαρτυς	G6020	see ψεύδομαι G6017
ψευδοπροφήτης	G6021	see προφήτης G4737
ψευδοπροφήτης	G6021	see ψεύδομαι G6017
ψεῦδος	G6022	see ψεύδομαι G6017
ψευδόχριστος	G6023	see ἀντίχριστος G532
ψευδόχριστος	G6023	see ψεύδομαι G6017
ψευδώνυμος	G6024	see ὄνομα G3950
ψευδώνυμος	G6024	see ψεύδομαι G6017
ψεῦσμα	G6025	see ψεύδομαι G6017
ψεύστης	G6026	see ψεύδομαι G6017
ψυχή	G6034	
ψυχικός	G6035	see ψυχή G6034

Greek Word	Greek Number	Greek Word Studied
ψῦχος	G6036	
ψυχρός	G6038	see ψῦχος G6036
ᾠδή	G6046	
ὠδίν	G6047	
ὠδίνω	G6048	see ὠδίν G6047
ὥρα	G6052	
ὡραῖος	G6053	see ὥρα G6052
ὡσαννά	G6057	
ὠτάριον	G6064	see οὖς G4044
ὠτίον	G6065	see οὖς G4044
ὠφέλεια	G6066	see ὠφελέω G6067
ὠφελέω	G6067	
ὠφέλιμος	G6068	see ὠφελέω G6067

Strong to Goodrick-Kohlenberger Number Conversion Chart

* in the first field (Strong) means there is no Strong number for the GK number in field 2
@ in the first field (Strong) means Strong spelled his lexical form differently from modern dictionaries

S	GK
1	1
2	2
3	3
4	4
5@	5
6@	6
7	7
8@	8
9	9
10	10
11	11
12	12
13@	13
14	14
18 + 2041	15
15	16
16	17
17	18
18	19
19	20
20	21
21	22
22	23
23	24
24	25
25	26
26	27
27	28
28@	29
29	30
30	31
31	32
518@	33
32	34
30@	35
34	36
35	37
36	38
37	39
38	40
40 & 39	41
41	42
42	43
43	44
44	45
45	46
46	47
47	48
48	49
49	50
50	51
51	52
52	53
53	54
54	55
55	56
56	57
57	58
58	59
59	60
60	61
61	62
62	63
63	64
64	65
65	66
66	67
67	68
68	69
69	70
70	71
71 & 33	72
72	73
73	74
74	75
75	76
76	77
77	78
78	79
79	80
80	81
81	82
82	83
83	84
84	85
85	86
86	87
87	88
88	89
89	90
90	91
91	92
92	93
93	94
94 + 2923	95
94	96
95	97
689@	98
96	99
97	100
98	101
99	102
100	103
101	104
102	105
103	106
104	107
105	108
106	109
107	110
108	111
*	112
109	113
110	114
2288 + 1	115
111	116
112	117
113	118
114	119
115	120
116	121
117	122
118	123
119	124
4867@	125
120	126
121@	127
122	128
123	129
124	130
125	131
126	132
127	133
128	134
129	135
130	136
131	137
132	138
133	139
134	140
135	141
136	142
137	143
2056@	144
138	145
139	146
140	147
141	148
142	149
143	150
144	151
145	152
146	153
147	154
148	155
150 & 149	156
151	157
152	158
153	159
154	160
155	161
156	162
157	163
4256@	164
159 & 158	165
157@	166
160	167
161	168
162	169
163	170
164	171
165	172
166	173
167	174
168	175
169	176
170	177
171	178
172	179
173	180
174	181
175	182
176	183
177	184
178	185
179	186
180@	187
180	188
181	189
182	190
183	191

Strong to Goodrick-Kohlenberger Number Conversion Chart

S	GK
184@	192
185	193
85@	194
186	195
187	196
188	197
189	198
190	199
191	200
191	201
192	202
193	203
194	204
195	205
196	206
196@	207
198	208
199	209
200	210
201	211
202	212
203	213
204	214
205	215
206	216
207	217
208	218
209	219
210	220
217@	221
211	222
211	223
212	224
213	225
214	226
215	227
216	228
217	229
218	230
219	231
220	232
221	233
222	234
223	235
224	236
225	237
226	238
227	239
228	240
229	241
230	242
231	243
232	244
233	245
234	246
235	247
236	248
237	249
*	250
238	251
239	252
240	253
241	254
2087@	255
242	256
243	257
244	258
245	259
246	260
247	261
248	262
249	263
250	264
251	265
252	266
253@	267
254	268
255	269
1@	270
256@	271
257	272
258	273
259	274
260	275
261	276
262	277
263	278
264	279
265	280
266	281
267	282
268	283
*	284
269	285
270	286
271	287
272	288
273	289
274	290
275	291
276	292
277	293
278	294
279	295
280	296
281	297
282	298
283	299
284	300
*	301
285	302
286	303
287	304
880	305
288	306
289	307
290	308
291@	309
292	310
906@ + 293	311
293	312
294@	313
294	314
295	315
296	316
297@	317
298	318
*	319
299	320
300	321
301	322
302	323
303	324
304	325
305	326
306@	327
307	328
308	329
309	330
310	331
311	332
508@	333
312	334
313	335
314	336
315	337
316	338
317	339
318	340
319@	341
320	342
321	343
322	344
323	345
324	346
325	347
326	348
327	349
328	350
329	351
330	352
331	353
332	354
333	355
334	356
335	357
336	358
337	359
338	360
339	361
340	362
341	363
342	364
343	365
344	366
345	367
346@	368
347	369
348	370
349	371
*	372
350	373
351	374
617	375
352	376
353	377
354@	378
355	379
242	380
356	381
357	382
358	383
355	384
359	385
360	386
361	387
362	388
363@	389
364	390
365@	391
366	392
367@	393
368	394
369	395
370	396
371	397
372	398
373	399
374	400
376@	401
375	402
450@	403
377	404
378	405
379	406
4238@	407
380	408
381	409
382	410
383	411
384	412
385	413
386	414
387	415
388	416
389	417
390	418

Strong to Goodrick-Kohlenberger Number Conversion Chart

S	GK
391	419
*	420
392	421
393	422
394@	423
395	424
510	425
396	426
397	427
398	428
399	429
400	430
401	431
402	432
403	433
404	434
405	435
406	436
407	437
408	438
409	439
507 + 2821	440
410	441
411	442
412	443
413	444
414@	445
415	446
448@	447
416	448
417	449
418	450
419@	451
420	452
421	453
422	454
423@	455
424	456
425	457
426	458
427	459
428	460
429	461
430	462
431	463
432	464
433	465
434	466
435	467
436	468
437	469
438	470
439	471
440	472
441	473
442	474
443	475
444	476
445	477
446	478
447	479
448	480
449	481
450	482
451@	483
452@	484
453	485
454	486
455	487
456	488
457	489
458	490
459	491
460	492
453@	493
461	494
462	495
463	496
464	497
465	498
466	499
467	500
468	501
469	502
470	503
472@	504
473	505
474	506
475@	507
476	508
477	509
478	510
479	511
480	512
481@	513
482@	514
483 & 471	515
484@	516
485	517
486	518
487	519
488	520
489	521
490	522
491	523
492	524
493	525
494	526
495@	527
496	528
497	529
498@	530
499@	531
500	532
501	533
502	534
503	535
504	536
505	537
506	538
507	539
509	540
510	541
511	542
512@	543
513	544
514	545
515	546
516	547
517	548
2456@	549
518	550
519@	551
520	552
521	553
522	554
523	555
524	556
525	557
526	558
527	559
528	560
529	561
530	562
531	563
532	564
533	565
575 + 737	566
534	567
535	568
536	569
537	570
782	571
538	572
539	573
540	574
541	575
1890	576
543	577
544	578
545	579
546	580
547	581
548@	582
549@	583
550@ & 561	584
551	585
552	586
553	587
554	588
555	589
556	590
557	591
558	592
559	593
560	594
561	595
562	596
563	597
564	598
565	599
568 & 566 & 567	600
569	601
570	602
571	603
573@	604
572	605
573	606
574	607
575	608
576	609
577	610
578	611
579	612
580	613
581@	614
582	615
583	616
584	617
585	618
586@	619
586	620
587	621
588	622
589	623
590	624
591	625
592	626
593	627
594	628
595	629
596	630
597	631
598	632
599@	633
600@	634
600	635
601	636
602	637
603	638
604	639
605	640
606	641
607	642
608	643
609	644
610	645

Strong to Goodrick-Kohlenberger Number Conversion Chart

S	GK
611	646
612	647
613	648
614	649
615	650
615@	651
616	652
617	653
2980@	654
618	655
619	656
620	657
621	658
5277@	659
622	660
623	661
624	662
625@	663
626	664
627	665
628	666
629	667
630	668
631@	669
5278@	670
632	671
633	672
575 + 3992	673
634	674
635	675
636	676
637	677
638	678
639	679
640	680
641	681
642	682
643	683
644	684
645	685
646	686
647	687
3848@	688
648	689
649	690
650	691
651	692
652	693
653	694
654	695
655	696
656	697
657@	698
658	699
659	700
660	701
661	702
662	703
663	704
664	705
665	706
666	707
667	708
668	709
669	710
670	711
671	712
672	713
673	714
674	715
675	716
676	717
677	718
678@	719
679	720
681 & 680	721
682	722
683@	723
684	724
685	725
686	726
687	727
688	728
*	729
689	730
729@	731
690	732
691	733
692	734
693	735
694	736
695	737
696	738
693@	739
697	740
698	741
699@	742
700	743
701	744
702@	745
703	746
*	747
704	748
705	749
706	750
707@	751
708	752
709	753
710	754
711	755
712	756
713	757
714	758
715@	759
715	760
716	761
717	762
689@	763
718	764
719	765
720	766
*	767
721	768
722	769
723	770
724	771
725	772
726	773
727	774
728	775
730	776
731	777
732@	778
732	779
733	780
730	781
734	782
735	783
736	784
737	785
738	786
739	787
740	788
741	789
742	790
743	791
744	792
745	793
746	794
747	795
748	796
749	797
3027@	798
750	799
751	800
752	801
753	802
754	803
755	804
*	805
757 & 756	806
758	807
759	808
760	809
761	810
760@	811
762	812
763	813
764	814
765	815
766	816
767	817
768	818
769	819
770	820
771	821
772	822
773	823
774	824
775	825
776	826
777	827
778	828
779	829
780	830
781	831
782	832
783	833
784	834
785	835
786	836
787	837
4565@	838
788	839
789@	840
790	841
791	842
792	843
793	844
794	845
795	846
796	847
797	848
798	849
799	850
800	851
801	852
802	853
803	854
804	855
805	856
806	857
807	858
808	859
809	860
810	861
811	862
812	863
813	864
814	865
815	866
816	867
817	868
818	869
818@	870
819	871
820	872

Strong to Goodrick-Kohlenberger Number Conversion Chart

S	GK
821	873
822	874
823	875
824	876
825	877
826	878
827	879
828	880
829	881
830	882
831	883
832	884
833	885
834	886
835	887
836	888
837	889
838	890
837@	891
839	892
840	893
841	894
842	895
843	896
844	897
845	898
846 & 847 & 848	899
1888@	900
849	901
3166@	902
850	903
851	904
852	905
853	906
854	907
855	908
856	909
857	910
858	911
859	912
860	913
861	914
862	915
*	916
*	917
863	918
864	919
865	920
866	921
867	922
868	923
869	924
870	925
871	926
872 & 542	927
873	928
874	929
875	930
876	931
877	932
878	933
879	934
650@	935
880	936
881	937
882	938
883	939
884	940
881@	941
886	942
885@	943
887	944
888	945
889	946
890	947
891	948
892	949
893	950
894@	951
894	952
895	953
*	954
896	955
897	956
898	957
899	958
900	959
901	960
902@	961
903	962
904	963
905@	964
906	965
907	966
908	967
909	968
910	969
911	970
920@	971
912	972
913	973
914	974
915	975
916	976
917	977
918	978
919	979
920	980
920	981
921@	982
922	983
923@	984
924	985
925	986
926	987
927	988
928	989
929	990
930	991
931	992
932	993
934 & 933	994
935	995
936	996
937	997
937@	998
938	999
939	1000
940	1001
941	1002
942	1003
943	1004
944	1005
945@	1006
946	1007
947	1008
948@	1009
949	1010
950	1011
951	1012
952	1013
953	1014
954	1015
955@	1016
4476@	1017
956	1018
957@	1019
958@	1020
958	1021
959	1022
960	1023
961	1024
*	1025
1007@	1026
1007@	1027
962	1028
963	1029
962@	1030
964	1031
964@	1032
965@	1033
966	1034
966@	1035
967	1036
968	1037
*	1038
969	1039
970	1040
971	1041
972	1042
973	1043
974	1044
974	1045
975	1046
976	1047
977	1048
978	1049
979	1050
980	1051
981	1052
982	1053
983	1054
984	1055
985	1056
985@	1057
986	1058
987	1059
988	1060
989	1061
990	1062
991	1063
992	1064
993@	1065
994	1066
1003@	1067
995	1068
996	1069
997	1070
998	1071
999@	1072
999	1073
1000	1074
1001	1075
1002	1076
1003	1077
1003@	1078
1004	1079
1005	1080
1006	1081
1007	1082
1008	1083
1009	1084
1010	1085
1011	1086
1012	1087
1013	1088
1014	1089
1015	1090
1016	1091
1017	1092
1018	1093
1019	1094
1020	1095
1021	1096
1022	1097
1023	1098

Strong to Goodrick-Kohlenberger Number Conversion Chart

S	GK
1024	1099
1025	1100
1026	1101
1690@	1102
1027	1103
1028	1104
1029	1105
1030	1106
1031	1107
1032	1108
1033	1109
1034	1110
1035	1111
1036	1112
1037	1113
1038	1114
1039	1115
1040	1116
1041	1117
*	1118
1042	1119
1043	1120
1044	1121
1045	1122
1046	1123
1048	1124
1047	1125
1049	1126
1050	1127
1051	1128
1052	1129
1053	1130
1054	1131
1055	1132
1056	1133
1057	1134
1053@	1135
1058	1136
1059	1137
1060	1138
1061@	1139
1061	1140
1062	1141
1063	1142
1064	1143
2802@	1144
1065	1145
1066	1146
1067	1147
1068	1148
1068@	1149
1069	1150
1070	1151
1071	1152
1072	1153
1073	1154
1074	1155
1075	1156
1076	1157
1077@	1158
1077@	1159
1077	1160
1078	1161
1079	1162
1081@	1163
1080	1164
1081	1165
1082	1166
1083	1167
1084	1168
1085	1169
1086@	1170
1086	1171
1087	1172
1088	1173
1089	1174
1090	1175
1091	1176
1092	1177
1093	1178
1094	1179
1095	1180
1096	1181
1097	1182
1098	1183
1099	1184
1100	1185
1101	1186
1102	1187
1103	1188
1104	1189
1105	1190
1106	1191
1107	1192
1110@	1193
1108	1194
1109	1195
1110	1196
1111	1197
1112	1198
1113	1199
1114	1200
1115	1201
1116	1202
1117	1203
1118	1204
1119	1205
1120	1206
1121	1207
1122	1208
1123	1209
1124	1210
1125	1211
1126	1212
1127	1213
1128	1214
1129	1215
1130	1216
1130@	1217
1131	1218
1132	1219
1133	1220
1134	1221
1135	1222
1136	1223
1137	1224
*	1225
1138	1226
1139	1227
1140	1228
1141	1229
1142	1230
1143	1231
1144	1232
1145	1233
1146	1234
1147	1235
1148	1236
1149	1237
1150	1238
1151	1239
1152	1240
1153	1241
1154	1242
*	1243
1155	1244
1156	1245
1157	1246
1155	1247
1158	1248
1156@	1249
1157	1250
1159	1251
1160	1252
1138@	1253
1161	1254
1162	1255
1163	1256
1164	1257
1165	1258
1166	1259
1166	1260
1167	1261
1168	1262
*	1263
1169	1264
1170	1265
*	1266
1171	1267
1172	1268
*	1269
1173	1270
1173@	1271
1175	1272
1174@	1273
1176	1274
1177	1275
1176 + 1803@	1276
1176 + 2532 + 3638	1277
1178	1278
1179	1279
1180	1280
1182 & 1181	1281
1183	1282
1184	1283
1185	1284
1186	1285
1187@	1286
1187	1287
1188	1288
1189	1289
127@	1290
1190	1291
1191	1292
1192	1293
1193	1294
2359@	1295
1194	1296
1195	1297
1196	1298
1197	1299
1198	1300
1199	1301
1200	1302
1201	1303
1202	1304
1203	1305
1204	1306
1205	1307
1206	1308
1208@	1309
1207	1310
1208	1311
1209	1312
1210	1313
1211	1314
5081@	1315
1212	1316
1213	1317
1214	1318
1215	1319
1216	1320
1217	1321
1218	1322
1219	1323
1220	1324

Strong to Goodrick-Kohlenberger Number Conversion Chart

S	GK
1221	1325
*	1326
1222	1327
1223	1328
1224	1329
1225	1330
1226	1331
1227	1332
1228	1333
1229	1334
1230	1335
1231	1336
1232	1337
1233	1338
1234	1339
1235	1340
1236	1341
1237	1342
1238	1343
1239	1344
1240	1345
1241	1346
1242	1347
1243	1348
1244	1349
1245@	1350
1245	1351
1246	1352
1781@	1353
1247	1354
1248	1355
1249	1356
1250	1357
1251@	1358
1252	1359
1253	1360
1254	1361
1255	1362
1256	1363
1257	1364
1258	1365
*	1366
1259@	1367
1260	1368
1261	1369
1262	1370
1263	1371
1264	1372
1265	1373
1266	1374
1267	1375
1268	1376
1269	1377
1270	1378
1271	1379
1272	1380
1273	1381
1274	1382
1275	1383
3859	1384
1276	1385
1277	1386
1278@	1387
1279	1388
1280	1389
1281	1390
1282	1391
1284@	1392
1284@	1393
*	1394
1283	1395
1284	1396
1285	1397
1286	1398
1287	1399
1288	1400
1289	1401
1290	1402
1291@	1403
1292	1404
1293	1405
1294	1406
1295@	1407
1296	1408
1297	1409
1298	1410
1299	1411
1300	1412
1301	1413
1302	1414
1303	1415
1303	1416
1304	1417
1305	1418
1306	1419
1307@	1420
1307	1421
1308	1422
1309	1423
1310	1424
1311	1425
1312	1426
1313	1427
1314	1428
1315@	1429
5512@	1430
1316@	1431
*	1432
*	1433
1317	1434
1318	1435
1319	1436
1320	1437
1321	1438
1322	1439
1323	1440
1324	1441
1325@	1442
1325	1443
1326	1444
1760@	1445
1831@	1446
1327	1447
2058@	1448
1328	1449
1329	1450
1330	1451
1331	1452
1332	1453
1333	1454
1334	1455
1335	1456
1336@	1457
1337	1458
1338	1459
1339	1460
333@	1461
1340	1462
2613@	1463
1341	1464
1342	1465
1343	1466
1344	1467
1345	1468
1346	1469
1347	1470
1348	1471
1349	1472
1350	1473
1351	1474
1352	1475
1353	1476
1354	1477
1355	1478
1356	1479
2735@	1480
1357	1481
1358	1482
1359	1483
1360	1484
1361@	1485
1362@	1486
1362	1487
1363	1488
1364	1489
1417 + 3461	1490
1365	1491
1366	1492
1367	1493
1368@	1494
1369	1495
1370	1496
1371	1497
1372	1498
1373	1499
1374	1500
1375	1501
1376	1502
1377	1503
1378	1504
1379	1505
1380	1506
1381	1507
1381@	1508
1382	1509
1383	1510
1384	1511
1385	1512
1386	1513
1387	1514
1388	1515
1389	1516
1390	1517
1391	1518
1392	1519
1393	1520
1394	1521
1395	1522
1190@	1523
1396	1524
1397	1525
1398	1526
1399	1527
1401 & 1400	1528
1401	1529
1402	1530
1403	1531
1404	1532
1405	1533
1406	1534
1407	1535
1408	1536
1409	1537
1410	1538
1411	1539
1412	1540
1413	1541
1414	1542
1415	1543
1416	1544
1417	1545
1419	1546
1420	1547
1420@	1548
1421	1549
*	1550
1422	1551

Strong to Goodrick-Kohlenberger Number Conversion Chart

S	GK
1423	1552
1424	1553
1425	1554
987@	1555
1426	1556
1427	1557
1428	1558
1429	1559
1430	1560
1431	1561
1432	1562
1433	1563
1434	1564
1435	1565
1248	1566
*	1567
1436	1568
1437	1569
1437 + 4007	1570
1438	1571
1439	1572
1440	1573
1441	1574
1442	1575
1443@	1576
1444	1577
1445	1578
1446	1579
1447	1580
1448	1581
1449	1582
1450	1583
1451	1584
1452	1585
1453	1586
1454	1587
1455	1588
1456	1589
1457	1590
1573@	1591
1458	1592
1459	1593
1460	1594
2620	1595
1461	1596
2623@	1597
1462	1598
1463	1599
1464	1600
1465	1601
1466	1602
1467	1603
1468	1604
1469	1605
1470	1606
1471	1607
1472	1608
1473 & 1691 & 1698 & 170	1609
1474	1610
1475	1611
1476	1612
1477	1613
1478@	1614
1479@	1615
1480	1616
1481	1617
1482	1618
1483	1619
1484	1620
1485	1621
1486	1622
1487	1623
2397@	1624
3708@	1625
1491	1626
1493	1627
1494	1628
1496	1629
1495@	1630
1497	1631
1500@	1632
1501	1633
1502	1634
1504	1635
1505	1636
1506	1637
2229 + 3375	1638
1510 & 1488 & 1498 & 151	1639
*	1640
1752	1641
1512@	1642
1513@	1643
1514	1644
1515	1645
1516	1646
1517	1647
1518	1648
3004@	1649
1519	1650
1520 & 3391	1651
1521	1652
1522	1653
1523	1654
1524	1655
1525	1656
1528@	1657
1529	1658
1530	1659
1531	1660
1532	1661
1533	1662
1534	1663
1535	1664
1486@	1665
1537	1666
1538	1667
1539	1668
1540	1669
1541@	1670
1542	1671
1543	1672
1543@	1673
1831@	1674
1544	1675
1545	1676
1816@	1677
1546	1678
1547	1679
1548	1680
1549	1681
1550	1682
1551	1683
1552	1684
1553	1685
1554	1686
1555	1687
1556	1688
1557	1689
1558	1690
1559	1691
1560	1692
1561	1693
1562	1694
1563	1695
1564	1696
1565	1697
1566	1698
1567	1699
2214@	1700
1568	1701
1569	1702
2296@	1703
1570	1704
1571	1705
1572	1706
1573	1707
1574	1708
1575	1709
1576	1710
1577	1711
1578	1712
1579	1713
1580	1714
1464@	1715
1581	1716
1582@	1717
1583	1718
1584	1719
1585	1720
1586	1721
1587	1722
1588	1723
1589	1724
1590	1725
1591	1726
1592	1727
1593	1728
1594	1729
1595	1730
1596	1731
1597	1732
1598	1733
1599	1734
1537 + 4053	1735
1600	1736
1530@	1737
1601	1738
1602	1739
1603	1740
1604	1741
1605	1742
1606	1743
1607	1744
1608	1745
1609	1746
*	1747
1610	1748
1611	1749
1612@	1750
4982@	1751
1613	1752
1614	1753
1615	1754
1616	1755
1618	1756
1619 & 1617	1757
1620	1758
1621	1759
1622	1760
1623	1761
1624	1762
1625	1763
1790@	1764
1626	1765
1627	1766
1628	1767
1629	1768
1630	1769
1631	1770
1537 + 5455	1771
1632	1772
1632@	1773
1633	1774
1634	1775
1635	1776

Strong to Goodrick-Kohlenberger Number Conversion Chart

S	GK
1636	1777
1637	1778
1638	1779
1639	1780
1640	1781
1641	1782
1642	1783
1640	1784
1643	1785
1644	1786
1645	1787
1646 & 1647	1788
1648	1789
1653@	1790
1650@	1791
1649	1792
1650	1793
1651	1794
1652	1795
1653	1796
1654	1797
1655	1798
1656	1799
1657	1800
1658	1801
1659	1802
1660	1803
1661	1804
1662	1805
1662@	1806
3395@	1807
1663	1808
1664	1809
1665	1810
1666@	1811
1666	1812
1667 & 1507	1813
1668	1814
1669	1815
1670	1816
1671	1817
1672	1818
1673	1819
1674	1820
1675	1821
1676	1822
1677@	1823
1677	1824
1678@	1825
1678	1826
1679	1827
1680	1828
1681	1829
1682	1830
1683	1831
1684	1832
1685	1833
1686@	1834
1686	1835
1687	1836
1688	1837
1689	1838
1690	1839
1692	1840
1693	1841
1694	1842
1695@	1843
1696	1844
1722 + 3319	1845
1697@	1846
1699	1847
*	1848
1701	1849
1702	1850
1703	1851
649@	1852
1704	1853
1705@	1854
1705	1855
1714@	1856
1705@	1857
1705	1858
1714@	1859
1706	1860
1707	1861
1708	1862
1709	1863
1710	1864
1711	1865
1712	1866
1713	1867
1714	1868
1715	1869
1716	1870
1717	1871
1718	1872
1719	1873
1720	1874
1721	1875
5455@	1876
1722	1877
1723	1878
1724	1879
2177@	1880
*	1881
1725	1882
1726	1883
*	1884
1727	1885
1756@	1886
1728	1887
1766@	1888
863@	1889
1729	1890
1730	1891
1731	1892
1732	1893
1733	1894
1734	1895
1735@	1896
1736	1897
1737	1898
1738	1899
1739	1900
1740@	1901
1741	1902
1742	1903
1743	1904
1744	1905
1745	1906
1746	1907
1739@	1908
1747	1909
1748	1910
1749	1911
1750	1912
1751	1913
1752	1914
1752	1915
1768@	1916
1769@	1917
1753	1918
1754	1919
1755	1920
1756	1921
1757	1922
1758	1923
1759	1924
1782@	1925
1760	1926
1761	1927
1762	1928
1763	1929
4178@	1930
1764	1931
1765	1932
1767	1933
1769	1934
1770	1935
1771	1936
1772	1937
1722 + 3551	1938
1773@	1939
1774	1940
3726@	1941
1775	1942
1776	1943
1777	1944
1778	1945
1779	1946
1780	1947
1781@	1948
1782	1949
1783	1950
*	1951
1784	1952
1785	1953
1786	1954
1787	1955
1788	1956
1789	1957
1790	1958
1791	1959
1792	1960
1793	1961
1794	1962
1795	1963
1796	1964
1797	1965
1798	1966
1799	1967
1800	1968
1801	1969
1802@	1970
1803@	1971
1804	1972
1805	1973
1806	1974
1807	1975
1808	1976
1809@	1977
1810	1978
1811	1979
1812	1980
1813	1981
1814	1982
1815	1983
1816	1984
1817	1985
455	1986
1818	1987
1819	1988
1820@	1989
1821	1990
*	1991
1822	1992
1823	1993
1824	1994
1825	1995
1826	1996
1832@	1997
1827	1998
1828	1999
1829	2000
1830	2001
1831	2002
1832	2003

Strong to Goodrick-Kohlenberger Number Conversion Chart

S	GK
1833	2004
1810@	2005
*	2006
1834	2007
1835	2008
1836	2009
1837@	2010
1838	2011
1839@	2012
1839@	2013
1839	2014
1840	2015
1841	2016
1842@	2017
1843	2018
1844	2019
1845	2020
1846	2021
1847	2022
1847	2023
1848	2024
1848@	2025
1849	2026
1850	2027
*	2028
1851	2029
1852	2030
1853	2031
1854	2032
1855	2033
1856	2034
1857	2035
1503@	2036
1858	2037
1859	2038
1860	2039
1861@	2040
1862	2041
1863	2042
1864	2043
1865	2044
1866	2045
1867	2046
1868	2047
1869	2048
1870	2049
1871	2050
1872	2051
1873	2052
1874	2053
1875	2054
1876	2055
1877	2056
1878@	2057
1879	2058
1880	2059
1881@	2060
1882	2061
1883	2062
1944@	2063
1884	2064
1885@	2065
1885@	2066
*	2067
1886	2068
1887	2069
1888	2070
1889	2071
1890	2072
1891	2073
1892	2074
1893	2075
1894	2076
1895	2077
1896	2078
1966@	2079
1897	2080
1898	2081
1904@	2082
1899	2083
1900	2084
1901	2085
1902	2086
1903	2087
1904	2088
1905	2089
1906	2090
1907	2091
1908	2092
1909	2093
1910	2094
1911	2095
1912	2096
1913	2097
1914	2098
1915	2099
1916	2100
1917	2101
1918	2102
1919	2103
1920	2104
1921	2105
1922	2106
1923	2107
1924@	2108
1925	2109
1926	2110
1927	2111
1928	2112
1929	2113
1930	2114
1931	2115
1932	2116
1933	2117
1934	2118
1935	2119
1936	2120
1937	2121
1938	2122
1939	2123
2380@	2124
1940	2125
1941@	2126
1942	2127
1943	2128
1944	2129
1945	2130
2027@	2131
2770@	2132
2778@	2133
1946	2134
1947	2135
*	2136
1948	2137
1949	2138
2989	2139
1950	2140
1951@	2141
1952	2142
621@	2143
1953	2144
1954	2145
1955	2146
1956	2147
1957	2148
1958	2149
1959	2150
1960	2151
1961	2152
1962	2153
1963	2154
1964	2155
1965	2156
1967	2157
1968	2158
1969	2159
1971	2160
1972	2161
1973	2162
1974	2163
1975	2164
1976	2165
1977	2166
3982@	2167
1978	2168
1979	2169
1980	2170
643@	2171
1981	2172
1982	2173
1983	2174
1984	2175
1985	2176
1986	2177
4687@	2178
1987	2179
1999	2180
1988	2181
1989	2182
*	2183
1990	2184
1991	2185
1992	2186
1993	2187
1994	2188
1995	2189
1996	2190
1997	2191
1998	2192
1976	2193
1999	2194
2000	2195
2001	2196
2002	2197
2003	2198
2004	2199
2005	2200
2006	2201
2007	2202
2008	2203
2009	2204
2010	2205
2233@	2206
2011	2207
2012	2208
2013	2209
2014	2210
2015	2211
2016	2212
2017	2213
2018	2214
2019	2215
2020	2216
2021	2217
*	2218
2022	2219
2023	2220
2024	2221
2025	2222
2017@	2223
2026	2224
2027	2225
2028	2226
2029	2227
2030	2228
2031	2229
2032	2230

Strong to Goodrick-Kohlenberger Number Conversion Chart

S	GK	S	GK	S	GK	S	GK
2033	2231	1681@	2287	2141	2344	2193	2401
2034	2232	2091	2288	2142	2345	*	2402
2035	2233	2092	2289	2143	2346	*	2403
4179	2234	2093	2290	2144	2347	2194	2404
2037	2235	2094	2291	2145	2348	2195	2405
2045@	2236	2095	2292	2146	2349	2196@	2406
2038	2237	2096@	2293	2148@	2350	4518@	2407
2039	2238	2097	2294	2147	2351	2197	2408
2040	2239	2098	2295	2148	2352	2198	2409
2041	2240	2099	2296	2149	2353	4570@	2410
2042	2241	2100	2297	2150	2354	2199	2411
2043	2242	2101	2298	2151	2355	2200	2412
2044	2243	2102	2299	2152	2356	4801@	2413
2047	2244	2103	2300	2153	2357	2201	2414
2048	2245	2095@	2301	2154	2358	2202	2415
2049	2246	2104	2302	2155	2359	2203	2416
2050	2247	2129@	2303	807@	2360	2204	2417
2051	2248	2105	2304	2156	2361	2206@	2418
2052	2249	2106	2305	2157	2362	2205	2419
2053	2250	2107	2306	2158	2363	2206	2420
2054	2251	2108	2307	2159	2364	2207 & 2208	2421
2055	2252	2109	2308	2160	2365	2209	2422
2056	2253	2110	2309	2161	2366	2210	2423
2057	2254	2111	2310	2162	2367	2211	2424
2058	2255	2112	2311	2163	2368	*	2425
1328@	2256	2113	2312	2164	2369	2212	2426
2059	2257	2114	2313	2165	2370	2213	2427
2060	2258	2115	2314	2166	2371	2214	2428
2061	2259	2115@	2315	2167	2372	2215	2429
2062	2260	2116	2316	2168	2373	4667@	2430
2063	2261	2117	2317	2169	2374	2216@	2431
2064	2262	2117	2318	2170	2375	2217	2432
2065	2263	2118	2319	2171	2376	2218	2433
2066	2264	2119	2320	2172	2377	2219	2434
2067	2265	2120	2321	2173	2378	2220	2435
2068 & 5315	2266	2121	2322	2174	2379	2221	2436
2068@	2267	2122	2323	2175	2380	2222	2437
2069@	2268	2123@	2324	2176	2381	2223	2438
2072	2269	2124	2325	*	2382	2224	2439
2073	2270	2125	2326	2177	2383	2224	2440
*	2271	2126	2327	2178	2384	2225@	2441
2074@	2272	2127	2328	2179	2385	2226@	2442
2274@	2273	2128	2329	2180	2386	2227@	2443
2078	2274	2129	2330	2181	2387	*	2444
2079	2275	2130	2331	2182	2388	2228	2445
2080	2276	2131	2332	2183	2389	2229	2446
2081	2277	2132	2333	2184	2390	2229 + 3375	2447
2082	2278	2133	2334	2185	2391	2230	2448
2083	2279	2134	2335	2186	2392	2231	2449
2084	2280	2135	2336	1896@	2393	2232	2450
2085	2281	2136	2337	2187@	2394	2233	2451
2086	2282	2137	2338	2188	2395	2234 & 2236	2452
2087	2283	2145@	2339	5504@	2396	2235	2453
2088	2284	2138	2340	2189	2397	2237	2454
2089	2285	2139@	2341	2190	2398	2238	2455
2090	2286	2139	2342	2191	2399	2239	2456
		2140	2343	2192	2400	2240	2457

Strong to Goodrick-Kohlenberger Number Conversion Chart

S	GK
2241	2458
2242	2459
2243	2460
2244	2461
2245	2462
2246	2463
2247	2464
2250	2465
2251	2466
2253	2467
2255	2468
2256	2469
2256@	2470
2259	2471
2260@	2472
2261	2473
2262	2474
2263	2475
2264@	2476
2265@	2477
2266@	2478
2267@	2479
2268@	2480
2269	2481
2276@	2482
2270	2483
2271	2484
2272	2485
2273	2486
2274@	2487
2275	2488
2276@	2489
2278	2490
2279	2491
2279@	2492
2279@	2493
*	2494
3134@	2495
5008@	2496
2280	2497
2281	2498
2282	2499
2283@	2500
2284	2501
2285	2502
2286	2503
2287	2504
2288	2505
2289	2506
2290	2507
2291	2508
2292	2509
2293	2510
2294	2511
2295	2512
2296	2513
2297	2514
2298	2515
2299	2516
2300	2517
2301	2518
2302	2519
2303	2520
2304	2521
2305	2522
2306	2523
*	2524
2307	2525
2308	2526
2309	2527
2310@	2528
2310	2529
2311	2530
2312	2531
2312'	2532
2313	2533
2314	2534
2315	2535
2316	2536
2317	2537
2318	2538
2319	2539
2320	2540
2321	2541
2322	2542
2323	2543
2324	2544
2325	2545
2326	2546
2327	2547
2328	2548
2329	2549
2330	2550
*	2551
2331	2552
2332	2553
2333	2554
2334	2555
2335	2556
2336	2557
2337	2558
2338	2559
2339	2560
2340	2561
2341	2562
2342	2563
2343	2564
2344	2565
2345	2566
2346	2567
2347@	2568
2348@	2569
2349	2570
5182@	2571
2350	2572
2351	2573
2352@	2574
2352	2575
2353	2576
2354	2577
2355	2578
2356	2579
2357	2580
2358	2581
2359	2582
2360	2583
2361	2584
2362	2585
*	2586
2363	2587
2364	2588
2365	2589
2366	2590
2367	2591
2368	2592
2369	2593
2370	2594
2371	2595
2372	2596
2373	2597
2374	2598
2375	2599
2376	2600
2377	2601
2378	2602
2379	2603
2380	2604
2381	2605
2382	2606
*	2607
2383@	2608
2384	2609
2385	2610
2386	2611
2387	2612
2388@	2613
2389@	2614
2390	2615
2391@	2616
2392	2617
2393	2618
2394	2619
2395	2620
*	2621
*	2622
2396	2623
2397	2624
2398	2625
2399	2626
2400	2627
2401	2628
2402	2629
2403@	2630
2404	2631
2405	2632
2406	2633
2407	2634
2408@	2635
2409	2636
2410@	2637
1494@	2638
2411	2639
2412	2640
2413	2641
2414	2642
2415	2643
2416	2644
2417	2645
2418	2646
2419@	2647
2420	2648
2421	2649
2422	2650
2423	2651
2424	2652
2425	2653
2426	2654
2427	2655
2428	2656
2429	2657
2430	2658
2431	2659
2432	2660
2433	2661
2434	2662
2435	2663
2436	2664
2437	2665
2438	2666
2439	2667
2440	2668
2441	2669
2442	2670
2443	2671
2444	2672
2445	2673
2446	2674
2447	2675
2448	2676
2449	2677
2450@	2678
2451	2679
2452	2680
2453	2681
2454	2682
2455	2683
2456	2684

Strong to Goodrick-Kohlenberger Number Conversion Chart

S	GK	S	GK	S	GK	S	GK
2457	2685	*	2741	2549	2798	*	2855
2456@	2686	943@	2742	2550	2799	2602	2856
2458@	2687	2504	2743	2551	2800	2603	2857
2459	2688	943@	2744	2552	2801	2604	2858
2460	2689	2505	2745	2553	2802	2605	2859
2461@	2690	2506	2746	2554	2803	2606	2860
2462	2691	2507	2747	2555	2804	2607	2861
2463	2692	2508	2748	2556	2805	2608	2862
2464	2693	2509	2749	2557	2806	1125@	2863
2465	2694	2510	2750	2558	2807	2609	2864
2466	2695	2511	2751	2559	2808	2610	2865
2469@	2696	2512	2752	2560	2809	2611	2866
2469	2697	4027@	2753	2561	2810	2612	2867
2470	2698	2513	2754	2562	2811	2613	2868
2471	2699	2514	2755	2563	2812	1349@	2869
2472	2700	2515	2756	2564	2813	2614	2870
2473	2701	2516	2757	2565	2814	2615	2871
2474	2702	2596 + 1520	2758	2567	2815	2616	2872
2475	2703	2517	2759	2568@	2816	2652@	2873
2466@	2704	2511@	2760	2552@	2817	2653@	2874
2476	2705	2518	2761	2569	2818	2617	2875
*	2706	2519	2762	2570 & 2566	2819	2618	2876
2477	2707	2520	2763	2571	2820	2619	2877
2478	2708	2521	2764	2572	2821	2620	2878
2479	2709	2596 + 2250	2765	2573	2822	2621	2879
2480	2710	2522	2766	2574	2823	2622	2880
2481	2711	2523	2767	2574@	2824	2623	2881
2482	2712	2524	2768	2575	2825	2624	2882
2483	2713	2525@	2769	2576	2826	2624@	2883
2484@	2714	2525	2770	2577	2827	2625	2884
2485	2715	2526	2771	2578	2828	2626	2885
2486	2716	2526'	2772	2579	2829	2627	2886
2487	2717	2527	2773	2580@	2830	2628	2887
2488@	2718	2528	2774	2581@	2831	2629	2888
*	2719	2529	2775	2581	2832	2630	2889
2489@	2720	2530	2776	2582	2833	2631	2890
2489 & 2490	2721	2531	2777	2583	2834	2632	2891
2491	2722	2509@	2778	2584	2835	2633	2892
*	2723	2532	2779	2585	2836	2596 + 2955	2893
2492	2724	2533	2780	2586	2837	2634	2894
5601@	2725	2534	2781	2587	2838	2635	2895
2455@	2726	2535	2782	603@	2839	2636	2896
2493	2727	2536@	2783	2588	2840	2637	2897
2491@	2728	2536	2784	2589	2841	2638	2898
2494@	2729	2537	2785	2591	2842	2639	2899
2494	2730	2538	2786	2590	2843	2640	2900
2495	2731	2757@	2787	2592	2844	2641	2901
2496	2732	2539	2788	2593	2845	2642	2902
2497@	2733	2540	2789	2594	2846	2643	2903
2498	2734	2541	2790	2595	2847	2644	2904
2499	2735	2542	2791	2596	2848	2645	2905
2500	2736	2543	2792	2597	2849	2646	2906
2501	2737	2544	2793	2598	2850	2647	2907
2501@	2738	2545	2794	2599	2851	2648	2908
2502	2739	2546	2795	925@	2852	2649	2909
2503	2740	2547	2796	2600	2853	2650	2910
		2548	2797	2601	2854	2651	2911

Strong to Goodrick-Kohlenberger Number Conversion Chart

S	GK
2652	2912
2653	2913
2654	2914
2655	2915
2656	2916
2657	2917
2658	2918
2659	2919
2660@	2920
2661	2921
2662	2922
2663	2923
2664	2924
2665	2925
*	2926
2666	2927
2667	2928
2668	2929
2669	2930
2670	2931
2671	2932
2672	2933
2673	2934
2674	2935
2675	2936
2676	2937
2677	2938
2678	2939
2679	2940
2680	2941
2681	2942
2682	2943
2683	2944
2684	2945
2685	2946
2686	2947
2687	2948
2688	2949
2689	2950
2690	2951
2691	2952
2692	2953
2693	2954
2694	2955
2695	2956
2695	2957
2696	2958
2697	2959
2698	2960
2699	2961
2700	2962
2701	2963
826@	2964
2702	2965
2703	2966
2704	2967
2705	2968
2706	2969
2707	2970
2019@	2971
2708	2972
2709	2973
2710	2974
4785@	2975
2711	2976
2712	2977
2713	2978
2714	2979
2715	2980
2716	2981
2718	2982
2719	2983
2719@	2984
2720	2985
2127@	2986
2721@	2987
2722	2988
2723	2989
2724	2990
2725	2991
2725@	2992
2726	2993
2727	2994
2728	2995
2729	2996
2730	2997
2731	2998
2732	2999
2733	3000
2730@	3001
2734@	3002
2735	3003
2736	3004
2737	3005
2736	3006
2802@	3007
2738	3008
2739	3009
2739@	3010
2740	3011
2741	3012
2743@	3013
2742	3014
2743	3015
2744	3016
2745	3017
2746	3018
2584@	3019
2747	3020
2748@	3021
2748	3022
2749	3023
2750	3024
2751	3025
2752	3026
2753	3027
*	3028
2754	3029
2755	3030
2756	3031
2757	3032
2758	3033
2759	3034
2760	3035
2761	3036
2762	3037
2763	3038
2764	3039
2765	3040
2766	3041
2767	3042
2768	3043
2769	3044
2770	3045
2771	3046
2772	3047
2773	3048
2774	3049
2775	3050
2776	3051
2775	3052
2777	3053
*	3054
5392@	3055
2778	3056
2779	3057
2780	3058
2781	3059
2782	3060
2783@	3061
2784	3062
2785	3063
2786	3064
*	3065
2787	3066
2788	3067
2789	3068
2790	3069
2791	3070
2791	3071
2792	3072
2793	3073
2794	3074
2795	3075
2796	3076
2792@	3077
2797	3078
5531@	3079
2798	3080
2799	3081
2800	3082
2801	3083
2802@	3084
2802	3085
2803	3086
2804	3087
2805	3088
2806	3089
2807	3090
2808	3091
2809	3092
2810@	3093
2811	3094
2812	3095
2813	3096
2814	3097
2815	3098
2816	3099
2817	3100
2818	3101
2819	3102
2820	3103
2821	3104
2822	3105
2823	3106
2824	3107
2825@	3108
2825	3109
2826	3110
2827	3111
2828	3112
2829	3113
2830	3114
2831	3115
2832	3116
2833	3117
2834	3118
2835	3119
2836	3120
2837	3121
2838	3122
2839	3123
2840	3124
2841	3125
2842	3126
2843	3127
2844	3128
*	3129
2845	3130
2846	3131
2847	3132
2848	3133
2849	3134
2850	3135
2851	3136
2858@	3137
2857@	3138

Strong to Goodrick-Kohlenberger Number Conversion Chart

S	GK
2852	3139
2853	3140
2854	3141
2855	3142
2856	3143
2858	3144
2857	3145
2859	3146
2860	3147
2861	3148
2862	3149
2863	3150
2864	3151
2865	3152
2866	3153
2867	3154
2868	3155
2869	3156
2870	3157
2871	3158
2872	3159
2873	3160
2874	3161
2874@	3162
2874@	3163
2875	3164
2876	3165
2877	3166
2878	3167
2878	3168
2879@	3169
2880	3170
2881	3171
2882	3172
2883	3173
2884	3174
2885	3175
2886	3176
2887	3177
2887@	3178
2888	3179
2889	3180
2890	3181
2891@	3182
2891	3183
2892	3184
2893	3185
2894	3186
2895@	3187
2895	3188
2896	3189
2897	3190
2898	3191
2899	3192
2900	3193
2901	3194
2902	3195
2903	3196
2904	3197
2905	3198
2906	3199
2907	3200
2908@	3201
2909 & 2908	3202
2910	3203
2911	3204
2912	3205
2913	3206
2914	3207
2915	3208
2916	3209
2917	3210
2918	3211
2919	3212
2920	3213
2921	3214
2922	3215
2923	3216
2924	3217
2925	3218
2926@	3219
2927	3220
2928	3221
2929	3222
2930	3223
2927@	3224
2931@	3225
2927@	3226
2932	3227
2933	3228
2934	3229
2935	3230
2936	3231
2937	3232
2938	3233
2939	3234
2940	3235
2941	3236
2942	3237
2944@	3238
2943	3239
2944	3240
2945	3241
2946	3242
2946@	3243
2947	3244
2948	3245
2949	3246
2950	3247
2951	3248
2952	3249
2953	3250
2954	3251
2955	3252
2956@	3253
2956	3254
2957	3255
2958	3256
2959@	3257
2960	3258
2961	3259
2958@	3260
2962	3261
2963	3262
2964	3263
2965	3264
2966	3265
2967	3266
2968	3267
2969	3268
2970	3269
2971	3270
2972	3271
2973	3272
2974	3273
*	3274
2975	3275
2976	3276
2977@	3277
2978	3278
2997@	3279
2979	3280
2980	3281
2981	3282
2982	3283
2983	3284
2984	3285
2985	3286
2986	3287
2987	3288
2988	3289
2989	3290
2990	3291
2991	3292
2993	3293
2994	3294
2992	3295
2995	3296
2996	3297
2996@	3298
2997	3299
2998	3300
2999	3301
3000	3302
3001	3303
3002	3304
3003@	3305
3004 & 2036 & 2046 & 448	3306
3005	3307
3006	3308
3007	3309
3008	3310
3009	3311
3010	3312
3011	3313
621@	3314
*	3315
2982@	3316
3012	3317
3013	3318
3014	3319
3015	3320
3016@	3321
3017	3322
3018@	3323
3019@	3324
3020@	3325
3021	3326
1039@	3327
3022	3328
3023	3329
3024	3330
3028@	3331
3025	3332
3026	3333
3027	3334
3028	3335
3029	3336
3030	3337
3031	3338
3032	3339
3033	3340
3032@	3341
3034	3342
3035	3343
3036	3344
3037	3345
3038	3346
3039	3347
3040	3348
3041	3349
3042	3350
3043	3351
3044@	3352
3045	3353
3046	3354
3047	3355
3048@	3356
3049	3357
3050	3358
3051	3359
3052	3360
3053	3361
3054	3362
3055	3363
3056	3364

Strong to Goodrick-Kohlenberger Number Conversion Chart

S	GK
3057	3365
3058	3366
3059	3367
3060	3368
3061	3369
3063@ & 3062 & 3064	3370
3065	3371
3066	3372
3067	3373
3068	3374
3069	3375
3070	3376
3071	3377
3072	3378
3073	3379
3074	3380
3075@	3381
3076	3382
3077	3383
3078	3384
3079	3385
3080	3386
3081	3387
3082	3388
3083	3389
3084	3390
3085	3391
3086	3392
3087	3393
3088	3394
3089	3395
3090	3396
3091	3397
*	3398
3092@	3399
3093@	3400
3093	3401
3094	3402
717@	3403
3095	3404
3096	3405
3095	3406
3097	3407
3098	3408
3099	3409
3149@	3410
3100	3411
3101	3412
3102	3413
3156@	3414
3158@	3415
3159@	3416
3103@	3417
3104	3418
3105	3419
3106	3420
3107	3421
3108	3422
3109	3423
3110	3424
3111	3425
3112	3426
3113	3427
3114	3428
3115	3429
3116	3430
3117	3431
3118	3432
3119	3433
3120	3434
3121	3435
3122	3436
3123	3437
3124	3438
3125	3439
3126	3440
3127	3441
3128	3442
3129	3443
3130	3444
3131	3445
3132	3446
3133	3447
3134@	3448
3135	3449
3136	3450
3137	3451
3137@	3452
3138@	3453
3139	3454
3140	3455
3141	3456
3142	3457
3143	3458
3144	3459
3145	3460
3149@	3461
3145	3462
3146	3463
3147	3464
3148	3465
3149	3466
3150	3467
3151	3468
3152	3469
3153	3470
3154	3471
3155	3472
3156	3473
3157	3474
3158	3475
3159	3476
3160	3477
3161	3478
3162	3479
3163	3480
3164	3481
3166	3482
3167	3483
3168	3484
3169	3485
3170	3486
3171	3487
3172	3488
3173	3489
3174	3490
3175@	3491
3176	3492
3177	3493
3178	3494
3179	3495
3179	3496
3180	3497
3181@	3498
3182	3499
3183	3500
3184	3501
3396@	3502
3396@	3503
3186	3504
3187 & 3185	3505
3189 & 3188	3506
3190@	3507
3199@	3508
3191	3509
3192	3510
3193@	3511
3193@	3512
3193	3513
3194	3514
3194@	3515
3195	3516
3196	3517
3197	3518
3198@	3519
3199	3520
3200	3521
3201	3522
3202	3523
3437@	3524
3303	3525
3104@	3526
*	3527
3304@	3528
3304	3529
3305	3530
3306	3531
3307	3532
3308	3533
3309	3534
3310	3535
3311	3536
3312	3537
3313	3538
3322@	3539
3314	3540
3315	3541
3316	3542
3317	3543
3318	3544
3319	3545
3320	3546
3321	3547
3322	3548
3323	3549
3324	3550
3325	3551
3326	3552
3327	3553
3328	3554
3329	3555
3330	3556
3331	3557
3332	3558
3333	3559
3334	3560
3335	3561
3336@	3562
3337	3563
3338	3564
3339	3565
3340	3566
3341	3567
3342	3568
3343	3569
3344	3570
3345	3571
3346	3572
3344@	3573
*	3574
3347	3575
3348	3576
3349@	3577
3350	3578
3351	3579
3352	3580
3353	3581
3354	3582
3355	3583
3356	3584
3357	3585
3358	3586
3359	3587
3360	3588
3360@	3589
3361	3590

Strong to Goodrick-Kohlenberger Number Conversion Chart

S	GK
3361 + 1065	3591
3365	3592
3366	3593
3367	3594
3368	3595
3369	3596
3370	3597
3365@	3598
3367@	3599
3371	3600
3372	3601
3373	3602
3374	3603
3375	3604
3376	3605
3377	3606
3379	3607
3361 + 4225	3608
3380	3609
3381	3610
3382	3611
3383	3612
3384	3613
3385 & 3387	3614
3386	3615
3388	3616
3389	3617
3389	3618
3390	3619
3392	3620
3393	3621
3394	3622
3395	3623
3396	3624
3398 & 3397	3625
3399	3626
3400	3627
3401	3628
3402	3629
3403@	3630
3404	3631
3405	3632
3406	3633
3407	3634
3408	3635
3409	3636
3410	3637
3411	3638
3412	3639
3413	3640
3414	3641
3415	3642
3416	3643
3417	3644
3418	3645
3419	3646
3420	3647
3421	3648
3422	3649
3423	3650
3424@	3651
3424	3652
3425	3653
3426	3654
3428	3655
3429	3656
3430	3657
3431	3658
3432	3659
3433	3660
3434	3661
3435	3662
3436	3663
3437	3664
3438	3665
3439	3666
3440	3667
3441	3668
3442	3669
3443	3670
3444	3671
3445	3672
3446	3673
3447	3674
3448	3675
3451	3676
3449	3677
3452	3678
3453	3679
3454	3680
3455	3681
3456	3682
3457	3683
3458@	3684
3458	3685
3459	3686
*	3687
3460	3688
3461	3689
3462	3690
3463	3691
3463@	3692
3464	3693
3460@	3694
3465	3695
3466	3696
3467	3697
3468	3698
3469	3699
3470	3700
3471	3701
3472	3702
3473	3703
3474	3704
3475	3705
3475	3706
3475	3707
*	3708
3476	3709
3477	3710
3478@	3711
3478@	3712
3478@	3713
3478	3714
3478	3715
3479	3716
3480	3717
3481@	3718
3481	3719
3482	3720
3483	3721
3497@	3722
3484	3723
3485	3724
3486	3725
3487	3726
3488	3727
3489	3728
3490	3729
3491	3730
3492	3731
3493	3732
3494	3733
3495	3734
3496@	3735
3496	3736
3497	3737
3498	3738
3499	3739
3500	3740
3561@	3741
3501	3742
3502	3743
3503	3744
3504	3745
3505	3746
*	3747
3506	3748
3507	3749
3508@	3750
3509	3751
3510	3752
3511	3753
3512	3754
3513	3755
3514	3756
3515	3757
3516	3758
3517	3759
3518	3760
3519	3761
3520	3762
3521	3763
3522	3764
3523	3765
3524@	3766
3524	3767
3525	3768
3526	3769
3527	3770
3528	3771
3529	3772
3530	3773
3531	3774
3532	3775
3533	3776
3534	3777
3535@	3778
3535	3779
3536@	3780
3537	3781
3538	3782
3539	3783
3540	3784
3541	3785
3542	3786
3543	3787
3544	3788
3545	3789
3546	3790
3547	3791
3548	3792
3549	3793
3550	3794
3551	3795
3552	3796
3553	3797
3554	3798
3555	3799
3556	3800
3502@	3801
3557@	3802
3558	3803
3559	3804
3560	3805
3561	3806
3562	3807
3563	3808
3564@	3809
3564	3810
3565@	3811
3566	3812
3567	3813
3568	3814
3570	3815
3571	3816
3572	3817

Strong to Goodrick-Kohlenberger Number Conversion Chart

S	GK
3573	3818
3574	3819
3575	3820
3576	3821
3577	3822
*	3823
837@	3824
3578	3825
3579	3826
3580	3827
3581	3828
3582	3829
3583	3830
3584	3831
3585	3832
3586	3833
3587	3834
*	3835
3588 & 5120	3836
3589	3837
3590	3838
3591	3839
3592	3840
3593	3841
3594	3842
3595	3843
3596	3844
3597	3845
3598 + 4160	3846
3598	3847
3599	3848
3600	3849
3601	3850
3602	3851
3604@	3852
3605	3853
3606	3854
3607	3855
3608	3856
1492@	3857
3609	3858
2322@	3859
3610	3860
3611	3861
3612	3862
3613	3863
3614	3864
3615	3865
3616	3866
3617	3867
3618	3868
3619	3869
3620	3870
3618@	3871
3621	3872
3622	3873
3623	3874
3624	3875
3625	3876
3626@	3877
3626	3878
3627	3879
3628	3880
3629	3881
3627	3882
3633	3883
3630	3884
3631	3885
3632	3886
3633	3887
3634	3888
*	3889
3635	3890
3636	3891
3637	3892
3638	3893
3644@	3894
3645@	3895
3639@	3896
3639	3897
570@	3898
3640	3899
3641	3900
3642	3901
3643	3902
3689@	3903
3644	3904
3645	3905
3646	3906
3647	3907
3648	3908
3649	3909
3650	3910
3651	3911
3652	3912
3653	3913
3654	3914
3655	3915
2442@	3916
3656	3917
3657	3918
3658	3919
*	3920
3659	3921
3660@	3922
3660	3923
3661	3924
3662	3925
3663	3926
3664	3927
3665	3928
3666	3929
3667	3930
3668	3931
3669	3932
3670	3933
3671	3934
3672	3935
*	3936
3673	3937
3674	3938
3675	3939
3676	3940
3677	3941
3678	3942
3679	3943
3680	3944
3681	3945
3682	3946
3683	3947
3684	3948
3685	3949
3686	3950
3687	3951
3688	3952
3689	3953
3690	3954
3691	3955
3692	3956
3693	3957
3694	3958
3695	3959
3696	3960
3697	3961
3698	3962
3699	3963
3700	3964
3701	3965
3702	3966
3703	3967
3704	3968
3705	3969
3706	3970
3707	3971
3708	3972
3709	3973
3710	3974
3711	3975
3712	3976
3713@	3977
3714	3978
3715	3979
3716	3980
3717	3981
3718	3982
3719	3983
3720	3984
3721	3985
3722	3986
3723	3987
3724	3988
3733@	3989
3725	3990
3726	3991
3727	3992
3728	3993
3729	3994
3730	3995
3731	3996
3732	3997
3733	3998
3734	3999
*	4000
3735	4001
3736	4002
3737	4003
3738	4004
3739	4005
3740	4006
3739 + 1065	4007
3741	4008
3742	4009
3743	4010
3744	4011
3745	4012
3746	4013
3747	4014
3748 & 3755	4015
3747	4016
3749	4017
3750	4018
3751@	4019
3752	4020
3753	4021
3754	4022
3757	4023
3756	4024
3758	4025
3759	4026
3760	4027
3761	4028
3762	4029
3763	4030
3764	4031
3762@	4032
3765	4033
3766	4034
1695@	4035
3767	4036
3768	4037
3769	4038
3770	4039
3771	4040
3772	4041
3773	4042
3774	4043
3775	4044

Strong to Goodrick-Kohlenberger Number Conversion Chart

S	GK
3776	4045
3777	4046
3778 & 5023 & 5025 & 502	4047
3779	4048
3780	4049
3781	4050
3782	4051
3783	4052
3784	4053
3785	4054
3786	4055
3787@	4056
3788	4057
3789	4058
3790@	4059
856@	4060
3791@	4061
3792	4062
3793	4063
*	4064
3794	4065
3795	4066
3796	4067
3798@	4068
3797	4069
3798	4070
3799	4071
3800	4072
*	4073
3802	4074
3803	4075
697@	4076
3804	4077
3805	4078
3806	4079
3807	4080
3808	4081
3809	4082
3810	4083
3811	4084
3812	4085
3813	4086
3814	4087
3812@	4088
3815	4089
3816	4090
3817	4091
3818@	4092
3819	4093
3820	4094
3821	4095
3822	4096
3823	4097
3824	4098
3825	4099
3824@	4100
3826	4101
3827	4102
3828	4103
3829@	4104
3830@	4105
3829	4106
3830	4107
3831	4108
3832	4109
3833	4110
3834	4111
3835	4112
3826@	4113
3837@	4114
3836	4115
3837	4116
3838	4117
3839@	4118
3840	4119
3841	4120
3842	4121
3843	4122
3844	4123
3845	4124
3846	4125
3847	4126
3848	4127
3849	4128
3851@	4129
3850	4130
3851	4131
3852	4132
3853	4133
3854	4134
3855	4135
3856	4136
3857	4137
3858	4138
3859	4139
3860	4140
3861	4141
3862	4142
3863	4143
3864	4144
3865	4145
3866	4146
3867	4147
3868	4148
3869@	4149
3869	4150
3870	4151
3871	4152
3872	4153
3873	4154
3874	4155
3875	4156
3876	4157
3877	4158
3878	4159
3879	4160
3880	4161
3881	4162
3882	4163
3883	4164
3884	4165
3885	4166
3885@	4167
3886	4168
3887	4169
3888	4170
3889	4171
3890	4172
3913@	4173
3891	4174
3892	4175
3893	4176
3894	4177
3895	4178
3896	4179
3897@	4180
3898	4181
3899	4182
3900	4183
3901	4184
3902	4185
3903	4186
3904	4187
4368@	4188
3905	4189
3906	4190
3907	4191
3908	4192
3909	4193
3910	4194
3911	4195
3912	4196
3913	4197
3913@	4198
3914	4199
3915	4200
2710@	4201
3916	4202
3917	4203
4332@	4204
3918	4205
3919	4206
3920	4207
3921	4208
3922	4209
3923	4210
3924	4211
4016@	4212
3925	4213
3926	4214
3927	4215
3928	4216
3929	4217
3930	4218
3931	4219
3932	4220
3933	4221
3934@	4222
3935	4223
3936@	4224
3936	4225
3937	4226
3938	4227
3939	4228
3940	4229
3941	4230
3942	4231
3943	4232
3944	4233
3945	4234
3946	4235
3947	4236
3948	4237
5237@	4238
3949	4239
3950	4240
3951	4241
3952	4242
3953	4243
3954	4244
3955	4245
3956	4246
3957	4247
3958	4248
3959	4249
3960	4250
3961	4251
3962	4252
3963	4253
3964	4254
3965	4255
3966	4256
3967	4257
3968	4258
3969@	4259
3964@	4260
3970	4261
3971	4262
3972	4263
3973	4264
3974	4265
3975	4266
3976	4267
3977	4268
3978	4269
3979	4270

Strong to Goodrick-Kohlenberger Number Conversion Chart

S	GK
3979@	4271
3980	4272
3981	4273
3981@	4274
3982	4275
4091@	4276
3983	4277
3984	4278
3985	4279
3986	4280
3987	4281
3988	4282
3989	4283
3990	4284
*	4285
3991	4286
3992	4287
3993	4288
3994	4289
3995	4290
3996	4291
3997	4292
3998	4293
3999	4294
4000	4295
4001	4296
4002	4297
4003	4298
4004	4299
4005	4300
4006	4301
4007	4302
*	4303
4012 + 2087	4304
4008	4305
4009	4306
4010	4307
4011	4308
4012	4309
4013	4310
4014	4311
681@	4312
4015	4313
4016	4314
4017	4315
4018	4316
4019	4317
4020	4318
4021	4319
4022	4320
4023	4321
4024	4322
4024@	4323
4025	4324
4026	4325
4027	4326
4776@	4327
4028	4328
4029	4329
4030	4330
4031	4331
4032@	4332
4033	4333
4034	4334
4035@	4335
621@	4336
4036	4337
4037	4338
4038	4339
4039	4340
4040	4341
4041	4342
4042	4343
4043	4344
4044	4345
4045	4346
4046@	4347
4047	4348
*	4349
*	4350
4048	4351
4049	4352
4050	4353
4051	4354
4052	4355
4053	4356
4054	4357
4055	4358
4056	4359
4057	4360
4058	4361
4059	4362
4060	4363
4061	4364
4062	4365
4063	4366
4064	4367
4065	4368
4066	4369
4067	4370
4068	4371
4069	4372
4070	4373
4071	4374
4072	4375
4073	4376
4074	4377
4075	4378
4076	4379
4077	4380
4078	4381
4079	4382
4080	4383
4081	4384
4082	4385
4456@	4386
4457@	4387
4083	4388
4084	4389
4085	4390
4086	4391
3981@	4392
4087	4393
4088	4394
4089	4395
4090	4396
4091@	4397
4130	4398
4092	4399
4093	4400
4093@	4401
4094	4402
4095	4403
4096	4404
4097	4405
4098	4406
4099	4407
4099@	4408
4100	4409
4101	4410
4102	4411
4103	4412
4104	4413
4105	4414
4106	4415
4107@	4416
4107	4417
4108	4418
4109	4419
4110	4420
4111	4421
4112	4422
4113	4423
4114	4424
4115	4425
4116	4426
4117	4427
4120	4428
4121	4429
4122	4430
4123	4431
4124	4432
4125	4433
4126	4434
4127	4435
4128	4436
4129	4437
4131	4438
4132@	4439
4133	4440
4134	4441
4135	4442
4136	4443
4137	4444
4138	4445
4139	4446
4140	4447
4141	4448
4142	4449
4143	4450
1708@	4451
4144	4452
4144@	4453
4145	4454
4146	4455
4147	4456
4148	4457
4149	4458
4150	4459
4151	4460
4152	4461
4153	4462
4154	4463
4155	4464
4156	4465
4157	4466
4217@	4467
4158	4468
3537@	4469
4159	4470
4169@	4471
4160	4472
4161	4473
4162	4474
4163	4475
4164	4476
4165	4477
4166	4478
4167	4479
4168	4480
4169	4481
4170	4482
4171	4483
4172	4484
4173	4485
4174	4486
4175	4487
4176	4488
4177	4489
4178	4490
4179	4491
4184@	4492
*	4493
4180	4494
4181	4495
*	4496
4182	4497

Strong to Goodrick-Kohlenberger Number Conversion Chart

S	GK
4183 & 4118 & 4119	4498
4184	4499
4185	4500
4186	4501
4187	4502
4188	4503
4189	4504
4190 & 4191	4505
4192	4506
4193	4507
4194	4508
5117@	4509
4195	4510
4196	4511
4197	4512
4198	4513
4199	4514
4197@	4515
4200	4516
4201	4517
4202	4518
4203	4519
4204	4520
4205	4521
4206	4522
4207	4523
4208	4524
4209	4525
4210@	4526
4211	4527
4210	4528
4212	4529
4213	4530
4214	4531
4215	4532
4216	4533
4217	4534
4458@	4535
4219	4536
4218	4537
4220	4538
4221	4539
4222	4540
4223	4541
4224	4542
4225	4543
4226	4544
4227	4545
4228	4546
4229	4547
4230	4548
4231	4549
4232	4550
4233	4551
4234	4552
4235@	4553
4236@	4554
4237	4555
4238	4556
4236	4557
4239	4558
4240	4559
4241	4560
4242	4561
4246	4562
4243	4563
4244	4564
4245	4565
4246	4566
4247	4567
4248	4568
4249	4569
4250	4570
4251	4571
4252	4572
4249@	4573
4253	4574
4254	4575
4255@	4576
4256	4577
4257	4578
4258	4579
4259	4580
4260	4581
4261	4582
4262	4583
4263@	4584
4263	4585
4264	4586
4265	4587
4266	4588
4267	4589
4268	4590
4269	4591
4270	4592
4271	4593
4272	4594
4273	4595
4274	4596
4302@	4597
4276	4598
4278	4599
4279@	4600
4281	4601
4282	4602
4283	4603
4284@	4604
4285	4605
4286	4606
4287@	4607
4288	4608
4289	4609
4290	4610
4406@	4611
4407@	4612
4291	4613
4292@	4614
4293	4615
4294	4616
4284@	4617
4295	4618
4296	4619
4297	4620
4298	4621
4299	4622
4300	4623
4301	4624
4302 & 4277 & 4280	4625
4303	4626
4304	4627
4305	4628
4306	4629
4307	4630
4308	4631
4308 & 4275	4632
4309	4633
4310	4634
3962@	4635
4311	4636
4312	4637
4313	4638
4314	4639
4315	4640
4316	4641
4317	4642
4318	4643
4319	4644
4319@	4645
4320	4646
4355@	4647
4321	4648
4321	4649
4322	4650
4323	4651
4317@	4652
4324	4653
4317@	4654
4325	4655
4326	4656
4327	4657
1929@	4658
4328	4659
4329	4660
4330	4661
4331	4662
4332	4663
4333	4664
4334	4665
4335	4666
4336	4667
4337	4668
4338	4669
4339	4670
4286@	4671
4340	4672
4341@	4673
4342	4674
4343	4675
4344	4676
4345	4677
4346@	4678
4347@	4679
4346	4680
4347	4681
4348	4682
4349	4683
4350	4684
4351	4685
4352	4686
4353	4687
4354	4688
4355	4689
*	4690
4356	4691
4356	4692
4357	4693
4358	4694
4359	4695
4360	4696
*	4697
4361	4698
4362	4699
4363	4700
4364@	4701
4365	4702
4366	4703
4366@	4704
4367	4705
4368	4706
4369	4707
4370	4708
4371	4709
4372	4710
4373	4711
4374	4712
4375	4713
4376	4714
4377	4715
4370@	4716
4378	4717
4379	4718
4380	4719
4381	4720
4382	4721
4380	4722

Strong to Goodrick-Kohlenberger Number Conversion Chart

S	GK
4381	4723
4382	4724
4383	4725
4384	4726
4385	4727
4387 & 4386	4728
4388@	4729
4389@	4730
4390	4731
4391	4732
4392	4733
4393	4734
4394	4735
4395	4736
4396	4737
4397	4738
4398	4739
4399	4740
4400@	4741
4401	4742
4402	4743
4403	4744
4404	4745
4405	4746
4406	4747
4407	4748
4408@	4749
4409	4750
4410	4751
4411	4752
3144@	4753
4412	4754
4413	4755
4414	4756
4415	4757
4416	4758
4412@	4759
4417	4760
4418	4761
4419	4762
4420	4763
4421	4764
4422	4765
4423	4766
4424	4767
4425	4768
4426	4769
4427	4770
4428	4771
4429	4772
4430	4773
4431	4774
4432	4775
4433	4776
4434	4777
4435	4778
*	4779
4436@	4780
4437	4781
4438	4782
4439	4783
4440	4784
4441	4785
4442	4786
4443	4787
4444	4788
4445	4789
4446	4790
4447	4791
4448	4792
4449	4793
4450	4794
*	4795
4451	4796
4453	4797
4454	4798
4455	4799
4456	4800
4457	4801
4459	4802
4458@ & 4452	4803
*	4804
4460	4805
4461	4806
4462	4807
4462	4808
4462@	4809
4463	4810
4464	4811
4465	4812
*	4813
4466@	4814
4467	4815
4468	4816
911@	4817
4481@	4818
4469	4819
4470	4820
4471@	4821
4472	4822
4473	4823
4474	4824
4475	4825
4486	4826
4476	4827
4469@	4828
4477	4829
4478	4830
4479	4831
4480@	4832
4481	4833
4481@	4834
4482	4835
4484	4836
4485	4837
4486	4838
4487	4839
4488	4840
4486	4841
4489	4842
4490	4843
4491	4844
4492	4845
4493	4846
4494	4847
4495	4848
4496	4849
4497	4850
4498	4851
4499	4852
4500	4853
4481@	4854
4501	4855
4493@	4856
4502	4857
4503	4858
4504	4859
4505	4860
4506	4861
4510@	4862
4510@	4863
4507	4864
4508	4865
4509	4866
4510	4867
4511	4868
4512	4869
4513	4870
4514	4871
4515	4872
4516	4873
4517	4874
*	4875
4518@	4876
4519	4877
4520	4878
4521	4879
4522	4880
4523	4881
4524	4882
4525	4883
4526	4884
4527	4885
4528	4886
4529	4887
4531	4888
4532	4889
4530@	4890
4533	4891
4534	4892
4535	4893
4536	4894
4537	4895
4538	4896
4539	4897
4672@	4898
4540	4899
4540@	4900
4541@	4901
4542@	4902
4543	4903
4544	4904
4545	4905
*	4906
4546	4907
4547	4908
4548	4909
4549	4910
4550	4911
4551@	4912
4552@	4913
4553	4914
4554	4915
4555	4916
4556@	4917
4557	4918
4558	4919
4559	4920
4560	4921
4561	4922
4562	4923
4563	4924
4564	4925
4565@	4926
4566@	4927
4567	4928
4568	4929
4569	4930
4570	4931
4572	4932
4573	4933
4574	4934
4575	4935
4576@	4936
4577	4937
4577@	4938
4578	4939
4579	4940
4580	4941
4581	4942
4582	4943
4583	4944
4584	4945
4584@	4946
4585	4947
4586	4948

Strong to Goodrick-Kohlenberger Number Conversion Chart

S	GK
4587	4949
4588	4950
4562@	4951
4562@	4952
4589	4953
4590	4954
4591	4955
4592	4956
4593	4957
4594	4958
4612@	4959
4595	4960
4596	4961
4597	4962
4598	4963
4599	4964
4600	4965
4525@	4966
4601	4967
4602	4968
4603	4969
4604	4970
4603@	4971
4605	4972
4606	4973
4607	4974
4608	4975
4609	4976
4610	4977
4611	4978
*	4979
4612	4980
4613	4981
4614@	4982
4615	4983
4616	4984
4617	4985
4596@	4986
4577@	4987
4618	4988
4621@	4989
4619	4990
4620	4991
4621	4992
4965@	4993
4622	4994
4623	4995
2977@	4996
4624	4997
4625	4998
4626	4999
2469@	5000
2469@	5001
4627	5002
4628	5003
4629	5004
4630	5005
4631	5006
4632	5007
4633	5008
4634	5009
4635	5010
4636	5011
4637	5012
4638	5013
4639	5014
4640	5015
4641	5016
4642	5017
4643	5018
4644	5019
4645	5020
4646	5021
4647	5022
4648	5023
4649	5024
4650	5025
4651	5026
4652	5027
4653	5028
4654@	5029
4655	5030
4656	5031
4657	5032
4658	5033
4659	5034
4660	5035
4661	5036
4662	5037
4663	5038
4664	5039
4665	5040
3395@	5041
3395@	5042
4666	5043
4667	5044
4668	5045
4669	5046
4670	5047
4672	5048
4673	5049
4674	5050
4676	5051
4677	5052
4678	5053
4679	5054
4680	5055
4681	5056
4682	5057
4683	5058
4684	5059
4685	5060
4686	5061
4687	5062
4688	5063
4689	5064
4690	5065
4691	5066
4692	5067
4693	5068
4694	5069
4696	5070
4695	5071
4697	5072
4698	5073
4699	5074
4700	5075
4701	5076
4702	5077
4703	5078
4704	5079
4705 & 4706 & 4707	5080
4709 & 4708	5081
4710	5082
4711	5083
4712	5084
4713	5085
4955@	5086
4714	5087
4715	5088
4716	5089
4717	5090
4718	5091
4719	5092
4720	5093
4721	5094
4722	5095
4723@	5096
4724	5097
4725	5098
4726	5099
4727	5100
4728	5101
4729	5102
4730	5103
4731	5104
4732	5105
4733	5106
4734	5107
4736@	5108
4735	5109
4737	5110
4738	5111
4739	5112
4740	5113
4741	5114
4746@	5115
4742	5116
4743	5117
4744	5118
4745	5119
4746	5120
4770@	5121
4747	5122
4748	5123
4749	5124
4750	5125
4751	5126
4752	5127
4753	5128
4754	5129
4755	5130
4756	5131
4757	5132
4758	5133
4759	5134
4759@	5135
4760	5136
4761	5137
4762	5138
4763	5139
4764	5140
4765	5141
4766	5142
4766	5143
4767	5144
4768	5145
4769@	5146
4770	5147
4771 & 4571 & 4671 & 467	5148
4772	5149
4773	5150
4773@	5151
4774	5152
4775	5153
4776	5154
4777	5155
4778@	5156
4779	5157
4780	5158
4781	5159
4782	5160
4783	5161
*	5162
4784@	5163
4785@	5164
4873@	5165
4786	5166
4787	5167
4788	5168
4789	5169
4790	5170
4791	5171
4792	5172
4793	5173

Strong to Goodrick-Kohlenberger Number Conversion Chart

S	GK
4794	5174
4795	5175
4796	5176
4797	5177
4798	5178
4797	5179
4799	5180
2010@	5181
4800	5182
4801	5183
4802	5184
4803	5185
4804	5186
4805	5187
4806	5188
4807	5189
4808	5190
4809@	5191
4810	5192
4811	5193
4812	5194
4813	5195
4814	5196
4815	5197
4816	5198
4817	5199
4818	5200
4819	5201
4820	5202
4821	5203
4822	5204
4823	5205
4824	5206
4825	5207
4826	5208
4827	5209
4828	5210
4829	5211
4830	5212
4831	5213
4833@	5214
4832	5215
4833	5216
4834	5217
4835	5218
4836	5219
4837	5220
4838	5221
4839	5222
4840	5223
4841	5224
4842	5225
*	5226
4843	5227
4844	5228
4098@	5229
4845	5230
4846	5231
4847	5232
4848	5233
4849@	5234
4849	5235
4850	5236
4851	5237
4852	5238
4851@	5239
4833@	5240
4853	5241
4854	5242
4855	5243
4856	5244
4857	5245
4858	5246
4859	5247
4860	5248
4861	5249
4862	5250
4863	5251
4864	5252
4865	5253
4866	5254
4867	5255
4868	5256
4869	5257
4870	5258
4871	5259
4871@	5260
4900@	5261
4872	5262
4873	5263
4874@	5264
4875	5265
*	5266
4876	5267
4877	5268
4878	5269
4879	5270
4880@	5271
4881	5272
4882	5273
4883	5274
4884	5275
4871@	5276
4885	5277
4886	5278
4887	5279
4888	5280
4889	5281
4890	5282
4891	5283
4892	5284
*	5285
*	5286
4893	5287
4894	5288
4895	5289
4896	5290
4897	5291
4898	5292
4899	5293
*	5294
4900	5295
4901	5296
4862 + 1985	5297
4934@	5298
4902	5299
4903	5300
4904	5301
4905	5302
4906	5303
4907	5304
4908	5305
4909	5306
4910@	5307
4911	5308
4912	5309
4913	5310
4914	5311
4915	5312
4916	5313
4917	5314
4918	5315
4919	5316
4920	5317
4921	5318
4921	5319
4920@	5320
4922	5321
4923	5322
4894@	5323
4924	5324
4925	5325
4926	5326
4927	5327
4894@	5328
*	5329
4928	5330
4952@	5331
4929	5332
4930	5333
4931	5334
4932	5335
*	5336
4933	5337
4934@	5338
4935	5339
4936	5340
4937	5341
4938	5342
4939	5343
4940	5344
4941	5345
4795@	5346
4942	5347
4943	5348
4944	5349
4945	5350
4949@	5351
4946	5352
4947	5353
4948	5354
4949@	5355
4949	5356
*	5357
4950@	5358
4951	5359
4952	5360
4953	5361
4954	5362
4955	5363
4956	5364
4957	5365
4958	5366
4959	5367
4960	5368
4961	5369
4962	5370
4963	5371
4964	5372
4965	5373
4966	5374
4967	5375
4968	5376
4969	5377
*	5378
4970	5379
4971	5380
4972	5381
4973	5382
4974@	5383
4974	5384
4975	5385
4976	5386
4977	5387
4978	5388
4979	5389
4980	5390
4981	5391
4982@	5392
4983	5393
4984	5394
4985	5395
4986	5396
4987	5397
4988	5398
4989	5399
4990	5400

Strong to Goodrick-Kohlenberger Number Conversion Chart

S	GK
4991	5401
4992	5402
4992@	5403
4993	5404
4994	5405
4995	5406
4996	5407
4997	5408
4998	5409
*	5410
4999@	5411
5000	5412
5001	5413
5002	5414
5003	5415
5004	5416
5005	5417
5006	5418
5007	5419
5008	5420
5009	5421
3569	5422
5010	5423
5011	5424
5012	5425
5391@	5426
5013	5427
5014	5428
5015	5429
5016	5430
5017	5431
5018	5432
5019	5433
5020	5434
5021	5435
5022	5436
5024	5437
5027	5438
5028	5439
5029	5440
5030 & 5032 & 5033	5441
5031	5442
5034	5443
5036 & 5035	5444
5037	5445
5038	5446
5039	5447
5040	5448
5041	5449
5042	5450
5043	5451
5044	5452
*	5453
5045	5454
5046	5455
5047	5456
5048	5457
5049	5458
5050	5459
5051	5460
5052	5461
5053	5462
5054	5463
5055	5464
5056	5465
5058@	5466
5057	5467
5058	5468
5059	5469
5060	5470
*	5471
5061	5472
5062	5473
5063	5474
5064	5475
5065	5476
5062@	5477
5063@	5478
5066	5479
5067	5480
5068	5481
5069	5482
5070	5483
5071	5484
5072	5485
5073	5486
5073@	5487
5074	5488
5075	5489
5076	5490
5077	5491
5078	5492
5079	5493
5080@	5494
5081	5495
5082	5496
*	5497
5083	5498
5084	5499
5085	5500
5086	5501
5087	5502
5088	5503
5089	5504
5090	5505
5091	5506
5092	5507
5093	5508
5094	5509
5095	5510
5096	5511
5097	5512
5098	5513
5099	5514
5101	5515
5100	5516
2459@	5517
5102	5518
5103	5519
5104	5520
5105	5521
5105	5522
5106	5523
5107	5524
5108	5525
5109	5526
5110	5527
5111	5528
5112@	5529
5112	5530
5112@	5531
5113	5532
5114@	5533
5115	5534
5116	5535
5117	5536
5118	5537
5119	5538
5121	5539
5122	5540
3694@	5541
5123@	5542
5131	5543
5132	5544
5133	5545
5134	5546
5135	5547
5136	5548
5137	5549
5138	5550
5139	5551
5140	5552
5140 + 4999	5553
5141	5554
5142	5555
5143	5556
5169@	5557
5144	5558
5145	5559
5146	5560
5147	5561
5148	5562
5149	5563
5150	5564
5151	5565
5152	5566
5153	5567
5154@	5568
5154	5569
5155	5570
5156	5571
5157	5572
5158	5573
5159	5574
5160	5575
5161	5576
5162	5577
5159@	5578
5163	5579
5164	5580
5165	5581
5166	5582
5167	5583
5168	5584
5169	5585
5170	5586
5171	5587
5172	5588
5173	5589
5174@	5590
5175	5591
5176	5592
5177	5593
5178	5594
5179@	5595
5179	5596
5180	5597
5181	5598
*	5599
5182	5600
5183	5601
5184	5602
5185	5603
5186	5604
5187@	5605
5188	5606
5189	5607
5190	5608
*	5609
5191	5610
5192	5611
5193	5612
5194	5613
5195	5614
5196	5615
5197	5616
5198	5617
5199	5618
5200	5619
5201	5620
5202	5621
5203	5622
5204	5623
5205	5624
5206	5625
5207	5626

Strong to Goodrick-Kohlenberger Number Conversion Chart

S	GK
5208	5627
5211	5628
5212	5629
5214	5630
5215	5631
5217	5632
5218	5633
5219	5634
5220	5635
5221	5636
5222	5637
5223	5638
5225 & 5224	5639
5226	5640
5227	5641
5228	5642
5229	5643
5230	5644
5231	5645
784@	5646
5232	5647
5233	5648
5234	5649
5235	5650
5236	5651
5228 + 1473	5652
5237	5653
5238	5654
5240	5655
5240@	5656
5239	5657
5240@	5658
5241	5659
5242	5660
5243	5661
5244	5662
5244	5663
5245	5664
5246	5665
5237@	5666
5247	5667
5248	5668
5249	5669
5250	5670
5251	5671
5252	5672
5253	5673
5254	5674
5255	5675
5256	5676
5257	5677
5258	5678
5259	5679
5260	5680
5261	5681
5262	5682
5263	5683
5263@	5684
5264	5685
5265	5686
5266	5687
5267	5688
5268	5689
5269	5690
5270	5691
*	5692
5271	5693
5272	5694
5273	5695
5274	5696
2985@	5697
2640@	5698
5275	5699
5276	5700
5277	5701
5278	5702
5279@	5703
5280	5704
5281	5705
5282	5706
5283	5707
5299@	5708
5284	5709
5285	5710
5286	5711
5287	5712
5288	5713
5289	5714
5290	5715
5291@	5716
5292	5717
5293	5718
5294	5719
5295	5720
5296	5721
5297	5722
5298	5723
5299	5724
5300	5725
*	5726
5301	5727
5302	5728
5303	5729
5304	5730
5306 & 5305	5731
*	5732
5307	5733
5308	5734
5309	5735
5310	5736
5311	5737
5312	5738
5313	5739
*	5740
5314	5741
5341@	5742
5316	5743
5317	5744
5318	5745
5319	5746
5320	5747
5321	5748
5322	5749
5323	5750
5324	5751
5325	5752
5326	5753
5327	5754
5328	5755
5329	5756
5330	5757
5331	5758
5332	5759
5331@	5760
5333@	5761
5334	5762
5335	5763
5336	5764
5337	5765
5338	5766
5339	5767
5340	5768
5341	5769
5342	5770
5343	5771
5344	5772
5345	5773
5346	5774
1310@	5775
5347	5776
5348	5777
5349	5778
5350	5779
5351	5780
5352	5781
5353	5782
5354	5783
5355	5784
5356	5785
5357	5786
5358@	5787
5359	5788
5360	5789
5361	5790
5362	5791
5363	5792
5364	5793
5365	5794
5366	5795
5367	5796
5368	5797
5369	5798
5370	5799
5371	5800
5372@	5801
5373	5802
5374	5803
5375	5804
5376	5805
5377	5806
5378	5807
5379	5808
5380	5809
5381	5810
5382	5811
5383	5812
5384	5813
5385	5814
5386	5815
5387	5816
5388	5817
5389	5818
5390	5819
5391	5820
5392	5821
5417@	5822
5393	5823
5394	5824
5395	5825
5396	5826
5397	5827
5399	5828
5398	5829
5399	5830
5400	5831
5401	5832
5402	5833
5403	5834
4949@	5835
5404	5836
5405	5837
5406	5838
5407	5839
5408	5840
5409	5841
5410@	5842
5411	5843
5412	5844
5413	5845
5414	5846
5415@	5847
5416	5848
5417	5849
5418	5850
5419	5851
5420	5852
5421	5853

Strong to Goodrick-Kohlenberger Number Conversion Chart

S	GK
5422	5854
5423	5855
5424	5856
5425	5857
5426	5858
5427	5859
5428	5860
5429	5861
5430	5862
5431	5863
5432	5864
5433	5865
5434	5866
5435	5867
*	5868
5436@	5869
5437	5870
5438	5871
5439	5872
5440	5873
5441	5874
5442	5875
5443	5876
5444	5877
5445	5878
5446	5879
5447	5880
5448	5881
5449	5882
5450	5883
5451	5884
5452	5885
5453	5886
5454	5887
5455	5888
5456	5889
5457	5890
5458	5891
5459	5892
5460	5893
5461	5894
5462	5895
*	5896
5463	5897
5464	5898
5465	5899
5466	5900
5467	5901
5468	5902
5469	5903
5468@	5904
5470	5905
5471	5906
5472	5907
5473	5908
5474	5909
5475	5910
5470@	5911
5476	5912
5477@	5913
5478	5914
5479	5915
5480	5916
5481	5917
5482	5918
5483	5919
5484	5920
5485	5921
5486	5922
5487	5923
5488	5924
5489	5925
5490	5926
5491	5927
5492	5928
5493	5929
5494	5930
5495	5931
5496	5932
5497	5933
5498	5934
5499	5935
5500	5936
5501	5937
5502@	5938
5503	5939
5504	5940
5506	5941
5505	5942
5507	5943
5508	5944
5509	5945
5510	5946
5516@	5947
5511	5948
5512	5949
5513	5950
5514	5951
5515	5952
5516@	5953
5517	5954
5518	5955
5519	5956
5520	5957
5521	5958
5522	5959
5523	5960
5524	5961
5525	5962
5526	5963
5527	5964
5528	5965
5529	5966
5522@	5967
5530	5968
5531	5969
5532	5970
5533	5971
5533	5972
5534	5973
5535	5974
5536	5975
5537	5976
5538	5977
5539	5978
5540	5979
5541	5980
5542	5981
5543	5982
5544	5983
5545@	5984
5546	5985
5547	5986
5548	5987
5549	5988
5550	5989
5551	5990
5552	5991
5553	5992
5554	5993
5555	5994
5556	5995
5557	5996
5552@	5997
5558	5998
5559	5999
5560	6000
5561	6001
5523@	6002
5562	6003
5563	6004
5564	6005
5565	6006
*	6007
5566	6008
*	6009
5567	6010
5568	6011
5569	6012
5570	6013
5571	6014
5572	6015
5573	6016
5574	6017
5576	6018
5577	6019
5575@	6020
5578	6021
5579	6022
5580	6023
5581	6024
5582	6025
5583	6026
5584	6027
5585	6028
5586	6029
5587	6030
5588	6031
5589@	6032
5589	6033
5590	6034
5591	6035
5592@	6036
5593	6037
5594	6038
5595	6039
5596	6040
5597	6041
5598	6042
5599	6043
5601	6044
5602	6045
5603	6046
5604	6047
5605	6048
5606	6049
5608	6050
5609@	6051
5610	6052
5611	6053
5612	6054
5613	6055
5613 + 302	6056
5614	6057
5615	6058
5616	6059
5617	6060
5618	6061
5619	6062
5620	6063
5621@	6064
5621	6065
5622	6066
5623	6067
5624	6068